● XH21工作台自动交换系列动梁龙门加工中心（图为XH2125×40型产品）

● 由1台J39C—500A型闭式四点单动落料压力机和开卷、校平、送料、磁性码垛等自动化装置组成的ZSK—3×1850开卷校平落料自动线（安装在长城汽车股份有限公司）

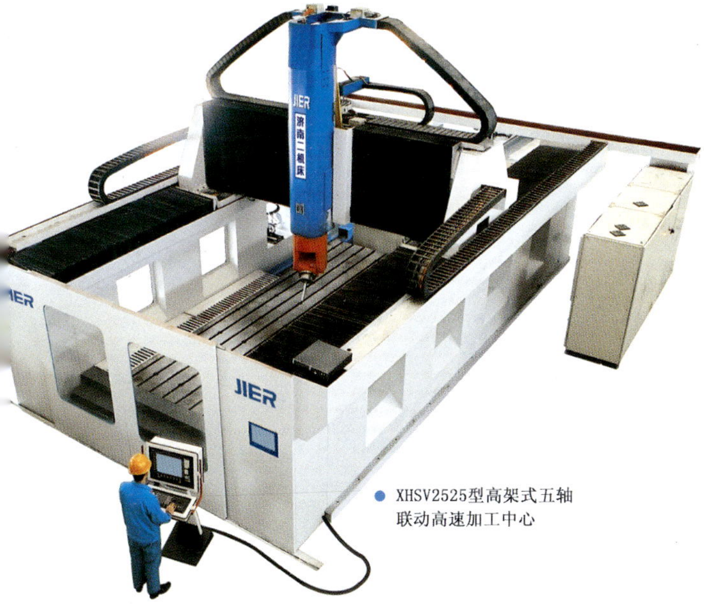

● XHSV2525型高架式五轴联动高速加工中心

● XKV2745A型机械式五轴联动定梁双龙门移动数控镗铣床，该数控机床填补了国内机械式五轴联动数控镗铣床的空白，不但满足了国内发电、船舶、军工、重型机械、模具等行业的需求，而且摆脱了对国外同类产品的依赖（安装在鞍钢重型机械有限责任公司）

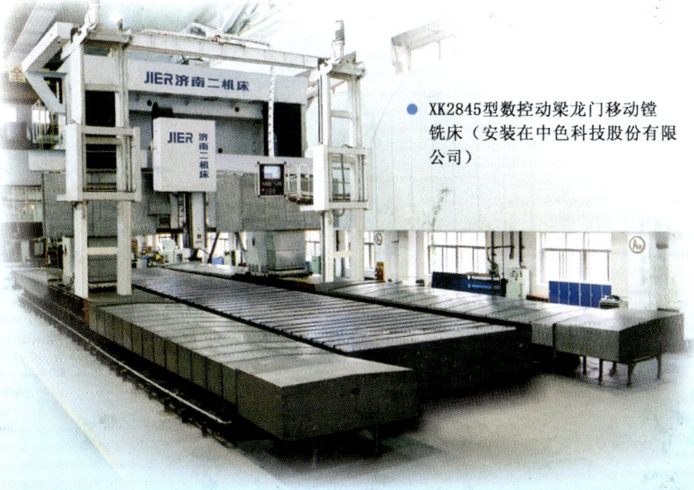

● XK2845型数控动梁龙门移动镗铣床（安装在中色科技股份有限公司）

● XK2150型数控动梁龙门镗铣床

企业方针：

以质量求生存，做精做大齐一品牌。
以创新求发展，构建和谐绿色企业。

- 齐重数控产品种类齐全、技术先进，涵盖国防、铁路、航天、风电、核电、船舶等领域，产品销往韩国、日本及欧美等30多个国家和地区。许多产品填补国内外空白，打破了国外对我国的技术封锁，解决了国家重大项目急需。
- 齐重数控是我国机床行业具有“自主创新、自主技术、自主品牌”的排头兵企业，拥有良好的市场基础。立式车床、卧式车床市场占有率达50%，更有引领中国机床技术潮流的创新精神。
- 齐重数控宗旨是 “以质量求生存 以创新求发展”。公司将力争用3年的时间，通过坚持自主开发，使公司产品与世界先进的机床制造企业的产品没有任何差别，成为具有国际竞争力的现代化机床制造企业。
- 齐重数控将走入高端用户，与世界一流装备业竞争。以高品质的产品，良好的品牌形象赢得客户，实现客户满意最大化。

企业产品

风电系列产品——数控立式铣钻加工中心

风电系列产品——数控立式铣齿机

风电系列产品——填补国内空白的数控立式磨床

高精度超重型数控龙门移动铣镗床

填补国内外空白的数控重型曲轴旋风切削加工中心

世界级的大型核电加工超重型数控单柱移动立式车床

5m卧式车床获机床行业“春燕奖”一等奖

数控不落轮对车床

世界级的大型25m数控双柱移动立式车铣床

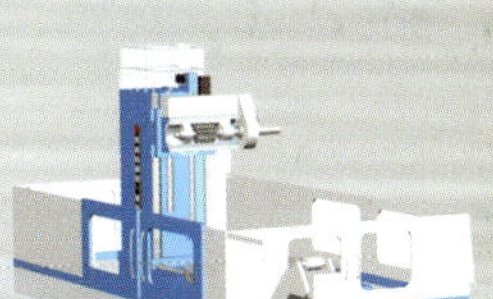
高精度数控滚齿机

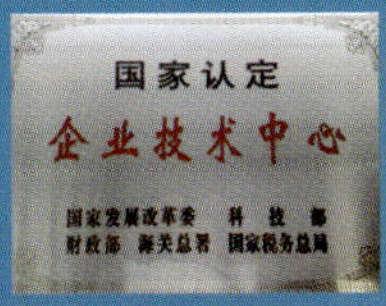

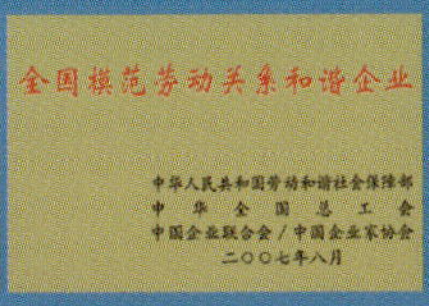

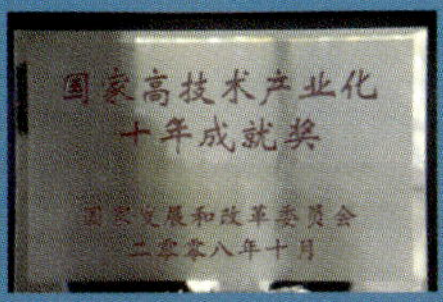

地址：黑龙江省齐齐哈尔市安顺路89号
邮编：161005
总机：0452—2305114、2306114
传真：0452—2306643
http://www.qfmtw.com.cn

● 卧式加工中心

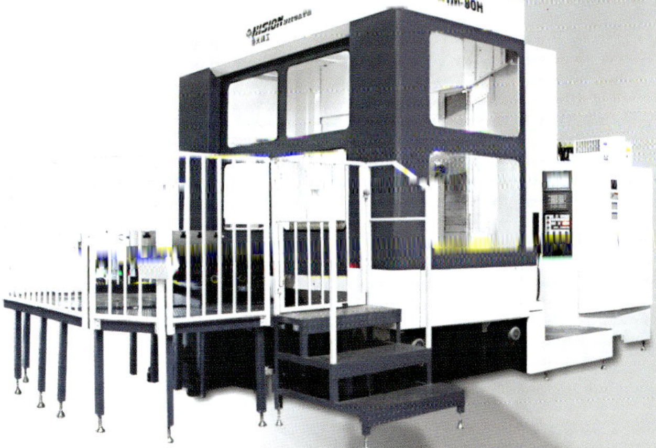

数控车床/车削中心

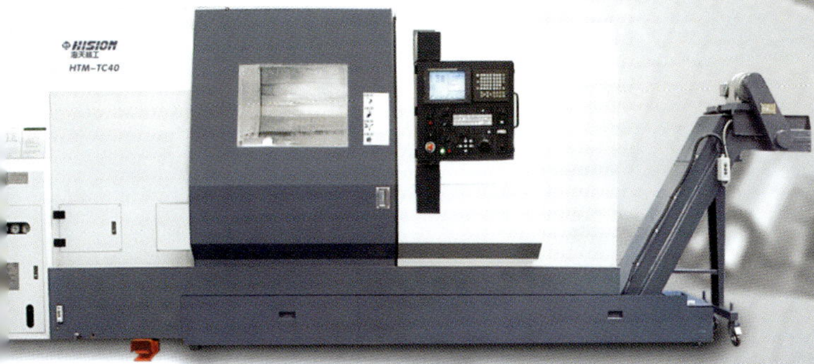

性技术 人性化服务

WORLD GROUP

固定台压力机装配现场

行政楼

沃得精机集团（以下简称沃得精机）始建于1953年，地处上海经济圈腹地，是历史悠久、技术专业的锻压设备制造商，行业内率先在境外上市的公司（新加坡主板上市）。沃得精机集团下辖沃得精机（中国）有限公司、光明沃得重型机床（中国）有限公司、光明沃得数控机床（江苏）有限公司、光明沃得铸造有限公司、沃得精机销售有限公司5个全资子公司，上海尚锻压力机有限公司1个控股子公司。公司本部设有压力机技术研发中心、数控板料技术研发中心、重型机床技术研发中心，另在上海设有沃得（上海）技术研发中心。主要产品涵盖各类金属成形机床，如机械曲柄压力机（开式单双点、闭式单双点系列等）、普通数控剪板机、普通数控折弯机、全数控折弯机、数控转塔冲床、各种规格液压机等共20余系列200多个品种。产品远销东南亚、南美、欧洲和南非等地。沃得精机在全国的大中型城市均设有销售网点和服务机构，成为行业内规模大、品种全、营销服务网络广的锻压设备制造商。沃得精机目标非常明确：把沃得精机建成具有强竞争力的中小型压力机生产基地，一流的板料设备生产基地，具有影响力的大型压力机生产企业。

KITAMURA PRECISION

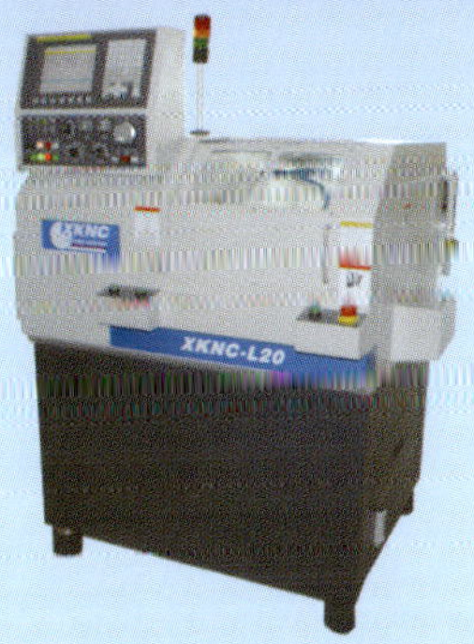

XKNC—L20

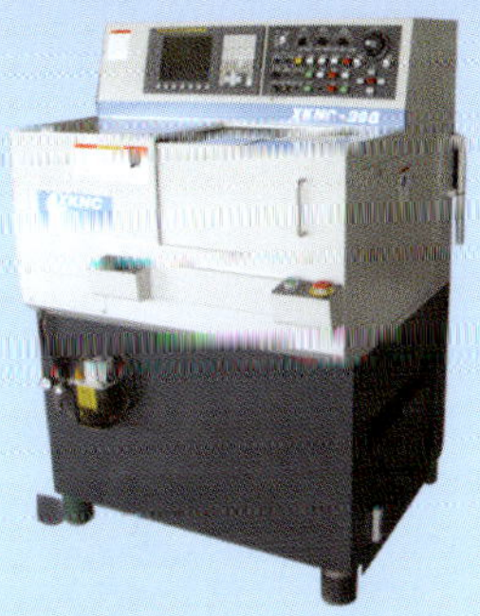

XKNC—20G

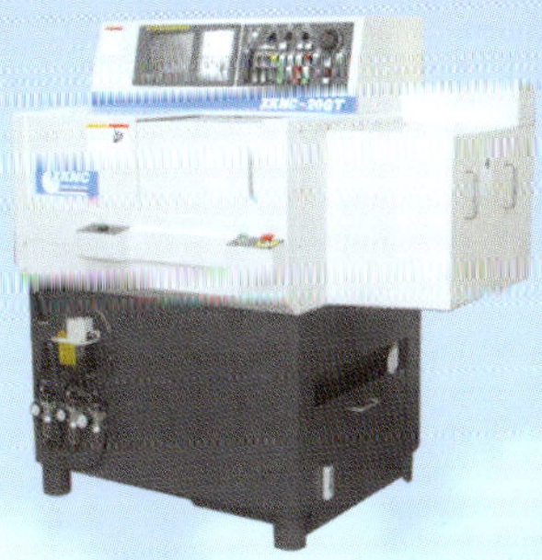

XKNC—20GT

XKNC—100GL

XKNC—SL12S/16S

XKNC—SAL12—3

XKNC—75/75D

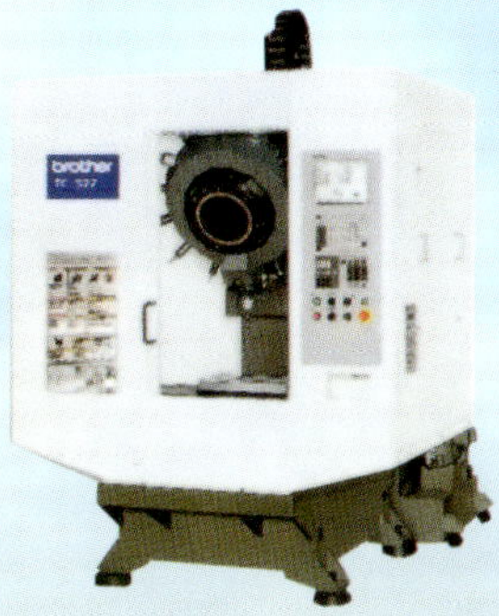

TC—S2Z

TC—S2Cz

地址：西安市高新技术产业开发区高新六路46号
邮编：710075
http://www.xknc.com
E-mail:xknc@xknc.com
电话：029–88452330、88452325（总机）
传真：029–88452320
免费客服热线：4008-899-891

全国销售网络联系电话：

上海办	021–64653995	北京办	010–64097471
南京办	025–84400517	西安办	029–88452315
宁波办	0574–87792181	沈阳办	024–24158398
重庆办	023–68061657	天津点	022–86610717
武汉办	027–83658359	青岛点	0532–82656511
华南办	0769–81503596	哈尔滨点	0451–86648160

制造精良
6
1949.6

SPS

上海冲剪机床厂

Shanghai punching & shearing machine works

厂长 谢彪

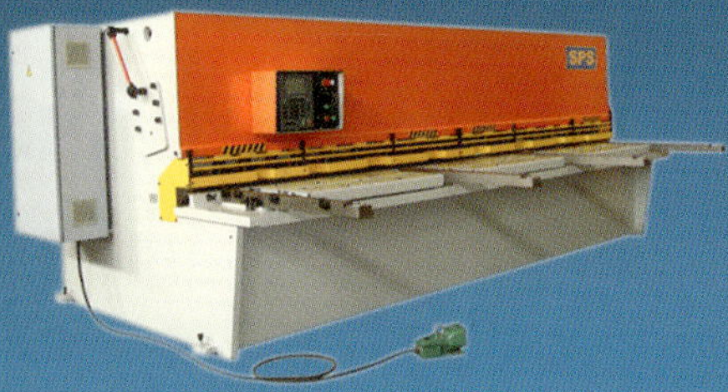

QC12K系列数控剪板机

AS系列数控板料折弯机

WC67Y系列液压板料折弯机

HP-300型数控转塔冲床

machine works

Shanghai pun

上海冲剪机床厂是上海电气（集团）总公司、上海机床工具（集团）有限公司下属的国有企业，行业骨干企业，被上海市政府评定为“2008年度第三批高新技术企业”。我厂创建于1931年，占地面积超过7万m²，建筑面积4万m²。职工349人，其中各类专业技术人员93人。我厂已通过ISO 9001质量体系认证，被评为2001年度、2002年度、2004年度“数控产值十佳企业”，2002年度“精心创品牌十佳企业”。

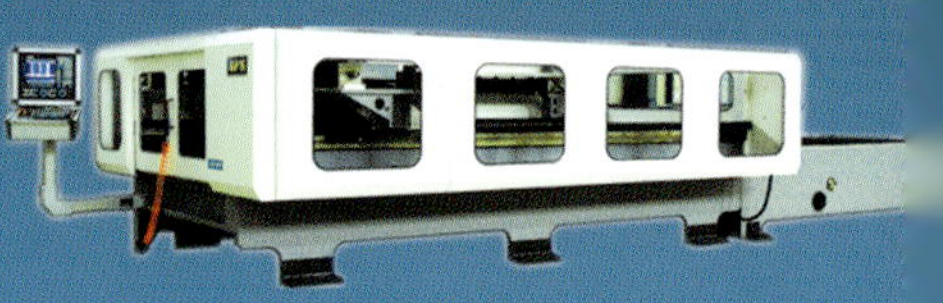

JGJ-3015型激光切割机

我厂以生产剪切机、弯曲矫正机及专用锻压设备为主，产品有4大系列160多个品种，包括QC12Y系列液压摆式剪板机，QC11Y系列液压闸式剪板机，QC12K、Q11K、HS系列数控剪板机，WC67Y、WE67Y系列液压板料折弯机，WC67K、PX—K、PS系列数控板料折弯机。年生产数控产品600多台（套），产值数控化率超过60%。产品多次荣获国家金质奖、国家银质奖和部优质产品称号以及上海市科技进步奖、上海市优质新产品奖、国家新产品奖。QC12Y系列剪板机、WC67Y系列板料折弯机、PS系列数控板料折弯机被上海市名牌产品推荐委员会评定为“2008年上海市名牌产品”。产品除满足国内需求外，还销往30多个国家和地区。

我厂设有剪折机械研究所，采用计算机辅助设计和辅助制造技术，已开发和生产300余种锻压机械，多数产品填补国内空白。下设刀片模具专业分厂，致力于模具材料、工艺、热处理技术和折弯机成形技术研究，为客户设计、制造专用模具。1996年，与日本AMADA公司合资建立上海天田冲剪有限公司。

我厂承担全国锻压机械标准化技术委员会剪折机械分技术委员会秘书处工作，积极贯彻上海市国资委“关于进一步加快推进上海国企改革发展若干意见”，大胆探索多元化重组新模式，强强联合、资源共享、抓住契机、共同发展！

SPS

地址：上海市北翟路1041号　电话：021-62395300　传真：021-62399387

http://www.chinasps.com.cn　E-mail:spsxsh@126.com

中国机械工业年鉴系列

中国机床工具工业年鉴

2009

中国机械工业年鉴编辑委员会
中国机床工具工业协会 编

机械工业出版社
China Machine Press

图书在版编目(CIP)数据

中国机床工具工业年鉴. 2009/中国机械工业年鉴编辑委员会，中国机床工具工业协会编. —北京：机械工业出版社，2009.12
(中国机械工业年鉴系列)
ISBN 978 - 7 - 111 - 29213 - 5

Ⅰ. 中… Ⅱ. ①中…②中… Ⅲ. 机床—金属加工工业—中国—2009—年鉴 Ⅳ. F426.41 - 54

中国版本图书馆 CIP 数据核字(2009)第 221367 号

机械工业出版社(北京市百万庄大街 22 号 邮政编码 100037)
责任编辑:袁士华
北京卓诚恒信彩色印刷有限公司和谐分公司印制
2009 年 12 月第 1 版第 1 次印刷
210mm×285mm · 26.5 印张 · 59 插页 · 1060 千字
定价:320.00 元

凡购买此书,如有缺页、倒页、脱页,由本社发行部调换
购书热线电话(010)88379821、88379829

领导关怀

2009年6月27日，胡锦涛总书记视察哈尔滨量具刃具集团有限责任公司，勉励哈量全体员工克服困难，再接再厉，以改革创新的精神做好企业工作，为国家装备制造业的振兴与发展发挥更大作用

2009年6月14日，中共中央政治局常委、全国政协主席贾庆林视察沈阳机床（集团）有限责任公司，并殷切嘱托：“寄希望于沈阳机床人再接再厉，继续实现大发展，不断为中国装备制造业振兴，为建设创新型国家作出突出贡献！”

领导关怀

2009年4月10日，第十一届中国国际机床展览会期间，齐重数控装备股份有限公司董事长马伟良向中共中央政治局委员、国务院副总理张德江介绍参展产品情况

2009年4月10日，中共中央政治局委员、国务院副总理张德江在工业与信息化部部长李毅中陪同下，莅临第十一届中国国际机床展览会，到济南二机床展台参观，并与张志刚董事长亲切交流

中国机械工业年鉴系列

作为『工业发展报告』
记录企业成长的每一阶段

中国机械工业年鉴

编辑委员会

前 言

尊敬的各界朋友：

大家好！首先感谢大家多年来对机床工具行业的关心、支持和帮助。

2008年，是不平凡、不寻常的一年。机床工具行业的发展遇到了极大的挑战，在战胜了冰冻和特大地震两次严重自然灾害的影响后，由美国次贷危机引发的全球性金融危机又接踵而来，并且对我国经济的负面影响日益加深，给整个机床工具行业的发展造成了非常大的冲击。我国机床工具行业在连续7年高速发展的惯性下，2008年上半年依然保持了快速增长的趋势，但下半年，金融危机的影响逐渐显现并不断加剧。我国机床工具行业产销增速明显减缓，第四季度下滑尤为明显。内销和出口均出现先扬后抑的局面，成为了我们机床工具行业乃至世界机床行业关注的焦点。

2008年，机床工具行业实现工业总产值（现价）3 472.3亿元，比上年增长27.5%；工业产品销售产值3 348.3亿元，比上年增长26.0%。

国内金属加工机床消费额194.4亿美元，其中金属切削机床消费额143.2亿美元，金属成形机床消费额51.2亿美元。

实现机床产量61.7万台，比上年下降2.4%；其中数控金属切削机床产量12.2万台，比上年下降3.3%。金属成形机床产量14.5万台，比上年下降9.8 %。

机床工具产品进出口总额194.2亿美元，其中进口122.9亿美元，出口71.3亿美元，进出口逆差51.6亿美元；金属加工机床进口75.9亿美元，出口21.1亿美元，进出口逆差54.8亿美元。其中数控机床进口57.4亿美元，出口7亿美元，进出口逆差50.4亿美元。

2008年，机床工具行业在科学发展观和“自主创新”精神的指引下，对提高产品自主技术创新水平和对新产品研发越来越重视。在行业企业为发电设备、交通运输、航空航天、国防军工等行业国家重点工程研制开发出的具有自主知识产权的高端机床工具产品中，21项荣获“中国机械工业科学技术奖”，其中3项获一等奖。这是自设立“中国机械工业科学技术奖”以来，机床工具行业获得一等奖最多的一年，标志着我国机床工具行业进入了一个加快新产品自主开发的新阶段。

当前，世界经济形势复杂，国际金融危机对我国经济的影响仍在继续，对机床工具行业的影响还未全部显现。中国机床工具行业正在积极探索如何全面贯彻落实科学发展观，克服国际金融危机的困难，变挑战为机遇，加快发展方式转变，加速产品升级，优化结构，降低成本，提高效益，以实现机床工具行业持续、快速发展。

多年来，中国机床工具工业协会通过《中国机床工具工业年鉴》与广大用户和社会各界广交朋友，相互交流，增进了解，也得到了大家的关心和支持。今后，希望广大用户和业内人士联起手来，继续相互支持，为走出金融危机困境，为机床工具行业的持续振兴而共同努力！

《中国机床工具工业年鉴》是记载行业发展的工具书，为读者提供了有关机床工具行业较全面的年度经济运行和发展情况，希望对大家了解行业有关情况和行业发展历史有所帮助。

在《中国机床工具工业年鉴》的编辑过程中，我们得到了机床工具行业各企业和相关用户的大力支持，在此一并表示感谢。中国机床工具工业协会将一如既往地为各界朋友和广大用户提供真诚的服务。

中国机床工具工业协会常务副理事长 吴柏林

2009年11月

献礼60建国周年

机床工具工业是国际公认的基础装备制造业，是战略性产业，是国民经济的脊柱产业。新中国成立60年来，我国机床工具工业历经几代人的拼搏，从无到有、从小到大，发生了天翻地覆的变化，已发展成为产业布局合理、产品门类齐全、具有较大经济规模和较强技术实力的产业。我国机床工具工业已开始走出国门，参与国际市场竞争。我国正在向机床工具生产强国的目标迈进，在国际上已具有举足轻重的话语权和产业地位。

60年中，我国机床工具工业取得了巨大成就，实现了跨越式发展：行业规模不断扩大，产品档次、产品质量不断提高，以改革、改组、改造为动力，重组并购国际名牌企业，努力提高国产机床市场占有率，不断拓宽机床工具产品的发展空间，为国家的发展强大和繁荣昌盛作出了突出的贡献。

2009年，机床工具行业各企业以新中国成立60周年为契机，落实科学发展观，提高产品质量和服务质量。在面临多重困难的情况下，全行业仍取得工业总产值增长27.5%、工业产品销售产值增长26.0%的好成绩，向伟大祖国的60岁生日献上了一份厚礼。

以创新迎接挑战
用品质铸锻辉煌

济南铸造锻压机械研究所
二〇〇九年五月二十六日
刘家旭

自主創新做精做大齊一品牌
產業報國挺民族裝備業大旗

齊重數控裝備股份有限公司
己丑年秋月

济南铸造锻压机械研究所
所长　刘家旭

齐重数控装备股份有限公司
董事长　马伟良

提供精良装备
要从细微做起

陈江
二〇〇九.七.

成都宁江机床(集团)股份有限公司
董事长　陈　江

共享磨削成果
共創市場價值

上海機床廠有限公司
乙丑年夏月　石光
石光

上海机床厂有限公司
总经理　石　光

依靠科技创新
为我国木工机床行业
快速发展做出应有贡献
南兴木工机械有限公司林旺南

东莞市南兴木工机械有限公司
董事长　林旺南

誠信為本鑄就漢机精神
精益求精打造民族品牌
漢江機床公司　己丑年秋

陕西汉江机床有限公司
董事长　高荣森

精益求精

杨京彦

二〇〇九年九月

北京机床研究所所长　杨京彦

发展可重构、模块化柔性机床

振兴汽车装备！

江苏恒力 董事长 仲秋

江苏恒力组合机床有限公司董事长　仲　秋

透视机床行业风采

谱写建国60周年新篇

广州数控 何敏佳

广州数控设备有限公司董事长　何敏佳

广告索引

广告索引

中国机床工具行业先进会员企业专栏

2008年度中国机床工具行业先进会员企业

自主创新十佳企业

杭州机床集团有限公司
宝鸡机床集团有限公司
天津市天锻压力机有限公司
浙江凯达机床股份有限公司
天水锻压机床有限公司
宁波海天精工机械有限公司
广州数控设备有限公司
南京工艺装备制造有限公司
北京精雕科技有限公司
河南中南工业有限责任公司

数控产值十佳企业

沈阳机床（集团）有限责任公司
北京第一机床厂
济南二机床集团有限公司
武汉重型机床集团有限公司
宁波海天精工机械有限公司
大连机床集团有限责任公司
齐重数控装备股份有限公司
齐齐哈尔二机床（集团）有限责任公司
陕西秦川机床工具集团有限公司
宝鸡机床集团有限公司

产品销售收入十佳企业

沈阳机床（集团）有限责任公司
河南黄河实业集团股份有限公司
江苏天工集团有限公司
齐齐哈尔二机床（集团）有限责任公司
江苏飞达工具股份有限公司
大连机床集团有限责任公司
陕西秦川机床工具集团有限公司
北京第一机床厂
齐重数控装备股份有限公司
济南二机床集团有限公司

产品出口十佳企业

江苏天工集团有限公司
大连机床集团有限责任公司
中国磨料磨具进出口公司
江苏扬力集团有限公司
湖北三环锻压机床有限公司
江苏飞达工具股份有限公司
沈阳机床（集团）有限责任公司
重庆市博赛矿业（集团）有限公司
白鸽磨料磨具有限公司
浙江凯达机床集团有限责任公司

综合经济效益十佳企业

宁波海天精工机械有限公司
江苏金方圆数控机床有限公司
天水星火机床有限责任公司
平顶山煤业集团易成碳化硅制品有限公司
杭州友佳精密机械有限公司
株洲钻石切削刀具股份有限公司
浙江日发数码精密机械股份有限公司
齐齐哈尔二机床（集团）有限责任公司
武汉华中数控股份有限公司
北京第一机床厂

精心创品牌活动十佳企业

汉川机床集团有限公司
宁波海天精工机械有限公司
成都宁江机床（集团）股份有限公司
南京工艺装备制造有限公司
郑州华晶金刚石股份有限公司
上海机床厂有限公司
重庆机床（集团）有限责任公司
河南中南工业有限责任公司
浙江凯达机床集团有限公司
东风汽车有限公司设备制造厂
保定维尔铸造机械有限公司
哈尔滨第一工具制造有限公司
江苏苏北砂轮厂有限公司
齐齐哈尔二机床（集团）有限责任公司
江苏亚威机床股份有限公司

DMTG 大连机床集团有限责任公司

——大连机床集团公司董事长、总裁:陈永开

科学发展 走向世界的行业领军人

陈永开现任大连机床集团董事长、党委书记、总裁。1999年1月受命于企业危难之中的他，肩负着国企脱困、改制，振兴国家民族装备制造业的历史重任和企业万名员工企盼改变自身命运的重托。在短短几年时间里，他率领广大干部员工励精图治、顽强拼搏，不仅使一个濒临倒闭的企业走在了国内机床行业的前列，还以世界机床前八强的业绩，引起了国内外同行业的震惊。

一、三大基地夯实跨越发展之基础

近十年来，大连机床肩负着发展民族工业的历史使命，站在巨人的肩膀上，以勇于创新、开拓进取的精神，使一个以普通车床和组合机床当家的企业，成为我国大型的数控机床、高速精密车床、重型专用机床及大型龙门镗铣机床的生产基地，全国大型的综合性数控系统及功能部件研发制造基地和全国机床行业大型的铸件生产基地。三大基地的建成，大大夯实了大连机床跨越发展的基础，具备了与世界同行业巨头同台表演的实力。

二、自主创新，赢得行业话语权

大连机床战略的赢点在于成功走出了一条具有自身特点的集成创新之路。

2000年企业脱困后，大连机床首先瞄准国际机床业具有高端技术的著名企业，并购、合资、合作，进行联合承接、联合设计、联合制造，以此来消化和掌握国际先进技术，占领技术制高点，带动和促进企业技术创新能力的提高，迅速缩小与世界先进水平的差距，并且牢牢掌握企业控制权和行业的话语权。

三、向“软肋”开刀，博弈功能部件

由于机床产品的很多单元技术都孕育在关键功能部件之中，因此大连机床很早就清醒地认识到，中国要成为数控机床的生产大国，首先要掌握关键功能部件核心技术的自主权，打破国外对高档数控机床功能部件的市场垄断。从2002年开始，依托下属各专业化公司，创建高起点、规模化的数控机床功能部件基地，使大连机床集团进入了数控机床功能部件领域。2006年数控机床功能部件基地全部竣工达产以来，大连机床以全系列的产品、集团化的组织形式，形成了大规模的制造能力，成为国内规模大、品种全、性能高的数控机床功能部件供应基地，并被确定为国家数控功能部件产业化基地。

陈永开不仅是一位优秀的领导者，也是一位睿智的思想者，曾荣获中国工业经济年度风云人物、全国机械工业优秀企业家、辽宁省“五一”劳动奖章、大连市特等劳动模范等称号，并一直致力改革、勇于创新，推进企业技术升级和经济高速发展，使企业创造了一个又一个辉煌。

大连机床集团始建于1948年，是共和国建国初期全国机床行业十八罗汉之一。“十五”以来，大连机床集团通过不断深化企业内部改革，坚持以我为主、为我所用，实施走出去战略；加快消化吸收，实行集合创新；实施产学研相结合，扩大技术创新体系等方针和大规模的技术改造，极大地提高了产品技术创新和装备制造能力。企业的数控技术、柔性制造技术、自动检测技术以及高速数控机床、高速加工中心、柔性生产线和数控功能部件的设计、制造达到世界先进水平，形成规模化生产销售数控机床的能力，拓展了企业快速发展的新境界，实现了经济跨越式增长。近年来，企业运用多项全新专利和核心技术，研制开发了数百种具有自主知识产权的新产品，为我国装备制造业和国防工业提供了大批先进装备。企业连续9年荣获中国机床工具行业销售收入、数控产值、出口创汇、精心创品牌四项“十佳”称号；“DMTG”牌数控车床连续5年被评为中国名牌产品。在中国机床工具行业中，企业连续5年进入中国企业500强，并以世界机床行业前8强的业绩引起了国内外同行业的震惊，改写了中国机床制造业落后的历史，使中国的机床制造企业站到了世界机床行业的第一方阵。企业主要产品有500多个品种，遍布国内各省(市、自治区)，远销世界100多个国家和地区。

大连机床集团已经发展成为由4个产业和40多个公司组成的产业集群，成为多种产业并举、走出国门向全球发展的大型国际化产业集团，成为全国组合机床、国家数控机床产业化基地和国家综合性数控功能部件研发制造基地，是中国机床行业的排头兵企业。

大连机床集团双D港数字化制造园

发展见证

- 销售收入连续9年居机床工具行业前列（2000～2008）
- 连续9年获中国机床工具行业销售收入、数控产值、出口创汇、精心创品牌四项“十佳”企业称号
- 连续6年进入中国企业500强

大连机床集团有限责任公司
地址：大连市开发区双D港辽河东路100号
电话：0411-87549888(总机)、87549118
传真：0411-87549191
售后服务热线：0411-87582366、87582377
传真：0411-87572778-3426
E-mail:dmtg-office@dmtg.com
http://www.dmtg.com

大连机床营销有限公司
地址：大连市开发区双D港辽河东路100号
合同管理处电话：0411-87582676、87582396、87582916
传真：0411-87582986、87582276
E-mail:shouqian@dmtg.com
http://www.dmtg.com

DMTG 大连机床集团有限责任公司

公司主要产品（四大类500多个品种）

组合机床及自动线、柔性制造系统；

立式、卧式及龙门式加工中心；

数控车床和车铣中心；

高速精密车床及机床附件。

CHD25A九轴五联动车铣复合中心

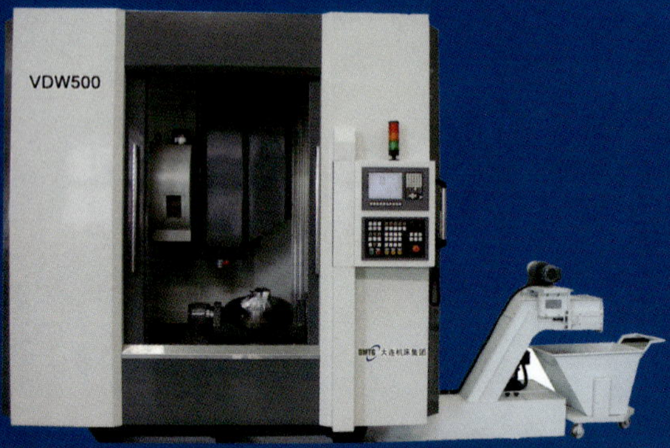

VDW500五轴立式加工中心

DL25MHSY车削中心

大连机床集团有限责任公司
地址：大连市开发区双D港辽河东路100号
电话：0411-87549888(总机)、87549118
传真：0411-87549191
售后服务热线：0411-87582366、87582377
传真：0411-87572778-3426
E-mail:dmtg-office@dmtg.com
http://www.dmtg.com

大连机床营销有限公司
地址：大连市开发区双D港辽河东路100号
合同管理处电话：0411-87582676、87582396、87582916
传真：0411-87582986、87582276
E-mail:shouqian@dmtg.com
http://www.dmtg.com

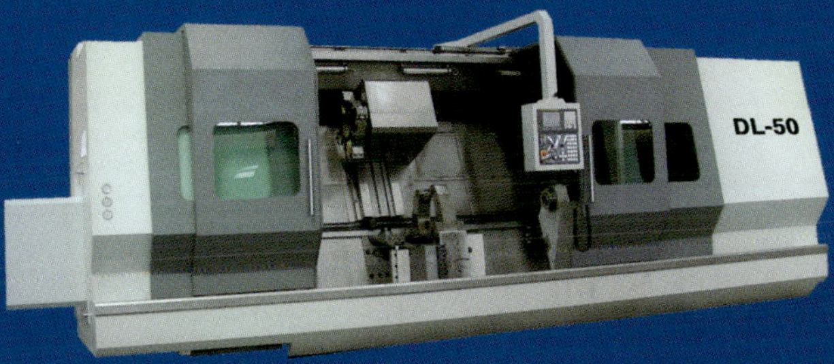

DL—50全机能数控车床

TK6513数控刨台卧式铣镗床

MDV95立式加工中心

MDH80卧式加工中心

立式加工中心组装车间

卧式加工中心装配车间

组合机床及柔性制造系统装配车间

杭州杭機股份有限公司
杭州機床集團有限公司

杭州杭机股份有限公司是国内大规模的平面磨床专业制造企业，由杭州机床集团与浙江省经济建设投资公司合作共建，是以研发制造大型精密数控磨床为主业的装备制造企业，注册资本2.6亿元，总投资8亿元。公司位于杭州临安经济开发区，占地面积20万m^2，建筑面积10万m^2。

- 卧轴矩台、立轴矩台、强力成形、龙门式等四大类磨床产品国家标准和行业标准的制定者；
- 拥有自主知识产权新产品30余种和国家专利20项；
- 大型数控龙门磨床系列产品为国家新产品；
- 数控强力缓进给成形磨床技术占据了国内制高点，成功替代进口；
- 高效率的双端面磨床处于国内技术领先水平；
- 具有国际先进水平的高精度数控立轴复合磨床开发当年就形成系列化批量生产；
- 创造多项中国企业新纪录；
- “杭州”牌平面磨床被国家商务部门评为“最具市场竞争力品牌”，为浙江省名牌产品和浙江省著名商标，产品畅销国内，远销世界50多个国家和地区。

HZ–078CNC数控直线滚动导轨磨床

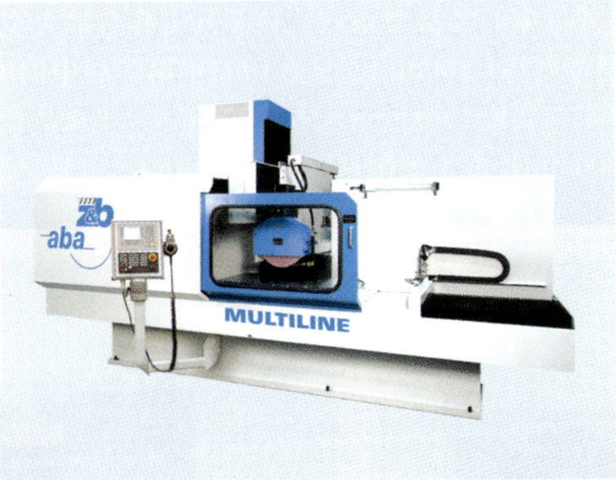

MULTILINE系列平面磨床

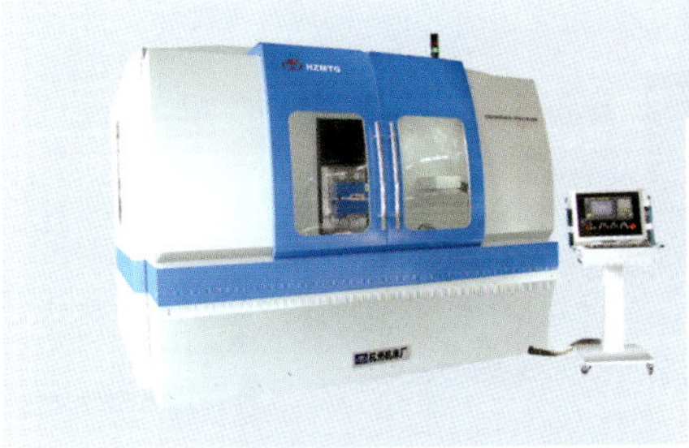

MUGK7120×5
超精密卧轴矩台平面磨床

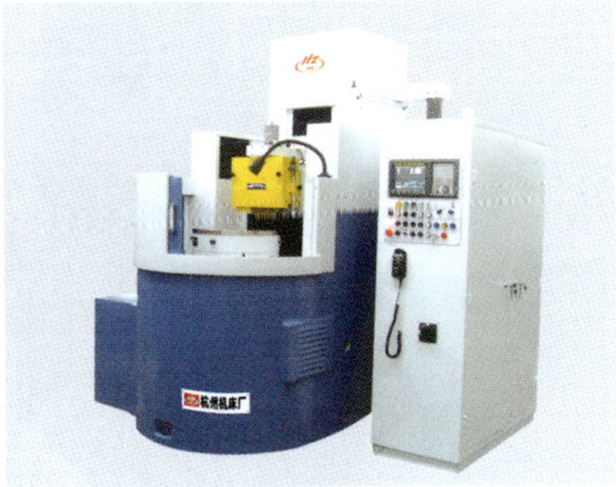

MGK7350型
数控高精度卧轴圆台平面磨床

股份公司平面磨床产品系列：

◆小规格系列手动平面磨床，磨头移动式、十字拖板系列普通级平面磨床；
◆十字拖板系列精密、高精密、超精密级平面磨床，程控精密磨床；
◆大型数控龙门式系列平面磨床、系列导轨磨床；
◆数控强力成形系列平面磨床，数控磨削加工中心，数控剪刃磨床；
◆卧轴、数控立轴双端面系列磨床；
◆数控卧轴、立轴圆台平面磨床；
◆数控直线导轨、车床导轨、瓦楞辊、陶瓷切割、球面磨床等专用机床。

杭州杭机股份有限公司全面继承了杭州机床集团平面磨床产品的技术、制造精华，将以新产品研发、关键技术创新、产品装配、售前技术支持及用户培训为主线，打造适应高技术含量大型数控精密产品的、多品种变批量的生产制造体系。

公司成员企业——德国aba z&b磨床公司专门研发生产高精度平面磨床、数控强力成形磨床、旋转工作台磨床、直线滚动导轨磨床等专用磨床，是磨床数控编程软件开发和砂轮修整技术方面的主导者，该技术处于行业国际领先水平。

杭州杭机股份有限公司期待向更多的客户提供机床和技术支持！

公司愿景：成为面向全球的综合磨床供应服务商，为我国先进装备制造业水平的提升作出贡献。

面向全球综合磨床供应服务商

公司生产基地：浙江省杭州市临安经济开发区青山大道68号
销售公司地址：浙江省杭州市学院路50号 邮编 310012
电话：0571-87295050、87293747、28025050 传真：0571-87296277、28028300
http://www.hzmtg.com E-mail:sale@hzmtg.com

沈阳机床
以精良的重大型机床
装备中国重化工业

沈一希斯

中捷机床

昆明机床

先进会员企业专栏

刨台卧式铣镗床

数控卧式铣镗床

数控回转工作台

地址：云南省昆明市茨坝路23号　邮编：650203
电话：0871-6166660　6166661　6166662　6166667　传真：0871-6166662 6166741
http://www.kmtcl.com.cn

中国名牌产品
中国驰名商标
LINKS
中国哈量
齿轮测量中心CNC3903A型
本测量仪的基本配置可测量各种形状的直齿圆柱齿轮、斜齿圆柱齿轮；可选配置可测量齿轮滚刀、蜗轮滚刀、径向剃齿刀和插齿刀等齿轮刀具，可选装置还可以测量蜗轮、蜗杆、直齿锥齿轮、斜齿锥齿轮、弧齿锥齿轮和凸轮等工件。
齿轮测量中心L45型
本测量中心基本配置软件可以测量圆柱齿轮。可选测量软件有：齿轮滚刀测量软件、蜗轮滚刀测量软件、剃齿刀测量软件、插齿刀测量软件、蜗杆测量软件、蜗轮测量软件、直锥齿轮测量软件和斜锥齿轮测量软件等，并可按照用户要求扩展。
表面轮廓测量仪2207型
本测量仪包括粗糙度测量系统、原始轮廓测量系统、波纹度测量系统和直线度测量系统，可测量平面、圆柱面、深槽、曲面的表面粗糙度、波纹度、原始轮廓和直线度参数，还可测量工件表面微观轮廓的水平和垂直距离。
热套装置i—tec XL型
本装置采用先进的热套装刀具技术，将刀具与刀柄完美地结合，使刀具性能大大提高，它以操作安全简便、舒适合理赢得顾客的青睐。由于含有3个热套装及冷却位置，热套刀具可以迅速的准备就位。感应线圈定位时，可通过转动手柄把立柱调到相应的操作位置。
新一代并联机床
LINKS EXE700型
21世纪机床发展方向。本机床适合于航天航空、汽车制造、大型工程机械制造等领域需要实现敏捷加工、高速加工及数字化装配等场合。
螺旋锥齿轮磨齿机
H2000G
主要用于汽车后桥、航空航海、冶金矿山、机床等所需螺旋锥齿轮磨齿机的加工，最大直径可达2 000mm。
主要技术参数：
最大加工直径：2 000mm
最大加工模数：40mm
加工齿数：5~200
最大传动比：10
最大齿面宽：300mm
工件主轴大端内孔直径：400mm
通孔直径×通孔长度=400mm×1 370mm
刀盘直径：21~40mm
地址：黑龙江省哈尔滨市和平路44号 邮编：150040 电话：0451—86792688 82641836（销售）

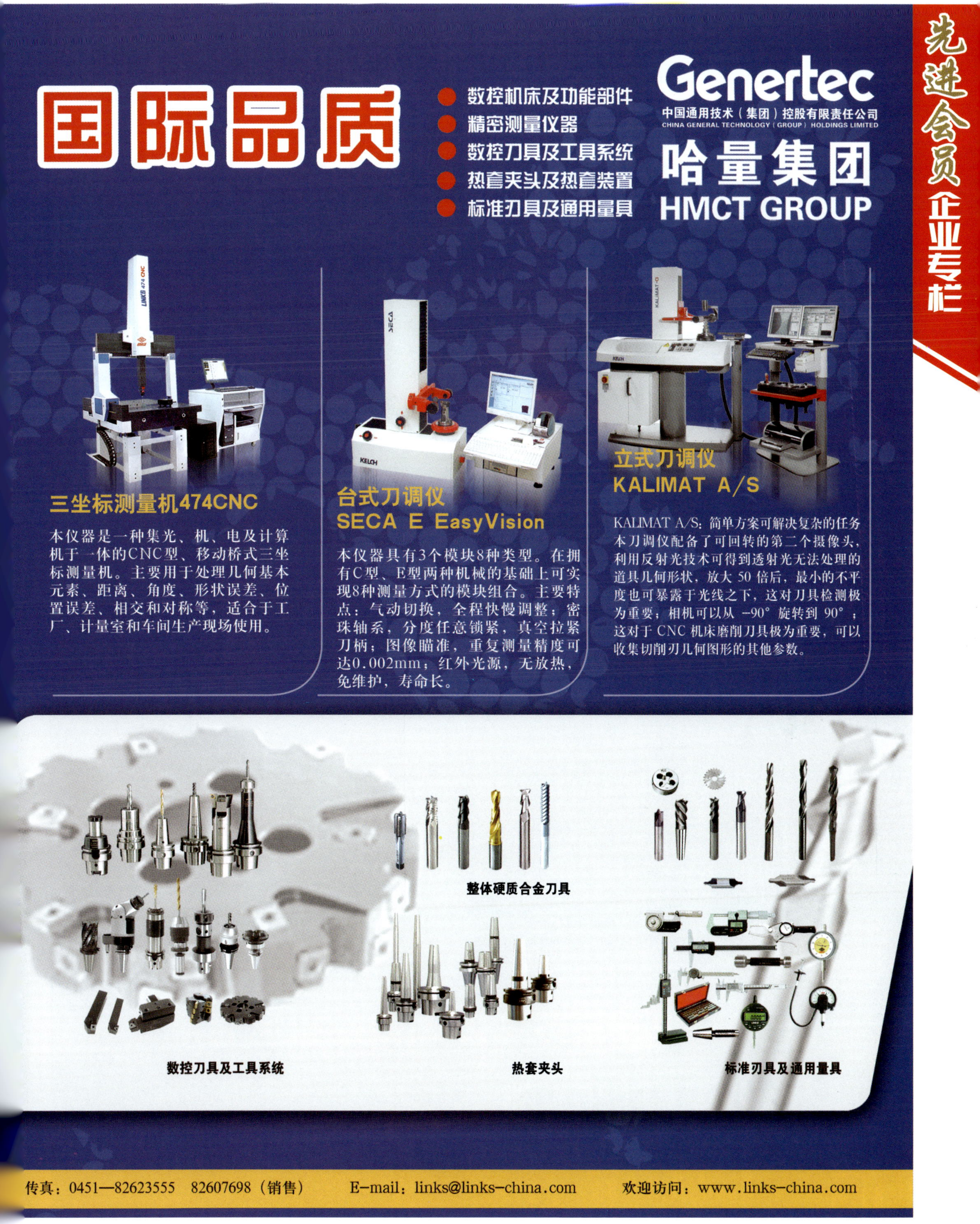
先进会员企业专栏
国际品质
数控机床及功能部件
精密测量仪器
数控刀具及工具系统
热套夹头及热套装置
标准刀具及通用量具
Genertec
中国通用技术（集团）控股有限责任公司
CHINA GENERAL TECHNOLOGY (GROUP) HOLDINGS LIMITED
哈量集团
HMCT GROUP
三坐标测量机474CNC
本仪器是一种集光、机、电及计算机于一体的CNC型、移动桥式三坐标测量机。主要用于处理几何基本元素、距离、角度、形状误差、位置误差、相交和对称等，适合于工厂、计量室和车间生产现场使用。
台式刀调仪
SECA E EasyVision
本仪器具有3个模块8种类型。在拥有C型、E型两种机械的基础上可实现8种测量方式的模块组合。主要特点：气动切换，全程快慢调整；密珠轴系，分度任意锁紧，真空拉紧刀柄；图像瞄准，重复测量精度可达0.002mm；红外光源，无放热，免维护，寿命长。
立式刀调仪
KALIMAT A/S
KALIMAT A/S：简单方案可解决复杂的任务本刀调仪配备了可回转的第二个摄像头，利用反射光技术可得到透射光无法处理的道具几何形状，放大 50 倍后，最小的不平度也可暴露于光线之下，这对刀具检测极为重要；相机可以从 −90° 旋转到 90°；这对于 CNC 机床磨削刀具极为重要，可以收集切削刃几何图形的其他参数。
整体硬质合金刀具
数控刀具及工具系统
热套夹头
标准刀具及通用量具
传真：0451—82623555　82607698（销售）
E-mail：links@links-china.com
欢迎访问：www.links-china.com

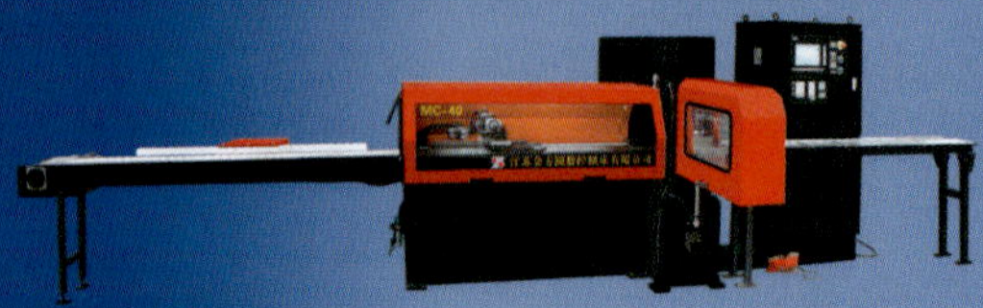

江苏金方圆数控机床有限公司

中国名牌
CHINA TOP BRAND
2006.9-2009.9
成量工具 中国名牌
成于坚韧 量出完美
成都成量工具集团有限公司
CHENGDU CHENGLIANG TOOLS GROUP CO.,LTD
API SPEC 5B
ISO10012-2003
ISO14001:2004
ISO9001:2000
公司地址:中国四川成都市新都区三河长龙
Address:Sanhechanglong,Xindu district,Chengdu,Sichuan,China
邮编P.C.:610503
http://www.chinachengliang.com
E-mail:sale@chinachengliang.com
国际贸易 电话Tel for foreign trade: 0086–28–83059899
传真Fax for foreign trade: 0086–28–83059890
E-mail for foreign trade: market@chinachengliang.com
国内贸易 电话 Tel for home trade: 0086–28–83059888
传真Fax: 0086–28–83059666

精心打造机床附件知名品牌
环球®
环球附件 相伴永远
1983年、1984年、1985年机床附件行业国家银质奖
2004年山东省名牌产品
2006年山东省著名商标
通过(DNV)ISO9001:2000认证
FK15系列数控分度头
F11系列分度头
PK11系列中心架
TK13系列数控立卧转台
XC系列万能铣头
TSK系列机械转台
AK31系列数控转塔刀架
www.yt-ma.com
烟台环球机床附件集团有限公司
YANTAI UNIVERSAL MACHINE TOOL ACCESSORY GROUP CO.,LTD
地址：山东省烟台市凤凰台路1号 邮编：264002
电话：(0535)6535511 (总机)
http://www.yt-ma.com

中国机床工具行业
优秀企业展示窗

北京机床研究所
BEIJING MACHINE TOOL RESEARCH INSTITUTE

北京机床研究所建于1956年，是我国机床行业规模较大、实力较强，机、电、光、气液等专业技术同步发展的综合性技术研究所，1999年由中央直属科研事业单位转制为科技型企业。

转制以来，北京机床研究所不断推进结构重组和体制、机制改革，实施集团化发展战略。到2008年，北京机床研究所的投资实体发展为7个，即北京机床所精密机电有限公司、北京工研精机股份有限公司、北京发那科机电有限公司、北京精密天工滚珠丝杠股份有限公司、北京发那科数控工程公司、国家机床产品质量监督检验中心、北京克林斯福物业管理有限公司。集团化发展使北京机床研究所的规模优势逐步显现，综合竞争力也明显增强。2008年北京机床研究所整个集团实现总体销售收入20亿元。

几年来，北京机床研究所不断加大技术投入，推动技术进步，促进产品更新换代。目前北京机床研究所的"μ系列"加工中心已实现系列化，超精密加工设备实现商品化，并成功进入市场，产品技术水平达到国际先进水平。"μ系列"加工中心、超精密加工设备广泛应用于我国航空、航天、汽车、电子等尖端和支柱行业，不仅为这些行业关键零部件的高精加工提供了设备保障，也使北京机床研究所在精密、超精密加工技术和装备的研究以及实现产业化方面在国内处于领先地位。

北京机床研究所以其雄厚的技术实力建设有"精密超精密加工国家工程研究中心"、"国家超精密机床工程技术研究中心"两个国家工程研究中心。北京机床研究所将以两个国家中心为基础，跟踪国际机床行业的先进技术水平，瞄准国内机床行业的市场需求，不断提升自主创新能力，研发出更多具有自主知识产权的精密、超精密数控机床产品。

多年来，北京机床研究所承担多项机床行业服务工作。北京机床研究所是中国机床工具工业协会副理事长单位。国家机床质量监督检验中心作为北京机床研究所的全资投资实体，是国家质量技术监督部门授权的具有第三方公正性的国家质量监督检验机构、是国家出入境检验检疫部门认可实验室以及科技成果检测鉴定国家检测机构。中国机械工程学会生产工程分会秘书处挂靠在北京机床研究所。全国金属切削机床标准化技术委员会秘书处、全国工业机械电气系统标准化技术委员会秘书处、全国工业自动化系统与集成标准化技术委员会物理设备控制分会秘书处挂靠在北京机床研究所。北京机床研究所还设有杂志社，编辑出版在机床行业具有权威性的国家一级刊物《制造技术与机床》。

北京机床研究所以振兴我国装备制造业为己任，努力创建机床行业技术发展创新平台，在努力攻坚、不断保持企业自身技术和产品发展处于行业领先水平的同时，进一步履行社会职能，在机床行业发挥好参谋、组织和服务作用，为机床行业的发展作出新的贡献。

优秀企业展示窗

瓦机数控机床有限公司

2MK 95160 数控立式万能磨床

ZK 400 数控双柱立式钻床

普通立式车床

数控单柱立式车床

普通双柱立式车床

普通双柱立式车床

装备现场

数控双柱立式车床

地址：辽宁省瓦房店市工业园区兴工大街11号
邮编：116300
电话：0411—85567117、85567172
传真：0411—85567176、85567170
http：//www.whmtw.com
E-mail：wfdmtw@mail.dlptt.ln.cn

WS11K−180/260×3000水平下调卷板机

WS67K−1200/8000折弯机

TDT44−25×2500开卷校平纵横剪切生产线

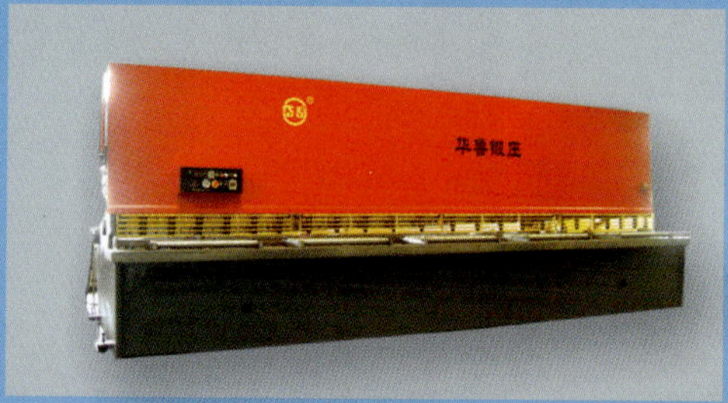

QC12Y−16×8000剪板机

WES11K−35×21000数控船用卷板机

WD43M−60×3500数控校平机

HLDY

泰安华鲁锻压机床有限公司

TAIAN HUALU METALFORMING MACHINE TOOL CO., LTD.

HLDY

TAIAN HUALU
METALFORMING MACHINE TOOL

泰安华鲁锻压机床有限公司始建于1968年。公司现有员工760余人，其中工程技术人员196人，聘请外国专家4人，拥有各种加工设备460多台。主要产品有数控卷板机、矫平机、剪板机、折弯机、开卷矫平剪切生产线等五大系列。产品广泛应用于船舶、机车、石油、化工、水利、电力、煤炭、矿山、军工、锅炉、桥梁等多行业，并出口亚洲、非洲及俄罗斯等欧洲国家，在国内外具有较高的品牌知名度。公司还为北京奥运鸟巢工程、西气东输、南水北调及大型风力发电、船舶、桥梁等国家重点项目工程建设提供了关键装备。

公司是中国机床工具工业协会锻压机械分会常务理事单位、国家高新技术企业，拥有省级企业技术中心。公司依靠自主知识产权技术提升核心竞争力，产品节能环保，技术水平处于行业的领先地位。公司获得国家专利40多项，其中部分申请国际专利，起草了卷板机、矫平机、开卷矫平剪切生产线等多项国家标准和行业标准。

公司坚持“品质第一，用户至上”的质量方针，以增强顾客满意为宗旨，以“缩小中国装备制造业与世界先进水平的差距、打造世界品牌”为奋斗目标，近年来以数控化、大型化、节能环保技术为方向，致力于船板卷制、厚板大锥度工件卷制、高强度板矫平、爆炸复合板矫平及零件矫平的研究，在引进、消化吸收德国先进技术的基础上不断创新，多种产品填补国内空白，达到国际先进水平，完全可以替代进口，对我国锻压机床在国际地位上的提升起到了重要的作用，对行业技术进步起到了积极的推动作用。

公司承担多个国家火炬计划项目和国家重点新产品计划项目，多种产品荣获国家、省科技进步奖，省优秀新产品等奖项。大型数控船用卷板机、高强度板矫平机、水平下调式三辊卷板机、精密矫平机达到国际先进水平，占据国内绝大部分市场份额；数控折弯机、数控剪板机处于国内领先水平，市场占有率逐年提高。WES11K-35×21000大型数控船用卷板机(加工能力世界领先)是建造特大型船舶的重大关键装备之一，完全替代进口，列入“国家重点产业振兴和技术改造产品目录”。

公司不断加强企业文化建设和技术创新体系建设，2000年通过ISO9001质量体系认证、ISO14001：2004环境管理体系认证及GB/T28001：2001职业健康安全管理认证，生产现场采用6S管理、JIT准时制生产，工艺完备，检测手段先进，加工母机实现数显、数控化。公司产品被评为“山东名牌”，“岱岳”牌商标被评为“山东省著名商标”。企业先后被授予2008年“山东省企业技术创新奖”、“山东省机械工业十大自主创新品牌企业”、“山东省诚信示范企业”等多项荣誉称号。

公司秉承“诚信、公正、求实、创新”的经营理念，热诚欢迎国内外新老朋友光临惠顾！

地址：山东省泰安市西南工业区泰玻大街　　邮编：271000
电话：0538-6629065　6629080　　传真：0538-6629010
http://www.taianduanya.cn　　E-mail: hualuduanya@126.cn

中航工业保定向阳航空精密机械有限公司

AVIC Baoding Xiangyang Aviation Precision Machinery Co., Ltd.

中航工业保定向阳航空精密机械有限公司始建于1964年，隶属于中国航空工业集团公司，是国家大二型企业，高新技术企业。公司通过了ISO9001:2000质量体系认证、武器装备科研生产许可、国家安全质量标准二级企业和三级国防计量机构认证。

公司生产规模和技术水平在国内同行业处于领先地位，产品覆盖我国航空航天、兵器、机械、纺织、铁路、医疗等行业，还出口欧美等国家和地区。

组 合 夹 具

应 用 实 例

柔 性 夹 具

应 用 实 例

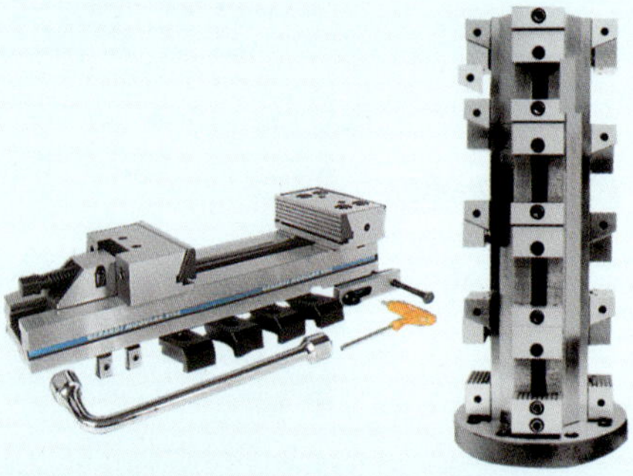
精 密 平 口 钳

应 用 实 例

地址：河北省保定市向阳北大街88号 邮编：071064
电话：0312－3099818 3099800 传真：0312－3099999

www.xiangyang.com.cn

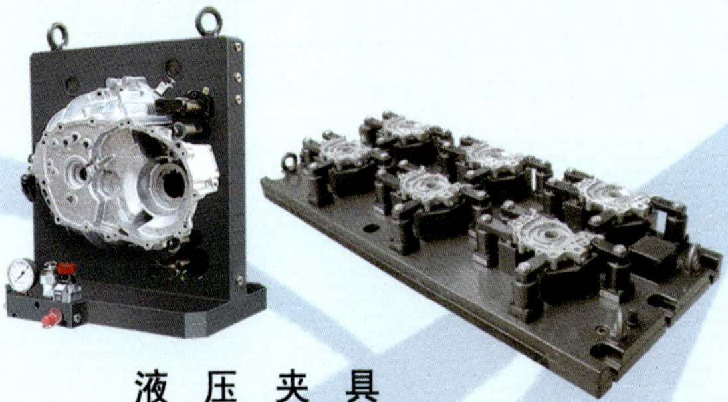

液 压 夹 具

气 动 、电 永 磁 夹 具

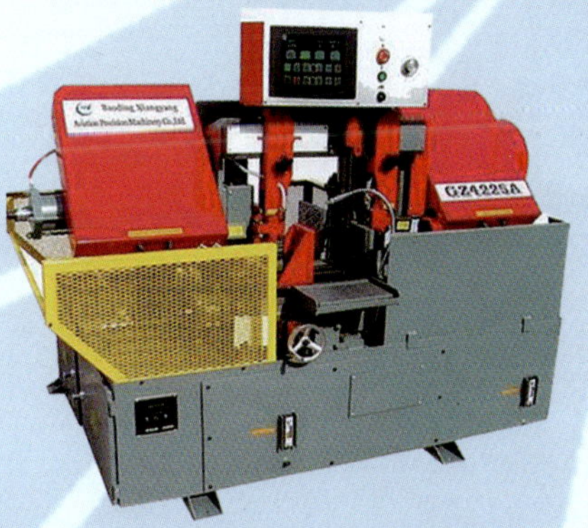

金 属 带 锯 床

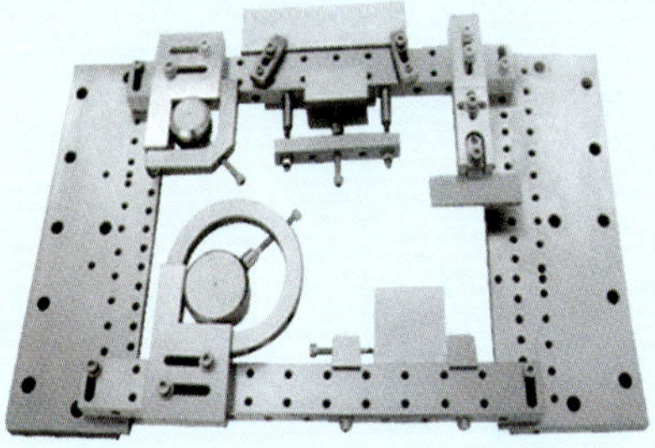

电 加 工 夹 具

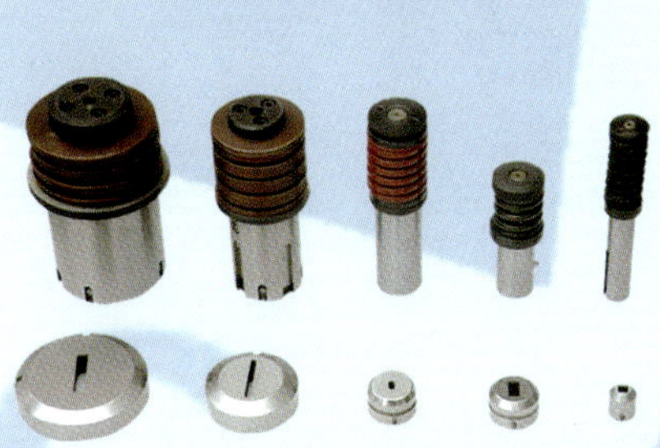

模 具 标 准 件

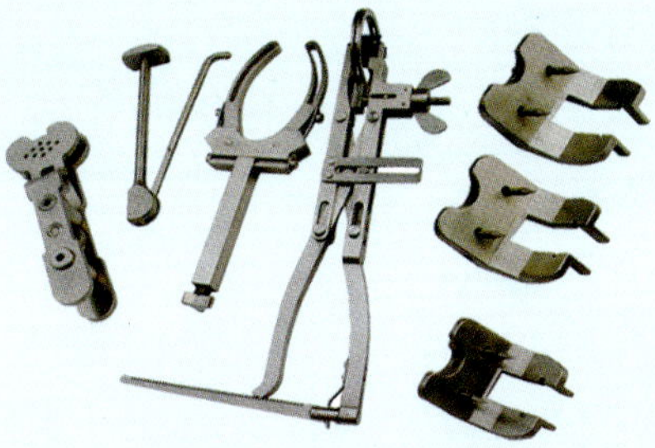

骨 科 手 术 器 械

数 控 、精 密 、复 杂 机 床 修 理 改 造

http://www.xiangyang.com.cn

E-mail:bdxy@xiangyang.com.cn

造机床精品、创晶菱名牌

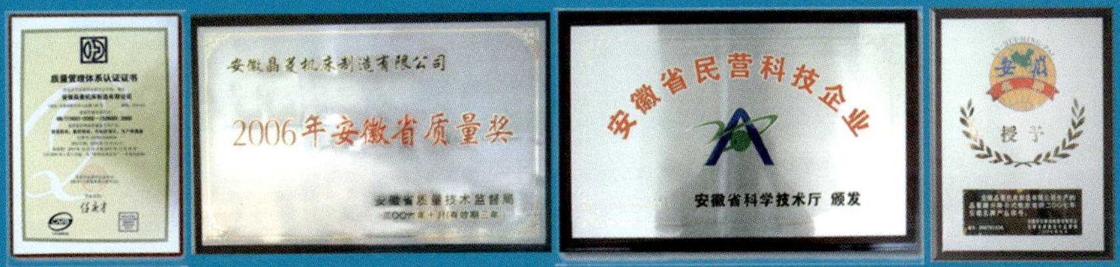

安徽晶菱机床制造有限公司是股份制民营企业，是全国大规格升降台铣床专业生产厂家，中国机床工具工业协会理事单位、中国机床工具工业协会铣床分会理事单位，中国质量检验协会会员单位。2004年通过了ISO9001：2000质量体系认证，荣获2006年安徽省质量奖、2007年安徽省名牌产品称号。

公司下设普通铣床厂、数控铣床厂、重型数控机床厂，生产各类“晶菱”牌机床，有立式、卧式升降台铣床，数控立式、卧式升降台铣床，系列床身数控铣床和立式加工中心，数控龙门镗铣床，数控落地铣镗床以及系列台钻等。公司拥有机加工设备220多台，其中精、大、稀设备32台，形成年产大规格升降台铣床700台，数控铣床300台，大型数控龙门镗铣床、数控落地铣镗床100台以及5 000台工业台钻的生产能力。

经过50多年的发展，公司在机床制造方面拥有完善的制造工艺、检测手段及研发设计。公司以现代企业管理为理念，积极倡导以人为本的人性化管理。严格的质量控制跟踪体系，使产品质量得到不断提升，保证了为用户多出精品。公司以用户至上的服务理念，切实落实产品质量“三包”服务承诺，多年来深受全国广大用户的高度赞誉。

MV—80加工中心

XH4225龙门镗铣床加工中心

TK6916数控落地铣镗床

地址：安徽省蚌埠市大庆路189号　　邮编：233010
电话：0552-4928963、4926146　　传真：0552-4928935、4926146
http://www.bbjljc.com　　E-mail:ahjljc@126.com

机床有限公司

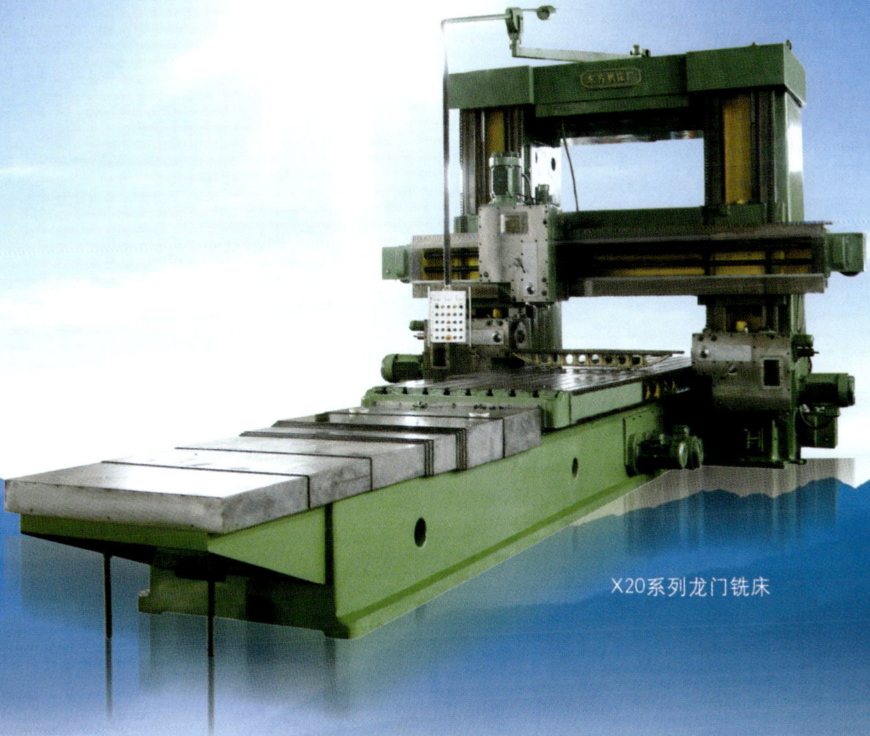

X20系列龙门铣床

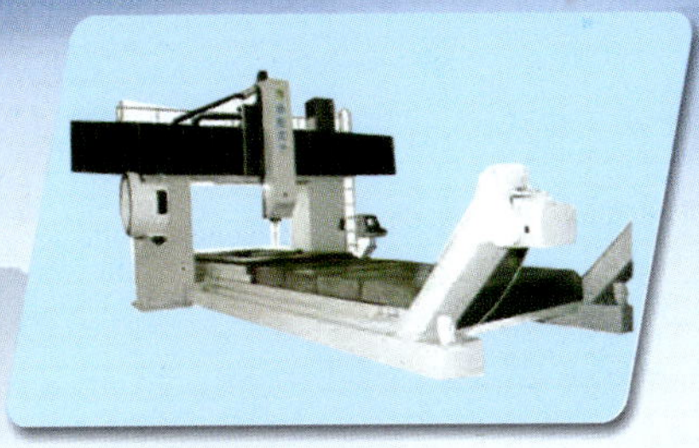

XK(XH)24系列数控定梁龙门镗铣床

单臂刨床

龙门刨床

B23系列龙门铣刨床

X21系列龙门镗铣床

数控龙门刨床

地址：贵州省都匀市
邮编：558004
电话：0854—8320055、8328913、8320475
传真：0854—8320055、8320444
售后服务热线：0854—8335543
http://www.gzdydf.cn
E-mail:gzdydf@vip.163.com

泰州市江洲汉洋

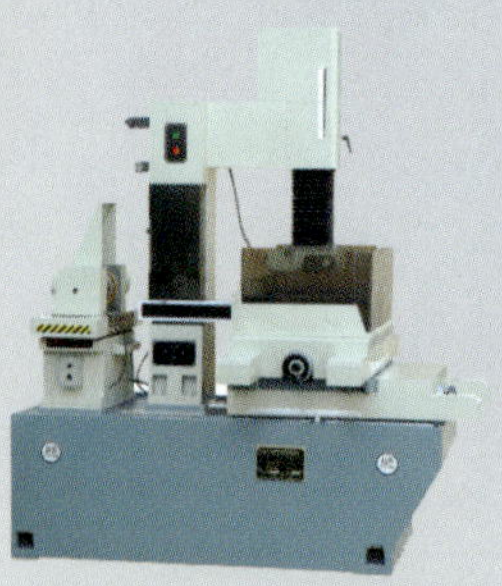

豪华中走丝线切割机床

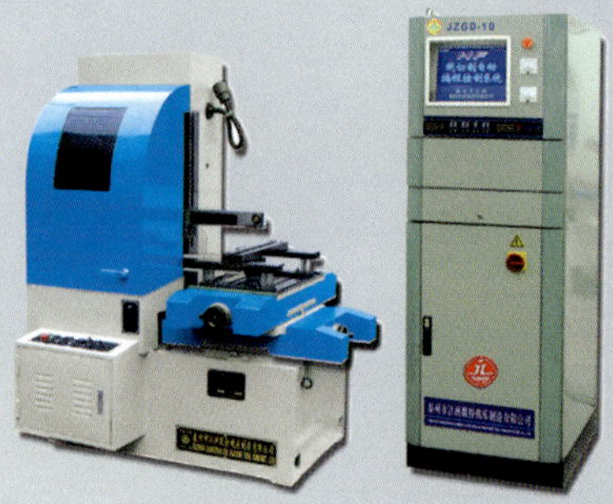

封闭线切割机床

成形机

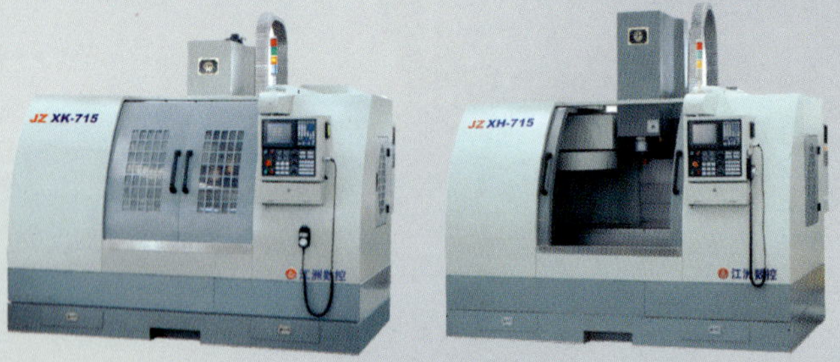

数控铣加工中心

砂线机

雕刻机

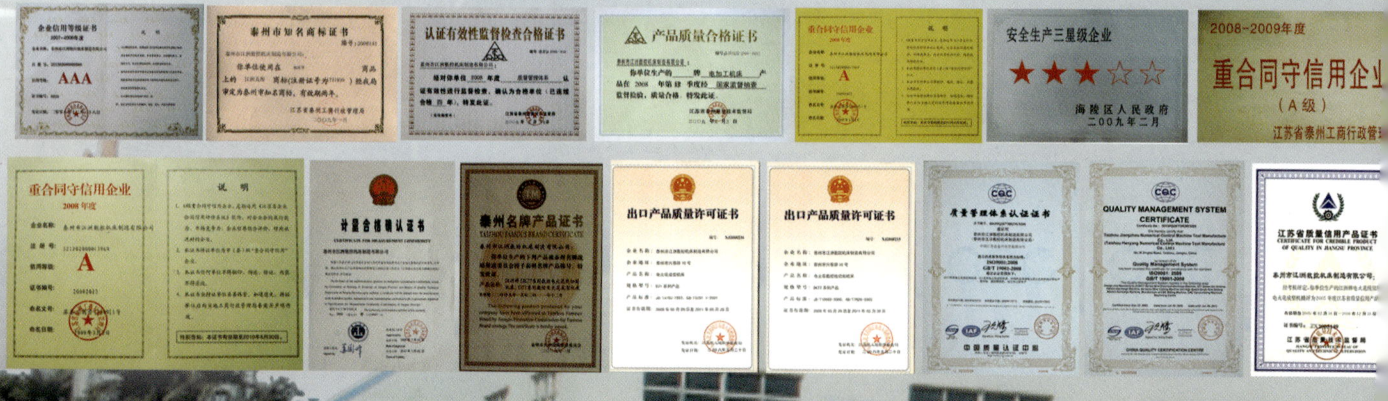

数控机床制造有限公司

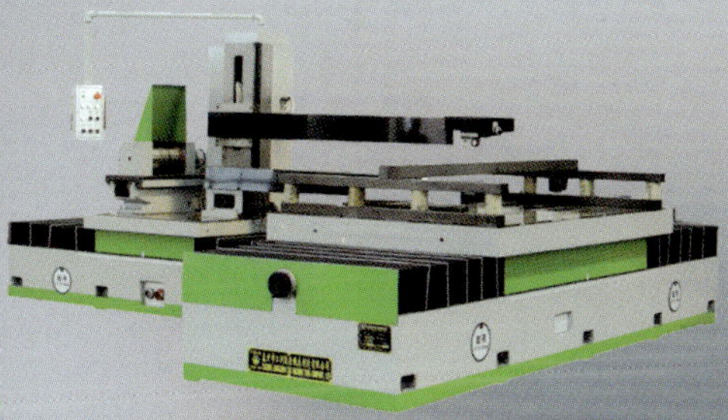

DK77120线切割机床

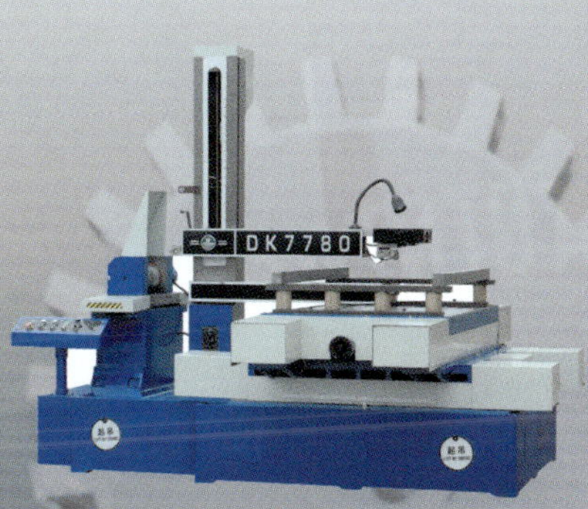

DK7780线切割机床

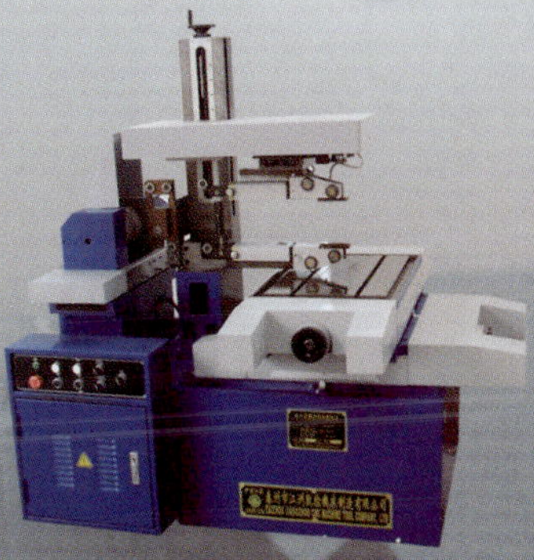

摇摆线切割机床

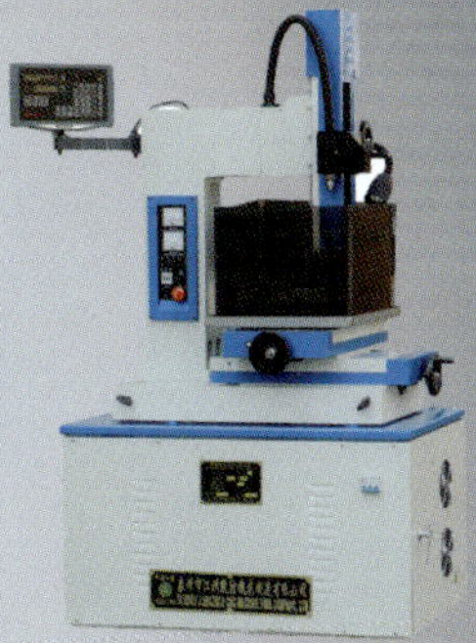

小孔机

泰州市江洲汉洋数控机床制造有限公司是国内专业生产数控电火花线切割机床、电火花成形机床、加工中心、数控铣床、雕铣机床、数控砂线切割机床的大公司，具有产品开发设计、生产制造能力。

主要产品有DK77系列电火花数控线切割机床、D71系列电火花数控成形机床、数控砂线切割机床、数控砂棒磨削机、高速电火花小孔加工机、XK系列数控铣床、XH系列加工中心、雕铣机等，同时应客户要求生产各式样机。

高素质的员工队伍，科学的管理，与大中院校科研机构的联合，使公司生产的各种机床性能稳定、可靠，能满足各种模具及机械零件的加工制造。

公司通过了ISO9001:2008国际质量体系认证。产品销往国内20多个省市，并出口马来西亚、韩国、越南、泰国、埃及、俄罗斯、巴基斯坦、乌克兰等国家。产品实行“三包”终身维修，免费为用户提供技术培训。公司售后服务及时、周到，已在全国各地设有几十家售后服务办事处，并在越南和泰国设有分公司。

地址：中国江苏省泰州市九龙台商工业园区龙翔路16号　**邮编：**225300
电话：0523—82212316　**传真：**0523—86558608
http://www.jzsk.com.cn　E-mail: sales@jzsk.com.cn　wly468@163.com

天津市第二机床有限公司
TIANJIN NO.2 MACHINE TOOL CO.,LTD.

2MK/M/G95系列 数控立式万能磨床

用于小批量，多品种生产线，适合轴承内外圈加工，各种大中型精密轴承内外环的内径、外径、端面及肩面和内外圆、端面上各种滚道的粗磨、半精磨和精磨；环类、盘类、套筒零件的加工；特别适合于风电发电设备中变桨轴承、偏航轴承沟道、内外圆及端面的磨削加工。广泛应用于大型精密轴承磨削，大型精密回转支承磨削，是能源、电力、冶金、船舶、风电、航天、航空等高技术产业所急需的关键基础装备。

CKJ61100/CKJ61125 数控车床

采用西门子或法那科数控系统控制交流伺服电动机，通过精密滚珠丝杠将动力传至高精度电动刀架，进行两坐标连续控制的半闭环系统。该机床可完成各种形状的轴类及盘类工件的内外圆、端面、圆锥面、圆弧面和各种公制、英制螺纹的加工。

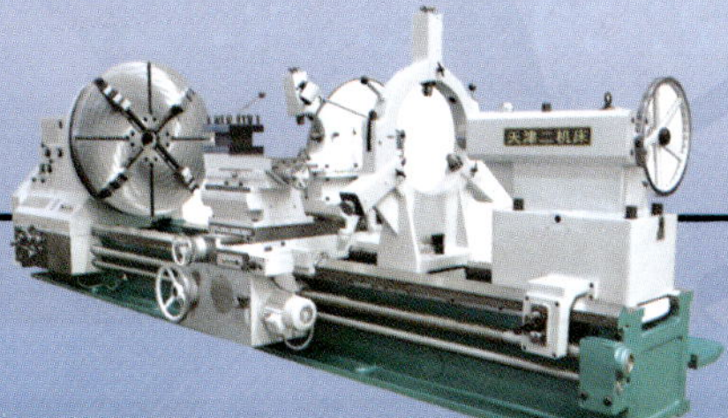

CT61100/T2—011T 卧式车床

是在CQ61100/T2—011T基础上进行结构改进设计，贯彻了新标准。改进后提高了主轴系统的刚性，适用于强力或高速切削，细化了纵向、横向刀架进给量；适用于对铸件、钢件及有色金属的大中型零件进行车削加工。可车削外圆、内圆、圆锥面、端面、切槽、钻孔、镗孔、套料，并能车削公制、英制、模数制等各种内外螺纹。特别适用于机械制造业、轻纺、石化、阀门、轧辊等各种机械加工行业。

CD系列大型卧式车床

是多功能大型普通系列化车床，床身宽度1 100mm，承重18t，加工长度5~16m，加工直径1 250~2 000mm。机床主轴大转矩，整体刚性高、稳定性好，可车削工件的端面、外圆、内孔、短锥，还可以进行公制、英制及模数螺纹的车削。是冶金设备、造纸机械、风电设备、飞机、船舶等制造加工业的优选设备。

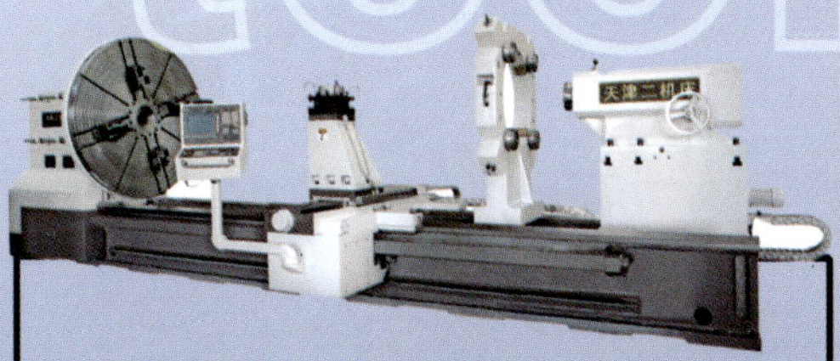

CKD系列大型数控卧式车床

大量采用德国先进的数控机床制造技术和高可靠性的配套件精心制造而成。它具有精度高、功率大、刚性强、制造精良、功能齐全、自动化程度高等特点。其主要部件和结构均经过优化设计，是加工轴、盘、套、特型面及螺杆类工件的优选设备。

数控卧式车床选用德国原装进口西门子802Dsl数控系统及全数字交流伺服系统。车削主运动由德国西门子公司的6RA70直流调速系统驱动直流主电动机实现自动无级变速；X轴、Z轴均采用半闭环控制，X轴、Z轴滚珠丝杠副均采用南京工艺装备厂精密滚珠丝杠，使机床具有很好的定位精度和重复定位精度。数控刀架选用意大利技术烟台环球生产的高性能立式四工位数控刀架，具有高度的重复定位精度，性能稳定。

天津市第二机床有限公司由原天津市第二机床厂改制成立，始建于1936年，是机床行业重点国有中型一类企业。2004年经上级主管机关批准整体改制为股份制企业，并迁厂于天津市北辰科技园区。良好的体制、灵活的机制以及高新技术产业园区提供的优雅环境与优惠政策为企业的再次腾飞打下坚实的基础。

公司拥有以老专家为核心、中青年为骨干的技术研发队伍，精良的机械加工设备200台(套)，成熟的产业装配工人300多人。由原来只能生产符合国家GB4020普通车床标准的Φ1 000mm及以上系列产品、各种专用机床，迅速扩展为研发、生产承载10t的CS系列车床、承载18t的CD大型卧式车床以及CKJ数控车床、CKD大型数控卧式车床等各种系列车床，大型数控精密立式万能磨床以及集车、铣、磨、镗、钻、制齿为一体的复合数控龙门式加工制造岛。公司同时成为世界500强德国西门子公司、美国奥的斯电梯公司等世界知名企业在中国主要的配套生产供应商。

天津市第二机床有限公司秉承“诚信为本，创新为先”的经营理念，始终坚持严格的质量管理，将质量文化视为企业文化的重要部分，并已通过ISO9001：2000质量体系认证。公司以“光大民族工业，打造世界品牌”为己任，为追逐振兴及创业的梦想而拼搏！

地址：天津市津围公路东北辰科技园区景丽路38号
邮编：300409
电话：022—26391782
传真：022—26391782、86993846
http：//www.tmtw2.com
E-mail：scb@ tmtw2.com

质量理念：

- 不重视产品质量的人就不配做二机床人
- 下序是上序的顾客
- 品质体现人品
- 我对产品质量负责到底

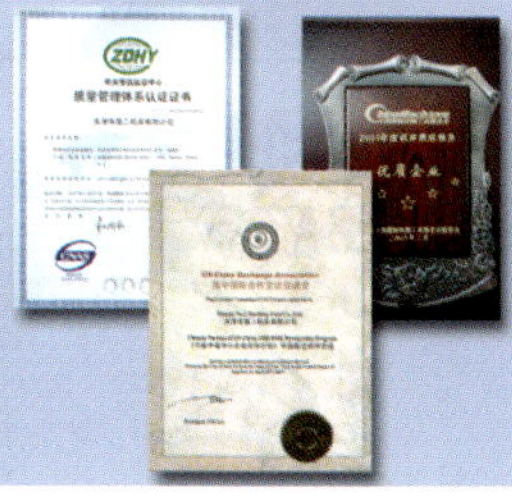

KOMPASS®
康百世·朝田液压
30
Since 1978
周年献礼！
www.kompassptc.com
本公司备有完整样本及详细资料，欢迎索取。
来自中国宝岛台湾的世界品牌
技术精准 能根据客户的需求
专业制造液压站 颇受各界客户赞许推介
液压泵站
液压泵站
动力单元
液压动力包
液压泵站
公司简介
KOMPASS康百世·朝田液压元件及液压系统，主要适用于冶金机械、炼铁—高炉液压系统、炼钢—连铸、精炼炉液压系统、轧钢—棒材轧机、打捆、精整、生产线、推钢机液压系统、工作母机（车床、钻床、铣床、CNC各型加工机械，专用机械）、金属加工机械（压床、折床、剪床、压铸机）、橡塑胶机、制鞋机、木工机、停车设备机械等，为世界知名机械制造厂商所采用。康百世·朝田液压产品行销美国、加拿大、德国、英国、西班牙、中国及中国香港、台湾地区等，目前全世界已超过70个国家地区使用朝田液压产品。
公司发展历程
1978 设立朝田企业．朝阳油压机械．康百世科技公司
1990 德国BOSCH技术提携，成为中国台湾地区总代理
1990 创立台湾区流体传动工业同业公会．本公司董事长邱水来先生荣膺创会理事长
1992 设立立体停车场及相关机械设备系统部门
1994 设立朝田广州、上海、北京办事处
1996 通过 ISO 9002 国际品质认证
1996 设立美国康百世公司
1999 通过 CE 输欧安全认证
2000 设立朝田宁波、重庆办事处
2001 设立中国康百世公司
2002 通过 SGS ISO 9001 国际品质认证
2003 设立康百世机电（上海）有限公司
2005 设立钢铁机械相关设备部门
2006 设立重庆康百世公司
2007 设立武汉、西安、沈阳办事处
2007 在上海临港新城设立企业总部
2008 康百世集团 30 周年庆

GERMAN TECHNOLOGY POWER DRIVE PIONEER!
CDQC
SHANGHAI CDQC ELECTRIC CO.,LTD.
Sales Center:
3/F,No.5 Building,No.31,Yazhi Rd,
Minhang District,Shanghai,China
Tel: 0086—21—54175043
Fax: 0086—21—54176980
Shanghai Factory:
No.42 Qincun South Rd,Qincun Town,
Fengxian District,Shanghai,China
Tel: 0086—21—57562288
Fax: 0086—21—57560500
Free toll call: 800—820—8629
Complaint call: 13817826818
E-mail: sales@cdqc.net
http: //www.cdqc.net

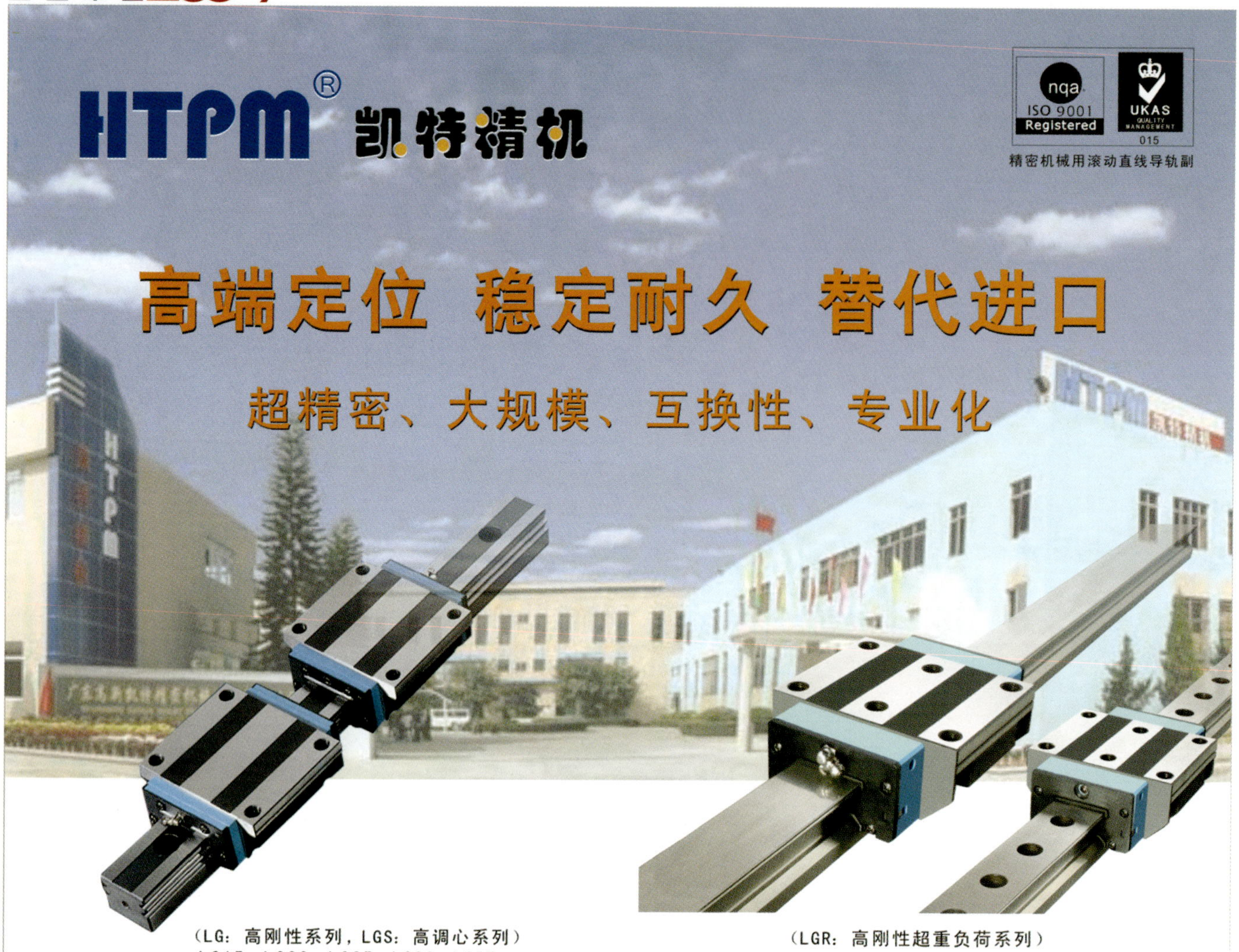

（LG：高刚性系列，LGS：高调心系列）
LG15、LG20、LG25、LG30、LG35、LG45、LG55、LG65，LGS20、LGS25
全系列大量供应。

（LGR：高刚性超重负荷系列）
LGR35已经过两年的综合测试，大量投放市场。LGR45、LGR55、LGR65陆续批量供货，欢迎垂询。

滚珠系列 ⟷ 滚柱系列

- 我国全套进口世界级关键生产装备的企业
- 我国规模较大的、专业生产滚动直线导轨的企业
- 国家火炬计划项目
- 2006年重大装备国产化专项项目
- 大规模应用于高档加工中心、数控车床的历史超过10年
- 面向龙门镗铣床等中大型设备的滚柱导轨通过了速度、可靠性试验

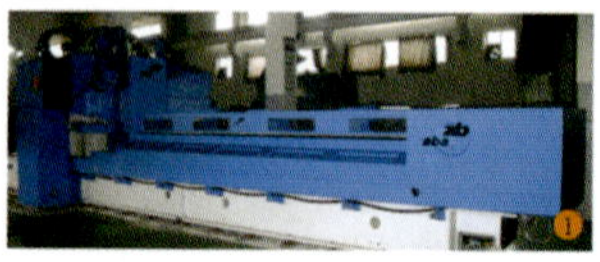

高强度投资保证：
图1. 德国ABA超精密直线导轨副专用CNC磨床
图2. 意大利FAVRETTO超精密直线导轨专用CNC磨床
图3. 意大利FAVRETTO超精密滑块专用CNC磨床

广东高新凯特精密机械股份有限公司

地址：广东省江门市新会区会城北安北路19号
邮编：529100
电话：0750-6693278、6693778
传真：0750-6691361
http://www.htpm.com.cn
E-mail: dg@htpm.com.cn

GRONHI

营口机床

YHK3180 数控滚齿机

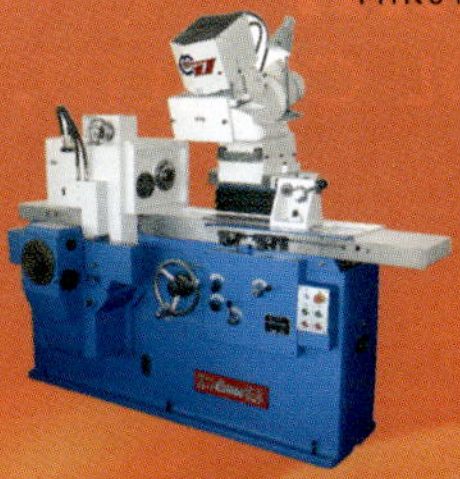

M6425K 滚刀刃磨床

Y5150K 插齿机

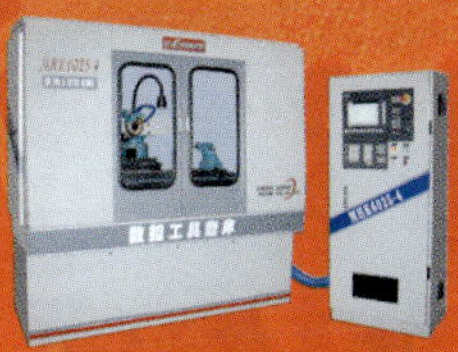

MHK6025—4 数控工具磨床

YHK31315—6 数控滚齿机

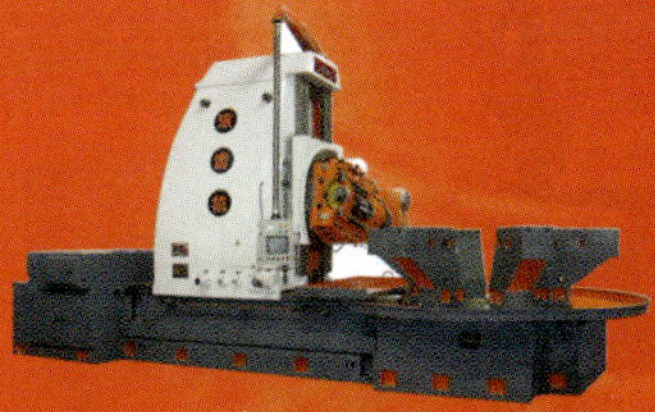

Y31315K 滚齿机

Y3180K 滚齿机

营口冠华机床有限公司原名为营口机床厂，成立于1951年，是我国机械行业重点企业。公司主要从事机床产品的设计、研究、开发、制造和经营，具有先进的制造技术和丰富的制造经验，拥有一批掌握国内外先进科技知识的企业管理人员、工程技术人员和一支技术过硬的工人队伍，并于2000年通过ISO9001质量体系认证。

公司在产品的设计、开发和制造上均采用了先进的工艺和流程，产品质量保证体系完善，产品向多元化、高档化和高精度化发展。目前主要产品包括滚齿机、工具磨床、电解磨床和多用磨床4个系列20多个品种。

公司坚持"以人为本"，实施"冠华机床品牌"战略，遵循"精品、团队、客户、满意"的全新经营理念，以优秀的产品满足用户的需要。大力推行与国际接轨的现代企业制度，企业经营思想和管理手段不断向世界一流水平推进，极大地提高了自身的市场竞争力。公司生产经营规模逐年扩大，产品市场形势旺盛。

营口冠华机床有限公司

地址：辽宁省营口市科技园区科龙路5号
邮编：115004
电话：0417-4822188、4830264、4809892
传真：0417-4892366、4830264
http://www.ykghjc.com
E-mail:ykghjc@yahoo.com.cn
ykghjc@ykghjc.com

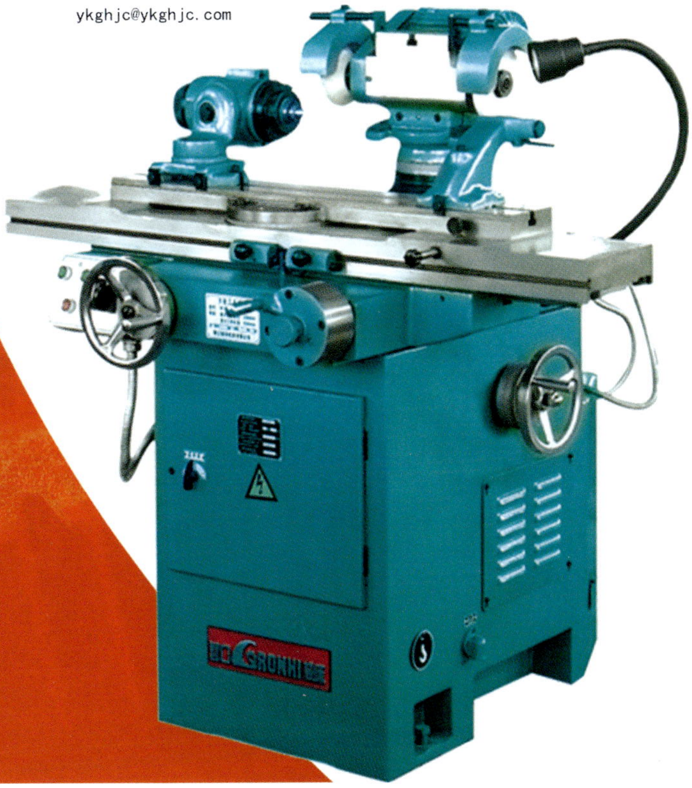

TOPTECH 扬州欧普兄弟机械工具有限公司

www.toptechmachine.cn

Yangzhou Euro Brother Machine & Tools Co., Ltd.

质量为本 加强培训 顾客至上 提高素质 科学管理 不断创新 严格标准 追求更好

QUALITY TRAINING COSTUMER QUALIFICATIONS MANAGEMENT INNOVATIONS STANDARDS PERFECTION

小型数控钻铣床

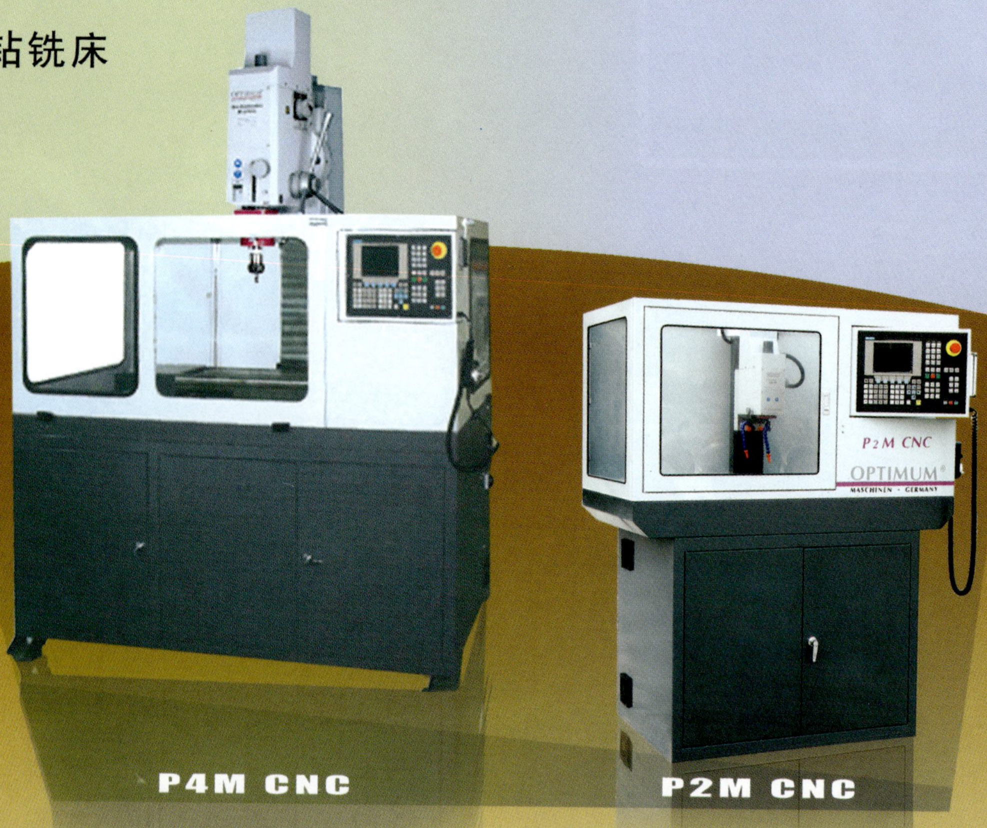

扬州欧普兄弟机械工具有限公司坐落在江苏省扬州市开发西路69号。公司主要产品有钻铣床、车床、钻床、金属切断锯、台式砂轮机和各式电动工具等。目前已形成规格齐全配套、质量稳定可靠、服务快捷周到的经营模式。

“品质控制、先进技术、不断创新的产品设计、良好的售后服务”是维系公司生存、成长的要素。我们一切活动的目标，都是在追求品质第一，创新科技，一流人才，专业完善的服务。

Yangzhou Euro Brother Machine & Tools Co., Ltd., located in No.69 West Kaifa Rd. of Yangzhou,China. has such main products as drilling & milling machines, bench lathe machines, drilling machines, metal band saws, bench grinders, and electric tools with a variety of specifications, secure and reliable quality, and convenient and efficient services.

“Quality, Technology, Innovations, Services” are the foundation with which we survive and grow, and all our activities aim at the pursuit of first quality, innovative technology, top-notch personnel, and professional and better services.

TOPTECH

www.toptechmachine.cn

地址:扬州市开发西路69号 邮编:225009
Add:69# West Kaifa Road,YangZhou,China Postcode:225009
Tel:86-514-85113999 87854258 Fax:86-514-87854225 87899862
http://www.toptechmachine.cn http://www.toptechmachine.net
E-mail:james@toptechmachine.cn

北京精雕
BEIJING JINGDIAO

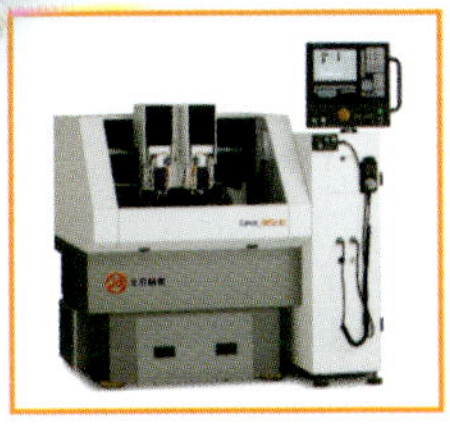

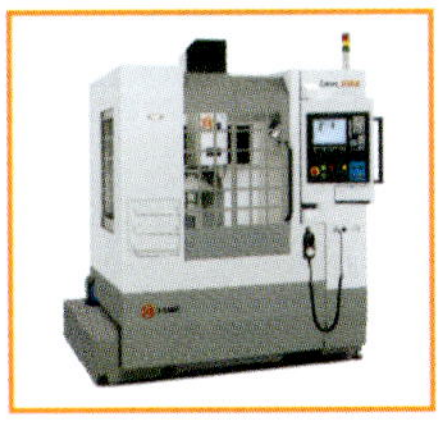

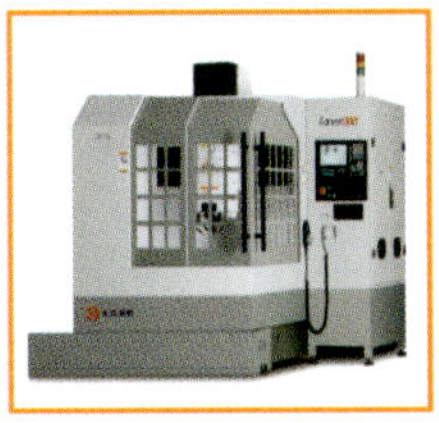

创立于1994年的北京精雕，是研制和生产小刀具高速雕刻机的专业厂家。自成立以来，公司始终专注于小刀具精加工领域。经过十多年的不懈努力，北京精雕已具备了自主研发CNC雕刻机、CAD/CAM软件、数控系统和高速电主轴的综合能力，已发展成为一个拥有1 000多名员工，集研发、生产、销售为一体的高新技术企业。

经过几十年的发展，“精雕机”系列产品已广泛应用于模具、电子、五金等各个领域。为了给客户提供更加快捷、周到的服务，北京精雕向全国派驻了40多个全资分公司，服务遍布于全国及海外市场中上百个行业的10 000多家客户。

北京精雕使用自主开发的五轴联动设备，成功地制作了几十套国家奥林匹克体育场——“鸟巢”的纪念模型。模型各部位与实物完全同比，整体使用金属材料制作而成。

地址：北京市门头沟区石龙工业区永安路10号　　邮编：102308
总机：010-60801188　　http://www.jingdiao.com　　E-mail：market@jingdiao.com

豫西机床

董事长、总经理
张炜东

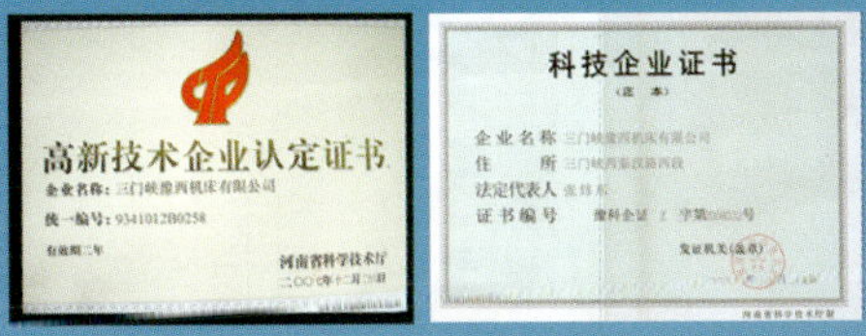

高新技术企业证书　　河南省科技企业证书

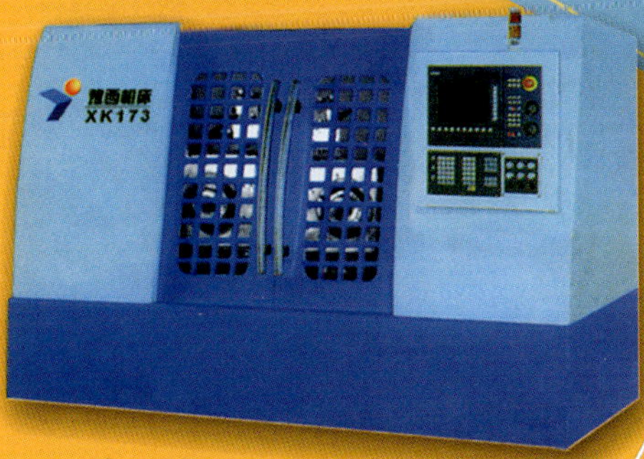

数控凸轮铣床

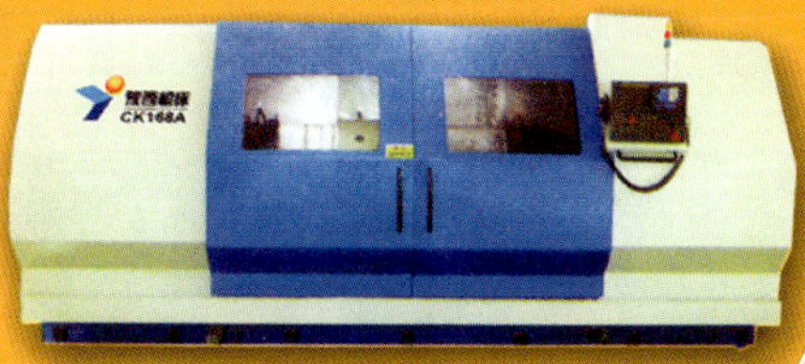

中间驱动双头数控车床

三门峡豫西机床有限公司(豫西机床厂)坐落在河南省三门峡市，始建于1970年，1983年开始生产数控车床，已发展成为国内专业生产立(卧)式数控机床、组合机床的重点企业。公司占地面积2.4万m^2，有专业技术人员300人，总资产1.5亿元。

公司产品包括四大类400多个品种，主导产品为金属切削机床。车床类主要有立(卧)式半自动车床、数控车床、专用数控车床、车削中心和铣车中心等；镗铣类主要有专用数控镗床、数控铣床、数控钻床、立(卧)式加工中心和数控镗铣床等；组专机和自动线类主要有组合机床及其自动线、柔性制造系统等；功能部件类主要有数控刀架、数控转台、数控滑台等数控功能部件，刀塔刀库和电主轴等。

公司中高档机床已批量进入国防工业、汽车制造、工程机械、铁路交通、农用机械、电动机制造、煤矿机械、石油机械等20多个行业。

地址：河南省三门峡市西站　邮编：472143　电话：0398-3804977、3807850　传真：0398-3811248
销售热线：0398-3804947、3803668　E-mail:yxjcyxgs@163.com　http://www.yxjcc.com

+GF+
AgieCharmilles
CA 20

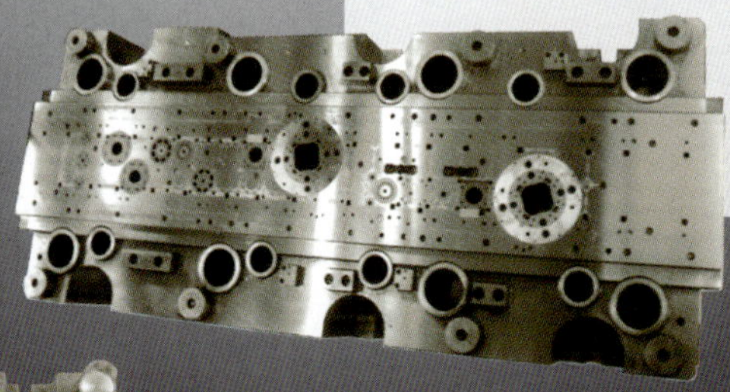

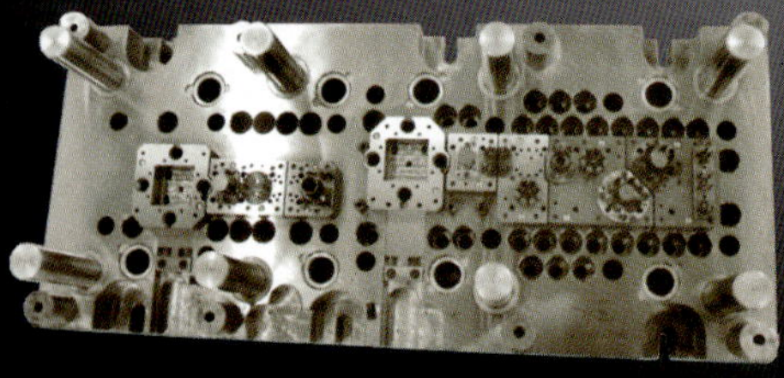

综合索引

『鉴』证行业发展
共建制造强国

中国工业年鉴出版基地

中国机械工业年鉴系列

《中国机械工业年鉴》

《中国电器工业年鉴》

《中国工程机械工业年鉴》

《中国机床工具工业年鉴》

《中国通用机械工业年鉴》

《中国机械通用零部件工业年鉴》

《中国模具工业年鉴》

《中国液压气动密封工业年鉴》

《中国重型机械工业年鉴》

《中国农业机械工业年鉴》

《中国石油石化设备工业年鉴》

《中国塑料机械工业年鉴》

《中国齿轮工业年鉴》

《中国磨料磨具工业年鉴》

《中国机电产品市场年鉴》

中国工业年鉴出版基地

编辑说明

一、《中国机械工业年鉴》是由中国机械工业联合会主管、机械工业信息研究院主办、机械工业出版社出版的大型资料性、工具性年刊，创刊于1984年。

二、根据行业需要，1998年中国机械工业年鉴编辑委员会开始出版分行业年鉴，逐步形成了中国机械工业年鉴系列。该系列现已出版了《中国电器工业年鉴》、《中国工程机械工业年鉴》、《中国机床工具工业年鉴》、《中国通用机械工业年鉴》、《中国机械通用零部件工业年鉴》、《中国模具工业年鉴》、《中国液压气动密封工业年鉴》、《中国重型机械工业年鉴》、《中国农业机械工业年鉴》、《中国石油石化设备工业年鉴》、《中国塑料机械工业年鉴》、《中国齿轮工业年鉴》、《中国磨料磨具工业年鉴》和《中国机电产品市场年鉴》等。

三、《中国机床工具工业年鉴》于2002年创刊，2009年为第8期。该年鉴集中反映了机床工具行业的产品状况、技术水平、产销情况及发展趋势，全面系统地提供了机床工具行业企业的主要经济技术指标。

四、《中国机床工具工业年鉴》2009年版由综述、专文、行业概况、市场概况、企业概况、统计资料、标准、大事记及附录等内容构成。

五、统计资料中的数据由中国机床工具工业协会提供，数据截至2008年12月31日。

六、在编纂过程中得到了中国机床工具工业协会及多年从事机床工具工业研究的专家、学者和企业的大力支持和帮助，在此深表感谢。

八、由于水平有限，难免出现错误及疏漏，敬请批评指正。

中国机械工业年鉴编辑部

2009年12月

目　录

综　述

专　文

行业概况

市场概况

企业概况

统计资料

标　准

大 事 记

附　录

Contents

Summary

Feature

General

General Market Situation

General Enterprises Situation

Statistic Information

Standards

Major Events

Appendix

回顾总结2008年机床工具行业发展情况，分析现状、展望未来

Review and summary of the development situation of machine tool industry in 2008, analysis of the status quo and looking into the future

中国机床工具工业年鉴2009

综述

2008年中国机床工具行业发展综述

2008年，我国机床工具行业经历了不寻常的一年。面对国际金融危机和国家宏观政策调控变化的影响，机床工具行业各项经济指标继续保持快速增长，实属不易。我国机床工具行业在连续多年快速发展的基础上，2008年前三季度继续保持了较高速度增长，第四季度受国际金融危机影响，各项主要经济指标增幅下降较大。但是，机床工具行业全年工业总产值仍然保持27.5%的增速，行业整体实力进一步提升，产品技术水平和自主创新能力进一步提高，高附加值和高技术含量新产品进一步增多，高档数控机床研发能力进一步增强，数控机床产业化进程加快，关键技术和核心技术取得突破性进展，产业结构、产品结构和技术结构进一步优化。行业固定资产投资增长居高不下，企业产能迅速扩张。国家科技重大专项“高档数控机床与基础制造装备”进入实施阶段，为机床工具行业的长远发展打下了基础。

一、2008年机床工具行业基本情况

（一）机床工具行业概况及其在国民经济中的地位

1.2008年机床工具行业概况

按国家统计局的资料，机床工具行业分为金属切削机床、金属成形机床、铸造机械、木工机床（以上4个为主机行业）、机床附件、工具及量具量仪、磨料磨具和其他金属加工机械（以上4个为辅机行业或配套部件行业）等8个分行业。据国家统计局的数据，2008年，机床工具行业产品销售收入500万元以上的工业法人企业总数为4 832家，完成工业总产值3 472.34亿元，同比增长27.50%。机床工具产品进出口贸易总额194.22亿美元，同比增长14.40%；其中进口额122.92亿美元，同比增长4.41%；出口额71.30亿美元，同比增长37.10%；贸易逆差51.62亿美元，比上年减少14.10亿美元。完成固定资产投资额791.10亿元，同比增长46.70%；新增固定资产438.60亿元，同比增长49.80%。

2. 机床工具行业在国民经济中的地位

经过连续多年的快速增长，2008年，机床工具行业工业总产值占全国国民经济总产值（GDP）的比重有所增加，约为1.15%，比上年提高0.05个百分点。机床工具产品进出口总额约占全国进出口总额的0.80%，基本与上年持平；其中出口额约占全国出口额的0.50%，比上年提高0.07个百分点；进口额约占全国进口额的1.08%，比上年降低0.15个百分点。完成固定资产投资约占全国固定资产总投资的0.46%，比上年提高0.06个百分点。从上述分析可看出，2008年，我国机床工具行业的主要经济指标及机床工具产品进出口指标，在国民经济中的占比在增加，这表明，我国机床工具行业在国民经济中的地位在提高。进口额在全国进口总额中的比重在减少，表明国产机床工具产品水平的提高和替代进口能力的增强。虽然机床工具行业经济总量在国民经济中占比不大，但在国民经济发展和国防建设中的战略地位却十分显赫。机床工具行业在国民经济中地位的提升，主要是缘于国家对机床工具行业的重视和政策的支持。

（二）企业与从业人员数情况

2008年，机床工具行业规模以上企业数4 832家，同比增长12.60%；从业人员平均人数74.27万人，同比增长4.40%；企业平均人数154人，同比下降8.90%。

2008年，机床工具行业的企业数和从业人数均有增加，其原因：随着国民经济的发展，国家统计制度进一步规范；年销售收入超过500万元的小企业增多，列入统计范畴；机床工具行业市场前景看好，进入机床工具行业的企业增多；部分配套部件分行业（如普通工具、普通磨料磨具）进入门槛较低（投资金额少、技术水平低）等。2008年机床工具各分行业企业数、从业人员平均人数及其占比情况见表1。

表1　2008年机床工具各分行业企业数、从业人员平均人数及其占比情况

分行业名称	企业数（家）	企业数占比（%）	从业人员平均人数（万人）	从业人员平均人数占比（%）	企业平均人数（人）
金属切削机床	650	13.45	20.03	26.97	308
金属成形机床	484	10.02	7.47	10.06	154
铸造机械	469	9.71	5.37	7.23	114
木工机床	168	3.48	2.18	2.94	130
机床附件	325	6.73	4.00	5.39	123
工具及量具量仪	769	15.91	14.33	19.29	186
磨料磨具	1381	28.58	14.09	18.97	102
其他金属加工机械	586	12.12	6.80	9.15	116
合计	4 832	100.00	74.27	100.00	154

注：1. 根据国家统计局数据整理。

2. 表中从业人员平均人数和企业平均人数为2008年11月数据。

3. 表中数据经四舍五入，分项之和与总项，以及各项占比略有出入，文中占比亦同。

从表1中可以看出，金属切削机床分行业的从业人员平均人数和企业平均人数都是各分行业中最多的；磨料磨具分行业企业数在各分行业中是最多的，而企业平均人数是分行业中最少的。磨料磨具分行业中，除几个较大的砂轮厂以外，大多是规模不大生产普通磨料磨具的小企业。

（三）企业所有制情况

近几年，随着体制改革的深化，机床工具行业的企业体制发生了很大变化。通过改制、兼并、重组，大部分机床工具企业完成了股份制改造，国有资本逐渐从中小企业中退出，私有资本增加较快和外商资本的进入，使企业资产所有制结构发生了巨大变化。2008年机床工具行业企业所有制结构情况见表2。

表2　2008年机床工具行业企业所有制结构情况

所有制性质	企业数		从业人员平均人数（万人）	工业总产值			产品销售产值		
	数量（家）	占比（%）		实际完成（亿元）	占比（%）	同比增长（%）	实际完成（亿元）	占比（%）	同比增长（%）
国有控股	299	6.19	16.52	534.28	15.40	13.10	510.16	15.20	10.70
集体控股	312	6.46	6.48	352.91	10.20	14.60	333.98	10.00	11.00
私人控股	3 570	73.88	41.55	2 109.20	60.70	37.60	2 039.60	60.90	36.60
港澳台商控股	280	5.79	4.60	202.91	5.80	19.80	196.22	5.90	18.50
外商控股	371	7.68	5.13	273.03	7.90	13.90	268.35	8.00	13.50
合计	4 832	100.00	74.27	3 472.34	100.00	27.50	3 348.31	100.00	26.00

注：1. 根据国家统计局数据整理。

2. 表中从业人员平均人数为2008年11月数据。

1. 私人控股企业

截至2008年底，机床工具行业私人控股企业有3 570家，占全行业的73.88%，比上年提高2.60个百分点；从业人员占全行业的55.94%；工业总产值2 109.20亿元，比上年增长37.60%，占全行业的60.70%，比上年提高4.40个百分点。在全行业各种所有制中，私人控股企业的企业数和工业总产值都是增长速度最快的，私人控股企业已经成为机床工具行业的主导力量。

2. 国有控股企业

截至2008年底，机床工具行业国有控股企业有299家，占全行业的6.19%，比上年降低1.10个百分点；工业总产值534.28亿元，比上年增长13.10%，占全行业的15.40%，比上年降低2.10个百分点。在全行业各种所有制中，国有控股企业的企业数和工业总产值占比下降较多，但是在机床工具行业的技术进步和研发高档数控机床等方面，国有控股企业仍是中坚力量和主力军，在国家重大工程项目和军工建设中仍具有决定性作用。

3. 集体控股企业

截至2008年底，机床工具行业集体控股企业有312家，占全行业的6.46%，比上年降低1.30个百分点；工业总产值352.91亿元，比上年增长14.60%，占全行业的10.20%，比上年降低1.90个百分点。可见集体控股企业在行业中的作用在下降，这种情况可能将继续下去。

4. 外商控股企业

截至2008年底，机床工具行业外商控股企业有371家，占全行业的7.68%，与上年持平；工业总产值273.03亿元，比上年增长13.90%，占全行业的7.90%，比上年降低0.70个百分点。外商控股企业在行业中的占比和地位变化不大。

5. 港澳台控股企业

截至2008年底，机床工具行业港澳台控股企业有280家，占全行业的5.79%，与上年持平；工业总产值202.91亿元，比上年增长19.80%，占全行业的5.80%，比上年提高0.30个百分点。港澳台控股企业在行业中的占比也变化不大。

由于企业所有制结构发生根本性的变化，国家在制定有关机床工具行业方针政策时，必将进行相应调整，制定适应结构变化的发展思路和发展战略。

（四）固定资产投资情况

近几年，机床工具行业固定资产投资持续高速增长，其原因：一是我国机床行业连续多年快速增长，市场前景看好，有很大发展空间，行业内企业纷纷加大投资，扩大产能，其他行业和国际资本也看好我国机床市场，积极投资机床工具行业；二是国内机床市场需求巨大，国家固定资产投资持续快速增长，拉动了对机床工具产品的需求，形成国产机床产品供不应求的局面；三是国家对装备制造业的重视，特别是将“高档数控机床与基础制造装备”列入国家重大科技项目，促进了对机床工具行业投资的积极性；四是近几年机床工具行业利润不断提高，利益驱动也起到吸引资金的作用；五是部分小行业，如普通磨料磨具、普通机床附件、普通工具等技术进入门槛较低，易于吸收私人资本进入。但投资增长过快，且不少重复建设也埋下隐患，应引起高度重视。

2008年，机床工具行业固定资产投资的各项指标继续快速增长。其中计划总投资1 739.80亿元，同比增长55.20%；当年新开工项目计划总投资772.50亿元，累计已完成固定资产投资791.10亿元，同比增长46.70%，远高出全国社会固定资产投资增长速度（25.50%）21.20个百分点。在已完成固定资产投资中，设备购置额352.50亿元，同比增长57.90%；新增固定资产438.60亿元，同比增长49.80%，表明机床工具行业的产能在快速增大。机床工具行业属于基础机械和重要装备产业，适度超前发展是必要的，工业增加值的增速高于国民经济 CDP 的增长速度也属正常。2008 年机床工具各分行业固定资产投资完成情况见表3。

表 3　2008 年机床工具各分行业固定资产投资完成情况

分行业名称	固定资产投资（亿元）	同比增长（%）
金属切削机床	87.90	27.00
金属成形机床	47.10	44.30
铸造机械	85.40	51.30
木工机床	7.50	-13.00
机床附件	42.70	56.20
工具及量具量仪	42.50	38.00
磨料磨具	133.00	57.90
其他金属加工机械	93.00	41.70

注：根据国家统计局数据整理。

从表 3 中可以看出，完成固定资产投资高速增长的是磨料磨具、机床附件和铸造机械等分行业，其增速都超过 50%；金属切削机床行业的增速适度，与全国社会固定资产投资的增速接近；而木工机床行业则为负增长，这可能与木材的替代材料增多和为了环保而减少木材的使用有关；其他几个分行业的增速属于中等偏高水平。

二、2008 年机床工具行业经济运行情况

（一）机床工具行业经济运行情况

2008 年，我国机床工具行业在连续多年快速发展的基础上，前三季度继续保持较高速度增长，第四季度受国际经济危机的影响，各主要经济指标增幅同比下降较大。从总体上看，2008 年，我国机床工具行业主要经济指标增长速度仍高于前 8 年的平均增长水平，生产能力不断提高，行业规模持续扩大。

1. 机床工具行业主要经济指标完成情况

2008 年，机床工具行业完成工业总产值 3 472.34 亿元，同比增长 27.50%，增速比上年下降 8 个百分点；工业产品销售产值 3 348.31 亿元，同比增长 26.00%，增速比上年降低 10.20 个百分点；工业产品销售率 96.40%，同比下降 1.20 个百分点。金属切削机床产量 61.70 万台，同比下降 2.40%，其中数控金属切削机床产量 12.22 万台，同比下降 3.30%；金属成形机床产量 14.51 万台，同比下降 9.80%；铸造机械产量 15.30 万台，同比增长 8.30%；木工机床产量 0.40 万台，同比增长 23.40%；金属切削工具产量 36.70 万件，同比增长 17.80%。机床工具产品进出口贸易总额 194.22 亿美元，同比增长 14.40%。其中进口额 122.92 亿美元，同比增长 4.41%；出口额 71.30 亿美元，同比增长 37.10%；贸易逆差 51.62 亿美元，同比下降 21.45%，比上年减少 14.10 亿美元。

2. 各分行业主要经济指标完成情况

2008 年，机床工具行业 8 个分行业的经济运行质量基本良好，各项经济指标也都以较高速度增长。工业总产值超过全行业平均增长速度（27.50%）的有 4 个分行业：磨料磨具、机床附件、铸造机械和其他金属加工机械，增速最高的磨料磨具分行业为 40.50%。产品销售率多数分行业比上年有所下降，降幅较大的是金属切削机床分行业，同比下降 2.60 个百分点；金属成形机床和工具及量具量仪分行业下降 1.1 个百分点。2008 年机床工具各分行业工业总产值和产品销售率情况见表 4。

表 4　2008 年机床工具各分行业工业总产值和产品销售率情况

分行业名称	工业总产值（亿元）	工业总产值同比增长（%）	产品销售率（%）	产品销售率同比增长（百分点）
金属切削机床	908.55	17.10	94.70	-2.60
金属成形机床	319.93	26.60	96.10	-1.10
铸造机械	274.41	31.90	97.20	1.10
木工机床	98.11	4.30	97.10	0.10
机床附件	150.01	35.60	96.90	-1.40
工具及量具量仪	560.49	25.30	96.20	-1.10
磨料磨具	844.86	40.50	97.70	-1.00
其他金属加工机械	315.97	35.70	97.80	0.10

注：根据国家统计局数据整理。

从表 4 中可看出，金属切削机床分行业的工业总产值最高，其次是磨料磨具。磨料磨具分行业的总产值之所以较高，除了其生产厂家较多外，更主要的是很多产品销往非机床工具行业。机床工具行业按主机和辅机来分，2008 年主机行业的工业总产值为 1 600.99 亿元，占全行业（3 472.34亿元）的 46.11%，比上年下降约 3 个百分点；辅机行业的工业总产值为 1 871.34 亿元，占 53.89%，比上年提高 3 个百分点。机床工具行业在重视主机的生产和开发的同时，已开始重视包括关键功能部件在内的辅机的研究开发和生产能力的提高。

3. 机床工具行业按地区分布的生产情况

我国机床工具企业在全国分布很广泛，但是不平衡，主要集中在华东沿海和东北地区，其次是中部地区，西部地区相对较少。

（1）全国金属切削机床产量地区分布情况。2008 年，全国生产金属切削机床产品的 27 个省（市、自治区），共生产金属切削机床 617 306 台。其中产量超过 10 万台的有辽宁省（145 771台）和山东省（144 187 台）2 个省；产量在 5 万～10 万台的有浙江省（91 403 台）和江苏省（85 144 台）2 个省；产量在1 万～5 万台的有云南省（26 363 台）、广东省（16 795 台）、安徽省（15 517 台）和陕西省（15 446 台）4 个省。

2008 年，全国生产数控金属切削机床的 26 个省（市、自治区），共生产数控金属切削机床 122 211 台。其中产量超过 10 000台的有辽宁省（34 332 台）、浙江省（27 338 台）、江苏省（12 643 台）和山东省（10 813 台）4 个省；产量在5 000～10 000台的有广东省（8 588 台）和陕西省（5 842 台）2 个省；产量在 1 000～5 000 台的有 8 个省。从整体上看，虽然我国各地区的机床生产能力不平衡，但区域和地方优势已经显现。

(2)全国金属成形机床产量地区分布情况。2008年,我国生产金属成形机床产品的23个省(市、自治区),共生产金属成形机床145 090台。其中产量超过5万台的只有江苏省,达到64 370台;产量在10 000~50 000台的有浙江省(26 321台)、山东省(14 926台)和广东省(11 108台)3个省;产量在5 000~10 000台的有安徽省(9 718台)和河南省(5 222台)2个省;产量在1 000~5 000台的有5个省。

据国家统计局的数据,2008年,全国生产数控金属成形机床的12个省,共生产数控金属成形机床3 160台,该数据与机床工具行业重点联系企业统计的数据有差距。

4. 机床工具行业的生产集中度不断提高

近几年,机床工具行业总量的快速增长和机床市场需求的持续旺盛,刺激了对机床工具行业的投资不断增加,使企业重组兼并加快,在机床工具行业中形成了一批产能高速增长的企业。

(1)机床行业生产集中度进一步提高。2008年,金属加工机床行业(包括金属切削机床和金属成形机床)工业总产值超100亿元的企业有两家,即沈阳机床(集团)有限责任公司115.5亿元和大连机床集团有限责任公司100.0亿元,两家合计占金属加工机床全行业工业总产值1 228.4亿元的17.50%。两家企业在行业中占有绝对优势,特别是与排行第三位企业产值的差距很大,而且差距还有拉大之势。但是,其他企业也都不甘落后,将他们作为追赶的目标,都已把企业产值计划定在100亿元。工业总产值20亿~100亿元的企业有4家,合计产值约占行业工业总产值的9.40%。工业总产值10亿~20亿元的企业有7家,合计产值约占金属加工机床行业总产值的7.70%。2008年金属加工机床行业工业总产值超10亿元的企业见表5。

表5　2008年金属加工机床行业工业总产值超10亿元的企业

序号	企业名称	工业总产值(万元)	同比增长(%)
1	沈阳机床(集团)有限责任公司	1 155 358	10.00
2	大连机床集团有限责任公司	1 000 342	-0.30
3	齐二机床集团有限公司	351 232	50.10
4	陕西秦川机床工具集团有限公司	282 633	22.70
5	北京第一机床厂	258 742	28.10
6	齐重数控装备股份有限公司	257 283	27.50
7	济南二机床集团有限公司	188 580	7.80
8	宝鸡机床集团有限公司	164 933	5.30
9	江苏扬力集团有限公司	155 863	0.20
10	武汉重型机床集团有限公司	122 519	40.80
11	重庆机床(集团)有限责任公司	103 788	20.60
12	上海机床厂有限公司	115 468	6.90
13	安阳鑫盛机床有限公司	100 087	23.30
	合计	4 256 828	19.50

注:根据机床工具行业重点联系企业统计数据整理。

从表5可知,2008年,金属加工机床行业超10亿元的13家企业的工业总产值合计为4 256 828万元,占金属加工机床行业工业总产值的34.65%,比上年提高约2个百分点,表明我国金属加工机床行业通过不断联合重组,生产集中度进一步提高。

(2)机床工具企业在机械工业大企业中的比重进一步提高。近几年,由于机床工具行业的快速发展,机床工具行业企业进入国家机械行业大型企业的数量逐年增加,特别是金属加工机床行业企业尤为突出。2008年,进入“中国机械500强”的机床工具行业企业有26家,比2007年增加6家,其中新进入10家,退出4家。进入“中国机械500强”的企业增加,表明机床工具行业大型企业在机械工业中的地位进一步提高。有进有出实属正常,但是在一年之内变动如此之大,表明企业之间增长速度差别巨大,个别企业发展不稳定和不平衡。2008年进入“中国机械500强”的机床工具行业企业见表6。

表6　2008年进入“中国机械500强”的机床工具行业企业

序号	企业名称	2008年排名	2007年排名	所属地区
1	大连机床集团有限责任公司	54	56	辽宁省
2	沈阳机床(集团)有限责任公司	56	63	辽宁省
3	江苏飞达工具股份有限公司	74		江苏省

（续）

序号	企业名称	2008年排名	2007年排名	所属地区
4	江苏天工集团有限公司	139		江苏省
5	齐二机床集团有限公司	204	215	黑龙江省
6	江苏扬力集团有限公司	211	229	江苏省
7	北京第一机床厂	212	216	北京市
8	齐重数控装备股份有限公司	224	238	黑龙江省
9	陕西秦川机床工具集团有限公司	271	259	陕西省
10	济南二机床集团有限公司	282	306	山东省
11	宝鸡机床集团有限公司	292	294	陕西省
12	杭州机床集团有限公司	308	310	浙江省
13	重庆机床(集团)有限责任公司	331	244	重庆市
14	上海机床厂有限公司	336		上海市
15	安徽中德机床股份有限公司	349		安徽省
16	株洲钻石切削刀具股份有限公司	369		湖南省
17	杭州友佳精密机械有限公司	379		浙江省
18	德州普利森机械制造有限公司	382	399	山东省
19	哈尔滨量具刃具集团有限责任公司	398		黑龙江省
20	昆明台成(正)精密机械有限公司	407		云南省
21	成都宁江机床(集团)股份有限公司	430	438	四川省
22	江苏亚威机床有限公司	448	450	江苏省
23	青海华鼎机床股份有限公司	466	467	青海省
24	桂林机床股份有限公司	483	475	广西壮族自治区
25	湖州机床厂有限公司	497		浙江省
26	浙江锻压机械有限公司	499		浙江省

注:资料来源于2008年《中国机械500强》研究报告。

5. 中国机床工业在世界机床产业中的地位不断提高

(1)我国机床产值占世界机床产值的比重逐年增加。随着我国机床行业的快速发展,我国机床(包括金属切削机床和金属成形机床)行业在世界机床产业中的地位不断提高。美国卡德纳公司资料显示,2008年,我国机床产值为139.63亿美元,同比增长29.90%,占世界机床总产值的16.42%,比2007年提高1.20个百分点,我国在世界机床生产国家(地区)中排名第三位。2008年,我国机床产值与世界排名第二位德国的差距明显缩小,从2007年的21.70亿美元减少到2008年的17.00亿美元。2008年,世界机床产值增长率为16.66%,以当前我国机床产值增长的速度,我国机床产值在世界机床产值中的占比将很快提高。2009年,受国际金融危机的影响,世界机床市场也不可避免地出现衰退,但我国机床市场受到的影响要小于德国和日本,因此,我国机床产值与前2位国家的差距将会进一步缩小,超过也有可能。

(2)我国机床企业产值快速增长并跻身于世界前10位。长期以来,世界机床企业列强都是国际知名大公司,主导着世界机床行业的发展方向和机床价格的走势。近几年,我国已经有2家机床企业进入"世界机床产值前10位"。2008年,世界机床产值前10位企业中,沈阳机床(集团)有限责任公司从2007年的第8位上升到第7位,大连机床集团有限责任公司从第10位上升到第9位,表明我国机床企业已经具有与世界知名机床公司抗衡的能力。

(二)重点联系企业经济运行情况

机床工具行业重点联系企业包括金属切削机床、金属成形机床、铸造机械、木工机床、机床附件、刀具量具量仪、磨料磨具、机床电器、组合夹具、数控系统、数显装置、滚动功能部件和台钻13个分行业中的企业。这些重点联系企业基本涵盖了机床工具行业大部分重点骨干企业,其产品也基本囊括了行业大部分的重点产品。由于企业间的并购重组,企业发展有兴有衰,产值增长有快有慢,不同时期的重点联系企业数量不同,每年有增有减,呈现动态变化。机床工具行业重点联系企业的统计是对国家统计局统计数据的补充,主要是为了及时地了解重点骨干企业最新出口和更具体的主要经济指标完成情况,以便更准确地掌握行业的经济运行情况,使主管部门和企业及时了解、掌握有关信息,为国家宏观调控和决策提供参考和依据。

1. 重点联系企业主要经济指标完成情况

近几年,机床工具行业重点联系企业的经济运行情况与全行业基本一致。但由于企业体制和规模大小构成的不同,两者的部分经济指标的增长率有一定差别。

2008年,机床工具行业重点联系企业有215家,占全行业企业数的4.40%。2008年重点联系企业的主要经济指标完成情况:工业总产值921.21亿元,同比增长14.10%,比上年低 14.30 个百分点，比全行业平均增长率低 13.40 个百分点；工业产品销售率 95.60%，同比降低 2.10 个百分点，比全行业平均低 0.80 个百分点；产品销售收入 892.68 亿元，同比增长 11.10%，增速比上年降低 16.00 个百分点；工业增加值 306.11 亿元，同比增长 7.70%，增速比上年降低 29.50 个百分点；利润总额 56.97 亿元，同比下降 0.60%，增速比上年降低 54.9 个百分点；销售收入利润率 6.40%，同比降低 0.80 个百分点，比上年减少 0.30 个百分点；全员劳动生产率 147 681 元/人，同比增长 6.30%，增速比上年降低 27.80 个百分点；从业人员平均工资 29 159 元，同比增长 4.00%，增速比上年降低 13.70 个百分点；经济效益综合平均指数 188.90%，同比降低 1.20 个百分点；负债总计 663.69 亿元，同比增长 10.50%，增速比上年降低 12.20 个百分点；资产负债率 64.50%，同比减少 0.70 个百分点，降幅基本与上年持平；出口交货值 118.65 亿元，同比增长 32.20%，增速比上年降低 27.30 个百分点。

2. 重点联系企业各分行业的经济运行分析

在重点联系企业的 13 个分行业中，各分行业的重点联系企业数量相差较大，有的分行业的重点联系企业较多，而有的分行业只有几个重点联系企业，不能反映分行业的整体情况，只能起到了解个别企业的作用。

(1)金属切削机床分行业。2008 年，重点联系企业完成金属切削机床工业总产值 602.29 亿元(占金属切削机床行业的 66.29%)，同比增长 9.80%，增幅比全行业低 7.30 个百分点；产品销售率 95.90%，同比下降 1.60 个百分点，比全行业高 1.20 个百分点；产品销售产值 577.83 亿元，同比增长 8.00%，增速比上年降低 24.90 个百分点；实现利润总额 34.69 亿元，同比下降 6.20%，增速比上年降低 62.60 个百分点。

2008 年，重点联系企业金属切削机床产量总计 320 061 台(占全行业的 57.30%)，同比下降 7.90%，比全行业降幅高 5.5 个百分点。在金属切削机床总产量中，大型机床 13 607台，同比增长 18.50%，其中重型机床 1 804 台，同比增长 11.70%；高精度机床 1 627 台，同比增长 5.60%。数控机床产量 71 272 台(占全行业的 59.70%)，同比下降 5.80%，比全行业降幅高 2.5 个百分点。2008 年重点联系企业数控金属切削机床产量见表 7。

表 7　2008 年重点联系企业数控金属切削机床产量

产品名称	产量(台)	产值(万元)
加工中心	9 428	738 175
数控车床	45 179	930 608
数控磨床	2 705	162 911
数控铣床	6 429	328 235
数控镗床	1 242	247 714
数控齿轮加工机床	1 704	155 523
数控钻床	501	4 677
数控特种加工机床	1 932	58 028
数控组合机床	781	142 655
数控其他机床	802	175 379

注:1. 根据机床工具行业重点联系企业统计数据整理。
2. 加工中心中，立式加工中心 6 812 台，卧式加工中心 1 290 台，龙门加工中心 1 326 台。

截至 2008 年底，金属切削机床库存实物量 62 060 台，比年初增长 10.90%，库存当量 1.59 个月，比上年底增加 0.23 个月；年底库存价值量 61.6 亿元，库存可供销售天数 71 天，比上年底增加 24 天。

近几年，金属切削机床行业企业兼并重组和股份制改造进一步加快。部分企业实力增强较快，生产能力进一步扩大，在行业内形成了一批核心骨干企业，其机床产值和产量大幅度提高。2008 年，重点联系企业金属切削机床年产值超过 10 亿元的企业有 7 家，在国际金融危机的影响下，仍比上年增加 1 家。产值 5 亿 ~ 10 亿元的企业有 8 家。金属切削机床年产量超 1 000 台的企业达到 53 家，超 10 000 台的企业有 4 家，产量最高的超 8 万台。2008 年重点联系企业金属切削机床产值前 10 位企业见表 8。

表 8　2008 年重点联系企业金属切削机床产值前 10 位企业

序号	企业名称	产值(万元)	产值同比增长(%)	产量(台)
1	沈阳机床(集团)有限责任公司	1 155 358	10.00	85 995
2	大连机床集团有限责任公司	801 383	17.10	44 607
3	齐二机床集团有限公司	244 190	69.60	2 526
4	北京第一机床厂	230 269	46.40	3 921
5	齐重数控装备股份有限公司	197 225	38.00	1 525
6	武汉重型机床集团有限公司	109 326	25.60	253
7	陕西秦川机床工具集团有限公司	108 914	8.80	1 323
8	宝鸡机床集团有限公司	95 260	-14.90	10 801
9	天水星火机床有限责任公司	93 654	39.10	4 026
10	安阳鑫盛机床有限公司	81 112	-0.10	5 155
	合计	3 116 691		160 132

注:根据机床工具行业重点联系企业统计数据整理。

从表 8 可知，2008 年，行业产值前 10 位重点联系企业的金属切削机床产值达到 3 116 691 万元，占金属切削机床重点联系企业产值的65.72%,比上年提高1.82个百分点,表明我国金属切削机床生产集中度又进一步提高。同时可以看出,不同企业之间产品结构的差别很大,有的企业是以增加产量来提高产值,有的企业是以生产附加值高的大型和重型机床来增加产值。

2008年,重点联系企业数控金属切削机床产量为负增长,其产值为正增长。表明产品的结构优化升级,技术含量和附加值在提高,大型高档产品和专用产品产量在增加(在国际金融危机影响下,涨价的可能性较小)。2008年,重点联系企业数控金属切削机床产值达到292.39亿元,同比增长18.40%。数控机床产值超10亿元的企业有5家,其中超50亿元的2家。企业机床产值数控化率普遍有较大提高,产值数控化率超50.00%的有29家。数控机床产量超1 000台的企业达到13家,产量最多的超2万台。2008年重点联系企业数控金属切削机床产值前10位企业见表9。

表9 2008年重点联系企业数控金属切削机床产值前10位企业

序号	企业名称	产值(万元)	产值同比增长(%)	产值数控化率(%)	产量(台)
1	沈阳机床(集团)有限责任公司	623 898	12.30	54.00	20 858
2	大连机床集团有限责任公司	589 122	28.00	58.90	11 024
3	北京第一机床厂	187 999	64.50	72.70	518
4	齐重数控装备股份有限公司	171 586	51.70	66.70	1 099
5	齐二机床集团有限公司	136 923	73.10	42.70	309
6	武汉重型机床集团有限公司	91 071	42.20	74.30	133
7	陕西秦川机床工具集团有限公司	87 859	19.10	31.10	478
8	宁波海天精工机械有限公司	78 133	37.20	91.60	814
9	宝鸡机床集团有限公司	61 391	-17.60	37.20	4 288
10	杭州友佳精密机械有限公司	51 873	-3.00	84.10	1 178
	合计	2 079 855	20.40		40 699

注:根据机床工具行业重点联系企业统计数据整理。

由表9可知,前10位企业数控金属切削机床产值占重点联系企业的71.13%,比上年提高1.60个百分点。表明数控金属切削机床的生产集中度比金属切削机床的生产集中度又有提高。这是一个非常好的发展趋势,必将进一步提高我国数控机床的国际竞争力。

(2)金属成形机床分行业。2008年,重点联系企业的金属成形机床工业总产值为89.30亿元,同比增长9.60%,增速比全行业低17.1个百分点;产品销售率96.70%,同比下降0.10个百分点,比全行业高0.60个百分点;金属成形机床产品产值75.63亿元,同比增长15.80%;实现利润总额4.56亿元,同比下降2.20%。

2008年,重点联系企业金属成形机床产量总计51 171台(占全行业的35.3%),同比下降20.50%,降幅比全行业高10.70个百分点。在产量总计中,大型成形机床6 390台(其中重型成形机床1 195台,同比下降5.50%),同比下降15.20%;数控成形机床产量4 462台,同比增长74.80%。

截至2008年底,重点联系企业金属成形机床库存实物量10 140台,比上年底增长34.20%;库存当量2.42个月,比上年底下降0.01个月;库存可供销售天数74天,比上年底增加29天。

2008年重点联系企业金属成形机床和数控金属成形机床生产情况见表10。2008年金属成形机床重点联系企业产值前10位企业见表11。

表10 2008年重点联系企业金属成形机床和数控金属成形机床生产情况

产品名称	实际完成		其中:数控	
	产量(台)	产值(万元)	产量(台)	产值(万元)
机械压力机	41 566	409 391	379	146 746
液压机	2 153	152 508	913	130 938
剪断机	2 714	46 510	1 004	32 647
整形机	3 511	103 458	2 019	67 246
锻(锤)机	8	783	2	697
自动压力机	65	2 528		
其他成形机床	1 154	41 098	145	23 001

注:1. 根据机床工具行业重点联系企业统计数据整理。

2. 数控整形机包括数控折弯机、数控弯管机、数控校正机等。

表11 2008年金属成形机床重点联系企业产值前10位企业

序号	企业名称	产值(万元)	产值同比增长(%)	产量(台)
1	江苏扬力集团有限公司	155 863	0.20	18 665
2	济南二机床集团有限公司	132 965	36.5	269
3	天津市天锻压力机有限公司	58 399	39.80	296
4	江苏金方圆数控机床有限公司	54 000	25.60	1 109

（续）

序号	企业名称	产值(万元)	产值同比增长(%)	产量(台)
5	合肥锻压集团有限公司	49 087	22.10	500
6	江苏亚威机床有限公司	42 126	-9.90	1 361
7	湖北三环锻压机床有限公司	40 530	37.50	1 028
8	泰安华鲁锻压机床有限公司	26 950	42.40	296
9	广东锻压机床有限公司	24 438	-1.6	2 487
10	天水锻压机床有限公司	36 034	16.6	275
	合计	620 392		26 286

注:根据机床工具行业重点联系企业统计数据整理。

由表11可知,2008年,重点联系企业金属成形机床产值超10亿元的企业有2家,比上年增加1家。2008年重点联系企业前10位企业的金属成形机床合计产值达62.04亿元,占重点联系企业的82.29%,表明金属成形机床生产集中度进一步提高。在重点联系企业中,金属成形机床的生产集中度高于金属切削机床的生产集中度,我国金属成形机床行业已经形成一批具有相当实力的企业。

(3)铸造机械分行业。2008年,铸造机械重点联系企业只有2家,相对于铸造机械行业460多家企业占比太小,没有行业代表性,在此不进行具体介绍。由铸造机械分会另外介绍。

(4)木工机床分行业。2008年,木工机床重点联系企业3家,在行业中所占比重也很少。完成工业总产值5.38亿元,同比下降11.90%;产品销售率89.10%,同比下降3.40个百分点。2008年木工机床重点联系企业生产情况见表12。

表12　2008年木工机床重点联系企业生产情况

序号	企业名称	工业总产值(万元)	工业总产值同比增长(%)	产品销售率(%)	产品销售率同比增长(百分点)
1	山东百圣源集团有限公司	37 180	-17.20	94.00	-1.80
2	牡丹江木工机械有限责任公司	9 995	64.80	72.10	10.50
3	信阳木工机械股份有限责任公司	3 209	-48.10	85.90	-13.70

注:根据机床工具行业重点联系企业统计数据整理。

近几年,木工机床行业发展较慢,产值甚至是负增长,其原因主要是与社会和技术的进步有关,其发展前景将主要依靠技术创新和开发适应市场需要的高档产品。

(5)其他分行业。机床附件、刀具量具量仪、磨料磨具、机床电器、组合夹具、数控系统、数显装置、滚动部件和台钻等几个分行业,重点联系企业的厂家较少,大部分只有几家企业,不能反映该行业的基本情况。这些分行业的情况,由各分会单独进行介绍。

三、2008年机床工具产品进出口贸易

2008年,机床工具产品进出口贸易继续保持较快增长,进出口贸易总额194.22亿美元,同比增长14.40%,增速比上年提高0.89个百分点。出口持续保持高速增长,进口增速进一步下降,表明国际金融危机对2008年我国机床进出口影响不大,只是在第四季度出口增幅下降较大。当年机床工具产品贸易逆差51.62亿美元,同比下降21.45%,反映出国产机床的市场占有率在提高。

(一)出口

2008年,机床工具产品出口仍然保持较快增长,特别是数控机床出口增速加快。全年机床工具产品出口总额71.30亿美元,同比增长37.10%,增幅较上年增加0.90个百分点。其中金属加工机床出口额21.06亿美元,同比增长27.56%,增幅较上年下降11.66个百分点;数控金属加工机床出口额6.99亿美元,同比增长41.09%,增幅较上年下降7.15个百分点;数控金属加工机床出口量26 811台,同比增长23.93%,增幅较上年下降36.52个百分点。其他各类产品出口额普遍比上年有较大增加,如铸造机械同比增长111.90%,机床零部件同比增长63.44%,机床附件及夹具同比增长52.15%,金属成形机床同比增长50.42%,数控装置同比增长47.97%,磨料磨具同比增长45.64%,切削刀具及工具同比增长33.83%,都属于高速增长;只有木工机床同比增长相对较低,为14.92%。2008年机床工具分类产品出口情况见表13。

表13　2008年机床工具分类产品出口情况

序号	产品名称	出口额(亿美元)	同比增长(%)	增幅比上年提高(百分点)
	机床工具行业总计	71.30	37.10	0.89
	金属加工机床合计	21.06	27.56	-11.66
	其中:数控	6.99	41.09	-7.15

（续）

序号	产品名称	出口额（亿美元）	同比增长（%）	增幅比上年提高（百分点）
1	金属切削机床小计	14.56	19.46	-12.13
	其中：数控	5.49	33.28	-16.10
2	金属成形机床小计	6.50	50.42	-16.04
	其中：数控	1.49	79.86	37.04
3	铸造机械	0.93	111.90	99.17
4	木工机床	6.73	14.92	-28.14
5	机床夹具、附件	1.72	52.15	11.57
6	机床零部件	8.18	63.44	21.74
7	数控装置	5.94	47.97	-1.38
8	切削刀具及工具	12.14	33.83	1.28
9	量具量仪	1.27	53.86	47.33
10	磨料磨具	13.33	45.64	18.40

注：1. 根据国家海关统计数据整理。

2. 由于产品名称没有统一规范，所以部分统计的数量没有采用。

3. 表中数据由于四舍五入，合计数有微小出入。

我国机床工具产品出口已经连续多年快速增长，今后是否会继续较快增长，主要取决于两个因素：一是受国际金融危机的影响，国际机床市场的需求情况；二是国产机床工具产品是否能继续提高产品水平和质量。

1. 金属切削机床

2008 年，金属切削机床出口额 14.56 亿美元，同比增长 19.46%；其中数控金属切削机床出口额 5.50 亿美元，同比增长 33.28%。金属切削机床出口量 24 166 台，同比增长 22.06%。

（1）加工中心。2008 年，加工中心出口额 9 823 万美元，同比增长 87.57%，增幅较上年提高 19.17 个百分点；出口量 1 380 台，同比增长接近 1 倍。出口额大幅增长，但出口数量增幅更大，表明出口加工中心的平均价格在下降，这可能与受国际金融危机影响有关。2008 年加工中心出口情况见表 14。

表 14　2008 年加工中心出口情况

产品名称	出口额		出口量	
	金额（万美元）	同比增长（%）	数量（台）	同比增长（%）
加工中心出口合计	9 823	87.57	1 380	85.48
立式加工中心	5 812	127.79	1 178	111.11
卧式加工中心	1 610	36.49	83	18.57
龙门式加工中心	1 542	38.36	62	-27.91
其他加工中心	860	119.41	57	90.00

注：1. 根据国家海关统计数据整理。

2. 表中数据由于四舍五入，合计数有微小出入。

（2）车床。2008 年，车床出口额 45 398 万美元，同比增长 31.46%，增幅较上年下降 17.5 个百分点；出口量 103 099 台，同比增长 0.98%。其中数控车床出口额 19 648 万美元，同比增长 26.44%，增幅较上年下降 42.81 个百分点；出口量 9 011 台，同比增长 26.54%。在数控车床出口中，出口额增速与出口量增速基本相当，表明数控车床出口平均单价与上年基本持平。2008 年车床出口情况见表 15。

表 15　2008 年车床出口情况

产品名称	出口额		出口量	
	金额（万美元）	同比增长（%）	数量（台）	同比增长（%）
车床	45 398	31.46	103 099	0.98
其中：数控	19 648	26.44	9 011	26.54
卧式车床	36 954	28.36	50 155	9.43
其中：数控	17 935	22.39	8 810	26.07
其他车床	8 444	47.01	57 266	-5.42
其中：数控	1 713	93.39	201	51.13

注：根据国家海关统计数据整理。

(3)镗床。2008年，镗床出口额3 832万美元，同比增长85.50%，增幅较上年提高46.66个百分点；出口量3 182台，同比增长31.92%。其中数控镗床出口额1 590万美元，同比增长102.81%；出口量87台，同比增长40.32%。2008年镗床出口情况见表16。

表16　2008.年镗床出口情况

产品名称	出口额		出口量	
	金额(万美元)	同比增长(%)	数量(台)	同比增长(%)
镗床	3 832	85.50	3182	31.92
其中:数控	1 590	102.81	87	40.32
铣镗床	2 264	140.90	484	179.77
其中:数控	1 222	77.03	62	51.22
其他镗床	1 567	39.24	2 698	20.50
其中:数控	367	293.61	25	19.05

注:1. 根据国家海关统计数据整理。

2. 表中数据由于四舍五入,合计数有微小出入。

(4)磨床。2008年，磨床出口额17 968万美元，同比增长27.55%，增幅较上年提高5.92个百分点；出口量3 341 514台，同比下降8.31%。其中数控磨床出口金额1 157万美元，同比增长70.91%，增幅较上年提高18.84个百分点；出口量182台，同比增长47.97%。磨床出口数量如此之多，主要原因是砂轮机出口262万多台，抛光机出口近61万台等小市值机床出口数量庞大造成的。2008年部分磨床出口情况见表17。

表17　2008年部分磨床出口情况

产品名称	出口额		出口量	
	金额(万美元)	同比增长(%)	数量(台)	同比增长(%)
平面磨床	2 012	50.07	2 365	3.86
其中:数控	299	210.08	60	140.00
外圆磨床	1 378	55.65	557	51.36
其中:数控	336	65.51	72	132.26
内圆磨床	140	177.24	34	78.95
其中:数控	72	256.06	11	175.00
轧辊磨床	117	73.35	70	-5.41
珩磨机	131	-5.37	149	-20.32

注:根据国家海关统计数据整理。

(5)铣床。2008年，铣床出口额9 267万美元，同比增长37.08%，增幅较上年下降9.13个百分点；出口量41 005台，同比下降1.92%。其中数控铣床出口额1 383万美元，同比增长136.37%，增幅较上年提高120.54个百分点；出口量564台，同比下降21.23%。2008年，铣床和数控铣床出口额的增速大幅度上升，而出口量下降，特别是数控铣床出口量有较大幅度下降，表明单台铣床出口的平均价格有较大幅度增加。其出口均价大幅上升，主要是由于大型龙门铣床出口价格较高，当年龙门铣床出口额同比增长207.58%；数控铣床出口额同比增长136.37%。

(6)其他金属切削机床。包括钻床、齿轮加工机床、特种加工机床、锯床和其他机床等。

1)钻床。2008年，钻床出口额14 683万美元，同比增长0.97%，增幅较上年降低24.82个百分点；出口量1 122 130台，同比下降16.82%。其中数控钻床出口额1 223万美元，同比下降7.46%；出口量177台，同比增长27.34%。钻床出口数量如此之大，主要是因为台钻出口量达到1 121 581台，实际上一般钻床出口只有549台。

2)齿轮加工机床。2008年，齿轮加工机床出口额2 118万美元，同比增长36.19%，增幅较上年降低87.10个百分点；出口量52 738台，同比增长73.26%。其中数控齿轮加工机床出口额934万美元，同比增长36.23%，增幅较上年降低117.54个百分点；出口量199台，同比下降9.13%。

3)特种加工机床。2008年，特种加工机床出口额30 470万美元，同比增长25.72%，增幅较上年降低2.39个百分点；出口量223 497台，同比增长16.07%。其中数控特种加工机床出口额19 183万美元，同比增长17.03%，增速基本与上年持平；出口量12 566台，同比增长17.73%。特种加工机床出口量很大，主要缘于等离子切割机出口量达到200 376台所致。

4)锯床。2008年，锯床出口额9 291万美元，同比下降44.49%；出口量1 016 980台，同比下降60.46%。

5）其他机床。刨床、插床、拉床等出口额和出口量都不大，在机床工具产品出口中占比很小。

总之，2008 年下半年受国际金融危机的影响，我国金属切削机床出口增速有较大下降，但全年出口增速仍保持较高水平。其中最突出的特点是：大部分数控机床出口增速高于普通机床的增速，表明我国机床产品出口结构在不断优化。

2. 金属成形机床

2008 年，我国金属成形机床出口额 6.50 亿美元，同比增长 50.42%，增幅比上年下降 16.04 个百分点。其中数控金属成形机床出口额 1.49 亿美元，同比增长 79.86%，增幅较上年提高 37.04 个百分点；出口量 2 645 台，同比增长 44.06%。金属成形机床大部分产品出口都有较大增长。2008 年金属成形机床出口情况见表 18。

表 18　2008 年金属成形机床出口情况

产品名称	出口额		出口量	
	金额（万美元）	同比增长（%）	数量（台）	同比增长（%）
金属成形机床	64 974	50.42	334 300	-1.32
其中：数控	14 929	79.86	2 645	44.06
锻造或冲压机床	4 351	9.65	3 437	24.66
其中：数控	2 017	27.35	328	44.49
成形折弯机	19 067	62.62	173 661	-9.50
其中：数控	7 402	82.83	1 557	52.50
剪切机床	12 152	72.46	42 175	6.89
其中：数控	3 771	170.54	566	44.02
冲床	2 612	19.49	1 277	-8.92
其中：数控	1 740	36.52	194	-0.51
液压压力机	10 242	49.17	63 270	-0.29
机械压力机	7 053	38.99	23 385	25.67
其他非切削机床	9 498	50.03	27 095	27.81

注：根据国家海关统计数据整理。

2008 年，金属成形机床出口受国际金融危机的影响较小，而且各类数控成形机床出口增幅都大于普通成形机床出口增幅，表明出口产品结构在优化。

3. 铸造机械

2008 年，我国铸造机械出口额 0.93 亿美元，同比增长 111.90%，增幅较上年提高 99.17 个百分点；出口量 1 561 台，同比增长 7.43%。其中数控铸造机械出口额 0.19 亿美元，同比增长 19.12%，增幅较上年提高 3.01 个百分点；出口量 331 台，同比下降 15.99%。

4. 木工机床

2008 年，我国木工机床出口额 6.73 亿美元，同比增长 14.92%，增幅较上年下降 28.14 个百分点；出口量6 653 739 台，同比增长 15.91%。在木工机床出口中，没有数控木工机床。木工机床出口量如此之大，主要是因为木工锯床和木工抛光机床出口数量很大，且大部分是家庭用或个体用的简易木工机床。2008 年木工机床出口情况见表 19。

表 19　2008 年木工机床出口情况

产品名称	出口额		出口量	
	金额（万美元）	同比增长（%）	数量（台）	同比增长（%）
木工机床	67 338	14.92	6 653 739	15.91
组合木工机床	5 209	-26.87	235 362	-32.19
锯切木工机床	37 512	24.92	4 341 284	18.59
刨铣木工机床	10 358	3.60	555 650	30.92
磨削抛光木工机床	4 311	28.28	1 200 256	22.65
弯曲装配木工机床	649	-6.05	791	34.75
钻孔凿榫木工机床	1 515	25.48	34 714	41.59
剖劈切削木工机床	3 911	34.19	204 679	-11.22
其他木工机床	3 874	18.41	81 003	9.76

注：根据国家海关统计数据整理。

5. 配套部件

在机床工具产品出口中，除机床整机以外，各种机床配套部件的出口也较大，主要包括机床附件、零部件、数控装置、切削刀具及工具、量具量仪和磨料磨具等产品。

（1）机床附件及夹具。2008年，机床附件及夹具出口额1.72亿美元，同比增长52.15%，增幅较上年提高11.57个百分点；出口量约4 094万件，同比增长24.27%。机床附件及夹具出口额增长速度高于机床工具产品出口平均增速25.05个百分点。

（2）机床零部件。2008年，机床零部件出口额8.18亿美元，同比增长63.44%，增幅较上年提高21.74个百分点；出口量3.40亿件，同比增长31.34%。机床零部件出口额增长速度高于机床工具产品出口平均增速26.34个百分点。

（3）数控装置。2008年，数控装置出口额5.94亿美元，同比增长47.97%，增幅较上年下降1.28个百分点；出口量2 227万件，同比增长73.73%。2008年数控装置出口继续保持较高速度增长。由于海关没有数控装置出口的产品明细，所以很难判断是哪种数控装置产品出口增长较快。

（4）切削刀具及工具。2008年，切削刀具及工具出口额12.14亿美元，同比增长33.83%，增幅较上年提高1.28个百分点；出口量1.44亿件，同比增长7.48%。其出口增长速度基本略低于机床工具产品出口平均增速。

（5）量具量仪。2008年，量具量仪出口额0.99亿美元，同比增长19.78%，增幅较上年提高3.25个百分点；出口量2 485万件，同比增长5.13%。其出口在机床工具产品中已连续多年处在较低增长速度。

（6）磨料磨具。2008年，磨料磨具产品出口额13.33亿美元，同比增长45.64%，增幅较上年提高18.40个百分点。长期以来，磨料磨具产品在机床配套产品中出口额最大。2008年，磨料磨具产品出口额较大的产品有：人造刚玉出口额5.04亿美元，同比增长57.74%，增幅较上年提高15.59个百分点；碳化硅出口额3.49亿美元，同比增长62.63%，增幅较上年提高44.31个百分点；其他粘聚磨料制砂轮、石磨、石碾等出口额1.66亿美元，同比增长22.83%；砂布和砂纸的出口额也较大。出口增速较快的有：合成或天然金刚石制品同比增长79.73%，天然刚玉出口增速也较快。

总之，2008年虽然受国际金融危机大环境的影响，但是机床工具产品出口仍保持较高速度增长。10类产品出口额同比增幅均保持两位数，其中4类产品同比增速超5.00%。

（二）进口

2008年，机床工具产品进口增速放慢，这是机床工具连续两年进口增速减慢。2008年，机床工具产品进口总额122.92亿美元，同比增长4.41%，增幅较上年下降1.31个百分点；其中金属加工机床进口额75.87亿美元，同比增长7.29%。其中数控金属加工机床进口额57.41亿美元，同比增长7.03%；数控金属加工机床进口量38 129台，同比下降14.86%。除量具、量仪和数控装置产品外，大部分产品进口额增长不大，有部分产品负增长，同时大部分产品进口量下降较大。2008年机床工具分类产品进口情况见表20。

表20　2008年机床工具分类产品进口情况

产品名称	进口额		进口量	
	金额（亿美元）	同比增长（%）	数量（台）	同比增长（%）
机床工具行业总计	122.92	4.41		
金属加工机床合计	75.87	7.29		
其中：数控	57.41	7.03	38 129	-14.86
金属切削机床小计	56.76	8.32	65 169	-15.45
其中：数控	48.40	9.22	33 563	-12.28
金属成形机床小计	19.12	4.33	23 454	-23.34
其中：数控	9.01	-3.37	4 566	-29.97
铸造机械	2.23	-10.77	880	-21.64
其中：数控	0.67	-31.54	180	-39.19
木工机床	6.13	-23.47	21 851	-23.83
机床夹具及附件	3.83	4.13		
机床零部件	7.49	12.66		
数控装置	16.59	38.31		
切削刀具及工具	4.96	-49.61		
量具、量仪	1.51	373.07		
磨料磨具	4.31	7.37		

注：根据国家海关统计数据整理。

2008年，我国继续保持世界第一大机床进口国地位，机床（金属加工机床）进口额占世界机床总进口额的18.94%。但机床产品进口增长速度趋缓，说明国产机床市场满足度提高。2008年，国产金属加工机床国内市场占有率为61.00%，比上年提高4.7个百分点，替代进口能力在增强。由于我国机床市场需求巨大，所以替代进口产品的发展空间很大。

1. 金属切削机床

2008年，金属切削机床进口额56.76亿美元，同比增长8.32%，增幅较上年提高12.64个百分点。其中数控金属切削机床进口额48.40亿美元，同比增长9.22%，增幅较上年提高10.12个百分点；数控金属切削机床进口量33 563台，同比下降12.28%。在机床工具产品中，金属切削机床进口额最大，约占机床工具产品进口总额的46.17%，约占金属加工机床进口总额的74.80%。2008年金属切削机床进口情况见表21。

表21　2008年金属切削机床进口情况

产品名称	进口额		进口量	
	金额(万美元)	同比增长(%)	数量(台)	同比增长(%)
金属切削机床合计	567 578	8.32	65 169	-15.45
其中:数控金属切削机床	484 000	9.22	33 563	-12.28
加工中心	208 755	21.00	13 826	-0.17
车床	68 934	-3.95	11 138	-22.60
其中:数控	64 283	-1.93	6 683	-7.36
钻床	14 948	-16.84	6 056	11.59
其中:数控	13 054	-13.82	906	-19.40
镗床	11 965	-0.41	606	-7.06
其中:数控	10 591	2.59	206	-10.82
铣床	27 276	-25.19	3 524	-48.48
其中:数控	23 754	-25.55	1 775	-56.91
磨床	98 664	7.39	12 246	-15.46
其中:数控	68 076	9.72	1 903	-27.06
齿轮加工机床	24 604	64.41	806	-15.87
其中:数控	23 602	76.74	328	23.31
特种加工机床	73 514	-0.87	8523	-14.04
其中:数控	71 885	-0.55	7 936	-10.33
刨床	742	7.57	100	-27.54
插床	210	224.86	16	-38.46
拉床	3 778	190.89	130	-13.33
锯床	10 922	6.94	5 209	-12.78
组合机床	11 987	20.25	519	-24.89
攻丝机床	6 093	-3.09	1 223	-39.34
其他金属切削机床	5 185	39.48	1 247	-20.37
砂轮机	572	0.28	3 085	17.61
抛光机	7 422	-3.10	1 826	-9.60
其他钻床	1 445	-15.76	4 823	20.64

注:根据国家海关统计数据整理。

在2008年金属切削机床进口中，加工中心进口额最大，达到20.88亿美元，占金属切削机床进口额的36.78%，占数控金属切削机床进口额的43.13%。在数控金属切削机床进口中，进口额增长速度最快的是数控齿轮加工机床，增长76.74%；其次是加工中心，增长21.00%；在7个大类数控机床进口额中，有3个大类为负增长，下降最多的是数控铣床。

2. 金属成形机床

2008年，我国金属成形机床进口额19.12亿美元，同比增长4.33%，增幅较上年提高0.65个百分点；进口量23 454台，同比下降23.34%。其中数控金属成形机床进口额9.01亿美元，同比下降3.37%；进口量4 566台，同比下降29.97%。在数控金属成形机床中，进口额增长速度最快的是数控成形折弯机，为31.49%；进口额下降最多的是数控冲床，下降25.32%。2008年金属成形机床进口情况见表22。

表22　2008年金属成形机床进口情况

产品名称	进口额		进口量	
	金额(万美元)	同比增长(%)	数量(台)	同比增长(%)
金属成形机床进口合计	191 164	4.33	23 454	-23.34
其中:数控成形机床	90 140	-3.37	4 566	-29.97
锻造或冲压机床	44 705	-4.99	4 502	-31.83

（续）

产品名称	进口额		进口量	
	金额（万美元）	同比增长（%）	数量（台）	同比增长（%）
其中：数控	28 042	-4.06	1 312	-32.13
成形折弯机	31 594	30.27	3 095	-15.39
其中：数控	23 964	31.49	1 287	4.89
剪切机床	17 085	-0.12	1 159	-7.43
其中：数控	13 073	6.65	374	-13.82
冲床	32 330	-19.09	3 743	-29.14
其中：数控	25 061	-25.32	1 593	-45.56
液压压力机	24 849	35.10	1 899	-12.00
机械压力机	18 308	5.48	4 986	-20.93
其他非切削机床	22 293	16.59	4 070	-23.73

注：根据国家海关统计数据整理。

2008年，金属成形机床进口额出现小幅增长，进口量下降较多。除液压压力机和成形折弯机产品进口额增幅较大外，大部分金属成形机床进口额增长幅度不大或呈负增长。而进口量中除数控成形折弯机小幅增长4.89%，其余产品全部为负增长，且降幅大部分为两位数。

3. 铸造机械

2008年，我国铸造机械进口额2.23亿美元，同比下降10.77%；进口量880台，同比下降21.64%。其中数控铸造机械进口额0.67亿美元，同比下降31.54%；进口量180台，同比下降39.19%。铸造机械进口额和进口量已经连续两年双双较大幅度下降。

4. 木工机床

2008年，我国木工机床进口额6.13亿美元，同比下降23.47%，进口比上年减少近2亿美元；进口量21 851台，同比下降23.83%。木工机床出现进口额和进口量全面下降的局面。

5. 配套部件

在机床工具产品整机进口中，附带很多机床配套部件的进口，主要包括机床附件、零部件、数控装置、刀具、量具量仪、磨料磨具等产品。在2008年海关统计的机床配套部件进口中，进口额最大的是数控装置，达到16.59亿美元，同比增长38.31%；进口额增长较快的是量具，同比增长39.08%，其次是数控装置，同比增长38.31%。进口额下降较多的是切削刀具和工具，进口额为4.96亿美元，同比下降49.61%。其他配套部件进口额都是小幅增长，如机床夹具和附件进口额3.83亿美元，同比增长4.13%；磨料磨具进口额4.31亿美元，同比增长7.37%；机床零部件进口额7.49亿美元，同比增长12.66%。

总之，2008年我国机床工具产品进口量依然较大，但是进口增长速度趋慢，同比增长只有4.41%。多年来，我国机床工具产品进口一直在快速增长，只是在2007年出现负增长，到2008年，又从负增长转为小幅正增长，这可能与国际金融危机的影响有关。从长远看，进口下降将是必然趋势，其中金属加工机床进口额已经连续7年排名世界第一，但是进口增速也在趋缓。

（三）进出口贸易差额情况

几十年以来，在我国机床工具产品的市场中，机床工具产品进出口贸易基本上都是逆差，还没有出现过顺差，进出口额之比是3~4倍。但是从2007年开始，我国机床工具产品进出口贸易逆差呈下降趋势，而且已连续两年下降。2008年，我国机床工具产品贸易逆差51.62亿美元，比上年减少14.10亿美元，同比下降21.5%，是历年逆差下降最多的一年。其中金属加工机床进出口贸易逆差54.81亿美元，比上年增加0.6亿美元，同比增长1.10%。2008年机床工具分类产品进出口贸易差额见表23。

表23　2008年机床工具分类产品进出口贸易差额

产品名称	进出口差额（顺差+、逆差-）（亿美元）	同比增长（%）
机床工具行业总计	-51.62	-21.50
金属加工机床合计	-54.81	1.10
其中：数控	-50.43	3.55
金属切削机床小计	-42.19	4.98
其中：数控	-42.91	6.72
金属成形机床小计	-12.62	-9.86
其中：数控	-7.52	-11.53
铸造机械	-1.30	-37.20
木工机床	0.61	
机床夹具及附件	-2.11	-17.90
机床零部件	0.69	
数控装置	-10.65	33.46
切削刀具及工具	7.18	
量具量仪	0.54	
磨料磨具	9.02	75.49

注：根据国家海关统计数据整理。

在2008年机床工具各类产品进出口贸易中，磨料磨具、切削刀具及工具、量具量仪、机床零部件和木工机床为顺差，其中磨料磨具顺差最大，达到9.02亿美元，同比增长75.49%；其他产品皆为逆差，其中数控装置逆差增长最大，逆差同比增长33.46%；金属切削机床逆差继续小幅增长。

其余大部分产品逆差在缩小，逆差缩小较大的产品有铸造机械、机床夹具及附件、数控金属成形机床等产品。由逆差转为顺差的产品有切削刀具及工具、机床零部件和木工机床。

从总体上看，2008 年我国机床工具产品进出口贸易虽然逆差仍然很大，但逆差在继续缩小。我国机床工具产品出口额已经连续多年较快增长，但是进口额增速趋缓。预计今后我国机床工具产品进出口贸易逆差逐年减少将是总的趋势。应当说经过近十年的快速发展，进口机床严重威胁我国机床工业生存和发展的局面已得到部分缓解，我国机床工具行业不仅在逐渐收复国内机床市场，反过来也在走向国外机床市场。

（四）出口去向和进口来源情况

在我国机床工具产品的出口和进口贸易中，只有金属加工机床及部分数控机床产品有出口去向和进口来源的较详细资料。

1. 出口去向情况

（1）机床工具产品出口去向情况。2008 年，我国机床工具产品出口额共 71.30 亿美元，出口目的地（去向）排前 3 位的国家是：美国 10.18 亿美元，占出口总额的 14.28%；日本 9.42 亿美元，占 13.21%；德国 4.93 亿美元，占 6.91%。

1）金属切削机床出口额 14.56 亿美元，出口目的地（去向）排前 3 位的国家（地区）是：美国 1.38 亿美元，占金属切削机床产品出口额的 9.50%；德国 1.06 亿美元，占 7.25%；中国香港 1.02 亿美元，占 6.98%。

2）金属成形机床出口额 6.50 亿美元，出口目的地（去向）排前 3 位的国家是：印度 0.70 亿美元，占金属成形机床产品出口额的 10.76%；俄罗斯 0.33 亿美元，占 5.07%；越南 0.326 亿美元，占 5.01%。

3）磨料磨具出口额 13.33 亿美元，出口目的地（去向）排前 3 位的国家是：日本 3.22 亿美元，占磨料磨具产品出口额的 24.14%；美国 2.48 亿美元，占 18.63%；韩国 0.85 亿美元，占 6.35%。

4）切削刀具及工具出口额 12.14 亿美元，出口目的地（去向）排前 3 位的国家是：美国 2.36 亿美元，占切削刀具工具产品出口额的 19.44%；德国 1.17 亿美元，占 9.62%；韩国 0.96 亿美元，占 7.90%。

5）机床零部件出口额 8.18 亿美元，出口目的地（去向）排前 3 位的国家（地区）是：日本 2.27 亿美元，占机床零部件产品出口额的 27.79%；美国 1.25 亿美元，占 15.24%；中国台湾 0.79 亿美元，占 9.67%。

6）木工机床出口额 6.73 亿美元，出口目的地（去向）排前 3 位的国家是：美国 1.54 亿美元，占木工机床产品出口额的 22.89%；德国 0.73 亿美元，占 10.86%；俄罗斯 0.45 亿美元，占 6.75%。

7）数控装置产品出口额 5.94 亿美元，出口目的地（去向）排前 3 位的国家（地区）是：日本 1.62 亿美元，占数控装置产品出口额的 27.33%；中国香港 0.95 亿美元，占 15.95%；德国 0.42 亿美元，占 7.05%。

8）机床夹具及附件产品出口额 1.72 亿美元，出口目的地（去向）排前 3 位的国家（地区）是：美国 0.37 亿美元，占机床夹具及附件产品出口额的 21.25%；日本 0.20 亿美元，占 11.73%；中国香港 0.12 亿美元，占 7.67%。

9）量具及量仪产品出口额 1.27 亿美元，出口目的地（去向）排前 3 位的国家（地区）是：德国 0.25 亿美元，占量具及量仪产品出口额的 19.52%；美国 0.15 亿美元，占 11.56%；中国香港 0.13 亿美元，占 10.36%。

10）铸造机械出口额 0.93 亿美元，出口目的地（去向）排前 3 位的国家是：墨西哥 0.10 亿美元，占铸造机械出口额的 10.85%；巴西 0.095 亿美元，占 10.28%；印度 0.082 亿美元，占 8.82%。

（2）金属加工机床出口去向情况。2008 年，金属加工机床出口额 21.06 亿美元，出口目的地（去向）排前 3 位的国家是：美国 1.59 亿美元，同比下降 15.97%，占金属加工机床出口额的 7.53%；印度 1.34 亿美元，同比增长 79.67%，占 6.35%；德国 1.30 亿美元，同比增长 34.70%，占 6.19%。2008 年出口去向（目的地）及各目的地占有份额有较大变化。除了继续保持对美国、德国和日本等国家出口量较大外，对一些新兴市场如俄罗斯、巴西、印度、越南等出口增长较快。说明我国机床出口去向的结构进一步多元化，逐渐能够适应和满足更多国家（地区）的需求。这有利于我国机床产品出口的长期持续稳定发展，符合我国的出口发展战略。2008 年我国金属加工机床出口去向及份额情况见表 24。

表 24　2008 年我国金属加工机床出口去向及份额情况

序号	国家（地区）	出口额（万美元）	同比增长（%）	占比（%）
1	美国	15 856	-15.97	7.53
2	印度	13 375	79.67	6.35
3	德国	13 037	34.70	6.19
4	日本	11 593	0.06	5.50
5	巴西	11 501	88.54	5.46
6	中国香港	11 455	25.53	5.44
7	俄罗斯	9 609	95.79	4.56
8	韩国	7 628	32.60	3.62
9	越南	6 026	50.84	2.86
10	土耳其	5 645	32.99	2.68

（续）

序号	国家（地区）	出口额（万美元）	同比增长（%）	占比（%）
11	伊朗	4 906	56.88	2.33
12	澳大利亚	4 901	6.63	2.33
13	南非	4 898	33.63	2.33
14	意大利	4 791	32.25	2.28
15	印度尼西亚	4 742	55.39	2.25
16	马来西亚	4 286	29.94	2.03
17	泰国	4 286	10.37	2.03
18	新加坡	4 140	38.20	1.97
19	墨西哥	3 729	10.38	1.77
20	阿根廷	3 696	47.25	1.75
21	其他	60 506		28.74
	合计	210 605	27.56	100.00

注：根据国家海关统计数据整理。

从表24中可以看出，2008年，我国金属加工机床出口目的地国家（地区）增长最快的是俄罗斯，增速达到95.79%，对巴西、印度、伊朗、印度尼西亚和越南等国家的出口增长也都超过50%，都属于快速增长。这些国家将成为我国机床重要的出口目的地。在所有前20位出口目的地国家（地区）中，只有美国为负增长，同比下降15.97%。总之，从近几年出口目的地国家（地区）情况看，我国机床出口格局发生变化，新兴市场快速增加。

（3）部分数控金属切削机床出口去向。数控机床种类很多，出口额和出口量相差很大，现将加工中心和数控车床出口去向进行简单介绍。

1）加工中心出口去向和份额。2008年，我国加工中心出口额9 823万美元，同比增长87.57%；出口量1 380台，同比增长85.48%。出口额和出口量都大幅度增长。2008年我国加工中心出口去向及份额情况见表25。

表25　2008年我国加工中心出口去向及份额情况

序号	国家（地区）	出口额（万美元）	同比增长（%）	占比（%）
1	中国香港	1 660	388.88	16.89
2	德国	1 258	33.67	12.81
3	美国	1 042	100.97	10.61
4	俄罗斯	623	395.14	6.34
5	意大利	478	64.93	4.87
6	印度	468	-27.39	4.76
7	巴西	433	79.23	4.41
8	新加坡	386	1132.53	3.93
9	巴基斯坦	386	598.64	3.93
10	越南	333	326.05	3.39
11	韩国	309	-30.75	3.14
12	伊朗	257	309.46	2.62
13	墨西哥	194	340.84	1.97
14	日本	187	42.96	1.90
15	土耳其	166	147.39	1.69
16	其他	1 645		16.74
	合计	9 823	87.57	100.00

注：1. 根据国家海关统计数据整理。

2. 表中数据由于四舍五入，合计数有微小出入。

在2008年我国出口加工中心的前15个目的地国家（地区）中，出口额大部分都在增长，只有韩国和印度是负增长，而且有9个国家（地区）的增长在1倍以上。表明我国加工中心的国际竞争力和总体水平在进一步提高。

2）数控车床出口去向和份额。2008年，我国数控车床出口额19 648万美元，同比增长26.44%；出口量9 011台，同比增长26.54%。尽管国际金融危机导致国际机床市场需求疲软，但我国数控车床出口额和出口量仍同时保持较快增长，表明我国数控车床产品出口基本趋于稳定。2008 年数控车床出口去向及份额情况见表 26。

表 26 2008 年我国数控车床出口去向及份额情况

序号	国家(地区)	出口额(万美元)	同比增长(%)	占比(%)
1	日本	4 961	27.03	25.25
2	美国	2 277	-10.98	11.59
3	德国	1 502	82.08	7.64
4	俄罗斯	1 179	173.34	6.00
5	韩国	1 000	57.78	5.09
6	中国香港	701	-49.13	3.57
7	印度	649	99.69	3.30
8	伊朗	635	109.97	3.23
9	巴西	623	151.90	3.17
10	荷兰	604	-8.88	3.07
11	新加坡	572	130.01	2.91
12	阿根廷	336	39.02	1.71
13	意大利	325	23.54	1.66
14	泰国	261	73.62	1.33
15	越南	257	70.67	1.31
16	其他	3 767		19.17
	合计	19 648	26.44	100.00

注:1. 根据国家海关统计数据整理。
2. 表中数据由于四舍五入，合计数有微小出入。

在 2008 年我国出口数控车床前 15 个目的地国家(地区)中，对 4 个国家出口额增长在 1 倍以上，增长最多的是俄罗斯；负增长的有 3 个国家(地区)。

2. 进口来源情况

(1)机床工具产品进口来源情况。2008 年，我国机床工具产品进口额共 122.92 亿美元，进口来源国家(地区)排前 3 位的是：日本 37.42 亿美元，占进口总额的 30.44%；德国 27.76 亿美元，占 22.58%；中国台湾 17.51 亿美元，占 14.25%。

1)金属切削机床。进口额 56.76 亿美元，进口来源国家(地区)排前 3 位的是：日本 19.59 亿美元，占金属切削机床产品进口总额的 34.52%；德国 11.85 亿美元，占 20.87%；中国台湾 8.04 亿美元，占 14.17%。

2)金属成形机床。进口额 19.12 亿美元，进口来源国家(地区)排前 3 位的是：日本 5.39 亿美元，占金属成形机床产品进口总额的 28.18%；中国台湾 3.94 亿美元，占 20.63%；德国 3.71 亿美元，占 19.39%。

3)数控装置。进口额 16.59 亿美元，进口来源国家(地区)排前 3 位的是：德国 6.25 亿美元，占数控装置产品进口总额的 37.64%；日本 3.31 亿美元，占 19.95%；美国 0.89 亿美元，占 5.37%。

4)机床零部件。进口额 7.49 亿美元，进口来源国家(地区)排前 3 位的是：德国 1.87 亿美元，占机床零部件产品进口总额的 24.92%；中国台湾 1.66 亿美元，占 22.14%；日本 1.65 亿美元，占 22.09%。

5)木工机床。进口额 6.13 亿美元，进口来源国家(地区)排前 3 位的是：日本 2.25 亿美元，占木工机床产品进口总额的 36.78%；中国台湾 1.61 亿美元，占 26.26%；德国 1.09 亿美元，占 17.78%。

6)切削刀具及工具。进口额 4.96 亿美元，进口来源国家(地区)排前 3 位的是：日本 1.31 亿美元，占切削刀具及工具产品进口总额的 26.38%；德国 1.06 亿美元，占 21.37%；新加坡 0.57 亿美元，占 11.39%。

7)磨料磨具。进口额 4.31 亿美元，进口来源国家(地区)排前 3 位的是：日本 1.33 亿美元，占磨料磨具产品进口总额的 30.76%；德国 0.59 亿美元，占 13.73%；美国 0.58 亿美元，占 13.44%。

8)机床夹具及附件。进口额 3.83 亿美元，进口来源国家(地区)排前 3 位的是：日本 1.13 亿美元，占机床夹具及附件产品进口总额的 29.61%；德国 0.82 亿美元，占 21.32%；中国台湾 0.74 亿美元，占 19.26%。

9)铸造机械。进口额 2.23 亿美元，进口来源国家(地区)排前 3 位的是：日本 1.02 亿美元，占铸造机械产品进口总额的 45.90%；美国 0.25 亿美元，占 11.24%；韩国 0.22 亿美元，占 9.69%。

10)量具量仪。进口额 1.51 亿美元，进口来源国家(地区)排前 3 位的是：日本 0.43 亿美元，占量具量仪产品进口总额的 28.22%；德国 0.39 亿美元，占 25.54%；美国 0.21 亿美元，占 13.87%。

2008 年，我国机床工具产品进口额最多的来自日本，在 10 大类产品进口额前 3 位中都有日本，且其中 8 类排名第一。

(2)金属加工机床进口来源情况。2008 年，金属加工机床进口额 75.87 亿美元，进口来源国家(地区)排前 3 位的是：日本 24.98 亿美元，占金属加工机床进口总额的

32.92%；德国15.55亿美元，占20.50%；中国台湾11.99亿美元，占15.80%。2008年进口来源国家（地区）及其份额变化不大，前3位基本没有变。2008年我国金属加工机床进口来源及份额情况见表27。

表27　2008年我国金属加工机床进口来源及份额情况

序号	国家（地区）	进口额（万美元）	同比增长（%）	占比（%）
1	日本	249 810	1.71	32.92
2	德国	155 543	36.14	20.50
3	中国台湾	119 885	-13.17	15.80
4	韩国	56 138	5.40	7.40
5	意大利	42 441	18.20	5.59
6	美国	36 948	38.01	4.87
7	瑞士	28 834	-6.66	3.80
8	新加坡	8 929	31.25	1.18
9	法国	8 002	84.74	1.05
10	西班牙	7 571	26.31	1.00
11	奥地利	6 128	37.49	0.81
12	中国大陆	5 794	-0.30	0.76
13	英国	4 457	12.06	0.59
14	比利时	4 156	-35.47	0.55
15	泰国	3 177	-25.01	0.42
16	瑞典	2 799	52.85	0.37
17	澳大利亚	2 419	15.75	0.32
18	捷克	2 352	-57.44	0.31
19	加拿大	2 326	195.66	0.31
20	巴西	1 946	72.86	0.26
21	其他	9 089		1.20
	合计	758 742	7.29	100.00

注：1. 根据国家海关统计数据整理，表中“中国大陆”是指海外兼并的免税产品。

2. 表中数据由于四舍五入，合计数有微小出入。

近几年，我国金属加工机床进口来源相对比较集中。2008年，从日本进口金属加工机床的金额占进口总额的近1/3，来自前3位国家（地区）的进口额所占份额近70%，来自前7位国家（地区）的进口额所占份额超过90%。我国金属加工机床进口来源的过分集中，基本可以说明几个机床强国（地区）在主导世界机床市场。

（3）部分数控金属切削机床进口来源。进口数控机床的品种很多，现将加工中心和数控车床的进口来源进行简单介绍。

1）加工中心。2008年，我国加工中心进口额20.88万美元，进口来源国家（地区）排前3位的是：日本9.17亿美元，占加工中心进口额的43.92%；德国4.08亿美元，占19.56%；中国台湾3.30亿美元，占15.83%。2008年进口来源和份额变化不太大，前3位基本没有变。2008年我国加工中心进口来源及份额情况见表28。

表28　2008年我国加工中心进口来源及份额情况

序号	国家（地区）	进口额（万美元）	同比增长（%）	占比（%）
1	日本	91 692	13.36	43.92
2	德国	40 825	61.92	19.56
3	中国台湾	33 045	-7.22	15.83
4	韩国	16 470	14.45	7.89
5	美国	7 893	61.50	3.78
6	意大利	7 078	113.61	3.39
7	瑞士	4 712	32.63	2.26
8	西班牙	2 562	137.42	1.23
9	法国	2 012	165.41	0.96
10	奥地利	936	29.28	0.45

(续)

序号	国家(地区)	进口额(万美元)	同比增长(%)	占比(%)
11	新加坡	737	-16.48	0.35
12	巴西	584		0.28
13	中国大陆	82	-56.27	0.04
14	英国	53	-80.52	0.03
15	波兰	43		0.02
16	其他	31		0.01
	合计	208 755	21.00	100.00

注:1. 根据国家海关统计数据整理。

2. 表中"中国大陆"是指海外兼并的免税产品。

2008年,我国加工中心进口来源国家(地区)很集中,其中来自前3位国家(地区)的进口额所占份额接近80%,来自前8位国家(地区)的进口额所占份额接近98%。2008年进口额增速较大,而进口量为负增长,平均单价增加较大,这可能与进口来源国家(地区)过分集中有关。

2)数控车床。2008年,我国数控车床进口额64 283万美元,进口来源国家(地区)排前3位的是:日本2.21亿美元,占数控车床进口总额的34.38%;中国台湾1.62亿美元,占25.19%;韩国1.00亿美元,占15.57%。2008年数控车床进口额和进口量呈下降趋势,表明国产数控车床的国内市场占有率在提高。2008年数控车床进口来源及份额情况见表29。

表29 2008年我国数控车床进口来源及份额情况

序号	国家(地区)	进口额(万美元)	同比增长(%)	占比(%)
1	日本	22 103	13.06	34.38
2	中国台湾	16 192	13.30	25.19
3	韩国	10 007	24.84	15.57
4	德国	7 125	-31.12	11.08
5	意大利	2 465	-25.68	3.83
6	美国	2 211	-15.71	3.44
7	瑞士	872	-16.14	1.36
8	比利时	599	-44.41	0.93
9	泰国	569	-19.43	0.89
10	法国	549	43.13	0.85
11	奥地利	382	454.88	0.59
12	捷克	367	-86.09	0.57
13	西班牙	209	-1.91	0.33
14	中国大陆	177	-69.62	0.28
15	波兰	129	58.79	0.20
16	其他	329		0.51
	合计	64 283	-1.93	100.00

注:1. 根据国家海关统计数据整理,表中"中国大陆"是指海外兼并的免税产品。

2. 表中数据由于四舍五入,合计数有微小出入。

2008年,我国数控车床进口来源地非常集中,其中来自日本进口额的占比超过1/3,来自前5位国家(地区)进口额的占比超过90%。

四、2008年机床工具产品市场需求分析

国际金融危机一方面给国内机床市场需求造成一定冲击;另一方面,导致国际市场严重萎缩,出口大幅度下降,使机床工具行业未来的发展遇到很大困难。市场需求是企业发展的关键,加强对机床市场需求的分析和研究至关重要。

(一)2008年机床市场消费情况

1. 国内市场消费

2008年,我国机床工具产品总消费额约530.00亿美元(按2008年平均汇率计,以下同),同比增长约27.00%;其中金属加工机床消费额约194.40亿美元,同比增长约20.20%。在金属加工机床消费额中,金属切削机床约143.20亿美元,同比增长约21.00%;金属成形机床约51.20亿美元,同比增长约18.00%。2008年,我国数控金属加工机床消费量约13.70万台,同比减少5.50%。其中数控金

属切削机床消费量约13.2万台，同比下降3.90%。

我国机床(金属加工机床)消费额从2002年起已经连续7年排名世界第一。2008年，我国机床消费额比世界排名第二位(德国)和第三位(意大利)消费额之和的185.00亿美元，还多9.4亿美元。多年来，我国机床市场的消费量一直很大，虽然近几年国产机床市场占有率有所提高，但市场满足度依然不高。2008年，国产金属加工机床产值国内市场占有率为61.00%，比上年提高4.70个百分点。其中国产金属切削机床产值市场占有率为60.30%，比上年提高4.60个百分点；国产金属成形机床产值市场占有率为62.70%，比上年提高4.90个百分点。

多年来，国产机床产值市场占有率一直徘徊在40.00%左右，近几年有所提高，2008年首次突破60.00%。而国产数控机床的市场占有率更低，特别是数控金属切削机床销售额市场占有率多年徘徊在30.00%左右，2008年接近50.00%。在受到国际金融危机影响的情况下，国产机床的市场占有率却有所提高，实属不易。进一步加强对机床市场需求和产业发展战略的研究，增强国产机床的核心竞争力，提高国产机床的市场占有率，势在必行。

2. 国际市场消费

2008年，世界机床消费额前28位国家(地区)的机床总消费额为786.40亿美元，同比增长13.87%。其中消费量较大的前几位分别是中国、德国、意大利、日本、美国等。中国仍保持着世界第一大机床消费国的地位，占世界机床总消费额约1/4。2008年世界机床消费前10位国家(地区)情况见表30。

表30　2008年世界机床消费前10位国家(地区)情况

序号	国家(地区)	消费额(亿美元)	同比增长(%)
1	中国	194.40	20.00
2	德国	99.50	33.00
3	意大利	85.50	21.00
4	日本	80.30	5.00
5	美国	67.60	15.00
6	韩国*	41.50	0.00
7	中国台湾	28.00	-21.00
8	巴西	25.50	40.00
9	印度	18.70	3.00
10	法国	17.70	13.00

注：资料来源于美国卡德纳公司；带*者未经核实，按上一年数据。

近几年，世界机床消费布局变化不大，主要消费仍然分布在东亚、中西欧和北美等3个区域。其中东亚区域主要包括中国、日本、韩国及中国台湾；中西欧主要有德国、意大利、法国、瑞士和西班牙等国家；北美主要指美国、墨西哥和加拿大等国家。近几年，德国和巴西的机床消费增长较快。

从世界各国机床消费情况看，绝大部分机床消费大国也是机床生产大国。在机床消费大国中，机床进口较多的是中国和美国，进口机床在消费总量中占有相当比重；日本和瑞士的出口占比较大，其国产机床自给率较高；其他发展中国家的机床消费主要依靠进口。

(二)2009年机床市场需求预测

1. 国内市场预测

为应对国际金融危机，国家出台了一系列政策措施保增长，如增加4万亿元投资的一揽子计划中，加大固定资产投资力度，积极支持重大工程项目建设，制定10大行业的三年"调整和振兴规划"等，必将促进重大装备制造业的发展，从而拉动机床市场兴旺，带动机床工具行业的发展。在固定资产投资中，汽车、电工电器、工程机械、航空航天和一些传统机械行业，用来购买机床设备的资金占有很大比重。这些行业的固定资产投资增速远高于社会平均增长速度，必将带动机床工具产品市场需求趋旺。2009年及以后相当长时间内，我国机床市场的消费额将继续保持世界第一的位置。

虽然我国机床工具行业发展很快，但是仍然满足不了国内市场的需求。据预测，虽然受国际金融危机的影响，2009年国内机床市场消费额仍将与上年基本持平。即金属加工机床消费额将达到190.00亿美元左右，其中金属切削机床消费额约140.00亿美元；金属成形机床消费额约50.00亿美元。预计数控金属加工机床消费量将达到13.50万台左右，其中数控金属切削机床约13.00万台。伴随着机床消费的继续增长，机床各类配套产品、部件也将得到相应的增长。2009年国产金属加工机床产值市场占有率仍将超过60.00%，其中数控机床市场占有率约50.00%。但依然有近一半市场被进口机床占有，说明我国机床市场增长空间仍然很大。

2. 国际市场预测

受国际金融危机的影响，世界经济增长速度将放缓或下降，世界机床市场消费萎缩，大部分国家的机床进口和出口都有较大幅度下降。世界机床市场消费额从2003年以来，已经连续6年增长，据预测，2009年消费额将比2008年的786.4亿美元有所减少，消费额首次出现下降。由于各国受国际金融危机影响程度的不同，很难综合预测出世界总的下降幅度，估计大部分西方国家的市场需求将有大幅度下降；部分发展中国家，特别是"金砖四国"的需求将持平或稍有下降，不受金融危机影响而继续保持增长的将是极少数国家。但是，有一点是肯定的，即国际市场对数控机床的需求将进一步增加，对普通机床的需求将有所减少。因此，我国机床出口产品的结构应不断进行调整，以适应国际市场的需求，使我国机床出口在国际机床市场中所占的份额进一步提高。

五、产品结构调整

结构调整是我国机床工具行业的一项长期任务。只有不断优化产品结构，行业才能持续发展。特别是为应对国际金融危机，导致的市场需求低迷，更需要加快调整产品结构。随着市场对高档机床产品需求的不断增加，行业大部分企业都在根据市场需求结构的变化，积极调整产业结构和产品结构。

尽管我国是世界第三机床生产大国，但由于产品结构不合理，不得不继续进口大量高档机床。我国进口的大量机床不仅价格高，而且部分高档机床进口还受到限制，我国机床行业在国际机床市场上也没有话语权。分析其原因，主要是：我国机床产品低档的多，高档的少，结构不合理；缺乏开发高档产品和技术创新的能力，不能满足国民经济发展和国防建设对高档机床的需求。虽然近几年机床工具行业加大了技术改造力度，固定资产投资增长较快，生产能力大幅度提高，但依然是大量生产中低档产品，高档产品生产能力严重不足。

2008年，我国金属切削机床产量接近62.00万台，这是世界上绝无仅有的，机床拥有量也是世界上最多的。如此大的年产量和巨大的拥有量，消耗了国家大量原材料和能源。生产大量的普通机床和低档机床，不是我们追求的目标。2008年，我国生产数控金属切削机床逾12.00万台，年产量也是世界第一，数控机床产量的增加，表明我国机床产品结构在优化。但是，2008年我国依然进口了33 563台数控金属切削机床，也是世界进口数控机床最多的国家。其主要原因仍是我国生产的大部分都是中低档数控机床，在档次上不能满足国内市场的需求，只能大量进口高档数控机床，说明我国数控机床的结构也要进行调整。

近几年，机床企业为了满足市场对机床的巨大需求，不断加大技术改造的投入，扩大生产能力。但普通机床产能的大幅度扩张，将引发巨大风险。我国机床工具行业经过此次国际金融危机，是否能重新走上快速增长的道路，能否真正满足和适应国内外两个市场对机床的需求，关键在于要用新的思路转变增长模式，积极调整优化产品结构，彻底解决行业中存在的深层次问题。

此次国际金融危机暴露了我国机床行业很多深层次问题：当经济形势好的时候，绝大部分企业的生产和销售都能快速增长，行业一片繁荣景象；当危机到来时，很多企业各项经济指标全面快速大幅度下滑，亏损增加，生产经营困难。其中生产普通机床和低档数控机床的企业受冲击最大，生产和销售持续下降，而生产重型和高档数控机床的企业却继续保持快速增长，呈现冰火两重天的景象。

事实证明，危机使不同企业面临不同的挑战，但是应对危机却有着基本相同的原则，即调整产业和产品结构。企业应当将调整产品结构与狠抓质量放到同等重视的地位。质量是企业的生命，调整产品结构同样是企业的生命和长远发展的关键。

受国际金融危机的影响，机床市场需求萎缩，为结构调整和产业升级提供了机遇。机床工具行业既要立足当前保持经济平稳增长，又要从战略和长远规划出发，加快结构调整和发展方式的转变。当前，机床工具产品结构调整的主要目标是：压缩减少普通机床生产，增加数控机床生产；巩固中低档数控机床质量，提高中高档数控机床水平和可靠性；不断加强高精度、高效率、柔性、复合、环保、智能和可靠性等关键技术的研究；不断发展成套性、专用性、多样性、集成化等设备，以适应机床市场的多样性和个性化需求。

六、行业技术创新和科技成果情况

2008年，机床工具行业在新产品开发、技术创新等方面取得了一系列辉煌成就。

（一）新产品开发

1. 行业开发新产品能力增强

为应对国际金融危机，2008年机床工具行业加大了“调结构和上水平”的新产品开发力度，企业的科研、设计、制造能力不断增强，行业整体技术水平进一步提高，全行业开发出一大批高水平新产品。据不完全统计，2008年，机床工具行业重点联系企业共完成机床工具“企业新产品”506台（套），其中“行业新产品”231台（套）。虽然不能完全代表机床工具全行业新产品生产研制全貌，但是足以说明机床工具行业企业非常重视新产品的研究开发。这里所谓的“行业新产品”是指在行业中首次开发出来的产品，是真正填补国家（行业）空白的产品。

2. 新产品技术水平不断提高

2008年，机床工具行业开发出一大批具有较高技术水平的机床工具新产品，并且在生产实践中得到了验证，受到用户的认可和好评。

总体上看，这些新产品的趋势基本都是在向数控、精密、高效、重型、复合、柔性、自动线等技术方向发展。大多数新产品都具有自主知识产权，是根据用户生产的需求而研发试制的，并经过了用户的验收和使用验证，具有广阔的市场前景。

（二）技术创新及科技成果

技术创新是近几年机床工具行业的热门话题，受到大部分企业的重视。在国际金融危机这一非常时期，国家更加注重推动和鼓励技术创新，要求加快创新步伐，进一步扩大创新范围。在生产不景气的时候，企业对技术创新的欲望更加强烈，希冀以技术创新尽快摆脱国际金融危机的影响，步入良性发展轨道。同时，机床工具行业经过多年的快速增长，以及国家的政策扶持，其企业在市场需求的推动下，技术创新意识也很强烈。应当说，无论在客观大环境上，还是企业的创新观念上，都不存在障碍。技术创新是一项系统工程，不仅需要政策支持，更需要资金、人才、环境以及相关配套技术和加工能力等方面的支撑。在贯彻科学发展观和提高自主创新能力的方针指导下，企业加大了自主开发新产品的力度，新产品技术来源属于引进技术的越来越少，属于自主研发的越来越多。有的企业突破了部分关键技术，掌握了部分核心技术，开发出越来越多的具有自主知识产权的高档机床工具产品。

1. 技术创新成果显著

在国家政策的支持和鼓励下，机床工具企业提高了自主研发新产品的主动性和积极性，自主技术创新研发新产品成为主流。企业加大了科技投入，自主创新的高档数控机床产品不断涌现。部分企业承担了国家重大科技攻关项目和地方重点科研任务，主动开发替代进口的产品等。2008年，机床工具行业自主创新开发出一批在技术上达到国际先进和国内领先水平，或填补国内空白的技术和产品，涌现出一些技术创新企业。如大连光洋科技工程有限公司就是在高档数控机床领域技术创新方面的典型。该公司和大连科德数控有限公司(光洋控股)合作自主研发的14轴五联动卧式车铣复合加工中心和11轴五联动立式车铣复合加工中心,不仅完全是自主研发和制造的,而且达到了国际先进水平。他们还资助研发出光纤总线开放式高档数控系统、直驱式关键执行部件(如双摆铣头、双轴转台)等产品,打破了国外的封锁和垄断,成为我国数控产品自主创新的领军者。大连光洋科技工程有限公司通过自主技术创新,使企业在数控技术领域实现了高起点的跨越式发展,已累计完成专利受理百余项,取得专利授权60项,其中发明专利12项。又如威海华东数控股份有限公司(以下简称华东数控)开发的数控龙门铣磨复合机床,是用于磨削水泥构件板的磨床。正在建设的京沪高速铁路的铁轨,不是像过去一样铺在枕木上,而是直接铺在钢筋水泥构件板上,这种钢筋水泥构件板的精度要求较高,需要在磨床上进行磨削。该产品是在国外技术的基础上进行创新,在国外一般测量方法基础上,经过技术创新,采用激光自动测量装置,即在构件板磨削前,先用激光测量磨削余量,来确定磨削的深度;磨削完之后,再用激光测量,检查磨削的精度。建设像京沪这样的高速铁路,每隔几十公里就需要一台这种磨床。华东数控自主开发生产的数控龙门铣磨复合机床,全部被铁道部收购,每台磨床的价格约1 480万元。该公司还在继续开发8m×30m龙门镗铣床、直径16m滚齿机等重型和超重型机床。

此外,2008年,机床工具行业还有不少企业取得很多自主创新的技术成果,如齐齐哈尔二机床(集团)有限责任公司、齐重数控装备股份有限公司、武汉重型机床集团有限公司、陕西秦川机械发展股份有限公司、沈阳机床(集团)有限责任公司、大连机床集团有限责任公司等。

2. 获得“科学技术奖”项目水平提高

机床工具行业获得的“中国机械工业科学技术奖”项目,是科学技术创新的代表性科技成果。2008年度机床工具行业获得“中国机械工业科学技术奖”共20项,其中:一等奖2项、二等奖9项、三等奖9项,获得“中国机械工业发明奖”一等奖1项。这些获奖项目大多属于自主创新和具有自主知识产权的项目,技术水平高,技术难度大,经济和社会效益显著,对推动行业技术进步具有很大作用。同时,项目获奖激励了科学技术人员研究开发和自主创新的积极性,提高了科技人员的社会地位,促进了机床工业的技术进步,提高了我国机床产品的国际竞争力。

3. 自主创新企业成绩突出

技术创新是机床工具行业提高产品国际竞争力的重要手段,竞争力的核心是创新能力的竞争。唯有技术创新,才能在激烈的国际竞争中占据主动,立于不败之地。自国家提出鼓励和扶持自主技术创新政策以来,机床工具行业广泛创建以企业为主体,市场为导向,产学研相结合的技术创新体系,使企业真正成为技术创新的主体、创新成果应用的主体,全面提升了企业的自主创新能力。为了促进和鼓励企业的自主创新,提升机床工具行业整体自主创新能力,2008年度中国机床工具工业协会评出10个企业为自主创新先进会员,分别是:杭州机床集团有限公司、宁波海天精工机械有限公司、宝鸡机床集团有限公司、广州数控设备有限公司、天津市天锻压力机有限公司、南京工艺装备制造有限公司、浙江凯达机床股份有限公司、北京精雕科技有限公司、天水锻压机床有限公司和河南中南工业有限责任公司。

近几年,我国机床工具行业在贯彻科学发展观和“自主创新”的方针指引下,自主研发高档数控机床及其配套部件的能力有所提高,自主研制开发出一批国家重点工程项目需要的高档机床设备,特别是发电设备、铁路、航空航天、国防军工等行业需要的重大装备。机床工具行业将进入一个加快新产品自主开发的新阶段,为应对国际金融危机以及保持机床工具行业持续发展打下了有力基础,为振兴装备制造业作出了贡献。

七、标准化和质量工作

标准和质量是产品的基本要素,是提高产品水平的基础,不符合标准的产品连合格品都不是,更谈不上质量和水平。标准和质量两者既有因果关系,也有依赖关系。

(一)标准化工作

1. 标准制修订工作完成情况

标准制修订是标准化的重要工作,主要是对超期服役的国家标准和行业标准进行清理整顿以及对延期未完成的国家标准和行业标准制修订项目进行清理。当前,机床工具行业共有国家标准565项,行业标准1 443项。其中金属切削机床国家标准123项,行业标准731项;特种加工机床国家标准22项,行业标准29项;木工机床与刀具国家标准49项,行业标准120项;铸造机械国家标准3项,行业标准100项;锻压机械国家标准16项,行业标准162项;刀具国家标准220项,行业标准123项;量具量仪国家标准57项,行业标准83项;磨料磨具国家标准61项,行业标准92项;工业机械电气系统国家标准14项,行业标准3项。

2008年,机床工具行业完成国家标准的制修订198项,完成率84.7%;完成行业标准的制修订183项,完成率93.8%。其中完成金属切削机床国家标准74项,行业标准80项;特种加工机床国家标准6项,行业标准1项;木工机床与刀具国家标准17项,行业标准47项;铸造机械国家标准9项,行业标准7项;锻压机械国家标准27项,行业标准16项;刀具国家标准22项,行业标准10项;量具量仪国家标准16项,行业标准13项;磨料磨具国家标准13项,行业标准6项;工业机械电气系统国家标准14项,行业标准3项。

2. 其他标准化工作

积极参与国际标准化工作。主动参与国际标准化工作,及时跟踪正在进行的国际标准项目和标准存档,分析国际标准;对具有投票资格的34项国际标准,完成了审查和投票工作。参加国际标准化会议,加强对国际标准化情况的了解,考察国际标准化工作现状和国际标准化的发展动态;积极参与国际标准的制定工作,参加了《机床—安全—电火花加工机床》国际标准的制定工作,对《机床、电火花小孔高速加工机床检验条件、术语和精度检验》国际标准提案进行了研究。开展了大量的标准信息和咨询服务工作，以及标委会的组织建设工作等。同时，参加标准化的科研工作，完成了国家标准化委员会“数控机床标准体系研究”项目的研究工作。

（二）质量工作

衡量产品的基本要素：一是产品质量，一是技术水平。但是在同一技术水平下，质量则是决定因素。所谓“名牌”产品，除了产品的技术水平高以外，最重要的是产品质量好。

重视、提高产品质量，是减小国际金融危机对机床行业的影响，实现“保增长、扩内需、调结构、上水平”转变发展方式的战略措施，同时也是加强企业管理，提高产品国际竞争力的战略任务。要充分认识提高工业产品质量的重要性、紧迫性，牢固树立“质量是企业的生命”和“质量第一”的观念，切实把工业产品质量提高到新水平。宣传“以质取胜”战略的重大意义，引导员工增强质量意识，把提高产品质量作为应对当前严峻形势的一项重要举措。产品质量的好坏是企业的生命线，它关系到企业的生存和发展。企业主要领导者应高度重视产品质量，不断完善质量管理体系，营造“企业追求质量、人人关心质量”的良好环境和氛围。

1. 我国机床工具产品质量进一步提高

2008 年，我国机床工具行业有多种产品产量排名“世界第一”。巨大数量的产品之所以能销售出去，关键是质量有所提高。随着机床工具产品技术的发展和产量的增加，其产品质量也相应得到很大提高。到 2008 年，数控金属切削机床产量已经连续两年超 12 万台，出口量也连续两年超 2 万台。如此大量的数控机床能销售出去，被市场接受并能得到用户的认可，本身就说明我国数控机床的质量有所提高。我国数控机床产量从几千台增长到十几万台，说明了产品质量从“量变”到“质变”的过程。到目前为止，我国数控机床的质量基本上被用户认可和接受。

2. 创品牌活动进一步展开

在国际金融危机的严重影响下，市场竞争越加激烈，品牌更加成为市场销售的主导，成为用户的首选。品牌越来越被企业重视，不少企业制定了创名牌战略，将“世界名牌”或“中国名牌”作为企业追求的目标。2008 年在中国机床工具工业协会开展的“精心创品牌活动先进会员”活动中，共有 15 家企业被评为“精心创品牌活动先进会员”，分别是汉川机床集团有限公司、浙江凯达机床集团有限公司、宁波海天精工机械有限公司、东风汽车有限公司设备制造厂、成都宁江机床（集团）股份有限公司、保定维尔铸造机械有限公司、南京工艺装备制造有限公司、哈尔滨第一工具制造有限公司、郑州华晶金刚石股份有限公司、江苏苏北砂轮厂有限公司、上海机床厂有限公司、齐齐哈尔二机床有限责任公司、重庆机床（集团）有限责任公司、江苏亚威机床有限公司和河南中南工业有限责任公司。

通过开展“精心创品牌先进会员”评比活动，企业增强了品牌意识，促进了产品质量的提高和企业知名度的提升。

3. 2008 年机床产品的抽查结果

尽管近几年机床工具产品质量总体水平在不断提高，但质量问题仍然存在。一些企业的质量意识不强，质量工作流于形式。企业的产品研发设计、生产制造、储运销售、技术服务、质量追溯和质量责任、缺陷产品召回等质量管理体系不完善，各个环节的质量保证能力差，产品质量的稳定性和可靠性差。

2008 年，国家质量监督检验检疫总局发布了对机床工具行业电加工机床和机械压力机产品抽查的质量公告。

（1）电加工机床。国家质量监督检验检疫总局组织抽查了北京、上海、浙江和江苏 4 个省（直辖市）38 家企业生产的 38 种电加工机床产品。抽查中发现部分产品存在下列质量问题：①防护等级项目不合格，不能防止灰尘、昆虫、液体等进入电气控制系统内部，不能防止意外短路或火灾等情况发生。②个别产品电击防护项目不合格，主要是 380V 电源进线端子的金属体裸露和电器件连接端子裸露，没有防护隔板和警告标志。③个别产品保护接地项目不合格，电气控制系统柜门和操作面板没有接地线。④个别产品几何精度项目不合格，影响机床性能。

（2）机械压力机。国家质量监督检验检疫总局组织抽查了上海、江苏、浙江、山东和广东 5 个省（直辖市）44 家企业生产的 44 种机械压力机产品。抽查中发现个别产品存在以下质量问题：①没有按标准要求配置紧急制动装置，造成机器无法随时制动。②没有配置安全保护装置，使操作者处于无任何保护措施的作业环境。③操作规范中无单次行程规范，无操作规范选择开关，无预控动作环节，易造成操作者在无准备的情况下，机器连续冲压时受到伤害。④没有急停按钮或没有急停按钮自锁功能，会造成发生问题时无法停机。⑤脚踏开关无防护、脚踏和手动开关无联锁，易造成操作者脚部伤害。⑥电气系统无接地保护，会导致操作者出现危险。

国家质量监督抽查结果暴露出电加工机床和机械压力机部分产品的一些质量问题。产品质量问题，是机床工具产品市场竞争力不强的重要原因，已成为制约机床工具行业发展的突出问题，应引起机床工具行业企业的高度重视。

八、企业并购重组情况

前几年，我国机床工具行业进行海外并购和国内重组成为行业的热点。近两年，国内机床工具行业企业并购重组步伐相对趋缓，正处在消化吸收和总结经验的阶段。2008 年，机床工具企业体制改革进一步深化，如南京市对机床工具行业企业进行重组，将南京工艺装备制造有限公司和南京第二机床厂有限公司合并成立南京机床集团有限公司；部分机床企业由于地方城市改造和改善环境的需要，从城内搬到城外开发区，用土地置换的资金对企业进行异地升级改造，并对体制和机制进行优化，实现了跨越式发展，如武汉重型机床集团有限公司、无锡开源机床集团有限公司、南京第一机床厂有限公司等。其他行业继续看好机床工具行业，并出巨资收购或控股机床工具企业，如中国通用技术有限公司投资控股齐齐哈尔二机床有限责任公司和哈尔滨量具刃具集团有限责任公司等。2008 年,机床工具行业上市公司有威海华东数控股份有限公司。

受国际金融危机的影响,很多国际机床企业经营困难,对于有实力和有并购意向的中国机床工具企业,正是进军海外并购的有利时机。2008 年,国际金融危机也许对机床工具行业的影响还不是很明显,企业在认识上准备不足,所以海外收购没有实质性进展,2009 年,或将有较大进展。

九、2009 年预测

2008 年前三个季度,中国机床工具行业保持了快速增长,受国际金融危机的影响,从第四季度开始增长速度快速下滑。由于受国际金融危机影响的滞后性,行业全年大部分时间仍处于快速增长态势,所以到年底全行业的工业总产值同比仍然实现 27.50% 的较快速度增长。国际金融危机对机床工具行业的影响将延续到 2009 年,至于达到什么程度和持续多久很难预测,不过受影响最大的可能是 2009 年,不会延伸太久。所以,2009 年是我国机床工具行业很困难的一年。但是为了减少国际金融危机的影响,国家出台了保增长的一揽子计划和措施,加大固定资产投资力度,积极支持重大工程项目建设,制定 10 大行业的三年"调整和振兴规划"等,必将促进机床市场需求的增长。机床属于固定资产,固定资产投资力度加大,有利于拉动机床工具行业的发展。因此可以说,2009 年机床工具行业也面临很多有利因素。尽管渡过这次金融危机后,我国机床工具行业将重新进入较快增长时期,但是要恢复到国际金融危机前超 30% 的年增长速度难度很大。长期以来,机床工具行业保持了高速增长的势头,但过高的期望对我国机床工具行业的发展没有好处。机床工具行业只要能持续稳定保持 20% 左右的增长速度,对行业的长远发展就是有利的。据预测,2009 年,我国机床工具行业不会出现负增长或与上年持平,工业总产值增长速度将高于国民经济 GDP 的增长速度(8%),全年增长率可能达到 10% 以上。

〔撰稿人:中国机床工具工业协会于思远　审稿人:中国机床工具工业协会王黎明〕

2008 年机床工具行业经济运行分析

2008 年,我国发生的两次严重自然灾害以及全球金融危机,给我国经济发展造成了重大影响,GDP 增长 9%,低于上年 4.1 个百分点。2008 年,我国机床工具行业产销和利润延续了 8 年的增长势头,继续保持了增长态势;但是内销和出口均出现先扬后抑的局面,上半年基本保持稳定增长,下半年增速明显减缓,第四季度下滑尤为明显。全年,金属加工机床进口 75.9 亿美元;出口 21.1 亿美元;消费 194.4 亿美元,国内市场占有率继续提高,达到 61.0%。我国连续第七年成为世界机床第一大消费国、第一进口大国和第三大生产国;机床出口又上新台阶,世界排名比 2007 年提前两名,为第六位。

一、产销增速下半年明显减缓,但全年保持稳定增长

2008 年上半年,我国机床工具行业继续保持较快增长态势,为全年的稳定增长奠定了基础。下半年增速减缓,尤其是年底,首次出现单月增幅为 1 位数的情况。金属切削机床月产量从 7 月份开始连续同比负增长,全年产品销售率低于上年水平。可以看出,全球金融危机对我国机床工具行业的影响越来越明显。

据国家统计局公布的机床工具行业数据,2008 年 4 832 家企业合计完成工业总产值 3 472.3 亿元,同比增长 27.5%,增幅比上年低 8 个百分点;机床工具行业产品销售产值 3 348.3 亿元,同比增长 26.0%,增幅比上年低 10.2 个百分点。

2008 年,全年数据显示行业仍有较快的增长,但是值得关注的是,无论是全行业月度数据还是中国机床工具工业协会对部分重点企业的调研情况,都显示全球金融危机对机床行业造成影响的速度越来越快,程度越来越深。全行业第一季度工业总产值同比增长达 36.6%,到第四季度同比增幅已大为降低。12 月完成工业总产值 320.2 亿元,同比仅增长 7.9%;完成销售产值 305.3 亿元,同比仅增长 2.3%。金属切削机床行业 12 月份完成工业总产值 86.6 亿元,同比下降 13.7%;完成销售产值 77.6 亿元,同比下降 23.8%。中国机床工具工业协会对近 200 家重点联系企业的调查显示,超过 40% 的企业在 2008 年完成的工业总产值低于上年水平。

2007 ~ 2008 年机床工具行业月度工业总产值增长率见图 1。2007 ~ 2008 年金属切削机床行业月度工业总产值增长率见图 2。

2008 年,机床工具行业工业产品销售率为 96.4%,同比降低 1.2 个百分点。除铸造机械和木工机床两个分行业的销售率分别增加 1.1 和 0.1 个百分点外,其他 6 个分行业(包括:金属切削机床、金属成形机床、机床附件、工量具、磨料磨具和其他金属加工机械)的销售率均呈下降趋势,其中金属切削机床分行业的产品销售率同比降低 2.6 个百分点。不少企业反映,缺少后续订单是他们面临的最大问题。

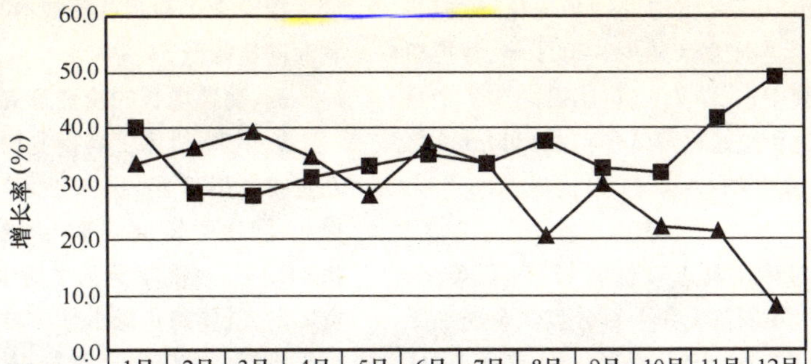

	1月	2月	3月	4月	5月	6月	7月	8月	9月	10月	11月	12月
2008年(%)	33.3	36.5	39.4	34.8	27.8	37.3	33.6	20.6	29.9	22.1	21.0	7.9
2007年(%)	39.8	28.3	27.9	31.0	33.0	34.9	33.4	37.5	32.6	32.0	41.5	48.9

图1　2007～2008 年机床工具行业月度工业总产值增长率

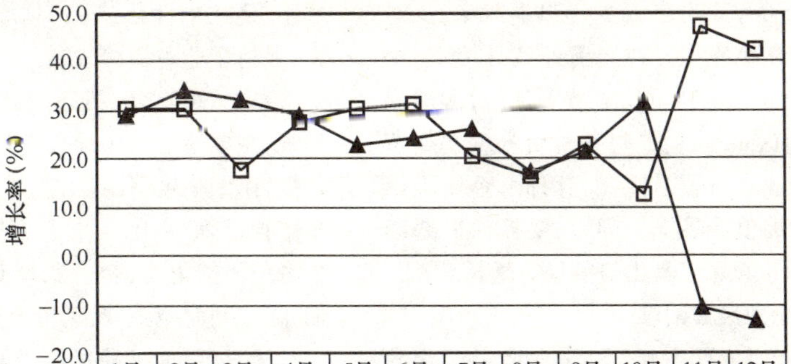

	1月	2月	3月	4月	5月	6月	7月	8月	9月	10月	11月	12月
2008年(%)	29.2	33.9	32.3	28.8	23.1	24.3	26.0	17.3	21.5	31.7	-10.7	-13.7
2007年(%)	30.6	30.5	17.8	27.6	30.2	31.3	20.6	16.4	22.9	12.5	47.2	42.6

图2　2007～2008 年金属切削机床行业月度工业总产值增长率

据中国机床工具工业协会对重点联系企业的调查，受到国内外市场不景气的影响，2008 年企业库存量高于正常年份 30%，比上年增长 18.7%。由于企业在下半年开始采取限产甚至是停产措施来缓解库存压力，库存量才逐月减少。

二、市场结构与规模的变化，促进产品结构调整和优化

2008 年初，国家实施了从紧的货币政策，机床市场结构发生了变化，通用机床工具产品市场出现了萎缩，但是依靠国家重点项目的支撑，中高档机床市场依然火热。随着全球金融危机对我国经济的影响面在2008 年下半年的不断扩大，国内和国际市场双双急剧下滑，大多数产品内外销都受到影响。行业企业针对市场变化，及时调整生产，增加对中高端以及专用机床的生产，产品结构逐步优化。

2008 年的数据显示，在我国机床产量增幅迅速下滑的同时，销售产值仍然继续保持增长，机床单价和产值数控化率不断提高。我国金属切削机床全年总产量 61.7 万台，其中数控机床 12.2 万台，产量均比上年有所减少，同比降低 2.4% 和 3.3%；金属成形机床总产量 14.5 万台，同比下降 9.8%。而金属切削机床和金属成形机床产品销售产值却分别增长 14.0% 和 25.2%。据对重点联系企业的调查，2008 年金属切削机床和金属成形机床的产值数控化率分别为 48.6% 和 49.4%，同比分别提升 3.7 和 4.1 个百分点。

需要注意的是，机床行业的结构矛盾并未完全解决，产值数控化率还有待提高，中高端数控机床在数控机床中的比例还比较低，电力能源设备、铁路机车、航空航天、汽车等制造行业急需的高速、精密、多轴联动、大型机床以及高可靠性和稳定性的机床实现产业化生产还有很多工作要做。因此，结构调整和产品升级还将在很长一段时间内成为机床行业企业的主要任务。

三、全球市场低迷，出口增速大幅下滑

2008 年，我国机床工具进出口呈现先增后降的局面，第三、四季度开始，进出口增速双双下降。

(1)出口。2008 年，我国机床工具出口 71.3 亿美元，同比增长 37.1%。拉动机床工具产品出口快速增长的主要产品是磨料磨具、切削工具和机床零部件，这三类产品合计出口额 33.6 亿美元，在机床工具出口总额中占 47.1%，出口增长贡献率达到 54.0%，而金属加工机床在出口总额中仅占 29.6%，出口增长贡献率仅为 23.6%。

受全球经济衰退和人民币对多种货币升值的影响，金属加工机床出口从 8 月开始连续 4 个月环比下降，至 12 月才略有增长。全年金属加工机床出口 21.1 亿美元，同比增长 27.6%，增幅低于上年 11.7 个百分点。值得关注的是，金属加工机床在前 10 个月(除 2 月外)的月度出口都稳定地保持 2 位数高速增长，11 月同比增幅突然降至 0，12 月也仅有 3.5% 的增长。金属切削机床出口下滑是金属加工机床出口增速减缓的主要因素，11 月和 12 月金属切削机床月度出口值连续两个月同比负增长。显然，全球金融危机对我国机床出口造成的影响在年底凸现，人民币升值对产品在出口市场上的价格竞争力也产生了较大的不利影响，出口企业在 2009 年将面临更加严峻的形势。

我国金属加工机床出口产品结构进一步优化，数控机床占比逐渐增加，低值机床占比逐渐减少。2008 年，数控机床在金属切削机床出口额中占 37.7%，同比提高 3.9 个百分点。台钻、锯床、砂轮机和抛光机等低值产品出口 3.5 亿美元，占金属切削机床出口的 24.2%，同比减少 8.8 个百分点。

(2)进口。2008 年，机床工具进口总额 122.9 亿美元，同比增长 4.4%，增幅比上年回落 1.3 个百分点。金属加工机床占机床工具进口总额的 61.8%，达 75.9 亿美元，占比比上年高 7.3 个百分点。进口额列前三位的产品依次是加工中心、磨床和特种加工机床，分别为 20.9 亿美元、9.9 亿美元和 7.4 亿美元，同比增长 20%、7.4% 和下降 0.9%。

国家为鼓励出口，提高了部分产品的出口退税率，这对机床行业企业出口起到积极作用。在当前外贸环境下，全球金融危机日益严重，贸易摩擦和争端必然增加，很多国家和地区为保护本国、本地区企业，会通过各种贸易壁垒或贸易原则来对外国出口企业进行贸易限制。因此，企业应继续把出口重点放在高附加值产品上。同时，要抓住机遇继续开拓新兴市场，从而保证机床工具出口的稳定增长。

四、利润增幅下滑，企业经营困难

依靠上半年的高增长，1～11 月机床工具行业共实现利润 176.7 亿元，同比增长 18.2%，增长率比上年同期低 35 个百分点。2008 年，行业利润同比增速呈快速下降趋势，1～2 月利润同比增长 73.7%；3～5 月增长 40.0%；6～8 月增长 22.1%，9～11 月利润同比转为负增长，为 -4.3%。从行业角度看，金属切削机床和金属成形机床两个分行业利润同比增长仅为 6.0% 和 9.4%，首次跌至 1 位数；只有铸造机械和磨料磨具行业利润增长高于行业平均水平。从企业性质看，港澳台和外商控股企业利润总额同比均出现负增长，分别为 -17.3% 和 -7.3%。

中国机床工具工业协会对近 200 家重点联系企业调查显示，多数企业仍在盈利，但也有近 17% 的企业出现不同程度亏损。全年利润总额基本与上年持平，但 12 月当月完成利润同比降低 54.8%。

五、高速增长的投资应支撑产品结构调整

近年来，机床工具行业投资持续快速增长，这种惯性仍在延续。2008 年，机床工具行业完成固定资产投资 791.1 亿元，同比增长 46.7%；新增固定资产 438.6 亿元，同比增长 61.7%，远高于全国平均水平。当前，行业企业要关注投资方向，既要防止低水平重复建设，也要防止对热点产品的重复投资。为应对全球金融危机，我国政府实施了积极的财政政策与宽松的货币政策，机床工具行业要找准市场定位，把有限的投资用于发展自身的优势产品；发展壮大经营实力；要把更多的资金和精力用于逐步缩小与进口产品的差距，要在个性化产品、高端产品以及质量和服务上下功夫，保持企业可持续发展。

总之，2008 年，机床工具行业保持增长数据的背后并不乐观，主要是上半年增长较快奠定的基础，下半年增速逐渐趋缓，第四季度下滑加剧，特别是出口，最后两个月几乎是零增长，形势变化之快令人担忧。国内外市场均受到全球金融危机的影响，企业新增订单不足，销售率下降，库存增加，随之利润减少，流动资金不足等困难在年底更加严重。

2009 年，企业将面临严峻的挑战，同时，国家加速启动多个行业振兴计划和重点项目，也为未来两年机床工具行业发展创造了机遇。机床工具行业应特别关注汽车、船舶、钢铁等行业结构的调整和产业振兴规划的实施，这些行业将直接或间接为机床行业提供广阔的市场。当前是企业深入市场调研，优化产品结构，开发需求产品，改善产品质量，提高企业管理水平的大好时机。此外，电力及清洁能源、交通运输、国防军工、航空航天、油气开采输送、工程和农业等设备制造业每年进口大量机床，行业企业应深入用户现场，了解其制造工艺，开发出满足用户需求的可替代进口产品，从而获得自身的发展。

〔供稿单位：中国机床工具工业协会市场部〕

2009 年上半年机床工具行业经济运行分析

为应对国际金融危机，我国实施了积极的财政政策和扩大内需政策，加快了基础设施建设，加快了产业升级，使 2009 年上半年我国经济实现 7.1% 的较快增长，6 月份增速尤为突出。由于存在投资滞后因素，机床工具行业上半年增速始终在一位数徘徊，部分小行业连续数月负增长；全行业利润大幅下降；进出口呈现双降，出口降幅日益加大。从上半年各月主要统计数据走势判断，3 月以后各项指标趋稳，主要是缘于市场需求向高端产品发展。上半年机床工具行业工业产品销售率达到 96.8%，同比提高 0.8 个百分点。

一、1～6 月行业整体经济增速维持在低位

机床工具行业 2009 年 1～2 月工业总产值同比增长 6.5%，1～3月累计 5.1%，1～4 月累计 4.4%，1～5 月累计 5.5%，1～6 月累计 5.7%，增速小幅波动。从二季度数据看，发展态势趋稳。国家应对国际金融危机的措施对机床工具行业起到一定作用。2009 年上半年除 1 月份外，各月工业总产值同比、环比均为正增长，但是利润、进出口额仍为负增长。2009 年 1～6 月机床工具行业工业总产值增长情况见表 1。

表1　2009 年 1 ~ 6 月机床工具行业工业总产值增长情况

月份	工业总产值（亿元）	同比增长（%）	环比增长（%）
1	205.7	-7.0	-35.8
2	229.0	18.0	11.3
3	289.1	3.7	26.2
4	297.5	4.8	2.9
5	316.8	8.4	6.6
6	363.6	7.4	14.7

国家统计局数据显示，2009 年 1 ~ 6 月 5 813 家机床工具行业企业合计完成工业总产值 1 701.9 亿元，同比增长 5.7%，增幅比上年同期降低 29.1 个百分点；6 月份工业总产值同比增长 7.4%，环比增长 14.7%。在五类所有制企业中，同期私人控股企业工业总产值实现较高增长速度，达到 16.3%；国有和集体控股企业分别下降 9.0% 和 1.1%；港澳台和外商控股企业下降更为严重，均超过 20%。

二、重点联系企业同比下降幅度比全行业严重

为掌握企业的发展情况，中国机床工具工业协会连续多年对近 200 家行业内的重点联系企业的统计数据进行汇总分析，2009 年 1 ~ 6 月，金属切削机床、金属成形机床、机床电器、机床附件、刀具量具量仪各分行业产品销售收入、利润总额、工业总产值、产品销售产值同比为负增长。工业总产值同比增长的企业仅占重点联系企业的 17.9%。特别是金属切削机床行业工业总产值连续 8 个月负增长，2008 年 9 月到 2009 年 6 月利润连续 10 个月负增长，有接近 40% 的企业亏损。

2009 年 1 ~ 6 月，金属切削机床行业 113 家重点联系企业（其工业总产值占国家统计局统计 743 家企业的 59.4%，较有代表性）工业总产值同比下降 8.9%；产品销售产值同比下降 6.9%。而国家统计局统计的 743 家企业工业总产值同比仅下降 2.4%；产品销售产值还增长 2.0%。重点联系企业情况比国家统计局数据所反映的要严重。

2008 年、2009 年上半年重点联系企业各月工业总产值完成情况见图 1。

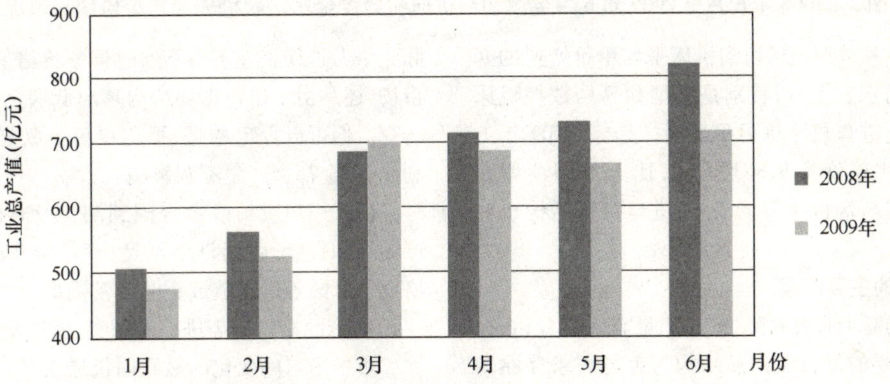

图 1　2008 年、2009 年上半年重点联系企业各月工业总产值完成情况

三、市场整体萎缩，市场需求结构变化明显

1. 进出口呈现双降，出口降幅严重

国际金融危机的影响还在蔓延，国内外机床工具产品市场全面萎缩，内销及出口都面临困难。2009 年前几个月，世界主要机床生产国家、地区的消费市场均出现大幅下滑。我国机床工具出口下降程度不断加大，而受惠于扩大内需政策，进口下滑趋缓。

我国机床工具产品出口在连续多年高速增长后陡然下挫。2009 年 1 ~ 6 月机床工具产品出口 21.3 亿美元，同比下降 36.2%；其中金属加工机床出口 6.8 亿美元，同比下降 31.3%。机床工具和金属加工机床出口同比降幅均呈现逐月扩大的走势。2009 年 1 ~ 6 月机床工具和金属加工机床各月累计出口及同比增长情况见表 2。

表 2　2009 年 1 ~ 6 月机床工具和金属加工机床各月累计出口及同比增长情况

月份	机床工具累计出口（万美元）	同比增长（%）	金属加工机床累计出口（万美元）	同比增长（%）
1	44 126.0	-20.5	14 635.2	-15.29
2	70 098.9	-29.78	23 739.3	-22.17
3	105 040.4	-31.19	34 238.0	-26.32
4	139 726.2	-33.77	45 445.1	-28.15
5	175 710.5	-35.93	56 490.9	-29.92
6	213 318.8	-36.2	67 536.0	-31.3

（续）

国内市场低迷，外国在华直接投资的减少也同样影响了机床工具产品的进口。2009 年 1 ~ 6 月，机床工具进口总额 48.3 亿美元，同比降低 18.5%；其中金属加工机床进口 31.6 亿美元，同比降低 11.4%。与 1 ~ 5 月相比，1 ~ 6 月机床工具和金属加工机床进口额降幅减少 3 ~ 5 个百分点。

数据显示，出口比进口的下降幅度大，且进口出现止跌，而出口进一步下降，这既表明我国机床工具产品的国际竞争力还不强，也说明国内市场已开始回暖，并且对中高端机床需求开始增加。

2. 市场需求加速向高端和大型产品转移

2009 年上半年，市场需求结构变化加快，普通、低档数控机床需求大幅度萎缩，大重型和高档数控机床仍保持稳

定需求。国民经济各行业对机床的需求参差不一，其中有些行业，如铁路、航空、能源等行业对机床依然有较大需求，汽车制造业对机床的需求也开始回升。据中国机床工具工业协会对179家重点联系企业统计，2009年1~6月，金属加工机床产值数控化率53.7%，比上年同期提高7.7个百分点；金属切削机床产量和数控机床产量分别比上年同期下降37.7%和22.2%，但数控机床的产量占比由2008年的24.0%提高到30.0%，产品结构优化升级明显。金属切削机床和数控金属切削机床平均单价分别为21.7万元和48.4万元，分别比上年同期提高36.7%和46.7%。最近一年间，机床平均单价增速加快，比一年前提高了10多个百分点。

2008年6月至2009年6月金属切削机床和数控金属切削机床平均单价增长情况见图2。

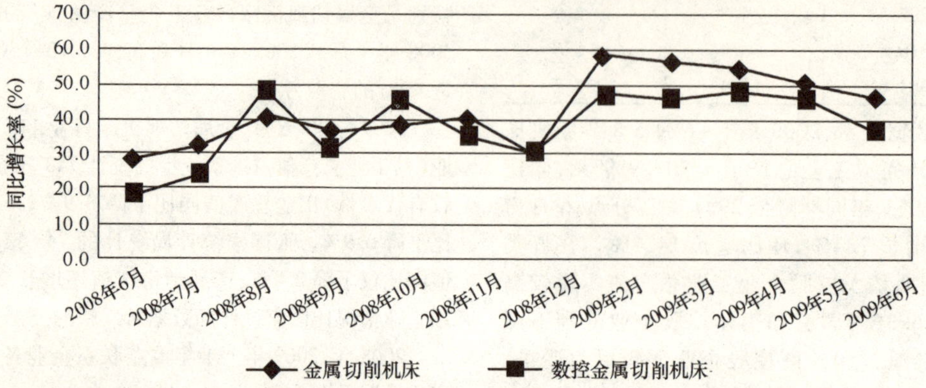

图2　2008年6月至2009年6月金属切削机床和数控金属切削机床平均单价增长情况

金属切削机床和数控金属切削机床平均单价增速的变化说明数控机床需求在上升，特别是大型和高档数控机床的需求相对旺盛。进口机床也显示出同样趋势，2009年上半年进口机床平均单价为9.3万美元，比上年同期增长24%。为适应中国高端机床市场需求，进口机床结构也在不断优化升级。

四、行业面临的主要问题

虽然当前市场需求有升有降，产品产量有增有减，企业有进有退，但最重要的是行业产品结构与市场需求存在较大差距，企业抗冲击能力弱，出口大幅下降，利润下滑，企业流动资金链越来越脆弱等问题十分突出，行业经济形势依然严峻。

1. 新产品开发速度滞后于市场需求的快速变化

在突如其来的经济增速下滑形势下，市场更加苛刻，对产品性能、服务、价格等都提出了更高的要求。从国产机床和进口机床单价不断上升的趋势可以看出，需求产品的档次水平提高很快。由于我国整体工业水平落后于西方工业国家，行业企业自身技术力量不够雄厚，在高端产品开发方面滞后于市场升级的快节奏。

2. 企业流动资金高度紧张，维持正常运营难度增大

2009年1~5月机床工具行业产品销售收入1 257.8亿元，同比增长5.8%；实现利润59.4亿元，比上年同期下降21.1%；产品销售收入利润率为4.7%，同比下降1.3个百分点。

虽然一些行业企业已经从单纯出口产品转向由产品带动技术和服务的出口，提高了产品附加值，但就全行业而言，上半年机床出口平均单价大幅下滑，金属切削机床下降近50%，情况非常严峻；数控金属切削机床平均单价也下降16.5%。这是一个值得关注的问题。金属切削机床平均单价大幅下跌，其原因是由于人民币升值削弱了我国产品国际竞争力迫使企业不得不通过调整价格来稳定一部分出口市场，还是由于出口市场结构趋向低端化，这一问题还有待研究。但可以肯定的是，平均单价下跌显然对出口企业的利润、资金都会产生不利影响。

由于用户毁约或者合同到期不及时提货，占用企业生产场地和资金；后续订单不足；流动资金面临严重匮乏；价格竞争严酷等因素造成企业运营困难。

3. 产品结构还需进一步调整，生产能力不能有效利用

市场需求的变化凸显我国机床工具行业产品结构性矛盾依然严重，一方面是国产中高端产品产能严重不足，不能满足国内需求；另一方面普通机床和经济型数控机床等传统产品产能过大，使价格竞争更加严酷。企业通过技术改造和对职工的培训，应尽快解决产品、产能和人才等结构性矛盾。

4. 谨防大重型机床的重复建设

2009年1~6月，机床工具行业固定资产投资依然火热，新开工项目计划总投资额555.2亿元，同比增长66.5%；完成固定资产投资额504.6亿元，同比增长55.8%；新增固定资产194.0亿元，同比增长140.2%。

近期，中国机床工具工业协会对130多家企业的调研显示，当前行业内有三成以上企业在着手或准备上大重型机床项目，这应该引起业内高度重视，谨防产能过剩。国内机床用户反映，机床行业企业主要应关注用户的特殊需求，发展个性化产品，而不应是通用化、同质化产品的一哄而上。

五、结束语

进入2009年，机床工具行业经济运行基本处于小幅波动趋稳态势，虽然国内经济已出现回暖迹象，但国际金融危机对机床行业的影响以及不确定因素依然存在。因此，2009年将是我国机床工具行业面临困难的一年。当前，国内总体需求尚未全面回升，只是对中高端产品及重型产品的需

求持续旺盛，所以大多数专业人士对2009年经济运行持谨慎的乐观态度。综合中国机床工具工业协会对130多家重点企业的调研情况，其工业总产值和销售收入上半年同比下降约10%。根据全国经济运行情况和行业发展趋势，预计全行业全年经济总量将与上年基本持平或略有增长。

〔供稿单位：中国机床工具工业协会市场部〕

2008年机床工具行业进出口分析

由美国次贷危机引发的国际金融危机对世界经济和贸易产生了重大影响，随着国际金融危机演变为全球经济危机，对我国进出口的影响已经逐渐显现并进一步加深。2008年，我国机床工具产品进出口呈现先扬后抑态势。7月是进出口的拐点，上半年是上升期，下半年开始进出口额增速同比双双下降。纵观全年，机床工具产品进出口基本保持了上年的增长速度，但是进出口结构发生了明显的变化，呈现一些新的特点。

一、进出口概况

1. 机床工具产品外贸增幅与上年基本持平，逆差进一步缩小

据海关数据显示，2008年，全年机床工具产品进出口继续保持增长势头，进出口总额194.2亿美元，同比增长14.4%。其中出口71.3亿美元，同比增长37.1%，增幅较上年同期提高0.9个百分点；进口122.92亿美元，同比增长4.41%，增幅较上年同期下降1.3个百分点。进口额和出口额增长速度与上年基本持平。全年机床工具产品进出口逆差51.62亿美元，比2007年减少14.1亿美元，比历史最高值的2006年减少21.6亿美元。2008年机床工具产品进出口情况见表1。

表1　2008年机床工具产品进出口情况

产品类别	出口额（亿美元）	出口额同比增长（%）	出口额占比（%）	进口额（亿美元）	进口额同比增长（%）	进口额占比（%）
合计	71.30	37.10	100.00	122.92	4.41	100.00
金属切削机床	14.56	19.46	20.43	56.76	8.32	46.17
金属成形机床	6.50	50.42	9.11	19.12	4.33	15.55
铸造机械	0.93	111.90	1.30	2.23	-10.77	1.82
木工机床	6.73	14.92	9.44	6.13	-23.47	4.98
机床夹具附件	1.72	52.15	2.41	3.83	4.13	3.12
机床零部件	8.18	63.44	11.47	7.49	12.66	6.09
数控装置	5.94	47.97	8.33	16.59	38.31	13.50
刀具工具	12.14	33.83	17.03	4.96	-49.61	4.03
量具量仪	1.27	19.78	1.78	1.51	39.08	1.23
磨料磨具	13.33	45.64	18.70	4.31	7.37	3.51

（1）机床工具产品出口保持高速增长。2008年上半年，机床工具产品出口继续延续多年以来的增长势头，1~6月机床工具产品出口额同比增长高达49.1%，比上年同期提高18.5个百分点。自7月以后，受国际市场大环境和人民币升值的影响，机床工具产品出口额同比增长呈现逐月下降态势。但由于上半年增速较高，奠定了基础，机床工具产品全年出口额增长仍高于上年近1个百分点。拉动机床工具产品出口快速增长的主要产品是磨料磨具、机床零部件和切削工具，2008年这3类产品合计出口额33.65亿美元，占机床工具产品出口总额的47.2%，出口增长贡献率达到54.0%。

（2）机床工具产品进口增速开始减慢。作为世界机床第一大消费国和世界机床第一大进口国，2008年我国机床工具市场仍然活跃，1~6月机床工具产品进口增长高于上年同期1倍以上，第三季度开始增速减缓，第四季度下滑加速，导致全年机床工具产品进口额仅增长4.4%，是近10年来的最低增长速度。但是数控装置、量具量仪进口额增长势头不减，同比增长都接近40%。

2. 金属加工机床出口增速明显减缓，进口增长出现反弹

2008年，金属加工机床出口额21.06亿美元，同比增长27.6%，增幅较上年下降11.7个百分点，为近5年以来最低的增长速度。进口额75.87亿美元，同比增长7.3%，增幅同比提高9.7个百分点。

（1）机床出口增长贡献率下降。美国是我国机床出口第一大市场，受其金融危机影响，金属加工机床出口下滑较

快。2008年以来,出口增速一直低于上年同期,8~11月连续4个月单月环比为负增长。与上年同期相比,2008年金属加工机床出口额占机床工具产品出口总额的比重由上年的31.8%下降到29.5%;出口增长贡献率由上年的33.7%下降到23.6%,降幅高达10个多百分点。

(2)机床进口增速回升。占全行业进口额60%以上的金属加工机床是拉动机床工具进口增长额的主要因素。随着国家科技重大专项的陆续启动,2008年我国中高档数控机床需求增加,由于我国机床企业国内用户对一些产品结构和用户的需求结构之间还有差距,一时还不能完全满足大型、精密、高速和高效的中高档数控机床的需求,进口增速不可避免地出现反弹。2008年以来,金属加工机床进口额月同比增长基本在9%左右,虽然四季度增幅有所下降,但全年进口额同比增长仍达7.3%,与上年的同比降幅2.4%相比,上升9.7个百分点,回升幅度较大。

3. 金属加工机床进出口格局发生变化

2008年金属加工机床出口目的地和进口来源前10位国家和地区见表2。

表2 2008年金属加工机床出口目的地和进口来源前10位国家和地区

出口目的地国家或地区	出口额(亿美元)	出口额同比增长(%)	出口额占比(%)	进口来源国家或地区	进口额(亿美元)	进口额同比增长(%)	进口额占比(%)
总计	21.06	27.56	100.00	总计	75.87	7.29	100.00
其中:美国	1.59	-15.97	7.53	其中:日本	24.98	1.71	32.92
印度	1.34	79.67	6.35	德国	15.55	36.14	20.50
德国	1.30	34.70	6.19	中国台湾	11.99	-13.17	15.80
日本	1.16	0.06	5.50	韩国	5.61	5.40	7.40
巴西	1.15	88.54	5.46	意大利	4.24	18.20	5.59
中国香港	1.15	25.53	5.44	美国	3.69	38.01	4.87
俄罗斯	0.96	95.79	4.56	瑞士	2.88	-6.66	3.80
韩国	0.76	32.60	3.62	新加坡	0.89	31.25	1.18
越南	0.60	50.84	2.86	法国	0.80	84.74	1.05
土耳其	0.56	32.99	2.68	西班牙	0.76	26.31	1.00

(1)新兴市场的崛起改变了出口市场格局。自国际金融危机爆发后,美国机床市场一直下滑,但仍没改变我国对其出口第一的位置,2008年我国出口美国机床1.59亿美元,同比下降15.97%。我国对印度出口以79.69%的速度增长,达到1.34亿美元,占我国机床出口总额的6.35%,比美国仅差1.18个百分点,在我国出口额排位中由上年的第五位提升到第二位。同时,我国对巴西、俄罗斯、越南等国的出口增长较快,增速均在50%以上,占比也进一步增加。

(2)从德国进口份额占比上升,从中国台湾地区进口额同比增长下降。列我国机床进口额前3位的依然是日本、德国和中国台湾,合计占我国机床进口总额的近70%。2008年自德国进口机床增长较快,进口额同比增长达36.14%,占比提高4.3个百分点,上升到第二位。从中国台湾进口额11.99亿美元,同比下降13.17%,为近几年首次负增长,与上年相比,下降幅度达到21.8个百分点,占比也有所降低。

二、进出口特点

1. 进出口产品结构进一步优化,产品档次提高

尽管面临日益严峻的外部环境,但在国家各项政策的指导下,我国金属加工机床出口中,一批技术含量较高的数控金属加工机床出口呈现高速增长,如加工中心、数控镗铣床、数控磨床和数控龙门铣床出口额同比增长均在70%以上,占比也逐渐提高。同期,低值机床出口占比逐渐减少,机床出口产品结构逐步优化。2008年,我国数控机床出口额占金属加工机床出口总额的33.2%,占比比上年提高3.2个百分点。同时,台钻、锯床、抛光机和砂轮机等低值机床的出口额,合计占比比上年减少8.8个百分点。近年来,由于高附加值和高端机床出口增多,一些高端产品平均出口价格有所提高,如龙门式加工中心、数控镗床、数控龙门铣床、数控齿轮加工机床和数控剪切机床平均价格同比分别增长91.9%、44.5%、253.7%、49.9%和87.9%。这表明机床行业在优化出口产品结构方面迈出了坚实的步伐。

2008年,机床工具各大类产品进口额增幅均高于进口量增幅,各类产品的平均价格也有不同程度的提高。特别是金属加工机床,进口量同比下降17.7%,而进口额同比增长7.3%,单台平均价格增幅提高31.8个百分点。龙门式加工中心、龙门铣床、数控铣床、数控磨床、数控齿轮加工机床和数控成形机床的平均价格同比分别增长26.3%、35.2%、72.8%、50.4%、43.3%和38.0%,我国进口机床产品(包括大型机床)的档次还在提高。

2. 出口退税率调整促进企业产品升级

2007年7月1日起,包括磨料磨具、工具和插拉刨床在内的36种机床工具产品降低了出口退税率。出口退税率的调低,减少了企业的利润空间,行业内相关企业积极采取相应的整改措施,加大对环保和节能降耗的投入,努力降低生产成本。2008年的数据显示,降低出口退税率的绝大部分产品出口仍保持增长势头,出口产品价格提高,这里有人民币升值的因素,但更多的还是出口产品档次提

升加快。如金刚石砂轮出口量下降20.9%，出口额增长12.8%，平均价格增长42.5%；硬质合金镗刀出口量增长10.4%，出口额增长44.6%，平均价格增长31.0%；插床和拉床均在出口量下降的情况下，出口额成倍增长。行业企业在提高出口产品附加值和质量，开拓国际市场方面，有了明显的进步。

2008年末，国家为应对国际金融危机，鼓励出口，提高了部分机电产品的出口退税率，其中包括上述一些产品，这对机床工具行业企业出口起到积极作用。在当前国际复杂多变的外贸环境下，各国都在采取一定的措施保护本国利益，对他国实行限制，贸易摩擦和争端必然会加剧。因此，行业企业应继续把出口重点放在提高产品的附加值和优化产品结构上，同时，要抓住机遇继续开拓新兴市场，保证机床工具出口的稳定增长。

3. 国际金融危机对我国出口的影响开始显现

美国金融危机和世界经济发展放缓，对我国出口的影响正在显现。2008年，机床工具产品出口美国、日本等主要发达国家的步伐开始放缓。美国作为我国机床最主要的出口市场，2008年需求急剧萎缩，与2007年相比，出口增幅下降22.2个百分点，占比下降近4个百分点。出口日本金额与上年持平，日本在我国出口排名中由上年的第二位下降到第四位。印度、巴西、俄罗斯以及东欧、南美等新兴市场的迅速成长，弥补了部分缺口，使得我国机床出口增速依然保持在20%以上。

国际金融危机对以加工贸易为主的出口依赖型企业冲击最大。由于近年来，行业企业在研发新品、创立自主品牌方面取得了很大成绩，以来料加工为主要出口产品的企业逐渐减少。2008年，以一般贸易方式出口的数控机床占比接近70%，以加工贸易方式出口的占比不到1/4。良好的出口方式也是保持机床出口持续增长的主要因素。

三、问题与建议

1. 学好用好国家政策，力保机床工具行业持续发展

为抵御国际经济环境对我国的不利影响，确保国内经济稳定增长，国家在2008年下半年集中出台了一系列促进经济发展的政策，如国家出台进一步扩大内需、促进经济增长的10项措施，到2010年底总投资约4万亿元；实施积极的财政政策和适度宽松的货币政策；为促进外贸稳定增长，4次提高部分产品出口退税率，机床工具共有38种产品受惠；全面实施增值税转型，鼓励企业技术改造；取消进口设备免增值税和外商投资企业采购国产设备退增值税两项政策，有利于我国企业自主创新和设备国产化以及装备制造业的振兴；下调贷款基准利率和存款准备金率，降低企业贷款成本等。这些政策将直接或间接对机床工具行业的发展产生积极作用。

"保增长"是2009年我国经济工作的首要任务，行业企业应把加快发展方式转变和结构调整升级作为保增长的主攻方向，密切关注国家重点投资项目，深入调研用户企业需求，潜心研究用户工艺，开发并生产更多的进口替代产品，为各行业用户提供更多的高技术国产设备。

2. 努力开拓市场，实现机床工具行业经济总量的持续增长

面对全球经济一体化，只有把握世界经济的脉搏，努力开拓国内外两个市场，才能实现机床工具行业经济总量的持续增长。受全球金融危机影响，2008年下半年，行业企业面临订单减少、销售下降、库存增加、利润降低、流动资金不足等困难，2009年其影响仍将持续，必须引起高度重视。为应对危机促进经济增长，国家出台了一系列刺激经济的政策，同时振兴装备制造业16个科技重大专项也已陆续进入实施阶段。纺织机械、汽车、铁路、交通运输等行业振兴规划的实施，为机床工具行业提供了发展空间。企业应认真研究用户需求，有针对性地开发制造高精、高速、大型的高附加值产品，逐步替代进口，实现用中国装备装备中国。

为缓解因发达国家经济不振带来的出口下降，行业企业应努力开拓多元化新市场，多多关注东欧、中东、北非、南美等地区，挖掘有潜力的市场，同时大力发展与我国已签订自由贸易协定国家的贸易和合作。据巴西外贸秘书处统计，2008年中国是巴西第二大进口来源地和第三大出口目的地，双边贸易增速均在50%以上。但是，新兴市场发展快，随之而来的风险也大。从长远来看，危机之波不可避免地会影响到这部分市场。据俄罗斯2009年1月进出口数据显示，其进口增长已出现大幅下降。因此，企业要提高规避风险的能力，采取多种方式扩大出口。进一步开展国际化经营，看准时机收购并购国外知名企业，获得先进制造技术，拓宽销售渠道。

3. 调整出口产品结构，实现出口持续增长

近几年来，我国机床工具产品出口一直保持快速增长。2003年我国金属加工机床出口额仅有3.8亿美元，2008年增加到21.1亿美元，增加4倍多，年均增长速度达到40.9%，数控机床出口额占比逐年增加，出口产品结构逐步优化。2008年受国际金融危机影响，普通机床出口增速有所回落，但数控机床出口继续保持40%以上的高速增长。

在我国出口的机床中，目前仍以中低档机床产品为主，产品性价比具有一定的优势，在国际上有一定的竞争力。对这类产品应不断提高产品质量，巩固和扩大国际市场份额。但需要引起高度重视的是，在我国出口产品中，低档磨料、低值工具，以及低值机床仍占一定的比例。尽管当前具有低成本优势，但随着时间的推移，以及国家相关政策和环境等因素制约，这些产品的生存空间必将愈来愈小，甚至失去市场。为此需要不断优化出口产品结构，加大对高技术含量、高附加值产品的开发研制力度，发展具有自主知识产权的产品，努力向国际标准或国际先进技术标准靠拢和转化，提高国际竞争力，向高端市场进军，变中国制造为中国创造。

〔撰稿人：中国机床工具工业协会李卫青〕

2008 年机床工具行业固定资产投资分析

进入21世纪,机床工具行业各项主要经济指标快速增长,生产能力大幅度提高,其中机床工具行业的固定资产投资持续快速增长是主因。固定资产投资的持续快速增加,为机床工具行业快速发展提供了技术和物质保证。

一、2008 年机床工具行业固定资产投资情况

2008 年,机床工具行业的固定资产投资继续保持快速增长。通过对全行业全年固定资产投资实施情况的分析,发现国际经济危机对投资没有明显影响,一是国际金融危机对行业影响滞后,二是投资计划一旦开工就不会轻易半路停下,否则会造成严重损失。企业固定资产投资规划,都是用于保证决策者立足于当前着眼于未来的战略决策实施的重要手段。而决策正确与否主要取决于决策者对客观判断的是否准确。固定资产投资主要包括以下主要指标:即固定资产计划总投资、新开工项目计划总投资、累计完成固定资产投资、完成固定资产中设备购置投资和累计新增固定资产等5项指标。2008 年,在投资的各项指标中,固定资产计划总投资和完成固定资产中设备购置投资两项指标同比增速超过55%,同比增速较慢的新开工项目计划总投资指标也达到31.8%,其他两项指标同比增速在45%~50%之间。总之,机床工具行业固定资产投资的同比增长速度远远高于国家全社会固定资产投资的同比增长速度。

国际金融危机对机床工具行业的固定资产投资的影响可能在2009 年显现出来,影响大小取决于2009 年上半年固定资产投资的变化情况。如果上半年仍然波动不大,则机床工具行业固定资产投资将能够较平稳渡过国际金融危机的影响,不至于影响机床工具行业的长远持续快速发展。

1. 固定资产计划总投资

2008 年,机床工具行业固定资产计划总投资1 739.8 亿元,同比增长55.2%,实现了高速增长。面对国际金融危机,机床工具行业固定资产计划总投资依然快速增长,表明机床工具行业对长远发展有信心。在2008 年机床工具行业的固定资产计划总投资中,磨料磨具行业计划投资额最大,达到730.4 亿元,增速也是最快,达到145.0%;其次增速较快的是木工机床和量具量仪行业,分别为84.0%和65.2%;金属切削机床和铸造机械行业增速居中,分别为33.4%和28.7%;接下来是其他加工机械、机床附件和金属成形机床行业,分别为12.0%、14.0%和14.2%;增速最慢的是金属切削工具行业,为11.7%。

2. 新开工项目计划总投资

新开工项目计划投资是行业发展的先行指标,是企业对近期市场需求判断的结果,开工后没有特殊情况不会中断实施。2008 年,机床工具行业新开工项目计划总投资772.5 亿元,同比增长31.8%,相对其他投资指标增速较慢。新开工项目计划总投资的增速减慢,主要是对当前国际金融危机的担忧和暂时大环境不确定因素增加有关。4 月份新开工计划项目总投资增加较快,可能与季节性有关。机床工具行业的新开工项目计划总投资中,磨料磨具行业增长最快;增长速度较快的还有量具量仪和金属切削机床行业,增速分别为41.6%和30.2%;其他加工机械、铸造机械、金属成形机床和机床附件行业为负增长,分别下降25.2%、9.5%、3.2%和2.8%。由于其他加工机械行业包含的产品较杂,对行业的发展影响不大。

3. 完成固定资产投资

完成固定资产投资是投资中的最重要的指标,属于国家社会固定资产投资的一部分,代表行业固定资产投资的总体水平。2008 年机床工具行业累计完成固定资产投资791.1 亿元,同比增长46.7%,比全社会固定资产投资增长速度高出21.2 个百分点。完成固定资产投资快速增长,主要是企业的在建项目都在争取尽快投产。全年各月行业完成固定资产投资增速相对比较平稳,在44.1%~52.0%之间波动。在全行业完成固定资产投资中,同比增长最快的是量具量仪行业达到103.5%,增速快主要是由于该行业上年投资额基数较小,同时也与该行业基础相对薄弱、投资增加有关;木工机床和磨料磨具行业增长速度也较快,增速分别为94.6%和76.3%;切削工具行业增速只有1.2%。

4. 完成固定资产投资中设备购置

在2008 年机床工具行业完成固定资产投资的791.1 亿元中,用于设备购置金额为352.5 亿元,同比增长57.9%,占全年完成固定资产投资额的44.6%。全年各月行业的设备购置金额同比增速在55%~70%之间波动。固定资产投资设备购置金额快速增长,而且设备购置金额增速高于完成固定资产投资增速的11.2 个百分点,表明在机床工具行业的固定资产投资中,设备投资的比重增加,土建投资比重相对在减少。同时也与新增设备技术含量较高,价格高有关。在设备购置投资中,同比增长最快的是量具量仪行业,达到160.3%,该行业增速如此之快主要是由于过去投资额一直很少;木工机床和磨料磨具行业增长速度也较快,增速分别为115.4%和98.9%,属于高速增长;切削工具行业增速为-21.6%,值得引起重视。

5. 新增固定资产

2008 年机床工具行业新增固定资产438.6 亿元,同比增长49.8%,属于快速增长。2008 年1 月份同比增长速度很快,达到68.7%,主要是因为上年底完成的固定资产投资,在年初计入新增固定资产的缘故;3 月份新增固定资产同比增长速度为全年最低。此后几个月增速相对较为平稳,增速在45%～59%之间波动。在全行业新增固定资产投资中,同比增长最快的是量具量仪行业,达到203.1%,增速快主要是与该行业上年固定资产投资转固基数较小有关;木工机床行业增长速度也较快,达到125.4%;金属切削机床和金属成形机床行业增速较低,分别为12.2%和17.1%。

二、各分行业固定资产投资情况分析

2008年,机床工具各分行业固定资产投资5项指标的投资强度和增长速度有很大差别。其中:磨料磨具行业的各项投资额指标都是最高的,增长速度也较快。投资额最少的是量具量仪行业,但同比增速很高;其次是木工机床行业。2008年机床工具行业各分行业固定资产投资情况见下表。

表　2008年机床工具行业各分行业固定资产投资情况

序号	分行业名称	计划总投资		新开工项目计划总投资		完成固定资产投资		完成固定资产投资中设备购置额		新增固定资产	
		累计（亿元）	同比增长（%）	累计（亿元）	同比增长（%）	累计（亿元）	同比增长（%）	累计（亿元）	同比增长（%）	累计（亿元）	同比增长（%）
1	金属切削机床	286.4	33.4	106.3	30.2	122.6	39.5	47.5	56.2	61.7	12.2
2	金属成形机床	117.4	14.2	47.9	3.2	57.9	23.0	22.6	19.6	30.2	17.1
3	铸造机械	192.8	28.7	87.6	-9.5	124.6	45.8	55.6	63.0	76.4	63.6
4	木工机床	21.5	84.0	11.2	51.5	14.6	94.6	5.4	115.4	10.7	125.4
5	机床附件	90.6	14.0	37.4	-2.8	59.5	39.3	26.4	68.2	34.9	45.9
6	切削工具	71.4	11.7	33.9	25.2	38.2	1.2	17.0	-21.6	25.6	48.8
7	量具量仪	13.7	65.2	7.3	41.6	9.7	103.5	3.5	160.3	6.8	203.1
8	磨料磨具	730.4	145.0	357.7	111.9	234.4	76.3	118.3	98.9	123.7	88.1
9	其他加工机械	215.6	12.0	83.1	-25.2	129.6	39.4	56.0	43.9	68.6	33.4
	行业合计	1 739.8	55.2	772.5	31.8	791.1	46.7	352.5	57.9	438.6	49.8

注:1. 根据国家统计局数据资料整理。
2. 固定资产投资的5项指标由国家统计局设置的统一标准。

1. 投资规模最大的磨料磨具行业

2008年磨料磨具行业固定资产投资继续快速增长,5项投资指标金额都居机床工具行业第一位。其中:计划投资额730.4亿元,占全行业计划总投资的四成多,同比增长145.0%,也是行业最快的;新开工项目计划投资357.7亿元,同比增长111.9%,占全行业新开工项目投资的46.3%;完成固定资产投资234.4亿元,同比增长76.3%,占全行业完成固定投资的近三成;购置设备投资118.3亿元,同比增长98.9%,占全行业购置设备投资约1/3;新增固定资产123.7亿元,同比增长88.1%,占全行业新增固定资产近三成。其投资大的主要原因如下。

普通磨料磨具的市场需求量很大,不仅机床行业使用,其他行业应用也很多。该类产品使用量大的主要是低档产品,如我国的砂轮机年产量非常高,国内销量没有完全统计,仅出口量每年就近300万台,近4年共出口超过千万台。砂轮机的出口,需要大量的配套砂轮。磨料磨具行业属于高能耗、高污染行业,国际工业发达国家已经很少生产中低档磨料磨具,主要依靠进口。磨料磨具行业,特别是普通磨料磨具行业投资门槛低,投资周期短,生产周期短,产品技术含量低,易于掌握生产,同时,国内市场需求和出口销售继续看好,大量民营和个体企业纷纷投资磨料磨具行业。

超硬磨料磨具的市场需求在逐年增加,大部分高档磨具都是用超硬材料制成的。在超硬磨料磨具中使用最多的是CBN和人造金刚石,不仅机床行业使用,其他行业需求量也很大,如各种钻探业、建筑业等。除国内需求量大外,出口量也很大,主要是人造金刚石出口量很大。国内外两个市场需求的增加,使得对超硬磨料磨具行业的投资力度加大。

2. 投资增速最快的量具量仪行业

在机床工具行业中,2008年量具量仪行业固定资产投资增长速度最快,在5项投资指标的增长率中有3项排名机床工具行业第一位,即完成固定资产投资、设备购置投资和新增固定资产的增长率分别为103.5%、160.3%和203.1%,分别是全行业平均增长率的2.22倍、2.77倍和4.08倍。增速快的主要原因:一是随着技术进步,产品结构不断优化和技术水平不断提高,为了研发新产品和保证产品质量,企业普遍增添大量先进测试仪器以完善检测和试验手段。二是通过几年的快速发展,国产量具量仪产品水平和质量不断提高,国内用户使用国产量具量仪逐渐增多,国产量具量仪市场占有率增加。三是很长时期以来,我国量具量仪行业相对落后,高技术含量量具量仪主要依靠进口。为改变这种现状,国家和行业都重视量具量仪行业的发展,加大了对其的支持和投资力度。四是该行业在机床工具行业中规模较小,历年投资基数不大,所以当投资加大时,其同比增长速度显得较快。

3. 投资所占比重较大的铸造机械行业

在机床工具行业中,铸造机械行业的产值所占比重不大。但是,在2008年机床工具行业固定资产投资中占比较大,铸造机械行业在5项固定资产投资指标中有3项高于金属切削机床行业，即铸造机械行业的完成固定资产投资124.6亿元，占全行业的15.8%；设备购置投资55.6亿元，占全行业的15.8%；新增固定资产76.4亿元，占全行业的17.4%，其中前2项投资指标在全行业都排名第三位，后一项排在第二位。而金属切削机床行业相对应的3项投资指标分别是：122.6亿元，占15.5%；47.5亿元，占13.5%；61.7亿元，占14.1%。铸造机械行业固定资产投资在机床工具行业已占有重要地位。其原因是：①随着重大技术装备的大型化，对大型铸件的需求量越来越多，对铸造质量的要求也越来越高。②环保要求的提高，使落后的铸造工艺逐渐被淘汰出局，铸造机械化开始主导铸造业，对铸造机械的需求快速增加。③我国铸造机械行业在机床工具行业中属于比较落后的行业，其产品产量和质量远远不能满足市场的需求，特别是铸造自动生产线还主要依靠进口。市场需求增加必然拉动对铸造机械行业的投资。

4. 投资增速较快的木工机床行业

在2008年机床工具行业固定资产投资中，木工机床行业投资所占的比重不大，仅比量具量仪行业稍高一点。但是，其固定资产投资增长较快，在机床工具行业所有固定资产投资的5项指标中其增速都排名第二位，分别为84.0%、51.5%、94.6%、115.4%和125.4%。木工机床行业固定资产投资增长较快，除了国内中小木材加工企业需要木工机床数量较多外，中低档木工机床出口量较大也是重要原因之一，使得木工机床行业的固定资产投资保持较快增长。

5. 投资增速相对较低的切削工具和金属成形机床行业

(1)切削工具行业。2008年，切削工具行业固定资产投资的增长速度，在机床工具行业中相对较慢，如购买设备投资额同比下降21.6%，仅排在下降幅度最大的其他加工机械行业新开工项目计划投资下降25.2%的前一位。完成固定资产投资的同比增长也只有1.2%，为全行业最低；计划总投资的同比增长为11.7%，也是全行业最低。虽然其他2项投资指标的增速在25%以上，但是总体上看其固定资产投资增长速度相对较慢。

(2)金属成形机床行业。2008年，金属成形机床行业固定资产投资的各项指标增长速度比较低，所有投资指标增速均未超过23%。其中新开工项目计划投资下降3.2%，其他几项增速也不高。金属成形机床行业的固定资产投资增速较慢的原因是多方面的，主要是该行业已经形成了相当大的生产能力。2007年我国金属成形机床产量达到17.3万台，产量排名世界第一；2008年生产14.5万台，同比下降16.2%。总产量的下降，主要是中低档金属成形机床产品产量的减少所致，并不是表明市场需求的下降。2008年我国金属成形机床消费额增长18%，主要是中高档金属成形机床销量的增加。当前，国产中高档数控金属成形机床在金属成形机床总产量中占比较小，主要依靠进口。2008年我国金属成形机床进口额达到19.1亿美元，进口机床大部分都是国内无法满足的中高档产品；出口额6.5亿美元，同比增长50.4%，增速很快，但是出口的主要是国内生产能力很大的中低档金属成形机床产品。因此，金属成形机床行业固定资产投资增速较慢，并不意味着不需要投资，而是要以产品结构升级，扩大高档金属成形机床产能为目标进行投资。

6. 投资增速居中的金属切削机床和机床附件行业

(1)金属切削机床行业。2008年我国金属切削机床行业固定资产投资的规模，在机床工具行业中低于磨料磨具行业排名第二，其投资额占全行业总投资的16.5%；各项投资指标的增长速度比较平稳，各项投资指标不突出，只有新增固定资产增速较低，其他4项投资指标增速都在30%以上，远高于全社会固定资产投资的增长速度。金属切削机床是机床工具行业最主要的主导产品，其固定资产投资的规模和增长速度，将直接影响为金属切削机床配套的各种产品固定资产投资的增长速度。

(2)机床附件行业。2008年机床附件行业固定资产投资规模在机床工具行业中属于中等，各项投资指标的增长速度不平衡，其中新开工项目计划投资为负增长，但是设备购置投资和新增固定资产投资的增速分别达到68.2%和45.9%，属于较高增长速度。机床附件行业的产品很多属于关键功能部件，对行业各种主机的发展、产品性能和水平的提高，具有非常重要的作用。我国关键功能部件的生产远不能满足主机发展的需要，不仅应当加强科技投入，开发研制市场急需的功能部件，更重要的是增加对高档功能部件产业化的投入，购置增添关键制造设备，提高关键功能部件的生产能力。总之，从机床工具行业长远发展考虑，为全面提高主机产品的水平，应当大幅度增加机床附件行业的固定资产投资。

三、机床工具行业固定资产投资快速增长原因的综合分析

固定资产投资的增长速度反映了企业对行业中长期发展的判断，机床工具行业固定资产投资持续高速增长，其主要原因如下。

(1)我国机床工业连续多年快速增长，发展前景看好，但是国产机床的市场满足度不高，占有率不高，还有很大发展空间。行业内企业纷纷加大投资力度来扩大生产能力，调整产品结构和提高产品技术水平。

(2)国家固定资产投资持续快速增长，内需不断扩大，拉动了对机床工具产品的需求，国产机床产品的市场需求逐渐增加。

(3)国家经济规模的扩大，加快了产业结构调整，促进了资源配置的加快流动。其他行业(非机床行业)看好机床市场，纷纷投资机床行业，或投资控股机床工具行业的企业。如宁波海天股份有限公司、江苏新瑞机床(集团)有限公司、浙江天马轴承股份有限公司等投资进入机床行业。

(4)国家对装备制造业的重视，特别是“高档数控机床与基础制造装备”科技重大专项和“振兴装备制造业”项目的实施，促进了对机床工具行业投资的积极性。

(5)近几年机床工具行业利润不断提高，利益驱动也吸引资金投向机床工具行业。

(6)部分机床工具小行业，如普通磨料磨具、普通机床附件、普通工具等行业技术进入门槛较低和投资资金较少，民营和个体投资者纷纷投资这些行业。

2008年，机床工具行业固定资产投资继续快速增长，从机床工具行业发展的角度看，应当视为好事。从2008年机床工具行业固定资产投资的分析可以看出，固定资产投资的快速增长，既促进了行业的快速发展，也有一定的投资风险。机床工具行业完成固定资产投资的增长速度远远高于国民经济的社会固定资产投资的增长速度。机床工具行业是属于基础机械和重要装备产业，超前发展是必要的，高于国民经济GDP的增长速度也属于正常。从长远看，我国经济发展将保持快速增长，机床工具行业的发展前景是乐观的，当前正步入高速增长期，固定资产投资的高速增长，产能将迅速扩张。但是不排除局部或阶段性的调整和波动，如果机床产能过大，弹性应变能力和回旋余地有限的话，对机床工具行业发展的冲击将会很大。当前机床工具行业固定资产投资的增长速度是否属于健康发展范围，是否偏热或过热，需要进一步分析和研究。机床工具行业固定资产投资应重视投资方向，在当前节能形势严峻的情况下，投资应杜绝"一低双高"，即防止低水平重复建设，杜绝高能耗和高污染项目的投资，对普通金属切削机床和钻头等要特别注意"一低"，普通磨料磨具行业对"双高"应引起特别重视。所有行业都应找准市场定位，增强对中高档数控机床的开发及其产业化的投资。

上述分析主要是根据国家统计局年度统计数据为依据，并没有对机床工具行业企业的固定资产投资情况进行具体调研，这种分析很难做出完全切合实际的结论，更难做到符合所有企业的实际投资情况。

〔撰稿人：中国机床工具工业协会于思远〕

2008年度机床工具行业"中国机械工业科学技术奖"获奖情况分析

一、2008年度机床工具行业获"中国机械工业科学技术奖"情况

2008年，机床工具行业申报参加"中国机械工业科学技术奖"评审的共有33项，经中国机械工业科学技术奖评审委员会机床专业组评审，并报中国机械工业科学技术奖管理委员会批准，授奖项目为21项，其中一等奖2项、二等奖9项、三等奖9项；另有1项获"中国机械工业发明奖"一等奖。2008年度机床工具行业"中国机械工业科学技术奖"获奖情况见下表。

表　2008年度机床工具行业"中国机械工业科学技术奖"获奖情况

序号	项目名称	完成单位	获奖等级
1	CWT130×145/180L—MC数控重型曲轴旋风切削加工中心	齐重数控装备股份有限公司	一等奖
2	数控多线切割机床核心技术开发及其产品研制	湖南大学、湖南宇晶机器实业有限公司	一等奖
3	S—THP34Y—1250船体板材成形数控液压机生产线	天津市天锻压力机有限公司	二等奖
4	大重型数控落地铣镗床（加工中心）关键技术研究及设备研制	齐齐哈尔二机床（集团）有限责任公司	二等奖
5	TK6916B数控落地铣镗床	武汉重型机床集团有限公司	二等奖
6	YK7332A数控成形砂轮磨齿机	陕西秦川机械发展股份有限公司	二等奖
7	Y31125CNC6系列六轴四联动大型高效数控滚齿机研制	重庆机床（集团）有限责任公司	二等奖
8	MKL7150×16/2型数控缓进给强力成形磨床（七轴五联动圆弧叶冠磨削）	杭州机床集团有限公司	二等奖
9	RS—THP37—150板材成形液压机柔性制造系统	天津市天锻压力机有限公司	二等奖
10	慢走丝电火花线切割高频无电解镜面加工电源及加工设备	清华大学、苏州三光科技有限公司	二等奖
11	BZM—650博格式轨道板专用数控磨床	威海华东数控股份有限公司、中铁六局集团公司	二等奖
12	高速数控机床用HSK工具系统的研究与应用	哈尔滨量具刃具集团有限责任公司	三等奖
13	汽车大梁数控冲孔生产线	江苏金方圆数控机床有限公司	三等奖
14	基于案例的网络辅助数控机床工业设计系统	湖南大学	三等奖

（续）

序号	项目名称	完成单位	获奖等级
15	GZB 系列滚柱重载滚动直线导轨副	南京工艺装备制造有限公司	三等奖
16	HT500×180/80L—NC 数控重型卧式车床	齐重数控装备股份有限公司	三等奖
17	YKT5180 提拉式数控插齿机	宜昌长机科技有限责任公司	三等奖
18	SY 系列高性能数控压力机	银川西部大森数控技术有限公司	三等奖
19	2MKM95160 数控精密立式万能磨床	天津市第二机床有限公司	三等奖
20	车磨复合加工机床关键技术研究及产业化	南京数控机床有限公司	三等奖

注：由清华大学、齐齐哈尔二机床（集团）有限责任公司、成都飞机设计研究所完成的"新型并混联机构与装备应用研究"获"中国机械工业发明奖"一等奖。

上述获奖项目都是自主创新的经用户使用验证可靠的产品，是当前我国机床工具行业科技成果的代表，对机床行业的快速发展具有重要作用，产生了良好的经济效益和社会效益。同时，表彰这些项目，对激励科学技术人员研究开发的积极性，提高科技人员的社会地位，促进机床行业的技术进步和提高我国机床产品的国际竞争力等也具有积极作用。

二、2008 年度机床工具行业获奖情况分析

2008 年度机床工具行业获"中国机械工业科学技术奖"的项目数量较多，申报和获奖项目大多属于自主创新和具有自主知识产权的高技术产品，并有较好的经济效益和社会效益。

1. 获奖项目比例增大

2008 年度机床工具行业申报"中国机械工业科学技术奖"33 项，获奖 21 项，获奖项目占比高于往年。其主要原因是近几年机床企业普遍重视高档数控机床产品的研制开发，产品结构优化升级，申报的项目水平普遍较高，评审专家经过反复平衡，难以取舍，最后评定结果获奖项目比例仍然较大。这表明近几年我国机床产品的技术水平普遍快速提高。

2. 获奖等级大幅度提高

2008 年度机床工具行业获"中国机械工业科学技术奖"一等奖 3 项（其中科技奖 2 项、发明奖 1 项），是设立"中国机械工业科学技术奖"以来，机床工具行业获一等奖最多的一年，实属非常不易。机械行业共分 12 个小行业进行评审，2008 年获"中国机械工业科学技术奖"的一等奖共 21 项，机床工具行业在机械行业中占比不大。而且，机床工具行业获得二等奖 9 项，在获奖项目中的占比也大幅度提高，再次证明机床工具行业的总体技术水平在大幅度攀升。

3. 自主技术创新能力提高

从获奖的项目来看，在贯彻科学发展观和提高自主创新能力的方针指导下，机床工具行业企业越来越重视对新技术和新产品的自主研发，自主技术创新成为主流。获奖项目的技术来源属于引进技术的越来越少，属于自主研发的越来越多，大部分是突破了关键技术和掌握了部分核心技术研制的产品，是具有自主知识产权的高端机床工具产品，标志着我国机床工具行业逐渐进入一个加快新产品自主开发的新阶段。

三、部分获奖项目简介

2008 年度机床工具行业获"中国机械工业科学技术奖"20 项，"中国机械工业发明奖"1 项。这些获奖项目大多是具有国内领先水平和国际先进水平，或填补国内空白的高技术产品，且都产生了很好的经济效益，具有很大的推广应用价值。其中数控机床产品，大都属于高档数控机床，是重要行业急需的关键设备。由于获奖项目较多，只能对其中部分项目做简单介绍。

1. CWT130×145/180L—MC 数控重型曲轴旋风切削加工中心

该项目由齐重数控装备股份有限公司完成，被评为"中国机械工业科学技术奖"一等奖，是针对 7 457MW（万匹马力）以上船舶发动机大型曲轴加工研制的高档数控重型机床，在机床上一次装夹，可完成大型曲轴主轴颈、曲拐颈、法兰的加工，能够完成大功率船用柴油机半组合曲轴热装后的半精加工和精加工。其特点是：具有自动开合、自动拉刀、自动锁紧及吸振功能的画板式车削刀架；具有 C 轴自动精密分度、主轴负载不平衡力补偿控制装置的主轴箱；配置带有自动补偿装置的机床中心架及工件中心定位检测装置；在加工曲拐颈时，曲轴拐颈不动，刀具可根据曲拐偏移量移动完成加工。该机床的主要技术参数为：转盘内孔直径 1 300mm，床身上最大回转直径和过刀架最大切削直径 4 100mm，最大工件长度 14 500mm，最大工件重量 180t。其主要技术指标的加工精度达到国际同类机床先进水平。产品属于国内首创，具有自主知识产权，填补了国内空白，已申报 9 项专利。已经向中国船舶重点企业销售 3 台，用户反映良好，2008 年又销售 5 台。该机床的研制成功，将结束我国不能制造大型船用柴油机曲轴加工设备的历史，打破了国外的技术垄断和封锁，部分缓解了大型曲轴全部依靠进口和经常出现"有船无轴"的被动局面。我国大型船用曲轴的国产化生产，降低了造船成本，缩短了出厂周期，为我国船舶工业发展作出了很大贡献。

2. 数控多线切割机床核心技术开发及其产品研制

该项目由湖南大学和湖南宇晶机器实业有限公司联合研制完成，获"中国机械科学技术奖"一等奖。该机床属于 IT 行业用设备，主要用于单（多）晶体、蓝宝石、水晶、磁性材料等半导体器件基片的切片加工。多线切割机具有加工精度高，控制系统复杂，制造难度大等特点。虽然市场需求很大，但是国内从前不能提供，只有瑞士、日本等少数国家掌握其核心技术，垄断着国内外市场。该项目解决了一系列关键技术：切割线张力控制技术，改变张力控制方式，提高张力的控制精度，减少系统张力波动，降低断线故障；提出无轴传动的自适应逆控制算法；排线及限位控制方法；提出优化的主电动机走线速度控制技术等。已经获得实用性专利1项和待批3项，申请发明专利4项。在此基础上，研制成功XQ120型和XQ300型数控多线切割机床。其中XQ120型数控多线切割机床的主要技术参数为：单片平行度0.008mm，最小切片厚度0.2mm，切片速度0～50mm/h，切割线直径0.10～0.18mm，切割线最大运行速度280m/min，一次性最多切片数240片；XQ300型数控多线切割机床的切割线最大运行速度580m/min，一次性最多切片数890片。该设备的研制成功，填补了国内空白，主要技术指标达到国际先进水平，具有明显的价格优势，已经批量生产，获得用户的好评，经济效益、社会效益显著。

3. 新型并混联机构与装备应用研究

该项目由清华大学、齐齐哈尔二机床（集团）有限责任公司、成都飞机设计研究所合作完成，获"中国机械工业发明奖"一等奖。

该项目的主要研究内容是：以少自由度并混联新构型发明专利为核心，以尺度综合、精度保证、数字控制等理论和方法的创新研究为基础，突破分析、设计、标定和控制等关键技术，并将上述研究成果成功应用于自主开发的并混联机床、飞行品质模拟器运动控制系统、天文台馈源精调系统和可重构教学设备等产品。该项目经过多年持续地研究和开发，形成了一套独具特色的并混联机构构型、运动学、动力学、结构和精度等研究理论与方法，并在不同领域得到成功应用。经过研究提出30多种新型并联及混联机构，以及并联结构运动/力传递特性评价方法；提出一种基于优质尺度域的尺度综合方法以及最少参数线性组合的运动学标定方法；解决了高度非线性、强耦合系统动力学控制、冗余混联机构驱动控制、柔性支撑轨迹预测控制等。在并混联机构和控制方面拥有发明专利34项，其中授权22项，公开10项，申请2项，获得软件著作权3项。发明的少自由度混联机构突破了传统并联机床工作空间小、转角能力差等问题。自主研制开发出多种结构的多轴联动并混联机床8台套，典型产品如XNZD2415重型五轴联动并混联机床，主要技术指标：工作台面尺寸3 000mm×8 000mm，机床作业空间8 000mm×3 000mm×1 800mm，刀具重复定位精度±0.01mm，行程($X/Y/Z$)8 500mm/3 000mm/1 800mm，A轴摆角±105°，C轴转角±180°，主轴转速2～1 200r/min，进给速度0.5～6 000mm/min等。主要可用于加工三维空间复杂曲面，如各种叶片、螺旋桨、大型模具等。

4. S—THP34Y—1250船体板材成形数控液压机生产线

该项目由天津市天锻压力机有限公司完成，获"中国机械工业科学技术奖"二等奖。S—THP34Y—1250是具有7个自由度控制功能的船体的板材成形数控液压机生产线，由进料起吊装置、板材数控送料输送装置、具有5自由度的数控压制中心、出料起吊装置和板材下料数控输送装置五部分组成。公司采用数字技术、自动化控制技术、计算机信息化技术和智能化与系统集成等技术，通过对加工制品—模具—装备一体化耦合研究的分析，研制的数控液压机生产线具有大型船体厚板冷成形压制、蒙皮成形以及槽型隔壁压制等功能。适用于大型船体复杂形状厚板的弯曲、弯边、压肋、折边和矫平等连续成形加工。最大加工板材尺寸（厚×宽×长）60mm×4 500mm×22 500mm；压头移动定位精度和压制行程定位精度为0.05mm；压头和工作台旋转装置可同步旋转，也可单独旋转，旋转范围+360°；转角偏差≤+0.25°。该生产线最大可加工30万t级船体复杂形状的板材，能满足国际先进生产中心造船模式的需要。

5. 大重型数控落地铣镗床（加工中心）关键技术研究及设备研制

由齐齐哈尔二机床（集团）有限责任公司完成，获"中国机械工业科学技术奖"二等奖。大重型数控落地铣镗床（加工中心）属于数控重型机床，可实现多轴控制，五轴联动，用于加工复杂曲面形状的零件。该项目主要解决以下关键技术：重载高速主轴温升控制技术，通过独立循环冷却系统对产生的热量进行冷却，由温度传感器控制冷却时间，有效地解决重载高速主轴的温升关键问题；建立滑枕进给的精确定位和精度补偿系统，即提出消除滑枕伸缩过程中必然产生倾斜的方法，建立完善的精度补偿理论；研制附件的快速自动更换、自动分度、自动夹紧的功能；研制长距离滚珠丝杠辅助支撑装置技术；提出优化控制方法，解决重载传动惯量问题等多项关键技术。产品主要用于军工、航空航天、能源设备等行业的国家重点工程项目。

6. YK7332A数控成形砂轮磨齿机

由陕西秦川机械发展股份有限公司完成，获"中国机械工业科学技术奖"二等奖。YK7332A数控成形砂轮磨齿机是一种高效、精密齿轮磨削机床，利用数控修整成形的砂轮进行各种齿轮的磨削。该机床集成形砂轮截形计算技术和成形砂轮数控修整技术以及高效高精度高刚度成形磨齿机床结构设计于一体，并自主开发了成形砂轮计算软件和成形磨削专家系统，基本上掌握了数控成形砂轮磨齿机的核心技术。主要技术参数：最大工件外径320mm，最大工件模数10mm，最大齿宽600mm，螺旋角±45°，工件精度4级。该机床广泛用于汽车、航空、风电设备、机床等行业，特别适用于磨削对齿形要求修整及对齿根、齿顶过渡部分有特殊要求的高精度齿轮。

7. 其他获奖项目

2008年度获"中国机械工业科学技术奖"的项目，除了上述介绍的部分获奖项目外，其他获二等奖和三等奖的项目，同样具有很高水平，不少属于填补国内空白的产品，对推动机床工具行业的技术进步起到很大的作用。

从2008年度机床工具行业获奖项目来看，机床工具企业在科学发展观和"自主创新"的精神指引下，越来越重视新技术和新产品的研发，普遍加大了高档数控机床及其配套部件的研发力度，研制开发出一批发电设备、交通运输、航空航天、国防军工等国家重点工程项目所需的重大装备。机床工具行业将进入一个加快新产品自主开发的新阶段，为机床工具行业能够持续、高速发展奠定了坚实基础，为振兴装备制造业作出了贡献。

〔撰稿人：中国机床工具工业协会于思远〕

2008年中国机床工具行业十大新闻

1. 胡锦涛总书记视察沈阳机床集团，要求机床企业瞄准更高目标做强做大

2008年12月13日，中共中央总书记、国家主席胡锦涛视察沈阳机床集团时，在生产现场一再强调发展数控机床对国民经济发展的重要性，并语重心长地说："这几年沈阳机床集团有了很大发展，已经成为我国机床行业的领军企业，要瞄准更高目标，掌握更多关键技术，始终保持技术优势，做强做大，努力成为世界一流的跨国企业。"这是总书记向全行业企业提出的殷切期望。

2. 全面展示中国机床工具行业30年改革开放成果的CCMT2008展会备受国内外关注，李长春等党和国家领导人及有关部委领导莅临CCMT2008

中国机床工具工业协会主办的第五届中国数控机床展览会(CCMT2008)于2008年4月在北京举办。我国主要机床工具企业悉数参展，国产800多台数控机床展品中，高速、高精、大型和重型等高档数控机床超过百台，其中国产五轴联动数控机床达37台。展商之多、展览规模之大和展品水平之高，均创CCMT历届之最。CCMT2008成为全面展示中国机床工具行业30年改革开放成果和行业发展新貌的大平台。

2008年4月23日，李长春、张德江、刘延东等党和国家领导人及有关部委领导莅临CCMT2008，并对中国机床工业的发展成果给予充分肯定。

CCMT2008所展示的中国机床工具行业的发展新貌，引起国内外业界关注，给社会留下深刻印象。

3. 中国机床工具行业企业积极为抗击汶川大地震作出贡献

"5·12"四川汶川大地震发生后，中国机床工具行业企业心系灾区，立即自觉投入救灾工作。中国机床工具工业协会根据国家发改委、工业和信息化部的要求，积极寻找抗震救灾物资，及时组织行业企业参加救灾工作。有的企业连夜赶制救灾工具；有的立即派出救援小分队直赴灾区抢救伤员和抢修设备；有的调整生产计划，赶制灾区恢复生产急需的设备；地处重灾区的企业，除努力自救外，还积极支援其他企业救灾。全国各地的行业企业都积极行动起来，捐款、献血、派员赴灾区企业抢修设备，整个机床行业绘成了争相为灾区尽快恢复重建作贡献的动人场面。中国机床工具工业协会和行业企业在抗震救灾中的积极表现和突出贡献，受到政府有关部门的表扬。

4. 国务院原则通过"高档数控机床与基础制造装备"科技重大专项实施方案

2008年12月24日，国务院常务会议审议并原则通过了"高档数控机床与基础制造装备"科技重大专项(以下简称"专项")实施方案。该"专项"的实施，对于提升我国数控机床和基础制造装备产业的自主创新能力和核心竞争力，带动装备制造业结构调整和相关产业发展，扩大内需具有重大意义。"专项"实施方案经过科学、民主、严格论证，已基本成熟，具备启动实施条件。

5. 受国际金融危机影响，中国机床工业发展增速减缓。国家拉动内需的政策，已使机床行业感受到暖意

进入21世纪以来，中国机床工业尤其是数控机床产业连续多年高速增长。受国际金融危机的影响，从2008年第三季度开始行业发展增速减缓，库存增加。到第四季度影响更大，行业企业已切身感受到金融危机的寒意，积极采取应对措施。

为减轻国际金融危机对我国实体经济的影响，国家出台了一系列应对政策，并拨出4万亿元支持国内基本建设，以拉动内需，其中就有大规模铁路建设项目。我国机床行业的杭州机床集团有限公司中标获得3台加工导轨板的专用数控磨床订单，威海华东数控股份有限公司从中铁所属集团公司总共获得13台CRTSⅡ型导轨板数控磨床订单。这是机床行业企业受益于国家拉动内需政策的具体体现。当前，机床行业的主要企业都在积极准备承接国家重点项目的任务。寒冬来临时感受到一丝暖意，更增强了机床行业战胜国际金融危机的信心。

6. 中国大重型数控机床产业发展取得突破

2008年，中国成功研制了一批世界级的大重型数控机床，如直径达25m的数控立式车床，镗杆直径320mm的数控落地镗床，60 000kN剪板、折弯机，龙门跨距9m的数控桥式龙门镗铣床等均为世界之最，此外还有额定压力10 000kN的伺服压力机等。这些产品不仅填补了国内空白，也代表了当今世界先进水平。

7. 机床工具行业第一个产业发展联盟成立

机床产业尤其是数控机床产业是用户面广，应用领域复杂，技术含量高，配套产业链长的产业。在多年的数控机床产业发展过程中，主机厂深深体会到与用户结合，与配套企业合作的重要性。2008年由沈阳机床集团有限责任公司发起成立了以企业为主体，包括用户企业、上下游机床配套件企业、高校和科研院所参加的产业发展联盟。这种由不同企业组成的产业发展联盟，将会更好地推进我国数控机床产业健康发展。

8. 制订"数控系统现场总线技术标准"的工作正式启动

为落实中央和国务院关于促进机床数控系统发展的指示精神，2008年2月21日国家发改委组织召开会议，由武

汉华中数控股份有限公司、大连光洋科技工程有限公司、沈阳高精数控技术有限公司、广州数控设备有限公司和浙江中控电气技术有限公司5家企业成立了制订“数控系统现场总线技术标准”联盟。该联盟的成立，标志着联合研发、制订、贯彻统一的数控系统现场总线技术协议、规范和标准的工作正式启动，将加快我国高性能数控系统的技术研发和产业化。

9. 机床出口产品的结构调整取得新进展

受国际金融危机影响，在世界机床市场不景气的情况下，我国机床企业积极参与国际市场竞争，机床出口继续保持良好的增长态势。2008年金属加工机床出口21.1亿元，同比增长27.6%；其中数控机床出口6.4亿元，同比增长44.4%。

位于世界机床企业前10位的沈阳机床集团和大连机床集团，机床出口均超过1亿美元。沈阳机床集团出口1.8亿美元，其中数控机床占60%；大连机床集团出口1.32亿美元，数控机床成为其出口的主流产品。

数控机床出口增长旺盛，出口产品结构进一步优化，龙门加工中心、数控齿轮加工机床出口平均单价分别增长48.0%和64.3%。可见调整机床出口产品结构成效显著。

10. 武汉华中数控股份有限公司赫然上了美国经济制裁名单

2008年10月23日，美国政府发布的《联邦登记》正式宣布，美国国务院决定对俄罗斯国防出口公司及其所有子公司和来自委内瑞拉、中国、朝鲜、韩国等国的12家公司实施为期2年的经济制裁。被列入制裁名单的3家中国企业中，有以大学为背景专门研究数控系统的武汉华中数控股份有限公司。这是机床工具行业企业首次出现被制裁现象，应引起行业企业重视。

〔供稿人：中国机床工具工业协会孙　博〕

通过对机床工具工业60年发展情况回顾，指出当前金融危机情况下所面临的困难，对机床行业如何迎接挑战、开创新局面提出指导措施

Through the review of the development situation of machine tool industry in the past 60 years, pointing out the difficulties it is faced with under the present financial crisis, presenting directive measures to the machine tool industry how to meet the challenge and open up a new prospect

专文

坚定信心　迎接挑战
开创机床工具行业新局面

（根据会议发言整理）

一、对2008年形势的认识

在连续7年高速发展的惯性作用下，2008年前3个季度，全行业经济运行良好，取得了平稳较快的发展。与上年同期比，1～9月全行业销售额增长32%，产值增长31%，利润增长30%。行业形势有以下特点：

1. 销售产品的结构有了重大的变化

在1～9月经济运行良好的同时，销售产品的结构不断优化。2007年全年产值是2 500亿元，而2008年前9个月已经完成产值2 500亿元。2008年1～9月销售额同比增长32%，而销售量同比只增长2%，表明销售机床的结构优化升级。从部分重点联系企业上报的材料看，10月份在销售额、产值高速增长的同时，产销量增加很少，甚至很多企业产量是负增长，也说明产品结构进一步优化。

从进口方面也可看出产品结构的优化和市场需求的变化。1～9月，金属加工机床进口额比上年同期增长11%，但进口台数反而减少。进口需求的变化拉动了进口产品结构的变化，而且变化特别突出。

2. 产品库存明显增加

2008年6月以后库存逐月明显增加，平均库存量比上年同期增长22%，到9月份，库存达到80多亿元。这个统计数据还不包括中间环节库存，这是七八年来没有过的现象。

3. 产销率连续下滑

产品结构的巨大变化，库存的大量增加，产销率的逐渐下滑，是这段时间出现的特别值得注意的问题。

4. 投资建重型厂房、发展重型装备一定要慎重

中国机床工具工业协会曾做过较大范围的抽样调查，库存产品多是中小型产品和低档产品。行业对大型、高档产品的需求，有继续上升的势头。近两三年来，重型机床产品比较畅销，以重型产品为主导产品的企业，基本没有受到世界金融危机的影响。受市场需求档次、水平越来越高的拉动，金属加工机床的发展方向，一是向高档机床发展，二是向大型、重型机床发展。但是否一哄而上，这一点还值得研究。“十五”的前几年，很多企业就曾出现先上规模，后上规格的热潮。做中小车床的要做大车床，做大车床的要做重型车床；做中小铣床的要做龙门铣床，做龙门铣床的要做超重型龙门铣床。于是不少企业纷纷投资建重型厂房，发展重型装备，希冀产品升级。国外企业，如日本森精机也看好中国市场，也要做大型重型产品。对投资建重型厂房、发展重型装备的问题，大家一定要慎重。市场对大重型机床需求旺盛，不是由这次国际金融危机引发的，而是在两三年前就已显现，这次国际金融危机只是加剧了这种市场的变化。但是国民经济各部门对机床产品的需求是多方面、多层次的，即使近几年对大重型机床需求旺盛，但也有一个度，盲目地大规模重复建设大重型机床生产能力，必将超过这个度，势必造成供大于求，浪费了资金，耗费了资源。

二、当前的机遇和挑战以及对未来发展的预测

1. 全面客观地分析国际金融危机的影响

国际金融危机固然对我国机床工具行业的发展有影响，但机床工具行业所面临的困难或挑战，不能说都是国际金融危机引发的。这里有正常因素造成的，也有非正常因素造成的，是两部分的组合。如果没有国际金融危机，机床行业产品结构性矛盾依然存在，产品结构也要进行调整，而且是加速调整。

沈阳机床集团、大连机床集团的中小车床市场两三年前，就逐渐走下坡路，当时他们认为只要有市场，中小车床还要继续生产，但他们已开始为产品结构调整，优化升级作技术准备。2008年年初，他们下决心甩掉了普通中小车床，但还有一些中小企业继续生产，年产几百台、几千台中小车床，从而造成供大于求，库存增加。与此同时，许多机床企业前几年就已为产品结构调整和新技术、新产品开发作了大量技术准备工作，从而在普通机床、经济型数控机床市场需求大幅缩减的情况下，为市场提供了高端产品，保证了2007年全年和2008年前9个月完成的销售额和产值。

2. 面临的挑战、机遇与发展

（1）挑战。挑战来自两方面，一方面是常规挑战，另一方面是国际金融危机带来的非常规挑战。

1）常规挑战。随着国民经济的发展，世界科学技术的进步，国内用户对机床和工具产品不断提出更高的要求，机床工具行业能否满足国内用户的要求，这是机床工具行业面临的第一个挑战。

第二个挑战是加速产品结构调整。抗震救灾开始后，国家很快组织开展救灾恢复重建工程，并提出不搞简单的重复建设，要把恢复建设和产业升级、经济结构调整紧密地结合在一起。这就意味着不能简单地重复建设，高耗能、高耗材、高污染的产品不能再恢复生产，要建设符合科学发展观和新要求的工厂。中央规划推出的16个重点项目更是着眼于上层次，立足于世界水平：火车时速为三四百公里；飞机相当波音大飞机水平；船舶是30万t起步到50万～60万t的大型船舶；发电设备重点发展核电和风电清洁能源

设备。汽车行业竞争越来越厉害，要在降低生产成本的同时，提高汽车的性能水平。这些产业自身发展的层次越来越高，同时对机床工具产品的要求也越来越高。

2）非常规挑战。是由当前的世界金融危机带来的挑战。我国一些高档机床产品出口到西方国家，他们经济的不景气，直接或间接地对我国机床产品出口产生很大影响。此外，西方有实力的跨国机床企业将参与我国市场的竞争，使我国机床工具行业面临更大的挑战。与此同时，国外跨国公司向我国制造业投资的热情不减，这既是挑战也是机遇。当然，国际金融危机也波及到我国装备制造业，致使国内机床市场需求疲软。为缓解出口、内需疲软，加快提高产品水平，加速产品结构调整势在必行。

（2）机遇。最大的机遇是我国国民经济持续保持稳定发展和我国国防建设力度加大。大量的基础建设项目，为我国装备制造业及机床工具行业提供了巨大发展机遇。尽管世界各国机床市场都在萎缩，而我国机床市场需求依然很大，作为世界第一大机床工具消费市场，还在发展，还有潜在需求。

另一个机遇，就是国际金融危机迫使行业企业学会利用全球的技术资源、社会资源、物质资源和人力资源为我国机床工具行业服务。我国机床工具行业必须抓住这个机会加快提升自主创新能力，致力于开发国内急需的高端产品，坚定不移地调整优化产业结构、产品结构。

第三个机遇是利用好发展中国家的市场，加大对印度、南美等国家的出口。

（3）发展与进步。回忆我国机床工具行业的发展，尽管我国机床行业的生产能力、技术开发能力与发达国家还有不小的差距，但经过改革开放30年的发展，我国机床工具行业在技术和产品上以及在资金和经济实力上都经历了多年积淀并具备雄厚的储备。我国机床工具行业已具备开发高端产品的能力，抵御各种风险的能力显著增强。一个重要的标志就是，七八年前，有许多机床产品是我国台湾能做，大陆不能生产，而今天，有上百种产品大陆能做而台湾做不了，这就是进步。

三、深入学习实践科学发展观，正视困难，坚定信心，迎接挑战

国际金融危机带来的冲击，的确给我国机床工具行业出了一个难题。但只要坚定信心，奋力拼博，加大创新力度，积极开发高端产品，就会化危为机，促进我国机床工具行业又好又快地发展。

1. 加速产品结构调整，加速产业升级，满足市场对高端产品需求

16个重大专项是机床的重要用户。4万亿元投资的项目中，基础建设势必拉动工程机械行业发展，工程机械行业的发展势必需要高端机床作为技术支撑；大飞机项目、造船项目以及高速机车、客车等的发展都需要更高水平的数控机床，我国机床工具行业的发展空间还是很大的。

但是，国产机床工具如何满足国内用户的需求，如何让用户认同国产机床，而不再去买外国同类机床，是值得深入探索的问题。我国机床工具行业应借助国家出台的一系列扶持政策，提升自主创新能力，加大新产品开发力度，积极开发市场急需的高端产品，提高产品技术水平、质量性能和可靠性，赢得用户认可。

2. 落实科学发展观，慎重投资

在当前的经济形势下，企业投资要慎重，尤其要保护好现金安全，注意规避现金流风险。为满足市场高端产品的需求，进行适当的改扩建和技术改造，增加产能和提高设计制造水平是必要的，但切忌一哄而上、盲目重复建设，造成资金浪费、资源浪费。

机床工具行业企业要深入学习实践科学发展观，正视困难，坚定信心，迎接挑战，积极开展富有成效的工作，就一定能够渡过难关，开创机床工具行业新局面。

〔撰稿人：中国机床工具工业协会吴柏林〕

变挑战为机遇
提前完成从中低档向中高档过渡

一、国产数控系统行业的现状和目标

正确估计国产数控系统行业的现状和目标，既要看到成绩，又要看到问题，更要看到前进路上的困难和光明。

国产数控系统行业由中低档向中高档过渡要经历三个阶段：

第一个阶段，经过6～7年的高速发展，具有年产10万台能力的国产数控系统小行业已基本形成，成为我国数控系统产业发展的基础。当前状况是产品以中低档为主，也开发了一批中高档系统，但未形成产能。

二、正确认识国际金融危机对国产数控系统行业的影响

为应对国际金融危机，我国出台了一系列政策措施，提出用4万亿元投资在两年内拉动内需，这一措施得到了国际一致赞同和好评。2008年召开的中央经济工作会议提出了四个方面的思路：研究发展途径，研究主攻方向，研究发展动力，研究最终目标。这对数控产业的发展是个非常重要的指导方针。另外，要仔细研究“扩内需，调结构，保增长”的含义。扩大内需就是给市场，在巩固原有市场前提

下，行业企业要注意研究扩大内需所提供的新市场。第二，调整结构要把质量和效益作为调整结构的重要内涵，优化产业结构和产品结构。第三，保增长就是要实现效益型增长。是指数控系统行业在提高我国重大技术专项——数控机床技术水平和保产能以及振兴装备制造业方面，具有重要作用。

三、正确预测机床工具行业整体形势

在国家启动的4万亿元拉动内需投资中，中国机床工具工业协会做了一个粗略的调研和估算，国家发改委第一批、第二批共150个项目，总投资580多亿元，其中包含机床工具行业29家企业（不完全统计），投资123亿元，用于技术改造拉动内需，购买国产设备，则国产数控系统会占有一定市场，但是市场以中高档为主，当然也有部分中低档产品。数控系统行业面临的市场形势是：市场有上有下，总量有加有减，企业有进有退。

机床工具行业的4 000多家企业中，大概分3类，少数经营形势好的企业带动整个行业进步，他们2008年的任务不但没下降，而且2009年的任务也接近饱满；大多数企业正在力争渡过难关，向专、精、特转变，寻找新的发展出路；还有少部分企业很难经营下去，处于倒闭边缘。数控系统行业应瞄准前两类企业的需求开发适销对路产品。

再从大环境分析，工业和信息化部提出对铁路、航天、纺织、仪表等11个行业作为重点支持领域。看到这些行业对高端数控机床都有需求。数控系统行业企业应抓住机遇，开发适用的数控系统。

四、对国产数控系统行业应对国际金融危机的几点建议

1. 积极开拓中高档市场，特别是积极承担国家重点项目

在国家重大专项实施中有8大类机床主机，有7个数控系统重要课题，有12个功能部件，还有十几个软课题。此外，国家16个专项中提到的重点支持领域中的项目，凡是涉及数控系统的行业企业都应该积极承担。

2. 充分研究、利用国家政策，加快结构调整

要利用好国家对机床行业123亿元的投资。首先，把机床工具行业自产自用的机床配国产数控系统这件事办好。同时要结合29家企业100多亿元的技术改造投资，在行业内形成率先使用、用好国产数控系统的一个重要氛围。行业企业要积极去行业主机厂和零部件厂进行调查研究，掌握与数控系统有密切联系的国家拉动内需的项目和行业拉动内需的项目。

3. 搞好科技攻关，下决心提高可靠性指标

当前用户对国产数控系统不信任问题的根源是可靠性问题。要把质量承诺、服务搞好，关键是通过科技攻关、内部实验的办法解决可靠性问题，让用户使用放心。

4. 扩大服务领域

由中国机床工具工业协会与国防科工委确定的千台数控机床增效工程对数控系统行业具有巨大促进作用。第一期完成200台，更换了很多旧的机床系统，机床效率提高50%，当前已进入第二阶段，还有800台的计划，有四方面工作要抓。第一，推广前200台实施较好的40家企业的成功经验。第二，要抓基础，提高柔性，实现管理融入信息化。这需要数控系统企业的配合。数控系统企业在机床改造、提高企业信息化水平方面应该大有作为。第三，要抓数据库建设，在13种铝合金材料加工数据完善的前提下，再加入钛合金等材料的加工数据，建立一个数据库。这种数据库是数控系统制造厂家最需要的。数控系统通过数据库掌握了用户工艺，了解了用户对数控系统的要求，有助于提高数控系统企业自身的开发能力。第四，是抓环保问题。数控系统企业应该争取拿到一两个项目。一方面是为国防工业增效提供项目支撑；另一方面对企业自身发展也是很好的一个锻炼机会。

5. 要团结协作

如果国家有重大项目下达，一家企业无法完成，或者由于时间关系，一家企业不能按时完成，行业企业应该采取多种形式的协作，互通有无，资源共享，协同作战。

6. 不要忘记长远的发展

经过十几年的发展，国产数控系统要在国际上占有一席之地，就要把总线标准这样的项目搞好，应该对总线标准项目充满信心。

〔撰稿人：中国机床工具工业协会于成廷〕

世界制造技术与装备领域30年来的四大质变

世界谈到百年不遇，用现代不宜，现代也就是20世纪60年代以后制造技术与装备的演变日新月异，但从哲学范畴高度来观察分析，属于“量变”者居多，而属于“质变”性质的百年难遇。而最近30年来至少出现了四大质变。所谓“质变”是指：其一，创新思维产生的变化与传统的“量变”有根本的区别；其二，质变依托的物质载体与常规相比，在原理上有本质的差异；其三，质变在人类的生产活动中产生的效益与影响，更为广泛而深远。

近30年来，在世界现代制造技术与装备领域的四大质变过程中，我国不仅一直积极参与其中，同时，在推动这些领域进展方面，我国作出了重要贡献，并在装备制造领域有效地利用了这些质变，甚至在某些质变方面我国已进入世

界前列。四大质变表现为：

一、人类智能型生产工具的出现

智能型生产工具的产生是近30年来机床工具行业的一个重要发展标志。作为生产工具的具备智能特性机床的出现是人类生产工具具有划时代意义的发展，人类正在迎接一个智能型生产工具时代的到来。马克思在经典著作中论述人类历史发展阶段划分时指出：历史发展阶段是以人类采用什么生产工具及相应的生产方法来划分，所以分成石器时代、铁器时代等。推动历史发展，生产工具的变革是最积极、最首要的因素。人类的生产工具由手动发展到具备动力，马克思认为这是一次人类生产工具的大革命。这种具备动力的生产工具马克思称之为“工具机”（即机床），这一名称在资本论巨著中出现过两次。由于时代的局限性，马克思没有可能亲身经历和接触到人类生产工具具备智能的这一变化。只有当工具机（机床）具备数字控制功能后，人类的智能型生产工具的雏型才有可能出现，这是人类生产工具又一具有划时代意义的新发展。

数控机床的出现标志着机床向智能化发展的萌芽。回溯机床的发展历史，从1952年第一台数控机床出现至今已50余年，其中包括走向成熟的30年和走向大规模应用的20余年。特别是近几年，机床智能化功能的进一步陆续增加，标志着机床技术在发展道路上产生了质变。可以说计算机控制技术、网络技术、软件功能的拓展为机床智能化提供了物质基础。

智能型机床尚无全面确切定义，简单地说，智能型机床是能对影响加工过程的多种参数及功能做出自我判断并予以修正，以及自我正确选择并作出最优方案的机床。即智能型机床能够监控、诊断、评价、补偿和修正在加工过程中出现的各类偏差（如刀具半径自动检测、刀具破损检测、多轴同步差异、温差和振动等），并能提供最优化的加工方案（如调整机床加工时间、工艺路线、选择最佳加工参数、主轴运行状况、位置补偿、精度修正、热变形补偿等）。最早出现的具有智能控制功能特性的机床，可以追溯到自适应控制电火花加工机床。该机床可根据加工参数变化自我调整电极与工件间的放电间隙，从而取得最佳加工效果（我国已有这类产品）。

最近几年，日本的山崎马扎克公司陆续开发出智能主轴振动控制、智能热位移补偿、智能防撞屏障、语言导航及平衡失调检测功能；日本大隈公司开发了thinc智能数字控制系统等。随着技术的进步，机床的智能化功能会越来越高级，越来越增多。人类智能型生产工具的发展方兴未艾，前景光明。

二、加工方法逆向思维的突破是现代机械加工领域的重要质变之一

快速成型（Rapid prototyping）技术是近20年来出现的一种加工方法，是加工方法逆向思维的重大突破，是加工原理的巨大变革。与一直沿用至今的传统“去除材料”（切削、冲剪、切割、磨削）的加工方法根本不同，快速成型技术实际上是反其道而行之的以“材料堆积成型”或称之为“材料累加”方法、“增材制造方法”来达到制造工件原型的一种方法。即：将设计构思通过计算机二维或三维数字模型，计算机控制“材料添加”而快速制成实体。采用复合纸、高聚物质、金属粉末、高温合金、复合陶瓷和铸造型砂等作为加工原材料；利用电热、激光束、电子束作为能量源，按分层实体制造（LOM），熔融沉积成型（FDM），紫外线激光固化（SLA），激光区域烧结（SLS），固基光敏液相（SGC）和金属粉末注射成型（MIM）等方法实现原型零件造型，用以加速考核零件设计的正确性与可行性，大大缩短了整机开发生产周期。快速成型技术除应用于制造机械零件原型、型砂制芯外，甚至也进入立体艺术品形体塑型和人体医学仿生件（如骨关节）制造等相关领域。快速成型设备适合试制及小批量生产科技附加价值高形状复杂具有特殊要求的航天、航空、电子、兵器和汽车等零件，是计算机科学、新材料科学、新能源科学综合集成的最新制造技术装备。我国华中科技大学、清华大学、西安交通大学、同济大学、北京科技大学与中北大学和中科院以及上海联泰科技有限公司、北京瑞科达快速成型科技有限公司、北京隆源自动成型系统有限公司及武汉滨湖机电技术产业有限公司等大学和科研单位及国有、民营企业开发的快速成型设备已进入世界先进行列。年产能力已达几百台，投入市场的产品品种繁多，技术已出口新加坡。

三、机床结构出现革命性变革

近20年来，世界机床设计出现了革命性的变革，出现了一种完全不同于所有传统机床结构的“并联结构”机床。传统机床结构是串联结构，即是按笛卡尔坐标沿3个坐标线方向运动和绕3个坐标转动依次串联叠加起来，形成刀具所需的相对运动轨迹，其所有的结构几何精度误差、力的传递和刚度的损失，都会串联累积成为致命的薄弱环节。而并联结构机床，是通过多杆结构在空间同时运动来移动主轴头实现加工动作。与串联结构相比，并联结构具有结构更为简化、刚度更高、动态性能（包括精度保证及运动效率）更好等一系列优点。20年来，世界范围内大约有十几个国家20多个团队在从事这方面的研发，其中瑞典TRICEPT公司已供应商品400余台，广泛应用于空客、波音及通用汽车公司和卡特彼勒工程机械公司。另外，还有若干团队曾经展出过试制品，虽然近几年这方面的进一步报导有所减少，但很多国家都并未停止研发和生产。据与其中某些团队（例如日本丰田工机、大隈、德国Index）接触，他们仍在加快攻关，致力于提高产品性能。我国机床工具行业也有五六个产学研结合体在进行“并联结构”机床的研发工作（都有试制样机问世，也在继续改进提高性能）。其中哈尔滨量具刃具集团有限责任公司与哈尔滨工业大学合作研发的并联结构产品（六杆结构）已批量生产5台，成功应用于哈尔滨汽轮机厂叶片加工生产线；齐二机床集团有限公司与清华大学合作开发的龙门式“混联”结构（即串联与并联混合）机床，是我国独立构思的品种，已成功用于哈尔滨电机厂的大型水电设备制造。

在CCMT2008上，哈尔滨量具刃具集团有限责任公司展出了一种具有新的突破意义的并联结构机床产品LINKS—

EXE700，他是由瑞典原 TRICEPT 发明人新创办的 EXECHON 公司开发的，哈量集团是作为中国独家引进此项技术进行生产，并继续合作开拓应用领域的企业。新开发的 LINKS—EXE700 并联结构机床，其特点是结构进一步简化（一般并联机床为六杆结构，TRICEPT 的并联机床原结构为四杆结构，EXECHON 在 TRICEPT 基础上新开发的这种并联机床，进一步改为三杆结构，球形关节改为旋转铰链，结构简化，精度更易保证），加工范围增大。EXECHON 并联结构机床有多种规格尺寸，以 EXE700 这种中型规格机床为例，其加工覆盖空间 X 轴方向 2m、Y 轴方向 1m、Z 轴方向 0.5m；动作快速：X、Y 轴的快速进给速度分别达到 125m/min（这是当前世界最高纪录）、加速度 $3g$（也是世界最高纪录），Z 轴方向快速进给速度 45m/min、加速度 $1g$；刚性和精度显著提高，五轴联动数控编程便于掌握，可以加工空间曲面和五面体，在工件特别装夹的情况下，还可作六面加工，这是当前任何机床结构都做不到的。配置不同功能，并联机床可广泛应用于航天、航空、机车、汽车、工程机械和模具等工业完成铣镗、钻削、磨削、焊接、铆接、打毛刺和装配工序，可以单机使用，也可以多台配置成生产线。对于超长机翼或巨大的机车、坦克的车架加工，还可以将“并联机构”架在轨道上的或龙门框架的移动底座上（加工长距离时可以分段移位，然后分段自动精确再定位，相当于俗称的蚂蚁啃骨头式以小干大、工件落地加工方法），完成大尺寸工件的加工。为了迅速扩大使用领域，除了供应“并联结构通用性机床”产品（与某些加工中心品种竞争）外，还应当把“并联结构制造厂”（如哈量）提供的”并联结构部分”与用户行业装备制造厂（如汽车、机车、工程机械、航空航天等行业的专用工艺装备厂），以及与有意愿开发专用装备的机床厂结合起来，配置不同结构的基座或移动支架，有针对性地扩大这类机床产品的使用范围。由此可见，这种新型结构机床的发展前途十分宽广。

四、工具概念的变异，进一步开拓了人类的视野

传统的机械加工工艺体系一般是由机床—工具—（夹具）—工件组成，而工具环节按传统的分类无非是车刀、铣刀、镗刀、钻头、拉刀、砂轮、冲模和压模之类。而所有这些工具（又可称之为执行加工功能的载体）无非都是具有一定硬度的实体，如高速钢、工具钢、硬质合金、立方氮化硼、单晶及聚晶金刚石、陶瓷等材料制成的工具（用来达到所谓以“硬”克“硬”）。而继氧炔高温切割方法出现后，又陆续出现了电能源的放电加工方法（电火花加工、线电极切割）、电化学加工方法、激光加工方法、电子束加工法、离子注入法和光刻法等特种加工方法。直到近年，属于“冷能源”、“软介质”的高压水射流（俗称“水刀”）加工方法才以崭新姿态登场（用于金属板材、塑料、橡胶切割加工），配合多轴数控技术在汽车工业新产品试制中用于覆盖件、内饰件的切边，也可用于小型件切割大大缩短了生产周期。我国已有南京水刀有限公司和南京工艺装备制造有限公司等向市场提供产品。高压水射流（水刀）加工在其他领域（管道空间联结部位加工等）的应用正在迅速拓展。这种以“软”克“硬“加工工具的出现令人眼花缭乱、目不暇接。

机械加工领域的进步属于“量变”或称之为“渐变”的还有很多很多，例如加工精度几乎每十年就提升一个数量级，亚微米、纳米加工不断升级等等，不胜枚举。

在此再预报一类“渐变”（或称为量变）跨度比较大的新机床品种：即从瑞典引进技术的“Transflex”型机床。Transflex 包含 Transferline（刚性传送生产线）和 Flexible line（柔性生产线）两种涵义。它的原理是，多种动力头仍按生产线布局，但执行加工的出场先后或动作由数控系统控制，而夹持工件则由悬挂式机械手执行。比较新奇的是：其机械手在动力头上方，朝下夹持工件，沿桥式导轨及垂直滑枕作三轴移动和两轴旋转转动。这种机械手比传统的多关节机械手夹持工件，刚性更好、精度更高，除了替代传统生产线的步进式传送机构（递送速度较慢、可调性较差）外，还增添了两轴旋转动作，机械手由数控系统指挥“喂送”工件（这就是突出特点所在）到不同工位的动力头，与动力头上所装刀具动作配合，完成每道工序。这种 Transflex 机床结构紧凑，占地面积小，节省辅助时间，排屑方便，可适应加工部位更为复杂的工件的加工，是一类值得关注的机床“另类”。

〔撰稿人：中国机床工具工业协会梁训瑄〕

中国机床工具工业发展 60 年

机床工具工业是国际公认的基础装备制造业，是战略性产业，是国民经济的脊柱产业。新中国成立 60 年来，我国机床工具工业历经几代人的拼搏，从无到有、从小到大，发生了天翻地覆的变化，已发展成为产业布局合理、产品门类齐全、具有较大经济规模和较强技术实力的产业。我国机床工具工业已开始走出国门，参与国际市场竞争。至 2005 年，我国已经是世界第三机床生产大国，正在向机床工具生产强国的目标迈进，在国际上已具有举足轻重的话语权和产业地位。

一、我国机床工具工业在党和国家领导人的关爱中发展

机械工业承担着装备国民经济的责任。机床是机械工业的重要基础装备，又称工作母机，所以机床工具工业的发展一直受到党和国家的关怀与重视。

毛泽东曾多次参观在中南海举办的小型国产机床展示活动。第一个五年计划时期，第一机械工业部按中央要求在中南海举办了汇报性的机械展览，毛泽东反复看了6次，刘少奇、邓小平等中央领导也观看了展览。毛泽东对机床这一"母机"产品的发展始终非常关心，他曾指示在中南海瀛台举办小型机床工具展览。1958年7月2日，毛泽东详细地观看了机床操作演示，用哲学、政治经济学的观点说："原材料按照人们的意愿，通过了机床与工具，改变成需要的机器零件，充分体现了工业生产中人、机、物三者的辩证关系。"同年9月5日，毛泽东在最高国务会议中说："机械里头有个工作母机，什么矿山，什么炼油，什么电子，什么化学，什么建筑，什么农业，什么交通运输，这些机器都要有个工作母机，无非是车、铣、镗、刨、钻之类，这些东西是根本的。"1959年冬，再一次按毛泽东的要求，在中南海瀛台举行了机床工具展览。1960年4月24日，毛泽东又用3个小时观看机床操作演示，了解各种机床性能。他对沈阳第一机床厂已能设计制造性能良好的C630型东风牌车床表示高兴。看到由南京机床厂生产的C1107纵切自动车床能按程序加工出零件，很满意地说："等于事先做好计划了。"看到沈阳标准件厂用旧设备改装成螺母自动生产线时，拿起螺钉对在场的人们说："我们每个人都是螺丝钉。"

毛泽东多次到工厂视察。1956年1月12日，视察了天津市公私合营示范机器厂（天津第一机床厂前身），得知车床试制成功时说："好啊！你们发展不慢啊！希望你们自力更生，多出好产品。"1957年7月8日，视察上海机床厂。1958年2月13日，视察沈阳机床电器厂，作了"要自力更生，走自己工业发展道路"的指示。1958年3月5日，视察成都量具刃具厂。1958年9月15日，毛泽东偕同参加"武昌会议"的代表视察了武汉重型机床厂。

老一代的党和国家其他领导人都对机床工具行业非常重视，刘少奇、周恩来、朱德和邓小平均视察过机床行业的企业。

在机械行业工作过多年的江泽民、贾庆林、邹家华和叶选平等在担任党和国家领导人以后仍然以各种方式关注机床工业。江泽民为机床工具工业题词："交流先进制造技术，发展国际贸易合作，振兴中国机床工具工业。"

自2005年以来，胡锦涛主席已经视察过长春光学精密机械与物理研究所、威海华东数控股份有限公司、太原第一机床厂、青海华鼎实业股份有限公司、重庆机床集团有限责任公司和沈阳机床（集团）有限责任公司6家机床工具企业，吴邦国、温家宝、贾庆林等也先后视察了多家机床工具企业。党和国家领导人多次参观由中国机床工具工业协会举办的"中国国际机床展览会"和"中国数控机床展览会"。继温家宝批示，要重点支持发展数控机床产业后，在2005年9月，国务院常务会议讨论通过的《国务院关于加快振兴装备制造业的若干意见》中，把发展大型、精密、高速数控设备、数控系统和功能部件作为需要振兴的目标。

2007年9月，温家宝在视察大连机床集团时作重要指示："数控机床水平是一个国家机械化、现代化的重要标志，代表着一个国家的科学水平、创新能力和综合能力，中国要成为生产数控机床的大国。"

2007年4月和2008年4月，中共中央政治局常委李长春在参观"第十届中国国际机床展览会"和"第五届中国数控机床展览会"时，都对加快我国机床工具工业的发展作出重要指示："机床行业是决定国民经济各部门技术装备水平的基础性和战略性产业，机床是工作母机。高档数控机床被列为国家中长期科技规划纲要的16个科技重大专项之一，也是振兴装备制造业的重点领域。在数控机床行业的发展过程中，要利用改革开放，坚持以我为主，关键技术不能受制于国外"。我国机床工具工业一直在党和国家领导人的关爱中不断发展壮大。

二、新中国成立60年，我国机床工具工业取得辉煌成就

我国机床工具工业在60年中取得巨大成就，特别是改革开放30年来，实现了跨越式发展，行业规模不断扩大，产品档次、产品质量不断提高，以改革、改组、改造为动力，重组并购国际名牌企业，努力提高国产机床市场占有率，不断拓宽机床工具产品的发展空间，为国家的发展强大和繁荣昌盛作出了突出贡献。

1. 我国已成为机床工具制造大国

我国机床工具工业用60年赶上了世界工业发达国家200余年的发展历程，特别是改革开放以来取得了举世瞩目的高速发展。从1949年全国只生产简易带式机床1 600台，发展到2008年金属切削机床产量达到61.7万台，其中数控机床12.2万台，我国机床工具工业实现了跨越式发展。2008年，我国机床工具行业工业总产值已达3 472.3亿元，我国已成为世界第三机床生产大国，世界机床第一消费国和世界机床第一进口国。改革开放前，我国机床工具出口很少，1979年出口才0.38亿美元，2008年出口达到71.3亿美元，机床出口居世界第六位。

2. 中国机床工具企业走出国门实现国际重组并购

近年来，我国机床工具企业参与国际重组方兴未艾。已有8家机床工具骨干企业成功重组了12家国际机床工具著名企业，有了吸纳国际经营管理理念和先进制造技术的新途径。当前，重组的国外企业经营状况良好，如大连机床集团有限责任公司并购了世界上老牌的跨国公司英格索尔公司属下的两个工厂，沈阳机床（集团）有限责任公司并购了世界著名机床企业希斯公司，北京第一机床厂并购了世界重型机床制造业的佼佼者德国瓦德里希—科堡公司，上海重型机床厂并购了德国沃伦贝克公司，秦川机床工具集团有限责任公司并购了美国UBA公司，哈尔滨量具刃具集团有限责任公司并购了德国凯狮公司，杭州机床集团有限公司控股了德国阿巴公司，天水星火机床有限责任公司控股了法国索玛公司等。国际金融危机爆发后，工业发达国家机床行业转移趋势显现，我国机床工具行业开始承接、承担起国际机床制造业的重任。

3. 我国机床工具工业已经呈现多元体制发展格局

据2008年统计，机床工具工业企业按所有制占比为：含有国有经济成分的企业占12.7%，私人控股企业占73.8%，港澳台和外商控股企业占13.5%。民营企业的高速发展成为新的亮点，如宁波海天集团凭借雄厚的资金实力，设备先进和一流的制造能力，产品定位在中高档数控机床，投资机床制造仅几年就得到了快速发展。一批具有大学背景的新技术企业迅速崛起，如以中南大学为背景的湖南中大创远数控装备有限公司开发的锥齿轮数控加工软件和五轴联动技术，产品市场占有率较高；湖大海捷制造技术有限公司以湖南大学"国家高效磨削工程技术中心"为依托，开发了数控凸轮轴磨床，也有较高的市场占有率。

4. 机床工具工业自主创新成果凸显

我国数控机床品种已达两千余种，突破了国外多年的技术封锁，相继开发出国民经济急需的具有自主知识产权的各类型数控机床，特别是研制成功一批国际上首台超重型数控机床，满足了国家重点工程的需求。

(1)成功研发一大批多种类型、多种规格的多轴、智能、复合机床。相继开发出带刀库、带A轴、B轴的五轴联动立式、卧式复合机床；带A轴、B轴具有车铣功能的双工作台五轴联动龙门复合机床以及五轴联动车铣复合加工中心。当前，我国已有上百种复合加工中心，已广泛用于加工各类复杂型面的结构件，改变了五轴复合加工机床全部依靠进口的局面。

(2)成功研发了一大批大规格、大尺寸、大吨位多品种的重型、超重型机床，其中许多是世界首台最大规格的数控机床，满足了国民经济发展的需求。

机床工具工业已经制造出多种世界首台超重型机床，如工作台宽11m的数控龙门镗铣床，加工直径16m的数控立式车床，加工直径20m、22m的超重型数控立式车床和ϕ5m×20m加工件重500t的超重型卧式车床，以及正在制造的最大加工直径达25m和28m的超重型数控立式车床和最大工件直径6.3m的超重型数控卧式车床；开发成功可加工260t，ϕ5m×14.5m大型船用柴油机曲轴的旋风切削加工中心，ϕ2.5m×15m，承重150t的数控轧辊磨床和加工直径达8m的数控立式滚齿机；开发出五轴控制、四轴联动的数控纤维缠绕机，用于航空工业新型飞机的制造；开发了镗杆直径320mm的超重型数控落地镗床；研制出独具技术特色的1 000t"混合驱动"重型伺服压力机和数控多工位压力机。

(3)研发成功一大批高精、高速、高效的各类数控机床。研制成功的NANO—TM500超精密纳米级精度车铣复合机床，主轴回转精度0.05μm，回转工作台回转精度0.05μm，坐标轴最小移动控制量1nm，工件表面粗糙度$R_a \leqslant 5$nm；纳米级精密微型数控磨床，最小进给量1nm，重复定位精度50nm，电主轴最高转速60 000r/min；μ2 000/400H卧式加工中心，主轴最高转速20 000r/min，快速移动速度60m/min，定位精度0.003mm，重复定位精度0.001 5mm；FMC4008柔性制造单元，主轴最高转速12 000r/min，快速移动速度60m/min，定位精度±0.002 5mm，重复定位精度±0.001 5mm。

(4)功能部件、数控系统、刃量具等产品的研发。已经制造出三自由度并联主轴头，主轴在±40°行程达345mm，主轴快速移动速度50m/min，加速度1g，最高转速24 000r/min，主轴功率75kW。

数控双回转摆动铣头，C轴回转角度n×360°，主轴转速10～2 000r/min、功率60kW/71kW、转矩2 200N·m。

滚珠丝杠副精度达到P1级、速度60m/min。滚动导轨副精度1级，速度超过80 m/min。

国内数控系统采用总线技术实现多通道，控制三十二轴、八轴联动，可实现远程通信。

我国可制造六轴至十三轴工业机器人。

能提供各种类型带涂层的复杂刀具、高效刀具以及工具系统和各类精密测量仪器等。

三、我国机床工具工业60年的发展历程

我国机床工具工业发展经历了三个主要时期：1949～1978年计划经济时期，是我国机床工具工业初步建设时期；1979～2000年计划经济向社会主义市场经济过渡时期，我国机床工具工业已初具规模；2000年以后，社会主义市场经济基本形成时期，我国机床工具工业通过市场经济的洗礼不断发展和壮大。

1. 1949～1978年计划经济时期，为我国机床工具工业初步建设时期

1980年以前，我国机床工具工业处于完全计划经济控制的初始发展阶段。由于国外对我国经济的封锁，国产机床占据国内大部分的市场。

1949年新中国成立至1952年国民经济恢复时期，国家把机床工具工业放在重要地位，实现了从无到有，初步建成了我国机床工具工业的骨架。1950年，周恩来总理在访问前苏联时指示，国家进口的各类机床11 115台，首先用于基础装备产业中的机床工具工业的建设。当时，机床工具工业投资占国家对民用机械总投资的23%。在沈阳、济南、齐齐哈尔和大连组建了十几家骨干机床厂。1952年底，国家决定在第一机械工业部设立第二机器工业管理局作为全国机床工具行业的统一领导管理机构，按照全面规划、合理布局的原则，调整产品发展方向，对接管的一批机器厂和修械厂进行扩建和改造。同时，在前苏联的援助下，改造和新建了18家机床厂和4家工具厂，俗称"十八罗汉、四大金刚"，形成了行业的骨干力量，确定了产品分工与发展方向。在国民经济恢复时期，机床工具工业向全国提供了30个品种，24 500余台机床。

1953～1957年的"一五"期间，是机床工具工业自身发展建设时期，我国已拥有机床、工具、机床附件和砂轮制造等34家生产厂，组建了8家机床工具行业研究院所。同时，又在骨干企业建立了车床、铣床、磨床、钻镗床、齿轮加工机床、重型机床、插拉刨锯床、自动车床和仪表机床等专

业产品研究所。科研基地的建立为我国机床工具工业技术和产品的发展起到了有力地推动作用。“一五”期间，机床主要采用前苏联图样或仿制，品种达到204种，累计向全国提供10.4万台机床，主要服务于国家的重工业和机械工业建设。

1958～1962年的“二五”期间，是我国机床工具工业完善提高阶段，重点发展重型机床、精密机床和锻压机床等产品，机床产业产品门类基本齐全。重点骨干厂和37家专业研究院所，已具备提供大型、精密、高效机床和专用机床的能力，为我国汽车、拖拉机、内燃机、轴承和电动机等行业提供了大量适用的装备。我国组建的研究院所在机床工具工业发展中发挥了重要作用。到1962年底，我国机床仿制品占比，已从“一五”期间的78.5%下降到33.2%。“二五”时期，国民经济发展和国防建设对高精度精密机床需求日益增长，而当时国内还不能生产高精度精密机床，从国外进口既没有外汇支持，又受欧美技术封锁，原苏联也中止供货，所以只能自力更生。全行业组织“会战”，到1965年底，已累计掌握高精度精密机床品种达26种。从此，我国有了高精度精密机床产业。

1966～1975年的“三五”、“四五”期间，我国处于“文化大革命”时期。国家建设第二汽车制造厂，需要的工艺装备品种多、数量大，其中不少是高效、精密、大型和专用的自动化设备和自动线。1966年初，第一机械工业部第二机器工业管理局成立了装备“二汽战役”办公室，制定各项规划，组织设备设计与制造。机床工具工业陆续向第二汽车制造厂提供了专门开发的产品，满足了其所需机床设备实物量的80%，价值量的20%，验证了我国机床工具工业在当时已具备向大型建设项目提供成套装备的能力。

1976～1980年的“五五”期间，机床工具工业向全国提供机床品种达到2 823种。1980年，金属切削机床新品种达到994种，机床产量10.03万台，产值14.9亿元，其中数控机床692台。截至1980年，全国机床保有量达到283.26万台，其中各类机床进口累计61 415台，仅占4.3%。

2. 1979～2000年，是机床工具工业由计划经济向社会主义市场经济转型时期

1978年，党的十一届三中全会决定“拨乱反正”、“改革开放”，1980年以后，我国机床工具工业开始进入一个新的历史发展时期，加快向社会主义市场经济转轨。

(1)政府转变职能、实施改革，企业成为市场主体。1984年，国务院批准了机械工业管理体制改革方案，政府管理部门转变职能，建立了适应市场经济体制的企业经营机制，企业成了市场的主体。

(2)对外开放引进技术，提高了我国机床工具工业的技术水平。

(3)加大重点骨干企业的技术改造力度，提高企业市场竞争力。改革开放后，有重点地安排技改专项。属于数控攻关和数控机床国产化的技改专项，“六五”期间有75项，总投资超过3亿元；“七五”期间有58项，总投资超过13亿元。通过技改，企业在关键工艺装备、开发试验手段及装配、加工条件等方面得到改善，数控机床应用增多，增强了市场竞争力。

(4)机床工具工业发展多种所有制经济，促使合资合作和民营企业快速发展。国家政策放开和改革深入，吸引了一批民营企业家投资机床行业；部分国有机床工具企业国退民进，转为民营企业，打破了机床工具工业国有一统天下的局面，形成了国有企业、集体企业、民营企业、中外合资企业和外资独资企业多种所有制并存的新格局。

(5)1980～2000年，是机床工具工业向具有中国特色的社会主义市场经济转型时期，机床工具企业由原来按国家计划安排生产，转变为依据国内国际市场需求安排生产。我国机床工具工业在社会主义市场经济中经受了锤炼和洗礼，得到了发展。

1981～1985年的“六五”期间，是我国数控机床研制的起步阶段。期间机床工具工业共引进113项国外技术，其中金属加工机床部分65项；自行开发了1 225种新产品。全行业5年累计完成工业总产值197亿元；金属切削机床累计生产59.23万台，其中数控机床7 133台；锻压设备累计生产25.66万台；可提供的机床通用品种达到1 960个，其中数控品种113个。数控机床产量由1980年的692台提高到1985年的1 959台，提高1.83倍。我国机床开始批量出口至44个国家和地区，累计出口机床32 038台，出口额42 140.3万元。1985年，全国机床保有量269.57万台。

1986～1990年的“七五”期间，是我国数控机床与国外合作生产时期。机床工具工业累计完成工业总产值324.81亿元，金属切削机床累计生产83.19万台，其中数控机床生产12 812台；数控机床产值9.77亿元。1990年生产数控机床2 557台，产值达到2.60亿元。我国机床开始向国际市场挺进，金属切削机床出口到128个国家和地区，5年累计出口金属切削机床10.16万台，出口额6.64亿美元。1990年金属切削机床出口额由1985年的0.18亿美元增长至1.92亿美元，增长9.67倍。

1991～1995年的“八五”期间，是我国数控机床具有自主知识产权时期。许多机床厂自主研发数控机床，形成一批具有自主知识产权的数控机床产品。期间机床工具工业经历了较大波动，1991～1993年产值年均增速20%，1994年增速同比突然下降25%，1995年又继续下降14.2%，全行业首次出现全面亏损。1996年，全国普查机床保有量已达393万台，其中数控机床只有7.23万台，大型机床18.44万台。国产机床价值量市场占有率仅有41.83%。

1996～2000年的“九五”期间，是我国数控机床提高市场占有率时期。国内机床消费总量高达171.01亿美元，而国产机床价值量平均市场占有率47.87%，仍不到一半。“九五”期间机床工具行业累计完成工业总产值1 737.88亿元，提供各类机床80.18万台，其中数控机床4.73万台。我国机床工具工业数控机床品种已超过1 500种，已能为重大装备制造业提供一定数量的五轴联动加工中心、车削中心和高速高精数控机床等关键设备。2000年，机床工具工业完成工业总产值393.42亿元；其中数控机床产量1.40万

台,产值 17.15 亿元;金属切削机床 2000 年产值数控化率 8%。国产数控机床国内市场价值量占有率达到 21%,已能与国外机床企业进行一定的抗衡。

3. 完全转入社会主义市场经济,机床工具工业进入高速发展时期

进入 21 世纪,国家实施振兴装备制造业的重大国策,明确提出大型、精密、高速数控装备和数控系统及功能部件为 16 项重点振兴领域之一,改变大型、高精度数控机床大部分依赖进口的现状,满足国民经济发展,特别是满足国家重点工业领域发展的需要。在国家的政策支持、推动和市场需求的拉动下,数控机床产业实现了跨越式发展。数控机床产量逐年以两位数增长,2008 年数控机床产量从 2000 年的 1.4 万台增加到 12.2 万台,提前完成"十一五"规划年产 10 万台的目标;数控机床国内市场价值量占有率也从 21% 提高到 40% 以上,代表数控技术先进水平的五轴联动机床也大量面世,打破了国外封锁。

2001 ~ 2005 年的"十五"期间,是我国数控机床产业化水平提高时期。机床工具工业累计生产 157.1 万台机床(其中数控机床 19.1 万台),累计完成销售收入 4 382 亿元,累计出口 83.1 亿美元,其中金属切削机床 23.4 亿美元(数控机床 4.98 亿美元)。2002 ~ 2005 年,我国已成为世界机床第一消费国和第一进口国。2005 年,我国金属切削机床产量达到 45.7 万台,其中数控金属切削机床 5.96 万台,分别是 2000 年的 2.55 倍和 4.26 倍。2005 年,产品销售收入 1 212.46亿元,是 2001 年 578.74 亿元的 2.1 倍。2005 年机床工具出口 29.95 亿美元,其中数控机床 2.31 亿美元。

"十一五"期间,是我国数控机床提高档次、扩充市场占有率的时期。

2006 年,全行业完成机床产量 56.21 万台,其中数控机床 8.58 万台;完成产品销售收入 1 586.13 亿元;完成工业总产值 1 656.11 亿元;出口额 38.18 亿美元,其中金属加工机床出口额 11.86 亿美元(数控机床出口额 3.34 亿美元)。

2007 年,全行业完成工业总产值 2 747.7 亿元,同比增长 35.5%;产品销售收入 2 680.9 亿元,同比增长 36.2%。金属切削机床产量 60.68 万台,同比增长 11.7%;其中数控金属切削机床产量 12.33 万台,同比增长 32.6%。成形机床产量 17.28 万台,同比增长 9.2%;其中数控成形机床产量 3 011 台,同比增长 53.7%。国产机床国内市场价值量实物量占有率 56.3%,已逾一半。全行业产品出口额 52.0 亿美元,同比增长 36.2%。大连机床集团有限责任公司和沈阳机床(集团)有限责任公司 2007 年销售额均超过 100 亿元,双双进入世界机床企业排名前 10 位。

2008 年,全行业完成工业总产值 3 472.3 亿元,产品销售产值3 348.3 亿元,同比分别增长 27.5% 和 26.0%。金属切削机床全年总产量 61.7 万台,其中数控机床 12.2 万台;成形机床总产量 14.5 万台。金属切削机床和成形机床产值数控化率分别为 48.6% 和 49.4%。产品出口额 71.3 亿美元,同比增长 37.1%。

四、我国机床工具工业的成功经验

1. 国家对机床工具工业的政策支持和国家领导人的重视是成功的重要条件

机床工具工业是为国民经济各行各业提供技术装备的战略性基础产业,国家的政策支持和国家领导人的关怀为行业发展带来前所未有的良好环境。温家宝总理曾指出:"机床是装备制造业的工作母机,实现装备制造业的现代化,取决于我国的机床发展水平。振兴装备制造业,首先要振兴机床工业,我们要大力发展国产数控机床。"国家制定的《国民经济和社会发展第十一个五年规划纲要》、《国家中长期科学和技术发展规划纲要》和《国务院关于加快振兴装备制造业的若干意见》相继将数控机床的发展列为重点,明确了机床工业在国民经济中的地位和作用,进一步提高了机床工具工业自主创新能力,为国产高档数控机床持续发展奠定了坚实的基础。

2. 实施对外开放,鼓励引进技术,加快提升我国机床工具工业的技术水平

我国机床工具工业是对外开放比较早的行业。1980 年,开始着手引进国外技术,进行合作生产或进行许可证生产,这对推动我国机床工具工业的发展起了积极作用。

3. 深化所有制改革,经营机制更加灵活,产业调整和重组效果显著

机床工具工业除东北、北京、天津、济南、上海及武汉一些重点企业仍保持国有体制外,许多机床工具企业改制为民营企业。民营企业发展成为新亮点,如广州数控设备有限公司、大连光洋科技工程有限公司等。同时,一些有实力的民营企业也加入并购国企的行列,组建机床工具企业集团的势头强劲,我国机床工具工业已形式多种所有制并存格局。

4. 多方合作立足于自主开发,数控技术进步成效显著

提倡产、学、研、用结合,技术引进与自主开发并举,促使我国数控机床技术水平迅速提高。一批符合当今世界数控机床技术发展总趋势的国产高速、高精、复合、智能和环保的数控机床相继问世,并在实用化和产业化方面取得可喜成绩。

5. 机床工具行业开始从事国际化经营

近些年,我国机床工具企业在国际并购重组、引进技术和合资合作方面空前活跃。8 家机床工具骨干企业成功重组或控股 12 家国际机床工具著名企业,成为吸纳国际经营管理理念和先进技术的新途径。机床工具工业国际化经营刚刚起步,并将得到持续发展。

新中国成立 60 年,特别是改革开放 30 年,我国机床工具工业获得了举世瞩目的跨越式发展。由于世界科学技术发展日新月异,国际产业竞争日趋剧烈,我国机床工具工业与世界先进水平相比,技术差距依然明显。我国已是世界机床制造大国,但还不是机床制造强国。随着我国经济的持续稳定发展,机床工具工业迎来了战略发展机遇,正处在由机床制造大国向机床制造强国进军的历史转折阶段,在党的十七大路线方针的指引下,我国机床工具工业将把握未来的发展机遇,向机床工具制造强国迈进。

〔撰稿人:中国机床工具工业协会刘　森〕

透过数控机床展看激光加工机的快速发展

激光加工机包括激光切割机、激光焊接机、激光刻字机、激光快速成型机和激光热处理设备等多门类机械。本文仅介绍用于机械加工的激光切割机。

数控激光切割机是近10年来发展迅速的金属成形设备，与数控转塔冲床相比，具有更好的加工柔性和适应性，既可加工金属板材也可加工非金属板材。仅就加工金属板材而言，采用激光切割工艺不仅可以节省昂贵的模具费用，而且加工周期大为缩短，因此特别适用于单件小批生产和大型板材类零件的切割。此外，数控激光切割机可通过编程实现复杂零件的切割和多种零件的优化排料，在这一领域所显现的优势也是其他金属加工设备难以替代的。

我国数控激光切割机与其他数控金属成形机床的发展有着相似的历程。起步较早，经历了近10年的艰苦探索、近10年的快速发展，终于形成了有自主知识产权的技术成熟的高端产品及其生产企业群体。高端产品标志着我国数控激光切割机在国际主流产品中占有一定的地位，生产企业群体的代表我国在该领域的整体实力。

20世纪80年代中期，机械工业部济南铸造锻压机械研究所研制成功国内第一台数控激光切割机，实现了我国在激光切割领域零的突破。与此同时，我国对激光发生器、光路系统、数控系统的研制也相继取得突破性进展，出现了多技术层面齐头并进的可喜局面。

应该承认，我国数控激光切割机问世的第一个10年，进步与发展是缓慢的、艰难的。有两点可以证明，一是研制开发数控激光切割机的企业不多，二是数控激光切割机技术性能没有大的突破。进入20世纪90年代后期，随着企业体制的多样化、技术来源的多元化，我国数控激光切割机进入了快速发展阶段。这同样用两点可以说明，一是我国数控激光切割机的技术水平已经达到国际先进水平，二是我国生产数控激光切割机的企业已经形成了一个梯队。成熟的国产数控激光切割机很快便出现在中国国际机床展和中国数控机床展上，成为展会的一大亮点。

历届展会展出数控激光切割机的国内企业主要有济南铸造锻压机械研究所、济南铸锻所捷迈机械有限公司、江苏金方圆数控机床有限公司、上海团结普瑞玛激光设备有限公司、江苏扬力集团、深圳市大族激光科技股份有限公司和上海冲剪机床厂等。

历届展会展出数控激光切割机的国外企业主要有瑞士百超公司(BYSTRONIC)、德国通快公司(TRUMPF)、日本天田公司(AMADA)、意大利普瑞玛工业公司(PRIMA INDUSTRIE)以及日本三菱电气公司(MITSUBISHI ELECTRIC)、日本马扎克(MAZAK)公司和韩国韩光公司(HANKWANG)等。

当前国产数控激光切割机的主流技术是全飞行光路技术，更加强调动态加速性能，并通过高性能数控系统和内置激光切割专用工艺软件，使机床自动处于最佳运行状态。大多产品配置有封闭式防护舱，以避免辐射泄漏，提高了机床的安全性能；在宜人化造型设计和人性化用户界面方面进步显著；网络连接控制技术也得到应用。

济南铸造锻压机械研究所研制的LC2—15×30型交换台式数控激光切割机，在原组合式光路基础上开发出飞行光路。采用飞行光路，大大提高了该机的动态特性，快速定位速度达到70m/min，定位精度达到0.03mm。由于装备了上下料装置，减少了生产准备时间，设备利用率大大提高。该设备性能指标与国外参展设备技术水平相当，个别指标还高于国外产品。这说明我国激光加工设备在技术上已经接近或达到国外先进水平。

济南铸锻所捷迈机械有限公司研制的LC_M—1212型数控激光切割机是动光路的数控激光切割机系列产品。采用动光路，使得运动部件重量更轻，惯量更小，切割机动态特性大大提高。激光切割机床采用全封闭式结构，龙门式移动横梁。运动机构由精密滚珠直线导轨、精密滚珠丝杠及成对精密滚珠轴承组成，保证了机床运动精度高、速度快。激光切割头配有反应灵敏的电感式自动寻找焦点检测系统，以实现对不平整板面的有效切割。机床配有除尘装置，切割的气体、灰尘可有效排出，使得工作环境优良。激光切割机配置了南京东方激光公司新开发的NEL 2000A型2 000W开关电源的CO_2激光器。机床运动控制系统采用了德国PA8000数控系统，并内置激光切割专用工艺软件，针对激光切割的特殊工艺要求，根据所需切割的材料及厚度，自动设定激光切割时所需的激光功率、切割速度、打孔时间、辅助气体的选择、辅助气体压力、激光焦点位置等最佳切割参数，保证最佳切割工艺，而无须人工参与。该机可加工板材的最大尺寸为1 250mm×1 250mm，X轴、Y轴快速移动速度15m/min，最大插补速度10m/min，定位精度±0.03mm/m，重复定位精度0.003mm。

江苏金方圆数控机床有限公司的LC6—3015型数控激光切割机，采用日本FANUC激光发生器，射频(RF)激励方式，开机即可工作；采用日本FANUC18i—LB激光切割机专用系统，内置激光工艺参数软件；采用飞行光路等光程长，保证切割质量稳定；悬挂式龙门梁飞行光路结构，高阻尼床身，提高了机床的稳定性；双交换工作台有效地提高了工作效率；CAD/CAM一体化自动编程软件，支持全过程的CNC操作，可实现单个零件编程、多个零件自动排样，完成整套切割方案。

此外，上海团结普瑞玛激光设备有限公司、江苏扬力集团、深圳市大族激光科技股份有限公司、上海冲剪机床厂等企业生产的数控激光切割机，也有着各自的特点。

虽然国产数控激光切割机的技术水平与国际主流产品大体相当，但国际知名品牌和高端产品还是具有明显优势。

瑞士百超公司(BYSTRONIC)生产的 BYSPRINT3015/3 型数控激光切割机，采用飞行光路技术、配备板材边界自动检测装置、可选择自动交换工作台、带电磁分离装置的自动上下料机构以及大功率的激光器等。该机的控制系统具有多任务、多处理连续轨迹的控制功能，可根据机床动态状况和切割零件轮廓等参数，自动计算出最佳切割速度和激光功率；图形交互式自动编程系统可实现零件的自动编程和自动套裁。

瑞士百超激光有限公司(BYSTRONIC LASER AG)的 Byspeed 3015 型数控激光切割机，采用全飞行光路技术及先进的直启螺旋马达驱动系统(DHM)，动态加速度达 3g。该机采用涡轮泵式激光发生器，其精确的温度控制和动态减振设计可保证光束长时间优质稳定；通过光纤高速传递数据，实现切割速度与激光功率同步控制，可高速精确地加工尖角和小圆角。切割头的所有管道和电路优化内置，无需借助任何工具，几秒钟之内可更换切割头；切割头通过非接触传感器精确测量板料位置，确定切割零点；实现非接触测边，无需 Z 轴编程。该机可加工板材的最大尺寸为 3 048mm × 1 525mm，可切割的板材厚度分别为 0.5 ~ 20mm(碳钢)、0.5 ~ 12mm(不锈钢)和 0.5 ~ 8mm(铝)；加工精度为 ±0.05mm/m，重复精度 0.025mm；激光器功率高达 5 200W；每分钟可连续切割板材厚度 1mm、孔径 2mm、间距 3mm 的孔型 600 多个。

德国通快公司(TRUMPF)生产的 L3050—6 型数控激光切割机，配备功率为 6kW 的激光器，直线电动机驱动技术，实现高速定位，可获得高速流畅的最佳切割效果；该机特有的 Flycut 高速飞行切割技术，具有良好的动态加速性能；全封闭式防护舱有效地避免了辐射泄漏；人性化的用户界面不仅体现在先进的控制设计，而且体现在机床宜人化的总体设计上。该机可加工板材的最大尺寸为 3 000mm × 1 500mm，可切割的板材厚度分别为 25mm(低碳钢)、25mm(不锈钢)和 15mm(铝合金)；编程精度 0.001mm，定位精度 ±0.1mm，重复精度 0.03mm。该机切割不锈钢的厚度达到 25mm，是数控激光切割机前所未有的；切割速度比采用 5kW 的激光器时也提高约 20%。

日本天田公司(AMADA)展出的 FO—3015NT 型数控激光切割机，采用双直线伺服电动机驱动和高速飞行光路技术，突出体现快速的特点。该机激光发生器功率为 2 000W/4 000W，最大加速度可达 5g；最大合成速度 115m/min，最大加工进给速度 20m/min；X 轴、Y 轴、Z 轴行程为 3 070mm、1 550mm、200mm；最大装夹板材重量 850kg。此外，该机可实现网络连接控制，这是数控激光切割机的新趋势。

意大利普瑞玛工业公司(PRIMA INDUSTRIE)展出的 RAPIDO 5 型数控激光切割机，是真正意义上的三维五轴激光切割机。该机是专门针对大型三维零件切割设计的，采用飞行光路技术，龙门框架式机身，配置自动双门防护，结构紧凑操作简便，工件上下料时间大为节省。作为五轴激光切割机，利用模块化设计的优势，专门设计了第六数控随动轴，配合电容式传感器，以满足加工要求苛刻的工件的加工，保证了复杂零件的加工精度和重复精度。RAPIDO 5 型数控激光切割机 X 轴行程 3 200mm、Y 轴行程 1 525mm、Z 轴行程 600mm，A 轴旋转角度 360°、B 轴旋转角度 ±120°，C 轴(随动轴)行程 ±7.5mm；切割零件的最大尺寸为 3 440mm × 1 765mm × 800mm；最大轴向进给速度 30m/s，最大合成速度 52m/s，最大旋转速度 180°/s；零件加工精度 0.1mm。数控激光切割机的主角是三轴控制的平面切割机型，虽然不少厂商声称可以用于立体切割，但只有意大利普瑞玛工业公司(PRIMA INDUSTRIE)的 RAPIDO 5 型数控激光切割机在现场演示了大型覆盖件的切割。

意大利普瑞玛工业公司(PRIMA INDUSTRIE)的 SYNCRONO 数控激光切割机，堪称是最具特色的激光切割机。切割过程中的加速度超过 6g，是当前市场上加工速度最快的激光切割机。该机的运动由两部分组成，一是三轴(X、Y、Z)联动的主轴，在整个加工范围内移动；二是两轴(U、V)联动的局部轴，带动切割头在局部范围内移动。主轴的惯量较大，运动速度相对较慢，仅执行大尺寸外形加工或粗略轮廓的定位等“宏观”移动；局部轴采用并联机床运动形式，直线电动机驱动，惯量小、速度快，即使执行最复杂的运动轨迹，也可保证优异的动态特性和优秀的切割质量。该机光路采用恒定步长设计，可确保在加工区域内的任意位置都有相同的高精度；同时，激光焦点位置采用可编程的独立数控方式直接控制。SYNCRONO 数控激光切割机激光器功率为 4 000 ~ 5 000W，主轴 X 轴行程 3 000mm、Y 轴行程 1 500mm、Z 轴行程 130mm，局部轴 U 轴行程 100mm、V 轴行程 100mm。单轴速度 X 轴、Y 轴 100m/min，U 轴、V 轴 150m/min，主轴加速度 0.8g，局部轴加速度 6g。定位精度主轴为 0.03mm，局部轴为 0.02mm。该机数控系统采用普瑞玛公司自行开发的 PRIMACH—20L 系统，带 15in 触摸屏、内置网卡、光驱和 USB 接口。该机展出时现场切割的样件为直径 650mm、厚 1mm 的碳钢锯片，其上共有 2mm 圆孔 2 000 个、103 种外形轮廓的孔和槽 494 个，此外，还有两个普瑞玛公司标志和两个 SYNCRONO 标志的打标，加工时间为 365s。

日本三菱电气公司(MITSUBISHI ELECTRIC)的 ML3015LVP 型数控激光切割机、日本马扎克(MAZAK)公司的 SUPER TURBO—X 优胜者型激光切割机以及韩国韩光公司(HANKWANG)的 FS3015 型和 FC3015 型数控激光切割机，均采用了全飞行光路系统、高精度和高动态双驱动系统、数控焦点控制系统、数控气压控制系统、封闭式防护舱等项技术，控制轴数为 3 轴或 3 轴以上，保证了机床良好的动态特性和优异的加工精度。其中，日本马扎克(MAZAK)公司的激光切割机，结构上采用了混合式控制轴，其 X 轴为工作台移动，Y 轴为切割头移动，可以加工由工作台作 X、Y 方向移动的老机型难以加工的形状和部位。此外，采用了定长光路系统，使工作台上任意位置均可得到完全一致的优质光束，从而实现了切割质量和切割效率的完美统一。

我国数控机床展览会是一个检阅各类数控机床的大舞台，既能看到国际数控机床的发展趋势，也能看到我国数控机床的技术进步。近年来，我国金属成形机床的进步与发展令世人瞩目，而数控激光切割机的快速发展更令人欣慰。当然，必须承认，毕竟我国在该领域的起步较晚，在核心技术、制造水平、软件开发、功能部件以及产品精细程度等诸多方面与国际一流产品比较还有相当差距，这也正是我们今后 10 年的努力方向。

〔撰稿人：中国机床工具工业协会锻压机械分会王春生〕

滚动功能部件行业　探索市场多元化

由美国次贷危机引发的全球金融危机对各国经济产生了很大影响，我国也未能幸免。

我国机床行业已连续近 8 年以大约 30% 的速度增长。这次全球金融危机必将抑制我国机床工具行业的高速增长，但同时也为机床工具行业结构优化升级提供了机遇。

一、全面满足数控机床需要的同时，适时、适度减小对机床市场的依存度

我国滚动功能部件行业的发展历程：20 世纪 60 年代和 70 年代，在大力发展数控机床，急需滚珠丝杠副和滚动直线导轨副大环境下，机床工具行业的行政主管部门和广大机床制造企业推动了滚动功能部件行业的发展和成长；滚动功能部件专业生产企业的技术改造和技术攻关经费，几乎都是来自“CNC Machine Tool”这块大蛋糕。

滚动功能部件行业中的主要工艺装备（例如螺纹磨床、导程和行程精度测量仪等）绝大部分来自机床工具行业。滚珠丝杠和滚动直线导轨的产品标准主要是针对数控机床的要求而制定的，产品结构和安装尺寸也与机床的总体布局吻合。滚动功能部件产品 60% ~80%（个别企业甚至超过 80%）的市场在国内机床工具行业。可以明显看出，在机床工具行业这个“摇篮”中成长起来的滚动功能部件小行业对机床工具行业依存度很高。只要机床工具行业有一点波动，都会波及到这个小行业。机床工具行业产业和产品结构的弊端也折射到滚动功能部件行业，一大批重复生产中小规格、中低档次滚珠丝杠的“80 后”、“90 后”民营企业，从大量生产中低档机床的主机厂中找到了自己的生存空间。

值得注意的是，对单一市场的依存度过高降低了对装备制造各产业需求的适应度。在各类机电产品中，除高速、重载数控机床外，机床的工作环境、受力状态，相比之下工况条件较好。以滚珠丝杠为例，一般数控机床主要关注的是定位精度、系统刚度、对 CNC 指令的灵敏度、运动的平稳性等，对机床而言，很少有因滚珠丝杠副的“疲劳寿命”问题而停机（除非选材和热处理没达到 60HR 或硬化层深度不够）的。这样一种使用状态使我国滚动功能部件的制造企业主要偏重于产品的精度指标，而对包括“疲劳寿命”在内的一些重要性能指标却被严重淡化了。

当滚动功能部件产品进入其他领域（航空、航天、能源装备、重型机械、军工装备、冶金装备、高速铁路等）时，现有技术的软肋就暴露无遗。

滚动功能部件行业对机床市场过高的依存度产生的负面影响还表现在：其产品在众多机电产业中的推广普及力度不足，决心不大，措施不力。而在国外，滚动功能部件作为线性传动产品，其应用面很广泛，其中机床大约只占其 30% ~40% 的市场份额。滚动功能部件的普及率从一个侧面反映了一个国家的工业化和自动化水平。

二、“寻根问祖”探索与滚动轴承的共性特征

什么是滚珠丝杠副？在 ISO3408—1 标准中早有严格的定义。我们也可借用植物学的术语换个说法：滚珠丝杠副就是螺旋传动副与滚动轴承“嫁接”而成的新产品；而滚动直线导轨副则是直线滚动轴承（包括圆截面与非圆截面）。从本质上看，滚动功能部件就是从滚动轴承衍生出来的，他们有着“滚动摩擦”的共同“基因”，都共同具有滚动摩擦副的物理特性。滚动功能部件的不少“功能”都是传承了滚动轴承的“速度”、“效率”、“寿命”特征而形成的。在对“疲劳寿命”、“额定负载”的研究计算时，都是应用 Hertz 弹性接触理论、Weiball 材料强度统计理论和 Lundberg - Palmgren 滚动疲劳寿命理论，他们有着共同的理论基础。（当然由于结构的差异、运动方式和受力的不同，还引入了不同的修正系数。）

近年来，在国外推出的高速滚珠丝杠和滚动直线导轨新产品的结构中，采用了循环运动的“滚珠（或滚柱）隔离链”，其实这也是借鉴滚动轴承经过创新的产物，只不过在“隔离防撞”的功能上又多了“降噪”、“自润”功能，结构也更复杂了。

滚动轴承的产量极大、通用性极强、用户面极广，他需要在千差万别的各种工况下可靠运转，国内外知名的轴承大企业和研究机构在滚动摩擦特性、各种工况下的疲劳寿命和可靠性、DN 特性、振动、噪声、温升和残磁等方面进行了长期大量的研究，对提高产品质量、推动产品升级换代发挥了巨大作用。

寻根问祖的目的在于:一是以轴承产业为镜子,剖析我国滚动功能部件行业与国外差距的根源;二是揭示滚动功能部件产品具有市场多元化的基本素质;三是滚动功能部件行业应从"机床"和"轴承"两个产业吸取营养,从而找到自身发展的稳健模式。

三、夯实基础,实现高端产品国产化、产业化

滚动功能部件行业要借鉴国内外知名轴承企业和研究机构的发展经验,持之以恒地做好滚动功能部件产品的基础性能测试研究,通过采用新的控制理论,科学的数据采集、处理方法,以及新的测试技术,对产品进行包括速度特性、定位精度、疲劳寿命、接触刚度、振动、噪声和温升等各种工况下的运行可靠性等性能试验。深入研究滚动螺旋传动副在不同工作状态下的摩擦特性以及相关的理论问题。通过性能的对比实验,分析对滚动体"流畅性"、提速、寿命和可靠性等的主要影响因素,为改革工艺、控制质量、产品升级换代找到良方对策,使高端产品的产业化、国产化建立在坚实可靠的基础上。夯实了基础、练好了内功、增强了软实力,就必然对企业在市场中的知名度、产品在用户中的信任度产生决定性的影响。

我国滚动功能部件产品的性能试验研究与国外存在较大差距。以滚珠丝杠为例,虽然早在20世纪70~80年代,北京机床研究所、原华东工程学院、清华大学都开展过摩擦力矩、传动效率、接触刚度等方面的研究,北京机床研究所还研制出我国首台"滚珠丝杠副接触刚度测量机"。但是,由于那个年代滚珠丝杠主要为机床配套,而数控机床又主要是中低档产品,缺少市场需求的紧迫感,起步虽早,进步不大,发展不均衡,致使这些研究成果没有转化为推动专业生产和产业技术进步的生产力。

当前,除行业中少数几家重点骨干企业有较完备的监测仪器外,绝大多数生产滚珠丝杠的小企业几乎没有性能指标的检测仪器,不少企业对动态预紧转矩的检测还停留在20世纪60~70年代用的弹簧秤、手感评定这样一种原始的方法。在滚动直线导轨副的性能检测和试验方面,20世纪90年代,华中科技大学与广东高新凯特公司通过产、学、研结合取得了明显效果,有力地推动了企业的技术进步和产品的升级换代。

进入21世纪,我国装备制造业正向高速、高效、精密、大型和重载方向发展,滚动功能部件产业面临新的挑战。高速滚珠丝杠副综合功能性状试验机在行业中相继研制成功,龙头企业相继组建了研发中心和性能试验室,对高速滚珠丝杠副的精度、速度、加速度、温升和噪声等特性进行了初步试验研究,取得了阶段性成果,我国与国外的差距正在缩小。但在动刚度、各种工况下的疲劳寿命、可靠性、残磁量、清洁度等性能指标方面还要攻克很多难关,才能全面满足高端产品产业化、国产化的要求。

四、多功能、互换性特征决定了滚动功能部件具备通用零部件属性

与滑动丝杠、导轨副、静压丝杠、油缸驱动、齿轮——齿条、直线电动机比较,滚珠丝杠副具有以下主要功能:传动效率高($\eta \geqslant 90\%$),节电省能增力,无间隙灵敏传动,精密定位,高DN值和"提速"成本低,多轴驱动的同步性,传动的可逆性(不自锁),对极端环境的适应性,长寿命和可再制造,绿色环保。

滚动直线导轨副具有以下功能:精密导向,误差均化(对安装基面),高效节能,高速特性,可承受不同方向载荷,敏捷灵活随动无爬行,长寿命可再制造,对极端环境的适应性。

基于上述功能,滚动功能部件被誉为21世纪节能环保时代的绿色产品。它不但是现代数控机床的核心功能部件,而且还是标准化、系列化、通用化程度高、技术含量大的通用零部件,具备生产专业化、市场多元化的基本条件。

需要指出的是,ISO3408—1国际标准中把滚珠丝杠副人为划分为P(定位)型(Positioning)和T(传动)型(Transport),其实在很多场合传动和定位是组合在一起的,即(P+T)型。高速滚珠丝杠副就是先传动而后定位。

精密滚珠丝杠副的精密定位功能,使他成为当今各类数控机床伺服进给系统中的主角。滚珠丝杠副的高速功能,使其广泛地应用于各种高速驱动的场合,例如工业机器人、高速冲压设备、CNC自动绘图机、雷达快速定位机构、造波水槽的快速驱动机构、天体望远镜的快速机构、印刷电路板的CNC高速钻床等。正在兴起的高速加工中心、各类CNC高速专用机床的高速伺服进给系统,当快进移动速度≤100m/min、加速度≤1.5g时,基于性价比和节能环保的考量,选用精密高速滚珠丝杠副依然是合理的。特别是当采用"双驱动"时,精密高速滚珠丝杠副的"精密定位"、"速度特性"、"同步性"三大功能得到综合利用、充分发挥。

滚珠丝杠副传动的"同步性"和对"极端环境的适应性",使它在"大飞机"和各种航空航天设备上得到广泛应用。例如,一架波音747机型上的对前折翼、外侧折翼、水平稳定板、内侧折翼反推力装置等多处部位都成组、成排地使用高可靠性滚珠丝杠实现同步驱动。采用特殊材料和工艺制造的滚动功能部件能在低温(-50℃),高温(400℃)、高压、真空、核辐射、有粉尘和腐蚀介质、无润滑等特殊、恶劣环境下可靠运行,这是任何其他线性驱动装置不具备的独特优势。

在塑料机械中,基于绿色制造理念,有巨大市场潜力的注塑机已由液压型向全电动型发展,国内外已推出专为全电动注塑机配套的高载荷滚动丝杠副,这是有发展前途的新领域。

国家投资2万亿元用于铁路及轨道机车的发展,我国已进入"快铁"时代,高速铁路已成为拉动装备制造业发展的新亮点,除推动CNC专用机床的发展外,为动车组和地铁列车配套的车门自动开启装置、轨距自动跟踪检测装置、高速列车轨道转辙装置等都需要配备滚珠丝杠副。

近年来,作为T型滚珠丝杠副的派生产品——线性制动器(linear Actuator),又称工业线性执行器,其实就是以

“电”代“油”的电动伸缩缸。因其具有传动效率高、可远距控制、不污染环境、安装维修方便等特点，在各类机电产品和工程中广泛应用，如：医疗电动床、高层建筑的门帘开启装置、环保清洁车、喷水头调节装置、农用机械、民用和商用卫星信号接收装置等。

谈到功能部件的“功能”，不能不涉及“功能利用率”这个问题。产品的设计水平、工艺水平以及是否正确安装、使用都直接影响功能利用率。企业通过优化设计和技术创新可使产品的功能达到最佳状态，还可通过功能的延伸和复合化提高产品的技术含量和档次。反之，低水平重复的“山寨”产品，其功能会大打折扣，甚至功能相互抵消。例如：滚珠丝杠副的接触刚度差、预紧力不稳定、摩擦阻力大都会导致定位精度的丧失；螺钉滚道表面硬度低于58HRC、硬化层深度不达标，将导致疲劳寿命大大降低，而低劣产品的传动效率 $\eta \leqslant 90\%$。

滚动功能部件的“功能”决定了这个产品的生命力和实现市场多元化的基础。

五、全球金融危机为产业结构调整提供了“逼近”机遇

在全球金融危机的影响下，我国机床产业正出现两极分化。一方面，量大面广的普通车床、铣床、钻床和经济型数控机床呈现大批库存积压，低端产品需求量明显下滑。另一方面，大型、重型、精密、高速、多轴联动、复合化和特专化的高端数控机床国内市场需求依旧保持上升态势，还在大量进口。这个两极分化的现象直接也影响对机床工具行业依存度很大的滚动功能部件行业。滚动功能部件行业明智的决策者应果断地把危机的冲击力迅速转化为“大、精、高”冲刺和实现市场多元化的推动力。

(1)工业和信息化部出台了力保工业经济平稳较快增长的10项措施，其中第三项就是“大力振兴装备制造业……加快推进重大技术装备国产化”。这说明在任何情况下，装备制造业始终是国家高度重视的产业。航空航天“大飞机”、铁道交通“动车组”、清洁能源的水电、核电和风电设备、重型机械、汽车等都直接和间接（通过CNC/MT）对高档滚动功能部件提出更多的需求和更高的要求。无论是高档数控机床还是高档功能部件都出现了供需矛盾的“瓶颈”。滚动功能部件行业中的龙头企业拥有一批“镇业之宝”的关键工艺装备，又具有研发能力，应抓紧机遇把替代进口、实现高档产品的国有化、产业化作为义不容辞的重任。

在向高端产品冲刺时，除企业自身要夯实基础、苦练内功、顽强攻关外，还需要国家的扶持，对于战略性产业要像西方国家那样，采取市场经济与政府扶持相结合的政策，只有政府扶持到位才能立竿见影。对用户来说，国产高档滚动功能部件的新产品尚存在“信任度”和“认知度”的问题，宜采取“产、学、研、用”结合的方式促进高档产品的开发与推广应用。通过研发—性能试验—试用—改进提高—完善定型这样的过程实现批量生产。这种互动的过程也是取得用户信任的过程。

(2)我国正处于重工业化时代，和西方发达工业国家相比，我国滚动功能部件产品在工业各领域推广应用的普及率并不高，存在市场多元化的广阔空间。这其中既有对量大面广档次不高产品的需求，但对技术含量高的产品需求更为迫切。而每开辟一个新领域都要付出艰辛的努力，都要对用户做深入细致的调研，吃透用户不同装备对滚动功能部件产品的个性化要求，了解滚动功能部件在装备中的运动和受力状态以及工况环境条件等，然后提出整体解决方案，对难度大的项目可联合设计、共同试验、共同攻关。

在行业中已出现开拓新市场的成功范例：汉江机床有限公司拿到一份用于高速铁路的“转辙机滚珠丝杠副”首批600套以上的订单。该公司几年前就向用户提供了30多批次的实验样品，经过120万次无故障运行，其使用寿命超过国外同类产品，“汉江丝杠”一举成为高铁项目替代进口的首选。该公司继研发成功10mCNC超长丝杠磨床和CNC长行程旋风铣床并向市场推出超长大型滚珠丝杠之后，向“大、精、高”方向和市场多元化方向又迈出了一大步。南京工艺装备制造有限公司两年前在国内率先开发出GZB系列重载高刚度滚珠直线导轨副，当年就拿到800多万元订单，为高档滚动功能部件的国产化作出了贡献。该公司大手笔引进了CNC旋风铣机床和技术，在长丝杠的制造技术上取得重大突破，为向“大、精、高”冲刺打下了坚实基础。山东博特精工股份有限公司开发的“行星式滚珠丝杠副”已开始迈入可靠性要求很高的军工装备领域。上述企业先后研制的高载荷滚珠丝杠副正在全电动注塑机上推广应用。

事实证明，只要抓住机遇，苦练内功，在向“大、精、高”挺进的同时，迅速实现市场多元化，就一定能在逆境中找到发展的空间。

〔撰稿人：中国机床工具工业协会滚动功能部件分会黄祖尧〕

行业概况

从生产发展、市场及销售、产品进出口、科技成果及新产品等方面阐述机床工具各分行业及企业2008年发展情况

Expatiating on the development situation of the machine tool sub-industries and enterprises in 2008 from aspects of production development, markets and sales, product import and export, scientific and technical achievements and new products

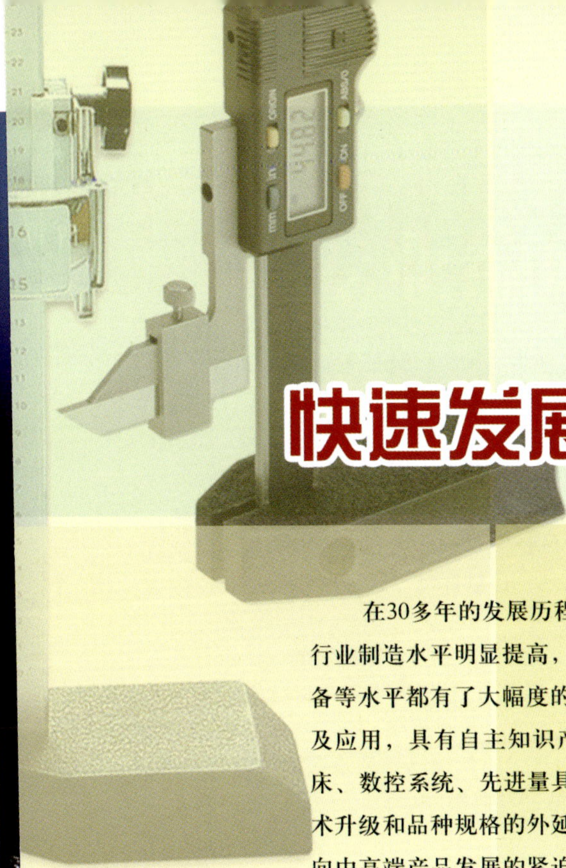

数显企业专栏

快速发展中的数显装置行业

在30多年的发展历程中，从2000年开始，我国数显装置行业进入了最快发展时期。行业制造水平明显提高，大多数企业经过多次技术改造，生产设备、制造技术、检测设备等水平都有了大幅度的提高。数显装置设计技术取得明显突破，现代设计技术开始普及应用，具有自主知识产权的产品逐步增加，同时产品向更多的领域拓展，如数控机床、数控系统、先进量具量仪等方面的研发都取得了较好的成果，加快了传统产品的技术升级和品种规格的外延。随着数显装置产品总体水平的快速提高，许多企业都意识到向中高端产品发展的紧迫性和必要性，企业购置先进的检测仪器使质检工作更加规范。全行业重视技术标准和专利的风气已经形成，愿意投入更多的资金，提高行业标准化及专利水平。

面对激烈的市场竞争，数显装置行业越来越注重新产品的开发及新技术、新工艺的应用。在巩固传统产品市场的同时，有实力的企业努力提高产品质量与技术性能，竞相开发附加值高的新产品，抢占中高端数显装置产品市场。2008年，行业新产品开发仍以自行设计和产学研相结合为主，占全部新产品开发的90%。这表明经过近10年的快速发展，数显装置行业企业的自主研发能力已经有了较大程度的提高，数显装置行业的整体技术水平已跃上了一个新的台阶。

2008年第四季度，同整个机床工具行业一样，数显装置行业也遭遇了全球性的金融危机，但在经济运行和技术研发等方面仍然与2007年基本持平。这在很大程度上得益于行业近10年的持续快速发展，得益于近年来较好经济效益的积累。

2009年1月10日，全国量具量仪标准化技术委员会数显装置分技术委员会(SAC/TC132/SC3)在苏州成立，标志着我国数显装置行业的标准化工作又向前迈进了一大步，为加速我国数显装置行业技术进步和行业发展创造了更为有利的条件。

《中国机床工具工业年鉴》作为记录企业成长每一阶段的工具书，肩负着承载知名企业形象，帮助企业树立行业地位的重任。“数显专栏”作为展示企业创新成果和成长历程的平台，愿为行业、企业的发展尽一份力。期待着数显行业大发展的到来！

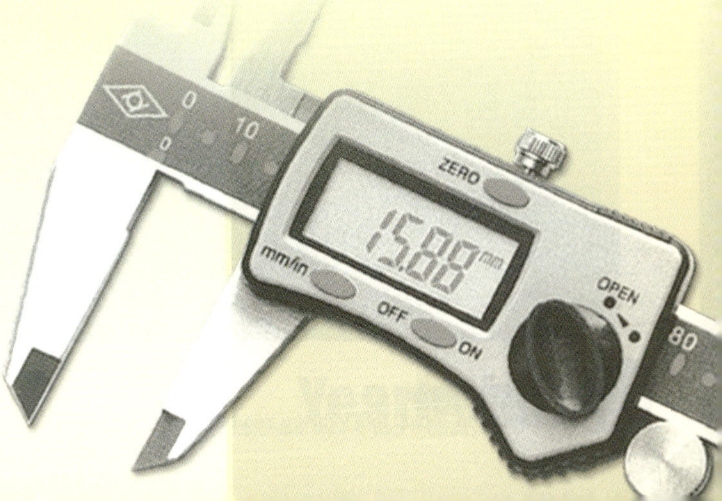

金属切削机床

金属切削机床制造业(以下简称金属切削机床行业)包括:车床行业、铣床行业、钻镗床行业、磨床行业、齿轮加工机床行业、特种加工机床行业、插拉刨床行业、锯床行业、组合机床行业、重型机床行业及小型机床行业。

一、行业基本情况

1. 国家统计局发布的金属切削机床行业基本情况

2008 年,金属切削机床行业共有企业 650 家,比 2007 年增加了 64 家;产品销售产值 860.0 亿元,比上年增长 14.0%;工业总产值(现价)908.5 亿元,比上年增长 17.1%。

2. 年鉴统计的金属切削机床行业基本情况

2008 年,本年鉴共收集到金属切削机床行业 225 家企业资料,比上年企业数减少 6 家,占全行业企业总数的 34.6%。产品销售产值 671.6 亿元,占全行业产品销售产值的 78.1%。工业总产值(现价)的 700.9 亿元,占全行业工业总产值(现价)的 77.1%。

金属切削机床行业统计口径分为 11 个小行业。由于各小行业的产品结构呈多元化,导致各小行业的机床工具类产品产值占工业总产值(现价)的比例各异,全行业机床工具类产品产值占工业总产值的比重平均值为 84.5%。2008 年金属切削机床行业 11 个小行业主要经济指标完成情况见表 1。

表 1　2008 年金属切削机床行业 11 个小行业主要经济指标完成情况

行业名称	企业数(家)	工业总产值(现价)(万元)	机床工具类产品产值(万元)	产品销售产值(现价)(万元)	机床工具类产品销售产值(万元)	工业增加值(万元)	利税总额(万元)	从业人员平均人数(人)	资产总计(万元)	流动资产平均余额(万元)	固定资产净值余额(万元)
合计	225	7 008 991	5 922 269	6 716 467	5 575 094	2 508 625	653 137	159 591	8 567 141	5 055 310	1 761 904
车床	30	1 295 598	1 123 868	1 280 145	1 261 174	452 454	105 606	34 314	1 679 225	979 441	373 757
铣床	26	857 926	709 151	832 771	617 155	388 680	128 135	23 705	1 386 714	882 147	301 780
钻镗床	21	1 047 361	941 860	1 012 637	921 225	412 197	85 878	18 475	1 140 629	735 354	255 681
磨床	31	540 983	374 949	511 103	345 586	124 023	51 371	19 770	790 152	435 766	157 431
齿轮加工机床	7	462 654	273 369	449 256	266 095	141 381	40 014	12 996	506 387	230 638	119 124
插拉刨	12	175 360	156 415	160 326	43 629	94 856	36 409	4 924	274 118	135 279	43 787
特种加工机床	35	383 422	324 169	351 324	315 667	222 810	31 597	8 194	510 756	311 133	79 753
锯床	24	119 966	111 916	112 236	107 936	27 522	9 937	3 635	99 796	52 501	26 264
组合机床	24	1 189 143	1 101 287	1 144 182	1 053 274	275 229	74 407	15 046	982 013	594 779	158 700
重型机床	8	865 029	768 909	794 470	613 611	348 879	97 223	15 130	1 081 566	644 208	226 866
小型机床	7	71 549	36 376	68 017	29 743	20 595	-7 439	3 402	115 785	54 064	18 762

注:1. 资料来源于本年鉴统计资料。表中的机床工具类产品产值含金属切削机床行业生产的非金属切削机床产值。

2. 表中数据由于四舍五入,合计数有微小出入。

二、行业生产情况

1. 国家统计局发布的金属切削机床基本生产情况

2008 年,国家统计局发布的统计信息显示,生产金属切削机床的企业数比上年增长 11.1%,共生产金属切削机床 606 835 台,比上年增长 11.7%;其中有 200 家企业生产数控机床,比上年增长 16.3%;200 家企业共生产数控机床 123 257 台,比上年增长 32.6%。

2. 本年鉴统计的金属切削机床基本生产情况

2008 年,225 家企业共生产金属切削机床 435 830 台,比上年下降 3.8%,占全国总产量的 71.8%;其中数控机床 97 073 台,比上年下降 3.6%,占全国总产量的 78.8%。金属切削机床产值 544.4 亿元,比上年增长 14.0%;其中数控机床产值 323.8 亿元,比上年增长 15.6%;金属切削机床的产值数控化率为 46.0%。

各种机床产值构成比列前五名的是:车床第一,占 35.7%;加工中心第二,占 15.0%;镗床第三,占 10.0%;铣床第四,占 8.7%;其他金属切削机床第五,占 7.3%。各种数控机床产值构成比列前五名的是:数控车床第一,占 30%;加工中心第二,占 25.3%;数控铣床第三,占 8.8%;数控镗床第四,占 8.1%;数控磨床第五,占 6.3%。2008 年金属切削机床行业(225 家企业)分类产品生产情况见表 2。

表 2　2008 年金属切削机床行业(225 家企业)分类产品生产情况

产品名称	实际完成			其中:数控		
	产量(台)	产值(万元)	产值构成比(%)	产量(台)	产值(万元)	产值构成比(%)
金属切削机床总计	435 830	5 443 872.4	100.0	97 073	3 237 743.5	100.0

（续）

产 品 名 称	实 际 完 成			其中：数控		
	产量（台）	产值（万元）	产值构成比（%）	产量（台）	产值（万元）	产值构成比（%）
加工中心	16 512	818 192.0	15.0	16 512	818 192.0	25.3
立式加工中心	12 709	350 750.5		12 709	350 750.5	
卧式加工中心	2 155	226 084.1		2 155	226 084.1	
龙门加工中心	1 566	240 121.4		1 566	240 121.4	
其他加工中心	82	1 236.0		82	1 236.0	
车床	182 529	1 942 888.2	35.7	47 158	971 348.3	30.0
铣床	60 847	471 697.5	8.7	7 190	283 612.1	8.8
钻床	40 697	158 878.2	2.9	573	5 485.6	0.2
镗床	6 550	541 968.8	10.0	1 305	260 499.3	8.1
磨床	23 151	395 631.0	7.3	3 350	204 539.0	6.3
齿轮加工机床	4 587	231 123.0	4.3	1 713	157 195.0	4.9
特种加工机床	14 490	174 240.9	3.2	13 745	170 662.3	5.3
插床	728	5 535.0	0.1			
拉床	110	4 785.0	0.1			
锯床	34 750	74 853.8	1.4	3 153	15 255.7	0.5
组合机床	2 085	208 465.0	3.8	1 357	163 867.0	5.1
螺纹加工机床	29487	13207.4	0.2	33	7463.2	0.2
仪表车床	4 698	389.0				
其他金属切削机床	14 609	402 017.7	7.4	984	179 624.0	5.6
台钻	197 883	371 552.6		423	153 183.0	
金属成形机床	17 056	26 108.9		17	12 655.0	
机械压力机	1 491	23 567.0		15	12 285.0	
剪切机床	15 518	1 163.9				
线材成形自动机	13	742.0				
其他金属成形机床	34	636.0		2	370.0	

注：1. 资料来源于本年鉴统计资料，金属切削机床总计数中不含台钻。

2. 表中数据由于四舍五入，合计数有微小出入。

三、出口情况

1. 海关总署统计的金属切削机床出口情况

2008 年，全国金属加工机床出口额 21.1 亿美元，比上年增长 27.6%；数控金属加工机床出口额 7.0 亿美元，比上年增长 41.1%，占金属加工机床出口额的 33.2%。其中金属切削机床出口额 14.6 亿美元，比上年增长 19.5%；数控金属切削机床出口额 5.5 亿美元，比上年增长 33.3%，占金属切削机床出口额的 37.7%。

2. 本年鉴统计的金属切削机床出口情况

2008 年，112 家企业共出口金属切削机床 72 587 台，占海关总署统计的 1.2%；出口额 7.9 亿美元，占海关总署统计的 54.4%。出口各种数控机床 7 351 台，占海关总署统计的 30.4%；出口额 5.0 亿美元，占海关总署统计的 91.0%。2008 年金属切削机床行业（112 家企业）分类产品出口情况见表 3。

表 3　2008 年金属切削机床行业（112 家企业）分类产品出口情况

产 品 名 称	实际完成		其中：数控	
	出口量（台）	出口额（万美元）	出口量（台）	出口额（万美元）
金属切削机床	72 587	79 277.4	7 351	49 815.6
加工中心	749	11 222.0	749	11 222.0
立式加工中心	599	3 039.9	599	3 039.9
卧式加工中心	100	2 246.0	100	2 246.0
龙门加工中心	50	5 936.1	50	5 936.1
车床（不含仪表车床）	25 355	30 010.7	3 838	11 880.7
钻床（不含台钻）	22 108	3 060.4		
镗床	470	2 029.6	25	620.7
磨床（不含砂轮机、抛光机）	1 216	2 341.9	71	523.6
齿轮加工机床	102	975.9	39	502.1
螺纹加工机床	2 507	96.4		
铣床	8 181	21 134.3	493	18 592.0
插床	20	41.4		
拉床	2	5.8		
特种加工机床	2 127	6 418.7	2 001	6 329.1
锯床	7 312	765.6	102	65.7
其他金属加工机床	2 438	1 174.9	33	79.7
金属成形机床	7 789	323.5		
机械压力机	291	242.7		
剪切机床	7 498	80.8		

注：1. 资料来源于本年鉴统计资料，其中美元折算率为 2008 年平均值 6.946。

2. 表中数据由于四舍五入，合计数有微小出入。

四、新产品

2008年年鉴资料显示，金属切削机床行业共完成新产品729种，比上年增加10种；其中数控新产品473种，比上年增加9种。在729种新产品中，属全新设计的482种。改型设计的200种；属行业新产品的235种。新产品中金属切削机床共653种，其中磨床新产品数量最多，达145种，占金属切削机床新产品总数的22.2%；加工中心第二，共144种；占金属切削机床新产品总数的22.0%；车床第三，共101种，占金属切削机床新产品总数的15.5%。在数控金属切削机床新产品中，加工中心数量名列第一，共144种，占数控金属切削机床新产品总数的30.7%；数控磨床第二，共115种，占数控金属切削机床新产品总数的24.5%；数控车床第三，共88种，占数控金属切削机床新产品总数的18.8%。2008年金属切削机床行业新产品完成情况见表4。

表4　2008年金属切削机床行业新产品完成情况

产品名称	新产品（种）	占比（%）	其中：数控（种）	占比（%）	产品名称	新产品（种）	占比（%）	其中：数控（种）	占比（%）
金属切削机床	653	100.0	470	100.0	拉床	2	0.3	1	0.2
加工中心	144	22.0	144	30.7	锯床	23	3.5	1	0.2
车床	101	15.5	88	18.8	组合机床	11	1.7		0.0
铣床	71	10.9	50	10.6	生产线	15	2.3	5	1.1
钻床	16	2.5	3	0.6	专机	6	0.9	3	0.6
镗床	23	3.5	16	3.4	其他金属切削机床	16	2.5	2	0.4
磨床	145	22.2	115	24.5	台钻	3			
齿轮加工机床	27	4.1	26	5.5	金属成形机床	5		2	
螺纹加工机床	4	0.6		0.0	功能部件	3			
特种加工机床	49	7.5	16	3.4	其他产品	65		1	

注：资料来源于本年鉴统计资料。

〔撰稿人：中国机床工具工业协会周秀茹〕

车　　床

2008年下半年，车床行业受全球经济危机影响，与2007年同期相比总量略有下降，但全年全行业经济运行情况基本同上年持平。各企业根据实际情况加大了产品结构调整力度，生产经营保持持续发展态势。行业企业以数控机床为重点，在新产品开发、科研项目完成及产品出口方面仍取得了一定业绩。

一、基本情况

车床分会在册会员单位50家，其中国有企业15家，国有公司制企业17家，民营企业18家，职工人数34 314人。

参加本次年鉴汇总的车床行业企业有30家（因大连机床集团有限责任公司、重庆第二机床厂有限公司、南昌凯马有限公司、北京京仪世纪自动化设备有限公司数据已上报至其他分会，为避免重复统计，本次30家企业不包括上述企业）。2008年，30家企业完成工业总产值（现价）1 295 598万元，其中机床工具类产品产值完成1 123 868万元；工业销售产值（现价）1 280 145万元，其中机床工具类产品销售产值（现价）1 261 174万元；实现利税105 606万元；工业增加值452 454万元。由于2008年下半年受全球经济危机的影响，9月份后生产及销售明显放缓，全年经济总量比上年提高幅度不大，但工业总产值比上年增长4.6%，工业销售产值比上年增长5.0%，工业增加值比上年增长5.4%。

2008年车床行业（30家企业）主要经济指标完成情况见表1。2008年车床行业企业主要经济指标完成情况见表2。

表1　2008年车床行业（30家企业）主要经济指标完成情况

指标名称	单位	实际完成
工业总产值（现价）	万元	1 295 598
其中：机床工具类产品产值	万元	1 123 868
工业销售产值	万元	1 280 145
其中：机床工具类产品销售产值	万元	1 261 174
工业增加值	万元	452 454
实现利税	万元	105 606
从业人员平均人数	人	34 314
资产总计	万元	1 679 225
流动资产平均余额	万元	979 441
固定资产净值平均余额	万元	373 757

表2 2008年车床行业企业主要经济指标完成情况

序号	企业名称	工业销售产值（万元）	工业总产值（万元）	从业人员平均人数（人）
1	沈阳机床集团有限责任公司	519 201	519 093	8 778
2	济南一机床集团有限公司	38 715	36 939	2 914
3	宝鸡机床集团有限公司	164 715	164 933	2 286
4	牡丹江迈克机床制造有限公司	10 871	11 068	634
5	南京第一机床厂	20 427	20 456	992
6	山东鲁南机床有限公司	37 738	38 233	2 118
7	福州机床厂有限公司	6 036	6 413	462
8	安阳鑫盛机床有限公司	99 042	100 087	2 045
9	广州机床厂有限公司	20 251	18 101	723
10	广州市珠江机床厂有限公司	4 249	5 215	368
11	宁夏新瑞长城机床有限公司	19 259	19 363	444
12	浙江凯达机床集团有限公司	32 608	33 713	1 244
13	天水星火机床有限责任公司	88 684	92 885	1 291
14	浙江联强数控机床股份有限公司	13 939	12 542	793
15	山东普利森集团有限公司	95 289	95 152	1 949
16	黄山第一机床厂	9 176	9 115	453
17	荆州荷花机床有限公司	4 845	5 758	298
18	太原第一机床厂	12 799	15 352	989
19	长沙金岭机床有限责任公司	11 331	11 873	402
20	江苏齐航数控机床有限责任公司	17 720	18 124	685
21	天津市第二机床有限公司	12 081	15 039	341
22	马鞍山万马机床制造有限公司	4 806	5 180	405
23	山东沂水机床厂	4 867	5 894	517
24	玉溪机床有限责任公司	2 665	2 687	332
25	烟台富仕通机械制造有限公司	1 537	1 645	118
26	湖北福欣机床制造有限公司	3 890	4 236	250
27	安徽双龙机床制造有限公司	4 202	4 595	320
28	河北114机床厂	9 771	9 816	1 005
29	沈阳机床制造有限责任公司	384	268	53
30	武汉汉口机床厂	9 048	11 824	1 105

二、生产情况

2008年，车床分会30家会员企业共生产金属切削机床127 184台，比上年下降12.5%。生产车床118 809台，比上年下降12.2%，其中数控车床30 980台，比上年下降19.9%，车床产量数控化率26.1%；完成车床产值1 032 916万元，基本与上年持平；其中数控车床产值441 804万元，比上年下降12.9%，车床产值数控化率42.8%。

2008年车床行业（30家企业）分类产品生产情况见表3。2008年车床行业企业分类产品生产情况见表4。

表3 2008年车床行业（30家企业）分类产品生产情况

产品名称	实际完成		其中：数控	
	产量（台）	产值（万元）	产量（台）	产值（万元）
金属切削机床	127 184	1 123 868	33 196	502 573
加工中心	1 347	32 544	1 347	32 544
立式加工中心	1 322	30 789	1 322	30 789
卧式加工中心	21	1 389	21	1 389
龙门式加工中心	4	366	4	366
车床	118 809	1 032 916	30 980	441 804
钻床	1 935	3 425	52	2 247
镗床	181	10 217	42	1 780
磨床	57	6 935	25	6 616
铣床	292	4 060	236	2 085
锯床	5	25		
其他金属切削机床	4 558	33 747	514	15 499

（续）

注：表中车床产品不含仪表车床，钻床产品不含台钻，磨床产品不含砂轮机、抛光机。

表4　2008年车床行业企业分类产品生产情况

序号	企业及产品名称	实际完成		其中:数控	
		产量(台)	产值(万元)	产量(台)	产值(万元)
1	沈阳机床(集团)有限责任公司(车床类)				
	金属切削机床总计	61 137	519 093	17 393	265 858
	车床	60 714	509 724	17 363	257 472
	其他金属切削机床	423	9 369	30	8 386
2	济南一机床集团有限公司				
	金属切削机床总计	3 238	30 308	1 721	22 236
	加工中心	98	3 123	98	3 123
	立式加工中心	83	2 106	83	2 106
	卧式加工中心	15	1 017	15	1 017
	车床	3 140	27 185	1 623	19 113
3	宝鸡机床集团有限公司				
	金属切削机床总计	10 801	952 560	4 288	61 391
	加工中心	620	15 002	620	15 002
	立式加工中心	620	15 002	620	15 002
	车床	10 054	77 293	3 617	44 184
	磨床	28	76		
	铣床	67	551	37	493
	锯床	5	25		
	组合机床	27	2 312	14	1 712
4	牡丹江迈克机床制造有限公司				
	金属切削机床总计	3 000	11 068	186	1 311
	车床	3 000	11 068	186	1 311
5	南京第一机床厂				
	金属切削机床总计	210	6 122	98	4 454
	车床	181	5 191	98	4 454
	其他金属切削机床	29	931		
6	山东鲁南机床有限公司				
	金属切削机床总计	5 836	28 407	1 005	14 492
	加工中心	269	6 646	269	6 646
	立式加工中心	260	6 061	260	6 061
	卧式加工中心	6	372	6	372
	龙门加工中心	3	213	3	213
	车床	1 624	6 386	279	2 866
	其他金属切削机床	3 943	15 375	457	4 980
7	福州机床厂有限公司				
	金属切削机床总计	521	7 495	20	740
	车床	521	7 495	20	740
8	安阳鑫盛机床有限公司				
	金属切削机床总计	5 155	81 112	1 066	21 173
	车床	5 155	81 112	1 066	21 173
9	广州机床厂有限公司				
	金属切削机床总计	3 511	17 199	994	8 506
	车床	3 511	17 199	994	8 506
10	广州市珠江机床厂有限公司				
	金属切削机床总计	2 574	5 215	235	2 430
	车床	691	4 037	235	2 430
	钻床	1 883	1 178		

（续）

序号	企业及产品名称	实际完成		其中:数控	
		产量（台）	产值（万元）	产量（台）	产值（万元）
11	宁夏新瑞长城机床有限公司				
	金属切削机床总计	658	22 655	658	22 655
	车床	634	21 791	634	21 791
	钻床	24	864	24	864
12	浙江凯达机床集团有限公司				
	金属切削机床总计	9 271	33 713	1 607	14 138
	加工中心	217	3 917	217	3 917
	立式加工中心	217	3 917	217	3 917
	车床	9 054	29 796	1 390	10 221
13	天水星火机床有限责任公司				
	金属切削机床总计	4 027	93 657	197	14 462
	车床	4 019	91 256	189	12 060
	磨床	8	2 402	8	2 402
14	浙江联强数控机床股份有限公司				
	金属切削机床总计	2 562	14 629	1 435	11 169
	加工中心	134	3 627	134	3 627
	立式加工中心	133	3 474	133	3 474
	龙门加工中心	1	153	1	153
	车床	2 206	9 187	1 079	5 727
	镗床	15	116	15	116
	铣床	199	1 592	199	1 592
	其他金属切削机床	8	107	8	107
15	山东普利森集团有限公司				
	金属切削机床总计	3 567	63 791	846	18 630
	车床	3 365	51 399	787	14 919
	钻床	28	1 383	28	1 383
	镗床	166	10 101	27	1 664
	磨床	8	908	4	665
16	黄山第一机床厂				
	金属切削机床总计	875	3 066	144	742
	车床	875	3 066	144	742
17	荆州荷花机床有限公司				
	金属切削机床总计	1 210	5 758	501	3 305
	车床	1 210	5 758	501	3 305
18	太原第一机床厂				
	金属切削机床总计	1 515	13 476	201	1 482
	车床	1 397	6 414	201	1 482
	铣床	26	1 917		
	刨床	92	5 145		
19	长沙金岭机床有限责任公司				
	金属切削机床总计	981	11 873	86	1 656
	车床	981	11 873	86	1 656
20	江苏齐航数控机床有限责任公司				
	金属切削机床总计	1 519	18 231	133	3 168
	车床	1 514	17 918	128	2 855
	其他金属切削机床	5	314	5	314
21	天津市第二机床有限公司				
	金属切削机床总计	352	13 809	27	4 278

（续）

序号	企业及产品名称	实际完成		其中:数控	
		产量(台)	产值(万元)	产量(台)	产值(万元)
	车床	339	10 260	14	728
	磨床	13	3 550	13	3 549
22	马鞍山万马机床制造有限公司				
	金属切削机床总计	849	4 216	101	1 127
	加工中心	8	207	8	207
	立式加工中心	8	207	8	207
	车床	841	4 009	93	920
23	山东沂水机床厂				
	金属切削机床总计	612	6 348	26	495
	车床	612	6 348	26	495
24	玉溪机床有限责任公司				
	金属切削机床总计	624	2 511		
	车床	593	2 317		
	其他金属切削机床	31	194		
25	烟台富仕通机械制造有限公司				
	金属切削机床总计	296	1 618	30	252
	加工中心	1	21	1	21
	立式加工中心	1	21	1	21
	车床	295	1 597	29	231
26	湖北福欣机床制造有限公司				
	金属切削机床总计	645	4 236	52	515
	车床	645	4 236	52	515
27	安徽双龙机床制造有限公司				
	金属切削机床总计	532	4 595	35	513
	车床	532	4 595	35	513
28	河北 114 机床厂				
	金属切削机床总计	586	1 714		
	车床	586	1 714		
29	沈阳机床制造有限责任公司				
	金属切削机床总计	89	268		
	车床	89	268		
30	武汉汉口机床厂				
	金属切削机床总计	431	2 426	111	1 395
	车床	431	2 426	111	1 395

三、出口

2008 年,车床行业实现金属切削机床出口 20 597 台,出口额 114 242万元,其中车床出口 16 450 台,出口额 103 484 万元;数控车床出口 1 099 台,出口额 40 771 万元。由于受全球经济危机影响,第四季度出口明显下滑,全年出口基本与 2007 年持平。

2008 年车床行业(16 家企业)分类产品出口情况见表 5。2008 年车床行业企业分类产品出口情况见表 6。

表 5　2008 年车床行业(16 家企业)分类产品出口情况

产品名称	实际完成		其中:数控	
	出口量(台)	出口额(万元)	出口量(台)	出口额(万元)
金属切削机床	20 597	1 142 42	1 099	40 771
加工中心	71	1 328	71	1 328
其中:立式加工中心	71	1 328	71	1 328
车床	16 450	103 484	1 008	38 692
钻床	1 754	1 507		
镗床	4	2 80	2	171
磨床	8	2 72	1	156
铣床	5	76	5	76
其他金属切削机床	2 305	7 295	12	348

注:表中车床产品不含仪表车床,钻床产品不含台钻,磨床产品不含砂轮机、抛光机。

表6　2008年车床行业企业分类产品出口情况

序号	企业及产品名称	实际完成		其中:数控	
		出口量(台)	出口额(万元)	出口量(台)	出口额(万元)
1	沈阳机床(集团)有限责任公司(车床类)				
	金属切削机床总计	5 616	58 488	618	33 172
	车床	5 456	58 234	617	32 976
	其他金属切削机床	160	254	1	196
2	济南一机床集团有限公司				
	金属切削机床总计	175	955	32	412
	加工中心	1	42	1	42
	立式加工中心	1	42	1	42
	车床	174	913	31	370
3	宝鸡机床厂				
	金属切削机床总计	2 387	12 619	111	1 525
	加工中心	10	236	10	236
	立式加工中心	10	236	10	236
	车床	2 369	12 332	99	1 255
	铣床	2	34	2	34
	磨床	6	17		
4	牡丹江迈克机床制造有限公司				
	金属切削机床总计	84	304	1	9
	车床	84	304	1	9
5	山东鲁南机床有限公司				
	金属切削机床总计	2 929	10 132	65	1 012
	加工中心	40	658	40	658
	立式加工中心	40	658	40	658
	车床	745	2 563	14	202
	其他金属切削机床	2 144	6 911	11	152
6	福州机床厂有限公司				
	金属切削机床总计	9	111	9	111
	车床	9	111	9	111
7	广州市珠江机床厂有限公司				
	金属切削机床总计	1 848	1 967	21	199
	车床	94	460	21	199
	钻床	1 754	1 507		
8	浙江凯达机床集团有限公司				
	金属切削机床总计	6 612	18 735	145	1 797
	加工中心	17	333	17	333
	立式加工中心	17	333	17	333
	车床	6 595	18 401	128	1 463
9	天水星火机床有限责任公司				
	金属切削机床总计	94	3 609	18	1 174
	车床	94	3 609	18	1 174
10	浙江联强数控机床股份有限公司				
	金属切削机床总计	302	1 060	14	183
	加工中心	3	59	3	59
	立式加工中心	3	59	3	59
	车床	296	960	8	82
	铣床	3	42	3	42

（续）

序号	企业及产品名称	实际完成		其中:数控	
		出口量(台)	出口额(万元)	出口量(台)	出口额(万元)
11	山东普利森集团有限公司				
	金属切削机床总计	136	3 539	34	1 059
	车床	130	3 003	31	732
	镗床	4	280	2	171
	磨床	2	255	1	156
12	荆州荷花机床有限公司				
	金属切削机床总计	38	182	31	118
	车床	38	182	31	118
13	太原第一机床厂				
	金属切削机床总计	8	173		
	车床	7	43		
	其他金属切削机床	1	130		
14	江苏齐航数控机床有限责任公司				
	金属切削机床总计	121	1 537		
	车床	121	1 537		
15	马鞍山万马机床制造有限公司				
	金属切削机床总计	186	605		
	车床	186	605		
16	玉溪机床有限责任公司				
	金属切削机床总计	52	227		
	车床	52	227		

四、新产品开发

2008 年,企业上报的新产品开发 49 种(其中,通过用户验收的 31 种,本企业鉴定 7 种和其他 11 种)。新产品包括数控车床、加工中心、生产线以及其他数控机床。

2008 年车床行业企业新产品开发情况见表 7。

表 7　车床行业新产品开发情况

序号	产品名称	型　号	主要技术参数	产品性质	产品水平
沈阳机床(集团)有限责任公司					
1	数控车床	HTC80200LM	床身上最大回转直径:1 000mm;最大切削长度:2 000mm;最大切削直径:800mm;主轴最高转速:1 200r/min;快速移动速度(X/Z):(15m/min)/(18m/min);刀架形式:12 工位液压刀架;加工精度:IT6	全新设计	国际先进
2	数控车床	HTC63300DT	床身上最大回转直径 1 000mm;最大切削长度:3 000mm;最大切削直径:630mm;主轴最高转速:1 800r/min;快速移动速度(X/Z):(15m/min)/(18m/min);刀架形式:8 工位电动刀架;加工精度:IT6	全新设计	国际先进
3	数控立式车床	GTC25060frt	加工直径 2 500mm,加工长度:600mm;承重:25t	全新设计	国际先进
4	数控立式车床	STM200160	加工直径:2 000mm;加工长度:1 600mm;承重:15t	全新设计	国际先进
5	数控立式车床	GTM500200	圆工作台承重:50t;方工作台承重:15t/m²;加工直径:5m;龙门行程:12m;滑枕行程:2m	全新设计	国际先进
6	数控立式车床	GTC400160	加工直径:4 000mm;滑枕行程:1 600mm;承重:20t	全新设计	国际先进
7	数控卧式车床	HTC250800super	加工直径:2 500mm;加工长度:8 000mm;承重:80t	全新设计	国际先进
8	经济型数控车床	FTL3665	功率:5.5kW;主轴转矩:79.5N·m;主轴转速:200~3 000r/min;无级	改进设计	国内领先
9	MA 变速器壳体生产线	生产线		全新设计	国际先进

（续）

序号	产品名称	型　号	主要技术参数	产品性质	产品水平
10	缸体特殊部位柔性加工生产线	生产线		全新设计	国际先进
11	托辊加工及装配柔性自动线生产线	生产线		全新设计	国际先进
12	双刀架卧式车削中心	HTC3285t2y2	最大车削直径:320mm;最大车削长度:850mm;最大棒料加工直径:50mm;主轴最高转速:5 000r/min	全新设计	国际先进
13	并列主轴卧式车削中心	HTC2515dsp	最大车削直径:250mm;最大车削长度:150mm;快速移动速度(*X*、*Z*):30m/min;主轴最高转速:4 500r/min	全新设计	国际先进
14	倒置式立式车削中心	VTC3525i	最大车削直径:350mm;最大车削长度:250mm;快速移动速度(*X*/*Y*/*Z*):(60m/min)/(10m/min)/40m/min);主轴最高转速:4 000r/min	全新设计	国际先进
15	曲轴/凸轮轴高速外铣床	SBC25125	铣刀盘直径:500mm;最大加工长度:1 250mm,最大回转直径:250mm;各轴快速移动速度:40m/min	全新设计	国际先进
16	高速立式加工中心	VMC0645h	工作台面尺寸:630mm×450mm;工作台最大载重:300kg;快速移动速度(*X*/*Y*/*Z*):48m/min;主轴最高转速:16 000r/min	全新设计	国际先进
17	高速立式加工中心	VMC0540d	工作台面尺寸:450mm×800mm;工作台最大载重:350kg;快速移动速度(*X*/*Y*/*Z*):48m/min;主轴最高转速:24 000r/min	全新设计	国际先进
18	数控卧式车床	HTC100400	床身最大回转直径:1 200mm;车削直径:1 000mm;车削长度:4 000mm;主轴最高转速:600r/min;主电动机功率:37kW/45kW;快速移动速度:(10m/min)/(10m/min);行程:50mm/4100mm;刀架刀位数:12把;定位精度(*X*/*Z*):0.016mm/0.60mm;重复定位精度(*X*/*Z*):0.007mm/0.020mm;加工精度:IT6;表面粗糙度:R_a≤1.6μm	全新设计	国内先进
19	立式数控车床	VTC5050	车削直径:500mm;车削高度:500mm;主轴最高转速:2 200r/min;定位精度(*X*/*Z*):0.018mm/0.02mm;重复位精精度(*X*/*Z*):0.006mm/0.008mm;径向跳动:0.008mm;轴向跳动:0.005mm;表面粗糙度:R_a≤1.6μm;联动轴数:2 轴,最多3 轴	全新设计	国内先进
20	卧式车铣中心	HTM63 系列	车削直径:630mm;主轴转速:20~2 100r/min;动力刀架转速:7 000r/min;定位精度(*X*/*Y*/*Z*):0.01mm/0.01mm/0.02mm,*B*/*CF*:18"/18";重复定位精度(*X*/*Y*/*Z*):0.005mm/0.005mm/0.01mm,*B*/*CF*:8"/8";径向跳动:0.010mm;轴向跳动:0.005mm;表面粗糙度:R_a≤1.6μm(铣),R_a≤0.8μm(车);五轴联动	改进设计	国内先进
21	立式车削中心	GTC250140m	车削直径:2 500mm;车削高度:2 000mm;定位精度(*X*、*Z*):0.02/1 000mm,定位精度(*W*):0.03mm;重复定位精度:0.012mm;承重:16 000kg;行程(*Z*):1 400mm;带铣头	全新设计	国内先进
22	重型数控卧式车床	HTC160/200middle 系列	车削直径:1 600mm/2 000mm;车削长度:3 000mm/5 000mm/6 000mm/8 000mm/10 000mm/12 000mm/14 000mm/16 000mm;定位精度(*X*/*Z*):0.008mm/(0.050mm/0.070mm/0.080mm/0.100mm/0.012mm);重复定位精度(*X*/*Z*):0.007mm/0.02mm;承重:25 000kg	改进设计	国内先进

（续）

序号	产品名称	型号	主要技术参数	产品性质	产品水平
23	重型数控卧式车床	HTC200/250super 系列	车削直径：2 000mm/2 500mm；车削长度：6 000mm/8 000mm/10 000mm/12 000mm/14 000mm/16 000mm；定位精度（X）：0.01mm，定位精度（Z）：0.01mm/1 000mm、0.050mm/0.070mm/0.080mm/0.100mm/全长；重复定位精度（X/Z）：0.010mm/0.015mm；承重：50 000kg/63 000kg/80 000kg	全新设计	国内先进
24	重型数控卧式车床	HTC160/220heavy 系列	车削直径：1 600mm/2 200mm；车削长度：6 000mm/8 000mm/10 000mm/12 000mm/14 000mm/16 000mm；定位精度（X）：0.01mm，定位精度（Z）：0.01mm/1 000mm、0.050mm/0.070mm/0.080mm/0.100mm/全长；重复定位精度（X/Z）：0.008mm/0.025mm；承重：40 000kg	全新设计	国内先进
25	双主轴数控卧式车床	HTC160sub 系列	车削直径：1 600mm；车削长度：6 000mm/8 000mm/10 000mm/12 000mm/14 000mm/16 000mm；定位精度（X）：0.01mm，定位精度（Z）：0.01mm/1 000mm、0.050mm/0.070mm/0.080mm/0.100mm/全长；重复定位精度（X/Z）：0.008mm/0.025mm；承重：25 000kg	全新设计	国内先进
26	重型数控卧式车床	HTC160/200triple 系列	车削直径：1 600mm/2 000mm；车削长度：3 000mm/5 000mm/6 000mm/8 000mm/10 000mm/12 000mm/14 000mm/16 000mm；定位精度（X/Z）：0.01mm/（0.01mm/1 000mm）；重复定位精度（X/Z）：0.008mm/0.025mm；承重：25 000kg/32 000kg	全新设计	国内先进
浙江凯达机床集团有限公司					
27	卧式加工中心	KDHM630	630mm×630mm	全新设计	国内领先
28	数控立式车床	KDVL460	500mm×450mm	全新设计	国内领先
山东鲁南机床有限公司					
29	五轴联动加工中心	VHP800—5AX	工作台面尺寸：570mm×1 210mm；主轴转速范围：800～8 000r/min；最大加工件长度：800mm；最大加工件直径：420mm；回转工作台直径：315mm；主电动机功率：7.5kW/11kW	全新设计	国内先进
30	卧式加工中心	TH6363	工作台面尺寸：630mm×630mm；主轴转速范围：50～3 000r/min；最大工作台承重：1 000kg；行程（$X/Y/Z$）：800mm/650mm/750mm；回转工作台直径：315mm；主电动机功率：15kW；刀库容量：24 把	全新设计	国内领先
31	立式加工中心	XHC715	主轴转速范围：200～3 200r/min；快速移动速度：10m/min；工作台面尺寸：1 600mm×500mm；主电动机功率：11kW；行程（$X/Y/Z$）：1 000mm/500mm/600mm	全新设计	国内先进
32	数控旋压机床	PXK3504	床身上最大旋径：70mm；最大支撑长度：450mm；尾座移动距离：400mm；主轴锥孔锥度：MT6#；主轴转速：26～2 000r/min；电动刀架位数：4 把	全新设计	国内领先
33	数控车床	CLK6140S	床身最大回转直径：560mm；最大加工直径：400mm；行程（X/Z）：220mm/660mm；快速进给速度（X/Z）：（18 000mm/min）/（24 000mm/min）；主轴最高转速：4 000r/min；主电动机功率：7.5kW	全新设计	国内领先
重庆第二机床厂有限责任公司					
34	数控车床	C2—50HK/1	500mm×1 000mm	全新设计	国内先进

（续）

序号	产品名称	型号	主要技术参数	产品性质	产品水平
南昌凯马有限公司					
35	数控车床	DT200	200mm×200mm	全新设计	国内先进
36	数控车床	CH460	460mm×420mm	全新设计	国内先进
37	数控车床	CHK760	760mm×1200mm	全新设计	国内先进
38	数控立式车床	VCK800	800mm×650mm	全新设计	国内先进
39	数控车床	C2—6436P	360mm×300mm	全新设计	国内先进
40	数控车床	C2—6140K	400mm×1000mm	改进设计	国内先进
41	数控键槽铣床	XK9263	工作台面尺寸：5 000mm×800mm；行程（X/Y/Z）：5 000mm/500mm/650mm；主电动机功率：11kW；定位精度：0.015mm	全新设计	行业先进
42	铣弹簧座面专机	JD226	工作台面尺寸：1 200mm×1 000mm；行程（X/Y）：1 400mm/600mm；主电动机功率：15kW×2	全新设计	行业先进
43	数控龙门铣床	JD228	工作台面尺寸：3 000mm×800mm；行程（X/Y/Z）：3 000mm/800mm/500mm；主电动机功率：15kW；定位精度：0.015mm	改进设计	行业先进
44	单柱平面铣床	X338L	工作台面尺寸：4 500mm×800mm；行程（X/Y）：4 500mm/680mm；主电动机功率：18.5kW	改进设计	行业先进
45	滑枕铣床	X386D/2	工作台面尺寸：630mm×1 800mm；行程（X/Y/Z）：1 600mm/500mm/700mm；主电动机功率：11kW	全新设计	行业先进
天水星火机床有限责任公司					
46	卧式车削中心	CH61220	ϕ2 200mm×6 000mm	全新设计	国内领先
47	智能化数控车床	CK61100	ϕ1 000mm×5 000mm	全新设计	国际先进
48	四轴联动数控车床	CNC600	ϕ560mm	技术引进	国际先进
49	重型精密顶磨轧辊磨床	M84160	ϕ1 600mm×8 000mm	全新设计	国内领先

五、科研项目

2008 年车床行业科研项目见表 8。

表 8　2008 年车床行业科研项目

序号	项目名称	主要内容	应用状况	投入资金（万元）	项目来源
山东鲁南机床有限公司					
1	TMC25 车铣复合加工中心	研发高速大转距电主轴；刚性加工的高精度电主轴动力刀塔，高刚性、高稳定性、高减振性的整体式床身，同时具备高速、高精、高刚性的机床导轨，适合夹持精密薄壁零件的气动夹头，以及研究车铣复合加工中心的工艺规律及建立专家数据库	研制阶段	1 000	科技贷款企业自凑
2	XH2412A 龙门加工中心	行程（X/Y/Z）：3 100mm/2 000mm/700mm；快速移动速度（X/Y/Z）：（15 000mm/min）/（15 000mm/min）/（12 000mm/min）；过龙门宽度：1 750mm；工作台面尺寸：1 250mm×3 000mm；最大承重：7 500kg；主轴转速：80～3 000r/min；主电动机功率：15kW	技术转让	600	企业自凑
3	MK1250 数控龙门导轨磨床	过龙门宽度：1 250mm；工作台面尺寸：1 250mm×2 000mm；最大承重：4 200kg；主电动机功率：11kW	自行应用	300	企业自凑
浙江凯达机床集团有限公司					
4	卧式加工中心的研发	KDHM630 卧式加工中心	自行应用	500	浙江省科技厅

（续）

序号	项目名称	主要内容	应用状况	投入资金（万元）	项目来源
天水星火机床有限责任公司					
5	CH61220 卧式车削中心	车削中心，不仅具有车削、铣削、钻削等多种切削功能，而且还具有攻螺纹，在径向任意位置以及转轴端面铣槽等功能。是一种具有精度高、功率大、刚性强、精度保持性好，工艺范围广，造型美观，宜人性好，价格性能比优良等诸多优点的产品。同时，该机床还具有：既可完成高精度加工又能适应强力切削的特性。遵循现代大功率、高速切削、高精度、高效率生产的理念，床身的布局由斜床身布局改为平床身布局，消除了斜床身机床对加工工件重量的限制，改善了导轨润滑条件。*C* 轴是由蜗杆轴上的伺服电动机通过联轴器直接驱动，采用进口英国 RENOLD 公司的高精度双导程蜗杆—蜗轮传动，有效地消除了大转矩拖动产生的间隙，主轴传动与 *C* 轴传动采用液压控制，实现了主轴传动与 *C* 轴进给的平滑接合和脱开，克服了现有机床中 *C* 轴结构刚度不足的缺陷，提高了机床的内在品质	自行应用	800	自行开发
6	CK61100 智能化数控车床	主传动系统由原来 24 档手动有级调速改为采用变频电动机，实现 6 档自动液压无级变速。主轴箱上安装主轴编码器，可实现每转进给量的编程控制和恒线速切削。进给传动将原丝杠和光杠改为滚珠丝杠副，提高了进给精度。数控系统采用华中数控系统及三相变频电机，并增设手动操作站，置于普通车床的溜板箱位置，便于工人操作	自行应用	400	合作开发
7	CNC600 四轴联动数控车床	可以同时实现 *X* 轴、*Z* 轴、*Y* 轴、*C* 轴的四轴联动控制，在同 1 台机床上一次装卡工件，可同时完成车削、铣削、钻削、攻螺纹等多种功能，也可完成高速精铣、精车加工功能，加工效率高。床身底座为钢筋混凝土，床身为人造大理石，具有高抗压性、低热传导性、高吸振性，机床运行稳定性好。主轴箱只安装旋转主轴，电动机通过同步齿形带驱动主轴，内部没有齿轮传动，主轴通过铸胶方式完成定位，旋转主轴具有高精度、高稳定性	自行应用	550	合作开发
8	M84160 重型精密顶磨轧辊磨床	总体布局采用分离式结构，可避免因工件重量导致砂轮架床身变形对加工精度的影响，同时可简化制造程序，这种方案是当前国际上最先进的方案之一。拖板的纵向移动（*Z* 轴）由交流伺服电动机，经蜗轮蜗杆副减速后，通过进口德国的高精度齿条副驱动，实现无级调速，保证拖板移动具有很好的低速性能和很宽的进给范围，以根据不同规格工件选择切削速度。中凸机构是磨削有中高要求零件的关键构件，采用偏心套机构，确保了中高系列的调整范围和结构的可靠性。核心部件砂轮架，有很高的工作精度，如砂轮主轴的径向和轴向跳动≤0.002mm，且动静压主轴轴承具有很高的刚度。顶磨磨削承重可达 32t，为国内最重。可增加磨削辊颈的功能，适用范围广	自行应用	1 000	自行开发

六、获奖科研项目

2008 年车床行业获奖科研项目见表 9。

表 9　2008 年车床行业获奖科研项目

序号	项目名称	主要内容及应用范围	获奖名称	获奖等级
山东鲁南机床有限公司				
1	数控电火花微细喷孔机床系列研究开发	广泛用于柴油机喷油孔加工及军工、航空航天领域微小孔的加工	中国机械工业科学技术奖 山东省科技进步奖	三等奖 三等奖
2	非导电超硬材料电火花磨床	广泛用于工业陶瓷、金刚石等特种材料的加工	山东省科技进步奖	三等奖
天水星火机床有限责任公司				
3	SCKW61100/22m 超长型特种无缝钢管加工设备	用于加工长轴类零件的数控机床，具有高速度、重切削、高精度和高效率等特点。主轴箱采用整体结构，设有液压自动锁紧和松开装置，通过装在床身上的直齿条可沿床身 Z 向任意移动，主轴可实现 2 ~ 270 r/min 自动液压两档无级调速，以及每转进给量的编程控制和恒线速切削。纵向进给装置通过高精度低齿隙双斜齿轮齿条机构实现无级调速的快速移动和进给运动，实现全闭环控制，可很好地保持机床的加工精度。液压跟刀架安装在大拖板上，可自动横向跟进及实现触头的自动夹紧与松开，进一步保证了机床的加工精度。主要加工对象为细长轴、芯棒等，应用领域主要以石油、化工、能源和冶金等行业为主	甘肃省优秀新产品、新技术	
4	MK84160 超重型数控精密船用板材轧制设备	采用分离式结构，可避免因工件重量导致砂轮架床身变形对加工精度的影响。采用自动化程度高、精度高的伺服中心架结构，解决了重型机床上工件自动找正、调整的一大难题，提高了效率，并且质量很稳定。曲线磨削（U 轴）由交流数字伺服电机驱动原装进口德国的 Mannesmann 滚珠丝杠带动静压偏心套回转，并和 Z 轴联动完成任意曲线的磨削。控制系统是与德国 SIEMENS 公司在 SINUMRIK840D OEM 平台上联合开发的，除具有 SINUMRIK840D 系统原有的功能外，还增加了专用功能。广泛应用于船舶、造纸、轧钢、铝箔和塑料等行业加工船用板材、金属薄板、铝箔、有色金属板材、各种纸张、塑料薄膜和橡胶板材等成形表面要求高的板材。机床具有可磨削任意曲线、自动化程度高、加工表面质量高的优点	甘肃省优秀新产品、新技术	
5	LJCK3300 大型数控超精密非涅尔透镜加工设备	机动主轴为液压马达驱动恒功率系统，易于控制，可连续调节；采用天然大理石作为支承件，保障了机床的高精度。为车床配置的电致伸缩压电陶瓷微进装置，可实现精密微量进给；内置式金刚石车刀的亚干式冷风冷却装置，配备合适的吸屑系统，冷却效果极佳；非涅耳透镜结构为阿基米德螺线型，提高了加工效率；用于精密机床的在线检测系统，可在刻度显示器上随时显示工件的在线形状位置精度、表面粗糙度；研究开发了大型菲涅尔透镜自动编程系统，探讨了在加工过程中降低轮廓轨迹误差的方法，研究了前馈控制等数控技术；采用双 B 轴旋转机构可一次加工成形菲涅尔透镜环形槽，效率大为提高。研发出集数控技术、光电技术、在线测量技术于一体，国内最大回转直径的超精密菲涅尔透镜加工设备，可加工任意曲面，技术达到国际先进水平。主要应用于国防、航空航天、电信、民用商业等行业	甘肃省科技进步奖 天水市科技进步奖	一等奖 一等奖

七、合资合作项目

2008年车床行业合资合作项目见表10。

表10 2008年车床行业合资合作项目

序号	项目名称	合资合作内容	合资金额（万美元）	外方企业名称	外方占股金比例（%）	中方企业名称	中方占股金比例（%）	合资年限	合同签订日期
1	收购法国索玛（SOMAB）公司	收购索玛（SOMAB）母公司CATO集团持有的和CAZENEUVE公司持有的SOMAB公司共计81%的股权，实现法国SOMAB技术向中国星火机床转移	372.7	SOMAB	19	天水星火机床有限责任公司	81	20	2008年10月
2	参股德国WMH公司	通过参股合作，实现在中国建厂，无偿使用德国WMH品牌和技术	133.1	CCJ Beteiligungsgesellschaft GmbH	75	天水星火机床有限责任公司	25	20	2008年10月

八、企业简介

浙江凯达机床股份有限公司　浙江省机床行业重点骨干企业，国家重点高新技术企业。公司有职工1 244人，其中工程技术人员330人；工厂占地面积30万m^2，其中建筑面积15万m^2。公司技术力量雄厚，拥有省级技术中心和省重点高新技术研发中心。公司拥有锻造、钣金、精密加工、热处理、装配和油漆等全套工艺装备生产线。公司关键设备有日本卧式加工中心、美国立式加工中心，以及蜗杆砂轮磨齿机、高精度外圆磨床、数控龙门式导轨磨床、超声频淬火装置等精密高效的先进设备。

公司开发和生产的机床有ϕ250～1 400mm系列数控、数显、精密、马鞍、台式车床及车削中心。高新技术产品主要为CJK系列经济型数控车床、CK系列高速精密数控车床、KDCL—15系列全功能数控车床、KDX系列数控铣床及KDVM系列立式加工中心和KDHM系列卧式加工中心。公司生产的数控车床被评为“浙江省名牌产品”，被认定为“国家免检产品”。各类车床已批量出口美国、加拿大、德国、意大利和英国等70多个国家和地区。2008年，浣东厂区开始全面建设，10万m^2的新厂房初具规模。2008年，实现工业总产值33 713万元，工业增加值8 913万元，利税4 971万元，企业总资产达36 516万元。企业被评为中国机床工具工业协会“自主创新十佳企业”、“产品出口十佳企业”。

福州机床厂有限公司　是由原福州机床厂改制后成立的民营企业（国有资产全部退出）。2008年，公司完成工业总产值6 413万元，公司实现销售收入5 992万元，企业从业人员430人。公司主要产品有CK6180、CK6280系列数控车床，CW6180C、CW6280C系列卧式车床，F1—1023C球面车床等产品。公司注重与高等院校合作，努力提高新产品开发能力和水平；注重提高企业管理、质量管理水平，通过了ISO 9000质量管理体系认证。2009年4月底，公司完成了向福州市仓山区义序工业园新厂的搬迁。

山东鲁南机床有限公司　系大型股份制企业，由原鲁南机床厂改制而成。产品以龙门式加工中心，立式、卧式加工中心，数控铣床，数控车床，各类数控专用机床及铣床，卧式车床为主，共18大类200多个规格品种。主导产品产值数控化率达70%。公司拥有资产总额4.2亿元，各类主要加工设备985台（套），工艺及检测手段齐全。现有在职员工462人，人力资源结构层次合理。2008年，公司实现销售收入3.8亿元，出口创汇658万美元。

公司下辖两个省级技术开发中心，多次承担国家及山东省重点创新计划和科技攻关计划项目，多项技术创新项目获国家、省市科技进步奖，部分产品填补国内空白。2008年，公司通过自主创新以及消化吸收日本机床行业研发的最新技术，开发了具有世界一流水平的车铣复合加工中心，掌握了高速大扭距电主轴和动力刀塔等机床核心功能部件的关键技术，带动了企业和区域经济的产业升级，使我国的车铣复合加工中心迈入了世界先进机床行列。高精高效数控机床产品进入国防军工和航空航天企业并批量出口。并在全国40多个城市设立了品牌专卖店，产品远销世界76个国家和地区。

2005年，公司荣获“中国先进生产力示范研究基地企业”、“全国用户满意企业”及“全国售后服务行业十佳企业”等荣誉称号。2006年又荣获“山东省机械工业十大自主创新品牌企业”、“中国数控铣床十大知名品牌”、“亚洲品牌创新奖”、“世界市场中国（机床）十大年度品牌”和国家商务部颁布的“中国最具市场竞争力品牌”等称号。2007年、2008年连续被山东省人民政府评为“技术改造先进单位”，并荣获“全国用户满意企业”称号。“T”字牌加工中心被国家质量监督检验检疫总局认定为“产品质量国家免检”品牌。

天水星火机床有限责任公司　是1967年由沈阳第一机床厂搬迁天水的“三线”企业。公司性质是有限责任公司，拥有员工1 291人，总资产10.8亿元，银行信用等级AAA。公司下辖11个分厂，还分别在法国、德国、英国和国内的南京、青岛、大连、营口和兰州等地投资设立9个控股子公司及4个参股子公司。2008年，星火机床实现销售收入89 450万元，工业总产值92 885万元，实现利税在天水地区名列第一位，年人均实现利税近20万元。

公司拥有国家级企业技术中心，研发的新产品多次获国家和省部级科技奖励。公司已申报专利135项（已授权93项），其中发明专利22项（已授权6项）。公司主要产品有：大型数控车床、大型数控端面车床、大型数控轧辊磨床、大型数控轧辊车床、大型精密轧辊磨床、重型卧式车床、大型卧式车床、专用机床、轧辊车床、双柱立式车床、端面车床和自动精密低压铸造机等12大系列，品种规格可重构组合。产品广泛用于航天、航空、军工、船舶、冶金、发电、造纸和运输等设备制造业。企业建有完善的销售网络，拥有自营出口权及2 000多家经销商。产品覆盖全国各地，并销往全球40多个国家和地区。

2007年，"SPARK"牌数控车床被授予中国名牌产品称号；公司被评为中国机床工具工业协会精心创品牌活动、综合经济效益十佳企业，"SPARK"被国家商务部评为全国最具市场竞争力品牌。2008年，公司获得国家首批创新型企业之一；高新技术示范企业；产品质量信用中国500强企业；中国机床工具工业协会综合效益、自主创新、精心创品牌活动十佳企业等称号。

〔撰稿人：中国机床工具工业协会车床分会陈洪军〕

铣　床

2008年，是极不平凡的一年，我国经济发展经受了特大自然灾害和国际金融危机的严峻考验。随着国际金融危机的扩散和蔓延，全球机床行业都感受到"严冬"的到来，我国机床工具行业也受到了严重的冲击和影响，经济增速逐渐放缓。尤其自2008年8月份以后，市场销售形势出现了近几年未曾有过的萧条。面对突如其来的危机，铣床行业广大企业在认清形势的同时，积极采取灵活有效的措施，调整经营策略，加大自主创新，加快产业和产品结构调整，应对经济危机带来的不利影响，从多变的形势中捕捉和把握机遇，保持了铣床行业稳步、健康地发展。

一、基本情况

铣床分会在册统计会员单位35家，其中国有企业11家，集体控股企业6家，私人控股企业17家，台商控股企业1家，职工人数约2.4万人。参加年鉴汇总的铣床分会会员单位有28家，其中上海第三机床厂和福建省三明机床有限责任公司两个企业数据已上报其他分会，为避免重复统计，本年鉴铣床行业统计数据中不包括这两个企业。

根据铣床分会26家会员单位的统计，2008年，铣床行业的经济运行总体情况基本良好，主要经济指标仍保持增长的态势，但相比2002年以来机床行业的持续高速增长，增速明显减缓。2008年，完成工业总产值（现价）857 926万元，比上年增长15.97%；产品销售产值832 771万元，比上年增长18.1%；实现利税128 135万元，比上年增长10.9%；从业人员平均人数23 705人，比上年增长0.68%。2008年铣床行业（26家企业）主要经济指标完成情况见表1。2008年铣床行业企业主要经济指标完成情况见表2。

表1　2008年铣床行业（26家企业）主要经济指标完成情况

指标名称	单位	实际完成
工业总产值（现价）	万元	857 926
其中：机床工具类产品总产值	万元	709 151
工业销售产值（现价）	万元	832 771
其中：机床工具类产品销售产值	万元	617 155
工业增加值	万元	388 680
实现利税	万元	128 135
从业人员平均人数	人	23 705
资产总计	万元	1 386 714
流动资产平均余额	万元	882 147
固定资产净值余额	万元	301 780

表2　2008年铣床行业企业主要经济指标完成情况

序号	企业名称	工业总产值（现价）（万元）	工业销售产值（现价）（万元）	从业人员平均人数（人）
1	北京第一机床厂	258 742	245 814	3 604
2	宁波海天精工机械有限公司	75 555	76 154	788
3	杭州友佳精密机械有限公司	61 659	60 236	750
4	四川长征机床集团有限公司	55 682	52 341	1 544
5	北京精雕科技有限公司	44 877	41 710	962
6	云南西仪工业股份有限公司	44 386	41 512	2 946
7	浙江日发数码精密机械股份有限公司	42 786	42 875	252
8	南通科技投资集团股份有限公司	37 943	35 310	2 062
9	北京机电院高技术股份有限公司	31 285	32 198	459
10	山东威达重工股份有限公司	30 724	30 724	1 048
11	北京京仪世纪自动化设备有限公司	30 443	26 840	706

（续）

序号	企业名称	工业总产值（现价）（万元）	工业销售产值（现价）（万元）	从业人员平均人数（人）
12	江苏新瑞机械有限公司	17 813	19 109	640
13	桂林机床股份有限公司	16 887	15 753	1 732
14	南昌凯马有限公司	14 827	15 176	1 738
15	深圳市捷甬达实业有限公司	14 046	17 800	197
16	杭州铣床制造有限公司	13 007	13 888	753
17	青海一机数控机床有限责任公司	11 126	10 396	820
18	黄山皖南机床有限公司	9 751	9 686	460
19	大连科德数控有限公司	9 180	8 436	212
20	成都普瑞斯数控机床有限公司	8 769	9 227	160
21	长春数控机床有限公司	6 580	6 541	335
22	福建省威诺数控有限公司	6 259	5 099	136
23	安徽晶菱机床制造有限公司	6 163	6 163	446
24	河北发那数控机床有限公司	4 008	2 879	152
25	南京四开电子企业有限公司	2 884	4 253	81
26	云南三龙机械集团有限公司昆明铣床厂	2 545	2 651	722

二、生产情况

受国际金融危机的影响，自2008年8月份之后，多数企业的产量出现下滑，库存量增加，后续合同减少，企业面临巨大的经营压力。从机床产量上看，26家企业金属切削机床总产量34 032台，比上年下降25%。其中数控机床产量11 039台，比上年下降7%，占金属切削机床总产量的32.4%。在数控机床中，加工中心产量3 956台，比上年下降1.4%，其中立式加工中心产量下降7.8%，卧式加工中心产量下降4.8%，而龙门加工中心产量增长59.6%。从产值上看，26家企业的金属切削机床总产值62.9亿元，比上年只降低2.5%。显然产值降幅远小于产量降幅，其缘于企业产品结构的优化。其中数控机床产值49.3亿元，比上年增长13.8%，占金属切削机床总产值的78.4%。在数控机床中，加工中心产值21.4亿元，比上年增长6.9%，其中立式加工中心产值降低13.8%，卧式加工中心产值降低18.6%，而龙门加工中心产值增长122.6%。

由以上数据可以看出，不同档次产品的产量和产值增减差异明显。铣床行业中，受经济危机冲击最为严重的是中小型普通铣床，需求迅速下滑，销量下降50%以上，库存量大增，致使以生产中小型普通铣床为主的厂家面临巨大困难；低端数控铣床、加工中心需求趋缓，订单下滑明显，且由于生产厂家众多，竞争更加激烈；而重型、超重型数控型龙门产品逆势上行，产量和产值均创历史最好水平。由此可见，产品档次越低，制造企业进入的门槛越低，在此次经济危机中受到的冲击就越大，而高端产品抵御市场波动的能力较强，市场优势愈加明显。2008年铣床行业分类产品生产情况见表3。2008年铣床行业企业分类产品生产情况见表4。

表3　2008年铣床行业分类产品生产情况

产品名称	实际完成		其中：数控	
	产量（台）	产值（万元）	产量（台）	产值（万元）
金属切削机床	34 032	629 327	11 039	493 490
加工中心	3 956	214 471	3 956	214 471
立式加工中心	3 107	109 923	3 107	109 923
卧式加工中心	255	30 860	255	30 860
龙门式加工中心	576	73 219	576	73 219
其他加工中心	18	468	18	468
车床	1 368	32 611	1 046	30 633
钻床	89	840	25	463
镗床	104	11 817	53	11 574
磨床	346	2 786	65	2 031
铣床	28 040	365 436	5 768	232 959
特种加工机床	99	892	99	892
其他金属切削机床	30	474	27	468
金属成形机床	18	47		
机械压力机	18	47		

注：表中产值合计数据由于四舍五入有微小出入。

表4　2008年铣床行业企业分类产品生产情况

序号	企业及产品名称	实际完成		其中：数控	
		产量（台）	产值（万元）	产量（台）	产值（万元）
1	北京第一机床厂				

（续）

序号	企业及产品名称	实际完成		其中:数控	
		产量（台）	产值（万元）	产量（台）	产值（万元）
	金属切削机床总计	4 357	224 611	954	182 308
	加工中心	348	22 787	348	22 787
	立式加工中心	301	13 378	301	13 378
	卧式加工中心	36	5 330	36	5 330
	龙门加工中心	11	4 079	11	4 079
	铣床	3 856	198 224	508	156 037
	车床	48	2 232	46	2 215
	钻床	53	99		
	磨床	52	1 269	52	1 269
2	南通科技投资集团股份有限公司				
	金属切削机床总计	4 196	36 209	939	19 483
	加工中心	271	10 359	271	10 359
	立式加工中心	264	9 377	264	9 377
	卧式加工中心	6	713	6	713
	龙门加工中心	1	269	1	269
	铣床	3 504	21 864	395	5 535
	车床	280	3 244	246	3 121
	磨床	114	275		
	其他金属切削机床	27	468	27	468
3	桂林机床股份有限公司				
	金属切削机床总计	751	16 831	115	9 041
	加工中心	6	2 039	6	2 039
	龙门加工中心	6	2 039	6	2 039
	铣床	740	14 784	109	7 002
	钻床	2	2		
	刨床	3	6		
4	青海一机数控机床有限责任公司				
	金属切削机床总计	331	10 546	245	9 968
	加工中心	102	7 884	102	7 884
	立式加工中心	29	1 025	29	1 025
	卧式加工中心	73	6 859	73	6 859
	铣床	229	2 663	143	2 084
5	四川长征机床集团有限公司				
	金属切削机床总计	2 225	27 948	285	12 241
	加工中心	132	8 573	132	8 573
	立式加工中心	116	4 465	116	4 465
	卧式加工中心	5	684	5	684
	龙门加工中心	11	3 424	11	3 424
	铣床	2 093	19 375	153	3 668
6	云南三龙机械集团有限公司昆明铣床厂				
	金属切削机床总计	364	2 114	3	72
	铣床	313	1 871	3	72
	镗床	51	243		
7	南昌凯马有限公司				
	金属切削机床总计	548	5 637	10	815

（续）

序号	企业及产品名称	实际完成		其中:数控	
		产量（台）	产值（万元）	产量（台）	产值（万元）
	铣床	292	3 873	10	815
	车床	256	1 763		
8	浙江日发数码精密机械股份有限公司				
	金属切削机床总计	743	44 537	743	44 537
	加工中心	382	27 456	382	27 456
	立式加工中心	291	15 761	291	15 761
	卧式加工中心	56	6 495	56	6 495
	龙门加工中心	35	5 200	35	5 200
	车床	361	17 081	361	17 081
9	杭州铣床制造有限公司				
	金属切削机床总计	864	2 880	51	337
	加工中心	2	20	2	20
	立式加工中心	2	20	2	20
	铣床	862	2 861	49	317
10	长春数控机床有限公司				
	金属切削机床总计	269	2 529	57	1 168
	加工中心	17	598	17	598
	立式加工中心	16	376	16	376
	龙门加工中心	1	222	1	222
	铣床	252	1 931	40	570
11	北京京仪世纪自动化设备有限公司				
	金属切削机床总计	343	2 524	56	864
	加工中心	3	53	3	53
	立式加工中心	3	53	3	53
	铣床	320	2 244	33	584
	车床	20	227	20	227
12	黄山皖南机床有限公司				
	金属切削机床总计	1 171	8 701	177	2 325
	加工中心	24	739	24	739
	立式加工中心	24	739	24	739
	铣床	1 147	7 963	153	1 586
13	安徽晶菱机床制造有限公司				
	金属切削机床总计	477	4 294	2	34
	铣床	477	4 294	2	34
14	北京机电院高技术股份有限公司				
	金属切削机床总计	245	12 822	245	12 822
	加工中心	232	12 061	232	12 061
	立式加工中心	232	12 061	232	12 061
	磨床	13	761	13	761
15	宁波海天精工机械有限公司				
	金属切削机床总计	611	62 060	611	62 060
	加工中心	611	62 060	611	62 060
	立式加工中心	109	3 454	109	3 454
	卧式加工中心	54	8 670	54	8 670
	龙门加工中心	448	49 937	448	49 937

（续）

序号	企业及产品名称	实际完成		其中:数控	
		产量（台）	产值（万元）	产量（台）	产值（万元）
16	深圳市捷甬达实业有限公司				
	金属切削机床总计	3 158	12 965	312	5 300
	加工中心	148	3 828	148	3 828
	立式加工中心	147	3 675	147	3 675
	龙门加工中心	1	153	1	153
	铣床	2 679	7 409	30	300
	车床	65	355	35	280
	磨床	167	481		
	特种加工机床	99	892	99	892
17	江苏新瑞机械有限公司				
	金属切削机床总计	119	16 117	110	15 841
	加工中心	32	3 804	32	3 804
	立式加工中心	14	596	14	596
	卧式加工中心	3	288	3	288
	龙门加工中心	15	2 920	15	2 920
	钻床	34	739	25	463
	镗床	53	11 574	53	11 574
18	杭州友佳精密机械有限公司				
	金属切削机床总计	1 135	30 431	1 135	30 431
	加工中心	851	23 994	851	23 994
	立式加工中心	844	23 374	844	23 374
	卧式加工中心	7	620	7	620
	车床	284	6 437	284	6 437
19	山东威达重工股份有限公司				
	金属切削机床总计	7 789	30 724	653	8 997
	加工中心	166	3 775	166	3 775
	立式加工中心	166	3 775	166	3 775
	铣床	7 623	26 949	487	5 222
20	北京精雕科技有限公司				
	金属切削机床总计	3 341	44 449	3 341	44 449
	铣床	3 341	44 449	3 341	44 449
21	河北发那数控机床有限公司				
	金属切削机床总计	42	3 546	42	3 546
	加工中心	42	3 546	42	3 546
	龙门加工中心	42	3 546	42	3 546
22	成都普瑞斯数控机床有限公司				
	金属切削机床总计	195	8 769	195	8 769
	加工中心	195	8 769	195	8 769
	立式加工中心	195	8 769	195	8 769
23	大连科德数控有限公司				
	金属切削机床总计	233	8 940	233	8 940
	加工中心	179	7 668	179	7 668
	立式加工中心	156	5 770	156	5 770
	龙门加工中心	5	1 430	5	1 430
	其他加工中心	18	468	18	468

（续）

序号	企业及产品名称	实际完成		其中:数控	
		产量（台）	产值（万元）	产量（台）	产值（万元）
	车床	54	1 272	54	1 272
24	福建省威诺数控有限公司				
	金属切削机床总计	360	6 259	360	6 259
	加工中心	213	4 458	213	4 458
	立式加工中心	198	3 258	198	3 258
	卧式加工中心	15	1 200	15	1 200
	铣床	147	1 801	147	1 801
25	南京四开电子企业有限公司				
	金属切削机床总计	165	2 884	165	2 884
	铣床	165	2 884	165	2 884

三、出口情况

2008 年,铣床行业金属切削机床出口量总体上与上年大体持平,但出口交货值增长 1 倍多。从出口量看,金属切削机床出口 5 967 台,比上年增长 1.3%。其中数控铣床出口 238 台,比上年增长 5.3%;立式加工中心出口 165 台,比上年降低 24%。从出口交货值看,金属切削机床出口额 22 258 万美元,比上年增长 127%。其中数控铣床出口额 18 071 万美元,比上年增长 247%;立式加工中心出口额 1 057 万美元,比上年增长 0.8%。由此明显看出,出口机床价值量的增长远远大于实物量的增长,说明出口机床的技术含量和产品档次有较大提升。2008 年铣床行业分类产品出口情况见表 5。2008 年铣床行业企业分类产品出口情况见表 6。

表 5　2008 年铣床行业分类产品出口情况

产品名称	实际完成		其中:数控	
	出口量（台）	出口额（万美元）	出口量（台）	出口额（万美元）
金属切削机床	5 967	22 258	615	20 470
加工中心	168	1 213	168	1 213
立式加工中心	165	1 057	165	1 057
龙门加工中心	3	156	3	156
车床	214	1 186	205	1 180
铣床	5 568	19 848	238	18 071

注: 由于四舍五入,表中出口额合计数有微小出入。

表 6　2008 年铣床行业企业分类产品出口情况

序号	企业及产品名称	实际完成		其中:数控	
		出口量（台）	出口额（万美元）	出口量（台）	出口额（万美元）
1	北京第一机床厂				
	金属切削机床总计	229	18 820	211	18 783
	铣床	56	17 875	38	17 838
	车床	173	945	173	945
2	南通科技投资集团股份有限公司				
	金属切削机床总计	279	111	1	1
	铣床	270	105	1	1
	车床	9	6		
3	桂林机床股份有限公司				
	金属切削机床总计	134	214		
	铣床	134	214		
4	青海一机数控机床有限责任公司				
	金属切削机床总计	11	39	9	37
	加工中心	9	37	9	37
	立式加工中心	9	37	9	37
	铣床	2	2		
5	四川长征机床集团有限公司				
	金属切削机床总计	94	385	12	275

（续）

序号	企业及产品名称	实际完成		其中:数控	
		出口量（台）	出口额（万美元）	出口量（台）	出口额（万美元）
	加工中心	12	275	12	275
	立式加工中心	9	118	9	118
	龙门加工中心	3	157	3	157
	铣床	82	110		
6	云南三龙机械集团有限公司昆明铣床厂				
	金属切削机床总计	100	93		
	铣床	100	93		
7	浙江日发数码精密机械股份有限公司				
	金属切削机床总计	58	520	58	520
	加工中心	35	323	35	323
	立式加工中心	35	323	35	323
	车床	23	197	23	197
8	长春数控机床有限公司				
	金属切削机床总计	2	3	1	2
	铣床	2	3	1	2
9	北京京仪世纪自动化设备有限公司				
	金属切削机床总计	122	129		
	铣床	122	129		
10	黄山皖南机床有限公司				
	金属切削机床总计	115	78	2	3
	铣床	115	78	2	3
11	北京机电院高技术股份有限公司				
	金属切削机床总计	10	27	10	27
	加工中心	10	27	10	27
	立式加工中心	10	27	10	27
12	深圳市捷甬达实业有限公司				
	金属切削机床总计	85	65	12	36
	加工中心	8	30	8	30
	立式加工中心	8	30	8	30
	磨床	13	5		
	铣床	60	24		
	特种加工机床	4	6	4	6
13	江苏新瑞机械有限公司				
	金属切削机床总计	5	236	5	236
	加工中心	5	236	5	236
	立式加工中心	5	236	5	236
14	杭州友佳精密机械有限公司				
	金属切削机床总计	28	119	28	119
	加工中心	19	80	19	80
	立式加工中心	19	80	19	80
	车床	9	39	9	39
15	山东威达重工股份有限公司				
	金属切削机床总计	4 655	1 236	226	248
	加工中心	60	108	60	108
	立式加工中心	60	108	60	108

（续）

序号	企业及产品名称	实际完成		其中:数控	
		出口量（台）	出口额（万美元）	出口量（台）	出口额（万美元）
	铣床	4 595	1 128	166	140
16	北京精雕科技有限公司				
	金属切削机床总计	30	87	30	87
	铣床	30	87	30	87
17	成都普瑞斯数控机床有限公司				
	金属切削机床总计	10	98	10	98
	加工中心	10	98	10	98
	立式加工中心	10	98	10	98

四、新产品开发情况

随着市场形势的巨变，高端产品与低端产品的市场差异凸显出来。提高自主创新能力，在产品研发上形成积累，优化产品结构，在中高端产品领域实现突破，以此增强企业抵御市场风险的能力，是企业在这场经济危机中形成的共识。2008 年，铣床行业大多数企业在逆境中寻找机遇，加大新产品的开发力度，增强企业的核心竞争力。四川长征机床集团有限公司针对铁道和船舶行业的需求，在 DMC1000 重型铣车复合加工中心的基础上，派生出系列产品以满足高速和中速内燃机车曲轴加工的要求；宁波海天精工机械有限公司着力开发重型龙门五面加工中心和大型卧式车铣复合加工中心等高端产品，并正在与浙江大学联合建立我国机床行业最大的工程试验中心；北京机电院高技术股份有限公司在五轴加工中心及五轴龙门铣床上引入直驱技术，进行模块化设计，开发新型高速、精密立式加工中心，形成多种规格、不同档次的系列产品，满足了用户的多样化需求；北京第一机床厂加大重型和中型中高端产品的开发力度，利用并购的德国科堡子公司在重型机床技术方面对国内产品开发研制部门的支持，同时通过北一精机（北京）设计有限公司引进日本的设计资源，开发具有自主知识产权核心技术的中型高端产品，不断推出国内市场急需的核心技术单元和产品，并争取在高端产品创造高端价值方面取得实质性进展。2008 年，北京第一机床厂签订的价值 8 700 万元的数控双龙门移动镗铣床又一次刷新了国内金属切削机床单台售价纪录。

据铣床分会统计，2008 年，铣床行业完成新产品开发项目 97 项，其中全新设计产品有 69 项，占新产品开发项目的 71%。在新产品开发项目中，立式、卧式加工中心有 27 项，大型数控龙门镗铣床及龙门加工中心有 25 项。2008 年铣床行业新产品开发情况见表 7。

表 7　2008 年铣床行业新产品开发情况

序号	产品名称	型　号	主要技术参数	产品性质	产品水平	产品属性
北京第一机床厂						
1	五轴联动定梁龙门镗铣床	XKAV2425×50	工作台面尺寸：2 500mm×5 000mm；行程（$X/Y/Z$）：5 700mm、4 500mm、1 750mm，C 轴 360°连续，A 轴 ±95°；主轴最高转速：2 000r/min	全新设计	国内先进	企业新产品
2	数控龙门移动镗铣床	XKA2830×140	工作台面尺寸：3 000mm×4 000mm；行程（$X/Y/Z$）：15 500mm/5 000mm/1 500mm；主轴最高转速：2 000r/min；主轴电动机功率：60kW；进给速度：X 向 10 000mm/min，Y 向 6 000mm/min，Z 向 3 000mm/min	改型设计	国际先进	企业新产品
3	立式复合车削中心	CHA564	行程：X_1/X_2 =400mm，Y_1 =1 950mm，Y_2 =1 000mm，Z_1/Z_2 =450mm；Y 向快速进给速度：60m/min；主轴转速：30～2 500r/min	改型设计	国际先进	行业新产品
4	龙门加工中心	XHA2150×130	工作台面尺寸：5 000mm×13 000mm；行程（$X/Y/Z$）：13 720mm/6 400mm/2 500mm；主轴最高转速：2 500r/min；主轴电动机功率：105kW；进给速度：X 向 10 000mm/min，Y 向 8 000mm/min，Z 向 6 000mm/min	全新设计	国内先进	行业新产品

（续）

序号	产品名称	型　　号	主要技术参数	产品性质	产品水平	产品属性
5	卧式加工中心	XHAE7612	工作台面尺寸:1 250mm×1 250mm;工作台面距地面高度:1 350mm	全新设计	国际先进	行业新产品
四川长征机床集团有限公司						
6	专用双轴轴向轮槽数控铣床	CX056	三向行程:1 500mm/1 300mm/1 000mm;主轴电动机功率:55kW;加工转子最大直径:3 500mm	全新设计、技术引进	国际先进	行业新产品
7	五坐标立式加工中心	LVC600	最大叶片加工直径:460mm;主轴电动机最大功率:35kW	全新设计	国际先进	企业新产品
8	五坐标横梁移动龙门加工中心	GMC2500H/2×70	工作台面尺寸:2 500mm×7 000mm;龙门通过尺寸(宽×高):3 300mm×2 100mm;主电动机功率:42kW/55kW	全新设计	国内先进	企业新产品
9	五坐标横梁移动龙门加工中心	GMC2000H/2	工作台面尺寸:2 000mm×4 000mm;龙门通过尺寸(宽×高):2 800mm×2 100mm;主电动机功率:42kW/55kW	全新设计	国内先进	企业新产品
10	横梁移动龙门加工中心	GMC1600A	工作台面尺寸:1 600mm×3 000mm;龙门通过尺寸(宽×高):2 250mm×1 650mm;主电动机功率:22kW/30kW	全新设计	国内先进	企业新产品
11	高速立式加工中心	AVC1200HC	工作台面尺寸:560mm×1 250mm;电动机功率:26.5kW/30kW	全新设计	国内先进	企业新产品
12	专用机械扫描装置	CX055	三向行程($X/Z_1/Z_2$):1 600mm/1 500mm/1 500mm	全新设计	国内先进	企业新产品
安徽晶菱机床制造有限公司						
13	龙门镗铣加工中心	XH4225	工作台面尺寸:2 500mm×6 000mm	全新设计	国内先进	企业新产品
南昌凯马有限公司						
14	铣钢印槽专机	JD223	工作台面宽度:660mm;行程(X/Z):200mm/250mm;主电动机功率:5.5kW	全新设计	国内先进	企业新产品
15	铣弹簧座面专机	JD226	工作台面宽度:1 000mm;行程(X):1 100mm,手动调整;主电动机功率:15×2kW	全新设计	国内先进	企业新产品
16	扩口机	JD351A	扩口直径:6~55mm;主轴转速:92~1 500r/min;主轴伸缩行程:120mm;主轴手动调整行程:250mm;主电动机功率:0.85kW/1.5kW	全新设计	国内先进	企业新产品
17	连铸毛坯专用铣床	JD230	工作台面宽度:800mm;行程(X/Y):1 250mm/100mm;主电动机功率:32kW/42kW	全新设计	国内先进	企业新产品
18	八头龙门铣床	JD187C	工作台面宽度:800mm;行程(X):4 800mm;主电动机功率:7.5kW×5,11kW×1,2.2kW×2	全新设计	国内先进	企业新产品
19	数控滑枕墙板铣床	JD225	工作台面宽度:630mm;主电动机功率:11kW	全新设计	国内先进	企业新产品
20	双端落地轧辊铣床	XK9416	工作台面宽度:1 600mm;行程($X/Y/Z$):3 200mm/500mm/1 200mm;主电动机功率:11kW	全新设计	国内先进	企业新产品
21	数控龙门钻铣床	ZK7480C	行程($X/Y/Z$):1 000mm/2 000mm/500mm;主电动机功率:7.5kW/9kW	全新设计	国内先进	企业新产品

（续）

序号	产品名称	型　号	主要技术参数	产品性质	产品水平	产品属性
22	大孔径车床	CND6180/8M	最大工件回转直径：800mm；主轴通孔直径：130mm；最大工件长度：8 000mm；主电动机功率：11kW	改型设计	国内先进	企业新产品
23	卧式车床	CN6180/12M	最大工件回转直径：800mm；主轴通孔直径：100mm；最大工件长度：12 000mm；主电动机功率：11kW	改型设计	国内先进	企业新产品
青海一机数控机床有限责任公司						
24	卧式加工中心	XH766 系列	工作台面尺寸：630mm×630mm	改型设计	国内先进	企业新产品
25	卧式加工中心	XH765	工作台面尺寸：500mm×500mm	改型设计	国内先进	企业新产品
26	五坐标铣磨加工中心	XHA766	工作台面尺寸：630mm×630mm	全新设计	国内先进	行业新产品
27	卧式加工中心	XH7645	工作台面尺寸：450mm×450mm	改型设计	国内先进	企业新产品
28	卧式加工中心	XH755G/2	工作台面尺寸：560mm×560mm	改型设计	国内先进	企业新产品
29	立式加工中心	XH714 系列	工作台面尺寸：1 200mm×460mm	改型设计	国内先进	企业新产品
30	龙门加工中心	XHD2315	工作台面尺寸：3 000mm×1 500mm	全新设计	国内先进	企业新产品
南通科技投资集团股份有限公司						
31	龙门镗铣加工中心	GMC2560	工作台面尺寸：2 500mm×6 000mm；主轴转速：20～3 000r/min	全新设计	国内领先	企业新产品
32	龙门型立式加工中心	VGC1500	工作台面尺寸：850mm×1 600mm；主轴转速：10～6 000r/min	全新设计	国内领先	企业新产品
深圳市捷甬达实业有限公司						
33	五轴联动数控机床	V850—5AX	行程（*X/Y/Z*）：800mm/500mm/600mm；*A* 轴 ±110°；*B* 轴 360°；主轴转速：8 000r/min；快速进给速度（*X/Y/Z*）：20m/min；*A* 轴、*B* 轴快速进给速度：3 000°/min；五轴加工零件最大直径：250～500mm	技术引进	国内领先	企业新产品
34	数控双主轴加工中心	L—850	主轴转速：8 000r/min、24 000r/min	全新设计	国内领先	
35	高速加工机床	GVC—850	主轴转速：15 000r/min，快速进给速度：48m/min	改型设计	国内领先	
云南西仪工业股份有限公司						
36	斜床身数控车床	XCK—4516	ϕ160mm/300mm	全新设计		企业新产品
37	斜床身数控车床	XCK—4525	ϕ250mm/400mm	全新设计		企业新产品
38	斜床身数控车床	XCK—4532	ϕ320mm/580mm	全新设计		企业新产品
39	斜床身数控车床	XCK—4545	ϕ450mm/1 000mm	全新设计		企业新产品
40	立式钻铣中心	XCZ—7120A	工作台面尺寸：400mm×630mm，行程（*X/Y/Z*）：550mm/400mm/380mm	全新设计		企业新产品
41	数控龙门镗铣床	XCL—2204B	工作台面尺寸：1 800mm×4 000mm，行程（*X/Y/Z*）：4 200mm/2 200mm/1 000mm	改型设计		企业新产品
大连科德数控有限公司						
42	铣车复合加工中心	KD—1550FH	五轴联动，最大加工尺寸：ϕ2 000mm×1 400mm	全新设计		行业新产品
43	车铣复合加工中心	KD—4200	五轴联动，最大加工尺寸：ϕ660mm×1 542mm	全新设计		行业新产品

（续）

序号	产品名称	型　　号	主要技术参数	产品性质	产品水平	产品属性
浙江日发数码精密机械股份有限公司						
44	立式数控车床	RFCL100	最大车削直径:1 000mm;最大车削长度:800mm;主轴转速:300r/min;快速移动速度（X/Z）:（16m/min）/（20m/min）;行程（X/Z）:35mm/840mm;定位精度:$X<0.01$mm,$Z<0.02$mm;重复定位精度:$X<0.007$mm,$Z<0.01$mm	全新设计	国内先进	企业新产品
45	双工位带交换台立式数控车床	RFCL63D	最大车削直径:750mm;最大车削长度:500mm;主轴最高转速:2 500r/min;快速移动速度（X/Z）:（30m/min）/（30m/min）;行程（$X_1/X_2/Z_1/Z_2$）:550mm/550mm/550mm/550mm;定位精度:$X_1/X_2<0.015$mm,$Z_1/Z_2<0.02$mm;重复定位精度:$X_1/X_2<0.007$mm,$Z_1/Z_2<0.011$mm	全新设计	国内先进	企业新产品
46	动柱动梁龙门加工中心	RFMP12035	加工范围（$X/Y/Z/W$）:14 500mm/4 500mm/1 000mm/1 500mm;工作台面尺寸:12 000mm×3 000mm;主轴转速:10～4 500r/min;快速移动速度（$X/Y/Z/W$）:（10m/min）/（10m/min）/（10m/min）/（5m/min）;定位精度:（$X/Y/Z/W$）:（0.012mm/1 000mm）/0.03mm/0.02mm/0.025mm;重复定位精度:（$X/Y/Z/W$）:（0.015mm/2 000mm）/0.015mm/0.01mm/0.015mm	全新设计	国内先进	行业新产品
长春数控机床有限公司						
47	钻杆线焊缝精加工机床	CSK—T03	外圆主轴箱主轴转速:60～533r/min;滑台最大行程:300mm;旋转盘数控刀具切削行程:35mm;内孔主轴箱主轴转速:100～1 000r/min;滑台最大行程:900mm;夹具夹持范围:ϕ98.02～216mm;输送装置夹持范围:ϕ60.3～168.3mm	全新设计	国内先进,填补国内空白	行业新产品
48	钻杆线管端加工机床	CSK—T04	外圆主轴箱主轴转速:106～729r/min;滑台行程:350mm;滑台安全离合器打滑转矩:15N·m;内孔主轴箱主轴转速:165～925r/min;滑台最大行程:350mm;夹具夹持范围:ϕ60.3～168.3mm;钳口夹持范围:43～127mm;液压马达驱动转矩108N·m;液压额定压力:14MPa;泵最大流量:66L/min;外圆主轴变频电动机:额定功率37kW,转速424～2 916r/min,额定转矩239N·m	全新设计	国内先进,填补国内空白	行业新产品
49	龙门五面体加工中心	GMCU2060	工作台面尺寸:6 000mm×2 000mm;最大承载重量:9 000kg;行程（$X/Y/Z$）:6 000mm/2 000mm/1 000mm;三轴进给速度:5～12 000mm/min;快速移动速度:20m/min;主轴转速:40～5 000 r/min;主轴最大输出转矩:381N·m;配置32把或40把刀的链式刀库和凸轮自动换刀机构,实现自动换刀,换刀时间为3s;定位精度:0.025mm;重复定位精度:0.012mm	全新设计	国内先进	企业新产品

（续）

序号	产品名称	型　号	主要技术参数	产品性质	产品水平	产品属性
50	新型摩擦焊机	C—32	摩擦顶锻力:30～320kN;主轴摩擦转速:1 000～1 500r/min（可调）;焊接工件直径:20～45mm（棒料）;焊件截面积:315～1 590mm²（棒料）;旋转夹具夹持工件长度：50～135mm;移动夹具夹持工件长度：50～145mm;移动夹具最大行程:600mm;进给速度：0.04～12mm/s（可调）;液压泵压力级16MPa,转速960r/min	全新设计	国内先进	行业新产品
51	卧式加工中心	HMC63	工作台面尺寸:630mm×630mm;主轴转速45～6 000r/min;行程（X/Y/Z）:920mm/750mm/800mm;快速移动速度（X）:24m/min;进给速度（X、Y、Z）:5～10 000mm/min	全新设计	国内先进	企业新产品
52	钢管管端切管机床	CSK—T06/T07	主轴箱主轴转速:60～500r/min;管端夹具夹持范围:φ60～200mm（可调）;管端夹具最大行程:500mm;管端定位最大行程:700mm;管端定位移动速度:500mm/min;输送装置夹持范围:φ60.3～200mm	全新设计	国内先进，填补国内空白	行业新产品
53	双头摩擦焊机	CS—125—J	最大顶锻力:1 250kN;最大焊接面积8 450mm²;焊接管料最大内、外直径:D=150d=86mm;液压系统最高压力:21MPa;液压泵流量:160L/min×2	全新设计	国内先进，填补国内空白	行业新产品
54	后扭力梁组合机	CSK—ZJ01	主工作台行程:5 500mm;主工作台面积(长×宽):1 450mm×550mm;主工作台进给电动机转矩:22N·m;主工作台快速移动速度:10 000mm/min;粗铣主轴电动机功率:11kW;粗铣主轴电动机转速:200r/min;粗铣液压滑台行程:400mm;粗铣液压滑台进给速度:12.5～500mm/min;精铣主轴电动机功率:5.5kW;精铣数控滑台行程:200mm;精铣主轴电动机转速:400r/min	全新设计	国内先进	行业新产品
北京京仪世纪自动化设备有限公司						
55	晶体切断机	QD230	工作台面尺寸:400mm×500mm,锯断直径:230mm	全新设计	国内领先	企业新产品
56	立式加工中心	VMC850C	行程（X/Y/Z）：800mm/500mm/700mm;主轴转速:8 000r/min	全新设计	国内领先	企业新产品
黄山皖南机床有限公司						
57	数控螺杆铣床	WJ—06ZL	工作台面尺寸:420mm×1 800mm;行程(纵向/横向):1 100mm/200mm;主电动机功率：11kW；定位精度：±0.08mm;重复定位精度：±0.005mm	全新设计	国内一般	企业新产品
58	立式加工中心	XH718	工作台面尺寸:800mm×1 700mm;主轴转速:6 000r/min;行程（X/Y/Z）:1 800mm/800mm/700mm;主电动机功率：15kW/18.5kW；定位精度：±0.01mm；重复定位精度：±0.005mm	改型设计	国内一般	企业新产品

（续）

序号	产品名称	型　　号	主要技术参数	产品性质	产品水平	产品属性
59	万能升降台铣床	X6142	工作台面尺寸:420mm×1 600mm;主轴转速:30～1 500r/min	改型设计	国内一般	企业新产品
北京机电院高技术股份有限公司						
60	数控油口磨床	MCJ02	行程（X/Y/Z）：760mm/510mm/380mm;各直线轴进给速度:0.1～5 000mm/min;各直线轴快速进给速度:15m/min;各直线轴进给分辨率:0.001mm;C轴转速:60r/min;卧轴砂轮线速度:80m/s;立轴砂轮线速度:100m/s	全新设计	国内先进	企业新产品
61	数控端面槽磨床	MKQ750E	A轴旋转角度:任意;工作台面尺寸:580mm×1 000mm;工作台承载:450kg;进给速度:0.1～5 000mm/min;快速移动速度:10m/min;砂轮电主轴转速:36 000r/min;砂轮线速度:80m/s	全新设计	国内先进	企业新产品
宁波海天精工机械有限公司						
62	重型龙门五面加工中心	HTM—35GE×125	工作台面尺寸：3 000mm×120 000mm	全新设计	国际领先	行业新产品
63	卧式加工中心	HTM—100H	工作台面尺寸:1 000mm×1 000mm	全新设计	国内领先	行业新产品
桂林机床股份有限公司						
64	数显强力龙门铣床	GLS2020D/6	工作台面尺寸:2 000mm×6 000mm	改型设计	国内先进	企业新产品
65	数显强力龙门铣床	GLS2025D/6	工作台面尺寸:2 500mm×6 000mm	改型设计	国内先进	企业新产品
66	动梁定柱数显龙门铣床	XS2520C/5	工作台面尺寸:2 000mm×5 000mm	改型设计	国内先进	企业新产品
67	动梁定柱数显龙门铣床	XS2525D/6	工作台面尺寸:2 500mm×6 000mm	改型设计	国内先进	企业新产品
68	数控双面床身式铣床	GLK7916SC/10	工作台面尺寸:1 600mm×10 000mm	改型设计	国内先进	企业新产品
69	数控滑枕床身铣床	XK6660/2	工作台面尺寸:600mm×2 000mm	技术引进	国内先进	企业新产品
70	数控床身铣床	X776A/1	工作台面尺寸:600mm×1 635mm	技术引进	国内先进	企业新产品
71	数控滑枕床身铣床	XK7916B/3	工作台面尺寸:1 600mm×3 000mm	技术引进	国内先进	企业新产品
江苏新瑞机械有限公司（江苏多棱数控机床股份有限公司）						
72	五轴联动龙门镗铣床	TK4220/5X—40	工作台面尺寸:2 000mm×4 000mm;行程（X/Y/Z/A/C）：4 500mm/2 700mm/1 000mm/±100°/±200°;主轴最高转速:14 000r/min;主轴最大转矩:955N·m	改型设计	国内领先	企业新产品
73	定梁龙门加工中心	GF2040	工作台面尺寸:2 000mm×4 000mm;行程（X/Y/Z）:4 500mm/2 700mm/1 000mm;主轴最高转速:4 000r/min	改型设计	国内先进	企业新产品
74	定梁双交换五面体龙门加工中心	GF1220P/H	工作台面尺寸:1 200mm×2 000mm（2块）;主轴锥孔:BT40;行程（X/Y/Z）;2 500mm/2 500mm/1 000mm	全新设计	国内领先	企业新产品
75	动梁五面体龙门加工中心	XH2120/H—60	工作台面尺寸:2 000mm×6 000mm;主轴锥孔:BT50;行程（X/Y/Z/W）:6 500mm/3 500mm/1 000mm/1 850mm;刀库容量:60把	全新设计	国内先进	企业新产品
76	门动式五面体龙门加工中心	XK2725/H—60	工作台面尺寸:2 500mm×6 000mm;主轴锥孔:BT50;行程（X/Y/Z）:6 000mm/4 000mm/1 000mm	全新设计	国内先进	企业新产品

（续）

序号	产品名称	型　号	主要技术参数	产品性质	产品水平	产品属性
山东威达重工股份有限公司						
77	卧式加工中心	HMC630	主轴转速:35～8 000r/min	全新设计		企业新产品
78	立式加工中心	XH713	主轴转速:40～6 000r/min	全新设计		企业新产品
79	龙门刨床	B2012A	主轴转速:70～1 350r/min	全新设计		企业新产品
80	升降台铣床	XW6136	主轴转速:70～3 620r/min	全新设计		企业新产品
81	摇臂钻床	ZW3080	主轴转速:16～1 250r/min	全新设计		企业新产品
北京精雕科技有限公司						
82	精雕数控雕刻机	PMS _ V08	行程（X/Y/Z）：400mm/400mm/200mm	改型设计		企业新产品
83	精雕数控雕刻机	Carver—PMS—ATC—G	行程（X/Y/Z）：400mm/400mm/160mm	改型设计		企业新产品
84	精雕数控雕刻机	Carver800	行程（X/Y/Z）：600mm/800mm/300mm	全新设计		企业新产品
85	精雕数控雕刻机	JDSP—DRT	行程（X/Y/Z）：400mm/300mm/165mm	全新设计		企业新产品
86	精雕数控雕刻机	SmartMill—XMS	行程（X/Y/Z）：500mm/600mm/230mm	全新设计		企业新产品
87	精雕数控雕刻机	SmartCNC 500	行程（X/Y/Z）：500mm/280mm/260mm	全新设计		企业新产品
88	精雕数控雕刻机	SmartCNC 450	行程（X/Y/Z）：450mm/200mm/160mm	全新设计		企业新产品
89	精雕数控雕刻机	Carver—LMS	行程(X/Y/Z):460mm/600mm/80mm	改型设计		企业新产品
90	精雕数控雕刻机	Carver600G—SM	行程（X/Y/Z）：600mm/500mm/300mm	全新设计		企业新产品
成都普瑞斯数控机床有限公司						
91	钻铣加工中心	PD500A	工作台面尺寸:400mm×630mm;行程(X/Y/Z):550mm/400mm/380mm	全新设计		企业新产品
92	立式加工中心	PV1300	工作台面尺寸:700mm×1 500mm;行程(X/Y/Z):1 300mm/700mm/650mm	全新设计		企业新产品
93	立式加工中心	PL1000	工作台面尺寸:500mm×1 200mm;行程(X/Y/Z):1 020mm/520mm/600mm	全新设计		企业新产品
94	立式加工中心	PL700A	工作台面尺寸:420mm×1 000mm;行程(X/Y/Z):700mm/410mm/550mm	改型设计		企业新产品
福建省威诺数控有限公司						
95	立式加工中心光机	WNC1890	工作台面尺寸:2 000mm×900mm;行程(X/Y/Z):1 800mm/900mm/680mm	改型设计		企业新产品
96	立式加工中心光机	WNC1690	工作台面尺寸:1 800mm×900mm;行程(X/Y/Z):1 600mm/900mm/680mm	改型设计		企业新产品
97	卧式加工中心	WN—50H	工作台面尺寸:500mm×500mm;行程(X/Y/Z):700mm/650mm/600mm	技术引进		行业新产品

五、科研项目

2008年,铣床行业共开展科研项目54项,是上年的近2倍。科研项目主要是针对新产品开发中的关键技术进行科技攻关。其中北京第一机床厂承担的“大功率、大转矩摆角铣头关键技术研究”项目,被国家科技部列为国家科技支撑计划。该项目的完成,将填补我国高档数控机床功能部件尖端技术的空白。2008年铣床行业科研项目见表8。

表 8　2008 年铣床行业科研项目

序号	科研项目名称	主要内容	投入资金（万元）	项目来源
北京第一机床厂				
1	大功率、大转矩摆角铣头关键技术研究	自主开发、试制大功率、大转矩 B 轴摆角铣头，攻克大功率、大转矩 B 轴摆角铣头在计算机辅助设计、分析计算、制造、测试方面的关键技术，形成一批具有自主知识产权的关键技术，填补我国在这方面的空白	300	国家支撑科研项目
2	数控装备系统测试与评价共性技术的研究及应用	针对高效精密数控装备新产品（整机、功能部件、数控装置等）的研发，制定适用于高效精密数控机床和关键功能部件的试验、测试评定方法及规范。试验测试评定方法包括：高效精密数控机床试验、测试评定方法和体系，关键功能部件的试验、测试评定方法及规范，以及建立功能部件综合性能（动态特性、刚度与阻尼特性等）测试平台，以适应制造业技术发展的要求。在新产品的研制过程中应用该评定体系，可以对设计阶段、样机试制阶段、小批试制阶段提出改进、优化措施，有助于加快数控机床技术的创新步伐，提升企业自主研发新产品的能力，提高国产机床的市场竞争力	150	北京市科研项目
3	高速换刀机构（ATC）工程化研究及应用	课题创新点：凸轮机械手换刀机构数字化模型的建立和数字仿真研究；凸轮机械手换刀机构零部件误差的研究；弧面凸轮加工工艺方案的确定；凸轮机械手换刀机构检测方法的研究和实验平台的开发	300	北京市科研项目
4	北京高档数控装备研发服务平台的建设——重型机床开放实验室 1 期建设及关键技术预研	实验室建成后将形成专门从事重型机床设计、制造、关键技术研究与测试评价的研发基地	190	北京市科研项目
5	汽车大型覆盖件模具五轴联动数控设备的研发及应用	五轴联动电气控制技术、运动安全互锁电气保护技术的开发；五轴联动数控机床的结构分析与设计，基于参数化与约束的三维数字化装配的建模；五轴联动数控机床中大型横梁结构件的建模及分析；完成摆角铣头三维数字化装配建模；完成摆角铣头的装配及其约束分析；五轴联动数控机床中摆角铣头功能部件摆动链的建模与刚度分析；五轴联动数控机床中摆角铣头功能部件支撑系统的建模；五轴联动数控机床中大型功能部件的刚柔耦合分析；完成主机及关键功能部件的结构设计和电气系统设计	1 000	北京市科研项目
6	供应链协同下的企业精细化管理系统	完善和提升已有的管理系统；研究和开发适应于大批量定制生产的 ERP，并在数控机床生产中应用；研究和开发供应链协同下的企业精细化管理系统，并实现主机厂和配套厂各自的内外部供应链协同下的精细化管理	100	北京市科研项目
四川长征机床集团有限公司				
7	CX059 风电设备加工专用铣床	研制开发，完成技术资料及图样，并生产样机 1 台	1 560	企业自立项目
8	CX057 核电专用叉型叶轮销孔数控钻床	研制开发，完成技术资料及图样，并生产样机 1 台	930	企业自立项目
9	GMC4000H/2 可换主轴的五轴联动龙门加工中心	研制开发，完成技术资料及图样，并生产样机 1 台	835	企业自立项目
10	GFC3000×120 龙门移动加工中心	研制开发，完成技术资料及图样，并生产样机 2 台	1 420	企业自立项目

（续）

序号	科研项目名称	主要内容	投入资金（万元）	项目来源
11	GF2500×60 数控龙门移动铣床	研制开发，完成技术资料及图样，并生产样机1台	350	企业自立项目
12	LVC600 五轴联动立式加工中心	研制开发，完成技术资料及图样，并生产样机2台	255	企业自立项目
13	GMC1600A 横梁移动龙门加工中心	研制开发，完成技术资料及图样，并生产样机2台	265	企业自立项目
14	GFU3000×80 数控龙门移动铣床	研制开发，完成技术资料及图样，并生产样机1台	365	企业自立项目
15	大型曲轴的编程加工技术	完成曲轴的编程加工	32	企业自立项目
16	叶片五轴联动加工编程技术	完成五轴联动编程加工	25	企业自立项目
北京机电院高技术股份有限公司				
17	数控油口磨床	研制适用于汽车转向机行业的磨床精加工设备	80	企业自立项目
18	中大规格立式加工中心研制	产品实行系列化、模块化设计，实现基础件为一柱（立柱）、两床（床身）、四箱（主轴箱）、四座（滑座）和八台（工作台）	130	企业自立项目
19	数控端面槽磨床	开发具有自主知识产权的数控阀套端面槽专用磨床	68	企业自立项目
南通科技投资集团股份有限公司				
20	MCH63 精密卧式加工中心	同步双驱高速高效精密卧式加工中心新产品研制	402.7	江苏省科技成果转化专项资金项目
21	VGC1500 龙门型立式加工中心	新产品的研发与试制	356.1	国家火炬计划
22	5DMCH63 五轴联动卧式加工中心	新产品的研发与试制	632.3	江苏省科技成果转化专项资金项目
23	GDMC—5M 动梁龙门五面加工中心	新产品的研发与试制	512.5	自行开发
深圳市捷甬达实业有限公司				
24	五轴联动加工中心	研制五轴转台及五轴联动加工技术	1 000	与高校合作开发
25	数控双主轴复合加工机床	雕刻、铣削复合	800	企业自主开发
26	高速加工机床	高转速、快速进给	600	企业自主开发
大连科德数控有限公司				
27	卧式铣车复合加工中心	基于切削动力学分析的数字化设计，重心驱动和双驱技术，直驱技术，整机热设计和热补偿		企业自立项目
28	立式车铣复合加工中心	基于切削动力学分析的数字化设计，重心驱动和双驱技术，直驱技术，整机热设计和热补偿		企业自立项目
福建省威诺数控有限公司				
29	新型卧式加工中心	新产品研制	581	福建省经贸委
南京四开电子企业有限公司				
30	高档数控系统关键共性技术开发	五轴联动数控系统的研发	1 000	江苏省重大成果转化专项
桂林机床股份有限公司				
31	XK(Z)XH(Z)29 系列数控龙门移动铣床	完成系列产品的开发设计及试制		企业自立项目

（续）

序号	科研项目名称	主 要 内 容	投入资金（万元）	项目来源
宁波海天精工机械有限公司				
32	HTM—35GEX125 龙门式五面加工中心	采用伺服回转式自动交换头库；横梁升降采用动态双油缸液压平衡技术		企业自立项目
北京精雕科技有限公司				
33	面向平面加工的专业CAD/CAM 软件	面向平面加工的专业软件 EngMaker	78	企业自立项目
34	三维虚拟雕塑技术的研究	三维虚拟雕塑软件 JDVirs 3D	131	企业自立项目
35	湿切削石墨加工技术的研究	开发适用于石墨加工的湿切削加工专机	223	企业自立项目
36	自动上下料装置的研究	开发适合于眼镜、玻璃等产品加工的自动上下料装置	42	企业自立项目
37	固定式刀库的研究	开发适合于雕刻加工的固定式刀库	34	企业自立项目
38	单轴回转工作台的研究与开发	开发适用于数控雕刻的经济型单转轴数控回转工作台	26	企业自立项目
39	双轴回转工作台的研究	开发适用于数控雕刻的经济型双转轴数控回转工作台	60	企业自立项目
40	精雕 50 数控系统	开发适用于精雕数控雕刻机的高版本数控系统	160	企业自立项目
41	JDPaint6.0 精雕雕刻CAD/CAM 软件	开发适用于小刀具加工的高版本 CAD/CAM 软件	125	企业自立项目
42	JD62ATC 主轴	研制生产适用于高速切削的电主轴	94	企业自立项目
长春数控机床有限公司				
43	CS—125—J 双头摩擦焊技术研发	双头焊接的等量控制：主要技术内容是相对位移误差、相对转速误差、运动的相对阻尼力误差等的等量控制；双头摩擦焊机可提高大吨位摩擦焊机的焊接效率，减少焊件焊后加工工序。夹具结构为引进国外的先进结构	347	自主研发
44	CT—130—J 特种摩擦焊技术项目研发	液压系统：主加压系统采用进口比例阀，控制压力达到设定值的响应时间（冷态测量）<0.20s，焊接过程中压力波动<10%；计算机控制系统：手动调整、功能模拟、开机自检、液压站油温可实现超温报警及自动控制。参数设置：径向位移修正系数（轴向与径向换算系数），径向位移零点确认（冷态零点标定），压力、转速、时间、烧损等参数。焊接过程曲线包括：转速、压力、位移、转矩与时间的函数关系	260	自主研发
45	CG—250—J 重型惯性摩擦焊技术研发	惯量动平衡控制及轴向动载荷平衡结构的研发，惯性焊接工艺的研究，夹具自动定心及浮动夹紧机构的研发，各焊接工艺参数监控系统的研发	370	自主研发
46	GMCU2060 龙门五面体加工中心	采用高架横梁移动式结构，其特点是机床的龙门侧墙架高，并固定不动，龙门横梁在高架侧墙上移动，工作台永久性地固定于地基。这种结构因为被加工的大型零件不移动，机床的移动部件惯量小，其动态性能优于工作台移动式的龙门加工中心和龙门框架移动式的动柱龙门加工中心。配置 32 把或 40 把刀的链式刀库和凸轮自动换刀机构（ATC），实现自动换刀，换刀时间为（刀对刀）3s，可以任意选刀；机床定位精度达到 0.025mm，重复定位精度达到 0.012mm；可以选用 90°直角铣头组成五面体加工中心，也可配 AC 双摆头组成五轴联动加工中心	260	自主研发

（续）

序号	科研项目名称	主要内容	投入资金（万元）	项目来源
47	XK718 立式加工中心	本项目主要研制开发的关键技术是垂直移动部件的液压平衡技术，通过粘贴进口导轨软带和对滚珠丝杠预拉伸，提高传动系统的刚度，从而提高机床最小分辨率；通过改进机床基础件的结构，改善了加工工艺性和装配工艺性，提高了机床的静、动态刚度和稳定性以及机床的精度保持性；减少了主轴及传动部件的热变形，提高了机床精度。本项目预期目标是：机床定位精度达到 ±0.01mm，重复定位精度达到 ±0.008mm，机床的最小分辨率达到 0.003mm，几何精度达到精密级加工中心的标准	60	自主研发
山东威达重工股份有限公司				
48	卧式加工中心	研究大轴径高速主轴技术	70	山东省技术创新项目
49	龙门刨床	龙门刨床自动刀架	25	山东省技术创新项目
50	升降台铣床	铣床升降台进给换向装置	10	企业自选
浙江日发数码精密机械股份有限公司				
51	三代轮毂轴承磨超自动生产线	数控磨床自动线	1 358	自主开发
江苏新瑞机械有限公司				
52	五轴联动机床关键共性技术自主研制及产业化开发	五轴机床关键共性技术的研究、国产数控系统及伺服系统的应用、模块化系列化技术的开发	10 000	江苏省项目
53	基于 UG Teamcenter 的数控机床全生命周期信息化技术集成与应用示范	UG Teamcenter 与 ERP 的集成、UGS CAM 与 UGS CAE 的使用、建立 CAD CAM CAE PDM 一体化系统、建立 MES 系统	500	常州市项目
54	江苏省数控机床工程技术研究中心	数控机床公共平台的建设	3 000	江苏省项目

2008 年，铣床行业共有 12 项科研项目获奖。其中四川长征机床集团有限公司的“DMC1000（重型）铣车复合加工中心”研制项目，获得四川省科技进步奖一等奖；北京第一机床厂等 4 家企业的 7 个产品获得 2008 年“中国数控机床展览会春燕奖”。2008 年铣床行业获奖科研项目见表 9。

表 9　2008 年铣床行业获奖科研项目

序号	项目名称	主要内容及应用范围	获奖名称	获奖等级	主要完成单位
1	CHA564 立式复合车削中心	自主研发具有国际水平、在机床行业有技术引领作用的产品。主要用于加工盘套类、批量化生产的零件，如汽车行业的刹车盘、刹车鼓等。机床两侧配备物流，非常适合工厂组线使用	CCMT2008 春燕奖		北京第一机床厂
2	B3HM—022 数控顺序内圆珩磨机	研究开发多轴多工位顺序珩磨加工机床，顺序珩磨是在传统珩磨基础上结合铰孔加工的特点发展起来的一种磨削方式。该机床采用模块化设计，主轴个数和转台工位数可以根据用户零件的工艺要求，为用户提供最佳的加工方案。主要用于压缩机缸体、增压器、汽车制动泵、连杆、液压件等精密孔的加工，在冰箱压缩机行业和连杆加工中应用广泛	CCMT2008 春燕奖		北京第一机床厂
3	DMC1000（重型）铣车复合加工中心	主要内容：研制开发，形成完整图样及技术资料，并生产样机 1 台。适用于大型曲轴零件加工	四川省科技进步奖	一等奖	四川长征机床集团有限公司
4	GMC2000 横梁移动龙门加工中心	主要内容：研制开发，形成完整图样及技术资料，并推广应用。适用于大型机械、航空、航天和汽车模具等行业零件的加工	自贡市科技进步奖	一等奖	四川长征机床集团有限公司

（续）

序号	项目名称	主要内容及应用范围	获奖名称	获奖等级	主要完成单位
5	AVCP1200H 高速高精度立式加工中心	主要内容：研制开发，形成完整图样及技术资料，并生产样机 1 台。适用于航空、航天、汽车、船舶、发电设备、模具及高新技术等行业零件的制造	CCMT2008 春燕奖		四川长征机床集团有限公司
6	L—850 双主轴加工中心	该机床具有双主轴结构，可以利用其中铣削主轴进行一般的铣削、钻削、镗孔、铰孔和攻螺纹等加工，另外，还可以用高速电主轴进行高速精密和超精表面加工。双主轴的启动、停止、转速的选择都由数控系统控制，加工过程中可通过程序任意切换其中一个主轴进行加工。工件一次装夹可完成铣削、钻削、镗孔、铰孔、攻螺纹、高速精密和超精表面加工等工序。既具备加工模具功能，同时又有雕刻功能，符合现代机床向复合化、高效化发展的大趋势	深圳市自主创新产品		深圳市捷甬达实业有限公司
7	V850—5AX 五轴联动数控机床	在数控机床三个运动方向 X、Y、Z 以外再增加两个方向的转动，使工件除了在 X 轴、Y 轴、Z 轴方向的直线运动外，还能实现 A 轴方向 0°～180°之间的摆动和 B 轴方向 0°～360°的回转运动。通过五轴联动数控系统的控制，结合特殊加工编程工艺，实现五轴联动加工	深圳市自主创新产品		深圳市捷甬达实业有限公司
8	SKY2003N 开放式数控系统	高档数控系统特别是五轴联动数控系统	江苏省科技进步奖	二等奖	南京四开电子企业有限公司
9	FMS63 柔性制造系统	是针对机械加工行业多品种小批量或大批量生产的箱体类零件，特别是汽车发动机箱体、变速箱箱体等产品自主研发的自动化、柔性化、智能化制造系统。该系统由 3 台自己研制的高速精密卧式加工中心连成的基本加工单元，以及清洗单元，装卸单元，立体仓库，物流的运输及管理系统，刀具及工件管理系统，监控及计算机总控制系统和生产计划管理系统等组成。主要应用于汽车工业、航空航天工业、轻纺设备制造业、石化设备制造业和一般精密机械加工业等行业箱体类零件的中小批量多品种和大批大量加工	CCMT2008 春燕奖		江苏新瑞机械有限公司
10	H100P5 柔性制造单元	采用卧式结构、带五个交换托盘，具有高速、高精度、高可靠性特点。适用于精度要求较高的箱体类零件的中小批量高效、多工序精密加工，同时也适用于汽车发动机缸体、缸盖等精密加工	CCMT2008 春燕奖		江苏新瑞机械有限公司
11	VGW400 高速五轴立式加工中心	可加工空间曲面类零件	CCMT2008 春燕奖		大连科德数控有限公司
12	LKW—2530 五轴龙门加工中心	可加工空间曲面类大型零件	CCMT2008 春燕奖		大连科德数控有限公司

六、企业简介

参加年鉴汇总的老会员单位的企业简介在上几版年鉴中已刊登过，本年鉴只介绍 6 个新会员单位。

南京四开电子企业有限公司 是从事数控系统及数控机床开发、研究、生产和经营的高科技股份制企业。公司自 1993 年成立以来，以发展中国数控技术为己任，进行了大量系统的基础研究和开发，走出了一条我国 PC 数控技术发展的全新道路。

公司现有员工 81 人，其中中级职称（含中级）以上的技术人员占总人数的 30%，专职人员中，拥有中高级职称的人员占 50%。主要产品有：定梁龙门式高速数控雕铣机床、动梁龙门式高速数控雕铣机床、龙门式加工中心、高精高速铣床和五轴联动铣床等多系列二十几个品种。多个产品被授予江苏省高新技术产品称号，公司也被认定为江苏省高新技术企业。“定梁龙门式高速数控雕铣机床”行业标准由公司起草并已颁布实施。

公司自行研制的具有自主知识产权的 SKY 系列数控系统，是国内最先在 32 位 CPU 通用微机平台上开发的、性能价格比很高的全功能数控系统，为发展我国数控技术和打破国外垄断，做出了应有的贡献。该系统2006年通过了江苏省科技成果鉴定，专家一致认为具有国际先进水平。

受中国机械工业联合会委托，组织编写的《高速切削与五轴联动数控加工实训教程》，填补了国内五轴数控加工教材的空白，为读者提供了高速及五轴联动加工技术的理论和相关知识，有助于读者掌握高速及五轴联动加工的编程和操作。

云南西仪工业股份有限公司 （国营第三五六厂），始建于1939年，隶属于中国兵器装备集团公司，国家大型一类企业，是全国最大的汽车发动机连杆总成专业厂。产品主要有特种机械产品、汽车发动机连杆总成、机床及关键功能部件。

根据国家“十一五”机床产业发展规划和云南省“十一五”机床产业发展规划，公司在“十一五”期间，将建成国内实力较强的数控机床及关键功能部件的生产基地。公司拥有雄厚的机械加工、锻造、砂铸、精密铸造、表面处理、热处理以及刀具、夹具、量具和模具等设计加工能力。

公司技术中心为省级技术中心，是企业技术创新的主体，是企业核心能力的表征。公司年产加工中心600台、数控龙门镗铣床50台、数控车床100台、摇臂铣床9 000台。公司建有国家认可的校准实验室和部级理化检测机构，自1996年宣贯GJB/Z 9001标准以来，先后通过了ISO 9002、QS 9000质量体系认证和ISO/TS 16949认证，为保证产品质量奠定了坚实的基础。

充分利用云南的资源优势、能源优势及自身的技术优势，公司与台湾旭正有限公司合作生产万能摇臂铣光机已有十余年历程，是全国最大的光机生产基地。凭借近70年丰富的机械加工经验、配套齐全的设施、优秀的人力资源，公司与昆明台正精密机械有限公司相互参股，成为良好的战略合作伙伴，于2005年开始生产机床整机和关键功能部件，产品主要有“西仪精工”数控机床，立式万能摇臂铣床及尾座、溜板箱总成和其他机床功能部件等，产品已在广东、福建、浙江、江苏、上海、重庆和成都等地区批量销售。

2008年8月6日，公司成功在深圳证交所挂牌上市，开创了国内军品资产整体上市的先河。打通融资渠道，吸纳社会资本，将有利于加速公司生产线的改造和新建，同时，也提升了公司的知名度和信誉度，为重大科技项目的实施、工业园区的打造以及公司做大做强战略的运作，提供了强大的资金支撑。

大连科德数控有限公司 成立于2008年1月28日，前身为大连光洋科技工程有限公司机床制造本部。公司主要致力于数控机床、机床关键功能部件的研究开发、生产制造、市场营销，是一家集科、工、贸产业化于一体的全构架高新技术企业。

公司主要生产制造三至五轴龙门加工中心、三至五轴立式加工中心、数控雕铣机、全功能数控车床、高性能普及型数控车床、数控镗床和直驱式单/双摆铣头、单/双轴转台等八大系列40余种产品。

公司产品的优势特点是，所有主导产品的研发以自主创新为主，合作开发和引进国际先进技术为辅。数控机床采用“大连光洋科技有限公司”自主研发的目前世界速度最快的全数字总线式开放系统和自主研发的直驱式单/双摆铣头、单/双轴转台等机床关键功能部件；开创了机床产品整机结构从控制系统到关键执行部件，均由一家公司全套提供的先例；解决了不同公司产品之间的接口兼容性不强和性能匹配的差别等问题，确保了产品的高精密、高效率以及高可靠性。产品的高科技含量和优秀性能，可抵御任何时空条件下的国际技术封锁与客户后续成本的攀高，并可为客户提供最快捷的技术升级换代支持、最实用优惠的专利技术与工艺解决方案、最省心可靠的品质保证与全方位多角度的售后服务。

公司通过了ISO 9000国际质量管理体系认证，从产品研发到验收全面贯彻国家标准和行业标准。公司拥有独立的品质检测中心、完善的质量监控体系和先进的检测手段，为精品机床的制造提供了良好的技术保障。

大连科德数控有限公司于2008年4月21日在“第五届中国国际数控机床展览会”上首次登场，参展产品分别获“自主创新奖”、“自主创新精品奖”、“春燕奖”等5个奖项。

秉承“做人厚德载物，做事厚积薄发”的传统文化，持有“科技开创未来，德信造就品牌”的企业理念，大连科德数控有限公司将打造中国机械行业的民族知名品牌。

成都普瑞斯数控机床有限公司 成立于2005年4月7日，2005年12月获得四川省科学技术厅颁发的“高新技术企业认定证书”；2006年获得ISO 9001：2000质量管理体系认证证书。2007年，公司荣获中国质量信誉监督管理协会“重质量、守信誉先进单位”和成都市高新区“优秀高新技术企业”称号。另外，经专业机构审核评价，公司被评为AA级信用等级。

公司主要管理人员和技术人员具有长期从事数控机床和加工中心设计制造的经历，具有丰富的理论知识和实践经验。具备国际品牌数控产品的设计、装配、装调的技术能力，具有现代企业管理理念和管理水平。

公司主要产品为PL线轨系列、PV滑轨系列立式加工中心，PQ系列定梁式高速龙门加工中心，PT系列钻铣加工中心以及PG系列大型数控龙门铣床，共计5个系列近40个型号产品，产品数控化率100%。产品重点服务于航空航天、兵器、汽车摩托车、模具、铁道、电子、通信、核工业以及教育系统等行业，为其提供高性能、高效率的自动化加工工艺装备和技术，用于加工各种复杂型面的机械零件和模具零件。公司还为广大用户提供交钥匙工程项目服务，如今已为客户提供了多条交钥匙工程生产线。

公司以先进的技术和丰富的经验专注于数控领域的开拓，以良好的性能和卓越的品质，得到了市场的充分认可，在全国各地已具有广泛的用户群。

以“团结、创新、品质、服务”为企业精神，公司目标是加速推进数控技术及产品的发展，在数控领域创立独具特色的著名品牌。

福建省威诺数控有限公司 创建于1998年，总资产3 000万元，员工136人，其中工程技术与高级管理人员36人，有高级技术职称的12人。公司拥有国内外知名品牌的生产设备60多台，年生产立式加工中心、卧式加工中心300多台。

在2008年金融危机的大背景下，公司坚持走“科技兴企”的发展道路，投入581万元成立研发中心，并以其为核心，下设多个跨部门、跨层级的创新小组。同时，充分利用外部资源，与高校及科研机构签定长期技术合作协议，转换和运用其科研成果，给企业带来良好的经济效益。2008年，完成工业总值6 259万元，工业销售产值5 099万元，其中机床工具类产品销售产值1 160万元。研发中心成功开发出W856、W856—1、W856—2系列数控加工中心，WN2445五轴联动龙门加工中心等多项重大项目。2008年，销往波兰的数控机床新产品，为公司创汇200多万元，填补了威诺数控产品出口的空白。2008年，公司先后申请7项产品专利，分别是加工中心主轴外观、加强筋配重块链轴、高整移动床身副轨、连体式马达座、跨距大底座导轨、导轨乱屑片和配重系统使用的氮气平衡缸系统。

“精耕细作”是公司的服务目标，也是公司对消费者的承诺。2008年公司充分利用各种社会有效资源，最大限度地提高品牌的传播效益，使“威诺数控机床”的市场知名度、信誉度大大提高。同时积极开展“客户满意工程”，不断改进产品质量，建立完善的售前、售中、售后服务体系，满足不同市场的需求。公司已拥有不同地区、不同规模的市场网络60多个，销售网点20多个。

回顾过去，展望未来，威诺人充满信心，迈着坚定的脚步，借助高新技术及良好的销售网络，在复杂的市场形势及金融危机冲击中，一定能再创奇迹。

宿迁市金马机床有限公司 前身是宿迁机床厂，始建于1969年，1998年改制更名为宿迁市金马机床有限公司，是原机械部定点生产铣床的专业厂，是江苏省高新技术企业。“宿机”牌铣床商标被认定为江苏省著名商标。公司通过了ISO 9001质量体系认证，其范围覆盖升降台铣床的设计、开发、生产和服务。公司占地面积3.8万m^2，职工200多人，其中专业技术人员56人，拥有固定资产2 247万元，各种主要设备388台，其中精、大、稀设备近50台。公司主要生产X57—3、X6125、X6132系列万能升降台铣床，X5025、XQ5025S、X5032系列立式升降台铣床，X5012、X6012系列仪表铣床，XZ5325、XZ5025系列立式升降台铣钻床，XJ6225系列万能回转头铣床，XZ5625系列立式滑枕升降台铣床，XK6028、XQK6025系列数控卧式升降台铣床和XK5028、XQK5025系列数控立式升降台铣床等8大系列60多种产品，年产各种机床1 000余台。产品主要销往国内20多个省市，还出口到10多个国家和地区。

公司拥有完备的生产质量管理体系，严格的管理制度，拥有专职检验人员22人，检验设备齐全，检验手段完善。

〔撰稿人：中国机床工具工业协会铣床分会胡瑞琳〕

钻　镗　床

2008年，是钻镗床行业经历非常不平凡的一年。如同整个机床工具行业一样，钻镗床行业也经受了世界金融危机的巨大冲击。但由于行业企业及时采取了各种有效措施，最大限度地减少了世界金融危机的影响，整个行业的生产经营仍然处于比较好的状态。

一、企业及产品结构

钻镗床分会共有会员企业57家，上报统计数据的有26家，包括了本行业的主要大中型企业和生产经营形势比较好的企业。其中国有控股企业占31.58%，集体控股企业占17.54%，私人控股企业占49.12%，外资企业占1.75%。

行业主要产品包括：各式镗床、数控镗床，各式钻床、数控钻床、数控钻铣床、数控铣钻床和钻削中心，立式加工中心、卧式加工中心、龙门式加工中心和落地式加工中心。五轴联动、五面加工、高速、高精度、高效、智能和环保数控机床已经成为近几年行业发展的重点产品。

2008年，钻镗床行业完成工业总产值1 047 361万元，比上年增长20.1%；工业销售产值1 012 637万元，比上年增长19.9%。2008年钻镗床行业主要经济指标完成情况见表1。2008年钻镗床行业企业主要经济指标完成情况见表2。

表1　2008年钻镗床行业主要经济指标完成情况

指标名称	单位	实际完成
工业总产值(现价)	万元	1 047 361
其中：机床工具类产品产值	万元	941 860
工业销售产值(现价)	万元	1 012 637
其中：机床工具类产品销售产值	万元	921 225
工业增加值	万元	412 197
实现利税	万元	85 878
从业人员平均人数	人	18 475
资产总计	万元	1 140 629
流动资产平均余额	万元	735 354
固定资产净值平均余额	万元	255 681

表2　2008年钻镗床行业企业主要经济指标完成情况

序号	企业名称	工业总产值(现价)(万元)	工业销售产值(万元)	从业人员平均人数(人)
1	沈阳机床(集团)有限公司(钻镗床产品)	636 265	618 827	9 778

（续）

序号	企业名称	工业总产值（现价）(万元)	工业销售产值（万元）	从业人员平均人数(人)
2	汉川机床集团有限公司	70 579	65 617	1 488
3	昆明台成精密机械有限公司	70 076	70 076	202
4	芜湖恒升机床有限责任公司	43 105	31 834	450
5	浙江西菱台钻制造有限公司	25 760	27 594	720
6	江苏多棱数控机床股份有限公司	17 813	19 109	309
7	江苏省南京第四机床厂	15 882	15 155	1 265
8	杭州西湖台钻有限公司	14 085	14 198	412
9	山东福临机械制造有限公司	11 647	11 548	530
10	宁夏中卫大河机床有限责任公司	10 107	10 042	896
11	桂林正菱第二机床有限责任公司	4 152	4 054	490
12	云南丽江机床有限公司	4 112	4 025	229
13	宁夏银川大河数控机床有限公司	3 756	3 881	225
14	安徽省黄山台钻有限公司	3 506	3 105	189
15	浙江吉成高科机床有限公司	3 206	2 674	222
16	四川省自贡机床厂	2 115	1 632	501
17	运城市新器数控机床有限公司	1 500	1 100	118
18	福州台钻厂	1 367	1 080	112
19	中山市翠山机械制造有限公司	1 297	1 431	152
20	西安专用机床厂	1 271	1 478	118
21	新乡市金钢机床有限责任公司	259	245	69

注：沈阳机床（集团）有限公司数据包括中捷机床有限公司、沈机集团昆明机床股份有限公司、中捷立式加工中心事业部、中捷钻镗床厂和沈阳中捷轻型摇钻厂。

二、生产、销售及出口情况

2008年，钻镗床行业共生产金属切削机床110 047台，比上年增长46.4%；产值902 311万元，比上年增长20.3%。其中生产镗床5 920台，比上年增长11.2%；产值340 237.1万元，比上年降低2.6%。生产钻床38 003台，比上年降低24.0%；产值152 586万元，比上年增长11.8%。生产加工中心8 296台，比上年增长234.8；产值343 273万元，比上年增长47.1%。生产其他金属切削机床57 828台，比上年增长232.7%；产值662 16万元，比上年增长116.8%。生产成形机床15 518台，比上年增长1.6%；产值1 164万元，比上年增长68%。生产台钻194 076台，比上年增长51.2%；产值27 855万元，比上年增长37.8%。

2008年，钻镗床行业共出口金属切削机床23 494台，比上年增长87.2%；出口额12 056万美元，比上年降低63.2%。其中出口数控机床220台，比上年增长9.5%；出口额7 814.7万美元，比上年下降73.9%。

2008年钻镗床行业分类产品生产情况见表3。2008年钻镗床行业企业分类产品生产情况见表4。2008年钻镗床行业分类产品出口情况见表5。2008年钻镗床行业企业分类产品出口情况见表6。

表3 2008年钻镗床行业分类产品生产情况

产品名称	实际完成		其中：数控	
	产量(台)	产值(万元)	产量(台)	产值(万元)
金属切削机床	110 047	902 311	11 553	482 206
加工中心	8 296	343 273	8 296	343 273
立式加工中心	6 549	110 657	6 549	110 657
卧式加工中心	823	82 807	823	82 807
龙门式加工中心	924	149 809	924	149 809
车床	1 236	17 381	1 002	1 466
钻床	38 003	152 586	449	2 430
镗床	5 920	340 237	1 025	116 040
磨床	244	1 789	44	623
螺纹加工机床	29 345	5 406		

（续）

产品名称	实际完成		其中：数控	
	产量（台）	产值（万元）	产量（台）	产值（万元）
铣床	26 636	36 131	564	14 111
特种加工机床	53	641	53	641
组合机床	127	3 835	120	3 623
其他金属切削机床	187	1 032		
台钻	194 076	27 855	129	1 053
金属成形机床	15 518	1 164		
剪切机床	15 518	1 164		

注：表中车床产品不含仪表车床，钻床产品不含台钻，磨床产品不含砂轮机、抛光机。

表 4　2008 年钻镗床行业企业分类产品生产情况

序号	企业及产品名称	实际完成		其中：数控	
		产量（台）	产值（万元）	产量（台）	产值（万元）
1	杭州西湖台钻有限公司				
	台钻	87 912	14 085	129	1 053
2	西安专用机床厂				
	金属切削机床	371	1 075		
	镗床	280	796		
	磨床	91	279		
3	四川省自贡机床厂				
	金属切削机床	190	842		
	钻床	190	842		
4	宁夏银川大河数控机床有限公司				
	金属切削机床	483	3 733	54	2 350
	加工中心	53	2 339	53	2 339
	立式加工中心	51	2 174	51	2 174
	卧式加工中心	2	165	2	165
	钻床	422	1 239	1	11
	磨床	8	155		
5	芜湖恒升机床有限责任公司				
	金属切削机床	681	31 849		
	车床	234	15 915		
	镗床	447	15 934		
6	福州台钻厂				
	台钻	8 074	1 367		
7	汉川机床集团有限公司				
	金属切削机床	1 791	68 193	986	42 881
	加工中心	387	18 195	387	18 195
	立式加工中心	295	9 265	295	9 265
	卧式加工中心	57	3 535	57	3 535
	龙门式加工中心	35	5 396	35	5 396
	车床	9	63	9	63
	镗床	1 045	36 151	240	10 839
	铣床	297	13 143	297	13 143
	特种加工机床	53	641	53	641
8	沈阳机床（集团）有限公司钻镗床				
	金属切削机床	24 858	636 265	3 465	358 040

（续）

序号	企业及产品名称	实际完成		其中:数控	
		产量(台)	产值(万元)	产量(台)	产值(万元)
	加工中心	2 786	266 860	2 786	266 860
	立式加工中心	1 280	55 086	1 280	55 086
	卧式加工中心	756	78 619	756	78 619
	龙门式加工中心	750	133 155	750	133 155
	钻床	18 556	98 755		
	镗床	3516	270 650	679	91 180
9	江苏多棱数控机床股份有限公司				
	金属切削机床	119	16 117	110	15 841
	加工中心	32	3 804	32	3 804
	立式加工中心	14	596	14	596
	卧式加工中心	3	288	3	288
	龙门式加工中心	15	2 920	15	2 920
	钻床	34	739	25	463
	镗床	53	11 574	53	11 574
10	桂林正菱第二机床有限责任公司				
	金属切削机床	715	4 152		
	钻床	715	4 152		
11	昆明台成精密机械有限公司				
	金属切削机床	17 391	69 708	6 201	52 151
	加工中心	4 986	50 590	4 986	50 590
	立式加工中心	4 862	42 252	4 862	42 252
	龙门式加工中心	124	8 338	124	8 338
	车床	968	1 193	968	1 193
	铣床	11 437	17 925	247	368
12	浙江吉成高科机床有限公司				
	金属切削机床	290	2 961	10	1 211
	钻床	31	191		
	镗床	10	1 211	10	1 211
	磨床	40	487		
	螺纹加工机床	24	62		
	其他金属切削机床	185	1 010		
13	安徽省黄山台钻有限公司				
	台钻	11 200	3 506		
14	宁夏中卫大河机床有限责任公司				
	金属切削机床	1 448	11 545	673	8 674
	加工中心	43	1 236	43	1 236
	立式加工中心	43	1 236	43	1 236
	钻床	1 188	4 573	423	1 956
	镗床	43	1 236	43	1 236
	磨床	47	665	44	623
	组合机床	127	3 835	120	3 623
15	山东福临机械制造有限公司				
	金属切削机床	9 457	25 605		
	钻床	9 457	25 605		
16	江苏省南京第四机床厂				
	金属切削机床	1 548	5 862		

（续）

序号	企业及产品名称	实际完成		其中:数控	
		产量(台)	产值(万元)	产量(台)	产值(万元)
	钻床	1 548	5 862		
17	云南丽江机床有限公司				
	金属切削机床	584	2 888		
	镗床	526	2 685		
	磨床	58	203		
18	运城市新器数控机床有限公司				
	金属切削机床	50	1 010	50	1 010
	加工中心	5	200	5	200
	卧式加工中心	5	200	5	200
	车床	25	210	25	210
	铣床	20	600	20	600
19	新乡市金钢机床有限责任公司				
	台钻	1 673	1 431		
20	中山市翠山机械制造有限公司				
	台钻	6 435	861		
21	浙江西菱台钻制造有限公司				
	金属切削机床	50 071	20 506	4	48
	加工中心	4	48	4	48
	立式加工中心	4	48	4	48
	钻床	5 862	10 628		
	螺纹加工机床	29 321	5 345		
	铣床	14 882	4 463		
	其他金属切削机床	2	22		
	台钻	78 782	6 604		
	金属成形机床	15 518	1 164		
	剪切机床	15 518	1 164		

表5　2008年钻镗床行业分类产品出口情况

产品名称	实际完成		其中:数控	
	出口量(台)	出口额(万美元)	出口量(台)	出口额(万美元)
金属切削机床	23 494	12 055.6	220	7 814.7
加工中心	195	7 561.4	195	7 561.4
立式加工中心	109	544.2	109	544.2
卧式加工中心	41	1 296.0	41	1 296
龙门式加工中心	45	5 721.2	45	5 721
钻床	20 234	2 780.9		
镗床	459	1 586.3	19	242.8
磨床	93	43.0		
螺纹加工机床	2 505	70.4		
铣床	2	5.9	2	5.9
特种加工机床	4	4.6	4	4.6
其他金属切削机床	2	3.2		
台钻	36 526	538.3		
金属成形机床	7 498	80.8		
剪切机床	7 498	80.8		

注:表中钻床产品不含台钻,磨床产品不含砂轮机、抛光机。

表6　2008年钻镗床行业企业分类产品出口情况

序号	企业及产品名称	实际完成		其中:数控	
		出口量(台)	出口额(万美元)	出口量(台)	出口额(万美元)
1	杭州西湖台钻有限公司				
	台钻	2 511	151.5		
2	西安专用机床厂				
	金属切削机床	338	157.0		
	镗床	245	114.0		
	磨床	93	43.0		
3	汉川机床集团有限公司				
	金属切削机床	45	247.8	31	188.4
	加工中心	8	76.2	8	76.2
	立式加工中心	5	32.3	5	32.3
	卧式加工中心	1	6.1	1	6.1
	龙门式加工中心	2	37.8	2	37.8
	镗床	31	161.3	17	101.8
	铣床	2	5.9	2	5.9
	特种加工机床	4	4.6	4	4.6
4	沈阳机床(集团)有限公司钻镗床				
	金属切削机床	1 960	9 803.4	182	7 587.7
	加工中心	180	7 446.7	180	7 446.7
	立式加工中心	97	473.4	97	473.4
	卧式加工中心	40	1 289.9	40	1 289.9
	龙门式加工中心	43	5 683.4	43	5 683.4
	钻床	1 622	1 192.7		
	镗床	158	1 164.0	2	141.0
5	江苏多棱数控机床股份有限公司				
	金属切削机床	5	35.0	5	35.0
	加工中心	5	35.0	5	35.0
	立式加工中心	5	35.0	5	35.0
6	桂林正菱第二机床有限责任公司				
	金属切削机床	178	139.3		
	钻床	178	139.3		
7	宁夏中卫大河机床有限责任公司				
	金属切削机床	31	23.0		
	钻床	31	23.0		
8	山东福临机械制造有限公司				
	金属切削机床	58	31.7		
	钻床	58	31.7		
9	云南丽江机床有限公司				
	金属切削机床	25	147.0		
	镗床	25	147.0		
10	浙江西菱台钻制造有限公司				
	金属切削机床	20 854	1 471.4	2	3.5
	加工中心	2	3.5	2	3.5
	钻床	18 345	1 394.2		
	螺纹加工机床	2 505	70.4		
	其他金属切削机床	2	3.2		
	台钻	34 015	386.8		
	金属成形机床	7 498	80.8		
	剪切机床	7 498	80.8		

三、新产品、新技术、新工艺发展情况

钻镗床行业是我国机床行业最具综合实力的行业，技术自主开发能力很强，设计能力、综合制造能力、工艺水平等，堪称国内机床行业中最强。钻镗床行业一直致力于自主创新，研发具有自主知识产权的高新产品，已经连续多年研发大量的新产品，其中大多数新产品处于国内领先水平，相当一部分已经接近和达到国际最新技术水平。2008 年，钻镗床行业共开发新产品 98 种。其中立式五轴联动加工中心，卧式五轴联动加工中心，龙门式五轴联动加工中心，大型、重型龙门、落地数控铣镗床和加工中心，技术上已经处于国内领先水平，接近和达到国际先进水平。

2008 年钻镗床行业新产品开发情况见表 7。

表 7　2008 年钻镗床行业新产品开发情况

序号	企业及产品名称	型号	主要技术参数	产品性质	产品水平
沈机集团昆明机床股份有限公司					
1	落地式铣镗床	T6213T	行程(*X/Y/Z*):1 200mm/1 100mm/600mm	全新设计	国内领先
2	数控落地式铣镗床	TK6213	行程(*X/Y/Z*):1 0000mm/1 600mm/900mm	全新设计	国内领先
3	卧式加工中心	TH6213	行程(*X/Y/Z*):4 000mm/2 000mm/800mm	全新设计	国内领先
4	数控卧式镗床	TK6113B	行程(*X/Y/Z*):1 800mm/1 600mm/2 000mm	全新设计	国内领先
5	卧式加工中心	THK6111	行程(*X/Y/W/Z*):1 700mm/1 400mm/1 400mm/600mm	全新设计	国内领先
6	卧式加工中心	THK6511	行程(*X/Y/W/Z*):2 500mm/2 000mm/1 500mm/500mm	全新设计	国内领先
7	卧式加工中心	TH6513B/2	行程(*X/Y/W/Z*):2 000mm/1 600mm/1 600mm/800mm	全新设计	国内领先
8	落地式铣镗床	TK6913×2	镗轴直径:130mm	改型设计	国内领先
9	落地式铣镗床	TK6916×2	镗轴直径:160mm	改型设计	国内领先
10	卧式加工中心	TH6916×2	镗轴直径:160mm	改型设计	国内领先
汉川机床集团有限公司					
11	双交换工作台卧式加工中心	TH6340/S	双工作台面尺寸:400mm×400mm	全新设计	国内领先
12	龙门式数控铣床	XK2420B/8	工作台面尺寸:2 000mm×8 000mm	改型设计	国内领先
13	落地式铣镗加工中心	HFBC1636	镗轴直径:160mm；镗轴移动行程:1 000mm；方主轴截面尺寸:480mm×450mm；方主轴移动行程:1 250mm；行程(*X/Y/Z*):2 500mm/6 000mm/3 600mm	全新设计	
14	动梁五面体龙门式加工中心	HGMC3060TR	工作台面尺寸:3 000mm×6 300mm，行程(*X/Y/Z/W*):6 500mm/4 200mm/800mm/1 300mm	全新设计	
15	动梁五面体龙门式加工中心	HGMC2560TR	工作台面尺寸:2 500×6 300mm；行程(*X/Y/Z/W*):6 500mm/3 700mm/800mm/1 300mm	全新设计	
16	单柱数控立式车床	HVL1250S	最大车削直径:1 250mm；最大回转直径:1 520mm；最大车削高度:1 000mm；行程(*X/W/Z*):(-100~+800)mm/500mm/800mm	全新设计	
17	单柱数控立式车床	HVL1600S	最大车削直径:1 600mm；最大回转直径:1 730mm；最大车削高度:1 250mm；行程(*X/W/Z*):(-100~+1 100)mm/1 000mm/800mm	改型设计	
18	刨台式铣镗加工中心	HPBC1320	工作台面尺寸:1 400mm×1 600mm；镗轴直径:130mm；主轴转速:10~2 500r/min；行程(*X/Y/W/Z*):2 500mm/2 000mm/1 600mm/800mm	全新设计	
19	定梁龙门式加工中心	XH2420B/8	工作台面尺寸:2 000mm×8 000mm；主轴转速:40~5 000r/min；定位精度(*X/Y/Z*):全闭环 0.06mm/0.02mm/0.014mm	全新设计	
20	定梁龙门式加工中心	XH2420B/10	工作台面尺寸:2 000mm×10 000mm；主轴转速:40~5 000r/min	改型设计	

（续）

序号	企业及产品名称	型号	主要技术参数	产品性质	产品水平
21	定梁龙门式加工中心	XH2420B/12	工作台面尺寸:2 000mm×12 000mm;主轴转速:40～5 000r/min	改型设计	
22	定梁龙门式加工中心	XH2425B/8	工作台面尺寸:2 500mm×8 000mm;主轴转速:40～5 000r/min	全新设计	
23	定梁龙门式加工中心	XH2425B/10	工作台面尺寸:2 500mm×1 0000mm;主轴转速:40～5 000r/min	改型设计	
24	定梁龙门式加工中心	XH2425B/12	工作台面尺寸:2 500mm×12 000mm;主轴转速:40～500r/min	改型设计	
25	龙门式加工中心	HGMC3050	工作台面尺寸:3 000mm×5 000mm;主轴转速:40～5 000r/min	全新设计	
26	龙门式加工中心	HGMC3060	工作台面尺寸:3 000mm×6 000mm;主轴转速:40～5 000r/min	改型设计	
27	龙门式加工中心	HGMC3080	工作台面尺寸:3 000mm×8 000mm; 主轴转速:40～5 000r/min	改型设计	
28	龙门式加工中心	HGMC30100	工作台面尺寸:3 000mm×10 000mm;主轴转速:40～5 000r/min	改型设计	
29	龙门式加工中心	HGMC30120	工作台面尺寸:3 000mm×12 000mm;主轴转速:40～5 000r/min	改型设计	
30	龙门式数控铣床	XK2420B/10	工作台面尺寸:2 000mm×10 000mm;主轴转速:40～5 000r/min	全新设计	
31	龙门式数控铣床	XK2420B/12	工作台面尺寸:2 000mm×12 000mm;主轴转速:40～5 000r/min	改型设计	
32	龙门式数控铣床	XK2425B/8	工作台面尺寸:2 500mm×8 000mm; 主轴转速:40～5 000r/min	全新设计	
33	龙门式数控铣床	XK2425B/10	工作台面尺寸:2 500mm×10 000mm;主轴转速:40～5 000r/min	改型设计	
34	龙门式数控铣床	XK2425B/12	工作台面尺寸:2 500mm×12 000mm;主轴转速:40～5 000r/min	改型设计	
35	龙门式数控铣床	HGM3050	工作台面尺寸:3 000mm×5 000mm;主轴转速:40～5 000r/min	全新设计	
36	龙门式数控铣床	HGM3060	工作台面尺寸:3 000mm×6 000mm;主轴转速:40～5 000r/min	全新设计	
37	龙门式数控铣床	HGM3080	工作台面尺寸:3 000mm×8 000mm;主轴转速:40～5 000r/min	全新设计	
38	龙门式数控铣床	HGM30100	工作台面尺寸:3 000mm×10 000mm;主轴转速:40～5 000r/min	改型设计	
39	龙门式数控铣床	HGM30120	工作台面尺寸:3 000mm×12 000mm;主轴转速:40～5 000r/min	改型设计	
沈阳机床(集团)有限责任公司					
40	MA 变速箱壳体生产线	生产线	全新设计	国际先进	
41	缸体特殊部位柔性加工生产线	生产线		全新设计	国际先进
42	托辊加工及装配柔性生产自动线	生产线		全新设计	国际先进
43	立式钻攻中心	TC500	X 轴行程:500mm;主轴最高转速:20 000r/min;三轴快速移动速度:48m/min	全新设计	国际先进

（续）

序号	企业及产品名称	型号	主要技术参数	产品性质	产品水平
44	立式加工中心	VMC850	X轴行程:850mm;主轴最高转速:8 000r/min;三轴快速移动速度:36m/min	全新设计	国际先进
45	立式加工中心	VMC1100	X轴行程:1 100mm;主轴最高转速:8 000r/min;快速移动速度(X、Y/Z):(24m/min)/(18m/min)	全新设计	国际先进
46	立式加工中心	VMC1300	X轴行程:1 300mm;主轴最高转速:6 000r/min;快速移动速度(X、Y/Z):(24m/min)/(18m/min)	全新设计	国际先进
47	立式加工中心	VMC1600	X轴行程:1 600mm;主轴最高转速:6 000r/min;快速移动速度(X、Y/Z):(18m/min)/(15m/min)	全新设计	国际先进
48	系列龙门移动式加工中心	GMCmr3	工作台面尺寸(宽×长):(3 000～5 000)mm×(6 000～30 000)mm;主轴最高转速:2 000r/min;快速移动速度(X/Y/Z):10m/min	全新设计	国际先进
49	立式五轴加工中心	VMC25100u	工作台面尺寸:2 000mm×800mm;主轴转速:10～6 000r/min;快速移动速度(X/Y/Z):10m/min;A轴、B轴快速回转速度:500°/min	全新设计	国际先进
50	桥式五轴加工中心	GMC2060u	工作台面尺寸:2 000mm×8 000mm;主轴转速:240～24 000r/min;快速移动速度(X/Y/Z):30m/min;B轴、C轴快速回转速度:10 r/min	全新设计	国际先进
51	双面数控卧式铣镗床	TK6813×2	工作台行程:10 500mm;主轴箱行程:1 600mm;工作台允许最大承载:15 000kg	全新设计	国际先进
52	双面数控卧式铣镗床	TH6813×2	主轴直径:130mm;主轴锥孔:ISO 7:24 No. 50;主轴转速:0～1 500r/min;主轴最大转矩:2 500N·m;快速移动速度(X/Y、Z/W、V):(8m/min)/(6m/min)/(3m/min)	全新设计	国际先进
53	落地式铣镗加工中心	FBC160	主轴直径:160mm;主轴转速:10～2 800r/min;行程(X/Y/Z/W):5 000/3 000/1 000/800mm;快速移动速度(X、Y/Z、W):(15m/min)/(12m/min)	全新设计	国际先进
54	龙门五轴加工中心	GMC820u	工作台面尺寸:800mm×2 000mm;主轴转速:240～24 000 r/min;快速移动速度(X、Y、Z/B、C):(24m/min)/(10r/min)	全新设计	国际先进
55	龙门五轴加工中心	GMC1070u	工作台面尺寸:1 000mm×7 500mm;电主轴转速:18 000r/min;机械主轴转速:24～8 000r/min;主轴最大转矩:26.3N·m	全新设计	国际先进
56	桥式五轴加工中心	GMC30100u	工作台面尺寸:3 000mm×10 000mm;主轴最高转速:(18 000r/min)/(24 000r/min);快速移动速度(X、Y、Z):30m/min	全新设计	国际先进
57	卧式加工中心	HMC160	工作台面尺寸:2 500mm×2 000mm;主轴转速:10～3 000r/min;行程(X/Y/Z/W)):3 000mm/2 500mm/2 000mm/1 000mm;快速移动速度(X、Y、Z):24m/min	全新设计	国际先进
福州台钻厂					
58	导螺杆攻丝机	SF408	最大攻螺纹直径:8mm	全新设计	行业领先
浙江西菱台钻制造有限公司					
59	齿轮式牙距自动攻丝机	SB6532A	最大攻螺纹直径:M32mm	全新设计	国内先进
60	齿轮式牙距自动攻丝机	SB4516A	最大攻螺纹直径:M12mm×1.5mm	全新设计	国内先进
61	齿轮式牙距自动攻丝机	SB4516	最大攻螺纹直径:M8mm	全新设计	国内先进
62	摇臂钻床	Z3063×20A	最大钻孔直径:63mm	全新设计	国内先进
63	摇臂钻床	Z3080×25	最大钻孔直径:80mm	全新设计	国内先进
64	钻攻两用机	ZS—40B1	最大钻孔直径:40mm	全新设计	国内先进

（续）

序号	企业及产品名称	型号	主要技术参数	产品性质	产品水平
65	钻攻两用机	ZS—40BPS	最大钻孔直径:40mm	全新设计	国内先进
安徽省黄山台钻有限公司					
66	自动进刀台式钻床	JZB4120	最大钻孔直径:20mm		
67	自动进刀台式钻床	JZB4125	最大钻孔直径:25mm		
68	台式钻床	Z4040A	最大钻孔直径:41mm		
69	直线导轨磨刀机	MJ6020A	最大磨削直径:210mm		
芜湖恒升重型机床股份有限公司					
70	数控双柱立式车床	CK5250		全新设计	国内领先
71	数控双柱立式车床	CQK5250		全新设计	国内领先
72	双轴立式连杆精镗床	WHZ—064		全新设计	国内领先
73	双轴卧式连杆镗床	WHZ—085		全新设计	国内领先
74	数控落地铣镗床	TX6213A—X12Y2.5		改型设计	国内领先
75	数显双柱立式车床	CQX5240—H2.6Y1.4		改型设计	国内领先
76	数显双柱立式车床	CX5225—H2.2Y1.2		改型设计	国内领先
77	数显落地铣镗床	TX6213B—X8Y2.5		改型设计	国内领先
78	数显回转工作台	HTX200C		改型设计	国内领先
江苏多棱数控机床股份有限公司					
79	五轴联动龙门镗铣床	TK4220/5X—40	工作台面尺寸:2 000mm×4 000mm;行程(X、Y、Z、A、C):4 500mm/2 700mm/1 000mm/±100°/±200°;主轴最高转速:14 000r/min;主轴最大转矩:955N·m	改型设计	国内领先
80	定梁龙门加工中心	GF2040	工作台面尺寸:2 000mm×4 000mm;行程(X/Y/Z):4 500mm/2 700mm/1 000mm;主轴最高转速:4 000r/min;	改型设计	国内先进
81	定梁双交换五面体龙门加工中心	GF1220P/H	工作台面尺寸:1 200mm×2 000mm(2块);主轴锥孔:BT40;行程(X/Y/Z):2 500mm/2 500mm/1 000mm	全新设计	国内领先
82	动梁五面体龙门加工中心	XH2120/H—60	工作台面尺寸:2 000×6 000mm;主轴锥孔:BT50;行程(X/Y/Z/W):6 500mm/3 500mm/1 000mm/1 850mm;刀库容量:60把	全新设计	国内先进
83	门动式五面体龙门加工中心	XK2725/H—60	工作台面尺寸:2 500mm×6 000mm;主轴锥孔:BT50;行程(X/Y/Z):6 000mm/4 000mm/1 000mm	全新设计	国内先进
江苏新瑞机械有限公司					
84	卧式加工中心		工作台面尺寸:630mm×630mm;行程(X/Y/Z):900mm/800mm/900mm;主轴最高转速:6 000r/min	改型设计	国内先进
85	车铣复合加工中心	LMV600	工作台直径:6 000mm;最大车削工件直径:6 300mm;最大工件高度:2 500mm;行程[(X_1、X_2)/(Z_1、Z_2)/(W_1、W_2)]:3 500mm/800mm/2 000mm	全新设计	国内先进
86	落地式铣镗加工中心	TH6916—100	镗轴直径:160mm;铣轴端部直径:260mm;主轴锥孔:BT50;工作台面尺寸:4 000mm×2 250mm×350mm(4块);转台尺寸:2 500mm×2 500mm;行程(X/Y/Z/W):10 000mm/3 000mm/1 000mm/900mm;刀库容量:60把	全新设计	国内先进
87	数控折弯机	WS6325	工作台面尺寸:820mm×2 500mm;公称压力:630kN;喉口深度:250mm;滑块行程:125mm	全新设计	国内先进
88	激光切割机	LC3015	激光器功率:2 000～4 000W;最大加工范围:3 000mm×1 500mm;最大切割厚度:25mm(碳钢)	全新设计	国内领先
山东福林机械制造有限公司					
89	半自动方柱立式钻床	Z51100	钻孔直径:100mm,主轴行程:310mm	全新设计	国内先进

（续）

序号	企业及产品名称	型号	主要技术参数	产品性质	产品水平
浙江吉成高科机床有限公司					
90	数控刨台卧式铣镗床	CPB160	主轴直径:160mm;主轴转速:5～1 500r/min;主轴锥孔 ISO 50 7:24;行程(X/Y/Z/W):4 000mm/2 500mm/1 300mm/900mm	改型设计	国内先进
91	数控卧式铣镗床	CTB110	主轴直径:110mm;主轴转速:10～1 000r/min;主轴锥孔 ISO 50 7:24;行程(X/Y/Z/W):1 600mm/1 500mm/1 200mm/900mm	全新设计	国内先进
新乡市金刚机床有限责任公司					
92	摇臂钻床	ZQ3040×10		全新设计	
运城市新器数控机床有限公司					
93	数控车铣床	CXK36	车削直径:360mm;铣削直径:30mm	全新设计	
杭州西湖台钻有限公司					
94	立式加工中心	XH7132	三轴行程:500mm/320mm/400mm;线轨,刀库	全新设计	国内先进
95	数控铣钻床(全防护)	ZXK—32	三轴行程:250mm/250mm/315mm;刚性攻螺纹	改型设计	国内先进
96	油压自动走刀钻床	Z4035Y	最大钻孔直径:35mm;主轴进给无级变速	改型设计	国内先进
97	方柱立式钻床	Z5140A	最大钻孔直径:40mm	全新设计	国内先进
98	数控铣钻床	ZXK—32A	三轴行程:500mm/300mm/280mm	改型设计	国内先进

四、科研成果及其应用情况

2008 年,钻镗床行业共取得 34 项科研成果,其中获奖项目有 4 项。这些成果有国家火炬计划项目,国家"863"计划项目、国家支撑计划项目、企业所在省、自治区科技项目以及企业所在城市计划项目和企业自行设立的科技计划项目。

2008 年钻镗床行业科研项目见表 8。2008 年钻镗床行业获奖科研项目见表 9。

表 8 2008 年钻镗床行业科研项目

序号	项目名称	主要内容	投入资金(万元)	项目来源
汉川机床集团有限公司			2 808	
1	落地式铣镗加工中心 HFBC1636	镗轴直径:160mm;镗轴移动行程:1 000mm;方主轴截面尺寸:480mm×450mm,方主轴移动行程:1 250mm;工作台纵向行程:2 500mm;立柱横向行程:6 000mm;主轴箱垂直行程:3 600mm		自主开发
2	动梁五面体龙门式加工中心 HGMC3060TR	工作台面尺寸:3 000mm×6 300mm;行程(X/Y/Z/W):6 500mm/4 200mm/800mm/1 300mm;定位精度:[(X、Y)/(Z、W)]:0.026mm/0.02mm		自主开发
3	动梁五面体龙门式加工中心 HGMC2560TR	工作台面尺寸:2 500mm×6 300mm;行程(X/Y/Z/W):6 500mm/3 700mm/800mm/1 300mm;定位精度[(X、Y)/(Z、W)]:0.026mm/0.02mm		自主开发
4	单柱数控立式车床 HVL1250S	最大车削直径:1 250mm;最大回转直径:1 520mm;最大车削高度:1 000mm;行程(X/W/Z):(-100～+800)mm/500mm/800mm		自主开发
5	单柱数控立式车床 HVL1600S	最大车削直径:1 600mm;最大回转直径:1 730mm;最大车削高度:1 250mm;行程(X/W/Z):(-100～+1 100)mm/1 000mm/800mm		自主开发
6	刨台式铣镗加工中心 HPBC1320	工作台面尺寸:1 400mm×1 600mm;镗轴直径:130mm;主轴转速:10～2 500r/min;行程(X/Y/W/Z):2 500mm/2 000 mm/1 600mm/800mm		自主开发
7	定梁龙门式加工中心 XH2420B/8	工作台面尺寸:2 000mm×8 000mm;主轴转速:40～5 000r/min;定位精度:(X/Y/Z):全闭环 0.06mm/0.02mm/0.014mm		自主开发

（续）

序号	项目名称	主要内容	投入资金(万元)	项目来源
8	定梁龙门式加工中心 XH2420B/10	工作台面尺寸:2 000mm×10 000mm;主轴转速:40～5 000r/min;定位精度(X/Y/Z):全闭环 0.06mm/0.02mm/0.014mm		自主开发
9	定梁龙门式加工中心 XH2420B/12	工作台面尺寸:2 000mm×12 000mm;主轴转速:40～5 000r/min;定位精度(X/Y/Z):全闭环 0.06mm/0.02mm/0.014mm		自主开发
10	定梁龙门式加工中心 XH2425B/8	工作台面尺寸:2 500mm×8 000mm;主轴转速:40～5 000r/min;定位精度(X/Y/Z):全闭环 0.06mm/0.02mm/0.014mm		自主开发
11	定梁龙门式加工中心 XH2425B/10	工作台面尺寸:2 500mm×10 000mm;主轴转速:40～5 000r/min;定位精度(X/Y/Z):全闭环 0.06mm/0.02mm/0.014mm		自主开发
12	定梁龙门式加工中心 XH2425B/12	工作台面尺寸:2 500mm×12 000mm;主轴转速:40～5 000r/min;定位精度(X/Y/Z):全闭环 0.06mm/0.02mm/0.014mm		自主开发
13	龙门式加工中心 HGMC3050	工作台面尺寸:3 000mm×5 000mm;主轴转速:40～5 000r/min;定位精度(X/Y/Z):全闭环 0.032mm/0.024mm/0.014mm		自主开发
14	龙门式加工中心 HGMC3060	工作台面尺寸:3 000mm×6 000mm;主轴转速:40～5 000r/min;定位精度(X/Y/Z):全闭环 0.032mm/0.024mm/0.014mm		自主开发
15	龙门式加工中心 HGMC3080	工作台面尺寸:3 000mm×8 000mm;主轴转速:40～5 000r/min;定位精度(X/Y/Z):全闭环 0.06mm/0.024mm/0.014mm		自主开发
16	龙门式加工中心 HGMC30100	工作台面尺寸:3 000mm×10 000mm;主轴转速:40～5 000r/min;定位精度(X/Y/Z):全闭环 0.06mm/0.024mm/0.014mm		自主开发
17	龙门式加工中心 HGMC30120	工作台面尺寸:3 000mm×12 000mm;主轴转速:40～5 000r/min;定位精度(X/Y/Z):全闭环 0.06mm/0.024mm/0.014mm		自主开发
18	龙门式数控铣床 XK2420B/10	工作台面尺寸:2 000mm×10 000mm;主轴转速:40～5 000r/min;定位精度(X/Y/Z):全闭环 0.06mm/0.02mm/0.014mm		自主开发
19	龙门式数控铣床 XK2420B/12	工作台面尺寸:2 000mm×12 000mm;主轴转速:40～5 000r/min;定位精度(X/Y/Z):全闭环 0.06mm/0.02mm/0.014mm		自主开发
20	龙门式数控铣床 XK2425B/8	工作台面尺寸:2 500mm×8 000mm;主轴转速:40～5 000r/min;定位精度(X/Y/Z):全闭环 0.06mm/0.02mm/0.014mm		自主开发
21	龙门式数控铣床 XK2425B/10	工作台面尺寸:2 500mm×10 000mm;主轴转速:40～5 000r/min;定位精度(X/Y/Z):全闭环 0.06mm/0.02mm/0.014mm		自主开发
22	龙门式数控铣床 XK2425B/12	工作台面尺寸:2 500mm×12 000mm;主轴转速:40～5 000r/min;定位精度(X/Y/Z):全闭环 0.06mm/0.02mm/0.014mm		自主开发
23	龙门式数控铣床 HGM3050	工作台面尺寸:3 000mm×5 000mm;主轴转速:40～5 000r/min;定位精度(X/Y/Z):全闭环 0.032mm/0.024mm/0.014mm		自主开发

（续）

序号	项目名称	主要内容	投入资金(万元)	项目来源
24	龙门式数控铣床 HGM3060	工作台面尺寸:3 000mm×6 000mm;主轴转速:40～5 000r/min;定位精度(X/Y/Z):全闭环 0.032mm/0.024mm/0.014mm		自主开发
25	龙门式数控铣床 HGM3080	工作台面尺寸:3 000mm×8 000mm;主轴转速:40～5 000r/min;定位精度(X/Y/Z):全闭环 0.06mm/0.024mm/0.014mm		自主开发
26	龙门式数控铣床 HGM30100	工作台面尺寸:3 000mm×10 000mm;主轴转速:40～5 000r/min;定位精度(X/Y/Z)mm:全闭环 0.06mm/0.024mm/0.014mm		自主开发
27	龙门式数控铣床 HGM30120	工作台面尺寸:3 000mm×12 000mm;主轴转速:40～5 000r/min;定位精度(X/Y/Z):全闭环 0.06mm/0.024mm/0.014mm		自主开发
杭州西湖台钻有限公司				
28	空油压钻床	通过空压液压转换,实现主轴自动进给	20	自主开发
29	钻削中心	适用孔系加工带有自动换刀装置的全自动加工设备,为目前国际高端的孔加工设备	50	自主开发
桂林正菱第二机床有限责任公司				
30	ZH7450 龙门铣钻加工中心	采用定梁双立柱龙门式框架结构,机、电、液一体化布局,结构紧凑、功能齐全、配置合理,具备高速度、高精度、高刚性和高效率等优点,功能部件系统化和模块化,多种机床功能供客户选择,可选配多种角度铣头,实现五面体的钻、铣加工,满足客户个性化需求	143	广西壮族自治区科技项目
沈阳机床(集团)有限责任公司				
31	龙门五面铣镗加工中心产业化	系列样机研制及批量生产	1 600	国家火炬计划
32	面向航空结构件高速加工的并联主轴头研制	研制出1台面向航空结构件高速加工的并联主轴头	340	国家“863”计划
33	航空大型结构件五轴联动加工技术与装备	开发出1台具有自主产权的大型五轴联动加工机床工程化样机	2 200	国家支撑计划
34	桥式龙门高速五轴加工中心	针对航空航天领域的零部件多为大型结构复杂的薄壁件、蜂窝件,工艺刚性差;材料多为耐高温、高强度、难加工的合金复合材料,对刀具磨损较大;大型零件整体“掏空”法加工,表面质量要求高,金属去除量大,加工周期长等工艺特点,进行专门设计的,可为我国航空航天行业的发展提供有力的技术支撑	600	沈阳市经济委员会

表9　2008年钻镗床行业获奖科研项目

序号	项目名称	主要内容及应用范围	获奖名称	获奖等级	主要完成单位
1	TH57200×400 龙门五面加工中心	是在吸收国内外先进技术基础上,为满足市场需求,充分运用现代化设计手段自行开发的数控产品。该大型龙门五面加工中心采用滑枕式主轴,主轴为立、卧一体结构,通过主轴头C轴回转实现工件一次装夹自动连续完成多个平面的铣、镗、钻、铰、锪等多种加工工序的五面加工,且可通过多轴联动对复杂三维曲面工件进行高速精密加工。广泛应用于机械、汽车、冶金设备、纺织机械、航天航空、造船等行业的机械类零件的加工	辽宁省科技进步奖 辽宁省优秀新产品奖	二等奖 一等奖	中捷机床有限公司

（续）

序号	项目名称	主要内容及应用范围	获奖名称	获奖等级	主要完成单位
2	GMC1230u 龙门五轴加工中心	是根据市场需求开发完成的，是代表数控机床发展水平的重要装备，是航空航天等行业不可缺少的重要工艺加工设备。该机床通过五轴联动，可完成各种复杂平面、曲面零件的高效率、高质量五面加工。在加工过程中，随时可调整以避免刀具、工件的干涉，能一次装夹完成全部加工，提高了空间自由曲面的加工精度、质量和效率	沈阳市科技进步奖	二等奖	中捷机床有限公司
3	TH6516A 卧式加工中心	是具有广泛用途的一种大型万能性机床，属于量大面广的机床。以镗、铣削为主，兼可进行钻孔、扩孔、锪平面、车端面、车外圆、攻螺纹及加工曲面等多种工序的加工。具有速度高，转矩大的特点，适合于各种生产方式，尤其适合多孔系、孔距要求较精确的各种箱体零件的加工，是机械、冶金设备、纺织机械、化工设备、汽车、军工、造船、航空航天等行业的理想设备	沈阳市科技进步奖	三等奖	中捷机床有限公司

五、企业管理、质量管理、体制改革情况

2008 年，是行业企业受世界金融危机影响开始明显显现的一年。钻镗床行业企业加强企业管理，及时制定应对世界金融危机的对策，使企业在危机中免受巨大冲击。

行业许多企业积极进行产品结构调整，减少部分普通产品的产量，开发适应市场需求的新产品。这些举措减少了世界金融危机对企业造成的损失。

截至 2008 年底，行业各企业高度重视产品质量，视质量为企业的生命。大中型企业普遍建立了质量管理体系，并保持质量体系的正常良好运行；建立了从原材料进厂直至产品交付用户使用全过程的质量控制程序，显著提高产品质量，从根本上改变了用户对国产产品质量欠佳的看法，国产产品的质量在用户中赢得了声誉。

2008 年，钻镗床行业有多家企业为了发展机床生产，吸纳大企业资金，被大型民营企业收购。民营企业为机床生产注入了大量资金，大大有利于机床行业的发展。

六、企业简介

2008 年，钻镗床行业有 3 家新企业加入行业分会会员，成为新生力量，他们分别是：山东法因数控机械股份有限公司、昆明台成（台正、台工）精密机械有限公司和扬州欧普兄弟机械工具有限公司。

山东法因数控机械股份有限公司　是国内私人控股企业。主要承接钢结构数控成套加工设备按用户需求开发的专用数控加工设备，PD 系列平面数控钻床，SWZ 系列三维数控钻床，UD 系列万能数控铣钻床，BS 带锯机等十几个系列产品的生产、销售、服务业务。产品行销全国钢结构、电力、石化、汽车、桥梁、建筑和家电等设备制造行业，并出口俄罗斯、意大利、南非、伊朗、越南和印度尼西亚等 20 多个国家和地区。

昆明台成（台正、台工）精密机械有限公司　是台资独资企业。成立于 2004 年 5 月，2005 年正式投产，当年就实现产销超过亿元。2008 年，面对世界金融危机，产销仍然超过 7 亿元。

主要生产各式数控机床及机床零部件。销售自产机床及配套的数控系统和机电部件。公司产品的重点用户是数控机床生产厂家，后者使用公司生产的数控机床光机产品，配套其数控系统，构成一套功能完善的数控机床交付用户。该公司开辟了一条数控机床快速生产的渠道，为国产数控机床量的增长做出了积极的贡献。

扬州欧普兄弟机械工具有限公司　公司主要产品有钻铣床、车床、钻床、金属切断锯床、台式砂轮机和各式电动工具等。已形成规格齐全配套、质量稳定可靠、服务快捷周到的经营格局。

“品质控制、先进的技术、不断创新的产品设计、良好的售后服务”是维系公司生存、成长之要素。公司一切活动的目标，都是在追求品质第一，创新科技，一流人才，专业完善的服务。

汉川机床集团有限公司　公司以科学发展观为指导，以提高企业核心竞争力和自主创新能力为目标，以建设现代化经济体制为契机，紧抓机遇，加快发展步伐。2008 年，公司在汉中市东经济技术开发区新建一个年产 40 亿元的“生产工艺先进、管理水平现代、产品水平一流”的现代化大型数控机床制造基地（H2）项目，一期项目计划 2009 年年底建设完成，2010 年开始投产。同时，公司继续深化企业体制改革，建立现代企业经济体制，完成股份制改造——国有股和职工股全部退出，组建新的股份制公司。2009 年实现整体上市的计划项目，也在逐步推进。

围绕上述两个发展核心，公司狠抓落实。首先以人为本，实施前瞻性的人才战略，2007 年和 2008 年先后招聘新员工约 300 名，其中高等院校本科以上学历人员约 80 名。经过有计划、有重点的培养和上岗锻炼，新员工已初步融入汉川大家庭中。其次，以新产品研发落实技术创新，以技术创新推动全面发展。2008 年，公司 4 款主导产品通过了 CCQS（欧联产品安全技术服务公司）的 CE 认证，有 6 个创新项目正在申报国家专利。全年研发新产品27项，其中有数项产品为H2计划投产项目。稳健的步伐，为未来企业高起点投入和高水平发展奠定了坚实的人才基础和良好的物质基础。

天通吉成机器技术有限公司 简称TDG-MT天通机器，于2002年由天通控股股份有限公司投资设立，是天通股份（股票代码600330）新材料、电子部品、装备制造、投资四大核心产业之一。公司是由海宁机床厂（建于1952年）、海宁第一轻工机械厂（建于1975年）、海宁三强精密机械有限公司（建于1995年）3家企业重组组建的专用成套装备制造企业。

公司总占地面积127 000m²，一期建筑面积65 000m²。公司有各类设备1 058台（套），其中大型关键设备52台（套），数控设备36台（套），精密检测设备32台（套）。专注于数控机床、成形压机床、环保设备、半导体设备、新能源设备、软包装设备、模具等专用成套设备的研发、制造、销售和服务。

公司遵循"品种、质量、成套、服务"的经营方针，崇尚"客户为中心"的经营理念，弘扬"自信、诚心、创新"的企业精神，按照ISO 9000和ISO 14000的要求，规范运营与管理，把以人为本的思想融入到企业管理的所有环节，让员工在和谐中工作，在快乐中生活，实现"健康、长期"发展的企业目标。

公司使命是为客户创造价值、为股东创造效益，为员工创造机会、为社会创造财富。公司愿景是专用成套设备制造的领先者和创新者。公司目标是挤压干化成套环保设备国内第一，成形压机国内第一、全球第二，数控镗床市场占有率国内进前三。为此公司充满信心地承诺研发制造的产品"技术要比同行新，质量要比同行优，价格要比同行低，服务要比同行快"。公司愿与广大新老客户携手共进，共创美好明天。

桂林正菱第二机床有限责任公司 前身桂林第二机床厂建于1965年，于2004年4月改制为桂林正菱第二机床有限责任公司，在经营体制上从国有改为民营。公司是国家定点生产数控立式铣镗床、数控龙门钻镗床、数控龙门式钻床、摇臂钻床等系列产品，并最早获得进出口自营权的企业。2008年，公司占地面积15万m²，拥有5个生产车间和9个职能科室，在职员工490人，完成工业总产值4 152万元，其中新产品产值1 751万元，工业销售产值4 054万元，主要加工设备近800台。

公司质量管理体系严格按照ISO 9000:2000标准运作，2002年通过了中国质量认证中心（CQC）的ISO 9001:2000认证。

公司主导产品有：数控车床，普通车床，数控立式铣镗床，数控龙门钻镗床，数控龙门式钻床，数控立式钻床，摇臂钻床，移动万向摇臂钻床，圆柱立式钻床，方柱立式钻床，台式钻床，钻铣镗磨多功能机床，端面铣床，单柱端面铣床，双端面铣床等10大类100余种规格产品，年生产能力3 000余台。产品畅销全国各地，远销欧洲、美洲、东南亚及西亚等50多个国家和地区，深受国内外用户的好评。

公司总体发展目标是：不断完善企业内部管理机制，强化核心竞争能力，坚定不移地把公司建成集摇臂钻床、立式钻床、数控钻床于一身的中国南方钻床开发、生产、销售基地和科技型、效益型的现代化企业。

安徽省黄山台钻有限公司 是国内专业生产钻床系列产品的企业，具有30多年的生产历史，是中国机床工具工业协会钻镗床分会理事单位。

公司一贯注重产品质量及新产品的开发研制，始终坚持"创新求精，追求完美"的经营理念，不断引进、吸收先进的技术和设备，积极探索现代化管理模式。公司已通过ISO 9001:2000国际质量管理体系认证，"黄山"牌注册商标是安徽省著名商标，公司生产的台钻系列产品被认定为"安徽省名牌产品"，并荣获原机械工业部"部优产品"的称号。

公司主要产品有：台式钻床、立式钻床、钻攻两用机床、攻丝机、铣钻床、摇臂钻床和万能工具磨床等8大系列60多个品种，年产量达2万多台（套）。

公司具有出口自营权，销售网络覆盖全国20多个省市、自治区，并远销欧美、东南亚等许多国家。"质量第一、用户至上"是公司的经营宗旨，"制造精品钻床，不断满足客户需求"是公司永恒的目标。

新乡市金刚机床有限责任公司 公司是2007年在原新乡市第三机床厂基础上完成企业改制后成立的。2008年2~4月，顺利完成了从老厂区往新厂区的整体搬迁工作。搬迁过程中，公司制定了细致科学的搬迁计划，集全公司之力，边搬迁边稳装设备、边固定边生产，把生产损失降到最低限度。

通过搬迁，进一步核实了企业家底，做到物尽其用，节约了大量资金；改变了企业生产工作环境，激发了员工的积极性、主动性和责任感。搬迁后，企业又新上了摇臂钻床、振动机械等新产品。企业面貌发生了巨大的变化，充满了希望。

〔撰稿人：中国机床工具工业协会钻镗床分会常全富〕

磨 床

参加本年鉴统计的磨床企业有31家，主要是从事磨床设计开发和制造的行业骨干企业。在此需要指出的是上年年鉴统计资料来自会员单位34家企业，由于种种原因，有3家企业没有参加本年全统计。用31家企业的数据与34家企业数据对比，虽有一定误差，但磨床行业中占主导地位的主要骨干企业，都提供了统计数据，可以反映出我国磨床行业的基本情况。2008年下半年，国际金融危机对我国磨床行业也造成一定程度的冲击，各项经济指标与上年相比都有一定程度的下滑。当然也有部分企业依靠产品升级换代和提升企业的服务品质逆势而上，赢得了市场。

一、基本情况

磨床分会现有会员单位55家，其中磨床设计开发、制造企业48家，砂轮机设计开发、制造企业5家，磨床零部件及磨料磨具生产企业2家。55家会员企业中，国有控股企业18家，集体控股企业9家，私人控股企业28家。

据对磨床行业31家企业的统计，2008年完成工业总产值（现价）540 983万元，比上年下降2.7%；其中机床工具类产品总产值374 949万元，比上年下降4.3%；机床工具类产品总产值占工业总产值的69.3%，比上年降低1.2个百分点。完成工业销售产值511 103万元，比上年下降7.4%；其中机床工具类产品销售产值345 586万元，比上年下降17.4%。完成工业增加值124 023万元，比上年下降16.7%；利税总额51 371万元，比上年下降19.2%；从业人员平均人数19 770人，比上年下降2.2%；资产总计790 152万元，比上年增长20%；流动资产平均余额435 766万元，比上年增长10.7%；固定资产净值平均余额157 413万元，比上年增长4.03%；行业平均产销率94.5%，比上年下降4.7个百分点。

工业总产值（现价）超过1亿元的企业有13家：上海机床厂有限公司11.55亿元，杭州机床集团有限公司9.15亿元，无锡开源机床集团有限公司7.99亿元，威海华东数控股份有限公司4.40亿元，陕西汉江机床有限公司2.58亿元，上海第三机床厂2.44亿元，湖南宇环同心数控机床有限公司1.71亿元，北京第二机床厂有限公司1.70亿元，无锡上机磨床有限公司1.50亿元，桂林桂北机器有限责任公司1.40亿元，济南四机数控机床有限公司1.35亿元，新乡日升数控轴承装备股份有限公司1.18亿元和陕西秦川格兰德机床有限公司1.04亿元。

有7家企业的工业总产值超过上年，他们是：上海机床厂有限公司，杭州机床集团有限公司，威海华东数控股份有限公司，湖南宇环同心数控机床有限公司，北京第二机床厂有限公司，无锡上机磨床有限公司和陕西秦川格兰德机床有限公司。

2008年，磨床行业工业销售产值超1亿元的企业有11家：上海机床厂有限公司11.72亿元，杭州机床集团有限公司8.74亿元，无锡开源机床集团有限公司7.80亿元，威海华东数控股份有限公司4.03亿元，陕西汉江机床有限公司2.72亿元，上海第三机床厂2.25亿元，湖南宇环同心数控机床有限公司1.61亿元，北京第二机床厂有限公司1.50亿元，桂林桂北机器有限责任公司1.27亿元，济南四机数控机床有限公司1.23亿元，陕西秦川格兰德机床有限公司1.02亿元。

2008年磨床行业主要经济指标完成情况见表1。2008年磨床行业企业主要经济指标完成情况见表2。

表1　2008磨床行业主要经济指标完成情况

指标名称	单位	实际完成
工业总产值（现价）	万元	540 983
其中：机床工具类产品产值	万元	374 949
工业销售产值	万元	511 103
其中：机床工具类产品销售产值	万元	345 586
工业增加值	万元	124 023
实现利税	万元	51 371
从业人员平均人数	人	19 770
资产总计	万元	790 152
流动资产平均余额	万元	435 766
固定资产净值平均余额	万元	157 431

表2　2008年磨床行业企业主要经济指标完成情况

序号	企业名称	工业销售产值（万元）	工业总产值（现价）（万元）	从业人员平均人数（人）
1	上海机床厂有限公司	117 235	115 468	1 419
2	无锡开源机床集团有限公司	77 997	79 941	3 041
3	杭州机床集团有限公司	87 355	91 549	2 595
4	陕西汉江机床有限公司	27 167	25 766	2 005
5	上海第三机床厂	22 503	24 446	655
6	北京第二机床厂有限公司	15 014	17 011	891
7	天津市津机磨床有限公司	2 554	2 534	224
8	四川磨床厂	3 466	4 291	631
9	石家庄轴承设备股份有限公司	6 687	8 145	1 073
10	新乡日升数控轴承装备股份有限公司	8 430	11 759	350
11	桂林桂北机器有限责任公司	12 720	14 001	736
12	江西杰克机床有限公司	1 476	1 884	179
13	济南四机数控机床有限公司	12 307	13 536	529
14	咸阳机床厂	2 448	3 411	332
15	陕西秦川格兰德机床有限公司	10 203	10 369	622
16	湖大海捷制造技术有限公司	2 729	2 897	187
17	威海华东数控股份有限公司	40 277	44 000	1 300

（续）

序号	企业名称	工业销售产值（万元）	工业总产值（现价）（万元）	从业人员平均人数（人）
18	朝阳博文机床有限公司	4 600	5 202	300
19	湖南宇环同心数控机床有限公司	16 097	17 148	207
20	浙江得力机床制造有限公司	4 968	7 510	203
21	上海精密机床厂有限公司	1 800	1 800	112
22	无锡市明鑫机床有限公司	6 045	7 850	220
23	天通吉成机器技术有限公司	2 674	3 206	222
24	台州北平机床有限公司	3 318	3 500	250
25	荆州市沙市帝尔机床厂	523	630	120
26	郑州第二机床厂	510	550	120
27	温岭市美日机床厂	620	685	18
28	武汉机床厂	1 184	1 159	339
29	无锡上机磨床有限公司	12 633	15 000	495
30	四川富临集团成都机床有限责任公司	4 434	4 535	285
31	信阳机床厂	1 130	1 200	110

二、生产销售情况

2008年，磨床行业31家企业共生产金属切削机床28 168台，比上年下降28.7%；产值371 701万元，比上年下降5.3%。其中数控机床3 701台，比上年下降7.8%；产值183 991万元，比上年增长16.4%。另生产金属成形机床213台，产值1 176万元；台钻757台，产值179万元。

2008年，共生产磨床20 800台，比上年下降24.9%，产值321 145万元，基本和上年持平。其中数控磨床3 052台，只比上年少2台；产值154 501万元，却比上年大幅增长19.2%，说明数控磨床的档次有较大幅度的提升。

磨床产量占金属切削机床产量的74.1%，产值占86.4%。磨床产量数控化率为14.7%，比上年高3.7个百分点；产值数控化率为48.1%，比上年高7.6个百分点。

磨床产品产值超1亿元的企业有11家：上海机床厂有限公司6.81亿元，杭州机床集团有限公司5.84亿元，无锡开源机床集团有限公司3.98亿元，湖南宇环同心数控机床有限公司1.71亿元，北京第二机床厂有限公司1.54亿元，桂林桂北机器有限责任公司1.40亿元，无锡上机磨床有限公司1.25亿元，新乡日升数控轴承装备股份有限公司1.18亿元，陕西秦川格兰德机床有限公司1.17亿元，济南四机数控机床有限公司1.02亿元，陕西汉江机床有限公司1.01亿元。

磨床产量超1 000台的企业有6家：杭州机床集团有限公司3 833台，上海机床厂有限公司3 149台，无锡开源机床集团有限公司2 515台，桂林桂北机器有限责任公司1 685台，威海华东数控股份有限公司1 422台，北京第二机床厂有限公司1 261台。

2008年数控磨床产值超过5 000万元的企业有9家：杭州机床集团有限公司29 094万元，上海机床厂有限公司25 761万元，无锡开源机床集团有限公司23 420万元，湖南宇环同心数控机床有限公司15 776万元，新乡日升数控轴承装备股份有限公司11 759万元，济南四机数控机床有限公司7 417万元，北京第二机床厂有限公司7 016万元，无锡上机磨床有限公司6 930万元，无锡市明鑫机床有限公司6 050万元。

2008年磨床产值数控化率超50%的企业见表3。

表3　2008年磨床产值数控化率超50%的企业

序号	企业名称	磨床产值数控化率（%）
1	新乡日升数控轴承装备股份有限公司	100.00
2	湖南宇环同心数控机床有限公司	92.00
3	湖大海捷制造技术有限公司	86.13
4	郑州第二机床厂	81.28
5	无锡市明鑫机床有限公司	77.07
6	四川富临集团成都机床有限责任公司	76.58
7	济南四机数控机床有限公司	72.39
8	石家庄轴承设备股份有限公司	66.49
9	无锡开源机床集团有限公司	58.91
10	无锡上机磨床有限公司	55.57

2008年磨床行业分类产品生产情况见表4。2008年磨床行业企业分类产品生产情况见表5。

表4　2008磨床行业分类产品生产情况

产品名称	实际完成		其中：数控	
	产量（台）	产值（万元）	产量（台）	产值（万元）
金属切削机床	28 168	371 701	3 701	183 991
加工中心	217	23 751	217	23 751
立式加工中心	85	3 046	85	3 046

（续）

产品名称	实际完成		其中:数控	
	产量(台)	产值(万元)	产量(台)	产值(万元)
卧式加工中心	72	4 652	72	4 652
龙门式加工中心	60	16 053	60	16 053
车床	732	3 518	10	422
钻床	134	434		
磨床	20 800	321 145	3 052	154 501
螺纹加工机床	13	31		
铣床	3 944	13 099	188	4 174
特种加工机床	231	832	231	832
锯床	2 046	7 886		
其他金属切削机床	51	1 005	3	312
台钻	757	179		
金属成形机床	213	1 176		
机械压力机	182	985		
其他金属成形机床	31	191		

注:1. 表中车床产品不含仪表车床,钻床产品不含台钻,磨床产品不含砂轮机、抛光机。

2. 由于台州北平机床有限公司和温岭市美日机床厂生产的磨床和其他金属切削机床为超小型、简易机床,且数量大,因此没有计入金属切削机床合计。

表5　2008年磨床行业企业分类产品生产情况

序号	企业及产品名称	实际完成		其中:数控	
		产量(台)	产值(万元)	产量(台)	产值(万元)
1	上海机床厂有限公司				
	金属切削机床总计	3 149	68 057	155	25 761
	其中:大型机床	332	14 240		
	其中:高精机床	292	6 563		
	磨床	3 149	68 057	155	25 761
2	无锡开源机床集团有限公司				
	金属切削机床总计	2 515	39 758	804	23 420
	其中:大型机床	54	2 161		
	其中:高精机床	55	1 026		
	磨床	2 515	39 758	804	23 420
3	杭州机床集团				
	金属切削机床总计	4 116	60 385	392	31 102
	其中:大型机床	189	4 303		
	磨床	3 833	58 377	109	29 094
	铣床	52	1 176	52	1 176
	特种加工机床	231	832	231	832
4	陕西汉江机床有限公司				
	金属切削机床总计	306	11 028	42	4 291
	其中:高精机床	129	7 770		
	磨床	279	10 085	39	3 979
	其他金属切削机床	27	943	3	312
5	上海第三机床厂				
	金属切削机床总计	2 027	13 207	66	2 988
	其中:高精机床	20	256		
	加工中心	11	686	11	686
	立式加工中心	8	331	8	331
	卧式加工中心	3	355	3	355
	车床	732	3 518	10	422
	钻床	125	432		

（续）

序号	企业及产品名称	实际完成		其中:数控	
		产量(台)	产值(万元)	产量(台)	产值(万元)
	磨床	923	4 963	5	329
	铣床	236	3 610	40	1 551
6	北京第二机床厂有限公司				
	金属切削机床总计	1 261	15 412	178	7 016
	其中:大型机床	50	1 316		
	其中:高精机床	338	2 788		
	磨床	1 261	15 412	178	7 016
7	天津市津机磨床有限公司				
	金属切削机床总计	107	2 534	6	574
	其中:大型机床	9	200		
	其中:高精机床	27	463		
	磨床	107	2 534	6	574
8	四川磨床厂				
	金属切削机床总计	496	3 081		
	磨床	496	3 081		
9	石家庄轴承设备股份有限公司				
	金属切削机床总计	56	689	32	458
	磨床	56	689	32	458
10	新乡日升数控轴承装备股份有限公司				
	金属切削机床总计	686	11 759	686	11 759
	磨床	686	11 759	686	11 759
11	桂林桂北机器有限责任公司				
	金属切削机床总计	1 685	14 001	19	1 433
	其中:大型机床	54	2 308		
	磨床	1 685	14 001	19	1 433
12	江西杰克机床有限公司				
	金属切削机床总计	194	1 561		
	磨床	173	1 518		
	铣床	21	43		
13	济南四机数控机床有限公司				
	金属切削机床总计	745	10 246	176	7 417
	磨床	745	10 246	176	7 417
14	咸阳机床厂				
	金属切削机床总计	635	3 411	16	503
	其中:高精机床	9	69		
	磨床	635	3 411	16	503
15	陕西秦川格兰德机床有限公司				
	金属切削机床总计	554	11 703	25	2 270
	其中:大型机床	52	2 472		
	其中:高精机床	10	365		
	磨床	554	11 703	25	2 270
16	湖大海捷制造技术有限公司				
	金属切削机床总计	70	2 447	31	2 106
	钻床	9	2		
	磨床	61	2 445	31	2 106
17	威海华东数控股份有限公司				
	金属切削机床总计	5 263	41 087	489	27 847
	加工中心	206	23 065	206	23 065

（续）

序号	企业及产品名称	实际完成		其中：数控	
		产量（台）	产值（万元）	产量（台）	产值（万元）
	立式加工中心	77	2 715	77	2 715
	卧式加工中心	69	4 298	69	4 298
	龙门加工中心	60	16 053	60	16 053
	磨床	1 422	9 751	187	3 335
	铣床	3 635	8 270	96	1 446
18	朝阳博文机床有限公司				
	金属切削机床总计	182	4 600	16	1 440
	磨床	182	4 600	16	1 440
19	湖南宇环同心数控机床有限公司				
	金属切削机床总计	164	17 148	151	15 776
	磨床	164	17 148	151	15 776
20	浙江得力机床制造有限公司				
	金属切削机床总计	2 002	8 134		
	磨床	156	1 248		
	锯床	1 846	6 886		
21	上海精密机床厂有限公司				
	金属切削机床总计	45	1 974	8	566
	磨床	45	1 974	8	566
22	无锡市明鑫机床有限公司				
	金属切削机床总计	226	7 850	105	6 050
	磨床	226	7 850	105	6 050
23	天通吉成机器技术有限公司				
	金属切削机床总计	77	580		
	磨床	40	487		
	螺纹加工机床	13	31		
	其他金属切削机床	24	62		
	金属成形机床总计	213	1 176		
	机械压力机	182	985		
	其他金属成形机床	31	191		
24	台州北平机床有限公司				
	金属切削机床总计	4 500	3 356	15	350
	磨床	4 500	3 356	15	350
25	荆州市沙市帝尔机床厂				
	金属切削机床总计	98	590		
	磨床	98	590		
26	郑州第二机床厂				
	金属切削机床总计	21	235	16	191
	磨床	21	235	16	191
	台钻	757	179		
27	温岭市美日机床厂				
	金属切削机床总计	4 700	1 600	10	60
	磨床	3 000	400	10	60
	锯床	200	1 000		
	其他金属切削机床	1 500	200		
28	武汉机床厂				
	金属切削机床总计	130	1 157	7	260
	磨床	130	1 157	7	260
29	无锡上机磨床有限公司				

（续）

序号	企业及产品名称	实际完成		其中:数控	
		产量(台)	产值(万元)	产量(台)	产值(万元)
	金属切削机床总计	806	12 471	200	6 930
	磨床	806	12 471	200	6 930
30	四川富临集团成都机床有限责任公司				
	金属切削机床总计	162	4 535	69	3 473
	磨床	162	4 535	69	3 473
31	信阳机床厂				
	金属切削机床总计	190	1 060	12	360
	磨床	190	1 060	12	360

三、出口情况

2008年，磨床行业参加统计的31家企业中，出口金属切削机床的有19家企业。因2007年统计时使用人民币，而2008年用美元统计，故2008年出口情况仅就这19家企业数据进行对比。

2008年，磨床行业19家企业出口金属切削机床3 739台，比上年下降24.6%；出口额5 726.5万美元，比上年增长20.1%。其中数控机床出口131台，比上年增长76.0%；出口额3 233.4万美元，比上年增长54.5%。出口的金属切削机床中，出口磨床1 038台，比上年下降10.1%；出口额2 303.5万美元，比上年增长22.0%。其中出口数控磨床69台，比上年增长109.0%；出口额762.3万美元，比上年增长89.2%。

2008年磨床行业分类产品出口情况见表6。2008年磨床行业企业分类产品出口情况见表7。

表6　2008年磨床行业分类产品出口情况

产品名称	实际完成		其中:数控	
	出口量(台)	出口额(万美元)	出口量(台)	出口额(万美元)
金属切削机床	3 739	5 726.5	131	3 233.4
加工中心	4	68.2	4	68.2
立式加工中心	1	2.8	1	2.8
卧式加工中心	1	6.5	1	6.5
龙门式加工中心	2	58.9	2	58.9
车床	17	24.5	1	11.4
钻床	120	60.2		
磨床	1 038	2 303.5	69	762.3
铣床	2541	955.9	38	77.3
特种加工机床	19	2 314.2	19	2 314.2

注:表中数据车床不含仪表车床,钻床不含台钻,磨床不含砂轮机、抛光机。

表7　2008年磨床行业企业分类产品出口情况

序号	企业及产品名称	实际完成		其中:数控	
		出口量(台)	出口额(万美元)	出口量(台)	出口额(万美元)
1	上海机床厂有限公司				
	金属切削机床总计	164	584.2	4	90.4
	其中:大型机床	27	204.2		
	其中:高精机床	4	13.6		
	车床	1	11.4	1	11.4
	磨床	163	572.9	3	79.0
2	无锡开源机床集团有限公司				
	金属切削机床总计	12	110.0	7	98.0
	其中:高精机床	1	4.0		
	磨床	12	110.0	7	98.0
3	杭州机床集团有限公司				
	金属切削机床总计	29	66.2	13	34.4
	磨床	19	49.3	3	17.5
	铣床	5	12.7	5	12.7
	特种加工机床	5	4.2	5	4.2
4	陕西汉江机床有限公司				
	金属切削机床总计	59	117.6		
	其中:高精机床	2	11.6		
	磨床	59	117.6		
5	上海第三机床厂				

（续）

序号	企业及产品名称	实际完成		其中:数控	
		出口量(台)	出口额(万美元)	出口量(台)	出口额(万美元)
	金属切削机床总计	172	105.9		
	车床	16	13.1		
	钻床	120	60.2		
	磨床	36	32.6		
6	北京第二机床厂有限公司				
	金属切削机床总计	20	37.8		
	其中:大型机床	3	15.2		
	其中:高精机床	3	5.4		
	磨床	20	37.8		
7	天津市津机磨床有限公司				
	金属切削机床总计	8	63.8	3	53.3
	磨床	8	63.8	3	53.3
8	桂林桂北机器有限责任公司				
	金属切削机床总计	32	56.3	1	4.4
	其中:大型机床	1	4.4		
	磨床	32	56.3	1	4.4
9	济南四机数控机床有限公司				
	金属切削机床总计	37	19.3		
	磨床	37	19.3		
10	咸阳机床厂				
	金属切削机床总计	56	38.5		
	其中:高精机床	1	1.1		
	磨床	56	38.5		
11	陕西秦川格兰德机床有限公司				
	金属切削机床总计	43	89.9		
	其中:大型机床	1	7.5		
	磨床	43	89.9		
12	威海华东数控股份有限公司				
	金属切削机床总计	3 071	1 487.7	75	218.9
	加工中心	4	68.2	4	68.2
	立式加工中心	1	2.8	1	2.8
	卧式加工中心	1	6.5	1	6.5
	龙门加工中心	2	58.9	2	58.9
	磨床	531	476.3	38	86.1
	铣床	2 536	943.2	33	64.6
13	湖南宇环同心数控机床有限公司				
	特种加工机床	14	2 310.0	14	2 310.0
14	上海精密机床厂有限公司				
	磨床	4	230.0	2	135.0
15	无锡市明鑫机床有限公司				
	磨床	2	90.0	2	90.0
16	台州北平机床有限公司				
	磨床	550	275.0	7	160.0
17	朝阳博文机床有限公司				
	磨床	5	53.0	3	39.0
18	武汉机床厂				

（续）

序号	企业及产品名称	实际完成		其中：数控	
		出口量（台）	出口额（万美元）	出口量（台）	出口额（万美元）
	磨床	1	13.3		
19	无锡上机磨床有限公司				
	磨床	3	93.0		

四、新产品开发

2008年，磨床行业31家企业共开发新产品133种（全部为自行开发），比上年下降30.7%。磨床类新产品有121种，比上年下降25.5%；其中数控磨床新产品为96种，比上年下降5.9%。磨床新产品品种数控化率为79.3%。其中有些新产品填补了国家空白，有的新产品已接近或达到国际先进水平。

2008年磨床行业新产品开发情况见表8。

表8　2008年磨床行业新产品开发情况

序号	企业及产品名称	型号	主要技术参数	产品性质	产品属性	产品水平
一、北京第二机床厂有限公司						
1	高精度数控端面外圆磨床	MGK1620	最大加工长度：750mm；中心高：160mm	改型设计	行业新产品	国际先进
2	大型数控万能外圆磨床	MK1463	最大加工长度：3 000mm；中心高：335mm	全新设计	企业新产品	国内领先
3	万能外圆磨床	M1432D×2 000	最大加工长度：2 000mm；中心高：180mm	全新设计	企业新产品	国内领先
4	高精度大型数控万能外圆磨床	MGK1450	最大加工长度：2 050mm；中心高：275mm	全新设计	企业新产品	国际先进
5	双工位砂带曲轴抛光机	B2—60081A	最大加工长度：2 500mm；中心高：280mm	改型设计	行业新产品	国内领先
6	高精度复合磨削中心（国产数控系统）	B2—K3000	最大加工直径：200mm；最大加工长度：1 000mm	全新设计	行业新产品	国际先进
二、杭州机床集团有限公司						
7	高精度数控立轴复合磨床	MGKF600	ϕ600mm	全新设计、技术引进	行业新产品	国内领先
8	数控精密剪刃磨床	MMKL7150×25	500mm×2 500mm	全新设计、其他	行业新产品	国内领先
9	数控摆线转子强力成形磨床	MKLS7132×8/3	320mm×800mm	改型设计、其他	行业新产品	国内领先
10	数控齿条活塞强力成形磨床	MKLS7132×8/4	320mm×800mm	改型设计、其他	行业新产品	国内领先
11	数控转子槽强力成形磨床	MKLS7132×8/5	320mm×800mm	改型设计、其他	行业新产品	国内领先
12	数控剪刃磨床	MKC7150×50/1	500mm×5 000mm	改型设计、其他	行业新产品	国内领先
13	数控剪刃磨床	MKC7150×40	500mm×4 000mm	改型设计、其他	行业新产品	国内领先
14	数控龙门式导轨磨床	HZ—KD4025	2 500mm×8 000mm	改型设计、其他	企业新产品	国内领先
15	数控立轴圆盘式双端面磨床	MKY7750/201	ϕ500mm	改型设计、其他	企业新产品	国内领先
16	大承重普通平面磨床	M7150×60/HZ—1	500mm×6 000mm	改型设计、其他		国内领先
17	数控精密卧轴矩台平面磨床	SL500/HZ	250mm×500mm	全新设计、合作生产	行业新产品	国内领先
18	数控精密卧轴矩台平面磨床	SL800/HZ	400mm×800mm	全新设计、合作生产	行业新产品	国内领先
19	精密数控铣床	XK715	550mm×1 050mm	改型设计、合作生产	企业新产品	国内领先
20	数控电火花成形机	DK7145	450mm×350mm	全新设计、其他	行业新产品	国内领先
21	精密加工中心	XKH715	550mm×1 050mm	改型设计、合作生产	企业新产品	国内领先
三、陕西汉江机床有限公司						
22	数控内螺纹磨床	SKR7620	ϕ200mm×200mm	全新设计	行业新产品	国内领先
23	螺纹磨床	S7332×10	ϕ320mm×1 000mm	全新设计	行业新产品	国内领先
24	数控丝锥磨床	SK722A	ϕ20mm×250mm	全新设计	行业新产品	国内领先
25	数控丝杠磨床	SK7432A×20	ϕ320mm×2 000mm	全新设计	行业新产品	国内领先
26	数控丝杠磨床	SK7432A×30	ϕ320mm×3 000mm	全新设计	行业新产品	国内领先
27	数控蜗杆磨床	SK7732×20	ϕ320mm×2 000mm	改型设计	行业新产品	国内领先

（续）

序号	企业及产品名称	型号	主要技术参数	产品性质	产品属性	产品水平
28	数控花键磨床	MK8612A×15	ϕ125mm×1 500mm	全新设计	企业新产品	国内领先
29	数控旋风铣床	HJ093	ϕ80mm×750mm	全新设计	行业新产品	国内领先
30	数控螺杆天线磨床	HJS54	ϕ10mm×1 000mm	改型设计	企业新产品	国内领先
31	测量中心架	HJGTD001	HJGTD002×1500	全新设计	企业新产品	国内领先
32	抛防弹成品装配线	HJS50	ϕ27mm×46mm	技术引进	行业新产品	行业领先
33	轧辊磨床	MK8440	ϕ400mm	改型设计	行业新产品	行业领先
34	数控螺旋槽专机	HJ097	ϕ20mm×30mm	改型设计	企业新产品	国内领先
35	数控外圆磨床	HJ094	ϕ200mm×1 000mm	全新设计	行业新产品	国内领先
36	雷达天线专用测试转台	HJY046	X 轴 500mm、Y 轴 1 500mm	改型设计	企业新产品	行业领先
37	数控旋风铣床	HJ092	ϕ125mm×6 000mm	全新设计	行业新产品	国内领先
38	步进机构	WB129.03,130	ϕ20mm×34mm	全新设计、技术引进	企业新产品	行业领先
四、上海机床厂有限公司						
39	数控轧辊磨床	MK84200/12000—H	ϕ2 000mm×12 000mm	全新设计	企业新产品	填补国内空白
40	数控外圆磨床	MKE1320/H	ϕ250mm×500mm	改型设计	企业新产品	国内先进
41	端面外圆磨床	MQ1650A×2000	ϕ500mm×2 000mm	改型设计	企业新产品	一般
42	数控外圆磨床	MKQ13125/H	ϕ1 250mm×10 000mm	全新设计	企业新产品	国内先进
43	数控轧辊磨床	MK84160/10000—H	ϕ1 600mm×10 000mm	全新设计	企业新产品	国内先进
44	数控专用内圆磨床	H403—AB	ϕ500mm×350mm	全新设计	企业新产品	国内领先
45	数控专用磨床	H405—ZC	ϕ2 000mm×8 000mm	全新设计	企业新产品	国内领先
46	丝杆磨床	S7432/2	ϕ320mm×1 500mm	改型设计	企业新产品	国内先进
47	数控专用外圆磨床	H248/1	ϕ800mm×6 000mm	改型设计	企业新产品	国内先进
48	数控轧辊磨床	MKD84100/7000—H	ϕ1 000mm×7 000mm	改型设计	企业新产品	国内先进
49	曲轴磨床	M8260B/2000—H	ϕ600mm×2 000mm	改型设计	企业新产品	一般
50	数控轧辊磨床	MK84160/8000—H	ϕ1 600mm×8 000mm	改型设计	企业新产品	国内先进
51	外圆磨床	MQ1350B×4000	ϕ500mm×4 000mm	改型设计	企业新产品	一般
52	数控轧辊磨床	MK84125/7000—H	ϕ1 250mm×7 000mm	改型设计	企业新产品	国内先进
53	数控专用磨床	H405—GH	ϕ65mm×180mm	全新设计	企业新产品	国内先进
54	高精度数控万能外圆磨床	MGK1480/4000—H	ϕ500mm×350mm	全新设计	企业新产品	国内先进
55	数控轧辊磨床	MK84160/7000—H	ϕ2 000mm×8 000mm	改型设计	企业新产品	国内先进
56	数控轧辊磨床	MKC8463/H	ϕ320mm×1 500mm	改型设计	企业新产品	国内先进
57	车床导轨磨床	H155B	ϕ800mm×6 000mm	改型设计	企业新产品	国内先进
58	万能外圆磨床	M1463/5000—H	ϕ1 000mm×7 000mm	改型设计	企业新产品	国内先进
59	精密外圆磨床	MMC1380/3000—H	ϕ600mm×2 000mm	改型设计	企业新产品	国内先进
60	数控轧辊磨床	MK84160/12000—H	ϕ1 600mm×8 000mm	改型设计	企业新产品	国内先进
61	高精度数控外圆磨床	MGK1380/H	ϕ500mm×4 000mm	改型设计	企业新产品	国内先进

（续）

序号	企业及产品名称	型号	主要技术参数	产品性质	产品属性	产品水平
62	数控曲轴磨床	MK82160/H	φ1 250mm×7 000mm	全新设计	企业新产品	填补国内空白
63	数控万能外圆磨床	MK1432/750—H	φ65mm×180mm	全新设计	企业新产品	国内先进
64	数控外圆磨床	MK1332/1500—H	φ500mm×350mm	改型设计	企业新产品	国内先进
65	数控万能外圆磨床	MK1432/1000—H	φ2 000mm×8 000mm	改型设计	企业新产品	国内先进
66	深孔内圆磨床	H124B/1	φ320mm×1 500mm	改型设计	企业新产品	国内先进
67	数控外圆磨床	MK1350/H	φ800mm×6 000mm	改型设计	企业新产品	国内先进
68	钢带成形磨床	H326	φ1 000mm×7 000mm	改型设计	企业新产品	国内先进
69	数控专用内圆磨床	H403—SY	φ600mm×2 000mm	全新设计	企业新产品	填补国内空白
五、天津津机磨床有限公司						
70	立轴圆台平面磨床	M74100	工作台面直径:1 000mm;最大磨削高度:350mm	改型设计	行业新产品	国内先进
71	卧轴矩台平面磨床	MT7180/2M	工作台面尺寸(长×宽):2 000mm×800mm	全新设计	企业新产品	国内先进
72	精密卧轴圆台平面磨床	MM7363	工作台面直径:630mm;最大磨削高度:250mm	改型设计	行业新产品	国内先进
73	高精度数控卧轴圆台平面磨床	MGK7363	工作台面直径:630mm	全新设计	行业新产品	国内先进
74	数控剪刃磨床	TMCNC15	工作台面尺寸(长×宽)2 000mm(1 000mm)×500mm;最大磨削高度:500mm	改型设计	企业新产品	国内先进
75	卧轴矩台数控强力搓丝板成形磨床	MKL7150				
六、无锡开源机床集团有限公司						
76	数控轴承外圈滚道磨床	3MK2320A	工件外径:80～200mm;工件宽度:15～80mm	全新设计	行业新产品	国内领先
77	数控调心轴承外圈滚道磨床	3MK1650	工件外径:300～500mm;最大宽度:200mm	全新设计	企业新产品	国内领先
78	数控调心轴承内圈滚道磨床	3MK2525	工件孔径:100～250mm;最大宽度:150mm	全新设计	企业新产品	国内领先
79	数控大型轴承套圈内圆磨床	3MK2080	工件孔径:400～800mm;最大宽度:320mm	全新设计	行业新产品	国内领先
80	数控立式内圆磨床	MK28100	磨削孔径:300～1 000mm;磨削深度:500mm	全新设计	企业新产品	国内领先
81	数控轴承内圈滚道超精机	3MK3325	工件孔径:100～320mm;工件宽度:50～160mm	全新设计	企业新产品	国内领先
82	数控轴承外圈滚道超精机	WX—4006	工件最大外径:250mm;工件最大宽度:160mm	全新设计	企业新产品	国内领先
83	数控高速无心磨床	MKS1080	磨削直径:5～80mm;磨削长度:200mm	改型设计	企业新产品	国内领先
84	数控无心磨床	MK10400	磨削直径:50～400mm;磨削长度:200mm	改型设计	企业新产品	国内领先
85	高精度无心磨床	MG1050B	磨削直径:5～50mm;磨削长度:200mm	改型设计	企业新产品	国内领先
86	数控内圆磨床	MK2120C	磨削直径:30～200mm;磨削深度:200mm	改型设计	企业新产品	国内领先
七、陕西秦川格兰德机床有限公司						
87	数控轴承磨床	3MKS2150	φ500mm	全新设计	行业新产品	
88	数控轴承磨床	3MKS2550	φ500mm	全新设计	行业新产品	国内领先
89	数控端面外圆磨床	MKSJ1632	φ320mm×1 000mm(500mm)	全新设计	企业新产品	国内领先

（续）

序号	企业及产品名称	型号	主要技术参数	产品性质	产品属性	产品水平
90	数控外圆磨床	MKSJ1332	ϕ320mm×1 000mm	全新设计	企业新产品	国内领先
91	数控高速外圆磨床	MKS1350×2 000	ϕ500mm×2 000mm	改型设计	企业新产品	国内领先
92	数控高速外圆磨床	MKS1380×3 000	ϕ800mm×3 000mmm	全新设计	企业新产品	国内领先
93	数控凸轮轴磨床	MKS8312/1	ϕ120mm×1 000mm	改型设计		国内领先
94	数控端面外圆磨床	GZ132	ϕ320mm×1 000mm	全新设计	企业新产品	国内领先
八、四川磨床厂						
95	卧轴矩台平面磨床	M7132×12.5—CM	磨削工件尺寸（长×宽×高）：1 250mm×320mm×400mm	全新设计	行业新产品	国内先进
96	卧轴矩台平面磨床	M7140×12.5—CM	磨削工件尺寸（长×宽×高）：1 250mm×400mm×400mm	全新设计	行业新产品	国内先进
97	卧轴矩台平面磨床	M7150×12.5—CM	磨削工件尺寸（长×宽×高）：1 250mm×500mm×500mm	全新设计	行业新产品	国内先进
98	卧轴矩台平面磨床	M7130E	磨削工件尺寸（长×宽×高）：1 000mm×300mm×400mm	改型设计	行业新产品	国内先进
99	卧轴矩台平面磨床	M7150×20—CM	磨削工件尺寸（长×宽×高）：2 000mm×500mm×500mm	全新设计	行业新产品	国内先进
100	卧轴矩台平面磨床	M7132×40—CM	磨削工件尺寸（长×宽×高）：1 250mm×320mm×400mm	全新设计	行业新产品	国内先进
101	块规研磨机	3894		改型设计	行业新产品	国内先进
九、朝阳博文机床有限公司						
102	MK8580 数控立式曲线磨床	MK8580	工作台直径：800mm	全新设计	行业新产品	国内领先
103	MA72300 磨头移动式刀具磨床	MA72300	磨削长度：3 000mm；通过宽度：280mm	合作生产	行业新产品	国内领先
104	C5116 立式车床	C5116	工作台直径：1 400mm；工件最大重量：1 000kg/1 400kg/1 600kg	其他	企业新产品	国内领先
十、湖南宇环同心数控机床有限公司						
105	数控双端面磨床	YTMK750ACNC/CBN	平面度：≤0.003mm；平行度：≤0.003mm；表面粗糙度：R_a≤0.2μm	改型设计	行业新产品	整体技术国内领先，部分技术国际先进
106	数控高速凸轮轴磨床	YTMCNC8336—16	砂轮线速度：120m/s；凸轮轮廓磨削精度：0.025mm；磨削表面粗糙度：R_a≤0.25μm	改型设计	行业新产品	整体技术国内领先，部分技术国际领先
十一、无锡市明鑫机床有限公司						
107	立式数控磨床	MKW28250	最大磨削内径：2 500mm	全新设计	行业新产品	国内领先
十二、郑州第二机床厂						
108	单轴数控内圆磨床	Z2—013	磨削孔径：6～100mm	改型设计	企业新产品	国内领先
109	双轴数控精密内圆磨床	Z2—014	磨削孔径：2～20mm；最大磨削深度：40mm；圆度：0.001mm；圆柱度：0.001 5mm；表面粗糙度：R_a≤0.2μm；尺寸分散：0.012mm	全新设计	行业新产品	国内领先

（续）

序号	企业及产品名称	型号	主要技术参数	产品性质	产品属性	产品水平
110	双轴双工位数控精密内圆磨床	Z2—015	磨削孔径:5～20mm;最大磨削深度:40mm;圆度:0.001 5mm;圆柱度:0.002mm;表面粗糙度:R_a≤0.2μm;尺寸分数:0.012mm	全新设计	行业新产品	国内领先
十三、温岭市美日机床厂						
111	钻头研磨机	MR—13D	可修磨钻头正前角			
112	钻头研磨机	MR—26D	可修磨钻头正前角			
113	台式复合倒角机	MR—R800B	直线部角度可以调整角度			
114	丝攻研磨机	MR—Y3B	可修磨丝攻正前刃			
十四、天通吉成机器技术有限公司						
115	数控刨台卧式铣镗床	CPB160	主轴直径:160mm;行程(X/Y/Z/W):4 000mm/2 500mm/1 300mm/900mm	改型设计	企业新产品	国内先进水平
116	数控卧式铣镗床	CTB110	主轴直径:110mm;行程(X/Y/Z/W):1 600mm/1 500mm/1 200mm/900mm	全新设计	企业新产品	国内先进水平
十五、新乡日升数控轴承装备股份有限公司						
117	数控水泵轴沟道磨床	3MK136BSG	外圆圆度+0.1μm;沟直径差:4μm;粗糙度:R_a≤0.25μm	全新设计	行业新产品	国内领先
118	数控轴承外圈沟组合磨床	3MK1416SB	圆度:0.0035mm;尺寸差:±0.01;沟摆:0.006mm;表面粗糙度:R_a≤0.4μm	全新设计	行业新产品	国内领先
十六、桂林桂北机器有限责任公司						
119	数控三轴主轴磨床	MKT240—GM	工作台面尺寸(宽×长):400mm×1 000mm	全新设计	行业新产品	
120	程控立式专用铣床	XL5030—GM	工作台面尺寸(宽×长):500mm×3 000mm	全新设计	行业新产品	
121	数控龙门导轨磨床	GM—KD4016A/10G	工作台面尺寸(宽×长):1 600mm×4 000mm	全新设计	行业新产品	
122	程控卧轴平磨	M7180/LCK	工作台面尺寸(宽×长):800mm×2 000mm	全新设计	行业新产品	
123	程控卧立双磨头磨床	ML7160×20/16CK—GM	工作台面尺寸(宽×长):600mm×2 000mm	改型设计	行业新产品	
124	数控龙门导轨磨床	GM—KD2516A	工作台面尺寸(宽×长):1 600mm×2 500mm	改型设计	行业新产品	
125	数控精密卧轴矩台平面磨床	MM7140×8	工作台面尺寸(宽×长):400mm×800mm		行业新产品	
126	数控精密卧轴矩台平面磨床	MM7132×6	工作台面尺寸(宽×长):320mm×600mm		行业新产品	
十七、济南四机数控机床有限公司						
127	数控内圆磨床	MK2110	磨削孔径:10～100mm	全新设计	行业新产品	国际先进
128	数控高速外圆磨床	J4K—300	磨削直径:10～320mm	全新设计	行业新产品	国际先进
129	数控高速外圆磨床	J4K—084	磨削球径:3～125mm	全新设计	行业新产品	国际先进
十八、咸阳机床厂						
130	数控专用外螺纹磨床	XYJ—2016	最大加工直径:200mm;最大加工长度:500mm	改型设计	行业新产品	

（续）

序号	企业及产品名称	型号	主要技术参数	产品性质	产品属性	产品水平
131	数控专用内螺纹磨床	XYJ—2017	最大加工长度：200mm；磨削螺纹长度：120mm	改型设计	行业新产品	
十九、湖大海捷制造技术有限公司						
132	高速单靠模数控凸轮轴磨床	MKS8312C/CBN	ϕ120mm×800mm	改型设计	行业新产品	国内领先
133	超高速数控外圆磨床	MKG1319	ϕ200mm×799mm	全新设计	行业新产品	国内领先

五、合资合作产品销售情况

2008年12月16日，威海华东数控股份有限公司与德国希斯庄明有限公司（香港）合资成立威海华东重工有限公司。合资年限30年，合资金额1 500万美元，其中中方占股金比例75%。合资合作内容包括金属切削机床的生产及销售，大型精密机械零件的加工与销售。2008年，威海华东重工有限公司生产了C系列数控外圆磨床18台，销售产值307万元；天津市津机磨床有限公司与德国瑞丰公司合作生产零部件，销售产值260万元。

六、科研项目

2008年，磨床行业科研项目共立项78项，比上年增长14.7%。投入科研经费约30 039.86万元，是上年的3倍多。

2008年磨床行业科研项目见表9。2008年磨床行业获奖科研项目见表10。

表9　2008年磨床行业科研项目

序号	科研项目名称	主要内容	应用状况	投入资金（万元）	项目来源
上海机床厂有限公司					
1	CBN砂轮批量磨削工艺研究	研究CBN砂轮的磨削工艺	研制阶段	16.5	自主开发
2	大型超重载荷数控轧辊磨床的开发	设计1台MK84250/15000—H数控轧辊磨床	研制阶段	6.3	自主开发
3	高精度数控外圆磨床研发	研发新一代高精度数控外圆磨床的关键技术和整机，加工精度达到0.001mm的国际先进水平	自行应用	4.9	自主开发
4	离散型制造业信息化解决方案	建成SMTW技术中心的PDM系统，实施ERP系统	研制阶段	34.1	自主开发
5	面向钢铁汽车行业的高档数控磨床关键技术及装备开发	开发具有自主知识产权的重载荷数控轧辊磨床和凸轮轴高效砂带磨床，技术水平达到国际先进	研制阶段	22.4	上海市科学技术委员会科研计划
6	砂轮架微进给系统的研究	研究开发针对轧辊磨床的高精度低速重载荷微量进给机构	自行应用	8.8	自主开发
7	设计、工艺改进试验	应用现代化设计手段和工艺方法，对现有产品进行技术改进和对工艺方法进行改造，实现产品升级换代	自行应用	686.1	自主开发
8	数控齿轮磨床YK7240试制	齿轮磨床YK7240的开发，目标是3级工作精度	研制阶段	7.9	自主开发
9	数控曲轴磨床部件开发	开发曲轴磨床用大直径高压力液体静压轴承，曲轴磨床工件同步驱动系统，大型曲轴的夹持与分度机构等关键部件	自行应用	33.8	自主开发
10	数控曲轴磨床试制	试制大型高精度的数控曲轴磨床，达到国际先进水平	自行应用	229.2	自主开发
11	数控外圆磨床试制	试制大型高精度的数控外圆磨床，头架回转精度0.000 8mm，达到国际先进水平	自行应用	359.9	自主开发
12	数控轧辊磨床试制	制造一种高精度重载数控轧辊磨床，工件重量为100t，适用于轧辊制造厂磨削新轧辊	自行应用	2 349.7	自主开发

（续）

序号	科研项目名称	主要内容	应用状况	投入资金（万元）	项目来源
13	数控轧辊磨床研究	主要用于磨削轧制船舶用大型钢板轧机的轧辊，研究目前国内外最大加工能力的超重型数控轧辊磨床的关键技术	研制阶段	16.6	自主开发
无锡开源机床集团有限公司					
14	高精度数控内圆磨床产业化研究	快速设计平台建立，关键功能部件攻关，产品可靠性研究	自行应用	5 800.0	江苏省科技成果转化
15	大尺寸硅片磨床开发	双主轴三工位布局的总体方案设计，微驱动结构设计与研究，超精密低损伤工艺研究	研制阶段	3 000.0	国家重大专项“863”项目
16	大型机床振纹分析研究	研究振纹形成机理，振源检测与分析，主结构刚性分析，结构动力学分析	研制阶段	50.0	自主开发
17	宽砂轮动平衡技术研究	应用Matlabe语言开发宽砂轮动平衡调试程序，实现快速平衡	技术转让	10.0	自主开发
杭州机床集团有限公司					
18	开发MKC7150×60数控精密剪刃成形磨床系列	系列化开发剪刃成形磨床	自行应用	300.0	自主开发
19	HZ—KD6520等大型数控精密龙门式导轨磨床开发	重点开发大规格龙门式导轨磨床	自行应用	500.0	自主开发
20	主轴滚动轴承单元装配质量的控制技术及装备	解决主轴滚动轴承单元装配技术和工艺难点，自制装配工装，控制装配质量	自行应用	20.0	自主开发
21	单油缸驱动技术的试验与推广应用技术	在大规格磨床上，开发应用单液压油缸驱动技术	自行应用	15.0	自主开发
22	数控系统界面设计与推广应用技术	数控系统界面更方便操作，增加公司信息	自行应用	10.0	自主开发
23	一次油漆工艺的全面应用技术	改善油漆工艺和机床外观质量	自行应用	10.0	自主开发
24	静压回转支承技术应用研究及产业化	为开发高精度机床作准备	研制阶段	40.0	自主开发
陕西汉江机床有限公司					
25	数控内螺纹磨床		研制阶段	32.7	用户需求
26	螺纹磨床		研制阶段	22.9	用户需求
27	数控丝锥磨床		研制阶段	14.7	用户需求
28	数控丝杠磨床		研制阶段	196.6	用户需求
29	数控蜗杆磨床		研制阶段	65.5	用户需求
30	数控花键磨床		研制阶段	36.0	用户需求
31	数控旋风铣床		研制阶段	124.5	用户需求
32	数控螺杆天线磨床		研制阶段	7.5	用户需求
33	抛防弹成品装配线		研制阶段	10.5	用户需求
34	轧辊磨床		研制阶段	9.2	用户需求
35	数控螺旋槽专机		研制阶段	20.3	用户需求
36	数控外圆磨床		研制阶段	78.6	用户需求
37	雷达天线专用测试转台		研制阶段	8.2	用户需求
38	B2—K3000高精度复合磨削中心	最大加工直径：200mm；最大加工长度：1 000mm	研制阶段	138.0	地方科技项目
39	汽车发动机曲轴高效精密加工		研制阶段	165.0	地方科技项目
40	B2—K1013/T1超高速数控外圆磨床		自行应用	49.0	自主开发
41	B2—6008/A双工位砂带曲轴抛光机	中心高：280mm；最大加工长度：750mm	自行应用	21.0	自主开发

（续）

序号	科研项目名称	主要内容	应用状况	投入资金（万元）	项目来源
42	MGK1620 高精度数控端面外圆磨床	中心高:160mm;最大加工长度:750mm	研制阶段	88.0	自主开发
43	MK1463 大型数控万能外圆磨床	中心高:335mm;最大加工长度:3 000mm	研制阶段	141.0	自主开发
44	M1432D×2000 万能外圆磨床	中心高:180mm;最大加工长度:2 000mm	研制阶段	120.0	自主开发
45	MGK1450 高精度大型数控万能外圆磨床	中心高:275mm;最大加工长度:2 500mm	研制阶段	86.0	自主开发
天津市津机磨床有限公司					
46	MGK7363 高精度数控卧轴圆台平面磨床	自动化程度高、精度高,为轴承行业开发的新一代高精度机床	自行应用		订货合同
47	MKL7150 卧轴矩台数控强力搓丝板成形磨床	数控高精度大切深成形磨床,可提高螺丝搓制精度,替代进口	自行应用		订货合同
四川磨床厂					
48	M7132×40 卧轴矩台平面磨床		研制阶段	20.0	自主开发
49	M7180×20 卧轴矩台平面磨床		研制阶段	25.5	自主开发
50	SFW—K1250—8/1180 水轮发电机		研制阶段	20.5	自主开发
新乡日升数控轴承装备股份有限公司					
51	大型风电核心部件（轴承）制造装备	加工大型风电设备轴承的立式车床、立式磨床、加工中心	研制阶段	600.0	自主开发
桂林桂北机器有限责任公司					
52	数控精密卧轴矩台平面磨床	新产品开发	研制阶段	500.0	桂林市科技局
53	砂轮自动修整精密平面磨床	新产品开发	研制阶段	600.0	广西壮族自治区科技厅
54	数控卧轴矩台平面磨床	新产品开发	研制阶段	2 000.0	国家科技部
湖大海捷制造技术有限公司					
55	汽车发动机凸轮轴高效精密加工成套设备			1 234.0	国家“863”计划
56	汽车发动机曲轴高效精密加工成套设备			500.0	国家“863”计划
威海华东数控股份有限公司					
57	XKW27 系列定梁龙门移动铣镗床	完善龙门宽度 4.3～6.3m 的定梁龙门移动铣镗床的结构设计	自行应用	520.0	自主开发
58	XKW28 系列动梁龙门移动铣镗床	完善龙门宽度 4.3～6.3m 的动梁龙门移动铣镗床的结构设计	自行应用	494.0	自主开发
59	MKW53 系列数控龙门导轨磨床	完善龙门宽度 2.2～3.2m 的数控龙门导轨磨床的结构设计	自行应用	272.0	自主开发
60	MKZW1480/15×80 数控外圆磨床	磨削外圆直径:50～800mm;长度:6～10m;砂轮架移动数控外圆磨床	自行应用	272.0	自主开发
61	ZMK95160B 数控立式外圆磨床	最大磨削直径:1.6m;最大磨削深度:450mm 的数控立式外圆磨床	自行应用	142.0	自主开发
62	TK6920/120×50 数控落地铣镗床	镗杆直径 200mm 的数控落地铣镗床	自行应用	260.0	自主开发
63	CKX5263 数控立式车铣复合机床	具有车铣复合功能的数控立式机床	研制阶段	246.0	自主开发
64	带镗杆伸缩的卧式加工中心	带镗杆伸缩的卧式加工中心,增加加工范围	研制阶段	78.0	自主开发
65	GT2000 大型数控锥齿轮铣磨齿机	加工直径:2m;具有铣磨复合功能的数控机床	研制阶段	142.0	自主开发
66	HMC1000 高速卧式加工中心	宽度 1m 的高速卧式加工中心	研制阶段	116.0	自主开发

（续）

序号	科研项目名称	主要内容	应用状况	投入资金（万元）	项目来源
朝阳博文机床有限公司					
67	MK8580 数控立式曲线磨床	MK8580 数控立式曲线磨床开发和研制，购置先进设备，实现批量生产	自行应用	3 500.0	自主开发
68	MA72300 磨头移动式刀具磨床	MA72300 磨头移动式刀具磨床开发和研制	研制阶段	1 300.0	自主开发
湖南宇环同心数控机床有限公司					
69	高档数控机床与基础制造装备	难加工材料轴类零件超高速精密外圆磨床	自行应用	654.0	国家科技重大专项
70	高档数控机床与基础制造装备	数控切点跟踪曲轴磨床	研制阶段	386.0	国家科技重大专项
71	高效磨削数控技术及科研产品中试产业化基地	超高速数控非圆轮廓外表面磨床	自行应用	238.0	国家“863”计划
无锡市明鑫机床有限公司					
72	立式数控磨床	开发特大型机型	研制阶段	300.0	自主开发
台州北平机床有限公司					
73	高精度数控五轴工具磨床		自行应用	623.5	自主开发
郑州第二机床厂					
74	大孔径高精度内圆磨床	双轴(卧轴)	研制阶段	30.0	自主开发
温岭市美日机床厂					
75	钻头研磨机	可修磨钻头正前刃	自行应用		自主开发
76	高速复合倒角机	直线部可以调整角度	自行应用		自主开发
77	丝攻研磨机	可修磨丝攻正前刃	自行应用		自主开发
78	锯片磨齿机	可修磨斜齿、交叉齿、前刃、后刃	自行应用		自主开发

表 10　2008 年磨床行业获奖科研项目

序号	项目名称	主要内容及应用范围	获奖名称	获奖等级	主要完成单位
1	MK82125/H 数控曲轴磨床	研发 MK82125 系列数控曲轴磨床，用于船用柴油机曲轴、机车内燃机曲轴、压缩机曲轴等零件的加工制造	CCMT2008 春燕奖		上海机床厂有限公司
2	MK84200 系列数控轧辊磨床的研制	研发 MK84200 系列数控轧辊磨床，用于轧辊制造厂、钢铁企业的轧辊制造和修理	中国国际工业博览会	银奖	上海机床厂有限公司
3	MKL7150×16/2 数控缓进给强力成形磨床(七轴五联动圆弧叶冠磨削)	该产品属先进的光机电一体化产品，技术水平居国内领先，达到国际同类产品的先进水平，具备替代进口和参与国际竞争的能力，可以为国防工业、重型燃气轮机工业、汽车工业等国民经济支柱产业提供性价比优良的国产机床	中国机械工业科学技术奖	二等奖	杭州机床集团有限公司
4	MGKF600 数控立式复合磨床	复合磨床的关键技术是高精度的转台、砂轮交换机构、砂轮修整和补偿、工件的夹紧、数字控制、在线自动测量可用于磨削加工盘类、短轴类、套筒类等长径比比较小的零件，适用于工程机械、齿轮减速器、轴承以及其他行业多品种、小批量零部件的加工	CCMT2008 春燕奖		杭州机床集团有限公司

（续）

序号	项目名称	主要内容及应用范围	获奖名称	获奖等级	主要完成单位
5	HZ—073 陶瓷切割机及其切割技术	针对陶瓷硬度高，易崩易碎难加工的特点，开发的高刚性、低振动，可微进缓切的光机电一体化产品。采用五刀片组合的金刚石砂轮，比国外多装两把切割刀，效果提高166%。高刚性主轴系统，回转精度≤0.003mm，首创开发应用二台联动；研发了组合式真空吸盘夹持技术和多刀片陶瓷切割技术，包括多刀组合调整技术，陶瓷夹持分度技术，切割工艺参数和循环切割技术以及适用于陶瓷切割的冷却、净化、防护技术。开展了产品工业形象设计	浙江省机械工业科学技术奖	三等奖	杭州机床集团有限公司
6	HJ093 数控螺杆旋风铣床	机械制造	CCMT2008 春燕奖		陕西汉江机床有限公司
7	SK7432×4 数控丝杠磨床	机械制造	陕西省科学技术奖	二等奖	陕西汉江机床有限公司
8	B2—K3000 高精度复合磨削中心	最大加工直径：200mm；最大加工长度：1 000mm	CCMT2008 春燕奖		北京第二机床厂有限公司
9	MKS1350 船用柴油机数控曲轴主轴颈磨床		国产数控机床优秀合作项目		北京第二机床厂有限公司、河南柴油机集团有限责任公司
10	龙门平面磨床		广西科技进步奖	三等奖	桂林桂北机器有限责任公司
11	高速精密机床（电）主轴关键技术及其应用		教育部科技进步奖	二等奖	湖大海捷制造技术有限公司
12	MKS8312D 数控高速四轴凸轮轴磨床		长沙市科技进步奖	二等奖	湖大海捷制造技术有限公司
13	大型数控高速斜切入端面外圆磨床的开发及应用		中国机械工业科学技术奖	三等奖	湖大海捷制造技术有限公司
14	曲轴高速精密磨削技术及数控装备		湖南省科技进步奖	三等奖	湖大海捷制造技术有限公司
15	BZM—650 博格式轨道板专用数控磨床	该机床是为京津高速铁路设计的磨削无渣轨道板的桥式数控成形磨床	中国机械工业科学技术奖	二等奖	威海华东数控股份有限公司、中铁六局集团有限公司
			威海市科学技术奖	二等奖	
			山东省技术创新优秀新产品	一等奖	
16	SGN30130A 定梁数控龙门式导轨磨床	该机床加工长度 13m，双 V 自位型工作台导轨结构，具有纵向凸凹磨削功能	山东省技术创新优秀新产品	一等奖	威海华东数控股份有限公司
			威海市科学技术奖	三等奖	
17	HC500 卧式加工中心	采用 T 型结构，三轴行程：800mm/600mm/600mm，一体式底座设计，反包式垂直导轨结构	山东省技术创新优秀新产品	二等奖	威海华东数控股份有限公司
18	CPNT2080B 定梁龙门式加工中心	数控伺服轴 7 个，任意四轴联动，实现三铣头同时加工，机床三轴行程：8.3m/2m/1.2m	山东省技术创新优秀新产品	二等奖	威海华东数控股份有限公司
19	VS30125 立式加工中心	属超大型立式加工中心，底座与鞍座为纵向四导轨结构，三轴行程：3m/1.25m/0.9m	山东省技术创新优秀新产品	三等奖	威海华东数控股份有限公司

（续）

序号	项目名称	主要内容及应用范围	获奖名称	获奖等级	主要完成单位
20	C—600数控外圆磨床	机床三轴二联动，能够磨削非圆曲面，最大磨削直径275mm	山东省技术创新优秀新产品	三等奖	威海华东数控股份有限公司
21	MK8580数控立式曲线磨床的研制	MK8580数控立式曲线磨床的开发和研制，数控立式曲线磨床是我国航空航天业、船舶制造业、纺织业、造纸业、液压马达制造业等必不可少的关键零部件精密加工设备	科技进步奖	一等奖	朝阳博文机床有限公司
22	高精数控双端面磨床	金属、非金属双端面磨削	湖南省科学进步奖 湖南省优秀技术创新奖	二等奖	湖南宇环同心数控机床有限公司
23	M7130多功能平面磨床	槽及凸缘侧磨削	高新技术产品	省级	浙江得力机床制造有限公司
24	立式数控磨床		国家重点新产品		无锡市明鑫机床有限公司

七、企业简介

上海第三机床厂　前身为上海亚中铁工厂，创建于1944年，是中国最早的磨床生产厂，在20世纪40年代曾制造出我国第一台外圆磨床。

上海第三机床厂为国有企业，曾隶属于上海电气(集团)总公司下的上海明精机床有限公司。2000年12月对上海第四机床厂进行资产重组，建立了统一的、有效的产品开发、生产经营体系，实施一体化企业管理和质量管理体制，优势得到互补，资源得到共享，为企业的进一步发展创造了良好的条件。2005年7月，以原从事车床生产的上海江宁机床厂为基础，组建成立了上海第三机床厂车床分厂。

上海第三机床厂设有产品开发、工艺编制、零件加工、产品装配、质量检测、产品销售、用户服务等部门，具有较强的产品设计和制造能力。自1989年9月通过ISO 9001:1994版质量管理体系认证，2003年6月又通过ISO 9001:2000版的换证审核。质量管理和产品质量上了一个新台阶。主要产品有ϕ200mm规格系列外圆磨床、光学曲线磨床、数控铣床、立卧加工中心、车床等。企业以雄厚的技术力量、精湛的制造工艺、高质量的产品，优秀的技术服务享誉国内外。产品遍及全国各地，还远销欧洲、中东、东南亚等国家和地区。

2008年，生产各种机床2 027台，实现利润304.6万元；出口创汇105.9万美元，比上年增长13.7%。

新乡日升数控轴承装备股份有限公司　前身为新乡市日升数控设备有限公司，2007年12月改制变更为新乡日升数控轴承装备股份有限公司，注册资本4 000万元。公司总资产达14 510万元，资产负债率51%，职工人数350人，其中科技人员108人。公司主要生产设备检测仪器100余台(套)，拥有OA、CAD、CAPP、ERP等先进信息化管理系统，具有年生产数控磨床1 200~1 500台的能力。2008年，公司生产数控磨床704台，加工中心2台；产值11 759万元，销售收入10 100万元。

公司致力于专业研究、开发和生产数控轴承专用设备及自动线、汽车零部件的精加工专用设备及自动线、家电行业的特种加工装备及加工中心等专用设备。公司是河南省高新技术企业、河南省科技企业，国家级洛阳轴承研究所指定数控轴承设备生产基地。2008年，通过了中国方圆认证中心ISO 9001质量管理体系2000版认证。2008年申报专利10项，数控水泵轴磨床和数控轴承外圈沟组合磨床两项新产品经查新、检测、鉴定，技术水平国内领先。

公司产品服务于汽车零部件、铁路机车、高速机车、城市轨道机车、矿山冶金设备、风力发电设备、航空航天、精密机床、家电等行业。数控轴承装备，产品从微型、微小型、小型到中小型、中型、中大型、大型等系列，普遍采用数字控制技术，交流伺服驱动技术，三轴、四轴伺服驱动，触摸屏人机界面技术，具有完整的屏幕显示及预置调整开关，磨削参数预置，故障自诊断及声光报警功能。机电一体化产品产值占总产值的98%以上。公司主要为我国“十一五”规划重点发展的高精、高效、静音、超静音轴承，航天、航空、汽车、高速机车、铁路、泵类专用轴承以及高寿命耐腐蚀轴承，提供新一代数控轴承加工装备。产品可以替代进口，并出口国外。

陕西秦川格兰德机床有限公司　是由陕西秦川机械发展股份有限公司与陕西机床厂合资组建的专业磨床制造公司，是国家定点生产外圆磨床的专业厂家，我国最大的外圆磨床生产厂家之一。有员工622人，拥有固定资产5 800万元，具有年产1 000台磨床的生产能力。

公司通过了ISO 9001:2000版质量认证，被陕西省科技厅认定为“高新技术企业”，主营业务被陕西省国资委确认为“当前国家重点鼓励发展产业”。公司的ME1332×500—3000、ME1432×500—3000外圆磨床获得“全国机械工业用户满意产品”奖。

公司产品覆盖11大类、110多个品种、150多个规格，从品种到规格全部系列化。主导产品为“陕机”牌磨床系列产品，主要有外圆磨床、万能外圆磨床、端面外圆磨床、轴承磨床、无心磨床、内圆磨床、曲轴磨床、凸轮轴磨床、平面磨床、球面磨床、汽车及工具行业专用磨床等产品。近年来开发生产的数控高速凸轮轴磨床、数控高速曲轴两端头磨床、宽砂轮数控高速车轴专用磨床、数控桥壳专用磨床、高精度轴承内圈滚道磨床和数控轴承磨床等为代表的高端产品，达到了国内领先水平，可以替代进口产品，市场前景广阔。

湖大海捷制造技术有限公司 1999年元月成立，注册资本4 339万元，是以湖南大学和国家高效磨削工程技术研究中心为依托，集科研开发、生产、销售于一体的高新技术企业。公司前身是湖南大学机电工厂，已有100年的科研、生产历史。

公司占地面积3万 m^2，有员工187余人，其中各类高级技术人员近80名，是国内生产数控机床的专业厂家之一。公司技术力量雄厚，制造工艺先进，研制了多项填补国家空白的高科技产品，多次获得国家和省、部科学技术奖和优秀新产品证书。

公司主要产品有凸轮轴磨床、曲轴磨床、外圆磨床和端面外圆磨床4个系列。还可根据用户需求，承接大难度进口数控设备的大修和改造任务。

朝阳博文机床有限公司 原朝阳机床厂，始建于1965年，2003年转制为集科研、设计、生产和销售为一体的专业生产立式磨床的高新技术企业。公司技术力量雄厚，设备先进，有完善的新产品开发体系及质量保证体系，通过了ISO 9001：2000质量管理体系认证。公司是中国机床工具工业协会和中国模具工业协会会员单位。

公司主导产品为立轴圆台平面磨床、立轴圆台模具磨床、数控立式内圆端面磨床、数控立式曲线磨床、数控立式磨床和立式车床。产品出口北美洲、亚洲、非洲，在国内外客户中享有盛誉。同时拥有年产10 000t树脂砂铸造生产线，可承揽各种铸件业务。

公司坚持技术创新与技术进步，注重产、学、研结合，注重吸收国外先进技术，用高新技术和先进实用技术改造传统产品。2007年，公司与德国锐锋机床公司（REFORM Maschinenfabrik）合作研制生产系列磨头移动式刀具磨床。

温岭市美日机床厂 是小型专用刀具磨床、小型精密机床和精密机械工具的专业制造商，是中国机床工具工业协会、黄岩模具协会会员单位。

公司主要产品有钻头研磨机、铣刀研磨机、丝攻研磨机、倒角机、万能磨刀机、万能工具磨床、锯片磨齿机、铣刀刃磨机、万能车刀研磨机、气动攻牙机、齿轮倒棱机、带锯条磨齿机、带锯床、永磁系列、数控分度头、万能分度头、回转工作台等精密机具系列。

公司拥有先进的科学技术，齐全的制造设备及检验仪器，产品从研发、制造、管理到销售严格贯彻ISO 9001：2001质量管理体系，从而保证了产品外观精美、品质优良、规格齐全。产品已通过欧盟CE认证，获得多项荣誉，并申请多项国家专利。

自创建以来，公司始终秉持“做人重品德，做事重品质”的理念。与国内外多家企业合作，并将产品远销美国、韩国和西班牙等多个国家，深受国内外新老客户的好评。

武汉机床厂 是武汉重型机床集团有限公司下属企业，创建于1951年，是一家具有50多年历史的专业生产工具、刃具磨床的制造厂。武汉机床厂在中国工具磨床制造领域一直占据领先地位，为中国工具磨床的发展做出过重要的贡献。经过半个多世纪的发展，现已成为中国制造工具、刃具磨床规模最大，品种最齐全的骨干企业和出口基地。2008年9月16日，武汉机床厂成为武汉重型机床集团有限公司全资下属子公司。

公司拥有700多台高精尖生产设备、国家一级检测计量中心、全套先进的CAD辅助设计系统、全面的质量控制体系和先进高效的管理体制。武机人用优质的产品和可靠的信誉，通过多年努力，精心打造出“武机”牌这一工具、刃具磨床的重量级品牌。旗下产品以其精致的做工，一流的品质，合理的性价比，赢得了用户的广泛赞誉，多次获得国家质量金奖，“出口机电产品质量许可证书”及省优部优产品、“全国稳定合格产品”称号。通过了ISO 9001：2000质量管理体系认证。

公司现有职工339人，产品12个系列，包括数控及机械万能工具磨床、数控及机械拉刀刃磨床、数控及机械钻头磨床、数控及机械滚刀刃磨床、锯片刃磨床、弧齿锥齿轮铣刀盘刃磨床等。1998年开发成功精度高达DIN3968标准AA级的数控滚刀磨床——HS(P)250CNC，满足了汽车和齿轮行业刃磨大螺旋角齿轮滚刀及蜗轮滚刀的需要，填补了国家数控滚刀刃磨床领域的空白。该产品投放市场多年，一直受到用户的广泛好评。2005年公司与美国斯达卡公司合作研发并生产了拥有世界一流技术的五轴五联动万能工具磨床——ETG系列；其后又不断创新开发了PTG—6系列带自动更换砂轮、自动上下料系统的五轴五联动万能工具磨床。与德国FRAOMAG合作生产了FSR系列程序控制立式拉床。所有这些产品都为公司进入世界先进机床行列奠定了坚实的基础。

公司拥有一批高素质的销售人员，服务网络覆盖整个中国市场，产品远销世界42个国家和地区。

四川富临集团成都机床有限责任公司 原成都机床厂，始建于1958年，系原国家机械工业部定点生产内圆磨床的专业厂家，已具有50余年生产内圆磨床的历史和经验，以生产优质内圆磨床著称。公司于2000年被四川富临集团全资收购，转为民营企业。

公司技术力量雄厚，工艺、设备先进，检测手段完善，产品质量可靠，售后服务及时周到。公司拥有机械加工设备200余台，机床年生产能力300余台。公司还在加大生产能力的建设，力争达到年生产千台的生产能力。

主要产品有普通内圆磨床、轴承专用磨床、汽车零件专用磨床、数控内圆端面磨床、数控复合磨床、数控立式磨床等几个系列上百种产品。从2000年开始，公司又致力于产品数控化、智能化的开发和研制工作，开发和研制了CDK—

34、MK2110、MK2115、MK2120、MK620 数控内孔端面磨床，MG2112 高精度专用刀柄磨床，MK2880、MK8100、CD—50 数控立式磨床。为适应市场需求，公司与全国105个大中小城市建立了良好的营销关系。

〔撰稿人：中国机床工具工业协会磨床分会夏　萍、俞中琦〕

齿轮加工机床

进入21世纪以来，我国机床工具工业经历了连续八年的快速发展时期，我国已连续四年成为世界机床第三生产大国，连续七年成为世界机床第一进口大国和世界机床第一消费大国。2008年，受全球金融危机影响，中国机床工具工业增速回落，但在全行业的共同努力下，全年经济指标仍维持增长局面。齿轮加工机床行业主要服务于汽车、摩托车、工程机械和风电设备等行业，用户行业的产品调整转型升级及以风电为代表的新能源行业的快速发展，使齿轮加工机床行业面临挑战的同时，也迎来了极大的发展机遇，尤其是高档、大型数控齿轮加工机床显现商机无限。

一、行业基本情况

齿轮是最基础的机械传动元件，具有非常古老的历史和极广的应用范围，凡是有加工齿形的行业，都要使用齿轮加工机床。齿轮加工机床是机床工具行业公认的工作母机中技术含量最高、零部件最为繁多、结构最为复杂的产品之一，国际上也只有美国、日本、德国、瑞士等少数发达国家才能生产高档齿轮加工机床。

常见的齿轮加工机床分为圆柱齿轮和圆锥齿轮加工机床，其中圆柱齿轮加工机床包括滚齿机、插齿机、剃齿机、磨齿机、珩齿机、滚轧机、倒棱和倒角机等，圆锥齿轮加工机床包括铣齿机、刨齿机、磨齿机、研齿机、滚动检查机等。

应用领域有：汽车、摩托车、工程机械、风电设备、船舶机械、航空航天设备、矿山机械、石油机械、国防工业设备和冶金工业设备等制造业。

中国齿轮加工机床主要生产制造商有：重庆机床（集团）有限责任公司、秦川机床（工具）集团有限公司、天津第一机床总厂、南京第二机床厂有限公司、宜昌长机科技有限责任公司、营口冠华机床有限公司、上海第一机床厂、武汉重型机床集团有限公司、宁江机床集团股份有限公司、南京第一机床厂等。

纳入齿轮加工机床行业会员单位的有11家，分别是重庆机床（集团）有限责任公司、秦川机床（工具）集团有限公司、天津第一机床总厂、南京第二机床厂有限公司、宜昌长机科技有限责任公司、营口冠华机床有限公司、上海第一机床厂、湖南中大创远数控装备有限公司、陕西第二机床厂、内江鑫泰机床制造有限责任公司、青海第二机床制造有限责任公司等。

参加本年鉴统计的会员单位共7家，均为重点联系企业，其齿轮加工机床产量占全国齿轮加工机床总产量的85%左右，产品品种满足度达90%。

自2000年以来，齿轮加工机床经历了由恢复到快速发展的历程，2008年，受全球金融危机的影响，齿轮加工机床行业产销增幅减缓，尤其是四季度出现快速下滑。据对7家会员单位的统计，2008年齿轮加工机床销量比上年下降13%，但销售收入却比上年增长13%，表明产品结构得到优化，大规格、高附加值产品占比加大，单台均价由2007年的41.1万元增至52.5万元，增加11.4万元/台，增长27.73%，价格上升显著。

2008年，齿轮加工机床7家会员单位共实现产品销售收入48亿元，比上年增长14%；利润总额1.9亿元，比上年下降21%；拥有资产总额51亿元，员工约12 996人。2008年齿轮加工机床行业主要经济指标完成情况见表1。2008年齿轮加工机床行业企业主要经济指标完成情况见表2。

表1　2008年齿轮加工机床行业主要经济指标完成情况

指标名称	单位	年度累计
工业总产值（现价）	万元	462 654
其中：机床工具类产品产值	万元	273 369
工业销售产值	万元	449 256
其中：机床工具类产品销售产值	万元	266 095
工业增加值	万元	141 381
实现利税	万元	40 014
从业人员平均人数	人	12 996
资产总计	万元	506 387
流动资产平均余额	万元	230 638
固定资产净值平均余额	万元	119 124

表2　2008年齿轮加工机床行业企业主要经济指标完成情况

企业名称	工业销售产值（万元）	工业总产值（现价）（万元）	从业人员平均人数（人）
重庆机床（集团）有限责任公司	101 314	103 788	4 282
陕西秦川机床工具（集团）有限公司	221 557	223 177	3 999
南京第二机床厂有限公司	51 325	51 325	1 480
天津第一机床总厂	27 232	31 830	1 898

（续）

企业名称	工业销售产值（万元）	工业总产值（现价）（万元）	从业人员平均人数（人）
宜昌长机科技有限责任公司	21 250	25 524	504
上海第一机床厂	2 530	2 962	353
营口冠华机床有限公司	24 048	24 048	480

二、生产情况

2008年，齿轮加工机床行业7家会员单位企业共生产金属切削机床10 513台，比上年下降15.7%；实现产值28.6亿元，比上年增长16.7%。其中数控机床产量5 171台，比上年下降13.7%；实现产值19.3亿元，比上年增长22.3%。金属切削机床产值数控化率67.4%，比上年提升3个百分点。

按机床产值计算，各分类机床产品构成比为：齿轮加工机床占76.5%，车床占9.0%，磨床占7.6%，分别排列前3位。2008年齿轮加工机床行业分类产品生产情况见表3。2008年齿轮加工机床行业企业分类产品生产情况见表4。

表3　2008年齿轮加工机床行业分类产品生产情况

产品名称	实际完成		其中：数控	
	产量（台）	产值（万元）	产量（台）	产值（万元）
金属切削机床	10 513	286 155	5 171	192 946
加工中心	43	4 909	43	4 909
车床	4 706	25 661	3 265	21 012
磨床	1 171	21 623	74	6 341
齿轮加工机床	4 274	219 044	1 666	155 381
螺纹加工机床	129	7 770	33	4 024
铣床	123	4 175	90	1 279
钻床	6	156		
其他金属切削机床	61	2 817		

表4　2008年齿轮加工机床行业企业分类产品生产情况

企业及产品名称	实际完成		其中：数控	
	产量（台）	产值（万元）	产量（台）	产值（万元）
重庆机床（集团）有限责任公司				
金属切削机床合计	4 263	63 117	2 117	35 153
车床	2 754	12 109	1 637	9 112
齿轮加工机床	1 509	51 008	480	26 041
陕西秦川机床工具（集团）有限公司				
金属切削机床合计	1 323	107 127	475	87 777
加工中心	14	3 973	14	3 973
立式加工中心	14	3 973	14	3 973
磨床	743	17 746	70	6 237
齿轮加工机床	410	76 535	358	73 543
螺纹加工机床	129	7 770	33	4 024
其他金属切削机床	27	1 103		
南京第二机床厂有限公司				
金属切削机床合计	2 927	39 561	2 090	29 342
加工中心	29	936	29	936
立式加工中心	29	936	29	936
车床	1 952	13 552	1 628	11 900
磨床	5	12		
齿轮加工机床	850	23 773	343	15 227
铣床	91	1 288	90	1 279
天津第一机床总厂				
金属切削机床合计	490	24 548	233	14 823
磨床	107	2 534		
齿轮加工机床	311	17 257	233	14 823
铣床	32	2 887		

（续）

企业及产品名称	实际完成		其中:数控	
	产量（台）	产值（万元）	产量（台）	产值（万元）
钻床	6	156		
其他金属切削机床	34	1 714		
宜昌长机科技有限责任公司				
金属切削机床合计	247	25 484	247	25 484
齿轮加工机床	247	25 484	247	25 484
营口冠华机床有限公司				
金属切削机床合计	1 026	24 048	8	350
磨床	316	1 331	4	104
齿轮加工机床	710	22 717	4	246
上海第一机床厂				
金属切削机床合计	237	2 268	1	15
齿轮加工机床	237	2 268	1	15

三、出口情况

近几年,齿轮加工机床行业通过不断的技术创新,产品档次及产品质量取得了长足进步,高档数控机床开始走向国际市场,成功销往美国、日本、韩国、印度等国家及欧洲、中东地区。

2008 年,齿轮加工机床行业实现出口交货值 2.4 亿元,比上年增长 140%。其中金属切削机床实现出口 167 台,比上年下降 19.3%;出口额 1 146 万美元,比上年增长 38.7%。出口机床单台均价大幅提高,达到 6.86 万美元/台,比上年增长 72%。齿轮加工机床出口 89 台,出口额达 726 万美元,比上年增长 14.9%。2008 年齿轮加工机床行业分类产品出口情况见表 5。2008 年齿轮加工机床行业企业分类产品出口情况见表 6。

表 5　2008 年齿轮加工机床行业分类产品出口情况

产品名称	实际完成		其中:数控	
	出口量（台）	出口额（万美元）	出口量（台）	出口额（万美元）
金属切削机床	167	1 146	36	425
车床	14	13	8	10
磨床	62	381		
齿轮加工机床	89	726	28	415
螺纹加工机床	2	26		

表 6　2008 年齿轮加工机床行业企业分类产品出口情况

企业及产品名称	出口量单位	实际完成		其中:数控	
		出口量(台)	出口额(万元)	出口量(台)	出口额(万元)
重庆机床(集团)有限责任公司			1 282		
金属切削机床合计	台	58	1 198	22	636
车床	台	14	92	8	70
齿轮加工机床	台	44	1 107	14	566
刃具			84		
陕西秦川机床工具(集团)有限公司			17 448		
金属切削机床合计	台	63	3 553	2	483
磨床	台	57	2 445		
齿轮加工机床	台	4	927	2	483
螺纹加工机床	台	2	181		
机床、机械配件			11 622		
铸铁件			2 273		
天津第一机床总厂			3 312		
金属切削机床合计	台	18	1 208		
磨床	台	5	199		
齿轮加工机床	台	13	1 009		
机床零部件			271		
机床、机械零件			1 832		

（续）

企业及产品名称	出口量单位	实际完成		其中:数控	
		出口量(台)	出口额(万元)	出口量(台)	出口额(万元)
夹具	套	1	1		
上海第一机床厂			152		
金属切削机床合计	台	16	152		
齿轮加工机床	台	16	152		
宜昌长机科技有限责任公司			1 785		
金属切削机床合计	台	12	1 785	12	1 785
齿轮加工机床	台	12	1 785	12	1 785

四、新产品开发情况

为满足齿轮加工机床用户行业产品调整及转型升级的需要，齿轮加工机床生产企业加大了大型、精密、全数控等高档齿轮加工机床的开发力度，并取得了显著成绩。高档数控和大型齿轮加工机床开发取得了重要突破，部分产品已达到国际先进水平。中信重工机械股份有限公司与德国希斯庄明成功开发了最大加工直径达16m的特大型六轴数控滚齿机；齐重数控装备有限公司开发了最大加工直径达5m的大型六轴数控滚齿机；重庆机床（集团）有限责任公司针对风电设备行业等用户的需求，研制成功了最大加工直径达3.2m的大型六轴数控滚齿机、数控铣齿机等；宜昌长机科技有限责任公司开发成功了最大加工直径达3.2m的大型六轴数控插齿机。

重庆机床（集团）有限责任公司开发的新产品有：①齿轮加工机床，包括YD31125CNC6大模数数控滚齿机、Y31320CNC6大型数控滚齿机、YA31320/YD31320大型滚齿机、YKX39320大型数控高效铣齿机、YE3115/20CNC7高速数控干切滚齿机、YS3120CNC6数控高速滚齿机、YX3132CNC数控高效滚齿机、YT4232CNC4数控径向剃齿机、RT300数控转台等；②车床，包括CHK760全功能数控车床、CH460数控车床、VCK800数控立式车床、DT200高速高效精密数控车床、C2—50HK/1系列车床等；③复杂刀具，包括高速加长滚刀、重荷粗切滚刀、硬质合金盘形齿轮铣刀等。

陕西秦川机床工具（集团）有限公司：依托精密加工、精密装配、精密检测的“三精”优势，完成了YK7230数控蜗杆砂轮磨齿机、YK7340数控成形砂轮磨齿机、YK73200数控成形砂轮磨齿机、YK7432B数控剃齿刀磨齿机、VTM180/5五轴联动车铣复合加工中心、VTM260车铣复合加工中心、VT350NC大型立式车床和3MK5030五轴联动叶片数控磨床等新产品的开发工作。

南京第二机床厂有限公司：适时调整产品结构，推出了YS51125CNC数控插齿机、Y7340CNC数控成形磨齿机，同时开发了C6460、C6500数控车床。

天津第一机床总厂：自主研发有新突破，开发了YK51200数控插齿机、YK2232和YK22160数控锥齿轮加工机床、YKD9332W和YKD9330W数控倒角机等。

宜昌长机科技有限责任公司：开发了YK84250数控铣齿机等。

2008年齿轮加工机床行业新产品试制完成情况见表7。

表7　2008年齿轮加工机床行业新产品试制完成情况

序号	产品名称	型　号	主要技术参数	产品水平
重庆机床（集团）有限责任公司				
1	数控剃齿机系列	YD4232CNC4	最大加工直径：320mm；最大工件模数：800mm（轴向剃齿）/6mm（径向剃齿）；两顶尖最大距离：700mm；最大安装刀具（直径×宽度）：240mm×50mm；刀具回转中心至顶尖中心距离：115～280mm；工作台移动范围：±75mm；刀架最大转角（A轴）：±20°；刀具转速：50～400（无级）r/min；主电动机功率：7kW；数控系统：Siemens 810D数控系统（可选FANUC数控系统）；控制X、Z、B、A四轴运动	国内领先
2	数控径向剃齿机	YT4232CNC4	最大加工直径：320mm；最大工件模数：6mm；两顶尖最大距离：700mm；最大安装刀具（直径×宽度）：240mm×50mm；刀具回转中心至顶尖中心距离：125～280mm；工作台移动范围：±75mm；刀架最大转角（A轴）：±20°；刀具转速：50～400（无级）r/min；主电动机功率：7kW；数控系统：Siemens 810D数控系统（可选FANUC数控系统）；控制A、Z、B、C（锥度机构）四轴运动	国内领先

（续）

序号	产品名称	型　号	主要技术参数	产品水平
3	数控高效滚齿机	YX3132CNC4	最大加工直径:200mm(320mm);最大工件模数:6mm(8mm);滑板(Z轴)行程:250mm;滚刀中心至工作台面距离:280~530mm;滚刀中心至工作台回转中心距离:60~250mm;滚刀最大直径×长度:160mm×200mm;切向串刀(Y轴)行程:145mm;滚刀主轴(B轴)转速:100~500(无级)r/min;工作台(C轴)最高转速:32r/min;主电动机功率:11kW;工作精度:GB 10095—2001的7级;数控系统:FANUC数控系统;控制B、C、X、Z四轴运动,B、C、X、Z四轴联动	国内领先
4	数控高速滚齿机	YS3120CNC6	最大加工直径:200mm;最大工件模数:6mm;滑板(Z轴)行程:350mm;滚刀中心至工作台回转中心距离:30~300mm;滚刀中心至工作台面距离:100~450mm;滚刀最大直径×长度:160mm×230mm;切向串刀(Y轴)行程:200mm;滚刀主轴(B轴)转速:100~1 200r/min;工作台(C轴)最高转速:200r/min;主电动机功率:18kW;工作精度:GB 10095—2001的6级;数控系统:Siemens 840D数控系统(可选FANUC—18i数控系统);控制A、B、C、X、Y、Z六轴运动,B、C、X、Z或B、C、Y、Z四轴联动	国际先进
5	数控滚齿机	Y3150CNC2	最大加工直径:500mm;最大工件模数:8mm;滑板(Z轴)行程:300mm;滚刀中心至工作台面距离:235~535mm;滚刀中心至工作台回转中心距离:30~530mm;滚刀最大直径×长度:160mm×160mm;滚刀主轴(B轴)转速:40~250(9级)r/min;工作台(C轴)最高转速:8r/min;主电动机功率:4kW;工作精度:GB 10095—2001的7级;数控系统:国产数控系统;控制X、Z两轴运动,X、Z两轴联动	国内领先
6	数控高速滚齿机(采用SIEMENS 810D)	YS3118CNC5	最大加工直径:180mm;最大工件模数:4mm;滑板(Z轴)行程:285mm;滚刀中心至工作台面距离:200~485mm;滚刀中心至工作台回转中心距离:25~195mm;滚刀最大直径×长度:110mm×160mm;切向串刀(Y轴)行程:120mm;滚刀主轴(B轴)最高转速:1 000r/min;工作台(C轴)最高转速:200r/min;主电动机功率:7.5kW;工作精度:GB 10095—2001的7级;数控系统:Siemens 840D数控系统;控制A、B、C、X、Y、Z六轴运动,B、C、X、Z或B、C、Y、Z四轴联动	国际先进
7	数控滚齿机	YS3140CNC6	最大加工直径:400mm;最大工件模数:12mm;滑板(Z轴)行程:400mm;滚刀中心至工作台面距离:200~600mm;滚刀中心至工作台回转中心距离:45~315mm;滚刀最大直径×长度:170mm×230mm;切向串刀(Y轴)行程:200mm;滚刀主轴(B轴)转速:80~700(无级)r/min;工作台(C轴)最高转速:35r/min;主电动机功率:18kW;工作精度:GB 10095—2001的6级;数控系统:FANUC—18i数控系统(可选Siemens 840D数控系统);控制A、B、C、X、Y、Z六轴运动,B、C、X、Z或B、C、Y、Z四轴联动	国际先进

（续）

序号	产品名称	型　号	主要技术参数	产品水平
8	数控高速滚齿机	Y31200CNC6	最大加工直径:2 000mm;最大工件模数:24mm;滑板(Z轴)行程:1 300mm;滚刀中心至工作台面距离:470~1 770mm;滚刀中心至工作台回转中心距离:100~1 200mm;滚刀最大直径×长度:350mm×375mm;切向串刀(Y轴)行程:300mm;滚刀主轴(B轴)转速:22~220(无级)r/min;工作台(C轴)最高转速:8r/min;主电动机功率:30kW;工作精度:GB 10095—2001的6级;数控系统:Siemens 840D数控系统(可选FANUC—18i数控系统);控制A、B、C、X、Y、Z六轴运动,B、C、X、Z或B、C、Y、Z四轴联动	
9	数控高速滚齿机	YD31125CNC6	最大加工直径:1 250mm;最大工件模数:24mm;滑板(Z轴)行程:1 000mm;滚刀中心至工作台面距离:400~1 400mm;滚刀中心至工作台回转中心距离:100~850mm;滚刀最大直径×长度:350mm×375mm;切向串刀(Y轴)行程:300mm;滚刀主轴(B轴)转速:22~220(无级)r/min;工作台(C轴)最高转速:24r/min;主电动机功率:37kW;工作精度:GB 10095—2001的6级;数控系统:Siemens 840D数控系统(可选FANUC—18i数控系统);控制A、B、C、X、Y、Z六轴运动,B、C、X、Z或B、C、Y、Z四轴联动	
10	数控高速滚齿机	YKS3120A	最大加工直径:200mm;最大工件模数:6mm;滑板(Z轴)行程:350mm;滚刀中心至工作台回转中心距离:30~300mm;滚刀中心至工作台面距离:100~450mm;滚刀最大直径×长度:160mm×230mm;切向串刀(Y轴)行程:200mm;滚刀主轴(B轴)转速:100~1 200r/min;工作台(C轴)最高转速:200r/min;主电动机功率:18kW;工作精度:GB 10095—2001的6级;数控系统:Siemens 840D数控系统(可选FANUC—18i数控系统);控制A、B、C、X、Y、Z六轴运动,B、C、X、Z或B、C、Y、Z四轴联动	国际先进
11	数控滚齿机	YKB3150	最大加工直径:500mm;最大工件模数:8mm;滑板(Z轴)行程:300mm;滚刀中心至工作台面距离:235~535mm;滚刀中心至工作台回转中心距离:30~530mm;滚刀最大直径×长度:140mm×140mm;滚刀主轴(B轴)转速:40~250(9级)r/min;工作台(C轴)最高转速:10r/min;主电动机功率:4kW;工作精度:GB 10095—2001的7级;数控系统:Siemens 802D数控系统(可选FANUC数控系统);控制X、Z两轴运动,X、Z两轴联动	国内领先
12	数控滚齿机	YKA31125	最大加工直径:1 250mm;最大工件模数:12mm;滑板(Z轴)行程:530mm;滚刀中心至工作台面距离:200~730mm;滚刀中心至工作台回转中心距离:100~760mm;滚刀最大直径×长度:220mm×200mm;切向串刀(Y轴)行程:100mm;滚刀主轴(B轴)转速:16~125(7级)r/min;工作台(C轴)最高转速:5r/min;机床总功率:32.75kW;工作精度:GB 10095—2001的7级;数控系统:Siemens 802D数控系统(或FANUC数控系统);控制X、Z两轴运动,X、Z两轴联动	国内领先

（续）

序号	产品名称	型号	主要技术参数	产品水平
13	数控径向剃齿机	YT4232CNC1	最大加工直径:320mm;最大工件模数:6mm;两顶尖最大距离:700mm;最大安装刀具直径×宽度:240mm×50mm;刀具回转中心至顶尖中心距离:115~280mm;工作台移动范围:±75mm;刀架最大转角(A轴):±20°;刀具转速:50~400(无级)r/min;主电动机功率:7kW;数控系统:Siemens 802D数控系统;控制Z轴运动	国内领先
14	全功能数控车床	CHK760	ϕ760mm×1 200mm	国内先进
15	高速高效精密数控车床	DT200	ϕ200mm×200mm	国内先进
16	系列车床	C2—50HK/1	ϕ500mm×1 000mm	国内先进
17	数控立式车床	VCK800	ϕ800mm×650mm	国内先进
18	车削中心开发	CH460	ϕ460mm×420mm	国内先进
19	镶齿套式面铣刀		ϕ80~250mm	国内领先
20	倒棱刀		M2~M6	国内领先
21	大模数镶齿插齿刀		ϕ270mm	国内领先
22	斜齿倒角插齿刀		加工螺旋内齿轮和双联齿轮	国内领先
陕西秦川机床工具(集团)有限责任公司				
23	数控蜗杆砂轮磨齿机	YK7230	最大工件直径:300mm;模数:0.5~6(8)mm;齿数:5~300;螺旋角:±45°;行程($X/Y/Z/W$):350mm/220mm/400mm/640mm;A轴最大旋转角度:±45°;砂轮主轴电动机功率:15.5kW;砂轮主轴最高旋转速度(B轴):3 000r/min;工件主轴最高旋转速度(C轴):280r/min;磨削精度:齿轮批量磨削精度稳定在4级/GB 10095.1(2)—2001	国内领先
24	数控成形砂轮磨齿机	YK7340	顶圆直径(最大):400mm;内齿顶圆直径(最大):320mm;根圆直径(最小):30mm;法向模数:1~10mm;齿数:不限;台面走刀行程:650mm;螺旋角:±45°;砂轮转速:4 500~8 000r/min;工件最大重量(包括夹具):80kg	国内领先
25	数控成形砂轮磨齿机	YK73200	工件规格:ϕ300~2 000mm;模数:35mm(最大);齿数:不限;螺旋角:±35°;齿宽:1 000mm(最大直齿宽度);工作台承载:20 000kg;磨具主轴功率:25kW;砂轮线速度:35~50m/s;砂轮规格:ϕ400mm	国内领先
26	数控剃齿刀磨齿机	YK7432B		国内领先
27	五轴联动车铣复合加工中心	VTM180/5	工作台面直径:1 600~3 200mm;最大车削直径:2 400~3 600mm;最大车削高度:1 000~1 500mm;行程($X/Y/Z/W$):4 950mm/(2 100~3 700)mm/(1 000~1 800)mm/(1 000~1 200)mm;刀库最大容量:60;车削主轴功率:75kW/92kW;机床定位精度:0.025mm;重复定位精度:0.015mm;C轴定位精度:20″	国内领先
28	车铣复合加工中心	VTM260	工作台面直径:2 600mm;主轴端面距工作台面最大距离:2 600mm;过台面中心最大切削工件直径:3 500mm;最大车削工件高度:2 000mm;车削转速:0~100r/min;工作台最大承载能力:20 000kg;铣削主轴最高转速:3 000r/min;铣削主轴最大输出转矩:2 600N·m	国内领先
29	大型立式车床	VT350NC	工作台面直径:3 500mm;最大切削直径:4 000mm;最大切削高度:2 500mm;方枕行程:1 500mm;斜方枕行程:1 000mm;快速移动速度:1~5 000mm/min;工作进给速度:1~1 000mm/min;主电动机功率:90kW	国内先进

（续）

序号	产品名称	型　号	主要技术参数	产品水平
30	五轴联动叶片数控磨床	3MK5030	叶片最大长度:300mm;叶片最大宽度:100mm;前台面纵向行程:700mm;后立柱横向行程:400mm;砂轮架垂直运动行程:300mm;砂轮架旋转角度:-30°~120°	国内领先
31	数控内孔曲线磨床	QMK003	行程(X/Y):1 050mm/270mm;主轴功率 11kW;主轴最高转速:36 000r/min;丝杆(X 轴/Z 轴):ϕ50mm/ϕ40mm;头架伺服驱动;砂轮修整:金刚滚轮外沿修整	国内先进
32	数控定子磨床	QCK005B	头架主轴中心高:250mm;工作台最大移动距离:350mm;头架主轴最高转速 40r/min;工作台最大移动速度:10m/min;头架横向最大行程:100mm;磨头最高转速 36 000r/min	国内先进
33	数控转子槽磨床	QCK040T1	转子外径:40~140mm;转子最大厚度:50mm;转子槽宽度:1.4~4mm;转子槽深度:20mm;分度板牙数:60;砂轮直径:300~400mm;砂轮孔径:203mm;砂轮宽度(最大):13mm;主轴电动机转速:50~4 000r/min;工作台(X 轴)最大进给速度:5 000mm/min;工作台(X 轴)最大行程:760mm;头架中心高:180mm;磨具中心到工件中心距离:140~360mm;磨具拖板(Y 轴)最大进给速度:5 000mm/min;主轴电动机功率:15kW;机床总功率:33kW	国内先进
34	数控龙门铣床	VM220	工作台面尺寸:2 300mm×5 000mm;行程($X/Y/Z$):5 000mm×2 500mm×1 000mm;主轴最大转速:6 000r/min;主轴最大转矩:996N·m;主轴齿轮箱减速比:4;主轴端面至工作台面距离:150~1 150mm;工作台承重:8t	国内先进
35	数控轴承磨床	3MKS2150		国内先进
36	数控轴承磨床	3MKS2550		国内先进
37	数控高速端面外圆磨床	MKSJ1632×1000		国内先进
38	数控高速外圆磨床	MKSJ1332×1000		国内先进
39	数控高速外圆磨床	MKS1350×2000		国内先进
40	数控高速外圆磨床	MKS1380×3000		国内先进
41	数控内圆磨床	MK2116		国内先进
42	数控轴承套圈内圆磨床	3MK2040		国内先进
43	中空机	SCJ230C		国内领先
44	中空机	SCJ50TA		国内领先
45	径向壁厚控制器			国内领先
46	木塑生产线	WPC3000		国内领先
47	木塑生产线	WPC10000		国内领先
48	南非项目——木塑生产线			国内领先
49	郑泰项目——木塑生产线			国内领先
50	DC 项目——木塑生产线			国内领先
51	AM 项目——木塑生产线			国内领先
52	中空填充母料			国内领先
53	动静压主轴系统			国内先进
54	扶梯驱动曳引机	FTJ160C		国内先进
55	斜齿轮扶梯驱动主机	QCTJ160		国内先进
56	分动箱	QFD456SD1		国内先进

（续）

序号	产品名称	型号	主要技术参数	产品水平
57	系列减速箱	ZLYQC		国内先进
58	QBS 系列变速箱			国内先进
59	变速箱	R4L.6.1Ⅲ		国内先进
60	减速器	ZDYQC280—1.5		国内先进
61	变速箱	ZDYQC345—2.8		国内先进
62	分动箱	QFD355JN		国内先进
63	分动箱	QFD355JR		国内先进
64	分动箱	QFD3160		国内先进
65	取力器	QDE430		国内先进
66	减速器	ZDY135—5.4B		国内先进
67	外循环转向泵	ZYB38		国内先进
68	高压叶片泵	YBG35V38A		国内先进
69	真空泵	XZ—14S		国内先进
70	数控内螺纹磨床	SKR7620	ϕ200mm×200mm	国内领先
71	螺纹磨床	S7332×10	ϕ320mm×1 000mm	国内领先
72	数控丝锥磨床	SK722A	ϕ20mm×250mm	国内领先
73	数控丝杠磨床	SK7432A×20	ϕ320mm×2 000mm	国内领先
74	数控丝杠磨床	SK7432A×30	ϕ320mm×3 000mm	国内领先
75	数控蜗杆磨床	SK7732×20	ϕ320mm×2 000mm	国内领先
76	数控花键磨床	MK8612A×15	ϕ125mm×1 500mm	国内领先
77	数控旋风铣床	HJ093	ϕ80mm×750mm	国内领先
78	数控螺杆天线磨床	HJS54	ϕ10mm×1 000mm	国内领先
79	测量中心架	HJGTD001		国内领先
80	抛防弹成品装配线	HJS50	ϕ27mm×46mm	行业领先
81	轧辊磨床	MK8440	ϕ400mm	行业领先
82	数控螺旋槽专机	HJ097	ϕ20mm×30mm	国内领先
83	数控外圆磨床	HJ094	ϕ200mm×1 000mm	国内领先
84	雷达天线专用测试转台	HJY046	*X* 轴 500mm、*Y* 轴 1 500mm	行业领先
85	数控旋风铣床	HJ092	ϕ125mm×6 000mm	国内领先
86	步进机构	WB129.03、130.01	ϕ20mm×34mm	行业领先
南京第二机床厂有限责任公司				
87	数控插齿机	YS51125CNC	最大加工直径:1 250mm;最大模数:16mm	国内领先
88	数控成型磨齿机	Y7340CNC	最大加工直径:400mm;最大模数:10mm	国内先进
89	数控车床	TX30L	最大回转直径:320mm;主轴转速:150～3 500r/min	
90	数控车床	CH460	最大回转直径:460mm;主轴转速:150～2 000r/min	
天津第一机床总厂				
91	数控插齿机	YK51200	ϕ2 000mm×M16	国内先进
92	插齿机	YW5132	ϕ320mm×M8	国内先进
93	数控锥齿轮加工机床	YK2232	ϕ320mm×M8	国内先进
94	数控锥齿轮加工机床	YK22160	ϕ1 600mm×M30	国内先进
95	数控倒角机	YKD9332W	ϕ320mm×M6	国内先进
96	数控倒角机	YKD9330W	ϕ300mm×M6	国内先进
宜昌长机科技有限责任公司				
97	数控铣齿机	YK84250	ϕ500mm, M=20mm, B=420mm	国内先进

五、科研项目及获奖情况

齿轮加工机床行业企业依托科研项目推动企业技术进步及转型升级。2008年，分会会员单位企业自报科研项目共28项，投入研制经费约5亿元。其中国家级科研项目6项，市级科研项目12项，基本是新产品开发及科技攻关自行应用项目。获奖科研项目共17项，其中行业奖4项，省、市级奖13项。2008年齿轮加工机床行业科研项目见表8。2008年齿轮加工机床行业获奖科研项目见表9。

表8　2008年齿轮加工机床行业科研项目

序号	科研项目名称	主要内容	应用状况	投入资金（万元）	项目来源
重庆机床（集团）有限责任公司					
1	YS31数控制齿装备	该项目研制了适合高速干切齿轮加工机床的高刚性结构、排屑系统、智能化控制系统、自动上下料系统及自动夹具系统，填补了国内高速干切自动数控滚齿机的空白。实现了绿色加工	试制阶段	3 000	国家级重点新产品
2	Y3180CNC1—2数控滚齿机	最大加工直径800mm，最大工件模数10mm。主要用于工程机械、矿山机械、减速机、农用机械等行业圆柱直齿轮、斜齿轮、花键齿、小锥度齿、鼓形齿和径向蜗轮的加工	试制阶段	1 000	重庆市重点新产品
3	高效径向剃齿关键技术及模块化成套数控装备	项目主要研究高效径向剃齿关键技术，进行模块化成套数控装备开发。主要适用于汽车、摩托车，船舶、工程机械和轻工机械等行业的齿轮加工	试制阶段	1 000	重庆市科技攻关计划
4	高效率低排放直联数控滚齿机关键技术及产业化	主要研究并掌握高效率、高性能、低排放的直联数控滚齿机的关键技术，致力于解决切削加工过程中日益严重的环境污染问题，在高性价比前提条件下，研制生产出具有国际竞争力的高端产品	试制阶段	1 200	重庆市科技攻关计划
5	面向风力发电设备的大模数齿轮加工共性技术及装备研究	该项目主要面向风电设备、工程机械、船舶等重点机械行业，致力于研究大模数、大规格齿轮加工的共性技术及研制大型高精密数控滚齿装备	试制阶段	4 000	重庆市科技攻关计划
6	YS3120CNC6六轴四联动数控高速滚齿机	最大加工直径200mm，最大工件模数6mm。适用于加工圆柱直齿轮、斜齿轮、花键齿、小锥度齿、鼓形齿和径向蜗轮等；应用于汽车（轿车）、摩托车及各种减速箱等行业	试制阶段	1 500	重庆市重点新产品
7	YT4232CNC4四轴数控径向剃齿机	最大加工直径320mm，最大工件模数5mm。适用于加工圆柱直齿轮、斜齿轮、小锥度齿、鼓形齿等；应用于汽车（轿车）、摩托车及各种减速箱等行业	试制阶段	1 200	重庆市重点新产品
8	机床主轴关键技术	该项目属关键零部件的技术研究，主要为车床、加工中心研发主轴	试制阶段	1 300	企业科技项目
9	CHK760	全功能数控车床开发	试制阶段	800	企业科技项目
10	DT200	高速高效精密数控车床开发	试制阶段	300	企业科技项目
11	C2—50HK/1	普通车床开发	试制阶段	150	企业科技项目
12	VCK800	数控立式车床开发	试制阶段	200	企业科技项目
13	CH460	车削中心开发	试制阶段	350	企业科技项目
14	特种复杂刀具	研制适合加工特殊功能、特殊结构、特殊参数和特殊齿形的齿轮加工刀具。自主研发、替代进口，实现规模化生产	批量生产阶段	1 200	国家级重点新产品
15	高速干切滚刀	属国家装备制造业优先支持发展的功能部件，产品技术水平达到国内领先	试制阶段	1 000	企业科技项目

（续）

序号	科研项目名称	主 要 内 容	应用状况	投入资金（万元）	项 目 来 源
陕西秦川机床工具(集团)有限责任公司					
16	YK7236A 数控蜗杆砂轮磨齿机	采用连续展成磨削原理，集多轴精密同步传动数控技术，精密齿轮传动技术，高效精密磨削技术，连续位移磨削技术，数控齿向修形技术，砂轮自动修整技术，基于局部共轭理论的齿轮修形技术，高刚性、高灵敏度的机床结构设计和制造技术，精密传动链动态测量技术，适应于机床加工和操作的软件技术等一系列技术于一体，开发的一种高效、精密齿轮磨削机床。特别是数控系统的集成优化、智能 CAM 控制软件的开发、声发射技术、自动余量分配技术、齿轮传动链误差补偿技术、电液比例阀位置伺服控制技术在蜗杆砂轮磨齿机上的应用属国内外首创，使该机床技术为国内领先水平，达到国际先进水平。主要应用于航天航空、汽车、摩托车、纺织机械、印刷机械、军工等行业	完成	4 000	陕西省重点新产品
17	企业技术中心创新能力项目	新增设计分析(CAE)软件1套、产品数据管理(PDM)软件1套、自主研发磨齿机专用软件和磨齿工艺专家系统各1套，新增齿轮磨床部件试验台、复杂曲面磨床整机试验台、高速磨削试验台各1台，新增球杆仪、激光干涉仪、电子显微镜、虚拟仪器、齿轮测量中心、高速动平衡测试仪等7台研究试验设施和检测仪器设备，以满足高速精密数控磨齿机产品关键零部件的检测精度要求，提升产品质量	正在建设	2 550	国家发展和改革委员会
18	风力发电设备增速传动系统研发	研制与1.5MW级风电机组配套的具有自主知识产权的风电增速箱(行星增速机)，最终形成与1.5MW及以上风电机组配套的具有自主知识产权的风电增速箱产品，并初步形成年产300台(一期)风力发电机组配套增速箱的能力	正在建设	10 800	陕西省13115重大科技专项
19	YK7220 数控蜗杆砂轮磨齿机	该产品是世界上首台针对模数0.4～0.8mm的齿轮进行直接开齿磨削的小模数数控蜗杆砂轮磨齿机，机床功能性好、效率高、精度高。采用高精度的数控同步控制技术、连续位移磨削技术、直接开齿磨削技术，提高了机床的磨削效率，同时降低了生产成本，填补了国内外空白，其主要性能指标达到国际先进水平。主要用于小模数齿轮的精密磨削，用户涉及航空航天、军工、轿车、仪器仪表、摩托车、印刷机械、纺织机械、电动工具、计量泵及减速箱等行业	完成	3 000	国家火炬计划
20	大型重型高精度拉刀结构及工艺研究	工艺研究	应用研究	30	企业科技项目
21	高性能高速钢焊接式弧铣刀工艺研究	工艺研究	应用研究	20	企业科技项目
22	大规格硬质合金弧铣刀真空钎焊工艺研究	工艺研究	应用研究	20	企业科技项目

（续）

序号	科研项目名称	主要内容	应用状况	投入资金（万元）	项目来源
天津第一机床总厂					
23	汽车螺旋锥齿轮高效精密加工成套装备	基于具有优良啮合性能的螺旋锥齿轮齿面几何结构的设计方法；基于六轴五联动、六轴六联动的新型螺旋锥齿轮曲面成形原理及其运动控制方法；基于五轴三联动的螺旋锥齿轮全齿面高效研齿、啮合质量综合检验、传动误差测量评价方法及其运动控制；基于四轴三联动切齿刀盘刃磨方法及其运动控制；基于四轴四联动齿轮测量中心的螺旋锥齿轮精度、齿面误差测量及其误差修正方法；基于测量结果的实际齿面接触分析方法；基于上述理论的全数控螺旋锥齿轮铣齿机、磨齿机、滚动检验机、研齿机、磨刀机等机床结构、数控运动控制及辅助控制策略、系统集成方案；基于过程动态仿真和虚拟样机技术的全系列机床功能优化与稳健性优化技术；基于高刚度、高稳定性全系列机床设计制造技术；基于互联网的全系列机床远程状态监控和智能故障诊断与维护技术；基于全系列机床的螺旋锥齿轮设计、制造、检测、分析、仿真、远程监测与诊断等功能的软件系统；基于先进生产线布局技术等	立项并进行	1 801	国家高技术研究发展计划（“863”计划）
24	基于敏捷制造的现代齿轮加工成套装备关键技术研究及产业化（市长基金）	9类齿轮加工成套装备样机的开发及产品的技术完善。①多轴联动螺旋锥齿轮曲面成形原理及运动控制；②高刚度齿轮加工装备设计制造技术；③基于加工过程动态仿真和虚拟样机技术的机床功能优化技术；④高精度齿轮加工机床的主动精度设计；⑤螺旋锥齿轮全齿面啮合质量综合检验技术；⑥齿轮成套加工装备实现技术；⑦数控齿轮加工机床测试与实验技术研究。建设齿轮加工机床研发平台及生产制造基地	立项并进行	5 400	天津市科技创新专项资金项目
25	（YK2275）六轴五联动曲线齿锥齿轮铣齿机	机床设计：机床新型布局、传动结构和刚度的研究与设计；关键功能部件精度匹配计算；按功能导向原则与目标要求，对精度、控制、静/动特性进行研究；逐步掌握齿轮加工原理、啮合理论、建模、计算与坐标转换、软件开发等技术；进行切削参数统计、过程建模与优化、设计软件等综合开发。软件开发：全数控锥齿轮铣齿机曲线齿与准双曲面齿轮具有最佳接触传动质量的运动及刀具参数的计算研究；切齿齿面接触区及有效工作边界分析计算方法研究；三维加工仿真研究；齿轮测量中心齿形误差修正的闭环控制方法；在国内外锥齿轮制造业推广研究成果	进行中	423	天津市科技支撑重点项目
26	YKW2950A 数控万能弧齿锥齿轮拉齿机	生产制造两轴数控的万能弧齿锥齿轮拉齿机	试制阶段	888	国家重点新产品项目
宜昌长机科技有限责任公司					
27	YK51320×6 大型数控插齿机研制	大小行程自动调整	试制阶段	280	地方科技项目
28	大型蜗轮副研机	对 Y31125 机床改造	试制阶段	50	地方科技项目

表9　2008年齿轮加工机床行业获奖科研项目

序号	项目名称	主要内容及应用范围	获奖名称	获奖等级	主要完成单位
1	YKS31 系列数控高速干切自动滚齿机	该系列机床代表了世界机床制造业向环保化、自动化、柔性化、高速高效的发展方向。主要应用于汽车、摩托车等齿轮的加工，达到国际先进水平	重庆市优秀新产品	一等奖	重庆机床（集团）有限责任公司

（续）

序号	项目名称	主要内容及应用范围	获奖名称	获奖等级	主要完成单位
2	Y31125CNC6大型数控滚齿机系列产品的研制	该项目属国家装备制造业“高速、精密大型数控滚齿机”项目，是针对重载汽车、船舶减速箱、工程机械等大模数齿轮设计开发的高档数控滚齿机，达到国际先进水平	中国机械工业科学技术奖	二等奖	重庆机床（集团）有限责任公司
3	面向绿色制造的多轴联动数控高效自动滚齿机关键技术研究及应用	该项目以绿色制造为研究宗旨，完成了绿色滚齿机系列模块化基础装备的研发，主要应用于微型车、轿车等汽车、摩托车，工程机械和高级电梯等行业的齿轮加工	重庆市科学技术奖	二等奖	重庆机床（集团）有限责任公司、重庆大学
4	高速高性能主轴系统关键技术及典型应用	该项目属国家装备制造重点支持发展关键零部件，主要为车床、加工中心研发主轴	重庆市科学技术奖	二等奖	重庆大学、重庆机床（集团）有限责任公司
5	CHK460、CHK560全功能数控车床制造成套技术的攻关及应用	该项目属国家装备制造业优先支持发展的高速高精度机床研发项目，产品水平国内领先	重庆市科技进步奖	三等奖	重庆机床（集团）有限责任公司
6	工具公司“特种复杂刀具关键技术及产业化”	该项目属国家装备制造业优先支持发展的功能部件，产品技术水平达到国内领先	重庆市科技进步奖	三等奖	重庆机床（集团）有限责任公司
7	YK7236A数控蜗杆砂轮磨齿机	机床采用连续展成磨削原理，集多轴精密同步传动数控技术，精密齿轮传动技术，高效精密磨削技术，连续位移磨削技术，数控齿向修形技术，砂轮自动修整技术，基于局部共轭理论的齿轮修形技术，高刚性、高灵敏度的机床结构设计和制造技术，精密传动链动态测量技术，适应于机床加工和操作的软件技术等一系列技术于一体，开发的一种高效、精密齿轮磨削机床。特别是数控系统的集成优化、智能CAM控制软件的开发、声发射技术、自动余量分配技术、齿轮传动链误差补偿技术、电液比例阀位置伺服控制技术在蜗杆砂轮磨齿机的应用属国内外首创，使该机床技术为国内领先水平，达到国际先进水平。主要应用于航天航空、汽车、摩托车、纺织机械、印刷机械、军工等行业	陕西省科学技术奖	一等奖	陕西秦川机床工具（集团）有限责任公司
8	YK7332A数控成形砂轮磨齿机	集成形砂轮截形计算技术、成形砂轮数控磨削技术和修整技术、四轴联动全闭环成形磨削方法和磨齿工艺以及高效、高精度、高刚性机床结构设计为一体，利用数控修整成形的砂轮完成各种渐开线（修形）齿轮的精密磨削。自主开发的成形砂轮计算软件和成形磨削专家系统，使机床研制技术达到国内领先、国际先进水平。主要应用于航天航空、汽车、军工、矿山机械、机床、传动机械等行业	陕西省科学技术奖	三等奖	陕西秦川机床工具（集团）有限责任公司
9	YK7332A数控成形砂轮磨齿机		中国机械工业科学技术奖 中国机械制造工艺协会	二等奖 一等奖	陕西秦川机床工具（集团）有限责任公司

（续）

序号	项目名称	主要内容及应用范围	获奖名称	获奖等级	主要完成单位
10	SK7432×40 数控丝杠磨床	本机床主要用于精密滚珠丝杠滚道和外圆的磨削，磨削螺纹长度可达 4m，配 SIEMNS 840D 高档数控系统控制六轴三联动，磨削滚珠丝杠导程精度可达 ISO 3 级以上。研究开发的主要内容为：进一步对数控丝杠磨床进行研究开发、技术完善，以提高产品技术水平、扩大产量，挡住进口，满足市场日益增长的需求。具体实施方案是：对关键工艺技术实施验证、改进、确定；机床机械、电气设计；控制及修正软件的初步设计、完善，并基本定型控制及修正软件；生产制造和技术攻关；整机装配及联调；通过鉴定或验收。项目完成后，达到年产 20 台各类数控丝杠磨床的生产能力，逐步实现产业化生产，基本满足国内市场的需求	陕西省科学技术奖	二等奖	陕西秦川机床工具（集团）有限责任公司
11	M0.4～M35 硬质合金系列滚刀		陕西省汉中市科学技术奖	一等奖	陕西秦川机床工具（集团）有限责任公司
12	大型装配式渐开线花键拉刀		陕西省汉中市科学技术奖	一等奖	陕西秦川机床工具（集团）有限责任公司
13	50in 弧齿锥齿轮铣刀		科学技术进步成果奖	一等奖	陕西秦川机床工具（集团）有限责任公司
14	高效重载双切滚刀		科学技术进步成果奖	二等奖	陕西秦川机床工具（集团）有限责任公司
15	YKW5132 七轴数控插齿机	机床采用虚拟设计，适用于汽车、工程机械、军工等行业使用。多轴设计提高了机床的柔性，操作简单。机床采用动立柱结构，具有电子让刀及刀具快换等特殊功能	CCMT2008 春燕奖		天津第一机床总厂
16	YKT5180 插齿机	刀架自动升降，解决了深孔内齿及双联齿轮的加工问题，提高了加工效率	湖北省省科技进步奖	三等奖	宜昌长机科技有限责任公司

六、企业简介

重庆机床（集团）有限责任公司 以下简称重庆机床集团，是由原重庆机床厂于 2005 年整合重组原重庆第二机床厂、重庆工具厂后组建的集团公司。公司以专业生产齿轮加工机床为主，产品还涵盖车床、加工中心、复杂刀具、汽车零配件等，1953 年试制成功中国第一台滚齿机。历经 50 余年的发展壮大，公司现已是中国齿轮加工机床行业的排头兵，中国齿轮加工机床行业标准化委员会归口单位，国内最大的成套制齿装备生产基地，世界齿轮加工机床产销量最大的制造商。公司建有国家级技术中心和博士后科研工作站。

重庆机床集团目前拥有资产总额 12 亿元，负债总额 5.4 亿元，资产负债率 45%。2008 年，重庆机床集团实现主营业务收入 11.8 亿元，利润总额 6 187 万元。目前拥有在岗职工 4 282 人，各类专业技术人员 1 200 余人，其中博士 1 人，硕士 27 人，获国家特殊津贴的技术专家 8 人，省部级拔尖人才及专家 4 人，各专业技术带头人 12 名，数控专业人才 60 余人。

公司长期致力于技术创新和核心竞争力的提升，早在 1999 年就提出并推进“数控机床产业化工程”，以数控技术改造提升传统机床水平，运用高新技术研发高速、高精、高效产品，已形成了一轴至七轴 6 个系列 80 余种数控产品，2008 年公司产品产值数控化率已达 56%。

随着以风电为代表的新能源行业的快速发展及船舶、建筑机械、冶金设备等重化工业的发展，公司敏锐地捕捉到市场对性价比较高的国产大型齿轮加工机床的旺盛需求，

2007年果断提出开展大型数控齿轮加工机床产业化工程，将齿轮加工机床最大加工直径从 ϕ2 000mm 扩展到 ϕ6 300mm，加工模数从 M20 扩展到 M35。

随着 YD31125CNC6/Y31160CNC6/Y31200CNC6/Y31320 CNC6 系列大型六轴数控滚齿机的研制成功，重庆机床集团大型机床战略初战告捷。已累计实现销售 30 台，价值约 1 亿元，主要客户有德阳二重、太原重工、天山重工、宁波东力、杭州前进齿轮箱等。一方面满足了市场对该档国产机床的迫切需求；另一方面，顺应了国家振兴装备制造业的发展战略，为“中国装备、装备中国、走向世界”作出了应有贡献。

公司的技术创新能力及优质的产品得到了用户的青睐和社会的认可。主导产品滚齿机、数控剃齿机国内市场占有率长期保持在60%以上，“重机”牌成为中国齿轮加工机床第一品牌，而以重庆机床集团为代表的中国齿轮加工机床企业生产的齿轮加工机床国内市场占有率达到 70%，成为国内各类金属切削机床产品市场占有率较高的产品之一。同时，产品销往美国、日本、韩国、法国等50 多个国家和地区。

公司先后有 7 种产品被列入“国家重点新产品”，1 种产品被列为“国家重大技术装备国产化创新研制项目”，9 种产品被评为“重庆市重点新产品”，8 种产品被列为“重庆市高新技术产品”。其中，“数控高效制齿机床系列产品模块化研制及产业化应用”被评为“重庆市科技进步一等奖”和“国家科学技术进步二等奖”，后者是 2007 年度机械工业企业获得的国家科技进步最高奖。公司拥有七项发明专利和八项实用新型专利。

2006 年，“重机”牌数控齿轮加工机床被国家质监总局授予“中国名牌产品”荣誉称号；企业技术中心被国家发改委等五部委评定为“国家认定企业技术中心”；企业领导班子被中共中央组织部、国务院国资委授予“全国国有企业创建‘四好’领导班子先进集体”；公司董事长、总经理廖绍华当选为党的十七大代表；公司被国家安全生产监督管理总局授予“安全质量标准化一级企业”。公司先后 9 次被评为“重庆市工业企业五十强”。

陕西秦川机床工具(集团)有限公司　前身为秦川机床厂，1965 年由上海机床厂分迁至陕西省宝鸡市，是以生产精密机床、机床液压件、机床铸件为主的全国机床行业骨干企业。

1994 年，被国务院确立为全国建立现代企业制度百户试点企业之一。

1995 年，由秦川机床厂改制为国有独资的秦川机床集团有限公司。

1998 年，集团公司控股设立的“陕西秦川机械发展股份有限公司”在深圳证券交易所上市，发行 11 077 万股 A 种股票。

2001 年，成功实施债转股，中国华融、长城、信达、东方等四家金融资产管理公司参股，公司实现投资主体多元化。

2006 年 11 月，原秦川机床集团有限公司、汉江工具有限责任公司、陕西汉江机床有限公司合并组建陕西秦川机床工具(集团)有限公司，并投资参股宝鸡机床厂，实现了陕西省机床工具行业优势企业的强强联合和优势互补。

截至 2008 年底，公司注册资本 7.5 亿元，资产总额达 27.6 亿元，拥有各类专业技术人员 2 100 余人，其中国家级专家 10 人，硕士以上学历 100 余人，高级技工1 150人。公司是国家级高新技术企业，拥有国家级企业技术中心和博士后科研工作站。

公司的主要产品：齿轮磨床、螺纹磨床、外圆磨床、普通数控车床、加工中心、龙门式车铣镗磨复合加工中心、木塑机械和精密高效拉床等高端数控装备，以及复杂刀具、数控功能部件、汽车零部件、精密齿轮、精密铸件等刀具及零部件产品。其中，秦川机床的齿轮磨床和外圆磨床，汉江机床的螺纹磨床，汉江工具的复杂刀具、宝鸡机床的数控车床在国内均处于行业领先地位，分别被评为“中国名牌产品”和“陕西省名牌产品”。

公司以系统集成为专长，以“精密、高效、复合、专用、大型”为特色，以各类数控机床为依托，为用户提供从图纸到产品、从装备到整套工艺技术的完整解决方案，立志成为所涉及领域的技术领先者、行业领导者和高端产品市场占有率的主宰者；立志成为大型数控机床工具企业集团和数控机床及数控功能部件的产业化基地。2012 年达到年销售收入 100 亿元的产业规模，跻身国内装备制造业 50 强。

南京第二机床厂有限公司　是南京第二机床厂改制后由南京机电产业(集团)有限公司控股 70% 的公司，拥有 13 个参股、控股公司。主要产品有数控齿轮加工机床、数控车床、数控龙门铣床和加工中心等多种产品。其中齿轮加工机床涵盖滚齿、插齿、剃齿、磨齿等大规格、精密齿轮加工机床，车床及铣床也向大型和高档产品发展。公司拥有进口卧式镗铣加工中心、龙门式五面体加工中心、导轨磨床、激光干涉仪、数控冲裁机等精密加工、检测设备。改制后，由于各公司机制灵活，干部员工的积极性得到充分调动，在技术改造、市场开拓和产品开发等方面都取得可喜成绩，2008 年公司产销突破 4.5 亿元，机床产值数控化率达 75%。

为振兴南京机床产业，南京市国资委下属的南京新型工业化投资有限公司与市机电产业集团共同投资组建了南京机床集团。南京第二机床厂有限公司下属的齿轮加工机床公司及车床公司都是其骨干企业。齿轮加工机床公司在江宁科学园置地 14.27 万 m^2(214 亩)，2009 年已开工建设，项目全面达产后，将形成年产齿轮加工机床 2 500 台、年产值 10 亿元的经济规模，为南京市装备制造业的发展做出更大的贡献。

天津第一机床总厂　始建于 1951 年，注册资金 5 896 万元，厂区面积 26 万 m^2，建筑面积 17 万 m^2；拥有 1.9 万 m^2 的恒温车间和安装调试场地以及精良的生产、检测设备和仪器共 900 多台(套)，其中包括德国 15VX、日本 G615500 和 G615600、瑞典 SAJO8000 加工中心、瑞士 DiXi410 高精度坐标镗床等精大稀设备 145 台；拥有一支由近 200 名工程技术人员和 700 多名技术工人组成的科技队伍及生产主力军。

天津第一机床总厂是我国生产弧齿锥齿轮系列成套加工机床的主要厂家，其主导产品数控插齿机、铣齿机在国内有较高的市场占有率。截至2008年底，资产总计37 884万元，负债合计27 835万元，在册职工1 898人。

其主要产品有：数控插齿机、铣齿机、磨齿机、刨齿机、研齿机、滚动检查机、淬火压床、倒棱机、倒角机、珩磨机、磨刀机、卧式加工中心、立式加工中心、特种精密减速机、涨减机架、定径机架、齿轮联轴器、丝锥磨槽机等18类30多个系列，150多个品种和规格。其主导产品“津一”牌齿轮加工机床两次荣获CCMT“春燕奖”；2005年，“津一”牌齿轮加工机床系列产品被天津市政府授予“天津名牌产品”称号；2006年，“津一”牌数控齿轮加工机床系列产品被授予“中国名牌产品”称号。产品行销国内30个省、市、自治区，并出口德国、西班牙、美国、日本、瑞典、俄罗斯、印度等20多个国家和中国台湾地区。

宜昌长机科技有限责任公司 始建于1969年，国家机床工具行业重点骨干企业，是中国全系列和最大型插齿机制造基地，拥有自营进出口权。公司在国内机械制造行业率先同时通过ISO 9001质量管理体系要求、ISO 14001环境管理体系规范及使用指南和OHSAS18001职业健康安全管理体系规范3个国际标准认证。

公司占地面积18万m^2，厂房建筑面积7万余m^2，总资产3.5亿元。各类先进加工及检测设备400余台（套），其中以进口的瑞士坐标镗床和渐开线检测仪、美国加工中心、德国导轨磨床、滚齿机床和荷夫尔测齿仪、英国雷尼绍双频激光干涉仪以及日本立式内外圆磨床等为代表的高精尖装备50余台（套），为公司制造一流的产品提供了强有力的保证。公司拥有训练有素且具有熟练技能的各类员工504人，其中中高级专业技术人员150余人。

公司主导产品为加工直径200～3 500mm的普通型、精密型、数控型插齿机，ϕ2 500mm以上的数控铣齿机、扇形齿轮插齿机和数控齿条插齿机等共8大规格200多种型号产品。所有产品均具有自主知识产权。产品广泛用于汽车、风电、矿山、港口等机械制造领域，优质的产品不仅行销全国，还批量出口欧美及东南亚地区。

营口冠华机床有限公司 原营口机床厂，成立于1951年，是国家机床工具行业重点企业，主要从事机床产品的设计、研究、开发、制造和经营，具有丰富的机床制造技术和经验，拥有一批掌握国内外先进科技知识的企业管理人员、工程技术人员和一支技术过硬的工人队伍，于2000年通过了ISO 9001质量体系认证。

公司在产品设计、开发、制造方面，均采用先进的设计加工制造工艺和流程，产品质量保证体系完善，产品向多元化、高档化和高精度化发展。主要产品包括滚齿机、工具磨床、电解磨床和多用磨床4个系列20多个品种。

〔撰稿人：中国机床工具工业协会齿轮加工机床分会周玉红〕

特种加工机床

一、基本情况

2008年，是特种加工机床行业处境困难的一年，上半年整个行业运行还保持平稳增长的势头，但从下半年开始，特别是第四季度，受全球金融危机的影响，行业经济形势急转直下，变得十分严峻。

截至2008年底，特种加工机床分会共有会员单位58家，其中常务理事单位5家，理事单位17家，会员单位36家。除非统计单位及配附件单位外，参加2009年版年鉴工作的34家。

2008年特种加工机床行业主要经济指标完成情况见表1。2008年特种加工机床行业企业主要经济指标完成情况见表2。

表1 2008年特种加工机床行业主要经济指标完成情况

指标名称	单位	实际完成
工业总产值（现价）	万元	383 422
其中：机床工具类产品产值	万元	324 169
工业销售产值	万元	351 324
其中：机床工具类产品销售产值	万元	315 667
工业增加值	万元	222 810
实现利税	万元	31 597
从业人员平均人数	人	8 194
资产合计	万元	510 756
流动资产平均余额	万元	311 133
固定资产净值平均余额	万元	79 753

表2 2008年特种加工机床行业企业主要经济指标完成情况

序号	企业名称	工业销售产值（万元）	工业总产值（现价）（万元）	从业人员平均人数（人）
1	苏州电加工机床研究所有限公司	2 341	2 927	124
2	苏州三光科技股份有限公司	9 382	9 748	208
3	深圳市大族激光科技股份有限公司	171 218	208 296	3 449
4	北京市电加工研究所	15 252	15 927	523
5	北京阿奇夏米尔工业电子有限公司	28 111	29 139	320
6	北京凝华科技有限公司	3 092	3 092	215

（续）

序号	企业名称	工业销售产值（万元）	工业总产值（现价）（万元）	从业人员平均人数（人）
7	江苏三星机械制造有限公司	4 683	5 143	121
8	苏州江南赛特数控设备有限公司	1 921	2 478	43
9	苏州长风机电科技有限公司	352	354	62
10	苏州新火花机床有限公司	860	860	50
11	国营成都无线电专用设备厂	612	760	68
12	杭州杭机数控机床有限公司	4 341	4 350	205
13	南昌江南电子仪器厂	420	983	168
14	泰州冬庆数控机床有限公司	4 118	4 250	215
15	深圳福斯特数控机床有限公司	1 969	2 032	80
16	北京安德建奇数字设备有限公司	3 016	3 163	104
17	苏州市宝玛数控设备有限公司	4 540	4 540	192
18	杭州华方数控机床有限公司	2 017	2 456	117
19	武汉法利莱切割系统工程有限责任公司	26 960	23 070	256
20	泰州市江洲数控机床制造有限公司	3 125	3 105	139
21	苏州沙迪克特种设备有限公司	40 787	35 381	244
22	上海汇盛电子机械设备有限公司	3 350	3 191	263
23	常州二机机床有限公司	1 598	1 713	130
24	泰州市海陵区正太数控机床厂	749	814	52
25	四川深扬数控机械有限公司	3 058	3 125	168
26	泰州市德锋数控机床有限公司	1 269	1 400	50
27	宁波海恩机床有限公司	490	490	91
28	北京迪蒙斯巴克科技股份有限公司	1 292	1 409	60
29	上海斌盛电子机械有限公司	7 277	6 025	123
30	上虞市精德机械有限公司	570	630	20
31	宁波博威麦特莱材料有限公司(附件厂,新入会)	1 800	1 800	302
32	宁波市海曙松发电子有限公司	756	773	32

注:北京迪蒙卡特机械电子设备技术有限责任公司和北京迪蒙恒达机电技术有限公司数据包含在北京市电加工研究所数据中。

二、生产和销售情况

2008年,在全球金融危机的影响下,特种加工机床行业主要产品产量及产值与上年相比出现下滑。年鉴统计企业的产量同比下降2.3%,产值同比下降18%。据初步统计,全行业主要产品销售量与2007年相比也明显下降,其中低速走丝电火花机床产品销售量下降26%,销售额下降18%;高速走丝电火花机床产品销售量下降40%,销售额下降34%;高速电火花小孔机床产品的销售量和销售额分别下降20%和9%;数控电火花成形机床情况稍好,销售量下降4.17%,销售额下降0.3%;激光加工机床利润下降15%~20%。2008年特种加工机床行业分类产品生产情况见表3。2008年特种加工机床行业企业分类产品生产情况见表4。

表3　2008年特种加工机床行业分类产品生产情况

产品名称	实际完成		其中:数控	
	产量(台)	产值(万元)	产量(台)	产值(万元)
金属切削机床	14 972	181 130	13 784	177 459
加工中心	308	7 728	308	7 728
立式加工中心	244	6 960	244	6 960
其他加工中心	64	768	64	768
车床	15	182	15	182
钻床	530	1 438	47	346
激光加工机床	218	41 051	218	41 051
磨床	9	96	9	96
铣床	43	810	43	810
特种加工机床	13 849	129 825	13 144	127 246

表4 2008年特种加工机床行业企业分类产品生产情况

序号	企业及产品名称	实际完成		其中:数控	
		产量(台)	产值(万元)	产量(台)	产值(万元)
1	苏州电加工机床研究所有限公司				
	金属切削机床	181	2 927	121	2 711
	特种加工机床	181	2 927	121	2 711
2	苏州三光科技股份有限公司				
	金属切削机床	669	8 721	669	8 721
	特种加工机床	669	8 721	669	8 721
3	深圳市大族激光科技股份有限公司				
	金属切削机床	139	19 792	139	19 792
	激光加工机床	139	19 792	139	19 792
4	北京市电加工研究所				
	金属切削机床	764	5 745	604	5 467
	特种加工机床	755	5 649	595	5 371
	磨床	9	96	9	96
5	北京阿奇夏米尔工业电子有限公司				
	金属切削机床	1 423	31 542	1 423	31 542
	特种加工机床	1 423	31 542	1 423	31 542
6	北京凝华科技有限公司				
	金属切削机床	679	3 486	679	3 486
	特种加工机床	679	3 486	679	3 486
7	江苏三星机械制造有限公司				
	金属切削机床	750	5 142	630	4 470
	立式加工中心	40	1 361	40	1 361
	数控铣床	15	182	15	182
	特种加工机床	695	3 599	575	2 927
8	苏州江南赛特数控设备有限公司				
	金属切削机床	186	1 390	186	1 390
	特种加工机床	186	1 390	186	1 390
9	苏州长风机电科技有限公司				
	金属切削机床	312	1 262	240	1 127
	特种加工机床	312	1 262	240	1 127
10	苏州新火花机床有限公司				
	金属切削机床	382	3 170	322	2 640
	特种加工机床	382	3 170	322	2 640
11	国营成都无线电专用设备厂				
	金属切削机床	96	432	96	432
	特种加工机床	96	432	96	432
12	杭州杭机数控机床有限公司				
	金属切削机床	287	2 280	273	2 203
	立式加工中心	37	1 019	37	1 019
	数控铣床	15	285	15	285
	特种加工机床	235	976	221	899
13	南昌江南电子仪器厂				
	金属切削机床	192	480	192	480
	特种加工机床	192	480	192	480
14	泰州冬庆数控机床有限公司				
	金属切削机床	988	4 060	988	4 060

（续）

序号	企业及产品名称	实际完成		其中：数控	
		产量（台）	产值（万元）	产量（台）	产值（万元）
	立式加工中心	11	257	11	257
	数控铣床	13	343	13	343
	特种加工机床	964	3 460	964	3 460
15	深圳福斯特数控机床有限公司				
	金属切削机床	219	1 100	220	1 105
	特种加工机床	219	1 100	220	1 105
16	北京安德建奇数字设备有限公司				
	金属切削机床	209	2 022	209	2 022
	立式加工中心	14	320	14	320
	特种加工机床	195	1 702	195	1 702
17	苏州市宝玛数控设备有限公司				
	金属切削机床	1 619	10 189	1 619	10 189
	立式加工中心	32	1 024	32	1 024
	其他加工中心	64	768	64	768
	特种加工机床	1 523	8 397	1 523	8 397
18	杭州华方数控机床有限公司				
	金属切削机床	713	2 485	713	2 485
	车床	15	182	15	182
	特种加工机床	698	2 303	698	2 303
19	武汉法利莱切割系统工程有限责任公司				
	金属切削机床	79	21 259	79	21 259
	激光切割机床	79	21 259	79	21 259
20	泰州市江洲数控机床制造有限公司				
	金属切削机床	931	3 100	931	3 100
	特种加工机床	931	3 100	931	3 100
21	苏州沙迪克特种设备有限公司				
	金属切削机床	825	35 855	825	35 855
	立式加工中心	2	103	2	103
	特种加工机床	823	35 752	823	35 752
22	上海汇盛电子机械设备有限公司				
	金属切削机床	113	443	113	443
	特种加工机床	113	443	113	443
23	常州二机机床有限公司				
	金属切削机床	562	1 613	79	521
	特种加工机床	32	175	32	175
	钻床	530	1 438	47	346
24	泰州市海陵区正太数控机床厂				
	金属切削机床	309	814	299	768
	特种加工机床	309	814	299	768
25	四川深扬数控机械有限公司				
	金属切削机床	420	3 058	420	3 058
	特种加工机床	420	3 058	420	3 058
26	泰州市德锋数控机床有限公司				
	金属切削机床	321	1 269	321	1 269
	特种加工机床	321	1 269	321	1 269
27	宁波海恩机床有限公司				

（续）

序号	企业及产品名称	实际完成		其中:数控	
		产量(台)	产值(万元)	产量(台)	产值(万元)
	金属切削机床	255	885	255	885
	特种加工机床	255	885	255	885
28	北京迪蒙斯巴克科技股份有限公司				
	金属切削机床	318	1 409	318	1 409
	特种加工机床	318	1 409	318	1 409
29	上海斌盛电子机械有限公司				
	金属切削机床	821	4 569	821	4 569
	立式加工中心	108	2 876	108	2 876
	特种加工机床	713	1 693	713	1 693
30	上虞市精德机械有限公司				
	金属切削机床	210	630		
	特种加工机床	210	630		

注:北京迪蒙恒达机电技术有限公司和北京迪蒙卡特机械电子设备技术有限责任公司数据计入北京市电加工研究所中。

三、出口情况

2008年,受国际金融危机影响,特种加工机床出口也呈现下降的走势,出口量同比下降21%,出口额同比下降32%。其中数控特种加工机床的出口量同比下降20%,出口额同比下降33%。2008年特种加工机床行业分类产品出口情况见表5。2008年特种加工机床行业企业分类产品出口情况见表6。

表5　2008年特种加工机床行业分类产品出口情况

产品名称	实际完成		其中:数控	
	出口量(台)	出口额(万美元)	出口量(台)	出口额(万美元)
金属切削机床	2 115	6 121.3	1 989	6 031.7
加工中心	10	40.0	10.0	40.0
立式加工中心	10	40.0	10.0	40.0
激光加工机床	15	435.8	15.0	435.8
铣床	5	12.1	5.0	12.1
特种加工机床	2 085	5 633.4	1 959.0	5 543.8

表6　2008年特种加工机床行业企业分类产品出口情况

序号	企业及产品名称	实际完成		其中:数控	
		出口量(台)	出口额(万美元)	出口量(台)	出口额(万美元)
1	苏州电加工机床研究所有限公司				
	金属切削机床	32	23.0	5	8.0
	特种加工机床	32	23.0	5	8.0
2	苏州三光科技股份有限公司				
	金属切削机床	244	215.0	244	215.0
	特种加工机床	244	215.0	244	215.0
3	深圳大族激光科技股份有限公司				
	金属切削机床	12	315.8	12	315.8
	激光加工机床	12	315.8	12	315.8
4	北京市电加工研究所				
	金属切削机床	101	170.8	77	153.2
	特种加工机床	101	170.8	77	153.2
5	北京阿奇夏米尔工业电子有限公司				
	金属切削机床	959	2 593.3	959	2 593.3
	特种加工机床	959	2 593.3	959	2 593.3
6	江苏三星机械制造有限公司				
	金属切削机床	50	75.0	40	65.0

（续）

序号	企业及产品名称	实际完成		其中:数控	
		出口量(台)	出口额(万美元)	出口量(台)	出口额(万美元)
	加工中心	10	40.0	10	40.0
	特种加工机床	40	35.0	30	25.0
7	苏州江南赛特数控设备有限公司				
	金属切削机床	31	32.2	31	32.2
	特种加工机床	31	32.2	31	32.2
8	苏州新火花机床有限公司				
	金属切削机床	7	7.6	7	7.6
	特种加工机床	7	7.6	7	7.6
9	杭州杭机数控机床有限公司				
	金属切削机床	10	17.7	10	17.7
	数控铣床	5	12.1	5	12.1
	特种加工机床	5	5.6	5	5.6
10	泰州冬庆数控机床有限公司				
	金属切削机床	20	16.6	20	16.6
	特种加工机床	20	16.6	20	16.6
11	深圳福斯特数控机床有限公司				
	金属切削机床	88	93.0	88	93.0
	特种加工机床	88	93.0	88	93.0
12	北京安德建奇数字设备有限公司				
	金属切削机床	54	103.0	54	103.0
	特种加工机床	54	103.0	54	103.0
13	苏州市宝玛数控设备有限公司				
	金属切削机床	95	86.0	30	39.0
	特种加工机床	95	86.0	30	39.0
14	武汉法利莱切割系统工程有限责任公司				
	金属切削机床	3	120.0	3	120.0
	激光切割机床	3	120.0	3	120.0
15	泰州市江洲数控机床制造有限公司				
	金属切削机床	46	153.5	46	153.5
	特种加工机床	46	153.5	46	153.5
16	苏州沙迪克特种设备有限公司				
	金属切削机床	315	2 043.7	315	2 043.7
	特种加工机床	315	2 043.7	315	2 043.7
18	四川深扬数控机械有限公司				
	金属切削机床	48	55.0	48	55.0
	特种加工机床	48	55.0	48	55.0

注:北京迪蒙恒达机电技术有限公司和北京迪蒙卡特机械电子设备技术有限责任公司数据计入北京市电加工研究所中。

四、新产品开发情况

特种加工机床行业新产品开发呈现以下特点:①低速走丝电火花线切割机床和精密数控电火花成形机床属于特种加工机床高端产品,发展较快,产品质量不断提升。②在电火花加工机床中属于低端产品的高速走丝电火花线切割机床近年来技术有很大进步,开发了多次切割技术,生产企业纷纷推出新产品,使工件加工精度和表面质量有较大提高,推动了此类机床的发展。③不断开发出高新技术的专用数控电火花机床新产品,为航空航天工业提供了先进、适用的专用加工设备。④在激光加工机床中特别是在激光切割机床、激光焊接机方面,开发了一系列新产品,形成特种加工机床行业又一重点领域。2008 年特种加工机床行业新产品开发情况见表 7。

表7　2008年特种加工机床行业新产品开发情况

企业及产品名称		型　号	主要技术参数	产品性质	产品属性	产品水平
苏州沙迪克特种设备有限公司						
1	低速走丝电火花线切割机床	DP250	行程（$X/Y/Z/U/V$）：250mm/150mm/120mm/35mm/35mm	全新设计	企业新产品	当代国际领先
上海斌盛电子机械有限公司						
2	数控中速走丝电火花线切割机床	DKZM40	工作台面尺寸：800mm × 500mm；三轴行程：500mm/400mm/250mm	全新设计	企业新产品	
3	立式加工中心	MCV—L900	工作台面尺寸：1 000mm × 550mm；三轴行程：900mm × 550mm × 550mm	全新设计	企业新产品	
4	立式加工中心	MCV—L1100	工作台面尺寸：1 300mm × 700mm；三轴行程：1 100mm × 600mm × 600mm	全新设计	企业新产品	
5	卧式加工中心	BSH—6350	工作台面尺寸：500mm × 500mm；三轴行程：700mm × 580mm × 580mm	全新设计	企业新产品	
国营成都无线电专用设备厂						
6	编控一体化小锥度快走丝线切割机床	DK7735	工作行程：350mm/500mm；切割厚度：400mm；切割锥度：≤6度；加工精度：≤0.010mm；最佳表面粗糙度：R_a≤2.5μm	全新设计	企业新产品	国内领先
北京安德建奇数字设备有限公司						
7	慢走丝电火花线切割机床	AW310	行程：360mm/250mm/210mm；加工精度：±3μm；表面粗糙度：R_a≤0.4μm	全新设计	企业新产品	
8	慢走丝电火花线切割机床	AW310T	带自动穿丝装置，其他同AW310	全新设计	企业新产品	
9	数控精密电火花成形机床	AF/400	行程：550mm/300mm/300mm；自动升降液槽结构	全新设计	企业新产品	
10	快走丝电火花线切割机床	AR1300/AR2300	加工精度：±5μm；表面粗糙度：R_a＜1.0μm	改型设计	企业新产品	
11	快走丝电火花线切割机床	AR3300	行程：800mm×630mm；加工精度±5μm；表面粗糙度：R_a＜1.0μm	全新设计	企业新产品	
杭州华方数控机床有限公司						
12	电火花线切割机床	DK7750	走丝速度2～11m/s；切割速度：100mm/min	改型设计	企业新产品	国内先进
北京市电加工研究所						
13	五轴联动精密数控电火花成形机床	N850	工作台面尺寸：1 150mm × 600mm；行程（$X/Y/Z$）：850mm/500mm/400mm；定位精度（X/Y、Z）：0.015mm/0.011mm；重复定位精度：5μm；U轴定位精度：0.006°；V轴定位精度：0.006°；表面粗糙度：R_a≤0.1μm；钛合金最大加工速度：400mm^3/min；控制轴数：五轴数控，五轴联动	全新设计	企业新产品	国际先进水平

（续）

	企业及产品名称	型　　号	主要技术参数	产品性质	产品属性	产品水平
14	精密数控电火花成形机床	A30	工作台面尺寸：600mm × 400mm；行程（$X/Y/Z$）：300mm/210mm/270mm；定位精度：4μm；重复定位精度：2μm；表面粗糙度：R_a ≤ 0.05μm（面积 $490mm^2$）；最小底部圆角：R ≤ 10μm；最小电极损耗：≤0.1%	改型设计	企业新产品	国内领先水平
北京凝华科技有限公司						
15	大功率工具机	NH208	主轴行程：200mm；主轴头行程：120mm；加工范围：> M14；加工效率：70min（M32 × 70mm）；功率：2.2kW	全新设计	行业新产品	国内首创，申请专利已获得授权
16	磨刀机	MD25	由于木地板、成型木门需求量大，引发木工刀具的需求量加大。有些复合木板硬度甚至高过石头，对刀具的损伤十分严重，而刀具成本昂贵，刀具的修复需要磨刀设备。此种磨刀机可解决上述问题	全新设计	企业新产品	国内领先
17	便携式小孔机	NH203	小孔机是特种加工机床中较为常用的一种机床。但现有小孔机由于其自身原因，不能加工空间位置上的小孔，工件大于机床承重时也不能加工。该便携式小孔机可用于解决上述问题。主机尺寸：240mm × 188mm × 680mm；电源尺寸：450mm × 450mm × 860mm	全新设计	企业新产品	国内首创
18	精密电火花成形机	NH7125CNC	行程（$X/Y/Z$）：250mm/150mm/200mm；电源：30A	全新设计	企业新产品	国内首创
深圳市大族激光科技股份有限公司						
19	激光切割机	B3015	切割幅面：3 000mm × 1 500mm	全新设计	企业新产品	
20	激光切割机	B1275	切割幅面：1 200mm × 750mm	全新设计	企业新产品	
21	激光切割机	B6015	切割幅面：6 000mm × 1 500mm	全新设计	企业新产品	
22	激光切割机	M1812	切割幅面：1 800mm × 1 200mm	全新设计	企业新产品	
23	激光切割机	M2512	切割幅面：2 500mm × 1 200mm	全新设计	企业新产品	
24	激光切割机	M1812T	切割幅面：1 800mm × 1 200mm	全新设计	企业新产品	
25	激光切割机	M2512T	切割幅面：2 500mm × 1 200mm	全新设计	企业新产品	
26	激光切割机	G4020D	切割幅面：4 000mm × 2 000mm	全新设计	企业新产品	
27	激光切割机	G3015	切割幅面：3 000mm × 1 500mm	全新设计	企业新产品	

（续）

	企业及产品名称	型　号	主要技术参数	产品性质	产品属性	产品水平
28	激光切割机	CLC1812	加工范围：1 800mm × 1 200mm	全新设计	企业新产品	
29	激光切割机	G2512	加工范围：2 500mm × 1 200mm	全新设计	企业新产品	
30	激光切割机	M5630C	专用圆模加工：(ϕ170～560)mm×3 000mm	全新设计	企业新产品	
31	激光切割机	M5612CP	平圆模一体机：(ϕ170～560)mm×3 000mm；2 500mm×1 200mm	全新设计	企业新产品	
32	激光切割机	G8020D	工作台二次定位，加工板材8m×2m	全新设计	行业新产品	
33	气体发生器激光焊接机	W0202	双工位，X、Y工作台，加旋转工作台	全新设计	企业新产品	
34	叶轮激光焊接机	W025025X	双工位，三维焊接头，X、Y工作台，加旋转工作台	全新设计	企业新产品	
35	调角器激光焊接机	W065050B	悬臂，双工位，自动门，吸尘保护	全新设计	企业新产品	
36	高调器激光焊接机	W065050A	悬臂，4工位，自动门，吸尘保护	全新设计	企业新产品	
武汉法利莱切割系统工程有限责任公司						
37	数控激光切割机	Profile6015	定位速度：50m/min；定位精度：±0.05mm；切割厚度：碳钢20mm、不锈钢10mm、铝板8mm	改型设计	行业新产品	国内领先，国际先进
38	数控激光切割机	ContourLM3015	最大定位速度：150m/min；定位精度：±0.03mm；切割厚度：碳钢25mm、不锈钢10mm、铝板8mm	全新设计	行业新产品	国内领先，国际先进
39	数控激光切割机	ContourLM4020	最大定位速度：120m/min；定位精度：±0.03mm；切割厚度：碳钢25mm、不锈钢12mm、铝板10mm	全新设计	行业新产品	国内领先，国际先进
40	数控激光切割机	ContourDM6020	等光程；最大定位速度：100m/min；定位精度：±0.05mm；切割厚度：碳钢25mm、不锈钢12mm、铝板10mm	全新设计	行业新产品	国内领先，国际先进
41	宽幅面数控激光切割机	WALC6030	定位速度：25m/min；重复精度：0.05mm；切割厚度：碳钢25mm、不锈钢12mm、铝板10mm	全新设计	行业新产品	国内领先，国际先进
42	数控激光焊接机	锯片与刀头激光焊接机	锯片规格：ϕ105～900mm；焊缝深度：1.5～3mm；焊缝宽度：1～2mm；焊接速度：1～2.5m/min	全新设计	行业新产品	国内领先，国际先进
苏州三光科技股份有限公司						
43	往复走丝多次切割线切割机床（俗称中走丝）	HA400	工作台行程(X/Y)：400mm/320mm；U、V行程：±10mm；切割锥度：±3°（工件厚度50mm）；切割厚度：200mm；表面粗糙度：$R_a \leqslant 1.0\mu m$	改型设计	企业新产品	国内领先
苏州市宝玛数控设备有限公司						
44	立式加工中心		加工行程：600mm×500mm×500mm	改型设计	企业新产品	行业领先
45	数控雕铣机	BMDX5040	加工行程：500mm×400mm×210mm	改型设计	企业新产品	行业领先

（续）

	企业及产品名称	型　号	主要技术参数	产品性质	产品属性	产品水平
46	全数控穿孔机	BMD703CNC	三轴数控定位	改型设计	企业新产品	行业领先
47	全数控成形机	EDM400CNC	三轴数控定位	改型设计	企业新产品	行业领先
泰州冬庆数控机床有限公司						
48	节能型高速小孔机	DD703—Ⅱ		改型设计	企业新产品	国内领先
49	节能环保型线切割机床	DK7740ZF—Ⅱ		改型设计	企业新产品	国内领先
50	节能高精度线切割机床	DK778050ZGJ		改型设计	企业新产品	国内领先
51	放电状态检测和控制装置	EDZJ—Ⅱ		全新设计	企业新产品	国内领先
苏州电加工机床研究所有限公司						
52	大型蜂窝环件数控电火花磨削加工设备	ZT—021	工件最大外径：2 000mm；工件最大高度：500mm；工作台承重：1 500kg	全新设计	企业新产品	国内先进水平
53	大型放电切割机	D46110	最大切割直径：800mm；最大切割效率：1 800mm^2/min；切割缝度：≤2mm	全新设计	企业新产品	国内领先水平
四川深扬数控机械有限公司						
54	智能化精密数控电火花线切割机床	DKM400EZ—3K	精度≤±5μm	全新设计	企业新产品	国内领先

五、科研项目情况

科研项目与新产品开发相辅相成，在特种加工机床中重点研究对象是数控精密低速走丝电火花线切割机床、精密数控电火花成形机床和高档激光切割机床，这三个方面是国家的重点科研方向。高档数控专用电火花加工机床研究，已列入国家重点科研项目。2008年特种加工机床行业科研项目完成情况见表8。2008年特种加工机床行业获奖科研项目情况见表9。

表8　2008年特种加工机床行业科研项目

序号	科研项目名称	主要内容	应用状况	投入资金（万元）	项目来源
上海斌盛电子机械有限公司					
1	数控中走丝电火花机床设计开发	研发设计试制	自行应用	30	自选研发
2	立式加工中心开发设计	开发设计试制，小批量生产	自行应用	80	自选研发
3	立式加工中心开发设计	开发设计试制，小批量生产	自行应用	75	自选研发
4	卧式加工中心开发设计	联合开发改进	自行应用	45	与其他企业联合
国营成都无线电专用设备厂					
5	多次切割线切割机床	提升精度、粗糙度	自行应用	6	自主研制
北京安德建奇数字设备有限公司					
6	数控慢走丝电火花线切割机床	高精度小规格 AW310	产品化	45	自选科技项目
7	数控慢走丝电火花线切割机床	带自动穿丝装置，AW310T	研制阶段	55	自选科技项目
8	数控快走丝电火花线切割机床	多次切割，高精度，表面粗糙度低	产品化	40	自选科技项目
9	数控快走丝电火花线切割机床	大规格，高精度，表面粗糙度低	研制阶段	30	自选科技项目
10	数控精密电火花成形机床	精密	产品化	40	自选科技项目
北京凝华科技有限责任公司					
11	大功率工具机	一种便携式电火花套料取丝锥工具机，结构轻巧，使用方便，能很方便地在工件上任意空间位置进行孔加工	自行应用	5	自主研发
12	磨刀机	木地板、成型木门需求大，而用于此类加工的木工刀具的需求量也大。有些复合木板硬度高过石头，对刀具的损伤十分严重，刀具的修复需要磨刀设备。该种磨刀机可用来解决上述问题	自行应用	10	自主研发

（续）

序号	科研项目名称	主要内容	应用状况	投入资金（万元）	项目来源
13	便携式小孔机	小孔机是特种加工机床中较为常用的一种机床。但现有小孔机由于其自身的原因，不能加工空间位置上的小孔，工件大于机床承重时也不能加工。此种便携式小孔机，用于解决上述问题	自行应用	6	自主研发
深圳市大族激光科技股份有限公司					
14	PB25CE 激光焊接机	属于光纤固体激光焊接	自行应用	30	
15	WBS02 方电池自动焊接机	二维工作滑台焊接	自行应用	34	
16	WHL500	固体激光器，500W 焊接	自行应用	35	
17	PB500 激光焊接机	固体激光器，光纤传输	自行应用	35	
18	W30 桌面点焊机	微电子精密点焊	自行应用	43	
19	CS035 钢板切割机	工业激光器机床一体式	自行应用	46	
20	食人鱼 LED 分光机	LED 灯分光控制系统	自行应用	52	
21	CXY—H0306 振镜系统	大幅面振镜系统	自行应用	56	
22	单头泵油墨喷码机	单头细点小字符喷码	自行应用	76	
23	宽幅数码输出设备 2B 机型	宽幅数码电脑激光制版	自行应用	109	
24	HLT—R12 光纤半导体标记机		自行应用	171	
25	新型固体激光器的开发和工业应用	工业激光固体发生器的研发及应用	自行应用	217	
苏州宝玛数控设备有限公司					
26	立式加工中心	改进设计制作	自行应用	300	自筹
27	数控雕铣机	改进设计制作	自行应用	150	自筹
28	线切割 RM XP 控制机	设计开发制作	自行应用	35	自筹
29	全数控穿孔机	设计开发制作	自行应用	15	自筹
30	全数控成形机	设计开发制作	自行应用	20	自筹
泰州冬庆数控机床有限公司					
31	节能型等能量脉冲电源	设计开发	自行应用	100	与哈尔滨工业大学合作
32	节能型多功能脉冲电源	设计开发	自行应用	100	与哈尔滨工业大学合作
33	精密型数控电火花线切割机床	设计开发	研制阶段	300	国家重点新产品
苏州电加工机床研究所有限公司					
34	中型数控电火花精密子午线轮胎模具加工技术及设备	高精度、高性能、低损耗	研制阶段	35（国拨），110 自筹	国机集团
35	高性能慢走丝电加工机床开发及产业化	高精度、高性能、低损耗	研制阶段	100（国拨），519（自筹）	江苏省中小企业创新基金
36	发动机喷油嘴精密微孔数控电火花加工工艺及设备	能进行精密微小孔加工	研制阶段	30（国拨），100（自筹）	江苏省中小企业创新基金

表 9　2008 年特种加工机床行业获奖科研项目

序号	项目名称	主要内容及应用范围	获奖名称	获奖等级	完成单位	授奖单位
1	高效率、高功率三次谐波激光产生技术（专利号：CN02134577.5）	紫外激光器	高效率、高功率三次谐波激光产生技术（专利号：CN02134577.5）	中国专利优秀奖	深圳市大族激光科技股份有限公司	国家知识产权局

（续）

序号	项目名称	主要内容及应用范围	获奖名称	获奖等级	完成单位	授奖单位
2	DK7740ZF 节能环保型高性能线切割机床及等能量脉冲电源	广泛应用于模具、航天航空、军工、机械等行业	泰州市科技进步奖	一等奖	泰州冬庆数控机床有限公司	泰州市科技局

六、行业合资合作企业情况及合资合作企业销售情况

2008 年特种加工机床行业合资合作企业情况见表 10。

2008 年特种加工机床行业合资合作企业产品销售情况见表 11。

表 10　2008 年特种加工机床行业合资合作企业情况

序号	合资企业名称	合资合作内容	合资金额	外方企业名称	外方占股金比例(%)	中方企业名称	中方占股金比例(%)	合资年限	合同签订日期
1	深圳麦逊电子有限公司	PCB 检测机	2 580 万元	明信(香港)电子服务有限公司	39	深圳市大族数控科技有限公司	61	10	2008 年 4 月 11 日
2	深圳大族彼岸数字控制软件技术有限公司	数控系统	400 万欧元	PA Power Automation Aktiengsells-chaft	25	深圳市大族激光科技股份有限公司	75	30	2008 年 4 月 19 日

表 11　2008 年特种加工机床行业合资合作企业产品销售情况

序号	合资合作产品名称	销量(台)	销售额(万元)	生产企业
1	PCB 检测机	331	7 538.25	深圳麦逊电子有限公司
2	数控系统	144	480.69	深圳大族彼岸数字控制软件技术有限公司

七、质量与标准

(1)实质性参加国际标准制定工作。全国特种加工机床标准化技术委员会(简称特标委)利用自身行业优势，积极参与国际标准的制定工作。自 2007 年 ISO/TC39/SC10 成立电火花加工机床安全标准制定工作组(WG5)以来，ISO 计划项目 ISO/NP 28881“机床——安全——电火花加工机床”即正式启动。特标委代表中国参加了 WG5 的工作，从事该国际标准新项目制定工作。

我国电火花加工机床在世界上的地位同整个机床行业一样，具有产量第一(每年 5 万 ~6 万台)、种类第一、消费量第一、进口量第一等特点。由于我国电火花加工机床的产品种类多，标准制定也走在世界前列，已有各类国家和行业标准近 20 个。我国的强制性国家标准 GB 13567—1998《电火花加工机床　安全防护技术要求》是世界上第一个电火花加工机床安全方面的国家标准，较欧洲标准 EN 12957:2001《机床—安全—电火花加工机床》早发布 3 年。这是中国参与国际标准制定工作的优势和雄厚基础。

2007 ~ 2008 年，特标委在标准化方面开展了一系列工作，主要包括：向对方索取 ISO 国际标准新建议提案，并进行了翻译；组织专家、教授对新提案进行系统的分析、研究；应对方要求将我国的 GB 13567—1998 国家标准翻译成英文稿提交 EN；积极筹建国内专家工作组；通过国家标准委向 ISO/TC39/SC10 推荐我国参加 WG5 的专家名单。

2009 年初，工作组在瑞士召开了第一次会议，讨论工作草案。特标委对工作草案进行了认真研究，并派团出席了会议。在会议研究讨论标准时，特标委提出了我国的意见和建议，力争在标准中更多地反映我国的意见。

(2)对出口机床产品进行质量检测。2008 年，面对全球金融危机的影响，特种加工机床出口量仍较大，但行业中一些企业的出口许可证期限已到。因此，委托挂靠在苏州电加工机床研究所有限公司的机械工业电加工机床产品质量监督检测中心进行出口机床质量检测的企业数量有所增加。委托单位如：苏州沙迪克特种设备有限公司(日资)、泰州江州数控机床制造有限公司、苏州三光科技股份有限公司、苏州长风机电科技有限公司、苏州宝玛数控设备有限公司、江苏三星机械制造有限公司、宁波海恩机床有限公司、泰州德锋数控机床有限公司、群基精密工业(苏州)有限公司(台资)、苏州群伦精密机电工业有限公司(台资)等。委托进行质量检测的出口机床产品主要包括：各种型号的数控电火花线切割机、数控电火花成形机床等。由于近几年特种加工机床行业对产品质量高度重视，因此，检测的产品合格率很高，为企业争取国际市场份额打下了坚实的基础。

(3)开展“贯标示范产品”活动。由特种加工机床分会、特标委、检测中心组织开展的“贯标示范产品”活动，对提高机床产品质量具有显著的推动作用。2004 年和 2005 年国家产品质量抽查检测的均为高速走丝电火花线切割机床，合格率分别为 42.3% 和 62.5%。该类产品是特种加工机床行业中生产企业最多、产量最大、合格率最低的品种。通过

2006年和2007年在全行业中开展"贯标示范产品"活动，推广宣传"贯标示范产品"，逐步淘汰了伪劣产品，对产品质量的提高起到很大的推动作用。2008年，在国家质检总局产品质量抽查中，机床合格率跃升到95.2%，产品质量和整体水平上了一个新的台阶。

八、企业简介

为了避免重复介绍，本年鉴只介绍行业新增会员企业、改制企业及有重大变化的企业。

中国机械工业集团公司苏州电加工机床研究所有限公司 原苏州电加工机床研究所，是我国特种加工机床行业的归口所，中国机械工业集团公司下属的国有控股高新技术企业。

公司经历了从原部属事业性质研究院所经转制走向市场成为高新技术企业的发展历程。2000年初，苏州电加工机床研究所将科研生产主体改制组建苏州中特机电科技有限公司，注册于苏州高新区。中特公司根据企业的特点，以人为本推出了一系列改革措施。同时对市场进行科学分析，抓住近年来国家航空航天、军工、汽车、模具等行业发展迅速，对特种加工机床需求增加的机遇，充分发挥自身技术优势，实施以创新为核心的差异经营策略。在通用特种加工机床方面大力开发技术复杂、其他企业暂时难以模仿的"人有我高，人有我精"的产品；在专用特种加工设备方面大力研制开发用户急需的"人无我有，人有我新"的产品。经过不懈的努力，苏州电加工机床研究所及中特公司几年来在人才、技术、产品等方面的实力明显增强，取得了很大发展。特别是为我国航天航空、军工企业研发了一批专项技术及专用设备，解决了许多国防装备制造中的难题，极大地促进了我国特种加工技术的发展。不少产品还远销美国、韩国、新加坡、土耳其、日本等国家，在同行和客户中赢得了很高声誉。

2008年底，苏州电加工机床研究所与苏州中特机电科技有限公司合并，在苏州高新区注册成立国有控股的股份制公司——苏州电加工机床研究所有限公司，资源得到了进一步有效组合，为更好地科学发展增添了新动力。作为我国特种加工行业的归口所，全国特种加工机床行业组织机构均挂靠在该公司，如中国机械工程学会特种加工分会、中国机床工具工业协会特种加工机床分会、全国特种加工机床标准化技术委员会、中国模具工业协会技术委员会等。另外，公司还设有负责行业质量监督检查、新品检测、进出口商检的检测中心，机械工业电加工机床工程技术中心，重点试验室（公司）。

苏州电加工机床研究所有限公司将继续走具有自己特色的科学发展道路，肩负起对国家的特殊责任，为我国特种加工技术的发展作出更大的贡献。

苏州三光科技股份有限公司 是一家集设计、生产、销售、服务为一体的民营高新技术企业，2007年经资产重组，改制为股份有限公司。公司主要生产及销售单向走丝电火花线切割机、往复走丝电火花线切割机、高速电火花小孔加工机。有员工208人，其中具有大专以上学历的87人，占员工总数的41.8%。2008年工业总产值9 748万元，销售收入达9 860万元。

2008年，受国际金融危机的影响，企业遇到了前所未有的困难和挑战，销售收入和利润较2007年均有较大幅度的下降。在董事会和总经理的正确决策和领导下，公司采取整合资源、夯实基础、苦练内功的积极应对策略，把有限的资金和资源集中于新产品研发、制造和营销。同时，加大对授权制造"三光"牌产品公司的质量监督管理力度，制定了"商标管理制度"、"三光产品管理规定"，向实现品牌统一、品质统一的目标迈出了实质性的一步。售后服务方面，公司市场部整合快走丝机床和慢走丝机床的服务队伍，提高了服务效率，通过开展"五心级"（即对待用户耐心、细心、关心、上心、留心）服务活动和建立VIP用户制度，提高了用户满意度。

2008年，公司工程技术中心被认定为苏州市企业技术中心，电火花线切割机床顺利通过了国家质量监督检验检疫总局的抽检，"3G"牌电火花线切割机床获得苏州市名牌产品、江苏省名牌产品称号，"3G"商标荣获苏州市知名商标、江苏省著名商标称号。苏州三光科技股份有限公司为迎接新一轮经济增长的到来已做好准备。

深圳市大族激光科技股份有限公司（简称大族激光） 1996年大族激光崛起于改革开放的前沿——深圳，这里良好的创业环境使大族激光一步步走向成功，并成为中国激光装备行业的领军企业。公司主要从事激光加工设备的研发、生产和销售，是亚洲最大、世界知名的激光加工设备专业生产商；同时也是深圳高新技术企业、深圳市重点软件企业、深圳光电协会会长单位、深圳国家科技成果示范基地重点推广示范企业、广东省装备制造业重点企业、国家规划内重点软件企业，被国家发改委认定为国家高新技术产业化示范工程项目的实施单位。大族激光还被国家科技部、国务院国资委和全国总工会认定为第二批国家级创新型试点企业；被广东省六部委认定为第一批广东省创新型企业；被深圳市人民政府认定为深圳市第一批自主创新行业龙头企业等。公司承担建设的主要项目被认定为"国家火炬计划项目"。大族激光现已成为国内技术领先、规模最大、产销量最高、服务网点最完善的领军企业。公司于2004年6月25日在深交所成功上市，是国内首家以工业激光设备为主业的上市公司。

大族激光为国内外客户提供一整套激光加工解决方案及相关配套设施。主要产品包括：激光切割机、激光打标机、激光焊接机、绿激光演示设备、PCB激光钻孔机、CTP激光制版机等多个系列100余种工业激光设备。大族激光成功地研发和生产了大功率CO_2激光切割机，应用于金属板材与模切板的切割领域。该激光切割机集世界多项先进技术于一身，是国内唯一将当今国际激光界流行的高压开关电源技术与轴向快速流动技术整体引入激光器的高科技设备，其技术领先性居同行业之首，达到国际先进水平。大功率CO_2激光金属切割机系列专用于电气开关制造、机械、汽车、化工、船舶等行业，具有精密制造、柔性切割、异形加工、一次成形、速度快、效率高等优点。

大族激光依据 ISO 9001 质量控制体系，对已定型产品的来料、加工过程，整机、出厂各个环节严格把关，确保出厂产品的性能和质量。

大族激光在全国设立 100 多个办事处，为客户提供全面的售前、售中、售后支持和服务。

苏州沙迪克特种设备有限公司　是日本沙迪克株式会社出资的外商独资企业，2008 年 5 月增资 368.7 万美元，增资后注册资本 818.7 万美元，投资总额 2 046 万美元。现有员工 244 人，2008 年完成工业总产值 35 381 万元。

主要生产低速走丝电火花线切割机床及数控精密电火花成形机床。主要品种有 AQ560L、AQ360L、AP200L、AP250L 低速走丝电火花线切割机床及 AM36L、AM45L、AM65 数控精密电火花成形机床。2008 年，共销售各种电加工机床 844 台，销售额 4.07 亿元；其中出口 315 台，出口额达 2 043.7 万美元，主要出口日本、欧洲及东南亚地区。公司新建研发中心及精密测试室 4 822m^2，全部建筑面积 47 000m^2。拥有大型五面体加工中心、立式和卧式加工中心等数控加工设备 35 台（套）。月产各种电加工机床约 150 台。公司产品全部采用沙迪克公司制造的直线电动机控制，产品性能进一步提高。2008 年开发出适应客户需要的 X、Y、Z、U、V 五轴直线电动机控制的高精度低速走丝电火花线切割机床，已经批量生产并投放市场。

上海斌盛电子机械有限公司　是一家专业生产立式加工中心（数控铣床）、龙门加工中心（龙门铣床）、高速攻牙机、雕铣机、数控电火花线切割机、数控电火花成形机的高新技术企业。

公司注册资金 1 500 万元，占地面积 6.7 万 m^2，厂房面积 12 000 多 m^2；有员工 123 人，其中管理和技术人员 48 人，高级工程师 2 人，工程师 16 人，大专文化以上 35 人。公司拥有进口的高精密导轨磨床和精密检测仪器、2 条装配流水线（加工中心和线切割机床）以及 1 条钣金生产线。

公司自 2001 年创办以来，始终坚持“以人为本，科技创新”的发展方针。通过吸收引进、消化创新、自主研发，公司产品由当初的单一系列几个品种发展到现在的 3 个系列近 20 个品种，形成年产各类机床 1 000 余台的规模。综合经济指标连年攀升，成为同行业民营企业中一颗璀璨的明珠。公司 2001 年通过了 ISO 9001：2000 质量体系认证，2006 年获上海市高新技术企业称号。

公司牢固树立“质量第一，用户至上”的宗旨，努力打造企业品牌，国内外市场不断扩大，部分产品远销东南亚国家和地区，深得用户的赞誉。公司在国内多个大中城市设有办事处，竭诚为广大客户提供卓越的产品和优质、快捷的售前及售后服务。“十一五”期间，公司将进一步强化自身优势，优化产品结构，大力开发新品，提升产品技术含量和可靠性，提高品牌知名度和用户信誉度，努力争创优秀民营企业，为机床工具工业和模具工业的发展作出新的贡献。

北京安德建奇数字设备有限公司　是于 2002 年组建的一家中外合资企业，注册资本 133 万美元（约 1 100 万元）。公司有职工 104 人，其中管理人员约 30 余人，具有高级职称的 10 人，中级职称的 15 人，工人约 50 人。公司于 2005 年新建厂房 5 474m^2，已具备年生产各种数控机床 1 000 台的生产能力。

公司采用国际先进的专业化生产作业方式，大幅度提高了劳动生产效率。公司对产品的设计开发、加工制造、采购、装配生产、检测调试、售后服务等每一个环节都严格把关。公司还建立了覆盖全国的销售服务网络，为用户提供及时有效的多方面服务。

在大力推广已批量生产产品的同时，公司又启动了两个新产品开发项目：①开发数控低速走丝线切割机床 AW500，该机床是加工高档模具产品的关键设备；②开发数控电火花穿孔机 AD100。

泰州市江洲数控机床制造有限公司　是集设计、生产、销售为一体的数控机床专业企业，加工设备精良，技术力量雄厚，检测手段齐全。公司自成立以来，艰苦创业，努力拼搏，狠抓质量，不断创新，生产和经营实力不断增强。公司占地面积 2 万 m^2，有员工 139 人，技术人员 20 余名。

公司 2008 年主要产品电火花线切割机产量在 1 500 台以上，各种规格型号 30 余种；电火花成形机 200 台左右，各种型号规格 6 种；高速电火花小孔加工机 150 台以上，数控砂线切割机 60 台，数控雕刻机 40 台，数控铣床及加工中心 60 台。

2008 年受国际金融危机影响，公司销售业绩急剧下滑。为进一步巩固国内市场、拓展国际市场，公司多次参加国内及国际机床展览会，了解国内和国际市场的需求。与此同时，公司还组织有关技术人员赴俄罗斯等国家进行考察，为拓展国际市场打下坚实的基础。公司产品远销泰国、越南、乌克兰等国家。

2008 年，经过企业全体员工的不懈努力，公司取得了可喜的成绩和荣誉。4 月，公司顺利通过了进出口许可证的换证审核检查，拿到了挺进国际市场的钥匙，为企业后续发展提供了保证，促进了产品结构优化、升级；5 月，公司又顺利通过了 ISO 9001 质量体系的年度审核检查，进一步提高了企业的信誉度；8 月，公司主要产品接受了国家机床质量中心的抽查，获得了国家质检部门的认可并颁发了证书，这是该公司连续 6 年获此殊荣。

公司将继续深化企业改革，适应国内外工业发展的需要，跟上经济发展的步伐；进一步增强自主创新能力，研制更适合市场需求的产品，把企业做大做强。

杭州华方数控机床有限公司　是杭州市高新技术企业，主要从事电火花线切割机床、数控机床、数控系统和脉冲电源的研究、生产和销售服务。公司已通过 ISO 9001：2000 质量管理体系认证，是第一批获得电加工机床贯标示范产品的企业之一。

公司位于杭州市西湖区转塘科技园内，有员工 117 人，其中科研管理人员 20 余人。公司建筑面积 18 000m^2，其中厂房和科研大楼占地面积 17 000m^2。拥有包括中国台湾产的 MCY—1020D 加工中心，英国雷尼绍激光干涉仪在内的各种加工设备和检验仪器 100 多台（套），年产机床产品 1 200台。

2008 年在全体员工和科技人员的共同努力下，公司产品实现了从经济单片机控制台配备向工业计算机编程控制一体化的高档配置过渡，成功推出了中走丝线切割机床系列，使企业在全球金融危机不利的条件下，经济总量仍保持上年同等水平。全年实现工业总产值 2 456 万元，销售收入 2 017 万元，为企业今后发展创造了积极有利的条件。

宁波市海曙松发电子有限公司　是一家股份合作制企业，注册资金 50 万元。公司专业生产 HX 系列快走丝线切割机床控制柜，HX 系列快走丝线切割机床控制器，SF 系列快走丝线切割机床集成控制系统，SF 系列中走丝线切割机床控制系统和 SF 系列反应式步进电动机驱动器。2008 年公司生产 HX 系列快走丝控制柜 3 500 余台，SF 中走丝控制柜 180 余台。在国际金融危机的非常时期，公司投入巨资开发快走丝线切割全智能适应式高频电源和中走丝控制柜专用的编控软件。

宁波博威麦特莱材料有限公司　是宁波博威集团有限公司下属的一家中外合资企业。公司生产多种合金线材产品，包括慢走丝线切割机线、眼镜框线、青铜线及白铜线，为精密模具、仪表、航空航天等前沿科技行业提供一流品质的原材料。产品严格按照日本 JIS、美国 ASTM/CDA、德国 DIN 技术标准进行生产，其性能和精度达到或超过国内同类产品水平，得到了国内外客户的广泛好评。公司拥有先进的进口切割线生产设备，德国进口的全电脑控制框线轧机，高精度的检测设备。强大的技术队伍和先进的管理体系，确保公司为全球客户提供国际一流的产品。公司执行严格的质量管理体系，已于 2001 年通过英国 SGS 公司 2000 版 ISO 9001 质量管理体系认证，并于 2003 年全面实行 ERP 系统管理。公司秉持“超越自我，追求卓越”的经营理念，大力弘扬“真诚合作，勇于创新，挑战未来”的企业精神，坚持“以市场为导向，以品质为核心，以管理增效益，以服务为保证，以创新促发展，持续提高企业核心竞争力”的经营方针，雷厉风行、充满激情地提高客户满意度。

〔撰稿人：中国机床工具工业协会特种加工机床分会孙　洁　审稿人：中国机床工具工业协会特种加工机床分会陈德忠〕

插拉刨床

一、行业基本情况

2008 年，根据《国务院关于加快振兴装备制造业的若干意见》的精神，插拉刨床分会牢固树立和认真落实科学发展观，面对机遇，积极推进企业产品结构的调整，提高产品的竞争力和市场占有率。插拉刨床行业是中国机床工具工业中一个小行业，在当前全球金融危机的影响下，有 5 家民营企业宣布退会，相当部分企业经营状况不理想，行业前景不太乐观。

插拉刨床分会有会员单位 13 家，其中国有企业 9 家，占行业企业总数的 69.2%；民营企业 3 家，中外合资企业 1 家；职工人数约 5 000 人。参加本年鉴汇总的插拉刨床分会会员单位有 12 家。

据插拉刨床分会对 12 家会员单位的统计，2008 年，完成工业总产值（现价）175 360 万元，比上年下降 1.0%，其中机床工具类产品产值 156 415 万元，比上年增长 13.0%；工业销售产值（现价）由上年的 163 726 万元下降到 160 326 万元，下降 2.1%；利税总额由上年的 42 691 万元下降到 36 409万元，下降 14.7%；从业人员平均人数由上年的 4 851 人增加到 4 924 人，比上年增长 1.5%。2008 年插拉刨床行业主要经济指标完成情况见表 1。2008 年插拉刨床行业企业主要经济指标完成情况见表 2。

表 1　2008 年插拉刨床行业主要经济指标完成情况

指 标 名 称	单位	实际完成
工业总产值（现价）	万元	175 360
其中：机床工具类产品产值	万元	156 415
工业销售产值	万元	160 326
其中：机床工具类产品销售产值	万元	43 629
工业增加值	万元	94 856
实现利税	万元	36 409
从业人员平均人数	人	4 924
资产合计	万元	274 118
流动资产平均余额	万元	135 279
固定资产净值余额	万元	43 787

表 2　2008 年插拉刨床行业企业主要经济指标完成情况

序号	企 业 名 称	工业销售产值（万元）	工业总产值（现价）（万元）	从业人员平均人数（人）
1	长沙机床有限责任公司	6 489	7 122	560
2	山东省青岛生建机械厂	8 614	8 928	922
3	辽宁抚顺机床制造有限公司	5 221	5 270	362
4	江苏省苏州新华机床有限公司	3 413	3 484	343
5	山东通裕集团有限公司	100 693	110 762	1 400
6	新疆维吾尔自治区第三机床厂	21 504	24 908	452

（续）

序号	企 业 名 称	工业销售产值（万元）	工业总产值（现价）（万元）	从业人员平均人数（人）
7	甘肃省监狱企业集团天水机床有限责任公司	1 380	1 380	146
8	长沙机床厂机械刨床厂	2 920	3 000	198
9	襄樊展宏工贸责任有限公司	731	1 001	20
10	泉州中侨（集团）机械制造公司	359	298	55
11	南通茂溢机床有限公司	4 802	5 007	126
12	长沙星沙机床有限公司	4 200	4 200	340

二、生产、销售及出口情况

2008 年，插拉刨床行业 12 家企业实现机床产品产量 4 644台，产值 3.81 亿元，其中金属切削机床产量 3 368 台，产值2.78 亿元（数控机床16 台，产值0.48 亿元）；生产金属成形机床 1 276 台，产值 1.03 亿元；其他产品 1 790 台，产值 2.23 亿元；还有铸铁件、锻钢件等 60 168t，产值 9.59 亿元。2008 年插拉刨床行业分类产品生产情况见表 3。2008 年插拉刨床行业企业分类产品生产情况见表 4。

表 3　2008 年插拉刨床行业分类产品生产情况

产 品 名 称	产量单位	实际完成		其中：数控	
		产量	产值（万元）	产量	产值（万元）
金属切削机床	台	3 368	27 847	16	4 800
插床	台	728	5 535		
拉床	台	110	4 785		
锯床	台	99	406		
特种加工机床	台	40	1 000		
其他金属切削机床	台	2 391	16 121	16	4 800
金属成形机床	台	1 276	10 250		
机械压力机	台	1 276	10 250		
系列工具机	台	1 527	20 961		
其他产品	台	263	1 330		
其他产品（汽车支架）	件	25 776	134		
铸铁件	吨	13 208	26 415		
锻钢件	吨	46 960	69 478		

表 4　2008 年插拉刨床行业企业分类产品生产情况

序号	企业及产品名称	产量单位	实际完成	
			产量	产值（万元）
1	长沙机床有限责任公司			
	金属切削机床	台	368	6 939
	拉床	台	110	4 785
	其他金属切削机床	台	258	2 154
2	山东省青岛生建机械厂			
	金属切削机床	台	1 030	4 563
	其他金属切削机床	台	1 030	4 563
	金属成形机床	台	658	5 294
	机械压力机	台	658	5 294

（续）

序号	企业及产品名称	产量单位	实际完成	
			产量	产值（万元）
3	辽宁抚顺机床制造有限公司			
	金属切削机床	台	478	3 415
	插床	台	478	3 415
4	江苏新华机床有限公司			
	金属切削机床	台	522	2 196
	其他金属切削机床	台	522	2 196
5	山东通裕集团有限公司			
	金属切削机床（全部为数控）	台	16	4 800
	其他金属切削机床	台	16	4 800
	锻件	t	46 960	69 478
	铸铁件	t	13 208	26 415
6	新疆维吾尔自治区第三机床厂			
	系列工具机	台	1 421	20 908
7	甘肃省监狱企业集团天水机床有限责任公司			
	金属切削机床	台	123	762
	其他金属切削机床	台	123	762
8	长沙机床厂机械刨床厂			
	金属切削机床	台	400	2 690
	插床	台	250	2 120
	其他金属切削机床	台	150	570
	其他产品	台	120	560
9	襄樊展宏工贸责任有限公司			
	金属切削机床	台	275	988
	其他金属切削机床	台	275	988
10	泉州中侨（集团）机械制造公司			
	金属切削机床	台	10	37
	其他金属切削机床	台	10	37
	系列工具机	台	106	53
	汽车支架	件	25 776	134
11	南通茂溢机床有限公司			
	金属切削机床	台	106	457
	锯床	台	99	406
	其他金属切削机床	台	7	51
	金属成形机床	台	618	4 956

（续）

序号	企业及产品名称	产量单位	实际完成	
			产量	产值（万元）
	机械压力机	台	618	4 956
	其他产品（自动跑车）	台	143	770
12	长沙星沙机床有限公司			
	金属切削机床	台	40	1 000
	特种加工机床	台	40	1 000

行业主导产品插床、拉床、刨床产量3 224台，占行业金属切削机床总产量的95.7%；插床、拉床、刨床产值2.62亿元，占行业金属切削机床总产值的94.2%。

2008年，插拉刨床行业12家企业实现出口额23 959万元，比上年增长19.4%，其中金属切削机床出口额610万元，占行业出口总额的2.6%；金属成形机床出口额1 649万元，占行业出口总额的6.88%；其他产品出口额21 700万元，占行业出口总额的90.57%。2008年插拉刨床行业分类产品出口情况见表5。2008年插拉刨床行业企业分类产品出口情况见表6。

表5　2008年插拉刨床行业分类产品出口情况

产品名称	出口量单位	出口量	出口额（万美元）
金属切削机床	台	59	90.1
插床	台	20	41.4
拉床	台	2	5.8
其他金属切削机床	台	37	42.9
金属成形机床	台	291	242.7
机械压力机	台	291	242.7
铸铁件	t	2 345	680.0
锻钢件	t	11 520	2 420.0

表6　2008年插拉刨床行业企业分类产品出口情况

序号	企业及产品名称	出口量单位	出口量	出口额（万美元）
1	山东通裕集团有限公司			
	锻件	t	11 520	2 420
	铸铁件	t	2 345	680
2	长沙机床有限责任公司			
	金属切削机床	台	12	18
	拉床	台	2	6
	其他金属切削机床	台	10	12
3	南通茂溢机床有限公司			
	金属切削机床	台	7	8
	其他金属切削机床	台	7	8
	金属成形机床	台	291	243
	机械压力机	台	291	243
4	长沙机床厂机械刨床厂			
	金属切削机床	台	40	65
	插床	台	20	41
	其他金属切削机床	台	20	24

三、新产品、新技术、新工艺

2008年，插拉刨床行业深受国际金融危机的影响，许多会员单位都在减产。在国内外市场疲软的情况下，只有改变产品结构，提高数控化程度，行业才有出路。随着汽车、航空航天、家电、船舶等行业的迅猛发展以及生产自动化、专业化程度的不断提高，插拉刨床产品已成为自动线生产中的关键设备，市场需求量越来越大，在金属切削机床销量中的占比也越来越高。专用机床特别是专用拉床、插床，已进入快速发展时期，但与国外机床相比，竞争力还不强。行业企业要抓住当前的发展机遇，深入分析本行业发展的主要矛盾，采取有效措施，加快行业的发展步伐，不断提高企业的竞争力。

2008年，插拉刨床行业企业共开发新产品14种（其中数控机床2种），其中长沙机床有限责任公司自行设计的LK8825数控螺旋拉床，为机械传动上拉式数控机床，适用于加工内螺旋花键和内螺旋齿轮。山东省青岛生建机械厂自行设计开发了花键滚轧机、花键冷搓机、专用滚丝机、滚轧机等11种新产品。2008年行业新产品开发情况见表7。

表7　2008年行业新产品开发情况

企业及产品名称	型　号	主要技术参数	产品性质	产品属性	产品水平
长沙机床有限责任公司					
立式三槽拉床	L57120C	工作台面尺寸：550mm×380mm；额定拉力：200kN；主溜板行程长度：2 000mm	改型设计	行业新产品	国内领先
数控螺旋拉床	LK8825	额定拉力：200kN；最大行程：2 000mm	改型设计	企业新产品	国内领先
卧式加工中心	HMC—50	工作台面尺寸：500mm×500mm；最大行程（*X*/*Y*/*Z*）：700mm/580mm/580mm	全新设计	企业新产品	国内领先
山东省青岛生建机械厂					
花键滚轧机	Z28J—25	最大滚压力：250kN	改型设计	企业新产品	
花键冷搓机	LC610	刀具最大尺寸：610mm	改型设计	企业新产品	

（续）

企业及产品名称	型　号	主要技术参数	产品性质	产品属性	产品水平
花键冷搓机	LC1220	刀具最大尺寸:1 220mm	改型设计	企业新产品	
花键冷搓机	QSZ—054	刀具最大尺寸:915mm	改型设计	企业新产品	
专用滚丝机	QSZ—093	最大滚压力:125kN	改型设计	企业新产品	
专用滚丝机	QSZ—094	最大滚压力:350kN	改型设计	企业新产品	
花键滚轧机	QSZ—095	最大滚压力:120kN	改型设计	企业新产品	
倒锥齿滚轧机	QSZ—097	最大滚压力:160kN	改型设计	企业新产品	
倒锥齿滚轧机	QSZ—101	最大滚压力:200kN	改型设计	企业新产品	
滚螺杆自动线	QSZ—100	最大滚压力:1 250kN	改型设计	企业新产品	
花键冷敲机	L28K1—35	加工件最大长度:300mm	改型设计	企业新产品	

四、科研成果及应用

插拉刨床行业以科技进步为中心，通过自主创新，大量采用数控技术，提高了产品水平和产品附加值，带动了企业的改革与发展。各企业都建立了技术创新体系，工程技术人员占有较高的比例，聚集了一批技术开发的高级人才，保证了企业发展的核心动力。大力推进数控技术的应用，用数控技术改造传统的插拉刨床制造业，从而扩大了行业产品的应用范围。

2008 年，插拉刨床行业共完成 5 项科研成果。2008 年插拉刨床行业科研项目完成情况见表 8。

表 8　2008 年插拉刨床行业科研项目完成情况

序号	科研项目名称	主 要 内 容	应 用 状 况	项 目 来 源	完 成 企 业
1	花键滚轧机	Z28J—25	自行应用	自选科研项目	山东省青岛生建机械厂
2	花键冷搓机	LC1220	自行应用	自选科研项目	山东省青岛生建机械厂
3	专用滚丝机	QSZ—094	自行应用	自选科研项目	山东省青岛生建机械厂
4	倒锥齿滚轧机	QSZ—101	自行应用	自选科研项目	山东省青岛生建机械厂
5	花键冷敲机	L28K1—35	自行应用	自选科研项目	山东省青岛生建机械厂

五、企业管理、质量管理、体制改革

2008 年，插拉刨床行业各企业改变传统的经济观和价值观，深化企业改革，建立现代企业机制和管理制度，建立新的企业文化，合理配置企业资源，重新识别业务流程，建立良好的激励机制和过程监测考核体系，以及相应的监测机制，确保规则的有效运行。各企业依据市场和用户需求开发新产品，提高产品的质量，千方百计地满足市场和用户的各种个性化需求。在质量管理上，行业大部分企业已通过质量管理体系认证，运行效果较好。各企业普遍加大了对原材料、产品生产过程及售后服务的质量控制，产品质量和服务质量大幅度提高。所有这些都确保了企业经济运行呈现良好的持续发展态势。

长沙机床有限责任公司，由原长沙机床厂被湖南友谊阿波罗股份有限公司实施承债式兼并改制后，更名为长沙机床有限责任公司。该公司重新按现代企业的管理模式，优化配置人力资源，优化生产布局，优化组织机构，优化选择社会化协作伙伴，在生产经营、经济效益等方面都取得了一定的成果。该公司以科学发展观牢固树立"人才为先，科技为本"的理念，致力打造一批在专业技术上有创新能力和实践经验的技术骨干。在巩固老产品的同时，公司加大开发创新力度，以市场为导向，大力开发新产品，加速产品升级，促进企业规模、效益、自我发展和市场竞争能力的全面提升。通过技术创新，实现由传统的占领市场向以技术创新引领市场的战略转变，逐步进入高端拉床市场，并致力于扭转高端拉床依赖进口的局面。

江苏新华机床有限公司，由原苏州新华机床厂按照建立现代企业制度进行公司制改造，转制改为江苏新华机床有限公司，建立完善规范的法人治理结构，大力推行 ERP 技术应用，打造了科学高效的运营平台。

六、企业简介

长沙机床有限责任公司　原长沙机床厂，已有 90 多年历史的国有机床制造企业，全国插拉刨床行业的技术归口单位，通过了 ISO 9001：2000 质量体系认证。2008 年，公司完成工业总产值 7 122 万元，实现销售收入 6 489 万元，全年从业平均人数 560 人。

公司集 60 年拉床、液压牛头刨床、组合机床等丰富的制造经验和成熟技术，为众多工业领域的切削加工行业提供加工设备，同时按用户个性化需求采用经济方案解决复杂的加工工艺以及提供专用拉床，从而为用户创造日益增长的效益。近年来，通过适时开发市场急需的专用机床、枪钻机床、大吨位立式拉床、数控螺旋拉床、卧式加工中心等，满足了客户对不同品种、功能、档次产品的需求，深受用户欢迎，同时通过在专机开发过程中的"用户合作模式"，为客户找产品，积极发展与客户长期的互利关系。

公司不断加大计划管理与考核，强化产销接口，优化产销衔接，同时挖掘生产潜力，梳理销售、计划、生产、检验等关键环节。

公司秉承"稳中求进"的发展思路，坚持"质量优先"的发展原则和"以人为本"的工作方针，以牢固把握拉床市场、拓展新品研发、挖掘市场潜在需求为经营宗旨，坚定不移地实施成本决算，强化基础管理，实现了生产经营持续增长。

辽宁抚顺机床制造有限公司 原辽宁省抚顺机床厂，自1958年开始生产机床产品，逐步发展成为以生产插床、牛头刨床为主，仿形步冲压力机为辅的机床工具行业的重点企业，具有从铸造、机加到组装配套的机械制造能力。

2008年，实现工业总产值5 270万元，产品销售收入5 206万元，现有职工362人，拥有金属切削、锻压、起重运输、木工锻造、动力电气、冶炼热处理等设备(生产线)600台(套)。

经历50多年的发展历史，公司在铸造、锻造、铆焊、机械加工、热处理、电镀以及装配等方面积累了丰富的实践经验，具备雄厚的技术力量，拥有先进的工艺装备、精良的加工设备、完善的检测手段和科学的管理体系，已发展成为一个现代化的机床生产公司。公司于2007年11月获得ISO 9001质量管理体系认证证书及出口产品质量许可证。公司宗旨是："以用户为上帝、以质量求生存、以信誉求发展"。

山东省青岛生建机械厂 国有企业，国家机械工业重点骨干企业，生产的滚丝机、牛头刨床深受广大用户欢迎。2008年，完成工业总产值8 928万元，产品销售收入7 929万元，实现利润2 219万元，产品生产总量1 688台，产品销售总量1 532台，年末从业人员906人。

2008年，企业以科学发展观为指导，加大各项措施实施力度，积极应对市场变化，克服外部环境诸多不确定因素的影响，将企业经济发展与搬迁工作统筹协调，整体推进，有效遏制了经济下滑的局面，全面完成了任务。

全年企业狠抓产品销售工作这一龙头，提高服务质量，最大限度地确保市场占有率，在市场需求不断下滑的情况下取得了较好的经营成绩。为确保企业在冷滚轧行业的国内领先地位，新产品开发坚持以创新为主线，充分调动科技人员的开发积极性，加大新产品开发力度。

江苏省苏州新华机床有限公司(原苏州新华机床厂) 创立于1952年，具有50余年机械产品制造历史，是国家机床工具行业的重点骨干企业。公司占地面积7.3万m^2，厂房建筑面积3万多m^2。有员工343人，技术力量雄厚，拥有苏州市级技术开发中心。

公司主要致力于各类牛头刨床制造，兼营机械外协加工以及服装、电子产品等加工业务。公司生产设备齐全，制造工艺先进，检测手段完备，管理体系科学；拥有各类金属切削机床420余台，固定资产4 600万元。

公司各类产品均以"新华"牌商标注册，质优价廉。产品多次荣获部优省优称号，质量稳定可靠，用户服务及时，饮誉华东地区。产品主要行销于江浙沪，已拓展至山东、辽宁等省份。

甘肃省监狱企业集团天水机床有限责任公司 国家金属切削机床定点生产企业，已有近40年专业从事机床研发、设计、制造和销售的历史。公司奉行"严格管理、稳定提高、持续改进、满足顾客"的质量方针，秉承"以不断提高的科技，致力满足客户需求"的经营理念，坚持走"以质量求生存、以品种求发展、以服务求市场、以管理求效益"的发展之路。

近年来，公司根据市场需求，研制生产的标准型BY60100B及非标准型BYT60100C、BY60125、BY60125A等液压牛头刨床，扩大了原有牛头刨床的加工范围和功能，适用单件和批量生产；机床采用液压传动，可无级变速，具有过载保险装置，运行平稳，切削力大，精度稳定；刀架配有自动抬刀装置，进刀准确可靠；整体设计合理，外形美观。其中BYT60100C液压牛头刨床可替代龙门刨床的部分功能，性价比高。

公司产品以"技术高、质量优、服务好"赢得了市场，深受广大客户的欢迎；营销网络遍及全国，并在国内20多个主要城市设立了办事处，为广大用户提供快捷的产品售前及售后服务。

友好合作，共同发展是公司追求的目标，质量至上，热忱服务是公司永不改变的宗旨！

襄樊展宏工贸责任有限公司 国有独资企业，始建于1957年，占地面积4.7万m^2，厂房面积1.5万m^2。拥有各类机加工设备531台，固定资产683万元，年生产各类机床800台。

公司拥有近50年的丰富制造经验，主要产品有B6050B型、B6063D型系列牛头刨床，BYE60100型液压牛头刨床，X5325系列摇臂万能铣床。产品在国际、国内市场享有盛名，远销加拿大、新西兰、东南亚等40多个国家和地区，深受国内外用户好评。

公司认真贯彻"质量第一、顾客至上、不断进取、争创一流"的质量方针，通过了ISO 9001: 2000质量管理体系认证。

山东通裕集团有限公司 国家级重点高新技术企业、中国科技名牌500强企业、中国工业行业排头兵企业、中国专利山东明星企业、山东省机械行业十大自主创新品牌企业、山东省环境友好企业、山东省循环经济试点企业、AAA级信用企业。总资产20亿元，全员1 400人，其中中高级专业技术人员280人。已通过ISO 9001国际质量体系认证、ISO 14000环境管理体系认证、OHSAS 18000职业健康安全管理体系认证、中国船级社和法国BV船级社认证。现已形成集生物质热电、优特钢、电渣重熔钢冶炼、铸锻造、热处理、机加工于一体的较为完整的产业链，具备了较强的产业优势；已成为可为国家经济建设和国防建设提供大型、高技术重大装备的研发、制造基地。2008年，实现销售收入13亿元，利税2.8亿元，出口创汇4 000万美元。万元销售收入耗标煤0.38t，达国内同行业领先水平。

主导产品有优特钢、电渣重熔钢、大型铸锻件、管模、兆瓦级风电主轴、大型汽轮机和发电机转子轴、双超临界电站锅炉管、冷轧辊、船用轴系、数控机床及其他通用、非标设备及备件等。其中兆瓦级风电主轴、管模、数控电梯导轨刨床、大型电渣重熔钢锭均被评为国家重点新产品、省名牌产品。产品出口美国、德国、丹麦、西班牙、印度、法国、瑞士、韩国、沙特阿拉伯、伊朗、越南、马来西亚等国家和中国台湾地区。

泉州中侨(集团)机械制造公司 2000年1月由原泉州

机床厂、泉州机器厂、泉州车辆厂改制和资产重组的机械制造专业厂家。公司从事机械制造40多年，设有检测中心，拥有完善的检测设备，具有规模生产能力和产品开发实力。

主要产品有牛头刨床系列，CBY手动液压搬运车系列，CTJ堆垛车系列，花岗石加工机械，EVA、EP塑料切片系列，环保机械等通用和非标设备。其中SSQP1800塑料切片机，XQP720切坡机，SQL600塑料切料机，CBYD、CBYD6搬运车是近年来新研制的产品，深受用户青睐。产品远销美国、英国、澳大利亚、巴西、南非等十多个国家和地区。产品连续5年荣获福建省优质产品称号及质量稳定证书。1997年2月，产品通过了德国TUV公司GS标准认证及CE安全认证。

南通茂溢机床有限公司 中、外合资企业，始建于1953年。经过50多年专业、成熟、可靠的设计、开发、制造各类锻压机械的厚积，产品多次荣获部、省、市优质产品称号。1998年被批准为机电产品出口的扩大外贸自主权企业。

公司有职工126人，国有土地2.8万m^2，标准化厂房1.8万m^2，有各类国内先进设备180多台(套)。2008年，四大系列产品共生产680多台(套)，实现产值5 007.2万元，销售收入4 802.2万元，实现利税330万元。公司的生产工艺先进，检测体系严格可靠，产品通过了ISO 9002质量体系认证，真正做到产品出厂合格率100%，用户满意率98%以上，无用户投诉现象。公司"环星"牌商标连续10年被南通市工商局认定为知名商标，2008年又被江苏省工商局认定为著名商标，同时公司被江苏省政府评为江苏省"重合同、守信用"AAA级企业。

企业始终推崇"博采众长、永为人先、诚实守信、与时俱进"的质量方针，为广大客户提供优质产品和优良服务。

长沙星沙机床有限公司 民营企业，原长沙第四机床厂，拥有30余年生产机床的历史。公司占地面积27 684m^2，固定资产1 500万元；有职工340人，其中科技人员56名，中高级职称科研人员12名。2008年，实现销售收入4 200万元，利税462万元。2006年，公司通过了ISO 9001质量体系认证。

公司具有完善的生产制造体系和质量保证体系，有各类先进的加工、检测设备300余台(套)，拥有金属热处理、机械加工、装配、喷包装等生产车间以及产品开发、质量检验、市场营销等职能部门。

公司专业从事插床及激光加工机床生产已有20多年，其中插床出口10余年，行销世界各地。从事激光加工机床生产10余年，为国内激光加工机床主要生产厂家之一，产品出口到中国台湾地区和韩国等地。

公司长期与武汉团结激光、沈阳大陆激光合作生产激光表面处理成套设备。通过多年的市场培育，激光加工技术已广泛应用于有关国计民生的各个生产领域，市场需求呈几何级数递增。2008年，公司与天津烨峤激光技术有限公司合作开发激光再制造技术，项目已进入试验阶段。

长沙机床厂机械刨床厂 民营企业，2008年，完成工业总产值3 000万元，销售收入2 920万元。从业人员198人，其中高中级技术人员80余人，高级工程师6人。企业主要产品有：机械牛头刨床、液压牛头刨床、数控牛头刨床、数控龙门刨床、机械插床、液压插床、数控液压插床、液压联合冲剪机、数控镗铣床、罗茨鼓风机等。

企业在不断吸收消化国内外知名厂家先进技术的同时，结合国内实际，于20世纪90年代末开发、研制了数控刨床、数控龙门刨床、数控液压插床系列，填补了国内空白。企业积几十年专业生产经验，设备精良，技术力量雄厚，具有较强的科研开发能力，完善的检测手段，严细的管理体系和周到的技术服务。企业具有完善的制造加工手段，行车、剪、折、冲、压、车、铣、刨、磨、钻等加工制造设备齐全，实现了办公管理网络化，拥有CAD设计研发中心，具备大型项目多人开发条件。

新疆维吾尔自治区第三机床厂 国有中型企业，是新疆机械行业石油钻采专用设备的主要制造厂之一，主要从事抽油机生产、石油钻采配件和机械零配件加工等。企业拥有金属切削设备670余台，从业人员452人。2008年，完成工业总产值24 908万元，实现销售收入21 504万元。

2008年，企业坚持"一个龙头，两个立足，两个延伸"的经营战略，即以科技为龙头，立足新疆、立足油田，向其他领域延伸、向国际市场延伸。

企业拥有40项发明专利，每年收取专利费达100多万元，充分体现了科技成果转化带来的效益。

〔撰稿人：中国机床工具工业协会插拉刨床分会贺　玲
审稿人：中国机床工具工业协会插拉刨床分会刘　利〕

锯　床

一、行业企业结构

参加本次年鉴统计的有24家会员单位，其中私人控股企业20家，占83.3%；集体控股企业2家，占8.3%；国有控股企业2家，占8.3%。私有企业为绝对主流，与上年的结构完全一致。

2008年，24家企业共实现工业总产值119 965.5万元，其中机床工具类产品工业总产值111 915.5万元，比上年分别增长2.47%和17.11%；实现工业销售产值112 236万元，其中机床工具类产品工业销售产值107 936万元，比上年分别增长3.04%和15.6%；完成工业增加值27 522.24万元，比上年下降8.6%；利税总额达9 937.1万元，比上年增长11.4%；产销率93.6%，比上年略有增长。从业人数由上年的3 683人减少到3 635人，比上年下降1.3%；人均产值达33万元，比上年增长3.8%；人均利税2.73万元，比上年增长12.8%。资产总计99 795.8万元，比上年增长11.2%；流动资产平均余额52 500.6万元，比上年增长4.5%；固定资产净值余额26 263.9万元,比上年增长15%。24家企业当年工业总产值和工业销售产值均超500万元,其中产值超1 000万元小于或等于2 000万元的有6家,超2 000万元小于或等于1亿元的有7家,1亿元以上的有4家。

以上数据显示,锯床行业工业总产值、工业销售产值、利税、人均产值等各项指标相比上年均有小幅提高,工业总产值和工业销售产值增长率比上年均出现较大幅度的下降;机床工具类产品的工业总产值和工业销售产值相对降幅较小;工业增加值不升反降,呈负增长;流动资产平均余额增幅也不大;从业人数在减少,但人均产值、利税总额和人均利税均有不同程度的提高。人均产值增幅略高于工业总产值的增幅,利税总额和人均利税的增幅又均高于人均产值增幅,表明行业企业劳动生产率在提高,经济效益在不断提升;小企业总产值增幅略大于规模企业,加剧了行业企业间的竞争强度,锯床行业企业规模化发展受到一定的阻滞,产业集中的趋势在减缓。2008年锯床行业主要经济指标完成情况见表1。2008年锯床行业企业主要经济指标完成情况见表2。

表1 2008年锯床行业主要经济指标完成情况

指标名称	单位	实际完成
工业总产值(现价)	万元	119 966
其中:机床工具类产品产值	万元	111 916
工业销售产值(现价)	万元	112 236
其中:机床工具类产品产值	万元	107 936
工业增加值	万元	27 522
实现利税	万元	9 937
从业人员平均人数	人	3 635
资产总计	万元	99 796
流动资产平均余额	万元	52 501
固定资产净值余额	万元	26 264

上述所有数据说明,在世界金融危机的冲击下,市场需求增量比往年有较大幅度的萎缩;不少企业都在关注资金风险,尽可能减少投入,降低库存,提高产销率。当然也有部分企业为增强竞争实力,加快基本建设步伐,谋求在下一轮的竞争中赢得先机。

表2 2008年锯床行业企业主要经济指标完成情况

序号	企业名称	工业销售产值(万元)	工业总产值(现价)(万元)	从业人员平均人数(人)
1	湖南泰嘉新材料科技股份有限公司(原湖南机床厂)	21 599	22 843	583
2	石家庄威锋机械制造有限公司	1 150	1 150	63
3	浙江雁荡山机床有限公司	4 444	6 500	184
4	上海荷南带锯床机械有限公司	888	918	54
5	上海沪南带锯床有限公司	953	949	67
6	上海闵川带锯床制造有限公司	790	790	45
7	浙江三门剑齿虎机电制造有限公司	925	925	55
8	浙江锯力煌锯床股份有限公司	17 565	18 953	220
9	浙江晨龙锯床股份有限公司	15 600	18 000	280
10	浙江伟业锯床有限公司	5 886	5 112	175
11	浙江得力机床制造有限公司	3 743	3 872	203
12	浙江奥林发机床有限公司(原浙江省缙云县华东机床厂)	2 449	2 731	135
13	连云港机床厂有限公司	3 906	4 570	265
14	滕州市三合机械有限公司	18 379	18 435	402
15	保定万维机床有限公司	498	519	32
16	浙江沪缙机床有限公司	707	754	66
17	浙江凯达机械工具有限公司	1 020	1 020	55
18	浙江晨雕机械有限公司(原浙江丽水神雕机械有限公司)	2 895	2 932	89
19	缙云县伟仁机械有限公司	1 684	1 686	65
20	上海斯汇明机械有限公司	1 893	1 893	120
21	陕西省汉中天一机床有限公司	2 488	2 500	200
22	浙江华泰机械工具有限公司	1 057	1 087	68
23	保定长城锯床有限公司	577	577	59
24	重庆江东锯带有限责任公司	1 140	1 250	150

二、生产及出口情况

1. 生产情况

2008年,24家会员单位共生产锯床32 600台,比上年下降5.3%;锯床产值66 536.78万元,比上年下降5.7%;锯床的单台均价2.04万元,比上年下降0.5%。生产数控锯床3 153台,比上年增长31.1%;数控锯床产值15 255.73万元，比上年增长27.7%；数控锯床的平均单价4.84万元，比上年下降2.42%；数控锯床产量占锯床总产量的比重由上年的7%提高到9.7%。锯床最低单价0.43万元，比上年下降42.7%；最高单价达14.7万元，比上年增长44.7%；最高单价是最低单价的34.2倍。数控锯床最低单价2.1万元，比上年下降7.1%；最高单价达83万元，比上年下降1%；数控锯床最高单价是最低单价的39.5倍。

2008年锯床行业企业产品生产情况见表3。

表3　2008年锯床行业企业产品生产情况

序号	企业名称	实际完成		其中：数控	
		产量（台）	产值（万元）	产量（台）	产值（万元）
1	湖南泰嘉新材料科技股份有限公司（原湖南机床厂）	549	3 839	15	1 245
2	石家庄威锋机械制造有限公司	78	1 150	65	980
3	浙江雁荡山机床有限公司	1 361	4 636	1 361	4 636
4	上海荷南带锯床机械有限公司	385	918	34	142
5	上海沪南带锯床有限公司	312	931	33	130
6	上海闵川带锯床制造有限公司	194	790		
7	浙江三门剑齿虎机电制造有限公司	438	895	8	52
8	浙江锯力煌锯床股份有限公司	5 675	14 987	564	1 782
9	浙江晨龙锯床股份有限公司	4 580	7 285	278	874
10	浙江伟业锯床有限公司	2 002	5 112	100	500
11	浙江得力机床制造有限公司	1 910	3 510		
12	浙江奥林发机床有限公司（原浙江省缙云县华东机床厂）	1 280	2 449	42	190
13	连云港机床厂有限公司	1 665	4 753		
14	滕州市三合机械有限公司	6 654	2 843	29	647
15	保定万维机床有限公司	234	498	26	114
16	浙江沪缙机床有限公司	400	754		
17	浙江凯达机械工具有限公司	265	558	32	91
18	浙江晨雕机械有限公司（原浙江丽水神雕机械有限公司）	1 885	2 932	42	210
19	缙云县伟仁机械有限公司	705	1 417	8	23
20	上海斯汇明机械有限公司	195	2 230	35	1 210
21	陕西省汉中天一机床有限公司	241	1 928	241	1 928
22	浙江华泰机械工具有限公司	887	1 087		
23	保定长城锯床有限公司	85	133		
24	重庆江东锯带有限责任公司	620	901	240	502

以上数据表明，锯床市场需求量在萎缩，产值和产量比上年均有小幅下跌，其下跌幅度两者相近。传统的低档锯床价格大幅下跌，而锯床单台均价与上年基本持平，这主要得益于数控锯床产值和产量的大幅增长。部分企业的锯床价格出现大幅度下降，这也反映出通用型低端产品只有靠低价位来抢占市场份额，通用产品的市场竞争在不断加剧。另外也反映出企业之间的发展战略各异，有的靠价格取胜，也就是靠加大生产批量、降低生产成本参与竞争；有的则是靠高性能和质量赢得市场，也就是加大产品的科技含量和附加值以应对市场对高端锯床的需求，以致企业间产品的单台均价相差33倍之多。而随着数控技术的不断成熟和发展，市场对数控锯床的需求也在不断增长，数控锯床在锯床中所占的比重在逐步提高。而有的企业数控锯床最低单价仅为2.1万元，远低于行业平均单价4.84万元。这不仅说明目前锯床行业的数控水平还非常低，甚至表明大部分数控锯床都是低档次的“伪数控”产品，产品的技术含量和附加值都特别低，致使中档数控锯床和低档数控锯床的价格差距达38.5倍之多。行业企业如果能够根据市场需求，不断优化产品结构，提高数控化率，锯床产品价格还是有较大的上升空间的。

2. 出口情况

2008年，出口锯床7 312台，比上年增长34.2%，其中数控锯床102台，比上年下降35.4%；锯床出口额765.6万美元，比上年下降16.9%，其中数控锯床出口额65.7万美元，比上年下降59.5%。出口锯床的平均单价由上年的0.2万美元下降到0.1万美元，出口数控锯床平均单价0.6万美元，比上年下降40%。出口数控锯床仅占锯床出口量的1.4%，比上年降低2个百分点；出口额占比为8.6%。

2008年锯床行业企业产品出口情况见表4。

表 4　2008 年锯床行业企业产品出口情况

序号	企业名称	实际完成		其中:数控	
		出口量(台)	出口额(万美元)	出口量(台)	出口额(万美元)
1	湖南泰嘉新材料科技股份有限公司(原湖南机床厂)	11	2.7		
2	浙江雁荡山机床有限公司	9	4.4		
3	上海荷南带锯床机械有限公司	4	3.0	2	1.6
4	浙江锯力煌锯床股份有限公司	27	10.4		
5	浙江晨龙锯床股份有限公司	253	148.2	95	55.9
6	浙江伟业锯床有限公司	46	50.0	5	8.2
7	浙江得力机床制造有限公司	24	17.0		
8	连云港机床厂有限公司	281	109.5		
9	滕州市三合机械有限公司	6 654	418.1		
10	浙江晨雕机械有限公司(原浙江丽水神雕机械有限公司)	3	2.3		

以上数据表明,尽管受到金融危机的影响,出口市场受到严重的冲击,但由于我国小规格锯床的价格优势明显,致使出口量仍保持较高增幅。虽然出口量增加了,但出口额反而降低,说明我们出口的产品附加值太低,只是靠廉价劳动力来赢得海外市场,同期还出现国内锯床的平均单价高于出口平均单价这一值得深思的现象。

三、新产品、新技术、新工艺

24 家企业设计开发新产品 26 台,其中锯床 22 台(含圆锯床 3 台)、锯削生产线 1 台(套)、其他机床 3 台,所占比重分别为 84.6%、3.9 % 和 11.5 %。这些新产品中,属于企业全新设计开发的有 10 台,自行改进设计的 10 台,技术引进的 3 台,分别占新产品总数的 38.5%、38.5% 和 11.5%。其中行业新产品 8 台,企业新产品 12 台,绝大部分全新设计的新产品都是为满足特定用户的个性化需求而进行设计开发的。

从统计汇总情况来看,锯削规格(主参数)达到或超过 1 000mm的锯床有 6 台,占锯床新产品总数的 23%;达到或超过 500mm 的有 6 台,占 26%。

湖南泰嘉新材料科技股份有限公司开发设计了国内第一条完整的高强度铜合金铸锭锯切机列 GX006。该机列能够将连铸炉吊出来的大型热锭,通过受料翻锭、铜锭送出、在线冷却、送料定长、高速锯削、铜锭修磨、横向翻面、称重打码等工序,实现各种定尺铸锭自动下料及标识的全过程。整个锯切机列自动化程度高,有完善的计算机监控、故障显示、报警和数据记录装置,能够对各个工序进行控制,人机界面能够输入和显示必要的数值,控制台上的仪表能故障显示、报警,以西门子 S7—300PLC 记录和传输数据。该生产线使用工业控制计算机对二、三网络进行联络和控制,实现了网络化的在线控制。使用在线冷却温控技术,保证了高温铜锭在规定的时间内强冷至所设定的温度;使用激光测距跟踪技术,保证了铜锭长度准确定位;使用硬质合金圆锯床,实现了大型铜锭的强力、高速、高效锯切。该锯切机列的研制成功,标志着国内企业已具备设计制造大型铜锭锯切生产线的能力,产品范围也已由传统的黑色金属锯削领域延伸到有色金属领域。

浙江锯力煌锯床股份有限公司研制开发了可以锯削直径 3m 圆钢的全球最大的专用锯床——ZGX30 × 150 锯铣数控组合锯床。该机床是在端面铣床和立式带锯床的基础上进行多项结构创新,采用数字技术,利用中文人机界面、32 位高速处理 CPU 芯片和数字光栅等,实现了电子、机械一体化控制。组合锯床首次将锯切技术和铣削技术有机地融合在一起,在大加工余量时采用锯切工艺提高效率,小余量时采用铣削工艺提高加工精度,由数字控制系统实现自动化切削。在结构上采用高刚性 V + 一字形滑动、加大轴承跨距的前 4 后 2 的轴承结构,提高了加工效率和加工精度。该机技术处于国内领先水平。

浙江晨龙锯床股份有限公司自行开发设计的 G 53250/250/400 大型滑车立式带锯床,最大锯削高度 2 500mm,最大锯削宽度(喉深)2 500mm,进给系统采用特别设计的液压换档技术,由变频电动机控制进给速度,快速电动机控制锯架的快进和快退。进给速度在 2 ~ 150mm/min,任意调整。

2008 年锯床行业新产品开发情况见表 5。

表 5　2008 年锯床行业新产品开发情况

序号	产品名称	型　号	主要技术参数	企业名称
1	高强度铜合金铸锭锯切机列	GX006	圆锯片直径:1 010mm;锯片宽度:8.5mm;最大锯削厚度:260mm;最大锯削宽度:1 050mm;锯片锯削速度:20 ~ 800m/min;锯片进给速度:20 ~ 1 000mm/min	湖南泰嘉新材料科技股份有限公司
2	型钢立柱卧式带锯床	GZ4250 × 75/XG	最大锯削规格:圆材 ϕ500mm,型材 700mm × 500mm;带锯条规格(宽 × 厚 × 长):41mm × 1.26mm × 6 158mm	湖南泰嘉新材料科技股份有限公司

（续）

序号	产品名称	型　　号	主要技术参数	企业名称
3	立柱卧式带锯床机列	G4265JL	最大锯削规格：ϕ435mm；最小锯削规格：ϕ340mm；带锯条规格（宽×厚×长）：41mm×1.26 mm×7 650mm	湖南泰嘉新材料科技股份有限公司
4	立柱卧式带锯床机列	G4225JL	最大锯削规格：ϕ150mm；带锯条规格（宽×厚×长）：27mm×0.9mm×3 505mm	湖南泰嘉新材料科技股份有限公司
5	立柱卧式带锯床机列	G4240JL	最大锯削规格：ϕ300mm；带锯条规格（宽×厚×长）：34mm×1.06mm×4 585mm	湖南泰嘉新材料科技股份有限公司
6	半自动卧式带锯床	GB4025A	最大锯削规格：ϕ250mm；带锯条规格（宽×厚×长）：27mm×0.9mm×3 505mm	湖南泰嘉新材料科技股份有限公司
7	立柱卧式带锯床	G4250×80	最大锯削规格：圆材ϕ600mm，型材450mm×400mm；带锯条规格（宽×厚×长）：41mm×1.26mm×5 440mm	湖南泰嘉新材料科技股份有限公司
8	硅棒套料机	WF257	工件规格：ϕ60～150mm	石家庄威锋机械制造有限公司
9	数控硅块斜角磨床	WF256	硅块尺寸（长×宽）：1 000mm×210mm	石家庄威锋机械制造有限公司
10	锯铣组合机床	ZGX30×150	锯削规格：300mm×1 500mm	浙江锯力煌锯床股份有限公司
11	大型滑车立式带锯床	G53250/250/400	最大锯削高度：2 500mm；最大锯削宽度：2 500mm；最大锯削长度：4 000mm；带锯条锯削速度：15～55m/min（变频无级调速）；锯削进给速度：2～150mm/min（变频无级调速）；锯削快速移动速度：>1.2m/min；带锯条规格（宽×厚）：80mm×1.6mm；主电动机功率：18.5kW（专用变频电动机）	浙江晨龙锯床股份有限公司
12	曲轴锯切专用带锯床	G32	可加工曲轴毛坯长度：4 270～6 270mm；最大锯削高度：650mm；最大锯削宽度（喉深）：450mm；带锯条规格（宽×厚）：41mm×1.3mm；带锯条锯削速度：25～65m/min；锯削工作效率：40cm^2/min；锯头横向进给速度：3～200mm/min（无级调速）；锯头快速移动速度：800mm/min（无级调速）；锯头纵向移动速度：10～30mm/min；单个曲拐对称面尺寸允差：0.75mm；单个曲拐垂直锯断面垂直度允差：0.3/100；锯头纵向进给机构定位精度：±0.05mm；回转定位精度：±10′；锯头横向进给直线度：不大于0.05mm/1 000mm；锯加工表面粗糙度：R_a12.5mm	浙江晨龙锯床股份有限公司
13	金属带锯床	460GB		滕州市三合机械有限公司
14	金属带锯床	315G		滕州市三合机械有限公司
15	金属带锯床	315GB		滕州市三合机械有限公司
16	半自动锯床	GB4250	最大锯削直径：500mm；双柱中间夹紧	保定万维机床有限公司
17	半自动锯床	GB4040	最大锯削直径：400mm	保定万维机床有限公司
18	金属切割带锯床	GB42150×150	最大锯削直径：1 500mm	浙江三门剑齿虎机电制造有限公司
19	金属切割带锯床	GB42130×130	最大锯削直径：1 300mm	浙江三门剑齿虎机电制造有限公司
20	金属切割带锯床	GB42100×100	最大锯削直径：1 000mm	浙江三门剑齿虎机电制造有限公司
21	高精密横切数控金属带锯床	GH5335/180/300	最大锯削宽度：1 800mm；最大锯削厚度：350mm；最大锯削行程：3 000mm；带锯条锯削速度（无级调速）：120～200m/min；锯架升降采用丝杆，电磁制动电动机控制，采用光栅尺定位，PLC控制系统操作，升降重复定位精度：≤0.5mm，工作台采用直线导轨副，无级变速进给	浙江奥林发机床有限公司（华东）

（续）

序号	产品名称	型　号	主要技术参数	企业名称
22	双金属带锯床	GY220T	同一锯轮可放两条锯条同时锯切	浙江伟业锯床有限公司
23	吊装式转角锯床	GP7040	转角采用吊装式结构，适用较大尺寸转角	浙江伟业锯床有限公司
24	高速定尺冲剪机		适合 ϕ8～16mm 圆钢高速剪切	浙江伟业锯床有限公司
25	旋转锯床	GP300	转角：0°～60°	浙江伟业锯床有限公司
26	卧式带锯床	GB42180	最大锯削规格：圆料 ϕ1 800mm，方料 1 800mm × 1 800mm	连云港机床有限公司

四、科研成果及其应用情况

1. 科研情况

2008 年，锯床行业 24 家企业共开展研究项目 16 项，投入研究资金总计 3 558 万元。项目来源以企业自主开发为主，共 11 项，占 68.8%；另有国家项目 1 项，占 6.3%；省计划 2 项，占 12.5%；市计划 1 项，占 6.3%；县科技计划 1 项，占 6.3 %。

与锯切刀具及材料有关的科研项目 1 项，占 6.3%；设备技术改造项目 1 项，占 6.3%；与锯切性能提升有关的产品项目 8 项，占 50%；非锯床行业的科研项目 6 项，占 37.5%。

湖南泰嘉新材料科技股份有限公司针对当前与进口带锯条产品相比，国产带锯条普遍存在技术不过关、质量不稳定以及国内生产尚不能满足市场需求，中高端产品几乎完全依赖进口的状况，在深入研究高速钢热处理的性能特点和对双金属带锯条复合材料性能要求的基础上，创造性地研制出一种带锯条新型热处理工艺方法和新的淬火、回火一体化装备。该项目使国产双金属带锯条性能和质量大幅提升，完全具备了与国外高端带锯条产品竞争的能力，进一步优化了国内锯切产品结构，为实现国产双金属带锯条产业化、规模化打下了很好的基础。

湖南泰嘉新材料科技股份有限公司在自行开发设计的 GL5250×150 高速切铝专用立式带锯床机组的基础上，根据市场需求进一步优化设计，开发出 GL52 系列高速切铝带锯床产品，锯切铝坯效率高达 2 200cm^2/min，使锯铝机床在大型铝锭切割领域占有一席之地，同时也打破了大型铝锭锯床依靠进口的局面。

浙江晨龙锯床股份有限公司研发的“钢管专用锯切带锯床”，针对型材壁薄、截面变化大的特点，采用锯架倾斜一定角度的方式，使锯条在进给过程中，在锯切翼板时，不至于锯切过宽造成停机。在锯切腹板时延长锯切宽度，使更多锯齿参与锯切，减少由翼板向腹板锯切过渡时由于锯切力忽然变化而拉齿；采用液压自动节流技术，根据锯带受力情况自动控制锯架进给速度。

2008 年锯床行业科研项目见表 6。

表 6　2008 年锯床行业科研项目

序号	科研项目	主 要 内 容	投入资金（万元）	项目来源	完成企业
1	高速锯切用双金属带锯条淬火、回火一体化生产线	采用连续回火方式与淬火同步进行三次回火，实现淬火、回火一体化生产，彻底解决了带锯条老式热处理工艺存在的一系列缺陷	120	自主开发	湖南泰嘉新材料科技股份有限公司
2	高档带锯条的研发	通过优化复合钢带和锯条的各个工序，使用先进的生产和检验设备，利用高质量的原材料，生产出优质带锯条	230	自主开发	湖南泰嘉新材料科技股份有限公司
3	GKT65 系列硬质合金立式圆锯床（管排锯）的开发设计	该项目能高精度、高效率、高稳定的锯削钢管、钢坯，将大大提升生产线上管坯、管材、重轨的锯削加工工艺水平	500	自主开发	湖南泰嘉新材料科技股份有限公司
4	GL52 系列高速切铝立式带锯床	用于大型铝锭的锯削加工，还可用于铝棒成排锯削加工，一机两用；在设计上，突破了高速切削振动的难题，解决了大型铝锭送料定尺的问题	400	长沙市科技创新计划	湖南泰嘉新材料科技股份有限公司
5	金属切割带锯床	提高原有产品性能、效率	50	自行开发	浙江三门剑齿虎机电制造有限公司
6	金属切割带锯床	提高原有产品性能、效率	42	自行开发	浙江三门剑齿虎机电制造有限公司
7	金属切割带锯床	提高原有产品性能、效率	15	自行开发	浙江三门剑齿虎机电制造有限公司

（续）

序号	科研项目	主要内容	投入资金（万元）	项目来源	完成企业
8	钢管专用锯切带锯床	该项目产品主要针对锯切钢管型材壁薄、截面变化大的特点，着手解决锯削过程中产生的问题，主要技术研究内容为：①采用液压自动节流技术，根据锯带受力情况自动控制锯架进给速度；②针对型材壁薄、截面变化大的特点，采用锯架倾斜一定角度的方式，使锯条在进给过程中，在锯切翼板时，不至于锯切过宽造成停机，在锯切腹板时延长锯切宽度，使更多锯齿参与锯切，减少由翼板向腹板锯切过渡时由于锯切力忽然变化而拉齿；③该机床锯架部分可以围绕锯切线和固定虎钳的交点作左右锯切	160	县科技计划	浙江晨龙锯床股份有限公司
9	太阳能集热和再生利用关键技术与装备研制及产业化示范	该系统将除湿与蒸发降温技术相结合，形成除湿蒸发降温；将太阳能集热与除湿蒸发降温相结合，充分开发利用可再生能源；采用回风冷回收与再生余热回收综合利用技术，使太阳能利用率提高到80%左右，并解决了太阳能热源综合利用问题。运用该系统当室外为35℃以上的高温时，室内可保持26℃，相对湿度55%的舒适性温湿度，与传统的压缩制冷空调相比，一次投资可节省10%~20%，节电、减排80%	800	国家振兴规划计划	浙江晨龙锯床股份有限公司
10	离散制造业企业信息集成系统研究及其应用	主要研究内容：深入研究离散制造业企业基于条形码技术的信息化解决方案。根据离散制造业企业的发展要求以及国家对企业信息化的要求，研究符合离散制造业企业未来发展的ERP/MES/SFC三层结构的一般性完整工业模型。针对锯床离散制造业企业，推出ERP/MES/SSFC三层结构系统。以条形码标签所承载的信息作为生产产品（包括原材料）的身份信息，利用ERP理念和MES先进思想对制造产品的全生产过程进行自动跟踪与管理，对从产品订单形成、车间制造、成品入库、销售出厂到用户的整个过程进行清晰的控制和管理。研发的内容主要包括：①总体结构分析和系统模型建立；②软件平台的架构建设；③功能模块的软件开发；④工作流研究	860	浙江省重大科技专项	浙江晨龙锯床股份有限公司
11	ZGX30×150锯铣数控组合锯床	首次将锯削技术和铣削技术有机地融合在一起，在大加工余量时采用锯削工艺提高效率，小余量时采用铣削工艺提高加工精度，由数字控制系统实现自动化切削	150	浙江省技术创新项目	浙江锯力煌锯床股份有限公司
12	TXK160B四轴联动数控镗铣床		62	自主研发	滕州市三合机械有限公司
13	PRS76砂带管材磨削机		35	自主研发	滕州市三合机械有限公司
14	E80′电动三用机		56	自主研发	滕州市三合机械有限公司
15	CS系列圆锯机		42	自主研发	滕州市三合机械有限公司

（续）

序号	科研项目	主要内容	投入资金(万元)	项目来源	完成企业
16	HP系列液压成形机		36	自主研发	滕州市三合机械有限公司

2. 获奖科研项目

湖南泰嘉新材料科技股份有限公司研制开发的“GKT608数控硬质合金圆锯床”、“双金属带锯条系列产品及54mm、67mm宽规格双金属带锯条的研制”项目被评为省机械行业技术进步奖。

2008年锯床行业获奖科研项目见表7。

表7 2008年锯床行业获奖科研项目

序号	项目名称	主要内容及应用范围	获奖名称	获奖等级	主要完成单位
1	GKT608数控硬质合金圆锯床	主要适用于冶金行业的钢坯、钢管、重轨等材料的大批大量锯削下料	湖南省机械行业技术进步奖	三等奖	湖南泰嘉新材料科技发展股份有限公司
2	双金属带锯条系列产品及54、67mm宽规格双金属带锯条的研制	用于机加工领域	湖南省机械行业技术进步奖	三等奖	湖南泰嘉新材料科技发展股份有限公司

五、企业简介

浙江奥林发机床有限公司 创办于1988年，是一个专业生产用于锯切黑色金属、有色金属、塑料及其他非金属材料的卧式、立式、双立柱、龙门式金属带锯床的生产型企业，占地面积2万多m^2，资产总值达3 000多万元。公司有着十几年丰富的生产带锯床的经验及雄厚的技术设计能力，能提供40多款优质带锯床，月产量达600多台。通过不断的技术改革与创新，公司产品具有结构合理、性能稳定、操作方便、维修简便等优点。公司通过了ISO 9001国际质量体系认证及安全认证。

浙江晨雕机械有限公司 创建于1991年，厂房总面积3.2万m^2，从产品设计到生产，均采用CAD/CAPP/CAM计算机辅助设计、制造系统。公司注重科技开发，贯彻“以人为本、质量第一、不断创新”的发展战略，研究并开发了具有领先市场的新一代产品，取得了卓越的成绩。公司是浙江省机械工业联合生产实验基地，是锯切机械专业生产厂家之一，专业制造“神雕”牌系列数控、全自动、半自动、卧式、立式、双柱及龙门式系列金属带锯床。产品具有科技含量高、结构合理、高效节能、性能稳定等优点，广泛用于有色金属、黑色金属及非金属材料锯切。

公司积极响应来自市场的激烈竞争，坚定以市场求发展的经营理念，建立了庞大的销售服务网络和完善的售后服务体系，在全国各大中城市设有办事处，能及时快捷、高效地为广大用户服务，赢得了广大用户的青睐和好评。产品畅销全国各地，并远销东南亚等多个国家。

湖南泰嘉新材料科技股份有限公司 2003年10月创办于湖南省台商投资区，占地总面积10.4万m^2，原为归国人员创办的外商独资企业，2007年8月公司成功收购中联重科湖机分公司(原湖南机床厂)，并通过国有股股权分置改造引进了新的战略投资者，改为中外合资企业。作为中国机床工具行业的重点企业、中国机床工具工业协会常务理事和锯床分会理事长单位以及中国金属加工切割带锯条专业协会秘书长单位，公司承担着金属切割锯床的行业标准和国家标准的制修订工作。同时作为全球唯一一家集生产双金属复合钢带、双金属带锯条和金属切割锯床为一体的企业，公司的3种产品互成犄角，相互关联，互相促进，形成了极佳的产品链，在金属切削领域拥有优势。

短短5年时间，公司实现了跨越式的发展。2005年，“高速锯切用双金属复合钢带产业化”项目被列为“国家高技术产业化示范工程”。2008年，公司先后被评定为“长沙市第一批创建创新型企业”、“湖南省创新型企业试点单位”、“湖南省诚信创建企业”以及“信用等级AAA企业”；公司被确定为湖南省60家重点上市后备企业之一；公司技术中心被认定为省级企业技术中心；公司“双金属复合钢带产业化扩产及产业链延件”项目先后被列入省市重点科技计划。当年12月按国家颁布的新标准，公司再次通过高新技术企业认定。

2009年2月，公司被列入长沙市“小巨人”计划；“双金属复合钢带产业化”项目被列入省新型工业化“双百”工程。

秉承“做负责任的人”的核心理念，泰嘉人将以不断进取的精神，以优质的产品和优良的服务回馈社会。湖南泰嘉新材料技术有限公司将更加积极广泛地参与国际市场竞争，力争成为世界一流的金属切削产品制造商。

浙江伟业锯床有限公司 创办于1991年，拥有固定资产4 586余万元，厂房总面积5.1万m^2，员工175人。公司专业生产、销售“伟业”牌各式金属带锯床、强磁吸盘等。2008年，实现工业总产值5 112万元，销售收入5 119万元。

公司自创建以来，坚持走质量效益型发展之路，聘请国内外知名专家担任技术顾问，注重科技创新，不断开发新产品。公司产品已获多项国家专利。公司全面开展质量管理工作，通过了ISO 9001质量管理体系认证。“伟业”产品以卓越品质得到了用户的一致好评，被评为“丽水市名牌产品”，“伟业”被评为“丽水市著名商标”。

2008年，公司新建的3万m^2厂房全部完工并投入使用，新增大型龙门铣床2台、数控车床10台、大型镗床2台。另外新增水帘式喷漆房2座，实现油漆、烘漆一条龙，大大提升了产品质量。公司全面实行6S管理体系，管理更加规范化、合理化、人性化。2008 年,成功开发、研制出 6 款新型带锯床,并对锯床中的重点功能申请国家专利保护。

伟业公司具有良好的销售服务网络,在全国各省市设有 60 多家销售服务中心。公司追求精益求精,以卓越品质立足国内市场的同时,取得了出口产品质量许可证书,并同多家国际知名机械采购商建立合作关系。产品在欧洲、东南亚、南非市场占有率逐年提升,2008 年,实现出口销售收入 340 万元。

滕州市三合机械有限公司 是一家拥有自营进出口权的股份制民营企业。

公司自成立以来,牢固树立"求实重质求发展,创新诚信创辉煌"的企业发展理念,实现了超常规、跨越式发展,生产经营逐年递增,企业规模不断壮大。公司已发展成为拥有员工 420 人(其中各类专业技术人员 96 人),年产各类机械设备 35 000 余台(套),辖分布在枣庄、滕州的 6 家紧密型企业的市场组合型集团公司。2005 年,与意大利 MACC 公司合资成立山东三意机械有限公司,主要生产高精度欧款锯床及锯切加工中心等。2008 年,公司实现销售收入近 2 亿元,出口创汇 3 000 万美元(其中自营出口 1 800 万美元)。公司先后荣获山东省成长型中小企业,山东省机械工业自主创新先进单位、文明单位,枣庄、滕州两级市文明单位、功勋企业、诚信企业、百强企业、出口创汇先进单位等荣誉称号。2006 年,公司又荣获国家发改委中小企业司和英国渣打银行联合颁发的"中国最具成长性新锐企业优秀奖"。

公司坚持以市场为导向,注重新产品研发工作,自有产权(专利)技术逐年增多,每年有 10 余种新产品推向国内外市场。近年来,公司通过了德国 TUV 南德意志集团的 ISO 9001:2000 标准认证,所有金属带锯床、立钻、砂带机、圆锯机均通过 CE 认证,并取得了出口产品质量许可证,产品在国际市场得到广泛认可和赞誉。同时建立了健全的质量管理和售后服务体系,对原料采购、外协加工及内部加工组装的每道环节从严把关。现已形成六大系列产品生产区块:①机床,包括立式加工中心、数控铣床、精密钻床等。②锻压机械,包括压力机(冲床)、电动(手动)剪板机、折弯机、卷筒机、三合一多功能机等。③电动工具,包括砂带机、砂轮切割机、无级变速台钻、曲线锯等。④机床附件及工具机,包括圆管开孔器、台钳用磁性折弯器、手动冲孔机、液压弯管机、手动剪、断材器等。⑤金属带锯床,包括 BS 普锯系列、SP 欧款系列中小规格锯床等。⑥OEM 紧密铸造碳钢、不锈钢等。

公司始终坚持以外销为主的销售策略,积极参与国际竞争,不断开拓国际市场,通过参加境内外各种展交会的形式,向国外客商宣传产品,推介企业。凭借可靠的质量和优质的服务,企业品牌和知名度不断提升,客户信任度不断提高,已形成长期、稳定的客户资源。产品远销美国、英国、德国、法国、荷兰、丹麦、瑞典、意大利、克罗地亚、日本、印度尼西亚、阿拉伯联合酋长国、沙特阿拉伯、埃及、南非、阿根廷、秘鲁、澳大利亚、新西兰等 50 多个国家和地区,出口量占生产量的 85%。

公司将坚持以科学发展观为指导,以科技创新为动力,加大与国外客商的合作合资的力度,瞄准国际先进的技术和管理,努力打造国际一流的机械企业。

浙江晨龙锯床股份有限公司 创建于 1985 年,是一家以锯床制造为主,集房地产、交通安全制品、水泥等工贸科研为一体的综合性集团公司。集团下属子公司有:浙江晨龙锯床股份有限公司、宏基橡塑有限公司、晨龙置业有限公司和浙江仙都水泥有限公司。公司占地面积 11 万 m^2,总资产达 1.5 亿元,有员工 280 人,其中各类技术人员 80 余人。公司注重质量管理、自主创新,相继通过了 ISO 9001:2000 质量管理体系、ISO 14001:1996 环境管理体系认证,CE 认证,计量检测体系认证等,拥有 8 项国家专利并创造了多项"全国首台套"纪录,是国内锯床行业首家通过中国机械安全认证的企业。公司先后获得"中国驰名商标"、"国家火炬计划重点高新技术企业"、"浙江省名牌产品"、"浙江省著名商标"等众多荣誉称号。

公司在全国各地设有 70 多家营销网点,销售网络覆盖全国。"晨龙"牌金属带锯床不仅受武钢、鞍钢、玉柴、中国重汽、航空航天、新大洲本田等国内众多大型企业的青睐,还出口美国、日本、德国、俄罗斯、澳大利亚、印度及东南亚等 20 多个国家和地区。公司产品销量、美誉度均居行业前列,是全国最大的带锯床生产厂家之一。

浙江锯力煌锯床股份有限公司 是一家股份制(非上市)公司。2008 年,企业工业总产值 18 953 万元,销售收入 17 565万元,从业人数 220 人。2008 年,公司投资超过 1 亿元建设东山生产基地,新的生产基地占地 8 万 m^2,建成标准厂房 4.1 万 m^2,办公楼生活用房 8 600m^2。新基地落成后,将新增年产 1 万台 GB42 系列金属带锯床、1 200 台(套)数控加工中心生产线。

锯力煌致力追求"精益求精、诚实守信、引领潮流"的经营理念,遵循"品质造就品牌"的发展思路,不断创新。2008 年,开发的 ZGX30 × 150 锯铣数控组合锯床,被列入浙江省技术创新项目计划。该组合锯床是在端面铣床和立式带锯床的基础上进行多项结构创新,采用数字技术,利用中文人机界面、32 位高速处理 CPU 芯片和数字光栅等,实现了电子、机械一体化控制;能完成锯切,单孔、台阶孔、多孔、圆周孔的镗削以及车端面、镗沟槽及倒角等工序。加工的零件具有较高的尺寸、位置、形状精度和良好的表面粗糙度,特别适用于既需要锯切加工又需要铣削加工的大批量制品加工,大大提高了加工精度和效率,节能、节材效果显著。

连云港机床厂有限公司 创建于 1967 年 2 月。占地面积 2.1 万 m^2,厂房面积 1.45 万 m^2,拥有 150 余台(套)高精度的生产设备,年产 3 000 余台(套)各类金属锯床。主要产品有 ϕ160 ~ 500mm 全系列卧式弓锯床及 ϕ250 ~ 1 300mm全系列带锯床。

1994 年,与日本天田株式会社合资兴建了天田连云港机械有限公司,注册资金 620 万美元,主要产品有 AMADAϕ250 系列带锯床、双金属带锯条,产品质量跻身世界一流。

经过 30 余年的努力与奋斗,公司已发展成为中国规模最大的锯削装备生产基地之一。"连机"牌弓锯床、带锯床被授予江苏省名牌产品称号,连续多年被国家质量技术监督局抽查为合格产品。

上海荷南带锯床机械有限公司 是一家私营有限责任公司，成立于1998年3月，注册资金50万元，厂房面积约8 000m^2，员工54人。2008年，实现工业总产值918万元，工业销售产值888万元，实现利税99万元。

公司从20世纪90年代开始制造金属带锯床，是国内较早研制、开发各种规格金属带锯床系列产品的专业生产厂。公司产品有卧式、立柱卧式、立式三大系列，半自动、全自动40多个品种。特别是大规格带锯床和全自动带锯床选用了进口液压元件和电器元件，产品质量稳定性好，锯切精度高，是大批量下料的理想选择。近几年，随着产品市场的不断拓展，公司收集了国内外带锯床设计、开发的大量信息和经验，引进了国内外先进技术，不断开拓创新、锐意进取，使金属带锯床产品在系列和品种上取得了很大发展。

公司加工设备齐全，技术力量精湛，生产工艺先进，产品具有精度高、质量好、品种多、规格齐全、交货期短等特点，已赢得国内外用户的广泛信赖。产品畅销国内外，市场占有率在同行业中名列前茅。产品被中国质量检验协会评为全国质量稳定合格产品。

〔撰稿人：中国机床工具工业协会锯床分会李成军　审稿人：中国机床工具工业协会锯床分会叶　钧〕

组合机床

一、行业企业结构

2008年，尽管遭遇全球金融危机，但中国装备制造业正处于发展时期，机床行业面临前所未有的机遇与挑战。首先，国民经济各行业对技术装备的需求不断加大，特别是我国内需的不断增加拉动了装备制造业快速发展。其次，受全球经济大滑坡的影响，国外很多装备制造业向中国转移，而中国装备制造业已经具有相当的规模和实力，具备了承接国际转移的现实条件。2008年，组合机床行业同机床大行业一样，销售收入和利润增长趋缓，行业企业结构发生了变化。组合机床行业有会员47家，其中国有企业7家，仅占会员总数的14.9%；外商合资企业3家，占总数的6.4%，国有和民营混合企业4家，占总数的8.5%，民营股份制企业33家，占总数高达70.2%，民营股份制企业数在行业中已占主导地位。本年鉴反映的情况，以参加统计的24家企业数据为主。

2008年组合机床行业主要经济指标完成情况见表1。2008年组合机床行业企业主要经济指标完成情况见表2。

表1　2008年组合机床行业主要经济指标完成情况

指标名称	单位	实际完成
工业总产值（现价）	万元	1 189 142.5
其中：机床工具类产品产值	万元	1 101 287.0
工业销售产值（现价）	万元	1 144 182.0
其中：机床工具类产品销售产值	万元	1 053 274.0
工业增加值	万元	275 228.7
实现利税	万元	74 406.9
从业人员平均人数	人	15 046.0
资产总计	万元	982 013.0
流动资产平均余额	万元	594 779.1
固定资产净值平均余额	万元	158 699.5

表2　2008年组合机床行业企业主要经济指标完成情况

序号	企业名称	工业销售产值（万元）	工业总产值（当年价）（万元）	从业人员平均人数（人）
1	保定机床厂	95	613	756
2	保定第二机床厂	1 837	2 709	524
3	大连机床集团有限责任公司	960 335	1 000 342	7 289
4	亿达日平机床有限公司	38 759	41 616	527
5	大连专用机床厂	2 629	2 929	120
6	南京南汽汽车装备有限公司	6 242	6 256	455
7	南京聚星机械装备有限公司	3 524	3 524	158
8	常州同力机械制造有限公司	526	526	51
9	江苏恒力组合机床有限公司	9 186	9 186	422
10	海门液压件厂有限公司	3 350	3 668	170
11	扬州组合机床厂	5 560	5 538	138
12	宁波赛德液压件有限公司	2 491	2 503	93
13	宁波创力液压机械有限公司	5 272	5 272	118
14	江苏高精机电装备有限公司	11 786	11 021	289

（续）

序号	企业名称	工业销售产值（万元）	工业总产值（当年价）（万元）	从业人员平均人数（人）
15	福建将乐庆航机床有限公司	3 550	3 560	50
16	山东济宁特力机床有限公司	3 076	4 179	405
17	安阳欣宇机床有限责任公司	4 168	5 520	351
18	一拖（洛阳）开创装备科技有限公司	18 999	18 999	709
19	洛阳汇翔精机有限公司	2 680	2 680	251
20	重庆第三机床厂	307	362	68
21	东风汽车有限公司设备制造厂	46 000	42 518	1 314
22	老河口光华组合机床股份有限公司	6 970	7 599	410
23	襄樊市第二高级技工学校实习工厂	102	130	23
24	大连兴龙液压有限公司	6 738	7 893	355

二、产品生产、出口及市场销售情况

2008 年，组合机床产品需求量大幅增加，行业发展前景广阔。组合机床行业共生产各类机床46 760台，产值110.13 亿元。其中组合机床及柔性自动线1 865台（套），产值19.75 亿元。数控组合机床 1 163 台，占组合机床总产量的62.4%；产值15.42 亿元，占总产值的78.1%。可见数控产品的附加值非常高，普及数控组合机床及柔性自动线是行业的当务之急。

2008 年组合机床行业分类产品生产情况见表3。2008年组合机床行业企业产品生产情况见表4。2008 年组合机床行业分类产品出口情况见表5。2008 年组合机床行业企业金属切削机床产品出口情况见表6。

表3　2008 年组合机床行业分类产品生产情况

产品名称	实际完成		其中：数控	
	产量（台）	产值（万元）	产量（台）	产值（万元）
金属切削机床	46 760	1 101 287	12 219	666 690
加工中心	2 137	158 653	2 137	158 653
其中：立式加工中心	1 447	74 043	1 447	74 043
卧式加工中心	690	84 610	690	84 610
车床	42 099	417 722	8 512	205 461
组合机床	1 865	197 514	1 163	154 193
其他金属切削机床	659	327 398	407	148 383

注：车床产品中不含仪表车床

表4　2008 年组合机床行业企业产品生产情况

序号	企业名称	产量单位	实际完成		其中：数控	
			产量	产值（万元）	产量	产值（万元）
1	保定机床厂	台	8	267	0	0
2	保定标正机床有限公司	台	106	1 586	106	1 586
3	大连机床集团有限责任公司	台	44 611	1 000 342	11 024	589 122
4	亿达日平机床有限公司	台	228	37 523	228	37 523
5	大连专用机床厂	台	85	2 456	85	2 456
6	南京南汽汽车装备有限公司	台	21	1 382	21	1 382
7	南京聚星机械装备有限公司	台	66	3 524	66	3 524
8	常州同力机械制造有限公司	台	21	350	21	350
9	江苏恒力组合机床有限公司	台	233	10 565	147	7 326
10	扬州组合机床厂	台	21	1 350	21	1 350
11	江苏高精机电装备有限公司	台	256	11 021	256	11 021
12	福建将乐庆航机床有限公司	台	581	3 514	0	0
13	山东济宁特力机床有限公司	台	69	1 931	69	1 931
14	安阳第二机床有限公司	台	108	5 440	23	1 388

（续）

序号	企业名称	产量单位	实际完成		其中：数控	
			产量	产值（万元）	产量	产值（万元）
15	一拖（洛阳）开创装备科技有限公司	台	35	751		
16	洛阳汇翔精机有限公司	台	71	1 493	71	1 493
17	东风汽车有限公司设备制造厂	台	162	12 817	6	1 307
18	老河口光华组合机床股份有限公司	台	75	4 931	75	4 931
19	重庆第三机床厂	台	3	44		
20	海门液压件厂有限公司	件	27 566	3 668		
21	宁波赛德液压件有限公司	件	8 801	2 515		
22	宁波创力液压机械有限公司	件	164	4 200		
23	大连兴龙液压有限公司	件	76 550	4 055		
24	襄樊市第二高级技工学校实习工厂	件	1 222	89		

注：前19家企业的数据为金属切削机床，序号20～23产品为液压产品，序号24产品为机床配件，后5家企业未计入表1合计数中。

表5　2008年组合机床行业分类产品出口情况

产品名称	实际完成		其中：数控	
	出口量（台）	出口额（万美元）	出口量（台）	出口额（万美元）
金属切削机床	7 536	7 953	1 555	6 245
加工中心	301	2 146	301	2 146
立式加工中心	243	1 202	243	1 202
卧式加工中心	58	944	58	944
车床	7 235	5 807	1 254	4 099

注：车床产品中不含仪表车床。

表6　2008年组合机床行业企业金属切削机床产品出口情况

序号	企业名称	实际完成		其中：数控	
		出口量（台）	出口额（万美元）	出口量（台）	出口额（万美元）
1	大连机床集团有限责任公司	7 510	7 753	1 529	6 045
2	亿达日平机床有限公司	26	200	26	200

三、新产品、新技术、新工艺

传统组合机床是伴随汽车工业的大批量生产而蓬勃发展起来的。中国组合机床行业为汽车工业和其他行业生产了上万台组合机床和几百条刚性生产线，为中国的装备制造业发展作出了巨大贡献。几十年来，组合机床的技术虽然也得到很大程度的提高和进步，但典型的刚性生产线只能适应单一品种的大量生产方式。

为适应市场需求的不断变化，组合机床及自动线向着智能化、柔性化方向发展已经成为一种必然趋势。为了提高市场竞争力和有效利用资金，组合机床用户都要求生产线具有同线加工多种产品的功能以及随着新产品投产可适时调整的功能，甚至要求多品种混流生产。特别是汽车、电子、航空航天等行业的迅猛发展，对柔性自动线的加工精度、加工质量和加工效率的要求也越来越高。因此研究自动化线的柔性功能，提高柔性化程度，具有重要意义。

柔性自动线是当今世界各类自动化设备中技术先进、优点突出、使用范围较广、发展较快的一种现代化生产设备。随着自动化技术、电子技术、计算机技术和机器人技术的发展，柔性自动线进入一个新的发展阶段。柔性自动线最主要的特点是生产线中广泛采用机器人和生产管理系统中广泛应用电子计算机技术。伴随着自动化技术、计算机技术的迅速发展和工艺水平的提高，柔性自动线正不断向高水平发展。

由高速加工中心组成的生产线，可以随着生产批量的增加逐步增添高速加工中心即可。由高速加工中心组成的生产线，其柔性好、精度高、形成生产能力快，同时由于设备台数少，所以很经济。当前，在汽车零部件等加工中，由高速加工中心组成的敏捷柔性生产线到处可见。

大连机床集团有限责任公司积极开发面向汽车零部件加工的敏捷制造系统，针对柴油机、汽油机设计开发的由几台或几十台HDS系列卧式高速加工中心和桁架机器人组成的敏捷柔性生产线，用于加工缸体和缸盖等零部件。敏捷制造系统是在柔性制造系统的基础上，突出了高效能的作用。大连机床集团有限责任公司按照向数控化战略转移的部署，加大科学研究的投入力度，加快技术创新和技术研发，积极组织力量，重点开发市场畅销和需求潜力大的数控产品，逐步形成企业自己的核心技术、核心产品、核心品牌，产品开发取得了丰硕成果，集团公司的整体竞争实力得到大幅提升。公司先后为保定长城汽车股份有限公司自行设计、自行制造了发动机缸体、缸盖加工柔性自动线，为上海柴油机公司自行设计、自行制造了缸体、缸盖柔性线主机，为康明斯铸三厂自行设计、自行制造了缸体孔系加工柔性自动线。

东风汽车有限公司设备制造厂用DM系列大型卧式加工中心组成柴油机缸体、缸盖加工自动线。在这些自动线中，除大量使用DM系列加工中心外，也充分应用了东风汽车有限公司设备制造厂自主开发的其他先进装备技术，如桁架式机械手工位转换技术、自动换箱多工步集成压缩技术、缸孔精加工在线自动测量技术、自动刀具补偿技术、主凸轴孔精密加工技术等等。

大连亿达日平机床有限公司抓住市场机遇，开发了高效、高精度、柔性系列加工单元及柔性自动线，其加工精度、稳定性均达到国际同类产品水平，完全可以替代进口产品，用于实现多品种多工序加工。最新开发的YN4H2/YN4H7是BH卧式加工中心系列中的最新机型，是原BH4S/BH4K卧式加工中心的后继产品，配有龙门式机械手。

YN4H2/7卧式加工中心自2007年投产以来已经销售超过200台，广泛应用于加工汽车发动机零部件、压缩机零部件及其他产品，得到广大用户的信任和好评。该系列产品既可以作为单独的加工中心使用，又可以连在自动线中，组成柔性加工自动线。该系列产品采用标准模块式结构，模块部分可以提前组织生产备用，根据被加工零件的体积及材质采用不同模块组合，占地面积小，刚性好；采用了先进的ATC换刀装置，换刀时间快；配备了刀具折断检测装置，提高了机床的可靠性；主轴采用喷雾润滑，同时还采用了高压内冷式加工方法，提高了加工效率。根据用户的具体需求，另配上专用设计部分，大大缩短了交货期，能够快速满足市场需求。其专用部分采用先进的触发式测量系统，用于孔加工前的测量，将测出数据反馈给CNC，通过数据处理得出补偿数据，再进行孔的加工，大大提高了产品的加工精度。同时配备了高精度数控转台，实现了360°范围内的任意位置加工。

中国组合机床市场新技术的应用滞后于国外市场，但近年来组合机市场也呈现以下变化：传统的组合机床订货逐年减少，柔性生产设备订货逐渐增多，国内有实力的组合机床生产厂家开发制造了大量的柔性生产线。而像潍柴动力股份有限公司、广西玉柴机器股份有限公司、保定长城汽车股份有限公司、上海通用汽车有限公司、上海大众汽车有限公司、沈阳航天三菱汽车发动机制造有限公司、一汽大众汽车有限公司、长安汽车集团等大型动力机械和汽车企业都已开始采用国产柔性生产线。

现代数控组合机床及其柔性自动线，是一种综合性很高的高技术专用产品，涉及加工工艺、刀具、测量、控制、诊断监控、清洗、装配和试漏等技术。这种专用设备是根据用户特殊需要而设计的，因此，为每一个新的加工任务设计制造的设备与先前的设备都不尽相同。由于技术的不断进步，加工同一种零件有时采用不同的加工工艺和不同结构的部件，组合机床厂家在设计制造这类高度自动化装备时，必然要综合运用现代的先进制造工艺技术，特别是数控技术。大力发展数控柔性制造技术，开发数控组合机床及柔性自动线是组合机床行业的必然趋势。数控组合机床及柔性自动线在汽车、动力机械等领域中的重要作用是其他机床所不能替代的。

高速加工中心技术是机床行业发展的最新技术，是机械加工业的巨大革命。高速加工中心的广泛使用，大大提高了汽车行业特别是汽车发动机、变速器等机械加工行业的技术水平，由高速加工中心组成的敏捷柔性生产线，用桁架机器人输送工件，组成全自动生产系统，可靠性高、柔性好，最大限度地满足了汽车工业大批量、多品种、高精度、投资小见效快的特殊要求，为汽车工业加工技术的进步开辟了一个前所未有的崭新局面。

经过多年的技术创新，行业技术有了较快的发展。东风汽车有限公司设备制造厂、大连机床集团有限责任公司、大连亿达日平机床有限公司等厂家加强与国外的合资合作，利用和学习国外的先进技术，提高自身的水平，通过对引进技术的消化吸收再创新，发展自己的产品；开发的高效、高精度、柔性系列加工单元及柔性自动线，加工精度、稳定性均达到国际同类产品水平，完全可以替代同类进口产品，已被几大发动机厂家采用，标志着国产柔性加工自动线开始进入发动机制造装备的主流市场。

2008年组合机床行业新产品开发情况见表7。

表7　2008年组合机床行业新产品开发情况

序号	企业及产品名称	型号	主要技术参数	产品性质	产品属性	产品水平
大连机床集团有限责任公司						
1	重型普通车床	CW61200H/5000	回转直径：2 000mm；工件长度：5 000mm；主轴孔径：130mm；转速：正2.5～250r/min，反3.8～312r/min	全新设计	企业新产品	国内领先
2	重型普通车床	CW61200H/6000	回转直径：2 000mm；工件长度：6 000mm；主轴孔径：130mm；转速：正2.5～250r/min，反3.8～312r/min	改型设计	企业新产品	国内领先
3	变频车床	CDV6240B/1000	回转直径：400mm；工件长度：1 000mm；主轴孔径：82mm；转速：25～2 000r/min（无级调速）；主电动机功率：7.5kW	全新设计	企业新产品	国内领先

（续）

序号	企业及产品名称	型号	主要技术参数	产品性质	产品属性	产品水平
4	立式车床	CD5116	立刀架最大切削直径:1 600mm;侧刀架最大切削直径:1 400mm;工作台直径:1 400mm;工件最大高度:1 600mm;工作台转速:5～160r/min	全新设计	企业新产品	国内领先
5	立式车床	CD5225	回转直径:1 600mm;工件高度:1 600mm;转速:2～63r/min;主电动机功率:55kW	改型设计	企业新产品	国内领先
6	管子车床	CD—360G/1500	回转直径:1 000mm;主轴通孔直径:360mm;工件重:5t;转速:7～200m/min;主电动机功率:22kW;车锥:1 000mm;最大锥度1:4	全新设计	企业新产品	国内领先
7	大型平床身数控车床	CKA61100M	床身上最大工件回转直径:1 000mm;刀架上最大工件回转直径:880mm;最大工件长度:8 000mm;最大加工长度:7 900mm;主电动机(伺服主电动机)功率:22kW/26kW;横向快速进给速度:6 000mm/min;纵向快速进给速度:8 000mm/min	改型设计	企业新产品	国内领先
8	车磨集成数控机床	CKM6150	床身上最大工件回转直径:500mm;刀架上最大工件回转直径:280mm;最大车削直径:320mm;主电动机(伺服主电动机)功率:11kW;横向快速进给速度:4m/min;纵向快速进给速度:8m/min;定位精度(*X/Z*):0.03mm/0.04mm;重复定位精度(*X/Z*):0.012mm/0.016mm	全新设计	企业新产品	国内领先
9	数控管螺纹车床	CKG—20	床身上最大工件回转直径:630mm;主轴通孔直径:205mm;最大切削长度:785mm;主电动机功率:9kW/11kW;定位精度(*X/Z*):0.03mm/0.04mm;重复定位精度(*X/Z*):0.012mm/0.016mm;快速进给速度(*X/Z*):(4m/min)/(7.5m/min);工件进给速度(*X/Z*):(0.01～2 000mm/min)/(0.01～4 000mm/min)	全新设计	企业新产品	国内领先
10	车削中心	DL—32MY	最大回转直径:700mm;最大加工直径(轴类/盘类):400mm/680mm;最大加工长度:2 000mm;主轴最高转速:2 000r/min;主轴电动机功率:18.5kW/22kW;*C*轴分度精度:0.001°;快速移动速度(*X/Z/Y*):(12m/min)/(16m/min)/(12m/min)	改型设计	企业新产品	国内领先
11	双主轴铣车中心	DL25MHSY	最大回转直径:650mm;最大加工直径:400mm;铣削最大加工直径:320mm;最大加工长度:650mm;主轴最高转速:3 500r/min;主轴电动机功率:15kW/20.5kW;快速移动速度(*X/Y/Z/W*):(12m/min)/(12m/min)/(16m/min)/(16m/min)	全新设计	行业新产品	国际当代
12	双主轴双刀架铣车中心	DL30MHSTY	最大回转直径:260mm;最大加工直径:260mm;最大车削长度:1 160mm;主轴最高转速:3 000r/min;主轴电动机功率:18.5kW/25.5kW;快速移动速度(X、X_2/Z_1、Z_2/Y_1、Y_2/W):(24m/min)/(24m/min)/(12m/min)/(16m/min)	全新设计	行业新产品	国际当代

（续）

序号	企业及产品名称	型号	主要技术参数	产品性质	产品属性	产品水平
13	数控管螺纹车床	DLG14	最大回转直径:610mm;最大加工直径:400mm;管子内孔加工直径:140mm;最大加工长度:490mm;内孔最大加工长度:240mm;主轴最高转速:1 800r/min;主轴电动机功率:22kW/30kW;快速移动速度(X/Z):(12m/min)/(16m/min)	全新设计	企业新产品	国内领先
14	立式车削中心	VT40MH	最大回转直径:1 000mm;最大车削直径:800mm;最大车削高度:800mm;转速:50～1 800r/min;行程(X/Z):820mm/200mm;快速移动速度(X/Z):(12m/min)/(16m/min);定位精度(X/Z):0.016mm/0.016mm;重复定位精度(X/Z):0.007mm/0.007mm	全新设计	企业新产品	国内领先
15	大型数控车床	CKA61125M/5000	床身上最大工件回转直径:1 250mm;刀架上最大工件回转直径:880mm;最大工件长度:8 000mm;最大加工长度:7 900mm;主电动机(伺服主电机)功率:22kW/26kW;快速进给速度(横向/纵向):(6 000mm/min)/(8 000mm/min)	改型设计	企业新产品	国内领先
16	平床身数控棒料车床	CKT32	床身上最大工件回转直径:320mm;最大切削长度:200mm;滑板上最大回转直径:120mm;进给电动机功率(交流伺服电动机)转速:2 000r/min;定位精度(X/Z):0.016mm/0.02mm;重复定位精度(X/Z):0.007mm/0.008mm	全新设计	企业新产品	国内领先
17	车削中心	CKH6156H/1000	床身上最大工件回转直径:560mm;刀架上最大工件回转直径:330mm;工件长度:750mm/1 000mm/1 500mm/2 000mm;加工长度:550mm/800mm/1 300mm/1 800mm;最大车削直径(卧式八工位动力刀架):370mm;主电动机功率(广域主轴伺服电动机):15kW/11kW;快速进给速度(横向/纵向):(6m/min)/(10m/min);定位精度(X/Z):0.02mm/0.026mm;重复定位精度(X/Z):0.008mm/0.011mm	全新设计	企业新产品	国内领先
18	卧式加工中心	MDH50	工作台面尺寸:500mm×500mm;行程(X/Y/Z):780mm/750mm/800mm;主轴最高转速:8 000r/min;刀库容量:40 把/60 把/80 把/120 把/160 把	全新设计	行业新产品	国际当代
19	卧式加工中心	MDH125	工作台面尺寸:1 250mm×1 250mm;行程(X/Y/Z):1 700mm/1 400mm/1 240mm;主轴最高转速:12 000r/min;刀库容量:40 把/60 把/80 把/120 把/160 把	全新设计	行业新产品	国际当代
20	立式加工中心	MDV95	工作台面尺寸:2 300mm×950mm;行程(X/Y/Z):2 060mm/950mm/850mm;主轴最高转速:6 000r/min;刀库容量(机械手式):30 把	全新设计	行业新产品	国际当代

（续）

序号	企业及产品名称	型号	主要技术参数	产品性质	产品属性	产品水平
21	多链 APC	FMS8008	工作台面尺寸：800mm×800mm；工作台分度：1°×360°；工作台分度时间：4.5s（90°）；行程（X/Y/Z）：1 400mm/1 100mm/1 050mm；快速移动速度：36m/min（OP：45m/min）；主轴最高转速：8 000r/min（OP：12 000r/min）；换刀时间：2.5s（刀-刀），6s（切-切）；主轴电动机功率：30kW（30min）/25kW（连续）；自动交换工位数：8 个；工作台交换时间：12.5s；定位精度（X/Y、Z）：±0.003mm/±0.002 5mm；重复定位精度（X/Y、Z）：±0.002 5mm/±0.002mm	全新设计	企业新产品	国内领先
22	立式加工中心	VDL500E	工作台面尺寸：600mm×320mm；行程（X/Y/Z）：450mm/350mm/380mm；主轴最高转速：10 000r/min；快速移动速度（X/Y/Z）：（36m/min）/（36m/min）/（30m/min）	改型设计	企业新产品	国内领先
23	立式加工中心	VDL600E	工作台面尺寸：800mm×460mm；行程（X/Y/Z）：610mm/460mm/560mm；主轴最高转速：10 000r/min；快速移动速度（X/Y/Z）：（36m/min）/（36m/min）/（30m/min）	改型设计	企业新产品	国内领先
24	立式加工中心	VDL800E	工作台面尺寸：900mm×500mm；行程（X/Y/Z）：820mm/500mm/560mm；主轴最高转速：（8 000r/min）/（10 000r/min）；快速移动速度（X/Y/Z）：（36m/min）/（36m/min）/（30m/min）	改型设计	企业新产品	国内领先
25	立式加工中心	VDL1000E	工作台面尺寸：1 050mm×560mm；行程（X/Y/Z）：1 020mm/550mm/510mm；主轴最高转速：8 000～10 000r/min；快速移动速度（X/Y/Z）：（36m/min）/（36m/min）/（30m/min）	改型设计	企业新产品	国内领先
26	立式加工中心	VDF1200E	工作台面尺寸：1 300mm×660mm；行程（X/Y/Z）：1 220mm/650mm/660mm；主轴最高转速：10 000r/min；快速移动速度（X/Y/Z）：（36m/min）/（36m/min）/30m/min）	改型设计	企业新产品	国内领先
27	立式加工中心	VDF1500E	工作台面尺寸：1 600mm×760mm；行程（X/Y/Z）：1 530mm/760mm/710mm；主轴最高转速：6 000r/min；快速移动速度（X/Y/Z）：（24m/min）/（24m/min）/（20m/min）滑轨	改型设计	企业新产品	国内领先
28	立式加工中心	VDF1800E	工作台面尺寸：2 000mm×860mm；行程（X/Y/Z）：1 830mm/860mm/800mm；主轴最高转速：10 000r/min；快速移动速度（X/Y/Z）：（36m/min）/（36m/min）/（30m/min）滑轨	改型设计	企业新产品	国内领先
29	立式加工中心	VDR600	工作台面尺寸：900mm×450mm；行程（X/Y/Z）：600mm/450mm/450mm；主轴最高转速：10 000r/min；快速移动速度（X/Y/Z）：（45m/min）/（45m/min）/（30m/min）；刀库容量（机械手式）：20 把	全新设计	企业新产品	国内领先

（续）

序号	企业及产品名称	型号	主要技术参数	产品性质	产品属性	产品水平
30	立式加工中心	VDR1200	工作台面尺寸：1 400mm×600mm；行程（X/Y/Z）：1 250mm/610mm/550mm；主轴最高转速：8 000r/min；快速移动速度（X/Y/Z）：（45m/min）/（45m/min）/（30m/min）；刀库容量（机械手式）：20把/30把	全新设计	企业新产品	国内领先
31	立式加工中心	VDF600E	工作台面尺寸：800mm×460mm；行程（X/Y/Z）：610mm/460mm/560mm；主轴最高转速：10 000r/min；快速移动速度（X/Y/Z）：（30m/min）/（30m/min）/（24m/min）滑轨	改型设计	企业新产品	国内领先
32	立式加工中心	VDF1000E	工作台面尺寸：1 050mm×560mm；行程（X/Y/Z）：1 020mm/550mm/510mm；主轴最高转速：8 000～10 000r/min；快速移动速度（X/Y/Z）：（30m/min）/（30m/min）/（20m/min）滑轨	改型设计	企业新产品	国内领先
33	立式加工中心	VDL1500E	工作台面尺寸：1 600mm×760mm；行程（X/Y/Z）：1 530mm/760mm/710mm；主轴最高转速：6 000r/min；快速移动速度（X/Y/Z）：（24m/min）/（24m/min）/（20m/min）	改型设计	企业新产品	国内领先
34	卧式加工中心	HDR80	工作台面尺寸：800mm×800mm；行程（X/Y/Z）：1 200mm/1 000mm/1 000mm；主轴最高转速：8 000r/min；主轴功率：22kW/26kW；快速移动速度：45m/min；刀库容量：40把/60把/90把/120把	全新设计	企业新产品	国内领先
35	五面体桥式龙门加工中心	BK40	工作台面尺寸：3 000mm×2 000mm；允许最大荷重30 000kg	技术引进	行业新产品	国际当代
36	定梁数控龙门铣床	GDM1230	快速移动速度（X/Y/Z）：（20m/min）/（20m/min）/（16m/min）；主电动机功率：22kW/26kW；主轴转速：6 000r/min	全新设计	企业新产品	国内领先
37	数控镗铣加工中心	IA5B HSC RT3200	工作台面尺寸：3 600mm×1 270mm；行程（X/Y/Z）：3 200mm/1 200mm/1 200mm；快速移动速度（X/Y/Z）：（22.5m/min）/（22.5m/min）/（15m/min）；电主轴转速：30～4 000r/min；主电动机功率：30kW；主电动机最大转矩：1 000N·m	技术引进	行业新产品	国际当代
38	数控镗铣加工中心	IA5F HSC RT3200	工作台面尺寸：2 000mm×1 270mm；行程（X/Y/Z）：3 200mm/1 200mm/1 200mm；快速移动速度（X/Y/Z）：22.5mm/22.5mm/15mm；电主轴转速：100～12 000r/min；主电动机功率：29kW；主电动机最大转矩：329N·m	技术引进	行业新产品	国际当代
39	动梁龙门加工中心	VX32—60	工作台面尺寸：2 500mm×6 000mm；两立柱间距离：3 200mm；最大行程（X/Y/Z/W）：3 500mm/3 700mm/1 000mm/1 300mm；主轴转速：立轴20～5 000r/min，卧轴20～2 000r/min；快速移动速度（X/Y/Z/W）：（20m/min）/（20m/min）/（20m/min）/（3m/min）	技术引进	行业新产品	国际当代

（续）

序号	企业及产品名称	型号	主要技术参数	产品性质	产品属性	产品水平
40	龙门加工中心	XH2740	工作台面尺寸：24 000mm × 3 600mm；行程（X/Y/Z/W）：22 000mm/6 250mm/1 200mm/2 400mm；最大加工工件高度：3 680mm；最大加工工件宽度：4 000mm；主轴最高转速：7 000r/min；主轴功率：42kW；快速进给速度（X/Y/Z/W）：（10m/min）/（10m/min）/（10m/min）/1.25m/min）	全新设计	行业新产品	国际当代
41	数控落地式铣镗床	TK6920	镗轴直径：200mm；立柱行程（可加长）：8 000mm；主轴箱行程（可加高）：4 000mm；镗轴行程：1 200mm；滑枕行程：1 200mm；主轴转速：315 ~ 800r/min；主电动机功率：55kW；镗轴进给范围（无级）：1 ~ 1 500mm；滑枕进给范围（无级）：1 ~ 3 000mm	全新设计	行业新产品	国际当代
42	数控刨台式铣镗床	TK6513	工作台面尺寸：1 400mm × 1 600mm；工作台最大承重：10 000kg；行程（X/Y/Z）：2 000mm/1 600mm/1 600mm；主轴转速：10 ~ 2 000r/min；主电动机功率：22kW/30kW	技术引进	行业新产品	国际当代
东风汽车有限公司设备制造厂						
43	加工中心系列主轴的开发与研制	DM40S1B/DM40S1A DM50S1B/DM50S1A	高速电主轴系列：①40#主轴，最高转速14 000r/min，最大转矩117N · m，额定功率15kW。②50#主轴，最高转速10 000r/min，最大转矩390N · m，额定功率37.5kW 直联主轴系列：①40#主轴，最高转速12 000r/min，最大转矩117N · m，额定功率15kW。②50#主轴，最高转速8 000r/min，最大转矩162N · m，额定功率22kW 大转矩主轴：50#主轴，最高转速6 000r/min，最大转矩720N · m，额定功率22kW	全新设计	企业新产品	国际先进水平
44	D530驾驶室焊装线的研制	D530	地板线由5个工位构成，工位间距5.0m；配置5套焊接夹具、2台点焊机器人、1套地板总成传输线、2套前围总成输送装置、焊装线控制系统及配套设施等 总装线由9个工位构成，工位间距5.0m；配置9套线上夹具、3套预装夹具、4台点焊机器人、1套自动焊机、1套往复传输线、1条地板总成自行葫芦线、1套驾驶室总成自动输送装置、3套分总成（侧围、顶盖）自动上线装置、总装线控制系统及配套设施等	全新设计	企业新产品	国内领先，国际先进水平
45	TU5JP4缸体柔性加工线的研制	TU5JP4		全新设计	企业新产品	
46	ZD30缸体、下缸体合箱前加工生产线	ZD30		全新设计	企业新产品	
47	刀库DM40D1A28（BT40型）	DM40D1A28		全新设计	企业新产品	
48	DM630II加工中心（直联、大转矩机械主轴）	DM630 Ⅱ/ DM630 Ⅱ B		全新设计	企业新产品	

四、行业技术引进及合资合作、外资独资进入行业情况

2008 年组合机床行业合资合作产品销售情况见表 8。

表 8　2008 年组合机床行业合资合作产品销售情况

序号	合资合作产品名称	数量(台、套)	销售额(万元)	生产企业
1	P32E NMGR 焊装夹具	18	2 433.0	东风汽车有限公司设备制造厂
2	E53D 焊装夹具	2	1 208.9	东风汽车有限公司设备制造厂
3	333X11J 焊装夹具	6	653.6	东风汽车有限公司设备制造厂
4	BURUSA PALLET 焊装夹具	15	843.4	东风汽车有限公司设备制造厂
5	W02A 焊装夹具	13	2 185.7	东风汽车有限公司设备制造厂
6	NSK PALLET DRIVE 焊装夹具	5	1 044.0	东风汽车有限公司设备制造厂
7	W02A(RNI)焊装夹具	6	1 534.0	东风汽车有限公司设备制造厂
8	X61F 夹具	4	1 099.3	东风汽车有限公司设备制造厂

五、科研成果

组合机床行业以科技进步为中心,通过自主创新,大量采用数控技术,提高了产品水平,产品附加值大幅度提升,进一步推动了企业的改革与发展。各企业都建立了技术创新体系,有一支较强的产品研究开发队伍。在企业的人员构成上,工程技术人员占有较高的比例,聚集了一批技术开发的高级人才,保证了企业发展的核心动力。大力推进数控技术的应用,用数控技术改造传统的组合机床,既可以提高组合机床的柔性,又可以使机床变得简单、可靠、可变,实现了产品的多品种加工和机床的可调可变的统一,扩大了柔性系统的实用性。开发数控组合机床及柔性自动线是行业企业发展的大趋势。仅大连机床集团和东风汽车有限公司设备制造厂 2 家上报的 17 项科研成果就能概括全行业的科研水平。此外,还有一些厂家的科研项目正在进行中而未上报。

2008 年组合机床行业科研项目见表 9。2008 年组合机床行业获奖科研项目见表 10。

表 9　2008 年组合机床行业科研项目

序号	项目名称	主要内容	应用状况	投入资金(万元)	项目来源
东风汽车有限公司设备制造厂					
1	德国单轴立式车床转化试制	现有的单轴立式车床为电主轴配置。该产品是引进德国 huller 公司的非电主轴配置单轴立式车床,主轴直径较大,可车削较大直径的盘类零件,扩大了立式车床的加工范围,提高了加工制造水平,可满足不同用户需求,增加了公司通用机床立式车床的品种,增加了经济效益	研制阶段	77	内部计划
2	双轴立式车床	目前汽车、摩托车等大批量回转体类件一般采用卧式车床或传统立式车床进行加工,存在或定位不稳、或排屑不畅,影响加工精度、表面粗糙度,而且自动化程度低、劳动强度高、生产效率低下,功能相对简单,缺乏柔性。开发的双轴数控立式车床旨在引入全新立式车床设计理念,克服传统加工方法的缺陷,使其成为功能完备的加工适用范围广泛的车铣复合、车磨复合的车削加工中心	研制阶段	119	合同意向或内部计划
3	加工中心 DM800Ⅱ	近 5 年来,重型载重汽车发动机等产品更新换代速度加快,以前的刚性组合机床、自动线已不能满足更换产品的需要,各生产厂商迫切需要一种既有高柔性又有高生产率的设备来进行生产,这种设备就是大型加工中心	研制阶段	100	内部计划
4	驾驶室 PUG 检具研发	为及时发现新车型开发时的设计缺陷,在试生产阶段,通过分析前面罩总成、左右车门总成、左右前围外侧板总成在驾驶室总成中的安装匹配关系,控制产品质量,使用户在一套检具上可完成面罩总成、左右前围外侧板总成、左右车门总成在驾驶室总成中的理论上的相对位置以及外观的检测验证,以保证驾驶室的整车质量	其他	5	用户订货

（续）

序号	项目名称	主要内容	应用状况	投入资金（万元）	项目来源
东风汽车有限公司设备制造厂					
5	DM630Ⅱ加工中心（直联机械主轴）、DM630IIB加工中心（大转矩机械主轴）	DM500Ⅱ加工中心采用内装电主轴，无法满足客户要求。为满足客户要求，进行机械主轴开发	其他	180	内部计划
6	DH630ⅡA加工中心	高速加工中心更换加工品种时，只更换夹具和重新编制程序；周期短、费用低，适用于更换品种快且生产批量大的汽车、摩托车等的多面、多工艺内容的零件的加工。目前国外该类设备大多采用X轴带动Y轴移动，Z轴带动伺服转台移动，侧置式刀库。其优点是移动部件质量轻，主轴刚性好，温度变化影响主轴鼻长变化较小，刀具破损检测时间与加工时间重合。该开发项目DH631IIA是这种类型的高速加工中心	其他	143	内部计划
7	DM800Ⅱ加工中心	大型加工中心在更换加工品种时只需更换夹具和重新编制程序，周期短，费用低。目前随着重型载货汽车等行业的迅猛发展，对大型加工中心的需求量与日俱增。目前国内由于技术上的原因，自主开发的大型加工中心尚是一项空白。国外该类设备的制造已处于成熟阶段，但价格昂贵。一些汽车制造商由于生产的需要，不得不出高价购买国外大型加工中心。研发大型加工中心，替代进口，满足客户需求	研制阶段	100	内部计划

表10　2008年组合机床行业获奖科研项目

序号	项目名称	主要内容及应用范围	获奖名称	获奖等级	主要完成单位
1	CHD—25九轴五联动车铣复合中心机床	CHD25九轴五联动车铣复合中心机床是大连机床集团有限责任公司专为军工制造业、航天航空制造业加工精密复杂零件而自行研制和开发的。该机床达到了国际同类产品的先进水平，是中国第一台九轴五联动车铣复合中心机床	大连市科学技术进步奖	一等奖	大连机床集团大连大力电脑机床有限公司
2	DLMH系列数控车削中心的开发研究	机床床身采用整体铸造，圆筒式筋板结构，床身导轨面与水平倾斜45°布局，具有较大的承载截面，刚性强，吸振性好，不易变形，可保证高精度切削加工。可对各种回转体零件进行车削、钻削、铣削加工	大连市科学技术进步奖	二等奖	大连机床集团大连大力电脑机床有限公司
3	DKXM005精铣缸体顶面精镗缸孔数控组合机床自动线	采用主轴浮动结构、精密镗头、精密铣头、自动线输送及控制、刀具补偿等技术，主要用于汽车发动机缸体精铣顶面、精镗缸口及止口	大连市科学技术进步奖 辽宁省科学技术奖	二等奖 三等奖	大连机床集团有限责任公司
4	TTB300/1000双主轴、双刀架数控车—车拉机床	主要针对燃油发动机中曲轴零件的半精加工而研制的。另外作适当变型设计后也可用于普通轴类零件的加工	CCMT2008春燕奖		大连机床集团有限责任公司
5	VLB—40倒立式数控车床制造单元	本单元由两台倒立式数控车床配合一条自动循环料道组成，可完成对盘类零件的自动化加工。适用于军工、航空、航天、汽车等行业要求加工精度高的大批量盘类零件的加工	CCMT2008春燕奖		大连机床集团有限责任公司
6	FMC—8008多工位柔性制造系统	本产品为高速、高精度、多工位柔性制造系统。可一次装卡8个工件，自动完成每个工件的4个面和圆周以及空间曲线面的铣、镗、钻、扩、铰、攻螺纹等多种工序加工，并能实现无人化操作，可广泛应用于汽车、模具、机械加工、航天、军工等行业	CCMT2008春燕奖		大连机床集团有限责任公司

（续）

序号	项目名称	主要内容及应用范围	获奖名称	获奖等级	主要完成单位
7	VX32—60 动梁可交换工作台可换头五面体龙门加工中心	应用在航空航天、军工、汽车等重要行业	CCMT2008 春燕奖		大连机床集团有限责任公司
8	VD 系列立式加工中心	适用于壳体零件、盘类零件、异型零件的加工，零件经一次装夹可自动完成铣、镗、钻、扩、铰、攻螺纹等多工序加工	辽宁省科技成果转化奖	二等奖	大连机床集团有限责任公司
9	MDH 系列高速、精密卧式加工中心	适用于箱体零件、壳体零件、盘类零件、异型零件的加工，零件经一次装夹可自动完成四个面的铣、镗、钻、扩、铰、攻螺纹等多工序加工	大连市科学技术进步奖	一等奖	大连机床集团大连华凯机床有限公司
10	MDV 系列高速、精密立式加工中心	适用于壳体零件、盘类零件、异型零件的加工，零件经一次装夹可自动完成零件的铣、镗、钻、扩、铰、攻螺纹等多工序加工	大连市科学技术进步奖	二等奖	大连机床集团大连华凯机床有限公司
11	EQX121 缸体三轴孔、顶面、缸孔精加工自动线的研制	开发研制了以缸体曲轴孔定位的精密夹具、整体式坐标可调及角向位置可调的滚动导套、专用精密铣削头、专用高精度浮动镗头、伺服径向走刀机构、高刚性带伺服移动工作台的整体焊接底座；采用了高速切削工艺及双刀具分段分时在线二次补偿技术、曲轴孔镗刀杆滑块自动润滑及刀杆内部冷却技术；采取多项减少温度变化对加工精度影响等创新技术，并得到成功应用	中国汽车工业科学技术进步奖	二等奖	东风汽车有限公司设备制造厂
12	柴油机缸盖精加工敏捷制造系统的开发	该生产线是我厂独立设计并制造的一条由高速卧式加工中心组成的柔性加工线，全线采用 9 台高速卧式加工中心，并配有敏捷物流系统，构成敏捷加工制造系统。用于对 WD615 柴油机缸盖部分工序进行加工	中国机械工业科学技术奖	三等奖	东风汽车有限公司设备制造厂
13	高速加工中心系列化主轴的研发与批量生产	高档数控机床的核心功能部件，可广泛应用于各类高效、高速加工中心和加工单元	东风公司科技进步奖	一等奖	东风汽车有限公司设备制造厂
14	D530 驾驶室焊装线的开发研制	车身混流机器人焊装生产线	东风公司科技进步奖	二等奖	东风汽车有限公司设备制造厂
15	EQD27 动梁式龙门数控铣床的开发制造	用于机床制造、模具加工等行业的大型重型零件的机械切削加工	东风公司科技进步奖	二等奖	东风汽车有限公司设备制造厂
16	13 t 系列平衡悬架的混流制造	在现有的场地和生产车间，自主完成了对 13 t 平衡悬架各零件生产线的设计、平面布置及能力建设	东风公司科技进步奖	三等奖	东风汽车有限公司设备制造厂

六、企业管理、质量管理、体制改革情况

行业企业几乎全部通过了质量管理体系认证且运行效果较好。在现有质量管理体系基础上，对企业管理各方面进行了规范和整合，建立了适应企业实际情况的现代企业管理制度，合理配置企业资源，重新识别业务流程，规范了各岗位的职责和权限，建立了激励机制和过程监测考核体系。按照已确立的规则和程序推进企业管理，并在实施过程中，制定相应的监测机制，确保按规定的规则有效运行。在运行过程中，不断地改进和完善，以达到持续改进的目的。行业企业积极参加中国机床工具工业协会的“精心创品牌活动”。大连机床集团有限责任公司、大连亿达日平机床有限公司、东风汽车有限公司设备制造厂先后获得“精心创品牌活动十佳企业”称号。大连机床集团生产的数控车床（普及型及以上）产品获得“中国名牌”产品称号。

七、行业新增和改制企业简介

安阳第二机床有限公司　原安阳第二机床厂，经安阳市人民政府批准，安阳欣宇机床有限责任公司（原安阳第二机床厂）同上海精密机械制造有限公司于 2009 年 5 月 19 日正式组建安阳第二机床有限公司，公司地址与联系方式不变，原单位与有关用户发生的业务关系和新的业务由安阳第二机床有限公司负责办理。

公司是国内生产组合机床及加工自动线、通用部件的专业厂家，有 40 多年的历史，是中国机床工具工业协会理事单位、组合机床分会副理事长单位、河南省首批高技术企业、安阳市重合同守信用单位。近几年，企业又研制开发了专用立式加工中心、专用卧式加工中心等多种数控机床。企业经过几代人、几十年的艰苦努力，已具有年生产组合机床与加工自动线百余台（条）和通用部件千余台的能力，产品在国内市场享有一定信誉。

安阳第二机床有限公司将继续保留原产品特色，并以老产品求生存，以创新产品求发展。重点产品还包括为风电、火电、海水淡化、石化、造船等国家支柱装备制造业量身定做的大型、特大型、复合集成的车、铣、钻、磨等特类数控机床，为社会提供先进、急需、实用的技术装备，进一步扩大了企业服务范围。

保定标正机床有限责任公司 公司前身为保定第二机床厂，后改制为股份制民营企业，是国内组合机床主机及其通用动力部件制造行业的重要厂家。该公司曾被原国家机械工业委员会定为中国重点企业，是中国机床工具工业协会理事单位、国家科委技术创新示范企业、河北省精密数控专用设备中试基地。

改制后的保定标正机床有限责任公司在全面继承原企业专业化实力的基础上，更加重视增强科研、开发、设计力量，目前拥有自行研制的组合机床整机及主轴箱、电气液压装置等 CAD 系统，实现了设计与生产车间加工中心的 CAD—CAM 一体化。公司拥有瑞士坐标镗床、英国全数控三坐标测量机、数控龙门导轨磨床等众多先进设备，具有先进的加工制造及测试手段。产品多年来广泛服务于汽车、农业机械、建筑机械、摩托车、发动机、矿山机械、泵阀等规模生产企业，以其产品可靠性及良好的售后服务赢得了用户的信任。

〔撰稿人：中国机床工具工业协会组合机床分会刘庆乐、李秀敏〕

重型机床

一、生产发展情况

重型机床行业共有 10 个国有或国有控股企业（公司），主要产品有重型立式车床、重型卧式车床、龙门镗铣床、卧式铣镗床、落地铣镗床、轧辊磨床、导轨磨床、车轮车床、大型滚齿机、金属成形机床及各类专业机床等国家急需的重型数控机床产品。

2008 年重型机床行业完成工业总产值 865 029.2 万元，比上年增长 36.1%；其中机床工具类产品产值 768 909 万元，比上年增长 39.3%，占工业总产值的 88.9%。产品销售收入 719 264.1 万元，比上年增长 19.7%；实现利润 58 232.1万元，比上年增长 74.34%；累计订货合同额 1 218 121.7万元，比上年增长 8.2%；出口交货值比上年增长 96.3%。

2008 年重型机床行业主要经济指标完成情况见表 1。2008 年重型机床行业企业主要经济指标完成情况见表 2。

表 1 2008 年重型机床行业主要经济指标完成情况

指 标 名 称	单位	实际完成
工业总产值（现价）	万元	865 029
其中：机床工具类产品产值	万元	768 909
工业销售产值（现价）	万元	794 470
其中：机床工具类产品销售产值	万元	613 611
工业增加值	万元	348 879
实现利税	万元	97 223
从业人员平均人数	人	15 130
资产总计	万元	1 081 566
流动资产平均余额	万元	644 208
固定资产净值余额	万元	226 866

表 2 2008 年重型机床行业企业主要经济指标完成情况

序号	企业名称	工业销售产值（万元）	工业总产值（现价）（万元）	从业人员平均人数（人）
1	齐二机床集团有限公司	316 383	351 232	4 057
2	齐重数控装备股份有限公司	246 736	257 283	3 323
3	武汉重型机床集团有限公司	112 993	122 519	2 803
4	青海华鼎重型机床有限责任公司	42 296	39 711	1 045
5	上海重型机床厂有限公司	22 059	27 862	703
6	险峰机床厂	23 959	33 025	1 418
7	大连瓦房店机床集团有限公司	57 604	57 604	1 300
8	都匀贵航东方机床有限公司	9 667	13 020	659

重型机床行业在2008 年前三季度经济发展和前几年一样，订货量、生产经营都很正常。但是进入四季度以后，企业间经济运行状况出现较大的差异。以生产重型和超重型数控机床为主的武汉重型机床集团有限公司、齐重数控装备股份有限公司、齐二机床集团有限公司在工业总产值、销售收入、利润总额、累计订货量等方面仍保持同比 30% 以上的增长。而青海华鼎重型机床有限责任公司、上海重型机床厂有限公司、险峰机床厂等中等规模的企业，产值增幅开始下滑，有的还出现负增长。如上海重型机床厂有限公司四季度销售收入同比下降 6.38%，青海华鼎重型机床有限责任公司累计订货量同比只增长 3.48%。而小企业的销售收入、利润总额、累计订货量都出现负增长，最多的同比下降54.76%。值得重型机床行业骄傲的“连续 5 年利润增幅大于产品销售收入和工业总产值增幅的良性循环的发展轨

道”,似乎到了尽头。行业利润同比增长下滑,甚至有4家企业利润下降。

1. 订货量明显下滑

由于许多用户依然在观望宏观经济走势,减少资金支出,致使行业企业大重型产品订货量比上年下降40% ~ 50%。到2008年底,重型机床行业累计订货合同额1 218 121.7万元,比上年增长8.2%,远低于连续5年40%以上的增长率。从订货情况上看,普通中型机床需求下降最严重,企业传统机床产品订货量锐减,如齐重数控装备股份有限公司单柱立式车床,齐二机床集团有限公司普通铣床,青海华鼎重型机床有限责任公司、上海重型机床厂有限公司普通卧式车床,险峰机床厂无心磨床,上海重型机床厂有限公司导轨磨床等。2009年1月,实现新签合同与2008年12月相比仍然在下降。同时,市场合同信息兑现率约65%,与前几年的95%相比大大降低。有的厂家普通车床订单下滑60%、磨床订单下滑80%。多数企业下半年的订货合同只有上半年的25%,并约有10%的订单要求退货或缓期提货。企业库存积压增加(约占年产量的10%),给企业生产经营造成一定困难。

2. 库存出现积压、回款困难

大部分用户受金融危机影响,资金链流动缓慢,不能按时履行合同、支付货款。受大环境影响,已完工产品也无法正常发出,造成了一定的产品积压。2008年,重型机床行业实现销售收入71.93亿元,比上年增长19.7%,远低于连续5年超35%的增长率。齐二机床集团有限公司用户共拖欠应收账款达3.3亿元;积压产成品20台,影响回款6 792.35万元。青海华鼎重型机床有限责任公司等多家企业也都出现货款回收困难现象。企业面临资金断链的风险比较突出。

3. 重型机床行业出口仍保持大幅增长,出口订单下半年大幅下滑

2008年上半年,国际经济形势仍处于平稳发展态势,我国重型机床行业签有大量国外订单。但自2008年四季度以来,国际金融危机已波及实体经济,世界经济增速明显放缓,这给武汉重型机床集团有限公司、齐二机床集团有限公司、齐重数控装备股份有限公司、上海重型机床厂有限公司等企业的产品出口带来一定影响。出口产品合同签订情况远没有2008年前三个季度好,曾经有意向的用户没有需求信息反馈。不少国外用户对市场前景持观望态度,对购买行为保持谨慎的心理,这对生产企业新增订单产生较大影响。但由于2008年上半年持有订单较多,2008年,重型机床行业仍完成出口交货值2.97亿元,比上年增长96.3%。金属切削机床出口额4 623万美元,其中数控机床出口额3 504万美元,占金属切削机床出口总额的75.8%。2008年下半年至2009年2月出口订单下滑比较严重。2009年1月,齐二机床集团有限公司出口额111.8万美元,比上年下降39.8%。武重集团出口订单也出现下滑,个别客户要求推迟提货。

2008年重型机床行业分类产品出口情况见表3。2008年重型机床行业企业分类产品出口情况见表4。

表3 2008年重型机床行业分类产品出口情况

产品名称	实际完成		其中:数控	
	出口量(台)	出口额(万美元)	出口量(台)	出口额(万美元)
金属切削机床	271	4 693	105	3 504
车床	242	3 817	100	2 857
镗床	5	393	4	353
磨床				
齿轮加工机床	2	162		
铣床	22	321	1	294

表4 2008年重型机床行业企业分类产品出口情况

序号	企业及产品名称	实际完成		其中:数控	
		出口量(台)	出口额(万美元)	出口量(台)	出口额(万美元)
1	武汉重型机床集团有限公司				
	金属切削机床总计	26	1 693.6	22	1 474.1
	车床	20	971.0	18	913.9
	镗床	3	365.9	3	265.9
	齿轮加工机床	2	162.4		
	铣床	1	294.3	1	294.3
2	齐重数控装备股份有限公司				
	金属切削机床总计	75	1 479.7	58	1 332.0
	车床	75	1 479.7	58	1 332.0
3	齐二机床集团有限公司				
	金属切削机床总计	56	817.7	13	463.9
	车床	33	662.8	12	376.8
	镗床	2	128.2	1	87.1
	铣床	21	26.7		
4	上海重型机床厂有限公司				
	金属切削机床总计	88	231.1	7	130.8

（续）

序号	企业及产品名称	实际完成		其中:数控	
		出口量(台)	出口额(万美元)	出口量(台)	出口额(万美元)
	车床	88	231.1	7	130.8
	镗床				
5	青海华鼎重型机床有限责任公司				
	金属切削机床总计	1	22.1	1	22.1
	车床	1	22.1	1	22.1
6	大连瓦房店机床集团有限公司				
	金属切削机床总计	25	450.0	4	81.4
	车床	25	450.0	4	81.4

4. 面临竞争的挑战

2008年下半年以来，尽管消费需求整体下降，很多机床厂商的订单锐减，产品出现积压，资金链日益紧张。但由于重型机床需求依然保持增长，国内一些有实力的制造厂商对重型机床产品大幅增加投入，不少厂家纷纷“弃小上重”，共分“重型”这块蛋糕，致使重型机床产能不断膨胀，造成产能过剩，势必导致重型机床市场竞争的进一步白热化。抢占重型机床市场，必然出现重复建设、重复生产和无序竞争状态，给国家和企业造成资源上的浪费，于国于企业都不利。重型机床产品市场面临着严峻挑战！

5. 国家实施拉动内需政策，为企业应对危机、加快发展提供了有力的宏观环境保障

2008年，国家实施积极的财政政策和适度宽松的货币政策用以拉动内需，并确定若干优先振兴项目。这些重大项目的实施，为企业赢得新一轮发展创造了先决条件。依托国家产业政策导向，把握国家拉动内需的政策机遇，重型机床行业紧跟国家投资走向，抢抓国家重点项目急需的数控重型机床产品，培育和开拓新的市场；充分挖掘机床改造及维修服务的市场潜力，努力开拓新的市场增长点。

6. 国内重点领域对高端机床产品的需求，为企业应对危机、加快发展提供了广阔的市场空间

我国正处于以现代化装备改造传统生产方式的阶段，不论是铁路建设、电站建设、航空航天建设，还是汽车、工程机械、军工等行业，均需要大量的高端机床来支撑。目前，重型机床行业正密切关注国家即将启动实施的《高档数控机床与基础制造装备》重大科技专项。“专项”中提出的国家急需的高档数控重型机床涵盖了重型机床系列的最主要产品，其中有7种高档数控机床属于重型机床行业范畴，说明国家对发展高档数控重型机床产品的期待。这些高档数控重型机床产品，既是国家急需的高档装备制造设备，也是重型机床行业的技术发展方向，更是重型机床行业的社会责任，既关系到国家利益，更关系到企业自身利益。为此，重型机床行业有关厂家正集中优势力量争取立项，全力以赴地支持和参与这项工作，同时进一步加快技术改造步伐，提升核心装备制造能力，实现新的技术飞跃。

面对全球经济危机的考验，重型机床行业企业在品种开发、技术档次提升、市场覆盖拓宽和潜力发挥等方面，已经具备了应对更大挑战的硬实力和软实力，为新一轮发展奠定了雄厚的基础。为了更加从容地面对这场危机，企业将在专机和新兴产业领域以及加工协作等服务领域开辟新市场。

齐重数控装备股份有限公司把风力发电设备和大功率船舶主机曲轴加工等专用数控机床作为重点产品开发。齐二机床集团有限公司充分挖掘机床改造及维修服务的市场潜力，努力开拓新的市场增长点；依托“通用技术集团”信息网络优势，与其他央企集团建立战略合作伙伴关系，金属切削机床重点开发加工直径5m以上的车铣加工中心，回转直径3.5m、4m以上的数控重型卧式车床和大规格数控龙门镗铣床。上海重型机床厂有限公司抓住机床行业自身技术改造的良机，开发制造2.5m以上的数控重型导轨磨床，并取得多台订单。都匀贵航东方机床有限公司利用东方机床加入中航的历史机遇，积极寻求产、学、研相结合，开展高档数控产品的合作研发与生产，与系统内部相关研究机构进行全方位合作，开发生产航空制造急需的高档数控龙门镗铣床（加工中心），研究开发航空工业加工工艺及其专用设备，并取得可喜成绩。武汉重型机床集团有限公司与天津赛瑞公司签订了4台超重型数控机床的正式合同：加工直径达28m的超重型五轴联动数控立式铣车床，是世界最大规格的立式车床；镗杆直径320mm的重型数控落地铣镗床；加工宽度9.6m、加工高度8m、加工长度58m并带有圆回转工作台的龙门移动式数控镗铣床；加工直径5m的卧式车铣镗复合机床。上海重型机床厂有限公司2008年数控车床的订单达到了历史最高水平，比上年增长近100%，基本上弥补了因其他产品订单下滑所造成的缺口。

在2008年度中国机床工具行业十佳企业评选中，武汉重型机床集团有限公司、齐重数控装备股份有限公司和齐二机床集团有限公司获得自主创新优秀企业和数控产值十佳企业称号；齐重数控装备股份有限公司和齐二机床集团有限公司获得产品销售收入十佳企业称号；齐二机床集团有限公司获得综合效益十佳企业称号；上海重型机床厂有限公司、齐重数控装备股份有限公司、险峰机床厂、武汉重型机床集团有限公司、青海华鼎重型机床有限责任公司、齐二机床集团有限公司获得精心创品牌活动十佳企业称号。这些成绩的取得，说明重型机床行业在产品开发、企业管理、机制改革、经济效益等方面都取得了可喜成绩。

二、重型机床产品分类

重型机床行业主要生产国家急需的重型机床产品。主要产品有立式车床、卧式车床、镗床、落地式铣镗床、龙门镗铣床、轧辊磨床、导轨磨床、大型滚齿机、车轮车床以及金属成形机床和各种专用机床。重型机床产品分类及加工范围见表5。

表5 重型机床产品分类及加工范围

产品名称	系列名称	加工范围
立式车床	单柱立式车床	最大加工直径:1 600～3 150mm
	双柱立式车床	最大加工直径:3 500～12 500mm
	单柱移动式立式车床	最大加工直径:5 000～28 000mm
	双柱移动式立式车床	最大加工直径:8 000～28 000mm
卧式车床	大型卧式车床	最大加工直径:800～1 800mm
	重型卧式车床	最大加工直径:2 000～3 150mm
	超重型卧式车床	最大加工直径:4 000～6 300mm
龙门镗铣床	定梁工作台移动式镗铣床	最大加工宽度:1 600～5 000mm
	动梁工作台移动式镗铣床	最大加工宽度:1 600～5 000mm
	龙门移动式(桥式)镗铣床	最大加工宽度:1 600～11 000mm
	双龙门移动式镗铣床	最大加工宽度:3 500～8 000mm
	高架桥式龙门铣床	最大加工宽度:1 600～4 000mm
镗床	卧式镗床	镗杆直径:110～130mm
	卧式铣镗床	镗杆直径:110～130mm
	刨台式镗床	镗杆直径:130～160mm
	落地式铣镗床	镗杆直径:160～320mm
大型滚齿机	卧式滚齿机	最大加工直径:300～1 600mm
	立式滚齿机	最大加工直径:2 000～12 500mm
	数控立式滚齿机	最大加工直径:2 000～5 000mm
轧辊磨床		最大磨削直径:800～3 000mm
导轨磨床		最大磨削宽度:1 000～3 000mm
金属成形机床	机械压力机	公称压力4 000～20 000kN
	自动锻压机	
	液压机	
其他专用机床	风力发电设备专机、车轮车床、曲轴旋风铣床、车镗床、深孔钻、大型数控缠绕机、重型数控转子槽铣床等专机和回转工作台	

重型机床产品在市场上占主导地位的是立式车床、卧式车床、落地式铣镗床、龙门式镗铣床。尤其是龙门式镗铣床,由于加工工艺范围广,可实现复合加工,很受用户欢迎,国内外厂家纷纷上马生产龙门镗铣床。目前,我国重型机床产品技术水平有了长足的进步,五轴联动、复合加工等先进技术已应用于各种类型的数控机床。我国重型立式车床制造水平已经达到世界先进水平,完全可以满足国内市场需求,可以替代进口。其他产品与国外先进产品还有一定差距。2008年,重型机床行业数控机床产量占全年金属加工机床总产量的28.64%,数控机床产值占金属加工机床总产值的68.33%。

2008年重型机床行业分类产品生产情况见表6。2008年重型机床行业企业分类产品生产情况见表7。

表6 2008年重型机床行业分类产品生产情况

产品名称	实际完成		其中:数控	
	产量(台)	产值(万元)	产量(台)	产值(万元)
金属切削机床	6 942	718 429	1 980	487 429
加工中心	51	19 482	51	19 482
立式加工中心	44	11 888	44	11 888
卧式加工中心	5	6 919	5	6 919
龙门式加工中心	2	675	2	675
其他加工中心				
车床	4 353	404 738	1 603	266 066
镗床	340	179 587	185	131 106
磨床	507	39 322	71	32 604
齿轮加工机床	41	9 244	1	408
铣床	1 520	47 392	52	27 600
其他金属切削机床	130	18 664	17	10 162
金属成形机床	31	13 472	17	12 655
机械压力机	15	12 285	15	12 285
自动压力机	13	742		
其他金属成形机床	3	445	2	370

表7　2008年重型机床行业企业分类产品生产情况

序号	企业名称及产品名称	实际完成		其中:数控机床	
		产量(台)	产值(万元)	产量(台)	产值(万元)
1	齐二机床集团有限公司				
	金属切削机床总计	2 526	242 571	305	139 180.8
	加工中心	7	4 923	7	4 923
	立式加工中心	4	714	4	714
	龙门加工中心	3	4 209	3	4 209
	车床	800	72 424	107	18 214
	镗床	254	154 086	160	114 399
	铣床	1 450	10 712	25	1 330
	其他金属切削机床	15	426	6	314
	金属成形机床总计	31	13 472	17	12 655
	机械压力机	15	12 285	15	12 285
	自动压力机	13	742		
	其他金属成形机床	3	445	2	370
2	齐重数控装备股份有限公司				
	金属切削机床总计	1 525	197 225	1 102	172 859
	加工中心	18	3 724	18	3 724
	立式加工中心	18	3 724	18	3 724
	车床	1 484	184 454	1 081	167 862
	镗床	3	728		
	铣床	17	7 046		
	其他金属切削机床	3	1 273	3	1 273
3	武汉重型机床集团有限公司				
	金属切削机床总计	253	109 326	134	91 071
	加工中心	26	10 835	26	10 835
	立式加工中心	22	7 450	22	7 450
	龙门加工中心	2	2 710	2	2 710
	卧式加工中心	2	675	2	675
	车床	92	32 140	52	28 899
	镗床	60	22 462	21	16 284
	齿轮加工机床	41	9 244	1	408
	铣床	26	26 070	26	26 070
	其他金属切削机床	8	8 575	8	8 575
4	青海华鼎重型机床有限责任公司				
	金属切削机床总计	212	45 014	92	29 050
	车床	212	45 014	92	29 050
5	上海重型机床厂有限公司				
	金属切削机床总计	1 015	21 798	53	11 568
	车床	979	13 102	36	4 760
	镗床	23	2 311	4	423
	磨床	13	6 385	13	6 385
	铣床				
6	险峰机床厂				
	金属切削机床总计	494	32 937	58	26 219
	磨床	494	32 937	58	26 219
7	大连瓦房店机床集团有限公司				
	金属切削机床总计	786	57 604	235	17 281

（续）

序号	企业名称及产品名称	实际完成		其中：数控机床	
		产量（台）	产值（万元）	产量（台）	产值（万元）
	车床	786	57 604	235	17 281
8	都匀贵航东方机床有限公司				
	金属切削机床总计	131	11 954	1	200
	铣床	27	3 564	1	200
	其他金属切削机床	104	8 390		

三、新产品开发

我国重型机床制造业在市场培育下，2008 年发展很快，产品技术水平和制造能力有很大提高。产品规格已经达到世界水平，有些产品技术水平已跨进世界先进行列。立式车床系列中我国已经可以开发和制造出世界规格最大的加工直径 28m 数控铣车复合加工中心，并完成了立式铣车加工中心五轴联动的开发和生产。我国已经完全可以满足国内市场需要，并且有部分产品出口。数控卧式重型车床我国已经开发和生产出加工直径 5m、加工长度 20m、加工零件重量达 500t 的超重型数控卧式车床，也是世界上重型数控卧式车床系列的最大规格产品。2008 年是重型数控卧式车床生产最多的一年。落地式数控铣镗床系列产品，已经开发生产出世界最大规格的镗杆直径 320mm 的重型落地铣镗床。在铣镗床系列中完成了五轴联动开发并形成了批量产品。龙门式镗铣床我国已经开发出多品种多规格数控机床。重型机床行业骨干企业：武汉重型机床集团有限公司、齐重数控装备股份有限公司、齐二机床集团有限公司、青海华鼎重型机床有限责任公司、上海重型机床厂有限公司和险峰机床厂等都承担着国家急需的重型机床开发研制任务。近年来，我国制造重型机床产品的队伍逐年扩大，如沈阳机床集团、大连机床集团、桂林机床股份有限公司、江苏新瑞机床集团有限公司（江苏多棱）等发展很快，开发水平和规格都有很大提高。重型机床行业企业得到了用户的认可和信任，也为国家经济建设做出了贡献。2008 年重型机床行业新产品开发情况见表 8。

表 8　2008 年重型机床行业新产品开发情况

产品名称	产品型号	主要技术参数	产品性质	产品属性	产品水平
武汉重型机床集团有限公司					
重型数控双柱立式车床	CKX52125 × 60/500	最大车削外径：12 500mm；最大加工工件高度：6 000mm；最大承重：500t	全新设计	行业新产品	国际先进水平
数控重型卧式车床	WZX1250	过床身最大回转直径：1 600mm；最大加工直径：1 250mm；最大加工工件长度：16 000mm	全新设计	行业新产品	国际先进水平
数控定梁双龙门移动镗铣床	XKD2755 × 570—2M	固定工作台面（宽 × 长）：5 500mm × 57 000mm；立柱间距：6 800mm；镗铣头主轴端面至工作台面距离：1 750mm；固定工作台单位面积载重量：$20t/m^2$	全新设计	行业新产品	国际先进水平
数控定梁双龙门移动镗铣床	XKD2755 × 420—2M	固定工作台面（宽 × 长）：5 500mm × 42 000mm；镗铣头主轴端面至工作台面距离：2 500mm；固定工作台单位面积载重量：$20t/m^2$；立柱间距：6 800mm	全新设计	行业新产品	国际先进水平
落地铣镗加工中心	TH6216A	镗轴直径：160mm；镗轴转速：3 ~ 1 500r/min；镗轴最大轴向行程：1 000mm；镗轴快速移动速度：6 000mm/min；镗轴转矩：3 530N · m；主电动机功率：37kW	全新设计	行业新产品	国际先进水平
数控落地镗床	TK6216A	镗轴直径：160mm；镗轴转速：3 ~ 1 500r/min；镗轴最大轴向行程：1 000mm；镗轴快速移动速度：6 000mm/min；镗轴转矩：3 530N · m；主电动机功率：37kW	全新设计	企业新产品	国际先进水平
齐重数控装备股份有限公司					
立式铣钻加工中心	BVDM315 × 5/20L—MC	ϕ3 150mm × 500mm	全新设计	行业新产品	国际领先

（续）

产品名称	产品型号	主要技术参数	产品性质	产品属性	产品水平
数控立式磨床	BVG250 × 5/15L—NC	ϕ2 500mm×500mm	全新设计	行业新产品	国内领先
数控立式铣齿机	BVGM315 × 5/20Q—NC	ϕ3 150mm×500mm	全新设计	行业新产品	国内领先
数控曲拐专用立式车床	CTT450 × 13/40Q—NC	ϕ4 500mm×1 300mm	全新设计	行业新产品	国际领先
数控曲拐专用立式车床	CTT550 × 16/60Q—NC	ϕ5 500mm×1 600mm	全新设计	行业新产品	国际领先
数控双柱移动立式车床	DMVT1600 × 60/280L—NC	ϕ16 000mm×6 000mm	全新设计	行业新产品	国内领先
数控双柱立式车床	DVT250 × 16/16L—NC	ϕ2 500mm×1 600mm	全新设计	行业新产品	国内领先
数控双柱立式车床	DVT350 × 20/32L—NC	ϕ3 500mm×2 000mm	全新设计	行业新产品	国内领先
数控单柱移动立式车铣床	SMVTM1600×65/600L—NC	ϕ16 000mm×6 500mm	全新设计	行业新产品	国内领先
齐二机床集团有限公司					
闭式单点单动机械压力机	E1S1250—MBC	工作台面尺寸:1 800mm×1 600mm	合作生产	行业新产品	国际先进水平
闭式单点单动机械压力机	E1S800—MBC	工作台面尺寸:1 800mm×1 600mm	全新设计	行业新产品	国际先进水平
伺服压力机	H2S200	1 910mm×950mm	技术引进	行业新产品	国际先进水平
对置数控落地铣镗床	DZ—TK6913A/L100	800mm × 2 000mm；行程（X/Y/Z）：2 000mm/900mm/810mm	全新设计	企业新产品	国际先进水平
数控落地铣镗床	TK6920 双立柱	800mm × 2 000mm ；行程（X/Y/Z）：2 000mm/900mm/811mm	全新设计	行业新产品	国际先进水平
数控落地铣镗床	TK6926/160×70	800mm × 2 000mm；行程（X/Y/Z）：2 000mm/900mm/812mm	改型设计	行业新产品	国内领先
数控卧式镗床	BMT130A CNC	800mm×2 000mm；行程（X/Y/Z）：2 000mm/900mm/814mm	改型设计	行业新产品	国内领先
数控双柱立式车床	CK5225×20/20	工作台直径：2 250mm；加工直径：2 250mm；加工高度：2 000mm；工件重量：20t	全新设计	行业新产品	国际先进水平
数控双柱立式车床	CK5235A×20/32	工作台直径：3 150mm；加工直径：3 150mm；加工高度：2 000mm；工件重量：32t	全新设计	行业新产品	国际先进水平
数控定梁龙门铣床	XK2423	行程（X/Y/Z）：5 500mm/500mm/1 250mm	全新设计	行业新产品	国际先进水平
数控双柱立式车床	CK5240×20/32	工作台直径：3 600mm；加工直径：3 600mm；加工高度：2 000mm；工件重量：32t	全新设计	行业新产品	国际先进水平
数控双柱立式车床	CK5263×40/80	工作台直径：2 830mm；加工直径：6 300mm；加工高度：4 000mm；工件重量：80t	技术引进	企业新产品	国际先进水平
青海华鼎重型机床有限责任公司					
数控重型卧式车床	C61320×5/12	最大回转直径：3 200mm；最大加工长度：6 000mm	全新设计	企业新产品	国内领先
车削中心	QZC125—H	最大回转直径：1 250mm；最大加工长度：6 000mm	全新设计	企业新产品	国内领先
数控不落轮对车床	DLC—15G	轮对加工直径：600～1 200mm；轮对轴长：1 900～2 450mm；轨距：1 435mm	全新设计	企业新产品	国内领先

（续）

产品名称	产品型号	主要技术参数	产品性质	产品属性	产品水平
数控车轴车床	CK8132B—jx	加工轴长：2 000～2 600mm；钻孔直径：18～22mm；夹紧直径：100～250mm	全新设计	企业新产品	国内领先
上海重型机床厂有限公司					
数控定横梁龙门导轨磨床	MK5315A	最大磨削宽度：1 500mm；磨削高度：150～900mm；最大磨削长度：6 000mm	技术引进	企业新产品	国内领先
数控轧辊车床	CK84100	最大车削直径：1 000mm；最大车削长度：6 000mm	全新设计	行业新产品	国内领先
数控轧辊车床	CK84125	最大车削直径：1 250mm；拖板上最大车削直径：900mm；最大车削长度：5 000mm	改型设计	行业新产品	国内领先
强力数控车床	CKP61100	最大车削直径：1 000mm；拖板上最大车削直径：650mm；最大车削长度：1 000mm；主轴最大转矩：10 000N·m	全新设计	行业新产品	国内领先
轻型数控卧式车床	CK61200	最大车削直径：2 000mm；拖板上最大车削直径：1 600mm；最大车削长度：6 000mm；主轴最大转矩：12 000N·m	改型设计	企业新产品	国内领先
数控龙门导轨磨床	MK5225A/13. 14m	磨宽：2 500mm；磨长：13 000mm/14 000mm；磨头功率：30kW（周边）/18kW（万能）	改型设计	企业新产品	国内领先
大重型数控卧式车床	CK61160T2	最大回转直径：1 600mm；拖板上最大车削直径：1 300mm；最大车削长度：8 000mm	全新设计	行业新产品	国内领先
高精度数控卧式车床	CK61125	床身上最大回转直径：1 250mm；最长加工工件：3 000mm；主轴最大转矩：5 000N·m	全新设计	行业新产品	国内领先
险峰机床厂					
数控外圆磨床	XFK—160×120（MK13160×120）	最大磨削直径：1 600mm；最小磨削直径：100mm；最大顶尖距：12 000mm；拖磨工件最大重量：40 000kg；顶磨工件最大重量：20 000kg；（1）拖磨圆柱表面：圆度0. 003mm，圆柱度0. 003mm/1 000mm，表面粗糙度 R_a0. 1μm；（2）顶磨圆柱表面：圆度0. 005mm，圆柱度0. 005mm/1 000mm，表面粗糙度：$R_a \leqslant 0.2\mu m$	全新设计	行业新产品	国内领先
全自动高精度数控轧辊磨床	MKZ8463A×60	最大磨削直径：6 300mm；最大顶尖距：6 000mm；磨削工件最大重量：6 300kg；圆柱辊面磨削精度：圆度：0. 002mm；圆柱度：0. 002mm/1 000mm；表面粗糙度：$R_a \leqslant 0.1\mu m$	改型设计	行业新产品	国内领先
都匀贵航东方机床有限公司					
定梁式数控龙门镗铣加工中心	XH2420	工作台面尺寸：2 000mm×4 000mm；主轴转速：20～2 000r/min；主轴转矩：1 400N·m；主电动机功率：30kW；数控系统：西门子840D；刀库容量：24把；换刀时间：8s	全新设计	行业新产品	国内领先
双向切削数控龙门刨床	BK2010—S/3M	工作台面尺寸（宽×长）：900mm×3 000mm；最大加工尺寸（长×宽×高）：3 000mm×1 000mm×500mm；工作台承重：1 500kg/m²	全新设计	企业新产品	国内领先
大连瓦房店机床集团有限公司					
数控车铣加工中心	CXH5240	加工直径：4 000mm；加工高度：2 500mm	全新设计	企业新产品	国内领先

（续）

产品名称	产品型号	主要技术参数	产品性质	产品属性	产品水平
带拉刀机构的数控立式车床	CH5225	回转直径:2 500mm;载重:20t	改型设计	企业新产品	国内领先
车磨一体数控立式车床	CK5225M/2A	回转直径:2 500mm;载重:10t	改型设计	企业新产品	国内领先

2008 年 7 月 1 日,中国通用技术集团与齐二机床集团有限公司签署联合重组协议。根据协议,中国通用对齐二机床集团有限公司进行增资并持有其 58.05% 的股份。

四、科研和获奖产品情况

在 2008 年北京数控机床展览会上,重型机床展台再次显现出惊人的魅力和靓丽的风彩,吸引了国内外大量机床采购商和留连忘返的参观者。从展品雄伟高大的外观到展台和谐新颖的布局,都给人以重型机床行业正在飞速发展的深刻印象。重型机床新产品获得国家、省、市级科技进步奖的产品数量在机床行业中名列前茅。重型机床产品的技术水平含金量在增加,与国际先进水平的差距在缩小,用户信任度、市场占有率在提高。2008 年各厂的技术改造取得了可喜成绩,新产品开发和制造周期大大缩短,为承接国家重点工程项目提供了可靠保障。我国重型机床制造业完全可以承接国内各用户行业的重型机床订购任务。企业要以承担国家重点工程项目为契机,努力开发高档数控重型机床,为国产数控重型机床占领市场作出更大贡献。

2008 年重型机床行业科研项目见表 9。2008 年重型机床行业获奖科研项目见表 10。

表 9　2008 年重型机床行业科研项目

序号	项目名称	主要内容	投入资金（万元）	项目来源	完成企业
1	强力数控车床	上海市重大技术装备研制专项——高精度数控机床设计制造	460	上海市经济和信息化委员会	上海重型机床厂有限公司
2	高精度数控重型卧式车床技术吸收和应用	“上海市引进技术的吸收与创新计划”中的重点产业引进技术的吸收与创新专题——高精度、高性能、大承重的数控重型机床设计制造	479	上海电气（集团）总公司	上海重型机床厂有限公司
3	重型轧辊磨床磨头开发	研制适用于外径 1 200mm、宽 120mm 的重型砂轮磨头;研制主轴直径 200～220mm、偏心套筒 ϕ300～340mm 的砂轮动静压主轴系统	30	新产品研制项目	险峰机床厂
4	数控轧辊磨床软件开发	开发轧辊磨床磨削控制软件,建立数控轧辊磨床数据库中心,开发轧辊磨床的车间级数据管理系统,开发辊形生成软件,开发结果查看及打印软件	30	新产品研制项目	险峰机床厂
5	SY—(2008)573	数控立式车床样机性能试验	25	新产品研制项目	齐重数控装备股份有限公司
6	SY—(2008)574	SVT160 数控立式车床样机性能试验	35	新产品研制项目	齐重数控装备股份有限公司
7	SY—(2008)583	VCE 刀架油缸试验	10	新产品研制项目	齐重数控装备股份有限公司
8	龙门型数控滑枕床身铣床关键技术攻关	新型主轴结构设计及结构分析,主轴材质的选定、调质、氮化,小孔径主轴安装夹爪凸台及角度加工方法研究,滑枕进给孔系与主传动孔系同轴度 0.01mm 的加工工艺研究,直线导轨及铣头装配工艺研究		齐齐哈尔市重点攻关项目	齐二机床集团有限公司
9	重型数控龙门镗铣床横梁挠度的精度补偿	横梁变形原因分析、变形量测量与分析,包括变形与位置函数关系;变形与重心变化关系;控制方案的确定,包括反馈元件、程序控制器及相应软件、执行元件;机械执行机构的研制与实验;控制软件编制与调试		黑龙江省重点攻关项目	齐二机床集团有限公司

（续）

序号	项目名称	主要内容	投入资金（万元）	项目来源	完成企业
10	XK2860 型桥式数控动梁龙门镗铣床关键技术攻关	解决 X 轴、Y 轴同步双驱，横梁变形，Y 轴移动对 X 轴导轨产生的变化载荷控制等技术难题攻关		本企业	齐二机床集团有限公司
11	FM—30/80BT 型龙门五面加工机电气攻关	解决五面加工机装配、调试及数控系统和电动机匹配难题，并编制相应的控制软件		本企业	齐二机床集团有限公司
12	重型机床高精度摆角铣头关键技术研究	主电动机功率 22 ~ 63kW，主轴转速 10 ~ 2 000r/min，A 轴摆角 ±110°，C 轴回转角度 ±180°，C 轴最大回转速度 360°/s		黑龙江省重点攻关项目	齐二机床集团有限公司
13	开放式数控系统及开放式多轴数控铣床研制	定位精度：0.015mm；重复定位精度：0.007mm；快速移动速度：15m/min；主轴功率：22kW；主轴最高转速：2 500r/min		黑龙江省重点攻关项目	齐二机床集团有限公司
14	重型数控铣镗床滑枕动、静态分析及变形自动补偿系统的研究与攻关	变形原因分析、变形量测量与分析，包括变形与位置函数关系；变形与重心变化关系；控制方案的确定，包括反馈元件、程序控制器及相应软件、执行元件；机械执行机构的研制与实验；控制软件编制与调试；综合实验		本企业	齐二机床集团有限公司

表 10　2008 年重型机床行业获奖科研项目

序号	项目名称	主要内容及应用范围	获奖名称	获奖等级	主要完成单位
1	TK6916B 数控落地铣镗床	该机床为国内首台首创双丝杆驱动的数控落地铣镗床，具有双丝杆主轴箱平衡补偿功能，镗轴挠度补偿功能，功能附件补偿功能等特殊功能。主要用于发电设备汽轮机高中压内缸、轴承箱箱体、阀体及各种箱体和大型结构件的加工	中国机械工业科学技术奖	二等奖	武汉重型机床集团有限公司技术中心
2	MK5225A 大型数控龙门导轨磨床	高精度超大的磨削功能，是生产超大型高精度机器的工作母机，应用于航空船舶等众多行业	上海市科技创新奖	入围奖	上海重型机床厂有限公司
3	DMVTM1600 × 55/250L—NC 型数控龙门移动式车铣床	适用于超大规模超重型工件的复杂回转表面加工	中国机械工业科学技术奖 齐齐哈尔市科技进步奖	三等奖 一等奖	齐重数控装备股份有限公司
4	HTM160 × 100/40L—NC 型数控重型卧式铣车床	适用于舶船、电力设备、军工等制造业	齐齐哈尔市科技进步奖	二等奖	齐重数控装备股份有限公司
5	MK8463A 高精度数控轧辊磨床	研制高精度数控轧辊磨床	贵州省优秀新产品	二等奖	险峰机床厂
6	数控重型卧式车床 CK61250 × 15/125	最大回转直径：2 500mm；最大加工长度：15 000mm。适用于能源电力设备、船舶等制造业对内外圆柱表面、锥面、螺纹、端面、切槽、切折线绳槽等进行粗精加工	青海省高新技术产品		青海华鼎重型机床有限责任公司
7	DZ—TK6913 型对置式数控落地铣镗床	该产品是由两台数控落地铣镗床采用对置式布局与工作平台组合构成的一种新型结构机床	齐齐哈尔市科技进步奖	二等奖	齐二机床集团有限公司

（续）

序号	项目名称	主要内容及应用范围	获奖名称	获奖等级	主要完成单位
8	TK6925 型数控落地铣镗床	该产品属机电一体化设备，主机为方滑枕移动式主轴箱结构	黑龙江省优秀新产品奖	一等奖	齐二机床集团有限公司
9	XK2127 型数控动梁龙门镗铣床	该产品主要用于加工复杂曲面形状的大型零件和大型箱体结构件	黑龙江省优秀新产品奖	一等奖	齐二机床集团有限公司

五、质量及标准

企业的产品质量是占领市场的关键。重型机床行业企业普遍提高了对产品质量的认识，采取有效措施，狠抓产品开发、加工装配和现场安装调试等各项关键环节的质量，保证了产品质量满足用户需要。重型机床产品质量在用户心目中已得到认可，在产品质量监督抽查中都达到了合格标准。

2008 年，重型机床行业完成 8 项行业标准的制修订工作。

2008 年重型机床行业制修订标准见表 11。

表 11 2008 年重型机床行业制修订标准

序号	标准号	标准名称
1	JB/T 8332.1—200x	重型深孔钻镗床 第 1 部分：精度检验
2	JB/T 8332.3—200x	重型深孔钻镗床 第 3 部分：参数
3	JB/T 2525.4—200x	落地车床 第 4 部分：精度检验
4	JB/T 2525.2—200x	落地车床 第 2 部分：参数
5	JB/T 4366.1—200x	落地铣镗床 主轴端部 第 1 部分：镗轴端部尺寸
6	JB/T 4366.2—200x	落地铣镗床 主轴端部 第 2 部分：铣轴端部尺寸
7	JB/T 4366.3—200x	落地铣镗床 主轴端部 第 3 部分：主轴端面键尺寸
8	JB/T 4367.1—200x	落地镗、落地铣镗床 第 1 部分：型式与参数

〔撰稿人：中国机床工具工业协会重型机床分会翟 巍 审稿人：中国机床工具工业协会重型机床分会徐宁安〕

小型机床

一、产品特点及构成

小型机床产品有 10 余小类，涵盖了机床的大部分类别。主要服务于钟表、照相机、光学仪器、电子产品、航空航天、石油化工设备、视听设备、办公设备、家庭电器、家庭维修、玩具、五金、汽车摩托车、IT 等制造业。通过几十年的发展，部分产品向中、大规格机床延伸。行业主要产品有：

（1）仪表车床（小型车床）。最大加工直径≤250mm，变型产品直径≤300mm 及其以下尺寸规格。包括：台式车床、工具车床、小型车床、轴类车床、盘类车床、转塔车床、精整车床，主要用于小型回转零件的加工。机床结构简单，制造方便，产品制造成本很低、附加价值低，数控型有一定附加价值。普通仪表车床的售价在 500 ~ 3 000 元，数控型售价在 3 万元以内，部分数控型产品售价 6 万元左右，在小型乡镇企业、私营企业及家庭作坊等劳动密集型场所使用较多。

（2）台式钻床、钻铣床。台式钻床和小型钻铣床主要用于对小型零件进行钻削、攻螺纹、铣削、磨削等加工，多用于精度要求不高的零件的辅助加工，如钻孔、攻螺纹、普通维修等。

（3）卧式车床。用于盘类、轴类零件的加工，其功能与常规的普通车床、数控车床相同，最大加工直径≤500mm 的短床身车床、数显车床、数控车床、车削中心、车削柔性单元、车削生产线及专用、专门化车床。

（4）单轴自动车床。主要有 3 种结构形式：主轴箱移动型（又称瑞士型）的机械凸轮式单轴纵切自动车床和数控型纵切自动车床，主轴箱固定型的单轴自动车床，盘料横切自动车床。前两类机床以长棒料为加工原料；后一类机床以盘状棒料为加工原料，单轴自动车床主要适用于大批量生产加工直径≤30mm 的小型轴类零件，效率极高，全功能数控型最多可配置 14 把刀具，包括动力刀具，可以实现零件的背加工。

（5）小型铣床。用于小型零件的铣削加工，工作台面宽度小于 200mm。

（6）小型磨床。包括以下四类：①平面磨床，主要用于中小规格零件的磨削加工，加工精度较高，工作台面宽度小于 200mm。②外圆磨床及万能外圆磨床，最大磨削外圆直径≤100mm。③内圆磨床，最大磨孔直径≤30mm。④坐标磨床，有单柱式和龙门式，最大工作台面宽 800mm，通常置于企业的工具车间，加工内容以精密孔系、精密孔和精密轮廓为主，也可进行精密轻铣，主要用于淬火零件的精密磨削，也可用于加工高硬材料零件，如冲模，近年也逐步用于高硬精密零件的批量加工，如印刷机械的凸轮轮廓的精密磨削。

（7）用于加工小刀具、小刃具、小工具的工具机床。

（8）小模数齿轮加工机床。分普通型、数控型、全数控型，机床采用卧式结构，主要用于小型齿轮，包括斜齿轮、蜗轮蜗杆等的精密加工和批量加工，最大加工直径≤150mm，加工精度最高可以达到 5 级。还有专门用于大批量加工轿车蜗杆的数控蜗杆铣床等。

(9)镗床。有坐标镗床、轴瓦镗床。坐标镗床工作台面宽≤450mm,主要用于精密加工模板类零件的精密孔系及精密孔;轴瓦镗床用于轴承行业轴瓦的精密镗削加工。

(10)小型组合机床及自动线、自动装配生产线等专用设备。有回转工作台组合机床、直线移动型组合机床以及多台组合机床组成自动生产线等,有普通型和数控型。组合机床及自动线适用于汽车摩托车、空调压缩机、家电行业各种中小型零件的大批量加工。自动装配生产线通常由数十个装配单元组成,配有中央总控装置,主要用于家电组部件的自动装配,生产效率极高。

(11)中小型加工中心及柔性加工单元、多台加工中心组成的柔性生产线。工作台面宽≤1 000mm 的卧式加工中心和工作台面宽≤450mm 的立式加工中心,用于汽车摩托车、航天航空等行业的中小型箱体类零件的精密加工;五轴联动加工中心主要用于叶片类零件的精密加工。部分企业开发出工作台面宽 1 200mm 的大型加工中心以及龙门结构的中等规格立式加工中心,开始进军数控龙门铣及龙门式加工中心等。

(12)多功能工具机。机床结构设计巧妙,通常具有车、钻、铣、攻螺纹等功能,产品 70% 以上供出口。主要用于家庭维修、制造和小型制品维修用。

(13)光学冷加工设备。主要是对光学玻璃、玛瑙、宝石、石英晶体、硅等材料进行抛磨、切片等,机床规格较小。

(14)弹簧夹头、转台、机床附件、机床配件及少量的木工机床、小型锻压机床等。

二、行业结构分析

进入 21 世纪,由于中国经济的不断发展,以及人们对物质需求的不断增长。区域性小商品经济发展势头强劲,拉动了廉价的小型机床市场持续保持较高的需求,大批民营企业涌入小型机床行业。特别是江浙地区小型机床行业发展很快,如温州、杭州等地,估计有生产厂家 150 多家,其中 40 余家为专业厂家;仅浙江坎门及台州地区就有 60 多家私营企业从事仪表数控车床的生产,有的厂家年产值达数百万元。目前,小型机床分会有统计会员 19 家,主要有成都宁江机床集团股份有限公司、上海仪表机床厂、池州家用机床股份有限公司、山东临沂金星机床有限公司、温州仪表机床厂、杭州金宝机床有限公司、广州粤港工程技术有限公司、杭州金火机床有限公司、佛山市佛威精密机器有限公司和西安北村精密机械有限公司等。

2008 年,小型机床分会会员有 11 家股份制企业,改制后基本为民营企业;私营企业 5 家,研究所 1 家,主要以技术成套和销售为主的公司 1 家,中外合资企业 1 家。会员单位所有制形式有私有化趋势,但总体变化不大。

2008 年小型机床行业主要经济指标完成情况见表 1。

表 1　2008 年小型机床行业主要经济指标完成情况

指标名称	单位	实际完成
工业总产值(现价)	万元	71 549
其中:机床工具类产品产值	万元	36 376
工业销售产值(现价)	万元	68 017
其中:机床工具类产品销售产值	万元	29 743
工业增加值	万元	20 595
实现利税	万元	-7 439
从业人员平均人数	人	3 402
资产总计	万元	115 785
流动资产平均余额	万元	54 064
固定资产净值平均余额	万元	18 762

三、经济运行情况

因杭州星火机床有限公司、佛山市佛威精密机器有限公司、西安北村精密机械有限公司上年没提交统计报表,故上述企业不在统计分析中,数据没有可比性。

2008 年,小型机床行业完成工业总产值(现价)71 549 万元,同比下降 1.07%。全年实现产品销售收入 7.63 亿元,同比增长 10.97%;出口交货值 4 084 万元,同比增长 14.24%。其中宁江机床(集团)股份有限公司出口同比增长 67.89%,而山东临沂金星机床有限公司出口同比下降 12.94%。行业存货同比增长 21.79%,同时工业中间投入同比减少 0.21%,说明销售情况不理想。

2008 年,小型机床产品产量 21 244 台,比上年减少 11.51%。其中数控机床 1 261 台,同比减少 39.87%。产量减少的主要是普通仪表车床减少 14 854 台,齿轮加工机床减少 499 台。机床产品产值同比下降 11.20%。其中数控机床产值 27 463 万元,同比增长 15.66%,说明产品结构得到进一步调整,单机均价处于增长态势。完成数控机床销售 1 160 台,同比减少 36.36%;而实现销售产值 20 109 万元,却比上年增长 37.08%,说明数控机床档次在提高,销售集中在中大规格。

四、生产、销售及出口情况

(1)仪表车床。2008 年,共生产 4 698 台仪表车床,比上年减少 75.97%;产值 389 万元,比上年下降 77.97%。主要生产厂家为温州仪表机床总厂、杭州金宝机床有限公司。当年销售仪表车床 10 219 台,比上年下降 56.39%,销售量高于生产量,产品库存有所下降。生产数控仪表车床 451 台,当年销售数控仪表车床 472 台,同比减少 47.84%。主要出口商池州家用机床股份有限公司没有填报报表,当年仪表车床没有出口数据。

(2)卧式车床。2008 年,共生产卧式车床 1 655 台,同比增长 149.24%;产值 1 756 万,同比下降 58.59%,增长的均是简易型车床。主要生产厂家为山东临沂金星机床有限公司。山东临沂金星机床有限公司近年大力进行产品结构调整,逐步淘汰原来的台钻、普通工具机等产品,大力发展加工中心、数控铣床等产品,取得了较好成绩。2008 年,生产数控铣床 249 台,销售数控车床 265 台,库存有所下降。当年卧式车床无出口,行业原卧式车床主要生产厂家及出口厂家上海仪表机床厂因并入上海明精公司未报数据。

(3)单轴自动车床。2008 年,生产各种单轴纵切自动车床、单轴自动车床共计 441 台，产值 2 159 万元，销售 524 台，库存略有下降，生产厂家宁江机床(集团)股份有限公司，其产品在国内仍有较强的竞争力；生产数控型自动车床 130 台。当年出口自动车床 23 台，同比下降 36.11%，其中数控车床 21 台；出口额约 458 万元，比上年增长 51.65%，其中数控车床445 万元。出口形式为自营出口，主要由中国香港地区进行转口贸易。

(4)台式钻床、钻铣床。连续 2 年没有生产，表明此产品调整后已淘汰。

(5)磨床。2008 年，生产磨床 17 台，产值 1 935 万元，主要为宁江机床(集团)股份有限公司生产的坐标磨床，其中数控坐标磨床 10 台；当年销售各种磨床共计 12 台，比上年减少 36.84%。

(6)组合机床及加工自动线、自动装配生产线等专用设备。2008 年共生产 93 台(套)，产值 7 116 万元，同比减少 0.14%；当年销售 53 台(套)，同比下降 7.01%。此类设备当年没有出口，生产厂家为宁江机床(集团)股份有限公司。

(7)齿轮加工机床。该类机床的生产厂家以宁江机床(集团)股份有限公司为主。2008 年，共生产小型卧式滚齿机 272 台，同比减少 64.72%；产值 2875 万元，销售 375 台，比上年减少 35%。生产小型数控滚齿机 46 台，同比减少 61.98%；实现销售 66 台。目前在世界范围内小模数精密卧式滚齿机的生产中，宁江机床(集团)股份有限公司的产量是最大的。

(8)加工中心。行业内只有 2 家企业生产，宁江机床(集团)股份有限公司为主要生产厂家，2008 年年产 150 台(套)；山东临沂金星机床有限公司生产 7 台。2008 年，生产加工中心 157 台，产值约 13 383 万元；实现销售 72 台，同比增长 100%，但库存有所增加。其中 45 台为卧式加工中心，包括五轴加工中心、精密卧式加工中心。

(9)多功能工具机。2008 年，共生产多功能工具机 1 626台，产量大幅度下降；产值 1 495 万元，同比下降约 49.06%。当年共计销售 1 626 台，同比下降 60.36%，其中出口 1 556 台，出口占总销售量的 95.69%，主要销往美国及欧洲等地区。当年没有数控多功能工具机生产。主要生产厂家池州家用机床股份有限公司当年没有报送报表。

(10)镗床。2008 年，共生产镗床 5 台，产值 111 万元，主要是宁江机床(集团)股份有限公司生产的坐标镗床；当年共计销售 9 台；生产、销售比上年均有所下降。

(11)光学冷加工设备。该设备仅南京仪机股份有限公司生产，当年没有报送报表。

2008 年小型机床行业分类产品生产情况见表 2。2008 年小型机床行业分类产品出口情况见表 3。

表 2　2008 年小型机床行业分类产品生产情况

产品名称	实际完成		其中:数控	
	产量(台)	产值(万元)	产量(台)	产值(万元)
金属切削机床	21 244	35 322	1 261	27 463
加工中心	157	13 383	157	13 383
立式加工中心	112	5 496	112	5 496
卧式加工中心	45	7 887	45	7 887
车床	9 211	8 159	725	4 302
镗床	5	111		
磨床	17	1 935	10	1 727
齿轮加工机床	272	2 875	46	1 406
铣床	249	594	249	594
组合机床	93	7 116	74	6 051
仪表车床	4 698	389		
其他金属切削机床	6 542	760		

注：表中车床产品数据不含仪表车床，磨床产品数据不含砂轮机、抛光机。

表 3　2008 年小型机床行业分类产品出口情况

产品名称	实际完成		其中:数控	
	出口量(台)	出口额(万美元)	出口量(台)	出口额(万美元)
金属切削机床	242	312.4	237	306.3
车床	23	66.7	21	64.8
镗床	2	9.9		9.9
磨床	2	28.3	1	24.1
齿轮加工机床	11	87.5	11	87.5
铣床	204	120.0	204	120.0

注：表中车床产品数据不含仪表车床，磨床产品数据不含砂轮机、抛光机。

五、新产品、新技术、新工艺发展情况

2008 年，小型机床行业以生产经营为中心，以产品开发、科研试验和技术管理为主线，积极开展管理创新、技术创新、科研试验，加大工艺技术研究和基础试验力度。坚持“精密、高效、成套、智能化”的产品发展方向，大力开展自主创新，完善产品系列化和规格化，全力以赴研发新产品与改进老产品，全年完成机床新产品开发 64 种，其中通用机床产品 11 种，专用机床53 种。主要包括：柔性制造系统、生产线、精密卧式加工中心、数控深孔钻床、数控端面铣床、镗削组合机床、数控床身铣床、五轴立式加工中心、数控定梁龙门镗铣床、高速五轴铣削中心、数控铣床、数控车床、高速精密全自动镗床、高速精密数控车床和数控多面切削机床等。

四川普什宁江机床有限公司成立研发院。面对“5·12”汶川大地震和全球金融危机的影响，研发院以市场为导向，以团队协作力量和优势为依托，建立了信息收集渠道和快速反应机制，针对国家加大投入、扩大内需创造的机遇，结合行业国内外技术发展趋势，加强市场调研、分析、预测，积极寻找和捕捉企业新的经济增长点。2008 年，研发院在积极开发新产品的同时，大力抓新产品的研试过程和进度，努力提高新产品开发的成功率。产品设

计、工艺技术人员深入新产品试造现场，跟踪装配，验证设计图样、工艺，及时有效地解决现场出现的技术问题，保证了新产品的试造成功。重点抓了大型机床、加工中心系列样机的制造、柔性制造系统的制造和专机生产线的制造，取得较好成效。经公司全体员工努力，大型机床 XK2423、XK2423/1 定梁数控龙门铣床，XH2525 动梁数控龙门加工中心，G996 高速五轴铣削中心，VMC 立式加工中心系列等有的已完成样机试造，有的已小批销售，大型机床的开发、制造迈出了可喜的一大步。根据组织机构调整和工作职能，研发院建立了管理制度，积极构建和谐高效工作模式，通过各种管理手段和分配杠杆，最大限度地调动广大技术人员的积极性，推进了产品开发与技术进步。在产品开发的过程中，探索推广采用新的设计手段和方法。通过三维设计软件的使用、电气设计软件的试用，以及采用机床虚拟设计技术等，提高了工作效率、工作质量和开发水平。广泛开展全员参加的技术创新活动，重点在产品开发、产品改进、降低制造成本、缩短制造周期等方面进行创新，研发院全年共计完成创新项目 400 多项，有效地促进了产品开发和各项工作的顺利开展。针对软件开发和应用等薄弱环节，2008 年公司加强了软件人员的配置、培养，加强了数控软件的开发，较好地完成了 FMS80/1、FMS50/1 柔性制造系统控制软件的开发，保证了柔性制造系统的开发成功。积极开展 5S 管理和班组建设，营造安全、环保、健康的工作环境，和谐高效的工作模式。

新工艺方面，加速工艺技术研究与创新，开展精细化工艺研究、工艺攻关和工艺试验，形成核心制造技术，为生产提供技术保障。加强装配技术的研究，推广先进装配工艺，采用先进装配手段，突破传统装配思路，突出重点，精练装配工艺。继续推进样板装配，全面实施“装配作业指导书”，规范油、气、液管路装配。配置先进高效的装配工具、工位器具、物流化输送小车、现场测量仪器，从工艺和装配手段上减轻装配劳动强度，提高装配质量和装配效率，形成公司核心装配制造技术。继续加强对用户加工工艺的研究，加大对新技术、新材料、新工艺、新刀具的消化吸收和应用，加速工艺创新，提高工艺水平，为做精品提供工艺保障。产品改进前期试验，以规模化生产、流水化作业、单元式装配和先进装配工艺技术为主线，全力推进“精品工程”，从解决生产瓶颈问题入手，精化、细化、量化装配工艺，编制 12 种产品装配“作业指导书”，规范了装配操作。加速制造技术的研究，充分发挥技改设备、数控设备能力，提高零件加工质量和效率，满足生产要求。提高工装设计水准，协助各技改设备使用单位进行工装设计，提高数控设备的利用率，为生产提供设备保障。

公司围绕生产经营发展目标，建立有效的人才培养、引进机制及人才的激励约束机制，构建良好的人才培养、引进氛围，开展“4331”工程，加速复合技术人才的培养和引进，注重培养、大胆使用年轻技术人员，使他们尽快成长，建立一支能适应公司发展的技术队伍。在技术队伍中形成一种敬业爱岗、不畏困难、团结协作、勇于奉献的氛围，实现公司向大型机床发展的目标。

2008 年小型机床行业新产品开发情况见表 4。

表 4　2008 年小型机床行业新产品开发情况

产品名称	型　　号	主要技术参数	产品性质	产品属性	产品水平
宁江机床集团股份有限公司					
数控卡盘车床	CK6640	回转直径:150mm;车削长度:200mm	全新设计	行业新产品	国内先进
精密卧式加工中心	THM63100	工作台面尺寸:1 000mm×1 000mm	全新设计	企业新产品	国内先进
精密卧式五轴加工中心	THM63110	工作台面尺寸:ϕ1 000mm	全新设计	企业新产品	国内先进
卧式加工中心	TH63100	工作台面尺寸:1 000mm×1 000mm	全新设计	企业新产品	国内领先
柔性制造系统	FMS80/1	工作台面尺寸:800mm×800mm	全新设计	行业新产品	国内领先
柔性制造系统	FMS50	工作台面尺寸:500mm×500mm	全新设计	行业新产品	国内领先
专用机床	NJ—044	曲轴箱刷光机	全新设计	企业新产品	国内领先
专用机床	NJ—K036	数控螺杆车床	全新设计	行业新产品	国内领先
专用机床	NJ—K038	工作台面尺寸:ϕ700mm	全新设计	行业新产品	国内领先
数控深孔钻床	NJ—K042		全新设计	企业新产品	国内领先
数控端面铣床	NJ—K043	主壳体机架数控端面铣床	全新设计	企业新产品	国内领先
专用机床	NJ—K044	气缸限位口数控铣床	改型设计	企业新产品	国内领先
专用机床	NJ—K045	柴油机机体单轴数控深孔钻床	全新设计	企业新产品	国内领先
专用机床	NJ—K047	活塞连杆铆接机	全新设计	行业新产品	国内领先
组合机床	NJ—H113	摩托车曲轴箱体双向镗削组合机床	全新设计	行业新产品	国内领先
组合机床	NJ—H115	摩托车曲轴箱双向镗削组合机床	全新设计	行业新产品	国内领先
组合机床	NJ—H126	镗削组合机床	全新设计	企业新产品	国内领先
组合机床	NJ—H131	加工减速器壳体的回转工作台式组合机床	全新设计	行业新产品	国内领先
组合机床	NJ—H132	90 摩托车曲轴箱体双向镗削组合机床	全新设计	行业新产品	国内领先
组合机床	NJ—H133	冰箱压缩机连杆五工位镗削组合机床	全新设计	行业新产品	国内领先

（续）

产品名称	型　　号	主要技术参数	产品性质	产品属性	产品水平
组合机床	NJ—HK032	CB125 气缸头数控三向双工位组合机床	全新设计	企业新产品	国内领先
组合机床	NJ—HK033	CB125 气缸盖数控双工位精镗铰削组合机床	全新设计	企业新产品	国内领先
组合机床	NJ—HK034	冰箱压缩机气缸数控立式二工位镗削组合机床	全新设计	行业新产品	国内领先
组合机床	NJ—HK035	冰箱压缩机机架数控立式二工位镗削组合机床	全新设计	行业新产品	国内领先
组合机床	NJ—HK036	冰箱压缩机连杆数控多工位镗削组合机床	全新设计	行业新产品	国内领先
生产线	NJ—SX033	壳体生产线	全新设计	行业新产品	国内领先
生产线	NJ—SX034	曲轴抛光机	全新设计	行业新产品	国内领先
生产线	NJ—SX035/1、2	轴承抛光机	全新设计	行业新产品	国内领先
数控床身铣床	VM650	650mm/400mm/480mm	改型设计	企业新产品	国内领先
立式加工中心	VMC650	650mm/400mm/480mm	全新设计	企业新产品	国内领先
数控床身铣床	VM650L	600mm/500mm/500mm	全新设计	企业新产品	国内领先
数控床身铣床	VM850	800mm/500mm/550mm	改型设计	企业新产品	国内领先
立式加工中心	VMC850	800mm/500mm/550mm	全新设计	企业新产品	国内领先
四轴立式加工中心	VMC850/1	800mm/500mm/500mm	改型设计	企业新产品	国内领先
五轴立式加工中心	VMC850/2	800mm/500mm/550mm	改型设计	企业新产品	国内领先
立式加工中心	VMC850L	800mm/500mm/500mm	全新设计	企业新产品	国内领先
立式加工中心	VMC1060	1 000mm/600mm/600mm	全新设计	企业新产品	国内领先
立式加工中心	VMC1060L	1 000mm/600mm/600mm	全新设计	企业新产品	国内领先
立式加工中心	VMC1370	1 300mm/700mm/650mm	全新设计	企业新产品	国内领先
立式加工中心	VMC1580	1 500mm/800mm/700mm	全新设计	企业新产品	国内领先
四轴立式加工中心	VMC1580/1	1 500mm/800mm/700mm	改型设计		国内领先
立式加工中心	VMC1890	1 800mm/900mm/680mm	全新设计	企业新产品	国内领先
四轴立式加工中心	VMC1890/1	1 800mm/900mm/680mm	改型设计	企业新产品	国内领先
数控定梁龙门镗铣床	XK2423	工作台面尺寸:2 300mm×5 000mm	全新设计	企业新产品	国内领先
数控定梁龙门镗铣床	XK2423/1	工作台面尺寸:2 300mm×5 000mm	全新设计	企业新产品	国内领先
定梁龙门加工中心	XH2423	工作台面尺寸:2 300mm×5 000mm	全新设计	企业新产品	国内领先
定梁龙门加工中心	XH2423/1	工作台面尺寸:2 300mm×5 000mm	全新设计	企业新产品	国内领先
数控定梁龙门镗铣床	XK2425A	工作台面宽度:2 500mm	全新设计	企业新产品	国内领先
高速五轴铣削中心	G996	850mm/950mm/600mm	全新设计	行业新产品	国内领先
山东临沂金星机床有限公司					
数控铣床	XK7118	工作台面尺寸:660mm×205mm			国内先进
数控车床	CAK6140	ϕ400mm×750mm			国内先进
数控车床	CAK6150	ϕ500mm×100mm			国内先进
平面磨床	M618	工作台面尺寸:150mm×460mm	改型设计	企业新产品	国内先进
浙江金火机床有限公司					
高速精密全自动镗床	JHTQ	主轴回转精度:0.003mm;重复定位精度:0.005mm;圆度:0.003mm;圆柱度:0.003mm/100mm;表面粗糙度:$R_a\leqslant$0.4μm	全新设计	企业新产品	国内领先
高速精密数控车床	CKM6125	重复定位精度(X/Z):0.003mm/0.005mm;圆度:0.0005mm;表面粗糙度:$R_a\leqslant$0.1μm	全新设计	企业新产品	国内领先

（续）

产品名称	型　号	主要技术参数	产品性质	产品属性	产品水平
数控车床	CJK0635/A	床身上最大回转直径:420mm;最大加工长度:750mm;主轴通孔直径:52mm;主轴最高转速:2 500~5 000r/min;快速进给速度(X/Z):(7 000mm/min)/(8 000mm/min);尾座套筒锥度:莫氏4号;尾座轴移动量:100mm;主轴电动机功率:5.5kW	全新设计	企业新产品	国内领先
数控多面切削机床	DMC06SK	外形尺寸:1 200mm×710mm×1 312mm;车削主轴输入转速:1 600r/min;传动比(i):2∶1(3∶1)。大拖板行程:80mm;小拖板行程(X/Z):(0~30)mm/(0~150)mm;加工范围:ϕ20~75mm,长度0~100mm	全新设计	企业新产品	国内领先
佛山市佛威精密机床有限公司					
卧式加工中心	FWH—4	基台:1 200mm×900mm+800mm×800mm;转台:1°×360	全新设计	企业新产品	国内同类先进
西安北村精密机械有限公司					
小型精密数控纵切车床	XKNC—SAL—3	三轴经济型数控纵切车床	全新设计		国内先进
小型精密数控车床	XKNC—20FS	带Cs轴控制排刀型车床	全新设计		国内先进
小型精密数控车床	XKNC—100GL	附带全自动上下料系统的精密数控车床	全新设计		国内先进

六、科研成果及其应用

2008年,虽受5.12汶川大地震和金融危机的影响,但经研发院和各事业部、子公司的共同努力,四川普什宁江机床有限公司共完成科研项目43项,技术准备项目12项。

以自行研制开发为依托,四川普什宁江机床有限公司研发院加强与科研单位和大专院校的合作。与四川大学合作开发的省科技攻关项目"精密数控加工中心设计技术",目标是从原理和技术上重点突破高速高精密卧式五轴联动加工中心急待解决的关键技术问题。与重庆大学机械传动国家重点实验室蜗轮研制中心合作研制,在TH6363转台式四轴联动加工中心上,采用"侧隙可调平面包络环面蜗杆传动"作为该机床数控转台的分度蜗轮副。同时结合公司科研项目与产品改型需要,与省内外多家院校和科研院所进行合作,开展多项科研试验工作。2008年小型机床行业科研项目见表5。2008年小型机床行业获奖科研项目见表6。

表5　2008年小型机床行业科研项目

序号	项目名称	主要内容	投入资金(万元)	项目来源	完成企业
1	基于数字化虚拟设计原理的机床高速主轴系统开发技术研究	应用CAD/CAE/CAM技术,制订高速主轴系统的虚拟设计环境技术方案,建立高速主轴系统虚拟产品数字化信息模型,提出基于网络的协同作业的数字化虚拟设计原理与实施技术		自主研发	四川普什宁江机床有限公司
2	数控纵切自动车床可靠性试验	通过对主轴双面动平衡、震动和刚性试验以及主轴及回转中心架的热变形试验、切削参数优化试验等,提高该系列机床的主轴回转精度和可靠性,延长丝杠使用寿命		自主研发	四川普什宁江机床有限公司
3	低温冷风微量润滑绿色切削技术研究	在数控机床的切削中进行低温冷风微量润滑切削应用试验,提出使用的方法和应用的范围		自主研发	四川普什宁江机床有限公司
4	深孔加工技术与结构的研究	对零件深孔加工的种类、范围及加工工艺、刀具(枪钻、钢管钻)进行分析研究和试验,总结各类零件的工艺流程、加工方法等,提出主要部件的结构设计建议		自主研发	四川普什宁江机床有限公司

（续）

序号	项目名称	主要内容	投入资金(万元)	项目来源	完成企业
5	冰箱压缩机零件加工工艺研究	对冰箱压缩机的连杆、曲轴和活塞等主要零件的加工工艺进行调研，全面了解、掌握零件工艺流程、加工方法		自行研发	四川普什宁江机床有限公司
6	JHTQ高速精密全自动镗床	高速高精度主轴单元，机械主轴箱的转速达到6 000r/min；快速高效的不停机自动让刀装置；加工精度接近国际水平，圆度0.002mm，圆柱度0.003mm/100mm（样机检测结果）	588	自主研发	浙江金火机床有限公司
7	CKM6125高速精密数控车床	主轴箱最高转速突破3 500r/min，达到5 000r/min，圆度达到或接近国际水平高转速的实现同时促进了表面粗糙度的突破	625	自主研发	浙江金火机床有限公司
8	DMC06SK数控多面切削机床	主轴可实现正反双向旋转（专利）；改变切削刀盘与工件的转速比，可加工对称平面（偶数）和非对称平面（奇数）；采用二轴联动数控技术，主轴可自动调速，加工不同的多面体，无需更换齿轮箱；可多面多台阶加工工件；工件可从任一位置开始加工，并可两端对称加工	500	自主研发	浙江金火机床有限公司
9	FWL—8立式加工中心	车、铣、钻、镗、攻螺纹功能和转台功能研发	300	自筹	佛山市佛威精密机器有限公司
10	FWV/H—8大型动柱五轴联动立卧转换加工中心	两轴联动主轴头、消隙齿轮传动、进给机构、全闭环光栅检测机构研发	500	自筹	佛山市佛威精密机器有限公司

表6　2008年小型机床行业获奖科研项目

序号	项目名称	主要内容及应用范围	获奖名称	获奖等级
四川普什宁江机床有限公司				
1	空调压缩机加工生产线	由气缸加工生产线、曲轴加工生产线、轴承加工生产线、主壳体加工生产线及活塞加工生产线组成。零件输送采用机械手自动线输送方式或步伐式输送方式，组成了完整的自动生产线。零件一次装夹可自动完成工序卡规定的加工内容。技术处于国内领先水平，属国内首创。主要用于空调压缩机行业重要关键零件的加工生产	中国机械工业科学技术奖	三等奖
2	NJ—124CNC数控蜗杆螺纹铣床	是专为加工蜗杆、精密螺纹设计制造的一种产品，主要用于加工模数小于2mm的蜗杆或相应的精密螺纹。该机床的研制成功，填补了国内空白，可以替代进口。可广泛用于汽车、医疗器械、微电动机、电动工具、渔具、仪器仪表及日用品等行业高效加工以及大批量生产各种精度的蜗杆	四川省科技进步奖	三等奖
3	NJ—K031数控二轴深孔钻床	是根据用户对大型深孔加工设备的需求，采用山特维克单管钻技术而研制开发的专用机床。该机床的研制成功，为大型零件多个坐标点的深孔加工提供了保证，可广泛用于各个行业各类零件的深孔加工。该机床的研制成功，填补了国内空白，已成功应用于管板上的深孔加工，取得良好效果。该设备亦可广泛用于发电设备、模具、航空航天和船舶、军事、汽车等行业加工各种类型的深孔	成都市科技进步奖	二等奖

（续）

序号	项目名称	主要内容及应用范围	获奖名称	获奖等级
浙江金火机床有限公司				
4	JHTQ 高速精密全自动镗床	主要用于发动机、仪器仪表、航空航天、汽车摩托车、电机电器、医疗器械等行业加工小型、精密高速运转部件上轴瓦零件	国内首台套产品	

七、企业简介

宁江机床集团股份有限公司　前身宁江机床厂建立于1965年，专业从事精密机床的研究与设计制造，2000年转制为股份制企业，国有资产全面退出。2008年，公司实现工业总产值6.45亿元，实现销售收入6.89亿元，由于受5·12特大地震灾害和世界金融危机的影响，出现大幅亏损，实现利税－6 847万元。2008年公司拥有主要生产设备500余台，全年共生产金属切削机床1 127台。

公司已形成“一院两基地”，即成都宁江机床研发院，精密机床生产基地和大型数控机床制造基地。公司一直坚持自主研发、掌握核心技术并适时引进成套技术来提升产品核心竞争能力。经过40多年的技术沉淀，公司已具备雄厚的技术实力和生产制造能力。公司设有四川省级技术中心、成都宁江机床研发院、国家博士后工作站、国家一级计量单位和成都仪表机床研究所，建有国内一流的研发中心、实验中心、计量检测中心、精密轴系和精密箱体制造车间。公司产品以“精密、高效、集成、智能化”为发展方向，可为客户提供卧式加工中心、立式加工中心、数控龙门式铣床、数控落地镗床、坐标磨床、坐标镗床、数控车床、数控及凸轮控制纵切自动车床、专用组合机床、自动组装及生产线等10大系列200多个品种的精密、高效机床。主要产品获得国家、部及省市级优秀产品、科技进步奖、高新技术成果转让项目、重点新产品推广项目等荣誉。“宁江”牌精密数控机床为四川省名牌产品，“宁江”牌商标为四川省著名商标、中国驰名商标。产品广泛应用于航空、航天、军工、船舶、核电设备、汽车、摩托车、模具、IT以及仪器、仪表、家电、五金、玩具等行业，并出口20多个国家和地区。

浙江金火机床有限公司　创建于1991年，系国内较早专业生产金属切削机床的企业。公司长期致力于仪表机床、数控机床、铣床、磨床的研制和生产，积累了丰富的经验。

公司现有员工300多人，技术力量雄厚，加工设备先进，检测手段齐全，已成为浙江地区数控机床和仪表机床生产销售的重点企业。金火产品以其优良的品质、卓越的性能、至诚的服务赢得了客户的信赖，畅销国内外。2008年实现销售收入13 580万元，实现利税1 109万元。

公司非常重视高新技术产品的研究开发，并于2004年成立高新技术研发中心（目前已被认定为杭州市高新技术研发中心），公司科技成果转化能力得到了很大提高，高新技术产品产值率一直保持较高水平。公司被浙江省科技厅认定为“浙江省高新技术企业”、“浙江省科技型中小企业”。公司自主研发的多项新产品列入省级新产品试制计划：“CJK系列数控机床”被列入“浙江省高新技术产品”，同时和“JHTQ高速精密全自动镗床”被杭州市经贸委认定为“国内首台（套）产品”。公司已拥有近20项自主知识产权。2005年“金火”被评为杭州市著名商标，2008年10月“金火”牌数控机床、仪表机床荣获“浙江省名牌产品”称号。

公司始终遵循“金的品质，火的热情”，以金子般品质的产品加上全体员工火一样的热情来赢得市场，使企业得到不断的壮大。

佛山市佛威精密机械有限公司　成立于2002年，是由佛山市电建集团和佛山市南海中南机械有限公司合资创办的有限责任公司。公司集合了佛山电建集团和中南机械有限公司的资金和技术优势，是一家集研发、生产制造、市场营销于一体的数控机床专业厂家，也是华南地区最早从事数控机床生产的高新技术企业之一。

目前，佛山市佛威精密机器有限公司自主设计、生产、制造的高精度、高可靠性的数控机床在珠三角地区已经赢得了很好的声誉，而这些都与佛山市佛威精密机器有限公司的硬件设施、技术基础、产品设计、资金供应以及制度建设等方面是分不开的。

公司设备齐全，实力雄厚，拥有一整套世界一流水平的加工设备和检测装置，为大型数控设备的生产和检测提供了强有力的硬件支撑。公司拥有一支高素质的技术研发、生产和管理人员队伍，重视产品项目的研发，专门成立了项目研发小组，具备自主研发和生产三轴联动、四轴联动加工中心及立卧两用铣削头、刀库、主轴等精密机床及其关键部件的能力。公司自行研制并投产了FWV立式加工中心、FWH卧式加工中心、FWT数控车床、FWB龙门加工中心等多个机床系列，并且每年都能根据市场需求推出2～3个新产品。其中，FWH—4卧式加工中心通过了广东省机械工程学会的科技成果鉴定，并申请7项实用新型专利；大型五轴联动加工中心在2008年获得市、区两级政府的科技开发专项资金扶持。同时，公司与广东工业大学进行产学研合作，共同组建了大型加工中心工程技术研发中心，科研实力进一步增强。

公司紧跟市场需求，研发出一系列经济、适用的机床品种，满足了不同层次客户的需求，并凭借良好的质量和信誉赢得了客户的好评。经过多年的发展和壮大，公司产品行销全国10多个省、市、自治区，广泛应用于机械加工、精密制造，飞机、汽车、船舶等制造行业。产品主要用户及其用途：西北航空公司加工飞机零配件和法国斯伦贝谢公司加工石油钻探零件；其他主要客户还有：江门华泰铝轮毂有限公司（全国轮毂生产龙头企业）、香港（深圳）查氏电子有限公司、广东伊之密机械有限公司及佛山市顺德区卓大玻璃机械有限公司等。

公司在多年的成长中逐步建立起一套科学、完善、高效的企业管理体制，具有先进、严谨的产品质量管理体系，并通过了德国TUV公司的ISO 9001:2000质量管理体系认证。

公司产品销售收入年年攀升，2007年销售额达到2 365万元，2008年达到3 504万元，2009年前3个月订单超过1 100多万元，比上年增长21%。为公司发展奠定了坚实的经济基础。

西安北村精密机械有限公司 中日合资企业，是国内专业生产小型精密数控机床的高新技术企业。

公司长期致力于小型精密数控机床的研发、生产、销售及国内客户的售后服务，并与日本北村制作所、兄弟工业株式会社、曙机械工业株式会社等国际知名机床制造商有着广泛的合作关系，融汇了日本数控机床的先进制造技术，为中国精密制造工程提供具有世界领先水平的高品质机械加工装备。

公司主要产品小型精密数控机床，包括XKNC系列排刀式、TX系列回转刀塔式和SL系列纵切式3种共计20多种规格CNC车床，具有加工速度快、精度的可靠性及保持性高等特点。产品广泛用于通信、制冷设备、光学仪器、家电、汽车、摩托车、电子、特种电动机、钟表等行业精密、高效加工小型复杂回转体零件。产品重复定位精度小于2μm，主轴精度小于2μm，达到国际先进水平，填补了国内小型精密数控车床领域的空白，缩小了与国外产品的差距。公司产品在国产品牌中拥有较高的市场占有率。

公司严格按照GB/T 19001—2000标准建立质量管理体系，通过了中国质量认证中心ISO 9001质量管理体系认证。“XKNC”商标被评为西安市、陕西省著名商标。XKNC系列小型精密数控车床被西安市政府评为西安市名牌产品，XKNC—20FA小型精密数控排刀车床被认定为“国家重点新产品”。公司已获得XKNC系列、XKNC—ZJ系列外观专利共6项，实用新型专利1项。

公司始终坚持“诚信关爱，高效准确，创新协作”的核心价值观，一贯秉承“为客户创造价值、为员工缔造福祉、为企业赢取利润”的企业宗旨，竭力为客户提供优质的服务，为实现“致力于成为国际制造业中一流的装备制造商与服务提供商”的企业愿景而前进。

〔撰稿人：中国机床工具工业协会小型机床分会王 燕
审稿人：中国机床工具工业协会小型机床分会高克超〕

锻压机械

一、生产发展情况

据有关统计数据，销售收入在500万元以上的锻压设备生产企业全国有近460家，中国机床工具工业协会锻压机械分会有会员单位75家。锻压设备生产企业中大型企业较少，绝大多数为中小型企业。锻压设备生产企业一半以上集中在江苏、山东、上海、浙江等省市。按生产的产品种类分，生产机械压力机的企业占40%以上，生产液压机的企业约占15%，生产剪切、弯曲、矫直(平)机的企业在30%左右，生产其他锻压设备的企业约占15%。

据中国机床工具工业协会锻压机械分会对41家会员企业的统计，2008年完成工业总产值1 186 265万元，比上年1 021 779万元增长16.10%；工业增加值383 913万元，比上年324 600万元增长18.27%；实现利税总额113 900万元，比上年112 741万元略有增加。

2008年锻压机械行业主要经济指标完成情况见表1。

2008年锻压机械行业企业主要经济指标完成情况见表2。

表1 2008年锻压机械行业主要经济指标完成情况

指标名称	单位	实际完成
工业总产值(现价)	万元	1 186 265
其中：机床工具类产品产值	万元	1 186 265
工业销售产值(现价)	万元	1 169 364
其中：机床工具类产品销售产值	万元	1 169 364
工业增加值	万元	383 913
实现利税	万元	113 900
从业人员平均人数	人	30 551
资产总计	万元	1 169 377
流动资产平均余额	万元	755 383
固定资产净值平均余额	万元	253 615

表2 2008年锻压机械行业企业主要经济指标完成情况

序号	企业名称	工业销售产值(万元)	工业总产值(现价)(万元)	从业人员平均人数(人)
1	天津市天锻压力机有限公司	60 006	60 002	1 198
2	长治钢铁集团锻压机床有限公司	9 760	11 225	580
3	山东宏康机械制造有限公司	16 689	16 689	585

（续）

序号	企业名称	工业销售产值（万元）	工业总产值（现价）（万元）	从业人员平均人数（人）
4	上海冲剪机床厂	17 697	18 439	407
5	上海第二锻压机床厂	3 991	4 544	257
6	江苏省徐州锻压机床厂集团有限公司	25 017	26 835	671
7	合肥锻压集团	66 611	66 548	924
8	济南二机床集团有限公司	179 098	188 580	4 804
9	青岛青锻锻压机械有限公司	18 662	18 264	937
10	湖北三环锻压机床有限公司	63 193	65 002	1 618
11	四川内江四海锻压机床有限公司	7 448	7 704	544
12	天水锻压机床有限公司	30 910	36 034	1 026
13	厦门锻压机床有限公司	3 969	4 626	248
14	湖北力帝机床股份有限公司	13 835	13 828	386
15	无锡市蓝力机床有限公司	11 725	11 708	425
16	扬州锻压机床有限公司	70 992	71 071	578
17	广东锻压机床厂有限公司	22 783	24 438	905
18	安阳锻压机械工业股份有限公司	22 534	22 745	666
19	河北天辰锻压机械有限公司	986	1 014	251
20	沃得精机（中国）有限公司	85 043	65 128	2 422
21	湖北富升锻压机械有限公司	3 123	3 120	175
22	山东高密高锻压机械有限公司	25 357	27 594	1 156
23	哈尔滨锻压机床有限责任公司	1 290	1 290	80
24	靖江市三力锻压机床制造有限公司	2 572	2 580	282
25	江苏亚威机床有限公司	39 687	42 145	664
26	江苏江海机床集团有限公司	30 200	30 200	428
27	荣成锻压机床有限公司	23 580	24 930	602
28	泰安华鲁锻压机床有限公司	28 016	26 950	520
29	泰安市联达锻压设备有限公司	10 439	10 609	276
30	天津市第二锻压机床厂	1 137	1 842	97
31	西安冲剪机床制造有限公司		556	48
32	浙江萧山金龟机械有限公司	11 027	11 610	435
33	徐州压力机械股份有限公司	14 075	14 150	670
34	诸城亿沣机械有限公司	5 119	5 265	298
35	浙江锻压机械集团有限公司	12 088	17 239	725
36	江苏金方圆数控机床有限公司	50 400	53 570	437
37	江苏扬力集团	157 392	155 863	3 240
38	梧州市万顺锻压机床有限公司	5 140	5 028	374
39	无锡市华通气动制造有限公司	3 544	3 351	232
40	沈阳重锻锻压机制造有限公司	2 174	1 890	110
41	宁波精达机电科技有限公司	12 054	12 062	270

由以上数据可以看出，2008 年，虽然受世界金融危机的影响，但锻压机械行业仍保持持续增长势头，经济运行质量进一步提高。工业增加值增长率为 18.27%，大于工业总产值增长率（16.10%），表明企业更加注重内部管理，充分消化不利因素的影响，提高了企业的总体效益。但实现利税的增长幅度不大，反映了在世界金融危机阴影下企业处境仍很艰难。

二、产品分类产量

2008 年，锻压机械总产量为 77 022 台（套），比上年 92 170台（套）减少 16.43%。在锻压机械总产量中，机械压力机 62 791 台（套），占总量的 81.52%。2008 年，数控锻压机械产品 3 957 台（套），占总量的 5.14%，比上年略有增长。但锻压机械产品数控化率仍很低，数控化进程相当缓慢。

2008 年，锻压机械生产总产量虽比上年减少 16.43%，但产值 996 855 万元却比上年增长 16.00%，说明生产的机床结构有较大改善。

锻压机械产品仍以中小型设备为主，大型锻压机械年产8 001台（套），仅占总产量的10.39%，其中重型锻压机械2 154台（套），仅占总产量的2.80%。大型锻压机械的产量比上年有所减少，但重型锻压机械的产量和占总量的比例比上年有较大增加。从锻压机械产值占比分析，产量占总产量81.52%的机械压力机，产值仅占总产值的54.10%；弯曲、折叠、矫直（平）机，剪切机和液压机三者产量占总产量的15.82%，其产值占总产值的39.70%。仅占总产量5.14%的数控锻压机械产品，其产值为349 500万元，却占总产值的35.06%。由此可见，减少普通机械压力机特别是小型、低档机械压力机的产量及占比，提高大中型锻压机械以及高技术附加值的锻压机械产品产量，努力提高锻压机械的数控化率，是今后相当长一段时间锻压机械行业发展的重要目标。

2008年锻压机械行业分类产品生产情况见表3。2008年锻压机械行业企业分类产品生产情况见表4。

表3　2008年锻压机械行业分类产品生产情况

产品名称	实际完成		其中：数控	
	产量（台）	产值（万元）	产量（台）	产值（万元）
金属成形机床	77 022	996 855	3 957	349 500
机械压力机	62 791	539 283	474	140 481
液压机	2 983	194 911	938	140 778
剪切机床	3 880	64 295	857	16 062
弯曲、折叠、矫直（平）机	5 321	136 556	1 460	36 901
锻锤、锻机	524	9 426		
线材成形自动机	122	4 250	84	4 056
其他金属成形机床	1 401	48 134	144	11 222

由表3可知，在锻压机械的产品分类中，81.52%是机械压力机，弯曲、折叠、矫直（平）机位居其次占6.91%，剪切机床列第三占5.04%，液压机占3.87%，其他锻压机械产品占2.66%。

表4　2008年锻压机械行业企业分类产品生产情况

序号	企业及产品名称	实际完成		其中：数控	
		产量（台）	产值（万元）	产量（台）	产值（万元）
1	天津市天锻压力机有限公司				
	液压机	296	58 399	161	53 863
2	长治钢铁集团锻压机床有限公司				
	弯曲、折叠、矫直（平）机	97	10 314		
3	山东宏康机械制造有限公司				
	机械压力机	66	16 689		
4	上海冲剪机床厂				
	剪切机床	209	2 682		
	弯曲、折叠、矫直（平）机	703	13 754		
5	上海第二锻压机床厂				
	机械压力机	363	4 885		
6	江苏省徐州锻压机床厂集团有限公司				
	机械压力机	4 427	32 964		
	液压机	81	1 825		
	其他金属成形机床	9	302		
7	合肥锻压集团				
	机械压力机	10	258	2	210
	液压机	490	48 829	192	44 579
8	济南二机床集团有限公司				
	机械压力机	269	132 965	163	119 911
9	青岛青锻锻压机械有限公司				
	机械压力机	142	14 445	5	1 742
	锻锤、锻机	8	783		
10	湖北三环锻压机床有限公司				
	机械压力机	52	1 786	52	1 786
	液压机	19	700		
	剪切机床	515	11 593		
	弯曲、折叠、矫直（平）机	429	25 569		
	其他金属成形机床	13	3 864		

（续）

序号	企业及产品名称	实际完成		其中：数控	
		产量（台）	产值（万元）	产量（台）	产值（万元）
11	四川内江四海锻压机床有限公司				
	机械压力机	1 252	7 704		
12	天水锻压机床有限公司				
	剪切机床	101	2 451	8	219
	弯曲、折叠、矫直（平）机	68	3 121	24	2 551
	其他金属成形机床	43	13 286		
13	厦门锻压机床有限公司				
	机械压力机	1 116	3 495		
14	湖北力帝机床股份有限公司				
	液压机	125	2 753		
	剪切机床	134	3 175		
	其他金属成形机床	6	7 068		
15	无锡市蓝力机床有限公司				
	液压机	205	11 708		
16	扬州锻压机床集团有限公司				
	机械压力机	5 105	71 071		
17	广东锻压机床厂有限公司				
	机械压力机	1 317	19 851		
	液压机	227	2 881		
	剪切机床	5	10		
	其他金属成形机床	938	1 696		
18	安阳锻压机械工业股份有限公司				
	液压机	183	14 028		
	剪切机床	3	74		
	锻锤、锻机	516	8 643		
19	河北天辰锻压机械有限公司				
	机械压力机	97	791		
20	沃得精机（中国）有限公司				
	机械压力机	13 342	44 831		
21	湖北富升锻压机械有限公司				
	机械压力机	58	2 780		
22	山东高密高锻机械有限公司				
	机械压力机	174	9 013		
23	哈尔滨锻压机床有限责任公司				
	机械压力机	117	1 946		
24	靖江市三力锻压机床制造有限公司				
	剪切机床	177	1 163		
	弯曲、折叠、矫直（平）机	113	1 359		
25	江苏亚威机床有限公司				
	剪切机床	364	5 038	288	3 779
	弯曲、折叠、矫直（平）机	831	20 476	665	16 381
	其他金属成形机床	142	14 437	112	10 828
26	南通江海锻压机床有限公司				
	剪切机床	826	10 166		
	弯曲、折叠、矫直（平）机	1 386	13 054		
	其他金属成形机床	208	6 980		

（续）

序号	企业及产品名称	实际完成		其中:数控	
		产量(台)	产值(万元)	产量(台)	产值(万元)
27	荣成锻压机床有限公司				
	机械压力机	369	20 525		
	液压机	4	116		
	剪切机床	9	89		
28	泰安华鲁锻压机床有限公司				
	剪切机床	165	5 832		
	弯曲、折叠、矫直(平)机	131	21 118		
29	泰安市联达锻压设备有限公司				
	剪切机床	99	4 356		
	弯曲、折叠、矫直(平)机	61	5 021		
30	天津市第二锻压机床厂				
	液压机	240	1 842		
31	西安冲剪机床制造有限公司				
	剪切机床	7	20		
32	浙江萧山金龟机械有限公司				
	机械压力机	14 365	4 350		
33	徐州压力机械股份有限公司				
	液压机	188	14 150	25	9 840
34	诸城亿沣机械有限公司				
	机械压力机	85	355		
35	浙江锻压机械集团有限公司				
	机械压力机	2 909	11 261		
	剪切机床	41	57		
36	江苏金方圆数控机床有限公司				
	液压机	485	30 070	485	30 070
	剪切机床	417	10 030	417	10 030
	弯曲、折叠、矫直(平)机	202	6 060	202	6 060
	线材成形自动机	5	1 000	5	1 000
37	江苏扬力集团				
	机械压力机	16 284	128 008	194	12 598
	液压机	426	6 935	75	2 426
	剪切机床	808	7 560	144	2 034
	弯曲、折叠、矫直(平)机	1 147	13 360	417	8 560
38	梧州市万顺锻压机床有限公司				
	机械压力机	705	5 028		
39	无锡市华通气动制造有限公司				
	机械压力机	109	47		
40	沈阳重锻锻压机制造有限公司				
	液压机	14	675		
41	宁波精达机电科技有限公司				
	机械压力机	58	4 234	58	4 234
	弯曲、折叠、矫直(平)机	153	3 350	152	3 349
	线材成形自动机	117	3 250	79	3 056
	其他金属成形机床	42	501	32	394

三、市场及销售

2008 年，锻压机械行业工业销售产值 1 169 364 万元。41 家统计企业中，工业销售产值超过 10 亿元的 2 家，大于 5 亿元小于等于 10 亿元的有 6 家。

2008 年，进入销售收入前 3 名的企业与上年相同，济南二机床集团有限公司仍居首位，销售收入接近 18 亿元；江苏扬力集团销售收入 15.7 亿元居第二，沃得精机（中国）有限公司 8.5 亿元为第三名。2007 年名列第四和第五的企业销售收入超过 5 亿元，而 2008 年进入前 8 名的企业销售收入均超过 5 亿元，生产销售均比上年有较大增长。

2008 年锻压机械行业产品销售收入前 10 名企业见表 5。

表 5　2008 年锻压机械行业产品销售收入前 10 名企业

序号	企 业 名 称	产品销售收入（万元）
1	济南二机床集团有限公司	179 098
2	江苏扬力集团	157 392
3	沃得精机（中国）有限公司	85 043
4	扬州锻压机床集团有限公司	70 992
5	合肥锻压集团	66 611
6	湖北三环锻压机床有限公司	63 193
7	天津市天锻压力机有限公司	60 006
8	江苏金方圆数控机床有限公司	50 400
9	江苏亚威机床有限公司	39 687
10	天水锻压机床有限公司	30 910

2008 年，共出口锻压机械 5 475 台（套），比上年增长 13%；出口额101 938万元，比上年增长 31%。锻压机械主要出口产品仍是机械压力机，出口量占出口总量的 60%，出口额占出口总额的 47%，出口产品结构没有明显改善。在出口的锻压机械中，大重型锻压机械 320 台（套），出口量只占出口总量的 7%，而出口额却达 11 004 万元，占锻压机械出口总额的 13%。值得一提的是，2008 年，数控锻压机床出口 265 台（套），不到出口总量的 5%，出口额则达18 670万元，占出口总额的 18%，两者比上年均有所增长。

2008 年锻压机械行业分类产品出口情况见表 6。2008 年锻压机械行业企业分类产品出口情况见表 7。

表 6　2008 年锻压机械行业分类产品出口情况

产品名称	实际完成		其中：数控	
	出口量（台）	出口额（万元）	出口量（台）	出口额（万元）
金属成形机床	5 475	101 938	265	18 616
机械压力机	3 288	47 685	14	7 588
液压机	122	5 836	17	2 117
剪切机床	865	16 046	234	8 911
弯曲、折叠、矫直（平）机	1 014	25 811		
锻锤、锻机	96	825		
线材成形自动机	33	1 163		
其他金属成形机床	57	4 573		

注：表中数据由于四舍五入有微小出入。

表 7　2008 年锻压机械行业企业分类产品出口情况

序号	企业及产品名称	实际完成		其中：数控	
		出口量（台）	出口额（万元）	出口量（台）	出口额（万元）
1	天津市锻压机床厂				
	液压机	20	778	10	600
2	山东宏康机械制造有限公司				
	剪切机床	13	1 298		
3	上海冲剪机床厂				
	剪切机床	27	404		
	弯曲、折叠、矫直（平）机	15	443		
4	上海第二锻压机床厂				
	机械压力机	19	207		
5	合肥锻压机床有限公司				
	液压机	9	1 647	7	1 517
6	济南二机床集团有限公司				
	机械压力机	35	8 738	14	7 588
7	青岛锻压机械集团公司				
	锻锤、锻机	2	23		
8	湖北三环锻压机床有限公司				
	液压机	1	15		
	剪切机床	349	8 365	234	8 911
	弯曲、折叠、矫直（平）机	266	6 269		
	其他金属成形机床	18	1 771		
9	四川内江四海锻压机床有限公司				
	机械压力机	1	92		
10	天水锻压机床厂				

（续）

序号	企业及产品名称	实际完成		其中:数控	
		出口量(台)	出口额(万元)	出口量(台)	出口额(万元)
	剪切机床	4	46		
	弯曲、折叠、矫直(平)机	3	156		
11	宜昌力帝实业集团有限公司				
	液压机	50	1 223		
	剪切机床	9	78		
	其他金属成形机床	1	2		
12	扬州锻压机床有限公司				
	机械压力机	344	8 027		
13	广东锻压机床厂有限公司				
	机械压力机	116	1 221		
	液压机	11	284		
14	安阳锻压机械工业股份有限公司				
	液压机	23	1 776		
	锻锤、锻机	94	802		
15	靖江市三力锻压机床制造有限公司				
	剪切机床	66	496		
	弯曲、折叠、矫直(平)机	37	384		
16	江苏亚威机床有限公司				
	剪切机床	66	1 056		
	弯曲、折叠、矫直(平)机	116	8 120		
	其他金属成形机床	25	2 623		
17	浙江萧山金龟机械有限公司				
	机械压力机	929	176		
18	徐州压力机股份有限公司				
	液压机	8	113		
19	浙江锻压机械集团有限公司				
	机械压力机	46	381		
	其他金属成形机床	2	4		
20	江苏金方圆数控机床有限公司				
	机械压力机	121	8 750		
21	江苏扬力锻压机床有限公司				
	机械压力机	1 661	18 609		
	剪切机床	331	4 303		
	弯曲、折叠、矫直(平)机	537	9 666		
22	宁波精达机电科技有限公司				
	机械压力机	16	1 485		
	弯曲、折叠、矫直(平)机	40	773		
	线材成形自动机	33	1 163		
	其他金属成形机床	11	173		

在出口方面，江苏扬力集团仍居榜首，出口额32 578万元，比上年增长19%；湖北三环锻压机床有限公司居第二名，出口额16 420万元，比上年增长约1/3；江苏亚威机床有限公司由上年的第六名跃为第三名，出口额11 799万元，是上年的3倍多。第四、第五和第六名的出口额十分接近，都在8 000万元以上。济南二机床集团有限公司的出口额虽与上年相差无几，但却由上年的第三名退至第五名。

值得指出的是，锻压机械行业出口的整体水平有所提高，出口额绝对值有较大增长。前3名出口额均突破亿元大关，前6名出口额均在8 000万元以上，前9名都超1 600万元，创造了锻压机械产品的最高出口水平。

2008年锻压机械行业出口额前10名企业见表8。

表8　2008年锻压机械行业出口额前10名企业

序号	企业名称	出口额(万元)
1	江苏扬力集团	32 578
2	湖北三环锻压机床有限公司	16 420
3	江苏亚威机床有限公司	11 799
4	江苏金方圆数控机床有限公司	8 750
5	济南二机床集团有限公司	8 738
6	扬州锻压机床集团有限公司	8 027
7	宁波精达机电科技有限公司	3 593
8	安阳锻压机械工业有限公司	2 578
9	合肥锻压集团	1 647
10	广东锻压机床厂有限公司	1 505

(续)

四、新产品、新技术、新工艺

锻压机械行业注重新产品开发，据不完全统计，2008年，企业开发新产品100多项。企业开发的新产品中，除部分改型设计外，多数是自行开发，具有自主知识产权，国内领先水平或国际先进水平的新产品。2008年锻压机械行业新产品开发情况见表9。

表9　2008年锻压机械行业新产品开发情况

序号	企业及产品名称	型号	主要技术参数	产品性质	产品属性	产品水平
济南二机床集团有限公司						
1	闭式四点多连杆压力机	LS4—2400E	公称压力:24 000kN	改型设计	行业新产品	国际先进
2	闭式四点多连杆压力机	LS4—2000L	公称压力:20 000kN	改型设计	行业新产品	国际先进
3	闭式四点多连杆压力机	LS4A—1200A	公称压力:12 000kN	改型设计	行业新产品	国际先进
4	闭式单点压力机	S1—2500	公称压力:25 000kN	改型设计	行业新产品	国际先进
5	冲压、开卷矫平复合送料机	ZSS—6×600		改型设计	行业新产品	国内领先
6	开卷落料线	BL—3×1850	板厚:3mm;板宽:1 850mm	改型设计	行业新产品	国际先进
7	机器人自动化送料线	RRS—1.6×1500	板厚:1.6mm;板宽:1 500mm	改型设计	行业新产品	国内领先
8	数控落地镗铣床	TK6916×144	工作台面尺寸(长×宽):1 600mm×14 400mm	改型设计	行业新产品	国内领先
9	龙门移动镗铣加工中心	XZH2740×80	工作台面尺寸(长×宽):4 000mm×8 000mm	改型设计	行业新产品	国际先进
10	交换工作台动梁龙门加工中心	XH2125×40	工作台面尺寸(长×宽):2 500mm×4 000mm	改型设计		国际先进
11	数控高速精细台式切割机	JRC2580A	切割长度:8 000mm	改型设计	行业新产品	国际先进
湖北三环锻压机床有限公司						
12	数控板材剪切中心	HGSK120/14	最大可剪板宽:12 000mm;板厚14mm	全新设计	企业新产品	国际先进
13	数控折弯机	HPS100/30	公称压力:1 000kg	改型设计	企业新产品	国际先进
天津市天锻压力机有限公司						
14	重型双工位锻造柔性液压机成套装备	THP10—3500/580	公称压力:35 000kN/5 800kN	全新设计	行业新产品	国际先进
15	船体板材成形技术和数控生产线系列装备	S—THP34Y—600	公称压力:6 000kN	全新设计	行业新产品	国际先进
16	船体板材成形技术和数控生产线系列装备	S—THP34Y—1000	公称压力:10 000kN	全新设计	行业新产品	国际先进
17	船体板材成形技术和数控生产线系列装备	S—THP34Y—1250	公称压力:12 500kN	全新设计	行业新产品	国际先进
18	船体板材成形技术和数控生产线系列装备	S—THP34Y—1500	公称压力:15 000kN	全新设计	行业新产品	国际先进
19	船体板材成形技术和数控生产线系列装备	S—THP34Y—1600	公称压力:16 000kN	全新设计	行业新产品	国际先进
20	船体板材成形技术和数控生产线系列装备	S—THP34Y—2000	公称压力:20 000kN	全新设计	行业新产品	国际先进
21	船体板材成形技术和数控生产线系列装备	S—THP34Y—3000	公称压力:30 000kN	全新设计	行业新产品	国际先进

（续）

序号	企业及产品名称	型号	主要技术参数	产品性质	产品属性	产品水平
宜昌力帝实业集团有限责任公司						
22	废钢剪断机	Q91Y—800W	最大剪切力:8 000kN	改型设计	企业新产品	国内先进
23	废钢破碎生产线	PSX—80104	生产率:35～45t/h	技术引进	行业新产品	国内先进
24	废钢剪断机	Q43Y—85E	最大剪切力:3 500kN	改型设计	企业新产品	国内先进
25	金属打包液压机	YC81—200F	包块尺寸:400mm×400mm×600mm	改型设计	企业新产品	国内先进
26	金属打包液压机	YB81—315	包块尺寸:550mm×550mm×1 000mm	改型设计	企业新产品	国内先进
27	金属打包液压机	Y81—600A	包块尺寸:530mm×530mm×1 500mm	改型设计	企业新产品	国内先进
青岛青锻锻压机械有限公司						
28	热模锻压力机	MP—630	公称压力:6 300kN;滑块行程:220mm	全新设计	行业新产品	国内领先
29	多工位摩擦压力机	MFP—8000	最大力:80 000kN;滑块行程:800mm	全新设计	行业新产品	国内领先
30	双盘摩擦压力机	JA53—2500A	公称压力:40 000kN	改型设计	行业新产品	国内领先
31	双盘摩擦压力机	J54—2500C	公称压力:25 000kN	改型设计	行业新产品	国内领先
32	双盘摩擦压砖机	J67—630A	公称压力:6 300kN	改型设计	行业新产品	国内领先
33	摩擦自动压砖机	J67Z—1600	最大力:32 000kN	改型设计	行业新产品	国内领先
34	双盘摩擦压砖机	J93—630C	公称压力:10 000kN	改型设计	行业新产品	国内领先
宁波精达机电科技有限公司						
35	高速精密自动冲压生产线	GD300	公称压力:3 000kN	全新设计	行业新产品	国内先进
36	高速精密自动冲压生产线	GC100—36P	公称压力:1 000kN	全新设计	行业新产品	国内先进
泰安华鲁锻压机床有限公司						
37	精密高强板料矫平机	WD43M—40×2000	板材屈服强度:700MPa	全新设计	行业新产品	国内领先
38	数控水平下调式三辊卷板机	WS11K—120×4000	最大卷板厚度:120mm	全新设计	行业新产品	国内领先
39	大型数控船用卷板机	WEF11K—35×21000	最大卷板厚度:35mm	全新设计	行业新产品	国际先进
40	数控船用卷板机	WES11K—32×16500	最大卷板厚度:32mm	全新设计	行业新产品	国内领先
41	数控船用卷板机	WEF11K—30×18000	最大卷板厚度:30mm	全新设计	行业新产品	国内领先
42	精密高强板料矫平机	WD43M—40×4000	板材屈服强度:700MPa	全新设计	行业新产品	国内领先
山东宏康机械制造有限公司						
43	数控落地镗铣床	TX200	镗轴直径:200mm	全新设计	行业新产品	国内先进
44	大型中厚板精整成套设备	25.4×2200	加工板厚:10～25.4mm	全新设计	行业新产品	国内领先
45	数控开卷矫平剪切生产线	T44—0.3～4×825	板厚:0.3～4mm;板宽:≤825mm	全新设计	行业新产品	国内先进
46	数控开卷矫平剪切生产线	T44—0.3～4×1650	板厚:0.3～4mm;板宽:≤1 650mm	全新设计	行业新产品	国内先进
47	液压闸式宽厚板高速剪切机	QC32×2500	可剪板厚 :≤32mm	全新设计	企业新产品	国内先进

（续）

序号	企业及产品名称	型号	主要技术参数	产品性质	产品属性	产品水平
48	机械闸式高速剪板机	QC32×1550	可剪板厚:≤32mm	全新设计	企业新产品	国内先进
49	数控横剪生产线	TH44—2.5～6×1200	板厚：2.5～6mm；板宽：≤1 200mm	全新设计	企业新产品	国内先进
50	数控横剪生产线	TH44—3～12×2000	板厚：3～12mm；板宽：≤2 000mm	全新设计	企业新产品	国内先进
江苏江海机床集团有限公司						
51	大型液压闸式剪板机	QC11Y	可剪板厚:≤50mm	改型设计	行业新产品	国内先进
52	大型同步板料折弯机	WC67Y	可折板厚:20mm	改型设计	企业新产品	国内先进
53	开卷矫平剪切生产线	T44QK	板厚:≤16mm	改型设计	行业新产品	国内先进
安阳锻压机械工业有限公司						
54	全液压数控模锻锤	C92K—16	打击能量:16kJ	全新设计	行业新产品	国内先进
55	全液压数控模锻锤	C92K—63	打击能量:63kJ	全新设计	行业新产品	国内先进
56	热锻液压机	Y13—1600	公称压力:16 000kN	全新设计	企业新产品	国内先进
57	热锻液压机	Y13—2500	公称压力:25 000kN	全新设计	企业新产品	国内先进
58	热锻液压机	Y13—3150	公称压力:31 500kN	全新设计	企业新产品	国内先进
59	10t 模锻电液锤	C86—250	打击能量:250kJ	全新设计	企业新产品	国内先进
60	8t 单臂自由锻电液锤	C61—280	打击能量:280kJ	全新设计	企业新产品	国内先进
61	20t 全液压操作机	T31DYZ—20	公称载重量:20t	全新设计	企业新产品	国内先进
62	8t 四连杆回转操作机	T31DYH—8S	公称载重量:8t	全新设计	企业新产品	国内先进
扬州锻压机床集团有限公司						
63	数控精冲压力机	YFB—650		全新设计	行业新产品	国内领先
64	闭式双点高速精密压力机	YZH—100		全新设计	行业新产品	国内领先
65	闭式行程可调高性能压力机	PSR—400		全新设计	行业新产品	国内领先
山东鲁南同锐设备有限公司						
66	数控液压折弯机	WS67K—160	公称压力:1 600kN	改型设计	行业新产品	国内先进
67	数控折边机	WBK—2040	折边宽:2 040mm	技术引进	行业新产品	国内先进
68	机械压力机	JH21—160	公称压力:1 600kN	全新设计	企业新产品	国内先进
69	机械压力机	JH21—200	公称压力:2 000kN	全新设计	企业新产品	国内先进
70	双点压力机	J25—160	公称压力:1 600kN	全新设计	企业新产品	国内先进
71	数控摆式剪板机	QC12Y—20×3200	可剪板厚:20mm	全新设计	企业新产品	国内先进
72	数控摆式剪板机	QC12Y—30×3200	可剪板厚:30mm	全新设计	企业新产品	国内先进

济南二机床集团有限公司经历了从引进、消化吸收到自主创新的过程，从产品技术水平落后国外10～15年，追赶到与国外同步开发最新产品技术；从只能制造单一品种的产品，发展到根据用户需求提供个性化的产品服务；逐步形成了具有特色的“JIER”技术体系。当前，企业技术开发投入占到销售收入的7%以上，技术进步产品产值占新增工业产值的70%以上；企业技术中心被认定为首批118家“国家级企业研发中心”；每年自主开发上百个新产品，其中90%达到国内或国际先进水平。

面对国内市场与国际市场迅速接轨，我国机床工业面临前所未有的挑战。随着技术的快速升级，企业通过单纯的技术引进，获得核心技术的空间越来越少。挑战国际顶尖企业的垄断地位，打造国际一流机床企业，迫切要求企业增强技术创新能力。济南二机床集团有限公司为此付出了巨大的努力，取得了显赫业绩。

一是积极开展与国际著名功能部件、机器人制造商的合作，推进与高校、科研机构的产学研联合，充分应用现代技术发展成果，着力提高企业技术集成创新能力，快速进入高端市场。成功为美国用户提供了20 000kN、25 000kN高速级进模压力机，50 000kN 多工位机械压力机；为巴西福特公司、巴西通用公司提供了由压力机、机器人自动冲压生产线、快速送料冲压线组成的集成工程；为长安汽车公司提供了国内第一条全自动汽车覆盖件冲压生产线，为华泰汽车公司提供了国内第一条机器人全自动冲压生产线，为上汽通用公司、沈阳金杯公司等用户提供了快速送料冲压生产线等高技术产品，打破了国外企业在高端产品领域的垄断地位。赢得代表国际最高技术水平的双臂自动送料高速冲压线订单，与上汽通用公司、上海大众公司、广州本田公司、一汽大众公司、东风汽车公司等高端用户的合作更加密切；承接超重型数控动梁龙门镗铣床订单，标志着数控落地镗铣床的市场开发也取得积极进展。

二是着力于核心技术的自主创新。在锻压设备方面，先后在机械手自动上下料冲压生产线、机器人自动上下料冲压生产线、高速冲压生产线、大型多工位机械压力机和伺服压力机等尖端技术领域取得突破。在数控机床方面，成功开发出重型数控落地镗铣床，重型数控龙门镗铣床，大型高速五轴联动镗铣床，机械式（大功率、重切削）五轴联动镗铣床，高档开卷落料生产线，数控液压垫及大型多工位送料机等填补国内空白的新技术、新产品。同时，还开展了新材料应用及热处理、铸造和关键件机械加工工艺的研究与攻关。

三是进行高起点技术改造。3 年来，企业累计完成 4 亿元技术改造投资，拥有主要生产设备 1 300 余台（套），提高了基础大件、齿轮和轴类等关键件加工装备的数控化水平，增强了重型数控镗铣床和自动化锻压设备的装配能力，可制造世界上最大公称压力的超重型机械压力机和重型金属切削机床。

济南铸锻所捷迈机械有限公司开发的 PS31250 型数控冲剪复合机，公称压力 300kN/280kN（冲/剪）；最大加工板材尺寸 1 250mm × 5 000mm，最大加工板材厚度 6mm/4mm（冲/剪），最大加工板材重量 150kg；工作台最大行程 2 500mm/1 400mm（X/Y），工作台最大移动速度 100m/min；冲压部分模位数 32（含两套自动分度模），最大单次冲孔直径 88.9mm，最大冲压速度 900 次/min；剪切部分最大单次剪切尺寸 800mm × 1 250mm，Y 轴单次剪切长度 1 250mm，X 轴方向可连续半剪实现任意长度剪切，最小剪切板厚 0.5mm；数控系统为日本 FANUC 18i 系统，控制轴数 5（X、Y、T、C、B），具有工件图形显示功能和 RS—232C 接口。冲、剪滑块上死点、下死点位置可自动设定，剪切刀具间隙可编程控制，冲、剪工序由程序控制自动转换；冲剪一体化自动编程软件可将工件图形文件生成加工程序，并可对冲压路径、模具规格、排料方式等进行优化选择，提高了加工效率和材料利用率。该机可与配备的板材立体仓库、上料、下料、分选和堆垛等装置组成复合加工生产线。

江苏金方圆数控机床有限公司开发的 APSS 型数控冲剪复合加工线，由 1 台数控冲剪复合机与定位台、自动上料机械手组成，加工板材最大尺寸 1 250mm × 2 500mm，板材最大厚度 6mm。数控冲剪复合机冲压部分，公称压力 300kN；24 个标准工位，带 2 个自动分度工位，一次冲孔最大直径 88.9mm；最大送料速度 X 轴 80m/min，Y 轴 75m/min；最大合成速度 110m/min；最高冲切频率 1 000 次/min。数控冲剪复合机剪切部分，公称压力 250kN；最大单次剪切尺寸 800mm × 1 250mm，Y 轴的单次剪切长度 1 250mm，X 轴方向可连续半剪实现任意长度剪切，最小剪切板厚 0.5mm。采用德国 BOSCH—REXROTH 公司液压系统驱动，智能型夹钳可由编程实现自动位移，并有板料脱落报警功能。自动上料机械手配备喷气分层装置，喷出的压缩空气使粘连的板料脱开，避免发生吸双料现象。机械手上装有人工仿真定位驱动装置，保证将板材精确送到主机的夹钳口和原点销上。

江苏亚威机床有限公司与日本 NISSHINBO 公司合作生产、开发的 HIQ—3048 型 300kN 数控转塔冲床，最大加工板材尺寸 1 250mm × 5 000mm，最大加工板材厚度 6.36mm；其液压系统、数控系统和转盘等主要部件均来自日本 NISSHINBO 公司。液压系统可对行程、速度、压力编程控制，冲头下死点位置精度达 0.01mm，并可实现下死点保压；6 轴数控联动（X、Y、Z、T_1、T_2、C），伺服电动机 T_1、T_2 分别驱动上下转盘；3 只夹钳的位置均可编程设定、自动调节，以适应不同尺寸板料的要求；脱模自动检测装置可对故障进行自动检测并中断加工程序，以避免机构损坏和出现废品；56 个工位，带 2 个自动分度工位，最大模位直径 88.9mm；板料最大移动速度 X 轴 75m/min、Y 轴 70m/min；最高冲程次数 1 500 次/min，最高冲孔频率 X 轴 750 次/min、Y 轴 700 次/min（步距 1mm、行程 8.6mm）。该公司开发的 HPI—3044 型 300kN 数控转塔冲床，采用德国哈雷（H + L）公司的液压冲头和液压驱动系统，西门子（SIEMENS）公司的数控系统，以及日本 NISSHINBO 公司提供的转盘和旋转模具组件等关键部件。该机系闭式床身结构，具有良好的刚性和导向性；36 个工位，带 2 个自动分度工位；板料最大移动速度 X 轴 75m/min、Y 轴 70m/min；最高冲程次数 1 000 次/min，最高冲孔频率 X 轴 580 次/min、Y 轴 540 次/min（步距 1mm、行程 6mm）。

湖北三环锻压机床有限公司与比利时 LVD/Strippit 公司合作开发的 Parma1225 型和 Verona1225 型 200kN 数控转塔冲床，是高性能和经济型的有效结合。Parma 1225 型 200kN 数控转塔冲床最大加工板材尺寸 1 250mm × 2 500mm，采用二次定位可加工更大的板材；毛刷型工作台最大承载全速运行时为 49kg、低速运行时为 73kg；21 工位厚型转盘配置 12.7mm 模具和 31.7mm 模具各 8 个、50.8mm 可自动分度模具 3 个、88.9mm 模具 2 个，自动分度模具可实现自动编程，模具可在任意位置实现任意形状冲裁，也可安装滚动切割或滚动刻字模具。该机机身采用单体桥式框架结构，工作台配有精确的定位系统，可保证全行程定位精度达 ± 0.10mm、重复定位精度 ± 0.05mm；采用日本 GE FANUC 0iP 数控系统，操作者可在机床加工过程中进行编程、输入或输出加工程序，随机式或重复式格式简化了编程并缩短了程序长度。该机步距 1mm、冲程 2mm 时的最大连冲速度为 600 次/min；步距 25mm、冲程 2mm 时的最大步冲速度为 270 次/min，板料最大移动速度 86m/min。Verona 1225 型 200kN 数控转塔冲床技术参数高于前者，毛刷型工作台最大承载全速运行时为 85kg、半速运行时为 146kg；34 工位厚型转盘配置 12.7mm 模具 16 个、31.7mm 模具 12 个、50.8mm 可自动分度的模具 2 个、88.9mm 模具 4 个；步距 1mm、冲程 2mm 时的最大连冲速度为 1 000 次/min；步距 25mm、冲程 2mm 时的最大步冲速度为 425 次/min，板料最大移动速度 128m/min。

扬州锻压机床集团有限公司开发的 J76—125B 型 1 250kN高速精密冲压线，由 1 台 J76—125 型 1 250kN 闭式双点高速精密压力机主机和双头料架、S形矫平机、凸轮驱动送料机构组成。主机公称压力1 250kN，滑块行程30mm，滑块行程次数160～500次/min；机身采用螺栓拉紧的组合式结构，具有刚性好、角变形小的优点；四点式曲轴支承结构提高了曲轴的刚性和抗偏载能力；进口组合式气动干式摩擦离合器—制动器，噪声低，传动转矩大，制动角度小，使用寿命长；导柱导套式的导向结构，消除了连杆摆动对滑块产生的侧向力，保证了滑块运动精度；完善的动平衡系统和气囊式平衡装置，降低了振动与噪声，保证了整机高速运行平稳；温度自控系统和热补偿技术的应用，提高了滑块下死点的位置精度。

江苏省徐州锻压机床厂集团有限公司开发的JF75G—80A型800kN高速精密冲压线，由1台JF75G—80A型800kN闭式双点高速精密压力机主机和S形送料矫正机构组成。主机公称压力800kN，滑块行程30mm，滑块行程次数200～400次/min；组合式预应力整体框架机身，4根拉紧螺栓的预应力为公称压力的两倍，刚性好；采用动平衡结构，同时使用平衡缸，动态精度好；主轴采用高精度滚动轴承多点支撑，保障了运动平稳性，减少了机床总间隙和支撑部位的发热量。该公司SH—35型350kN开式高速压力机，公称压力350kN，滑块行程20mm，滑块行程次数可达200～1 100次/min；采用高强度合金铸造机身，具有强度高、刚性好、减振性好等优点；滑块采用三导柱无间隙导向形式，解决了在高速运行中保持高精度的难题；装在曲轴上的反向平衡装置，有效降低了运转时上下、前后的振动；循环油冷系统，通过控制热膨胀提高了滑块下死点的位置精度；液压式滑块调整锁紧装置，可确保滑块下死点精度的稳定性。

天水锻压机床有限公司TDW12NC—25×2000型数控四辊卷板机，金属板材一次上料，不需调头即可完成板材端部预弯和卷制成形。该机上工作辊为主驱动辊，下辊、侧辊为被动辊，下辊、侧辊升降为液压驱动，升降位移由计算机控制，自动调平，同步精度可达±0.20mm。翻转轴承体的翻转和复位由液压驱动，上辊尾部装有平衡机构，卷制后的工件可以方便卸出。数控系统除具有工艺参数的输入、编辑、计算、修改和存储功能外，还有人机对话、断电记忆和故障自诊断等功能。

泰安华鲁锻压机床有限公司开发了WS11K—100×3000型、WS11K—150×3800型和WS11K—170×3200型3个规格的水平下调三辊卷板机，WD43M—40×3000型、WD43M—40×2000型和WD43M—16×2000型3个规格的高强度板矫平机，WE11N—35×13500型数控船用卷板机以及WB12N—60×3500型数控四辊卷板机等。

在数控激光切割机开发方面，济南铸锻所捷迈机械有限公司开发的LCF—1530型数控激光切割机，采用飞行光路切割系统和高速运动定位系统，配备有集成在Z轴上的数控焦点补偿轴（C轴），使聚焦镜可相对于切割嘴运动，便于针对不同板材选定不同的焦点位置。江苏金方圆数控机床有限公司开发的LC6—3015型数控激光切割机，采用悬挂式龙门梁飞行光路结构等光程控制技术，以减少高速振动，保证切割质量稳定。江苏扬力集团开发的ML—1530型数控激光切割机，采用德国PRECITEC切割头，随动系统采用电容式传感器，具有良好的防碰撞功能。上海冲剪机床厂首次开发的有自主知识产权的JGJ—3015型数控激光切割机，采用横梁双电动机驱动技术，具有运动速度快且运行平稳的特点。

五、技术引进及合资合作

锻压机械行业的技术引进及与外资外商的合资合作，对提高行业技术水平和优化产品结构起到积极作用。

江苏亚威机床有限公司与瑞士SMS公司组建的中瑞合资江苏亚威爱普特锻压机床有限公司，专门从事数控折弯机、数控剪板机等板材加工机床的生产；与意大利SELEMA公司组建的中意合资亚威赛力玛锻压机械有限公司，从事数控开卷矫平剪切线生产；与日本日清纺合作生产高速数控转塔冲床，均取得较好的销售业绩，充分显示了合资合作产品在国内外市场的竞争力。

湖北三环锻压机床有限公司与德国汉斯舍恩公司（HANS SCHOEN）各出资50%成立的黄石汉斯舍恩机械设备制造有限公司，开发生产系列液压精冲机，用于金属板材的精冲加工。该公司开发的HFZP500型5 000kN数控液压精冲机，冲裁力5 000kN，压边力2 000kN，顶出力1 000kN，快速上行及快速下行速度均为245mm/s，冲裁速度5～48mm/s，最大冲裁次数55次/min。该机解决了液压精冲机承偏载能力差的问题，使之更能满足连续模和连续复合模的工艺要求。采用多级液压泵驱动、液压缸无充液阀、比例阀控制系统和蓄能器，可确保滑块进行快速运动和对速度进行优化选择；压力检测系统监控滑块的正常工作，反馈扫描系统可识别模具上未被去除的零件或废料，以保护造价昂贵的精冲模具；配备有数控前送料及后出料单元、废料剪切机、零件吹出装置、零件废料分选器和隔声装置等各种附件。

济南二机床集团有限公司技术合作与创新开发取得重要成果。与德国KOHLER、美国ISI、法国FOREST—LINE公司，在高档自动开卷落料生产线、压力机自动上下料装置、数控落地铣镗床等领域的合作取得重要进展。公司成功研制的具有国际先进水平的20 000kN重型机械压力机、龙门移动式五轴联动数控镗铣床、大功率铣头等，其核心技术取得重要进展。其中20 000kN重型机械压力机为出口美国产品。3项重大装备项目列入国家“863”计划，大型压力机开发项目列入国家级技术创新计划。该公司与诺冠、山德维克、米勒·万加顿以及AISAKU等公司合资企业生产的产品，也取得较好的品牌效应。

此外，山东宏康（集团）机械制造有限公司与韩国、日本等企业合作生产的钢卷护圈生产线、捆扎钢带生产线和数控开卷矫平横剪生产线等产品的知名度也在不断提高。

六、科研成果及其应用

企业的科研项目缘于新产品开发的需要，科研成果又直接为新产品开发服务。济南铸锻所捷迈机械有限公司开发的C1型数控冲剪复合柔性加工线，江苏亚威机床有限公司开发的HIQ—3048型和HPI—3044型300kN数控转塔冲床，江苏金方圆数控机床有限公司开发的APS3型数控冲剪复合加工生产线，济南二机床集团有限公司开发的LS4—2250型22 500kN闭式四点多连杆压力机、JF39—1000C型10 000kN闭式四点压力机以及XH2425×50型数控定梁龙门加工中心等新产品，都是在进行大量试验研究的基础上完成的。

据不完全统计，2008年，全行业投入38 700万元用于科研项目，已完成和在研项目100项以上。其中以济南二机床集团有限公司、天津市天锻压力机有限公司、合肥锻压集团、泰安华鲁锻压机床有限公司、江苏亚威机床有限公司、青岛青锻锻压机械有限公司、江苏省徐州锻压机床厂集团有限公司、湖北三环锻压机床有限公司、济南铸锻所捷迈机械有限公司、重庆江东机械有限责任公司、江苏金方圆数控机床有限公司和扬州锻压机床集团有限公司等企业的科技投入力度特别突出。这些企业表现出对产品开发的远见卓识。

锻压机械行业的科研成果也十分可喜。据不完全统计，2008年，全行业有20多个项目获国家级、省市级科技进步奖和其他奖励。其中，济南二机床集团有限公司LS4B—2500型2 500美t闭式四点多连杆压力机荣获国家科学技术奖二等奖，PLS4—3200—4500—2500型全自动快速柔性冲压生产线荣获山东省科技进步奖一等奖；江苏省徐州锻压机床厂集团有限公司SD—110型数控开式多工位压力机荣获江苏省级科技进步奖三等奖；合肥锻压集团YH73系列热压成形液压机和RZU1000HG快速液压机荣获安徽省科技进步奖三等奖；天津市天锻压力机有限公司15 000kN闸板缸动式液压机曾荣获中国机械工业科学技术奖三等奖。此外，还有多个项目获市级科技进步奖和其他奖励。

2008年锻压机械行业科研项目见表10。2008年锻压机械行业获奖科研项目见表11。

表10　2008年锻压机械行业科研项目

序号	项目名称	主要内容	应用状况	投入资金（万元）	项目来源
湖北三环锻压设备有限公司					
1	HGSK120/14型数控板材剪切中心	新产品研发	完成研制	175	黄石市科技计划
2	HPS型电液数控伺服折弯机	新产品研发	完成研制	85	黄石市科技计划
3	16 000kN五工位数控精锻压力机	新产品研发	完成研制	210	黄石市科技计划
4	数控激光切割机	新产品研发	研发中	40	黄石市科技计划
5	YH—1422/133型数控合缝预焊机	新产品研发	完成研制	210	自主研发
6	KHF型7 000kN数控液压精冲机	新产品研发	完成研制	110	自主研发
青岛青锻锻压机械有限公司					
7	MP—630型热模锻压力机	长“X”型导轨，导向精度高，热敏度小	完成研制	80	青岛市重点技术创新项目计划
8	MFP—8000型多工位摩擦压力机	锥套结构传递转矩	完成研制	250	青岛市重点技术创新项目计划
山东宏康机械制造有限公司					
9	TX200型数控落地镗铣床	独立的变频调速传动系统	自行应用	220	山东省经贸委计划
10	25.4X2200型大型中厚板精整成套设备	应用三次矫平、四次对中技术	自行应用	1 200	山东省经贸委重点项目计划
11	T44—0.3～4×825型数控开卷矫平剪切生产线	自动纠偏系统解决了冷轧带跑偏问题	自行应用	336	山东省经贸委计划
12	T44—0.3～4×1650型数控开卷矫平剪切生产线	剪切次数达到60次/min	自行应用	586	山东省经贸委计划
13	QC32×2500型液压闸式宽厚板高速剪切机	具有自主知识产权传动装置	自行应用	140	企业自选
14	QC32×1550型机械闸式高速剪板机	具有自主知识产权传动装置	自行应用	120	企业自选
15	TH44—2.5～6×1200型数控横剪生产线	研制的气垫式落料码垛机，较好地解决了钢板表面擦伤问题	自行应用	310	企业自选
16	TH44—3～12×2000型数控横剪生产线	研制的气垫式落料码垛机，较好地解决了钢板表面擦伤问题	自行应用	290	企业自选

（续）

序号	项目名称	主要内容	应用状况	投入资金（万元）	项目来源
泰安华鲁锻压机床有限公司					
17	WD43M—40×20 型精密高强板料矫平机	板材屈服强度:700MPa	自行应用	38	企业自选
18	WS11K—120×4000 型数控水平下调式三辊卷板机	最大卷板厚度:120mm	自行应用	26	企业自选
19	WEF11K—35×21000 型大型数控船用卷板机	最大卷板厚度:35mm	自行应用	165	企业自选
20	WES11K—32×16500 型数控船用卷板机	最大卷板厚度:32mm	自行应用	48	企业自选
21	WEF11K—30×18000 型数控船用卷板机	最大卷板厚度:30mm	自行应用	52	企业自选
22	WD43M 型精密高强板料矫平机	板材屈服强度:700MPa	自行应用	29	企业自选
扬州锻压机床集团有限公司					
23	数控精冲压力机		自行应用	540	企业自选
24	闭式双点高速精密压力机		自行应用	360	企业自选
25	闭式行程可调高性能压力机		自行应用	450	企业自选
安阳锻压机械工业有限公司					
26	数控全液压模锻锤		自行应用	500	企业自选
山东鲁南同锐设备有限公司					
27	WS67K—160 型数控液压折弯机		自行应用	160	引进
28	WBK—2040 型数控折边机		自行应用	250	引进
29	JH21—160 型机械压力机		自行应用	350	自主研发
30	JH21—200 型机械压力机		自行应用	360	自主研发
31	J25—160 型双点压力机		自行应用	400	自主研发
32	QC12Y—20×3200 型数控摆式剪板机		自行应用	300	自主研发
33	QC12Y—30×3200 型数控摆式剪板机		自行应用	400	自主研发

表 11　2008 年锻压机械行业获奖科研项目

序号	项目名称	主要内容及应用范围	获奖名称	获奖等级	主要完成单位
1	汽车零件精锻成形技术及关键装备的研发与应用	汽车及其部件的制造	湖北省科技进步奖	一等奖	湖北三环锻压设备有限公司等
2	中小型带钢冷轧辊	加工精度高:形位公差多在 2~4 级,尺寸公差多在 4~5 级	泰安市科学技术进步奖	三等奖	山东宏康机械制造有限公司技术中心
3	WD43M—80×2200 型七辊板料矫平机	具有自主知识产权,达到国内领先技术水平	山东省科技进步奖	三等奖	泰安华鲁锻压机床有限公司
4	WE11N—30×12500 型数控船用卷板机	具有自主知识产权,可以替代进口,达到国际先进水平	泰安市科技进步奖	二等奖	泰安华鲁锻压机床有限公司
5	WS11—80×3000 型数控水平下调式三辊卷板机	具有自主知识产权,可以替代进口,技术水平达到国内领先	泰安市科技进步奖	三等奖	泰安华鲁锻压机床有限公司
6	WS11K—120×4000 型数控水平下调式三辊卷板机	具有自主知识产权,可以替代进口,技术水平达到国内领先	山东省技术创新优秀新产品	一等奖	泰安华鲁锻压机床有限公司
7	WD43M—40×2000 型精密高强板料矫平机	具有自主知识产权,达到国内领先技术水平	山东省技术创新优秀新产品	二等奖	泰安华鲁锻压机床有限公司
8	WE11N—30×12500 型数控船用卷板机	具有自主知识产权,达到国际先进水平	山东省机械工业科技进步奖	一等奖	泰安华鲁锻压机床有限公司
9	WD43M—80×2200 型七辊板料矫平机	具有自主知识产权,达到国内领先技术水平	山东省机械工业科技进步奖	二等奖	泰安华鲁锻压机床有限公司
10	WS67K—800/8000 型数控板料折弯机	性能先进,可以替代进口,达到国际先进水平	山东省机械工业科技进步奖	三等奖	泰安华鲁锻压机床有限公司

（续）

序号	项目名称	主要内容及应用范围	获奖名称	获奖等级	主要完成单位
11	数控全液压模锻锤	锻造行业	河南省机械工业科技进步奖	二等奖	安阳锻压机械工业有限公司
12	XH2720A×250 型定梁双龙门移动镗铣加工中心	数控机床	山东省机械工业协会	二等奖	济南二机床集团有限公司数控公司
13	XHSV2525×60 型高架式五轴联动镗铣加工中心	数控机床	山东省机械工业协会	一等奖	济南二机床集团有限公司数控公司
14	LS4—2000H 型闭式四点多连杆数控拉伸垫压力机	压力机	山东省机械工业协会	一等奖	济南二机床集团有限公司压机公司
15	XKV2735×40 型数控五轴联动龙门移动式镗铣床	数控机床	山东省科技进步奖	一等奖	济南二机床集团有限公司数控公司
16	PLS4—6400—5000—2600 型 64 000kN 重型高速全自动冲压生产线	压力机	山东省科技进步奖	二等奖	济南二机床集团有限公司压机公司
17	XKV2735×40 型数控五轴联动龙门移动式镗铣床	数控机床	济南市科技进步奖	一等奖	济南二机床集团有限公司数控公司
18	PLS4—6400—5000—2600 型 64 000kN 重型高速全自动冲压生产线	压力机	济南市科技进步奖	一等奖	济南二机床集团有限公司压机公司

七、企业简介

湖北三环锻压机床有限公司 是锻压机床行业国有大型重点骨干企业，是具备世界先进科研能力和制造水平的现代化企业。

2008 年，公司在岗职工 1 618 人，总资产逾 5.9 亿元，销售收入达 6.9 亿元，出口交货值约 1.9 亿元，各项综合指标均创历史最好水平；获得“2008 金属成形机床制造行业排头兵企业”、“湖北省制造业信息化科技工程优秀示范企业”等 5 项荣誉称号。

在经济形势大起大落的 2008 年，公司始终坚持走一般性技术创新与重点技术突破和前沿性技术创新相结合之路，通过苦练内功不断提高自身的市场应变能力。在新产品开发上，先后完成了 HGSK120/14 型数控板材剪切中心、HPS100/30 型电液伺服数控折弯机的研制和鉴定工作；在新技术攻关方面，16 000kN 五工位冷精锻压力机项目被列为湖北省重点科技攻关项目；在产学研合作方面，同华中理工大学联合开发的 YK34J—1600/C1250 型 16 000kN 多向精锻液压机被评为黄石市科技进步奖一等奖，同武汉理工大学合作开发的肋骨机技术，经过不断改进，已日趋成熟和完善，产品出现产销两旺的良好形势；在优势的重型成形设备方面，不断加大技术改进和创新力度，提高产品技术含量和附加值。2008 年，共有 16 项成果获得科技成果奖，27 项技改项目获得技术革新奖，申报专利项目 10 项，其中 2 项取得了专利授权。

2008 年，公司正式启动了“大型精密数控锻压机床研制基地”建设项目。该项目建成后，公司的产品研发、制造能力将提升到一个新的发展层面。

济南二机床集团有限公司 是由原济南第二机床厂按现代企业制度试点要求整体改制而成的国有独资公司，是我国 520 家重点企业之一，我国最大的重型机械压力机和重型数控镗铣床研发基地、锻压设备行业排头兵。曾研制出我国第一台龙门刨床、第一台大型闭式机械压力机，世界最大的龙门刨床，具有国际先进水平的气缸体平面拉床，我国规格参数最大的重型数控冲压线、重型多工位机械压力机、重型数控龙门镗铣床等关键设备，是我国机床行业“十八罗汉厂”之一。有在岗职工 4 800 余人，总资产逾 18 亿元。

主导产品有数控锻压机械、数控金属切削机床、自动化设备、铸造设备、环保建材设备和数控切割设备 6 大门类。近年来，以“打造国际一流机床制造企业，塑造国际知名品牌”为目标，公司积极推进技术创新、制度创新、管理创新和文化创新。研制的数控液压拉伸垫、混合动力伺服压力机、机器人自动冲压线、快速送料自动冲压线、大功率重切削双龙门移动机械式五轴联动镗铣床，以及为航空航天提供的大规格、超大规格高性能、高速五轴联动加工中心等国内首台（套）产品，达到当代国际最新技术水平。承担并完成了为南水北调、航空、汽车等重点领域服务的 3 项国家“863”计划项目。出口美国 50 000kN 多连杆机械压力机，荣获国家科学技术奖二等奖。2008 年，公司实现销售收入182 085.5万元，同比增长 6.07%；完成工业总产值 188 580 万元，同比增长 7.75%；完成出口交货值 12 119.9 万元，同比增长 4.28%；实现利税 19 653.8万元，同比增长 3.26%；实现利润 11 033.1 万元，同比增长 32.00%。主要经济技术指标持续增长，企业综合实力和抗风险能力显著增强。

青岛青锻锻压机械有限公司 始建于 1946 年，前身为青岛锻压机械集团公司，是原机械工业部骨干企业、国家机床工具行业重点骨干企业，国家一级计量单位，国家二级企业。2004 年，由国有大型企业改制为民营企业，现为中国锻压协会常务副理事长单位，全国锻压机械标准化技术委员会锤与锻机专业委员会秘书处单位，中国机床工具工业协会锻压机械分会常务理事单位，连续19年被评为省级“守合同、重信用”企业，青岛市高新技术企业，青岛市认定企业技术中心。有10余种产品曾分别获得国家银牌、国家和原机械部科学技术奖，以及部、省、市优质产品奖。“青锻”牌产品荣获山东省名牌产品和2008年山东省著名商标称号。2008年公司获青岛市政府标准化基金奖励。公司从业人员937人，主要生产设备399台，最大起重量100t。2008年完成工业总产值18 264万元，销售收入18 662万元。

公司主要生产锻压机械、包装机械共13个系列58个品种规格的产品。锻压机械主导产品有双盘摩擦压力机、不锈钢复底锅压力焊接机、离合器式(高能)螺旋压力机、压砖机、辗环机、电液锤、带式落锤、热模锻压力机和电动螺旋压力机。自主设计的国内外规格最大、具有国际先进水平的J53—8000型80 000kN双盘摩擦压力机，填补了国内外空白。

“青锻”牌螺旋压力机代表了国家水平，产品覆盖包括中国香港和台湾在内的全国各省(市、自治区)，并销往印度、韩国、意大利、日本及东南亚、中亚、东欧等地30余个国家和地区。产品市场占有率连续多年保持行业第一。

上海第二锻压机床厂 创建于20世纪60年代初期，隶属上海电气(集团)总公司旗下的上海力达重工制造有限公司，是国家二级企业。该厂生产的“凹凸”牌机械压力机，1998年被原国家机械工业部评为部级名牌产品，从1996～2008年连续13年被评为上海市名牌产品，2008年“凹凸”牌被评为上海市著名商标。企业注重产品质量全过程管理，已通过ISO 9001质量体系认证，是第一批获得“出口机电产品质量许可证书”的企业，JH21系列开式固定台压力机第一批列入国家取代进口机电产品目录。主要产品有开式多工位压力机，可实现带料到成品一次冲压完成；开式固定台压力机，采用气动摩擦离合器—制动器，传动转矩冲击韧度大，结构紧凑，灵敏可靠；开式双点压力机，具有宽台面和较强的刚度，精度稳定，传动平稳，动作灵敏，操作方便；闭式单点压力机，可按用户需求增加多连杆机构，满足拉深工艺空程快速、冲压慢速的要求，提高产品质量和生产效率。

山东宏康机械制造有限公司 是一家创新型现代化企业，研制生产数控金属板卷开卷矫平剪切成套设备的骨干企业。主导产品为数控金属板卷开卷矫平剪切成套设备。同时，数控重型落地铣镗床、多用途除雪设备、钢铁物流配送等项目逐步成为公司新的经济增长点。

公司是国家级重点高新技术企业、中国机床工具工业协会锻压机械分会理事单位、中国机械工程学会塑性工程(锻压)学会会员单位。负责制定了《板料开卷矫平剪切生产线》国家、行业标准，《开卷矫平剪切生产线安全要求》和《数控开卷矫平剪切生产线》两项国家标准，正在参加制订国家民航总局组织的《机场道面除雪设备》国家、行业标准。自行研制的宽厚板开卷矫平剪切成套设备已成为国内替代进口的主导产品。产品成功出口到亚洲、欧洲、美洲和非洲等地区。

公司于2002年通过了ISO 9001:2000质量体系认证。“宏康”牌金属板材开卷矫平剪切成套设备荣获“山东名牌产品”称号。“宏康”牌锻压机械被评为山东省著名商标。数控金属板卷开卷矫平剪切成套设备扩产项目得到山东省政府重点产品结构调整专项资金扶持。钢铁物流项目获得了省政府服务业发展引导资金支持。公司拥有省级企业技术中心，有17项实用新型专利，5项发明专利进入实质性审查阶段，2008年申报了2项发明专利和2项实用新型专利，已全部被受理。公司被山东省科技厅、山东省知识产权局评为“中国专利山东明星企业”。

天水锻压机床有限公司 前身为天水锻压机床厂，已有40余年的历史，属国家大二型企业。主导产品为剪板机、折弯机和制管成套设备，共5大类，28个系列，180多种规格。年产各类锻压设备650台(套)，是国内唯一一家能生产大型数控剪切中心和全套大口径直缝埋弧焊管生产线的企业。有从业人员1 026人，其中工程技术人员160人；主要生产设备300多台(套)。

公司设有省级企业技术中心和甘肃省制管及锻压设备工程中心，可为用户提供“量体裁衣”式的个性化产品。2008年通过省级鉴定的新产品有6种，其中预弯机等3种产品被评定为国际先进水平，钢管预焊机等3种产品被评定为国内领先水平。高速钢板铣边机被评为2008年国家重点新产品。获省级、市级科技进步奖4项；申报专利43项，其中发明专利2项。

企业荣获2008年甘肃省技术创新先进企业和中国机床工具工业协会“自主创新十佳企业”。当年完成工业总产值3.6亿元，销售收入3.4亿元，各主要经济指标同比增长34%以上，呈现出持续快速增长的良好态势。

江苏省徐州锻压机床厂集团有限公司 前身为徐州锻压设备制造厂，始建于1959年，历经40余年的建设与发展，已成为国家大二型机械工业企业，江苏省高新技术企业，全国CAD应用工程示范企业。企业通过了ISO 9001质量认证，享有进出口自主权。公司有职工671人，其中技术人员146人，中高级技术人员92人。资产总额21 070万元，固定资产总额9 885万元。主要生产设备310余台，其中大精尖设备30余台，桥式起重机最大起重量100 t，用于产品开发和管理用微机90余台。产品开发全部采用计算机，二维出图率100%，三维参数化设计和有限元分析技术已应用于产品关键零部件的设计。公司主要生产50 000kN以下各类液压机，并生产电热镦机、摆动辗压机及各种大型通用、专用锻压设备共6大系列50多个品种。

近年来，公司以市场为导向，将产品技术开发的重点放在数控技术和机电一体化上，在技术上依托济南铸造锻压机械研究所，年均开发新产品和变型产品50个左右，其中开发设计的10余种数控液压机的技术水平分别达到国内先进和国际20世纪90年代同类产品水平，填补了国内空白，并获江苏省优秀新产品金牛奖。YX32—500、YX32—315液压机是原机械部优质产品，40 000kN汽车纵梁等10余种液压机是国家级新产品，50 000kN热模锻等12种液压机是江苏省高新技术产品。

江苏江海机床集团有限公司 是国家机械工业生产锻压机床的定点重点企业之一。工厂始建于20世纪70年代初,拥有各类先进的加工机床、检测设备设施200多台(套),各类工程技术人员、经济管理人员100多人,具有自主研制、开发、生产、制造12 000kN以下的各类双机联动数控折弯机和剪切厚度6~50mm的超大型剪切机床的能力。主要产品为剪板机、折弯机、卷板机和开卷矫平剪切生产线4大类60多个品种规格。

公司已经进入一个快速发展的阶段。2008年销售额达2.95亿元,产品出口总额达1.6亿元;2009年产销目标超过3亿元,力争跨进江苏省锻压机床先进企业行列。2008年,企业获得江苏省质量信用产品、江苏著名商标、江苏名牌产品和江苏省重合同守信用企业等荣誉称号。

泰安华鲁锻压机床有限公司 始建于1968年,系原机械工业部定点企业,公司有员工520余人,其中工程技术人员196人,聘请外国专家4人,拥有各种加工设备460多台。主要产品有数控卷板机、矫平机、剪板机、折弯机和开卷矫平剪切生产线5大系列。产品广泛应用于船舶、机车、石油、化工、水利、电力、煤炭、矿山、军工、锅炉和桥梁等行业,并为北京奥运鸟巢工程、西气东输、南水北调及大型风力发电、船舶、桥梁等国家重点项目建设工程提供了关键装备,产品还出口亚洲、非洲及俄罗斯等国家,在国内外具有较高的品牌知名度。

公司是中国机床工具工业协会锻压机械分会常务理事单位、国家高新技术企业,拥有省级企业技术中心,技术力量雄厚,创新能力突出,取得了丰硕的技术创新成果。获得国家专利40多项,其中部分申请国际专利;起草了卷板机、矫平机、开卷矫平剪切生产线等多项国家标准和行业标准。

公司坚持"品质第一,用户至上"的质量方针,以增强顾客满意度为宗旨,以"缩小中国装备制造业与世界先进水平的差距,打造世界品牌"为奋斗目标,近年来以数控化、大型化、节能环保技术为方向,致力于船板卷制、厚板大锥度工件卷制、高强度板矫平、爆炸复合板矫平及零件矫平的研究,在引进、消化吸收德国先进技术的基础上不断创新,多种产品达到国际先进水平,填补了国内空白,完全可以替代进口;承担多个国家火炬计划项目和国家重点新产品计划项目;多种产品荣获国家级、省级科技进步奖,省级优秀新产品等奖项。大型数控船用卷板机、高强度板矫平机、水平下调卷板机和精密矫平机达到国际先进水平,占据国内绝大部分市场份额;数控折弯机、数控剪板机处于国内领先水平,市场占有率逐年提高。WES11K—35×21000型大型数控船用卷板机是建造特大型船舶无可替代的重大关键装备之一,完全替代进口,列入"2008年山东省高新技术自主创新工程"。公司依靠自主知识产权技术提升核心竞争力,产品节能环保,技术水平处于行业的领先地位,对行业技术进步起到了积极的推动作用,对我国锻压机械在国际上地位的提升起到了重要的作用。

公司不断加强企业文化建设和技术创新体系建设,2000年在行业率先通过了ISO 9001质量体系认证,ISO 14001:2004环境管理体系认证及GB/T 28001—2001职业健康安全管理认证。生产现场采用6S管理,工艺完备,检测手段先进,加工设备实现数显、数控化。产品被评为"山东名牌","岱岳"牌商标被评为"山东省著名商标",企业先后被授予2008年"山东省企业技术创新奖"、"山东省机械工业十大自主创新品牌企业"、"省级重合同守信用企业"等多项荣誉称号。

山东鲁南同锐数控设备有限公司 原山东鲁南锻压机床厂,占地面积13万m^2(近200亩)。公司通用机床类产品有:开式固定台压力机(160~1 600kN),开式可倾压力机(100~1 000kN),开式双点压力机(1 000~2 000kN),机械剪板机(板厚3~20mm,板宽1 300~2 500mm),液压摆式剪板机(6~16mm/3 200mm),液压板料折弯机(400~1 600kN,2 200~4 000mm)等锻压机械和金属切削机床共8大系列120个品种规格。数控机床类产品有:数控折弯机、数控剪板机、数控压力机、数控金属切削机床、数控异型螺杆铣床、螺纹钢数控轧辊铣床和数控雕刻机床等。同时生产具有自主知识产权的数控系统、数字交流伺服驱动器等高新技术产品。公司拥有先进的加工设备,已通过ISO 9001国际质量保证体系认证,具备了快速发展的硬件基础。公司以提升国内先进制造业整体水平和数控技术产业化为己任,以"诚信敬业、自强不息"的企业精神,为用户提供精良的产品和优质的服务。

〔撰稿人:中国机床工具工业协会锻压机械分会王春生〕

铸造机械

一、生产发展情况

据有关统计,销售收入在500万元以上的铸造设备生产企业全国有近百家,中国机床工具工业协会铸造机械分会会员单位有23家。铸造设备生产企业中绝大多数为中小型企业,一半以上集中在山东、江苏、上海、浙江等省市。

据中国机床工具工业协会铸造机械分会对6家企业的统计,2008年铸造机械行业主要经济指标完成情况见表1。2008年铸造机械行业企业主要经济指标完成情况见表2。

表1　2008年铸造机械行业主要经济指标完成情况

指标名称	单位	实际完成
工业总产值(现价)	万元	53 200
其中:机床工具类产品产值	万元	53 200
工业销售产值(现价)	万元	50 232
其中:机床工具类产品销售产值	万元	50 232
工业增加值	万元	15 051
实现利税	万元	1 997
从业人员平均人数	人	2 617
资产总计	万元	85 595
流动资产平均余额	万元	68 037
固定资产净值平均余额	万元	17 229

表2　2008年铸造机械行业企业主要经济指标完成情况

序号	企业名称	工业销售产值(万元)	工业总产值(现价)(万元)	从业人员平均人数(人)
1	保定维尔铸造机械有限公司	18 646	19 165	1 200
2	浙江省临海市铸造机械厂	2 733	2 888	187
3	潍坊机床二厂有限公司	3 021	4 647	171
4	青岛铸造机械有限公司	9 385	9 577	497
5	青岛新东机械有限公司	14 424	13 880	417
6	青岛第四铸造机械有限公司	2 023	3 043	145

2008年,铸造机械行业保持了持续增长势头。虽然2008年参与统计的企业较少,但按人均数据作比较,工业总产值、产品销售收入、工业增加值和全员劳动生产率均有所增长。工业总产值53 200万元比上年的38 611万元增长37.78%;工业销售产值50 232万元比上年的37 360万元增长34.45%;工业增加值15 051万元比上年的14 674万元增长2.57%。但是,与国内其他行业或国外同行业比较,铸造机械行业总体水平仍较低。加强内部管理、注重产品结构调整、消化不利因素、提高企业经济运行质量和总体效益水平仍是铸造机械行业的主要目标。

二、生产、销售及出口情况

2008年,铸造机械总产量9 955台(套),总产值49 719万元。在铸造机械总量中,造型及制芯机9 617台(套),占总产量的96.61%,产值26 892万元,占总产值的54.09%;清理设备51台(套),占总产量的0.51%;产值9 577万元,占总产值的19.26%;混砂机73台(套),占总产量的0.73%;产值1 278万元,占总产值的2.57%;落砂设备100台(套),占总产量的1.01%,产值1 628万元,占总产值的3.27%;其他铸造设备99台(套),占总产量的0.99%,产值9 984万元,占总产值的20.08%。

以上数据表明,按台(套)数计占总产量96.61%的造型及制芯设备,其产值仅占总产值的54.09%,可见造型及制芯设备以小型单机为主,高水平的造型线及大型制芯设备为数较少。按台(套)数计仅占总产量0.51%的清理设备,其产值占总产值的19.26%,表明大型清理设备发展迅速,提高了清理设备的整体水平。

由此可见,减少小型、低档铸造设备的占比,提高大中型铸造设备以及生产线的产量,努力开发数控铸造设备,是今后相当长一段时间内铸造机械行业发展的重要目标。

2008年铸造机械行业分类产品生产情况见表3。2008年铸造机械行业企业分类产品生产情况见表4。

表3　2008年铸造机械行业分类产品生产情况

序号	产品类别	产量单位	产量	产量占比(%)	产值(万元)	产值占比(%)
	铸造机械	台	9 955	100.00	49 719	100.00
1	混砂机	台	73	0.73	1 278	2.57
2	造型及制芯机	台	9 617	96.61	26 892	54.09
3	落砂设备	台	100	1.01	1 628	3.27
4	清理设备	台	51	0.51	9 577	19.26
5	树脂砂生产线	条	15	0.15	360	0.73
6	其他铸造机械	台、套	99	0.99	9 984	20.08

表4　2008年铸造机械行业企业分类产品生产情况

序号	企业及产品名称	产量(台)	产值(万元)	序号	企业及产品名称	产量(台)	产值(万元)
1	保定维尔铸造机械有限公司				造型线	9	840
	混砂设备	73	1 278		造型机	160	832
	造型设备	2 422	15 199		制芯机	96	503
	落砂设备	59	770	3	潍坊机床二厂有限公司		
	其他		1 919		铸造输送机	15	689
2	临海市铸造机械厂				造型线用砂箱	6 838	2 529
	落砂设备	11	68	4	青岛铸造机械有限公司		
	其他设备	50	486		清理设备	51	9 577

（续）

序号	企业及产品名称	产量（台）	产值（万元）	序号	企业及产品名称	产量（台）	产值（万元）
5	青岛新东机械有限公司			6	青岛第四铸造机械有限公司		
	造型设备	92	6 990		粘土砂设备	30	790
	其他	34	6 890		树脂砂设备	15	360

2008年，铸造机械出口1673台(套)，出口额3 039万元。2008年铸造机械行业分类产品出口情况见表5。2008年铸造机械行业企业分类产品出口情况见表6。

三、新产品、新技术、新工艺

2008年，青岛铸造机械集团公司注重科研和新产品开发，针对国内外市场对抛喷丸清理设备的需求，开发了吊钩抛丸清理机、履带式清理机、台车式抛丸清理机、飞机起落架清理机、钢瓶抛丸清理机、钢板清理线、板链连续抛丸清理机和螺旋弹簧抛丸清理机等。

2008年，保定维尔铸造机械有限公司开发了垂直分型无箱射压自动造型线、水平分型无箱射压自动造型线、双工位静压造型线、自动浇注机、双向移动升降式混砂机、双质体落砂机、分室反吹除尘器和抽油杆抛丸强化机等新产品。

2008年铸造机械行业新产品开发情况见表7。

表5　2008年铸造机械行业分类产品出口情况

产品类别	出口量单位	出口量	出口额(万元)
铸造机械	台、套	1 673	3 039
清理设备	台	7	365
其他铸造机械	台、套	1 666	2 674

表6　2008年铸造机械行业企业分类产品出口情况

序号	企业及产品名称	出口量（台）	出口额（万美元）
1	青岛铸造机械集团公司		
	清理设备	7	365
2	青岛新东机械有限公司		
	铸造机械	1 666	2 674

表7　2008年铸造机械行业新产品开发情况

序号	企业及产品名称	型号	主要技术参数	产品性质	产品属性	产品水平
保定维尔铸造机械股份有限公司						
1	垂直分型无箱射压自动造型线	X—ZZ418	生产率:240型/h;砂型尺寸(宽×高×厚):800mm×600mm×(170~420)mm	全新设计	行业新产品	国内先进
2	双工位静压造型线	WJZ13080A	生产率:80箱/h;砂箱内尺寸:1 300mm×800mm×(200~350)mm	全新设计	行业新产品	国内先进
3	自动浇注机	①ZZ416VII ②R9212 ③R9220	1 000kg、1 200kg、2 000kg	全新设计	行业新产品	国内先进
4	双向移动升降式混砂机	S28100R12SD	100t/h、60t/h	全新设计	行业新产品	国内先进
5	双质体落砂机	L22系列	台面尺寸:4 000mm×5 000mm;负荷:(30~50)t	全新设计	行业新产品	国内先进
6	快速造型圈	①脱箱　②有箱	尺寸:1 800mm×2 500mm	全新设计	行业新产品	国内先进
7	分室反吹除尘器	LFGM系列	过滤面积:(200~2 000)m^2	全新设计	行业新产品	国内先进
8	抽油杆抛丸强化机	ML03100R	油杆:ϕ30mm×10 000mm	全新设计	行业新产品	国内先进
9	清理机	M813	可通过件:10 000mm×820mm×1 300mm	全新设计	行业新产品	国内先进
10	清理机	MJ2226	最大件尺寸:ϕ2 200mm×2 600mm	全新设计	行业新产品	国内先进
11	清理机	MH3040	最大件尺寸:ϕ3 000mm×4 000mm	全新设计	行业新产品	国内先进

四、技术引进及合资合作

铸造机械行业通过技术引进及与外资外商合资合作，对提高产品技术水平和优化产品结构起到积极作用。

济南铸锻所捷迈机械有限公司开发生产的静压造型线，就是与德国HWS公司合作的成果。通过技术合作，国内企业不仅学习、掌握了当今国外的先进技术，而且取得了显著的经济效益。

原青岛第二铸造机械厂与日本新东工业株式会社合资建立的青岛新东机械有限公司，利用中方的场地、设备和人力资源，利用日方的资金、技术优势和先进的管理模式，生产出一流的铸造设备，合作双方都取得了较好的技术经济效益。

此外，保定维尔铸造机械有限公司与英国斯潘塞公司合作生产抛丸清理设备，生产与销售形势俱佳。

以项目为载体进行合作也是一种好的形式。国外企业提供关键技术或部分关键设备，国内企业承担部分设备的开发与制造，并负责国内用户的安装调试和技术服务。这样不仅取得了经济效益，而且掌握了一定的先进工艺与技术。

五、企业简介

保定维尔铸造机械有限公司　原保定铸造机械厂，始建于1955年，是国内大型铸造机械专业生产厂家。公司有员工1 200人，其中各类专业技术人员521人。近几年，公司投资2亿元进行大规模技术改造，生产能力和技术水平显著提高，拥有各种生产设备800余台，资产总额4.43亿元。厂区占地面积40.5万m^2，建筑面积18.4万m^2，配有铁路专用线。2001年12月，依照国家有关政策完成股份制改造。经几年运行之后，公司焕发了新的生机并取得了长足发展，市场业绩辉煌，产销量跃居同行业前列，备受国内外业界及用户的关注。公司辖有保定维尔工程设计有限公司及9个分厂、3个子公司，是集科研、生产、经营为一体的产业实体，具有年产铸造机械5 000余台(套)的能力，可以承接铸造工厂(车间)的交钥匙工程。公司通过ISO 9001质量体系认证之后，持续改进，进一步完善质量管理体系，确保产品质量。

公司产品有砂处理设备(大型粘土砂、树脂砂及水玻璃砂生产成套设备)，造型、制芯设备(各种造型机、机械化造型线、水平分型和垂直分型自动造型线、静压造型线)，落砂、清理设备(系列惯性振动落砂机、系列振动输送落砂机、各种抛丸清理设备、清理滚筒)，熔炼设备(1 000～2 000kg自动浇注机、各种型号浇包)，环保及辅助设备等5大类、上百个品种近300个规格。其中有33种产品获省优、部优产品称号和省、部、国家级优秀新产品奖、科技成果奖。建厂50多年来已生产近75 000台(套)铸造机械，为国内外汽车、铁路、机床、泵阀、重型机械、冶金设备、轻工机械、电力设备、交通车辆、石化设备和仪器仪表等行业的上万个企业提供了铸造设备。主导产品大型树脂砂生产成套设备、X—ZZ41系列垂直分型无箱射压造型线、WJZ13080静压造型线以及大型粘土砂机械化造型线等成套设备国内市场占有率达70%以上，有650余条在用户中成功使用。同时产品多年出口到东南亚国家和被合资、独资企业选用，标志着公司大型成套设备已具备竞争国际市场的实力。

公司本着“顾客至上、诚信为本、优质高效、持续改进”的原则，弘扬“做诚信企业、树一流品牌”的企业精神，开拓奋进，以更加完善的产品和服务，竭诚与国内外客商加强合作，谋求共同发展壮大，为推进经济全球化作出更大贡献。2008年，公司完成工业总产值19 165万元。

青岛铸造机械集团公司　是以青岛铸造机械厂为主体，集科研、生产、经营为一体的国有中一型企业。从业人员497名，研发人员46人(高级工程师18名)。曾荣获中国机床工具工业协会“精心创品牌活动”十佳企业称号。

公司拥有铸造、铆焊、机械加工、热处理等生产设备308台，其中大型设备40台、高精度机床4台、加工中心2台以及数控机床3台。具有年产1 200台产品的能力。

2008年，公司的研发方向定位在技术含量高、附加值高的大中型清理和砂处理成套设备(生产线)。服务领域重点瞄向汽车、西部大开发项目设备、船舶、钢管和钢结构件等装备制造业及冶金、矿山等需进行金属材料表面处理及防腐处理的行业。

2008年，公司开发中心(省级)开发新产品(非标)32项，其中2项新产品通过了青岛市科技局的成果鉴定，4项新产品通过了青岛市经贸委的成果鉴定，并有2项新产品分别获得青岛市科技进步三等奖及列入国家重点新产品项目。

2008年，公司承担了行业标准《抛喷丸落砂清理室　基本参数》、《吊链连续抛丸落砂清理室　基本参数》两项标准的主持制修订工作和《滚筒抛丸清理机　技术条件》的参与制修订工作。承担了国家标准《抛喷丸设备安全要求》、《抛喷丸设备》、《通用技术条件铸造机械术语》和《铸造机械噪声测量方法》的有关工作。

2008年，公司出口新加坡QZJ6925B1型辊道连续钢材预处理线1条，出口巴西ET60抛丸清理室12台及抛丸器48台(套)。

潍坊机床二厂有限公司　始建于1951年，前身为潍坊机床二厂，2008年元月企业进行股份制改造，更为现名。1975年开始生产铸造机械、矿山机械，为原机械工业部定点生产砂箱、铸造输送机的专业厂家。该厂设备精良，技术力量雄厚，检测手段完善。2007年，公司通过了ISO 9001质量管理体系认证。几十年来，公司积累了丰富的制造经验，具有较高的制造能力和水平，已为我国汽车、内燃机、拖拉机、纺织机械、机床、冶金设备及专业铸造厂等行业的技术改造提供了大量的装备。第一汽车厂铸造厂、东风公司铸造厂、北京内燃机总厂、北京汽车厂、天津汽车厂、上海汽车铸造总厂、沈阳鸿本机械有限公司和天津勤美达工业有限公司等国内众多著名企业及德国KW公司、印度公司和乌克兰波尔塔瓦公司等国外企业都有该公司的设备在用。

潍坊机床二厂有限公司占地面积3万m^2，建筑面积2.4万m^2，总资产3 400万元，有职工171人，其中各类专业技术人员40余人。主要产品有造型线砂箱，小车，XZ系列步移式铸型输送机及各种造型线辅机，Z14系列气动微震造型线，BLT、JYB系列鳞板输送机，各类平板输送机，辊子输送机和L25系列落砂机等各种铸造设备。

多年来，公司始终坚持视质量为企业的生命，追求优良的产品质量和优秀的售后服务，产品销往国内28个省(市、自治区)及国外，获得用户的信赖和支持。为提高企业对市场的综合应变能力，公司通过改进企业管理，优化产品工艺设计，加强生产成本控制，逐步降低成本，保持了比较合理的产品价格。公司在全国性铸造设备招标中屡屡中标，突显了市场竞争能力。2008 年实现工业总产值4 647 万元，实现销售收入3 021 万元。

浙江临海市铸造机械厂 始建于1953 年，于1975 年开始生产铸造机械，是原机械工业部专业生产铸造机械的定点厂。该厂占地面积1.6 万 m^2，建筑面积8 000m^2，拥有主要加工设备95 台(套)，固定资产总额1 100 万元；有职工187 人，其中工程技术人员14 人。2002 年4 月，该厂通过了ISO 9001 质量体系认证。

该厂主要生产造型、制芯、输送、砂处理和金属型铸造5 大系列60 多个品种规格的产品；能提供适用于各种中小型铸件造型的震压式造型机，5～30kg 的各种热芯盒射芯机和壳芯机(包括水平分型和垂直分型两种形式)，各种铸工造型输送设备和金属型铸造设备，并可承接非标铸造设备和铸工造型生产线的设计、制造、安装和调试。

作为主要产品之一的 Z148C 型造型机多次荣获国家、行业优质产品称号，ZJ036 型高效活塞环造型机和 Z5810 型铁模覆砂造型机均为国内首创产品，深受用户欢迎。

2008 年，该厂实现工业总产值2 888 万元，实现销售收入2 733万元。该厂按照"设计创新、制造认真、质量可靠、用户满意"的十六字方针，竭诚为客户提供最好的产品和服务。

青岛新东机械有限公司 系青岛铸造机械集团公司与日本新东工业株式会社于1996 年共同投资2 000 万美元，创建的合资企业。公司在引进日本先进技术和管理经验的基础上，发挥国内生产制造的优势，以国内合理的价格向用户提供国际水平的铸造机械及相关设备。

公司占地面积约4.5 万 m^2，建筑面积2.4 万 m^2，有职工417 人。公司拥有一支由中日技术专家、中青年技术人员组成的技术队伍和一批具有丰富制造经验的技术工人。为适应生产需要，公司购置了日本东芝制造的 BF—130B 型落地镗床和 MPE—2650(H)型数控五面加工机床；新落成的大型厂房可同时组装2 台静压造型机(线)，还能满足其他大型铸造机械成套工程的总装调试。1999 年，公司通过了ISO 9001 质量体系认证。

青岛新东机械有限公司主要生产造型设备、砂处理设备、表面清理设备和环保设备。造型设备有静压造型机(线)、水平分型脱箱射压造型机(线)、F 型震压造型机和顶杆起模式震压造型机等。砂处理设备有砂冷却设备、混砂机、磁选破碎筛分设备、粉体输送设备、砂温水分比例测定注水设备和紧实率控制设备等。表面清理设备有喷丸器，抛丸器，滚筒式抛丸清理机，台车式抛丸、喷丸清理机，吊钩式抛丸清理机，金属材料表面清理机，转台式抛丸、喷丸清理机和金属材料表面强化机等。环保设备有机械、脉冲、反吹布袋式除尘器和机械振打布袋式除尘器等。

2008 年，公司实现工业总产值13 880 万元，实现销售收入14 424万元。

青岛第四铸造机械有限公司 前身青岛第四铸造机械厂始建于1966 年，占地面积3.5 万 m^2，是生产铸造机械的专业厂，已通过 ISO 9001 质量体系认证。公司在铸造砂处理设备的研制开发中，最先开辟了国内混砂设备、新砂烘干设备和旧砂冷却设备的新领域。公司可提供20～180m^3/h 粘土砂处理生产线和年产1 000～10 000t 铸件树脂砂生产线的设计、制造、安装调试以及售后服务交钥匙工程。公司与山东大学、清华大学、天津大学和济南铸锻机械研究所等单位合作，研制成功了20 多个类别、200 多种新产品。其中30 多种新产品通过了部省级鉴定，20 多种产品填补了国内空白，20 多项产品分别获国家专利、国家发明奖、部省级科技进步奖。公司还有年产4 000t 铸件的能力，主要生产灰铸铁件和球墨铸铁件，采用粘土砂、树脂砂、覆膜砂等多种工艺满足市场对产品的不同要求。公司生产的铸造机械产品不仅畅销国内，而且出口到泰国、马来西亚等东南亚国家和地区；铸件产品销往美国、英国、丹麦、法国、荷兰、日本和沙特阿拉伯等国家。

公司主要产品有混砂设备、智能化型砂性能测控系统、松砂及破碎设备、筛砂设备、烘干设备、冷却设备、机械输送设备、给料设备、气力输送设备、除尘设备以及树脂砂成套设备等。

2008 年，公司实现工业总产值3 043 万元，实现销售收入2 023万元。

〔撰稿人：中国机床工具工业协会铸造机械分会王春生〕

木工机床

一、生产发展概况

2008 年，是国际社会经济动荡的一年。美国次贷危机引发的金融风暴，给世界经济带来较大的冲击，我国经济的增长同样受到较大的影响。上半年，木工机床行业各企业克服了原材料涨价，生产成本增加等诸多不利因素的影响，经济延续了前几年的快速发展，各项工作都取得比较明显进步，各项经济指标都超过往年同期水平。从下半年开始，受世界经济危机影响，发展速度逐渐放慢，各项指标开始下滑。有的企业因市场销售不景气，造成产品积压，困难重重，只好转产裁员，放长假。一些小型无名企业陆续倒闭。

据有关统计数据，我国约有1 000 多家木工机床生产企业，具有一定规模的企业约200家，整个行业从业人员10万多人，工程技术人员600余人，生产能力超过150亿元，可向用户提供1 200多种产品。木工机床设备生产企业，绝大多数为中小企业，主要分布于东北、胶东、珠江三角洲和长江三角洲地区。

2008年，受世界金融危机的影响，我国家具出口受到较大的冲击，也给我国木工机床行业带来了较大的影响。据国家统计局对168家规模以上木工机床企业的统计，2008年，实现工业总产值98.11亿元，同比增长4.3%；工业产品销售产值95.29亿元，同比增长4.4%。

据中国机床工具工业协会木工机床分会统计信息网8家成员单位所提供的统计数据，2008年实现工业总产值56 969万元，同比增长4.2%；销售收入43 689万元，同比增长4.5%；实现工业增加值14 118万元，同比下降1.7%；实现利税5 870万元，同比下降5.1%；资产总额74 856万元，同比下降1.1%。

与2007年相比，2008年整个行业的增长势头，在世界金融危机的冲击下，有所放缓，虽然参与统计的企业数较少，但仍然可以反映出木工机床行业的整体发展情况。

2007～2008年木工机床行业主要经济技术指标完成情况见表1。

表1　2008年木工机床行业主要经济指标完成情况

指标名称	单位	2008年	2007年
工业总产值(现价)	万元	56 969	54 673
其中：机床工具类产品产值	万元	44 262	42 438
工业销售产值(现价)	万元	55 131	52 808
其中：机床工具类产品销售产值	万元	43 689	41 808
工业增加值	万元	14 118	14 362
实现利税	万元	5 870	6 184
从业人员平均人数	人	3 005	3 101
资产总计	万元	74 856	75 689

(续)

指标名称	单位	2008年	2007年
流动资产平均余额	万元	38 654	39 006
固定资产净值平均余额	万元	28 978	29 450

二、行业生产情况

2008年，木工机床分会统计信息网8家成员单位生产各类主要木工机床34 706台，同比增长4.3%；生产木工刃具160.3万件，同比增长4.1%。

2008年木工机床行业分类产品生产情况见表2。

表2　2008年木工机床行业分类产品生产情况

产品名称	产量单位	产量		产值(万元)	
		2008年	2007年	2008年	2007年
木工刨床	台	1 059	1 016	5 264.75	5 047.70
木工辅机	台	851	782	224.76	215.50
木工锯床	台	7 758	7 294	11 583.97	11 106.40
木工联合机	台	24 033	23 403	5 712.30	5 476.80
木工磨光机	台	115	110	766.39	734.80
木工铣床	台	189	177	107.00	96.95
其他木工机床	台	755	724	2 234.21	2 143.10
木工刃具	万件	160.3	154	5 250.61	5 034.15

表2中的数据表明，2008年木工联合机产量占总产量的近70%，表明在国内木工机床的生产中，已经开始改变了以锯、刨、铣、钻、磨通用木工机床为主导产品的局面。

三、出口情况

受世界金融危机的影响，木工机床出口订单明显不足。与上年同期相比，无论是产品出口数量还是出口额，均有较大程度的下降。2008年，木工机床分会统计信息网8家成员单位出口各类机床7 426台、出口交货值3 461.46万元，同比下降49%。2008年木工机床行业分类产品出口情况见表3。

表3　2008年木工机床行业分类产品出口情况

序号	产品名称	出口量单位	出口量	出口额(万元)			出口额(万美元)		
				合计	收购的交货值	自营出口额折算	合计	收购的交货值折算	自营出口额
1	木工辅机	台	298	38.91	16.42	22.49	6.07	2.56	3.51
2	木工锯机	台	10	4.03		4.03	1.56		1.56
3	木工联合机	台	6 823	1 813.76	469.51	1344.25	283.40	73.36	210.04
4	其他木工机床	台	298	1 604.76	784.28	820.48	250.74	122.54	128.20
5	木工刃具	万件	1.55	1 047.69	23.61	1 024.08	163.70	3.69	160.01

四、行业进步情况

2008年，行业企业面临多种困难：金融危机在全球的蔓延，对企业经济运行造成严重困难；不确定因素增多，对企业的影响进一步加深；市场竞争激烈，产品价格走低，原材料大幅涨价，劳动力成本上升，人民币升值和出口退税率降低，导致企业出口困难和利润下降。困难既是挑战，也是变革的机遇，谁能通过重组和重新洗牌坚持下去，在世界金融危机和成本加大压力下站稳脚跟，谁就是赢家。有关调查，倒闭或不景气的企业中有90%是因为内部管理不好，没有过硬的内功。只要能够从内部管理入手，充分挖掘员工智慧，持续提高生产效率，降低成本，提升产品质量，企业就会继续获得竞争优势。

木工机床行业虽然受到一定程度的冲击，但整个行业的经济基本上保持了平稳增长。面对世界金融危机，大多数企业认识到，这是一次企业加快洗牌，产业进一步优化重组的过程，更是推进产业结构调整和转型升级的难得机遇，是企业自我调控的最佳时机。如地处珠江三角洲地区的东莞市南兴木工机械有限公司，就是利用这个机会，完成了旧厂搬迁及设备安装调试，加强管理，招聘人才，集中精力开发了5种新产品，填补了国内空白。新产品在东莞国际名家具展和上海国际木工机械展会上一亮相，便受到行家和客户的一致好评。

为消除经济危机的不利影响，大部分业企业采取了企业管理升级、生产技术改造、新产品开发等措施。主要体现在以下几个方面。

1. 转变机制、加强管理、发挥优势、促进发展

据有关统计，我国木材总消费量仅次于美国，居世界第二位，家具出口名列世界第一位；建筑业和人造板业平均每年以20%的速度增长；木材制品、人造板产品、家具等消费总量、产量、进口量都居世界前列。我国已经成为木材生产加工和消费大国，促进了我国木工机床行业的发展。

但是，我国木工机床行业的发展起步较晚，产品的性能和技术水平落后于西方发达国家。特别是改革开放后在胶东和华南地区新兴的木工机械产业群，大都以集体或个体出资兴办，在进近20年的发展过程中，曾走过一段弯路，延误了发展时机。面对此次经济危机，多数企业将其视作企业二次创业的机遇。多数企业不仅加快产品结构调整，同时更加大了产品创新能力的投入；部分企业根据自身优势，分工协作、优势互补、联合经营、走专业化生产道路；走产学研一体化道路，加大技术改造和技术创新力度，加强自主创新，培育自己的品牌。由于行业各企业及时采取一系列措施，促进了我国木工机床行业的发展，为适应国际竞争，为走可持续发展道路奠定了基础。

2. 引进吸收国外先进技术，走自我发展之路

木工机床正向着提高木材利用率、提高制件加工精度、提高生产效率和自动化程度，节能、环保、安全无公害方向发展。为了适应新的市场变化和技术进步，行业企业改变了过去仅考虑当前市场急需，只盯市场的短视行为，紧跟国际技术前沿，引进吸收国外先进技术，以自主创新与产学研联合创新方式，在新产品开发方面实现生产一代、储备一代、研发一代，开始学会以新产品引导消费，而不是坐等用户消费。在研发新产品的同时，企业并没有放弃传统产品的综合创新和系列化创新，在现有产品中找突破点，大大提高了企业综合创新的能力。传统产品的加速改进，优势产品的技术突破使得企业的竞争力迅速提升。特别是对数控木工机械的研发投入，有了较大的提高，为实现2010年我国木制品制造业数控木工机械拥有量占木工机械总拥有量的10%的目标提供了技术保障。2008年木工机床行业新产品开发情况见表4。

表4　2008年木工机床行业新产品开发情况

序号	产品名称	产品型号	主要技术参数	产品性质	产品属性	产品水平
1	数控裁板锯	MJK1333C	送料速度：120m/min	全新设计	企业新产品	国内领先
2	数控裁板锯	MJK1333CZ	送料速度：120m/min	全新设计	行业新产品	国际水平
3	数控裁板锯	MJKH6233	送料速度：120m/min	全新设计	行业新产品	国际领先
4	高速木材复合加工中心	MGKOI	主轴转速：0～24 000r/min	全新设计	企业新产品	国际水平
5	十排多轴钻	MZ71021	十排钻组	全新设计	企业新产品	国内领先
6	纵向刨切机	ZB250T	最大加工宽度：250mm	全新设计	企业新产品	国内领先
7	卧式重型刨切机	WB1128	最大加工长度：2 800mm	全新设计	行业新产品	国际水平
8	四面木工刨床	MB516	最大加工宽度：160mm	改型设计	企业新产品	国内领先
9	喷气网带式薄木干燥机	GB1642—16	最大加工宽度：4 200mm	全新设计	行业新产品	国际水平

3. 向标准化、模块化、专业化生产迈进

木工机械门类复杂、品种繁多。要保证产品质量，必须在做精做专上下工夫。因此，标准化、模块化、专业化生产势在必行。近年来，行业部分企业充分发挥自身优势，选择合适的产品，进行模块化、专业化生产的探索，取得了良好的业绩。其中南兴木工机械有限公司生产的多排钻、自动封边机，富豪木工机械制造有限公司生产的四面刨床，青岛千川木业设备有限公司生产的砂光机，秋林机械有限公司生产的液压机，牡丹江木工机械（厂）有限责任公司生产的单板刨切机等，均获得了较好的品牌效应和经济效益，为行业企业推广标准化、模块化、专业化生产，树立了良好的榜样。

总之，2008年世界金融危机，对我国木工机床行业产生了较大的冲击，在全行业各项经济指标不同程度下滑的同时，也给木工机床行业企业提供了脱胎换骨的机遇和市场空间。只要抓住机遇，不断创新，提高企业的核心竞争力；抓住空间，以高水平、高质量的产品去抢占市场，又快又好的向前发展，我国一定能够成为木工机床制造强国。

五、企业简介

东莞市南兴木工机械有限公司　创立于1996年，是一家研发、制造板式家具生产线设备的专业化生产企业，是“国家高新技术企业”、“广东省民营科技企业”、“广东省装备制造业重点培育企业”、“中国机床工具工业协会木工机床分会”理事长单位和“东莞市机械协会”会长单位。

公司占地面积20多万m^2，拥有先进的生产设备以及一批高级工程师和专业技术开发人员，形成了集科研、设计、生产、销售和服务为一体的完整体系。公司自成立之日起，就瞄准国际上先进的木工机械研发技术和生产技术，通过“南兴木工机械技术中心”（省级）与“板实家具成套设备工程技术研究开发中心”（市级）的自主创新，以及与国家重点大学华中科技大学等单位产学研合作开发方式，研究、开发、生产具有国际先进水平的高质量、高精度数控木工机

床。公司拥有31项自主知识产权专利技术，保证了产品在国内的技术领先地位。

公司引进了世界一流的瑞士激光切割机，日本五轴联动加工中心，德国立式、卧式加工中心及国内外著名厂家的各种数控加工设备200多台及三坐标测量机、激光干涉仪等高精度的检验检测仪器和设备。主要产品有数控裁板锯床、精密推台锯床、自动封边机、多排多轴钻床以及通用木工机床五大系列。公司率先通过了ISO 9001:2000质量管理体系认证，产品获得CE认证、出口产品质量许可证及广东省计量保证体系确认合格证，确保了公司产品在国内的领先地位。

2007年，公司生产的“南兴”牌板式家具生产线成套设备荣获“广东省名牌产品”称号；“南兴”商标被认定为“广东省著名商标”。产品具有“国产机的价格，进口机的质量”，畅销国内30多个省、市、自治区，并远销俄罗斯、意大利、英国、加拿大、日本和澳大利亚等30多个国家和地区。

当前，南兴板式家具机械的研发总体发展方向，正在以赶超国际先进技术水平为目标，以产学研结合作为开发的手段，以板式家具加工机械为主导，以现有传统产品的最低成本与最佳结构为优化设计开发的基础，通过板式家具研发团队的努力，将把南兴逐步打造成国际一流的板式家具机械生产企业。

四川省青城机械有限公司　系“四川省省级先进企业”；从1992年起连续被评为“四川省重合同，守信用”企业；2006年被授予全国“重合同、守信用”称号；被四川省质量技术监督局评为“四川省质量管理先进企业”；被眉山市国税局、地税局评为“A”级纳税先进企业。公司生产的木工带锯系列、木工单片锯系列、木工四面刨系列被评为“四川名牌产品”；“青城”商标被评为四川省著名商标。

四川省青城机械有限公司是专业生产木工机械设备的厂家，在全国同行业中率先通过了ISO 9001国际质量体系认证，以及率先公开承诺产品质量召回制度。公司开发生产了具有国际领先水平的MJ木工单片锯床、多片锯床，MB四面刨，BB单板刨切机，MB木工双面刨等系列木工机械设备。为提高产品质量，保证用户的利益，公司花巨资先后购买了日本Mazak的立式加工中心、多功能数控车床以及日本MAKINO的卧式加工中心和日本OKUMA的龙门加工中心。公司在北京、上海、昆明、成都、东莞、哈尔滨、牡丹江、长春、沈阳、大连、济南、青岛、武汉、杭州、重庆、贵阳、福建、广东和新疆建立了完善的经销售后服务网络。其生产的木工机械已经出口俄罗斯、西班牙、德国、波兰、意大利、乌克兰、罗马利亚、阿拉伯联合酋长国、泰国和越南等国家和地区。

山东工友集团股份有限公司　始建于1958年，经过40多年的发展，已成为集科、工、贸为一体的大型企业集团，同时也是全国最大的木工多用机床生产基地。1998年公司进行股份制改造，成立了山东工友集团股份有限公司公司。公司注册资本2 930万元，固定资产2.2亿元；拥有员工近3 000人，其中大中专以上学历人员600人，初级、中级、高级职称的专业技术人员200余人；占地面积60万m^2，现代化厂房面积24万m^2；辖设木工机械有限公司、工友电机有限公司、铸造机械有限公司、工友建材有限公司、精工机械有限公司、工友水泵有限公司、铸造冶炼有限公司、金惠铸造有限公司、工友绿色果蔬有限公司和四川工友机械有限公司。

公司以“工友”牌木工多用机床为龙头产品，生产经营包括木工机械、电动机、铸造机械、水泵、化工产品、建筑材料、冶炼、果品蔬菜等200多种规格的产品。主导产品木工机床年生产能力达30万台，产销量和工业经济综合效益一直位居同行业榜首，国内市场覆盖率一度超过60%，产品远销美洲、大洋洲、非洲、东南亚等地区；电动机为公司第二主导产品，年产能力32万台，于2002年2月一次性顺利通过出口许可证的验收。

公司以市场为导向，不断完善市场建设规划。实行岗位目标责任制，优化组合出一支优秀的销售人员队伍；建立起以销售公司为总负责制、自主经营、独立核算、阵容强大的销售体系；以省为区域建立近百个重点客户，发挥其骨干作用，形成拥有200多个销售网点的销售网络；并通过举办新产品展示会和产品订货会的形式，加快新产品推向市场的速度；不断完善售后服务体系，使国内市场份额不断攀升，国外市场也逐渐扩大。

工友集团始终坚持以全面质量管理为主线，把具有现代企业特征的质量管理放在工作的重要位置，使质量管理更加规范化、有效化、科学化，在公司上下树立起强烈的质量意识和危机意识。质量与国际标准接轨，是产品参与国际竞争，打入国际市场的必要条件。工友集团通过了ISO 9001质量管理体系认证、木工机械安全认证和电工产品长城认证；认真执行ISO 9001国际质量认证各项标准要求，建立健全各项检验标准和检验制度，完善理化检测手段，对原材料进厂、生产工序到产品出厂以及售后服务全过程的各个环节严格把关，跟踪考核，循序改进；通过多种形式的学习和培训，提高质检员的技术素质，确保产品质量逐年稳步提高。

牡丹江木工机械（厂）有限责任公司　公司前身牡丹江木工机械厂始建于1946年，原隶属林业部，1986年下放到地方，曾经是亚洲最大的木工机械生产制造基地。2004年改制后，由黑龙江大湾集团收购，组建牡丹江木工机械（厂）有限责任公司。公司曾任中国机床工具工业协会木工机床分会理事长单位、秘书处挂靠单位。

公司占地面积9万m^2，建筑面积4万m^2；注册资本4 700万元，资产总额11 653万元。公司拥有镗铣加工中心、立式加工中心、数控镗床、数控车床等各类生产加工设备345台（套）。公司本部铸造车间采用树脂砂铸造工艺，具有年产6 000t铸件的生产能力；在大庆组建2个铸造分厂，采用树脂砂、V法铸造工艺，具有年产2万t铸件的生产能力。

公司技术力量雄厚，内设省级木工机械技术开发中心。主要产品有各类木工机床、板式家具生产线设备、人造板设备、木材干燥设备、集成材生产线设备和木工刃具刃磨设备等六大类160多个品种。有4种产品荣获国家木工机械产品最高奖——银质奖；10 种产品荣获国家级新产品奖。公司产品品质优良、性能可靠，技术水平居国内领先，销售渠道遍布全国各地并远销越南、马来西亚、俄罗斯、澳大利亚、智利、圭亚那等国家和地区。自主研发生产的4m刨切单板生产线成套设备，达到国内领先水平，填补了国内空白，获得国家7项专利，并被列入2006年度国家火炬计划。

公司“MA”商标为黑龙江省著名商标，公司产品被中国质量检验协会授予“中华之光名牌产品”称号。公司还被授予“全国五一劳动奖状”、“全国机械工业企业500强”、“黑龙江省100家最佳经济效益企业”等诸多荣誉称号，被黑龙江省科技厅认定为黑龙江省高新技术企业。公司具有对外贸易经营权和出口商品质量许可证，通过了 ISO 9001: 2000 质量管理体系认证。

当前，公司正在紧紧抓住东北老工业基地振兴的机遇，进一步提升规模，扩大在全国的影响力，开创企业发展的美好明天。

信阳木工机械有限责任公司 公司原隶属林业部，是林业部人造板成套设备的主要生产厂家，1988 年下放到地方，是全国最大的木工机械和人造板设备的研发、制造和出口基地之一。省级企业技术中心即河南省木材工业研究设计院就设在该公司。公司 1999 年被河南省定为高新技术企业，2000 年通过了 ISO 9001 质量体系认证。2006 年底，公司与烟台万华聚氨酯股份有限公司进行了重组，竞争实力显著增强，发展前景更加可观。

公司拥有一支技术过硬、素质较高的人才队伍，其中教授级高级工程师 1 人，高级工程师 30 人，工程师及其他中级职称人员 60 人，高级技师 3 人，中级技师 79 人，具有很强的技术创新能力、管理创新能力、产品研发能力和产品制造能力。公司年均研发新产品 30 多种，全部实现计算机辅助设计。

公司产品的技术含量在行业中一直处于领先地位，产品开发一直以木材和非木材的综合利用为方向，先后开发出胶合板成套设备、水泥刨花板成套设备、普通刨花板和细木工板成套设备、制材和板式家具成套设备、中密度纤维板成套设备、中密度秸秆（稻、麦秸）板成套设备、二次加工(贴面)成套设备、地板加工成套设备、指接材和木工机床等 12 大系列 400 多个品种。公司先后从德国、日本、意大利引进了刨花板成套设备、制材成套设备、木材旋切机等先进制造技术，提高了木材利用率，并迅速消化吸收，国产化率达到 100%。公司有 7 种产品被指定为替代进口产品，12 种产品被评为国家级新产品和省高新技术产品，42 种产品荣获国家、林业部(局)、河南省科技进步奖和优秀新产品奖。所开发的系列高科技液压双卡轴旋切机居世界同类产品先进水平，刨花板成套设备处于国内领先水平，曾荣获国家科技进步三等奖。其中胶合板设备、制材设备、刨花板设备多次出口创汇，具有国际竞争力，特别是新型秸秆环保板材——秸秆板生产线成套设备、新型节能建材——水泥刨花板生产线成套设备、木塑板生产线成套设备、大幅面单层刨花板生产线成套设备处于国内领先、国际先进水平，有非常好的发展前景。

山东百圣源集团有限公司 是在原威海市木工机械厂基础上改制组建的股份制企业，有职工近 1 000 人，固定资产 3 亿元，拥有 4 个子公司和 2 个中外合资企业。主要生产经营木工机械、生物木质颗粒生产线全套设备和金属切削数控机床。

公司把自主创新作为企业发展的动力。企业拥有省级技术开发中心和省级工程技术研究中心。其商标获山东省著名商标称号，产品获山东名牌产品称号。自主研发和生产的胶合板生产线，产销量居全国同行业首位。该生产线技术含量及数控化程度国内领先，在齐齐哈尔、满洲里、扬州等地区已投入生产，市场前景广阔。产品还远销土耳其、俄罗斯等国家和东南亚地区，自主研发生产的数控龙门磨床、数控铣床、数控车床，在全省同类产品产销量中名列前茅。产品实现了全数控化，被列入山东省重点技改项目。

公司始终坚持“创新行万里、诚信走天下”、“改进、提高、不断改进、不断提高”、“客户的成功就是我们的成功”的经营理念，把 ISO 9001 质量管理体系、精细化管理、“5S”管理、成本管理等融入到企业的生产经营管理中，提高了企业经营管理水平，保证了产品质量。同时，公司为用户提供周到的一条龙服务，按照用户提供的生产投资规模，即为用户设计出最佳的生产工艺流程方案。优质的售前、售中、售后服务，赢得了用户的信任，产品供应不求。

公司围绕“立足木工机械，做强数控金切机床，做大科技木工，发展国际合作事业，开发和建设高新技术项目”的发展战略开展工作，不断为用户提供一流的产品和服务。

南通茂溢机床有限公司 始建于 1953 年，1988 年被批准为机电产品出口扩大外贸自主权企业，并通过了 ISO 9001: 2000 质量体系认证。凭借 50 多年专业、成熟、可靠的开发和设计、制造各类锻压机械的厚积，公司产品多次荣获部、省、市优质产品称号。

公司注重技术进步和人性化管理，采用先进的设备、生产工艺和严格可靠的检测体系，具备为用户提供特殊规格产品的设计制造服务的能力。产品畅销全国 31 个省、市、自治区，并远销美国、日本、加拿大、俄罗斯、澳大利亚以及东南亚等 40 多个国家和地区，在国内外用户中享有良好的声誉。

企业始终推崇“博采众长、永为人先、诚实守信、与时俱进”的质量方针，为广大客户提供优质产品和优良服务。

烟台市利达木工机械有限公司 始建于 1960 年，1994 年改制为企业内部员工持股的股份制企业。1990 年公司取得出口商品质量许可证，1996 年获取中华人民共和国进出口企业资格证书，2003 年通过了 ISO 9001: 2000 质量管理体系认证。公司有员工 398 人，各类专业技术人员 56 人，厂区占地面积 24 000m^2，建筑面积 16 000m^2，拥有固定资产 1 216 万元，年销售收入 5 000 万元，其中外贸出口交货值达 4 000 多万元。公司主要生产“利达”牌系列木工机械，有 40 多个品种规格，广泛应用于家具、建筑、装璜等行业。产品自 1988 年首次被评为山东省优质产品以来，荣获过国家级新产品奖、省优秀新产品奖、国家星火计划成果洽谈会金奖、烟台市科技进步奖等多项荣誉，获国家专利15项，有近20种产品获得“CE”认证。“利达”牌商标被评为首届烟台市著名商标。产品畅销全国各地，远销东南亚、欧洲、非洲、大洋洲和南美洲等20多个国家和地区，深受广大用户信赖。公司真诚欢迎各界朋友莅临，携手合作，共谋发展。

上海爱凯思机械刀片有限公司 由上海电气(集团)总公司所属上海电气实业公司与德国 IKS Klingelnberg GmbH 共同投资组建，并于1995年12月正式开业经营。当前中德双方投资比例为20%:80%。

上海爱凯思机械刀片有限公司是当前机械工业刀片专业生产龙头企业，在国内刀片的市场占有率最高。公司主要产品有：印刷机械刀片、木工机械刀片、金属加工机械刀片和轻工机械刀片等4个大类，上千个品种，近万个规格。

外方投资方——德国IKS公司是世界著名的制造和销售各类机械刀片的跨国集团，具有一流的专业技术、先进的管理经验和强大的国际销售网络。

合资以来，中外双方发挥各自的优势，产品质量稳步提高，得到德国专家的认可。上海爱凯思机械刀片有限公司产品被授权使用世界机械刀片品牌商标，公司被并定位为德国IKS集团属下亚太地区的生产和销售中心。

上海爱凯思机械刀片有限公司拥有主要生产设备120余台，其中各类高精度和专用先进进口设备近40台。公司设有国内第一个机械刀片专业实验室。公司已拥有发明专利和实用新型专利各2项，已申请发明专利和实用新型专利各1项。

〔撰稿人：中国机床工具工业协会木工机床分会刘彦君〕

刀具量具量仪

一、行业发展情况

2008年上半年，我国国民经济继续保持平稳快速发展的态势，工具行业同样保持了良好的发展势头。受美国次贷危机引发的国际金融危机的影响，我国工具行业从2008年第三季度开始，外贸订单有所减少；第四季度出口量和出口额明显下降，但全年出口仍有较大幅度的增长。与此同时，随着国内经济发展速度放缓，工具市场需求相应减少，自2008年10月开始，国内一些工具企业产品产量和销量迅速下滑，部分企业开工不足，工具行业经济运行呈现减慢的走势。此外，能源和原材料辅料价格上涨、劳动力成本提高、生产成本上升，也使得企业效益下降，整个工具行业企业面临着前所未有的严峻考验。

长期以来，国内一些工具企业超大规模、超低价格地出口低档工具，既浪费了国家资源、扰乱了国际工具市场，也损害了行业利益、影响了我国的声誉。为此，2008年7月1日，中国海关降低了我国切削工具的出口退税率。这就要求国内工具企业必须调整产品结构，节约国家资源，提高工具产品档次和附加值，细化出口切削工具的海关税目，促进工具行业和企业的健康发展。

综合分析我国工具行业企业2008年经济下滑的原因，主要是由生产低档工具的企业，尤其是主导产品依赖于出口的工具企业产销大幅下滑引起的。而生产中高档产品的工具企业，主要产品定位于国内市场的工具企业，受国际金融危机影响不大，产供销矛盾并不突出。由此可见，低成本、低价格只能显示一时的竞争力，而技术领先、自主创新才是企业持续发展的生命力。因此，我国工具行业各企业要加快调整发展战略，适时制订新的中长期发展战略，优化产品结构，注重发展自主品牌和自主知识产权，以提升产品的品牌价值和竞争力，提高企业应对任何困难和挑战的能力。换句话说，我国工具制造业要走出困境，就要战胜自我，将“中国制造”真正变为“中国创造”。

在全球经济一体化的带动下，中国制造业发展迅速，已成为全球重要的制造业基地，或称之为“世界工厂”。中国制造业在为我国经济蓬勃发展和劳动者就业作出巨大贡献的同时，也有效地推动了能源、交通、船舶、宇航等行业的迅速发展。这些都给我国工具行业创造了更为宽广的发展空间。但是，我国工具行业基础研究薄弱，主要产品以中低档为主，难以满足工具市场对高端产品的需求，形成“量大而不强”的局面。因此，我国工具行业必须树立科学发展观，转变企业发展战略，明确发展目标，调整产品结构，注重知识产权和标准的研究，增强科技创新能力，加快自主创新步伐，提升企业综合实力，推进工具行业的技术进步，以应对国际不确定因素的影响。

面对新一轮的国际经济衰退和国内经济发展速度放缓的局面，我国工具行业应继续跟踪国际工具技术的新发展和国外工具行业的新动向，结合企业的自身实际，推进企业技术升级和产品结构转型，重点面向国内工具市场，发展以硬质合金刀具为代表的现代高精度、高效率、高可靠性和专用化的数控工具，遏制低端和伪劣产品的恶性膨胀，推进我国工具行业的健康发展。

为实现《国家中长期科学和技术发展规划纲要》中的“高档数控机床与基础制造装备”科技重大专项的目标，逐步提高我国高档数控机床与基础制造装备的自主创新能力，满足国内主要行业对制造装备的基本需求，2008年，由工业与信息化部组织，中国机床工具工业协会牵头，组织工具分会和相关企业对重大装备所需的关键基础件和通用部件的设计、制造和批量生产关键中的技术进行了调研和论证。为配合数控机床振兴规划和工具行业产业政策的落实，中国机床工具协会工具分会，依据国务院常务会议审议通过的《高档数控机床与基础制造装备科技重大专项实施方案》中提出的以市场和国家重大需求为导向的原则，向工业与信息化部、中国机械工业联合会提出了为确保数控机床充分发挥能效，工具技术及其产品必须同步配套研发，以及着力发展与高档数控机床配套的高速高效工具等相关方案，并建议政府出台鼓励行业升级和结构调整的相关政策，推进工具行业的可持续发展。

2008年，工具行业骨干企业、科研院所以及国内从事切削技术及刀具科研、生产和应用的优势企业组织起来，形成一支集技术、管理、人才、装备与机制等优势于一身的研发团队，采取"产、学、研、用"相结合等联合申报的方式，开展数控系统、功能部件、工具、关键部件和共性技术等方面的研究与开发工作。拟搭建高效精密工具领域的研发创新平台，建立现代切削加工技术研发和工具制造技术开发体系，为机械制造企业提供具有针对性的高效率切削加工解决方案，为国产高档数控机床在我国制造领域的应用提供保障，并进而提升我国工具企业与国外跨国公司进行同台竞争的综合能力。

2008年，工具行业共完成工业总产值（现价）2 303 633.20万元，比上年增长28.2%※；工业销售产值2 244 866.28万元，比上年增长26.2%※（"※"部分工具企业生产经营其他产业，上述总产值及销售产值中约有40%为非工具产品）；工业增加值707 822.52万元，比上年增长29.1%。2008年，工具行业企业亏损面为19.2%；利润总额184 430.02万元，其中59家赢利企业利润总额为188 127.30万元，14家亏损企业亏损总额3 697.28万元。根据工具行业71家企业的统计，2008年职工平均人数51 836人，比上年减少1 931人；职工工资总额114 278.67万元，比上年增长13%；职工年人均收入22 046.2元，比上年增长17.2%；全员劳动生产率（按工业增加值计算）136 550元/人，比上年增长33.8%；固定资产原价648 153.24万元，比上年增长9.6%。

2007～2008年工具行业经济效益指标见表1。

表1　2007～2008年工具行业经济效益指标

指标名称	单位	机械工业标准值	权数	2008年行业平均值	2007年行业平均值	同比增加
总资产贡献率	%	10.7	20	14.5	14.3	0.2
资本保值增值率	%	120	16	105.9	168.0	-62.1
资产负债率	%	≤60	12	60.4	62.4	-2
流动资金周转率	次	1.5	15	1.88	1.66	0.22
成本费用利润率	%	3.7	14	9.1	10.1	-1
全员劳动生产率	元/人	16 500	10	136 550	102 043	34 507
产品销售率	%	96.0	13	97.2	97.8	-0.6
经济效益综合指数				2.02	1.93	0.09

注：表中各项统计数据为对工具行业协会71家会员企业的综合统计数据。

2008年，工具行业29家重点骨干企业完成工业总产值（现价）399 242.23万元，比上年增长16.8%；工业销售产值（现价）365 763.86万元，比上年增长5.3%；职工人数24 623人，比上年增加327人；职工工资总额49 291.86万元，比上年增长13.9%；全员劳动生产率64 613元/人，比上年增长16.3%；职工人均收入20 018元，比上年增长18.5%。29家重点骨干企业中有2家企业号损，共亏损198.5万元，占全行业亏损额的5.4%，其余27家企业利润总额34 484.23万元。

二、产品分类产量

2008年，工具行业共生产各类刀具231 484.50万件，比上年增长9.6%；生产各类量具1 366.75万件，比上年增长3.5%；生产各类量仪23 787台（套），比上年下降16.6%。

29家重点骨干企业生产各类刀具20 627万件，占全行业总产量的8.9%；生产各类量具923.27万件，占全行业总产量的67.6%；生产各类量仪23 449台（套），占全行业总产量的98.6%。

2008年工具行业分类产品生产、销售及出口情况见表2。2008年工具行业重点联系企业主要产品产销存情况见表3。

表2　2008年工具行业分类产品生产、销售及出口情况

产品类别	产量（万件）	产值（万元）	销售量（万件）	销售额（万元）	出口量（万件）	出口额（万元）
刀具	231 484.50	996 143.30	235 114.10	966 461.20	123 754.40	330 712.70
高速钢刀具	210 359.60	773 137.86	214 490.07	755 954.71	120 752.71	311 913.27
钻削刀具类	193 983.96	546 521.81	198 398.19	537 653.49	113 632.60	272 604.92

（续）

产品类别	产量（万件）	产值（万元）	销售量（万件）	销售额（万元）	出口量（万件）	出口额（万元）
铣削刀具类	4 355.98	46 152.10	4 279.22	43 299.03	2 354.03	12 563.57
刀条刀片	402.71	14 134.45	366.44	13 896.01	32.34	481.30
螺纹刀具类	10 735.33	79 738.34	10 575.07	75 991.66	4 604.93	22 256.61
拉削刀具类	7.61	17 017.97	6.42	16 791.69	0.06	129.93
齿轮刀具类	42.84	33 658.42	39.55	33 521.74	2.43	872.26
木工刀具类	26.47	996.49	26.48	943.92	4.17	180.51
锯条	738.79	30 329.39	708.66	29 041.52	98.58	2 573.26
其他	65.91	4 588.90	92.35	6 976.35	23.57	250.91
硬质合金类刀具	21 072.88	199 898.77	20 572.14	187 909.16	2 998.50	17 516.57
立方氮化硼刀具	18.80	5 782.00	19.02	5 900.00		
金刚石刀具	10.35	2 478.00	10.43	1 696.00		
工具系统类刀具	22.85	14 846.66	22.41	15 001.36	3.17	1 282.82
量具	1 366.75	99 328.58	1 226.69	91 669.53	490.35	32 368.05
卡尺类	351.53	30 725.63	329.73	28 577.96	132.07	10 405.23
千分尺类	165.95	13 227.95	156.13	12 976.81	57.16	3 758.65
指示表类	222.06	17 975.64	212.34	16 651.14	79.56	4 481.46
块规及量规	406.21	13 952.30	337.41	13 442.18	104.83	2 331.11
角度测量类	18.68	1 179.96	19.83	1 145.97	2.20	231.94
数显量具类	166.77	15 760.02	137.02	15 565.58	97.86	9 814.14
辅助测量器具	12.58	532.06	12.47	548.45	5.20	166.52
其他	22.97	5 975.02	21.76	2 761.44	11.47	1 179.00
量仪（台、套）	23 787.00	29 785.77	22 913.00	29 647.49	71.00	2 126.91

表3　2008年工具行业重点联系企业主要产品产销存情况

序号	产品名称	实物量单位	年初库存		年末累计生产		年末累计销售		年末累计库存	
			实物量	价值量	实物量	价值量	实物量	价值量	实物量	价值量
1	上海量具刃具厂									
	量仪	台、件	19	182.93	12	142.20	11	85.24	20	239.89
	量具	万件	7.01	893.30	58.59	5 236.66	54.77	4 821.96	10.83	1 308.00
	刃具	万件	39.31	283.61	35.50	237.80	32.43	279.40	42.38	242.01
2	上海工具厂有限公司									
	刃具	万件	1 050.81	5 236.66	6 306.37	56 532.23	6 435.04	51 471.83	922.14	10 297.06
3	太原工具厂									
	刃具	万件	13.90	1 587.27	16.00	4 491.52	12.00	4 456.59	17.90	1 622.20
4	桂林量具刃具厂									
	量具	万件	10.27	72.74	70.75	7 330.56	69.92	6 000.00	11.10	1 403.30
5	成都成量集团公司									
	量仪	台、件	178	62.40	2 013	469.85	1 346	345.78	845	186.47
	量具	万件	99.46	4 476.63	202.40	15 769.07	200.86	15 080.93	101.00	5 164.77
	刃具	万件	1 032.93	9 882.37	3 358.17	26 667.30	3 135.86	25 311.68	1 255.24	11 237.99
6	重庆工具厂									
	刃具	万件	131.64	2 808.78	58.23	5 435.16	46.67	5 520.75	143.20	2 723.19
7	贵阳工具厂									
	量具	万件	0.09	77.10	0.15	181.79	0.15	181.79	0.09	77.10
	刃具	万件	17.51	1 046.23	14.55	2 622.91	14.55	2 622.73	17.51	1 046.41
8	关中工具制造公司									

（续）

序号	产品名称	实物量单位	年初库存		年末累计生产		年末累计销售		年末累计库存	
			实物量	价值量	实物量	价值量	实物量	价值量	实物量	价值量
	刃具	万件	280.76	3 518.88	1 167.07	12 220.48	986.74	11 871.37	461.09	3 867.99
9	青海量具刃具厂									
	量具	万件	9.61	869.22	103.60	5 902.99	96.24	6 073.71	16.97	698.50
	刃具	万件	283.79	354.99	531.84	439.65	815.63	794.64		
10	北量机电工量具公司									
	量具	万件	14.10	361.50	20.80	535.80	12.90	519.90	22.00	377.40
	刃具	万件	95.20	1 155.00	162.10	1 517.00	142.20	1 659.00	115.10	1 013.00
11	北工雄峰机电工具公司									
	刃具	万件	2.03	128.10	9.16	298.50	8.41	299.70	2.78	126.90
12	哈尔滨量具刃具公司									
	量仪	台、件	135	1 504.26	1 036	23 165.28	1 031	23 156.94	140	1 512.60
	量具	万件	52.13	9 076.68	122.54	13 775.10	95.57	13 122.36	79.10	9 729.42
	刃具	万件	857.18	12 283.22	4 875.74	34 176.16	4 502.87	33 858.24	1 230.05	12 601.14
13	哈尔滨第一工具制造有限公司									
	刃具	万件	532.25	7 710.65	614.22	20 933.93	554.54	19 227.51	591.93	9 417.07
14	哈尔滨二工具科技有限责任公司									
	刃具	万件	138.66	5 611.70	124.05	3 994.10	99.33	2 699.00	163.38	6 906.80
15	衡阳量具刃具总厂									
	刃具	万件	5.64	28.64	16.76	1 025.50	14.88	989.50	7.52	64.64
16	本溪工具有限责任公司									
	刃具	万件	42.20	1 172.20	156.20	12 885.80	164.90	12 885.20	33.50	1 172.80
17	汉江工具厂									
	刃具	万件	15.88	4 992.70	33.70	25 050.50	33.70	25 035.00	15.88	5 008.20
18	中原量仪股份公司									
	量仪	台、件	4 862	739.80	20 388	3 045.43	20 353	2 852.23	4 897	933.00
19	上海刃具厂									
	刃具	万件	1 262.88	2 772.05	842.87	3 134.53	1 113.57	3 353.28	992.18	2 553.30
20	常熟量具刃具厂									
	刃具	万件	-15.80	54.00	321.31	7 338.00	265.51	6 288.00	40.00	1 104.00
21	靖江量具有限公司									
	量具	万件	5.48	309.90	96.05	9 558.42	92.54	9 055.77	8.99	812.55
22	山东工具制造有限公司									
	刃具	万件	95.83	313.99	934.93	4 045.33	966.32	4 148.81	64.44	210.51
23	兰州量具刃具厂									
	刃具	万件	195.00	1 440.00	176.00	1 403.00	176.00	1 422.00	195.00	1 421.00
24	株洲钻石切削工具公司									
	刃具	万件	1 250.24	8 322.80	11 372.04	137 091.0	11 177.60	127 112.0	1 444.68	18 301.80
25	韶关工具厂									
	刃具	万件	71.09	858.33	29.45	2 203.95	28.07	2 221.61	72.47	840.67
26	陕西品鼎硬质合金有限公司									
	刃具	万件	13.20	806.00	33.90	2 066.00	34.80	2 120.00	12.30	752.00
27	威海市量具厂有限公司									
	量具	万件	7.90	901.60	43.05	3 667.00	45.36	3 834.60	5.59	734.00
28	贵州西南工具有限公司									
	量具	万件	141.42	1 117.45	135.25	1 581.52	108.92	1 472.89	167.75	1 226.08
	刃具	万件	132.31	1 539.77	842.78	6 543.04	832.97	6 368.35	142.12	1 714.46

（续）

序号	产品名称	实物量单位	年初库存		年末累计生产		年末累计销售		年末累计库存	
			实物量	价值量	实物量	价值量	实物量	价值量	实物量	价值量
29	无锡锡工量具有限公司									
	量具	万件	5.50	268.80	70.09	3 425.44	65.29	3 190.78	10.30	503.46

三、市场及销售

2008年，工具行业刀具出口量占销售量的52.6%，出口额占销售额的33.7%；量具出口量占销售量的39.9%，出口额占销售额的35.3%；量仪出口量为71台（套）。

根据中国机床工具工业协会工具分会提供的数据，2008年，全国大行业进口刀具仍有大幅度增长，刀具进口额约14亿美元，(2007年进口数据，经重新核算，调整为10亿美元)。2008年进口净增长额中，7%缘于汇率变化。进口各类量具约4 434.3万美元，比上年增长39.1%。量仪“坐标测量仪”进口额为10 648.4万美元。

2008工具行业产品销售收入前10位企业见表4。2008年工具行业重点联系企业主要产品出口情况见表5。2008年工具行业产品出口额前10位企业见表6。

表4　2008年工具行业销售收入前10位企业

序号	企业名称	销售收入(万元)
1	江苏飞达工具集团公司(工具产品占25%)	799 397.31
2	江苏天工集团有限公司(工具产品占50%)	543 942.81
3	厦门金鹭特种硬质合金有限公司(主要为硬质合金材料)	134 661.00
4	株洲钻石切削刀具股份有限公司(主要为硬质合金材料)	95 626.00
5	哈尔滨量具刃具厂	70 218.00
6	南昌硬质合金有限责任公司	57 819.46
7	中国贵航集团西南工具总厂	54 745.91
8	上海工具厂有限公司	47 318.90
9	成都成量集团公司	39 964.15
10	深圳市金洲精工科技股份有限公司	30 488.00

表5　2008年工具行业重点联系企业主要产品出口情况

序号	产品名称	出口量单位	出口量	出口额(万元)			出口额(万美元)		
				合计	收购的交货值	自营出口额折算	合计	交货值折合美元	自营出口额
1	上海量具刃具厂								
	量具	万件	11.71	1 019.70	1 019.70		122.81	122.81	
2	上海工具厂有限公司								
	刃具	万件	1 206.48	4 611.15	327.50	4 283.65	664.43	47.19	617.24
3	桂林量具刃具厂								
	量具	万件	25.63	2 537.00	1 687.00	850.00	367.70	244.50	123.20
4	成都成量集团公司								
	量具	万件	17.44	607.98	302.70	305.28	79.47	43.24	36.23
	刃具	万件	183.31	1 127.10	282.29	844.81	161.01	40.33	120.68
5	重庆工具厂								
	刃具	万件	0.61	83.53	83.53		12.28	12.28	
6	陕西关中工具制造有限公司								
	刃具	万件	32.85	232.62	193.94	38.68	33.29	28.40	4.89
7	哈尔滨量具刃具集团公司								
	量仪	台、件	10	1 430.38		1 430.38	178.79		178.79
	量具	万件	1.87	292.94		292.94	36.62		36.62
	刃具	万件	3.17	1 282.82		1 282.82	160.35		160.35
8	哈尔滨第一工具制造有限公司								
	刃具	万件	0.46	200.35	73.90	126.45	29.46	10.90	18.56

（续）

序号	产品名称	出口量单位	出口量	出口额（万元）			出口额（万美元）		
				合计	收购的交货量	自营出口额折算	合计	交货量折合美元	自营出口额
9	哈尔滨二工具科技有限责任公司								
	刀具	万件	1.80	45.00	45.00		6.70	6.70	
10	汉江工具有限责任公司								
	刀具	万件	0.03	79.80		79.80	12.45		12.45
11	韶关工具厂								
	刀具	万件	20.80	714.37		714.37	102.05		102.05
12	株洲钻石切削工具公司								
	刀具	万件	610.90	9 147.00		9 147.00	1 339.00		1 339.00
13	靖江量具有限公司								
	量具	万件	66.06	6 557.51	3 874.46	2 683.05	961.15	567.89	393.26
14	威海市量具总厂有限公司								
	量具	万件	27.86	1 923.60	1 923.60		263.50	263.50	
15	青海量具刃具有限公司								
	量具	万件	59.30	3 742.04	2 417.75	1 324.29	536.12	346.42	189.70
16	中原量仪股份公司								
	量仪	台、件	22	1.76		1.76	0.25		0.25
17	陕西品鼎硬质合金有限公司								
	刀具	万件	14.50	654.00		654.00	98.50		98.50
18	山东工具制造有限公司								
	刃具	万件	708.08	1 816.42		1 816.42	264.72		264.72
19	衡阳量具刃具总厂								
	刃具	万件	0.01	6.90	6.90		1.08	1.08	
20	贵州西南工具有限公司								
	量具	万件	60.46	617.04		617.04	88.91		88.91
	刃具	万件	1.07	5.97		5.97	0.86		0.86
21	上海量具刃具厂								
	量具	万件	26.69	1 297.36		1 297.36	189.40		189.40

表6　2008 年工具行业出口额前 10 位企业

序号	企 业 名 称	出口额（万元）
1	江苏飞达工具集团公司	287 269.00
2	江苏天工集团有限公司	237 707.00
3	厦门鑫鹭特种硬质合金有限公司	92 110.00
4	南昌硬质合金有限责任公司	47 033.87
5	青岛优先出锐工具有限公司	22 447.70
6	桂林广陆数字测控股份有限公司	10 002.90
7	株洲钻石切削刀具股份有限公司	9 207.00
8	上海申利螺纹工具有限公司	8 092.80
9	上海工具厂有限公司	6 737.10
10	靖江量具有限公司	6 372.67

注：第 1 ~4 位企业主要为刀具材料出口企业。

四、科技成果及新产品

成都工具研究所（国家精密工具工程技术研究中心）2008 年进行了多项科研项目和新产品开发：①“ERW 钢管高效系列刀具成套技术的研究开发”项目，成功开发出具有完全自主知识产权的高抗冲击韧度、热硬性和高热稳定性的硬质合金材料牌号，研制出 ERW 钢管加工专用系列刀具，并形成了一套批量生产 ERW 系列刀具的完整制造工艺及技术，填补了国内空白，大部分品种替代了进口产品，为国家节约了大量外汇，取得了较好的经济和社会效益。②“机夹式硬质合金内排屑深孔钻的研制”项目，综合运用 CAD/CAM 技术对刀体结构进行了系列优化设计和精密加工，保证了刀体的生产效率和加工精度；同时，运用 CAD/CAM 技术对刀片断屑槽型进行了系列优化设计，解决了目前“5”型焊接的硬质合金内排屑深孔钻在加工某些材料时切屑成形状态差，刀具寿命较短的问题；开发的系列机夹式硬质合金内排屑深孔钻，填补了国内空白。③“基于 Internet 的精密量仪远程诊断及服务支持系统开发研究”项目，处于研制阶段，项目完成后将建立精密测量仪器的远程监测与故障诊断系统，实现对测量仪器的精度和使用状态的监测，适时为用户提供排除故障的办法或数据与判据，保证测量结果的正确性；建立被测工件加工设备及制造工艺分析系统，旨在指导用户改进工艺，调整加工机床，提高产品加工质量；建立适用于精密测量仪器远程诊断的网络系统和基于Internet的精密测量仪器的故障数据库和分析数据库等。④“高性能超级涂层材料及工艺技术的研究与应用”项目，将在该所现有涂层技术成果的基础上，通过进一步深层次的研究，开发出涂覆功能性更强的中温化学气相沉积（MT－CVD）新工艺和两种高性能超级涂层材料，大幅度提高了刀具耐磨性、热硬性和使用寿命，解决了诸如高强、高硬材料难加工的问题，产品达到当前国际先进水平。形成了产业化生产能力，满足了国内市场急需，并具备出口创汇能力。⑤“切削技术领域数据资源整合共享网”是国家科技基础条件平台建设项目中的“先进制造与自动化科学数据共享网”的子项目。该项目成功建立了先进切削数据共享资源体系结构，整合、录入了切削技术领域数据资源54万条，实现了数据资源网上共享，极大地方便了相关人员对切削技术数据资源的查询和利用，提高了切削技术数据资源的利用效率。

上海工具厂有限公司进行了“汽车关键零部件高性能刀具的开发”和“高速高效刀具表面改性技术”两个国家项目的研究开发，共计投入资金1 600万元，处于研制阶段。同时，全新设计开发了5项企业新产品：①钛合金高温合金专用铣刀的研发，其刀具径向跳动为0.005mm，刃部涂层为TiAlN—FN，处于国际先进水平。②加工铝合金的整体硬质合金深孔钻头开发（$10\times D\sim20\times D$），其外圆径向跳动为0.015mm，外径公差为（$D^{+0.025\mathrm{mm}}_{+0.007\mathrm{mm}}$），钻孔深度为20$D$，加工孔精度等级为H8，处于国际先进水平。③加工不锈钢的专用丝锥的研发，其丝锥螺纹累积误差，在7牙内不大于0.008mm，中径误差为－0.023mm，处于国内先进水平。④M10高性能螺尖丝锥的研究和开发，其丝锥螺纹累积误差，在7牙内不大于0.008mm，中径误差为＋0.028mm，螺尖槽前角端面处为$20°^{+2}_{-2}$，处于国内先进水平。⑤F202小孔径镗头，调节精度为0.01（R）mm，可读值为0.001mm，滑轴调节量为3mm，镗孔精度为IT7级，孔长径比可达4，处于国内先进水平。

哈尔滨量具刃具集团有限责任公司进行了“五轴联动混联机床及扩展模块研制与应用”科研项目的开发，将研制出1台高档新型并联机床。该机床与现有机床比较，工作空间和摆角大为扩大，刚度也大为提高，适用于加工汽轮机叶片、船用螺旋桨、制氧机叶轮和一些复杂曲面等，可满足更多用户的需求。此外，主要研发了7项新产品：①3040型万能齿轮测量机，可测工件模数1～12mm，可测工件最大外径400mm，上下顶尖距离30～500mm，测头至下顶尖距离40～340mm，螺旋角范围0±45°；②3908型齿轮测量中心，可测工件模数1～20mm，可测工件最大外径800mm，上下顶尖距离100～1 000mm，测头至下顶尖距离20～500mm，螺旋角范围0±90°；③2301L螺纹轮廓测量仪，Z轴测量范围50mm，X轴测量范围100mm，直线度误差1μm/100mm，测针针尖半径25μm，Z轴测量误差不大于±2μm，X轴测量误差不大于±（1＋L/50）μm；④1801刀具热装机，加热器移动范围600mm，热缩刀柄圆锥柄号为ISO 40、ISO 50、HSK63，刀具直径3～32mm，产品总功率11kW；⑤带表卡尺，测量范围0～1 000mm，分度值0.02mm；⑥HSK数控工具系统，HSK锥柄多次重复安装的回转精度不大于0.002mm，动平衡精度G2.5；⑦ϕ63可转位大进给铣刀，径向跳动0.02mm，端面跳动0.01mm，以上新产品均达到国内先进水平。其中，“高速数控机床用HSK工具系统”项目获中国机械工业科学技术奖三等奖。

哈尔滨第一工具制造有限公司投入40万元，开发“可转位（精、半精切）盘形齿轮铣刀”项目。高速铣齿机采用可转位盘形齿轮铣刀，可一次完成斜齿内齿轮的半精加工，生产效率提高5～20倍。这种齿轮加工工艺不仅要求刀片能承受大的切削抗力，同时，要求刀具具有较高的精度，工件切削留量较小且均匀。其新产品——模块式可转位外曲轴铣刀，铣削速度达到150m/min以上，走刀量0.2～0.4mm/每组有效齿；可转位层切铣刀，铣削速度100～160m/min，走刀量1～4mm/每组有效齿；平装可转位螺旋立铣刀，切削速度100～300m/min，走刀量0.10～0.30mm/齿；榫槽拉刀，切削速度达到3m/min，切削宽度12m，切削深度1.2mm，切削总长30mm，以上产品均处于国内领先技术水平。

陕西航空硬质合金工具公司承担了国家科技支撑计划项目“航空航天难加工零件高性能数控刀具的开发”的研究。该项目投资1 300万元，拟针对航空航天和国防军工领域在加工高强韧等难加工材料的复杂薄壁高精度零部件时，要求高效率、高质量完成大金属切除量问题，重点研究硬质合金刀具硬度、韧性和耐磨性等性能对高强度钛合金、超高强度钢、高温合金、金属化合物和各种复合材料等各种耐高温、高强韧难加工材料高速高效切削的影响规律以及零件结构形式和参数对刀具几何参数设计的影响；重点研究加工航空发动机高温合金和钛合金叶片复杂曲面的五轴联动高效精密铣刀，加工飞机机身、机翼和尾翼上的复合材料、钛合金和铝合金大型整体薄壁构件的高速高效铣刀和钻头。同时，改型设计并通过自行鉴定4项产品：①高强钢深孔加工可转位扩孔钻，其前角6°，刃倾角10°，刃偏角25°；②加工淬火钢用整体硬质合金立铣刀，其周齿前角7°，周齿后角9°，侧隙角1.5°，端齿后角6°；③可转位大直径曲轴外盘铣刀，其径向前角－8°，径向后角8°，轴向前角6°；④可转位大环形槽成形铣刀，其切削刃后角7°，侧隙角2°，产品均达到国内领先水平。

汉江工具有限责任公司研制开发出9种高精度复杂刀具新产品：①超大型整体蜗轮滚刀，外径360mm，长度515mm，蜗杆类型ZC1；②摆线齿轮滚刀，偏心距3mm，头数2，齿形误差0.008mm；③定装锥齿轮铣刀，等分误差0.03mm，上下两齿对称度不大于0.1mm；④组合式错齿铣刀，三刀一组齿形对称度不大于±0.03mm；⑤1～2.75in整体弧齿锥齿轮铣刀；⑥电动机轴平面拉刀，$B\times H\times L=45\mathrm{mm}\times39\mathrm{mm}\times585\mathrm{mm}$；⑦超大规格指形铣刀M48.51，外径208.185mm，长度190mm；⑧导轨铣刀，外径32.5mm，2—R2.5mm，$Z=6$；⑨圆弧车刀，R40mm、R50mm、R80mm、R100mm。完成了5项科研项目，获得了5项科学技术成果，成功申报专利技术5项。

陕西渭河工模具总厂自主研发并通过鉴定7项科技成果:①XBD40—90谐波减速器,传动精度高,传动效率、承载力矩及寿命等指标均达到项目要求,输出力矩大、减速比大,技术先进;②WHSCH722—1(A)角度传感器;③精密型单导柱滑动导向部件;④N5—002TP—45多工位模具,模具精度控制在±0.003mm以内,其垂直度、平行度、对称度达0.003mm以内,且模具互换性好;⑤用于加工铝材的机用丝锥;⑥智能型中走丝电火花线切割机,线切割精度不大于0.01mm,表面粗糙度 R_a 不大于1.0μm;⑦非金属冲裁模具;获得了5项科技成果奖。

贵阳工具厂通过鉴定4项新产品:①高速滚刀,切削速度70m/min,切削长度210mm,适用于高速齿轮加工机床;②数控滚刀铲齿磨床样机研制,设计、制造的样机处于国内领先水平,M0.5~M10,ϕ30~300mm,加工长度 L400mm;③三面刃铣刀端刃铣削工装,铣削范围 ϕ250~300mm;④Y7432磨齿机变频调速装置改造,提高了砂轮效率,增加了调速范围。

威海新威量量具有限公司合作生产了D04电子数显指标表(0-12.5×0.01),全新设计了HKLX编码器轮系,改型设计了NKG15—75大测深带表内卡规(15-75×250)和WL050新款内径指示表(30~100和100~300),产品处于国内先进水平。

陕西关中工具制造有限公司改型设计了M8~52跳牙丝锥、ϕ100~500mm可转位单压型面铣刀和M110~180装配式大丝锥,其技术处于国内先进水平。

哈尔滨二工具科技有限责任公司进行了"5F—6钢的应用"项目的研究,开发了新钢材品种,制造出"二工"品牌高速钢车刀产品。

五、质量及标准

2008年,共批准发布国家标准46次,其中刀具国家标准30项,量具量仪国家标准16项;批准发布刀具、量具、量仪行业标准7项。

2008年,常州市西夏墅工具研究所有限公司通过了ISO 9001质量管理体系认证。

六、基本建设及技术改造

成都工具研究所2008年完成设备、仪器技改投资近500万元,其中设备技改投资435万元,仪器技改投资63万元。购置石腊生产线用自动压机2台、球磨机2台;购置缓进给成形磨床7台,慢走丝电加工机床1台,精密数控电火花加工机床1台,以及万能工具铣床,万能工具磨床等;对CVD真空炉进行了改造。上述设备的引进和改造,完善了石腊生产线的工艺装备,扩大了梳刀生产线的生产能力,保证了轴承刀具产品的生产、新产品的开发及CVD涂层质量的稳定和提高。

汉江工具有限责任公司技术改造投资4 800万元,引进数控磨床8台,创新研制了"汉工制造"的数控滚刀铲床、数控砂轮修整器、数控滚刀开刃磨床等关键生产设备,整体提升了滚刀、插剃刀、拉刀和异型刀具的生产能力。

泰安泰山福神齿轮箱有限责任公司生产线技术改造项目投资2 000万元,购买了加工中心、大型数控插齿机、高精度磨床、数控车床、三坐标测量机等;设计制造了减速机装配线,项目完成后可实现年6亿元产值的生产能力。

哈尔滨第一工具制造有限公司引进德国数控拉刀磨床2台、数控滚刀铲磨床2台、数控花键磨床1台、数控拉刀测量机1台和数控滚刀测量机1台,共计投资3 484.25万元。

贵阳工具厂投入资金928万元,对拉刀生产技术进行了改造,引进了德国七轴数控花键磨床1台,国内配套设备8台,新增配套设施2台;已完成投资计划的68%,引进的配套设备均已安装到位,预计年可增加产值420万元,利润134.88万元,税收42万元。

常州市西夏墅工具研究所有限公司2008年为适应生产需求,投入411万元,添置了600193ANTXT等设备,新建了1 485m^2 科技楼,为公司的发展奠定了良好的基础。

常熟量具刃具厂斥资24.55万欧元,引进了德国瓦尔特数控万能工具磨床,以提高生产效率。

扬州新江正工具有限公司2008年分别投入10万欧元和8万美元,引进了德国全自动丝锥磨槽机和美国全磨制铣刀,以满足正常生产需要。

陕西关中工具制造有限公司投入资金50万元,新增螺纹磨床、THM6363五轴加工中心、XKC8140数控铣床以及真空淬火设备等关键设备,对机用丝锥加工工艺、可转位硬质合金刀具数控加工工艺等技术进行了攻关。

河冶住商工模具有限公司2008年5月投入资金40万元,引进美国二手FGD—221磨沟机2台,经维修已装配使用,新增生产全磨制立铣刀5万只/月。

七、对外合作

常州市西夏墅工具研究所有限公司2008年与南京航空航天大学合作开发高性能低成本功能梯度基金属陶瓷刀具,项目成功后可实现年产值1 500万元;与哈尔滨理工大学合作开发创新型系列数控刀片及其系列数控铣刀产品,可实现年产值1 000万元以上。

八、企业简介

哈尔滨第一工具制造有限公司　是在哈尔滨第一工具厂的基础上改制组建的国有控股的中型企业,是我国最大的精密复杂刀具、数控刀具生产和科研基地之一。公司主要从事汽车、机械、航天等行业所需的各类刀具的研发、制造、销售和服务。主导产品有齿轮刀具、拉削刀具、数控刀具、螺纹刀具、铣削刀具、钻削刀具、锯削刀具、车削刀具和木工刀具等9大类,200多个品种,20 000多个规格。公司精密刀具产能位居行业前列,技术水平居国内同行业领先地位。营销网络和售后服务网络健全,国内设有16个销售分公司和遍及全国的二级销售网点,产品覆盖全国各省、市、自治区,并远销欧美及东南亚等多个国家和地区。公司拥有经国家首批认定的工具行业唯一的国家级企业技术中心,具有雄厚的技术和产品研发能力。公司先后获得"国家质量管理奖"、"中国名牌"、"中国机械工业优秀企业"、"中国机械工业最具影响力的品牌"、"中国优秀诚信企业"、"黑龙江名牌产品”等荣誉。2008 年公司完成工业总产值 22 890万元，实现销售收入 18 243 万元，实现利润 1 575 万元。

泰安泰山福神齿轮箱有限责任公司 原名山东新汶工具厂、山东齿轮箱厂，系国家中一型企业、省级先进企业，中国工程机械工业协会工程起重机分会理事单位。总资产 1.2 亿元，有员工 800 余人。经过多年的变迁，企业主要生产工程机械配套产品、各类标准非标准刃具、丝锥、发动机高精度齿轮和农业机械配套产品等。其中工程机械汽车起重机、履带起重机用行走、卷扬、回转、变幅等减速机为企业主导产品，技术已达到国际先进水平，国内市场占有率达 35% 以上。“汶工”牌商标被评为“山东省著名商标”。为增强企业发展后劲，全面提升技术研发水平，企业加强了技术中心建设。2008 年，企业技术中心被确认为泰安市级技术中心。2008 年，公司完成工业总产值 2.608 亿元，销售收入 1.611 3 亿元，实现利税 3 435 万元，同比分别增长 79.5%、60.2% 和 282.1%。

陕西关中工具制造有限公司 公司于 2003 年 6 月注册成立，属机械工业中型企业，机床工具行业骨干企业，2008 年 3 月与宝鸡机床集团公司合作重组，成为宝鸡机床集团公司的一个国有控股公司。公司注册资本 1 509 万元，有员工 1 470 多人，总资产 10 592 万元。公司主导产品为机用丝锥、铣刀、铰刀、各类麻花钻、硬质合金可转位刀具、枪钻和数控刀具共 60 多个品种 5 000 多个规格。机用丝锥获国优银奖并和精密级直柄麻花钻获陕西省名牌产品称号，企业产品技术水平、制造工艺在国内处领先地位。产品在工具市场有良好的声誉和竞争实力，产销量居全国工具行业前列。2008 年公司实现工业总产值 12 520 万元，销售收入 14 300万元，实现利润 680 万元，上缴税金 1 100 万元。公司正在加大技术改造投入力度，努力提高产品品质，优化产品结构，提高企业的核心竞争力和持续发展能力，为促进中国工具行业发展作出贡献。

汉江工具有限责任公司 被国家列为特定振兴企业和技术进步示范企业，拥有精密复杂刀具核心技术和先进制造能力，是中国高端工具产品制造基地。近年来，公司研制开发出 50 余种高精度、高技术含量、高性能的复杂刀具新产品。汉江工具建有省级技术中心，在 CAD、CAM 和 CAPP 技术应用方面走在工具行业前列，具有跟踪国际刀具产品前沿技术和开发高新技术产品的实力。公司具有行业领先的刀具设计软件研发能力，可通过模拟仿真设计，迅速、准确地确定刀具齿形，提高刀具设计精度。公司拥有一定规模的高精尖数控加工设备和检测仪器，具有开发、生产当今国际新型高速、高效、环保干切等大型、精密、高效切齿刀具的技术基础，并且在粉末冶金高速钢刀具材料的锻造与焊接技术、热处理与表面涂层技术、数控加工技术、刀具检测技术等方面均接近或达到国际先进水平。2008 年公司经营实现了跨越式发展，主要经营指标比上年大幅提高，其中工业总产值提高 34%，销售收入提高 35%，利税提高 121%。

潍坊华光精工设备有限公司量具分公司 前身是始建于 1956 年的潍坊量具厂，是原机械工业部定点生产量具的专业厂家，公司生产的粗糙度比较样块曾获得原机械工业部优质产品奖，水平仪产品获山东省优质产品奖。集 40 余年量具制造历史，融几代工程技术人员的丰富经验、先进的科学检测仪器、完善的生产工艺流程，公司产品具有精度高、稳定性好、使用寿命长等特点。分公司主要生产“山光”牌框式水平仪、条式水平仪、光学合像水平仪、V 型架、表面粗糙度样块及垫块等系列产品。产品规格齐全，畅销全国各地并销往欧美、东南亚各国。公司遵循“质量立厂、创新发展”的治企理念，以精心制作的产品和完善周到的服务满足顾客的需求，力争“山光”成为行业内国际知名品牌。

扬州新江正工具有限公司 创建于 1984 年，拥有先进的锻压生产线、全自动热处理生产线、电镀生产线及各种先进的机械加工设备。公司主要产品有钻头、螺纹刀具、铣刀及非标刀具等，产品大部分远销德国、日本、美国、俄罗斯等国家及中东地区。公司执行的产品标准有国际 ISO、日本 JIS、美国 UN、德国 DIN、英国 BS 等 1 000 多种。2008 年，公司实现工业总产值 8 125 万元，销售收入 7 963 万元，从业人员 410 人。公司是全国刀具标准技术委员会委员单位，连续多年参与国家标准的审查与制订。近年来，公司十分注重新产品的研制开发，生产的六角柄钻头、伞形钻、断头螺钉取出器等 16 项产品获国家专利。经过 20 多年不懈努力，公司已成为江苏省苏北地区最大的切削工具出口基地。“江正工具，攻无不克”是公司永远的追求。

常熟量具刃具厂 工厂有固定资产 4 080 万元，职工 290 人，拥有各类专业技术职称人员 51 人。主要产品有铣铰类数控刀具、模具铣刀、孔加工刀具、非标准丝锥、螺纹滚刀、齿轮滚刀、链轮滚刀、蜗轮滚刀等以及各种标准及非标准铣刀和测量工具。其中直柄立铣刀、锥柄立铣刀、外径千分尺、特种零级测微头等主导产品曾分别荣获部、省优质产品称号。企业综合经济效益指标连续多年在全国同行业中名列前茅，其中优质产品锥柄立铣刀、键槽铣刀的市场占有率超过 25%。2008 年，公司完成工业总产值 7 700 万元，产量 321 万件，实现利润 595 万元，利税 966 万元。

河南一工工具有限公司 原河南第一工具厂，企业主导产品为锥柄麻花钻、丝锥、非标准复杂刀具、标准刀具、专用机床及机床辅具工装等产品。公司拥有国家专利 12 项，国家重点新产品 4 个，部优产品 1 个，省优产品 3 个，高新技术产品 4 个，加长钻、阶梯钻、扩孔钻等产品的销量在全国名列前茅。2008 年公司完成工业总产值 8 400 多万元，销售收入近 8 000 万元，职工 800 多人。

哈尔滨二工具科技有限责任公司 是国有控股公司，主要生产金属切削刀具及机用木工刀具，拥有生产设备 404 台，生产能力达到 235 万件。2008 年实现工业总产值 3 994 万元，销售收入 2 699 万元，从业人员 505 人。

〔撰稿人：成都工具研究所黄宁秋　审稿人：成都工具研究所商宏谟〕

数 显 装 置

在30多年的发展历程中，始自2000年，我国数显装置行业进入了最快发展时期。数显装置行业快速发展的主要标志是：①"十五"期间（2001～2005年），数显装置行业总产值连续增长，进入"十一五"（2006～2008年）仍然保持快速增长的势头。②会员单位80%以上为生产企业，已逐步形成一批产品结构多元化、跨专业、跨行业的骨干生产企业。国产经济型的光栅、容栅、磁栅、感应同步器以及代理的进口球栅产品（部分已形成国产化）已经统占了中低端系列产品的国内市场。③数显装置行业的制造水平明显提高，大多数企业经过多次技术改造，生产设备、制造技术、检测设备等水平都有了大幅度的提高。④数显装置设计技术取得明显突破，现代设计技术开始普及应用，具有自主知识产权的产品逐步增加，同时产品向更多的领域拓展，如数控机床、数控系统、先进的量具量仪等方面的研发都取得了较好的成果，加快了传统产品的技术升级和品种规格的外延。⑤随着数显装置产品总体水平的快速提高，许多企业都意识到向中高端产品发展的紧迫性和必要性，企业购置进口的检测仪器等先进设备，使质检工作更加规范。⑥全行业重视技术标准和专利的风气已经形成，大家更愿意投入更多的资金提高行业标准化及专利水平。

尽管2008年第四季度全行业遭遇了全球性的金融危机，但数显装置行业全年经济运营指标和技术研发成果等仍然保持2007年的水平。这在很大程度上得益于近10年来行业持续快速发展积累的坚实的经济基础。

一、行业结构及基本情况

参加本年鉴汇总的数显装置行业企业共计17家，其中国有企业4家，占23.5%；股份制企业（含改制企业）2家，占11.8%，民营企业11家，占64.7%。企业主要分布在珠三角、长三角、北京、长春、贵阳和桂林等地区。

从行业的企业性质构成看，当前国有企业和股份制公司（含改制企业）在数显装置行业中仍占有一定的比重。行业中的绝大多数原有国有企业都已改制，通过股份制改造使得国有资本全部或逐步退出，进而实现了资产和人员的优化，以此应对激烈的市场竞争。同时，一大批民营企业（占行业64.7%）正在迅速发展壮大，并大力扩张其在数显装置产品市场的影响力，现已成为数显行业发展中的重要力量。

据统计，2008年，数显行业17家企业共实现工业总产值（现价）89 671万元，工业销售产值（现价）81 142万元，实现利税10 226万元，全年从业人员平均人数3 611人。

本次汇总统计中工业销售产值（现价）超过9 000万元的企业是：桂林广陆数字测控股份有限公司（15 241万元），怡信集团（11 378万元），广州市诺信数字测控设备有限公司（9 405万元）和东莞市万濠精密仪器有限公司（9 411万元）。

实现利税超过1 000万元的企业是：桂林广陆数字测控股份有限公司（2 995万元），广州市诺信数字测控设备有限公司（1 590万元），东莞市万濠精密仪器有限公司（1 300万元）；利税总额800万～1 000万元的企业有：无锡市科瑞特精机有限公司（970万元），无锡市瑞普科技有限公司（928万元）和长春禹衡光学有限公司（840万元）。

2008年，数显装置行业继续保持稳步发展的态势，部分企业增长势头较好。但第四季度全球性金融危机开始对我国实体经济产生冲击。对此，众多企业采取各种行之有效的应对措施以规避经营风险，将全球金融危机对企业对行业的危害程度降到最低限度。2008年数显装置行业主要经济指标完成情况见表1。2008年数显装置行业企业主要经济指标完成情况见表2。

表1　2008年数显装置行业主要经济指标完成情况

指标名称	单位	实际完成
工业总产值（现价）	万元	89 671
其中：机床工具类产品产值	万元	84 487
工业销售产值（现价）	万元	81 142
其中：机床工具类产品产值	万元	57 623
工业增加值	万元	30 858
实现利税	万元	10 226
从业人员平均人数	人	3 611
资产总计	万元	43 670
流动资产平均余额	万元	52 090
固定资产净值平均余额	万元	18 159

表2　2008年数显装置行业企业主要经济指标完成情况

序　号	企 业 名 称	工业总产值（现价）（万元）	工业销售产值（现价）（万元）	从业人员平均人数（人）
1	桂林广陆数字测控股份有限公司	20 020	15 241	970
2	苏州怡信光电集团有限公司	11 920	11 378	384
3	广州市诺信数字测控设备有限公司	11 101	9 405	508

（续）

序 号	企 业 名 称	工业总产值（现价）(万元)	工业销售产值（现价）(万元)	从业人员平均人数(人)
4	东莞市万濠精密仪器有限公司	9 270	9 411	500
5	长春禹衡光学有限公司	8 450	8 200	377
6	上海平信机电制造有限公司	5 803	5 803	
7	无锡市瑞普科技有限公司	5 612	4 770	130
8	贵阳新豪光电有限公司	4 800	4 650	128
9	北京中科恒业中自技术有限公司	3 779	3 779	105
10	无锡市科瑞特精机有限公司	2 236	2 204	86
11	北京航天峰光电子技术有限责任公司	1 690	1 679	120
12	长春光机数显技术有限责任公司	1 300	1 300	100
13	深圳市博望精密仪器有限公司	1 100	1 050	48
14	威勤测量系统(深圳)有限公司	900	850	30
15	武汉湖滨仪器有限责任公司	853	735	58
16	北京莱格超精光电研究所	500	350	37
17	桂林市晶瑞电子有限责任公司	337	337	30

二、生产及出口情况

作为行业的主导产品，光栅尺和光栅数显表产量仍然占据行业总产量的很大比例。因部分企业和产品未能及时统计上报，本年鉴只统计了行业内 17 家企业的数据，而上年统计了行业内 23 家企业的数据，故不再进行同比分析。

2008 年，数显装置产品的出口量与 2007 年基本持平，部分产品还略有增加，其中电子数显量具仍然占比最大。桂林广陆数字测控股份有限公司仍然位居全行业产品出口的首位，出口量 113.83 万件，出口额达 1 386.67 万美元。

2008 年数显装置行业分类产品生产情况见表 3。2008 年数显装置行业分类产品出口情况见表 4。2008 年数显装置行业合资合作产品销售情况见表 5。

表 3　2008 年数显装置行业分类产品生产情况

产 品 名 称	产量单位	产量	产值(万元)
量具			
卡尺(游标)	万件	35.6	3 311.8
量表	万件	27.7	1 552.9
角度和平直度量具	万件	1.5	33.0
电子数显量具	万件	115.6	9 784.3
其他量具	万件	7.0	5 654.2
量仪	台	3 245	8 639.9
数显装置			
光栅尺	支	267 710	14 397.6
光栅数显表	台	81 689	5 465.6
磁栅尺	支	34 547	1 423.0
磁栅数显表	台	650	260.0
球栅尺	支	2 100	717.0
球栅数显表	台	1 200	466.0
容栅数显表	台	29 605	2 149.8

（续）

产 品 名 称	产量单位	产量	产值(万元)
圆光栅编码器	万只	69.1	1 552.0
感应同步器	台、套	3 100.0	853.0
数控机床	台	2.0	50.0

表 4　2008 年数显装置行业分类产品出口情况

产 品 名 称	出口量单位	出口量	出口额(万元)
量具			
卡尺(游标)	万件	15.0	205.7
量表	万件	10.2	96.1
电子数显量具	万件	80.4	1 014.5
其他量具	万件	8.2	112.1
量仪	台	583	80.3
数显装置			
光栅尺	支	30 225	218.1
光栅数显表	台	7 658	30.5
圆光栅编码器	只	56 600	468.1

表 5　2008 年数显装置行业合资合作产品销售情况

序号	产品名称	单位	销售量	销售额(万元)
1	数控加工中心	台	228	4 688.4
2	光栅尺	支	75 746	2 240.6
3	数显表	台	37 873	2 476.3

注：表中产品生产企业为广州市诺信数字测控设备有限公司。

三、新产品、新技术、新工艺

面对激烈的市场竞争，数显装置行业越来越注重新产品的开发及新技术、新工艺的应用。在巩固传统产品市场的同时，有实力的企业努力提高产品质量与技术性能，竞相开发附加值高的新产品，抢占中高端数显装置产品市场。2008年，行业新产品开发仍以自行设计和产学研相结合为主，占全部新产品开发的90%。这表明经过近十年的快速发展，数显装置行业企业的自主研发能力已经有了较大的提高。数显装置行业的整体技术水平已跃上了一个新的台阶。2008年数显装置行业新产品开发情况见表6。2008年数显装置行业科研项目见表7。2008年数显装置行业获奖科研项目见表8。

表6　2008年数显装置行业新产品开发情况

序号	产品名称	型号	主要技术参数	产品性质	产品水平	完成单位
1	大视野影像测量仪	Macto Scope6—120	精度：3～20μm	全新设计	国内领先	深圳智泰精密仪器有限公司
2	光学影像测量仪	VMS200	3＋L/200	全新设计	国内领先	深圳智泰精密仪器有限公司
3	多功能立式加工中心	VGL40	工作台面尺寸：420mm×800mm，三向行程（$X/Y/Z$）：750mm/440mm/600mm	全新设计	国内领先	桂林广陆数字测控股份有限公司

表7　2008年数显装置行业科研项目

序号	科研项目名称	主 要 内 容	投入资金（万元）	项目来源	备注
桂林广陆数字测控股份有限公司					
1	ZJGL—1几何精度综合检测站	检测空间范围（长×宽×高）：800mm×600mm×500mm；检测项目范围：长度、深度、直线度、平面度、垂直度、圆度、同轴度、对称度、键槽对称度、位置度、刀具尺寸检测和预调；检测精度：长度尺寸精度0.005mm，形位精度0.008mm	150	企业自选	与院校合作
2	多功能影像式测量仪	集精密光学成像技术、数字图像处理技术、智能模式识别技术、精密测试与数据处理技术、精密机械技术于一体，可以精确、快速测量任意形状的二维参数和台阶高度；具有自标定功能、智能照明功能和三维测量功能	200	企业自选	校企合作
3	数控机床综合在线测量系统	集精密测头技术、红外通信技术、数据处理与分析技术、软件技术于一体，形成综合在线测量系统。实现对数控机床进行机内刀具测量、补偿零件安装定位、在线尺寸检测、精度控制等功能，具有快速、精确、可靠等特点，大大提高了数控机床加工自动化程度、工作效率和加工精度	300	企业自选	校企合作
4	低功耗、微体积、磁栅位移传感器	利用电子自旋理论和纳米技术制作的高灵敏度的磁致电阻器件（GMR）作为磁敏感元件，并与之配套高效、精密的测量转换电路，最后将整个系统集成为专用芯片（ASIC），则可大大降低功耗和缩小体积，从而可将磁栅传感技术应用于电池供电的手持式精密量具	150	企业自选	院企合作
5	普通适型单柱式三坐标测量机	是集精密机械与气动技术、计算机技术、精密测量技术、电气自动控制技术于一体的当代先进测量装置，可快速精确测量非常复杂的零件	160	企业自选	校企合作
6	超低功耗、绝对定位、容栅位移传感器	改变现有容栅的定位原理，使任意位置均有唯一的绝对编码，使测量系统可工作于间歇状态，没有测量速度限制，功耗可大幅降低，从而实现对现有容栅技术的更新换代	80	企业自选	自行设计

（续）

序号	科研项目名称	主要内容	投入资金（万元）	项目来源	备注
广州市诺信数字测控设备有限公司					
7	高精度数控设备智能型交流伺服系统开发		57	企业自选	自有技术
8	高档多轴联动数控系统（CNC）		364	企业自选	与院校合作
9	复合式多关节机械臂坐标测量系统开发		25	国家科技部	与院校合作
10	组建广州诺信数控工程技术中心的研究		54	企业自选	自用技术
11	直接位置闭环九轴控制三轴联动车铣复合加		2	企业自选	自有技术
怡信集团工中心					
12	三坐标测量机	外观设计	12	企业自选	意大利设计
13	光学式刀具预调仪 ET—600HR	旋转式分划板；角度/弧度分划线	17	企业自选	自行设计
14	二次测量影像	自动对焦系统	30	企业自选	自行设计
15	EV 系列	自动变焦系统	15	企业自选	自行设计
16	EDM 大型龙门	2 500mm×1 200mm	35	企业自选	自行设计
17	CNC 高速雕铣机床	5 轴高速	48	企业自选	意大利 Deelantor
东莞市万濠精密仪器有限公司					
18	雷泰运动控制系统	用于本公司 H 系列 CNC 影像测量仪	9	企业自选	
19	WD032PMAC 运动控制系统	用于大行程全自动影像测量仪，可动态采样	10	企业自选	
20	WD039 自动变倍控制系统	自动设计的动控系统	2	企业自选	
21	Mascer—CMM 三维测量软件	用于全自动三坐标测量机	67	企业自选	
22	QIM5008 二维测量软件	用于全自动影像测量仪	5	企业自选	
莱格光电仪器公司					
23	密封式钢带光栅传感器	用于大中型数控加工装备	500	国家科技部	
24	敞开式钢带光栅传感器	用于高精度数字化检测装备	100	吉林省科技厅	
25	数控型光栅线位移传感器	满足数控机床需要	100	企业自选	
26	数控钢质柱面光栅传感器	无内置轴承	500	吉林市科委	
北京航天峰光电子技术有限公司					
27	专用集成电路	用于数显位移测量装置	50	企业自选	
28	MNINI USB 接口	用于数显量具数据采集和传输	10	企业自选	
长春禹衡光学有限公司					
29	高精度同步控制光电编码器	用于高精度同步控制装置，在同步电梯曳引机和高精度数控机床上应用广泛	10 000（国家投入 500 万元）	国家发改委信息产业振兴和技术改造专项	企业自有技术

表 8　2008 年数显装置行业获奖科研项目

序号	项目名称	主要内容及应用范围	获奖名称	获奖等级	主要完成单位
1	新型高精度电子数显量具量仪系列	采用容栅新型检测元件的检测技术,在数显量具量仪、数显机床等领域得到广泛的应用	桂林市人民政府科学技术进步奖	特别贡献奖	桂林广陆数字测控股份有限公司
2	交流伺服电动机光电编码器	用于机床行业的伺服电动机	长春市科技局专利产业化		长春禹衡光学有限公司
3	禹衡光学技术中心	提升研发能力	基础条件平台建设计划		长春禹衡光学有限公司
4	激光喇曼光谱仪	光谱分析仪器	信息产业发展专项资金		长春禹衡光学有限公司
5	WZG 型组合式高分辨率光谱仪	教学仪器	全国高校教学试验仪器评比	一等奖	长春禹衡光学有限公司

数显装置行业的不少企业多年来坚持"走出去,请进来"的方法,不断提高国际科技合作水平,促进企业自主创新。

四、标准化工作

2008 年,是数显装置行业标准化工作进程中至关重要的一年。经过 6 年的努力,2008 年 9 月底,国家标准化委员会下文批复同意成立全国量具量仪标准化技术委员会数显装置分技术委员会,之后数量分标委秘书处积极开展相关工作。

数显分标委会负责归口的 20 多项标准,以前分散在北京机床研究所、上海机床研究所、广州机床研究所、成都工具研究所等单位,而且这些标准多年失修,其标龄大多在 10 年以上,面临重新修订的繁重任务,同时由于近年来行业技术进步尤为突出,而标准化水平滞后,急需制订一些新的标准以适应行业发展的需要。因此,全国量标委数显装置分标委会一成立,即面临着严峻的挑战。

经过一段时间的筹备,在 2008 年底数显装置行业年会上(六届会员代表大会),确定对 2008 年国家已批准立项的 4 项标准:《光栅位移传感器》、《光栅数显表》、《磁栅位移传感器》和《磁栅数显表》进行修订,并要求 4 项标准的牵头单位扎扎实实开展工作,按时保质完成任务;同时专题论坛还研讨了"光栅传感器双向数字接口标准"和"数显光栅尺向数控光栅尺提升"等问题。

2009 年初,在苏州召开了全国量标委数显装置分标委会成立大会,标志着我国数显装置行业的标准化工作纳入正轨,并将跃上一个新的台阶,为加速我国数显装置行业的发展和技术进步创造了有利的条件。

五、企业简介

2008 年数显装置行业其他企业情况,可参阅前述各表及上一年年鉴。

广州市诺信数字测控设备有限公司　成立于 2002 年 8 月,从广州信和光栅数显有限公司发展而来,是一家专业开发、研制、生产数控装备的民营高科技公司。公司拥有世界先进的精度检测设备,已通过 ISO 9001:2000 质量管理体系认证及欧洲电器安全标准认证等。

公司拥有 2 万 m^2 的生产厂房、科研中试车间和研发办公综合楼。主导产品包括光栅尺、数显表、采集卡、数控系统、数控机床(加工中心)等。2008 年公司有职工 508 人,其中国家级专家 2 名,硕士研究生 17 名、本科生 50 名、专科生 80 名及各级技师 100 余名,科技人员结构合理,技术开发实力雄厚。

公司承担了 2007 年广州市科技局粤港关键领域重点突破项目"高档多轴联动数控(CNC)系统"、2008 年广东省经贸委粤港关键领域重点突破项目"基于嵌入式实时总线的高档多轴联动数控系统研发及产业化"以及 2007 年国家科技部中小企业创新基金项目"高速高精度全闭环光栅尺的研究开发"、2008 年国家科技部中小企业创新基金项目"复合式多关节机械臂坐标测量系统"等项目的研究开发工作。

公司还借用外脑,积极开展产学研联合研发活动,与中山大学、华南理工大学、哈尔滨工业大学、广东工业大学等建立了合作关系,充分发挥产、学、研互动整合的优势。

公司拥有强大而完善的销售网络,在沿海一带已建立 34 个销售服务部,以此辐射全国各地。

经过多年的不懈努力,公司获得了迅速的发展,光栅数显产品占据国内市场份额的 30% ~35%,配备国产数控系统的立式加工中心则占据国内市场份额约 75%。

桂林广陆数字测控股份有限公司　是新认定的高新技术企业。公司注册资本 8 539 万元,有员工 970 人,其中科技人员约占 25%。公司下辖无锡广陆数字测控有限公司、上海广陆测控技术开发有限公司、上海销售分公司和欧洲广陆公司,主要生产五大类产品:电子数显卡尺(通用和专用),电子数显千分尺,电子数显指示表,其他智能化、数字化精密仪器仪表和数控机床。公司生产规模已达年产 130 万件(台、套),其中 70% 以上的产品出口到欧美等 30 多个国家和地区,数显量具产量约占行业总产量的 50%。

公司 2003 年度、2006 年度和 2008 年度连续三次被评为中国机床工具行业"精心创品牌活动"十佳企业。

2008 年,公司从容应对全球金融危机,仍然取得较好的业绩:销售收入 1.5 亿元,实现利税 2 995 万元,居国内同行业前列。2008 年在德国成立了"广陆欧洲公司",把自主品牌的数显产品推向欧美市场,提高了自主品牌的知名度。

公司连续第三届当选数显装置分会理事长单位，被国家标准化管理委员会批准为全国量具量仪标准化技术委员会数显装置分技术委员会秘书处承担单位。公司荣获2008年桂林市科学技术进步特别贡献奖，2008年桂林高新区（七星区）经济工作一等奖、自主创新先进集体、安全生产先进集体、知识产权保护工作先进集体、社会治安综合治理先进集体等多个奖项和称号。

长春光机数显技术有限责任公司 是中科院长春光机所下设的股份制公司。2008年，公司秉承与时俱进的先进理念，加强了对产品的推广工作。公司在国内开展了广泛细致的市场调查，在武汉增设了办事处，使公司驻外办事处已遍及辽宁、浙江、湖北等多个省份。同时公司也加快了与国际接轨的步伐，有40%的产品出口德国、土耳其、日本、韩国、新加坡等国，赢得了较好的国际信誉。

根据市场需求，公司不断地进行技术创新，大力开发新产品以更好的适应市场，更多的占有市场。仅2008年一年，公司先后研制出微位移传感器、光栅数据采集卡、精小体积光栅线位移传感器，且均已投放市场，得到了较好的市场反馈。

公司完成了又一轮的股份制改造，企业员工以高出原股值17%的价格收购国有资本，职工持股占总资产的66%，使企业机制更加适应市场经济规律。

长春禹衡光学有限公司（以下简称禹衡光学） 坐落于素有“中国光学城”的长春市，是吉林省首批被认定的国家高新技术企业。2008年新启用的禹衡光学产业科技园占地面积3万m^2，建筑面积1.6万m^2。公司有员工377人，主导产品年生产能力85万台（套）。禹衡光学是中国最具实力的光电编码器、光学仪器及成套机电设备的专业制造商。

公司主导产品光电编码器广泛应用于自动化领域，是控制系统构成的重要器件，是数控机床、交流伺服电动机、电梯、冶金设备、重大科研仪器、航空航天和自动化流水线等产品中大量应用的关键测量传感器件，是装备制造业产业升级的重要部件，得到了国家产业政策的重点支持。产品通过了ISO 9001:2000质量体系认证、欧盟RoHs检测及CE认证。随着我国自动化程度的提高，产品市场前景更加广阔。

禹衡光学是新当选的数显装置行业协会副理事长单位，是全国量标委数显装置分标委会委员单位，国家编码器工程中试基地，知识产权拥有量最多的企业之一，公司是国家批准建立的博士后科研工作站，省级技术中心。公司全面实施了ERP企业资源计划系统。“禹衡”牌光电编码器产品是中国名牌产品。同时，禹衡光学作为标准化分标委委员单位，负责修订了光电编码器行业标准。禹衡光学按照产品发展战略，投资组建了长春禹衡时代光电科技有限公司和长春禹衡机电有限公司两个全资子公司。

2008年底，在国家拉动内需的政策扶持下，禹衡光学着力调整产品结构，开发高精度同步控制光电编码器。该项目已经获得国家信息产业振兴和技术改造专项立项，总投资1亿元，得到国家的资金支持。禹衡光学将谱写新的更加辉煌的篇章。

桂林市晶瑞电子有限责任公司 成立于1999年，一直致力于电容位移传感器的研究和产品开发，拥有强大的技术研发团队及丰富的生产经验，曾荣获多项国家发明专利及美国专利。主要产品有：千分表、百分表及其变型产品、角度尺、直线和角度位移传感器等高精度数显量具。

2000年，公司承担了科技部中小型企业创新基金项目“高精度陶瓷容栅位移传感器电子组件”研制项目，并获得科技部创新基金支持；“高精度陶瓷容栅位移传感器产业化关键技术开发”2001年在广西科技厅立项[桂科技字2000第9～12号]，于2004年通过验收，同时获得2004年度桂林市科技进步奖二等奖，广西科技进步奖三等奖。鉴定结果是：该项目为世界首创。公司的“新型电容位移传感器”还获得了美国发明专利。申请“绝对位置的电容测量传感器装置”和“柔性铰链电容位移传感器机芯及其使用该机芯的传感器”两个发明专利都具有国际领先水平，后者还获得2007年科技部创新基金支持。经过多年的努力，公司已完善了专用集成电路、传感器的设计及批产工艺，形成了一个以传感器为核心技术的多元化产品企业，拥有年产30万套高精度电容传感器的生产能力。其中自行研制的JR701专用大规模集成电路，已经在各种量具和测量工具上大量应用。

公司一直坚持：“诚信是我们的宗旨，创新是我们的灵魂”的宗旨，致力于提高产品性能、质量，开发具有国际竞争力的智能型产品和高度自动化的技术装备，促进产品的升级换代，满足国民经济发展对技术装备的需要。

斯科迪光电设备（上海）有限公司 总部位于以色列，于2005年在中国内地成立营销中心，致力为内地客户提供超高精度的扫描测量服务。继2005年，在内地推出“CopyMate3D扫描系统”后，又于2008年末推出“Ispector激光检测系统”，全力为国内客户提供三维数字化、精密件测量、在线检测等独特而高效的解决方案。

2005年，在上海举办的“超高精度3D扫描系统”技术交流会，被业内专家称为“一举改变国内低精度扫描仪的窘境”。微米级的超高精度，引起广泛关注，随后与多家企业达成合作协议，为医疗、精密模具、珠宝首饰、工艺品和文化遗产等诸多领域提供三维数字化服务。

斯科迪光电设备（上海）有限公司于2008年推出的“激光在线检测系统”，采用全球专利技术，解决了诸多测量难题，已与国内多家企业，如哈量集团建立了长期合作关系。斯科迪光电设备（上海）有限公司紧贴市场，不断引进开发先进的测量设备。目前在中国销售的产品有：“3D激光在线检测系统”、“多功能3D激光扫描仪”、“3.5轴旋转检测系统”和“小模数齿轮测量仪”等。

斯科迪光电设备（上海）有限公司以提供高精度的3D测量和三维数字化装置而著称。产品应用于航空航天、军工、汽车、医疗、LCD/PDP等行业，竭诚满足客户对高精度扫描检测装置的需求。公司永远着眼于未来，将继续为客户提供一流品质的激光测量设备。

深圳市博望精密仪器有限公司 成立于2003年，是一家具有自主研发能力的位移传感器测量系统及数控系统的生产企业，专业生产光栅尺、封闭式磁栅尺、数显表和数控系统。

公司致力于产品的更新以及新产品的研发，自主开发了整合全套的电器控制和坐标测量的NC系列数控系统，为普通龙门铣床和落地镗床数控化改造提供了技术支撑，解决了当前国内大量的普通龙门铣床和落地镗床自动化程度不高，工人劳动强度大的问题，极大地提高了改装机床的加工效率和加工精度，并已申请专利。

公司生产的封闭式磁栅尺可以在潮湿、多油、多灰尘、振动以及冲击性较强的环境中保持稳定的运行，解决了光栅尺在极端恶劣环境下无法正常运行的问题。除了在数显领域应用外，封闭式磁栅尺还在各种不同类型机床上与SIEMENS、FANUC、MITSUBISHI数控系统以及国产的北京凯奇NC系列数控系统成功联机使用，完全满足了客户要求。

公司拥有一支雄厚的业务精英队伍和专业的售后安装服务队伍，办事处遍及北京、天津、上海、云南等11个省市；在国外市场中，公司与欧美及亚洲的多个有实力的企业建立了良好的合作关系。

公司秉承“以为客户创造价值为己任，以优质的服务为客户提供满足其品质要求的产品”的原则。公司始终坚守的信念：“客户满意是检查我们工作的唯一标准，创新是企业发展的动力”。

〔撰稿人：中国机床工具工业协会数显装置分会李振雄〕

机床电器及数控系统

机床电器

机床电器是从1956年开始，根据国家经济建设的需要，为满足机床的特殊配套要求而形成的一个行业。机床电器是各类机械、机床和自动化装置的控制电器，是机械工业的基础元件。机床电器产品可分为接触器、起动器、继电器、电磁铁、电磁离合器、行程开关、转换开关、按钮开关、机床变压器、断路器及其他机床电器元件等十余大类。通过半个多世纪的发展，机床电器行业现已成为拥有众多生产企业，产品能基本满足机床和各类工业机械电气控制需求的行业。长期以来，机床电器行业为我国机床产品乃至整个机械装备产品向多元化、自动化、数控化、智能化等方向的发展，提供了大量急需的机床电器产品和电气装置。1992年，国务院将机床电器列为“特定振兴基础件”产品，这是对机床电器行业重要性的认可。

2008年，各类事件纷至沓来，世界经济面临严峻考验。机床电器行业经济总量在2008年前二季度总体保持平稳快速增长势头，经济运行效率和运行质量依然较好。但从第三季度开始，由美国次贷危机引发的全球金融风暴对我国机床电器行业的影响日益显现，主要表现在以下两个方面：①工业总产值、工业销售产值的累计增速逐月下降，与往年同期持续高速增长的情况相比，形成了强烈反差；②利润总额增幅下降，行业经济效益下滑。

2008年，受国际金融危机及人民币升值等影响，机床电器行业企业的出口销量明显下降。同时由于国内、国际市场需求的急剧减少，以及原材料价格的暴涨暴跌给企业造成了严重影响，致使不少企业的生产经营难以为继，行业发展受到巨大冲击。2008年初，国家实行的从紧货币政策使中小企业融资难、贷款难，部分企业的货款回收、资金周转和生产经营困难增大。为应对国际金融危机，11月中央提出了实行适度宽松的货币政策，中小企业的融资情况有所好转。

总之，2008年对于机床电器行业来说是极不平常、颇为动荡的一年，如何克服经济危机造成的困难，摆脱企业经营面临的困境，尽早走出低谷从而实现产业升级，是整个行业都亟待解决的重大课题。

一、行业结构及基本情况

参加本年鉴汇总的机床电器行业企业共计25家，其中国有企业2家，占8%；股份制企业（含改制企业）17家，占68%；集体所有制企业1家，占4%；民营企业4家，占16%；外资企业1家，占4%。企业主要分布于京津沪及江浙等地区。

从行业的企业性质构成看，股份制公司（含改制企业）在机床电器行业中占有绝对大的比重。行业中绝大部分原国有企业的国有资本通过股份制改造全部退出，进而实现了资产和人员的优化，以此应对激烈的市场竞争。同时，一大批民营企业迅速发展扩张，逐步增强其在机床电器产品市场的影响力，成为行业发展中的重要一极。

2008年，行业实现工业总产值（现价）30.79亿元，工业销售产值29.48亿元，实现利税3.72亿元，全年从业平均人数为9 196人。

本次汇总统计中工业销售产值超过1亿元的企业是：耀华电器集团有限公司(13.53亿元)、九川集团有限公司(3.00亿元)、天水二一三电器有限公司(2.68亿元)、桂林机床电器有限公司(1.27亿元)、华威控股集团有限公司(1.20亿元)、沈阳二一三电器有限公司(1.11亿元)、苏州西门子电器有限公司上海分公司(1.10亿元)。

实现利税超过1 000万元的企业是:耀华电器集团有限公司(2.13亿元)、天水二一三电器有限公司(0.51亿元)、九川集团有限公司(0.33亿元)、苏州西门子电器有限公司上海分公司(0.21亿元)、华威控股集团有限公司(0.15亿元)、无锡市明达电器有限公司(0.11亿元)。

2008年,机床电器行业从上半年的高速增长到下半年的快速回落经历了一个剧烈动荡的过程。随着国际金融危机持续蔓延,国内机床行业受到的冲击日益明显,对机床电器行业的负面影响也日渐加深。同比2007年,行业重点骨干企业各项主要经济指标的增幅大为减缓,部分企业主要经济指标甚至出现不同程度的下降,行业形势不容乐观。这说明多年来在行业的快速发展过程中还存在很多问题,致使行业企业抗风险能力不强。为此,加快行业战略调整,加速产业升级已刻不容缓。2008年机床电器行业主要经济指标完成情况见表1。2008年机床电器行业企业主要经济指标完成情况见表2。

表1　2008年机床电器行业主要经济指标完成情况

指标名称	单位	实际完成
工业总产值(现价)	万元	307 889
其中:机床工具类产品产值	万元	235 350
工业销售产值	万元	294 788
其中:机床工具类产品销售产值	万元	229 884
工业增加值	万元	69 077
实现利税	万元	37 198
从业人员平均人数	人	9 196
资产总计	万元	286 480
流动资产平均余额	万元	163 163
固定资产净值平均余额	万元	44 857

表2　2008年机床电器行业企业主要经济指标完成情况

序号	企业名称	工业销售产值(万元)	工业总产值(现价)(万元)	从业人员平均人数(人)
1	北京机床电器有限责任公司	8 915	10 771	241
2	北京第一机床电器厂有限公司	2 031	2 074	172
3	北京电器有限公司	1 200	1 200	68
4	北京第三机床电器厂	800	847	53
5	天津机床电器有限公司	4 087	5 401	254
6	沈阳二一三电器有限公司	11 117	11 665	407
7	上海第二机床电器厂有限公司	1 292	1 512	80
8	上海第三机床电器厂有限公司	486	450	46
9	苏州西门子电器有限公司上海分公司(原上海二工电气有限公司)	11 000	11 000	479
10	苏州机床电器厂有限公司	5 164	5 606	161
11	苏州电气集团有限公司	9 378	9 480	179
12	杭州博箭机床电器有限公司	158	151	86
13	无锡市明达电器有限公司	9 283	8 768	503
14	无锡市正煌电器有限公司	1 176	1 141	110
15	南通明月电器有限公司	715	714	60
16	九川集团有限公司	30 013	30 356	949
17	耀华电器集团有限公司	135 306	141 600	2 621
18	华威控股集团有限公司	12 000	13 000	500
19	广州南洋电器有限公司	8 400	9 352	414
20	福建光泽机床电器有限公司	548	615	58
21	桂林机床电器有限公司	12 679	12 992	517
22	荆州市中宇机床电器有限公司	727	769	68
23	天水二一三电器有限公司	26 819	26 860	854
24	西安腾达电器有限责任公司	533	593	39
25	四川省彭山长寿电器有限责任公司	961	972	277

二、生产及出口情况

国际金融危机给实体经济造成了巨大冲击,机床电器行业的生产也受到了明显影响。2008年,机床电器产品的生产量为7 225.489万件,产值23.535亿元。其中,断路器产品的产量(3 084.09 万件)和产值(7.77 亿元),在机床电器产品中占比最大。2008 年机床电器行业分类产品生产情况见表 3。2008 年机床电器行业企业产品生产情况见表 4。

表 3　2008 年机床电器行业分类产品生产情况

产品名称	产量单位	产量	产值(万元)
机床电器合计	万件	7 225.49	235 349.5
接触器	万件	1 099.54	69 272.1
起动器	万件	9.30	3 800.4
继电器	万件	390.99	10 081.6
电磁铁	万件	55.22	2 126.9
电磁离合器	万件	19.84	6 640.7
行程开关	万件	263.45	3 631.5
转换开关	万件	540.73	3 977.6
按钮开关	万件	684.39	6 437.5
机床变压器	万件	151.54	22 753.6
断路器	万件	3 084.09	77 708.1
控制柜	万台	2.24	16 959.0
其他机床电器元件	万件	924.15	11 960.4

表 4　2008 年机床电器行业企业产品生产情况

序号	企业名称	机床电器产量(万件)	机床电器产值(万元)
1	北京机床电器有限责任公司	36.9	3 570
2	北京第一机床电器厂有限公司	44.2	2 074
3	北京电器有限公司	2.9	1 200
4	北京第三机床电器厂	5.6	847
5	天津机床电器有限公司	9.4	5 401
6	沈阳二一三电器有限公司	175.0	11 665
7	上海第二机床电器厂有限公司	122.8	1 512
8	上海第三机床电器厂有限公司	2.3	450
9	苏州西门子电器有限公司上海分公司(原上海二工电气有限公司)	1 017.2	8 900
10	苏州机床电器厂有限公司	151.6	2 990
11	苏州电气集团有限公司	86.6	9 480
12	杭州博箭机床电器有限公司	0.8	151
13	无锡市明达电器有限公司	322.5	7 367
14	无锡市正煌电器有限公司	5.0	1 114
15	南通明月电器有限公司	24.5	714
16	九川集团有限公司	624.5	25 016
17	耀华电器集团有限公司	3 631.0	103 368
18	华威控股集团有限公司	110.3	10 278
19	广州南洋电器有限公司	8.5	1 376
20	福建光泽机床电器有限公司	15.1	615
21	桂林机床电器有限公司	442.0	12 992
22	荆州市中宇机床电器有限公司	1.8	769
23	天水二一三电器有限公司	350.0	21 936
24	西安腾达电器有限责任公司	29.1	593
25	四川省彭山长寿电器有限责任公司	5.9	972

机床电器产品主要面向国内市场,整体出口量较小,机床电器产品出口目前还不是行业发展的重要拉动因素。此次统计的出口企业共有 7 家,2008 年共计出口机床电器产品 1 969.65 万件,出口值 4 505.6 万美元。其中,断路器产品的出口量(1 099.41 万件)和出口值(1 920.0 万美元),在机床电器产品出口中占比最大。出口值超过100 万美元的企业是:耀华电器集团有限公司(3 389.6 万美元)、九川集团有限公司(718.7 万美元)、沈阳二一三电器有限公司(238.0 万美元)。2008 年机床电器行业分类产品出口情况见表 5。2008 年机床电器行业企业产品出口情况见表 6。

表 5　2008 年机床电器行业分类产品出口情况

产品名称	出口量单位	出口量	出口额(万美元)
机床电器	万件	1 969.65	4 505.6
接触器	万件	128.74	1 130.1
起动器	万件	9.74	156.7
继电器	万件	52.19	188.4
电磁铁	万件	1.21	5.5
电磁离合器	万件	2.17	26.3
行程开关	万件	101.78	143.1

（续）

产品名称	出口量单位	出口量	出口额（万美元）
转换开关	万件	433.59	179.0
按钮开关	万件	25.45	19.2
机床变压器	万件	19.46	445.9
断路器	万件	1 099.41	1 920.0
控制柜	台	3 500	210.0
其他机床电器元件	万件	95.80	81.5

表6　2008年机床电器行业企业产品出口情况

序号	企业名称	出口量（万件）	出口额（万美元）
1	天津机床电器有限公司	0.9	13.3
2	沈阳二一三电器有限公司	25.3	238.0
3	苏州机床电器厂有限公司	10.3	20.3
4	无锡市明达电器有限公司	34.8	55.6
5	九川集团有限公司	586.4	718.7
6	耀华电器集团有限公司	1 311.8	3 389.6
7	荆州市中宇机床电器有限公司	0.4	70.0

三、新产品、新技术、新工艺发展情况

机床电器行业通过技术创新和采用新技术促进了机床电器向高性能、小型化方向发展，新产品的不断涌现给用户提供了宽广的使用空间。机床电器行业的发展离不开新产品的研发，离不开新技术的研制，离不开新工艺的应用。在巩固传统产品市场的同时，有实力的企业竞相开发新产品、改进产品性能、提高产品质量。2008年，机床电器行业共开发新产品27种。其中新产品开发仍以自行设计为主，占全年新产品开发总数的88.9%。这表明机床电器行业企业的自主研发能力有了很大的提高，机床电器行业的整体技术水平跃上了一个新的台阶。2008年机床电器行业新产品开发情况见表7。

表7　2008年机床电器行业新产品开发情况

序号	企业及产品名称	型号	主要技术参数	产品性质	产品属性	产品水平
北京第一机床电器厂有限公司						
1	门开关（微动开关）	YDX2—11D	交流：U_e = 220V，I_e = 1A；直流：U_e = 220V，I_e = 0.2A；动作行程：3.4mm；操动力：5N；释放力：3.5N	全新设计	企业新产品	国内先进
北京电器有限公司						
2	热镀锌板电缆桥架	DLQ	表面防护厚度：12μm/双面；挠度：≤10mm/m；接触电阻：5μΩ/m；盐雾48h不低于3级	改型设计	企业新产品	国内先进
3	低压成套控制柜	GCK2	绝缘电压：690V；IP40；1 600～5 000A；新型C加强型结构	全新设计	行业新产品	国内先进
天津机床电器有限公司						
4	牙嵌式电磁制动器	DZY0—16A	额定传递力矩：160N·m	改型设计	企业新产品	国内领先
沈阳二一三电器有限公司						
5	转换开关式接触器	C130/180—001	单极，I_e = 180A；U_e = DC 80V	全新设计	行业新产品	国际先进
上海第三机床电器厂有限公司						
6	湿式多片电磁离合器	DLM3	额定电压：DC 24V；额定动力矩：25N·m、50N·m、100N·m、160N·m；额定静力矩：40N·m、80N·m、160N·m、250N·m	其他	企业新产品	
苏州机床电器厂有限公司						
7	小型断路器	HGM65—63	额定工作电流I_e = 1～63A；极数：1P～4P；I_{cn} = 10kA；分为B型、C型、D型	全新设计	企业新产品	国内领先
苏州电气集团有限公司						
8	熔断器隔离开关	1SHR5—160、250	400V，U_i = 660V；电流：63～250A	合作生产	企业新产品	国内先进
9	塑壳断路器	1SM1B（1SM5）	AC400V，U_i = 800V；电流：10～800A	合作生产	企业新产品	国内先进
10	塑壳断路器	1SM118—63	220V，50Hz；40A、63A	全新设计	企业新产品	国内先进
11	限载式断路器	1SM1Z	400V，U_i = 800V；电流：100～800A	全新设计	企业新产品	国内先进
无锡市明达电器有限公司						
12	立体车库防落机构	MDA系列	机械寿命：1.6×10^5次；防坠载荷：3 000kg	全新设计	企业新产品	国内领先
南通明月电器有限公司						
13	直流电磁铁	MFZ1—4.5F	额定吸力：60N；额定行程：6mm；线圈电压：24V	全新设计	企业新产品	国内领先

（续）

序号	企业及产品名称	型号	主要技术参数	产品性质	产品属性	产品水平
广州南洋电器有限公司						
14	低压真空断路器	NYDK1—3200A	额定电流:630～3 200A;额定极限短路分断最大能力:80kA;额定短时耐受最大电流:50kA;额定运行短路分断次数:16 次;操作循环次数:10 000 次	改型设计	企业新产品	国内先进
桂林机床电器有限公司						
15	墙壁漏电保护开关	GB1—16LC	I_n =16A;I_{th} =20A;I_m =500A;U_n =250V;$I_{\Delta n}$ =30mA;I_{nL} =1 000A;$I_{\Delta n0}$ =15mA	全新设计	行业新产品	国际先进
荆州市中宇机床电器有限公司						
16	三相电抗器	SK—0. 22/130	0. 22mH,50Hz,130A	改型设计	企业新产品	
17	三相电源变压器	SG—20TH	440V/380V;AF Dyn11;20kV · A,风冷,三相出口型	全新设计	企业新产品	
天水二一三电器有限公司						
18	无涌流电容切换器	GSWR1—40	额定绝缘电压:690V;额定工作电压:400V;额定控制电压:DC 12V;约定自由空气发热电流 I_{th}:60A;使用类别:AC—6b;抑制涌流能力(限流倍数):≤3;额定工作电流:29A;可控容量:20kvar	全新设计	企业新产品	国内先进
19	电焊机专用防尘交流接触器	PT40/PT65	额定绝缘电压:690V;额定工作电压:660V、380V;控制电压 U_s:200V、380V、415V;AC-3、380V 额定工作电流 I_e:40A、65A;AC-6a、380V 额定工作电流 I_e:18A、30A;AC-3 类别可控制电机容量:PT403011为18. 5kW,PT653011 为30kW;约定发热电流:PT403011 为 60A,PT653011 为 80A;电寿命:AC-3 时 3×10^5次(300 次/h)	改型设计	企业新产品	国内先进
20	单相交流固态继电器	GSJ2G—06S、10S、20S、40S	①输出端(负载端):a. 额定绝缘电压 U_i:690V;b. 额定工作电压 U_e:220V、380V,工作电压范围为交流 40～480V;c. 输出电压降:≤2V;d. 输出漏电流:<10mA;e. 重复过载电流:能够承受周期为 1s 的重复过载电流可达有效工作电流的 3. 5 倍;f. 接通时间:≤10ms;g. 关断时间:≤10ms。②输入端(控制端):a. 额定绝缘电压 U_i:690V;b. 控制电压 U_s:直流 3～32V;c. 输入控制电流:<25mA;d. 输入反极性电压:<6V;e. 保证接通电压:≥2V;f. 保证关断电压:≤1. 9V。③额定电流:额定标称工作电流:6A、10A、20A、40A。④电寿命:接通关断次数可以达到 2×10^6 次	全新设计	企业新产品	国内先进
21	电动机保护器	GSD1—6、40	额定绝缘电压 U_i:800V;额定工作电压 U_e:220V、380V、690V;额定工作电流 I_e:1～40A;额定控制电源电压 U_s:交流 50/60Hz、220V	改型设计	企业新产品	国内先进

（续）

序号	企业及产品名称	型号	主要技术参数	产品性质	产品属性	产品水平
22	电动机保护器	GSD1—120	额定绝缘电压 U_i:800V;额定工作电压 U_e:220V、380V、690V;额定工作电流 I_e:40~120A;额定控制电源电压 U_s:交流 50/60Hz、220V	改型设计	企业新产品	国内先进
23	小型化铠装式交流高压开关设备	KYN79—12	额定电压:12kV;额定频率:50Hz;额定电流:630A,1 250A;主母线额定电流:630A,1 250A;额定短路开路电流:31.5kA;主回路额定短时耐受电流:16kA/4s、20kA/4s、25kA/4s、31.5 kA/4s;接地回路额定短时耐受电流:13.9kA/2s、17.4kA/2s、21.8kA/2s、27.4kA/2s、34.8kA/2s;额定峰值耐受电流:40kA、50kA、63kA;防护等级:IP4X	改型设计	企业新产品	国内先进
24	小型继电器	JZX52/54PS	额定操作频率:1 800 次/h;额定绝缘电压 U_i:250V;额定工作电压 U_e:AC 220V,DC 110V;机械寿命:不低于 500 万次;电寿命:20×10^4 次	改型设计	企业新产品	国内先进
25	单极直流接触器	GSZ1—100、200	额定绝缘电压:60V;额定工作电压 U_e:48V;额定工作电流:DC—1 时 100A、200A,DC—5 时 50A、100A	改型设计	企业新产品	国内先进
26	万能式断路器	GSW1—6300	额定工作电压:AC 400V、690V,50Hz;额定工作电流:4 000A,5 000A,6 300A;额定绝缘电压:AC 1 000V;工频耐受电压:3 500V,50Hz;额定冲击耐受电压:12 000V;额定极限短路分断能力 I_{cu}:400V 时 120kA,690V 时 75kA;额定运行短路分断能力 I_{cs}:400V 时 100kA,690V 时 65kA;额定短时耐受电流(1s)I_{cw}:400V 时 100kA,690V 时 65kA;电气寿命(10 次/h):500;机械寿命(10 次/h):4 000	改型设计	企业新产品	国内先进
27	转换开关	GSH2—25、32、63、115	额定工作电流 I_e:25A、32A、63A、115A;约定发热电流 I_{th}:25A、32A、63A、115A;额定绝缘电压 U_i:690V;额定工作电压 U_e:400V/230V;转换开关的操作形式(工作位置数):2~8 位;转换角度数:30°、45°、60°、90°;开关层数:1~8 层;32~115A 的可带辅助触点	改型设计	企业新产品	国内先进

四、合资合作情况

2008 年,沈阳二一三电器有限公司继续与德国沙尔特宝电气公司合作开展直流接触器的设计与制造,与美国通用电气公司合作开展断路器(套件)来图制造。2008 年机床电器行业合资合作产品销售情况见表 8。

表 8　2008 年机床电器行业合资合作产品销售情况

序号	合资合作产品名称	销量(万台)	销售额(万元)	生产企业
1	直流接触器	10.3	915	沈阳二一三电器有限公司(与德国沙尔特宝电气公司合作)
2	断路器(套、件)	15	800	沈阳二一三电器有限公司(与美国通用电气公司合作)

五、行业科研成果及其应用情况

在国际金融危机中,机床电器行业企业已经意识到要想使企业具有抵抗风险能力,保持持续发展,就必须增强企业自身的软实力,加强自主创新能力建设。只有依靠技术创新才能创造企业新的增长点、再造竞争优势。行业企业日益重视科研对自身发展的引领作用,并从人力和财力上逐步加大对科研项目的投入力度。2008 年机床电器行业共完成科研项目 12 项，其中获奖科研项目 1 项，即福建光泽机床电器有限公司完成的“具有控制与保护功能的机床智能继电器”。其控制系统以单片机为核心，可实现控制电路多路通断过程的瞬时或延时，综合了机床控制与保护功能，运用于机床控制与保护电路。该项目获 6.18 海峡两岸职工创新成果奖铜奖。2008 年机床电器行业科研项目见表 9。

表 9　2008 年机床电器行业科研项目

序号	科研项目名称	主要内容	应用状况	投入资金（万元）	项目来源	完成企业
1	DZY0—16 牙嵌式电磁制动器	对产品原有结构进行设计改进	自行应用	4	企业自选	天津机床电器有限公司
2	1SM1Z 系列智能型（限载式）塑壳断路器	开发研制一种具备液晶屏显示、限载功能、全自动控制、选择性保护、隔离功能的智能型塑壳断路器	研制阶段	120	企业自选	苏州电气集团有限公司
3	1SM118—63 塑壳断路器	开发研制一种具备插入式功能、带电插拔安全保护功能、防倒插、防误拔等功能的塑壳断路器	研制阶段	26	企业自选	苏州电气集团有限公司
4	机床设备专用断路器的开发	研制设计一种用于机床设备的专用断路器，使之电气寿命达到 1 万次，并能在 +40℃ 环境中长期运作	研制阶段	50	企业自选	杭州博简机床电器有限公司
5	XFZ1—1.5 直流电磁铁	产品采用全塑封结构，具有耐高温、阻燃的优点，可应用于消防产品的控制系统	研制阶段	5	企业自选	南通明月电器有限公司
6	智能型塑料外壳式断路器的开发	具有过载长、反时限、定时限、瞬时等功能；过热自检、微机自诊断功能；带微机通信数据接口	研制阶段	190	校企合作项目	耀华电器集团有限公司
7	ZN18 高压真空断路器（VK3—1600A、CK—3150A）的开发	采用先进的真空灭弧原理，配置良好性能的弹簧操作机构，达到电气绝缘性好、机械强度高的性能，技术指标超过国外同类进口产品，作为变配电场所的控制和保护开关，尤其适用于开断重要负荷及频繁操作的场所。该类产品结构先进、质量稳定、可靠性高、使用寿命长，可替代进口产品，从而实现中压配电设备向大电流等级、高开断能力方向发展；解决高压断路器产品所要求的额定短路电流开断次数多、绝缘水平高等问题，并且不会对环境产生污染，避免因电弧外露而引发火灾等危害	自行应用	50	企业自选	广州南洋电器有限公司
8	电梯辅件系列产品（制动器、电磁锁、按钮开关）的开发	采用国际先进技术的结构设计与制造工艺，产品性能指标达到国际先进水平，应用于电梯行业，可替代进口，解决了国产电梯噪声大、制动不稳、运行性能不可靠等问题	自行应用	5	企业自选	广州南洋电器有限公司
9	微电子型电动机保护器	采用以微处理器为核心的控制系统，完善基于人工智能技术制定的电动机保护特性	技术转让	70	福建省科技计划项目	福建光泽机床电器有限公司
10	GB1—32L、16LC、10LC 漏电保护开关	GB1 系列漏电保护开关是自主研发的国内首创产品，该产品适用于大功率空调、电热水器、电冰箱、洗衣机、饮水机等家用电器，具有漏电、触电保护以及及时自动断开的功能	自行应用	6 600	企业自选	桂林机床电器有限公司

（续）

序号	科研项目名称	主要内容	应用状况	投入资金（万元）	项目来源	完成企业
11	GC3—UCQ 系列切换电容器接触器	该产品主要用于额定工作电压为 400V 时额定工作电流为 20 ~ 95A 的电力电容器柜中	自行应用	2 000	企业自选	桂林机床电器有限公司
12	GC9—16 微型交流接触器	该产品体积小，可用于 PLB 电路板上，且触头分断能力与接触器相当，是未来产品小型化的基础	自行应用	3 000	企业自选	桂林机床电器有限公司

六、行业标准化工作情况

2008 年，国家标准化管理委员会批准成立“全国金属切削机床标准化技术委员会机床电器分技术委员会（SAC/TC22/SC12）”，标委会秘书处承担单位为成都机床电器研究所，26 名委员主要来自于机床电器行业重点骨干企业、科研院所、用户、检测机构、高等院校等有关单位。委员具有较高的专业水平和工作能力，可保证标委会高质量、高效率地开展工作。机床电器标委会主要负责组织制修订机床电器国家标准和行业标准，完善本行业标准体系，开展有关标准的宣贯和推广应用等工作。

2008 年，由成都机床电器研究所负责归口的 3 项标准（《机床电器产品型号编制方法》、《机床电器　按钮开关》、《机床电器　信号灯》）正式发布实施，同时还完成《接触器式继电器》、《工业机械　电磁起动器》、《计数继电器　电子式计数器》3 项标准的上报工作。另有多项行业标准正在编制中，还申报了多项国家标准计划等待立项。

随着机床电器标委会工作的开展，机床电器标准化工作必将有组织地步入快速发展轨道，加速机床电器标准的制修订工作，持续完善机床电器标准化体系，进一步提高我国机床电器运行水平。

七、企业简介

本年鉴只介绍新加入分会企业和并购发生较大变化的企业，其他企业情况见上年年鉴及前述各表。

苏州电气集团有限公司　是由原机械工业部定点生产低压电器、机床电器的苏州电器一厂、苏州低压电器厂、苏州起重电器一厂及苏州爱胜电器有限公司、苏州工业园区瑞光电气设备有限公司、苏州工业园区中瑞电气设备有限公司、苏州工业园区国瑞电气自动化有限公司、苏州迪生电器有限公司、苏州华佳电器厂等组成的以生产电气产品为主的专业化集团公司。多年来，公司致力于电气产品的发展和创新，不断融汇世界先进科学技术，严格科学管理，树立“品质是金”的质量理念。公司生产规模进一步扩大，得到了快速的发展。

公司生产的电器产品涵盖智能型万能式断路器、智能型塑壳式断路器、塑壳断路器、微型断路器、漏电断路器、接触器、热继电器、中间继电器、刀熔开关、负荷隔离开关、双电源转换开关、组合开关、电阻器、电涌保护器、软起动器、电器仪表、微机综合保护自动化系统、低压成套开关设备等共 18 个大类、100 多个系列、1 000 多个规格的电器产品。产品系列完整，配套比较齐全。企业工艺装备精良，检测设施完善，特别是智能型万能式断路器、接触器的装配、自动化检测流水线等均达到国内一流水平。企业通过了 ISO 9001:2000 质量体系认证，生产的产品均获得资质和“3C”认证、自愿认证和入网证，符合 IEC 国际和国内标准，在国内外享有盛誉。

企业在健全的质量体系保证下，以优良的产品、优质的服务获得了国家、省、市和社会各界的肯定，同时也获得诸多的殊荣。苏州电气集团有限公司欢迎社会各界人士携手并进，共创辉煌的明天。

杭州博箭机床电器有限公司　属民营有限责任公司，2008 年完成工业总产值 150.97 万元，工业销售产值 158.04 万元，企业从业人员 86 人。

公司主要经营机床电器、牵引电磁铁和退磁器。主要设备有机加工和测试设备，以及用于线圈绕制的数控绕线机。企业产品以自主创新为主，努力研制适合企业生产的产品，积极提高企业自身价值，全面开展质量管理，持续推进标准化工作。在用户服务方面，努力做到用户满意，最大限度地满足用户提出的要求。

广州南洋电器有限公司　由拥有 60 年历史的输配电设备制造企业广州南洋电器厂转制成立的国有独资有限责任公司，注册资本金 5 000 万元，是我国高压、中压、低压电器和电器成套装置制造行业的骨干企业之一，是广东省最大的电器成套装置和高低压电器元件生产厂家，是原国家机械工业部重点企业，曾被列为全国机械行业 220 家“特定振兴企业”之一，被国家经贸委首批认定为全国城乡电网改造所需设备生产企业之一。

近年来，公司不断引进技术，开发新产品。相关产品全部通过了 3C 认证。公司共有 51 个低压类产品取得 3C 认证，部分产品被国家推荐为可替代进口产品。2004 年获得 ISO 14001 环境管理体系认证证书，并且是广东省同行业中首家通过 ISO 9001 国际质量体系国内及国外双重认证的单位。公司先后被评为广州市质量效益型先进企业、高新技术企业、广州市“守合同、重信用”企业、广州市富有竞争力企业、广东省诚信示范企业。公司产品被认定为广东省名牌产品，其新产品曾先后 32 次获得国家、部及省、市、局的一等奖、二等奖及优秀新产品奖，公司的“N”牌商标被评定为“广东省著名商标”。

公司厂房面积 6 万 m^2，各类生产设备 200 余台，其中先进的数控加工设备 10 余台。公司还拥有一批先进的试验装置，如 30 万 V 雷电冲击试验装置、50kA 大电流试验装置、

6kA 三相温升试验装置、10 万 V 工频电压试验装置、局部放电装置及三坐标测量仪、万能测长仪等，为产品的试验、检验、开发和质量管理提供了有力保证。公司是全国 CAD 工程应用示范企业，在生产过程中普遍实行 CAD/CAM 计算机辅助设计、计算机辅助制造及 MIS 物流管理系统，大大提高了产品质量和生产效率。公司年生产能力达高压成套设备 3 000 余台，低压成套设备 5 000 余台，主要高低压开关电器元件 4 000 余台，普通低压元件 40 万件。公司为国内著名电梯公司加工配套电梯电器和机械配件已有近 20 年的历史。近 5 年来，电梯电器和机械配件的产销量每年以 20% 的速度递增。公司拥有一支经验丰富的技术力量，可为用户提供从产品设计、生产到调试、维护等一整套的服务。公司设立的"技术专家组"对用户提出的一些特殊要求，能"量体裁衣"，为用户提供设计上的技术咨询。

公司在巩固原有技术、质量优势的基础上，坚持科技创新，与时代同步，使产品水平居国内领先地位，部分产品达到国际先进水平。成套类产品主要包括引进日本东芝的高压真空开关柜、高压真空接触器(F—C)柜、高压负荷开关柜及与施耐德合作生产的低压配电柜、直流电源柜等；元件类产品主要包括引进日本东芝的 ZN18 高压真空断路器、引进日本三菱的 DW18 万能式空气断路器、LW29 高压 SF_6 断路器等。

公司以"求实、创新、尽责"的企业精神，充分运用各种资源，合理拓展产业领域。南洋人决心以"产业科技化、企业股份化、管理规范化、营销全球化"为发展方向，努力把公司建成国内一流的知名企业。

苏州西门子电器有限公司上海分公司(原上海二工电气有限公司)　2008 年 8 月，西门子公司正式收购上海二工电气有限公司(APT)，成立苏州西门子电器有限公司上海分公司。原上海二工电气有限公司(以下简称 APT)创立于 1993 年，专业生产按钮开关和指示灯等低压类电器产品，在中国低压控制部件市场居于领先地位。

由 APT 与西门子合并成立的苏州西门子电器有限公司上海分公司，主要生产和销售 AD16 系列指示灯，LA39 系列按钮，LW39 系列转换开关，ALH 系列电流互感器，TL 系列警示灯等低压控制部件。公司拥有一流的硬件设备和研发团队，并在嘉定生产基地配备有业内一流的实验室。公司实验室能够独立完成从原材料分析到电气性能、机械寿命、防护性能等相关检测试验，有效保证了产品品质。APT 也是按钮开关、指示灯产品行业标准的起草单位。

APT 经过多年的稳健发展，已在国内 40 多个地区设立了经销商办事处、100 多家代理商，形成了全国性的强力营销和服务网络，为用户提供优质的产品和服务，销售额和市场占有率遥遥领先于国内同行。"APT"产品已被广泛应用于机械、冶金、石油石化、水处理、食品、包装、纺织、港口、交通、电力等几十个行业，成为同类产品之首选品牌；并被秦山核电站、三峡水电站、上海浦东国际机场、北京 2008 奥运会主场馆等一批国家重点工程所选用。

在与西门子合并之后，APT 将集中力量生产按钮开关和指示灯部件以及其他重要低压产品，如电流互感器、信号灯、转换开关、限位开关等，这些产品系列可作为长期开发和生产低压产品的平台。同时，西门子将发挥其国际经验加强对 APT 的管理和业务发展，并通过先进的技术来提高共同研发能力，更好地服务于中国和全球市场。

〔撰稿人：中国机床工具工业协会机床电器分会熊　伟　审稿人：中国机床工具工业协会机床电器分会董华根〕

数控系统

作为数控装备的核心功能部件，数控系统关系国家经济利益、产业安全和国防安全。2008 年，数控系统行业遭遇世界金融危机的影响，整体效益明显下滑，但绝大多数企业面对现实，克服困难，保存实力，在困境中寻找发展的机遇，为行业复苏创造了条件。

数控系统行业共有 26 家企业参加了本年鉴的数据统计，具体为：广州数控设备有限公司、武汉华中数控股份有限公司、上海开通数控有限公司、北京航天数控系统有限公司、北京凯奇数控设备成套有限公司、成都广泰实业有限公司、南京华兴数控设备有限责任公司、南京新方达数控有限公司、江苏仁和新技术产业有限公司、大连大森数控技术有限公司、沈阳高精数控技术有限公司、深圳珊星电脑有限公司、绵阳圣维数控有限责任公司、扬州曙光光电自控有限公司、滕州市山森创发数控设备有限公司、时光科技有限公司、襄樊长虹电气传动设备有限责任公司、常州亚美柯宝马电机有限公司、武汉华大新型电机科技股份有限公司、武汉登奇机电技术有限公司、大连光洋科技工程有限公司、杭州现代数控技术有限公司、深圳固威特科技有限公司、大连电机有限公司、北京超同步科技有限公司和北京凯恩帝数控技术有限责任公司。

一、基本情况

(1)经济型数控系统已形成规模优势。近三年销售量为：2006 年 8 万套，2007 年 10.4 万套，2008 年 8.1 万套，市场占有率始终稳定在 95% 以上。国外公司也向我国推出了几款经济型数控系统，但在性价比和市场服务方面均无优势。

(2)国产中档数控系统已实现批量生产和销售。近三年销售量为：2006 年 1.23 万套、2007 年 2.32 万套、2008 年 3.1 万套，市场占有率分别为 20%、25% 和 30%，呈稳步上升之势。

(3)国产高档数控系统关键技术已经突破，推广应用台套数逐年上升，批量生产的基础逐步夯实。

2008 年数控系统行业主要经济指标完成情况见表 1。

表1　2008年数控系统行业主要经济指标完成情况

指标名称	单位	实际完成
工业总产值(现价)	万元	227 742
其中:机床工具类产品产值	万元	203 092
工业销售产值	万元	218 187
其中:机床工具类产品销售产值	万元	201 962
工业增加值	万元	70 446
实现利税	万元	12 952
从业人员平均人数	人	3 867
资产总计	万元	157 757
流动资产平均余额	万元	99 627
固定资产净值平均余额	万元	31 008

二、生产情况

数控机床企业产量骤减、库存增加,加之数控系统重点销售地区江苏、浙江、广东等地用户需求递减,造成数控系统企业生产订单大幅削减。这是导致国产数控系统行业2008年产量大幅减少的主要原因。2008年数控系统行业分类产品生产情况见表2。

表2　2008年数控系统行业分类产品生产情况

产品名称	产量(台、套)	产值(万元)
数控装置	102 095	76 942
经济型数控装置	78 633	39 310
三轴~四轴联动数控装置	23 222	35 687
五轴以上联动数控装置	240	1 945
伺服驱动单元	183 487	25 818
主轴驱动单元	7 518	10 212
交流进给伺服驱动单元	107 987	14 366
步进电动机驱动器	67 982	1 240
电动机	152 579	36 831
主轴电动机	11 412	3 019
交流伺服电动机	107 995	25 917
步进电动机	33 172	7 895

三、出口情况

2008年下半年以来,虽然世界金融危机对世界数控机床市场造成了较大影响,但是北京凯奇数控设备成套有限公司和沈阳高精数控技术有限公司仍然向俄罗斯等欧洲国家出口了各类数控系统,武汉登奇机电技术有限公司向东南亚地区批量出口了交流伺服电动机。2008年数控系统分类产品出口情况见表3。

表3　2008年数控系统分类产品出口情况

产品名称	出口(台、套)	出口额(万元)
数控装置	1 963	2 958
经济型主控单元	560	420
三轴~四轴主控单元	1 200	1 600
五轴以上主控单元	203	938
驱动和电动机	982	424
主轴驱动单元	20	20
进给伺服驱动单元	574	268
主轴电动机	20	11
伺服电动机	368	126

注:表中数据由于四舍五入,合计数有微小出入。

四、新产品开发情况

2008年,我国数控系统行业各企业结合国内市场实际需求,重视科技创新,加大科技力量投入,在科研和新产品开发方面取得明显成效,共开发新产品22项,完成科技攻关项目23项。2008年数控系统行业新产品开发情况见表4。2008年数控系统行业科研项目见表5。

表4　2008年数控系统行业新产品开发情况

序号	新产品名称	型号	主要技术参数
武汉华中数控股份有限公司			
1	世纪星系列数控装置	HNC—210A、HNC—210B、HNC—210C	该系列产品是华中数控系统中的高端产品,采用一体化模具设计,工程操作面板采用独立安装的形式。集成进给轴接口、主轴接口、手持单元接口、内嵌式PLC接口于一体,采用电子盘程序存储方式以及CF卡、USB盘、DNC、以太网等程序扩展及数据交换功能,TFT彩色液晶显示屏有8.4in、10.4in、15in三种规格。最大控制轴数:32轴(4通道、每个通道8轴联动),主要应用于数控车床和车削加工中心,以及数控铣床和加工中心
2	高速模具加工数控装置	HNC—08	系统具备世纪星HNC—21系统的全部功能,并且具备高速高精加工功能,非常适合模具加工;具备五轴联动刀具中心点控制功能(RTCP),使用内嵌式PLC,采用梯形图语言编程,可在线编程、在线诊断
3	数字交流伺服驱动单元	HSV—180D	采用AC380V电源输入,专用运动控制数字信号处理器(DSP)、大规模现场可编程逻辑阵列(FPGA)和智能化功率模块(IPM)等当今最新技术设计,具有025、050、075等多种规格,具有很宽的功率选择范围。用户可根据要求选配不同规格驱动单元和交流伺服电动机,形成高可靠、高性能的交流伺服驱动系统

（续）

序号	新产品名称	型　号	主 要 技 术 参 数
4	数字交流伺服驱动单元	HSV—180S	采用AC380V电源输入，专用运动控制数字信号处理器（DSP）、大规模现场可编程逻辑阵列（FPGA）和智能化功率模块（IPM）等当今最新技术设计，具有025、050、075等多种规格，具有很宽的功率选择范围。用户可根据要求选配不同规格驱动单元和交流伺服主轴电动机，形成高可靠、高性能的交流伺服主轴驱动系统
5	直接驱动转矩电机	GZ6	力矩范围45～24950N·m，是多极永磁交流伺服电动机，由定子、空心轴转子（可以根据客户需求定制输出轴转子）、高精度反馈元件组成。GZ6系列直接驱动转矩电动机与国内外驱动器匹配形成直接驱动伺服系统，可广泛应用于机床数控转台、数控分度盘及电梯无齿曳引机、橡塑机械、机械手等产品
广州数控设备有限公司			
6	车床数控系统	GSK980TDA	
7	主轴伺服驱动单元	DAP03	
8	车床数控系统	GSK980TE	
大连光洋科技工程有限公司			
9	应用于高档数控机床的总线式数控系统、直驱功能部件全集成系统	GDS08	①实现高档数控机床多通道控制：支持32轴6通道；支持6主轴，3手轮；768IN/512OUT开关量控制；支持用户二次开发。②支持直线控制精度分辨率为1μm和0.1μm时进给速度分别可达240m/min和100m/min。③实现高精度回转运动控制：定位精度5″～10″，重复定位3″（具体指标与传感器精度、分辨率相关）
江苏仁和新技术产业有限公司			
10	全自动车床数控系统		双主轴，双刀塔，全自动加工
11	车铣钻复合加工数控系统		八轴五联动，车铣钻复合加工
上海开通数控有限公司			
12	高性能全数字化交流伺服驱动系统		新型全模具结构，全系列0.4～22kW，具有自动增益调整和陷波滤波器功能，应用于数控机床，纺织机械和包装机械等
13	嵌入式中高档数控系统		嵌入式中档车床数控系统示范应用和产业化批量生产，完成嵌入式中高档数控系统开发、小批量试制和示范应用，推进产品的产业化
14	基于以太网技术的数控系统		以太网现场总线，三轴联动，高速高精度加工。应用于数控车床、铣床和其他装备
沈阳高精数控技术有限公司			
15	重大型多轴联动复合加工中心用数控系统		重点开展基于控制总线的高性能数控系统及成套装置的研制开发
16	镗铣加工中心用高性能数控系统		将开展面向数控机床的运动控制总线技术及其配套数控装置的研究与开发，形成成套产品并开展产业化应用
北京首科凯奇电气技术有限公司			
17	数控精密直驱转台	DD400	工作台直径：400mm；最大载荷：400kg；轴向和径向跳动：≤2μm；轴（径）向静刚度≤0.5μm/1 000N；持续工作转矩：250N·m；瞬时转矩：500N·m；最高转速：150r/min；定位精度：±4″
18	嵌入式运动控制系统		由运动控制系统平台、应用软件、伺服电动机和传感器构成。控制轴数：4轴；最小指令分辨率：0.1μm；最大指令速度：2 000mm/s；可配电动机：标准型、力矩、直线；可配传感器：编码器、圆光栅、直线光栅；应用软件：数控加工中心
成都广泰实业有限公司			
19	GREAT—150i系列数控系统	GREAT—150i	硬件基于Xscale处理器＋FPGA技术；在软件上以RT—Linux为操作系统，以Mini GUI为图形界面解决方案，可以轻松实现USB、网络接口等各种控制算法等功能。可控轴数达5轴，实时控制高速度（最高速度可达6 000mm/min）、高精度（控制精度可达1um）。切削速度可在1～6 000mm/min中任意转换。编程尺寸范围为：±9 999.999mm，具有6个工件坐标系、4个参考点、99把刀具管理功能。同时采用TFT—LED液晶显示技术，使整机结构更为美观

（续）

序号	新产品名称	型　号	主要技术参数
20	CCR—RB 系列工业机器人本体		CCR—RB 系列工业机器人为 6 自由度垂直多关节串联结构，分为 20kg、50kg 两个级别。由底座、J1 轴、J2 轴、J3 轴、J4 轴、J5 轴、J6 轴等七部分组成；每个关节的运动是分别由 1 台伺服电动机驱动 1 台低侧隙精密减速机实现，每个伺服电动机均带有失电制动器
21	GREAT—66Ti 普及型车床数控系统	GREAT—66Ti	①速度：最高快移速度可达 20m/min，最高进给速度可达 10m/min，程序预处理功能可实现程序段（行）之间平滑无缝连接。②精度：标配丝杠螺距补偿，最大程度提高机床加工精度。③接口：USB 可移动 U 盘拷贝接口，可实现 U 盘 DNC 功能，实现外接海量存储器；编码器线数可任意设置，具有良好的扩展性。④操作：全屏幕编辑，系统前后台操作，可实现加工过程中同时进行编程、参数修改等；可实现多级密码保护，如程序、参数保护等，方便现场设备管理；图形仿真及加工轨迹跟踪；兼容国外主流数控系统指令代码
22	GREAT—60TT 车床数控系统	GREAT—60TT	①速度：最高快移速度可达 20m/min，最高进给速度可达 10m/min，程序预处理功能可实现程序段（行）之间平滑无缝连接。②精度：标配丝杠螺距补偿，最大程度提高机床加工精度。③接口：USB Rs232 接口面板前置；USB 可移动 U 盘拷贝接口，并可实现 U 盘 DNC 功能，实现外接海量存储器；编码器线数可任意设置，具有良好的扩展性。④操作：全屏幕编辑，系统前后台操作，可实现加工过程中同时进行编程、参数修改等；可实现多级密码保护，如程序、参数保护等，方便现场设备管理；图形仿真及加工轨迹跟踪；兼容国外主流数控系统指令代码

表 5　2008 年数控系统行业科研项目

序号	项目名称	应用状况	投入资金（万元）	项目来源	项目完成单位
1	高性能数控系统产业化	应用	100	企业自有技术、地方科技项目	武汉华中数控股份有限公司
2	新一代数控系统—STEP—CNC 的研究与开发	应用	10	企业自有技术、地方科技项目	武汉华中数控股份有限公司
3	异构数控机床车间网络化集群管理系统研究	应用	20	企业自有技术、地方科技项目	武汉华中数控股份有限公司
4	高速卧式加工中心的关键技术和数控系统开发	应用	150	企业自有技术、地方科技项目	武汉华中数控股份有限公司
5	先进数控技术推广与应用	其他	200	企业自有技术、地方科技项目	武汉华中数控股份有限公司
6	嵌入式数控系统软件开发	研制	30	企业自有技术、地方科技项目	武汉华中数控股份有限公司
7	全数字交流伺服驱动系统产业化	应用	556	企业自有技术、国家科技项目	武汉华中数控股份有限公司
8	国产中高档数控系统可靠性应用示范工程	应用	100	企业自有技术、国家科技项目	武汉华中数控股份有限公司
9	适用于电子行业的高性能数控系统产业化	应用	100	企业自有技术、国家科技项目	武汉华中数控股份有限公司
10	航天支撑数字伺服	研制	150	国家	北京航天数控系统有限公司
11	磨齿机控制系统	应用	100	本企业	北京航天数控系统有限公司
12	陶瓷加工专机	研制	100	本企业	北京航天数控系统有限公司
13	全自动车床数控系统	应用	100	自筹	江苏仁和新技术产业有限公司
14	车铣钻复合加工数控系统		200	自筹	江苏仁和新技术产业有限公司
15	高性能全数字化交流伺服驱动系统系列研发	应用	115	企业自主创新项目	上海开通数控有限公司
16	嵌入式中高档数控系统的示范应用及其产业化	应用	80	上海市科委重点攻关项目	上海开通数控有限公司
17	基于以太网技术的数控系统及其产业化批量生产	应用	75	上海市科委重点攻关项目	上海开通数控有限公司

（续）

序号	项目名称	应用状况	投入资金（万元）	项目来源	项目完成单位
18	应用于数控车床、铣床和其他装备的数控系统				上海开通数控有限公司
19	重大型多轴联动复合加工中心系列产品开发	研制	4 140	科技部科技支撑计划	沈阳高精数控技术有限公司
20	镗铣加工中心用高性能数控系统	研制	1 100	辽宁省科技计划项目	沈阳高精数控技术有限公司
21	GREAT—150i 系列数控系统	应用	968	独立研发	成都广泰实业有限公司
22	基于 PC 平台下能控制多轴、多台工业机器人的开放性控制系统	应用	1 200	独立研发	成都广泰实业有限公司
23	工业机器人视觉系统	研制	895	合作研发	成都广泰实业有限公司

五、行业标准化工作

2008 年 6 月 24 日 ~25 日，全国机床数控系统标准化技术委员会（以下简称"数控系统标委会"）第一届第一次会议暨成立大会在北京举行。

由国家标准委批复成立的数控系统标委会，是从事数控系统标准化工作的全国性组织机构，专门负责机床数控系统标准的制修订技术工作，研究机床数控系统的现有标准体系，以数控技术基本理论与核心技术为基础，逐步健全及完善机床数控系统的标准体系，以适应机床数控系统行业技术发展的需要。

数控系统标委会的成立，是我国装备制造业发展中的一件大事。数控系统自主标准体系的建立和完善，有助于摆脱欧美国家在高性能数控机床方面对我国的控制和限制，以及为突破以标准、专利和技术为核心的非贸易壁垒，为我国数控机床和数控系统进军欧美市场提供了技术支撑。

数控系统标委会向国标委和工信部上报的 15 项国家标准草案，都是当前我国数控系统行业急需的技术和基础标准。数控系统标委会将在项目计划下达后，陆续开展这些标准的制订工作。

六、企业简介

武汉华中数控股份有限公司（简称华中数控） 是一家拥有成套核心技术自主知识产权和自主配套能力的，从事中高档数控系统及其装备开发、生产的高科技企业。公司产品与国内数十家著名主机厂实现了批量配套，已经有近百台具有自主知识产权的华中五轴联动数控技术及产品装于数控机床，成功应用在航空、船舶、汽车、电力设备等行业企业中。公司被命名为科技部"国家高科技成果产业化基地"、国家发改委"高科技成果产业化示范基地"。

2008 年，华中数控成为科技部、国务院国资委、全国总工会首批确认的 91 家"创新型企业"之一；2009 年华中数控被评为"全国机械工业先进集体"。2007 ~2008 年，华中数控连续两年被评为中国机床工具行业"自主创新十佳企业"、"综合经济效益十佳企业"、"精心创品牌十佳企业"；连续两年荣获"全国优秀软件企业"、"湖北省优秀软件企业"、"湖北省优秀软件产品"称号；连续两年被评为"武汉市信用建设示范企业"、"武汉市经济运行先进企业"。华中数控是全国机床数控系统标准化技术委员会、中国机床工具工业协会数控系统分会、数控系统现场总线技术标准联盟 3 个秘书处挂靠单位。

广州数控设备有限公司（简称广州数控） 成立于 1991 年，20 年来专心致力于机床数控系统产品的研究与实践，已成为中国南方的数控系统产业基地。

广州数控秉承科技创新、追求卓越品质，为用户提供 GSK 全系列机床数控系统、主轴、进给伺服驱动装置和伺服电动机、大功率主轴伺服电动机等数字控制设备和集成配套解决方案，并开展机床数控化改造服务和数控机床贸易。

广州数控拥有国内最大的数控系统研发机构——广州数控研发中心。中心设有国家博士后科研工作站，承担了国家"863"重点"中档数控系统产业化支撑技术"项目，成为国家高档数控装备重大专项计划实施企业。中心与国内多所著名工科院校和专业技术公司建立了密切合作关系。广州数控全国首创的数控机床连锁超市，以一流的服务队伍、完善的 5S 服务标准、科学的人性化超市管理，为机床企业与用户搭建了最直接沟通的平台。广州数控为客户提供全方位的服务支持，从为用户提供操作培训服务，到快捷周到的售后维修服务，广州数控一直在努力为用户创造更大限度的附加值。

"雄厚的科研实力、优异的产品质量、合理的价格定位、卓越的营销服务、便捷的机床销售网络"成就了广州数控的辉煌。自 2000 年开始，各类数控系统产品产销量连续 8 年位居全国前列。2008 年营业额约 7 亿元。

北京航天数控系统有限公司 公司前身是北京航天机床数控系统集团公司。隶属于航天长峰股份有限公司，是国家定点机床数控系统研发中心和产业化基地，北京市高新技术企业，获得 A 级机床改造资质。公司主要从事机床数控系统及其配套产品的开发、设计、生产、销售和服务以及机床数控化改造工程。现有从事计算机软硬件设计、电子技术、自动控制、精密仪器等各类研发人员数十人，均为本科以上学历，中高级职称占 70% 以上。

沈阳高精数控技术有限公司 是由中科院沈阳计算所暨高档数控国家工程研究中心联合其他社会优势资源共同投资组建的，通过了 ISO 9001 质量体系认证。公司在技术上以高档数控国家工程研究中心为依托，以高性能数控系统为主导产品，形成了高档、中档、普及型以及专用型等多个系列十余种型号的数控系统和配套伺服产品。产品覆盖国内市场，树立了“蓝天数控”品牌，并率先实现了数控产品的批量出口。公司已形成年产万台数控系统的生产能力。

江苏仁和新技术产业有限公司 公司是南京数控装备业创新联盟主要成员，被国家质量技术监督局聘请为“全国工业自动化系统标准化技术委员会物理设备控制技术委员会”委员单位，具有年生产各类数控系统及伺服驱动器10 000套的生产能力。2008 年“仁和，RENHE”获得南京市著名商标称号。

公司以“不懈努力，追求卓越”的精神，致力于经济型和普及型数控系统产品的研发。拥有一支专业的科技研发队伍，并与国内外众多知名的企业和专家，建立了广泛的技术合作和业务配套关系，为新产品开发提供了坚实的基础。公司拥有 3 项专利技术（其中 1 项为国家发明专利）和 5 项软件著作权专利，5 项软件获得江苏省信息产业厅颁发的软件产品登记证书。

公司主要生产“仁和，RENHE”商标的各类加工中心、车床、铣床、磨床的数控系统，步进电动机驱动器和交流伺服驱动器，并可为用户提供特殊的设计以及承接各类普通机床和设备的数控化改装。公司建立了广泛的售后服务网络，为仁和数控客户提供满意的质量保证和优质服务。

大连大森数控技术发展中心有限公司（简称大森数控）为应对全球金融危机对企业的不利影响，大森数控在 2008 年下半年适时推出救市产品 DASEN 3i—L。该系统拥有绝对位置控制、伺服自动调整、闭环控制、圆柱插补分度等多项国内独创技术。CIMT2009 展会期间，大森数控重拳出击——首次推出 D2000 型超低价位（万元以下）数控系统。公司产品全线覆盖了高中低档，可为广大用户提供最全面、最完善的解决方案。产品特色可概括为“五轴双通道系统市场化，高速高精度车铣镜面化，普及型系统位置绝对化，经济型系统价格草根化”。

大连光洋数控系统工程研究中心有限公司 是大连市高新技术企业，是一家集研发、生产、制造、销售于一体的高科技民营企业，主营工业控制自动化产品和数控产品。经过多年的努力，公司在我国高档数控系统及关键功能部件研发及产业化方面取得了重大突破，形成了第一代高档数控系统、第二代全数字总线式高档数控系统、总线式伺服驱动器、伺服电动机一体化驱动器、高分辨率编码器、机床电器附件，高档数控机床用的单双轴转台、双摆铣头等产业化生产能力，可为各种数控机床提供配套。研制开发了五轴联动高速立式加工中心、五轴龙门铣床、高速雕铣机、高速高精度全功能数控车床等数控机床整机产品。经专家评定，公司研制的总线开放式高档数控系统、Windows 下的实时扩展系统 GRTK、用于光栅尺和编码器的正弦信号细分技术、通用可编程工业自动化控制器均达到国际先进水平。采用光洋自主研发的总线开放式高档数控系统、直驱式双摆铣头和双轴转台装配的全国产化五轴联动龙门加工中心和高速五轴立式加工中心在 2008 中国数控机床展（CCMT2008）上，双双荣获“春燕奖”和“应用国产数控系统自主创新精品”两项大奖。

上海开通数控有限公司 是上海电气中央研究院数控系统、伺服驱动系统的产业化基地。2008 年被认定为高新技术企业，通过了上海市科技型“小巨人”培育企业的验收。

公司完成了基于 CAN 总线技术的中高档数控系统项目的研制，并通过了项目鉴定和验收。KT500—Mi 开放式铣床/车床数控系统获 2008 年上海市重点新产品称号，并出口到欧美、日本、韩国等。在 KT550—T/G/H 普及型数控系统的新产品开发方面，先后开发出 KT550 全功能闭环—T 车床、—G 磨床和—H 滚齿机数控系统，实现了中档闭环数控系统的批量生产，产品可广泛应用于各种数控机床。公司不断开发交流伺服驱动系统新品种，改进产品品质，增加产品功能，提高产品性能，降低产品成本，满足用户个性化需求，开拓新的应用领域，提高产品竞争力。产品市场占有率有较大提高。

武汉登奇机电技术有限公司 是专业从事交流伺服电动机、交流伺服变频（主轴）电动机及相关成套系统的开发、生产、销售和服务的股份制高科技企业。其 GK6 系列交流伺服电动机转矩 0.095 5N · m（30W）~ 1 000N · m（200kW）；GM7 系列交流伺服主轴电动机功率 2.2 ~ 100kW、GZ6 力矩电动机转矩 45 ~ 10 000N · m，可适配国内及欧洲、美国、日本、韩国各类伺服驱动装置，是国内产品类别、品种、规格最全的专业生产厂。为客户实现一站式采购，方便配套，节省人力物力，为实现客户利益最大化创造了有利条件。

公司拥有整体充磁，高精度动平衡仪，气动量仪，全数字电动机负载测试平台，出厂检测平台，F 级、H 级真空浸漆绝缘处理设备，数字式自动绕线机等一系列测试设备；已有数万台产品应用于机床、冶金设备、建材设备、塑机、印染设备、纺织设备、雷达、火炮、装甲车等产品的运动控制机构。与上百家国内外厂商建立了长期供货合作关系。公司产品被国家科技部评选为国家级重点新产品，取得企业出口自主经营权，获得国家进出口检验检疫局颁发的出口质量许可证，通过了向欧盟市场销售的 CE 认证，并正在进行 UL 认证工作。

成都广泰实业有限公司 是一家专业从事数控系统及工业机器人开发、生产和销售的高科技民营经济实体，拥有一批开发数控系统的专家和年轻的专业技术人才，在数控技术开发上已具有相当实力和丰富的经验。公司整体技术水平位居国内同行业前列。

公司推出了 20kg 级和 50kg 级的 CCR 系列工业机器人，150i 系列普及型数控系统，60TT、66T（A）i 系列经济型数控系统以及九轴联动数控系统 GREAT—180iM。其中 150i 系列具有国内领先水平，GREAT—180iM 九轴联动技术具有国内领先，国际先进水平。具有世界先进水平的 10 个通道、60 个轴的数控系统和 CCR 系列机器人视觉系统正在研发过程中。

〔撰稿人：中国机床工具工业协会数控系统分会肖 明
审稿人：中国机床工具工业协会数控系统分会伍 衡〕

机床附件、夹具、主轴功能部件及滚动功能部件

机床附件

一、概述

2008年,机床附件行业受到两大冲击,一是上半年美元贬值,原材料价格剧烈波动,导致机床附件企业生产成本压力加大;二是第四季度全球金融危机开始冲击我国实体经济,装备制造企业订货下滑,进而导致机床和机床附件市场需求萎缩,企业经营面临巨大压力。

由于前几年产销两旺,企业产品技术储备严重不足,连续多年吃老本的问题并未显现,在突发的国际金融危机面前,多数企业产品技术水平落后凸显。技术底蕴相对雄厚的企业,受国际金融危机的影响相对较小;技术落后、不重视技术开发,仅依靠拼设备、拼劳力获得薄利的企业,在国际金融危机面前,经营举步维艰;个别企业由于技术落后,在这次国际金融危机中将被淘汰出局。

冷静面对国际金融危机,逆境中求发展,行业绝大多数企业及时采取应对措施积极调整优化产品结构,加大新产品开发力度,提高产品的市场竞争力;加强企业内部管理,抓好国内市场,加强对出口商品货款的回收管理,使大多数企业的经营情况仍保持良好态势。

二、行业基本情况

参加本年度《年鉴》汇编的企业共有46家。按所有制分类:国有企业8家、集体企业5家、民营企业33家。按机床附件小行业分类:卡盘行业企业9家;夹头、顶尖、刀杆、变径套、铣镗插头行业企业19家;数控刀架行业企业4家;分度装置行业企业2家;数控机床用刀库行业企业3家;普通(快换)刀架行业企业3家;普通虎钳行业企业5家;电磁吸盘行业企业4家;过滤排屑设备行业企业7家;导轨防护装置行业企业2家;其他机床附件类行业企业3家(注:部分企业的产品跨小行业),基本涵盖了机床附件行业全貌。汇编企业的经营情况与2007年比较,同比增长情况为:机床工具类产品产值同比增长3.98%,机床工具类产品销售产值下降2.39%,工业增加值同比增长4.1%,资产总计同比增长11.5%。2008年机床附件行业主要经济指标完成情况见表1。

三、产品品种

机床附件产品按其功能可大致分为两大类,即数控机床附件与普通机床附件。现分述如下:

表1　2008年机床附件行业主要经济指标完成情况

指标名称	单位	实际完成
工业总产值(现价)	万元	203 581
其中:机床工具类产品产值	万元	176 729
工业销售产值	万元	193 318
其中:机床工具类产品销售产值	万元	163 664
工业增加值	万元	78 071
实现利税	万元	16 628
从业人员平均人数	人	12 037
资产总计	万元	239 021
流动资产平均余额	万元	137 537
固定资产净值平均余额	万元	62 338

1. 数控机床附件

(1)为经济型数控车床配套的机床附件。包括立式或卧式数控刀架和为数控立式车床配套的数控刀架等(单向回转选刀)。

(2)为普及型数控车床配套的机床附件。包括全功能数控刀架(双向回转就近选刀)、动力卡盘、数控自定心中心架、各类刀夹、油缸、气缸、卡盘等。

(3)为车铣中心配套的机床附件。包括数控动力刀架、伺服刀架、刀库等;*B*轴或*B*、*Y*两轴联动的铣镗滚齿用数控车铣复合刀架,各类小规格多角度铣头;为数控立式车铣中心配套的各类铣头。

(4)为加工中心配套的机床附件。包括各类数控分度头、数控转台、数控可倾转台、数控交换工作台、电动机直接驱动的高速转台、各类数控刀杆、数控立卧转换镗铣头、平旋盘(数控)、立式和卧式多联虎钳、数控镗铣床用*A-C*轴双摆动数控铣头(包括电动机直接驱动及机械传动两类)、各种数控机床用刀库、各类高速防振刀杆等。

2. 普通机床附件

普通机床附件按其功能大致分为以下四大类:

(1)分度类机床附件。包括万能机械分度头、等分分度头、各类(立式、卧式、可倾式)机械回转工作台、等分转台、机动回转工作台等各类分度装置。

(2)夹紧工件类机床附件。包括三爪卡盘、四爪卡盘等各类手动卡盘,各类动力卡盘、油缸、气缸等,各类平口钳,各类(立式、卧式、可倾式、圆形、方形)电磁吸盘、永磁吸盘、电永磁吸盘,各类固定顶尖、回转顶尖、中心架、跟刀架、弹簧夹头、专用夹具等。

(3)夹持工具类机床附件。包括各类钻夹头、铣夹头、

丝锥夹头、镗铣插头、变径套、刀杆,各类普通(快换)刀架等。

(4)辅助部件类机床附件。包括各类排屑器、过滤机、油水分离器、恒温装置、离合器、拖链、防护罩、机床外围装备等。

四、生产情况

在市场需求下滑的不利形势下,多数机床附件的产量及产值下降。但是,行业企业及时采取应对措施,发挥现有产能资源,加大了大型、非标、特殊订货等机床工具类产品的开发力度,尽快适应了市场需求,保持了产销平衡和良好的经营态势。2008 年,行业机床工具类产品产量与 2007 年大体持平,产值比 2007 年增长 3.9%,其中部分为数控机床配套的产品、特殊订货的其他类产品的产量及产值有所增加,为普通机床配套的机床附件产品的产量及产值有所减少。2007 ~2008 年机床附件行业分类产品生产情况见表 2。

表 2　2007 ~2008 年机床附件行业分类产品生产情况

序号	产品名称	产量(台、套、件)		产值(万元)	
		2008 年	2007 年	2008 年	2007 年
1	数控刀架	68 693	75 690	150 47	179 38
2	数控动力刀架	46	47	331	338
3	刀库及换刀机构	300	800	220	560
4	数控转台	1 042	854	5 041	3 219
5	导轨防护装置	1 823	1 108	1 289	922
6	滚珠丝杠副	25 370	28 000	2 615	2 787
7	机械分度头	8 860	15 510	2 540	3 238
8	数控分度头	749	614	645	611
9	机械回转工作台	8 904	10 054	1 365	1 455
10	自定心卡盘	859 867	1 028 789	42 039	51 388
11	单动卡盘	125 245	158 389	9 702	12 660
12	动力卡盘	13 121	16 585	3 139	3 787
13	其他卡盘	18 371	28 912	1 531	1 672
14	普通快换刀架	58 525	54 923	3 788	2 579
15	普通虎钳	68 425	96 442	1 912	2 677
16	固定顶尖	266 607	302 023	978	1 238
17	回转顶尖	263 239	276 771	3 351	3 342
18	钻夹头	3 657 900	3 867 890	8 138	11 305
19	丝锥夹头	131 892	129 508	1 304	1 236
20	弹簧夹头	962 760	1 146 766	4 736	5 550
21	铣夹头	159 310	154 200	2 290	1 968
22	变径套	635 838	653 021	1 084	1 165
23	电磁吸盘	8 537	7 902	2 622	2 747
24	永磁吸盘	3 541	7 167	339	695
25	铣、镗、插头	13 000	15 585	1 164	1 508
26	数控刀杆	64 553	31 879	5 223	2 743
27	普通刀杆	55 394	56 704	894	918
28	排屑、过滤设备	9 800	9 730	13 121	12 522
29	其他	757 151	47 114	40 105	17 193
	合计	8 248 863	8 222 977	176 553	169 960

五、市场销售及出口情况

由于应对及时,2008 年,行业工业总产值仍保持小幅增长,但机床附件出口下滑,出口量和出口额同比分别下降 36.2% 和 20.3%。国际金融危机导致国内外机床工具市场,特别是欧美市场严重萎缩。第四季度,绝大多数机床附件的出口量大幅减少。另外,由于机床整机生产和出口趋向中高档产品,市场对机床附件产品的需求结构发生很大变化。为普通机床配套的传统机床附件的产销下滑严重,市场萎缩,产能过剩。为此,企业加大产品结构调整力度,由主要生产量大面广的传统产品逐步向大型、非标类特殊订货的机床附件产品调整过渡。2007 ~2008 年机床附件分类产品出口情况见表 3。

表3 2007~2008年机床附件分类产品出口情况

序号	产品名称	出口量(台、套、件)		出口额(万美元)	
		2008年	2007年	2008年	2007年
1	数控刀架	829	906	21.0	22.0
2	刀库及换刀机构	78	100	7.0	9.0
3	数控转台	11	7	6.2	4.6
4	机械分度头	4 783	5 865	84.7	122.2
5	数控分度头	58	135	5.9	88.5
6	机械回转工作台	4 244	4 646	68.8	71.3
7	自定心卡盘	244 422	276 154	1 612.0	1 783.0
8	单动卡盘	33 762	56 490	283.7	335.3
9	其他卡盘	500	120	8.0	2.0
10	普通快换刀架	40 271	38 818	1 482.7	1 235.4
11	普通虎钳	13 624	26 177	21.0	37.0
12	固定顶尖	77 496	96 055	29.0	37.0
13	回转顶尖	109 641	85 708	127.0	101.3
14	钻夹头	480 000	1 261 305	476.0	1 455.0
15	丝锥夹头	70 000	80 000	54.0	61.0
16	弹簧夹头	613 660	811 610	385.0	504.0
17	铣夹头	70 000	60 500	40.0	35.0
18	变径套	90 383	259 770	24.0	70.0
19	电磁吸盘	600	987	26.0	45.0
20	永磁吸盘	1 150	1 750	10.3	18.3
21	铣、镗、插头	163	185	6.7	6.8
22	数控刀杆	747	1 054	5.1	6.6
23	普通刀杆	42 718	29 566	46.0	32.0
24	其他	251 466	274 219	1 438.0	1 778.0
	合计	2 150 606	3 372 127	6 268.1	7 860.3

六、新产品开发情况

"服从市场需求,调整产品结构"成为企业2008年工作的主题。行业企业依托现有技术优势,加大对现有产品的更新升级力度,向系列化产品中的大规格机床附件延伸,以最短的时间适应了市场对大规格机床附件的需求;培育新的经济增长点,根据市场对非标类产品需求上升的特征,加快了非标类特殊订货产品的开发制造速度,推进了产品向多品种、小批量、单件生产的方向调整过渡。正确应对国际金融危机的冲击,行业努力开发技术含量高,为数控机床配套的机床附件新产品。2008年机床附件行业新产品开发情况见表4。

表4 2008年机床附件行业新产品开发情况

序号	产品名称	型号	主要技术参数	生产企业
1	数控回转工作台	TK12500×600E	工作台面尺寸:500mm×600mm	烟台环球机床附件集团有限公司
2	数控回转工作台	TK121600×2000R	工作台面尺寸:1 600mm×2 000mm	烟台环球机床附件集团有限公司
3	数控回转工作台	TK121800×1800	工作台面尺寸:1 800mm×1 800mm	烟台环球机床附件集团有限公司
4	数控回转工作台	TK122400×2400R	工作台面尺寸:2 400mm×2 400mm	烟台环球机床附件集团有限公司
5	力矩电动机直驱式数控回转工作台	TK62500	工作台面尺寸:ϕ500mm	烟台环球机床附件集团有限公司
6	数显回转工作台	TX13200	工作台面尺寸:ϕ200mm	烟台环球机床附件集团有限公司
7	数显回转工作台	TX13250	工作台面尺寸:ϕ250mm	烟台环球机床附件集团有限公司
8	数显回转工作台	TX13400	工作台面尺寸:ϕ400mm	烟台环球机床附件集团有限公司
9	数显回转工作台	TX121000RX	工作台面尺寸:ϕ1000mm	烟台环球机床附件集团有限公司
10	数控等分回转工作台	TK56800×800	工作台面尺寸:800mm×800mm	烟台环球机床附件集团有限公司
11	数控交换回转工作台	TK95400×500×2	工作台面尺寸:400mm×500mm	烟台环球机床附件集团有限公司
12	数控转塔刀架	AK27400×4D	刀台方:400mm×400mm	烟台环球机床附件集团有限公司

（续）

序号	产品名称	型号	主要技术参数	生产企业
13	数控自定心中心架	PK11165×21A	夹持范围:ϕ21~165mm	烟台环球机床附件集团有限公司
14	数控自定心中心架	PK11140×40U	夹持范围:ϕ40~140mm	烟台环球机床附件集团有限公司
15	数控自定心中心架	PK11400×120U	夹持范围:ϕ120~400mm	烟台环球机床附件集团有限公司
16	平旋盘	Z24630	旋盘直径:630mm	烟台环球机床附件集团有限公司
17	平旋盘	Z25800	旋盘直径:800mm	烟台环球机床附件集团有限公司
18	三爪自定心卡盘	K111250E	转速:320r/min;通孔:ϕ550mm	呼和浩特众环(集团)有限责任公司
19	立式车床用六爪动力卡盘	KL51S800C	转速:900r/min;夹紧力:240kN	呼和浩特众环(集团)有限责任公司
20	中实高速回转气缸	P24(DB)系列		呼和浩特众环(集团)有限责任公司
21	圆盘式刀库	BT50(W)系列 24P	刀库容量:24 把刀具重量:15kg	呼和浩特众环(集团)有限责任公司
22	斗笠式刀库	BT50(W)系列 20PQL	刀库容量:24 把刀具重量:15kg	呼和浩特众环(集团)有限责任公司
23	电永磁吸盘	X713150	加工范围:ϕ700~3 150mm;吸力:≥150N/cm^2	江苏省无锡建华机床附件集团有限公司
24	电永磁吸盘	X712250MK	吸力:≥150N/cm^2	江苏省无锡建华机床附件集团有限公司
25	电永磁吸盘	X61800×1000MK	吸力:≥150N/cm^2	江苏省无锡建华机床附件集团有限公司
26	强力电磁吸盘	XS11600×1000L	吸力:≥150N/cm^2	江苏省无锡建华机床附件集团有限公司
27	双倾永磁吸盘	X43200×560T	吸力:≥100N/cm^2	江苏省无锡建华机床附件集团有限公司
28	高速中空动力卡盘	K55135C/$A_2$4	最高转速:7 000r/min;最大夹紧力:35kN	江苏省无锡建华机床附件集团有限公司
29	高速中空动力卡盘	K55381C/$A_2$11	最高转速:2 500r/min;最大夹紧力:179kN	江苏省无锡建华机床附件集团有限公司
30	高速中实回转油缸	P2280	最高转速:5 500r/min;最大推力:14kN	江苏省无锡建华机床附件集团有限公司
31	高速中实回转油缸	PH25155×52	最高转速:6 200r/min;最大推力:60kN	江苏省无锡建华机床附件集团有限公司
32	前置式气动卡盘	K53500	通孔直径:203mm	江苏省无锡建华机床附件集团有限公司
33	钻头磨刀机	ZZM—C13A	磨削钻头直径:3~13mm	山东征宙机械有限公司
34	钻头磨刀机	ZZM—C26A	磨削钻头直径:13~26mm	山东征宙机械有限公司
35	立铣刀磨刀机	ZLM—13	磨削立铣刀直径:4~13mm	山东征宙机械有限公司
36	动平衡刀柄	BT、CT、DIN	G2.5/20 000r/min	山东征宙机械有限公司
37	自进给镗头	F5—30	镗孔直径:12~500mm	山东征宙机械有限公司
38	模锻链式数控机床自动排屑线综合过滤装置	HRFLB	水平长度:5~80m;最大提升高度:10m	烟台开发区博森机床辅机有限公司
39	数控机床复合式自动排屑及综合过滤装置	HRLG	水平长度:0.6~30m;最大提升高度:10m	烟台开发区博森机床辅机有限公司
40	立式纸带过滤装置	HRCGL/HRZGL	过滤流量:300~1 000L/min	烟台开发区博森机床辅机有限公司

七、标准化工作概况

根据中国机床工具工业协会的要求,完成了数控机床产业链(刀架部分)调研上报工作。按国家标准化委员会要求,组建了第六届机床附件标准化工作委员会。审查修订了《机床　整体爪手动自定心卡盘检验条件》、《金属切削机床术语》(机床附件部分)、《固定顶尖标准》、《ϕ1 000mm 以上规格四爪单动卡盘》、《楔式动力卡盘　分类和技术条件》、《机用虎钳》、《可倾机用虎钳》、《高精度机用虎钳》、《增力机用虎钳　技术条件》、《组合夹具　术语》、《组合夹具元件　防锈包装技术条件》、《组合夹具　组装守则》、《组合夹具组装用工具、辅具》、《槽系列组合冲模元件　通用技术条件》、《组合夹具　组装复杂等级》、《电永磁吸盘》、《数控分度头》等国标和行标共 27 项。

八、建议

近几年来,机床附件行业企业在市场巨大需求拉动下,产能有了很大发展,取得了很好的经济效益。但是,市场的大好形势掩盖了产品技术水平落后,产品结构不合理,产品开发投入过少等问题。面对 2008 年国际金融危机的冲击,企业产品质量差、产品技术储备薄弱、高端技术产品少,与国际先进水平的差距过大,抗风险能力太低等问题凸显。

面对市场严重萎缩的局面,行业企业应进一步理解“科学技术是第一生产力”,以“科学发展观”为引导,以自身产品优势和设备等各类资源优势为起点，充分挖掘现有资源的技术潜力，搞好技术攻关，解决技术难题，夯实技术基础，压缩低端产品的产能，逐步提高产品技术水平，坚定不移地走可持续发展的道路。

国际金融危机对机床附件行业企业是机遇与挑战并存。机遇是国际金融危机加快了我国装备制造业产品结构的调整和产业的技术升级，以及为此必须进行的相关技术改造，这为机床附件行业构建了一个潜在的巨大市场。挑战是市场需要提供的是技术水平和质量水平更高的产品，机床附件行业必须抓住机遇，坚定信心、迎接挑战，加大研发投入，加快中高端产品的开发，为新一轮市场竞争做好充分准备。

九、企业简介

烟台环球机床附件集团有限公司 原烟台机床附件厂，是我国专业生产机床附件的重点骨干企业，山东省高新技术企业，拥有近60年的生产历史，全国机床附件行业归口研究机构（机床附件研究所）设在该企业。公司技术水平、生产规模、市场占有率处于行业领先地位。数控转台、数控分度头和数控刀架的研发制造已有20余年的历史。公司拥有三个厂区，其中位于烟台福山的数控装备公司正在建设中。企业占地面积17.45万m^2，资产总计2.7亿元，员工1 200余人（其中工程技术人员100余人）。公司具备从产品的铸锻毛坯至机械加工装配的全套生产能力，拥有主要生产设备和检测仪器600余台（套）。主要产品为“环球”牌数控刀架、数控分度头、数控转台、数控中心架、数控平旋盘、机械分度头、机械转台、立铣头等100多个规格品种的机床附件及数控专用机床。公司是我国分度类机床附件品种规格最全、生产规模最大的企业，2008年开发成功Z24、Z25系列平旋盘，AK36系列数控伺服刀架、TK62500力矩电动机直驱式数控转台等40项新产品。TK95400×500×2数控交换工作台为汽车零部件自动加工生产线配套，填补了国内空白。THK561000×1350数控转台列入山东省重点新产品开发项目，TK13系列数控转台、AK27系列数控刀架的研发项目被认定为山东省重大产业技术与装备专项。公司2008年完成工业总产值1.95亿元，实现销售收入1.8亿元。

呼和浩特众环（集团）有限责任公司 原呼和浩特机床附件厂，1989年1月1日起更名为呼和浩特机床附件总厂，1995年整体改制为呼和浩特众环（集团）有限责任公司，是全国机械工业重点骨干企业，主要产品有三爪卡盘、四爪卡盘和中高档动力卡盘、油缸、气缸、刀库等8个品种50多个系列500多个规格。企业拥有完善的机械加工、铸造、锻造和热处理设备。为了适应市场需求，公司组建了呼和浩特众环数控机床装备有限责任公司，负责数控装备的研制开发。

随着大、精、尖设备的引进，公司研发新品的实力显著增强。同时一些制约数控功能部件产品发展的关键技术和工艺问题逐步得到解决，新产品质量逐年提高。以机床附件类新产品为龙头的多类新产品正逐步投放国内外市场，满足了用户的需求。2008年完成6个品种、30个系列、122个规格的新产品开发设计及老产品扩充设计。其中包括动力卡盘、油缸类新产品12个品种、4个系列、57个规格；数控刀库类新产品5个品种、3个系列、7个规格及特、大、精、专类卡盘等。企业除完成多项机床附件新品开发外，还涉足数控装备领域，与数控机床主机厂进行多项技术合作。企业不断深化改革，在质量管理、技术改造、用户服务等方面都取得了显著成就。企业通过了ISO 9000质量管理体系认证和CE安全认证，产品质量和安全性达到标准要求。

江苏省无锡建华机床附件集团有限公司 原江苏省无锡建华机床厂，建于1950年，是机床附件行业的重点骨干企业之一，中国机床工具工业协会机床附件分会常务理事单位。主要产品有三爪卡盘、四爪卡盘、电磁吸盘、永磁吸盘、大型精密电永磁吸盘、高速精密动力卡盘等。近年来，公司重视技术创新工作，加强与高校、科研院所开展产学研合作，进行新产品开发和设备改造工作。2008年，公司与高校、科研院所联合攻克了一些技术难关，推动了公司机床附件新产品的研发工作。电永磁吸盘、高速动力卡盘产品的技术及质量水平已达到国内先进水平。2008年与南京航空航天大学共同建立的江苏省机床精密附件工程研究中心，被授予“江苏省创新型试点企业”称号。公司自行研发的直径3 150mm的超大圆形电永磁吸盘成为国内最大规格的产品，达到国际先进水平，荣获“无锡市科技进步奖”；电永磁吸盘与高速动力卡盘获“高新技术产品”称号；“建华”牌机床附件产品荣获“江苏省名牌产品”称号。2008年，公司负责制订的《大规格四爪卡盘》和《电永磁吸盘》（JB/T）行业标准，已经通过审查。2008年，公司投入科技研发经费1 400余万元，其中科研项目立项5项，技术改造立项22项，完成新产品开发52项，其中电永磁吸盘被列入“国家重点新产品”项目。2008年完成工业总产值18 147万元，销售产值17 454万元。

山东征宙机械有限公司 原平原机械厂，建于1958年，1998年改制为股份有限公司，是我国专业生产机床附件的骨干企业之一。企业产品特点是品种多、规格全、出口量大，主要产品是“征宙”牌弹簧夹头、铣夹头、快换夹头、攻丝夹头，万能镗头、刀柄接杆、各类顶尖、变径套、磨刀器、分度头、快换刀架、精密平口钳、回转工作台等。企业拥有完善的机械加工、锻造、热处理、检测等设备，其中主要设备达700余台。公司重视新产品研发工作，2008年开发了BT、CT、DIN动平衡刀柄，F5—30自进给镗头，ZLM—13立铣刀磨刀机，ZZM—C13A、ZZM—C26A系列钻头磨刀机等新产品。公司拥有自营进出口权，获得出口产品质量许可证和ISO 9001质量体系证书，是省级重合同守信用企业，山东省高新技术企业。“征宙”商标获山东省著名商标称号，弹簧夹头获山东省名牌产品称号。公司产品远销美国、德国、法国、英国、加拿大、南非、澳大利亚、东南亚等50多个国家和地区，是我国机床附件行业产品出口创汇较多的企业之一。

北京机床附件厂有限责任公司 原北京机床附件厂，建于1951年，2003年改制为有限责任公司，是专业生产机床附件的企业。主要产品是“三箭牌”铣夹头，用于钻床加工的多规格可逆式丝锥夹头，用于数控机床的工具系统（包括JT、BT、CAT、ANS、XT、NT各种标准系列刀柄)，用于自动流水线和专用机床的螺纹加工快换夹头等。部分产品出口欧美等国家和地区。企业加工设备配套齐全，已形成规模生产能力；检测手段完善，通过了ISO 9001质量体系认证。企业坚持以质量为核心的管理模式，坚持“实施精品战略，规范管理，创造一流质量，推动持续发展”的方针，产品质量水平不断提高。

浙江人和机械有限公司　是浙江人和集团下属的私营有限责任公司。有职工115人，其中各类专业技术人员30人，资产4 000万元，占地面积38 600m²。公司遵循“诚信、务实、创新、进取”的企业精神，坚持“以诚取信、以质取胜”的经营方针。主要产品包括两大类50多个系列400多个品种，涵盖矩形、圆形、普通、密纹、强力电磁吸盘，电永磁吸盘，永磁吸盘，三爪、四爪卡盘，管子卡盘。产品大部分远销日本、美国、欧洲及中国台湾地区。国内主要为杭州机床集团有限公司等主机厂家配套。公司重视引进先进制造技术，通过大规模技术改造提升技术水平和产品质量。公司重视采用先进的产品设计开发及相关验证手段，产品设计采用三维CAD技术。公司建立了完整的质量保证体系，通过了ISO 9001质量管理体系与CE产品安全认证。可靠的质量保证，使产品赢得广大用户的信任。2008年完成工业总产值2 108万元，销售收入1 918万元。

烟台艾格瑞精密机械有限公司　原烟台第二机床附件厂，具有40多年专业生产卡盘的历史。公司主要产品为手动卡盘、高速动力卡盘和过滤、排屑设备。厂区占地面积7.5万m²。近年来，针对市场对超高速动力卡盘的需求，公司围绕超高速动力卡盘进行了技术改造，购置了高精度加工中心等加工设备。设计开发的轨道板污水过滤系统获国家专利，为京津高速铁路建设作出重要贡献。由于产品质量不断提升，公司产品被多个厂家选择为标准配置，市场影响力进一步扩大。2008年完成工业总产值4 639.6万元，销售收入4 290万元。

威海天诺数控机械有限公司　原威海精密机床附件厂，建于1958年，是专业生产机床附件和数控工具系统的企业。公司注册资金1 200万元，占地面积9.46万m²，建筑面积5.81万m²。机床附件类主要产品为镗铣类数控机床用工具系统。公司生产的工具系统产品是引进美国DEVLEG公司技术，有20多个品种1 000多个规格。锥柄形式有ISO、CT、DIN、BT、GB标准。公司还生产万能镗头、齿式快换刀架、楔式快换刀架、柱塞式快换刀架、双V型快换刀架、快换铣夹头等产品。公司产品畅销国内外，深受广大用户的信赖，在国内外市场享有较高声誉。2008年完成工业总产值4 775万元，销售收入4 228万元。

甘肃省平凉机床附件有限责任公司　原平凉机床附件厂，系国有企业，已有40多年的机床附件生产历史，是西北地区专业化生产机床附件的企业，年机床附件产品生产能力达5万台。主要产品有“三台”牌三爪自定心卡盘、四爪单动卡盘、楔式动力卡盘、管子卡盘、精密机用虎钳及各类专用虎钳等。公司还可根据用户需要，设计生产特殊用途卡盘及其他机床附件产品。产品各类技术指标均达到国家或行业标准，主导产品采用国际标准。公司负责修订的《机用虎钳》、《可倾机用虎钳》、《高精度机用虎钳》、《增力机用虎钳　技术条件》(JB/T)行业标准，已经通过审查。2008年完成工业总产值2 245万元，销售产值2 414万元。

西安机床附件厂　股份制企业。主要产品是“华山”牌轻型、中型、重型回转顶尖及公制80锥度的回转顶尖，同时还生产普通顶尖、合金顶尖、半缺顶尖、外拨顶尖等系列产品。公司可根据用户需求，设计制造特殊的轴套类产品。产品采用先进工艺的批量生产方式，产品精度高、寿命长、性能可靠，不仅销往国内各个省市，还为主机厂配套销往国外。近年来，机床主机厂对大型、重载顶尖类产品需求增加，企业为此添置了数控机床和高精度机床。企业重视技术工人的培训工作，注重提高职工技能和操作水平。企业本着“信誉第一，用户至上”的原则生产经营。2008年完成工业总产值8 500万元，销售产值8 500万元。

常州新墅机床数控设备有限公司　属民营有限责任公司，于1992年成立，从业人员200人。公司主要产品是数控车床用电动回转刀架及加工中心用刀库。公司现有加工中心、专用端面齿铣磨设备40多台。公司坚持科技创新理念，在制造工艺、技术改造、新产品开发等方面吸收消化外部先进技术，进行自主创新。公司研发制造的斗笠式刀库、圆盘式刀库获得江苏省高新技术产品称号。企业具备年产电动刀架3.2万台、各类刀库800台的生产能力。2008年完成工业总产值8 000万元，销售产值7 600万元。

瓦房店永川机床附件有限公司　原瓦房店机床附件厂，建于1958年，是大连机床集团有限责任公司下属的全资子公司。有职工400余人，拥有金属切削设备420台，年生产各类机床附件20万台。主要产品有K11160、K11140三爪自定心卡盘，K72200—K721000四爪单动卡盘，中高速液压动力卡盘，电动卡盘，气动、液压管子卡盘，中高速回转油缸，数控电动刀架，机床零部件。企业重视产品质量，已通过ISO 9001:2000质量管理体系认证。2008年完成工业总产值8 870万元，销售产值7 870万元。

南京吉鸿机床附件制造有限公司　是由原南京机床附件厂改制的有限责任公司，是原机械工业部定点生产机床附件的企业。公司占地面积1万m²，有职工80余人，技术人员近20人。主要产品为“钟山”牌系列普通机用虎钳和高精度虎钳。公司检测手段完善，机加工设备门类齐全，有数条机用虎钳装配流水线。公司宗旨是“用户至上，质量第一，求实创新，共同发展”。公司具备多年的制造经验和技术研发能力，产品质量稳定，品种规格齐全，多次荣获国优、部优及消费者信赖产品称号，产品远销亚洲、欧洲、美洲等地。2008年生产各类虎钳10 000余台，实现工业总产值720余万元，销售收入700余万元。

台州浙东机床附件有限公司　是专业化生产“福尔大”(FUERDA)系列机床卡盘产品的民营企业。公司占地面积5.16万m²，建筑面积3.29万m²，年生产能力达到25万套卡盘产品。公司有员工600余人，其中工程师占19%。企业引进欧洲先进制造工艺，拥有经验丰富的产品研发人员，致力于提升制造水平，不断推进技术升级，提高产品质量，产品质量达到国内先进水平，接近于欧美水平。公司设有代理商和分销商，产品出口欧洲、美洲、中东、东南亚等国家和地区，并直接为欧洲很多机床厂商配套。其中 K01—50 系列与 K03—80 系列卡盘产品获得科技新产品发明奖，也是当前国内最为“袖珍”的卡盘产品。公司通过了 ISO 9001:2000 质量体系认证。2008 年完成工业总产值 7 694 多万元，销售收入 9 329 万元。

烟台同心卡具有限公司 建于 1954 年，是全国专业生产重型锥孔钻夹头的企业。公司从业人员 106 人，各类机床设备 100 多台。主要产品是“同心”牌钻夹头。产品主要规格有 J216H—B10（0.6 ~ 6mm）、J2110H—B12、J2113H—B16、J2113H—B18、J2116H—B18、J2120H—B22（5 ~ 20mm）。为适应机床高精度加工的需要，各种规格的钻头均有对应的精密级产品。近年来，公司坚持技术革新和设备改造，取得了较快发展，在坚持产品整体淬火传统工艺的基础上，产品选用更为优质的钢材，优化产品制造工艺，提高零件精度，最终提高产品的整体性能、质量和耐用度。2008 年完成工业总产值 673 万元，实现销售收入 572 万元。

常州宏达机床数控设备有限公司 建于 1995 年，属股份制民营企业，江苏省民营科技企业协会理事单位、江苏省高新技术企业。公司占地面积 4 万多 m^2，建筑面积 1.2 万 m^2，固定资产 1 380 万元。有员工 185 人，其中科研人员 36 人。多年来专业生产数控刀架及滚珠丝杠产品。2008 年开发的 HAK30、HAK31、HAK23、HAK32 等多种新产品，获得江苏省科技厅颁发的“高新技术产品”证书，有 4 个产品的专利申请由国家专利局受理。2008 年科研技改投入近 450 万元，新增卧式加工中心、数控磨齿机、数控螺纹磨床等先进设备，以提高产品质量和技术水平，提高市场竞争能力。2008 年生产各种刀塔 29 850 台(套)，滚珠丝杠 25 000 副，实现工业产值及销售产值 8 000 多万元，利税总额 1 400 多万元。

烟台长生机床附件有限公司 属私人控股企业，有员工 108 人，金属切削机床 70 余台。主要产品有数控机床用顶尖、回转顶尖、固定顶尖、铣夹头、数控刀夹、数控刀杆等机床附件产品。公司成立 30 多年来，产品质量稳定，受到国内外客户的信赖。为适应和满足市场需要，公司重视新产品的研发制造工作。2008 年企业先后开发了加工中心用数控刀杆、盘铣刀刀杆等多种新产品。2008 年完成工业总产值 1 360 万元，销售收入 960 万元，出口交货值 180 万元。

山东济宁大象机械有限公司 原山东机床附件总厂，至今已有 50 多年的经营历史，是由原来国有大型企业改制而成的股份制企业。公司有员工 210 名，加工设备近 200 台套。公司主要生产“象”牌自紧钻夹头、手紧钻夹头、锥孔钻夹头、螺纹孔钻夹头四大系列，年产量超过 100 万件。同时生产“象”牌系列端面拨动顶尖、回转顶尖、铣刀杆、接杆、变径套、弹簧夹头、铣夹头、数控机床刀杆等机床附件产品。公司已经通过 ISO 9001 质量保证体系认证，产品质量能满足各层次用户的需求。

烟台开发区博森机床辅机有限公司 建于 1993 年，高新技术企业，是国内最大的机床辅助设备生产企业之一。公司占地面积近 2 万 m^2，主要生产设备有激光切割机、数控剪板机、数控折弯机。公司主导产品有链板式、永磁式、复合式、振动式、步进式、刮板及磁刮板式排屑装置；反冲过滤、立式过滤、磁辊纸带式、真空负压式、自清洗式过滤设备以及综合式排屑、过滤、冷却净化一体机，综合式排屑过滤系统线等。产品广泛应用于数控机床、汽车、发动机、军工等制造领域。2008 年，公司不断加强标准化和技术创新工作；研发产品共获得 5 项国家专利，3 项科技成果；公司商标被评为“山东省著名商标”。公司坚持“顾客至上、信誉第一、品质精纯、真诚高效”的质量方针，重视质量管理工作，已通过 ISO 9001:2000 质量管理体系认证。公司以建成“具有国际影响力、中国辅机行业一流企业”作为宗旨，不断提高产品质量，被多家企业授予“优秀供应商”和“最佳供应商”等称号。2008 年完成工业总产值 8 500 万元，销售产值 8 200 万元。

浙江园牌机床附件有限公司 是专业生产卡盘的民营企业，建有 2 万多 m^2 的标准厂房。企业属高新技术企业，通过了 ISO 9000 及 CE 认证。主要产品有二爪、三爪、四爪自定心卡盘，规格 80 ~ 1 000mm；四爪单动卡盘，规格 80 ~ 1 250mm；同时可提供各种非标类卡盘。公司具备年产 20 万台卡盘的生产能力。K11800、K111000 自定心卡盘通过了国家机床附件检测中心检测，被评为省级新产品。公司拥有国内先进的卡盘检测设备，建有卡盘研发中心，并与浙江大学合作，成为浙江大学研发基地。公司大量投资用于引进新设备和设备的数控化改造，是同行业内率先实现全数控化加工的企业之一，卡盘精度大幅度提高。公司生产的卡盘精度远高于国家标准，基本达到国际标准。

大连现代轴承有限公司 原大连机床附件厂，建于 1952 年，现为民营企业。公司有员工 136 人，机械加工设备 160 余台，占地面积 7 363m^2。主要产品为两大类：一类为机床附件产品（注册商标 DJF），共有 31 个系列，135 种规格，包括回转顶尖、固定顶尖、变径套、重型回转顶尖、精密高速回转顶尖套等，其中有 11 种产品多次获国家、省、市名优产品称号；另一类为汽车转向器轴承（注册商标 DL）产品。公司热处理设备齐全，拥有计量室，检测仪器先进。公司通过了 ISO 9001 和 TS16949 质量管理体系认证。2008 年完成工业总产值 746 万元，销售收入 750 万元。

无锡银通工具手套厂 属私营企业，从业人员 60 人。生产各种机床夹具，各种劳保、浸胶手套。公司按照 JB/T 8004 ~ 8045—1999 标准组织生产，检测手段完备，吸收国内外同类产品之精华，精心设计制作，产品规格齐全，品质优良，尤其在特种非标产品研制方面实力雄厚。产品远销欧洲、美洲、大洋洲、东南亚等国家和地区，在国内外用户中享有较高声誉。2008 年工业总产值 850 万元，销售产值 800 万元。

北京新兴超越离合器有限公司 成立于 1994 年，2004 年改制为民营企业，是北京中关村高新技术企业。有员工

35 人,其中高中级职称人员约占 30%。主导产品是超越离合器,注册商标为“KCK”和“新兴超越”。产品主要功能是超越和传递转矩、精确定位、防止逆转。产品涉及行业较广,主要用于铣床、磨床的机械传动机构和锻压机床的送料机构。公司汇聚多年研制超越离合器的经验,不断提高研发创新能力,不断提高员工的技术水平和综合素质,强化质量意识和服务意识,按 ISO 9001: 2000 标准建立了完善的质量管理体系,以优良的品质赢得市场。2008 年开发出非接触式超越离合器、机床用自锁器等新产品。产品不但供应国内需求,还随主机或单独出口。2008 年公司被中国互联网新闻中心授予“中国信用企业认证体系示范单位”称号。2008 年生产超越离合器 6 500 台(套),销售收入 535 万元。

烟台杞杨机械有限公司 成立于 2000 年,主要生产金属切削加工用过滤排屑类设备。产品主要服务于冶金设备、汽车、轴承、机床、模具等制造行业。产品主要有平网过滤机、鼓式过滤机、负压过滤机、磁性分离机、离心分离机、链板输送机等。公司产品侧重于大中型金属、非金属加工液的过滤净化项目。产品随主机出口美国、英国、法国、德国、西班牙、比利时、意大利、加拿大等国家和地区。公司秉承“学习、提高、创新、发展”的企业精神,重视产品质量和性能的持续改善,通过了 ISO 9001 质量体系和 CE 产品安全认证。

黑马机械有限公司 由原临西精密机床附件厂改制而成,中国机床工具工业协会机床附件分会会员单位。现为磁力吸盘的专业制造厂,拥有磁力吸盘专利。主要产品是电磁吸盘、永磁吸盘、电永磁吸盘、电永磁起重器、永磁起重器、各式退磁器及各种磁性工具,并可根据用户需求设计制造专用磁力吸盘。磁盘产品种类多达 400 余种规格型号。公司已通过中国质量检验协会、河北省质量检验协会及 ISO 9001 国际质量管理体系认证。公司制造及检测设备齐全,保证产品质量,满足客户的需求,现为国内外多家磨床、铣床等制造厂家配套,取得良好的信誉。

浙江天一机床附件有限公司 是民营企业,专业生产机床附件卡盘。公司技术骨干具有较强的开发设计能力和多年制造卡盘的实践经验。近年来,公司进行了大量专用机床的数控化改造,添置了特殊专用机床及新设备,保证了新产品的顺利开发,促进了产品结构的优化升级。近年来,重点开发了 ϕ1 000 ~ 1 600mm 大型四爪单动卡盘、ϕ 800 ~ 1 000mm三爪自定心卡盘,以及微型 ϕ50mm 的三爪、四爪自定心卡盘和 ϕ50mm 的四爪单动卡盘,对低档次(普通通用型)老产品进行了质量升级。在国家重点发展航空、核电、风电、船舶等项目的拉动下,2008 年围绕这些重点项目相继开发生产了大直径卡盘,如 K72/A1600—2000、K78/1600—2500 卡盘和大通孔的自定心卡盘,为企业产品结构调整升级奠定了基础。

武汉昌合阿美斯塔机械有限公司 是原武汉昌合机床特殊附件有限公司和德国 SRW—AMESTRA 机械有限公司的合资企业,有员工 120 人。主要产品有系列快换刀架、数控刀夹和软爪,适用于车削加工中心、数控及普通车床。快换刀架系列包括欧式快换刀架、成套楔式快换刀架、成套柱塞式快换刀架和双 V 定位式快换刀架;数控刀夹系列包括 DIN69880 VDI 数控刀夹、DIN69881 VCI 数控刀夹和楔式数控刀夹。其他产品有切管器、钻头刃磨机、微调镗头、排刀架以及汽车零部件工装、夹具、模具等。2008 年公司实行了 6S 管理;在质量管理方面,提出每单货物从原料到发货责任到人,确保了产品质量。2008 年主要产品工业总产值 3 100 万元,销售收入 2 990 万元。

杭州阿尔玛工具有限公司 建于 1993 年,是生产镗铣床类工具系统等机床附件的专业厂家,从业人员 180 人。主导产品有 TSG82 工具、TMG50 工具系统、TMG21 工具系统、可转位镗刀、可转位铣刀、快换夹头、丝锥夹头、弹簧夹头等,产品品种规格齐全。在技术研发方面,通过各种渠道吸引先进技术,使企业有了质的飞跃。公司履行“科技兴业、质量第一、用户第一、服务至诚”的方针,产品质量水平不断提高。

山东天源机床附件有限公司 是股份制民营企业,从业人员 285 人。主要产品有回转顶尖、固定顶尖、变径套、弹簧夹头、铣夹头、普通刀杆、数控刀杆、微型电动机等系列产品。在通过 ISO 9001 质量管理体系认证的基础上,于 2008 年复核时增加了认证范围。在应对世界金融危机方面,公司注重调整产品结构,扩大数控刀杆和微型电动机的生产规模,借助省名牌产品的品牌效应,扩大市场份额;与卡盘生产厂家合资生产卡盘用卡爪,并形成较大规模。2007 年及以前的客户满意度每年提高 0.5% ~1%,2008 年客户满意度比 2007 年又提高 2 个百分点。2008 年完成工业总产值 1 660 万元,销售产值 1 560 万元。

上海金玉篮精密机床配件有限公司 成立于 2000 年,属私营有限公司。主要产品有高精度弹簧夹头、卡盘式弹簧夹头、软夹头、高精度主轴、机床刀杆、数控刀柄、汽车零件制造专用夹头等,其中弹簧夹头的定心精度达到日本 AA 级标准,同心度最高可达 0.002mm。公司通过了中国质量认证中心 ISO 9001 质量管理体系认证,是我国弹簧夹头产品先期向国外出口的企业之一。公司获得上海市“优秀民营科技企业”称号,“金玉篮”商标被评为上海市著名商标。2008 年完成工业总产值及销售产值 400 万元。

武汉长联数控机械股份有限公司 前身为武汉照相机快门厂,原机械工业部定点生产照相机快门的专业厂家,已有 40 年的建厂历史。1990 年公司参考国外技术,专业生产精密膜片弹性联轴器和胀紧套,经过十几年的发展,已具备较强的产品开发能力。主要产品联轴器、胀紧套的品种规格齐全,被广泛应用于冶金、化工、矿山、纺织、轻工、机床、电子等设备制造业。产品采用国家标准生产,同时可为用户设计制造有特殊要求的联轴器、胀紧套产品。2008 年 10 月,公司改制为民营企业,原企业设备等通过产权交易市场转入新公司。改制后,公司在经营理念、人员结构等方面发生了根本性的转变,为公司的发展创造了有利条件。

烟台一新祥宇机械设备有限公司 是专业生产机床辅机的企业,从业人员 65 人。公司拥有经验丰富的高中级工程技术人员,保证了产品的技术水平和产品质量;拥有数控折弯机、数控激光切割机、氩弧焊机、二氧化碳保护焊机等加工设备。主要产品有机床排屑器和冷却液净化设备两大类,包括链板排屑器、刮板排屑器、磁性刮板排屑器、磁性排屑器、磁辊排屑器、螺旋排屑器、磁性分离器,以及纸带过滤机、磁辊纸带过滤机、滚筒刮板过滤机、硅藻土过滤机、鼓形纸带过滤机、离心过滤机、涡流分离器、带式(或盘式)油水分离器以及机床导轨防护罩等产品。产品用于冶金、汽车、轴承、机床、拉丝、钢管、模具等设备制造业。产品销往全国20多个省、市、自治区,部分产品还直接出口日本、意大利等国家。2008年完成工业总产值1 100万元。

烟台捷林达通用齿轮箱制造有限公司 原烟台铣床附件厂,占地面积10.5万m^2,建筑面积4.8万m^2,总资产1.5亿元,有职工700余人,其中工程技术人员147人,拥有各类加工设备500余台(套)。公司已形成较为完善的产品研发、生产加工、计量检测体系;主要产品有万能铣头、立铣头、农用齿轮箱、拖拉机前桥等。与外商合作开发生产的农用齿轮箱,现已有七大系列770种规格产品。产品被国家列为出口免检产品,主要销往美国、意大利、加拿大、澳大利亚、日本、南非、中东等国家和地区。2008年公司投入400多万元,购置数控车床、齿轮加工设备、UNICASE热处理自动生产线等先进设备,提高了产品生产专业化水平。2008年出口额800万美元。

上海双峰机床附件有限公司 属私营企业,有职工60人,拥有各类加工设备100多台。主要产品有快换钻孔攻丝夹头、快换铣夹头、镗铣类数控刀柄、高精度重型控力活顶尖、数控刀具等。公司坚持真诚、守信、勤奋的企业精神,不断研发创新,开发出高精度重型控力活顶尖和数控切削刀具。公司在企业管理方面融入了科学统计和以人为本的管理理念,在公司快速发展的同时,注重全面提高员工的素质,夯实企业发展的根基。企业通过了ISO 9001:2000质量管理体系认证,获得了全国产品质量稳定合格企业的称号。

莱州金丰制钳有限公司 是股份制企业。主要产品有平口钳、台钳等各类机用虎钳。2008年公司投入大量资金,用于对旧设备进行多项改造和增添数控机床、磨床、静电喷涂等设备,改进和完善了原有工艺,提高了制造工艺水平和产品质量,新产品研发环境大为改观,为公司发展打下了坚实基础。

上海市浦东同乐机床附件厂 创建于1983年,占地面积7 000m^2,其中厂房面积5 500m^2。企业拥有先进的加工设备,如数控折弯机、剪板机、数控激光切割机、氩弧焊机和二氧化碳保护焊机等加工设备。企业以质量取信于客户,以满足用户需求为宗旨,通过了ISO 9001:2000质量管理体系认证。主要生产数控机床配套件,主导产品有链板式排屑装置、磁性排屑装置、刮板式排屑装置、磁性刮板式排屑装置、螺旋式防护卷帘、机床防护裙帘等。产品销往国内外。

烟台市芝罘新宇机床辅助设备厂 属私营企业,2000年成立,从业人员38人。主要生产金属切削加工用排屑、过滤设备。企业重视产品质量管理和标准化工作,通过了ISO 9001:2000质量管理体系认证;重视新产品开发工作,面对世界金融危机造成的市场萎缩,积极调整产品结构。重点开发轧辊磨床及轧机的过滤装置以及清洗滚装线的过滤及表面浮油的清除设备,先后开发了铁屑粉碎机、固液分离机、切屑液处理站等新产品,使企业在市场需求下降的环境中得以稳步发展。2008年完成工业总产值687万元,销售产值527万元。

台州华鑫机械制造有限公司 是专业生产机床附件的合资企业。在硬件设施方面,各类精密机床设备确保生产出高质量产品;在软件方面,技术骨干均有丰富的理论知识和实践经验,公司已成为国内机床附件生产基地之一。公司钻夹头产品规格齐全,已形成规模化生产,并可按客户要求开发制造非标产品,是许多国际知名公司的OEM供货企业。产品远销美国、欧盟、中东、东南亚等几十个国家和地区。公司通过了ISO 9001质量管理体系认证,严格奉行“质量第一,用户至上”的宗旨。

台州市飞鹰机械制造有限公司 前身为台州飞鹰钻轧工具厂,成立于1989年,以前生产电动工具钻夹头。近几年,公司进入机床附件行业,凭借设备先进高效的优势,研发制造重型工业钻夹头,并成功为国内知名钻床厂家配套。同时,公司加速“飞鹰”牌重型工业钻夹头走向市场的步伐,通过近两三年的努力,初步建成了国内营销网络,并走向海外。公司本着“以人为本、质量先锋、永恒追求、注重荣誉”的精神,推进技术进步,提高产品质量,满足国内外市场的需求。

北京长城机床附件有限公司 是生产机床用减振垫铁的专业厂家,北京市高新技术企业、纳税信用A级企业,中国国际贸易促进委员会单位和中国环境保护产业协会噪声与振动委员会委员单位,是制定机械行业JB/T 6607—2007《机床圆形减振垫铁》标准的厂家。公司生产16个系列、100余个规格的减振垫铁,用于金属切削机床、锻压机械、橡塑机械、制药机械、包装机械、汽车、电动机、工程设备的隔振减振。产品为国内许多主机厂配套,并出口美国、法国、德国、意大利等国家和地区。公司通过了ISO 9001质量管理体系认证。2008年研发完成了适用于大中型压力机和高速压力机、重型机床、大型磨床用的弹簧阻尼隔振器,研发的S78—11A系列充气式机床减振垫铁获国家知识产权局颁发的实用新型专利证书(专利号ZL2006 2 0124075.1)。2008年完成工业总产值1 100万元。

烟台裕丰机床辅机有限公司 原烟台众力机床辅助设备厂,成立于2001年,是生产机床辅助设备的专业厂家,也是国内机床辅机的主要生产厂家之一。公司有员工100余人,新建的15万m^2厂区已投入使用。主导产品为链板式排屑装置、刮板及磁刮板式排屑装置、永磁式排屑装置、螺旋式排屑装置、复合式排屑装置以及纸带及磁辊纸带过滤装置、杂质分离装置等机床辅助设备,并可根据客户的需要,设计制造特殊订货产品。公司通过了ISO 9001质量管理体系认证。

临沂市圣鑫集团公司 集团公司下属有圣鑫机械制造有限公司、华蒙水泥制造有限公司、经贸公司等5个企业。公司占地面积27.3万m^2,固定资产9 600万元,员工670

人，其中专业技术人员150余人。圣鑫机械制造有限公司以生产机床附件为主，拥有加工中心、数控车床、数控铣床、三坐标测量仪、万能工具显微镜等加工与检测设备。主导产品有自紧式钻夹头、锁紧式钻夹头、活顶尖、快换扳手、曲轴连杆总成、木工机床附件等。自紧式、锁紧式钻夹头产品拥有37个系列、126个品种。锁紧式钻夹头获国家发明专利，填补了该产品的国内空白。

台州大久机床附件有限公司 是专业生产机床附件的私营企业。主要产品有活顶尖、丝攻夹头、变径套、钻接杆及回转油(气)缸。企业大力推进产品创新，夯实管理基础，塑造高素质团队；不断进行设备改造，以自动化生产设备降低制造成本，开拓国内市场；以品质优势和良好的服务优势赢得客户信任。公司积极应对世界金融危机，在市场需求萎缩的情况下，走精、专、高发展道路，努力成为行业的后起之秀。

温岭市戈力机械有限公司 属私营企业，有员工50多人。主要产品是机床夹具等。2008年，企业进行了技术改造，先后购置了车铣中心、加工中心等机械加工设备，提高了产品加工能力，保证了产品质量，提高了企业对市场的快速应变能力。2008年完成工业总产值500万元，销售产值400万元。

上海江川机件厂 是中德合资企业，从业人员120人，专业生产塑料及钢制拖链产品。产品采用德国EKD公司拖链产品技术标准。企业通过了ISO 9001:2000质量管理体系认证。产品除了为国内机床行业配套外，还远销德国、日本、马来西亚等国家和中国台湾地区。2008年，公司采用德国先进技术，开发10种特殊规格拖链产品，为冶金设备、矿山设备、汽车等制造业的技术改造提供配套的拖链，满足了国内重大项目的配套要求。企业宗旨是：技术上不断创新，质量上精益求精，服务上满足用户需要。2008年完成工业总产值2 000万元，销售产值1 800万元，出口额450万元。

昆山伊佳五金机械有限公司 具有多年的制造经验，产品质量稳定，是国内外一些大品牌企业的代加工工厂，专业生产各类刀柄。公司拥有大型生产基地和专业展销中心，是专门经营各类刀柄、铣刀、附件及国外金属切削刀具的综合性经营公司。公司成立以来，坚持将客户的心声转化为产品的经营方针，本着为客户着想的理念，是同行业中有影响力的配套厂商。

〔撰稿人：中国机床工具工业协会机床附件分会张越东 审稿人：中国机床工具工业协会机床附件分会王兴麟〕

夹 具

一、夹具行业的规模和市场

近年来，我国机床工具行业的持续高速发展，带动和促进了夹具行业的进步。夹具制造企业的改革、改制和重组，以及新的夹具制造企业的崛起，提高了夹具行业的制造水平和竞争能力，为行业的长足发展增添了后劲。当前国内生产组合夹具，车、铣、刨、磨、钻、加工中心等各种机床夹具，焊接、检验与装配夹具，气动、液压和磁力夹具，以及各种夹具标准件和功能部件等产品的企业有20多家。加入夹具分会的有3家股份制和7家民营企业，共10家中小型企业。其中隶属于保定向阳航空精密机械有限公司的保定向阳吉拉蒂机械有限公司是合资企业。另外，在机床、机床附件、工具和汽车等制造行业中，兼顾从事各种夹具制造的有10多家企业。由于我国夹具企业规模较小，又分散于多个不同的行业，致使整个行业缺乏沟通和协调，难以形成全面紧密协作、优势互补的行业发展合力，客观上制约了夹具行业向多元化、高新化和产业化发展的步伐，行业总体实力不强。

2008年夹具行业主要经济指标完成情况见表1。

表1 2008年夹具行业主要经济指标完成情况

指标名称	单位	实际完成
工业总产值	万元	15 309
工业销售产值	万元	15 990
其中：出口额	万元	2 203
利润总额	万元	1 629
从业人员人数	人	1 289
资产总计万元	万元	28 307

2008年上半年，夹具行业基本保持稳定增长，下半年受全球金融危机的影响，市场需求减少，第四季度生产和销售呈现下滑，企业利润明显下降。由于夹具行业近几年的增长速度比较平稳，2008年出口产品仅占销售产值的13.78%，因此，夹具行业虽然受到全球金融风暴的冲击，但产销、盈利和资产总体仍保持增长态势。

与2007年相比，2008年夹具行业10家企业完成的各项经济指标中，工业总产值同比增长18.6%，工业销售产值同比增长14.9%，实现利润同比增长4.6%，资产总计同比增长13.4%。夹具产品出口额同比增长29.7%，出口产品由精密平口钳1种增加为2种。三维柔性焊接夹具首批出口德国和美国100台，开辟了新的国外市场。

以上数据表明，2008年，夹具行业的工业总产值和销售产值，基本保持平稳增长，但是利润增长幅度同比显著下降。其主要原因是夹具行业长期处于微利局面，原计划2008年中期调整夹具产品价格，又恰逢突发全球金融危机，被迫放弃价格调整。人民币汇率增值，使得出口产品利润减少，职工福利与保险费用增加等，也使各企业的利润普遍下滑。但是企业响应国家号召，都没有裁员减负，积极负责地维护了企业的稳定。

夹具行业都是中小企业，有些是处于成长中的民营企业，企业规模小，基础薄弱，资金不足，产品开发和制造能力有限，抗风险的能力不强，在全球金融危机风暴的漩涡中，面临着极其严峻的考验。夹具行业各企业通过学习和实践科学发展观，深入了解国家应对全球金融危机的策略和相关政策，以及国家4万亿元拉动内需的实施方案，坚定了保增长、上水平、战胜风险的信心；采取应对措施，瞄准国家重点发展的行业，通过各种渠道了解需求，各企业团结协作，优势互补，互动双赢，加大了夹具产品创新与开发的力度，共同开拓新的应用领域和市场。全球金融危机造成的困难是暂时的，全行业齐心协力，在危机中寻求和抓住机遇，以奋发图强的精神，共克时艰。

二、产品分类及生产和出口情况

1. 产品分类及生产情况

夹具行业在原组合夹具产业的基础上，广泛吸收各种夹具和夹具功能部件制造企业，不断壮大行业队伍。新兴企业的加盟，以及老企业的改革重组，促进了夹具行业的产品链向多元化、多品种、多功能扩展。按现有产品的功能和使用范围，夹具产品归纳为以下5大类：

(1)夹具和夹具功能部件产品。这类产品包括组合夹具、各种专用夹具和夹具功能部件3种产品。

组合夹具——大、中、小3种型号的槽系列组合夹具和孔系列组合夹具，槽孔结合组合夹具，槽系列组合焊接夹具和三维柔性焊接夹具。

专用夹具——车、铣、刨、磨、钻、加工中心等各种机床专用夹具，线切割电加工机床夹具，电控永磁夹具，检验和焊接专用夹具。

夹具功能部件——系列化精密平口钳，系列化多齿分度台，系列化铰链杠杆夹紧功能部件，气动、液压夹紧功能部件和夹具定位、夹紧、导向等夹具标准件产品。

(2)机床附件产品。包括系列化卡盘和数控刀柄，各种顶尖和砂轮修整器；数显转台、万能光学转台、光学分度头；凸轮轴自动检测仪、导程测量仪、机外刀具数显预调仪和重型刀具预调测量仪等产品。

(3)数控机床配套功能部件。包括交换工作台、平面镶钢导轨、滚珠丝杠；加工中心主轴、数控主轴；数控冲床配套凸模、凹模和数控三点折弯机配套凸模、凹模等产品。

(4)机床产品。包括金属带锯机和机床改造与维修。

(5)其他产品。包括组合冲模、模具和模具标准件，清洗机、退磁器，医疗器械和铝合金型材制品等产品。

2008年夹具行业分类产品生产情况见表2。

2. 产品出口情况

2008年夹具产品出口情况见表3。

表2 2008年夹具行业分类产品生产情况

序号	产品名称	产量(台、件)	产值(万元)
	合计		15 309
1	组合夹具	796 449	6 839
2	专用夹具及其功能部件	50 237	1 619
3	机床附件(卡盘、分度台等)	11 584	1 131
4	数控机床功能部件(导轨、丝杠等)	21 639	2 827
5	金属带锯机	244	945
6	光学仪器(对刀仪)	54	210
7	其他产品		1 738

表3 2008年夹具产品出口情况

产品名称	出口量(台)	出口额(万元)
合计	41 389	2 203
系列化精密平口钳	41 289	1 903
三维柔性焊接夹具	100	300

保定向阳航空精密机械有限公司与意大利吉拉蒂公司合资建立的保定向阳吉拉蒂机械有限公司是出口夹具的外向型企业。该公司生产的精密平口钳、多工位组合平口钳、四面夹紧钳和数控柔性钳等系列化平口钳产品，达到国际先进技术水平，在国内同类产品中居领先地位，是夹具行业的主要出口产品。公司连续两年年出口各种精密平口钳超过4万台。2008年，面对全球金融危机负面影响，公司积极努力开辟新的国外市场，出口各种精密平口钳41 289台，价值1 903万元，比2007年增长12%。

深圳市天凌高实业发展有限公司自主开发了三维柔性焊接夹具。公司下功夫提高产品的制造能力和夹具组装使用功能，经过几年不断的改进和完善，产品达到国外同类产品的技术水平。2008年公司首批出口三维柔性焊接夹具100台，价值300万元，并得到欧美等国外厂商的认可和好评，为我国夹具产品出口开辟了新的国际市场。

三、企业简介

天津市泽尔数控机床成套有限公司和保定向阳航空精密机械有限公司　是夹具行业的骨干重点企业，具有较强的产品开发和制造能力。这两个企业的工业总产值和销售产值合计分别占全行业的83.5%和76.7%，在行业中具有举足轻重的地位。天津市泽尔数控机床成套有限公司和保定向阳航空精密机械有限公司的基本情况见表4。

表4 2008年夹具行业骨干重点企业基本情况表

序号	企业名称	工业总产值(万元)	工业销售产值(万元)	实现利税(万元)	从业人员人数(人)
1	保定向阳航空精密机械有限公司	7 777	7 620	667	599
2	天津市泽尔数控机床成套有限公司	5 000	4 648	351	425

贵州清阳航空机床夹具制造有限公司 是由原贵阳兴航工装元件厂改制和组建的股份制公司。遵照改革、创新,拼搏、实干的精神,企业实力日益增强,服务领域和市场逐步扩大。公司不仅是夹具行业设计、制造小型组合夹具、小型组合冲模的基地,而且向中型组合夹具和模具、工具等多元化产品扩展。公司依托自身制造小型精密零件的优势,成为向仪器仪表、电子电器和军工等行业提供工艺装备的专业化生产企业。

近几年,夹具行业的民营企业坚持专、特、精的办厂思路,加快了企业的发展。以下介绍的7个民营企业规模不大,但都具有各自的优势和特色的夹具产品,甚至出口产品。他们的产品在夹具产品链中占据着一个或多个环节,为我国夹具产品向多元化、专业化和商品化全方位发展发挥着光和热,为夹具行业扩大服务领域和市场起到推波助澜的作用。

宁波鄞州飞翔组合夹具厂和宁波鄞州富利精密机械厂 这两个企业在同一个地区,多年来相互协作,紧密配合共谋发展。两个企业瞄准纺织机械行业的需求,改进了组合夹具元件,开发了多种适合制造纺织机械的夹具功能部件,形成独具风格的系列化夹具产品。在满足纺织机械行业夹具需求的基础上,不断提高技术水平和管理水平,充实企业的制造能力,以优质热诚的服务受到用户的信赖和好评,市场逐步扩大,生产、销售持续增长。

深圳市天凌高实业发展有限公司 是集研、产、销为一体的新兴夹具制造企业。生产夹具标准件和功能部件,承接工装和工业工程项目和技术服务,为机械制造企业提供最可靠的工艺装备及解决方案。主要产品有系列化肘节夹紧功能部件,气动、液夹压紧功能部件,机床夹具快换装置和三维柔性焊接夹具系统等4大系列、1 000多种规格产品。产品广泛用于电子电器、车体和航天器、工程机械、医疗器械、检测平台、钣金加工、产品装配和机器人焊接等制造领域。多项产品取得了国家专利权,被评为高新技术产品。

公司自主开发的三维柔性焊接夹具系统,通过不断的改进,进一步完善了三维柔性焊接夹具的组装和使用功能,填补了我国夹具技术的空白。同时,自筹资金购置大型数控龙门铣床,提高制造能力和水平,使产品质量达到了欧美同类产品标准。2008年首批出口三维柔性焊接夹具100台,并得到欧美等国外厂商的认可和好评。为应对全球金融危机,公司积极参加国外举办的机械制造展览会,并筹划在国外建立销售代办处,利用多种方式和渠道,争取扩大国外市场。

北京蓝新特柔性装备技术有限公司 是北京市科委和发改委认定的,从事现代机床夹具设计、生产的高新技术企业。主要产品是具有自主知识产权的LXT—J夹具元件系统。该系统有小型(M8)、中型(M12)、大型(M16)、重型(M20)4种型号,适合不同机械制造行业和用户选用。这种具有槽、孔混装特色的组合夹具元件,可以利用计算机三维模拟组装各种夹具,为用户尽快掌握组装技术,优化和保存夹具,以及元件管理提供了平台;在航空、航天、军工、船舶、汽车、电子、纺织机械等大型企业以及科研院校推广应用,取得很好的成效。公司从高新技术起步,提升组合夹具开发与应用技术水平,积极为国内外厂商服务,互动双赢、共谋发展。

贵阳清江组合夹具元件厂 是制造小型组合夹具的专业化企业。主要产品是小型和微型组合夹具,夹具标准件以及成套气动、液压专用夹具、检验夹具和模具、工具等产品。多年来,为航空、军工、仪器仪表和电子电器等行业提供工艺装备,被多家用户确认为配套夹具的定点生产企业。

南昌洪都组合夹具元件厂 主要产品是组合夹具元件和摩托车配件。按照专、特、精办厂的科学发展理念,确定产品的发展方向。该厂根据自身条件和生产能力,选定制造钻套、定位键、定位销、定位套、压板等通用和常用的夹具元件为主业,形成专业化生产能力,以期降低生产成本。以优质、价廉和及时供货满足用户需求,并与各夹具厂建立协作配套联营关系,将这些通用和常用的小产品开拓成大市场。

保定阳光隆安工贸有限公司 2006年组建,是将夹具设计与制造,各种夹具和液压产品以及计算机软件等经销为一体的新兴夹具制造企业。主要从事各种机床夹具,成套气动、液压夹具和新型电控永磁夹具的设计和制造,以及夹具的安装与使用一条龙服务。公司开展各种夹具的技术咨询服务,可为用户提供合理的夹具设计配套方案,以及各种夹具配套的零部件或相关产品。

〔撰稿人:中国机床工具工业协会夹具分会王颖莲
审稿人:中国机床工具工业协会夹具分会刘贵宝〕

主轴功能部件

一、行业企业结构

主轴功能部件行业是机床行业中一个重要的功能部件行业。主轴功能部件是有特殊功能的机床核心部件,随着机床的发展而发展。当三瓦、五瓦动压轴承成为精密机床主要支承并大量使用时,便出现了轴瓦专业生产厂;当轴承专用机床使用电主轴,形成机电一体化产品时,便出现了电主轴专业生产厂。20世纪70~80年代,静压、动静压技术在我国机械制造行业大面积推广;80~90年代,静压、动静压技术产品已形成专业化生产,随之开始出现静压、动静压主轴部件专业生产厂。由于机床厂满足不了机床设备修理需求的备件,开始出现主轴备件专业生产企业。随着数控机床的发展壮大,对主轴部件的需求不断增大。近几年快速成长的专业生产滑动轴承主轴单元、电主轴、镗铣头、主轴及轴上备件的企业,成为精密机床和数控机床主轴部件的主要供应商,加上部分主轴配套部件企业,逐渐形成了主轴功能部件行业。机床主机厂的主轴部件逐渐采取由专业主轴部件厂配套生产供应方式。国产产品的市场占有率逐年增大。

在技术水平方面，高精密滚动支撑的电主轴功能部件主要还是依靠进口，国内产品多数处于中、低档水平；随着国内企业在做强的基础上不断发展壮大，主要依靠进口的局面很快会改变。事实上，静压、动静压主轴功能部件已经达到国际水平，尽管生产还处于中、小规模，产品质量的稳定性偏低，还未能完全满足国内需求，但静压、动静压主轴功能部件进口数量较少并在逐年减少。电主轴支撑采用的动静压滑动轴承、空气轴承和磁悬浮轴承以及应用静压技术的低速重载转台产品、导轨和螺母等产品在逐步增多。

在企业构成方面，普通的、大量的主轴部件仍由主机厂加工和组装，高性能的、高精度的、综合技术要求高的电主轴、静压、动静压主轴已形成专业生产企业，也有少数主机厂组建了专业生产车间。专业生产企业是在体制改革和市场经济条件下涌现的，为提高产品的技术水平和国产产品在主机中的占有率，静压、动静压主轴企业呈现了一些新型多样的组成形式；电主轴企业则采取与国外知名企业合资引进技术的方式，外企独自建厂也是趋势之一。

参加主轴功能部件专业委员会的企业基本包括了国内从事主轴功能部件专业生产的大、中型企业，还有申请入会的，共28家，其中有两家配套企业和两家研究单位。产品按支撑类型分以静压、动静压轴承为主的油膜轴承和滚动轴承两类，由于产品基本上属于高技术产品，多数企业受国际金融危机影响不是很大。

2008年主轴功能部件行业主要经济指标完成情况见表1。

表1　2008年主轴功能部件行业主要经济指标完成情况

指标名称	单位	行业总计	其中:油膜主轴行业	其中:滚动主轴行业
工业总产值(现价)	万元	302 838.8	6 592.0	296 246.8
其中:机床工具类产品产值	万元	22 844.7	6 364.0	16 480.7
工业销售产值(现价)	万元	301 008.2	5 803.7	295 204.5
其中:机床工具类产品销售产值	万元	21 136.1	5 697.7	15 438.4
工业增加值*	万元	4 309.5	292.0	4 017.5
实现利税*	万元	2 117.6	499.2	1 618.4
从业人员平均人数	人	1 669	273	1 396
资产总计	万元	68 201.0	5 155.6	63 045.4

注：带*为主轴功能部件产品部分。

二、产品分类、产量、产值

滚动轴承主轴功能部件主要用于镗铣床、磨床、数控机床、加工中心、木工机床等的主轴系统。滑动轴承主轴功能部件主要用于内圆磨床、平面磨床、外圆磨床、精密车床、金刚镗床等精密机床的精密轴系。

主轴功能部件行业产品分为以下四种：①一对轴承加主轴，当前未见标准化产品。②套筒组件即主轴单元，是当前市场的主导产品之一。③主轴功能部件，也是当前市场的主导产品之一，用于机床配套和增加机床功能的技术改造。④电主轴，市场主要仍是滚动轴承支撑的电主轴，油膜轴承支撑的电主轴产品也已用于精密机床和专用数控机床。随着市场需求的扩大，市场需求的品种增多，如减去压力油源的长寿命的动压主轴单元、动滚组合主轴单元等多种结构已在市场中出现。

辅助配套部件。静压、动静压主轴功能部件配备的压力油源，从前，大部分是企业购置液压元件自制，目前开始出现采购方式。随着主轴向高速发展，温控或制冷设备也成为重要的辅助配件，除高速电主轴油雾润滑装置有自制的外，其他辅助配件都是外购的。

2008年，主轴功能部件总产量49 300套，总产值22 851万元。其中，使用油膜轴承的产量21 531套，占总产量的43.7%；产值5 496万元，占总产值的24.1%。使用滚动轴承部件的总产量27 769套，占总产量的56.3%；产值17 354.19万元，占总产值的75.9%。其中用于数控机床的25 540套，占总产量的51.8%；产值9 384万元，占总产值的41.1%。2008年主轴功能部件分类产品生产情况见表2。

表2　2008年主轴功能部件分类产品生产情况

产品名称	总计		其中:用于数控机床		其中:使用油膜轴承		其中:使用滚动轴承	
	产量(台、套)	产值(万元)	产量(台、套)	产值(万元)	产量(台、套)	产值(万元)	产量(台、套)	产值(万元)
主轴组件	7 293	656	7 001	280	7 293	656		
机械主轴	17 775	4 198	7 720	1 825	12 000	720	5 775	3 478
万能铣头	380	2 300					380	2 300
主轴功能部件	1 339	1 957			1 339	1 957		
电主轴	21 616	11 585	10 815	6 973	2	9	21 614	11 576
转台	4	306	4	306	4	306		

（续）

产品名称	总计		其中:用于数控机床		其中:使用油膜轴承		其中:使用滚动轴承	
	产量(台、套)	产值(万元)	产量(台、套)	产值(万元)	产量(台、套)	产值(万元)	产量(台、套)	产值(万元)
主轴单元	893	1 849			893	1 849		
总计	49 300	22 851	25 540	9 384	21 531	5 496	27 769	17 354

三、新产品、新技术、新工艺发展情况

2008年比2007年成规模化生产的电主轴产量明显增多。采用动静压滑动轴承和空气轴承支撑的电主轴产量也有增加。静压技术及主轴功能部件产品在产品性能、制造质量及品种方面都有较大的进展。电主轴从以往只用于磨床主轴到现在品种扩大到应用于各类机床,特别是用于转台产品明显增加。在驱动方式上,从带式传动或马达直联式到内置式电主轴门类俱全。

新技术有磁悬浮轴承支撑的主轴部件实验产品,尚未在产品上应用。采用水为介质的动静压滑动轴承也已开始研究。

在提高产品质量的稳定性和批量生产规模方面,各企业都进行了新工艺研究。新产品、新技术和新工艺都有较大发展,企业的自行设计开发能力增强。

四、行业标准化工作

2008年,主轴功能部件专业委员会组建了标准化工作组,加强行业的标准制定工作。当年完成了“电主轴　第1部分　术语和分类”、“电主轴　第4部分　磨削用电主轴　技术条件”、“电主轴　第5部分　钻削电主轴　技术条件”、“电主轴　第6部分　雕铣用电主轴　技术条件”4个电主轴标准的讨论稿,“液体静压、动静压主轴功能部件技术条件”标准讨论稿的定稿工作,并提交年会审议。

五、企业简介

主要从事静压、动静压混合油膜轴承及其主轴功能部件生产、研制、开发的厂家有上海原创精密机床主轴有限公司、北京航空精研机电机术有限责任公司、岳阳科梦科技有限责任公司、北京北航精密机电有限公司、北京东方精益机械设备有限公司、湖南普来得机械技术有限公司、广州市天凿精机机械有限公司、重庆科菲精密机械有限公司和北京环岛机电技术公司等。主要从事滚动轴承主轴功能部件及电主轴生产、研制、开发的厂家有洛阳轴研科技股份有限公司、无锡市博华高速机电设备有限公司、江苏星辰高速电机有限公司、安阳莱必泰机械有限公司、山东济宁博特科技有限公司、无锡开源集团磨头制造有限公司、南通惟隆精密机械有限公司、无锡阳光精机有限公司、无锡市精展高速主轴制造有限公司、西安市合升动力科技有限公司、大连高金数控集团有限公司、南京工艺装备制造厂、北京机床所精密机电有限公司、汉川机床(集团)有限责任公司和上海富田电气技术有限公司等。下面就参加年鉴主要生产企业做综合介绍:

在主要从事静压、动静压混合油膜轴承及其主轴功能部件研制、开发和生产的企业中,上海原创精密机床主轴有限公司是由我国精密机床动静压轴承研发的开拓者与主机生产厂于2005年9月合资组建的企业,具备自主研发和规模生产的能力。主要业务为:高精度的各类磨床及车床主轴单元、头架、静压丝杠、静压导轨、立式转台等门类俱全的静压、动静压产品,进口机床主轴部件的国产化及技术咨询。公司近几年发展壮大的事实为还处于小规模生产静压、动静压主轴功能部件的企业提供了机制改革的样板。北京北航精密机电有限公司前身是北京中航设备改造研制厂,成立于1986年4月,是我国从事液体动静压轴承精密主轴单元专业生产的先驱,研制和生产各类液体动静压轴承精密主轴单元,主要用于与机床主机配套及旧机床的精化改造。目前产品已在全国500家企业的设备上使用,取得了较好的效果,创造了良好的经济和社会效益。岳阳科梦科技有限责任公司前身是岳阳机床厂主轴功能部件研究所,成立于1989年1月,是我国从事液体动静压轴承精密主轴单元专业生产的先驱,是全国率先将静压主轴部件用于龙门刨床周边磨削研究开发的企业。为了更好地普及和推广该技术,公司选定以市场量大、面广的平面磨床为突破口,采用模块化设计,专业化生产,为主机厂配套和旧设备改造服务。北京东方精益机械设备有限公司是北京市科委批准并资助的专业生产机床主轴单元的高新技术企业,成立于2001年10月。主要产品有动静压、滚动及两者混合的主轴单元、电主轴、高精度工件头架等。产品适用于磨床、立式磨床、数控磨床、数控车床、高精度镗床、加工中心、高精度转台等机床设备。北京航空精研机电技术有限公司是我国以航空技术和人员为依托、以机械数控技术和动静压、静压轴系及电主轴为发展方向的中关村科技园区高新技术企业,成立于2005年7月。主要产品有动静压磨削主轴单元、立式和卧式电主轴、精密镗头、精密车头、精密床头,气门数控磨床、数控加工中心等专用数控机床,数控转台、振动台等非标机电设备。湖南普来得机械技术有限公司是主要致力于高精密机床主轴研发、生产和销售的中外合资企业,成立于2005年10月。主要产品有动静压油(气)膜轴承、主轴单元及系统,并承接机床及数控系统的改造和维修。广州市天凿精机机械有限公司是生产高精度机床主轴单元的新兴民营企业,成立于2006年1月。开发了车床高精度静压主轴单元系列、磨床高精度动静压主轴单元系列等产品。无锡市新风轴瓦厂是全国最早离心浇注双金属及整体轴瓦的厂家之一,经营各类机床配件。2006年起生产动静压主轴单元系列产品。

在主要从事滚动轴承主轴功能部件及电主轴研制、开发和生产的企业中,洛阳轴研科技股份有限公司是由我国轴承行业唯一的国家一类科研机构洛阳轴承研究所于2001年12月9日改制组建的股份制企业,是集人才、技术、科技成果为一体,重点为国民经济各领域关键主机及国防建设研制“高、精、尖、专、特”轴承产品的高新技术企业。主导产品有航天特种轴承、精密机床轴承、磨床电主轴、数控机床电主轴、磨超自动生产线、精密冷辗机、轴承性能试验机、轴承专用检测仪器、轴承防锈润滑油、胶木保持架、多孔含油保持架、特种合金球、陶瓷球及陶瓷轴承等。洛阳轴研科技主轴开发部建于1958年，是国内从事高速、高精度电主轴研究开发及制造起步最早、综合实力最强的单位。2008年，公司承担起草的加工中心及数控铣床电主轴及数控车床电主轴两项国家行业标准获批实施。同年，公司被河南省科技厅认定为省级机床主轴工程技术研究中心。目前产品共有8个大类、20多个系列。安阳莱必泰机械有限公司组建于2000年4月，为改制的科技型主轴生产专业公司，拥有电主轴、机械主轴设计和生产技术，是国内主轴的主要生产供应商之一。产品有4大类、12个系列、200多个品种，产品主要用于加工中心、高速内外圆磨床、高速钻铣床及雕刻机、木工镂铣床等。无锡博华机电有限公司是成立于1999年的高速精密主轴专业制造商，2007年底，6 000m^2新厂房的建成标志着公司已具规模。主导产品是用于模具加工、精密雕刻、轴承磨削、加工中心等机床的主轴部件。公司的宗旨是技术引领市场、质量赢取市场、服务完备市场。江苏星辰高速电机有限公司是成立于2004年的集科研、产品开发、生产为一体的高科技、独资的民营有限公司，是国内主轴的主要供应商之一。主导产品是数控机床电主轴。2007年科技大楼落成，实现了恒温生产，封闭式管理。无锡开源集团磨头制造有限公司成立于2005年11月，主要开发、生产和经营高速电主轴及皮带传动砂轮轴、深孔磨头两大系列。可完成线速达60m/s的高速磨削，接近国际先进水平。济宁博特科技有限公司成立于2002年12月，主要生产磨床、车床、雕铣床电主轴及加工中心机械主轴单元等。江苏华雕机械有限公司成立于2007年1月，主要生产磨床、加工中心、木工机床、雕铣床电主轴。无锡阳光精机有限公司成立于2005年12月，主要经营精密机床主轴的加工及机电产品的开发、技术转让、服务。无锡市精展高速主轴制造有限公司成立于2004年12月，主要开发、生产和经营机床主轴。佛山市顺德区福兴达机械有限公司成立于2005年，主要生产、经营机床铣头、镗铣头，月产50套。南通惟隆精密机械有限公司成立于2007年11月，主要从事台湾惟隆主轴的销售及提供技术服务，同时专业维修各类机械主轴。

在主要从事主轴备件及其配套部件研制、开发和生产的企业中，烟台海德机床有限公司是由建于1985年的机械部精密机床修理总站烟台分站在2007年改制组建的，专门从事机床主轴及主轴箱、齿轮及齿轮箱等机床关键零部件的生产及热加工。三河市同飞制冷设备有限公司是于1994年建厂，2003年前迁入新厂，2006年扩建的集科研、开发、制造、销售、服务为一体的现代化科技产业公司。公司主要生产工业制冷设备、除湿机、热交换器等计5大系列、600多个品种，为主轴功能部件企业提供配件。上海唯冠油压机械有限公司成立于1998年，2006建立液压元件制造厂，主要生产、经营液压元件和液压系统，为主轴功能部件企业提供供油系统。

〔撰稿人：中国机床工具工业协会主轴功能部件专业委员会武弘毅〕

滚动功能部件

一、行业发展

滚动功能部件在我国机床工具产品中是一个小产品，但市场很大，是数控机床的一个重要组成部分。《国务院关于加快振兴装备制造业的若干意见》把数控机床产业作为振兴装备制造业的重要领域之一，并明确提出：发展大型、精密、高效数控装备和数控系统及功能部件，改变大型、高精度数控机床大部分依赖进口的现状，满足机械、航天航空等工业的发展需要。《国务院关于加快振兴装备制造业的若干意见》的发布实施为我国机床产业的发展提供了战略机遇，为高档数控机床国产化、产业化注入了强大动力。《数控机床发展专项规划》明确提出国家重点支持为中高档数控机床配套的关键功能部件的产业化，并选择9种功能部件和数控系统作为发展的重点，其中包括滚珠丝杠副、滚动直线导轨副等。这为我国功能部件行业的腾飞提供了黄金机遇。功能部件行业当务之急是加快国产关键功能部件的产业化步伐。

近两年，滚动功能部件行业得到了极大的发展。根据中国机床工具工业协会滚动功能部件分会的统计，全行业共有近70家企业。但行业各类产品的产业化发展很不协同，进程有先有后、有快有慢，规模有大有小，成龙配套不同步。企业几乎都分布在东部沿海地区，江浙沪长江三角洲、珠江三角洲地带几乎集中了全行业近3/4的企业。据不完全统计，江苏省已有近40家滚动功能部件生产企业，其中仅启东市就有12家丝杠生产企业。

滚动功能部件分会在全国共有31家会员单位，约占全行业企业数的45%，但生产能力和市场占有率却占全行业的90%以上。

2008年，国际金融危机对滚动功能部件行业造成很大冲击，尤其是第四季度，行业产量同比几乎下降2/3。但全年产量基本保持与上年持平。

行业分会成员参加本次年鉴统计的企业为13家，占会员总数的41.9%，具有规模生产能力的企业基本收录在内。

我国滚动功能部件行业有如下一些特点：

（1）我国滚动功能部件行业企业数量虽然居世界第一，但生产集中度不高，企业数布局不合理，产品品种单一，技术含量低，且总产量和总产值也不高，至今尚无一个在国际上有影响的知名品牌，尚无一家上市公司。

（2）行业的几个排头兵企业，以振兴民族工业为已任，为创建功能部件产业化基地，打造功能部件中国名牌，正在进行不懈的努力。行业中的重点骨干企业,如陕西汉江机床有限公司、南京工艺装备制造有限公司、山东博特精工股份有限公司、广东高新凯特精密机械有限公司都拥有自己的研发中心,有自己的核心技术,是行业民族工业的精英、产业的支柱。

(3)据2008年对滚动功能部件用户调查统计,国内市场上中低档滚珠丝杠的自给率在65%左右,滚动直线导轨的自给率在40%左右,基本达到了“十一·五”规划的目标。

(4)行业在实施国家发改委批准的《高精度、高品质、高性能滚动功能部件产业化》项目过程中,注重技术进步、技术创新,引进国际先进技术,对传统加工工艺进行改造,完成了与国际一流加工技术的接轨。

(5)行业多个企业积极参加中国机床工具工业协会举办多年的“精心创品牌十佳企业”活动,其中陕西汉江机床有限公司、南京工艺装备制造有限公司、广东高新凯特精密机械有限公司、山东博特精工股份有限公司曾连续被评选为“十佳企业”。

2008年滚动功能部件行业主要经济指标完成情况见表1。2008年滚动功能部件行业企业主要经济指标完成情况见表2。

表1 2008年滚动功能部件行业主要经济指标完成情况

指标名称	单位	实际完成
工业总产值(现价)	万元	89 366
其中:机床工具类产品产值	万元	60 378
工业销售产值(现价)	万元	85 904
其中:机床工具类产品销售产值	万元	71 487
工业增加值	万元	45 022
实现利税	万元	16 081
从业人员平均人数	人	5 392
资产总计	万元	154 676
流动资产平均余额	万元	71 056
固定资产净值余额	万元	43 607

注:1. 工业总产值、机床工具类产品产值、工业增加值和利税总额为10家企业统计数据。
2. 工业销售产值和机床工具类产品销售产值为71家企业统计数据。

表2 2008年滚动功能部件行业企业主要经济指标完成情况

序号	企业名称	工业总产值(万元)	其中:机床类产品产值(万元)	工业销售产值(万元)	其中:机床类产品销售产值(万元)	工业增加值(万元)	实现利税(万元)	从业人员平均人数(人)
1	陕西汉江机床有限公司	25 766	11 005	27 167	27 167	15 111	6 299	2 005
2	南京工艺装备制造有限公司	28 393	16 386	28 592	15 945	9 984	5 340	1 074
3	山东博特精工股份有限公司	15 976	15 976	12 584	12 584	9 824	2 708	825
4	广东高新凯特精密机械有限公司	4 304	4 304	4 117	4 117	2 507	780	196
5	陕西航空宏峰精密机械有限公司	5 806	5 806	4 461	4 461	2 517	136	461
6	上海中恒导轨有限公司	1 210	1 210	1 062	1 062	687	168	106
7	济宁市华珠机械有限公司	2 775	2 775	2 641	2 641	2 641	304	240
8	南通精华滚动功能部件厂	2 040	2 040	2 040	2 040	469	161	82
9	北京精密天工滚珠丝杠股份有限公司	—	—	782	782	—		83
10	西北机器厂滚珠丝杠厂					—		135
11	青岛飞燕临港精密钢球制造有限公司	2 600	780	2 000	600	1 183	122	150
12	北京新兴超越离合器有限公司	496	96	458	88	99	63	35

二、生产情况

滚动功能部件行业的主要产品有滚珠丝杠副、滚动直线导轨、滚珠花键、滚动直线导套、二坐标工作台、离合器及电主轴、主轴单元等。滚动功能部件可靠性好、精度极高,是机电产品的一个重要组成部分,特别是在机床数控化以及各种生产设备、机械装置及工艺装备自动化改造中不可缺少的基础性功能部件。

2008年,全行业生产5m以上整根滚珠丝杠的能力大大提高。已有5家企业能够生产磨制丝杠到10m,旋风铣加工丝杠到10m以上的重载、超长滚珠丝杠。已有4家企业能够生产重型滚柱直线导轨。

2008年滚动功能部件行业分类产品生产情况见表3。2008年滚动功能部件行业企业分类产品生产情况见表4。

三、产品出口

2008年受国际金融危机的影响,滚动功能部件产品出口有所下降,出口量226套,出口额303.4万元。其中滚珠丝杠副出口量177套,出口额299.1万元;滚动导轨副出口量49套,出口额4.3万元。

2008年滚动功能部件行业企业分类产品出口情况见表5。

四、新产品及科研项目

2008年,滚动功能部件行业有1个单位开发3种新产品,1个单位完成科研项目5项。2008年滚动功能部件行业新产品开发情况见表6。2008年滚动功能部件行业科研项目见表7。

表3 2008年滚动功能部件行业分类产品生产情况

产品名称	产量单位	产量	产值(万元)
滚珠丝杠副	套	201 836	35 676.1
滚动导轨副	套	145 805	13 811.1
其他	根、件、套、亿粒	138 273	12 955.3

表4　2008年滚动功能部件行业企业分类产品生产情况

序号	企业及产品名称	产量单位	产量	产值（万元）
1	陕西汉江机床有限公司			
	滚珠丝杠副	套	80 798	11 125
	滚动导轨副	套	20 626	2 142
2	南京工艺装备制造有限公司			
	滚珠丝杠副	套	43 482	10 324
	滚动导轨副	套	28 618	4 956
3	山东博特精工股份有限公司			
	滚珠丝杠副	套	19 994	6 148
	滚动导轨副	套	14 161	2 206
	电主轴	套	10 829	1 668
4	广东高新凯特精密机械有限公司			
	导轨	m	39 585	2 323
	滑块	根	88 249	1 807
	机械主轴	套	21 873	4 170
5	陕西航空宏峰精密机械工具公司			
	滚珠丝杠副	套	3 631	451
6	上海中恒导轨有限公司			
	滚动导轨副	套	18 427	
7	济宁市华珠机械有限公司			
	滚珠丝杠副	套	8 165	1 055
	滚动导轨副	套	9 883	879

（续）

序号	企业及产品名称	产量单位	产量	产值（万元）
	其他	套	9 926	492
8	南通市精华滚动功能部件厂			
	滚珠丝杠副	套	8 190	2 048
9	北京精密天工滚珠丝杠股份有限公司			
	滚珠丝杠副	套	4 480	712
10	西北机器厂滚珠丝杆厂			
	滚珠丝杠副	套	15 690	1 726
11	大连高金数控集团有限公司			
	滚珠丝杠副	套	17 406	2 088
	滚动导轨副	套	14 505	1 305
	机械主轴	根	1 366	1 722
12	青岛飞燕临港精密钢球制造有限公司			
	其他（精密工业钢球）	亿粒	30	2 600
13	北京新兴超越离合器有限公司			
	其他（超越离合器）	件、套	6 000	496

表5　2008年滚动功能部件行业企业分类产品出口情况

企业及产品名称	出口量单位	出口量	出口额（万元）
南京工艺装备制造有限公司			
滚珠丝杠副	套	177	299.1
滚动导轨副	套	49	4.3

表6　2008年滚动功能部件行业新产品开发情况

产品名称型号	主要技术参数	产品性质	产品属性	产品水平	完成企业
GGD径向重载型滚动直线导轨副系列	滑块移动对导轨基准面的平行度≤0.017mm，滑块顶面与导轨基准底面的高度H的尺寸偏差±0.025mm，同一平面上配对导轨的多个滑块顶面高度H的变动量≤0.007mm，与导轨侧面基准同侧的滑块侧面与导轨侧面基准间距离W_1的尺寸偏差±0.03mm，同一导轨上多个滑块侧面与导轨侧面基准间距离W_1的变动量≤0.01mm	全新设计	企业新产品	国内首创 国际先进	南京工艺装备制造有限公司
GSB低噪声滚动直线导轨副系列	滑块移动对导轨基准面的平行度≤0.018mm，滑块顶面与导轨基准底面的高度H的尺寸偏差±0.025mm，同一平面上配对导轨的多个滑块顶面高度H的变动量≤0.007mm，与导轨侧面基准同侧的滑块侧面与导轨侧面基准间距离W_1的尺寸偏差±0.03mm	全新设计	企业新产品	国内首创 国际先进	南京工艺装备制造有限公司
大型滚珠丝杠设计与制造	公称直径125mm，导程20mm，垫片预紧，丝杠副精度P3级，插管式结构，额定动载荷282kN，额定静载荷1 252kN	全新设计	企业新产品	国内先进	南京工艺装备制造有限公司

（续）

产品名称型号	主要技术参数	产品性质	产品属性	产品水平	完成企业
大型中空滚珠丝杠设计与制造	公称直径245mm，导程8mm，变位预紧，丝杠副精度 P3 级，内孔 ϕ210mmJ6，ϕ180（+0.016，-0.007）mm	全新设计	企业新产品	国内先进	南京工艺装备制造有限公司

表7 2008 年滚动功能部件行业科研项目

序号	科研项目名称	应用状况	投入资金（万元）	项目来源	完成企业
1	ϕ1.5～2mm 冷镦球坯	研制阶段	50	企业创新	青岛飞燕临港精密钢球制造有限公司
2	钢球初研树脂砂轮新工艺应用	研制阶段	20	企业内部	青岛飞燕临港精密钢球制造有限公司
3	钢球精研树脂砂轮新工艺应用	研制阶段	100	企业内部	青岛飞燕临港精密钢球制造有限公司
4	研制滚筒式钢球分选机	研制阶段	20	企业内部	青岛飞燕临港精密钢球制造有限公司
5	立式钢球精研机	自行应用	80	企业内部	青岛飞燕临港精密钢球制造有限公司

〔撰稿人：中国机床工具工业协会滚动功能部件分会王广建〕

磨料磨具

一、概况

2008 年，磨料磨具行业经济运行喜忧参半。忧者，冰冻灾害、地震灾害以及下半年的国际金融危机给行业部分企业带来了灾难性的打击。喜者，奥运会的胜利召开，国家拉动内需政策的出台，也给行业发展带来了很大机遇。

2008 年年鉴统计样本与上年有一些变动，共收录企业 221 家，样本总数比上年减少 6 家，样本数量减少 2.6%。统计样本也有一定变动，增加的企业中，有一些上年漏报、报送过晚的企业，也有一些新参加统计的企业；减少的企业中，有些企业 2008 年生产停顿或转产，行业产品减少，报表无法正常报送，也有个别企业未报送报表。本年鉴统计样本概括了行业内的主要大型企业，反映的数据比较有代表性。

新增加的企业有：北京安泰钢研超硬材料制品有限责任公司、沈阳中科超硬磨具磨削研究所、镇江益林金刚石工具有限公司、江门市恒锋超硬工具有限公司、扬中市江南砂布有限公司、潍坊六合微粉有限公司、缙云县克标磨料磨具有限公司、福建万龙金刚石工具有限公司、湖北昌利超硬材料有限公司、河南新大新材料股份有限公司、阳泉市三鑫刚玉磨料有限公司、滑县光明抛光磨料磨具有限公司、丹江口弘源碳化硅有限责任公司、惠州市瑞丰研磨材料有限公司、贵州金义磨料有限公司、西安远东金刚石工具有限公司、伊犁伊能高科碳化硅有限责任公司等。

2008 年报送材料的个别企业名称有所变动。2008 年企业名称变动情况见表 1。

表1 2008 年企业名称变动情况

现　　名	原　　名
深圳鄂信钻石材料有限公司	深圳市鄂信超硬材料有限公司
扬州市东方砂轮厂砂轮有限公司	扬州市东方砂轮厂
河南金科磨料磨具有限公司	河南柘城金科磨料磨具实业有限公司
鞍山市砂轮有限公司	鞍山市砂轮厂
白鸽磨料磨具有限公司超硬制品分公司	白鸽（集团）股份有限公司高新技术产品分公司
北京新兴金贝金刚石有限公司	北京金贝金刚石工业有限责任公司
博深工具股份有限公司	石家庄博深工具集团有限公司
哈尔滨新鑫陶瓷材料有限公司	牡丹江北极星特种陶瓷有限公司
广州力比高磨具厂	广州市荔湾区力比高磨具厂
郑州白鸽涂附磨具有限公司	郑州白鸽涂附磨具异型制品有限公司
焦作煤业（集团）小马工业有限责任公司	焦作凯马磨料磨具有限责任公司
淄博东川电热元件有限责任公司	淄博东川金城电热元件有限公司

按所有者权益法，统计样本中第三砂轮厂归贵州达众磨料磨具有限责任公司，故其数据汇总于贵州达众磨料磨具有限责任公司。河南伊川县磨料磨具联合会2008年的汇总数据中包含单独报表的伊川3家骨干企业河南伊龙高新材料股份有限公司、伊川县东风磨料磨具有限公司、洛阳鑫祥刚玉有限公司的数据。重庆市博赛矿业（集团）有限公司、金瑞新材料科技股份有限公司、河南黄河实业（集团）股份有限公司、宁夏金旌矿冶有限公司等各项指标中包含非磨料磨具产品的产值等，其非行业产品的数据无法剥离，也将其汇总在合计值中。2004～2008年磨料磨具行业企业数按产品分布情况见表2。

表2 2004～2008年磨料磨具行业企业数按产品分布情况 （单位：家）

年份	企业数	普通磨料企业	普通磨具企业	涂附磨具企业	超硬材料企业	超硬材料制品企业	原辅材料企业
2004	281	78	92	44	54	40	27
2005	264	66	83	39	52	41	23
2006	239	60	75	39	45	38	15
2007	227	58	74	39	39	36	11
2008	221	55	70	41	34	44	10

注：由于综合厂生产多种产品，故表中各年的企业数大于企业总数。

二、生产发展情况

2008年磨料磨具行业（221家企业）主要经济指标完成情况见表3。2007～2008年磨料磨具行业主要经济指标对比情况见表4。

表3 2008年磨料磨具行业（221家企业）主要经济指标完成情况

指标名称	指标单位	企业数（家）	实际完成	指标名称	指标单位	企业数（家）	实际完成
产品销售收入	万元	221	2 730 478	工业销售产值	万元	189	2 507 644
销售成本	万元	212	2 222 871	其中：出口交货值	万元	83	302 089
销售费用	万元	195	123 551	本年累计订货量	万元	104	732 042
销售税金及附加	万元	196	21 652	从业人员平均人数	人	211	59 663
管理费用	万元	208	119 138	从业人员工资总额	万元	205	103 277
财务费用	万元	185	46 015	平均资产总额	万元	192	2 128 031
其中：利息支出	万元	127	33 414	出口创汇额	万美元	81	49 198
利润总额	万元	211	198 743	工业增加值	万元	156	695 325
资产总计	万元	210	2 219 230	所有者权益	万元	203	1 115 420
流动资产年平均余额	万元	198	1 006 551	流动比率	%	189	165
应收账款余额	万元	203	252 867	速动比率	%	187	87
存货	万元	203	423 555	债务股权比率	%	181	163
其中：产成品	万元	188	204 468	总资产贡献率	%	187	12.7
固定资产净值年平均余额	万元	205	765 900	资本保值增值率	%	189	110
应付账款	万元	198	192 872	资产负债率	%	202	60
负债总计	万元	206	1 074 309	流动资产周转率	次	193	2.16
流动负债年平均余额	万元	198	953 349	工业成本费用利润率	%	207	3.41
销项税额	万元	196	257 581	全员劳动生产率	元/人	154	107 765
应交增值税	万元	199	71 816	产品销售率	%	187	96
工业中间投入	万元	157	1 186 818	工业经济效益综合指数	%	151	135
工业总产值	万元	195	2 628 901				

表4 2007～2008年磨料磨具行业主要经济指标对比情况

指标名称	同比企业数（家）	2008年（万元）	2007年（万元）	2008年比上年增加（万元）	2008年增长率（%）	2007年增长率（%）
产品销售收入	219	2 722 396	2 303 740	418 656	18.2	26.4
产品销售成本	208	2 212 543	1 917 941	294 602	15.4	33.1
产品销售费用	190	122 997	106 202	16 795	15.8	57.3

（续）

指标名称	同比企业数（家）	2008 年（万元）	2007 年（万元）	2008 年比上年增加(万元)	2008 年增长率(%)	2007 年增长率(%)
产品销售税金及附加	190	21 631	19 202	2 429	12.6	36.4
管理费用	204	118 486	104 035	14 451	13.9	9.4
财务费用	179	45 959	39 009	6 950	17.8	42.5
其中:利息支出	123	33 302	29 369	3 933	13.4	30.0
利润总额	207	199 148	169 010	30 138	17.8	35.8
资产总计	204	2 209 811	2 029 143	180 668	8.9	8.7
存货	199	419 913	338 127	81 786	24.2	17.1
其中:产成品	185	202 783	177 194	25 589	14.4	25.2
固定资产净值年平均余额	199	763 550	689 378	74 172	10.8	15.7
负债总计	202	1 069 634	1 056 795	12 839	1.2	5.6
从业人员平均人数(人)	207	59 240	61 190	-1 950	-3.2	3.1
从业人员工资总额	202	102 535	89 374	13 161	14.7	13.3
工业总产值	190	2 621 326	2 131 196	490 130	23.0	25.3
工业销售产值	186	2 497 321	2 062 251	435 070	21.1	27.6
平均劳动生产率(元/人)	149	104 688	75 052	29 636	39.5	12.4
人均工资(元/人)	200	17 020	15 034	1 986	13.2	13.5

注:表中增长率是上年所报企业数据的同比增长率,统计企业数与当年不完全一致。

由表 3 的数据与机械工业标准值相比,总资产贡献率、流动资产周转率、全员劳动生产率、工业经济效益综合指数均高于标准值,资产负债率、产品销售率与标准值持平,说明行业总体经济运行水平高于机械工业平均水平,处于良好状态。工业成本费用利润率为 3.41,小于平均值 3.71,说明企业生产成本压力依然很大,但比上年的 3.28 略高,说明企业在控制成本、优化产品结构、提升技术水平方面做出了努力。资本保值增值率为 110%,低于 120% 的标准值,也比上年的 119% 低,说明所有者权益的增长率不足。由这些数据可以看出,磨料磨具行业企业虽然总体运行较好,但利润率不高,资本收益回报不足。

2008 年报送利润总额指标的 211 家企业中,盈利企业总数 161 家,占上报企业总数的 76.3%;亏损及持平企业为 50 家,占 23.7%;盈利在 5 万元以下(不含 5 万元)的企业 11 家,占 5.2%。与上年相比(2007 年分别为 84.2%、15.8% 及 8.6%),盈利企业占比下降 7.9 个百分点,这是自 2005 年连续 3 年盈利企业占比年递增 2 个百分点以上的首次下降,而且降幅较大,说明 2008 年国际金融危机还是对行业造成了较明显的影响。盈利在 5 万元以下的企业占比也下降 3.4%。盈利千万元以上企业 24 家,比上年减少 1 家。这 24 家企业利润合计达 182 241 万元,占上报企业利润总额的 91.7%,比上年提高 1.8%,占盈利企业利润总额的 87.4%,说明行业大企业的运行情况相对较好。

从表 4 可以看出,190 家企业工业总产值为 262.1 亿元,比上年增长 23.0%,但增幅同比下降 2.3 个百分点;186 家企业工业销售产值为 249.7 亿元,比上年增长 21.1%,增幅同比下降达 6.5 个百分点。工业销售产值的下降幅度大于工业总产值,说明销售情况不理想。207 家企业利润总额为 19.9 亿元,比上年增长 17.8%,远低于上年 35.8% 的增幅,这也与上述盈利企业占比下降相一致,说明行业整体盈利能力的降低。199 家企业库存增长 24.2%,增幅比上年提高 7.1 个百分点,说明企业虽然针对市场需求适当控制了生产,但仍产大于销,造成库存有较大增加。208 家企业销售成本增长 15.4%,比上年的 33.1% 下降 17.7%,说明在市场疲软的情况下,大部分企业压缩了很多不必要的销售支出,以降低产品成本。204 家企业管理费用增长 13.9%,增幅比上年提高 4.5%,但远低于工业总产值和销售产值的增长率,说明企业在管理费用方面也有适当控制。204 家企业资产总计增长 8.9%,增幅与上年接近;而 199 家企业固定资产净值年平均余额增长 10.8%,增幅比上年低 4.9 个百分点,说明企业在困难的年度减少了对不必要固定资产的投入。207 家企业的从业人员平均人数减少 3.2%,也是数年来的首次减少,这与国内企业因受国际金融危机影响不同程度裁员的情况相一致。有一家数千人的行业大厂就裁员约 1 800 多人,约占其职工总数的 30%。194 家企业人均年工资为 17 020 元,比上年的 15 034 元增长 13.2%,与上年 13.5% 的增长率接近。与 2008 年全国城镇单位在岗职工平均工资 29 229元相比,行业的工资水平很低,增长率也低于全国平均工资的增长率 17.2%,但是高于 2008 年居民消费价格 5.9% 的上涨率。这说明企业在裁员后尽量保证了在职人员的收入水平,职工生活有一定程度的改善。

从以上数据分析,同国内经济形势一样,与往年相比,2008 年也是整个行业处于较困难的时期,但是仍然保持较快增长,这种态势会持续到 2009 年。

三、产品分类产量

2008 年磨料磨具行业(221 家企业)主要产品分类产量见表 5。2004 ~ 2008 年磨料磨具产品产值构成比见表 6。

表5　2008年磨料磨具行业(221家企业)主要产品分类产量

产品名称	单位	产量
普通磨料合计	t	1 021 330
棕刚玉(含A微粉)	t	607 413
白刚玉(含WA微粉)	t	82 820
黑碳化硅(含C微粉)	t	34 835
绿碳化硅(含GC微粉)	t	83 995
其他①	t	60 243
磨料商品块	t	152 024
普通磨具合计	t	151 107
陶瓷磨具	t	69 570
树脂磨具	t	74 293
橡胶磨具	t	780
磨石	t	5 718
其他	t	747
硅碳棒	万标支	2 400
涂附磨具合计	万 m^2	35 464
干磨砂纸	万 m^2	4 833
干磨砂布	万 m^2	2 286
耐水砂纸	万 m^2	15 719
全树脂砂布卷	万 m^2	5 431
砂带	万 m^2	2 617
页轮	万 m^2	591
其他②	万 m^2	3 987
超硬材料③合计	万克拉	547 400
人造金刚石	万克拉	519 500
立方氮化硼	万克拉	27 900
超硬制品④合计	件	56 134 090
金刚石制品	件	55 597 411
CBN 制品	件	536 679

(续)

注:① 含天然磨料,铬、黑、单晶、微晶刚玉,碳化硼及其他。

② 含超涂层砂纸,半树脂砂布卷,耐水耐油砂布卷,磨金属砂布卷,特柔软砂布卷,其他卷状、带状产品及砂盘、碟盘、磨片、弹性海绵磨块及其他等产品。

③ 金刚石、立方氮化硼实际统计数分别为741 890万克拉、29 909万克拉,519 500万克拉和27 900万克拉为测算后更接近实际运行情况的修正数据。

④ 含金刚石锯片、刀头、钻头、砂轮、磨石、磨辊、磨轮、磨块、电镀制品、研磨膏、刀具及CBN砂轮、刀具等,单位有付、支、个、件、片等,这里统一用件表示。

表6　2004～2008年磨料磨具产品产值构成比

年份	普通磨料(%)	普通固结磨具(%)	涂附磨具(%)	超硬材料(%)	超硬制品(%)	硅碳棒(%)
2004	33.9	10.0	12.0	30.7	12.9	0.4
2005	26.5	10.8	20.1	29.7	12.4	0.4
2006	22.8	10.6	21.1	30.8	14.3	0.4
2007	30.4	8.5	20.2	26.2	14.4	0.3
2008	29.8	7.7	18.9	27.0	16.4	0.3

注:普通磨料含商品块,超硬材料含金刚石、CBN及其微粉和聚晶。

由表6可以看出,与普通固结磨具占比逐年下降相比,超硬制品的占比近几年呈上升走势,这里面固然有统计样本变化的原因,但也足以证明这是行业的发展趋势。行业内外有的专家早有预测:未来磨削材料的发展趋势是B(CBN立方氮化硼)代替A(刚玉系列),D(金刚石)代替C(碳化硅)。超硬材料磨具在自动化生产中可稳定地进行高精度高效率磨削。

(1)普通磨料。2008年普通磨料类统计的生产厂家有55家,产品产量合计102.1万t(含商品块),比上年减少2.3万t,下降2.3%。

2008年所报普通磨料产品,除白刚玉和其他项外,棕刚玉、黑碳化硅、绿碳化硅产量都有不同幅度的下降。其中棕刚玉(含商品块)产量为62.3万t,比上年减少3.58万t,下降约5.4%;黑碳化硅(含商品块)产量比上年减少1.5万t,下降8.8%;绿碳化硅(含商品块)产量比上年减少1.25万t,下降11.3%。白刚玉(含商品块)产量增长幅度很大,比上年增加3.2万t,增长60.8%;其他项增幅也很大,共计增长0.8万t,增长率16.3%。

这里需要说明的是,白刚玉产量的大幅增加,主要是由于行业1家集团公司所报的2008年产量中增加了其集团公司另1家企业的数据,仅这1家产量就增加2万多t,而碳化硅的大幅减少,也是由于西北地区的几家大厂未报数据,造成降幅较大。

本年鉴统计的产品种类除各种刚玉和碳化硅之外,还包括天然磨料、碳化硼等。2004～2008年普通磨料按产量计产品构成见表7。

表7　2004～2008年普通磨料按产量计产品构成

年份	棕刚玉(%)	白刚玉(%)	黑碳化硅(%)	绿碳化硅(%)	其他(%)
2004	70.2	3.1	17.2	6.1	3.4
2005	68.4	4.6	15.2	7.2	4.6
2006	54.4	7.4	21.2	10.1	6.9

（续）

年份	棕刚玉（%）	白刚玉（%）	黑碳化硅（%）	绿碳化硅（%）	其他（%）
2007	63.1	5.0	16.3	10.5	5.1
2008	61.0	8.3	15.2	9.6	5.9

注：本表含微粉及商品块，其他项为天然石榴石、铬刚玉、单晶刚玉、微晶刚玉、黑刚玉、碳化硼及其他。

由表7可知，各类磨料的占比除白刚玉增长较大外，其余变化不大，其他项的增长也主要是因为统计样本的不同。2008年新报数据的企业中有几家生产黑刚玉的企业，产量较大，提高了其他项的占比。

棕刚玉2008年产量及占比有所降低。这是因为占全国棕刚玉产量1/3以上的伊川磨料协会所报数据中，其产量比2007年下降15%。我国棕刚玉产量约占世界棕刚玉产量的70%，每年的出口量约占产量的50%。2008年下半年尤其是第四季度全球金融危机致使棕刚玉出口下降，从而影响了棕刚玉的产销量。

刚玉材料和碳化硅材料是诸多工业的基础材料，虽然有着广泛的应用领域，但用户的需求量取决于用户的经济运行情况。2008年美国、欧盟等工业大国经济衰退，日本等亚洲诸多国家工业经济运行也受到影响，导致刚玉和碳化硅材料市场需求疲软。在今后较长的一段时间内，普通刚玉、碳化硅产品将难以寻求到更多更大的外销市场。在国内，由于全球金融危机的影响相对较小，再加上促进经济发展诸多政策措施的出台，普通刚玉、碳化硅产品国内市场将会保持相对稳定。

当前，我国刚玉生产制造企业有274家，年生产能力约300万t；碳化硅生产制造企业约100家，年生产能力约90万t，存在严重的产能过剩。

刚玉和碳化硅产品生产企业在未来发展中将面临诸多困难：①由于国家的宏观调控，生产刚玉、碳化硅产品所需要的铝矾土、工业氧化铝、石英砂、铁屑、碳素材料等资源面临逐步匮乏的境况。②近年来，由于铝工业的强劲发展，很多铝矾土的矿山都被整合为铝工业的资源基地，引发了铝矾土资源供应的紧张，铝矾土的价格一涨再涨。③国家正一步步地推进环保治理措施，加大对环保治理的力度，这对磨料生产行业也有一定的影响。④2008年煤电合同价格普遍上涨10%，必将加大磨料行业企业运营成本。

2008年磨料产量有所下降，但价格仍然保持2007年以来的上升走势。统计的棕刚玉均价达4 400元/t，比2007年底提高约10%，比2007均价提高24%；绿碳化硅的价格更是接近万元，同比增长也超过20%。

总之，磨料制造行业属于高耗能、低产出、有污染的资源（原料、能源、人力）密集型产业，从某种角度分析，又属于国家限制类产业。国家对刚玉、碳化硅制造业的态势，很可能是采取自生自灭的市场规律。2009年，普通磨料制造业将要度过一个非常艰难的“寒冬”之年。

（2）普通磨具。2008年普通磨具类统计的生产厂家为70家，产品产量合计15.1万t，比上年统计的增长2.7%。2004～2008年普通固结磨具按产量计产品构成比见表8。

表8　2004～2008年普通固结磨具按产量计产品构成比

年份	陶瓷磨具（%）	树脂磨具（%）	橡胶磨具（%）	油石（%）	其他（%）
2004	54.9	41.4	0.8	1.8	1.1
2005	56.2	40.1	0.6	2.0	1.1
2006	52.5	44.1	0.6	2.2	0.6
2007	54.2	42.1	0.6	2.2	0.9
2008	46.0	49.2	0.5	3.8	0.5

由表8可以看出，陶瓷磨具与树脂磨具依然占据市场主导地位，产量合计占比高达95.2%。由于统计样本的不同，树脂磨具和油石占比有所提高。而从统计样本变化不大的陶瓷磨具来分析，2008年陶瓷磨具产量比上年统计的减少12.8%。如果仔细对比两年的具体厂家，除极个别厂家产量稍有提高外，大部分厂家产量的降幅接近12.8%。树脂磨具统计数据中如果去除个别新加入的企业样本，情况也同样如此。

原材料价格的上涨、电价的提高和劳动力成本的逐步增加导致磨具生产成本加大，磨具价格也随之普遍上涨。各类砂轮、切割片、磨头、油石等价格都出现了不同程度的上涨。人民币升值使得磨具出口的利润大幅下滑，出口的阻力加大，原出口企业部分转向国内市场，进一步加剧了国内市场的竞争。

随着市场竞争的进一步加剧，磨具行业的利润可能会越来越低，将来企业拼的是产品的技术和品牌。2008年，有部分磨具厂停产关门，磨具行业可能进入快速洗牌阶段，没有品牌知名度、没有技术优势、没有资金实力的企业可能被淘汰出局。企业要想生存发展，只能在提高技术创新能力、提升产品质量、创建自主品牌、提高科学管理水平方面下功夫。行业在这方面的研究一直很薄弱。全球金融危机的到来让更多的企业意识到不能再靠以往的贴牌、仿制的方式求生存，只有扎实地研制独具特色的产品才能真正地促进企业发展。

（3）超硬材料。2008年超硬材料类统计的生产厂家有34家，其中生产金刚石（不含微粉及破碎料）的有20家，生产立方氮化硼及微粉的有5家。2008年金刚石、CBN产量及其增长情况见表9。

表 9　2008 年金刚石、CBN 产量及其增长情况

名称	企业数(家)	产量(亿克拉)	2008 年增长率(%)	2007 年增长率(%)
金刚石	20	51.95	19.2	24.3
立方氮化硼	5	2.79	6.9	18.1

注:金刚石、立方氮化硼实际统计数分别为 741 890 万克拉、29 909 万克拉,此为测算后更接近实际运行情况的修正数据。

由表 9 可知,金刚石行业虽然受到国际金融危机的影响,产量增幅有所下降,但仍处于高速发展轨道。虽然统计的生产企业数从上一年的 26 家减至 20 家,但产量仍有 19.2% 的增长。减少的 6 家企业,有 4 家为小型企业,2008 年停产或产量极少,未报数据,有 1 家中型企业退出金刚石生产行业,还有 1 家企业未填报报表。统计企业中共有 9 家产量超过 1 亿克拉,其中两家骨干企业的产量占行业总产量的 2/3 以上,而且名列前茅的大企业仍在不断扩大产能,金刚石生产的集中度越来越高。

CBN 产量为 2.79 亿克拉,虽仍有 6.9% 的增长,但增幅比上年下降较大。这可能是由于 CBN 比金刚石更加依赖于国际市场,仅第四季度 CBN 磨料的销量就下降 50% 以上。CBN 的生产依然集中在统计的 5 家企业,其竞争十分激烈。

2008 年,行业在自主创新方面又有重大突破。南阳中南金刚石有限公司继上年成功研制出 20/30 粗颗粒高品级人造金刚石后,所研制的 16/18、18/20 粗颗粒工业金刚石又在 2008 年通过了鉴定,投入批量生产。在 2008 年召开的第五届郑州国际超硬材料及制品研讨会附设的展览会上,行业企业展出的 2.2 ~ 3.6mm 粒径的工业金刚石和最大 7mm 粒径的宝石级金刚石,是我国超硬材料行业历史上从未见到过的最新产品。

(4) 超硬材料制品。当前统计的企业数占企业总数的比例很小。由于种种原因,有些企业的内部统计方法和行业报表不一致,也有些企业不愿填报真实数据,统计数据覆盖面不够,而且数据水分较大。此种局面到了非改不可的时候了,否则将为行业健康发展带来更多更大的不利影响。希望各企业今后解放思想、积极支持协会统计工作。

2008 年下半年的国际金融危机,对超硬制品行业也造成重大影响。四季度末有些产品如部分规格金刚石锯片等销量同比下降高达 50%,其他产品降幅多在 20% 左右。特别是几乎所有产品仅向欧美地区出口的企业,订单突然大幅下降甚至消失,导致企业不得不大幅裁员,仓促筹备内销机构、寻找内销市场,处于举步维艰的困境。产品档次高、市场多元化或以内销为主的企业受影响较小,个别企业甚至未受影响。

2008 年统计的各类超硬材料制品的产值为 32.3 亿元,同比增长 42.3%,增幅高于 2007 年的 37.6%。与 2007 年以前逐年同比增长低于 20% 相比,2007 和 2008 年连续两年同比增幅约 40%,这是多年来行业志士呼吁大力发展制品、大力发展高档制品,广大科研人员努力奋斗所取得的良好结果。

2008 年超硬材料制品分类产量、产值情况见表 10。

表 10　2008 年超硬材料制品分类产量、产值情况

产品名称	同比企业数(家)	产量	产量增长率(%)	产值(万元)	产值增长率(%)	单价(元/件)	单价增长率(%)
锯片(片)	17	40 674 617	7.18	170 784	11.20	42	3.75
钻头(支)	13	1 097 493	18.20	20 564	27.59	187	7.94
金刚石砂轮(片)	18	286 142	10.71	14 229	13.25	497	2.30
CBN 砂轮(片)	9	90 980	16.66	15 006	13.86	1 649	-2.40

注:统计样本数较少,但统计企业比较有代表性。

表中锯片产量增长率最低,只有 7.8%,增幅同比下降 2.5 个百分点;钻头产量增长率最高,达 18.2%,增幅同比上升 8.5 个百分点;金刚石砂轮产量增幅同比下降 7.1 个百分点;CBN 砂轮产量增幅同比上升 4.8 个百分点。值得关注的是锯片、钻头和金刚石砂轮平均单件产品价格都有不同程度的提升。这说明在市场竞争日趋激烈、同质产品价格不断下滑的情况下,企业产品中高技术含量、高附加值产品占比在提高,产品结构明显向好。CBN 砂轮平均单件产品价格下滑,是因越来越多的企业参与高附加值的 CBN 产品竞争所致。从表 10 亦可看出,CBN 产品平均单价是金刚石砂轮的 3 倍多,是钻头的近 9 倍,是锯片的 39 倍多。这是国家推动产品和产业结构调整后,众多企业涌入 CBN 产品制造领域的主要动因。在此提醒那些不具备条件的企业千万别盲目跟风,CBN 产品属精密机械加工工具,生产技术复杂,要求有多学科技术人员紧密配合,针对不同用途和使用条件适时调整工艺才能满足用户要求。没有长期摸索积累的经验很难做好,很难获得经济效益。

2008 年制品行业在技术进步方面也有相当多的亮点。如 2008 年郑州国际会展上展出的国产金刚石刀头自动冷压机,其技术指标基本达到发达国家的同类产品水平,充分展现了行业的技术进步,而售价仅为发达国家同类产品的 40%,为国内金刚石锯片企业大面积普及使用自动冷压机、提高生产水平和效率提供了技术支撑。还有 2008 年通过鉴定验收的金刚石择优取向规则排列锯片,采用自主研发的磨料颗粒布料装置和金刚石刀头成形设备,使金刚石颗粒的晶面和晶棱在结合剂中有选择性地取向并规则有序分布，替代了传统的磨料颗粒的随机分布。所研制的新型锯片可避免金刚石过早脱落，使磨粒得到充分利用，寿命提高10% ~20%；锯切锋利，不易跑偏，切削率提高50%以上，优于国内外同类产品，其技术处于国际先进水平。

(5)涂附磨具。涂附磨具行业和我国整体经济发展形势一样，历经连续几年的高速发展，直到2008年第四季度受世界金融海啸的影响，销售才明显下滑，但全年统算仍有增长，出口所受的影响没有行业其他产品明显。

我国涂附磨具产品销售收入一直在逐年提高，2008年涂附磨具行业销售收入同比依然增长18.96%，工业总产值（现价）同比增长6.76%。出口额同比增长31.16%，达到11 777万美元。

2008年统计的涂附磨具生产厂家共有41家，产品产量合计3.55亿m^2，产值37.4亿元。若去除2家所报数据有异常误差的企业，则实际产量增长率为8%，产值增长率17.4%。产值的增长大于产量的增长，说明行业企业产品价格提高，这既与原材料涨价等有一定关系，也与产品附加值增大有关。

统计产品按形状分为：①张页式产品，包括干磨砂布、干磨砂纸、耐水砂纸及超涂层干（湿）砂纸；②卷状和带状产品，包括半树脂卷状砂布、全树脂卷状砂布、半树脂卷状砂纸、全树脂卷状砂纸、超涂层卷状全树脂砂布、超涂层卷状全树脂砂纸及上述各种卷状产品制成的砂带；③各种异型产品，包括各种页轮、弹性磨盘、不干胶磨片、尼龙搭扣等。按用途及技术含量分为：普通产品（干磨砂纸、砂布等）、耐水砂纸、高档产品（卷状、带状及异型产品）。2004~2008年涂附磨具分类产品产量产值构成比见表11。

表11　2004~2008年涂附磨具分类产品产量产值构成比

年份	普通产品		耐水砂纸		高档产品	
	产量(%)	产值(%)	产量(%)	产值(%)	产量(%)	产值(%)
2004	23.4	18.8	56.8	22.6	19.8	58.6
2005	25.0	19.0	47.4	22.5	27.6	58.5
2006	19.3	11.0	49.7	22.7	31.0	66.3
2007	19.6	14.5	48.7	17.9	31.7	67.6
2008	24.4	14.7	44.3	13.2	31.3	72.1

从表11看出，2008年3类产品占比同上年相比，产量方面，高档产品占比没有太大的变化，普通产品的占比有所提高；而产值方面，高档产品的占比有所提高，说明高档产品的附加值进一步提高。

我国涂附磨具行业同样存在着一些问题和不足，如重营销、轻科研，品质和档次有待提高，磨料粒度号使用不规范，不少企业盲目扩大投资规模，专业技术队伍薄弱等。今后应下大力气研究和开发世界顶级产品，彻底纠正磨料粒度号使用上的不规范，杜绝盲目投资，进一步加快产品专业化的步伐，加快培养专业队伍和管理人才。

四、销售及进出口市场

2008年，磨料磨具行业产品销售率≥90%的企业占比为78.6%，比上年降低2.2个百分点；而销售率≤80%的企业占比提高4.2个百分点。这说明行业2008年的销售状况比上年差，产品有所积压，企业运转不够理想。2008年磨料磨具行业（187家企业）产品销售率企业分布情况见表12。

表12　2008年磨料磨具行业（187家企业）产品销售率企业分布情况

产品销售率	企业数（家）	占比（%）
≥100%	76	40.6
90% ~99%	71	38.0
80% ~89%	23	12.3
≤80%	17	9.1
合计	187	100.0

2008年，磨料磨具行业产品销售收入前10名企业中，普通磨料企业3家、超硬材料及制品类企业5家、涂附磨具企业2家。前10名企业的销售收入之和158.9亿元，比上年增长18.8%，增幅同比下降12.6个百分点。工业总产值前10名企业中，普通磨料企业2家、超硬材料及制品类企业5家、涂附磨具企业3家。前10名企业工业总产值之和为170.8亿元，比上年增长20.7%，增幅同比下降12.9个百分点。这与整个行业的经济运行情况一致。

前10名企业的销售收入和工业总产值在全行业的占比为60.0%和64.4%。其中销售收入占比比上年有所提高，而且增长率也高于全行业平均水平，说明行业大企业在技术、经营、管理等方面有明显优势。

2008年磨料磨具行业产品销售收入前10名企业见表13。2008年磨料磨具行业工业总产值前10名企业见表14。

表13　2008年磨料磨具行业产品销售收入前10名企业

企业序号	产品销售收入（万元）
1	613 340
2	335 064
3	160 785
4	129 379
5	111 217
6	74 263
7	49 892
8	41 700
9	37 238
10	36 000
合计	1 588 878

表 14 2008 年磨料磨具行业工业总产值前 10 名企业

企业序号	工业总产值(万元)
1	617 619
2	430 021
3	152 098
4	138 981
5	117 775
6	74 472
7	65 101
8	37 759
9	37 719
10	35 988
合计	1 707 533

2008 年磨料磨具产品进出口情况见表 15。2008 年磨料磨具产品主要进出口国家或地区(按进出口量顺序)见表 16。

表 15 2008 年磨料磨具产品进出口情况

产品名称	出口				进口				进口单价/出口单价
	数量(t)	比上年增长(%)	金额(万美元)	比上年增长(%)	数量(t)	比上年增长(%)	金额(万美元)	比上年增长(%)	
合计	1 211 659	-1.0	127 671	46.7	96 732	-15.4	38 913	5.9	3.8
普通磨料小计	1 091 850	-2.0	88 379	53.9	73 614	-18.4	6 385	-5.6	1.1
天然磨料	37 385	54.7	608	60.9	6 800	-8.0	319	-34.0	2.9
人造刚玉	820 512	-2.8	50 440	57.7	65 555	-19.7	5 624	-2.9	1.4
碳化硅	231 599	-4.6	34 895	62.6	1 258	2.8	431	-10.0	2.3
碳化硼	2 354	-32.9	2 435	-32.4	1.3	1.2	12	13.7	9.0
普通磨具小计	70 633	3.3	14 923	33.8	7 409	0.0	9 269	13.5	5.9
普通砂轮	50 831	4.8	11 342	34.3	6 910	3.2	7 739	15.9	5.0
天然石制砂轮	11 339	7.2	2 579	33.4	336	-18.3	1 028	1.3	13.4
磨石	8 463	-9.1	1 002	28.7	162	-45.9	502	6.7	26.2
金刚石	270	45.6	9 323	21.3	12	4.3	1 610	-17.5	3.8
金刚石制品	11 905	46.3	3 269	79.7	941	-20.8	6 763	12.8	26.2
涂附磨具小计	37 002	11.5	11 777	31.2	14 757	-5.0	14 885	7.5	3.2
砂布	18 972	15.3	5 988	29.4	6 675	-8.7	5 536	-2.4	2.6
砂纸	17 235	9.3	4 581	36.5	6 326	-3.9	5 380	5.8	3.2
其他	795	-17.5	1 208	21.1	1 755	6.9	3 969	28.3	1.5

注:1. 表中数据来自中国海关。
2. 其他商品包括合成或天然金刚石制磨、碾、砂轮等及其零件。

表 16 2008 年磨料磨具产品主要进出口国家或地区(按进出口量顺序)

产品名称	出口国家或地区	进口国家或地区
普通磨料		
天然磨料	美国、阿拉伯联合酋长国、马来西亚、日本、韩国、新加坡、印度、越南、加拿大、卡塔尔、澳大利亚	印度、阿拉伯联合酋长国、乌拉圭、美国、日本、印度尼西亚
人造刚玉	美国、日本、荷兰、韩国、意大利、印度、泰国、英国、中国台湾、俄罗斯联邦、波兰、土耳其、德国、比利时、斯洛文尼亚、南非	德国、日本、荷兰、韩国、美国、印度、澳大利亚、法国、奥地利、俄罗斯联邦
碳化硅	美国、日本、韩国、中国台湾、墨西哥、印度、泰国、土耳其、澳大利亚、印度尼西亚、白俄罗斯	朝鲜、日本、中国台湾、德国、挪威、比利时、韩国、美国、英国
碳化硼	美国、德国、日本、韩国、英国、巴西、印度、中国台湾、荷兰、加拿大、澳大利亚、比利时	德国、法国、美国
普通磨具		
普通砂轮	美国、印度、泰国、阿拉伯联合酋长国、巴基斯坦、日本、印度尼西亚、马来西亚	中国台湾、美国、日本、奥地利、瑞典、泰国、波兰、德国

（续）

产品名称	出口国家或地区	进口国家或地区
天然石制砂轮	印度、波兰、阿拉伯联合酋长国、新加坡、拉脱维亚、泰国、巴基斯坦	日本、德国、韩国、中国台湾、美国、奥地利、瑞典
磨石	印度尼西亚、马来西亚、越南、泰国、美国、菲律宾、美国、日本	日本、韩国、德国、英国、美国、加拿大、意大利、中国香港
金刚石	美国、中国香港、爱尔兰、印度、韩国、意大利、日本、罗马尼亚、英国、乌克兰、瑞士、比利时、以色列、德国	爱尔兰、韩国、美国、日本、中国香港、中国台湾
人造和天然金刚石制品	波兰、印度、马来西亚、巴基斯坦、泰国、孟加拉国、越南、新加坡、伊朗、印度尼西亚、韩国	日本、中国台湾、奥地利、德国、美国、韩国、泰国、瑞典
涂附磨具		
砂布	越南、埃及、韩国、印度尼西亚、美国、波兰、孟加拉国、泰国、俄罗斯联邦	韩国、日本、德国、瑞士、中国台湾、美国、印度尼西亚、泰国、法国、意大利
砂纸	越南、荷兰、英国、德国、菲律宾、阿拉伯联合酋长国、印度尼西亚、比利时、美国、加拿大、孟加拉国	韩国、日本、德国、加拿大、瑞士、泰国、瑞典、意大利、英国、中国台湾、芬兰
其他	美国、中国香港、德国、法国	中国台湾、美国、韩国、日本

注：人造和天然金刚石制品中包括合成或天然金刚石制磨、碾、砂轮等及其零件。

2008 年，磨料磨具行业出口创汇前 10 名企业中，综合性企业 1 家，普通磨料磨具企业 2 家，超硬材料及制品类企业 7 家。由于统计样本的不同，数据与上年并不完全可比。就统计的前 10 名企业的出口创汇额，比上年前 10 名企业提高 29.5%。前 10 名企业出口创汇占报送此项数据的 81 家企业的 56.3%，占比较大。2008 年磨料磨具出口创汇前 10 名企业见表 17。

表 17　2008 年磨料磨具出口创汇前 10 名企业

企业排名	出口创汇额(万美元)
1	4 789
2	4 017
3	2 849
4	2 800
5	2 484
6	2 409
7	2 375
8	2 273
9	1 905
10	1 800
合计	27 701

由表 15 可知，按海关统计，2008 年我国磨料磨具出口总额约 12.77 亿美元，比上年增长 46.7%，远高于中国外贸出口总额 17.8% 的增长率，增幅同比提高 28.9 个百分点；出口总量为 121.2 万 t，比上年降低 1.0%。这是从 2000 年出口量及出口额逐年上升以来，出口量的首次下降，可见虽然国际金融危机在下半年甚至第四季度才有明显影响，但全年出口量仍微低于上年，估计 2009 年的形势更加严峻。

海关进口总额 3.89 亿美元，比上年增长 5.9%，增幅同比下降 2.9 个百分点；进口总量 9.67 万 t，同比下降 15.4%，与上年降幅接近。进口量持续下降，值得欣喜。但也可以看出，进口产品的价格有所提高，说明许多高档产品我国仍依赖进口。

平均进口单价与出口单价的比值由 2007 年的 4.5 倍下降至 3.8 倍，基本回到 2006 年的水平，其中起主要作用的是约占出口额 70% 的普通磨料出口单价提高。但是进口单价仍为出口单价的近 4 倍，说明与国外产品相比，我国出口的产品仍然处于较低水平。要赶上国外先进水平还需要行业同仁长期不懈的努力。

(1)普通磨料磨具进出口情况。普通磨料磨具出口额创历史新高，达到 10.33 亿美元，增长率高达 50.8%，比上年提高 25.4 个百分点，而出口量却下降 2.1%。磨料出口量为 109.2 万 t，比上年减少 2.0%。除天然磨料外，刚玉、碳化硅和碳化硼出口量都有所降低，而三者出口额合计增长 53.9%。受人民币升值、煤电紧张、原材料价格上涨、国家环保控制力度加大、劳动力成本增加等众多因素影响，磨料价格一路上扬。全年的出口平均价格，刚玉为每吨 615 美元，比 2007 的 379 美元提高 236 美元，增长 62.3%；碳化硅平均价格也由每吨 883 美元提高到 1 507 美元，增幅高达 70.7%。

普通磨具出口 7.1 万 t，比上年增长 3.3%，增幅同比下降 6.3 个百分点，影响也较明显，而出口额增长率为 33.8%，比上年提高 7.2 个百分点，价格也有提高，平均价格达到每吨 2 113 美元，比 2007 年的 1 469 美元提高 644 美元，增幅达 43.8%。

分析全年的情况，普通磨料磨具产品出口上半年增速较快，下半年增速大幅下滑，出口量与上年大体持平，出口额增长幅度较大。普通磨料磨具产品，尤其是磨料对出口的依赖性较强，国际市场需求变化，对产品出口影响较大。2008 年上半年，产品出口量和出口额增幅都较大，9 月，世界经济形势急转直下，中国出口环境进一步恶化。12 月 1 日国家对棕刚玉又加收 15% 出口关税，使棕刚玉出口受到更大影响，第四季度下滑更为明显。碳化硅出口量的减少，还有一个主要原因是国家出口许可证逐年减少。光伏产业的发展,用于线切割的绿碳微粉需求量在增长。由于国际需求量的锐减,碳化硼的出口减幅较大,白刚玉出口走势相对较平稳。

2008 年,磨料进口量同比下降 18.4%,进口额同比下降 5.6%;普通磨具进口量与上年持平,而进口额同比提高 13.5%。磨料磨具的进口单价与出口单价之比都有所降低,趋势向好。

(2)金刚石及其制品进出口情况。据海关统计,2008 年金刚石出口 60 个国家和地区,出口量 13.5 亿克拉,同比增长高达 45.6%,增幅比上年提高 11.4 个百分点;出口额 9 323万美元,比上年增长 21.3%,增幅回落 20.1 个百分点。出口单价只有 0.069 美元/克拉,单价比 2007 年的 0.083 美元/克拉下降 16.9%。占我国出口量 10% 以上的国家和地区有 4 个:美国、中国香港、爱尔兰和印度,合计占出口量的 72.8%,是我国金刚石的主要消费国;占 3% ~5% 的国家有韩国、意大利和日本,合计占出口量的 13.2%,前 7 个国家和地区合计占出口量的 86%。其他 53 个国家仅占 14%,其中单个国家占比最高的也不到 2%。从出口额及其占比可知,出口美国、印度和意大利的产品价格较低,出口中国香港、爱尔兰、韩国和日本的产品价格较高。

从细分市场看,中国仍统治着镀衣金刚石市场,所占国际市场份额高达 94.6%;80 目以上细金刚石中国占 76% 份额,同比增长高达 60%;80 目以下粗金刚石中国占 57% 份额,同比增长 28%。值得一提的是,自 2005 年中国出口美国的金刚石在美国市场份额中的占比首次赶上爱尔兰后,近几年占比一路走高,2008 年占比已超出爱尔兰占比的 30%。根据美国海关数据显示,我国出口美国的金刚石占美国进口总量的 65%。这说明中国高水平金刚石已被美国大多数用户所认可。从日本市场来看,2006 年日本还是中国金刚石出口第三大市场,到 2008 年降到第七,中国产品虽仍占日本进口量第一位,但占比降幅达 15%,而爱尔兰产品占比增长 6.2%。这说明日本市场需求产品的档次越来越高。中国企业应进一步提高产品档次、关注日本市场、开拓日本市场。

据海关统计,2008 年金刚石砂轮类制品出口 102 个国家和地区,出口量 11 905t,同比增长 46.3%,但增幅回落 35.4 个百分点。这说明 2008 年国际经济形势对我国制品出口产生了一定影响。出口额为 3 269 万美元,比上年增长 79.7%,增幅提高 9.4 个百分点。其单价从 2 235 美元/t 提高到 2 746 美元/t,提高 22.9%,说明我国砂轮类制品的档次在不断提高。占我国出口量 10% 以上的国家只有波兰和印度,合计占出口量的 36%;占 2% ~6% 的国家有 13 个,合计占出口量的 42.4%;其他 87 个国家和地区合计占出口量的 21.6%。制品出口国家和地区比较分散,远没有金刚石集中。而且波兰名列第一,遥遥领先于其他国家值得深入研究,该国制造业并非十分发达,为何进口中国2 800多 t 金刚石制品?是否该国有大的国际贸易集团,采购我国产品然后分销其他国家?

2008 年,我国金刚石及其砂轮类制品共计出口到 112 个国家和地区,比 2007 年的 104 个多 8 个,出口量在 2008 年相对困难的时期增长率仍高达 45% 以上,充分说明我国金刚石及其制品在国际市场具有巨大的影响力、吸引力,占据强势地位。世界各国客商采购该类产品时不得不考虑性价比优异的中国产品。

在进口市场方面,金刚石进口量同比提高 4.3%,而进口额同比降低 17.5%,进口单价有了较大幅度的下降,说明我国金刚石在国际市场上的影响力越来越大,迫使国外金刚石价格下调。砂轮类制品进口量出现负增长,同比下降 20.8%,但进口额反而增长 12.8%,进口产品价格有所提高。这说明进口产品高附加值的特点更加突出,国内许多高档产品对国外的依赖仍然比较严重。

虽然中国超硬材料及其制品在国际市场的份额快速持续增加,中国产品的知名度也在不断提高,发达国家客商越来越多地选择中国产超硬材料及其制品,不少客商及专营我国产品出口的机构都对我国近年的技术进步和产品水平迅速提升表示认同。他们坚信中国产品已达世界先进水平,但我们应清醒地看到这只是点的突破,量大面广的产品仍处于较低水平,或者说最高档产品仍被发达国家所垄断。金刚石的进口单价是出口单价的 3.8 倍,砂轮类制品出口单价虽有提高,但进口单价与出口单价之比也提高至 26.2 倍,比上年的 22.6 倍又增加 3.6 倍,差价连年提高,说明我国高档产品与国外高档产品的差距还在加大。金刚石进口量还在增加,说明国内的最高端产品仍被国外产品占据。从美国海关数据可知,位列美国金刚石进口额第二的爱尔兰产品是我国产品均价的 5 倍,位列第三的韩国产品是我国产品均价的 2 倍多。香港从大陆购进的金刚石单价为每克拉 0.41 港元,出口到大陆的金刚石单价为每克拉 1.14 港元,输出是输入大陆产品平均单价的 2.8 倍。日本金刚石进口市场中,位列第二的爱尔兰和位列第三的美国产品是我国平均单价的 6.6 倍,位列第四的韩国产品是我国平均单价的 5.6 倍。这充分说明我国金刚石在世界市场仍以中低端产品为主,高端产品仍为发达国家所控制。我国技术进步和产品水平的提高在国际市场并未得到很好体现,业内志士仍需付出努力来改变这种局面。

(3)涂附磨具进出口情况。涂附磨具连续几年出口量增幅远小于出口额增幅,说明涂附磨具出口结构优化。2008 年出口量只增长 11.5%,而出口额增长 31.2%。出口量的增幅同比提高 3.3 个百分点,出口额增幅同比提高 14.5 个百分点。出口总额达 1.18 亿美元,首次突破亿美元大关,创历史新高,国际市场占有率连年扩大。其中非布基、纸基产品的出口量虽下降 17.5%,而出口额却增长 21.1%。这部分产品附加值高,行业企业应努力扩大这类产品的出口。

由于我国涂附磨具产品质量稳定,档次不断提高,国内用户积极采用国产涂附磨具替代进口产品,使进口量减少。2007 年进口量同比减少 4.7%,2008 年同比减少 5.0%,3 年来涂附磨具进口平均每年减少 5%,但进口额仍在小幅攀升,2008 年进口额同比增长 7.5%,增幅比上年提高 3.3 个百分点。在单价比方面,同比变化不大,进口产品单价一直是出口产品的3倍左右，说明我国涂附磨具技术与国外差距近几年变化不大，但在市场占有率方面，国产产品逐渐在扩大，占有优势。

虽然涂附磨具进口量逐年降低，但是非布基、纸基产品的进口量增幅仍然很大，世界顶级的涂附磨具国产产品仍然无法替代。行业在这类产品替代进口方面也大有可为。

五、质量管理及标准化工作

国家磨料磨具质量监督检验中心2008年先后完成以下主要工作：①继续做好砂轮产品生产许可证第三次换发证的实地核查及申证材料的汇总上报工作。2008年是砂轮生产许可证换发证高峰期。为了做好许可证换发证工作，保证工业产品生产许可证管理制度的有效实施，确保砂轮产品的质量安全，设在国家磨料磨具质量监督检验中心的砂轮产品生产许可证审查部，认真开展了换发证的准备工作。砂轮产品审查部共收到392家企业的许可证换发证申报材料，对符合要求受理的374家企业，砂轮审查部及时安排实地核查计划。审查员按照计划，经过认真核查，严格把关，砂轮审查部对实地审查合格，同时产品检验合格的295家砂轮申证企业的申报材料进行了审查、汇总，并及时上报，达到材料上报纸质和网上同步进行的要求。对于网上审批试行阶段发现的问题，砂轮审查部及时向上反映并提出合理化改进建议。②认真完成砂轮生产许可证产品检验工作。全年共完成生产许可证产品检验1 170个批次样品，并准确及时地出具了检验报告，其中20家企业的产品检验结论为不合格。③积极完成国家产品质量定期监督抽查任务。经国家质量监督检验检疫总局授权，与福建省中心检验所共同承担了2008年第三季度砂轮产品质量国家监督抽查工作。从6月下旬开始，到8月下旬全部结束。国家磨料磨具质量监督检验中心对河南、河北、江苏、山东4省50家企业的48种产品实施了检查，受到检查的企业占领证企业总数的10%以上。此次抽查按照GB 2494—2003《普通磨具安全规则》和JB/T 10450—2004《普通磨具 检验规则》等有关标准，分别对抽到的96个产品进行了全项检验，产品质量判为合格品的为72个产品，抽查合格率75%。其中强标评定合格率为96.9%，推标评定合格率为75%，产品综合评定合格率为75%。与2005年国家监督抽查相比，产品综合评定合格率较2005年的57.65%提高17.35个百分点。④积极完成河南省产品质量定期监督检验任务。河南省磨料磨具产品质量监督检验站承担了全省砂轮产品2008年第四季度的定期监督检查工作。该项工作从2008年9月中旬开始，12月上旬全部结束，实际抽查了13个地市的111家砂轮生产企业的128种产品。判为合格品的为117种产品，抽样合格率为91.4%。其中强标评定合格率为97.5%，推标评定符合率为93.8%，产品综合评定符合率为91.4%。及时做好数据库的录入、总结、上报工作，按计划如期完成了监督检查任务。此次抽查中涵盖了全省99%以上的砂轮生产企业，在计划任务的范围内，抽查结果基本反映了目前该产品的全省质量水平。⑤质检中心通过监督评审并确保实验室各项工作规范有效运行。按照国家实验室的管理要求，于5月顺利通过了中国合格评定国家认可委员会组织的“三合一”复评审之后的第三次监督评审。⑥切实做好委托等产品检验工作和检验技术培训工作。全年共完成磨料磨具产品检验2 450个批次。全年共培训检验技术人员116名，其中磨料理化检验人员8名，磨具检验人员108名。⑦积极贯彻落实党中央精神，认真做好治理商业贿赂工作。⑧科研工作。按计划完成了13项国家标准和行业标准项目的制修订工作。为适应国内外市场需求，已获批准的建立超硬材料及其制品检测技术服务平台正在筹建，已完成了超硬材料及其制品检测技术服务平台所需采购设备仪器的资料准备和论证工作，以及超硬材料及其制品检测技术服务平台实施方案的编写工作。

全国磨料磨具标准化技术委员会2008年共完成19项标准制修订计划项目，其中国家标准13项，机械行业标准6项。2008年9月21～27日在内蒙古呼和浩特市举行了第五届标委会及4个分委会的换届会议，同时召开了标准审查会。会议审查通过了19项标准，标委会秘书处于2008年12月底将19项标准报批材料上报国家标准化主管部门。

2008年磨料磨具行业标准制修订情况见表18。

表18 2008年磨料磨具行业标准制修订情况

标准名称	标准级别	备注
整合《磨料磨具术语 第1部分：磨料术语》、《磨料磨具术语 第2部分：磨具术语》	国家标准	整合
固结磨具用磨料 粒度组成的检测和标记 第2部分：微粉F230～F1200	国家标准	修订
普通磨料 球磨韧性测定方法	国家标准	制定
磨料 堆积密度的测定 第1部分：粗磨粒	国家标准	修订
固结磨具 磨钢球砂轮	国家标准	制定
碳化硅特种制品 反应烧结碳化硅制品 第2部分：异型梁	国家标准	制定
碳化硅特种制品 反应烧结碳化硅制品 第4部分：烧嘴套	国家标准	制定
碳化硅特种制品 氮化硅结合碳化硅 板	行业标准	修订
碳化硅特种制品 反应烧结碳化硅 脱硫喷嘴	行业标准	制定
人造金刚石和立方氮化硼 品种	国家标准	修订
超硬磨料 第1部分：抗压强度测定方法	行业标准	修订
人造金刚石或立方氮化硼冲击韧性测定方法	行业标准	修订
超硬磨料 第2部分：杂质检验方法	行业标准	修订

（续）

标准名称	标准级别	备注
超硬磨料磨具　金刚石或立方氮化硼极限偏差和圆跳动公差	国家标准	制定
超硬磨具　技术条件	行业标准	修订
超硬磨料制品　金刚石或立方氮化硼磨具　形状和尺寸	国家标准	修订
涂附磨具　带轴页轮	国家标准	制定
涂附磨具　砂带　宽度与长度组合的选择	国家标准	修订
涂附磨具　装有卡盘或未装卡盘页轮	国家标准	制定

六、科研项目完成情况

2008年，磨料磨具行业共完成科研项目（指通过地市级以上鉴定或验收的项目）10项。

（1）高效高精度双端面磨削用超硬材料磨盘的研制。由郑州磨料磨具磨削研究所完成，中国机械工业集团公司于2008年3月26日鉴定验收。该项目是科技部科研院所技术开发研究专项资金项目（项目编号：2003EF119075），研制的高效高精度双端面磨削用树脂超硬材料磨盘，主要用于空调压缩机核心部件、高压叶片泵核心部件、密封件、汽车配件等的高精度双端面磨削。开发了适应磨削多种不同材料、可满足进口数控双端面磨床高效精密磨削要求的改性树脂结合剂；开发出可保证ϕ150～710mm大直径磨盘均匀磨损的成形工艺技术，保证了磨盘的长寿命和高耐用度；采用立式修整技术，一次装夹能完成端面及内外圆的修整，保证了磨盘加工的高精度；开发出间歇式接触磨盘检测技术，具有高的检测精度和重复精度，能对磨盘的平行度进行有效判定。研制的磨盘产品具有高效率、高加工精度和低成本的特性，主要磨削性能达到进口同类产品水平，可替代进口。在生产现场与国外磨盘作了多次比较，性能均达到或超过国外同类产品水平，综合磨削成本较进口同类产品降低30%以上。经国家磨料磨具质量监督检验中心检测，产品达到企业标准。鉴定委员会一致认为，产品工艺合理、质量稳定，综合性能达到国内领先水平，可替代进口，经济和社会效益显著，市场前景广阔。产品已批量生产。

（2）高精度超薄超硬材料切割砂轮产业化研究。由郑州磨料磨具磨削研究所完成，中国机械工业集团公司于2008年3月26日鉴定验收。该项目是国机集团科技发展基金项目（项目合同编号：SINOMACH06科74号）。该项目在国内首次自主开发了压制法规模化生产超薄超硬材料切割砂轮的成套制造技术，产品精度高（厚度精度±0.003mm、平行度0.004mm）、厚度薄（0.08mm）、外径范围大（ϕ51～254mm）；在砂轮配方、砂轮基体与磨料层高强度粘结技术、砂轮毛坯成形、烧结和固化工艺、砂轮精密加工技术等方面具有创新性；解决了1A8、1A1、1A1R型金属和树脂结合剂超薄切割砂轮系列产品产业化生产中的关键技术。研制的产品具有切割锋利、型面保持性好、产品使用寿命长、加工工件几何精度高等特点，可满足电子信息和机械等行业高精密切割的要求。经检测和用户使用表明，砂轮性能符合技术标准要求，制造工艺合理、产品质量稳定，已批量规模化生产，产业化生产的产品综合性能达到国际先进水平，经济和社会效益显著，产品可替代进口，市场前景广阔。

（3）IC硅片高效超精密磨削用金刚石磨具的研究。由郑州磨料磨具磨削研究所完成，中国机械工业集团公司于2008年3月26日鉴定验收。该项目是科技部科研院所技术开发研究专项资金项目（项目编号：2004EG1190091）。项目在低温陶瓷结合剂的制备技术、陶瓷结合剂金刚石砂轮的配方及工艺、树脂结合剂金刚石砂轮配方及工艺等方面具有创新性。研制的陶瓷结合剂和树脂结合剂金刚石砂轮具有气孔率高（陶瓷结合剂金刚石砂轮气孔率44%，树指结合剂金刚石砂轮气孔率62%）；自锐性好，不用二次修整；加工精度高等特点。经国家磨料磨具质量监督检测中心检测，产品达到企业标准，其研究成果处于国内领先水平。经用户使用证明，树脂结合剂金刚石砂轮可满足4～8in硅片的粗磨、精磨加工要求；陶瓷结合剂金刚石砂轮可满足4～8in硅片的粗磨加工要求，使用性能满足用户需要，可替代进口，具有良好的经济和社会效益，市场前景良好。已实现批量生产，产品质量稳定。

（4）双端面超精密磨削用超硬材料砂轮的研制。由郑州磨料磨具磨削研究所完成，中国机械工业集团公司于2008年3月26日鉴定验收。该项目是国机集团科技发展基金项目（项目合同编号：CNMEG04科48号）。项目在双端面超精密磨削用超硬材料砂轮配方等方面具有创新性，研发了磨盘工作面均匀磨损、磨盘精密加工和立式修整技术、磨盘精密检测技术等关键技术。研制的磨盘产品能满足多种材料（铸铁、高速钢、陶瓷等）的双端面高效精密磨削加工要求。磨盘具有磨削效率高、耐用度好、工件的加工精度和表面质量好等特点。经国家磨料磨具质量监督检验中心检测，产品达到企业标准。经用户使用证明，该磨盘可以用于多种材料的磨削加工。产品制造工艺合理、质量稳定，已批量生产，综合性能达到国内领先水平，可替代进口，经济和社会效益显著，市场前景广阔。

（5）金刚石择优取向规则排列锯片关键技术研究。由河南华晶超硬材料股份有限公司完成，河南省科学技术厅于2008年3月29日鉴定验收。该项目采用自主研发的磨料颗粒规则分布装置，确保金刚石颗粒规则分布替代传统的磨料颗粒的随机分布；采用自主研发的金刚石颗粒择优取向成形设备，使金刚石的晶面和晶棱在结合剂中有选择性地取向；用自主研发的铁基预合金结合剂替代钴基结合剂。研制的新型锯片，可以避免金刚石过早脱落，使磨粒得到充分利用。经用户使用和有关部门检测表明，与传统的金刚石无序分布锯片相比，使用寿命提高10%～20%；锯切锋利，不易跑偏，切削率提高50%以上，优于国内外同类产品，经济效益和社会效益显著。产品经国家磨料磨具质量监督检验中心检验，符合国家标准的规定。该产品为全新设计，属于行业新产品，技术处于国际先进水平。

（6）高性能环保摩擦材料的研制。由博深工具股份有限公司和石家庄铁道学院完成，石家庄市科学技术局于2008年5月31日鉴定验收。该项目是2004年石家庄市科技攻关计划项目，课题编号04108231A。项目研制的新型半金属摩擦材料，可以直接用于制作岩石隧道掘进机（Tunnel Boring Machine，TBM）驱动离合器的摩擦片，也可用于制作处于高速重载等恶劣工况下的机车、汽车、工程机械、动力机械等离合器摩擦片和制动刹车片，以提高动力传输装置和制动刹车装置的耐久性和安全可靠性。

综合运用均匀设计、回归设计等方法进行多因素多水平配方试验设计分析，提出了不锈钢/碳纤维混杂纤维聚醚醚酮基半金属摩擦材料的配方设计。采用热压成形工艺，研制材料的摩擦因数稳定在0.35～0.45之间，磨损率小于$0.5\times10^{-7}cm^3(N\cdot m)^{-1}$，具有良好的热稳定性，能满足TBM离合器摩擦片传递转矩时对摩擦因数的要求。研究了不锈钢/碳钎维聚醚醚酮基半金属摩擦材料的摩擦磨损机理。在低温，摩擦材料的磨损主要属于磨粒磨损，磨屑细小均匀；在200～350℃受磨粒磨损和沾着磨损共同作用，有大磨粒和细长的片状磨粒生成，并在表面形成较稳定的表面膜，在高温阶段未发生基本的热分解。350℃下磨屑较细小，说明生成的表面膜起到了很好的润滑作用，使研制的摩擦材料具有良好的摩擦磨损性能及热稳定性。

该项目从摩擦片的复合纤维、树脂结合剂、填料等配方成份到成形工艺都充分吸收了国内外无石棉摩擦材料研究的最新成果，研制的TBM驱动离合器摩擦片达到了国际同类产品的性能指标，并具有优异的性能价格比，替代了原装进口摩擦片，转矩了该种摩擦片长期依赖进口的被动局面。该摩擦片已成功应用于秦岭隧道、桃花铺隧道、中天山隧道的TBM掘进机中。应用结果表明：在满足TBM驱动离合器正常工作的前提下，与进口摩擦片工作寿命相当，达到了国际同类产品的性能指标，并提高了TBM掘进机的使用功效，降低了掘进成本，取得了显著的经济效益和社会效益。

（7）金刚石工具金属结合剂用高性能预合金粉末。由上海芬迪超硬材料科技有限公司完成，上海市科委于2008年10月16日鉴定验收。该项目为国家科技部“科技型中小企业技术创新基金”项目，执行期限为2006年5月～2008年5月。国家拨款50万元，企业自筹114.75万元。项目的核心技术是建立高压水雾化制粉流水线制取预合金粉末，研制成功的两种系列预合金粉末分别应用于代钴和锋利性添加剂，经用户使用效果良好，达到预定的技术指标。

两年来累计生产供应130余t预合金粉末，除了公司结合剂生产自用外，其中一半供应10多家锯片生产企业，累计销售收入达2 430万元。

（8）DK32C台式三速工程钻机。由博深工具股份有限公司完成，河北省科学技术厅于2008年12月21日鉴定验收。该项目是2007年河北省科学技术研究与发展计划项目，课题编号07392123D。

为了进一步提升电动工具产品的综合性能，拓展国内、亚洲乃至欧美高端用户市场，博深公司和德国WEKA（威卡）公司主要对下列核心技术进行了合作：利用WEKA公司在钻机转速调节技术及精密齿轮制造技术方面的优势，开发台式三速工程钻机的转速调节系统；利用博深公司开发的电子过载保护技术开发台式三速工程钻机的软启动系统；双方共同进行台式三速工程钻机的研发生产。DK32C台式三速工程钻机的研发生产瞄准市场需求，双方共同进行攻关，已成功推出，并替代进口。

产品可轻松转换的三级变速大大扩展了钻孔范围，输入功率达到3 200W，具有温升过载保护、电流过载保护和软启动三大功能，有效解决了普通钻机存在的温升高、电机易烧损、转子轴易磨损等问题。6项专利技术实现了快速装卡、操作简单、锁紧牢靠，大大方便了钻机的使用、包装和搬运。产品已成功运用于武汉长江二桥加固工地、长江三峡大坝工地、四川攀钢锅炉改建工程、天津大无缝厂房改建以及中国在非洲的援建工程等项目建设中，得到好评。

产品达到了国际同类产品的性能指标，并具有优异的性能价格比，可替代进口，具有显著的经济效益和社会效益，推广应用前景广阔。

（9）纳米粉对金刚石工具刀体的制备工艺及性能研究。由博深工具股份有限公司和石家庄铁道学院完成，石家庄市科学技术局于2008年12月28日鉴定验收。该课题是2005年石家庄市科学技术研究与发展计划项目，课题编号：05101241A。取得的主要技术成果有：①研究了纳米Ni粉的均匀分散问题。通过实验取得了良好的分散效果。②研究了在微米级Cu、纯Fe以及Fe—Co—Ni预混粉末压制试样的真空烧结，以及氢气还原处理后再真空烧结的工艺性能，分析了其性能变化原因和机理。③研究了在微米级Cu粉中加入少量的纳米Ni粉对试样的烧结性能的影响，并得出了烧结后的基体微观结构和性能变化规律。④研究了在微米级Fe粉中加入不同含量的纳米粉对试样烧结性能的影响，以及烧结后的基体微观结构和性能变化规律。添加1%纳米Ni的纯Fe试样烧结体强度达到289.61MPa，致密度达到94.16%，断裂伸长率达到19.25%；在保持烧结性能不降低的前提下，添加1%纳米Ni粉可使纯Fe粉的烧结温度降低100℃或烧结时间缩短1h。⑤研究了在Fe—Co—Ni粉及其产品中，加入不同含量的纳米Ni粉对粉料的烧结性能及其产品性能的影响，以及烧结后的基体微观结构和性能变化规律。添加1.5%纳米Ni粉的Fe—Co—Ni胎体试样的抗弯强度比未添加纳米Ni粉时提高约27%；添加适量的纳米Ni，可以使Fe—Co—Ni胎体在不降低烧结强度的前提下烧结温度降低80℃甚至更多，同时缩短烧结时间；当添加1.0%纳米Ni时，Fe—Co—Ni胎体钻头钻进速率达到最高值，比未添加纳米Ni时提高24%。

（10）高性能激光焊接金刚石工具。由博深工具股份有限公司完成，石家庄市科学技术局于2008年12月28日鉴定验收。该项目是根据市场需求以及传统产品中存在的问题自主研发的课题。以国外优秀的产品作为竞品，开发了新型的金刚石工具材料、新型结构的金刚石工具，并对关键工艺进行了系统研究，生产出综合技术水平达到或超过国外同类产品的高性能激光焊接金刚石工具。主要技术内容有：①应用有限元分析技术（ANSYS）对金刚石切割过程、机理及其应用进行研究；②纳米材料、预合金粉以及金刚石表面涂覆技术在金刚石工具胎体材料中的应用研究；③激光焊接工艺的试验研究；④激光焊接金刚石工具结构优化设计；⑤金属粉末制粒工艺的研究。

七、新产品开发

2008 年，磨料磨具行业完成新产品开发（通过地市级以上鉴定或验收的新产品）4 项。

（1）16/18、18/20 粗颗粒工业金刚石。由南阳中南金刚石有限公司完成，中国兵器工业集团公司于 2008 年 8 月 25 日鉴定验收。该产品是在高温高压条件下人工合成的一种立方结晶形碳，在白色光源照射下呈现淡黄色或浅棕色，有强烈的光泽，具有与天然金刚石一样的物理、化学、声学、光学等性能。能广泛应用于石材、建筑、陶瓷、玻璃、航空、电子、地质勘探、机械加工等工业领域与技术领域。其合成需要在十分严格的、长时间稳定和均匀的高温、高压条件下进行。

（2）高速精磨沟槽陶瓷专用砂轮。由第三砂轮厂完成，贵阳市经济贸易委员会于 2008 年 9 月 10 日鉴定验收。该产品研制过程中，通过试验选择不同磨料及配比，研制和确定了高速结合剂的配方和砂轮的系列配方；解决了高强度、大直径、超薄砂轮的成形、高温烧成及加工工艺难点。产品主要技术参数：$D \geqslant 500$mm，$25\text{mm} \geqslant T \geqslant 5$mm，$H \geqslant 203$mm；材质粒度：棕刚玉、白刚玉混合磨料，$46^{\#}$ 及以细；磨削速度：60m/s；产品性质：改性设计；产品属性：行业新产品；产品水平：国内先进。

产品经贵州省机电产品质量监督检测站检测，5～7mm 薄砂轮磨削速度可达 60m/s，其他各项技术指标均达到 GB/T 2485—1997 和企业标准 Q/S 004—2007，满足合同书要求。

产品适应于加工精磨各类轴承、凸轮轴及工具的沟槽，加工精度及效率满足用户要求，得到用户的认可，已形成量产规模，年产值达 100 万元。

（3）DK32C 台式三速工程钻机。由博深工具股份有限公司和德国 WEKA Elektrowerkzeuge 公司联合完成，河北省科学技术厅于 2008 年 12 月 21 日鉴定验收。产品主要技术参数：输入功率 3 200W，输出功率 2 350W，额定电流 15.5A，噪声≤95dB，效率 73%，立柱有效工作长度 600mm。

钻孔直径与相应额定转速：1 速 220r/min，钻孔直径 165～350mm；2 速 480r/min，钻孔直径 80～160mm；3 速 720r/min，钻孔直径 27～105mm；

产品为全新设计，属行业新产品，产品水平达到国际先进水平。

（4）激光焊接金刚石工具。由博深工具股份有限公司完成，河北省科学技术厅于 2008 年 12 月 28 日鉴定验收。产品主要技术参数：①焊接强度 1 900～2 400N/mm^2；②消声片噪声在 85dB 左右；③切割性能：干切铸铁片切割速度达到 0.69m/min，寿命达 300m/min；钻头钻切钢筋混凝土速度达 4.5cm/min，寿命达 0.66m/mm；干钻钻切混凝土速度达 5.6cm/min，寿命达 5.1m/mm。产品为全新设计，属行业新产品，产品水平达到国际先进水平。

八、获奖科研项目

2008 年，磨料磨具行业获奖科研项目（获得地市级以上的奖项）9 项，其中 1 个项目获 2 种奖项。

（1）节能环保型纳米金刚石发动机油。由天津市乾宇超硬科技有限公司完成，2008 年 6 月被海峡两岸职工创新成果展组委会评为金奖；2008 年 12 月 30 日被中国机械工业联合会、中国机械工程学会评为三等奖。该项目通过特殊改性工艺，解决了纳米金刚石在润滑油中的“悬浮”这一关键问题，已达国际领先水平，使纳米金刚石的应用范围更加广泛。“节能环保型纳米金刚石发动机油”具有自修复、免拆卸清洗功能，平均节约燃油可达 10% 以上，可使发动机功率增加 4%～8%，降低噪声，怠速 HC 排放降低 60%，润滑油使用周期延长 1～4 倍，延长发动机使用周期，改善发动机的冷启动性能，冬季更易点火。

该产品适用于各种汽车、工程机械等发动机，已被天津市节能产品认定委员会认定为节能产品；不仅给用户带来了十分可观的经济效益，而且“节能环保”的社会效益也十分突出，符合当前国家对节能环保的要求，市场前景极佳。

（2）高精度超薄超硬材料切割砂轮。由郑州磨料磨具磨削研究所完成，2008 年 7 月 17 日被郑州市人民政府评为郑州市科技进步奖二等奖。该项目通过对砂轮配方、基体结构及加工方法、砂轮基体与磨料层高强度粘结技术、砂轮毛坯成形、烧结和固化工艺、砂轮精密加工技术、新产品的检测技术及批量化产品检测方法等进行系统研究，解决了 1A8、1A1、1A1R 型金属和树脂结合剂超薄超硬材料切割砂轮系列产品产业化生产中的关键技术。在国内首次开发了压制法规模化生产超薄超硬材料切割砂轮的成套制造技术，产品精度高（厚度精度 ±0.003mm、平行度 0.004mm）、厚度薄（0.08mm）、外径范围大（ϕ51～254mm）。

（3）20/30 粗颗粒高品级人造金刚石。由河南中南工业有限责任公司完成，2008 年 8 月 12 日被中国兵器工业集团公司评为科学技术奖一等奖。该项目是在 30/40 高品级人造金刚石合成技术的基础上，进一步向大腔体粗颗粒发展的自主研发项目。经国家权威机构检测，产品达到国外同类产品的技术水平。该项目填补了国内人造金刚石行业在 20/30 粒度段几十年来不能生产出中高品级金刚石产品的空白，不但能替代进口，而且利用其成本和价格优势，逐步形成对国际市场较强的冲击力。与现有产品相比，项目产品晶粒粗大，晶形完整，光泽透明，内部杂质少，耐高温、耐冲击、强度高，能满足严酷条件下锯切高强度物料的要求。

主要技术性能：合成单次产量不低于 140ct；峰值粒度：

20/30的比例不低于50%,其中SMD级以上不低于35%,SMD30级以上不低于15%;粒度组成、抗压强度、冲击韧性、堆积密度等均达到JB/T 7989—1997标准。

20/30粗粒度高品级人造金刚石项目已在公司ϕ550mm缸径的六面顶压机上小批量生产,为今后合成更大颗粒的高品级金刚石奠定了基础,为提高我国金刚石工业的技术水平起到了极大的推动作用。此项技术具有广阔的应用前景。

(4)超薄切割砂轮系列产品研制开发。由郑州磨料磨具磨削研究所完成,2008年9月被河南省科技厅评为第十届中国科协年会优秀科技成果。项目简介见前述科研项目。

(5)双端面超精密磨削用超硬材料砂轮的研制。由郑州磨料磨具磨削研究所完成,2008年10月8日被中国机械工业集团评为科技进步奖三等奖。项目简介见前述科研项目。

(6)陶瓷结合剂金刚石/CBN双端面精磨盘。由沈阳达亿超硬材料制品有限公司完成,2008年11月被沈阳市人民政府评为沈阳市科技进步奖三等奖。该项目是公司专利产品(专利号:20071001558844.9),填补了国内空白。主要结构特点是,实现主、附磨区有效排列和组合,具有磨、抛双重功效,提高了磨、抛效率,可实现高精度磨、抛工件。该产品主要用于压缩机、泵、陶瓷等金属、非金属的精密加工,具有良好的经济效益和社会效益,发展前景广阔。

(7)高精度超薄超硬材料切割砂轮。由郑州磨料磨具磨削研究所完成,2008年11月24日被河南省人民政府评为河南省科技进步奖三等奖。项目简介见前述科研项目。

(8)高性能金属基复合材料石材切割锯片。由博深工具股份有限公司完成,2008年12月30日被石家庄市人民政府评为石家庄市科技进步奖一等奖。针对行业中存在的因石材切割锯片自锐性差、长时间切割不锋利、焊接精度低、基体运动精度差造成大理石崩边等问题,分别对刀头胎体配方、金刚石选型及处理、锯片基体应力稳定性、焊接精度等方面进行了研究、改进:①在铜基胎体中,配合其他金属粘接剂添加稀土等预合金粉及弱化元素,调节胎体的耐磨状态,使之与弱研磨性的大理石相匹配,提高工具的切割速度(锋利度)。②金刚石表面复合金属化。在胎体中添加弱化元素,会降低胎体对金刚石的把持力,项目采用镀Ti、涂覆Co金属元素相配合的复合工艺手段,增加浸润效果,在胎体与金刚石之间形成附加的粘接联系,从而提高工具寿命。③加预合金粉,工艺调节范围增大,提供了可操作的调节锋利度的空间。④国内行业独家将压淬热处理成功引入到薄片(2~3mm)板材处理上,以保证基体在高速切割过程中锯片保持良好的动态稳定性(刚性、应力、组织稳定性);⑤消声基体的应用。采用激光切缝消声基体,有效地降低了切割过程中产生的噪声。研制的产品以西班牙米黄石为切割对象,速度可达3m/min,寿命可达2 000m。该项目产品已正式应用于生产实践一年多,已成功替代进口。产品可提高石材加工精度,产品质量好,生产效率高,降低耗材,既符合国家建设节约型社会的要求,又受到国内外用户的青睐,推动了我国建筑业的发展,引领国内金刚石工具行业向专业化转型。

九、发明专利

2008年磨料磨具行业发明专利情况见表19。

表19 2008年磨料磨具行业发明专利情况

序号	专利名称	专利号	专利权人
1	宽颗粒度分布的多晶金刚石微粒的制备方法	CN200610088893.5	北京理工大学、北京保利世达科技有限公司
2	金刚石膜的抛光方法	CN200710053047.4	武汉工程大学
3	一种纳米复合类金刚石涂层制备方法	CN200710053095.3	武汉大学
4	一种新型金属结合剂金刚石工具及其制备方法	CN200610037509.9	佛山市地天泰磨具有限公司
5	一种新型铝基金属结合剂金刚石工具及其制备方法	CN200610037510.1	佛山市地天泰磨具有限公司
6	镍基钎料激光钎焊金刚石磨粒的制造方法	CN200710132644.6	南京航空航天大学
7	直流电镀铁基金刚石钻头方法	CN200710052484.4	中国地质大学(武汉)
8	基于光纤激光器的激光辅助机械金刚石砂轮修整方法	CN200710047371.5	上海水产大学
9	热压高磷铁基金刚石钻头及其制备方法	CN200710053616.5	中国地质大学(武汉)
10	地质勘探用聚晶金刚石钻头的制造方法	CN200710094215.4	上海中曼金刚石钻头有限公司
11	聚晶金刚石复合片钻头胎体的制备方法	CN200610062842.5	深圳市兴沃实业有限公司
12	金刚石微粉整形球磨机的钢球配比方法	CN200710189998.4	河南黄河实业集团股份有限公司
13	钎焊金刚石热管砂轮	CN200710190139.7	南京航空航天大学
14	爆炸合成纳米聚晶金刚石的方法及专用爆炸装置	CN200710012258.3	张凯
15	一种金属结合剂金刚石砂轮的成形方法	CN200610123058.0	马彦初
16	一种C型金刚石珩磨刀套的制造方法	CN200610146119.5	吴国生
17	金刚石工具中替代钴、镍材料的雾化合金粉	CN200710172544.6	上海芬迪超硬材料科技有限公司
18	钎焊金刚石磨料耐磨性能评价装置及评价方法	CN200710191002.3	南京航空航天大学

（续）

序号	专利名称	专利号	专利权人
19	激光焊接金刚石锯片电磁吸盘专用斜压盘夹具	CN200710055067.5	郑州金海威科技实业有限公司
20	水性金刚石研磨液及其制备方法和用途	CN200710177815.7	北京国瑞升科技有限公司
21	激光与机械复合修整树脂结合剂金刚石砂轮的方法	CN200610136783.1	湖南大学
22	具有高硬度高耐磨性的电镀金刚石工具及制造方法	CN200610128408.2	河南农业大学
23	具有曲线或阶梯形轮廓的金刚石串珠	CN200710160508.8	徐州华谐科技发展有限公司
24	一种金刚石钎焊工具	CN200710160507.3	徐州华谐科技发展有限公司
25	具有高硬度高强度胎体材料的电镀金刚石工具及制造方法	CN200610128409.7	河南农业大学
26	熔铸式金刚石钻头	CN200610134673.1	于贵生
27	新型高强度超薄金刚石锯片	CN200710144051.1	张小军
28	一种表面包覆有非金刚石相碳层的金刚石微粉及其生产方法	CN200710193071.8	河南省联合磨料磨具有限公司
29	微细金刚石的制造方法及微细金刚石	CN200680022987.0	日本化药株式会社
30	一种用于超精密车削的金刚石车刀	CN200610170408.9	天水星火机床有限责任公司
31	一种金属结合剂金刚石线锯的制备方法	CN200610155479.1	浙江工业大学
32	金刚石串珠制造方法	CN200810054444.8	博深工具股份有限公司
33	金刚石磨具及其制作方法	CN200810025978.8	广东奔朗超硬材料制品有限公司
34	硬质合金表面沉积CVD金刚石膜的梯度法预处理工艺	CN200810019557.4	南京航空航天大学
35	一种可提高合成金刚石得率的合成块组件	CN200710035953.1	彭国强
36	绿色人造金刚石的制备方法	CN200710056152.3	中国科学院长春光学精密机械与物理研究所
37	镍铝合金基金刚石超薄锯片及其制作方法	CN200810020647.5	江苏工业学院
38	金刚石精密刀具及其制作工艺	CN200710171775.5	上海舒伯哈特工具有限公司
39	一种适用于切削工具的超细晶金刚石涂层的制备方法	CN200710009250.1	厦门金鹭特种合金有限公司
40	金属基球形金刚石砂轮修整装置	CN200810064001.7	哈尔滨工业大学
41	纳米金刚石薄膜窗口的制备方法	CN200810034108.7	上海大学
42	金刚石复合截齿头的制造方法及金刚石复合截齿头	CN200810030935.9	湖南飞瑞复合材料有限责任公司
43	提高金刚石微粉品质的激光加工方法	CN200710168896.4	武汉理工大学
44	一种制备类金刚石薄膜电极的方法	CN200710158710.7	沈阳师范大学
45	一种铬/金刚石复合镀层及其制备方法	CN200710032268.3	华南理工大学
46	复杂型面金属结合剂金刚石廓型检测方法	CN200810061409.9	浙江工业大学
47	钎焊金刚石工具的改进结构	CN200710008773.4	张小军
48	小孔径金刚石涂层拉丝模具制备方法	CN200810044524.5	中国工程物理研究院总体工程研究所、四川中物超硬材料有限公司
49	一种镍—纳米金刚石复合镀液及其制备方法	CN200710032859.0	浣石
50	有缺Co区的表面刻槽的聚晶金刚石硬质合金复合片	CN200810049957.X	河南四方超硬材料有限公司
51	一种孕镶金刚石采煤采矿截齿及其制作工艺	CN200810031399.4	中南大学
52	一种金刚石定位排布孕镶地质钻头及其制造工艺	CN200810031420.0	中南大学
53	一种玻璃切割专用金刚石锯片的生产方法	CN200810123857.7	镇江益林金刚石工具有限公司、江苏大学
54	采用交变磁处理方式的金刚石工具胎体强化装置	CN200810055250.X	燕山大学
55	低成本生长高品质纳米金刚石膜的方法	CN200810064540.0	牡丹江师范学院
56	一种非网格型金刚石砂布及其制造方法	CN200710008946.2	阮克荣

（续）

序号	专利名称	专利号	专利权人
57	一种网格型金刚石砂布及其制造方法	CN200710008945.8	阮克荣
58	大尺寸金刚石晶圆超精密低损伤抛光方法及装置	CN200810012182.9	大连理工大学
59	用于大尺寸金刚石晶圆超精密低损伤抛光的抛光液及制备方法	CN200810012181.4	大连理工大学
60	常压下电镀合成金刚石的方法	CN200810046804.X	郭朝林
61	一种新型的局部加热的金刚石研磨法	CN200710057433.0	房丰洲
62	非导电性结合剂金刚石砂轮的电火花修整方法	CN200810039562.1	上海交通大学
63	鉴别高速生长的化学气相沉积金刚石单晶的方法	CN200810050651.6	吉林大学
64	一种稀土富铁金刚石锯片结合剂	CN200710052309.5	湖北昌利超硬材料有限公司
65	一种萃取金刚石粉末的电解溶剂	CN200710052308.0	湖北昌利超硬材料有限公司
66	人造金刚石压机加热电源装置	CN200810302877.0	桂林电子科技大学
67	碳化硅陶瓷和金刚石复合拉拔模具制备方法	CN200810040138.9	上海交通大学、上海交友钻石涂层有限公司
68	新材质40铬镍钼人造金刚石顶压机	CN200810135079.3	李广顺
69	石油钻探用金刚石—碳化硅复合钻齿及其制备方法	CN200810045670.X	贺端威、赵予生
70	金刚石复合刀具刃口的加工方法	CN200810138477.0	威海威硬工具有限公司
71	用碳纳米纤维合成金刚石的方法	CN200810048382.X	武汉大学
72	用于加工阶梯孔的金刚石复合刀具的生产方法	CN200810138478.5	威海威硬工具有限公司
73	纳米复合电镀金刚石工具及其制备工艺	CN200810135252.X	湖北地大金石地质工具有限公司
74	树脂砂轮及其生产方法	CN200610021341.2	四川省三台县固锐实业有限责任公司
75	砂轮修整装置	CN200710071144.6	程国强
76	超硬磨料砂轮	CN200710132643.1	南京航空航天大学
77	用于立方氮化硼砂轮的陶瓷金属复合结合剂	CN200710043981.8	上海鑫轮超硬磨具有限公司
78	一种含聚四氟乙烯干磨润滑剂的树脂砂轮及其制作方法	CN200710053275.1	武汉法山磨料磨具有限公司
79	砂轮增强用玻璃纤维网布浸胶液及其预浸方法	CN200710120600.1	北京玻钢院复合材料有限公司
80	半固态连接制作高性能单层钎焊立方氮化硼砂轮的方法	CN200710135185.7	南京航空航天大学
81	具有自润滑功能的金属结合剂立方氮化硼砂轮的制作方法	CN200710135186.1	南京航空航天大学
82	应用于凸轮轴磨削加工的陶瓷结合剂立方氮化硼砂轮	CN200710150338.5	天津大学
83	陶瓷结合剂立方氮化硼双端面精研磨砂轮	CN200710158844.9	沈阳达亿超硬材料制品有限公司
84	一种磨轴砂轮	CN200710158940.3	沈阳市盛世磨料磨具有限公司
85	一种树脂增强高速磨削砂轮	CN200710158939.0	沈阳市盛世磨料磨具有限公司
86	一种磨弹簧砂轮	CN200710158941.8	沈阳市盛世磨料磨具有限公司
87	砂轮数控制造装置	CN200710193878.1	青岛理工大学
88	核桃壳成孔材料在陶瓷结合剂气孔砂轮中的应用	CN200710158888.1	沈阳科锐特砂轮有限责任公司
89	一种用作超硬材料砂轮结合剂的微晶玻璃及其制备方法	CN200610136842.5	湖南大学
90	添加稀土La的高温钎焊CBN砂轮用金属结合剂层材料	CN200710190937.X	南京航空航天大学
91	一种弹性砂布及砂轮	CN200610135400.9	阮克荣
92	黑金刚抛光砂轮	CN200810049092	郑州安华磨具有限公司
93	橡胶弹性砂轮	CN200810049094.6	郑州安华磨具有限公司
94	轧辊砂轮的制造方法	CN200710010698.5	鞍山市砂轮厂

（续）

序号	专利名称	专利号	专利权人
95	大直径固结砂轮制作方法	CN200810123078.7	江苏苏北砂轮厂有限公司
96	树脂结合剂立方氮化硼砂轮及其制备方法	CN200810029999.7	广东奔朗超硬材料制品有限公司
97	金属结合剂立方氮化硼珩磨条	CN200710158843.4	四川省三台县固锐实业有限责任公司
98	高压合成立方氮化硼剩余六角氮化硼合成立方氮化硼的方法	CN200710189997.X	河南黄河实业集团股份有限公司
99	粗颗粒立方氮化硼单晶的合成方法	CN200710190000.2	河南黄河实业集团股份有限公司
100	一种立方氮化硼合成方法	CN200810049983.2	郑州中南杰特超硬材料有限公司
101	一种高质量立方氮化硼薄膜的制备方法	CN200810040638.2	上海大学
102	燃烧合成均质纳米碳化硅粉体的方法	CN200710121857.9	中国科学院理化技术研究所、辽宁佳益五金矿产有限公司
103	用于半导体单晶生长的高纯碳化硅粉的人工合成方法	CN200810016665.6	山东大学
104	碳化硅冶炼炉气的输送、净化和提纯一氧化碳的方法	CN200810044763.0	四川天一科技股份有限公司
105	一种刚玉的加工工艺	CN200610161640.6	李正坤
106	棕刚玉制造工艺	CN200810000641.1	陈宏亲
107	生产烧结棕刚玉的方法	CN200810090000.X	濮阳濮耐高温材料（集团）股份有限公司
108	锆刚玉重负荷强力砂带	CN200710133397.1	扬中市江南砂布有限公司
109	半脆刚玉精磨砂带	CN200710133396.7	镇江锋芒磨具有限公司
110	一种通过一维力控制的砂带磨削机	CN200710175945.7	廊坊智通机器人系统有限公司
111	一种平面砂带磨光机	CN200710160382.4	陈美青
112	一种防打滑和断裂的齿形同步带式精细砂带	CN200710032912.7	广东轻工职业技术学院
113	多层托盘平面砂布轮	CN200610021340.8	四川省三台县固锐实业有限责任公司
114	环保型平面砂布轮托盘的生产方法	CN200610021343.1	四川省三台县固锐实业有限责任公司
115	一种布基砂布及其制造方法	CN200710009162.1	阮克荣
116	小托盘平面砂布轮	CN200610021983.2	四川省三台县固锐实业有限责任公司
117	一种弹性砂布及砂轮	CN200610135400.9	阮克荣
118	高密度网格砂布及其生产方法	CN200610156085.8	江苏九鼎新材料股份有限公司
119	页片组合式平面砂布轮	CN200710048215.0	四川省三台县固锐实业有限责任公司
120	一种耐水柔软全树脂砂布的制作方法	CN200710110619.8	张刚
121	一种酚醛型钢纸砂盘粘结剂及其制备方法	CN200710037022.5	上海船舶工艺研究所
122	一种磨片的制备方法	CN200810061781.X	陈光明
123	海绵复合网格砂磨块及其生产方法	CN200610156083.9	江苏九鼎新材料股份有限公司
124	六面顶超硬材料液压机调功控制系统及其控制方法	CN200810073428.3	桂林电子科技大学、桂林冶金机械总厂
125	金属结合剂超硬材料磨具的径向热压法及其模具	CN200610161449.1	殷凤高
126	超硬材料合成压机集成阀板式液压站	CN200710054550.1	河南中南工业有限责任公司
127	超硬材料钎焊工具制造方法	CN200710189818.2	长葛市荣达特种冶金有限公司

〔撰稿人：中国机床工具工业协会超硬材料分会赵　博、李志宏　磨料磨具分会崔　宇　涂附磨具分会尹传忠〕

市场概况

通过分析机床相关用户行业发展情况及对机床产品的需求，为行业、企业产品结构调整提供参考

Through analysis of the development situation of machine tool-related user industries and their demands for machine tool products, providing reference for the adjustment of product mix of industry and enterprises

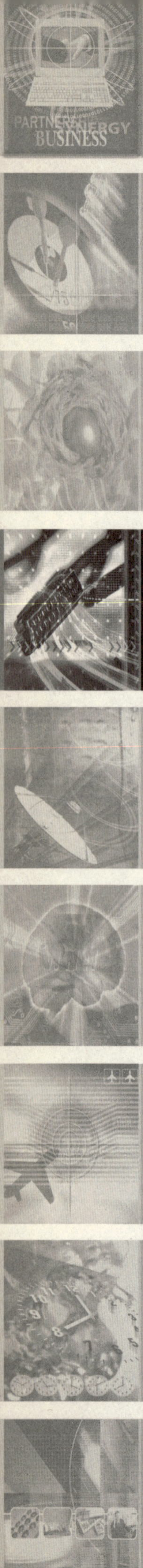

市场概况

我国机床工业进入世界前列

机床工业是为国民经济装备制造业和军事工业提供制造技术与装备的基础性工业，事关国家和国防安全，世界许多国家将其视作战略性产业。我国机床工业，历来深受党中央和国务院的特别关怀。改革开放30年来，我国机床工业已建成较大规模、具有一定技术基础的较完整的产业体系，具备了相当的国内外市场竞争实力。进入21世纪以来，我国机床工业在党中央正确领导和各方支援下，通过全行业上下积极奋战，又取得了跨越性的发展，已跨入世界机床行业第一方阵。

一、具有较强的总量供给能力

近年来，随着我国国民经济的迅速发展和国防建设力度的加大，对机床这种基础性、战略性生产制造工具的市场需求急剧升温。特别是自2002年，我国机床市场消费额已跃居世界第一位。面对这一巨大需求，我国机床工业奋力迎战，2002年国内市场自我满足率达到48%；2008年跃至61%，自我满足率上升到世界第三位（当年世界机床工业发达国家和地区相应的市场自我满足率分别是：日本86%、意大利67%、德国59%、西班牙44%、瑞士42%、韩国35%、法国33%、中国台湾32%、美国30%、加拿大19%、英国11%。）。2008年，我国机床工业工业生产总值名列世界第三位、出口额列第六位。

据全国工业普查资料，2008年我国现役的机床拥有量378万台，其中金属切削机床294万台，锻压机床84万台；拥有量中我国自供装备占绝大部分，其中包括重型超重型金属切削机床与锻压设备、高精度精密机床与数控机床以及上千条半自动、自动生产线。

就市场自我满足率、工业总产值和出口额世界排名计，我国机床工业的总量供给能力已位列世界前列。但是，同时应该清醒地认识到，属于基础制造装备的机床，我国仍有某些高端产品不能满足国内需求，有赖于从国外进口，受制于人。这就要求各方继续努力，迅速改变依赖外国的局面，确保国家的独立自主地位和国防安全。

二、产品品种门类比较齐全

随着科学技术的发展及人民生活水准的提高，装备制造业的产品更新加快，加工对象日趋个性化，因而机床行业也要相应提供多样化产品，以满足装备制造业的个性化需求。产品品种多样化、个性化也是衡量一个国家（地区）机床工业综合实力的重要标志之一。近年来，受市场需求的驱动，我国机床行业已具有年开发自主版权新品达400余种的能力。截至2008年底，全国可供机床品种累计近3 500种（特别是数控及其他高新技术产品达1 500种），基本上已无重要缺门空白，其可供品种数量在世界范围也是位居前列的。

我国锻压设备、电加工等特种加工设备、齿轮加工设备可以说品种齐全，性能优越，颇具特色。

锻压机械代表性产品有：济南二机床集团有限公司的系列机械压力机一直处于国际先进行列，压力吨位由20 000kN扩展到63 000kN，属于国际前沿，先后为美国通用汽车公司提供的7条冲压自动线在美国市场上引起强烈反响，多工位和伺服驱动压力机也进入世界技术前沿；上海锻压机床厂为一汽研制的自重860t、压力吨位达50 000kN的压制12m汽车大梁液压机，国外具有同一生产能力者只有德国、日本等企业；天水锻压机床有限公司为西气东输开发的大口径钢管生产线和为西电东输提供的30 000kN 14m数控液压折弯机和20 000kN液压制管机，在国际上也是屈指可数。江苏亚威机床有限公司、湖北三环锻压设备有限公司、扬力集团、江苏金方圆数控机床有限公司的数控转塔冲床及中大规格折弯机不仅可以满足国内需求并远销国外；天津市天锻压力机有限公司、合肥锻压集团有限公司在满足重型液压机市场特殊需求方面作出了重大贡献。

我国特种加工机床品种自成完整体系，电加工机床行业已具有基本上满足国内需求的能力，年产3万~4万台，其中数控产品占80%以上（此数未包括在下列数控机床统计数字之内）。在技术上，北京安德建奇数字设备有限公司、苏州电加工机床研究所已研发成功慢走丝切割、微细电火花加工机床（获国家发明奖）；在航空发动机整体叶轮的数控高效电火花铣削加工、超硬材料辊的电熔爆加工、冷轧轧辊的电火花毛化加工等高技术领域，我国也相继开发了不少新技术、新品种。激光加工机床有武汉奔腾楚天激光设备有限公司、武汉法利莱切割系统工程有限责任公司、济南铸造锻压研究所、江苏亚威机床有限公司、湖北三环锻压设备有限公司等可以供货，南京工艺装备制造有限公司、沈阳奥拓福科技有限公司、上海金箭水射流设备制造有限公司的水射流（水刀切割）加工机床也已进入市场。

三、数控机床进入成熟期

数控机床是当代机械制造业的主流装备，是市场热门商品，部分高档数控机床仍然被当成战略物资在国际市场上受到禁运与限制。我国数控机床的发展已经历了30年的跌宕起伏，进入21世纪，已由成长期进入成熟期。2008年年产数控机床达12.5万台，某些高档数控机床主要依靠进口的局面正在改变。据调查，航空工业集团公司80%的数控机床采购国产品牌，兵器工业集团90%的机床产品采购国产产品。

我国可供市场的1 500种数控机床，覆盖了超重型机床、高精度机床、特种加工机床、锻压设备和其他前沿高技术机床等产品。

五轴联动数控机床是数控机床技术的制高点标志之一。用于大型螺旋桨空间曲面加工的五轴联动铣床，曾引发轰动一时的“东芝事件”；十多年前美国国会因当时我国进口16台用于飞机制造的此类多轴联动旧机床，炮制了所谓要求制裁我国的“考克斯报告”。

这些至今仍禁运的数控五轴联动机床技术，我国都已陆续掌握，如数控五轴联动的重型落地镗铣床、龙门式铣镗床、加工中心等，十年来已一一推向市场。2001年第七届国际机床展览会（CIMT）上我国就展出了五种此类商品，并陆续供应市场投入生产使用。在第11届CIMT展会上，我国更进一步推出40多种，这类展品包括航空、航天、造船、冶矿设备等制造业用的重型龙门移动式及各种类型数控五轴联动镗铣床和加工中心。

数控超重型机床是水电、火电、核电、造船和冶金矿山等重大装备制造及重兵器制造的关键设备。武汉重型机床集团有限公司开发的加工直径达16m的数控立式车床已生产5台（正在开发的22m、25m数控立式车床当属世界第一），可以代表我国超重型机床的生产能力和技术水平。第一台16m数控立式车床曾在岩滩水电站水轮发电设备制造中解决了用户急需，此后8年在生产使用中屡创佳绩，被用户称之为“功勋设备”，其后几台在电站设备国家关键工程中继续发挥重要作用，其中有的因优质完成世界最大的三峡电站550t重巨型水轮机转轮的加工，而得到用户表扬。已开发成功投入使用的超重型机床还有齐二机床集团有限责任公司的镗轴直径320mm的数控落地镗铣床，北京第一机床厂的龙门跨度8m的数控铣镗床、济南二机床集团有限公司、齐二机床集团有限责任公司、齐重数控装备股份有限公司、大连机床集团有限责任公司、宁江机床集团股份有限公司及武汉重型机床集团有限公司的桥式、固定横梁式龙门或工作台移动式铣镗床，武汉重型机床集团有限公司的加工工件重300t、直径4.5m的卧式车床，齐重数控装备股份有限公司的巨型曲轴加工机床（满足造船工业急需），上海机床厂有限公司的加工件重200t、直径2 200mm的数控轧辊磨床。上述各类机床国际上也只有二三家公司能够生产。世界最大的直径2m弧齿锥齿轮磨齿机即将问世，我国自主产权品种已达到世界先进水平，我国已成为少数几个超重型机床供应国之一。数控超重型机床在造船、核工业、天文、地质钻探、建筑、发电、冶金、化工等装备制造业中大显身手，为国民经济发展和国防建设作出了重要贡献。

立式、卧式加工中心，由于汇集了落地镗床、床身式铣床、坐标钻镗床的基本功能，且具备按数控程序自动换刀或自动更换工件托盘的功能，也是组成柔性生产线的基本设备，成为我国机械制造业需求量较大的一类加工装备（约占数控金属切削机床需求总量的20%以上），也是世界机床市场的热门商品。我国立式、卧式加工中心近年发展较快，有40多家企业进行生产，通用品种已批量生产，少数厂家如北京机床研究所、大连机床集团有限责任公司、宁江机床集团股份有限公司及北京精雕科技有限公司已有微米级高精度型加工中心进入市场。

数控车床也是数控机床中占比较大的，我国已有50多家企业生产，沈阳机床集团、大连机床集团、济南一机床集团有限公司、宝鸡机床集团有限公司、云南CY集团有限公司、宁夏长城数控机床有限公司、通力机床有限公司等企业都已批量生产，有的已具有月产几百台的能力，产品品种齐全，质量稳定可靠。

数控齿轮加工机床同样是我国机床产品强项之一，成系列六轴五联动数控滚齿机、风电设备行业用大型内齿、外齿铣齿机，重型矿山机械行业用加工直径12m铣齿机已投产使用，数控七轴六联动蜗杆型砂轮磨齿机、七轴五联动弧齿锥齿轮磨齿机，都是最近3年进入不同批量生产的世界先进水平的机床新品。特别是中小规格弧齿锥齿轮加工机床（铣齿和磨齿）已可完全满足汽车、军工、坦克、船艇等工业需求，国产直径2m的弧齿锥齿轮加工机床在规格上属世界第一位，可用于深井钻探及建筑、矿山等机械制造业。

我国数控机床产品已延伸到成套、复合领域：沈阳机床集团中捷机床厂按7个月交货期为上海磁悬浮列车工程项目提供4条以数控镗铣床为主体的生产线，体现了我国机床工业提供成套设备的能力。沈阳机床集团有限公司、大连机床集团有限责任公司、济南一机床集团有限公司等都已开发出车铣复合、铣车复合机床等世界前沿产品，还有新上市的大连科德数控有限公司的14轴5联动铣车复合加工中心自配本厂开发的数控系统、直驱双轴摆头，也是一大亮点。

数控系统装置是数控机床的神经中枢，长期阻碍我国数控机床发展的关键环节。就世界范围来说，经过多年的市场激烈竞争，现已形成由日本发那科公司独占世界数控系统装置市场的50%，德国西门子占据25%的垄断局面。这两家公司几年前在我国市场上也曾占有绝对垄断地位。从20世纪90年代末开始，我国掌握了当时新出现的基于通用32位工业控制机的开放式体系结构技术，一举登上当代技术同一起跑线。相继开发出为加工中心、复合车削机床及齿轮机床配套的数控系统，特别是开发出能控制五轴联动和具备网络化远程监测、诊断、操作功能的数控系统，开发出弧齿锥齿轮数控加工、三维激光视觉检测和世界独创的空间曲面插补等软件。当前，批量投入市场的国产数控系统的性能具有竞争能力，且有性能价格比的优势，低档的可以全部满足国内需求，中档的可以满足50%以上需求，高档的由于世界王牌已长期垄断中国市场，因之争夺用户信任成为竞争焦点，但国际强手在中国市场上奇货可居、任意封锁的垄断局面已被突破。武汉华中数控股份有限公司、广州数控设备有限公司充当量产主力，武汉华中数控服份有限公司、广州数控设备有限公司、北京航天数控系统有限公司、沈阳高精数控技术有限公司、南京四开电子企业有限公司、北京精雕科技有限公司、成都广泰实业有限公司、北京凯奇数控设备成套有限公司、北京帝特马数控设备公司、北京凯恩帝数控技术有限责任公司、大森数控股份有限公司、沈阳高精数控技术有限公司等数控系统厂家均已具备提供不同特性五轴联动高档产品的能力。大连光洋科技工程有限公司首家开发并产业化的总线开放式数控系统，支持32轴6通道，每通道六轴联动、五轴插补控制、四对龙门双驱轴控制，系统分辨率1nm，速率可达2×100Mb/s。

与数控系统匹配的数字交流伺服调速电动机及主轴电动机，武汉登奇机电技术有限公司、武汉华大新型电机有限责任公司、武汉华中数控股份有限公司、兰电电机有限公司、北京超同步科技有限公司、大连电机有限公司等已有自主版权的商品大量问世。

数控机床的其他主要功能部件，如南京工艺装备制造有限公司、山东博特精工股份有限公司的滚珠丝杠，广东高新凯特精密机械股份有限公司的滚动导轨，大连机床集团、烟台环球机床附件集团有限公司自成系列的数控刀台、分度转台，洛阳轴承研究所、北京机床研究所的电主轴及大连光洋科技工程有限公司的直驱式双摆铣头及双摆转台，与数控机床匹配的自动换刀刀库及HSK刀柄与刀调仪，都有不同批量商品供应市场。初登国际市场的直线电动机，我国也正在努力开发。

四、研发体系配置得当发挥攻关作用

我国机床工业的产品研发力量由三部分组成，即企业的研发基地、高等院校的研究部门和专门设置的研究机构（七所一院）。前两者的性质与国外机床工业发达国家类似，后者只有个别国家与地区采取相近方式。这三个方面的研发力量，从不同角度、不同层次为机床工业的发展作出贡献。

企业的研发基地为产品创新、性能升级做出成效的事例很多：如秦川机床集团技术研究院在2002年研发的高效数控七轴六联动蜗杆型砂轮磨齿机，达到世界先进水平并填补国际上这一品种规格的空白；上海机床厂有限公司及险峰机床厂的国家技术中心开发的数控高精度超重型轧辊磨床进入世界先进行列。沈阳机床集团有限责任公司、大连机床集团有限责任公司、齐重数控装备股份有限公司、齐二机床集团有限公司、济南二机床集团有限公司、大连光洋科技工程有限公司等企业都拥有具有实力的研发机构。

高等院校科研队伍以共性基础技术、前沿技术、软件技术研究见长，除了自成体系取得研究成果外，还与企业联合开发新产品，优势互补，在研发虚拟轴（并联）机床等前沿技术产品方面，取得显赫成就。另外，高校设置的生产经营公司，将优异的专项科研成果转化为机床商品的做法可能是世界机床业中较为特殊的方式。中南大学研发的达到世界先进技术水平的弧齿锥齿轮磨齿机、华中科技大学、清华大学、西安交通大学研发的快速成型技术都是开发成果直接进入市场的典型案例。

我国机床工业的独立研究单位，一直承担共性基础技术的研究开发工作，具有以多项共性基础技术的集成开发顶级产品的优势。例如北京机床研究所开发的纳米技术机床，就是体现我国独立研究机构研发实力的事例。经过科研体制改革，这些科研单位已具备科技先导型企业性质，活力更为增强。

研发能力更具体体现在针对特殊需要品种的开发上，如为神州载人飞船燃烧室加工开发的特种铣床，为核电锅炉加工开发的特大行程立式车床，为世界最大口径大视野天文望远镜零件加工开发的专用设备等。

五、勇于攀登科技前沿

在机床技术领域，近年称得上变革性技术的首推并联结构（虚拟轴）机床和快速原型制造技术。

在20世纪90年代初期，美国英格索尔公司以商品形式在美国国际机床展览会展出并联结构机床，另有瑞典、法国、日本、俄罗斯、波兰、韩国的几家机床企业或高校、科研单位也推出大同小异的不同类型试验品投石问路。此后进入小批量商品投放市场者以瑞典尼阿斯公司较突出，美国辛辛那提公司、德国DMG、沈阳机床集团有限责任公司采用这一原理在传统的卧式镗铣床基础结构上，实现了主轴部件的多轴联动动作，也具有新意。

我国科技界特别是高校科研群体凭借创新的敏感性和实力联合企业（例如哈工大—哈量集团，天津大学—天津第一机床总厂，清华大学—大连机床集团，清华大学—昆明机床厂、秦川—西北理工大学的组合），进入并联结构机床的研制领域并取得突破，同时他们还根据不同用途巧妙地运用串联—并联结构，实现专门化加工。清华大学—齐二机床集团有限公司研制的混联结构机床是中国独创的已通过正式鉴定并在中国国际机床展览会上登场亮相和用于哈尔滨电机厂的水电设备制造。这些创新之举，说明我国在机床前沿技术探索方面的敏锐性和具备的软硬件基础实力。

哈量集团在与哈尔滨工业大学合作开发的六杆并联机床（已批量生产4台，用于哈尔滨汽轮机厂的叶片加工）的基础上，又与瑞典EXECHON公司合作开发了最新的三杆结构并联机床，机床性能提高、应用范围更广，适用于航天航空、机车等工业加工中小件以及机翼、机舱等超长超大型工件。

快速成型技术是近10多年来出现的一种加工原理上有巨大变革的加工技术，与传统的去除材料（切削、冲剪）加工方法不同，快速成型技术实际上是以材料堆积成型（或称为“增材制造方法”）制造工件的一种方法，可以大大缩短原型工件（即将设计构思快速制成实体，从而检验设计的可行性）的试制周期，具有革命性意义。快速成型技术是材料科学技术和计算机软件技术、高精度硬件技术有机结合的边际学科的产物。国际上掌握此项技术的国家不多，而我国已有自主知识产权的技术与产品，较突出者有华中科技大学、清华大学、西安交通大学、北京科技大学、中北大学，中国科学院中国大恒集团有限公司以及几个民营科技先导型企业。按分层实体制造（LOM）、熔融沉积成形（FDM）、紫外激光固化（SLA）、激光选区烧结（SLS）、金属粉末注射成型（MIM）等不同原理制造的快速成型机床，我国已具备投放市场过百台产品的生产能力，进入世界先进行列，并向新加坡出口了技术。快速成型机床特别适合于航天航空工业的特殊结构形状和特殊材料零件的原型制造和小批量生产。

机床工业造型设计技术是集人机工程学、环境艺术、计算机辅助设计技术为一体的有助于提高机床产品竞争力的一门新兴技术。我国在湖南大学专门设置了数控机床造型设计研究中心，这在世界范围也是较为独特的。该中心拥有一流的人机实验室，用于人体因素和人性化的研究设计，已为北京第一机床厂、沈阳第一机床厂、济南一机床集团有限公司、宁夏长城数控机床有限公司、江苏多棱数控机床股份有限公司等十几家重要机床制造厂的数十种产品进行了外观设计，创造出独特个性的识别风格，投入市场取得显著效果。用户普遍反映我国机床的直接感观连续上了几个台阶，产品的优美外观具有时代感、实用性，受到市场欢迎。该研究中心开发的“基于知识的智能化辅助网络协同造型设计系统”，包括机床外覆盖件造型图库、机床人性技术知识库，建立在国际互联网平台上的服务体系以协同并行方式，贯穿于整个机床产品开发的全过程，作为企业设计资源的延伸，服务于机床行业。

纳米加工及亚微米加工技术及设备，是当代超高精度前沿技术，北京机床研究所在这方面已夺得若干制高点，并将其应用于核聚变及 IT 产业，投入市场的几种产品已达到世界领先水平。哈尔滨工业大学在这方面进行了一系列有关的基础科研工作，为进一步开发作好了铺垫。

在技术前沿进行探索的上述各项技术已取得成效，这不仅说明我国机床行业科学技术的创新思维活跃，也体现了实力不凡，有所建树。这是我国机床工业参与市场竞争，抢占世界技术制高点的后发优势所在。

六、广泛应用信息技术

现代化经营管理的不断完善和信息技术的普及应用，已成为世界制造业提高企业核心竞争力的关键环节。信息技术的构架内涵主要是计算机辅助技术和网络技术，是提高企业经济效益的一种极其有效的手段。相对于世界机床工业发达国家，我国机床工业在信息化技术应用方面起步不晚，步伐不慢，主要企业不少已开展十余年并相继进入广泛应用阶段，取得明显成效。

计算机辅助技术最基本、实效的部分，是计算机辅助设计；从二维制图到三维实体造型，进而应用到提高设计成效的有限元分析、计算机辅助试验。

计算机辅助技术中的有关辅助管理技术，我国机床工业企业已初步涉足（国外情况类似），机床企业中早期应用现代集成制造系统（CIMS）者有北京第一机床厂、济南一机床集团有限公司、齐重数控装备股份有限公司等。近年来，随着网络技术的兴起，我国很多机床企业相继建立了局域网用于企业内沟通信息，有的已实现数据信息共享和逐步推行 ERP，走在前列的有汉川机床集团有限公司、济南二机床集团有限公司、沈阳机床集团有限责任公司、北京阿奇夏米尔工业电子有限公司，取得不同程度进展的还有宁江机床集团股份有限公司、无锡机床股份有限公司、上海机床厂有限公司、上海第一机床厂、武汉重型机床集团有限公司、沈阳第一机床厂、宝鸡机床集团有限公司、浙江日发数码精密机械股份有限公司等。

不少企业建立了活跃的企业网站，用以向世界用户推介自己的产品，有的已经开展电子商务活动。

企业推行信息技术，有助于加速产品开发，提高生产管理水平，沟通供、销信息，加快市场反应，从而提升企业效益，因而世界机床工业发达国家都运用信息技术作为提高市场竞争力的手段。随着我国信息产业的不断完善和信息技术水平的不断提升，信息技术在我国机床工业企业中的应用正日趋普及。

七、“请进来、走出去”战略

随着改革开放的进一步深化，我国机床工业不仅加快了引进技术及人才，融资合资办厂，接受外资独资办厂，同时正在陆续开展海外并购。见诸成效的海外并购案例全国超过百项，对满足市场需求、提升产品性能水平产生了良好效果。

最近 5 年来，我国机床工业海外并购国际知名机床工具企业的活动，进展顺利，成功并购美国 2 项、日本 2 项、法国 1 项、德国 5 项。

大连机床集团有限公司率先起步海外并购，北京第一机床厂、沈阳机床集团有限责任公司、杭州机床集团有限公司、秦川机床集团有限公司、哈尔滨量具刃具集团有限责任公司、上海机床厂有限公司、天水星火机床有限责任公司等也先后取得成效。机床工业的海外企业并购，在我国装备制造业中起到开路先锋作用。海外并购是一种直接获取境外高水平技术资源和有效利用成熟的国际销售网络的重要途径（也可借船出海，销售本企业适合国际需求的产品），同时也有助于培养有关技术、经营管理和营销人才，提高融入国际交往的能力和提高国际知名度。海外并购是我国机床工业历经采购先进生产力（装备）、单项技术引进、来图加工、合作开发及合作生产 4 个历史阶段的一种延伸和升级，也是我国融入世界经济大循环中值得积极采取的一种措施。

八、重视技术创新和人才培育

国际机床市场竞争的主要制胜因素是技术创新，用户对机床产品关心的是其使用价值，因此要成功地开发新产品，特别是专用产品，有效的办法是与用户结盟（特别是军工用户），深入掌握用户生产工艺（机床产品本身的制造工艺，可以说机床生产企业经过多年实践已基本掌握，而用户积累的工艺经验，则是取之不尽的源泉），以使开发的新产品能为用户带来满意的效益。

机床设计中的一些基础技术、新技术是保证新产品能够胜人一筹的依据。研发工作应当有所加强、有所超前、有所储备，才能使企业产品不断推陈出新，在市场竞争中取胜。

在产品研发中实现技术创新，对企业来说，关键是技术和技艺人才，加强培育这方面的人才，是当前和今后永无止境的重任。

除了产、学、研、用（户）结合及设立博士后工作站包容各方精英外，我国机床企业还在国外建立了一批设计开发基地，吸收国外人才和就近获取国外最新技术信息，开发前沿新产品，同时还可为国内培养专业人才，这是值得推广的一种举措。

九、机床工业体制机制改革及技术改造卓有成效

我国机床工业企业所有制由原来国有及集体所有占绝大部分，已改变为按企业数计国有只占13%、民营占73%、三资占14%的格局，而按总产值计，国有企业仍占一半左右。

国有企业逐步形成大集团，如沈阳机床集团有限公司、大连机床集团有限责任公司已在世界机床行业企业排名中，位列前10位，齐二机床集团有限公司、秦川机床集团有限公司、重庆机床集团有限责任公司等机床集团也陆续崛起。

民营企业中涌现一批后起之秀，如大连光洋科技工程有限公司、北京精雕科技有限公司、宁波海天精工机械有限公司等，发挥“小强人”优势，在开拓创新、发展新产品方面，很有特色、贡献很大。

国有改为民资控股的如宁江机床集团股份有限公司、杭州机床集团有限公司、汉川机床集团有限公司、青海华鼎实业股份有限公司、齐重数控装备股份有限公司、天水星火机床有限责任公司等，增添了发展动力，前景可观。

近年来，不少机床企业通过土地置换，易地新建进行大规模技术改造或大规模扩建改造，生产环境面貌一新，管理水平大幅度提高，设备更新优化升级，科研条件改善。具备了更强的新产品开发、生产能力和参与世界竞争的能力。

当前世界金融危机，不可避免地对我国机床工业产生影响。危机与挑战并存，应对的积极措施，在于调整结构，抛弃对低档产品领域的留恋，下苦功夫充实技术实力，提高产品性能及质量，开展个性化创新，扩大为用户服务的领域，满足用户的新要求。特别是瞄准我国军、民装备制造业对高端产品市场的需求仍在增加，加快开发替代进口产品，夺取应当占有但尚未拿下来的市场份额，并争取扩大中高端产品的出口。这既是我国机床工业当前和长远发展的有效路径，也是应尽的责任。

我国机床工业为我国国民经济和国防制造业服务，是十分崇高的使命。过去的工作存在很多缺陷和不足，当前摆在面前的将是更为繁重的任务。任重道远，时不我待，我国机床行业必须奋力前进，迎接更大的挑战，作出更大的贡献。

〔撰稿人：中国机床工具工业协会梁训瑄〕

核电和风电装备行业对加工设备的需求初探

能源是国民经济发展的重要基础，是人类生产和生活必需的基本物质保障。我国是能源生产大国，也是能源消费大国。随着国民经济的快速发展和人民生活水平的提高，对能源的需求越来越多。“十五”以来，我国电力工业得到飞快的发展，截至2007年年底，中国装机容量累计约达到6.8亿kW，发电量约3万亿kW·h。我国电力装机容量虽然排名世界第二，但人均装机容量仅约0.45kW，远未满足国民经济发展和人民生活水平提高对能源的需求。

长期以来，我国电力供应主要依赖火力发电。“十五”期间，我国提出了调整能源结构，积极推进核电、风电等清洁能源的多元化能源战略，改变过度依赖煤炭能源的局面。根据“十一五”期间我国电力工业“优化发展火电、有序发展水电、积极发展核电、加快发展气电、大力发展风电”的发展方针，规划在运行的核电装机容量2010年超过1 200万kW，2020年达4 000万kW；风电装机容量2015年1 500万kW，2020年达4 000万～6 000万kW。

一、我国核电和风电的现状以及发展目标

1. 核电

我国的核电工业起步较晚，国产核电设备的制造能力有限。当前，我国已建4个核电站，共11个核电机组，总装机容量870万kW，在国家电能源中的占比很小。当前，我国正处于电力需求高速增长期，已将高效、清洁的核电列为重点发展对象，并制定了我国核电发展战略。核电发展基本思路是：以市场需求为导向，以安全供应为基础，以经济效益为中心，加快建设，滚动发展；自主开发与技术引进相结合，以成熟的压水堆起步，发展国际先进堆型；加强管理，降低成本，增强竞争力，实现技术与经济的有机结合。从长远的经济发展和能源需求来看，中国将成为世界最大的核电市场。

我国核电装备制造业主要集中在华东、西南、东北三地，形成三国争雄之势。这3个地区不仅是我国核电装备制造基地，也是火电和水电装备的制造基地。上海电气核电设备有限公司投巨资在临海建造的核电装备制造基地，已经初具规模，将具备成套生产核电站核岛中主要部件的能力。东北地区则以哈尔滨电气集团为核心，辅以中国第一重型机械集团公司的大型铸锻件的优势，形成核电装备生产能力。西南的中国东方电气集团有限公司也具有一定生产核电装备的能力。

按照《核电中长期发展规划》确定的我国核电发展目标，到2010年在运行核电装机容量1 200万kW，到2020年新建31座核电站，在运行装机容量4 000万kW，在建核电装机容量1 800万kW。此后，我国每年至少要新开工建设2个百万千瓦级核电机组，总共需要投资数千亿元。经验数据表明，核电装备投资占到核电站总投资的55%左右，装备投资中约40%用于购买各种机床设备。

2. 风电

自2005年,我国通过《可再生能源法》后,国内风电行业发展很快。2005年,我国风电装机容量为127万kW,2006年,新增100万kW,发展速度非常快,2008年,我国风电装机容量突破1 200万kW,在世界上排名第4位。我国风电设备的生产制造,从由国外提供成套设备或引进技术和部件在国内组装,逐渐向自主研制开发转变。国内风电设备产业发展迅速,制造厂家不断增加,已经形成相当大的制造能力,而且不少地方还在扩建和新建风电设备制造能力。当前,国内风电整机设备制造企业主要有金风科技股份有限公司、西安维德风电设备有限公司、大连重工·起重集团有限公司、东方汽轮机有限公司等;变速箱(升速箱)的主要生产厂是南京高精齿轮集团有限公司。但是,我国风电设备制造还处在初级阶段,成套能力严重不足,无法满足国内风电行业迅速发展的需求,国产风机设备的市场占有率很低,大部分依靠进口。

我国可开发利用的风能资源丰富,主要分布在西北、华北、东北以及东部沿海和岛屿等地带。但风能利用率还很低,风力发电前景广阔。随着风电技术的发展,风电成本的不断降低以及治理环境污染的成本下降,致使风电站的单位发电量(kW)造价已与火电和水电相差不大。《可再生能源法》将风电作为鼓励发展的重点,因此国内很多省份都制定了大规模发展风力发电的规划,大力增加对风电的投资。到2015年,我国风电装机容量将达到1 500万kW,2020年将达到4 000万~6 000万kW。

二、核电和风电装备特点以及对加工设备的需求

1. 核电装备特点及需求

核电站的装备主要包括三部分:核岛(一回路)、常规岛(二回路)和辅助装备。其工作原理是:一回路和二回路经过蒸汽发生器进行热交换;一回路的水将核裂变产生的热量带至蒸汽发生器,将二回路的水变成蒸汽,经过稳压器,推动汽轮机转动,蒸汽经过三回路冷凝成水,再回到蒸汽发生器再加热变成蒸汽,汽轮机带动发电机发电。人们通常将一回路称为核岛部分,将二回路称为常规岛部分。

(1)核岛部分。核岛部分中的反应堆堆芯、蒸汽发生器、稳压器和主泵,是核电站设备的主要组成部分。其中反应堆堆芯包括压力容器、核燃料棒束、驱动机构等部件。这些设备的主要部件依材料和结构不同,可分为以下几种类型,需要各种不同的机床设备进行加工。

1)压力容器壳体、蒸汽发生器壳体、稳压器壳体等,基本上属于两端带有封头的大型圆桶型部件,直径和高度各有不同。压力容器和蒸汽发生器的直径取决于核电站发电机组的容量。我国当前主要生产百万千瓦级核电设备,压力容器的直径在5~8m或更大,长度约20m,分为4~5节,焊接而成,材料为特种钢。毛坯为圆柱型锻件,需要万吨压力机锻压成形。后续切削加工需要超重型数控立式车床、超重型数控卧式车床、大镗杆多轴联动数控镗铣床、数控龙门镗铣床、五轴联动车铣中心等。这类核电设备规格大,对于加工精度、主轴转速和快速移动等参数并没有特别要求,但是由于工件的价格昂贵,而且没有备件,要求成品率必须达到100%,因此对机床的可靠性和稳定性有很高的要求。

2)主泵设备。一座核电站需要10多种200多台各种类型的泵。这些泵都属于离心泵系列。其中主泵(1级泵)位于核岛心脏部位,是控制核电运转水循环的关键部件,属于核电站的一级设备。每个蒸汽发生器有1个主泵。核岛中主泵的结构并不比其他泵复杂,但是要求极高,要求具有绝对的可靠性,是目前核反应堆中国内唯一不能自主生产的设备,完全依赖整机进口。主要是因为主泵要求连续运行至少30年不准出现任何问题。目前,沈阳鼓风机集团有限公司正在与美国西屋公司对主泵进行联合研制,总体设计还没有完成。主泵直径约2m,高5~6m,其主要部件分为两类:承压部件(包括泵体、泵盖、主螺栓、主螺母等)和功能部件(包括叶轮、叶轴、密封件等)。除了1级主泵外,还有多种2级、3级泵,各种泵的名称和功能各异,但原理基本一样。如安全壳喷淋泵平时不用,只有发生故障时,要求在6s内启动,起到降温的作用。这些泵的加工包括车、铣、镗,钻、攻螺纹等工序。

承压部件(包括泵体、泵盖、主螺栓、主螺母等)中,泵体和泵盖加工需要的设备主要有大型数控立式车床、数控落地铣镗床、龙门加工中心等;主螺栓、主螺母等的加工要求比一般螺栓和螺母高,主要是对材料和刀具有特殊要求。功能部件(包括叶轮、叶轮轴、密封件等)中,叶轮和叶轮轴加工需要的设备主要有五轴联动加工中心、数控车床、大型数控卧式车床等。

(2)常规岛部分。常规岛部分主要由蒸汽轮机组、发电机组、水泵和汽水分离器等组成。

1)蒸汽轮机。核电蒸汽轮机的原理和结构与火电(燃煤)汽轮机相同,不同之处在于同等发电容量的蒸汽轮机组,核电蒸汽轮机的直径比火电汽轮机要大一些,使用的材料也不同,制造要求更高。主要加工零件有叶片、定子、转子等。主要加工机床有用于加工叶片的不同型号(最大叶片长度超过1 600mm)的四~五轴联动加工中心,用于加工转子的数控重型卧式车床、数控叶根槽铣床,用于加工定子的大型数控落地铣镗床、数控龙门镗铣床、大型定子专用机床等。如加工一个重达200多t的60万kW蒸汽轮机转子,需要回转直径3.5~5.0m、长15~20m的重型卧式车床;加工涡轮叶片需要五轴联动加工中心;加工中压缸、高压缸需要龙门宽7.5~8m,长22m的数控龙门镗铣床和重型数控立式车床以及镗杆直径200~260mm的数控落地铣镗床等。对这些机床并没有特殊的要求,一般情况下,能满足火电汽轮机加工要求的机床,基本上也能满足核电蒸汽轮机加工的要求。在这些机床设备中,加工中小型叶片的四~五轴联动加工中心和加工转子主轴的数控卧式车床等中的大部分,国产机床基本可以满足要求。但是加工大型叶片的加工中心和数控叶根槽铣床等数控机床主要依靠进口。

2)发电机。核电发电机与火电发电机基本相同,主要加工件都是定子和转子,两者的加工设备也没有什么不同。在一般情况下,能满足火电发电机加工要求的机床,基本上也能满足核电发电机加工的要求。加工转子的主要加工机床有数控重型卧式车床、数控转子槽铣床;加工定子的有数控大型落地铣镗床、大型定子专用机床等。目前,在这些高档数控机床中,部分国产机床可以满足需求,部分机床如数控转子槽铣床等仍然依靠进口。

3)水泵。主要由专业水泵生产厂提供,加工设备没有特殊要求。

4)汽水分离器。属于容器类,主要是圆桶类零件,主要加工设备是卷板机、焊接设备等。

(3)辅助装备部分。辅助装备部分主要是指支持核反应堆系统正常运行和保证反应堆安全的辅助设备。主要辅助装备包括核反应堆控制设备、各种仪器仪表、各种管道、阀门、冷却装置以及各种核辐射防护设备等。这些辅助装备的制造加工对机床设备没有特殊要求,国产机床基本可以满足需要。

2. 风电装备特点和需求

风力发电站装备主要包括:变速箱(增速箱)、发电机组、叶片、塔基和变电站等。目前,风力发电逐渐向大功率机组发展,而且技术上要求很高,风力发电机组要求运行可靠、寿命周期长,因此对零部件的精度、功能要求高。随着风力发电技术的发展,风电机组的原理和结构也在发生变化,未来的风电机组将向结构简单,体积减小的方向发展。目前,我国正在开发无齿轮箱风力发电机组,如哈尔滨发电设备集团的发电设备工程研究中心开发的无齿轮箱变速变浆永磁风力发电机组以及正在研制的“变速恒频风力发电机组”和“直驱型变速风力发电机组”。具有自主知识产权,且制造成本低,运行可靠,维修简便等,可取代带齿轮箱传动的异步发电机组。

当前,生产最多的是有齿轮箱的风力发电机组,由于结构比较复杂,其各种部件需要用不同的机床设备进行加工。

(1)齿轮变速箱(增速箱)。风机的变速箱主要由箱体、行星轮系和变速机构等组成。

1)变速箱体加工。该箱体属于大型圆桶箱体,根据发电量的不同,直径约2~3m,大部分为分体结构。加工变速箱体需要镗杆直径160~250mm的数控落地铣镗床,大型卧式加工中心、龙门加工中心等,要求机床精度保持性好,加工精度高。目前使用的主要是进口设备。

2)齿轮加工。变速箱的齿轮加工量很大,需要对大型内齿圈、圆柱直齿轮和斜齿轮等进行成批生产。主要加工设备为大型数控立式滚齿机、数控插齿机、数控磨齿机等。这些齿轮加工机床中,大规格数控齿轮机床普遍要求具有高效、重载、重切、刚性好等特点,主要依靠进口;中小型齿轮加工机床为国产设备。其中大规格、大模数齿轮和齿圈采用数控成形铣齿机和数控成形磨齿机加工。数控成形铣齿机要求大切深、大进给、转速高;数控成形磨齿机要求精度达到5级以上,自动化程度高、自动调心、自动测量、自动修形、稳定性高。国内制造风电变速箱的企业主要为南京高精齿轮集团有限公司。该厂生产任务非常忙,长期3班倒,还是不能完全满足市场需求。工期紧、任务重要求加工设备必须稳定、可靠,该厂使用的齿轮加工机床基本上是进口设备。

(2)发电机组。风电发电机组的原理和结构与火电等其他发电机基本一样。风电大都使用千瓦级发电机,与火电使用的万千瓦级发电机,属于不同级别的机组,从制造角度上没有太大难度。火电发电机组制造企业的设备,一般都能满足制造风电发电机组的要求。但是,风电发电机要求使用寿命达到20年以上,对其稳定性和可靠性要求更高;另外,风电采用变频联调和空—空冷却等设备,对加工也有一些特殊的要求。

(3)叶片。风机的叶片大多采用环氧玻璃纤维或碳纤维等复合材料制作。叶片设计主要采用全三维气动仿真和结构有限元仿真,使用真空灌注工艺进行叶片生产,机械加工较少,部分需要冲切成形。

叶片的变桨机构主要有变桨电动机、减速器和变桨控制器等,对加工设备没有特殊要求,国产机床可以满足需求。

偏航机构主要部件是带内外齿的大型轴承、4个小齿轮和变速装置等。该种大型轴承目前国内还不能制造,主要依靠进口。国内浙江天马轴承股份有限公司将开发制造偏航机构的大型轴承。其加工设备主要是要求较高的专用机床装备,如CCMT2008展览会上,齐重数控装备股份有限公司展出的3台大型数控专用机床,就是用于加工制造风电设备大型齿轮的设备。

(4)塔桶。千瓦级风力发电塔桶一般采用普通钢板材料,辊压卷曲焊接而成;直径约3~5m,高约80m,内部设有升降机构。其制造设备主要是大型卷板机、焊接设备和大型切割设备等。

三、小结

我国核电和风电装备制造业起步较晚,属于新兴制造业,原有基础较差,但是,近几年发展很快,已进入快速增长期,成为发电设备行业新的增长点,核电和风电在电力工业中的占比将逐渐增加。在能源短缺和环境恶化的双重压力下,国家重视核电和风电的发展,有助于推进能源结构的调整和能源政策的战略转移。

核电和风电装备制造业属于新兴产业,需要新材料、新工艺、新技术、新装备的支撑。机床工具行业应当重视核电和风电设备行业对加工设备的特殊需求,将其作为重点服务对象。

核电和风电装备制造业需要的机床特点是大规格、大吨位、高刚度、高可靠性。但是,国产机床的可靠性和稳定性与核电和风电设备行业的要求还有一定差距。虽然用户对可靠性和稳定性没有提出定量指标,但机床制造企业必须对这个问题予以足够的重视。

〔撰稿人:中国机床工具工业协会符祚钢〕

风电产品对加工设备的需求

一、风力发电设备市场概况

2007年，全球风力发电累计装机容量已达9.41万MW，比上年增加27%。同年，国内风电装机容量为605万kW，提前3年实现2010年的规划目标。2001年到2007年的6年间，中国风电装机容量增长14倍，中国风电装机容量已排名世界第五。

2006年，国内风电机组中兆瓦级机组占21.2%；2007年，这个比例跃升为38.1%。

中国巨大的风电设备市场以及廉价的劳动力成本，吸引了大量外国风电设备巨头纷纷在中国设厂，或采取与国内企业组建合资企业。国内多家有实力的专业厂商也纷纷涉足这个新兴产业。中国制造的风电设备产品正在以迅猛之势占据越来越大的市场份额。

随着国家对新能源开发利用的大力支持，风电行业得到迅速的发展。2005年我国风电装机容量仅有126.6万kW，2008年估计达到1 000万kW，超过“十一五”规划装机500万kW目标的1倍。国家能源局预测：到2010年全国风电总装机容量可达到2 000万kW，2020年达到8 000万kW，甚至达到1亿kW。整个风电投资、建设、运营、设备制造进入了高速增长时期。

二、发展风力发电设备的契机

由于风电属于新能源范畴，同传统的火电、水电相比技术还不成熟，发电成本也较高。但是随着国家可再生能源中长期发展规划的实施，以及国家政策支持力度的越来越大，政策支持的对象也由过去的注重发电转向了注重扶持国内风电设备制造，风电设备制造业迎来了难得的历史发展机遇，国产风机设备的自主创新和制造能力不断加强。

另外，除了风电设备整机需求不断增加之外，叶片、齿轮箱、大型轴承、电控系统等风电设备零部件的供给能力仍不能完全满足需求，市场潜力巨大。与之相配套的安装运行服务等一系列细分市场都会产生新的商机，这为整个装备制造业向纵深发展提供了新空间，抓住机会就能先人一步。

三、风力发电设备的基本要求

受风力发电机组的运行环境所限，风电设备的制造和运行维护具有更加鲜明的特点和要求：①批量化生产；②运行可靠性高，寿命不低于20年；③使用环境非常恶劣；④技术和产品差异性大。风电设备的竞争格局是区域分散化与企业垄断化，技术方向是大容量、直驱式、海上风机。

四、高起点进入风电设备领域

北京北重汽轮电机有限责任公司为贯彻国家的新能源政策，结合自身技术、生产综合实力，下决心进入风力发电设备市场，形成火电、风电设备并举的格局，以实现企业的可持续发展。公司策略是：高起点引进技术，并在消化吸收的基础上，逐步实现自主开发。

经过调研和考察，公司于2006年引进了德国Dewind公司2 000kW(D8)风力发电机组技术，充分利用Dewind公司从事风力发电机组设计、制造、安装、运行10多年的技术沉积以及500余台风机的运行经验，直接进入兆瓦级风电机组总装生产和服务市场，并结合国内实际需求，开发出常温型和低温型两种适合不同环境的风机产品。

五、风电设备主要组成结构

北京北重汽轮电机有限责任公司的BZD8—2000风力发电机是三叶片式、上风向、叶片受风角度可调(简称为“变桨距”)，且主动偏航的风机。风机叶轮直径80m。配有eOS控制系统，可以保证风机在比较宽的转速变化范围内运转并可实现远程监控。

主要组成结构包括发电机、齿轮箱、主轴系统、变频器和前后支架、偏航驱动及制动机构、叶轮(轮毂、变桨系统、叶片)、机舱外壳以及eOS控制系统和塔筒。

1. 齿轮箱(升速箱)

风机的变速箱主要由箱体、行星轮系和变速机构等组成。变速箱体属于大型箱体，直径2～3m，大部分为分体结构。加工设备需要镗杆直径160～250mm的数控落地铣镗床，大型卧式加工中心、4m龙门镗铣加工中心等，目前国产高精度机床可以满足加工要求。

变速箱内大型内齿圈、圆柱直齿轮和斜齿轮要进行成批生产。需要大型数控立式滚齿机、数控插齿机、数控磨齿机等。当前大型机床主要依靠进口，中小型使用国产设备。其中大规格、大模数齿轮和齿圈采用高效、重载、重切、刚性好的数控成形铣齿机和数控成形磨齿机，要求大切深、大进给、滚速高，自动化程度高、自动调心、自动测量、自动修形、稳定性高，其中磨齿机精度要求达到5级以上。国内制造风电变速箱的企业主要有南京高精齿轮股份有限公司、重庆齿轮厂等。国内有的企业已经在开发制造大型数控齿轮加工设备，如齐重数控装备股份有限公司等。

随着风力发电技术的发展，风电机组的原理和结构也在发生变化。未来风电机组在向结构简单化、体积减小的方向发展。我国开发的“无齿轮箱变速变浆永磁风力发电机组”、“变速恒频风力发电机组”和“直驱型变速风力发电机组”等具有自主知识产权的产品已经成功问世，并在向大型化发展。

2. 发电机

BZD8—2000配备1台双馈异步发电机，与应用IGBT

技术的变频器相连接，在一定的滑差范围内使风力发电机组能够在变速范围内运行。如阵风引起的功率波动，几乎可以完全避免，因此可使机械部件受到更小的冲击。

风电发电机要求，运行稳定可靠使用寿命达到20年以上。由于发电机是封闭式的，通过空/空热交换器冷却，维修性极差，故对温升等一些特殊要求很高。当前风力发电机制造技术难度大，组件和零部件的品种和数量多，国内企业可以批量为整机厂设备配套。其中定子加工需要高精度镗床设备，线圈需要专用设备并配备完整的机组试验定型设备。

3. 叶轮

(1)轮毂。轮毂为球形，材料为球墨铸铁，直接安装在主轴上。轮毂和叶片轴承外装有轮毂罩，使其免受环境的侵蚀。

(2)叶片轴承。叶片轴承是四点接触球轴承，带密封，将叶片固定在轮毂上。轴承的外环有与轮毂固定的螺孔，内环有与叶片固定的螺孔。因为加工精度要求高，当前轴承仍以进口的为主。

(3)变桨系统。变桨系统可以调整风轮叶片的角度，以适应风速的变化，确保叶片处于最佳空气动力学的气流状态，以减少风力发电机组各部件的载荷，实现安静、高效地运行，在额定或超过额定风速时，保持输出额定功率。

每个叶片都有各自的变桨距液压缸，用于蓄能器保压，当液压系统发生故障时，提供动力使叶片调整到顺桨位置。

4. 偏航机构

偏航系统由4台电动机驱动的行星齿轮减速机与带齿轮的偏航轴承构成，风机通过安装在机舱顶部的风向仪提供的风向参数控制偏航行星齿轮减速机驱动偏航大齿轮带动风机旋转。

偏航机构主要部件是带内外齿的大型轴承和4个小齿轮以及变速装置等，偏航机构进口的居多，国内少数合资企业也能制造。已有轴承厂试制偏航用的大型轴承，但其材料特性解读及其大型加工设备仍然是最大的瓶颈。

5. 主轴

主轴将由叶轮产生的驱动转矩传给增速齿轮箱。主轴一端通过法兰与轮毂连接，由带滚柱轴承的轴承座支撑，主轴的另一端与增速齿轮箱的低速轴套筒连接固定。轴承座为铸铁材料，主轴为合金钢锻造而成。

主轴加工采用数控卧式车床及带分度装置的立式车床。主轴轴承由于承载的特性要求，当前大型轴承仍以进口的质量最为稳定。

6. 塔筒和液压系统

兆瓦级风力发电塔筒直径可达5m以上，高约80～100m，内部设有升降机构，一般采用普通钢板材料，辊压卷曲焊接而成。制造的设备主要需要大型卷板机和焊接设备、大型切割设备等。

液压系统控制对象为变桨系统、偏航制动、主轴制动。当液压动力装置不能提供动力时，通过机舱上的蓄能器和轮毂上的3个辅助蓄能器来保证系统压力。液压系统即使在风机停止运行的情况下，也能保证系统的安全。中央控制系统时刻监控液压系统以控制和调整桨叶位置、压力、温度、油箱油位以及其他参数的变化。

液压系统由于工作环境的变化，对于所有液压元件、油管、油液等组成均需要做出相应改变。北京北重汽轮电机有限责任公司的低温型风机能够在零下30℃以下的野外正常工作。

7. 变频器

空冷IGBT变频器在四象限模式内运行。发电机/变频器系统的输出电压和频率通过控制转子绕组的输出电流和频率来调节。这是通过微机控制的使用脉宽调制技术触发IGBT单元的功率电子控制器实现的，所以输出的是完美正弦电压。当前也是一个需要攻破的难关，关键在软件的可靠性和操作性上。

六、结束语

风电装备制造业起步较晚，属于新兴制造业，原有基础较差。风电正在进入快速增长期，成为电力工业新的增长点。

风电装备制造需要对新材料、新工艺、新技术、新装备进行综合研究。需要的机床特点是：大规格、大吨位、高刚度、高可靠性。当前，国产机床的可靠性和稳定性还有一定差距。虽然用户对可靠性和稳定性没有提出定量指标，但机床制造企业必须对于大批量、高精度加工这个问题予以足够的重视。

当前国内风电整机厂商的盈利能力主要取决于零部件供应链体系的完善程度及量产规模两大因素。在国内具有合格稳定的供应链体系的风电设备企业，能通过提高国产化率有效降低成本，并做到按规划达产与及时交货。而量产规模是企业突破盈亏平衡点、实现可持续发展的前提条件。

〔撰稿人：北京北重汽轮电机有限责任公司高瑞华〕

飞机制造业对机床等设备的市场需求

2008年2月，国务院原则上批准大型飞机科技重大专项正式立项。中国人要用自己的双手和智慧制造出在世界上有竞争力的大飞机。所谓在国内、国际市场上有竞争力，一是要实现批量生产，二是飞机要达到安全、经济、舒适这3项重要目标。制造大飞机要突破许多关键技术，特别是发动机、材料和电子设备。

2008年5月11日，中国商用飞机有限责任公司在上海正式成立，标志着中国大型客机研制项目正式启动。该公司主要从事民用飞机的研制、设计、生产、制造和承接飞机零部件的加工生产等业务。

我国通过研制支线客机在人才、技术、材料、制造、项目管理等方面积累了一定的经验，为下一步研制大飞机奠定了坚实的基础。当前我国一些飞机制造企业通过为波音、空客等生产关键零部件，在一定程度上具备了制造大飞机的生产能力。发展大飞机重点要加强飞机研发、关键部件制造及总装、市场营销等方面的能力，要突破飞机发动机、机载设备、材料等关键核心技术。典型零件和难加工材料的加工也是其中的一个关键环节。

机床工业为航空工业服务，首先要了解飞机零部件的结构和工艺特点。

一、飞机零件的结构特点

飞机典型零件的结构特点是薄壁、形状复杂、外形变斜角变化大、外形多为双曲面，要求成形精确。为了减轻飞机重量，增加飞机的机动性，增加有效载荷和航程，广泛采用新型轻质材料，可进行轻量化设计。为了提高零件强度和工作可靠性，主要采用整体毛坯件和整体薄壁结构件以及大量采用铝合金、钛合金、耐高温合金、高强度钢、复合材料等难加工材料。结构复杂薄壁件、蜂窝件不仅形状复杂，而且有较多的孔、空穴、沟槽、加强筋等，工艺刚性较差。

二、飞机制造中需用的机床设备

飞机制造中需用机床加工的典型零件，主要有飞机机身结构件和发动机的关键零部件两部分

（1）飞机机身的典型结构件有梁、筋、肋板、框、壁板、接头、滑轨等。其中以扁平件、细长件、多腔件和超薄壁隔框结构件为主。毛坯为板材、锻件和铝合金挤压型材，原材料去除量大，材料利用率仅为5%～10%。当前，国内飞机零件整体结构件越来越多，材料90%以上为铝合金，少量为不锈钢和钛合金钢，应用复合材料是今后的发展方向。

1）典型零件的结构特点。①零件的轮廓尺寸越来越大，如有的梁类零件的长度已达到13m。②零件的变斜角角度变化大，超薄壁等。最薄处尺寸只有0.76mm左右，所以，加工工艺刚性差。③零件的结构越来越复杂，很多零件采用整体结构。④零件的尺寸精度和表面质量要求越来越高，如有些零件加工后出现的毛刺等缺陷，不允许用人工去除。

2）加工飞机机身典型零件所需主要设备。主要包括：①三轴加工中心，如大型龙门立式加工中心。②五轴联动加工中心，如大型龙门立式加工中心，应配备A/B摆角铣头或A/C摆角铣头，五轴联动时摆角达到±25°即可，要求主轴转速达到6 000r/min，机床定位精度0.02mm。③从发展考虑，需要大型龙门式双主轴五轴加工中心，工作台面尺寸5m×20m，用于加工梁类零件。④加工铝合金件需要大功率高速加工中心，功率≥40kW，主轴转速20 000r/min以上，带两轴摆角铣头。定位精度（全长）：$X \leqslant 0.04$mm，$Y/Z \leqslant 0.02$mm，A/B或A/C摆角≤0.004°。⑤由于整体铝合金件切削加工去除量大，为便于排屑，需要工作台可翻转90°的卧式加工中心，当前国内尚无这种卧式加工中心。⑥飞机机身结构件品种多，形状各异，且工艺刚性差，需用大量卡具。为降低成本，缩短生产准备周期，还需要各种柔性卡具。⑦钣金件主要涉及蒙皮、型材、导管等曲面成形，要求成形精准。为保证制造精度，需要大规格蒙皮拉伸机，拉伸机规格为最大拉力10 000kN，下工作台外廓尺寸：4 000mm×610mm，上工作台行程：2 000mm；蒙皮滚弯成形机，加工板料最大尺寸：12 000mm×12mm，板料最小弯曲半径120mm；还需要三轴滚校平机、型材拉弯机、导管成形机等。飞机部件装配还需自动钻铆设备。⑧为减轻飞机重量，复合材料的应用越来越多，制作复合材料构件需要铺带机，这在国内还是空白。

（2）飞机发动机的关键件有机匣、各类叶片和整体叶盘。

1）机匣加工。航空发动机机匣有三类，一类是对开环形结构，一类是整体环形结构，还有一类是异型壳体。机匣材料是一种难加工的耐高温高强度钛合金材料。机匣又是薄壁、弱刚性结构，型面复杂，精度要求高，加工难度大。机匣是大型零件，一台推力为150kN的航空发动机机匣直径800mm。大飞机的大型风扇机匣外形尺寸ϕ1 823.5mm×546mm，最薄处壁厚3mm。所以，机匣加工需要中大型多功能、高精度数控机床，如加工直径为2 000mm的数控立式车床和精密数控立式车床；工作台面尺寸2 400mm×5 000mm的龙门式五轴联动加工中心，需具备双工位、在线测量和仿真功能，刀库容量60把刀，数控系统具有高级编程功能。机床定位精度（$X/Y/Z$）分别为8μm/8μm/5μm，高速加工时，主轴转速10 000r/min以上，主轴功率15～30kW，带回转工作台，定位精度≤8″以及工作台面尺寸3 000mm×5 000mm龙门式镗铣床，带回转工作台，主轴转速6 000r/min。

2）叶片加工。航空发动机的叶片材料为耐高温的钛合金材料，需用五轴联动加工中心、五轴高速龙门铣床等加工叶片型面。叶根榫头的加工需用拉床和缓进给强力磨床，并要求缓进给强力磨床配有换砂轮装置和滚轮修砂轮装置，还需要具有在线测量、程序调整和自动补偿功能。

叶片型面采用电解加工可大大提高加工效率，还需用数控六轴砂带抛光设备抛光，以及需要叶片型面检测设备。

大型宽弦空心风扇叶片为宽弦、空心、带阻尼凸台结构，直径1 600mm以上，风扇叶尖速度高达457m/s，材料为重量更轻的钛合金或树脂基材料。制造这类叶片需要X轴、Y轴、Z轴行程达1 000mm×400mm×570mm的五轴叶片铣床，精度0.025mm的自动抛光机，组合封焊和扩散连接及超塑成形等设备。

耐1 100℃高温的镍基单晶涡轮叶片具有很好的高温强度和综合性能，叶片上有许多直径0.3～0.4mm的冷却气膜孔。制作这类叶片，需要定向/单晶熔铸炉、陶瓷型芯焙

烧炉、制芯机、磨削中心、数控缓进给磨床以及叶片制孔的电液束流设备和小孔加工单元等装置。叶片上的很多冷却用小孔，用电脉冲打孔，比用激光打孔好（激光打孔有硬化层），但现有的电加工打孔机床没有打孔深浅的显示，操作困难。需要具有深浅显示功能的电脉冲打孔机。

3）整体叶盘加工。整体叶盘是薄壁盘类零件，叶盘圆周上有装叶片的榫槽。直槽可用拉削加工和磨削加工。圆弧形榫槽可用铣削和成形磨削加工，但圆弧形榫槽的检测困难。叶环和叶盘的加工需要数控卧式车床、精密数控立式车床。要求机床的刚性好，定位精度高，定位精度2～3μm。整体叶盘的叶片部分，可用五轴高速加工中心加工，还可以用电火花成形机床加工。重型燃气轮机叶盘直径可达2 000～3 000mm，需要用砂轮线速度100m/s以上的高速磨床加工。

总之，加工发动机关键零件所需的主要设备有：①带A/B摆角铣头或A/C摆角铣头的五轴联动加工中心。②三轴行程为1 020mm×400mm×570mm的五轴叶片铣床。③工作台面尺寸1 000mm×800mm的整体叶盘高效加工中心。④工作台面尺寸3 000mm×5 000mm的数控龙门镗铣床，主轴转速6 000r/min。⑤φ2 300mm的精密数控立式车削中心。⑥φ3 200mm的数立式车床。⑦φ2 000mm的精密数控车床。⑧车铣复合加工中心。⑨工作台面尺寸1 000mm×1 000mm的榫齿倒圆专用加工中心。⑩三轴行程2 000mm×1 500mm×1 500mm的激光熔覆加工机床。⑪800mm×600mm的电火花铣削加工机床。⑫φ1 000mm×1 000mm的数控卧式车床。⑬φ1 250mm的数控立式磨床。⑭1 000mm×800mm的数控缓进给磨床。⑮φ1 200mm×1 000mm的端面弧齿磨床。⑯φ1 200mm×2 000mm的高速转子叶尖磨床。⑰7 000kN的电动螺旋压力机。⑱板类件无模多点成形压力机。⑲定向/单晶熔铸炉。⑳用于叶片制孔的电液束流设备、小孔加工单元以及真空热处理炉等。

要求机床具有足够的刚性，操作简单，人机界面清楚，具备样条插补（NURBS）功能、过程均匀控制功能，以减少对拐角处加工精度的影响，还要具有在线测量和仿真功能。

当前，飞机制造企业所使用的机床大部分是进口的，国产机床很少且大部分用于粗加工。主要原因是：国产机床的精度保持性、质量稳定性、服务及时性等方面与航空用户的要求还有差距，有些机床国内还是空白。

为改变这种状况，国外机床制造企业在与航空制造企业合作方面有一些好的做法值得借鉴，如国外一些机床制造企业设立有对应航空应用的开发部门。该部门的职责是收集航空制造企业的需求，向产品设计部门转达这些需求，研究开发用于航空零件加工的工艺和程序。机床制造企业还设置航空客户销售经理，专门负责航空制造市场的销售，加强与航空制造企业的联系，反馈航空制造市场的需求信息。国内机床制造企业也可借鉴国外的这种做法，首先了解航空制造企业的需求和飞机零件的制造工艺，据此制定机床设计方案，研究相适应的工艺路线，提供能够满足航空企业要求的机床。大部分航空制造企业都表示如果国产机床在技术和性能上能够满足要求，加上国产机床的价格又低，他们还是愿意购买国产机床的。再有，国外对于我国购买其高档数控机床，设定了很多限制，甚至对我国实行禁运。

所以，要发展大飞机项目，就必须立足国内，开发上述急需的加工设备，才能不受制于人。为此一方面我国机床工业企业应勇挑重担，为国分忧，尽早形成产学研用互动的创新机制，积极开发航空工业急需的重大技术装备。另一方面，航空发动机制造企业和飞机制造企业也要为振兴我国装备制造业献策出力，积极应用国产设备，帮助改进和优化国产设备，以期飞机制造装备尽早立足于国内。

〔撰稿人：中国机床工具工业协会宋齐婴〕

2009年上半年船舶工业经济运行情况

2009年上半年，我国船舶工业总产值、出口交货值继续保持两位数增长，但增幅呈现下降趋势。重点监测船舶企业造船完工量同比大幅增长，新船订单同比大幅减少，环比出现回升，手持船舶订单连续9个月下降。全球金融危机对船舶行业的影响逐步显现，经营形势不容乐观。

一、经济运行基本情况

1. 工业总产值继续保持增长，增幅呈现下降趋势

2009年上半年，全国规模以上船舶工业企业1 792家，完成工业总产值2 561亿元，同比增长36.7%，增幅同比下降21.4个百分点。其中船舶制造业完成工业总产值1 955亿元，同比增长43%，增幅同比下降8.4个百分点；船舶配套业完成工业总产值279.5亿元，同比增长42.3%，增幅同比下降44.6个百分点；船舶修理及拆船业完成工业总产值322亿元，同比增长5.4%，增幅同比下降63.7个百分点。

2. 船舶制造业出口交货值保持增长，增幅持续回落

2009年上半年，规模以上船舶工业企业完成出口交货值1 190.2亿元，同比增长23.7%，增幅同比下降40个百分点。其中船舶制造业完成出口交货值985亿元，同比增长33.1%，增幅同比下降24.3个百分点；船舶配套业完成出口交货值38.3亿元，同比增长3.4%，增幅同比下降57.1个百

分点；船舶修理及拆船业完成出口交货值166.9亿元，同比下降9.4%。

3. 重点监测企业造船完工量保持快速增长，手持船舶订单持续下降

2009年上半年，船舶行业70家重点监测企业造船完工量1 233万载重吨，同比增长60.2%；新承接船舶订单546万载重吨，同比下降80.7%；截至6月底手持船舶订单16 793万载重吨，比年初有较大幅度下降。

二、经济运行特点

1. 船舶工业调整与振兴规划初见成效

船舶工业调整与振兴规划发布以来，提升了金融机构对船舶工业发展的信心。4月份以来，各类金融机构加大了对船舶融资的力度，纷纷与重点船舶企业签订了各类船舶融资协议，包括战略合作协议、保函授信、流动资金贷款、国内贸易融资、出口信用证、买方信贷等，使船舶融资难的局面有所改观。

此外，调整与振兴规划的发布，对船舶工业结构调整、转型升级起到了指导作用，很多船舶企业按规划调整目标已取消和缓建了一批基础建设项目；一些企业在调整业务结构，有的已经开始考虑兼并重组等问题。

2. 航运市场出现回升，船舶企业批量承接新接订单

2009年6月份，随着航运市场的回升，船舶企业开始批量承接新订单。统计数据显示，6月份重点监测企业新接订单41艘470万载重吨，其中舟山金海湾船业有限公司共承接30艘412.8万载重吨、扬帆船舶集团有限公司承接7艘39.9万载重吨、厦船重工承接2艘11.4万载重吨、中船澄西船舶修造有限公司承接2艘6万载重吨。应该指出的是，6月份承接船舶新订单较前几个月有较大增加仅是个案，并不能反映船舶市场行情开始回暖。

三、经济运行中存在的问题

1. 工业总产值同比保持大幅增长，但增幅逐月下降

船舶工业与全国工业运行趋势不同。一是上半年船舶工业总产值保持30%以上的增长，增幅远远高于全国工业的增长水平。二是与全国工业发展企稳向好不同，船舶工业总产值逐月增速环比呈现下降趋势。统计数据显示，6月份工业总产值同比增长31.1%，比年初下降25.4个百分点。

2. 取消订单数量继续增加，手持订单风险不断加大

在航运市场极度萧条及船东资产大幅缩水等因素的影响下，上半年“订单撤销”和“合同重谈”的案例显著增多，我国船厂手持船舶订单的安全性遭遇严峻挑战。船舶撤单情况有所增加，据不完全统计，6月份我国共取消订单14艘，122万载重吨，比5月份有所增加。在订单不足，造船能力快速释放的阶段，如何确保订单的安全性成为当前造船企业的首要任务。

3. 船舶修理业产值及主营业务收入同比继续下降

2009年6月份，受铁矿石及煤炭进口量增加的拉动，航运市场出现回升，国内到港船只增加，但船东忙于抢运铁矿石，无暇顾及修理船舶。常规船舶修理艘数虽然有所增加，但单船修理量大幅削减，部分修船企业为了争夺订单，开始竞相压价，出现了恶性竞争，导致修船价格明显下降，6月底修船换板价格已从2008年9月底的2800～2900美元/t下降到1 200美元/t下降幅度为57%～59%。

统计数据显示，2009年上半年，船舶修理业增速下滑明显，1～6月份船舶修理及拆船业工业总产值同比增长5.4%，比上年同期增幅下降64个百分点（6月份当月同比下降6%）；其中重点监测船舶修理企业实现工业总产值95.74亿元，同比下降30.1%；骨干修船企业完工大型改装船、手持船舶改装订单均比上年同期出现大幅下降。

4. 造船企业事故频发，安全生产形势严峻

2009年6月份，国内船厂发生数十起重大安全事故，涉及的船厂包括国有和民营大型船厂。从地域看主要集中在江苏、安徽、上海、浙江等地区，尤其是6月14日，江苏沿长江部分地区突发强对流恶劣天气，甚至出现短暂的龙卷风，造成多个船厂都发生了200t龙门起重机倒塌事故，还有其他起重机车和部分厂房受损，生产受阻，财产损失和人员受伤。

一个月之中发生如此多的安全事故，在船舶工业发展历史上还是极为罕见的。这其中既有突发天气灾害，属人力不可抗拒的原因，也有在新建产能集中释放期中企业安全防范工作薄弱，管理不善等因素所致。

四、预测与建议

1. 预测

受造船业整条产业链系统风险释放的影响，2009年上半年国际造船市场整体表现极度萧条，订单撤销、合同重谈等诸多深层次矛盾日益尖锐，形势严峻程度远超预期。据克拉克松公司不完全统计，上半年全球累计成交新船80艘、339万载重吨（未包含舟山金海湾船业有限公司承接的30艘412.8万载重吨），同比下降96.8%。由于新船有效需求严重不足，新船交付提速和相当数量订单撤销，全球手持订单量逐月回落。截至2009年6月底，手持订单已经降至9 149艘、5.35亿载重吨，较2009年年初下降12%，较2008年10月历史最高位下降15%。新船价格延续2008年10月份以来的下滑态势，反映油船、散货船、集装箱船和液化气船的克拉克松新船价格综合指数，6月底已经跌至152点，较年初下跌25点，较2008年9月历史最高位190点下跌38点。

从发展趋势看，世界经济金融危机尚未完全释放，依旧存在诸多不确定因素；近期航运费率大幅上扬，必然加快新船交付的节奏，但最终会反过来制约航运指数的继续上涨，仍不存在反转走强条件。此外，造船市场沉积多年的行情“泡沫”也不可能在短短几个月内彻底清除。为此，从整个造船产业链运行角度来看，短期内造船市场不大可能走出低迷的发展态势。在缺乏有效需求支撑和造船成本下降等因素的影响下，下半年新船价格仍有较大回落空间。

2. 建议

1）建议各级管理部门重视调整与振兴的关系，防止出现新的重复建设项目。

2)建议各船舶企业狠抓船舶建造质量,从重视设计质量入手,加强生产过程监控,严把各生产环节的质量管理,不让质量问题影响交船。

3)建议船舶企业高度重视安全生产,主动做好各项防范工作,对易燃易爆作业用电设备的安全给予关注,把安全生产工作和企业的各项工作有机结合起来,促进企业正常有序地发展。

〔供稿单位:中国船舶工业协会〕

自主创新　硕果累累

——2008年度机床创新产品揽要

2008年,我国机床行业通过自主创新取得了丰硕成果。一批具有国际先进水平的数控机床新产品,如柔性自动化生产线、新型重型数控机床、高精度加工中心、数控磨床、大型数控齿轮加工机床、大型金属成形机床和数控特种加工机床进入了实用阶段,为我国经济建设和国防现代化作出了突出的贡献。

一、柔性制造系统(FMS)

2008年,我国多家机床制造企业成功开发了多种型号的柔性制造系统,技术水平已经达到国际先进水平,并进入了实用阶段。沈阳机床集团、大连机床集团有限责任公司、济南二机床集团有限公司、北京第一机床厂、北京机电院高技术股份有限公司、江苏新瑞机械有限公司、四川普什宁江机床有限公司、沈机集团昆明机床股份有限公司等企业都已具备开发制造金属加工柔性制造系统的技术和实力。近年来,已经有多条柔性制造系统在汽车、摩托车、家电制造业和通用机械制造业中成功运行。

1. FMS1000型和FMS1600型柔性制造系统

沈机集团昆明机床股份有限公司2008年成功开发的FMS1000型和FMS1600型两种规格的柔性制造系统,应用于齐重数控装备股份有限公司的重型机床零件的加工。FMS1000型和FMS1600型柔性制造系统由卧式加工中心、工件管理系统、刀具管理系统、中央控制和管理系统、工件和刀具测量系统组成。其中FMS1000柔性制造系统主要技术参数:工作台交换时间50s;交换精度0.01mm;物流小车速度80m/s;由5台具有精度稳定的TH56100(门式结构正挂主轴箱)双交换台加工中心、80把刀的刀库、25个交换工作台、1个物流小车、1台中央控制计算机、1个工作台装卸站和1个工件清洗站组成。主机加工中心配置SIEMENS 840D数控系统,S7—300可编程控制器,每台加工中心配备工件测头和刀具测头。FMS1600柔性制造系统主要技术参数:工作台交换时间50s;交换精度0.01mm;物流小车速度60m/s;由8台具有精度稳定的TH65160(侧挂主轴箱)双交换台加工中心、80把刀的刀库、32个1 600mm×1 800mm交换工作台、1台中央控制计算机、1个工作台装卸站和1个工件清洗站组成。加工中心配置SIEMENS 840D数控系统,S7—300可编程控制器,每台加工中心配备工件测头和刀具测头。

2. FMS—80型柔性制造系统

2008年,四川普什宁江机床有限公司制造的FMS—80型柔性制造系统通过了四川省重点技术创新项目验收。该系统由多台精密卧式加工中心、高速物流传输线、大容量工位拖板站、搬运小车、刀具调整中心、总控制室和控制软件等组成。该系统适合于多品种箱体加工,可实现多种零件、多工艺混流24h连续加工。

3. FMS63柔性制造系统

2008年4月,江苏新瑞机械有限公司在中国数控机床展览会(CCMT2008)展出的FMS63柔性制造系统,由3台卧式加工中心和自动物流线组成。①H63卧式加工中心参数:工作台面尺寸630mm×630mm(2个),主轴最高转速12 000r/min,定位精度0.01mm,链式刀库容量160把。②立体仓库:专用托盘尺寸630mm×630mm×150mm,加工件最大尺寸1 000mm×1 300mm,最大工件重量1 600kg,储位数60个。③自动堆垛机:最大行走速度40m/min,行走定位精度1mm。系统主要用于高效自动化加工中小型板件、盘类壳体类精密零件。

4. FMC—8008多工位柔性制造系统

2008年4月,大连机床集团有限责任公司在中国数控机床展览会(CCMT2008)展出的FMC—8008多工位柔性制造系统,工作台面尺寸800mm×800mm(8个),一次装夹8个工件自动完成每个工件4面及圆周的铣、钻、镗、扩、铰、攻螺纹及空间曲面加工。

以上柔性系统的研制成功和实际应用,标志着我国机床行业自动化成线能力和水平有了新的提高。

二、重型数控机床

2008年是重型数控机床发展最快的一年。我国重型机床,如重型数控龙门镗铣床,重型落地镗铣床,重型立式、卧式车床等的年产量和市场消费量已居世界第一。重型机床的快速发展是由我国电力、船舶、石化和矿山等重型设备制造业大量需求直接拉动的。一批新产品,如数控双龙门镗铣床、龙门车铣复合加工机床、动梁可交换工作台可换头五面体龙门加工中心等研制成功,其中关键技术,如静压导轨和静压轴承技术、同步控制和运动补偿技术、五轴联动技术、大功率双摆角铣头和重型回转工作台的技术等相继突破,标志着我国重型机床行业发展达到新的高度。北京第一机床厂开始制造国内单机产值最大（8 700 万元/台）的超重型数控龙门镗铣床。当前一批世界之最的超重型机床，如加工直径 25m 的数控立式车床，加工直径 5m、工件重量 500t 的数控卧式车床，镗杆直径 320mm 的落地镗床，龙门宽度超过 10m 的镗铣床等陆续投入研制，将引导我国进入世界重型机床制造强国之列。

1. XKD 型超重型数控双龙门镗铣床

武汉重型机床集团制成 XKD 型超重型数控双龙门镗铣床，并投入自用。该机床为双龙门移动式，4 铣头，龙门宽度 6.8m，加工长度 57m。双龙门移动式 4 铣头结构，属于国内首创。

2. BVDM315 ×5MC 型立式铣钻中心

齐重数控装备股份有限公司试制成功 BVDM315 ×5MC 型立式铣钻中心。该机床采用双柱龙门框架结构，双刀架双 24 刀库，具有中心主轴出水功能，静压导轨回转工作台 C 轴功能；主轴最高转速 5 000r/min，工作台直径 3 150mm，定位精度 5″，最大加工直径 3 150mm，最大工件重量 20t。该机床用于大型风电设备的轴承加工，填补了国内空白。

3. XK2127 型五轴数控动梁龙门镗铣床

齐二机床集团有限公司试制成功 XK2127 型五轴数控动梁龙门镗铣床。该机床采用长跨距重载滚珠丝杠及辅助装置，全自动附件交换装置，主轴浮动夹刀装置，横梁液压比例平衡等新技术，工作台面尺寸 8 000mm ×3 000mm，主轴转速 5 ~2 000r/min，伺服电动机功率 24kW，可实现多轴控制，五轴联动。

4. GMC2060u 型桥式龙门五轴加工中心

沈阳机床（集团）有限责任公司研制成功 GMC2060u 型桥式龙门 5 轴加工中心。该机床在 X 向双向驱动同步控制及调整技术、5 轴联动误差补偿技术、机床总体结构和拓扑优化等方面有所突破，在高速、高精度和高刚度方面有所进展。机床参数：行程（$X\times Y\times Z$）6 300mm ×2 500mm ×1 000mm；主轴转速 240 ~ 24 000r/min，快速移动速度 30m/min，A 轴 +95° ~ 110°，C 轴 ±360°。该机床在军工行业有广泛应用。

5. VX32—60 型动梁可交换工作台可换头五面体龙门加工中心

大连机床集团有限责任公司制成的 VX32 ~60 型动梁可交换工作台可换头五面体龙门加工中心，工作台长 2 000 ~12 000mm，宽 1 600 ~3 000mm，承重 30t，行程（$X\times Y\times Z$）7 600mm ×4 700mm ×1 000mm，采用滚动直线导轨、电主轴和数控双摆角铣头。该机床在关键技术设计制造上有新突破。

6. VTM260 型龙门式铣车复合加工中心

秦川机床集团有限公司 2008 年开发出 VTM260 型龙门式铣车复合加工中心。机床具有 7 轴 5 联动功能，复合化程度较高，可一次装夹实现车、铣、镗、钻、攻螺纹和车螺纹等功能。工作台直径 2 600mm，最大车削直径 3 600mm，车削主电动机功率 90kW，工作台车转速 1 ~100r/min，工作台铣转速 0 ~2r/min，铣轴电动机功率 37kW，主轴转速 1 500r/min，C 轴定位精度 20″。

三、精密、复合加工机床

沈阳机床集团、大连机床集团有限责任公司、北京第一机床厂、四川普什宁江机床有限公司、四川长征机床集团有限公司、南通科技投资集团股份有限公司、北京机床研究所精密机电有限公司等机床制造企业都开发了精密级的加工中心系列，并在航空航天、军工、IT 等领域得到实际应用。2008 年，大规格精密加工中心相继问世，复合机床的品种也有较快增多。

1. HMC160 卧式铣镗加工中心

沈阳机床集团在 CCMT2008 上展出的 HMC160 卧式铣镗加工中心，镗杆直径 160mm，工作行程（$X\times Y\times Z$）3 000mm ×2 500mm ×2 000mm，W 轴行程 1 000mm，主轴转速 10 ~3 000r/min，快速移动速度 24 000mm/min，主轴最大转矩 5 600N · m，工作台回转速度 0 ~2r/min，承载 25t。4 轴联动，工作台闭式静压结构。该机床具有主轴转速高、刚度大、承载高、精度高等特点，属于国内首创。

2. THM63100IV 型精密五轴联动加工中心

四川普什宁江机床有限公司在 CCMT2008 上展出的 THM63100IV 型精密五轴联动加工中心，机床底座为低应力铸铁，T 形布局，高精度直线导轨，配备立卧连续工作台（AB 轴）或直径 1 000mm 圆工作台。机床应用刀具检测技术、工件检测技术、混流加工技术等。行程（$X\times Y\times Z$）1 300mm ×1 000mm ×1 100mm，主轴中空冷却，主轴最高转速 12 000r/min。机床 X 轴、Y 轴、Z 轴定位精度 0.006mm，重复定位精度 0.003mm，A 轴、B 轴定位精度分别为 15″和 8″，重复定位精度分别为 7″和 5″。该机床为航空工业提供了高速、精密、五轴联动加工设备。

3. AVCP1200H 型高速、高精度立式加工中心

四川长征机床集团有限公司研制成功 AVCP1200H 型高速、高精度立式加工中心。该机床采用低应力铸铁机座，小龙门式布局；采用高精度运动部件、高速润滑和热补偿技术、高刚度结构和重心驱动技术等。主要参数：行程（$X\times Y\times Z$）1 200mm ×600mm ×600mm，电主轴功率 26.5kW/30kW，转速 50 ~24 000r/min，快速移动速度 60m/min，轴向进给速度 15m/min，机床定位精度 0.004mm，重复定位精度 0.002mm。适用于精度要求高的箱体、曲轴、连杆等汽车零件的加工。

4. CY—HTC4050u 型数控高精度车床

云南 CY 集团有限公司推出 CY—HTC4050u 型数控高精度车床。该机床采用高精度静压轴承、花岗岩床身、直线滚动导轨、高精度光栅、高精度可编程液压尾座，可选配刀具检测装置自动补偿刀尖进给量。机床加工精度 ≤IT5，$R_a \leq 0.4\mu m$，主轴精度 ≤2μm，平面度 3μm/200mm，定位精度 2μm，重复定位精度 1μm。

5. 立式复合加工中心

北京第一机床厂研制成功立式复合加工中心。该机床主轴与卡盘采用倒立式设计，使工件装夹及加工可自动完成，配合物料传送机构及工件翻转机构，可以实现工件的一

次上料最终成活的高效加工。主参数：电动机功率26kW/22kW，主轴最高转速2 500r/min，刀库容量12把。具有C轴功能，C轴分辨率0.001°，配合VDI动力刀塔可完成钻、铣、攻螺纹等加工，适用于批量零件的加工。

四、数控磨床

2008年，精密数控磨床发展迅速，出现了多种新产品，反映了磨床向精密、复合、高效的发展趋势。大型导轨磨床、大型轧辊磨床、大型立式磨床属于发展最快的磨床新品种。上海机床厂有限公司正在研制世界最大的数控轧辊磨床，最大加工范围是：加工直径2.5m，加工长度15m，加工件重量250t。

1. MK5225A型数控龙门导轨磨床

上海重型机床厂研制的MK5225A型大型数控龙门导轨磨床2008年通过了上海市经委验收。MK5225A型大型数控导轨磨床具有8~10个闭环数控轴，高精度数控凹凸磨削装置，凹凸控制在0.005mm，最小进给量0.001mm，磨削直线度0.005mm。该厂拥有精加工工艺等多项专利，该机床磨削长度可达16m，磨削宽度2.5m。

2. MK82125型数控曲轴磨床

上海机床厂有限公司研制成功MK82125型数控曲轴磨床。该机床采用自主知识产权的曲轴磨床工件同步驱动装置、静压重载荷曲轴磨床驱动装置以及6腔薄膜反馈液压轴承等技术，一次装夹可完成曲轴所有连杆颈的磨削。主要技术参数：最大工件回转直径1 400mm，最大工件长度8 000mm，最大工件重量10 000kg，中心高750mm，砂轮线速度35m/s，砂轮架最小进给量（X轴）0.002mm，控制和联动轴数为6轴2联动，即X、Z、U、W、$C1$轴和头架主轴回转运动。该机床主要用于各种船用柴油机、机车内燃机、大型压缩机以及其他大型动力机械的曲轴主轴颈及连杆的颈磨削加工。

3. MKH450型磨削中心

杭州机床集团有限公司开发成功MKH450型磨削中心。该机床采用立柱全移动式结构、转塔式砂轮库、双丝杠伺服电动机重心驱动、AYZAB五轴联动全闭环控制等新技术和新结构，可实现自动更换6个砂轮及参数，一次装夹完成多型面、多工序加工。该机床工作台面尺寸450mm×1 000mm，磨头电动机功率30kW，具有主轴防碰撞功能。主要用于航空发动机、汽轮机叶片的多型面磨削。

4. B2—K3000型高精度复合磨削中心

北京第二机床厂有限公司研制出B2—K3000型高精度复合磨削中心。该机床采用人造花岗岩床身，砂轮架（B轴）力矩电动机驱动，砂轮架（X轴）采用直线电动机+高精度导轨，一次装夹可完成工件外圆、内孔、断面、锥面、螺纹、非圆、曲面等部位的高精度磨削加工。最大磨削直径200mm，最大磨削长度1 000mm，内圆磨削范围8~80mm，控制轴数7轴，圆度0.000 5mm，纵截面直径一致性0.001 5mm，表面粗糙度$R_a \leq 0.01\mu m$。该机床填补了国内空白。

5. BVG250×5/15L—NC型数控立式磨床

齐重数控装备股份有限公司在CCMT2008推出BVG250×5/15L—NC型数控立式磨床。机床主要技术参数：最大加工直径2 500mm，最大加工高度500mm，最大承载重量15t，砂轮转速500~3 000r/min，工作台精度端面跳动0.003mm，径向跳动0.003mm。机床主要特点：磨刀架B轴任意角度分度，伺服电动机+减速机+双导程蜗杆+圆光栅；底座采用热对称结构，整机采用全封闭防护罩，吸音，绿色环保，整机噪声小于75dB，配备金刚石滚轮和砂轮修整器等。该机床是大型风电设备轴承加工的关键装备。

五、齿轮加工机床

齿轮加工机床结构复杂、精度高、专业性强，是机床工业发展水平的重要标志之一。我国齿轮加工机床品种齐全，基础较好，具有相当的竞争优势。全行业齿轮机床年产量超过4 000台，其中重庆机床集团有限责任公司年产量超过1 500台，产量进入世界前列。2008年，齿轮加工机床新产品精彩纷呈，向数控、精密、高效及大型化发展趋势明显，体现了我国齿轮加工需求的新动向。

1. Y31125CNC6型6轴数控高效滚齿机

重庆机床集团有限责任公司研制成功Y31125CNC6型6轴数控高效滚齿机。该机床最大加工直径1 250mm，最大加工模数14mm，加工精度7级，是国内首创最大的数控高效滚齿机。该机床采用智能控制系统、高速精密大型工作台无侧歇双蜗杆双蜗轮技术、滚刀主轴静压技术、大功率精密主轴、测量补偿等新技术，提高了整机技术水平。

2. YK73200型数控成形砂轮磨齿机

秦川机床集团有限公司开发出YK73200型数控成形砂轮磨齿机。该机床使用成形砂轮，静压导轨，高精度光栅闭环控制装置，砂轮动平衡系统，双圆工作台蜗杆消歇机构，配有在机测量和工艺软件包等，是亚洲最大的成形磨齿机。最大磨削直径可达2 000mm，齿宽1 000mm，模数35mm。

3. YK22160型数控重型弧齿锥齿轮铣齿机

天津第一机床总厂开发成功YK22160型数控重型弧齿锥齿轮铣齿机。该机床可加工最大直径1 600mm、最大模数30mm的弧齿锥齿轮及零度锥齿轮和准双曲面锥齿轮，加工精度8级，经过精细调整，加工精度可达7级。机床系3轴数控联动，刀盘主轴旋转采用变频调速控制，机床摇台和工件箱采用高精度蜗轮副传动，机床液压油恒温控制，配有自动排屑和导轨移动液压浮起装置。该机床是国内最大的数控重型弧齿锥齿轮铣齿机。

4. YK20100型全数控螺旋锥齿轮磨齿机

湖南中大创远数控装备有限公司制造了YK20100型全数控螺旋锥齿轮磨齿机。机床主要技术参数：最大加工直径1 000mm，最大齿深36mm，最大齿面宽130mm，齿数范围5~200个，工件轴锥孔大端直径240mm，过渡套锥孔大端直径152.4mm（锥度1:16），工件精度GB 11365—1989标准5级，齿面粗糙度$R_a = 0.8\mu m$。机床特点是7轴数控5轴联动，带有手动磨削余量分配规，全封闭结构，高效的油雾收集装置及集中润滑系统。该机床填补了国内空白。

5. BVGM315×5/20Q—NC型数控立式铣齿机

齐重数控装备股份有限公司试制成功BVGM315×5/

20Q—NC 型数控立式铣齿机。该机床通过 C 轴分度，Z 轴进给，圆盘刀强力铣削加工齿轮，效率高。圆盘刀转速 25～150r/min，静压导轨回转工作台 C 轴功能，工作台直径 3 150mm，定位精度 5″。最大加工直径 3 150mm，工件重 20t。该机床用于大型风电轴承加工，国内首创。

6. 16m 超重型数控滚齿机

中信重工机械股份有限公司试制完成 16m 数控滚齿机，加工齿轮直径 16m，加工模数 60mm，加工齿轮宽度 1.5m。该机床用于自我装备。

六、金属成形机床

金属成形机床新产品层出不穷。近年来，机床企业开发的多项重型自动化冲压线、高速精密压力机及生产线、数控冲剪复合机床、数控转塔冲床是具有较高技术含量的新产品，反映了金属成形机床产品的技术发展趋势。

1. 64 000kN 重型高速全自动冲压线

济南二机床集团有限公司研制成功的 64 000kN 重型高速全自动冲压线，由 4 台 2 400t 和 1 台 1 000t 高速压力机及上下料系统组成。主电动机功率 400kW/155kW，2 个移动工作台各承重 60t。该线已经成功应用于汽车和机械制造行业大型冲压件加工。

2. 56 000kN 数控制管成形机

湖北三环锻压设备有限公司制造成功 56 000kN 数控制管成形机并出口印度尼西亚。该机公称压力 56 000kN，折弯长度 13.8m，9 轴数控主机、6 轴数控前后拖料机、4 轴数控前后送料机等共 23 个数控轴。滑块由 6 缸同步驱动，可完成自动送料、折弯成形、旋转管坯、校圆合缝、自动出料等功能，可连续自动生产大直缝焊管。

3. 数控水平下调卷板机

泰安华鲁锻压机床有限公司制造的 WS11K 型数控水平下调卷板机，最大卷板厚度 120mm，最大卷板宽度 4 000mm。该机床是造船、电力设备制造等行业急需的重型加工设备之一。

七、数控特种加工机床

数控特种加工机床是国际上应用新技术发展最快的机床门类之一。我国电火花加工技术在电源、控制系统、电极、加工工艺等方面的研究取得一定成果，开发了一些实用机型。

1. ZT—006 型数控电火花轮胎模加工机床

苏州电加工机床研究所将电火花加工原理，开创性用于复杂轮胎模的加工，极大地提高了加工效率和质量。该机床工作台直径 900mm，主轴行程 70mm，最大工件重量 500kg，最高生产率 200mm/min，表面粗糙度 $R_a \leq 1.25\mu m$，最大加工电流 100A，ZCX 三轴显示，ZC 轴数控。该机床应用取得明显的经济社会效益。

2. B35 型精密数控电火花成形机

北京市电加工研究所研制成功 B35 型精密数控电火花成形机。该机床可实现 4 轴 4 联动，行程($X \times Y \times Z$)300mm ×210mm × 270mm，工作电流 50A，表面粗糙度 R_a = 0.08μm，定位精度 5μm/100mm，重复定位精度 2μm，最大加工速度 500mm^3/min，最小电极损耗 0.1%。该机床填补了国内空白，可用于超硬材料模具的精密加工。

3. DK7632 型低速走丝数控电火花线切割机床

苏州三光科技有限公司开发的 DK7632 型低速走丝数控电火花线切割机床，工作台行程 500mm×350mm，最大切割厚度 260mm，最大切割斜度 ±15°/100mm，表面粗糙度 R_a ≤0.3μm。该机床采用无电解脉冲电源、全闭环控制、转角控制等技术。该机床已经实现批量生产。

八、其他机床

1. HJ093 型数控蜗杆旋风铣床

陕西汉江机床有限公司推出 HJ093 型数控蜗杆旋风铣床。该机床 3 轴联动，加工直径 20～80mm，加工长度 100～750mm，加工模数 8mm，可旋头数 1～4，对硬度 58～62HRC 的工件采用旋风硬铣削螺纹，效率可提高 5 倍以上。

2. L55120 型立式拉床

长沙机床厂试制成功 L55120 型大型立式拉床。该机床双油缸，拉力 120t，行程 3m，主溜板工作行程与返回行程速度采用无极电液比例阀调速，机床加工节拍 3min。拉刀速度 1 500～2 850mm/min，工作台面尺寸 550mm×480mm，工作台孔径 370mm。该机床填补了国内空白。

3. CG—250—1 型摩擦焊机

长春数控机床有限公司制造的国内最大的惯性摩擦焊机——CG—250—1 型摩擦焊机，最大顶锻力 2 500kN，主轴转速 0～1 000r/min，最大转动惯量 622kg·m^2，焊接面积(中碳钢)15 100mm^2，旋转夹具夹料长度 800mm，总功率 400kW，生产率 25 件/h。该焊机是国内最大的功率摩擦焊机。

〔撰稿人：中国机床工具工业协会邵钦作〕

企业概况

介绍机床工具行业先进会员企业的成功经验，重点企业文化建设和发展规划

Introducing the successful experience, key enterprise culture constructions and development plans of the advanced member enterprises of machine tool industry

综述
专文
行业概况
市场概况
企业概况
统计资料
标准
大事记
附录

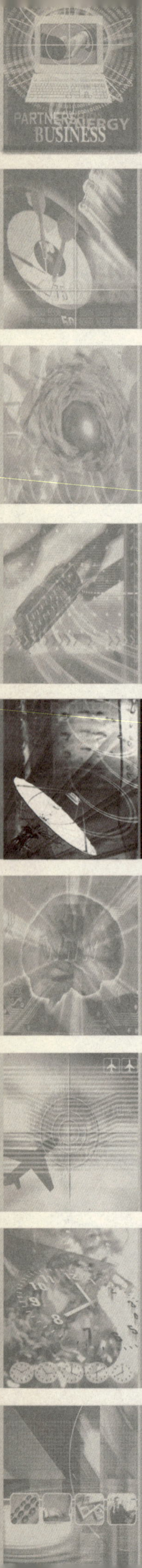

企业概况

先进会员企业介绍

企业介绍

人物访谈

理念　风采　足迹

关锡友

中国机床工具工业协会轮值理事长，沈阳机床集团有限责任公司董事长、党委书记，党的十七大代表，国务院政府特殊津贴获得者。2008年5月上任以来，带领沈阳机床集团进行以客户为中心的组织与管理的全面转型，力争在五年后实现公司“国际化、世界级”的战略目标。

战略转型—中国制造业的出路

——访沈阳机床集团董事长关锡友

进入21世纪以来，我们所处的时代背景逐步演变为全球化和信息化，它不断地改变着我们传统的生活方式、企业的经营模式和生产组织方式。这种时代背景不会以个人的意志为转移，我们也不可能回避这样一个发展趋势，因为中国已经是一个高度国际化的市场。

当前，发达国家已经步入后工业化时代，突出标志为两个方面，一是制造技术趋同，二是服务已成为主要竞争手段。世界上很多经济学家、管理学家的研究成果表明，在企业的整体价值链中真正处于高盈利水平的是研发和服务。而我国制造业企业正处在工业化的初期，突出标志是工厂制，特点是以成本为核心的管理体制。这种体制使得企业永远处于整个制造链中的最低端——制造，而整个产品盈利模式当中，制造环节是盈利水平最低的。我国制造业企业的出路就是主动、迅速地实施战略转型，这样才能推动中国从制造大国走向制造强国。

沈阳机床集团是1995年通过对沈阳原三大机床厂资产重组而组建的，是国内最大的金属切削机床制造企业。自2002年以来，沈阳机床集团以观念转变为先导，以机制创新为动力，以内涵式增长为主要途径，用新思路、新机制、新方式走出了一条国有企业发展的新路子。2008年，沈阳机床集团实现销售收入113亿元；完成机床产量8.5万台，其中数控机床产量2.1万台；海外市场营业额突破1.8亿美元。几年的历史性巨变，使企业在世界机床行业的地位由名不见经传到2008年的第七位，战略经营格局由立足沈阳到立足全球。在2008年大企业集团竞争力评价中，沈阳机床集团位列第41位。同时，还被评为2008全国十大国有企业典型。

2008年12月13日，胡锦涛总书记视察沈阳机床集团，要求企业树雄心、立壮志，努力建设世界一流跨国公司。对此，沈阳机床人深受鼓舞，也感到肩负着巨大的历史使命。沈阳机床集团有着这么远大的战略目标，面对全球化愈演愈烈的趋势，是被动防御还是主动整合？沈阳机床集团是如何主动实施企业的全方位转型？带着这些问题，本刊记者采访了沈阳机床集团有限责任公司董事长关锡友。

一、实施组织转型，建立以客户为中心的企业架构

过去几年，沈阳机床集团依靠成功的组织架构与管理模式实现了自身的迅猛发展。进入21世纪，尤其是近几年外部环境发生巨变，沈阳机床集团的内在组织明显不适应这种“新形态社会”。如今，沈阳机床集团致力于从以我为中心向以客户为中心的转型，从以领导为主角向以员工为主角的转型，建立了以客户为中心的组织与文化，从自我关注到关注客户，让营销和服务成为企业的主角。

沈阳机床集团对于客户的价值在于它能针对客户具体问题提供端对端的解决方案。因此，把自身主要精力放在以客户为核心的工作上，这是企业组织与制度创新的最高准则。内部组织的一切制度以是否有利于客户，以为客户提供更好的服务为最高准则。变革的根本目的是要通过结合新业务模型和企业的核心价值观，使企业为自己，也为市场和客户带来有价值的创新。

沈阳机床集团通过一系列改革，将等级制度推平，降低了公司的重心，并将决策权利和义务交给最贴近客户的群体，清除了冗余，提高了生产力。

二、实施文化转型，培育全员参与变革与创新的氛围

面向未来战略目标，沈阳机床集团将创新作为公司的主旋律。这种创新一方面体现在企业内部组织模式随着市场的变化而不断创新，另一方面体现在全体员工在日常工作中的时时创新，全体员工成为企业创新活动的真正源泉。

沈阳机床集团的经营理念是“关爱员工、贴近客户、

保证质量、履行承诺”。公司将关爱员工放在经营理念的首位，员工是企业的最大资产，是企业成功的关键。关爱不是溺爱，而是培训与信任，尊重与尊敬。在沈阳机床集团，企业与员工是相互投资的关系。公司在员工身上投资，包括经济、社会和心理方面，如长期职业生涯发展、培训机会、愉悦的工作环境、合理的工资/福利、亲密的组织团体、尊重员工、维护个人尊严等。员工切身感受到企业的关爱与信任，不仅能又快又好地完成本职工作，而且会产生创新的愿望与诉求，并通过多种形式为企业作出贡献。

管理并不是仅仅让管理者去变革与创造，而是邀请员工自己来变革与创造。这就需要激发全员的创造力。一方面，管理层不断给员工灌输一个信条：公司美好的未来有他们的一份，在沈阳机床集团工作可以有所作为。另一方面，管理层善用全体员工的智慧，汇集众人的力量，赢得企业的进步和发展。

过去，沈阳机床集团对员工的创造与革新，多是给予表扬、评先等精神奖励，员工无法看到创新给自己带来的实惠，扼杀了员工的创新动力与积极性。如今，由党委部门负责组织群众性的小改小革活动，有固定团队组织，固定经费奖励，一线员工的创新积极性高涨。2008年，共开展员工小改小革活动600多项，企业累计拿出几十万元奖励基金，而员工为企业创造了近千万元的革新成果。

通过一系列的制度调整，变革和创新已深深地烙在企业的价值观和所有管理体系中。员工不仅注重产品和服务的发明，而且注重将发明成果应用到不同层面，如业务模型、业务流程、技术、政策和文化，实现在这些层面上的创新。员工的聪明才智正逐步迸发，员工已成为公司持续发展的主角。

三、实施制度转型，形成激励员工全面进步的内在机制

文化的转型要有制度作支撑。沈阳机床集团提出，在制度安排上要实现从管制到激励，从堵漏到疏导，从限制缺点到扩大优点的转型。

沈阳机床集团更多地关注如何给予员工激励与肯定，针对出色完成工作任务的员工给予重奖。这种正向激励使员工处于一个螺旋式上升的通道中。过去，企业制度设计与安排的出发点是防止员工犯错误，或者是为了防止员工犯错误，派管理者去看管、去约束。如今，制度的安排是引导员工和组织不断向前发展，使企业有效形成创新文化与氛围。

中国制造业企业要想成为创新型企业，必须要变革，要通过制度的安排激励并放大员工的优点，而不是一味地限制人的缺点。

四、实施经营转型，建设以企业为主，协同开发、制造的战略伙伴同盟

在国际化的市场中，企业与企业之间竞争的载体是产品，但是回过头看，欧美企业的背后有强大的联盟，而中国企业的背后就是孤零零的自己。因此，要建立在企业内外部整合和配置资源的能力，挖掘全球化的专家资源和达致全球标准的低成本，发展全球和本地客户，从而实现经营模式的转型，获取更大的商业与效率收益。

沈阳机床集团引进了战略供应商，双方不再是单纯的买卖关系，而是让后者把配件配送到机床生产线。作为保证，沈阳机床集团为其提供长期的供货合同，并提供仓库和厂房供其无偿使用。沈阳机床集团还采取多种激励措施，吸引高质量的供应商在集团新园区建分厂，建立零距离的零部件配送体系。另外，在开发新产品的同时，引入战略供应商，从概念设计阶段开始提出性能参数和成本等方面的要求，与供应商一道开发满足市场需求的产品。这一做法有效减少了企业资源的浪费，改善了生产流程。

与此同时，沈阳机床集团着手开展以产品单元的快速产出为核心的生产系统再造。即在事业部核心经理层的直接领导下，聘用精通产品、市场和生产过程的综合人才，形成工程改善小组，抛开过去那种技术、质量、生产、营销条块分割的组织模式，进行产品成本分析、质量控制、制造过程、竞争对手等方面的研究，为事业部完善整个产品过程提供依据，其所承担的所有流程体现商品价值最重要的一环。此外，还建立了产品升级换代小组，其职能定位在利用原有技术基础和新型的商业理念对机床产品重新进行设计。

在流程方面，沈阳机床集团改变了过去以企业为中心和出发点的思维模式，一切以客户和市场为中心和出发点。如面对客户更换零件的要求，客户经理要第一时间做出决断，本部经理要听从客户经理的指挥，说换就换。再如开发一款新产品时，首先要想到的是客户需求和市场价格，要通过设计来控制成本，实现既定的利润目标，而不是固守成本加利润的传统定价方法。

单纯的产品已无法满足客户的个性化需求，因此，中国制造业必须立足于为客户提供完整的解决方案。近几年，沈阳机床集团致力于塑造 “切削专家”的企业形象，给客户提供方案，让客户形成所有的加工难题都可以找沈阳机床来解决这样一个概念。现在，沈阳机床已经成为汽车发动机缸体、缸盖、变速箱及离合器壳体、凸轮轴、曲轴、连杆等大部分关键零部件的加工设备提供商，而且是国内唯一一家有这种加工设备、加工工艺和整线工程技术综合实力的机床企业。

回顾GE、SIEMENS等世界级企业的成长史，几乎都经历过多次战略转型。执着追求梦想的艰苦历程，最终成就了业界的传奇。中国制造业企业在走向全球化、国际化的过程中面临的困难将更多，痛苦更大，所要应对的局势将更复杂。相信以全球视野坚持不懈地实施战略转型，坚定不移地走以客为先、员工至上、协同发展的路线，沈阳机床集团一定能够迎来光辉的未来。

强化优势 打造品牌

——访武汉重型机床集团有限公司董事长兼总经理黄照

黄照

中国机床工具工业协会轮值理事长，武汉重型机床集团有限公司董事长。面对国际金融危机，带领武重人"危"中找"机"，用自主知识产权的国产高档数控重型机床装备中国，打造国内数控机床第一品牌。

武汉重型机床集团有限公司(以下简称武重)是国内生产重型、超重型机床规格最大、品种最全的大型骨干企业，产品主要服务于能源、交通、冶金、机械、铁路、航空、航天、军工等行业。主导产品有重型、超重型立式车床，卧式车床，不落轮对车床，卧式铣镗床和落地式铣镗床，龙门镗铣床，滚齿机，回转工作台及各种专用机械设备等8大类50多个系列300多个品种。大部分产品达到国际20世纪90年代技术水平，超重型数控立式车床、超重型卧式车床、超重型数控龙门移动镗铣床达到当代国际先进水平。其中CKX53200型20m超重型数控单柱移动立式铣车床、CKX5680型工作台8m七轴五联动数控重型车铣复合加工机床，XKU2645型龙门宽6.8m、长57m数控双龙门移动镗铣床，DL250型5m承重500t超重型卧式镗车床，Y311250型12.5m大型立式滚齿机等产品代表了国家水平，填补了多项国内空白。重型机床产品已全部实现数控化。

武重已完成主导产品高档复合化技术升级，尤其是超重型机床全部实现了复合化加工，武重技术创新、极限制造均处于行业前列。其中世界最大规格、最大承重的超重型数控立式车床（加工直径28m）、超重型卧式车床（加工6m、两顶尖承重500t）、超重型数控双龙门移动式镗铣床（加工宽度10m）等，成为武重向国家重点行业和国防建设提供重大技术装备的最具竞争力品牌。武重由此成为世界上唯一能生产多品种超重型机床产品的厂家。

2008年的国际金融危机给整个行业带来了不利影响。面对危机，武重如何迎难而上、把握机遇、赢得市场的主动权？本刊记者采访了武重董事长黄照。

一、把握机遇、明确方向

面对复杂多变的市场形势，武重及时调整经营战略：一是全线出击，二是广揽信息，三是加强产品的售后服务。公司由原来的"挑食"改为扩大经营范围，力揽业务。建立产品的国际互联网站，在对外业务方面，通过信用风险公司控制经营风险，积极开辟国外高风险地区的机床业务。建立驻外地售后服务点，积极为用户开展主动上门服务、巡回服务，了解用户的需求，当好"设备的卫士"；为用户培训操作人员，当好用户的工艺师，将产品的售后问题解决在萌芽之中，以优秀的服务赢得用户的依赖。并以此为发展一个新兴产业——机床制造服务业做了些有益的尝试，逐步由单纯的制造企业向制造服务型企业转变。

2008年底，武重完成了"发展战略报告"，确定公司发展的总体战略，即以机床业为核心产业，强化优势，积极推进产业整合，基于服务为核心的产业结构升级，努力打造机床产业第一品牌；围绕核心竞争力，优化资源效用，以合资合作、并购联盟等手段有规划、有选择地开拓交通、新能源、冶金、金融等关联产业市场，积极推进关联扩散型发展，增强公司抵御和平滑市场风险能力；以系统的观点构建战略支撑体系，保证发展战略有效执行。发展目标是：2013年，公司初步建设成为我国重型机床行业具有影响力及带动力、国内一流、国际知名的企业集团，实现总销售收入55亿元，主业销售收入40亿元；2018年，数控立式车床、数控镗床、数控龙门镗铣床、大型数控滚齿机、数控卧式车床等产品达世界先进水平，新产品贡献率超过60%，冶金、环保等设备实现成套开发生产；武重发展成为核心竞争力优势突出，市场风险抵御力强、制度体系健全、管理科学的可持续发展的大型综合装备制造和服务企业集团。公司发展的战略措施是：以企业价值观发展为基础，解放思想，孕育先进健康企业文化，为战略执行实施奠定思想基石；以股改、上市为契机，优化股权结构，建立现代企业制度，为战略执行实施夯实制度保证；以企业业务流程重组为路径，完善价值链管理，加快企业信息化建设，为战略执行实施匹配行进路线；以企业品牌经营为核心，植入品牌理念，推进企业品牌价值建设，打造国内数控机床第一品牌。

二、自主创新、自我装备

通过几年的改制创新，武重获得了持续快速发展。在国际金融危机面前，武重制定了具体可行的应对措施，即加快调整产品结构和产业结构，加速企业技术改造，实现产品技术升级，制造高水平、高质量的产品。在技术改造过程中，武重坚持用自身重型机床武装自己，在探索有“武重特色”的技改道路上，取得了显著成效。

武重新厂是经国家和湖北省武汉市批准建设的一项重点工程，是武重提升整体功能，实现产品制造技术全面升级的一项重要工程。建成后的新厂，设备数控化率可达95%，将成为国内加工设备先进、规模大、制造能力强的数控重型、超重型机床研发制造基地。

武重44台技术改造自制设备，有8个品种33台为新开发的产品，全部安装在新厂区厂房内，犹如一个大型机床展览厅，展现了武重技术研发和制造能力，凝聚了民族进取的创新精神，彰显了武重人坚韧不拔的民族自信心，向世界展示了中国重型机床已发展进入到国际先进行列。这些新开发的技改自制设备，为企业自身提供了工艺服务，满足了技改需要，也为用户提供了机床性能及可靠性的验证平台。

三、强化优势、打造品牌

为用户、为国家重点工程提供重大装备是国家赋予武重的重要使命。一直以来，武重是我国能源、交通、冶金、机械、铁路、航天航空、军工等重要行业的装备制造基地。武重自主研发的多种产品不仅成为代表行业水平的标志性产品，而且有多台是我国首台（套）重大装备。如国内首台专门生产导弹封头、壳体，被西北某军工企业称为“功勋设备”的W029型强力旋压机；已经装备了上海电气集团公司、天津赛瑞机器设备有限公司、唐山恒通集团有限公司、南京高精齿轮集团有限公司等电工、交通和冶金行业重点企业的FB260型数控重型落地铣镗床；在加工秦山核电站关键设备中发挥重要作用、被用户视为“看家设备”的CK5240A型我国首台数控双柱立式车床；为造船工业企业大连重工•起重集团有限公司、武汉船用机械有限责任公司等提供了首台（套）关键装备U—TK6916A和U—TK6920B型数控重型落地镗床；为核电设备制造企业西安航空发动机集团天鼎核电设备有限公司、武汉锅炉股份有限公司、东方电气集团、中国第二重型机械集团公司等提供核电站零部件加工必备专用装备的CKX5363型数控专用车铣复合加工机床和CKX53160型数控重型立式铣车床；为浙江富春江水电设备股份有限公司、东芝水电设备（杭州）有限公司等水电企业提供加工大型水轮发电机装置的CKX53180型18m、CKX53200型20m数控重型立式铣车床；获得国家科技进步奖二等奖和机械工业科技进步奖一等奖，在长江三峡电站建设中立功，被誉为“共和国当家设备”的CKX53160型数控单柱移动立式铣车床；世界上迄今为止最大规格的DL250、DL325型5m、6.5m超重型数控卧式镗车床；还有打破发达国家对中国实行禁运和封锁的战略物资、属于国家“863”计划重点攻关课题的CKX5680数控重型七轴五联动车铣复合加工机床等。

由于铁路、能源等产业的发展，国家投入了巨资拉动市场需求。上述行业的发展对机床装备的需求显而易见。谁有充分的准备谁就会赢得先机。武重技术中心作为国家认定的企业技术中心，每年拿出销售收入的5%投入到技术研发中。2008年，武重对11项新产品和新工艺进行了立项，列入开发计划。经过多年的技术创新和品牌建设，再加上武重新厂建设对制造能力的提升，武重高档重型超重型机床在国际国内市场上已占有相当的技术优势和较大的市场份额。

武重将继续坚持自主创新与技术引进的技术发展路线，建立以企业为主体的产学研用相结合的技术创新体系，加强产品适用对象的研究，实现重型机床共性关键技术及系统集成技术的创新目标，提升重型机床产品技术水平及可靠性，用自主知识产权的国产高档数控重型机床装备中国，提高核心竞争力，为我国装备制造业提供更多的国产化高档数控机床装备再作贡献。

风雨四十载 擎起"中国装备、装备中国"的旗帜

——访陕西汉江机床有限公司董事长高荣森

高荣森

陕西汉江机床有限公司董事长、党委书记。他和他的团队经过8年的不懈努力，取得以下成绩：公司两大主导产品螺纹磨床和滚动功能部件的技术水平、产销规模、产品市场占有率均取得历史性突破，产品在国内市场占据主导地位，企业核心竞争力有了很大提升；公司连续两届担任滚动功能部件理事长单位，提前一年完成了"十五"规划目标，进入建厂以来发展最好的时期，为企业健康、快速、可持续发展打下了坚实的基础。

GAO Rongsen

弹指一挥间，从上海内迁陕西汉中的陕西汉江机床有限公司迎来了自己的40岁生日。40年来，汉机人把创新作为企业发展的内在动力，不断超越自我，寻找新的发展机遇；注重企业全面科学发展，把振兴中国的装备制造业作为自己的神圣使命。企业经历了由小到大、由弱变强的艰辛发展历程，书写下许多可歌可泣的动人事迹。

经过几代人的不懈努力，陕西汉江机床有限公司现已成为中国滚动功能部件和螺纹磨床的专业化生产基地，为装备制造业的"中国制造"捍卫了荣誉；成为"中国工业行业排头兵企业"、中国机床工具工业协会副理事长单位和连续两届的滚动功能部件分会理事长单位。公司生产的螺纹磨床填补了多项国内空白，"汉机"牌滚珠丝杠、直线导轨成为国内滚动功能部件的知名品牌。其中螺纹磨床产量占全国产量的85%，滚珠丝杠副和直线导轨副市场占有率超过20%。螺纹磨床产品广泛运用于高精尖机床制造和军工行业，滚珠丝杠和直线导轨广泛运用于数控机床、航空航天和船舶、汽车等行业。

短短40年时间，陕西汉江机床有限公司是如何把握机遇，打造自己的核心竞争力？在国际金融危机面前又是如何克服困难，加快发展的？本刊记者采访了汉江机床有限公司董事长高荣森。

一、创新是企业发展的内在需求

陕西汉江机床有限公司（以下简称汉机公司）始终把创新作为立厂之本，努力打造适应自身发展的创新模式，从而把"一流产品、一流技术、一流管理、一流服务"的质量方针落到实处，实现企业各项工作的全面优化，形成企业六大优势，使企业的生产经营工作围绕高起点运转。

1．核心技术的竞争优势

作为专业生产螺纹磨床的企业，汉机公司始终把新技术和新产品的研发，作为提高核心竞争力的重要环节。经过40年的努力，公司已形成具有自主知识产权的精密螺纹磨床制造技术、精密螺纹磨削技术、螺纹测量仪器制造技术、精密滚珠丝杠制造技术以及螺纹基础理论和应用技术等专利技术，促进了汉机公司精密螺纹磨床、精密滚动功能部件产品"量"的增长和"质"的提升，使汉机公司的螺纹技术在国内遥遥领先。

2．制造和使用全过程的质量反馈互动优势

公司生产的螺纹磨床，相当一部分为本厂生产滚动功能部件所使用，因此，对产品使用中可能出现的问题更清楚，采取的改进提升措施更及时、更到位。相互依存、相互促进的制造和使用关系，全面实现了企业两大主导产业的良性循环。

3．技术开发资源优势

汉机公司拥有国家级螺纹磨床研究所、省级滚动功能部件研究所。近年来又组建了滚动功能部件研发中心，积累了丰富的设计、工艺经验，探索出一系列最佳技术参数，并与大专院校合作开发滚动功能部件的设计、工艺专用软件，最大限度地优化设计和工艺。

4．"大汉江"战略优势

为扩大市场，疏通信息，加快技术进步和企业发展，20世纪80年代，汉机公司在江苏昆山国家级经济开发区建立分厂，90年代在上海浦东建立分厂，近来又建立统一的滚动功能部件研发中心和营销中心，与经济发达地区有潜力的企业进行战略合作，打造“大汉江”产业航母，培植船大好冲浪的优势。

5. 精品品牌优势

汉机公司一直追求“以质量取胜”的战略目标。10多年前，公司开始实施品牌战略，滚动功能部件率先在国内通过ISO9001质量体系认证。公司产品连续三届被全国质量协会数控机床用户委员会评为“全国用户满意产品”、陕西省“名牌产品”。公司连续两年被中国机床工具工业协会评为“精心创品牌活动十佳企业”，“汉机”牌滚珠丝杠和直线导轨成为全国各精密数控机床生产厂家首选产品，螺纹磨床系列成为各厂家必选产品。

6. 自力更生、艰苦奋斗的优势

汉机公司地处偏僻的山区，交通不便，信息不灵，在市场竞争中比别的企业多出了许许多多的困难。但是这些困难，这些不利的客观条件，也锻炼、造就了汉机人艰苦创业、自力更生的精神，并形成了汉机公司在市场竞争中赖以生存、发展、强大的独特优势。汉机公司是当时历史条件下国家定点的螺纹磨床制造厂，为顺应市场经济发展，自力更生开发出滚珠丝杠产品，并使之成为又一主导产品。汉机公司滚珠丝杠的生产母机规格最全，测量手段最好，而且这些设备都是汉机公司自行设计、制造的。到汉机公司生产车间里去看，到处可见“汉机制造”的母机、专机、测量仪器及非标装备。正是这种自力更生、不断进取的优势，使汉机公司始终走在行业前沿。

二、企业的活力在于寻找新机遇

汉机公司投产的40年，也是在矛盾和逆境中不断寻求新发展的40年。从当年单一生产机床，到今天用本厂的机床和检测设备生产滚珠丝杠反哺自己；从生产普通机床，到今天不断研制出国内首台(套)数控机床，无不是在寻找机遇中取得成绩。汉机公司始终把作强作大企业的落脚点聚焦在把握机遇、培育自己的品牌上，在寻找新机遇中增强企业活力。

1. 抓住市场需求，勇立行业前沿

企业要立于不败之地，必须把各种要素有机地组合到生产高质量的产品上来。多年来，汉机公司在推动企业发展的同时，始终把捍卫我国机床产业作为自己义不容辞的义务。随着我国机床工具行业的发展，超长规格滚珠丝杠的需求量越来越大。公司研制了国内首台10m大型数控螺纹磨床，满足了用户需求，也打破了国外在超长滚珠丝杠方面对中国的垄断。5m丝杠动态双频激光测量仪，以及在第十一届中国国际机床展览会上展出的SK7763-4m直线电动机驱动CNC蜗杆磨床等，都是全国首创、国家急需的机床产品，代表着国内最先进的技术和工艺。公司主动和从事基础理论研究的大学院校合作，建立了“汉机公司——南京理工大学滚动功能部件基础理论实验室”等研究和开发机构，提高了企业在核心技术上的实力。

2. 实施重点突破，解决重大课题

随着国民经济的快速发展，航空航天、船舶、高速铁路、大型电站等领域对高档数控装备的需求量在增大，数控机床核心部件的滚动功能部件，对高速重载方面的质量要求也越来越高。汉机公司抓住国家调整产业结构的机遇，瞄准“高档数控机床与基础制造装备重大科技专项”课题对“高速、重载、精密滚珠丝杠和直线导轨”提出的要求，确定自己的研究方向；针对国内重点发展重型、高速、精密金属切削数控机床的方向，开发高速重载精密滚珠丝杠和直线导轨，解决行业发展中的瓶颈问题。

3. 做好成熟产品，放眼未来市场

经过数十年的探索，汉机公司已能生产5大类130多个品种的机床。在全部实现数控化的基础上，针对市场需求，重点在大型、高精、高效产品上做足文章，提高企业在国内外螺纹制造的份额。公司已拥有2m、3m、4m、5m、8m、10m和12m丝杠的全套加工和测试设备；拥有0.75m、1.5m、3m和4m蜗杆的加工能力。为实现高效的目标，近年来在旋风铣床的研制上进行探索，生产能加工4m、6m、8m、10m和12m丝杠的旋风铣床。为顺应国家机械装备业发展的需求，将在螺纹系列机床产品的加工中，逐步实现智能和环保等目标。

三、科学发展是战胜困难的关键

作为专业生产螺纹磨床的厂家，公司创新能力的高低，产品竞争力的强弱，对中国机床行业大发展至关重要。换言之，在国外企业不断涌入，国内精密机床市场份额不断被国外企业蚕食的情况下，不守住阵地，我国的机械装备业就会受制于人。汉机公司按照国家提出的把增强自主创新能力作为科学发展基点的要求，提出“培养企业创新能力，促进产业技术升级”的发展思路，尤其在当前国际金融危机蔓延的情况下，从发展的过程入手，提高企业的核心竞争力。

1. 整合资源，增强技术实力

汉机公司把振兴民族工业作为己任。在人才资源的利用上，公司除充分挖掘企业内部人员潜能外，还实施了“虚拟人才”战略，借助行业内老专家丰富的经验和知识，大专院校专业雄厚的研究实力，以掌握核心技术为主要内容，推动企业的原始创新，完善以企业为主的产、学、研、用相结合的新产品开发机制。公司对生产基地进行整合，昆山、浦东和汉中本部3个生产基地的新产品研发、技术标准、产品质量、产品价格、销售市场，实现统一管理。为适应滚动功能部件发展的需求，对研发体制进行整合，联合社会各方资源，聘请高端研发人才，组建一流科研基地，为打造世界知名品牌提供人力和技术支持。

2．突破关键技术，促进产业升级

集中优势力量，对两大主业的关键战略性技术进行攻关，占领产业技术战略的制高点。在滚动功能部件发展中，公司把当今最新的科研成果运用到结构设计和制造工艺中，在抓好传统磨削方式的同时，注重冷轧丝杠和旋铣丝杠工艺的探索和运用。在精密数控螺纹机床产业上实现技术升级，把握当前机床工具产业结构大调整的趋势，扩展螺纹磨床功能，完善补齐螺纹系列产品的数控化，提高产品的精度稳定性和工作可靠性。对国家当前重点扶持的汽车等产业所需的数控曲轴磨床、数控凸轮轴磨床实施重点突破，对精密螺纹磨床磨头、复杂精密曲线砂轮修整等关键技术实施攻关。

3．在产品上集成智慧，做强做大重点产业

受中国市场的吸引，海外各滚动功能部件制造厂家纷纷登陆中国市场，给国内滚动功能部件行业带来极大的压力。而当前，国家在重点发展数控机床和各类自动化装备时，对滚动功能部件的生产已引起高度重视，这又给企业带来机遇。为此，汉机公司在职工中树立“技术高起点，生产专业化，产量规模化”的发展理念，密切跟踪主机厂家发展趋势，千方百计提高产品的精度指标和性能指标，为用户提供高质量的滚动功能部件。汉机公司作为国内唯一专业生产螺纹磨床的厂家，肩负着生产国内滚动功能部件工作母机的重任。公司加大对国内外同类产品信息的收集，新工艺新技术的运用，不断为用户提供专业化水平高、性能好的生产设备和检测仪器。

四、塑造中国品牌装备中国制造

汉机公司用“诚信为本，精益求精”的汉机精神培植企业文化，把汉机产品打造成中国的知名品牌产品，把企业打造成中国的知名品牌企业。

一是按照做强做大做精的要求，对整个生产和制造过程，严格按照质量管理体系文件执行，建立质量例会制度，定期对用户反映的问题和生产过程中出现的问题，统一协调和处理。二是长期开展质量信得过班组和质量管理小组活动，确保每道工序和生产过程的优化。目前公司已注册18个质量信得过班组，其中巾帼丝杠装配班连续五年获得“全国机械工业优秀质量信得过班组”称号，3个QC成果获“全国机械工业QC成果”一等奖。三是加强全员的质量意识教育，抓好设计、采购、制造、销售、售后服务全过程的质量管理，使“用户在我心中，质量在我手中”成为全体员工的第一准则。四是制定精益求精的工作机制。以“做品牌产品首先要做品牌员工”的要求，开展比技术、比质量的竞赛评比活动。实施质量专项整顿，解决质量工作中突出的质量问题。实行质量专项抽查，对产品采购质量、加工质量等进行客观评价；并通过合理化建议和质量小改小革活动，强化职工对提高质量的关注度。五是把售后服务作为树品牌的重要内容，做到售前吃透用户需求，售中零距离指导用户使用产品，售后搞好服务，承诺服务时限。

“自力更生，发奋图强，精益求精”的企业文化是推动汉机公司40年发展的强大精神动力。当前，国际经济环境和国内市场都发生了深刻而巨大的变化，企业间的新一轮竞争将更趋激烈，赶超世界先进制造技术水平、促进企业产业升级任重道远。2007年年初，陕西秦川机床工具集团正式成立，标志着陕西装备制造业进入了一个新的发展阶段。汉机公司作为集团内的一个重要成员单位，将借助大集团的协同优势，按照“十一五”规划确定的“高起点、规模化”的发展思路，充分发挥自身优势，继续加大研发和创新力度，充分发挥螺纹磨床和滚动功能部件两大产业优势互补、相互促进的核心技术优势，大力推进技术改造和自主创新，进一步加强与国内同行企业的密切协作，加快机床和滚动功能部件两个重大专项的实施进程，扬长避短，奋勇争先，和有志于振兴中国机床业的志士仁人一起共同擎起“中国装备、装备中国”的旗帜。

先进会员企业介绍

创新 拉近世界的距离

——济南二机床集团有限公司

机床工业是为各行业发展提供工作母机的基础性产业，承载着推动创新、引领技术进步的责任与使命，机床行业的兴衰，对于国民经济具有重要的影响。改革开放30年来，中国的经济取得了长足进展，机床行业也在发展中展示了自身的潜力。尤其是近几年来，在振兴装备制造业的政策背景下，在巨大的市场需求面前，行业企业牢记使命，创新热情持续高涨，创新成果推陈出新，在满足市场需求的同时，激发了行业发展活力，与用户的沟通更加密切，国际竞争力日益增强。中国机床产业在创新中，不断融入世界，拉近了世界的距离。

济南二机床集团有限公司（认下简称济南二机床）是由原济南第二机床厂按现代企业制度试点要求整体改制而成的国有独资公司，山东省高新技术企业，我国520家重点企业之一，中国最大的重型机械压力机和重型数控镗铣床研发基地、锻压行业排头兵。企业占地面积101万m^2，生产用地65万m^2，在岗职工4 800余人，总资产逾18亿元。下设压力机、数控机床、销售、进出口等19个公司、7部1室和2个中心。主导产品有数控冲压机机床、数控金属切削机床、自动化设备、铸造设备、环保建材设备和数控切割设备六大门类。

近年来，以“打造国际一流机床制造企业，塑造国际知名品牌”为目标，以市场为导向，全面推进企业创新，努力以高新技术产品满足国内外用户需求。在适应市场的基础上，进而引导用户需求，从为用户提供“量体裁衣”的产品与服务，到“为用户、为社会创造价值，与用户共同迈向成功”等价值理念的确立与有效实践，济南二机床真诚贴近市场，拉近了心与心的距离。

一、技术创新——缔造核心价值

“工欲善其事，必先利其器”，这对设备、工具使用者来说是成功做事、做好工作的基本道理，而对机床装备制造业来说是沉甸甸的责任。技术先进、适用，是机床产品的核心价值；持续推动技术创新，是机床企业生命力的重要支柱。

济南二机床的技术发展与很多企业一样，经历了从引进、消化吸收到自主创新的过程。从产品技术水平落后国外10~15年，到与国际最新产品技术同步开发；从只能制造单一的产品品种，到根据用户需求提供个性化的产品服务，逐步形成了具有特色的“JIER”技术体系。当前，企业技术开发投入占到销售收入的7%以上，技术进步产品产值占新增工业产值的70%以上；企业技术中心2006年被认定为首批118家“国家级企业研发中心”；每年自主开发上百个新产品，90%的新产品达到国际或国内先进水平。

随着国内市场迅速与国际接轨，中国机床工业面临前所未有的挑战，随着企业技术发展的逐步升级，通过单纯的技术引进，获得核心技术的空间越来越少。挑战国际顶尖企业的垄断地位，打造国际一流机床企业，迫切要求企业增强技术创新能力，济南二机床也为此付出了巨大的努力。

一是积极开展与国际著名功能部件、机器人制造商的合作，推进与高校、科研机构的产学研联合，充分应用现代技术发展成果，着力提高企业技术集成创新能力，快速进入高端市场。成功为美国用户提供了2 000t、2 500t高速级进模压力机，5 000t多工位机械压力机；为巴西福特公司、巴西通用公司实施压力机机器人自动冲压生产线、快速送料冲压线的集成工程；为长安汽车公司提供了国内第一条全自动汽车覆盖件冲压生产线，为华泰汽车公司提供了国内第一条机器人全自动冲压生产线，为上汽通用汽车公司、沈阳金杯汽车公司等用户提供了快速送料冲压生产线等高技术产品，打破了国外企业在高端领域的垄断地位，赢得代表国际最高技术水平的双臂自动送料高速冲压线订单和济南二机床历史上最大规格的超重型数控动梁龙门镗铣床订单，与上海通用汽车有限公司、上海大众汽车有限公司、广州本田汽车有限公司、一汽大众汽车有限公司和东风汽车有限公司等高端用户的合作更加密切，数控落地镗铣床的市场开发取得积极进展。

二是着力于核心技术的自主创新。在锻压设备方面，先后在机械手自动上下料冲压生产线、机器人自动上下料冲压生产线、高速冲压生产线、大型多工位机械压力机、伺服压力机等尖端技术领域取得突破。在数控机床方面，企业成功开发重型数控落地镗铣床、重型数控龙门镗铣床、大型高速五轴联动镗铣床、机械式（大功率、重切削）五轴联动镗铣床、高档开卷落料线、数控液压垫和大型多工位送料机等填补国内空白的新技术、新产品。同时，还开展了新材料应用及热处理、铸造和关键件机械加工工艺的研究与攻关。

三是进行高起点技术改造。三年来，企业累计完成4亿元技术改造投资，提高了基础大件、齿轮和轴类等关键件加工装备的数控化水平，增强了重型数控镗铣床和自动化锻压设备的装配能力。目前,拥有主要生产设备1 300余台(套),可制造世界上最大公称压力的超重型机械压力机和重型金属切削机床。

“十五”期间,企业承担并完成了南水北调、航空、汽车等重点领域的3项国家“863”计划项目。近三年,共完成开发项目206项,其中承担国家、省市攻关项目58项,获省市科技进步奖24项,申请专利35项。出口美国5000t多连杆机械压力机,荣获国家科技进步奖二等奖。

二、机制创新——激发企业活力

济南二机床是具有70年历史的国有企业,面临着持续激发创新与发展活力的课题。近年来,以国际一流机床制造企业为标准,坚持“以市场为导向,以效益为中心,以机制做保障”,激发了企业活力,实现了连续跨越。

一是本着适应市场的原则,构建资源高效共享的企业组织架构,分步实施流程再造。同时配套实施领导干部竞聘和绩效考核制度,塑造精干和富有合作精神的核心团队。

二是注重全员素质的提升。结合用工制度改革,在重要岗位和新增岗位推行竞争上岗,同时进一步加强职工岗位培训,培养造就科技带头人、技术拔尖人才、专家型技师队伍和优秀管理队伍。

三是出台了一系列鼓励创新的制度和措施,加大奖励力度、实行岗位工资与创新项目奖励相结合的分配制度,进一步激发了干部职工的创新热情。

通过机构整合、干部竞聘与创新制度建设,使得机构压缩了一半,干部压缩了2/3,而企业经营规模连续实现了从4亿元到10亿元、15亿元的跨越。同时,干部职工的市场观念、创新意识显著增强,面对市场竞争压力、产能压力,干部职工更加主动地投入到技术创新、管理创新过程中,在创新中解决和克服企业发展中的各种困难和问题。

三、管理和文化创新——凝聚企业创新的浓厚氛围

企业管理是具有个性化特点的活动,企业管理又与企业文化具有很强的融合性。济南二机床坚持将品牌建设作为系统提升管理水平的切入点,将信息化建设作为提升管理效率的重要手段,通过企业文化建设为各项工作提升营造浓厚氛围。

加强品牌建设,通过推动制造准时化、提高企业履约能力,严格落实ISO 9001国际质量体系,加强用户培训与服务,设立专门的设备维修改造公司,在上海、广州等用户集中的地区设立售后服务中心等措施,使“JIER”品牌系列产品荣获“中国机床市场用户满意十佳品牌”,十大系列的数控龙门镗铣床、数控落地镗铣床入选军工企业首批国产数控机床推荐目录,被通用汽车、福特汽车和本田汽车等世界汽车巨头列为合格供应商。

企业投入大量资金,推进技术、管理、生产制造等领域信息化建设,以信息技术和网络技术改造提升传统产业。CAD应用跃到全国同行业领先水平,PDM成果通过鉴定。铺设了覆盖全厂区的主干光纤网,自主开发建立了办公自动化系统。建立企业网站,开发MRPⅡ系统,不断完备其功能,并逐步向ERP升级。开发完善工序成本核算系统,主要生产公司实现了计算机辅助工序成本核算,推动了企业管理不断深化和细化。建立了企业网站,探索开展电子商务,以生产计划管理信息化为中心,将各管理模块和子系统,整合形成高效的一体化信息系统,实现信息共享、快速传递,提升了技术开发能力、敏捷制造能力和企业核心竞争力。企业被认定为“山东省信息化应用试点示范工程企业”、首批“济南市制造业信息化工程示范企业”,还连续多年被评为“中国企业信息化500强”,是全国CAD应用工程示范企业和山东省首批制造业信息化示范企业。

倡导“合作、创新、效率、责任”的文化理念,升华“JIER”标识文化内涵;开展自下而上的员工守则、职业精神提炼和宣传推广活动;举办企业文化论坛;结合企业不同发展阶段,开展不同主题的解放思想、提升观念大讨论活动,通过文化的融合,提升企业凝聚力,不断增强干部职工的创新意识。

先进的技术、可靠的质量,也使济南二机床在激烈的国际角逐中,塑造了中国机床工业应有的地位,培育了国际知名品牌。大重型数控冲压机床的国内市场占有率提高到70%以上,仅为汽车工业就提供了200余条冲压生产线。数控金属切削机床销售呈现高速增长态势,为汽车、机车、冶金、航空航天、兵器、船舶、机械、轻工等行业,以及上海磁悬浮列车、南水北调、西电东送、西气东输、京沪高速铁路等重点项目、重点用户提供了大批关键装备。5 000t重型多工位机械压力机、3 200t数控冲压生产线、重型数控龙门镗铣床、重型全自动开卷落料线等高技术产品,成套出口美国、德国、巴西、泰国、印度等50多个国家和地区。

企业持续稳定发展也让职工充分分享了企业发展成果。国家停止福利分房后,先后决策实施4次集资建房,并于2004年新辟建设吉尔花园住宅区;实施大规模厂区、社区基础设施更新、改造,优化职工生活、工作环境;为让职工在创造性劳动的同时享受生活,2005年、2008年两次组织评选优秀员工出国旅游,2008年还从模范员工中选出优秀代表奖励轿车;每年定期组织劳模、主任工程师、有突出贡献的骨干职工等外出考察和学习交流。同时,结合企业实际,研究实施“关于实施企业年金的方案”政策,成为目前唯一实施企业年金的济南市市属工业企业;根据绩效考核结果,年中、年底两次给为企业发展做出贡献的职工加发奖励工资。

全球性的金融危机为企业发展带来严峻的挑战。国家积极的财政政策和适度宽松货币政策的实行,以及支持自主创新、结构调整,实施“走出去”战略,使航空、航天、铁路和新能源等领域有望保持持续发展,高档数控机床需求在逆势上扬并保持强劲势头,为数控机床等装备制造业发展提供了上升空间。国家一系列重大专项政策的实施,是鼓励,也是鞭策,更是机遇。济南二机床将抓住机遇,通过不断努力,不断创新,向“塑造国际一流机床制造企业,培育国际知名机床品牌”的目标加快推进。

〔供稿单位:济南二机床集团有限公司〕

调结构　上水平　强服务　压库存
加快大型、精密、专用数控机床研发制造步伐
——上海机床厂有限公司

2008年，严峻的世界经济形势给国内外机床市场以及企业生产经营带来阵阵“寒”意。作为国内磨床研发制造主力军的上海机床厂有限公司，为应对金融危机与市场风险，从维护企业持续与健康发展这个根本出发，以调整产品结构、提高技术水平、加强用户服务、压缩产品库存为抓手，大幅度压缩通用机床生产，加快“大型、精密、专用”数控磨床的出产，使产品结构适应市场需求。同时，公司注重挖掘内部潜力，狠抓基础管理，提高生产效率，加大技术创新力度，使生产组织方式与管理不断适应“大型、精密、专用”数控磨床制造需要。

2008年，尽管一定程度上受到国际金融危机影响，但通过采取“调结构、上水平、强服务、压库存”这一系列举措，企业还是基本保持了持续发展态势。2008年销售收入87 976万元，同比增长7.14%；净利润5 613万元，同比增长9.9%；出口创汇1.8亿元，同比增长11.32%。尤其是各类大型、专用数控磨床的研发、制造、经营增长更为显著，并已成为公司产品发展的主要标志。

继2007年“上机”牌数控磨床被评为“中国名牌”、“上机”牌磨床被评为“上海名牌”，以及企业获得上海市“2007年度装备制造业与高新技术产业自主创新品牌”等称号后，2008年企业又获得中国机床工具工业协会“自主创新十佳企业”和“精心创品牌活动十佳企业”称号。

一、围绕“创新、务实、高效、共赢”指导思想，抓好企业经济运行质量

围绕公司提出的“创新、务实、高效、共赢”的企业文化核心理念，在进一步明确公司发展战略定位的同时，上海机床厂有限公司从企业产品研发、市场开拓、内部管理等方面入手，狠抓企业经济运行质量，确保了企业预算目标的基本完成。2008年，在宏观经济形势骤变的状态下，企业抓住了上半年市场仍然比较好的机会，实现了上半年目标。下半年在市场发生突变的情况下，公司及时调整了产品结构和生产组织结构，紧紧围绕有订单、能回笼资金的用户组织生产，确保企业提高盈利能力。

在此基础上，公司一边继续保持上半年的良好发展势头，加快产品结构调整，一边对各项经济指标加强了考核力度，并落实相应的责任单位和配合单位，及时跟踪措施计划的执行情况，分析偏离执行计划的原因，提出新的办法解决存在的问题，确保企业运行质量的提高。2008年，尽管受国际金融危机的影响，但企业主营业务销售收入和税后净利润、出口创汇等各项经济指标均有不同幅度的增长。

二、“调结构、上水平、强服务、压库存”，加大专机制造力度

2008年9月份开始，受金融危机影响，通用机床销售量急剧下降，专用机床用户提出延期或退货的要求，严重影响到了生产组织，给产品正常出产带来了很大的风险。针对以上情况，企业从2008年第四季度开始果断采取“调结构、上水平、强服务、压库存”措施，应对金融危机和市场风险。

“调结构”——就是根据市场需求的急剧变化，把通用机床、专用机床的比例由原来的70∶30，迅速调整为30∶70，专用机床成为主导产品；同时，围绕产品结构调整，及时调整生产组织结构，把专机扩散到通用装配，3个产品总装车间相互调剂力量；并新建大型专用机床生产场地，提高应变能力。

“上水平”——公司除注重保持数控外圆磨床、曲轴磨床等产品的优势外，还大力研发制造大型、重型机床装备，包括正在安装调试的250t超大型数控轧辊磨床和高精度主轴磨床，充分体现企业产品技术发展正逐步向高端发展的趋势。

“抓服务”——公司每年生产约3 500台机床，以往只做保修期内的安装调试服务。2008年开始，工厂导入了服务产业理念，把近10年来销售的数万台机床作为服务产业的目标市场，将维修服务与数控技术改造结合起来，当年服务产业销售收入500万元，2009年将增长到1 200万元。

“压库存”——2008年第三季度以来，企业理出了一份历年沉淀的在制品清单，要求工程技术人员在设计产品时，首先考虑合理使用在制品。采取这一举措后，2009年将压缩在制品4 000万元，盘活沉淀资金。围绕管理变革，企业进一步转变思想观念，细化内部管理。

此外，公司围绕“调结构、上水平、强服务、压库存”这个中心，一是改变内部生产组织方式，使之适应专机生产需要，并将原制造普通机床的部门转为专用机床生产，使企业资源得以共享；二是企业销售部门主动走访用户，在防范潜在用户退货风险的同时，加紧专机制造步伐，确保在手订单的完成；三是通用机床逐步向外转移贴牌生产，重点抓数控专用机床的出产与销售，对于小型机床在提高精度、可靠性方面上水平，抢占技术制高点和市场份额；四是注重特大型轧辊磨床制造上的突破，在企业生产任务紧张的情况下，公司专门成立了以总经理为组长的领导小组以及相应的工作小组，依靠全厂的资源，使国内最大的可磨削250t工件的MK84250数控轧辊磨床顺利进入总装，创下了企业装配超大型机床新的纪录。

三、强化企业内部管理，增强抗风险能力

1. 健全完善销售管理机制

2008年，针对市场环境的突变，企业从强化内部销售管理入手，转变管理机制。首先解决了企业长期以来“五口通商”的顽症，实行主机和备品配件统一由销售公司对外销

售；其次是成立售后服务中心，由销售公司统一管理，并整合改组销售队伍，使销售与服务更贴近市场与用户；再次是重新制定物资进出流程，实行集中管理，废旧物资的处置集中归口，每季实行一次招标，确定收购单位。此外针对用户提出退货及延迟交货合同进行逐一分析，及时调整出产计划，重点放在用户有资金、同时又是急需的产品上。对用户提出退货的机床，销售部门在第一时间与用户进行沟通，同时采取调换用户，将已经完工机床及时实现销售。

2. 转变服务理念，提升服务水平

公司在用户服务工作上一贯秉承“用户至上，满意服务”的理念，倾心倾力为用户提供一流服务。2008 年，公司为提升用户服务满意度，对用户服务体制加大改革力度，即由原来各分厂按“谁制造谁负责”分头运行的服务模式，改为成立一个售后服务中心，并且统一归并销售公司，把销售服务融合在一起，将服务人员整合起来统一安排，把有限的人力资源充分利用好。这样既克服了服务运行的迟缓与人员安排不够紧凑的现象，又避免了维修费用由于多头支出而造成浪费的现象。同时，公司进一步采取贴近用户的跟踪服务形式，在全国（广州、温州、宁波、常州、郑州、济南和沈阳等）各个销售重点区设立驻地服务办事处，配合当地销售公司或用户，做到随叫随到，服务及时高效。对超过质保期的用户，新开辟一个服务专线，成立有专人负责的超期服务模式，建立统一管理的体制，使产品的后续服务有了制度保障，贯彻了满意服务始终的理念，解除用户后顾之忧。理念与机制的转变，使服务有了明显改进，一般机床由原来平均 3 天的服务时间，提升到 1 ~ 2 天，或当天到达，旅差费也有所减少。统一管理后对产品质量能够统一归并分析，缩短了信息反馈时间，使产品质量得到及时有效改进。

3. 积极拓展国际市场

2008 年，虽然受金融危机、人民币升值、出口退税率下调和原材料价格持续上涨等因素影响，但企业继续发扬“走出去”精神，积极开拓新兴市场。通过走访老客户、参加国际展会，吸引了多批客户来访。仅印度市场，在 2008 年下半年就承接了 100 多万美元的新订单。同时开发了包括俄罗斯、乌克兰、捷克和阿根廷等在内 9 个新市场。另外，本着互惠共赢的原则，和国内知名、有实力的外贸公司合作沟通创汇金额占机床总出口量的近 40%。2008 年，企业出口创汇总额继续保持了两位数的增长，达到近 1.8 亿元，比 2007 年增长 11.32%。

4. 转变生产组织方式，优化基础设施，提升生产能力

为应对风险，2008 年尤其是下半年，公司始终以“调结构、上水平、强服务、压库存”为中心，同时明确了以高端产品发展为导向，合理进行生产布局与组织计划调整的指导思想，加快管理方式的转变。第一是计划与生产有效协调，逐步做到由部门分散计划管理变为集中管理，一方面加强对在制品、零部件成套的管控力度，有效控制装配进度，另一方面强化销售预测，根据销售部门反馈的客户信息，在滚动计划中明确标注当月出产的重点商品，加大生产商品与销售的关联度，对加快市场反应能力、提高销售收入及降低库存等起到了显著效果。第二是合理进行生产布局和调整产品转移力度，围绕加快专机生产这个重点，把专机扩散到通用车间装配，使 3 个装配分厂的生产能力得到比较均匀的分配，也缩短了专机出产周期，提升了销售对产品出产的满意度，提升和挖掘了各装配分厂的装配潜力，对企业提高适应市场变化的能力起到了积极作用。第三是新建大型专用机床生产场地，添置大重型、精密加工设备，缓解了设备生产工艺能力不能适应发展的矛盾，缩短了生产制造周期，降低了生产成本，提高了专机制造能力。第四是加强采购管理和对进口件、国内外购件采用电子商务平台集中采购，降低采购成本，同时加强对铸件、零部件及协作件供应商的控制力度，逐步推广招投标形式，减少供应商数量，确保协作件质量与价格控制。

5. 以质量标准化管理促进产品实物质量的提高

企业在获得 2007 年“安全质量标准化管理二级企业”、“中国名牌”和“上海市装备制造业与高新技术产业自主创新品牌”称号，以及通过 M1332B 系列产品出口免验复审的基础上，2008 年通过了 ISO 9001 质量管理体系的监督审核，国家质量监督局的飞行检查以及上海市质量技术监督局的监督审核，并和上海机械工业质量协会联手对几家提供主要部件和铸件的供方实施了监督检查和评审，取得了一定成效。但针对产品实物质量与标准要求上存在的差距，企业在倡导“塑造人品、制造精品”质量文化理念，坚持管理标准化、规范化的基础上，从抓零件修毛倒角、机床清洁度以及完工机床的外观质量等项基础工作入手，狠抓主关零件、入库零件的加工质量，强化工艺纪律检查，逐步规范工艺操作规程。经过一年的工作，产品实物质量有了提高，特别是现场产品外观质量有了较大的改变。

四、加大技术与工艺创新力度，努力提升产品能级和核心竞争力

产品结构调整，是 2008 年企业工作的重中之重。面对金融危机和市场风险，企业积极应对市场需求，不断提升自我开发能力。公司技术中心积极配合销售部门，贴近市场需求，产品开发的技术能级不断提升。2008 年新产品开发数为 72 个，其中数控产品 50 个。重点完成了顶磨及托磨重量均达 250t 的超大型数控轧辊磨床设计；完成了首台带伺服托架装置的 MKA82125/H 大型数控曲轴磨床（已进入到装配调试阶段），同时在 MK82125/H 上使用偏心盘装置磨削连杆径成功，使大型数控曲轴磨床研发制造进入了新的高度，产品荣获 CCMT2008“春燕奖”。另外，MK84200/12000—H 获得了 2008 年中国国际工业博览会银奖，企业还获得了上海高新技术企业认定。

公司还注重与有关高校的产学研合作，致力数控磨床核心技术的研究与新产品开发，相继研发制造了一系列具有自主知识产权，并具国内领先水平的高档数控磨床及其技术。2008 年 9 月，由公司与上海交通大学、上海大学和上海理工大学共同承担的上海市科委科技攻关计划“非圆磨削技术的研究开发及其应用”、“面向钢铁、汽车行业的高档数控磨床关键技术及装备开发”两个项目通过了上海市科

委的验收。

此外,公司还利用自身技术实力雄厚、加工能力强的优势,在跨行业合作方面进行大胆尝试。从2007年开始,公司与上海天文台合作研制大口径天文望远镜,成功开发出了填补国内空白的新型激光通信望远镜,并于2008年在北京解放军某基地成功安装,为自身技术的积累和发展打开了一片新的天地。

五、加大技改投入,做好节能减排工作

企业从可持续发展这个目标出发,投入了大量精力和资金进行技改,用西门子数控系统改造旧设备,降低龙门铣床、龙门刨床等设备能耗。在节能减排上,仅2008年上半年,公司水电消耗分别比上年同期减少1.88万t和26.44万kW·h。同时,在污水处理方面,完成了公司污水管道改造,改善了污水排放压力,提高了防台、防汛能力。公司废水处理排放达到二级水标准,公司污水处理站污水处理做到零排放,并提高中水利用率,2009年上半年达到0.6万t。

在节能减排具体管理措施上,一是全面安装计量器具,进行考核与收费;二是控制非生产性用电和错峰用电,削峰填谷进行可控性调整;三是变电所随时调整控制,加装电容柜,功率因素明显提高。在改造措施上,首先生产车间全面实施绿色节能照明,通风设备进行高效低耗的更新;其次对高耗的生产设备进行技术革新,降低能耗;第三是淘汰高耗低效的制冷机组,采用新型高效的制冷机组;第四是对电网水网进行合理布局和更新等。2008年,公司荣获上海电气集团总公司“2007~2008年度环保先进集体单位”,还获得了“首批上海市清洁生产单位”称号。

2008年,在国际金融危机和市场风险的双重压力下,公司在“创新、务实、高效、共赢”企业文化核心理念的引导下,紧紧围绕“调结构、上水平、强服务、压库存”的工作重点,以积极有效的措施应对危机和困难,保持了持续发展的势头。2009年,上海机床厂有限公司将在进一步加大产品结构调整力度,推进重点产品发展的基础上,夯实基础管理,完善内部营运体系,致力技术创新,改善生产环境,提高生产效率、服务能力和盈利能力,使经济运行质量和发展水平得到明显提高。

〔供稿单位:上海机床厂有限公司〕

践行科学发展思想　推动企业转型升级

——重庆机床(集团)近十年的发展与思考

重庆机床(集团)有限责任公司(以下简称重庆机床集团)近十年来践行科学发展思想,推动企业转型升级,取得了较好成绩。

一、发展是企业的第一要务

重庆机床集团是国内专业从事齿轮加工机床研发制造的企业。20世纪90年代末期,受亚洲金融危机影响,加上自身产品结构的落后,跟不上当代机械加工技术的进步,有限资源又被以国外公司为主的数控机床挤占,拥有5 000多人的重庆机床集团全年实现销售收入4 000多万元,当年亏损3 900万元,企业面临破产边缘。因此,求生存、谋发展成为企业的第一要务。

在此情况下,公司敏锐地捕捉到数控机床发展机遇,果断提出数控机床产业化战略,以高新技术改造和提升传统产业。通过10年的努力,形成了一轴至七轴6个系列80余种数控产品体系。2008年,公司数控齿轮机床销售收入占齿轮机床销售收入的55%,齿轮机床均价由2000年的24万元/台上升到36万元/台,“数控机床产业化”战略初步实现。

从此重庆机床集团实现了从低附加值、低效率、高能耗的传统机床向高附加值、高效率、高精度、低能耗的高新技术产品产业化的跨越发展。企业转型升级取得初步成效。

2004年,为抓住汽车、摩托车等用户行业快速发展的良好市场机遇,重庆机床集团提出了“一次倍增计划”的战略发展构想,计划用4年时间实现产品产量、销售收入及职工收入等翻番。这一长远性、全局性的谋划和布局是重庆机床集团发展史上的一次重大转折。几年来,围绕“产量倍增”这一核心任务,重庆机床集团树产能提升之道,行产品平台建设、技术改造、整合发展、体制改革、人才工程之法,施工序前移、质量控制、目标考核、6S管理之术,道、法、术完美结合。2007年底,取得了一次倍增提前一年实现的重大胜利。

重庆机床集团推出的系列产品,为汽车、摩托车等用户行业的快速发展提供了优良装备,实现了以其为代表的齿轮机床在汽车、摩托车行业90%的国产化;使机床加工效率提高了3~5倍,加工精度提高了1~2级,较好地实现了齿轮机床行业“中国装备,装备中国”的梦想。

企业经济效益也得到了持续快速增长,综合经济效益增幅连续数年保持在20%~30%。到2008年,主营业务收入比1998年增长了25倍,利润总额由1998年的亏损3 923万元到2008年盈利6 187万元;上缴税金增长了14倍;齿轮机床产销量在1998年的基础上增长了12倍,达到了1 500台,其中数控机床增长近20倍。重庆机床集团成为全世界齿轮机床产销量最大的制造商。齿轮机床出口增势强劲,其中数控机床交货值已占出口总额的60%。企业主导产品滚齿机、剃齿机国内市场占有率长期保持在60%~70%。

二、坚持走可持续发展路线

1. 深入产品结构调整,努力实现企业转型升级

随着以风电为代表的新能源行业的快速发展及船舶、建筑机械、冶金等重化工业的发展,公司敏锐地捕捉到市场对性价比较高的国产大型齿轮机床的旺盛需求。2007年果

断提出发展大型数控齿轮机床产业化工程的战略，将齿轮机床最大加工直径从2 000mm扩展到6 300mm，加工模数从20mm扩展到35mm。

随着YD31125CNC6/Y31160CNC6/Y31200CNC6/Y31320CNC6系列大型六轴数控滚齿机的研制生产，重庆机床集团大机床战略初战告捷。一方面满足了市场对该档国产机床的迫切需求，其系列机床已累计实现销售30台，价值约1亿元，主要客户有中国第二重型机械集团公司、太原重型机械集团有限公司、常州天山重工机械有限公司、宁波东力传动设备股份有限公司和杭州前进齿轮箱集团有限公司等。另一方面，顺应了国家振兴装备制造业的发展战略，为“中国装备，装备中国、走向世界”作出了应有贡献。

2009年，公司适时提出了大型齿轮机床产业化可度量战略目标，即2~3年内，大型机床当年销售收入占齿轮机床总销售收入的比率达30%以上，且φ2000mm及以上齿轮机床累计销售100台以上。

与此同时，汽车行业的深入发展，对机床加工提出了绿色、环保、柔性化、自动化等要求。重庆机床集团瞄准世界先进水平，进行集成创新，着力开发ϕ160~400mm适用于汽车高精度齿轮环保加工的中小规格高速干切滚齿机，开始实施“高速干切滚齿机产业化工程”。

2. 依靠产、学、研合作，推进企业自主创新

齿轮机床是机床行业公认的工作母机中技术含量最高、零部件最为繁多、结构最为复杂的产品之一，国际上也只有美国、日本和德国等少数发达国家才能生产。国内机床企业普遍缺乏自主创新能力，缺乏关键、核心技术支撑。产品缺乏竞争力，尤其在数控机床的稳定性、可靠性、耐用性上同国外先进产品存在明显差距。中国机床高端市场长期被国外产品所占领。面对来势汹汹的国外同行，单靠企业的技术力量显然力不从心。近年来，在重庆市科委的倡导下，重庆机床集团坚持将产学研合作作为企业科技进步和新产品开发的重要手段：聘请重庆大学多位专家、教授担任企业的技术及管理顾问，定期为企业的技术创新与发展提供指导；依托高校院所的人才及科研优势，发挥企业的设备、制造优势，高起点开发新产品，加速推进新产品产业化进程。

重庆机床集团和重庆大学、重庆青山工业公司等曾先后合作开发的YKS3120/YKS3132系列六轴四联动数控高速滚齿机被列为国家重大技术装备。2007年，由重庆机床集团联合重庆大学、重庆工学院承担的数控高效制齿机床成套技术研发及产业化应用（简称数控高效制齿机床）项目，荣获2007年度国家科技进步奖二等奖。

党的十七大提出了要加快建立以企业为主体、市场为导向、产学研相结合的技术创新体系，引导和支持创新要素向企业集聚，促进科技成果向现实生产力转化。这一指导思想对重庆机床集团来说，是机遇，更是鞭策。企业已经与重庆大学、重庆工学院、清华大学、四川大学、湖南大学、哈尔滨工业大学、甘肃工业大学、合肥工业大学、香港蒋氏基金、重庆大学制造工程研究所、重庆市企业信息化技术支持中心和重庆制造业信息化生产力促进中心等建立了长期的友好合作关系。

3. 推广应用绿色制造及机床再制造技术，带动产业升级

重庆机床集团既是绿色制造倡导者，也是绿色制造实践者，将绿色制造的理念贯穿于产品设计、制造和使用整个过程。在国内首创的YS3116CNC7系列七轴四联动数控高速干切滚齿机，不需要切削油，加工效率是湿式切削的2~3倍；加工过程中无切削液的飞溅和油雾的产生，对环境和操作者没有污染和危害；同时，单个齿轮的滚齿成本降低30%以上。2006年，重庆机床集团自主开发的新产品Y8406CNC7七轴数控滚轧机成功上市。这是一款打破传统切削工艺，实现了无切削加工，集环保、节能、高效于一体的高端产品。与国际同类产品相比，各方面技术指标并不逊色，但价格优势明显。该产品的上市，迫使同类进口机床降价约50%。

2008年4月1日，以企业为主、走产学研合作之路，与重庆大学共同承担的国家“十一五”科技支撑计划重大项目课题“机床再制造示范基地”在重庆市南岸区茶园工业园区落成。机床再制造是一种基于废旧机床资源循环利用的机床制造新模式，是一个充分运用现代先进制造技术、信息技术、数控及自动化技术对废旧机床进行创新性再设计与再制造的过程。其目标是通过对废旧机床进行评估、拆卸、再设计、再加工和再装配，规模化地制造出功能和性能均得到恢复或提升且符合绿色制造要求的高可靠性新机床。该项技术达到了国际先进、国内领先水平。机床再制造是一项集“发展循环经济”、“开拓新兴产业”和“低成本提升制造业装备能力”三大功能于一体的创新性战略工程，意义重大。

4. 实施技术改造，扩大产能

为提升产量，推进“数控机床及大型机床产业化”进程，满足不断增长的市场需求，重庆机床集团加大技改工程投入。2004~2007年，四年共投入资金约2亿元，购买了一批关键加工、检测设备，装备水平得到极大改善。

公司技改设备投入坚持“采购一批、调研一批、规划一批”的思路，依轻重缓急，循序执行。先后从德国采购了Klingelnberg高精度蜗杆磨床、克林贝格齿轮测量中心，从瑞士采购了Reishauer蜗杆砂轮磨齿机、斯图特精密万能内外圆磨床，从日本采购了东芝五面体加工中心、卧式加工中心，从英国引进了雷尼绍双频激光干涉仪、意大利三坐标测量仪、美国贝尔格DV—6直读光谱仪等先进主关键设备及检查仪器。依托全球采购，组成了公司先进的加工中心和制造系统，实现了专业化生产，在有效保证产品质量的同时，产能也得到很大提升。

5. 坚持自主创新，取得丰硕成果

自主创新成果是持续创新的重要基础。重庆机床集团以市场为导向，依托国家重大项目，坚持自主创新，提高核心竞争力，取得了丰硕成果。

公司先后有7种产品被列入“国家重点新产品”，1种产品被列为“国家重大技术装备国产化创新研制项目”，9种产品被评为“重庆市重点新产品”，8种产品被列为“重庆市高

新技术产品”；其中“数控高效制齿机床系列产品模块化研制及产业化应用”获得“重庆市科技进步奖一等奖”和“国家科技进步奖二等奖”。制定了25项国家及行业标准，拥有7项发明专利和8项实用新型专利。

2006年，“重机”牌数控齿轮加工机床荣获“中国名牌产品”称号，企业技术中心被国家发改委等五部委命名为“国家认定企业技术中心”。以重庆机床集团为代表的中国齿轮机床制造业已经成为我国机床工业中的优势行业，产品国内市场占有率超过70%，比我国机床工业产品平均国内市场占有率高出近1倍。2007年7月胡锦涛总书记到重庆机床集团视察，高度评价了企业的自主创新成果，并提出了“原始研发走前沿，掌握竞争主动权”的殷切希望。

三、树立以人为本，构建和谐国企

树立以人为本的发展观念，把人作为企业经营的核心和灵魂。在推动企业又好又快的发展过程中，一方面坚持发展依靠人，精心打造才华卓越的工程技术队伍、技术精湛的能工巧匠队伍、激情创新的管理人才队伍等三支人才大军，支撑企业发展状大；另一方面，坚持发展为了人，搭建员工成长、成才的事业平台，彰显人文关怀，帮助员工实现富裕和谐梦想。

构建学习型企业。提倡“只要你每天都在进步，你就是人才”的学习理念，董事长亲自为新进厂大学生签名赠书。请国内外教授专家授课，选派员工出国学习考察，选派工程技术人员和公司领导到重庆大学、清华大学学习深造，与重庆工学院联办工商管理培训班。近10年来，重庆机床集团通过在职学习培养了30多名硕士研究生，选送300多人次到海外学习培训。借助社会力量，与著名培训机构签订培训协议，有计划、系统地进行从高层管理到普通员工的学习培训。

让创造财富者享受财富。一方面，收入重点向科技骨干、管理骨干和一线工人倾斜；另一方面，坚持企业经济效益的增长与普通员工收入增长同步的工资增长机制。2008年，员工年均收入是10年前的5倍以上。在受到金融危机影响的情况下，仍保证了以科技人员为代表的骨干人员工资不下降。

四、统筹兼顾，积极承担社会责任

企业在自身发展的同时，积极履行社会责任。2006～2008年三年分别上缴税金5 600万元、6 000万元和6 200万元。同时积极进行社会捐助，2008年先后为汶川大地震、西藏贫困地区、酉阳希望小学等捐款350万元，还为地震灾区用户免费维修机床等。

五、立足生产经营实际情况，科学指导企业未来发展

重庆机床集团近几年的较快发展，推动了企业进一步转型升级，但仍存在制造能力、投入资金不足，科技人才缺乏等系列困难和问题。重庆机床集团以践行学习实践活动为载体，紧密结合企业实际情况，提出以“践行科学发展，实现二次倍增”为主题，围绕“攻克大型、调整结构、精细管理、共渡难关”的工作方针开展学习实践活动。重庆机床集团将企业发展中的难题作为践行科学发展观的重要课题，深入开展调查研究，逐步提出解决问题的思路与措施，努力实现公司提出的保持中国齿轮机床第一品牌和行业排头兵的目标，力争五年内进入世界齿轮机床前3～5名，进入世界齿轮机床第一方阵，进入中国机床行业前8名，主营业务收入达到25亿元的战略目标。

承接10年发展实践，科学的发展观念是重庆机床集团快速发展的强大引擎。展望未来美好前景，重庆机床集团将紧紧把握国家大力振兴装备制造业的战略机遇，继续高举科学发展的旗帜，胸怀振兴民族机床制造业之志，跻身世界机床先进之林。

〔供稿单位：重庆机床（集团）有限责任公司〕

求实创新　稳步发展

——汉川机床集团有限公司

汉川机床集团有限公司（以下简称汉川机床））自2006年引入民营资本，改制组建为多元化股份制企业以来，以建设现代化经济体制为契机，始终坚持“一个核心、求实创新、稳步发展”的理念，紧紧抓住“企业发展”这一核心，坚定不移地贯彻执行“公司发展战略规划”，充分调动各方力量积极推进，求实创新、稳步发展。

一、高瞻远瞩制定战略规划，深谋远虑取得经济建设良好成绩

2008年，在国际金融危机影响下，全球经济低迷，机床制造业也受到严重影响。汉川机床近年来制定了“向大重型高档数控机床方向发展”战略决策并切实推进，使公司产业结构得到极大优化，制造能力大幅上升，大型、高档数控机床品种、规格也越来越多。2008年，汉川机床在金融危机和地震的双重影响下，依然取得了不菲的成绩。全年生产金属切削机床1 793台，比上年下降19.09%；完成工业总产值80 958.4万元，比上年增长17.55%；完成销售收入68 199万元，比上年下降2.69%；实现净利润5 892.3万元，比上年下降40.08%；产品出口交货47台，出口交货值1 939.3万元，比上年增长49.21%。

二、立足技术创新，着力推动产业结构调整，实实在在发展

大重型数控机床是汉川机床未来发展的落脚点。落实战略规划的首要任务就是技术创新，核心和关键就是着力研发大重型数控机床。

1. 技术改进创新，促进产业结构升级

2008年，在管理和生产机制创新的促进下，技术、工艺不断改进创新。首先，加工中心和数控铣床系列产品的水平再上台阶，实现了在制品产品全部执行国家精密级加工中心产品标准的目标，标志着汉川机床加工中心产品的制造能力达到了精密级普及化。其次，实现了部分批量化生产的加工中心产品在国家精密级加工中心产品标准的水平上压缩20%～30%的精度指标（这一水平应为高精度级，当前国家高精度级加工中心产品标准正在制定中）再出厂的目标。再次，放眼全球，以实施CE认证为契机，打破欧盟贸易技术壁垒，取得了立式加工中心XH714D、XH715D和数控卧式铣镗床TK6411B、TK611C/I四款公司主打产品通过CCQS（欧联产品安全技术服务公司）认证专家的CE认证审核，标志着汉川机床在产品安全技术领域已经跻身于世界先进技术行列。

2. 创新研发大型、重型数控机床，奠定未来发展基础

2008年，汉川机床以适应市场需求、推进技术进步为己任，创新研发了适合国内军工、航天航空等国家重点建设领域急需的高档、大重型数控机床共27项。

（1）HFBC1636落地式铣镗加工中心。该产品设计重量65t，设计最大承载重量20t，机床长度11 200mm、宽度4 950mm、高度7 615mm，属于重型加工机床类，主要用于大型、大重量的各种基础大件、板件、盘类件、壳体件等多品种零件的加工。工件一次装夹后可自动、高效、高精度地连续完成铣、钻、镗、铰等多种工序加工。技术水平达到国际先进水平，可以替代进口，功能完善，结构先进可靠。

该产品结构设计时，吸收了当前国际、国内同类产品技术和结构优点，同时结合公司制造能力进行了创新性设计，不仅采用了许多最新技术，如液压精度补偿、高精度大规格直线滚动导轨等，而且还创新发明了一项新型结构——液性介质弹性夹紧机构。该机构采用液压油做使力介质，采用弹性薄片做执行元件，将高压油液注入装有弹性薄片的密闭油腔内，使弹性薄片产生变形挤压在方滑枕上相互平行的两个平面上，从而达到锁紧方滑枕的目的。该技术不仅结构简单，安装调整方便，夹紧可靠，而且还可应用于各种直线滚动导轨结构运动部件的锁紧，具有广阔的使用前景。该结构作为公司实用新型专利技术正在申请中。

（2）龙门式加工中心及五面体加工中心系列产品研发。龙门式机床是公司近年来研发的重点技术领域，已形成主参数（工作台宽度）从800mm至3 000mm的多种规格系列。产品结构类型都为定梁式龙门加工中心或数控铣床，而且都是三轴联动或五轴联动型。2008年，汉川机床技术再上台阶，研发了龙门式五面体加工中心系列产品，在产品结构上形成了横梁升降式龙门五面体加工中心、定梁龙门五面体加工中心、动梁龙门移动式五面体加工中心多种形态，主参数也进行了再次扩大（工作台面尺寸已达到了5 000mm ×36 000mm）。至此，龙门式加工中心机床，特别是高档机床已成为汉川机床主导产品系列。随着系列化研发的不断深入，满足不同用户需求的多规格、多品种、多配置产品必将展现。

（3）HVL1250S和HVL1600S立式数控车床。复合机床是机床产品的一个重要发展方向。2008年，汉川机床研发了两款立式数控车床HVL1250S和HVL1600S。该产品为公司首次研发，充分融合了汉川机床精密制造技术和经验，以及高档机床研发技术和能力。产品技术定位于国际先进、国内领先水平。

3. 营造创新机制和环境，促进创新结硕果

2008年，汉川机床致力于创新型、学习型企业建设，号召领导干部带头学习，倡导主动学习、积极进取，树立不断学习、勇于创新的风气，开展群众性小改小革和技术创新活动，加大技术革新奖励力度，努力营造创新机制和环境，取得了良好成绩。全年群众性小改小革48项，技术创新15项，申报实用新型专利6项（正在申报）。这些技术成果，有力地促进了生产制造技术水平进步和产品质量提高。如数控电转台技术在工作台面尺寸1 000mm ×1 000mm大型双交换工作台卧式加工中心上的应用，使旋转工作台定位精度达到±5″，重复定位精度达到±2″，遥遥领先于国内水平，处于国际先进水平行列；滚珠丝杠辅助支撑机构专利技术在大行程、重型机床滚珠丝杠传动设计领域的应用，解决了大直径、超长度丝杠中间易弯曲变形的问题，使机床的传动精度更高，如在工作台面尺寸2 500mm ×6 000mm大型龙门式加工中心上的应用，达到了在6 200mm全行程上定位精度仅0.026mm、重复定位精度0.013mm的先进水平。再如模拟主轴的安全控制项目，可靠地解决了数控机床在加工中突然发生堵转而导致的安全问题。这些技术创新，为公司的持续发展发挥了积极作用。

三、求真务实，紧抓机遇，稳定发展

近年来，伴随着全球经济持续向好，汉川机床在快速发展的同时，紧抓机遇，牢牢把握高水平制造体系建设这条主线。

一方面，对现有制造体系进行技术改造。几年来，公司斥资数亿元致力于设备更新和基础设施建设，有计划、有目的、有步骤地投入，使公司机床制造能力和水平逐年升高。至2007年底，公司生产设备数控化率超过30%，生产效率和产能大大提高，特别是制造工艺能力和水平的提高尤为显著。汉川机床已不再局限于生产中小规格的金属切削机床，已经能够批量化生产大型、重型、高档金切机床。不仅如此，公司战略规划中还明确提出持续技改毫不动摇。2008年，汉川机床再次投入上千万元用于工艺设施、检验设施等多方面技术升级，根据技术和企业发展所需进行多方面改善。

另一方面，公司从长远利益出发，2007年规划新建一个“生产工艺手段先进、管理水平现代、产品水平一流的现代化大型数控机床制造基地”。该项目规划购置土地40万m^2，分为两期建设，至“十二五”末达到年产40亿元的生产能力。规划首期建筑面积9万多m^2，工程投资7亿多元，计划2010年建成投产。2008年，该项目已经开土动工，项目资金到位，设备采购、工厂建设等都在有条不紊地按计划稳步推进。

四、以人为本，实施前瞻性的人才战略

为实现快速发展，汉川机床落实科学发展观，以人为本，实施前瞻性的人才战略。2007年和2008年先后按计划招聘新员工约300名，其中高等院校本科以上学历人员约80名，经过有计划、有重点的培养和上岗锻炼，已初步融入汉川机床大家庭中。同时继续加强高级技工的培养和需求储备，深化高级工、技师等人才培养、聘用和激励机制，为未来企业高起点投入和高水平发展奠定了坚实的发展基础。

五、以质量促发展

“质量是企业的生命”是汉川机床一贯坚持的经营管理核心理念。

1. 不断完善质量管理体系，加强监督和管理，确保ISO9001质量管理体系有效运行

2008年，公司进行内部质量管理体系审核一次，接受中国质量认证中心西北评审中心的质量管理体系监督审核一次。两次审核发现一般不符合项共2条，获得建议性改进意见4条，没有重大不符合项，质量管理体系有效运行。对于不合格项，公司采取“三不放过”原则，即原因未查明不放过，不落实责任不放过，不认真整改不放过。除此之外，公司还通过质量通报的形式进行全公司通报，使所有人员都能接受教育并吸取教训和总结经验。对于建议性意见，公司采取认真研究、仔细分析的方式处理；对于确实有助于提高的意见，公司毫不犹豫采纳；对于存在商榷的意见，公司决不采取置之不理的态度，而是仔细研究、论证，解决主要矛盾，吸取合理的部分，并要求质量管理部门加强监督，把实施效果及时上报，以便进一步采取得力措施。正是基于这种螺旋式上升的质量管理体系模式，汉川的质量管理能力和水平节节攀升。

2. 强调领导作用，实行各级领导直接负责制

公司建立了质量绩效考核机制，把质量问题、质量事故与领导的职责和工资、绩效紧密结合，在百分制考核机制中质量权重占60分。不仅如此，为了切实提高管理水平，公司更重视学习和培训。2008年，多次邀请专家和学者至公司讲学，要求所有管理人员和领导干部参加，内容涉及质量成本管理、质量成本核算、目标管理与分解等。

3. 过程检验是质量管理的有效手段

2008年，为了加强监督检验职能，促进产品的实物质量切实提高，公司从人员管理、检测设备购置、检测水平和能力提高等方面开展具体工作，购置添加了具有高、精、尖技术和水平的三坐标测量仪、雷尼绍激光测量仪、安全特性检测仪等多台精密检测设备和仪器，培训提高了检验人员的业务水平和能力，制定了产品质量检验内控标准和过程检验规程，把质量问题尽可能消除在制造阶段。

4. 质量在我手中——提高操作技能，强化质量意识

人是质量形成过程中的首要因素，个人能力和意识的提高，团队能力和意识的提高，是提高产品质量的有效途径和措施。2008年，公司多次举办操作技能培训，严格考核，实行工人技师岗位津贴制，通过开展劳动竞赛、质量在我手中演讲比赛和征文、群众性小改小革评审和奖励等一系列丰富多彩的活动，把企业文化与质量意识的培养紧密结合，形成了良好的学习氛围，有效地促进了整体技能的提高，强化了质量意识，为确保产品质量奠定了基础。

六、完美的服务——我们的目标

“让我们的服务更完美”——是汉川机床的服务理念，鲜明的主题深深扎根在每个汉川人的心中。恪守质量保证承诺，牢固树立以“顾客为关注焦点”的企业经营理念，完善服务体系建设，塑造中高档精密机床制造商形象。汉川机床把服务作为企业产品的延伸，牢牢地贯穿于日常工作的方方面面，形成了企业独特的服务文化。

遍布全国的销售服务网点，高速高效的快速反应机制，技术精湛的服务人才队伍，兢兢业业的后勤技术培训与支持，是把企业的生存和发展始于顾客需求、终于顾客满意的保证。切实落实以科学发展观为指导，把服务工作做为企业品牌形象的门户来管理，重视企业荣誉、个人诚信、思想品德等道德文化的建设与培养，有效促进了各项业务的开展，也更好地促进了公司品牌的建设。

2008年，汉川机床践行科学发展观，不仅在生产、研发等方面取得了长足的发展，而且在继续深化企业体制改革，建立现代企业经济体制，完成股份制改造——国有股和职工股全部退出，组建新的股份制公司，实现2009年整体上市等方面，进行了切实推进。当前，新的股份制公司即将成立，上市目标正在按计划有条不紊地逐步实施。由此，一个“中国最具自主创新能力的机床制造商，为全球工业提供最适合的产品和最满意的服务”的机床制造企业正在蓬勃崛起。

〔供稿单位：汉川机床集团有限公司〕

坚定信心　团结一致
打好北二“十一五”战略实施关键一仗

北京第二机床厂有限公司是在始建于1953年的原北京第二机床厂的基础上改制组建的一家中国机床行业骨干国有企业，是中国机床工具行业“十八罗汉厂”之一，占地面积10余万 m^2。公司通过ISO 9001:2000质量管理体系认证，是国家二级计量单位。拥有“北二”品牌系列产品，是中国机床工具工业协会常务理事单位、中国机床工具行业“精心创品牌先进会员企业”、北京市高新技术企业和“首都文明单位”。

北京第二机床厂有限公司主要经营业务包括研制、生产、销售数控磨床及高精度外圆磨床、普通精度外圆磨床、专用磨床、超精加工机床、立卧式加工中心、成套设备和功能部件等。产品广泛应用于航空、航天、军工、汽车、船舶、纺织、电子、轴承、冶金、机床工具和工程机械等行业，在广大用户中享

有盛誉。2008 年公司磨床产品销售收入 1.5 亿元。

公司拥有主要生产设备 555 台，其中有五面体加工中心、六工位卧式加工中心、数控龙门导轨磨床、超高精度磨床和箱体类零件柔性生产线等现代化加工设备，配置有英国 LK 三坐标测量仪、高精度圆度仪、双频激光干涉仪等检测仪器。拥有树脂砂铸造能力，生产制造、装配厂房建筑面积 19 000 多 m^2，其中控温面积 2 000m^2。

公司技术研发中心是北京市级企业技术中心，年科技经费投入占公司销售收入的 6%。公司拥有全部产品完全知识产权的核心技术，并且在高精度外圆磨床及磨削技术、中小规格数控磨床及磨削技术、CBN 砂轮高速高效数控磨床及磨削技术、超精加工技术等领域处于国内领先地位。其中，中小规格数控磨床及磨削技术、CBN 砂轮高速高效数控磨床及磨削技术、高精度磨削技术和超精加工技术已基本达到国际先进技术水平。公司拥有国家实用新型专利 8 项，已受理待批专利 7 项(其中 5 项为发明专利)。

公司曾获国家、部、市级等各种科技奖 70 余项，是机床领域国家及行业标准的主要起草单位之一，为我国机床行业的发展作出了贡献。公司正在承担的国家和北京市科技项目(课题)7 项，其中国家“863”计划重点课题 2 项，北京市科技计划课题 5 项。

一、公司经营状况

2008 年，是北京第二机床厂有限公司自我挑战的一年。这一年公司经营所面临的是一些难以预料、历史罕见的重大挑战和困难局面。面对严峻形势，在抗击南方严重低温雨雪灾害和汶川特大地震的影响，化解奥运会对企业生产的不确定性影响，克服金融危机和经济大起大落给公司带来冲击的工作中，公司采取有效措施，使经济运营保持了平稳的态势。数控、大型、高精、普通、专用等各类磨床和超精加工机床产品共产出 1 261 台，工业总产值 17 010.62 万元，主营业务收入 15 013.6 万元，实现利润 57.8 万元。

二、公司发展战略

1. 使命愿景

建立起一个主业突出、规模适中、技术领先的精密加工设备企业，创造价值，回报股东和员工。致力成为高精度外圆磨床、数控外圆磨床及超精加工机床的中国第一品牌制造及服务供应商。

近年来，在北京京城机电控股有限责任公司成为全球领先的机电一体化的设备制造及服务供应商的愿景目标中，北京第二机床厂有限公司结合自身特点找准产品定位，发挥优势；在解放思想中激发创造力，增强责任感；在产品调整和企业转型中，改革创新，破解生产条件受限、技术研发人才不足等难题；在落实科学发展中构建企业核心竞争力，创造价值，惠及员工，建立符合北京京城机电控股有限责任公司愿景目标，具有技术领先、产品高端、管理高效等特点的科技型企业。

2. 产品发展原则及方向

本着“追求效益优先，兼顾适度规模”的经营发展理念，坚持走“立足高精、发展数控、扩张大型、成线配套”的产品发展之路，从单纯的设备供应商转变为向用户提供全套磨削工艺解决方案的工艺装备制造及服务商。通过产品结构调整和技术升级，强化以高附加值和高技术含量产品为主导的公司核心竞争力。形成公司在精密、高效磨削领域以“技术领先、敏捷制造、专业服务、效益发展”为内容的竞争优势。在巩固、完善现有产品体系，保持在相关行业市场中持续领先地位的基础上，面向磨床领域拓展发展空间，成为磨削工艺专家。

3. 构建竞争优势

外圆磨床市场的需求特点及客户的个性化需求对产品的专用性、多样性的要求逐渐增强，多品种、小批量、定制化、快速反应的生产方式将构建企业强有力的竞争优势。

加大对高端数控磨床及相关技术的研发力度，扩大产品种类及市场应对能力。加强对典型零件工艺路线、加工设备、检测手段和生产布局等方面相关知识及经验的积累，造就一支能够提供典型零件磨削加工生产线设计、开发的技术队伍。

实施“走出去、请进来”战略，通过多种形式，加强对国内外相关领域先进技术的跟踪和相关行业的技术交流。通过技术引进及合作方式，提升公司产品技术含量和公司核心竞争力。

三、公司营销渠道和服务建设

公司以打造“北二”品牌，树立良好的公司形象，依靠品牌战略提高公司知名度和信誉度，努力开拓市场，不断提高市场占有率和覆盖率。

1. 品牌策略

打造北京第二机床厂有限公司高精度外圆磨床、数控外圆磨床、超精加工机床及专用精密磨削机床系列产品品牌，积极通过网络、展会和专业报刊等多种渠道宣传企业，推广产品，形成品牌效应。认真落实客户需求，不断增强汽车、航天和军工等重点行业客户认同感和品牌忠诚度。公司荣获中国机床工具工业协会“精心创品牌活动先进会员企业”称号。

2. 渠道策略

在现有销售网络的基础上，拓宽并加强营销渠道、市场感知和培育能力，形成有效的营销管控模式和人员梯队。

经过几年的整顿和调整，公司在营销体制、政策及销售手段和管理等方面都有所加强。在全国的几个大中城市建立了稳固的销售公司及代理商、分销商，以此辐射全国 30 多个省市自治区，形成了北京第二机床厂有限公司强大的市场营销网络。

3. 价格策略

公司主要产品以技术质量优势取胜。普通机床形成“低成本 + 知名品牌 + 适中价格”的竞争优势。数控外圆磨床和专用磨床等中高端产品，利用技术质量优势 + 优质服务保证较高的利润空间。

4. 服务策略

2008 年，公司以 CRM(客户关系管理)系统的实施为契机，建立健全客户服务档案，实现对客户售前、售中和售后的全方位跟踪服务。落实客户需求，加快服务反应速度，保证服务质量，创建业内一流服务，实现服务增值。建立客户资源管理平台，认真落实客户需求。建立市场、研发、生产以及售后服务各环节关注客户实际需求并迅速联动反应的意识和机制。加强售后服务力量，逐步推进本地化服务，加快服务反应速度，保证服务质量。

在市场网络的建设中，按产品与市场细分的原则完善营销政策和内部管理；按不同产品的市场特点树立新的营销观念；加强加快市场的网络建设，做好信息的捕捉、追踪；加大对重点项目的投入力度，提高重大项目的命中率；提高合同的承接质量，扩大市场占有率和影响力；积极开展业务培训和新人培养，提高业务技能，建立一支知识结构、综合素质符合产品发展需要的技术型营销团队。

四、技术研发

公司主业产品结构调整继续突出高技术和高附加值的数控、大型、高精、专用磨床及超精抛光机床产品的研发与生产，形成生产、研发、技术储备的良性循环和梯次布置。紧密结合市场，优化产品发展战略，坚持走"立足高精、发展数控、扩张大型、成线配套"的产品发展之路。提升技术、产品研发能力，建立创新、开放式研发平台，为产品发展提供智力支撑。

公司研发体系建设以增强企业核心竞争力为目标，以科研成果的研究开发和产业化为任务，通过建设高水平的创新与产业化基地，形成高水平的创新与产业化团队。2008年，公司再次被认定为"高新技术企业"。当前公司正在承担国家、北京市的科技项目(课题)7项。其中"汽车发动机曲轴高效精密加工成套装备"和"高精度主轴类零件外圆磨床"为国家"863"计划重点课题，"发动机曲轴主轴颈高效、精密磨削技术研究及应用"、"数控外圆磨床测试与评价技术的研究与应用"、"北京高档数控装备研发服务平台的建设——高精度高速磨削技术研究中心Ⅰ期建设及关键技术预研"、"直驱技术在高精度复合磨削中心的应用研究"、"汽车凸轮轴数控磨床和工艺的研究"为北京市科技计划课题。

同时积极寻找技术引进或技术合作等快捷途径，探索机制和体制变革的新思路，构建面向市场、快速反应的研发体制和机制。通过与高校、科研院所的"产、学、研、用"相结合，加强与国内外的技术交流与合作，大力发展具有自主知识产权的成套技术和工艺，缩短技术开发和试验应用的周期，推动公司的技术进步和结构调整，加快公司高技术产品的发展。

五、质量管理体系

公司明确提出"以质量求效率、以质量促管理、以质量争市场、以质量创效益"的方针，提出必须推行全面质量管理，提倡提高全员质量管理意识。公司从原材料进厂、零部件加工、外购和外协、产品的装配调试、质量检验一直到成品交付用户和售后服务，生产经营的一切活动都在质量管理体系的控制之下，使公司产品质量得到稳步提高，确保以满足广大用户需求为目标的经营方针顺利实施。

公司在生产过程中不断完善质量管理体系，贯彻质量方针，落实质量职能，严格执行质量责任制和质量奖惩制度，实行质量否决权，从而使产品实现过程的各个环节都得到控制。把好每道加工程序、每个工作程序的质量关，"质量保证从我做起"融合在企业文化中，体现在每台产品上。树立"下道工序就是上道工序的用户，要为用户提供合格满意的产品"的理念。对关键设备和关键工序建立工序质量控制点，使重点工序始终处于受控状态。在工作中不断完善工艺手段，强化工艺试验研究。

加强出厂前产品的质量把关。在产品出厂前，厂内要进行预验收，及时发现问题，采取纠正措施，不把问题留给用户。公司产品一等品率98%，国家监督抽查、市级质量定期抽查合格率均达100%，出口机床商检合格率100%。为"做精品、创品牌"奠定了坚实基础。

六、生产及内部管理

2008年，根据公司产品发展战略及未来公司产品结构，深化内部改革，再造业务流程，缩短生产链，实现有限资源聚焦；配置与之相适应的生产管控体系，降低生产经营风险；培育为公司服务的生产链，树立与供应商共同成长的价值理念；加强生产管理，实施工艺流程改造，加大对重要工艺装备的投入。主要产品业务模式如下：①通用机床以提高效率为核心，倡导低成本运营，利用社会资源进行生产控制，降低成本，扩大生产规模，提高市场占有率。②数控磨床以优化产品的性能为核心，倡导产品领先，实现部件生产模块化，解决产能不平衡问题，提高产品生产的及时性和灵活性，以满足用户不断缩短交货期的市场要求。③2008年，把大量简单制造、技术含量较低的零部件委托到企业外部生产，充分利用现有资源，调动并使用社会资源，配置合格供方，快速构建企业"仿哑铃"型运营结构。减少企业资金占用，保证生产需要。采用科学的管理模式，提高企业生产管理水平，力求通过借鉴精益生产、准时制造方式，摸索出一条适合于本企业的科学生产管理方式，实现资源调配合理化。生产资源逐步向核心和重点产品聚焦，加快内部生产资源的调整。2008年基本搭建与主要供应商的战略合作关系，为企业建成一张完整的供应网。因势利导，逐步使供应商与企业之间的合作规范化、长期化，降低企业采购成本并保证质量与准时供应。

推动公司"e"化管理，全面开展信息化工作，以信息化系统建设(ERP系统以及CAD、CAPP、PDM系统等)促进企业的基础管理工作全面升级和企业信息资源的维护与共享，为建立完善、高效的制度体系奠定坚实基础，为公司规范化运作搭建操作平台。

加强公司管理信息系统、产品数据管理系统、生产管理系统、市场销售服务管理系统和财务管理系统的信息化建设和整合，借鉴国际先进管理模式和经验，实现管理信息化水平升级，为公司业务适应市场变化和开展国际化合作提供管理基础。

2008年，公司PLM项目经过一年多的上线实施，已初步实现数控产品平台基于PLM系统的管理目标。同时规范技术行为和技术文件，加强技术管理能力；启用CRM系统进行日常的销售管理工作,实现对客户售前、售中和售后的全方位跟踪服务。客户管理系统的实施,将改变公司销售管理工作的方式,促进公司销售管理的全面升级。公司将稳步开展信息化在公司运营管理中的应用,实现有效、实时地处理生产过程中各相应节点的信息集成共享,预见性地早期安排处理可能发生的相关问题,建立产品设计、制造、管理的协同工作环境,最大限度降低企业内部的信息传递损耗。

通过借鉴、学习其他企业先进管理经验及广泛吸取职工意见,不断完善公司内部的管理制度。完善和健全公司绩效工资制度和各项工作考核办法,全面实现对公司所有部门的工作实施考核,促进公司各项工作运转效率的提高。

七、企业文化建设及人才战略

2008年,公司开展深入学习科学发展观活动,立足自身、找准问题、明确思路、制定策略,力争实现企业跨越式发展。同时,努力使"务实、求精、创新、发展"的经营理念,真正成为员工的核心价值观。建立企业文化,使价值观真正落地生根,形成企业的魂。培养员工自觉的团队精神和创新意识,真正提升企业的软实力。

2008年,公司继续实施人才战略,注重人才培养,实现人才互动。不断调整改善公司现有人力资源状况,为公司战略规划的顺利实施提供保证。

同时,公司不断培养职业化、年轻化、高素质的技术工人、技术人员和管理人员,合理调整员工的年龄结构、知识结构和岗位结构,以适应更加激烈的竞争态势。培育并树立全体职工共同的目标感、使命感、责任感和荣誉感,使员工素质不断提高,使公司管理向良性循环的方向发展。着力把公司打造成学习型组织,注意对干部职工的培训教育,以提高队伍的整体素质。在实际工作中,采取措施吸取人才、激励人才,为人才提供成长发展的空间,充分释放人才的潜能,使人才优势得到最大程度的发挥。公司培育出一批具有创新激情和奉献精神的管理团队,一批出类拔萃的工程技术队伍和众多技术精湛的高级技工。

展望未来,北京第二机床厂有限公司作为我国外圆磨床、超精加工机床及各类型专用精加工机床的综合制造企业,将在不断的改革与调整中建立完善的现代企业制度,并通过不断优化产品结构,提升产品档次,确立公司在磨床行业中的优势地位,推进我国磨床及超精加工机床行业的发展与壮大。

北京第二机床厂有限公司在"务实、求精、创新、发展"的企业理念指导下,遵循"精密可靠、诚信服务、顾客满意、持续改进、争创品牌"的质量方针,不断创新,坚持"立足高精、发展数控、扩张大型、成线配套"的产品发展之路,致力成为中国高精度外圆磨床、数控外圆磨床及超精加工机床的中国第一品牌制造及服务供应商。

〔供稿单位:北京第二机床厂有限公司〕

"变个活法"、"换个管法" 老国企更具竞争力

——天津第一机床总厂创新图强记

历经30年的改革,在中国的竞争性行业,纯粹的国有企业已为数不多,天津第一机床总厂则是其中之一。在竞争性行业尚存的纯粹国有企业中,依然充满活力的更是屈指可数,天津第一机床总厂就是其中的一个。既没有合资改制,亦没有重组变身,仍为纯粹国企的天津第一机床总厂,不仅未被市场经济的大潮湮灭,反而能站立潮头唱大风,这本身就是一个奇迹。

无庸讳言,背负着多年计划经济遗存的沉重包袱,天津第一机床总厂在市场经济激烈竞争的环境中,较之新兴的民营企业,不享有低成本竞争优势;较之登陆中国的外资企业,也不具备资金优势;若与通过国企改制重组而形成的现代企业集团相比,劣势就更为明显。因为,作为一家老字号国有企业,企业承担了太多太多的改革成本。

虽说如此,天津第一机床总厂没有忘记或放弃一个老国企应肩负的使命:为国有资产保值增值,做科技创新的国家队种子选手。肩负着使命前行,压力也就变成了动力。

于是,天津第一机床总厂成为了全球三大数控弧齿锥齿轮成套设备研制基地之一,中国齿轮机床行业唯一承担国家"863"计划的企业,并入围天津"新20项重大工业项目"和"20项自主创新产业化重大项目",其"津一"品牌亦成为中国齿轮机床行业三大"中国名牌"之一。

一、"变个活法",金碗就会装满金豆子

随着更多的国企、尤其是外地同行纷纷走上合资、改制和重组之路,我厂也有着同样的期待。然而,在企业日子还好过的20个世纪80年代,天津热衷的是"丑女先嫁";当进入90年代,在企业的日子过不下去的时候,又因"靓女先嫁"而成了"半老徐娘"。于是,"捡到篮子里都是菜"就成了企业聊以度日、维系企业生存的无奈之举。即便如此,仍是难以为继。

时至20世纪90年代末,残酷的现实终于让天津第一机床总厂觉醒:看似破落的老国企仍抱有一只金碗,是多年积聚的技术含量所打造的金碗;守着金碗没饭吃,不应该成为企业的选择;等政策不如抓机遇、找市长不如找市场;既然不能像众多国企那样通过改制重组实现轻装上阵,就必须另辟蹊径。于是,科技兴厂就成了天津第一机床总厂唯一的、也是最好的选择。企业要通过发挥老国企所拥有的人才技术优势,加大自主创新力度,优化产品结构,实现产业升级,凭借自有核心技术所形成的比较优势,给老国企变个活法。

——以数控化为方向、以国际水平为起点,加速产品结

构调整步伐。为适应新的市场需求，天津第一机床总厂将高新数控技术和齿轮机床制造技术进行科学对接，把自动化技术、精度检测与补偿技术、人机对话编程及柔性化加工技术与多年齿轮机床研制所积累的设计、经验和方法等优势有机结合，努力通过产品创新，实现了产品结构优化调整。尤其是数控技术的全面应用，极大地简化了主导齿轮机床的机械结构，迅速将科技创新能力转化为市场竞争优势。如机械产品 Y2250A 弧齿锥齿轮铣齿机的零件总数近1 300件，数控化的 YKD2250A 省略 1/3 以上的零件，而加工精度提高近一级；新开发的 YKD2275 六轴数控弧齿锥齿轮铣齿机在功能复合、精度效率大幅提高的前提下，零件数仅为普通机械产品的 1/3，达到了用高科技含量为新品注入高附加值的目的。

为将"满足用户"提升为"让用户满意"，天津第一机床总厂在研发新品时采取了正向研发、逆向思维的方法，即所谓的"倒推"法——一改过去的技术标准开发型为市场主导型，变供方主导型为需方主导型，确保新研制出来的每一台新品都是用户急需而且满意的商品。企业陆续推出的 YK2955 数控拉齿机，YKD2280G 数控磨齿机，YKD2560 数控研齿机，YK5180、YK51200 数控大型插齿机和 YK5150A 数控插齿机等多款新品都是应用户之约而开发的新一代产品，市场销路一直很好。

——加大系列化开发力度，实现从单机到成套的跨越。最近几年，天津第一机床总厂本着"站在高起点、抢占制高点、实现高水平"的创新理念，先后在机床结构和多轴联动运动轨迹控制，高刚度、高精度、高可靠性与加工中心典型结构、动力传动、控制技术的高度集成和应用方面，在齿轮接触质量理论设计、分析、仿真、齿面测量、误差分析、闭环修正方面，多学科、多专业、多领域的互动与交叉耦合等关键技术方面实现了重大突破，研制出拥有自主知识产权的 YKW5132 七轴数控插齿机及六轴数控弧齿锥齿轮铣齿机等凸显高新、高效、高精特质的多款新品，取得了近 40 项专利技术，其中发明专利 8 项，从而实现了数控插齿机从 ϕ150 ~ 2 000mm、数控锥齿轮铣齿机从 ϕ120 ~ 1 600mm 的规格全覆盖。辅以自主研发的数控磨齿机、研齿机、锥齿插齿机、滚动检查机、磨刀机及倒棱倒角机，形成了齿轮加工机床成套装备，在国内同业中，率先完成了从单机到成套、从只卖产品到提供整体解决方案的大跨越。

——为打破国际上的技术壁垒和价格垄断，全力开发完全能替代进口的高新产品。多年来，天津第一机床总厂正确处理国家急需和市场需求、社会效益和经济效益的关系，始终把国家利益和国家急需放在首位，自觉视振兴中国装备业为己任，先后开发出多台(套)填补国内空白、达到国际先进水平、完全能替代进口的高新产品，创造了多项国内第一，及时有效地打破了国际上的技术壁垒和价格垄断，从而获得了中国锥齿轮加工机床"替代进口专业户"和"名牌精品专卖店"的美誉。尤其是在研制成功的大重型数控齿轮加工机床，更是以满足我国齿轮大型化发展而受到国家有关部门的极大关注。2008 年底，还以国内同业首家承担国家"863"计划为契机，研制出完全能满足我国汽车工业及相关行业需求的高端、高质、高新数控螺旋锥齿轮铣齿机、磨齿机、滚齿机、研齿机和刀盘刃磨机等高效精密系列化成套加工装备，使我国螺旋锥齿轮制造达到国际先进水平。成功研制出 YK22160 重型数控弧齿锥齿轮铣齿机，该机床经过特殊的工艺手段，最大加工直径可达 2 000mm，模数达 30mm，从根本上破解了困扰中国大重型弧齿锥齿轮加工速度和精度这两个难题，并以设计上的"两大首创"、性能上的"三大突破"所彰显的高效率、高精度和高寿命，使其成为中国弧齿锥齿轮加工机床创新史上具有里程碑意义的杰作。

凭借着创新的产品，天津第一机床总厂完成了一次漂亮的转身，再次成为国内同业中的佼佼者。同时，也以高端路线上创新的模式，走出了一条老国企振兴之路。

二、"换个管法"，尘封的金子就会发光

老国有企业原本就是个人才富矿，其人才储量是其他经济类型的企业所不能比拟的，天津第一机床总厂就有这样的优势。然而多年的国有体制，不仅在员工中也在科技人员中形成了吃大锅饭、平安饭、终身饭的陈旧观念，并由此带来根深蒂固的行为惰性，严重地弱化了创新活力。为使"变个活法"更加精彩，天津第一机床总厂要以"换个管法"助力同行，在国有体制内彻底改革管理机制，彻底清除掉制约企业核心竞争力形成、企业生产力发展的机制性障碍，使科技人员在与其适应的机制下大有所为。

——构建科技创新平台，给科技人员自主创新提供一个支点。为了加快新品的研发速度，抢占更多的市场份额，天津第一机床总厂将研究所正式改制为技术中心，重新确立其地位和职能。同时加大资金筹措和投入力度，为新品开发夯实了雄厚的物质基础。为进一步提高设计开发效率和设计质量，及时建立了技术中心局域网，构建起自动化、智能化和信息化的技术平台，从而实现了内部技术资源共享和设计手段的现代化，为迅速进入更高层次的数控研齿机、多轴数控插齿机和数控铣齿机的研发奠定了基础。

——创新激励机制，充分调动科技人员科技创新的积极性。天津第一机床总厂从尊重知识、尊重人才、激励创新为出发点，出台了多项激励政策。在用人机制上，变"识马任命"为"赛马竞聘"。大胆启用年轻的、德才兼备的科技人员充任技术骨干，支持鼓励新生代勇挑科技自主创新的重担。根据新品开发计划，还针对性地批量招聘本科毕业生，在数学建模、机械设计及信息化等方面做好人才储备，选才、用才更育才。为确保科研人员能抢占科技制高点，企业还与天津大学联合建立了硕士工作站，输送中青年优秀人才进行深造。不仅如此，还采取聘请老专家为项目专家，让老专家通过具体工作，对技术人员进行传、帮、带。在分配机制上，坚持以按劳分配为主、效率优先、兼顾公平的原则，积极推行按贡献要素分配的制度，针对不同岗位实行了谈判工资、项目承包工资、岗位工资、课题项目工资、工件计时工资、包合工资和吨位工资等多元化的分配新模式。对科研人员给予丰厚的科技创新奖励，多"创"多得、越"新"越高，从而有效地缓解了国有企业人才流失问题，达到了留住科研精英的目的，为企业研发原创型、达到国际先进水平的新品，提供了人才保证。

——坚持开放式自主创新，走社会化研发之路。天津第一机床总厂不仅依靠自己的力量研发产品，更鼓励科研人员走出去，与有关科研院所合作，实施“不为我有、却为我用”的借脑工程，合力打造具有自主知识产权的世界级产品。与此同时，还聘请知名学院的教授为企业客座专家，为企业科技创新项目进行咨询并对技术人员进行相关知识的培训。如CAE知识的培训和运用，就使企业迅速完成了从经验设计、类比设计到虚拟设计、精确设计的设计革命。

彻底的机制改革，极大地激发了科技人员的创新活力。多台（套）、多系列填补国内空白和达到国际先进水平的新品脱颖而出，并成为国内外齿轮机床市场上最为抢眼的新秀。而这些拥有高科技含量、高附加值的新品，就成了“天一机”这家老国企得以生存发展以至实现振兴的最大资本。

变个活法，老国企不老；换个管法，老国企更具竞争力。天津第一机床总厂厂长金毅表示，随着学习实践科学发展观活动的深入开展，企业要结合实际，以市场为导向，以技术为核心，以客户为标准，以员工为依托，重在解决问题，重在取得实效。天津第一机床总厂必将为振兴中国装备业和天津机床制造业作出更大的贡献。

〔供稿单位：天津第一机床总厂〕

主动调整结构　奋力拼抢市场

——无锡开源机床集团有限公司

无锡开源机床集团有限公司（以下简称无锡开源）是我国520家重点联系企业之一，国家火炬计划重点高新技术企业。经过60年的发展，现已拥有18家控股子公司、3家全资分公司和7家参股子公司，并成为我国专业生产无心磨床、内圆磨床、轴承磨床、外圆磨床、平面磨床、轧辊磨床、超精研机及高速电主轴等产品的制造基地。公司可供产品300余种，年产销各类磨床3 000多台。产品涵盖汽车、轴承、纺织机械、电子、军工、轻工、铁路等领域，并远销美国及欧洲、东南亚等国家和地区。

公司坚持技术创新发展战略，加快企业技术进步步伐，每年完成新产品设计项目近百项，设计和试制新品品种数控化率达80%以上，产品技术代表国家水平。“锡机”牌磨床被商务部评为2006年度“最具市场竞争力品牌”，“锡机”牌数控磨床和无心外圆磨床先后获得“中国名牌”和“国家免检”殊荣，标志着“锡机”牌磨床产品跨入新的发展阶段。

近两年来，改制后的无锡开源抓住国际装备制造业向中国梯度转移的发展机遇，以“注重增长质量、拓展高端市场、树立品牌信誉、提高市场份额”的经营思路，着力向高端产品市场转移，形成以数控、大型磨床为主导，高中低档产品并存的新构架，凸现无锡开源在行业中的技术优势和领头羊地位。企业经济始终保持健康运行。

进入2008年，无锡开源在国家宏观调控、国际金融危机中经受挑战和考验。一年来，公司面临市场需求结构变化导致产能结构性失衡所带来的重重困难，在进入第四季度后又遭受到前所未有的市场需求急剧下滑所带来的生存危机。在严峻的经济形势面前，公司上下统一思想，主动调整结构，及时应对挑战，奋力拼抢市场，加大用户项目产品和市场急需产品的产出，较好地抑制了因通用机床销售下滑带来的影响，取得不易的成绩。

一年来，公司在提升科技创新能力，开发市场适销产品上，坚持以市场为导向，以技术创新助推产品结构调整，在“高”、“大”、“精”、“尖”上发展数控机床主业，积极开发高精、高效、实用的技术前沿产品，进一步满足市场和用户需求。根据市场需求结构变化的特点和产品结构调整的需要，公司把开发重点放在重型、大型数控磨床的开发和系列产品更新设计上，全新设计开发MK28250、MK5222×16、MK28100、3MK2540、3MK1650、3MK2140六个品种，更新设计MK2120C、3MK2010C、MKS10100A、MK1380×30四个品种，使产品向大型化方向发展。其中3MK28100数控立式内圆磨床、3MK2080数控轴承套圈内圆磨床、3MK2525数控轴承内圈滚道磨床研试成功，并在上海中国国际轴承及其装备展览会上展出，获得轴承行业以及同类产品生产厂家的高度赞扬，彰显同类产品技术国内领先的地位。同时，公司还以敏锐的市场触觉，在满足新兴行业——太阳能行业的发展上，研制开发了数控多晶硅端面磨方倒角磨床、单晶硅数控切断机床、多晶硅数控切割机床、硅片全自动多线切割机、数控单晶硅滚圆磨床和多晶硅自动倒角机等产品，以实现替代进口。上述产品在太阳能行业的一些企业中使用，成为产品拓展中的新亮点。

在主动调整产品结构，积极拼抢高端市场方面，公司在前三个季度大型、高精、数控机床需求持续稳步上升，普通机床需求回落，市场需求出现结构性变化的情况下，果断缩减普通机床的计划排产量，增加大型、高精、数控机床以及专机项目产品的产出，把市场营销定位锁定高端市场和热点行业，结构调整成效初显。一是紧盯高端客户需求，以产品在这些用户成功应用的范例，把产品拓展到在华乃至全球的工厂。二是针对市场需求下滑、库存增多的通用机床，采取加强对国内重点地区的销售力量和调动网点经销商积极性等多种措施，加大促销力度，最大限度保证需求回落产品的销售不出现大的滑坡。三是关注热点行业，把产品市场延伸到航空、船舶、发电和汽车四大重点发展领域，其中以船舶、风力发电行业为重点。当前，公司大型外圆磨床、轧辊磨床已进入船舶行业；数控立式内圆磨床、大型轴承磨床在2008年中国国际轴承及其装备展览会上的成功展出，引起为风力发电行业配套的轴承厂家的高度关注，从而为产品进入风电行业奠定基础。

随着国际金融危机的冲击和产品市场的急剧变化，无锡开源机床集团有限公司坚持以科学发展观为主导，紧贴企业发展实际，把加快用户项目产品、市场急需产品产出作为拓展高端市场的有效途径，把实施产品结构调整、生产组织结构调整、人力资源结构调整作为苦练内功的主攻方向，凝必胜信念，聚集团之力，团结一心，加快调整，共度时艰，在确保公司度过国际金融危机的同时，完成三大结构调整目标，为迎接危机后的新一轮发展打下坚实的基础。

〔供稿单位：无锡开源机床集团有限公司〕

创新经营理念　调整经营思路
促进天水锻压快速发展

——天水锻压机床有限公司

2008年是不平凡的一年，从年初的南方雪灾到5月份的四川汶川大地震，再到举世瞩目的奥运会成功举办和全球金融危机的波及，大家经历了辛酸与考验，也经历了自豪和激动。汶川大地震，美国次贷危机引发的全球金融危机，对天水锻压机床有限公司（以下简称天水锻压）的生产经营、生活工作秩序造成了一定的影响。为消除灾后人们的恐惧心理，尽早恢复正常的生产、生活秩序，减轻金融危机引发的市场波动和原材料价格动荡的压力和风险，公司决策层及时调整经营思路，化风险为机遇，扬长避短，发挥优势，将损失降到了最小。一年来，天水锻压进一步解放思想、创新经营理念，以调整发展思路为突破口；以整合内外部资源，优化配置，建立面向市场的快速反应机制为切入点；以扬长避短，发挥大型、非标机床和制管成套设备制造优势为契机；以资金为"王"，强化现金流管理，确保目标的实现。全年实现产值和销售收入双双突破3亿元大关，增幅达56%以上，圆满完成了年初确定的各项目标。

一、审时度势，适时调整经营工作中心，化风险为机遇

为确保目标完成，天水锻压决策层根据国际、国内宏观大气候不同时期的变化，及时调整经营工作中心，把"以不变应万变"作为工作的出发点和落脚点。不变的是既定的全年目标，变化的是保证目标实施的应对措施。譬如，地震后的工作中心是以抗震救灾、恢复生产为，金融危机波及时以应收账款回笼、资金为"王"的现金流管理为主。适时调整，考验了企业的应变能力。

（1）公司两级班子，尤其是经营层，坚持科学发展观、统一认识，打破常规，创新发展思路，努力化危机为机遇，研究制定各种具体措施，并认真加以贯彻落实，力求实效。危机意味着危险和机遇。此时谁能挺过"寒冬"，谁能运筹帷幄提前布局，谁就将在下一个上涨周期中胜券在握。

（2）以资金为"王"，确保资金流的顺畅是平稳渡过金融危机的重要保证。前三季度公司以目标为"王"，对保证全年目标的完成，起到了纲举目张的作用。第四季度针对金融危机的波及，产值大幅度增长，库存明显增加，资金难以回笼的局面，公司决策层果断调整经营中心，提出了以资金为"王"的管理措施。坚持和落实资金为"王"，确保资金流的内涵主要有以下几个方面：①实现管理模式从粗放到集约精细成本管理，进一步推行全面预算管理、精益"6δ"管理等措施，精打细算，节约成本。②加大应收账款力度，力争应收账款清零，保证资金回笼的额度，进一步提高公司抵御金融危机的能力。③加强银企对接，加大融资力度。④在金融危机的特殊时期，资金审批权限高度集中。

二、创新营销模式，变产品销售为方案销售

以天水锻压为主体的甘肃省制管及锻压设备工程中心，在对外工程总承包项目中，发挥了重要的作用，2008年与扬州亚联单宗签订制管线合同近20 000万元。以制管线为主体实施的工程总承包，是天水锻压在经营理念和模式上的创新和开拓，为公司此后面对市场、化风险为机遇起到了积极的导向作用。尽管受到金融危机的波及，合同签订从下半年开始受到一定影响，但2008年当年签订合同达61 295万元，为2009年储备合同25 294.6万元。

三、加快院、企合作和产学研联动步伐，培养专业技术人才

公司甘肃省制管及锻压设备工程中心、西安交通大学天水锻压技术中心、兰州理工大学天水锻压技术研发中心的相继挂牌和西安交大天水锻压工程硕士班的开学，标志着天水锻压在与大专院校、研究所强强联合，产学研联动，资源共享和打破地域界限，培养自有人才，增强企业人才储备方面迈出了可喜的一步，为公司后续和长远发展打下坚实的基础。

四、坚持技术创新和品牌建设，提速企业发展

2008年，天水锻压共鉴定6种新产品，其中预弯机等3种产品被评定为国际先进水平，钢管预焊机等3种产品被评定为国内领先水平。钢管全长扩径机被评为2008年国家重点新产品。新产品产值率60%。全年共申报专利43项，其中发明专利2项。公司因此被评为2008年甘肃省技术创新先进企业和中国机床工具工业协会"自主创新十佳企业"。

另外，公司品牌建设成果喜人。"TSD"牌商标荣获"甘肃省著名商标"，W67Y液压板料折弯机获甘肃省、国家用户满意产品称号，技术中心获甘肃省用户满意服务明星班组称号，公司获甘肃省用户满意企业称号。"TSD"牌申报"中国驰名”商标材料已报国家工商总局，正在审批之中。

凭借在技术创新和品牌建设方面的坚实努力，2008 年企业发展继续保持了强劲势头，主要经济指标在 2007 年的基础上分别增长 34% ~124%。成为 2008 年天水市工业企业增长速度最快的企业。

五、重视技改投入，构筑发展后劲

针对国务院扩大内需十大措施中，加快对城市电网改造、完善农村电网，加快铁路、公路和机场等重大基础设施建设会给企业带来无限商机的情况，公司在研发上未雨绸缪，初步建成三维 CAD 设计平台，利用 PRO/E 软件提升公司设计手段、设计质量和设计进度，并大幅降低设计失误。

为继续保持国内制管市场的优势，从根本上解决超大型零部件加工和装配的瓶颈问题，同时抓住金融危机低成本投入的机遇，天水锻压第二季度启动了新建超大型锻压机床和制管设备制造基地的技术改造项目。该项目计划总投资 12 000 万元，拟在 2009 年第四季度投入使用，为公司扬长避短，发挥制管设备和大型非标制造的优势，寻机进军国际市场奠定了坚实的基础。

六、以企业文化建设为导引，坚持大生产、大协作理念

优秀的企业文化在生产经营中起着潜移默化的作用，是企业软实力的体现。过去有的员工对企业文化认识不是很明晰，2007 年，天水锻压提练了“创新为魂、和谐立基、奋进无垠”的企业文化核心理念，并已深入人心，企业文化底蕴越来越浓。2008 年公司取得的所有成绩，即与企业文化密不可分。在公司的环境、制度、领导者的经营思路、员工的精神风貌和思想行为中无不折射出企业文化的精华。

生产经营活动是系统工程，部门之间、单位之间，横向、纵向都有千丝万缕的联系，哪个环节出问题都会影响全局。一年来，通过以企业文化建设为导引，天水锻压坚持了大生产、大协调的思路，坚持了每周行之有效的生产会、资金协调会，坚持了 20min 内随叫随到服务一线的机制落实等，为全年目标的实现起了重要的保障作用。

〔供稿单位：天水锻压机床有限公司〕

以人品铸造精品机床

——记发展中的宁波海天精工机械有限公司

宁波海天集团下属有三大产业：海天国际、海天精工和海天电机，其中海天国际 2006 年在香港上市。海天集团现拥有正式员工 4 000 余名，年销售收入突破 60 亿元，出口创汇近 3 亿美元。

宁波海天集团于 2001 开始涉足数控机床的研发与制造，并投资 1 500 万元引进日本新泻卧式加工中心和日本大日金属数控车床的设计与制造技术，2003 年投资 3 亿元建造了 5 万 m^2 的现代化制造基地，2005 年追加投资 2 亿元新建 3 万 m^2 的现代化制造基地，从 2001 年开始陆续引进高级研发人员 30 余名。宁波海天精工机械有限公司（以下简称海天精工）自成立以来秉承海天集团 40 余年的“人本、成本、资本”企业管理理念，以“铸造精品机床，振兴民族工业，争创世界一流”为企业发展目标，连续几年呈现高速发展态势。2008 年生产数控机床 1 000 余台，产值达 10 亿元，在行业评比中各项综合经济指标均名列前茅，受到了党和国家领导人的亲切关怀和高度赞扬。

海天精工现有员工 629 人，其中研发人员 117 人，大专以上技术工人 300 余人，产品已形成高精度卧式加工中心、高精高速多轴大重型龙门镗铣加工中心、高精高速数控车削中心和数控落地镗铣床四大系列近 50 个品种。海天精工现拥有 8 万 m^2 现代化恒温厂房，各类设备 125 台（套），主要设备 58 台（套），关键精密设备 41 台（套）。关键设备均为国际著名厂家的名牌产品，包括最大台面 10m 的进口大型导轨磨床 3 台，最大台面 14m 的进口大型龙门五面加工中心 6 台，进口精密坐标镗床 2 台，德国精密外圆磨床，瑞士精密内圆磨床，精密卧式加工中心，西班牙导轨淬火机床，数控立式车床等。公司拥有成套大型数控机床的制造能力。

海天精工现有研发人员 117 人，高级研发人才 33 名。海天精工在本部建有技术中心，下辖 3 个产品研发部，并在德国、北京、沈阳和常州设立研发分中心，并正在和美国一家企业谈判组建一家合资的研发中心。由此组成的研发队伍具有很强的新品研发能力，是企业自主创新、快速发展的基础。海天精工非常注重社会的研发能力，已和中科院宁波材料技术与工程研究所、浙江大学有合作项目，和浙江大学正在筹建浙江大学博士后工作站。海天精工全面实行计算机管理，引进国际先进的 OA、PDM、ERP 等软件，实现企业信息流、技术流和物流的有机结合。

海天精工已通过 ISO 9001:2000 质量保证体系认证，工艺工装、检测手段齐全。公司具有德国三坐标测量机、英国双频激光干涉仪、日本主轴实验台等仪器设备，具备了制造精品机床的能力。

海天精工已形成 HTM—G 系列龙门加工中心、HTM—H 系列卧式加工中心、HTM—TC 系列数控车/车削中心和 HTM—F 系列数控落地式镗铣床四大系列产品。卓越的产品品质，为海天精工产品成功进入国家重点装备领域奠定了坚实的基础。海天精工全系列产品已广泛服务在军工、航空航天、汽车、机车、船舶、工程机械和电力等行业，并成功进入国家重点装备领域，

海天精工本着“以人品铸造精品”的理念，坚持“以质量求生存，以质量谋发展”，使从海天精工出厂的产品质量过硬。公司产品经过国家权威机构机械工业机床产品质量检

测中心的型式试验测试，均达到或超过相关技术标准要求。产品性能国内领先，部分产品达到国际先进水平，产品性价比高、交货期优势明显，已得到国家重点领域用户的认可，并被广大用户肯定，得以广泛使用。如中国南车集团公司、中国北车集团公司、包头一机集团、潍柴动力股份有限公司、中国船舶工业集团公司、哈飞集团有限责任公司、洪都飞机公司、沈阳飞机工业（集团）有限公司、中国第一汽车集团公司、陕西汽车集团有限责任公司、江淮汽车有限公司、中国第二重型机械集团公司和格力电器股份有限公司等。

龙门系列产品是海天精工的主导产品之一，*X* 轴行程 1.25～25m；主轴转速从重型切削的 2 000r/m 到高速五轴联动 24 000r/m；动工作台系列产品台面承重 3～120t，并可提供横梁升降、自动换头、附件铣头自动换刀、机械式大功率重型切削五轴联动、双龙门架、双（多）主轴等高端选配功能。海天精工龙门产品具备如下优点，即产品规格覆盖面最广，设备自动化程度最高，产业化批量最大，可一站式服务及为客户提供最为贴近的产品。

卧式加工中心系列产品经过引进、研制、提升，工作台面 630～1 800mm，主轴直径 100～130mm，转矩 800～2 500N·m，精度接近于坐标镗床，直线轴坐标定位精度可达到 0.004mm/m，回转轴坐标定位精度 ±1″，并可选配 *W* 轴、NC 数控转台、自动交换附件铣头、数控平旋盘、高压中心出水、交换工作台等功能。精工卧式加工中心产品的设计理念是高刚性、大行程、重切削，可广泛应用在灰铸铁、球量铸铁、结构钢和合金钢等材料的粗精加工领域。

车削中心系列产品最大车削直径 250～700mm，最大加工长度 480～3 000mm，车削圆度能到 0.002mm，尺寸精度能达到 IT5 级，直线轴快速移动速度可达 30m/min，可实现高刚性强力切削。可选配 MC 和程式尾座等功能，应用领域广阔。

数控落地式镗铣床系列产品，镗杆直径 160～200mm，镗轴输出转矩可达到 12 000N·m，可选配带移动轴的 NC 数控转台（工作台面 2.5～4.5m，最大承重可达到 40～160t），60 把/80 把伺服刀库，自动交换附件铣头，数控平旋盘，高压中心出水等功能。该机床应用了恒流静压导轨、双齿轮消隙、动态滑枕位移补偿、热膨胀补偿、主轴箱重心偏移补偿等多项成熟技术。除了具有很强的铣削、镗孔和钻孔等功能外，还可以进行螺纹加工、车削加工。配上高精度数控回转工作台、直角铣头等功能附件，一次装卡可以完成 5 个面的加工，可以大大提高生产效率，是能源、冶金、船舶和重型机器等行业理想的加工设备。

坚持以客户为中心，持续创造客户满意的服务理念，海天精工设有完善的信息反馈处理网络，在全国建立近 60 个销售网点，并配备强大的服务团队，建立起一套完善的售前、售中和售后服务体系。从售前的为客户提供咨询、按用户信息及时准确完成复杂的交钥匙工程，到售中的方案细化、机床特性化设计，到售后的为客户提供安装、培训，真正做到了对客户的全天候贴身服务。海天精工正是依靠诚信的服务、卓越的品质，赢得了众多客户的长期信赖。

未来的海天精工将由中小规格朝着精密、高速、复合方向发展，并着力发展大重型产品。围绕着这个方向，海天精工规划从 2009 年开始分五年投入 35 亿元，其中 2009 年投入 5 亿元建设 10 万 m^2 现代化的精密、大重型制造基地。在引领与顺应之间，每一个阶梯的攀登，让海天人越发成熟与自信；在激昂与奋起之间，每一次成功的跨越，海天人以“始于足下”的行动，实现着“千里之行”的抱负与使命。

〔供稿单位：宁波海天精工机械有限公司〕

适应市场变化　做好品牌建设

——烟台环球机床附件集团有限公司

中国机床工具行业 2008 年开始步入调整期，市场需求结构发生分化，突出表现为量大面广的低端产品受到较大冲击，销量明显萎缩，库存增加；而高端的、大型的、精密高效的产品市场热度基本不减。市场的急剧变化改变了企业原有的产能布局和生产节奏，给生产经营带来了巨大的挑战和冲击。市场的急剧变化，逼迫企业向精益管理要效益，而提高产品质量和铸就品牌影响力是其中的重要工作。2008 年，烟台环球机床附件集团有限公司（以下简称“烟台环球”）继续推进企业品牌建设工作，在加大品牌宣传力度的同时，制定切实可行的具体计划，以先进的产品设计与制造技术、可靠的质量、合理的价格，及时的交货期和周到的服务来打造品牌形象，提高用户的忠诚度和满意度。

一、促进管理升级，夯实品牌建设基础

2008 年，烟台环球的管理工作主要围绕“绩效管理、信息化管理和‘6S’管理”三条主线来展开，建立起集“计划、组织、监督、考核”为一体的运行机制，集中在“实、细、深”上下功夫，从练好基本功开始，扎扎实实地将管理功课做到实处，夯实企业持续健康发展的基础。

一是细化绩效管理工作，在全公司推行目标管理。全年陆续完成目标管理、计划公示和集中述职几个环节的功能建设。如公司成立目标管理委员会，纳入高层管理的组织考核体系；导入高等院校的目标管理培训；模拟计划的演示与实施计划的公示；部门半年度的公开述职等。当前，部门工作的透明度、追溯性和可控性进一步增强，形成了一个“自上而下层层展开，自下而上层层保证”的层级责任体系，管理线条更加清晰。目标细化分解后，各个部门不再是管理孤岛，部门工作的方向和责任更加明确，相互协调配合的意识明显提高，推动了各个管理环节的互补和衔接。

二是信息化管理的应用水平进一步提高。公司所有产品已纳入 ERP 管理。生产单位根据主生产计划的变化调整期量标准,保证了系统数据的准确和运转畅通,促进了应用效果的提高。ERP成本核算体系日趋完善,会计核算部门根据每月成本核算资料,对产品成本进行分析,查找影响成本变动的原因,形成了一个持续改善的良性循环,保证了成本核算数据的准确性。

三是继续推进生产现场的管理活动。通过“6S”管理活动的有序开展,不仅提升了作业现场的管理水平,而且把生产现场管理、工艺纪律贯彻、品质管理等有效结合起来;根据工作的标准化和流程的标准化,编订企业自身“6S”项目标准和检查标准,以规范生产现场、办公场所及厂区的管理,为提高产品质量提供了有序的作业环境。

二、推进质量管理,提高产品品质

一是在稳步提高产品品质的前提下,不断提升品牌形象。抓产品生产过程质量,加强售前、售后服务来扩大品牌的信誉度,以抓创新、促升级等措施来提高品牌的竞争力。先后修定和制订了“质量管理奖罚条例”、“返修商品处置与管理规定”以及相配套的考核细则。

二是以精心创品牌的思想来指导质量管理工作。2008年初重新修订发布新的质量方针、目标,引导质量管理工作的开展,对提高产品生产全过程的质量水平有促进作用。11月顺利通过了“挪威船级社”DNV外部审核,整个质量管理体系运行扎实、有效,对产品质量提供系统性的保证,进一步夯实了精心创品牌工作基础。

三是加强对检验员的培训,提高质量检验能力,强化检验程序的执行力度,促进现场工艺纪律的严格执行,逐步提高操作者自觉执行工艺纪律的意识。完善和强化质量信息通报制度,健全层级质量承诺和质量责任追溯机制,全方位做好质量控制。责任单位主动制定整改措施,责任落实到人,有力地促进了实物质量改进工作的提高。

四是做好外协配套件的质量改进和提升工作。在选择供应商方面,逐步形成多家竞争、择优选用的配套格局。同时,为供应商的产品质量改进工作提供相关的技术支持,促进了外购配套件的质量提高。2008年12月,召开了配套件供应商座谈会,明确双方质量职责,提出了数控功能部件用配套件改进质量的具体要求,签订了质量保证协议,使外购配套件的质量逐步提高。

五是持续做好产品质量改进工作,对于用户反映的质量问题多发点,如数控产品的齿轮噪声、密封等问题,积极寻找对策,做好工艺性研究,下大力气加以解决,并已得到根本性控制,取得了良好效果。进一步完善了产品模拟动态检测仪器设备,提高了产品检测手段和水平。

在强有力的产品品质支持下,“环球”品牌知名度和影响力进一步扩大,在北京、上海、济南、苏州和东莞等机床展览会上,受到新老用户的一致好评。通过用户满意度调查分析,产品的信誉度,精度,先进性,售前、售后服务,都得到了用户的肯定,产品品牌及商标价值得到了进一步提高。

三、强化服务,提高用户满意度

为巩固和拓宽“环球”产品市场,公司在原有基础上又拓展到广东东莞区域建立营销点。各营销部门在总结近年工作经验的同时,进一步加强了市场调研预测工作,准确把握市场变化情况,科学制定市场开发策略,市场占有率进一步提高。主要产品市场占有率:数控刀架与数控转台各占42%,数控分度头与机械产品各占91%和84%。产品的知名度、美誉度以及用户的忠诚度又上了一个台阶。

技术部门加强售前服务工作,对有特殊要求的用户,及时派出技术人员提供技术支撑,使供需双方在较短的时间内达成共识,形成快速有效的市场反应机制,增进了用户的信任度。数控功能部件逐步形成了市场优势,用户认可度稳步提升,除传统的用户群外,得到越来越多主机厂和最终用户的信任,进一步提高了品牌的知名度。

此外,结合当前实际情况,增加了对技术人员、质量管理人员、销售人员、售后服务人员的技术和专业培训工作。通过营销网络建设与培训加快了售前与售后服务速度,缩短了对用户服务的到达时间,进一步扩大了“环球”的市场影响力,提高了用户的满意度和忠诚度,合同履约率在92%以上。2007年公司被评为山东省重合同守信用企业。

四、推进自主创新,做好技术研发工作

本轮市场调整的主要特征是市场需求的两极分化,市场压力逼迫企业必须加快产品结构调整步伐,转变发展方式,加快从产业链的低端向高附加值方向发展,进军高端技术产品市场。同时,市场需求的变化也为企业加快产品结构调整和升级提供了条件。烟台环球坚持以自主创新为主,从调整产品结构入手,加快对现有产品的更新升级,大力开发高技术水平、高附加值的产品,培育壮大竞争优势。

瞄准市场需求,依托现有技术优势,进一步健全产品体系,促进产品结构优化升级。全年共完成新产品开发40项,其中Z25800、Z24630、Z24500和Z24400数控平旋盘4种规格,满足了为大型数控镗铣床的配套需要;TK95400×500×2数控交换工作台实现了为汽车零部件自动加工生产线配套,结构先进,填补了国内空白。新开发的TK131000E、TK13800E数控立卧回转工作台得到了美国ATS公司的认可,现为该公司订单生产;AK33100×12A数控动力刀架和TK62500数控直驱回转工作台研发成功;FD51135电动分度头得到上海DMG公司认可。通过各类新产品的研发制造,提升用户对“环球”品牌的信任度。

组建烟台环球数控机床附件工程研究中心,搭建起企业与科研机构和大专院校联合攻关的创新平台,推进了产学研结合工作的开展。公司与南京工业大学、重庆工学院、烟台大学、北京航空精密机械研究所等大专院校和科研院所均保持着广泛的合作关系,先后开发了回转工作台分度精度自动检测系统、光栅数显工作台和大规格数控回转工作台等项目。此外,依托该平台建设和运作,促进了企业技术创新成果的宣传和推广。公司TK13—E系列数控转台,AK27系列数控刀架两产品的系列化研发项目被认定为山东省重大产业技术与装备专项,公司被认定为高新技术企业。

2008年的金融危机导致机床工具行业市场的巨大变化,给机床附件行业企业的生产经营带来了较大冲击,同时也加速了行业洗牌的进程。危机面前，企业更加重视品牌建设工作，这对提高产品质量、拓宽国内外市场工作有很大的推进作用，对提升企业文化及企业形象有着长远的意义。烟台环球将继续努力推进精心创品牌的各项工作，推进企业技术进步，搞好技术储备，不断提升产品的市场竞争能力，为中国机床工具行业的发展做出更大的贡献。

〔供稿单位：烟台环球机床附件集团有限公司〕

企业介绍

坚定信心调结构　苦练内功谋发展

——陕西秦川格兰德机床有限公司

陕西秦川格兰德机床有限公司(以下简称秦川格兰德公司)是由陕西秦川机械发展股份有限公司与陕西机床厂合资组建的专业磨床制造公司，是国家定点生产外圆磨床的专业厂家，也是我国最大的外圆磨床生产厂家之一。现有员工 520 余人，拥有固定资产 5 800 万元，具有年产磨床 1 000台的生产能力。

秦川格兰德公司通过了 ISO 9001: 2000 版质量认证，被陕西省科技厅认定为“高新技术企业”。主营业务被陕西省国资委确认为“当前国家重点鼓励发展产业”。主导产品为“陕西省名牌产品”，荣获“陕西重点推广品牌暨首届陕西机电行业十大品牌”。ME1332 × 500—3 000、ME1432 × 500—3 000外圆磨床获得“全国机械工业用户满意产品”奖。

秦川格兰德公司主导产品为“陕机”牌磨床系列产品，主要有外圆磨床、万能外圆磨床、端面外圆磨床、轴承磨床、无心磨床、内圆磨床、曲轴磨床、凸轮轴磨床、平面磨床、球面磨床、汽车及工具行业专用磨床等产品。磨床产品覆盖 11 大类 110 多个品种 150 多个规格，从品种到规格全部达到系列化。

一、产品研发开创新局面

继续坚持“技术立厂”理念。新产品的研发紧紧围绕以汽车、轴承、工程机械、铁路及军工等行业为主的客户群体，立足于外圆磨床的技术优势，坚持“高、中、低”齐头并进，开发了一批高精度、高效率、高附加值的产品。

一年来，相继开发了 3MK2040 数控轴承套圈内圆磨床、MK2116 数控内圆磨床、GZ138 数控球面磨床、3MK95160 数控立式磨床、MKST13100 × 50 数控外圆磨床和 3MKS2550 数控轴承内圈滚道磨床 6 种全新产品；根据用户需要，在现有产品基础上，设计特殊要求产品 22 种。同时，定型产品的改进也取得了显著成绩，如 ME1432B × 15、ME1450 × 30 机床床身结构优化设计、减少加工面，3M2150A、3M2180A 轴承磨床床身结构改进为整体式、改进工件支撑，以及定型产品设计电箱、操作台等的改进都取得成功。

产品的通用化、系列化工作取得长足发展。数控机床的工作台、砂轮架的滚珠丝杠进给系统全部整顿，实现了标准化、系列化、通用化。在产品设计中，严格审查通借用关系，使设计中的各种参数尽量与已有产品的尺寸规格保持一致。

坚持持续工艺改进，“四新”技术应用取得突出成果。工艺改进项目主要有数控机床直线导轨、滚珠丝杠安装基面的加工和装配工艺改进，轴承磨床修整器油缸孔加工工艺改进，MKS1380、ME1350 机床床身工艺改进等。在数控机床装配中，推广使用限力扳手、转矩表等工具。这些项目的实施，既提高了工效、降低了成本，又改善了产品质量。

二、销售工作实现新突破

坚持以“数控机床、轴承磨床、大规格机床”的销售为工作重点，积极寻找新客户、开拓新市场，加大产品市场推广力度，坚持国内、国外市场共同开发。进一步完善了营销管理的措施和方法，分类管理直接用户和经销商，制定不同的价格策略。积极主动地采取各种措施将主要用户、关键客户掌握在企业手中，积极发展忠诚用户，销售工作取得可喜成绩。全年实现磨床销售回款 10 944 万元，其中数控机床、大规格机床销售回款额度占总回款的 51%。在市场萎缩的情况下，签订机床合同总额 1.45 亿元，并为 2009 年结转合同余额 3 400 万元。特别值得一提的是，全年交付数控车轴磨床、车桥磨床 5 台，数控轴承磨床 7 台，为历年来最多；出口合同 43 台，合同额 600 万元，同比增长 36%。

进一步突出售前、售后服务，按照家电行业的售后服务标准来要求，创造差异化服务。售后服务人员实行设点划区，重点区域专人负责，提高了售后服务响应速度。同时，对售后服务人员采取了规范化管理，对其着装、行为、语言和装备都实现标准化。

三、财务管理取得新成就

财务工作始终以收入、利润为导向，以资金管理和成本控制为核心，强化并突出财务的管理与控制职能。

进一步完善了财务稽核数据库，建立起规范的结算流程。一年来，制定产品成本定额52个品种规格。对零件库价格、毛坯库计划价进行了全面整顿。同时，制定了各分厂（车间）零部件、整机收购价，规范和完善了结算渠道和结算程序。

严格绩效考核及费用控制，强化会计监督。继续实行各部门经费限额控制、累计考核办法。积极与税务、财政沟通，落实优惠政策，为公司节约所得税93万元。

多年来，财务工作取得突出成绩，得到了上级部门的充分肯定，被陕西省国资委评为“2007年—2008年财务工作先进集体”。

四、产品品质管理跃上新台阶

2008年，公司以用户关注为焦点，捕捉产品缺陷，在持续改进上做了大量工作。以工艺规范为主线，凡因违反工艺而导致的质量问题不放过；以用户反馈为主线，对用户反馈的质量问题不放过。每月召开质量分析会一次、技术例会两次。提出产品改进建议39项，采纳改进了36项。并严格执行“质量索赔制度”，全年处理赔偿单416份，涉及赔偿金额19.4万元，既减少了质量损失，又提高了员工质量意识。

2008年，公司顺利通过了ISO 9001:2000版标准监督审核、陕西省质检站对产品质量的定期检查等各种监督审核工作。

五、生产制造工作取得新进步

生产制造系统推行精细化管理，基本适应了“多品种、小批量、轮番上场”的要求。生产经营计划的编制以市场需求为导向，计划执行中做到了全程跟踪、及时预警、努力纠偏。一是生产制造系统积极应用公司ERP管理系统，初步实现了产品数据资源共享，提高计划编制的准确性。二是加强计划管理工作力度，以管理促效率。在计划的日常管理中，坚持以合同任务为主线，以完成销售回款计划商品为重点，加强协调、统一调度。三是积极扩大外协方式，弥补内部产能不足。将零件外协过渡到部件外协，定型产品除砂轮架外，其他部件全部外协。

加强物流控制，严格定额发货。各生产经营部门严格按定额领料，不得擅自超额领用物资。定期清查回收生产现场的废弃物资及设备，部分物资实现了二次再利用，有效减少了损失。

六、技术改造工作稳步推进

2008年，编制完成、上报公司重大项目“数控精密大型外圆系列磨床技术改造项目建议书”。完成1台3m数控铣镗床的购置、调试、验收和安装工作，完成1台4m龙门导轨磨床的购置验收，订购1台5m数控龙门镗铣床的工作进展良好、于2009年第二季度到货。技术部门购置了一批计算机，安装了新的设计软件和分析软件包，将实现三维计算机辅助设计、零部件结构强度计算机辅助分析等。

〔供稿单位：陕西秦川格兰德机床有限公司〕

装备民族工业　服务中国制造

——奋进中的杰克机床

2008年，面对日益复杂的宏观经济环境和全球性的金融风暴冲击，杰克机床有限公司（以下简称杰克机床）坚持向管理要效益、向科技创新要效益，走科学发展之路，顺利保持了平稳较快发展。集团董事会年底召开机床专题会议，决定追加对机床装备制造基地的投资，加快数控凸轮轴和数控曲轴磨床等系列高端数控磨床产业化基地建设，力争成为高端数控机床进口最佳替代供应商，在中高端数控磨床领域打造自己的品牌。

在第11届中国国际机床展览会（以下简称为CIMT2009）上，杰克机床隆重推出的JKM120 CNC/CBN全数控凸轮轴磨床和JKM8240CNC/CBN数控曲轴连杆颈磨床，其技术亮点纷呈，达到国内领先水平，尤其是直线电动机、动静压轴承等各项先进技术的研发和应用，也体现了杰克机床图谋高端市场的战略方向。杰克机床还与北方动力有限公司签定了大型高端生产设备——JKM8330全数控凸轮轴磨床的订单。JKM8330全数控凸轮轴磨床具有一次装夹，实现2m长凸轮轴凸凹面凸轮磨削、宽窄面凸轮复合磨削等功能，是国内首台大型、异型凸轮轴磨床。当前，国际上只有美国、德国和俄罗斯3个国家掌握该核心技术，而且产品进口价约1 000万元，而杰克机床推出的产品价格只有进口产品的1/3。优良的性价比和高端技术，开启了“军民”合作新模式。

一、情系民族工业，进入装备产业

机床是杰克控股集团继主业缝纫机之后的第二产业。杰克控股集团是浙江台州的一家民营企业，经过12年的发展，实现了由家庭作坊成长为一家专注于机械制造，集工、贸、技于一体的民营集团。集团拥有浙江、上海、江西三大生产基地，工业缝纫机、机床、投资、表面处理等四大产业。集团及其产品先后荣获了中国大企业竞争力500强、中国民营企业500强、中国成长企业100强、中国企业文化建设先进单位、国家级高新技术企业、中国驰名商标、国家免检产品等称号。

杰克机床拥有浙江、江西、湖南三大制造基地。浙江杰克机床有限公司经过4年发展，厚积薄发，已成为批量生产外圆磨床系列产品的制造基地。

通过资本运作和产业兼并。江西杰克嫁接了50年磨床制造技术沉淀，具备了对数控机床，特别是各类数控曲轴磨床和专用数控磨床自行开发设计的能力，产品畅销全国并远销中东、东南亚国家和地区，是江西省机械工业重点企业，原机械工业部定点生产曲轴磨床的中型企业。公司拥有各类工程技术人员80余人,其中高中级职称20人,包括2名享受国务院特殊津贴的专家;生产员工技术等级平均在6.3级。

湖南杰克数控磨床有限公司由享受国务院特殊津贴、国家级科技专家胡惜时教授领衔,整合了一支复合型研发人才队伍,致力于开发随动曲轴磨床、随动凸轮轴磨床等中高端柔性磨削中心,研发实力和技术水准达到国内同行业领先水平。

杰克机床积极探索校企合作新模式,与华中科技大学、清华大学、湖南大学等国内知名大学建立校企合作关系。特别是与华中数控科技股份有限公司共同组建数控机床研发小组,以浓郁的"民族情结"为基础、振兴民族品牌为动力,联袂亮相中国国际数控机床展。与湖南大学合作,引进国内磨削行业的顶尖专家队伍,不断研发高效磨削技术,加强模块化设计能力。尤其在产品研发中采用新的技术方案,在攻克技术难点时构思新的结构,在现有技术上略有创新。对曲轴类、凸轮轴类、螺杆系列等磨削作了重点研发,为开发CBN磨床打下了基础。

杰克机床进入时间短,但发展迅速,其产品线构建能力日趋完备,现拥有数控凸轮轴磨床、数控曲轴磨床、数控外圆磨床、数控内圆磨床等4大系列、几十个品种的产品,获省级成果15项,国家级荣誉2项。公司还被授予国家高新技术企业、省文明单位、省技术创新先进单位、省经济效益先进单位、省创新型试点企业等称号。杰克集团重组吉安机床厂被称为"中国机床行业民营兼并国企的典型案例"。

二、构建"哑铃"模式,向管理要效益

现代企业的竞争,不再是单个企业、单个产品的竞争,而是涉及到产业链和企业系统的竞争,其中包括供应链、市场中介及终端等。对于机床装备业来说,建立一套有效的创新体系显得尤为重要。杰克机床重点抓好两端,实行"大研发、大营销、小生产"战略,突破固有的研发模式,以客户的需求为导向,使研发触角更加贴近市场。公司分别在上海、北京、长沙等地设立研发中心,引进国内外知名的磨削机床专家,使国内乃至国际上的顶尖磨削技术在第一时间,不经任何中间环节直接被消化和吸收,确保创新型产品的有效性和前瞻性,逐步进入高端机床产品领域。将供应商和客户纳入项目公关小组,实现了从供应商到用户的零距离接触。打造组合营销新模式,细分市场,利用信息技术收集客户信息,随时掌握客户的产品需求动态。完善销售渠道和营销网络,加快各片区经销商建设,有条件的先建立杰克磨床销售样板厂,或设立杰克机床营销专卖店,统一规范实施VIS,建立相关管理和激励机制,充分利用经销商和重点客户等资源渠道和经销网络,形成以客户促销售,以品牌促营销的模式,全面带动杰克营销网络的发展。整合一支强有力的营销服务队伍,个性化地提供服务,将服务领域从单个产品的服务扩展到客户其他产品的服务,从杰克品牌到其他品牌,尽最大努力帮助客户解决问题。另外将服务触角延伸到设备保养、现场管理、企业文化建设和技工培养等方面,以服务促营销,以服务促品牌。对重点客户,为其提供生产加工工程方案,即安装、调试、机器摆放、生产布局和零件加工流程等全方面服务,全面实现专家型和顾问式营销的有机组合。

三、自主创新,向科技要效益

完善创新战略和管理制度,制定并实施企业科技创新战略、知识产权战略和自主品牌战略等,建立并完善企业技术标准和质量保证体系,进一步完善针对研究人员的奖励机制,激发和鼓励创新,营造浓厚的创新氛围。加快产品研发的信息化建设步伐,通过CAPP、PDM、ERP、SAP等信息项目导入,实现制造信息化的全面共享,提升制造技术信息化水平,提升产品的研发实力和核心竞争力。营造全员自主创新的氛围,建立创新管理制度,提高员工的创新积极性,极力营造创新文化。对一些大胆实践,勇于创造,积极推进管理改革和创新的员工,公司给予一定的物质奖励,对成果较大的,还采取以员工名字命名创新项目的方式给予奖励。通过制度推进,员工参与创新的积极性大增,相关工艺和工序得到有效改进,如砂轮架R角的改善,内六角装备改善,将MQ8260产品创新为MQ8260H等。在产品设计、开发和生产中广泛采用新技术、新工艺和新材料,提高产品的科技含量,并继续加大与高校实验室的横向交流与合作,采取技术兼并的方法间接引进国外技术进行研究,提高研发效率,缩短研发周期,加速研发进程。

四、携手国产数控,勇闯高端市场

杰克机床决策层一直有着浓郁的"民族情结"。机床行业是高投入、低收益的行业,如果纯粹为了商业利益,杰克没必要将主业的数亿元利润逐步投入机床产业。振兴民族工业、打造"百年老店"才是杰克的目标。这与一直致力于"以产业化为目标,以振兴民族数控产业为己任,用'中国脑'武装中国装备"的华中数控股份有限公司自然是一拍即合:MK1320从研发到联袂参展,再到交付客户使用,仅用4个月的时间。随即双方又启动加工中心项目,并在较短时间内实现批量生产。

当前国内高端数控磨床基本上依赖进口,而且进口价格十分昂贵。在充分调研市场现状后,杰克机床确立了发展数控磨床的设想,组织各类螺杆软件开发的核心人员,在数控曲轴磨床基础上,研发曲轴连杆颈自动分度磨削技术,放大砂轮外径,对砂轮修整重点研发,构思头架、尾架、砂轮架创新结构,采用CBN砂轮,实现点磨和随动磨削同步。该项目填补了国内产品在以磨代铣,提高螺杆精度方面的技术空白,解决了数控螺杆磨床完全依赖进口的局面,降低了国内用户的投资成本。这是杰克机床对民族自主品牌的追求。

民族装备的振兴,非常相似的企业愿景和追求,促使双方愿共同承担研发重任,为早日改变高端磨床市场领域国产系统不足的现状作出努力。该项目首选国产数控系统,共同组建项目公关小组,整合上海、北京、长沙等国内磨削领域的资深专家,对项目的可行性进行评审。该项目的实施表明了杰克机床立志携手民族数控系统,向高端数控磨床领域迈进的决心,表明了民营企业为振兴中国装备制造行业应尽的义务与责任。

五、嫁接国际先进技术，实施走出去战略

杰克机床定位在高起点和高目标上，没有将目光仅仅停留在国内领先的制造技术，而是直接与世界先进制造技术和人力资源对接，引进、消化和利用，实现制造技术的全球共享与整合，打造杰克制造的知名品牌。

杰克机床一直注重与国外知名机床企业的沟通合作，并经常组织专家到国外进行实地考察。杰克机床的努力也受到了国外企业的关注和认可，意大利、德国多家知名机床企业都表示有意加强与中国企业的交流与合作。意大利磨床协会副会长、Favretto公司董事长法力图，莫罗拉公司总裁卢卡·佩里等分别亲临杰克机床考察，并就合作生产高档数控磨床进行了深入交流。除为自己寻求合作伙伴外，还代表意大利其他机床企业参观，为他们提供参考意见。在考察过程中，法力图多次表示看好非常有潜力的中国市场，将在中国为进一步扩大标准机床的生产寻求有相同理念的合作伙伴。一旦合作成功，将通过一到两年的努力，使杰克机床技术达到国际先进水平，并真正成为替代进口的最佳产品。同时，德国、日本等发达国家的机床企业也积极关注杰克机床的发展，纷纷组团参观考察。

六、推进文化治企，打造杰克制造品牌

市场经济下，企业的竞争在很大程度上表现为文化力的竞争，企业文化经营是企业经营管理的最高层次。杰克机床致力于推进流程再造和精益生产模式构建，打造柔性制造体系；加强组织建设，为推进现代企业管理提供保障；深入推进“企业文化塑造工程”，不断对优秀的文化进行弘扬，坚决剔除不符合公司发展的次文化；充分发挥文化渠道的作用，注重理念引导，对事不对人，营造和谐团结的企业氛围；大力推行读好书活动，打造学习型组织，把培训当作投资，把学习当作应变之道，用学习来解决发展中存在的种种问题；勇担社会责任，提升杰克品牌的内涵和影响力。公司通过加强与中国机械行业权威媒体的沟通与联络，梳理宣传渠道，全面提升杰克机床品牌内涵和品牌价值。

〔供稿单位：江西杰克机床有限公司〕

创新引领未来　博文追求卓越

——朝阳博文机床有限公司

朝阳博文机床有限公司的前身是朝阳机床厂，始建于1965年，于2003年转制为集科研、设计、生产和销售为一体的高新技术企业。公司秉承“博大精深、文诚信远”的创新理念。

公司坐落在东北工业基地辽宁省朝阳市，占地面积2.9万m^2，厂区建筑面积1.5万m^2。现有员工320人，其中具备开发设计各类机床能力的专业工程技术人员80人。公司总资产5 000万元，2007年实现工业总产值4 800万元，销售收入4 600万元，实现利税299万元。2005年通过了ISO 9001:2000质量管理体系认证。2006年被辽宁省评为“高新技术企业”。

一、创建“创新型”现代企业

改革开放以来，我国的装备制造业得到蓬勃、快速发展。特别是近几年来，数控机床的发展更加迅速，各行各业的加工精度要求都在普遍提高。机床市场的发展趋势必将以数控机床为主导，传统机床市场将逐渐萎缩。转制前，朝阳机床厂主要产品是立轴圆台平面磨床和立轴圆台模具磨床，生产3个系列13个品种，其中有6个品种为国内独家生产。产品水平在国内处于领先地位，基本代表了我国立式磨床的生产水平和发展方向。但该产品为传统结构机床，技术含量相对较低，虽然有一定的市场空间，但是从长远看，单靠这些老产品很难在市场长期立足。

面对日趋激烈的全球市场竞争，朝阳博文机床有限公司立足“发展”这一战略核心，从实际出发进行了企业转制。转制后的朝阳博文机床有限公司是原机械工业部立式磨床的定点专业生产厂，国内唯一的立轴圆台平面磨床专业生产厂，是中国机床工具工业协会和中国模具工业协会会员单位。

公司设施优良，设备先进，技术力量雄厚，并拥有一批掌握国内外先进科技知识的管理人员、工程技术人员和一支技术过硬的工人队伍；专门组建了技术开发部，进行新技术、新产品的研究与开发，满足国内外市场的需求。采用国外先进的生产管理模式，追求完美的设计、制造理念，并不断创新。

二、创新产品研制，引领机械行业发展方向

1. 新产品开发

创新是企业在生产力、生产关系中进行的创造性活动。只有创新，企业才能持续发展。公司在产品研发工作中紧跟市场，紧紧抓住客户的需求，认真贯彻技术创新战略，创新产品开发思路，在新产品开发与应用方面取得较大进步。

新产品开发实现战略转型：机床向高速化数控机床方向发展，可充分发挥现代刀具材料的性能，不但可大幅度提高加工效率、降低加工成本，而且还可提高零件的表面加工质量和精度。

2004年，公司立项研制MK2840立式数控内圆端面磨床，于2005年推出第一台MK2840立式数控内圆端面磨床样机。该产品经过精度检测和调试，各项技术指标均达到设计要求，被广泛应用于汽车齿轮及精密零部件的内孔和端面磨削。

2006年，公司技术研发部又自主开发出X、Z、C三轴联动数控立式曲线磨床——MK8580数控立式曲线磨床。该产品采用SIEMENS840D数控系统，加工柔性好，加工精度高，生产率高，能减轻操作者劳动强度，改善劳动条件，有利于生产管理的现代化及经济效益的提高。产品适用于大中型盘类零件的磨削，可广泛应用于凸轮、液压马达定子外曲线加工和内、外圆端面磨削加工。工件一次定位可实现内(外)圆及端面的磨削，可实现箱体类或扁平类零件平面孔系的磨削加工。在最大磨削范围内，磨削曲线轮廓误差≤0.02mm，淬火钢磨削粗糙度可达 R_a0.4μm，尺寸控制可达到5级精度。

2007年，公司发现立式车床有着广阔的市场空间，当即投资生产C5116～C5125系列单立柱立式车床和C5225～C5240系列双立柱立式车床。2008年，又在立式车床的基础上研制生产CK5116数控立式车床。

2. 质量是创新的保证

激烈的市场竞争需要强有力的质量保证。为此，公司配备了国内先进的数控车床、数显镗床、立式加工中心、卧式加工中心、导轨磨床、坐标镗床、万能螺纹磨床、丝杠车床和一条年生产能力10 000t的树脂砂铸造生产线等先进加工设备，同时配备动平衡机、MZS5A/C双频激光干涉仪、YS1401平面度检查仪和GLOBAL ADVANTAGE 07.10.07三坐标激光检测仪等精密质检设备，保证每一种产品都经过严格的质量检测。高质量的产品获得国内外客户的肯定。

3. 技术创新信息化建设

公司利用现代化管理技术、信息技术、计算机技术和现代制造技术软件建立了企业信息系统，推动企业朝着自动化、高效、智能化、集成化和网络化方向发展。企业在人、财、物方面的管理水平显著提高，新产品设计和制作能力得到了增强，经济效益大增。

三、引进国外技术，有利保障创新

公司十分重视国外先进技术的吸收，多次聘请国外技术专家来公司指导，并在设计思路和质量理念等方面作细致的讲解和培训，为公司技术人员掌握国外先进机床技术，消化、吸收再创新机床制造业尖端技术奠定了基础。

2007年公司与德国锐锋机床公司(REFORM Maschinenfabrik)建立了长期技术、生产合作关系，由其为公司提供产品和生产工艺技术，培训相关技术人员和技术工人。德国锐锋机床公司同时委托公司生产由其设计的磨头移动式刀具磨床整机。该机床利用磨头移动可有效地减少机床占地面积，机床结构紧凑，结构合理，具有足够的刚度，可广泛用于刀具和板类零件的磨削，是刃具加工业不可缺少的加工设备，投放市场后深受用户欢迎。

技术引进保障了公司产品从结构到应用、从外观到内在都有了质的飞跃，保障了产品技术水平领先国内同行业。公司成功将产品推向国际市场，增加了出口创汇，创造了良好的经济效益和社会效益。

四、以客户为中心，追求卓越品质

转制后的朝阳博文机床有限公司取得了快速的发展，也迎来了前所未有的大好形势。面对新的机遇和挑战，博文员工奉行“进取、求实、严谨、团结”的方针，不断开拓创新，以技术为核心，视质量为生命，奉用户为上帝，竭诚为用户提供性价比最优的机床产品及无微不至的售后服务。依靠科技求发展，在技术上不断创新研发，为用户提供满意的高科技产品，是朝阳博文机床有限公司始终不变的追求。

〔供稿单位：朝阳博文机床有限公司〕

泰安华鲁引领行业技术创新

2009年1月1日，泰安华鲁锻压机床有限公司(以下简称泰安华鲁)召开新产品发布会。公司历经五年研制的我国首台“WES11K—35×21 000数控船用卷板机”项目通过了有关专家的科技成果鉴定。参加鉴定会的专家有来自于国家铸锻所、山东大学、华中科技大学、上海海事大学、济南大学、山东机械设计院的教授及大连船舶重工集团、江南造船厂、上海外高桥等重点造船企业的总工程师。参加新产品发布会的中国机床工具工业协会、中国船舶物资总公司、山东省发改委及国防科工办等单位领导对公司研制出国产大型船用卷板机给予了高度评价。该国产大型卷板机的研究成功，不但采购价格比国外同型机便宜，节省运输费用，而且使备件供应、售后服务无后顾之忧。泰安华鲁又一次在行业内树立了技术创新的标竿，并向大型数控船舶成型专用装备制造基地迈进了一大步。首台21m样机被浙江舟山金海湾船业有限公司订购。

一、国内首创，实现船舶成型装备重大突破

WES11K—35×21 000数控船用卷板机为国内首创，是在德国专家马藤博士的指导下，吸收了先进的欧洲技术研制开发的，它的主要特点有以下几方面：

(1)超大规格。它总长30m，主体长23m，宽4.5m，高11m，总重量800余t。额定压力20 000kN，当两下辊的中心距为650mm时，能将35mm厚、21m长、屈服强度355MPa的船用钢板卷制成半径1.2m的圆弧形或锥弧形工件，加工能力实现重大突破。

(2)技术水平达到国际先进。该机床上下辊的定位精度均达到0.20mm，卷制工件直线度在长度21m时小于5mm，其水平与世界上最先进的瑞士HAEUSLER公司的同型产品相当。

(3)采用4项专利技术。①上辊装置和上支承辊装置采用独特的挠度补偿技术，属自主发明专利。该技术可使上梁和床身的挠度得到有效补偿，从而保证卷制的圆弧形工件在21m长度上曲率一致。②下辊装置和下支承辊装置是已获授权的发明专利。在两套水平移动系统的驱动下，两下辊连同下支承辊一起可水平移动，并且中心距可调。其作用有两个：一是当两下辊偏移至一侧时，可以对板料进行预弯，以减小工件的剩余直边；二是当两下辊中心距调至大于650mm时，能卷制厚度大于35mm的钢板。③主液压缸采用连体液压缸专利。这种双腔液压缸，不仅易于保证制造质量，降低成本，而且由于其外形为长方体，使得整机结构紧凑、外形美观。④主传动方式为专利技术。两根下辊各用一套传动系统驱动，并且分置于机床两端。优点一是可以消除机械干涉以及钢板与辊子之间的滑动摩擦；二是可以消除辊子尾端的旋转滞后现象；三是当两下辊异向旋转时，可实现板料的自动对正。

（4）独特的数控系统。设计先进、功能齐全、显示界面丰富、操作方便，同时设有先进的监视系统。通过监视器，操作者可清楚地看到机床后面和地坑之内的各种情况，操作更方便、更安全。

（5）一机多能。安装相应的模具后，机床具有折弯和压型功能，能省下两台数控折弯机的钱。

鉴定会上，专家们经过认真细致的分析讨论，得出以下鉴定结论：该产品设计先进，性能稳定可靠，在产品结构、数控系统等方面具有重大创新，属国内首创，可以替代进口产品，达到了同类产品的国际先进水平，为建造大型船舶提供了先进的加工设备，完全可以批量生产。

二、科技创新，保持行业技术领先地位

我国首台“WES11K—35 ×21 000 数控船用卷板机”的出炉只是泰安华鲁长期坚持科技创新的又一重大成果。

泰安华鲁聘请多名国际机床专家为技术顾问，大力实行自主创新、联合创新和引进消化创新等多种创新形式，形成了以自主知识产权为核心，以数控化、大型化、节能环保为显著特色的华鲁产品模式。近年来，他们凭着先进的技术和锐意进取的创新精神，取得了丰硕的技术创新成果，获得45项国家专利，多项填补国内空白，达到国际先进水平，起草了3种产品的行业标准。泰安华鲁产品已发展到5大系列300多种规格。

除大型数控船用卷板机外，为解决国内高强度板、爆炸复合板及零件矫平难题而专项设计的WD43矫平机，以其合理的d机型、稳定的性能及较高的精度，满足了用户的多项特殊要求。WD43—80 ×2 200 矫平机是专为北京奥运会“鸟巢”场馆建设而研发的，列入“国家火炬计划项目”，获“2008年度山东省科技进步二等奖”。WD43M—40 ×2 000 精密高强板料矫平机项目被国家科技部评为“2008 ~2009年国家重点新产品”。

泰安华鲁通过对卷板机的创新整合，形成了WS11水平下调式、WD11机架组装式和WB12四辊卷板机等多系列产品。WS11系列产品的最大冷卷能力可达到200mm ×4 000mm，其中WS11K—120 ×4 000 数控水平下调式三辊卷板机被国家科技部评为“2008 ~2009年国家火炬计划项目”；拥有“连体油缸”专利的WS11—80 ×3 000 卷板机，技术水平达到国内领先，较好地解决了锅炉、压力容器、电力和水利等行业的中厚板卷曲成形。WD11系列产品由于主传动方式发生重大变化，与同规格的普通三辊卷板机相比，功率消耗降低了70%，同时产品使用寿命将提高1倍以上。

三、瞄准市场，与中国造船企业共同成长

泰安华鲁有40年的发展历程，是中国机床工具工业协会锻压机械分会常务理事单位、国家高新技术企业，拥有省级技术中心、自营进出口权，在行业中率先通过ISO 9001、ISO 14001和OHSAS 18000体系认证。系列卷板机为山东名牌产品，“岱岳”商标为山东著名商标。公司近几年连续投入3亿元技改资金，建造了36 000m^2 重型车间，关键设备全部实现数控化，具备了300t的起吊水平，生产能力处于同行业领先地位。

从近10年中国造船业占世界造船市场份额的变化可以看出，中国造船业在全球市场上所占比重正在明显上升，中国已成为全球重要的造船中心之一。而大型数控船用卷板机长期依赖进口，严重制约着我国造船业的发展速度、发展水平和船舶质量。有的造船企业甚至不买设备，使用原始的船舶成型工艺，效率低、质量差。世界上能够研发制造大型数控船用卷板机的国家很少，主要包括英国、瑞士等发达国家。大型数控船用卷板机国产化势在必行。

泰安华鲁作为锻压机械行业的龙头企业，自2004年就瞄准这一领域，加大技术投入，积极破解了这一重大难题。公司研制的数控船用卷板机已形成WE11K、WES11K、WEF11K等多种规格，长度12.5 ~21m 等多种型号的系列化产品；已应用于国内40余家重点造船企业，占据了国内绝大部分市场份额，并成功出口越南、新加坡等国家，得到业界的充分肯定。

泰安华鲁多年来见证了中国造船业的风雨，也与中国造船业共同成长，成为造船企业的真诚合作伙伴。

〔供稿单位：泰安华鲁锻压机床有限公司〕

科技创新是企业发展之路

——上海冲剪机床厂

上海冲剪机床厂创建于1931年，专业生产各类液压、数控剪板机和折弯机等钣金加工装备以及专用成套设备，现在是上海电气（集团）总公司下属的一家国有企业，也是原机械工业部的骨干企业。被上海市政府评定为“2008年度第三批上海市高新技术企业”。工厂占地面积62 533m^2，建筑面积40 000m^2；现有职工349人，其中各类专业技术人员93人；总资产1.713 8亿元，净资产4 153万元。企业建立完善的质量管理体系，通过了ISO 9001:2000认证，质量管理全面符合标准，多次获得各级管理机构颁发的质量管理奖。拥有“上冲”、“SPS”、“AS”等国内外知名品牌，QC12Y系列剪板机、WC67Y系列板料折弯机和PS系列数控板料折弯机被上海市名牌产品推荐委员会评定为“2008年度上海市名牌产品”。产品质量享誉全国。同时，数控剪折机械产品的产销量长期名列全国同行前茅，曾多次被中国机床工具工业协会评为

"数控产值"十佳企业和"精心创品牌"十佳企业。

受国际金融危机的影响，一直保持高速增长态势的我国机床工业，在2008年下半年特别是7月份以来，增速连月下滑，企业发展面临严峻挑战和困难。除国际金融危机等外部因素的冲击，也有企业内部的深层次矛盾和问题。上海冲剪机床厂根据这一情况，对营销、市场重新定位，并创新理念，认识到科技创新是企业发展之路。创新，特别是技术创新是企业发展必由之路。

一、技术创新，产品开发硕果累累

上海冲剪机床厂是一个产品开发型企业。多年前建立了剪折机械研究所，形成了一支精干的研发队伍。采用CAD/CAM计算机辅助设计，技术人员直接深入第一线指导制造技术。企业还在研究所建立了产品开发内部承包激励制度，极大地调动了科技人员的积极性，充分发挥了科技人员的聪明才智，取得了显著效果。经过多年的努力，企业培育了一支由20多人组成的数控机床调试队伍，为生产制造和客户服务提供了有效的技术支持。同时还设置了项目管理协调小组，为提高技术创新项目实施效率、最大程度优化企业各项资源配置、降低项目实施成本、统一管理协调与项目相关部门的日常运作做了大量的工作。企业年年都有多种新产品诞生，其中多项产品为国内首创，填补空白。产品多次获得国家金质奖、国家银质奖、部优质产品以及上海市科技进步奖、上海市优秀新产品奖和国家级新产品奖。而且开发的新产品全部具有自主知识产权，其中ME50机械电子伺服数控折弯机（专利号：ZL20042001973.2）和数控砂轮修正器（专利号：ZL03 2 30682.2）两项新技术获得国家专利。

上海冲剪机床厂在1982年引进消化吸收、测绘设计开发QC12Y系列剪板机、WC67Y系列板料折弯机后，产品扩展到全国，并已生产20多年，形成"墙内开花墙外香"。另外还研制开发数控剪板机、折弯机、电液伺服数控折弯机和数控三点折弯机等新产品。数控机床产量在国产数控剪折板机总量中名列前茅。

二、调整结构，自主创新再建新功

上海冲剪机床厂遵循科学发展观，正确认识和深刻理解"把创新作为发展的主旋律"这一理念，不断提升企业的自主创新能力，在细分市场中为自己更好的定位。按照上海电气集团总公司对重点企业发展的部署，针对国内外市场新产品研发热点和市场份额，结合企业现有条件和特点，紧紧围绕"又好又快发展"的工厂方针目标，克服剪折机械市场竞争激烈等困难，着力在拓展市场、理顺生产、开发新品、科学管理上下功夫，不断增强企业的竞争能力和盈利能力，适应上规模、上档次发展我国钣金机械的要求，开创更广阔的空间。

面对机遇和挑战，素以技术创新引领企业发展的上海冲剪机床厂，加大新产品开发力度，提高产品档次。上海冲剪机床厂突破了只生产剪折板机的传统理念，解决了"剪折冲"不配套的瓶颈问题，把"引进来"和"走出去"更好地结合起来。自行设计和制造了融合当今世界先进的横梁双电机驱动技术和先进切割技术的JGJ—3015激光切割机以及HP—300转塔式冲床，成功完成了激光切割机和回转头冲床的设计开发试制工作，并在展会上成功展示，实现产品开发从传统产品向数控产品转移，向激光切割机和转塔冲床等高技术产品的转移，并加快高技术产品批量生产，逐步实现产业化，同时开始研制附加值更高的剪折柔性单元等新产品。抓住国家投资拉动内需保经济增长政策出台的契机，瞄准电力、交通等基础设施的大项目争抢大订单。上海冲剪机床厂已在研发大吨位数控折弯机的基础上，进一步在生产场地、生产设备和生产人员上做好有关调整的准备工作，预先做到了技术落实、资金落实和生产准备落实。同时组织技术力量继续抓好1 500t以上数控折弯机以及大型数控剪板机的技术储备，承接核电工业设备（大吨位数控折弯机）合同，并积极与国内外著名企业合作，为进一步拓展大吨位数控剪板机、折板机的市场份额做好充分准备。

工厂充分发挥产品的技术和品牌优势，积极同国内外技术先进的企业合作，开发新型、高性价比的数控剪板机和数控折弯机。目前已成功引进技术，完成图样等技术资料的准备工作，进入样机试制阶段，并已做好批量生产的计划安排。与此同时，逐步淘汰高能耗、低价值的机械产品，扩产数控剪板机和折弯机及延伸配套机械，如产品中的后挡料装置、前托料装置等配套机械进行模块化集聚，使企业产品在市场竞争中具有高性价比优势。抓住产业发展契机，强强联合，确立市场地位，促进体制、机制转换，提升整体素质。

三、与时俱进，探索创新迎接挑战

回首过去，为的是积累更宝贵的经验财富。上海冲剪机床厂凭借悠久的历史、上冲品牌、领先的技术、产品的开发、优秀的队伍、可靠的质量和良好的服务，一直保持稳步上升势头。即使在1996年，受亚洲金融危机的冲击，国内机床市场疲软的情况下，上海冲剪机床厂也未受影响，保持了平稳上升，只是增幅减小。改革开放以来，企业主要经济指标增长幅度较快。

能够做到这些，主要原因是坚持科技创新、新产品开发，保持技术优势的结果。近几年来，由于同行业发展迅猛，市场竞争日趋激烈，加上上海冲剪机床厂机制体制、政策扶植、装备更新等原因，产品开发速度减缓，加上原材料涨价等因素，发展速度相比以前明显滞后。尤其是2008年8月以来，受金融危机冲击的影响明显，低端通用产品库存明显增多，应收帐款回收难度加大，融资困难加大，利润率明显下降，企业效益增长难度加大。为此，上海冲剪机床厂切实贯彻落实科学发展观，改以量取胜为以质取胜，加快产业结构和产品结构调整，以尽快适应市场需要和发展趋势；不断增强企业的自主创新能力和市场竞争力，一心一意谋求发展，千方百计满足国内外市场需求，更好更快地适应不断变化的市场需求，在应对危机中求得新的更大的发展。

〔供稿单位：上海冲剪机床厂〕

改革开放让江海机床集团崛起

走进江苏江海机床集团有限公司(以下简称江海机床)的荣誉展览厅,只见一面面旌旗、一块块奖牌、一张张奖状、一幅幅照片,令人目不暇接。她,不仅仅是江海机床集团30多年发展史的见证者,也是真实记录江海人在社会变革的历史之路上拼搏奋斗、高歌猛进的画卷,同时也展示着江海集团由小变大、由弱变强的变迁历程……。

1971年2月,一个由农药厂改建过来的镇办企业“李堡机械厂”在李堡镇北郊的凝凌河畔诞生了。几台土设备,十几间矮厂房,二十几个毛头小伙子办起了海安县第二家生产小型剪板机的小厂。企业时兴时衰,磕磕碰碰养活着几十号人。直到1978年,党的十一届三中全会的召开,确立了改革开放的方针大略。而此时的李堡机械厂正面临着产销两难的境地,五十几个人的企业年销售额仅有七八十万元。面对产品销售无指令性计划、原辅材料无供应指标,企业好像一下子成了没有动力的小船,随时有倾覆的危险。随着党的开放改革、搞活市场经济、发展生产力政策的贯彻落实,改革的步伐越来越大,江海机床终于迎来了最灿烂的历史时期。

一、改革开放,硕果累累

翻开江苏江海集团发展壮大的历史,循寻改革开放的步伐,记载着这样一串串数字:1985年完成产值310万元,开发新产品3个,并第一次研制开发出液压折弯机产品。1988年完成产值850万元,技改投入150万元,新建厂房3 000m^2。1998年,完成产值2 800万元,开发新产品4个,企业实现转制。2004年企业实现第二次改制,当年完成产值5 120万元。

2007年完成产值1.7亿元,新厂区全部完工投入生产,工厂占地面积6.5万m^2,建筑面积4.8万m^2;产品有剪折卷校4大系列60多个品种,出口30多个国家和地区,年创汇1 300多万美元;在短短的4年中实现了历史性跨越,产销增长4倍,技改投入达3 000多万元,比1978年至2004年25年技改投入的总和还多50万元;并成功开发了800t折弯机,能卷50mm厚的卷板机,创造了江海发展史和海安锻压机械行业的数个第一。成为海安县第一个享受改革开放政策首家产品出口创汇,打开了国际市场的企业(1985年);全县第一个获得南通市“先进企业”、“明星企业”称号的乡镇企业(1988年);第一个获得国家出口产品许可证,国家经贸委颁发的“出口自营企业”证书的乡镇企业(1992年);第一个获得全县ISO 9000质量体系认证的机械工业企业(1997年);第一个“江苏省高新技术企业”的乡镇企业(1998年);南通市锻压机械行业第一个被评为江苏省“名牌产品”、“著名商标”、“重合同守信用单位”。连续五年全县锻压行业产品出口创汇第一名,成为全县同行业的领头羊,海安县锻压机械商会会长单位。

二、把握历史发展机遇,谱写自身发展新篇章

市场经济在搞活企业的同时,也带来了前所未有的激烈竞争。从20世纪90年代起,一个个锻压机械制造厂家应运而生,特别是进入21世纪,锻压机床新企业的诞生达到一个新的高峰,每年都有十几家企业加盟。而此时的机械行业也形成两大特点:一是新上厂家抢滩铺店,攻城略地,大打价格差,以短平快抢占低端市场;一是大企业扩大规模,形成集团军批量生产,以强大的资本和产品数量挤压中小企业。

面对种种难题,在锻压行业打拼了几十年的江海机床,深深懂得不进则退的道理,要想继续在本地区当好领跑者,首先要做到的就是“打造江海品牌,开拓国际市场”,并努力达到“争创驰名企业,满足客户需求”的目标。

从20世纪90年代开始,江海机床制定了“内抓管理建体强身,打造品牌,外攻内外市场树立企业形象”的战略方针。“建体强身”就是建立健全内部各项管理制度,竞争机制,强化质量意识、品牌意识、创新意识。在市场竞争中,立足内销扩大外销,以品牌树立企业信誉,以质量扩大销售市场。当有企业以次充好,偷用“江海”商标将产品销到外地时,江海机床追根溯源,将造假者曝光,还用户一个公道,维护江海品牌形象;当有人肆意损毁江海品牌,明明是江海的产品,偏偏要挂其他牌子,显示产品的优势,江海机床人不惜千里奔波,还事实一个真相,为的是树立江海品牌信誉,让这一无形资产深入用户心中,扩大市场覆盖率。

在企业内部,江海机床集团重点在管理的硬件和软件上下功夫,力求在同行中脱颖而出,并注重抓好下面几项工作:①注重员工质量意识的教育与产品质量的提高。长期以来,公司坚持召开旬会,以做好各项工作的交流沟通和任务的布置与下达工作;在多种场合和会议上强调产品质量的重要性,并多次召开质量现场工作会议,以事实、数据来证明产品质量与企业发展壮大的关系;及时对国外客户反馈的问题进行处理和改进,以保证客户满意度。②在提高产品质量上江海机床不断追求创新,不遗余力提高机床附件的配置等级,如数控、数显装置,阀泵,卡套接头,模夹装置等,以高配置、高要求来保证产品的质量可靠性,创造一个“人无我有,人有我新,人新我好”的高起点平台,努力保持企业领先地位。③注重和加强产品生产过程的质量控制,推行全员、全过程、全企业化的质量管理,变人治为法治,变要我抓质量为我要抓质量。特别是推行经济责任制后,有效地保证了产品质量水平和等级的提高,对扩大江海机床的内外销市场打下了良好的基础。

2004年,江海机床集团历经了第二次企业改制,企业得到更快更好的发展,在产品生产和销售、技改投入、职工收入方面都迅速增长,同时加强了企业文化建设。2007年更是江海机床集团公司快速发展,全面丰收的一年:机床产品提前实现了产销双双超亿元的目标,全集团公司总产值达1.7亿元,与上年同期相比,产值增长21%、销售增长26%、出口增长40%;技改投入为历史最高,达2 000多万元,其中设备投入780多万元,新建厂房8 000m^2,为江海机床的发展再次奠定了坚实的基础;新产品开发方面,全年共开发新产品20多个,产品正逐步向系列化、多元化、大型化、数字化

方向发展；在质量控制和产品质量管理上也做到了循序渐进，产品质量进一步提高。2008 年，江苏机床先后获得"江苏省著名商标"、"江苏省名牌产品"、"江苏省重合同守信用单位"、"江苏省质量诚信企业"、"南通市和谐企业示范单位"、"海安县工会优秀单位"等称号。

三、抓机遇，谋发展，再展江海雄风

雄关漫道真如铁，而今迈步从头越。这是江苏江海机床集团抓机遇谋发展，再展雄风的座右铭。江海机床集团正谋划着如何把海安锻压机械这个行业的经济板块作大作强，公司目标是：①把自身炼成经风雨见世面的钢筋铁骨。充分利用与华中科技大学联合的优势，广泛引进有技术、有专长的大专生、本科生和有技术技能的专业管理与生产人才，全面提升江海机床的人员素质。同时充分利用当前低谷机遇，加快企业技改投入，加速工程建设进度。②在产品销售上进一步扩大并占领新的市场，除了西藏、新疆外，不留空白点，主动抢滩，扩大内销，力争每年递增 25%。外销市场以中东、东南亚为辐射源向周边地区发展，同时扩大在南非、南美洲的登陆点，把产品不断向周边国家推进，使江海机床产品遍布五大洲，进一步把自营出口工作作大作强。③进一步理顺生产秩序，改变过去小而全的观念，以协作加工促批量，以壮大装配队伍扩产量，以开发新型、大型、特殊规格的产品为主攻方向，提升产品档次，提高企业声誉，力争 5 年内跨入全国锻压机械行业同行前 5 名。

〔供稿单位：江苏江海机床集团有限公司〕

创新助推宏康机械逆市飞扬

金融危机的突袭给全球制造业造成重创，不少企业面临停产、破产的绝境，然而山东宏康机械制造有限公司（以下简称宏康公司）却迅速、全面恢复了生产经营，所实施的建设项目正按计划稳步推进，成为闪耀机械制造业的一颗金星。在全球机械制造业不景气的大背景下，公司为何能够迅速走出低谷，实现逆势增长？

宏康公司始终坚持技术创新、管理创新、经营创新和文化创新，经过近 30 年的奋斗拼搏，在激烈的市场竞争中脱颖而出，已发展成为我国研制生产数控高速金属板卷开卷矫平剪切成套设备的骨干企业。面对国际金融危机，宏康公司抢抓国家扩大内需、调整产业结构、市场原材料价格下降等机遇，在经过短暂调整后，获得健康快速发展。

一、技术创新是宏康公司发展的永动机

宏康公司拥有省级企业技术中心，拥有完备的计量、检测、试验仪器设备和技术开发管理软件，每年技术研发费用都占销售收入的 5% 以上。

宏康公司积极开拓进取，博采众长，敢于瞄准行业制高点，问鼎同行业尖端技术，先后与清华大学、西安交通大学、山东大学和济南铸造锻压机械研究所建立了长期稳定的协作关系，与韩国大铉、日本本田金属和西班牙法格等国外著名钢铁精整装备制造商强强联合，共同致力于国内外数控金属板卷开卷矫平剪切成套设备的研制和市场开发，做到了预研一代、开发一代、研制一代、生产一代。

宏康公司拥有实用新型专利 18 项，5 项发明专利进入实质性审查阶段，2008 年申报了 2 项发明专利和 2 项实用新型专利，开发的"计算机控制金属板材矫平机"、"17—65/70×1650 型精矫机"填补了国内空白，被国家科技部列为"国家级火炬计划项目"。公司负责制定了《板料开卷矫平剪切生产线》国家行业标准、《开卷矫平剪切生产线安全要求》和《数控开卷矫平剪切生产线》两项国家标准，正在参加制定国家民航总局组织的《机场道面除雪设备》国家行业标准。公司先后被认定为"中国专利山东明星企业"、"国家级重点高新技术企业"、"泰安市创新型企业"、"泰安市技术创新先进集体"和"山东省机械工业自主创新先进单位"。2008 年，国家实行新的高新技术企业管理办法后，公司被列为山东省首批高新技术企业。

宏康公司开发的产品已形成 4 大类 13 个系列 300 多个规格，主要产品有数控金属板卷开卷矫平剪切成套设备、重型落地铣镗床、多用途除雪设备和工程机械等。其中，数控金属板卷开卷矫平剪切成套设备是宏康公司的主导产品，该产品技术先进、性能优良、质量可靠、性价比优越，畅销国内外市场，深受用户青睐。其中，宽厚板开卷矫平剪切成套设备已成为国内替代进口的主导产品，先后为宝钢集团、鞍钢集团、武钢集团和邯钢集团等国内多家著名钢铁公司设计制造了多条生产线，及时满足了我国钢铁、汽车、拖拉机、家电、钢构、钢材仓储配送等行业的需要，还成功出口到亚洲、欧洲、美洲和非洲多个国家和地区。"宏康"牌金属板材开卷矫平剪切成套设备荣获"山东名牌产品"称号，"宏康"牌锻压机械被评定为山东省著名商标，数控金属板卷开卷矫平剪切成套设备扩产项目得到省政府重点产品结构调整专项资金扶持。宏康公司已成为我国研制生产数控金属板卷开卷矫平剪切成套设备的骨干企业之一。

二、管理创新是宏康公司健康快速发展的基石

宏康公司树立了"以管理为中心，用 ISO 9000 质量管理体系的管理模式覆盖全面工作，注重细节，成就完美"的经营管理理念，不失时机地提出开拓性的目标与措施。公司围绕产品市场营销这一主题，全面提升企业管理水平，形成了产品设计开发、生产制造、质量管理、产品销售、运输安装、用户服务与培训于一体的完整体系；在公司内建设了科学合理的计算机网络中心，实施了 ERP 信息化管理系统，显著提高了管理效率。公司被评为"泰安市企业管理创新优秀企业"。

公司坚持走"以质量求生存，靠科技促发展"的方针，视产品质量为生命，建立了科学的质量管理体系，取得了出口产品质量许可证，被山东省质量评价协会评选为"山东省质量竞争力百强企业"。当前，公司已通过了山东省国防科工办组织的保密认证，正在进行国军标认证工作。

三、经营创新是宏康公司发展的活力所在

在当前金融危机的形势下，宏康公司靠大项目推动企业发展。公司研制的多用途除雪设备,将“扫、收、抛”多项运动复合为一体,可将200mm以下积雪一次性扫干净,同时把雪收集起来,按照需要在360°范围内任意方向,定向抛出。该产品具有低污染、低噪声、能耗小、除雪效率高、一次性扫净率高和性价比优越等特点,除雪技术居国际领先水平并具有完全自主知识产权,已取得两项国家专利,于2009年3月5日取得了国家民航总局颁发的民用机场专用设备使用许可证。

宏康公司正在建设的年产300台机场专用除雪设备项目,具有明显的社会效益和经济效益,符合国家产业政策和行业发展规划,属于国家产业政策鼓励类项目;在明显提高节能减排效果的情况下,能够满足我国机场对除雪设备的迫切需要;并为宏康公司下一步开发生产高速公路、市政道路、港口码头、庭院等交通运输和生产生活基础设施除雪设备奠定坚实基础,摆脱传统人工或非专用设备等措施除雪造成的投入人力多,除雪效率低,效果差,对道面、路面破坏严重等局面,为机场等交通运输和生产生活基础设施提供现代化服务。该项目被省经贸委列为山东省扩大内需重点技改和节能项目,并得到省政府调控资金支持。

宏康公司投资2.45亿元建设的钢铁物流项目,致力于形成钢铁经营、加工配送、结构件制造的一条龙经营模式,是面向生产型企业服务的“生产性服务业项目”。项目建成后能够实现以山东省汽车制造、装备生产、农用机械和工程机械等几大龙头产业为核心,推动生产性服务向产前、产中和产后延伸;能够根据用户所需钢材的品种、规格和数量进行资源的组合备库,集中下料和合理套裁,直至精加工;能够缩短流通时间,降低流通费用,实现生产制造型企业原料钢材和半成品件的零库存,也有益于提高钢铁企业的生产集约化程度,是一个“新型工业化适配型现代服务业”项目。整个项目将在2011年3月全部建成,届时可达到年配送钢材30万t、钢结构加工量30万t的能力。项目一期工程已经完成并投入使用,已经与中国重型汽车集团有限公司、泰安航天特种车有限公司和山东鲁峰专用汽车有限公司等钢铁物流配送重点客户建立了长期合作关系,并为上述用户的钢铁物流配套起到了重要作用。该项目获得了山东省政府2008年服务业发展引导资金支持。该项目的建设将大大提高泰山钢材大市场的档次和规模,辐射和带动区域经济的发展。

四、文化创新是宏康公司和谐稳定发展的凝聚力所在

宏康公司注重企业文化建设,秉承“只为成功想办法,不为失败找理由,注重细节,成就完美”的企业理念,坚持“诚信第一,客户至上”的企业宗旨,牢固树立“自觉、自信、自律、自勉、自尊”的企业精神和“做好企业,奉献社会”的价值观,致力于把宏康建设成为具有高成长性的国家级企业集团。

宏康公司大力实施以“家园、花园、乐园”为核心的“三园”和谐企业文化建设,充分发挥党总支、工会、共青团等组织的作用,创办了内容丰富的《山东宏康报》作为宣传宏康企业文化的重要载体,经常举办内容丰富、形式新颖、参与面广的文体活动。既为员工提供施展聪明才智的舞台,也为员工创造幽雅舒适的工作环境;既注重员工物质财富的收入和增加,更注重员工精神文明的建设和熏陶;既注重员工业务素质、技术技能的培养和提高,也注重员工的身心健康和人格素养,形成了上下通达、左右协调、相互配合、和谐发展的良好氛围。

创造美好的明天,需要非凡的智慧、毅力和胆识。只有知识的交融才能创造无尽的财富,只有真诚的合作才能凝聚巨大的成功。宏康公司将继续解放思想,推进科学发展,不断创新,跳跃式发展,向钢铁物流加工配送、工程机械、特种装备及矿业进军,打造开矫装备领军企业,为我国国防工业、民企参军、民品列装,为创建我国现代钢铁物流加工配送基地,为“打造十亿宏康,构建和谐宏康,创建世界宏康”而努力奋斗。

〔供稿单位:山东宏康机械制造有限公司〕

科技创新创品牌　服务社会创效益

——北京市电加工研究所

2008年,是北京市电加工研究所成立30周年。该所认清形势,全面落实所“十一五”规划,在科技创新、产业发展中提出三高三低奋斗目标,即“提高效率、降低能耗,提高质量、降低差错,提高科技含量、降低综合成本”。作好研究中心、重点实验室建设;重视国家“863”项目,国家、北京市自然基金项目和北京市科学技术研究院项目的申报,加强人才队伍建设,引领全体员工为实现目标而努力。全年实现工业总产值1.59亿元,销售收入1.52亿元,出口创汇530多万美元;完成国家自然科学基金项目1项,北京市科技新星计划项目1项,北京市科学技术研究院萌芽计划项目2项;新获北京市自然基金重点项目1项,北京市新世纪百千万人才工程项目1项,北京市优秀人才项目1项,北京市科学技术研究院萌芽项目4项;申请并获批准专利9件,软件著作权2项,继续保持在超硬材料特种加工、精密数控、精密工模具领域的技术领先地位。

一、抓好重点实验室建设,为科技创新打好基础

2008年10月,北京市电加工研究所特种加工技术重点实验室顺利通过“北京市科学技术研究院重点实验室”评估。同年,获得近1 300万元的项目支持,购置近30种世界最先进水平的检测仪器和设备,且部分仪器在国内行业中唯一。实验室科研硬件条件得到了极大提升,为北京市电加工研究所直接服务于行业先进制造业创造了基础条件,使其成为先进制造技术及尖端数控装备的研发试验与检测评价中心。北京市电加工研究所与特种加工行业“机械工业电加工机床产品质量监督检测中心”合作，将重点实验室建成开放式实验室，为科技工作者及工程技术人员探索、研究、实践特种加工新理论、新技术、新工艺、新装备搭建平台，为科技创新提供检测、研究、数据分析等科学依据。

二、抓好三大创新成果产业化，为企业持续发展作保障

2008 年，全球性金融风暴同样殃及中国，如何能够顶住压力，稳住发展步伐，对企业提出了严峻的考验。北京市电加工研究所在具有自主知识产权的产品销售方面，基本保持了 2007 年的水平，并在精密数控电火花成形机床和精密模具产品销售方面超过了 2007 年的水平。

1. 基于原始创新的超硬材料特种加工技术继续保持国际领先水平

处于国际领先的“聚晶金刚石电火花加工技术”又有新突破，形成成套核心技术。利用该项技术所开发和制造的加工装备，在超硬材料加工领域已覆盖 60% 以上，在国内外具有较高知名度。研制了具有自主知识产权的绿色节能、窄脉宽、高峰值电流电火花加工脉冲电源，创造了世界上聚晶金刚石的最高加工效率。新开发设计了用于切割大厚度聚晶金刚石（PCD）复合片的专用高效节能型线切割脉冲电源，并开发出与之配套的电源控制系统。电源能量利用率大于 80%，输出脉冲峰值电流上千安培，脉冲宽度小于 2μs，这对提高我国超硬材料的加工水平，实现规模化生产以及提高超硬材料刀具加工的国际竞争力都具有深远的意义，使我国在大面积 PCD 复合片加工领域处于世界领先水平。

2. 精密数控技术成功实现引进—消化吸收—再创新，并达到国际先进水平

经过 10 多年的努力，北京市电加工研究所在模糊控制技术、大面积镜面放电加工技术、智能化柔性化开放式数控系统的研究等方面攻克了一个又一个难题，取得突破性技术创新和多项成果，成为行业实现自主创新知识产权产品的领跑者，行业精密数控电火花成形加工机床整机销售量第一和行业众多企业电源系统的配套企业。2006 年获得全国特种加工机床“贯标示范产品”奖；2008 年，B35 精密数控电火花成形机床获得“CCMT2008 国产数控机床春燕奖”。近年来，在引进先进技术的基础上，先后研制了具有自主知识产权的三代高档数控系统。新研制成功的 A3 型智能精密数控电火花成形加工电源系统，实现了高精度、低损耗和低表面粗糙度的电火花加工，主要指标达到国际先进水平。精密数控电火花成形机床为国防和国家重点项目作出了贡献，创造了较大的社会经济效益。精密数控电火花机床在国内高档数控设备领域成为引进—消化吸收—再创新的成功范例，为振兴中国装备制造业走出了一条创新之路，为实现由“中国制造”向“中国创造”的转变作出了贡献。2008 年，北京市电加工研究所研制成功五轴五联动精密数控电火花成形机床，并实际应用到军工企业，打破发达国家技术垄断，为国防和国家重点工程服务，为提高我国新一代大推力运载火箭、战略导弹和飞机的运载能力及整体性能作出了贡献。当前，六轴数控系统已研制成功并通过测试，准备推向市场。

3. 精密加工模具及成套加工设备技术不断集成创新保持国内领先

新开发的 SOT—23B6/D6 引线框架新产品模具，一次冲压可实现 96 个产品的生产，不仅提高了冲压效率，同时对易磨损的凸模引入了 PVD 纳米涂层强化技术，大大提高了模具使用寿命。该模具技术指标达到国外同类模具水平，填补了国内空白，2008 年获得中国模具行业“精模奖”一等奖，被中国模具工业协会推荐为“模具国家级新产品”。研制开发的大型电动机定转子复合模具，解决了转子型腔整体镶嵌问题，并具有互换性和快换性；采用自动推料技术使复合模具工作连续，该项目获得 2008 年国家实用新型专利。在 PCD 拉丝模具的科研与产业化过程中，瞄准世界最领先技术和产品，以国际先进大型企业为目标客户，坚持以创新为先导，用技术优势构建市场竞争优势。经过攻关，使微孔短定径 PCD 模具的生产工艺和技术水平与国际先进水平相当，产品质量、供货能力大大提高，与国际一流企业建立起牢固的合作基础。2008 年，受国际金融危机影响，在全行业产销量急剧下降的情况下，公司产量逆势增长 50%，创历史最好水平。

三、产品开发注重市场需求，产品服务注重用户需求

北京市电加工研究所按产品和研究方向，成立了 8 个迪蒙股份制公司和 5 个实验室，在产品开发和用户服务中追求专注、合作、共赢。

北京迪蒙数控技术有限责任公司依托北京市电加工研究所强大的技术、人才优势和通过与日本 SODICK 公司的技术合作，已经成为国内电火花成形机床技术的领跑者。该公司生产的 A 系列、B 系列精密数控电火花成形机床产品，凭借完全掌握产品的核心技术、优质的销售服务过程，为客户提供高性价比的产品。产品整机加工性能达到国际同类机床先进水平。为满足用户对高可靠性的要求，公司提出数控系统平均无故障工作时间大于 1 万 h 的可靠性指标，并在软件设计、电源设计、插接件选用、接地与屏蔽设计和制造等方面采取强抗干扰、高可靠设计与制作技术，全面提高系统的可靠性。公司依靠“创新科技、制造精品、工艺先行、做好服务”战略，针对用户专项需求，提出交钥匙工程，为用户排忧解难。该公司还针对航空航天、军工等多个行业的特殊工艺和零件要求研制专用设备，得到了用户的好评。

北京迪蒙特佳工模具技术有限公司利用北京市电加工研究所“聚晶金刚石电火花加工”专利技术，研制开发了具有国际先进水平的超硬材料加工工艺及成套专用设备，使超硬材料拉丝模具、刀具以及聚晶金刚石复合片、石油地质钻头的加工变得轻而易举，使用普通电加工机床无法实现的加工难题迎刃而解。以工业金刚石拉丝模具的制造为主线研制的成套加工设备有：BDMT—CBZ 型半自动超声波整形机、BDDC 型电火花—超声波复合抛光机、BDC 型超声波微孔研磨机、BGXP 型单头高速线抛光机、BDMT—XP 型多头高速线抛光机、BDCX—100B 型超声波清洗机、BDMT—XP 型多头高速线抛光机、DMT—SS 熔蚀型电缩丝机、BDMS—Ⅱ型拉丝模双目体视显微镜检测仪、BD-SJ 型电动/气动试丝机以及磨针机和测量角度板。以工业金刚石、立方氮化硼、金属陶瓷刀具和砂轮专用设备为主线，相继开发 901、902、903、904 四种精密专用磨床，形成系列产品，填补了

国内PCD刀具高端专用磨床的空白。精密电火花机械复合工具磨床是制造高精度金刚石、金属陶瓷及硬质合金刀具的专用机床,不仅具有机械磨削功能,还增加了电火花放电加工功能;既能提高加工速度,又可以节省金刚石砂轮,达到降低刀具生产成本的目的。四种精密专用磨床,分别对应市场中高档PCD金属切削刀具、木工专用刀具和高精度金刚石砂轮的生产需求。该公司成为国内唯一可以为PCD刀具生产提供全方位一次性解决方案的单位。公司还拥有国际一流的拉丝模具和刀具生产线,拥有国际一流的拉丝模具检测仪器(挪威Conoptica公司产CU10型拉丝模激光孔形测定系统、英国产BETA型激光测径仪等),生产"迪蒙特佳"品牌高品质工业金刚石拉丝模具、各种超硬材料刀具和复合片整形抛光。20多年以来,凭借综合技术实力,为众多用户提供交钥匙工程,建立拉丝模具、刀具生产线,解决了技术难题。公司产品与服务遍及国内29个省市自治区、香港和台湾地区以及美国、法国、日本、印度、泰国等国家。

北京迪蒙卡特机电设备有限公司是专业从事电加工机床研发和制造的大型生产企业,具有较强的电加工专业技术研发能力和生产制造能力。1999年被中关村科技园区批准为高新技术企业,并在北京顺义工业园区建有占地面积3万m^2的现代化生产制造基地。该公司现已形成数控高速走丝电火花线切割机床、数控电火花成形机床和高速电火花小孔加工机床等三大系列30多个品种数控电加工机床的批量生产能力。CTW系列线切割机床吸收了国内外机床优点并根据用户要求而设计制造,具有造型美观、结构新颖、性能优越和操作方便等特点。CTM系列数控电火花成形机床采用先进的日本控制电路和高频电源,关键件均为进口配置,是该公司研发的升级换代产品。CTW系列数控高速走丝电火花线切割机床机顺利通过中华人民共和国出入境检验检疫局监督检查,获得"出口企业升二级"的资质。该公司已在欧洲和南美市场建立了销售服务网络,打开了走向国际市场的良好开端。近几年,公司在高等教育部和财政部联合举行的全国150个"教学实训基地"项目招标中脱颖而出,多次中标达数千台。公司始终把握市场差异化原则,突出自己的特点,发挥质量、精度、价格和服务优势,扩大市场份额。近几年承接军工企业订单越来越多。特别是地震发生后,公司及时调整生产计划,集中最好的装配工、电工、调试工投入到发往灾区产品的生产调试中,提前完成了灾区订单的生产并及时交付用户使用,支持了灾区企业的恢复重建。

四、以永续发展为着眼点,建设一流的科技人才队伍

为适应科研与产业化事业飞速发展的需要,北京市电加工研究所加快培养高端人才,建设一流人才队伍,为全面提高自主创新能力和产业发展能力打下了坚实的基础:①选择青年骨干到高校深造,结合所内科研方向和任务,把优秀青年科技骨干送到高校攻读博士、硕士学位。②鼓励年轻科技人才走向国际舞台,参加国际电加工学术会议,与专家进行交流,及时掌握行业科技发展的前沿。③加大引才、育才支持力度,积极帮助各公司引进人才,对各公司引进的高层人才实行经济补贴。支持指导各公司科技人员申请各类自然科学基金、国家科技计划和北京市优秀青年知识分子培养计划、北京市科学技术研究院萌芽计划等项目。加大所"火花创新基金"的支持力度,为各公司培养人才创造必要条件。④努力培养复合型人才,在注重培养科技人才的同时,还选送大批人员进行经营管理、市场营销、财务、统计等方面的培训,提高综合管理水平。

天道酬勤,北京市电加工研究所将一如既往致力于特种加工领域的技术创新和产品应用,用心打造产品,用心服务社会,让更多的行业、更多的用户感受到产品与服务的魅力,共同创造美好的明天。

〔供稿单位:北京市电加工研究所〕

加强科技创新　促进企业发展

——四川深扬数控机械有限公司跻身西南最大电加工机床制造企业之列

四川深扬数控机械有限公司是一家集专业研发、制造、销售电加工机床为一体的国家级高新技术企业。公司于1999年成立于成都,2000年在自贡市成立生产基地——嘉特数控机械制造有限公司。公司树立"科技创新、以人为本、诚实信用、质量第一"的经营理念,按照现代企业管理模式完善内部管理机构,以科技引导企业发展、以技术创新增强企业竞争力,以质量立厂,以诚信开拓市场,促进了公司的快速发展。2008年实现工业总产值3 125万元,主营业务收入3 058万元,利税总额321万元,各项经济指标达到历史最好水平。

2008年,公司依靠技术创新,竭力提高数控线切割机床的自动化控制开发能力。公司引进专业人才,与四川理工学院建立了"产、学、研"联合创新研发中心;筹建电加工理论实验室,从机械到电器,从硬件到软件都形成了自主研发数控电火花线切割机床的能力,增强了企业的技术研发后劲和核心竞争优势。公司始终站在全国电火花线切割机床行业的前沿,占领行业高端产品市场,成为西南地区最大的研发生产电火花机床的专业厂家。公司加快了新产品的研制开发进程,从单一产品逐步扩展到多元产品,从低档产品逐步升级到中高档产品。公司产品有数控铣床及立式加工中心、自主研发的高智能数控系统、电火花线切割机床和电火花成形机床等,已具备年产机床600台的生产能力。从1999年起,已开发出全数控电火花线切割机床DKM、CTM等产品系列,形成6大系列近百个品种。公司产品产业化项目已经列为2008～2009国家级火炬计划项目。

2008年，公司按照年初制定的技术创新和产品优化实施工作计划，由总经理亲自挂帅，成立科研项目小组，进行技术创新工作。对公司线切割机床产品的关键部件进行优化和改进，获得智能张力调节装置、张力指示器、一种Z轴传动机构和复合导电块4项实用新型专利，智能张力调节装置1项国家发明专利，并将专利技术成果全部应用在公司的产品——智能化数控电火花线切割精密机床上。2008年，与四川理工学院产学研联合，共同进行“线切割机数控系统开发设计”，进一步提高了公司的自主持续创新能力。公司通过ISO9001:2000国际质量认证复审工作，严格控制产品质量，以满足用户需要。公司在2008年研发完成的第三代中走丝智能型精密数控电火花线切割机床属国内首创，是唯一荣获国家商务部出口研发资金项目的线切割机床，拥有自主知识产权的高性能智能系统。该产品首次在电火花线切割机床中研发和应用高频电源智能控制系统，可以实现高频参数智能化选择，具有切割次数智能化，加工余量智能化，切割跟踪智能化，短路判断智能化和丝速控制智能化等功能，简化了操作，降低了加工误差，受到用户好评。公司首次将螺距误差补偿技术应用在“快走丝电火花线切割机床”上，显著提高了机床定位精度；在国内首次突破“快走丝电火花线切割机床”“浮动”观念，设立了机床固定坐标系，为成功使用“螺距误差”补偿技术创造了条件；将交流伺服驱动应用在“快走丝电火花线切割机床”上，成功解决了其高频电磁干扰和步进电动机“失步”问题；首次成功将RC回路工作原理应用于线切割机床高频电源上，解决了长期困扰业界的“高频电磁干扰”的难题，替代步进驱动，根除了步进电动机“失步”现象。公司产品各项性能指标完全达到国家标准。中走丝线切割机床成功解决了用户可操作性上的四大障碍：操作人员要有非常熟练的上丝和紧丝技艺，要能凭借经验随时注意并排除加工过程中电极丝的松紧变化，使用穿丝极为不便的导向器对操作人员耐心形成巨大考验，操作人员要掌握不同材料、不同厚度的各种电参数以及加工余量让丝补偿等工艺参数的组合、匹配。解决了中走丝线切割机床在技术性能上的四大难题：大面积粗糙度的稳定切割，多次切割加工后绝对尺寸精度的保证，多个相同零件加工的一致性误差，多孔位加工的定位精度。公司产品通过智能化控制能简化操作过程，尽量排除人为因素，使用户获得很好的加工效果。

公司本着“先做强，后做大”，变“输血”为“造血”的目标，努力提高抗风险能力。2008年下半年的国际金融危机，对公司销售产生了很大影响。主要出口地——台湾和叙利亚订单全部取消，严重影响了公司正常生产，使产量大幅度下降。公司在生产任务量不饱和的情况下，将工作重心转移到企业管理上，加强各项基础管理工作，推行ERP管理软件的运用，使公司管理工作上了一个新台阶。

在5·12汶川大地震后，公司克服困难，第一时间恢复了生产，确保了用户的需要，并及时派出售后服务人员帮受灾用户调试产品加工精度，为用户灾后恢复生产作出了积极贡献。

2008年，中国机械工业联合会与台湾机器工业同会开展互动活动，四川深扬数控机械有限公司与台湾联盛公司建立了战略伙伴关系。台湾联盛公司担任公司在台湾地区的总销售商，并在产品研发上紧密合作。公司在成都、绵阳、重庆、广东、江苏、浙江、陕西等省及深圳、厦门地区建立了营销公司。产品销往五粮液集团、长虹集团和九州集团等国内知名企业，并出口到土耳其、波兰、埃及、越南、泰国、老挝、斯里兰卡、伊朗、朝鲜、叙利亚等国家和中国台湾地区，深受用户青睐。

〔供稿单位：四川深扬数控机械有限公司〕

服务第一　用户至上

——泰州市江洲数控机床制造有限公司

泰州市江洲数控机床制造有限公司建于1998年，位于泰州市台商工业园区，以生产数控机床为主。公司具有产品开发设计、生产制造能力，集设计、生产和销售为一体。公司占地面积20 000多m^2，注册资金100万元，有员工280多名，其中工程技术人员40多名。公司技术力量雄厚，各种加工设备精良，检测仪器齐全，能满足各种检测要求。高素质的员工队伍使企业不断发展壮大。

公司通过了ISO 9001:2008国际质量体系认证，生产的线切割机连续七年、电火花成形机连续六年被泰州市质量技术监督局检验为合格产品，并列入“江苏省重点保护产品”。公司先后获得“泰州市质量管理奖”、“泰州市名牌产品”、“泰州市重点保护产品”、“江苏省质量信得过单位”、“江苏省用户满意产品荣誉证书”、“全国产品监督抽查合格证书”、“优质供货(AAA)示范单位证书”、泰州市工商局“免检企业荣誉证书”、“重合同守信用企业”、“AA级资信等级证书”、“计量合格确认证书”、“出口产品质量许可证书”和“泰州市质量协会会员单位”等荣誉证书。

2008年，公司主要产品电火花线切割机床产量超过1 500台，30多个规格型号；电火花成形机产量约200台，6种规格型号；高速电火花小孔机产量超过150台，暂有1种规格；数控砂线切割机产量60台，有4种型号；数控雕刻机产量40台，有4种规格型号；数控铣床/数控加工中心产量60台，有4种规格型号。年产值超过1.2亿元。

公司生产的DK77系列电火花数控线切割机床，型号齐全，结构合理，刚性好，精度高；高档机床采用精密滚动直线导轨，高立柱配电动升降调整导轮跨距；摇摆式大锥度系列机床配有电极丝恒张力机构；同时还生产全封闭式环保机床。

DK77系列电火花数控中走丝机床是公司最新开发的

快走丝线切割机床的改进升级产品。该产品运丝采用变频无级变速走丝式，实现无条纹切割，并可进行多次切割，加工表面质量明显优于普通走丝线切割机床，接近慢走丝线切割机床的品质，并具有运行平稳、噪声低的优点，而价格远低于慢走丝线切割机床。

D71 系列电火花成形机床与脉冲电源柜配套使用，Z 轴配日本三洋直流伺服电动机，具有 Z 轴数控的特点。X 轴、Y 轴坐标采用精密滚珠丝杠，精密光栅数显进行坐标显示，坐标定位精度高。电柜采用最先进的工业专用工控主板，功能强、稳定性好，操作简单，只要输入 Z 轴深度等少数参数，即能从丰富的专家库系统中调出相匹配的加工数据，由粗加工到精加工一次自动完成。

XK 系列数控铣床具有刚性好，精度高，噪声小，操作、维修简便，价格合理等优点，可自动铣削平面、槽、斜面及各种复杂的曲线，可钻孔、扩孔、铰孔，具有较大应用范围和较广的适用性，性能优越，特别适合模具加工。其技术特征为：可靠性高、稳定性强，采用德国西门子或日本三菱、发那科数控系统，可实现三轴联动，进口联轴器，树脂砂铸件，台湾产主轴、打刀缸、精密滚珠丝杠零件程序编制，具有误差补偿功能和钻铣加工功能。

DX 系列雕铣机是公司最新研制的一种轻型数控高速雕铣机床，具有高精度、强切削和高速度等性能。该机采用全封闭设计、噪声小、机床结构合理、刚性好，采用直线滚动导轨、精密滚珠丝杠、进口伺服电动机，运动平稳、控制精度高，操作简单、易学，广泛应用于模具业、广告业、工艺业、纸制业、食品业和电子业等行业的平面、立体、多维形体雕刻加工。

砂棒磨削机是利用作高速旋转及上下往复运动的砂棒实现磨削加工。该磨削机配置数控工作台，可磨削形状复杂的垂直外表面或垂直通孔内腔，可提高零件几何精度和表面质量，如对线切割加工表面、孔的磨削。

QT 系列数控砂线切割机床广泛用于石墨电极以及环氧板、硬质合金材料、大理石、玉石、光学玻璃、陶瓷、铁氧体、半导体材料、碳化硅和耐火砖等材料的切割成形。

公司产品销往国内 20 多个省市，并出口马来西亚、韩国、越南、泰国、埃及、俄罗斯、巴基斯坦和乌克兰等国家，已在全国各地设有几十家售后服务办事处，并在越南和泰国设有分公司。公司有一支素质高、技术精、服务好的售后服务队伍，负责送货安装调试，终生维修，并免费为用户提供技术培训，使用户在最短的时间内掌握机床的操作原理。售后服务及时、周到。公司的服务宗旨是：服务第一，用户至上。

在质量管理方面，公司以质量求生存，以质量创信誉，以质量拓市场，以质量促发展，进一步完善质量管理体系，提高质量管理水平，确保产品服务符合国际质量标准，适应国际市场需求。公司依照 ISO 9001:2008 国际质量体系认证标准，结合公司实际情况，把质量方针、目标落实到各车间、部门，进一步增强了全体员工的质量和服务意识，不断提高产品质量，确保用户满意度，使产品深受用户好评。

高素质的员工队伍，科学的管理方法以及与大中院校科研机构的联合，保证了公司生产的各种机床性能稳定、可靠，能满足各种模具及机械零件加工制造的需要。为适应国内外工业发展的需要，跟上经济发展的步伐，使模具加工向更高层次方向发展，公司将进一步增强自主创新能力，研制生产更多更好的新产品，争取在国内外市场占有更大的份额，满足更多用户的需求，在同行业中永保领先地位。

〔供稿单位：泰州市江洲数控机床制造有限公司〕

落实科学发展观　提高创建水平　构建和谐企业

——东风汽车有限公司设备制造厂

一、基本概况

东风汽车有限公司设备制造厂（以下简称设备制造厂）是中国机床工具行业的骨干企业，主要为汽车、内燃机、摩托车等行业提供专用设备、组合机床及其自动线、柔性加工设备、焊装设备及焊装自动线、装配设备和装配线，属于高技术密集型、单件小批量生产企业；同时可以为社会提供性能优良的平衡悬架、发动机平衡器、转向机支架等系列汽车零部件产品，具有从设计、工艺、制造到安装调试及新产品开发的全方位服务能力和综合配套能力。产品技术水平、质量、开发能力和市场竞争力均居行业领先水平，并得到了市场的广泛认可。

2003 年 7 月，设备制造厂整体进入国内最大的中外合资企业——东风汽车有限公司，导入国际先进企业的目标管理模式，建立了合资公司的管理制度和流程，全面持续开展 QCD 改善活动，建立 KPI 业绩评估体系。工厂管理水平进一步提高，综合竞争实力进一步增强，先后荣获“全国五一劳动奖状”、“全国机械行业文明单位”等称号。2008 年，完成销售收入 4.2 亿元，利税合计 3367 万元。

二、创建工作主要成绩和经验

2007～2008 年，全厂干部员工克服困难，齐心协力，先后完成了“玉柴项目”、“神龙项目”、“潍坊项目”、“D530 项目”等重点工程，企业各项工作都取得了较好成绩。

1. 强化团队作用，提高经营业绩

根据上级公司创建“四好”班子星级达标验收的反馈意见，找出班子建设存在的不足和短板，通过课题立项、广泛调研和集体诊断，制定整改措施，并明确责任人、工作目标和时间节点，两年共确定 9 项整改内容，制订并实施了 55 项整改措施。

积极开展以“经营创效”、“党建创优”为主题的党内“双创工程”。每年年初，召开“双创工程”启动大会，统一思想，全面动员分解竞赛目标，落实责任考核，为有效开展双创工程奠定基础。通过专题形势目标教育报告会，让全体员工认清形势、目标、困难、措施和要求，统一思想、坚定信念，为全面完成生产经营任务而努力。召开职工代表大会，广泛征求员工代表意见和建议，通过审议和决议，使其成为全体员工共同的行动纲领，体现了全心全意依靠员工办企业的宗旨。召开设备制造厂工作会，分解生产经营各项KPI指标，研究制定对策措施，明确提出具体要求，落实相关责任主体，强调执行大局意识，把目标变为具体行动。通过举办党支部委员、党小组长培训班，研讨如何围绕中心工作，创新党建工作载体，使党建思想政治工作始终围绕中心工作发挥作用。

确定目标，打好攻坚战。2007～2008年，工厂始终围绕打好“两大战役、一大任务”的总体目标，展开生产经营活动。2007年“两大战役”即打好“玉柴”、“杭汽发”和“神龙”两大设备安装调试终验收战役；“一大任务”即围绕目标成本控制年，完成目标成本控制任务。2008年“两大战役”，一是汽车零部件生产确保上半年生产发交，二是确保全年装备产品预算实现销售收入挑战目标；“一大任务”即提高新品贡献幅度和加大新品研发力度，为完成新的1^3事业计划创造条件。

厂部党委联合下发文件，细化分解了21项党支部竞赛项目和351项党员竞赛项目；做到项目落实到部门，责任落实到个人，对完成主要KPI指标形成有力支撑。

开展效能监察工作，突出重点抓好降成本工作。2007～2008年，厂党委确立了19项效能监察项目，其中东风公司级项目3项。通过严格落实目标责任制，加大推进力度，取得很好的效果。

2. 加强理论学习，落实科学发展观

进一步加强干部、党员和职工的政治理论学习，坚持落实学习制度，并注重理论联系实际，有学习成果，有一定创新，有完备档案。

3. 推进“两个工程”，培育新型员工队伍

一是积极推进党建“双培工程”。首先把目标管理方法导入党建“双培工程”之中，促进了党建“双培工程”的体系化、流程化和长效化。其次，积极推进2005～2009年五年总体规划的实施，对“双培工程”的目标分四个层次进行了分解和实施。再次，对“双培工程”目标管理体系运行情况，定期进行专题诊断和整改提高，实现PDCA循环，使企业一步一步地朝既定目标推进。

二是积极推进员工素质工程。①坚持开展技能比武、技术练兵活动，为员工搭建展示技能、学习观摩的平台；建立员工职业生涯规划，建立人才成长长效机制，发掘高潜质人才，畅通员工岗位成才通道，实现员工价值最大化。②通过宣传全国“五一劳动奖章”获得者刘军荣的典型事例，进一步激发全体员工立足岗位、学习技能的热潮。③成功承办第四届“振兴杯”全国青年职业技能(装配钳工、铣工)大赛湖北省选拔赛决赛。该厂有7名选手进入决赛，包揽了铣工比赛前4名，分获装配钳工比赛第一名、第三名和第六名。5人代表湖北省参加全国铣工比赛，分获第二名、第六名、第九名；装配钳工比赛分获第三名和第十五名。④拓宽培训渠道。建立了厂、车间、班组三级培训体系，充分利用各种优质学习培训资源，努力构建广覆盖、多层次、制度化的职工学习培训网络，为职工构筑成才平台。开展的员工培训，实现了员工素质、工厂核心竞争力和工厂经营指标三个提升。

为提高培训效率和效果，对职工电教室的电脑全部进行了更新换代，职工教育条件得到进一步改善。截至2008年10月，共组织各类培训班75项101期，培训员工1 510人次。为更好地进行焊装产品的合作，扩大培训效果，共组织10次40人赴东风日产公司扩展培训，效果良好。

4. 抓好党风建设，促进企业健康发展

2008年，工厂借鉴风险防范先进管理方法和职业健康安全体系危险源识别及控制标准管理体系，并引入到党风廉政建设工作中来。一是建立了设备制造厂党风廉政建设风险防范管理流程图；二是以各党支部为单位，开展防范风险点的查找和界定；三是完成党风廉政风险防范管理体系的初始评审报告。

5. 坚持以人为本，构建和谐企业

切实维护员工合法权益，努力构建和谐稳定的劳动关系。一是坚持职工代表大会制度，落实好职工代表大会的各项职权，切实体现员工的知情权、参与权、表达权和监督权。二是坚持厂务公开，抓好以班组为基础的三级公开体系建设，抓好厂务公开联络员的培训和信息反馈，抓好厂务公开的考评考核工作，重点抓落实机制和监督机制，促进厂务公开工作持续有序地开展。三是坚持“四项制度”，切实加强员工维权机制建设，加强与行政的沟通协商，发挥“四项制度”信息沟通的作用，注重实效，做到源头维权。四是坚持开展劳动关系预警分析，及时分析，按时上报，为构建和谐企业提供保证。五是坚持开展“我要安全健康、远离事故伤害”劳动安全保障行动，通过将安全健康/环保工作以独立报告的形式提交职代会审议，并形成决议，切实体现员工参与安全管理；通过多种宣传形式、组织班组KYT危险预知训练，提高员工安全意识，强化本质安全；通过组织每季安全生产沟通协商会，参与每月厂长安全巡视，参与工厂安全事故调查处理，参加事故分析会，及时发现问题，提出意见，不断提高安全管理水平，保障员工健康安全。

坚持做好困难员工的帮扶工作。对困难员工档案实行动态管理，重点进行帮扶。积极参与社会公益活动，承担社会责任，响应上级公司号召，选派政治素质高、业务技能强的人员奔赴灾区，支援汶川地震灾区及东方汽轮机厂的重建工作。

开展丰富多彩的文化体育活动。培育“积极向上、健康文明”的企业文化，广泛持久开展全民健身达标活动，开展小型多样的活动，提升员工身心健康。组织“卡拉OK大赛”，“迎奥运产品杯”排球赛，全民健身达标运动会，“鼓干劲、保目标”拔河比赛等活动。积极倡导廉洁文化，举办设备制造厂廉洁文化书画展。上述活动，极大地丰富了员工业余文化生活，丰富了企业文化内涵，同时起到凝聚队伍的作用。

持续推进班组建设，提升班组管理水平。开展创建“和谐型班组”的活动，围绕“五大内容”，开展“五小活动，”进一步提升班组建设水平。加强班组长考评、激励机制。加

强班组园地建设，推行班组园地标准化，建设班组“4S店”。

东风汽车有限公司设备制造厂将继续努力，把文明单位创建工作提高到一个新的水平。

〔供稿单位：东风汽车有限公司设备制造厂〕

改革创新 实现跨越式发展

——山东福临机械制造有限公司

一、企业概况

山东福临机械制造有限公司前身为山东临清机床厂，是临清最早的国有企业，曾为地方和国家的经济建设作出过突出贡献。改革开放后，由于无法跟上市场经济的步伐，企业连年亏损，于2002年倒闭。同年，企业破产重组，进行产权制度改革，国有资产全部退出，改制为股份企业。改制后，新的领导层大胆引进以创新为灵魂的市场竞争机制和现代企业管理经验，创新经营机制，进行内部改革。企业以提高核心竞争力和自主创新能力为目标，实现了又快又好地科学发展，各项经济指标连创新高。公司是国内生产立式钻床、摇臂钻床、数控钻床和钻削加工中心的专业厂家，在同行业中具有较强的设计开发和制造能力。当前企业注册资金8 000万元，占地面积15万m^2，拥有员工860人，其中各类专业技术人员126人。2008年，公司完成工业总产值11.66亿元，销售收入11.55亿元；其中机床类产品完成工业总产值2.56亿元，销售收入2.54亿元。公司在2007年、2008年连续两年获得“中国机械工业排头兵”荣誉称号。

二、产品研发为龙头

早在20世纪六七十时代，临清机床厂就已是国家仅有的几个生产立式钻床的定点企业之一，主要生产Z5140B、Z535等几种老式或苏式钻床，在计划经济年代，有力地促进了经济发展。随着社会主义市场经济体制的建立，这种产品型号单一、技术和生产工艺几十年一贯制的生产方式逐渐暴露出它的弊端。股份制改造之后，领导层深深体会到新产品开发的重要性，随之建立了完善的技术创新体制，以提高产品开发能力。分配上加大向科技人员倾斜的力度，采取新产品开发与经济指标挂钩，新产品开发提成与新产品销售额挂钩等方式，极大地调动了科技人员的积极性。经过几年的产品开发，公司普通型立式钻床产品已臻完善，Z5125A、Z5132A、Z535、Z5140B、Z5140C、Z5150C、Z5163B和Z5180B等型号产品可以满足用户的各种需求，Z51100半自动立式钻床填补了国内大规格立式钻床的空白，产品竞争力进一步加强。

通过立式钻床新产品的开发，开阔了视野，公司进一步向钻床的更深领域——摇臂钻床进军。公司是立式钻床的专业生产厂家，而摇臂钻床的开发标志着企业从单一型产品向系列产品的的转轨。技术人员首先研发了Z3035×10型摇臂钻床，随即开发了技术复杂程度更高、机电液一体化的Z3050×16型摇臂钻床，使公司摇臂钻床产品更加丰富，继而又开发出较大规格的Z3080×20型摇臂钻床，使公司生产技术水平提升到更高层次。

进入新世纪，也正是企业在困境中改革，在创新中扭亏的时刻，机床市场格局也悄然发生了变化：传统机床产品市场正迅速被数控机床产品占领，众多机床生产厂家扛起“数控机床产业化”这面旗帜，迎接新型工业化时代的到来。对于福临公司来说，这又是一个严峻的考验。毕竟是在困境中翻身，底子薄，虽有了一定的资本积累，但和数控技术需要的大量人力、物力和财力相比，困难很多。领导层审时度势，高屋建瓴，做出了“普通机床保饭碗，数控机床增效益”的战略构想，理清了企业解决当前困境与长远发展的思路。

数控钻床开发是产品开发史上的一个转折点。福临公司树立引导市场与市场驱动相结合的产品发展观，在技术上进行产学研结合，提高企业技术和工艺装备水平；在销售市场，根据用户需求量身打造不同用途的数控产品，在改善和提升用户行业装备水平的同时，自身也获得了良好的经济效益。公司ZK5140经济型数控钻床已批量投放市场，创造了良好的经济效益和社会效益。

新产品的开发是公司加强技术创新能力建设，不断加大技术创新投入，提高自主创新能力的结果，不但为企业创造了巨大的经济效益，也为企业可持续发展，向创新性企业转变迈出了坚实的一步。

三、质量管理为主线

公司树立“用户满意是我们的最终标准”的理念，全面推行质量管理。在2006年取得ISO 9000质量认证的基础上，把质量目标分解落实到生产经营各个环节，强化对各个层次管理部门的质量考核，推进企业经营活动的规范化和标准化。首先，从产品质量源头抓起，狠抓设计过程环节，充分利用信息化技术平台，依托严谨、科学、先进的设计方法和设计分析，充分运用设计评审这一技术手段，从设计方案到设计文件下发全过程反复进行评审、论证，设计、工艺、生产、供应和销售全方位积极参与，在满足制造、检验等过程质量的前提下，力求技术先进、用户满意，确保了产品设计更加贴近市场、贴近客户需求，具有较高的性价比。另外，组织行政管理人员和车间管理骨干学习5S管理、精益生产等课程，提高全员质量管理意识，打造有序的文明生产环境，提升作业现场管理水平；建立质量管理中心，加强质检队伍建设，严格执行质量责任制和质量奖惩制度，实行质量否决权，从而使产品实现过程的各个环节得到控制；把好每道加工工序和产品出厂质量关，在国家监督抽查、市级质量检查和出口商检中，合格率均达到100%，为“做精品、创品牌”奠定了坚实基础。

四、精益营销，夯实市场

山东福临机械制造有限公司把经销商作为重要的分销渠道，在国内外建立了260多家经销商；在市场开发方面制定了相应的优惠政策，确保经销商利润，激励经销商在本区域力推"龙华"产品，提高"龙华"品牌的区域认知度。

公司营销的目标是满足用户的需求从而实现公司利润。这一目标能否实现，不仅取决于公司能否生产符合用户需求的产品，也取决于产品是否能及时到达用户手中。这就需要选择合理的经销商作为分销渠道。经销商是公司了解和掌握市场需求的重要来源，在产品销售过程中能得到许多市场及产品方面的信息。公司可以通过他们反馈的信息，及时调整产品结构，不断满足市场需求。经销商是加速产品周转、节约销售费用和提高公司经济效益的重要手段。

在营销管理方面，要求营销服务人员要密切配合经销商做好市场宣传、促销及服务工作，用量化指标进行过程控制，对营销人员进行工作质量考评，让营销人员的工作意愿由被动变主动。

加强品牌推广工作，提升品牌知名度。一方面广泛加强与新闻、广告媒体及业内权威人士的联络沟通，借现代化的传播手段提高企业的知名度。另一方面精心组织各种展会、演示会和研讨会，突出视觉效果和展示整体优势。

积极捕捉市场商机，拓宽销售渠道。不仅铺开并巩固全国的销售网络，且放远眼光，打大市场，做大品牌。通过参加国际机床展览会、广交会和阿里巴巴国际网站的宣传和推广，"龙华"牌钻床已远销美国、德国、波兰、俄罗斯、乌克兰、哈萨克斯坦和丹麦等国家。为加强在欧美市场的营销能力，公司在德国、美国和奥地利与当地的代理商签定了合作协议，设立了配销站，就近把"龙华"产品及时送到用户手中。建立健全了标准化、规范化的服务体系，组建专门的技术服务部，在第一时间为用户解决产品在使用过程中的技术、质量难题。定期举办经销商技术培训班，提高经销商的技术服务水平，使"龙华"品牌信誉度获得了空前的提升。公司还在国外各代理商处安排专业的技术服务人员对用户进行售前服务与培训，让用户放心使用"龙华"产品。2008年5月，公司成功办理了自营进出口权。公司与全国各大外贸单位实行强强联合，扩展新市场，深入剖析每个市场，精耕细作，实现以商招商，效果显著。制造用户满意的产品，为用户创造价值是公司的战略目标。多年来，山东福临机械制造有限公司通过自主创新、提升产品品质、注重售后服务和品牌推广等工作，使"龙华"品牌享誉国内外。

五、售后服务为保证

公司制定了严格的售前售后服务制度，包括服务承诺、质量承诺和服务人员工作规范等，致力于为客户提供持续可靠、优质的服务；成立了以客户为中心的客户服务部，加强客户服务的网络建设，在江苏、安徽和浙江等用户密集区建立了售后服务网点，进一步健全了来电来函登记、汇总处理制度，对客户反映的质量问题严格执行"产品质量与服务承诺"及"服务管理规定"，最大程度地使用户满意。每年集中进行一次用户满意度调查，根据用户反映的情况，做客户满意度分析，进一步改进售后服务工作。这些措施的实施，使公司在周边地区及江苏、安徽和浙江等省份享有良好的信誉，拥有一批优质的客户群。

六、应对金融危机

面对国际金融危机，山东福临机械制造有限公司选择的是积极应对。

公司把优化产品结构，提高产品质量放在首位，加大对高技术含量、高附加值产品的研制开发力度。在普通机床和经济型数控钻床产销量下滑的情况下，瞄准数控机床高端市场，与高校和国内研发机构广泛合作，共同开发钻铣削加工中心，并已进入生产试制阶段。在经济危机之时，夯实基础，为取得更大发展作好准备，一旦经济好转，就能够乘势而上，获得发展先机。

产销量的下滑相对提高了产成品的成本，缩小了企业的利润空间。在调整产品结构的同时，公司苦练内功，采取多种手段盘活资产，节约挖潜，重点在以下几个方面压缩非正常流动资金占用，降低产品成本：配套、原材料等储备资金，生产再制品、零备件等生产资金，成品占用资金，发出商品占用资金，应收账款和货币资金。以上措施的实施，共盘活流动资金3 000万元，同时有效防范了市场风险。

公司改革生产计划和销售计划的实施方式，实行滚动式管理。由于机床制造有一定周期和工艺要求，因此按计划生产是机床制造业多年来的传统做法，以前，生产计划是在已有库存的情况下制定下个月的生产计划，使生产与配套节奏容易控制，但生产与销售容易脱节。这种习惯做法淡化了生产围绕市场转这一企业经营思想，很大程度上也不能适应市场需求的快速变化，更重要的是无法应对金融危机所衍生的市场风险。因此，从2008年下半年起，公司一方面强化市场预测，另一方面根据销售部门反馈的客户信息，在滚动计划中明确标注当月出产的重点产品，同时生产计划根据销售信息旬间调度调整，加大生产产品与销售的关联度，在加快市场反应能力，提高销售收入，降低库存等方面收到了显著效果。

七、创新是企业发展的动力

公司始终将"以创新求发展"作为企业的一项重点工作，多次在企业内部强调：不进行创新，企业就不会发展；创新是企业工作的灵魂，事事讲创新才能取得事半功倍的效果，处处讲创新才能不断推陈出新、不断进步。公司在内部开展了"通过技术创新开发新产品，通过营销创新开拓新市场，通过机制创新永葆团队活力，通过理念创新实现自我超越"的活动，促进了企业发展，提高了企业竞争力。

八、展望未来

改革创新使一个倒闭破产的老国营企业焕发出勃勃生机，实现了跨越式发展。展望未来，山东福临机械制造有限公司充满了信心。未来三年，公司将聚焦创品牌活动，通过强化自主创新能力，加强营销和客户服务能力，培育价值链协同能力和提供全面解决方案的能力，打造福临品牌，并不断推出中高端产品，为用户提供一体化服务，为国家装备工业作出更大的贡献。

〔供稿单位：山东福临机械制造有限公司〕

不断进取　追求卓越

——浙江联强数控机床股份有限公司

浙江联强数控机床股份有限公司，是生产普通车床、数控车床、加工中心、龙门加工中心及其他专用数控自动化装备的综合型金属切削机床生产厂家。公司前身为具有30多年机床生产史的兰溪机床厂。1999年企业改制为兰溪联强机床制造有限公司，2005年与浙江万向集团—通联创业投资股份有限公司实行战略重组，并经省政府批准改制为股份制有限公司，成为一家注册资本7 252万元、年生产数控机床5 000台、普通机床3 000台的浙江省高新技术企业。

公司占地面积15万 m^2，建筑面积8万 m^2，资产总额3.1亿元，拥有年产6 000t铸件的铸造生产线和年产600t锻件的锻造生产线。拥有包括瑞士坐标镗床、精密磨床，龙门加工中心、卧式加工中心、立式加工中心、数控折弯机、数控冲裁机等高精设备在内的300余台（套）加工设备；拥有包括三坐标测量机、多普勒激光干涉仪等精密仪器在内的20余台（套）测量设备。公司具备较强的设计开发、生产制造、精密测试、质量检测和销售服务全过程综合实力。公司成立十年来，产销规模从1 000万元猛增到2.23亿元，数控机床的年产量从不足百台猛增到3 000台，名列全国数控机床产量前5位，成为全国主要的数控车床生产基地和浙江省主要的数控机床制造企业。

公司主要产品为数控机床和普通机床两大类，其中自行研制的具有自主知识产权的数控机床，已形成普及型和经济型不同档次，包括数控车床、数控钻铣床、数控镗铣床、数控龙门钻铣床、立式加工中心、卧式加工中心、龙门加工中心和数控专用机床等不同类型40多个品种。产品具有性能稳定、性价比高、质量可靠、富有特色等特点，是“浙江市场优质科技产品”，其中多种产品被评为“省级名牌产品”，具有很强的市场竞争力，畅销市场。

公司具有高素质的员工队伍，在600余名员工中，各类专业技术人员及大专以上人员150人，其中高级职称10人，中级职称28人，技术工人约占工人总数的90%。公司技术中心为省级企业技术中心，与多所高等院校间开展学术交流与技术合作，跟踪现代数控技术的发展，先后与华中科技大学联合建立了“浙江强华制造装备研发基地”，与浙江大学组建“浙江大学联强数控研发基地”，与浙江工业大学组建“联强机床研究所”，积极展开科技成果转化工作，成功开发了多款中高档数控机床及各类具有特色的数控专用机床。产品中ZXK32B型数控钻铣床、LH714B型立式加工中心、VMC700型立式加工中心被列为浙江省高新技术产品，YPZ系列圆盘式多工位专用机床被列为省级科研项目，与华中科技大学联合开发的LXK2500型动梁龙门式数控铣床被列为“国内科技合作与成果引进转化项目”，“外锥螺纹切削加工机构”为实用新型专利，动梁龙门加工中心列为国家重点火炬开发计划。

公司依靠先进技术和现代化管理方法不断提高企业的核心竞争力。2000年，公司完成CAD、CAPP项目，使产品开发和工艺制订实现了计算机辅助设计和管理。2001年实施了ERP工程，使企业的生产制造资源实现了全面规划和优化控制。企业于2000年通过ISO 9000质量体系认证，2008年通过国家测量管理体系AAA认证。公司具备有良好的产品开发条件：三维设计软件、ERP管理网络；配有三坐标测量仪、激光干涉仪、动平衡仪等；配备有DIXi坐标镗床、卧式加工中心、龙门加工中心、瑞士STUD精密数控磨床、8m高精度导轨磨床，德国高精度滚齿机、超音频淬火机等一大批高精尖主关键设备。

公司建有健全的销售网络，在17个省市建立销售网点并设立分公司。省外销售额占销售总额的45%。通过参加各类国际机床展，逐步扩大了产品在海外的影响。公司产品已销往美国、巴西、意大利、土耳其、阿根廷、伊朗、加拿大、澳大利亚、越南、印度、埃及等14个国家和地区。自2005年开始，公司成为国家重点扶持的数控机床生产企业，享受国家财政部数控机床增值税先征后返的优惠政策。股改后公司上市工作已进入实质性的操作阶段。浙江省证监局将公司列为20家准备上市的企业之一，地、市政府也将公司列为上市的重点培育企业。浙江联强数控机床股份有限公司已完成了省证监局公布辅导的备案，进行了全部的辅导培训，一旦时机成熟将申报上市。

〔供稿单位：浙江联强数控机床股份有限公司〕

打造两个最大基地

——保定向阳航空精密机械有限公司发展前景

保定向阳航空精密机械有限公司（简称中航工业向阳）是中航工业集团公司成员单位，是以精密机械制造为核心的国家大二型、高新技术企业。现有员工658人，其中专业技术人员145人，拥有各类生产、试验设备728台（套），总资产1.6亿元。

公司凭借强大的产品体系，覆盖航空、航天、兵器、机械、纺织机械和铁路等领域，并出口欧美等国家和地区。公司已通过 ISO 9001:2000 国际质量体系认证、武器装备科研生产许可、国家安全质量标准化二级企业核准、国防计量三级技术机构认可。

公司是组合夹具国家标准（GB）、行业标准（HB）的主要起草单位，中国机床工具工业协会夹具分会副理事长单位和中国航空航天工具协会夹具专业委员会主任委员单位；为航空、航天和机械等行业提供了大量组合工装夹具，满足重点项目的需要，还为“嫦娥一号”工程和系列神舟飞船的零部件生产提供组合工装夹具，保证了高精尖项目需求。组合工装夹具曾获英国伯明翰“当代最佳工装奖”。

公司拥有一支高素质的专业技术和技工队伍，紧跟世界先进技术发展步伐，研发出包括槽系组合工装夹具，孔系组合工装夹具，数控组合工装夹具，光面组合工装夹具，系列精密组合平口钳，系列液压、气动夹具，系列电永磁夹具，系列电加工夹具和系列真空夹具九大系列 3 000 多个品种规格的夹具产品，是国内品种最全、产量最大、质量最精的制造厂家。产品质量达到国际一流水平。槽系组合工装夹具的国内市场占有率达 50%，为 1 000 多家客户长期提供优质产品。

经过多年的科研生产实践，公司掌握了生产关键技术，在面、孔、槽精密加工方面具有独特的技术优势。近年来，先后购置了精密卧式、立式加工中心，大型精密数控平面磨床，三坐标测量机等高精加工及检测设备 30 余台，提高了产品精度和质量。

公司作为中航工业精密数控机床修理改造唯一技术归口和技术支持单位，为航空、航天、兵器和机械等行业企业，成功修理改造精密数控加工设备 200 余台。全力打造国内最大的组合工装夹具研发制造基地和军工行业最大的精密数控机床修理改造基地，已经成为中航工业向阳实现跨越发展的战略目标。

一、打造国内最大的组合工装夹具研发制造基地

组合工装夹具是由一套结构和尺寸规格化、系列化和标准化的通用元件和合件组装而成的通用夹具。与专用夹具相比，具有适用范围广、节省制造工时、节约材料和存放空间、快速安装、重复使用等五大特点。

据有关统计，2007 年国内数控设备保有量为 77 万台，每年需更新工装 20 万套，其中组合工装夹具需求 11.2 万套；全年国内生产数控机床 11 万台，内销 8 万台，需要工装 40 万套；进口数控机床 44 782 台，有 14 985 台在国内采购配套夹具；全年进口夹具 2.26 亿美元，其中 48.7% 为组合工装夹具。综上所述，组合工装夹具市场年需求约 27.5 亿元。

当前，组合工装夹具在发达国家已被大量采用，占工装夹具市场的 50%，而国内组合工装夹具在整个工装夹具市场的占有率不足 6%，国际国内市场需求巨大，中航工业向阳有了更加广阔的发展空间。

公司产品除具备组合工装夹具五大特点外，还具有以下独特优势：①精度高、刚性强。主要工作面间垂直度、平行度在 1 000mm 范围内不大于 0.015mm，孔与孔、槽与槽之间距离公差为 0.015mm，定位孔、槽公差为 H7。产品采用优质合金钢渗碳淬火，表面硬度达到 58 ~ 62HRC，具有较好的刚性和耐磨性，精度稳定性可使用 15 ~ 20a。②标准化、互换性设计，通用性好。系列精密平口钳是公司在国内率先研制开发的，可以与组合夹具组装使用，也可以单独使用。该产品采用标准化和互换性能设计，可实现一次定位装夹加工多个表面或同时装夹多个工件进行加工。③特殊化设计。可以根据用户要求设计制造特殊规格工装夹具。④公司与西北工业大学合作开发的组合工装夹具应用软件，可采用计算机模拟组装、调整、加工，为用户应用提供全面的解决方案。⑤与专用工装相比，可缩短生产准备周期 85%，节约制造工时 90%，节约金属材料 95%，降低成本 80%。

为充分发挥技术优势，满足国内市场需要并开拓国际市场，同时为中航工业所属企业提供优质产品和服务，使兄弟单位能轻装上阵，全力发展主业，公司拟在现有规模的基础上筹资 1.25 亿元，购置先进的数控加工设备和检测设备，继续引进高素质技术人才，进一步提高产量和质量，使组合工装夹具产品继续向气、电、液、磁、大型化方向拓展，开发世界一流高精尖产品。达产后，可实现年产 180 万件（套），收入 3 亿元，利润 4 000 万元的发展目标。

二、全力打造军工行业最大的精密数控机床修理改造基地

采用新技术，对旧机床进行翻新改造，使之重新恢复活力，是机械制造业的一个重要组成部分。在资金与成本控制方面，对旧机床进行修理、改造和升级可有效节约费用 40% ~70%。同时，修理改造与制造新机床相比在时间上可缩短 1/2 ~ 2/3。面对激烈的市场竞争，每个企业都要集中人力、物力和财力围绕主业加快发展，机床修理改造必将向社会化、专业化方向发展，并形成较大规模的市场。

据统计，我国现有金属切削机床约 700 万台（套），其中数控设备保有量约 77 万台，中航工业所属企业共有精密数控机床约 1.5 万台（套），役龄超过 10 年的占 30%。未来 3 ~ 5 年需要修理改造的机床超过 40%。若按 3% 的年机床修理改造率进行测算，每年将有近 2.3 万台机床需要修理改造，费用约 115 亿元，其中中航工业的修理改造费用约 2.25 亿元。

中航工业向阳的精密数控机床修理改造是在原航空部精密机床修理总站的基础上发展起来的，拥有 2 000m^2 的专用修理厂房，建有专用的精密机床修理防震地基。一批机电一体化的高素质专业技术人员和经验丰富的机床修理技师构成强大的技术后盾。

多年来，成功修理改造一大批具有国际先进水平的精密数控设备。一是达到并超过出厂时的检测标准，还根据用户要求增加系统等功能。如 H6C 日本精密五轴数控加工中心、德国 TC2.8 精密数控加工中心、俄罗斯 RAW16 × 6 400 × 500 高速拉床、瑞士 DIXI75 精密数控坐标镗床和 VC4 精密数控铣床、法国 TFM160N 立式数控车床等。二是节约了大量费用和周期。如修理改造的英国 LAPOINT6m 高速拉床，进口新拉床需 3 000 余万元，供货 30 个月，公司只用 11 个月时间就完成数控化修理改造并投入使用，改造费用支出 300 万元，改造后机床精度达到新机床标准；修理改造的德国 DPK750 型专用数控双面车床，新购机床需 700 余万元，周期 12 个月，公司用 3 个月时间就完成精密修理改造，改造费用支出 150 万元。

丰富的实践经验，与时俱进的创新理念，使公司始终紧随国内外同行业的发展步伐，第一时间掌握国内外先进机床修理改造、翻新工艺技术，并与西门子、发那科、发格和 NUM 等国际集团的相关机构建立伙伴关系，使公司在精密数控机床修理改造的专业领域内以质量、服务赢得更多用户。

前景无限的市场面前，中航工业向阳以前瞻性的战略眼光规划自身发展。在精密数控机床修理改造领域，将继续引进专业技术人员，培养技术带头人，扩大生产能力，进一步提高市场占有率。

当前，公司计划筹措资金 1 亿元，在航空企业集中的沈阳、成都、贵阳、西安和南昌等地设立区域维修中心，建立关键设备备件库，最大化地满足航空企业需求；同时利用中航工业现有的国际贸易优势、扩大进口二手机床修理改造市场。达产后，可实现收入 3 亿元，利润 6 000 万元的发展目标。

〔供稿单位：保定向阳航空精密机械有限公司〕

立志炼制精品的凯特精机

广东高新凯特精密机械股份有限公司（下称“凯特精机”）成立于 1993 年 11 月，经过两轮资产重组，成为一家由中国高新投资集团、香港俊豪实业发展企业等 4 家企业发起成立的股份有限公司。公司总投资额为 1 200 万美元，占地面积 23 万 m^2（35 亩），建有现代化的厂房面积 11 000m^2，其中包括可满足超精密零件机械加工所需恒温车间面积5 200m^2。

1996 年，公司滚动直线导轨副系列产品研究开发项目被认定为“国家级火炬计划项目”；2002 年，被认定为“广东省高新技术企业”，并通过了 ISO 9001：2000 国际质量认证；2003 年，公司申请注册“HTPM”商标，并注册成功；2005 年成为中国机床工具工业协会“精心创品牌十佳企业”、“用户满意十佳企业”，中标“2005 年广东省关键领域重点突破产品项目”招标；2006 年，公司“年新增 10 万 m（套）精密滚动直线导轨副技术改造项目”列入国家发改委 2006 年重大装备国产化专项项目。公司为中国机床工具工业协会理事单位，中国机床工具工业协会滚动功能部件分会副理事长、副秘书长和质量技术委员会副主任委员单位。

2008 年，“年新增 10 万 m（套）精密滚动直线导轨副技术改造项目”首期项目完成，生产规模达到 12 万 m（套）/a。公司成为当前全国精密滚动直线导轨副生产规模最大，生产设备现代化，生产工艺技术先进，产品精度高、质量好，并具有独立研究、开发、设计能力的专业精密滚动直线导轨副生产企业。

历经十几年的发展，凯特精机的 LG、LMW、LGW、FVG、LV 和 LM 等系列产品应用已经非常成熟。各系列产品都有精度高、批量精度稳定、精度储备高、刚性好、耐磨性好等独到的优势，并广泛应用在高精度金属切削机床上，如中高档数控车床、数控铣床和加工中心。

2008 年，凯特精机又向市场投放以下新产品：①LGR 滚柱直线导轨系列，超精密、高转矩、超重载荷、超强寿命、极长寿命，专为高档数控机床配套。②LGS 系列，辅助不锈钢带全密封防尘，自动调心功能强，精度高，并能加自润滑装置。可应用在木工机械和对环境要求严格的自动化生产线上。③LGZ 系列，自动调心功能强，精度高，摩擦力小，为“HTPM”的专利产品。可以配合 LG 系列应用在安装误差相对较大，对摩擦力敏感的设备上。

“HTPM”品牌直线导轨的目标市场主要是替代同类中高档的进口产品。在国内金属切削机床市场上，“HTPM”作为国内自主品牌，已经取得了不错的业绩和口碑。因为精度高，成为高档电加工机床的主要供应商；因为零件互换性好，性能可靠，也为轮胎成型机制造厂家所青睐。作为 1996 年的国家级火炬计划项目，凯特精机产品的定位就是高档并完全替代进口。虽然在市场开发过程中，遇到了对国产品牌不信任的阻力，但一旦客户使用，便能明显感觉到“HTPM”的可靠和性能价格比优势。同时，大规模采用 HTPM 的大宗客户，更有了与进口品牌议价的能力。凯特精机坚持“信誉第一”的原则，交货期承诺即兑现；因为产品可靠，需要售后服务的工作量少，零件具有互换性，客户能够明显感觉到服务快捷迅速、成本低廉。长期以来，客户满意度长期维持在 98% 以上。

经过多年发展，凯特精机一直处于交货充满压力的状态。2008 年，凯特精机产能瓶颈问题得到有效改善，生产能力扩大 1 倍以上，而且还将继续扩产，依然走中高档路线，全面支持国内重点机床企业直线导轨的国产化进程。

一、投资经营理念

凯特精机自成立以来，就把炼制精品，创出中国精密滚动直线导轨优质品牌作为矢志不渝的奋斗目标，并确立了“高起点投资起步、高性能产品设计、高质量产品生产、高端产品需求用户为市场定位，走专业化大规模生产道路”的“四高一专”投资经营理念。

1. 高起点投资

精密滚动直线导轨副是一个对生产环境和生产设备要求极高的精密零件加工行业，投资强度极大、在我国起步较晚。要缩短与国外同行的差距，并创出中国精密滚动直线导轨副的优质品牌，就必须从满足精密滚动直线导轨副生产的硬件条件方面实施“高起点投资起步”战略。为此，在投资资金的筹措方面，作了高强度投入的准备，在 11 000m^2 新建的现代化厂房中，有 5 200m^2 为按精密机械零件加工环境要求设计的恒温车间；企业在从意大利、美国和日本等工业发达国家中全套引进具有 20 世纪 90 年代中期先进水平的超精密滚动直线导轨副生产设备和检测仪器的基础上，又于 2008 年引进德国具有 21 世纪先进技术的关键生产设备。

2. 高性能的产品设计

精密滚动直线导轨副产品生产企业又是一个技术密集

型企业。公司选择我国开展精密滚动直线导轨副理论和产品工业化生产研究开发较早的华中科技大学为技术合作伙伴。合作双方在精密滚动直线导轨副的“产、学、研”长期合作道路上进行了卓有成效的探索，逐步形成了应用性产品开发与理论研究精诚合作、各负其责的运营机制。凯特精机也因此成为我国具有独立研发能力的生产企业。在强大的研发力量保证下，公司将“高性能”（即高精度、高刚性和高品质）精密滚动直线导轨副的技术要求作为产品的设计定位。在集中了华中科技大学多学科大量设计理论研究成果，并对国外优秀品牌进行全面优化研究的基础上，运用计算机对产品设计理论反复模拟推导，对产品设计技术参数不断进行综合实验，开发出具有公司独立设计技术的“高性能”滚动直线导轨副系列产品。

3. 高质量的产品生产

企业生产单件或一批高质量的产品容易，但要确保所有售出的产品都能达到“高性能”产品的质量技术标准，就必须有严格的质量控制系统作保障。公司从投产之日起，就严格将 ISO 9001:2000 国际质量管理系统作为企业全面质量控制的依据。为了堵住不合格零件向下工序流转、不合格品向半成品库流动、不合格产品向用户转移，员工必须经过严格的质量培训才能上岗，每年还要接受在岗操作技术和质量意识的再培训。公司建立了“产品质量分级负责制”、“质量控制奖罚制度”，并设立了公司品质部（计量中心）、车间和个人三方人员组成的“三级质量监控”机制。在质量控制手段方面，公司除了配备从美国、日本全套引进的激光长度（精度）测量仪器、粗糙度测量仪、轮廓投影仪等高精度的测量工具外，近年来还添置了自主研制或与华中科技大学联合研制的精密滚动直线导轨副综合精度测量设备和各种检测专用仪器、工具。完善的管理机制、严格的管理制度、先进的检测设备和训练有素的检测队伍，构成了公司行之有效的质量控制系统，保证了每道工序、每个零件、每批原材料、每件外协件和外购件都在公司的质量控制中。

4. 高端产品需求用户的市场定位

凯特精机以高投入的方式加入精密滚动直线导轨副产品的生产行列，在产品设计和质量控制等方面以高性能产品的生产为目标，由此决定了产品的市场必须定位在面向高精度要求的数控直线运动机械高端市场群体。为冲击这块已被“国外列强”抢占的领地，公司除了采取有效措施，确保为用户提供具有稳定质量的“高性能”产品外，更注重利用本土制造的优势，为用户提供快速、及时的供货和优质的售前、售后服务。一般情况下，根据客户提供的产品出厂编号，以更换零件、配件的方式满足其要求。为达到公司制定的顾客满意度超过98%的目标，凯特精机还具体制定了“客户要求、识别与服务程序”，销售人员严格执行程序要求，并以目标的完成情况作为业绩考核依据之一。优质的产品、优良的服务，为凯特精机跻身于高端产品用户市场打下了牢固的基础。

二、发展目标

我国数控机床产业的快速发展，对精密滚动直线导轨副提出了更高的要求。凯特精机贯彻落实《国务院关于加快振兴装备制造业的若干意见》的发展思路，充分利用公司前14年精密滚动直线导轨副系列产品研发生产打下的坚实基础，紧紧抓住数控机床及功能部件发展的历史性机遇，坚定不移地走精密滚动直线导轨副专业化生产道路。按照“总体规划、分步实施、脚踏实地、滚动发展”的原则，按照“高起点投资起步、高性能产品设计、高质量产品生产、高端产品需求用户的市场定位和走专业化生产道路”的企业投资原则，坚持“高强度投资发展”，努力把凯特精机“做大、做强、做精、做专”。

“做大”，就是要迅速扩大产能，确保企业在未来激烈的市场竞争中保持庞大的规模优势。公司制定了以下发展规划：在已形成年产精密滚动直线导轨副5万 m（套）生产能力的基础上，按照“高强度投资发展”的原则，加大技术改造力度，在国家有关政策的扶持下，通过引进具有21世纪国际先进技术水平的生产设备，力争在十一・五期间把凯特精机建设成为年生产15万 m（套）精密滚动直线导轨副的专业化生产企业。

“做强”，就是要把“凯特精机”建设成为产品研发能力强、自主创新能力强的企业。为此，公司加大科研经费的投入，在广东本部成立研发中心的同时，进一步加强与华中科技大学的合作，进一步办好凯特精机（武汉）研发中心，为企业产品战略性研发提供保障，为企业的长远发展提供强有力的技术支撑。

“做精”，就是要做出高质量、具有当代国际先进水平的精密滚动直线导轨副品牌精品。2005年9月，公司“精密滚动直线导轨副关键生产技术”投标项目，在“2005年广东省关键领域重点实破项目招标”中一举中标。该项目是基于公司已经取得国家专利权的“一种滚动直线导轨副装置”为核心进行产业化实施的系统工程研究，解决的是具有自主知识产权的精密滚动直线导轨副产品的结构设计、性能分析及试验、检测试制和生产等关键技术问题。通过该项目的实施，公司可新增两个系列12种型号的新型产品，新产品的技术指标、性能均达到国际先进水平。

“做专”，就是要把“凯特精机”建设成为具有较大生产规模，能够大批量、全批次向数控机床高端市场供货的精密滚动直线导轨副专业化生产企业，在规模中凸显专业化优势，在专业化中争创规模效益。近两年内，公司要重点推广应用几个新品种（如运动速度在100m以上的高速导轨，高精度、高刚性的滚柱导轨等），实现产业化生产，在为数控机床提供高速度、高精度、高刚性滚动直线导轨副新产品的同时，进一步提高公司的核心竞争力。

凯特精机相信，通过大家的共同努力，国产功能部件可以炼制成为精品，能够配合、促进中国机床行业的高速发展！

〔供稿单位：广东高新凯特精密机械股份有限公司〕

“飞燕”——一颗腾飞中璀璨的明珠

——青岛飞燕临港精密钢球制造有限公司

青岛飞燕临港精密钢球制造有限公司是隶属青岛市机械工业总公司的国有控股企业。在国有青岛钢球厂改制为青岛飞燕精密钢球制造有限公司后，公司为谋求更大发展，经青岛市政府批准，由青岛市中心地区搬迁至青岛胶南临港产业加工区。

新厂区投资6 500万元，占地面积53 000m^2，建筑面积20 000 m^2，钢球主要加工生产设备450余台，钢球生产能力达到50亿粒。2008年实现工业总产值2 600万元，销售收入2 000万元。

一、创新体制——为企业发展指明方向

公司成立50年来，先后走过了国营、股份制等不同体制下的发展道路，既摸索积累了大量的成功经验，也经历了曲折。公司董事会在企业搬迁和成立新的临港公司的同时，出台了新的公司章程，严格按照现代企业管理制度，走以市场为导向的新型企业发展道路。企业坚持以人为本、全面发展的理念，严格内部各项管理，真正使“飞燕”人继承50年来的优良传统，在现代激烈的市场竞争中，勇于开拓，奋勇争先，想前人不敢想的事，做前人不敢做的事。

公司根据瞬息万变的市场，牢牢把握市场脉搏。在国际金融危机给企业带来严重影响的情况下，公司领导采取强有力措施，加强成本管理，实现节能降耗，降低各种费用。在用人方面，公司大胆提拔有能力、有作为、真抓实干的年轻人，让他们在工作、生产中发挥作用。公司各项管理有了新的起色，工作有了新的突破。

2008年，公司提出“三、四、五”工作部署，即在公司内部开展“3月份开展质量活动月”、“4月份工艺创新和合理化建议活动月”、“5月份开展大战红五月活动月”。围绕战略部署，通过“三、四、五”活动，公司产品质量和所有质量活动均符合TS16949规定的要求；工艺技术创新也取得历史性的突破，钢球初精研工序中新工艺、新技术等得到了全面应用，群众性的合理化建议活动得到了广泛深入的开展；在大战红五月当中，企业生产创下了单月产量、产值最高记录。为赢得和战胜金融危机奠定了历史性的基础。

二、创新装备——为企业发展奠定基础

公司主要生产ϕ0.5～12.7mm，G5—G1000级，轴承钢、不锈钢、有色金属、陶瓷、铜等材质的球，并以规格多，等级全，公差齐和交货及时著称。产品广泛为机床、汽车、军工、轴承、油墨、仪表仪器等行业配套服务并大量出口。计划经济年代，“飞燕”牌被指定为唯一出口钢球标志。公司先后被国家评为“二级企业”、“全国最佳经济效益单位”、“国家二级计量单位”、“2008年度省轴承行业先进企业”和“全国设备管理先进单位”等。产品多次获国家、部、省级优质产品称号。“飞燕”牌钢球先后被评为“山东省著名商标”、“青岛市著名商标”等。企业产品为航空、航天、装甲车、雷达和国防科研等军事领域配套，多次受到表彰，产品为美国航天器配套，受到国外客户的高度赞赏。

随着改革开放的深入和产品的升级换代，客户对产品质量提出越来越高的要求。公司领导决定通过自主研发、设备引进等手段，对企业设备进行分步改造，逐步提高关键工序设备精度。

自主研发具有知识产权的新型钢球立式精研机，主要用于生产ϕ1～2mm的钢球。该项目已获国家专利，填补了国内空白，已生产30余台，为微型钢球生产拓展了空间。购置了低速钢球冷镦机Z32—10、Z32—16，为生产直径约15mm的钢球提供了毛坯设备。购置了3MX7980卧式小球光球机和3M4680C卧式钢球磨球机，使钢球热处理前后工序的加工质量得到了提升。购置了先进的RCWF9—40—430—9有马弗网带式热处理生产线，防止钢球氧化、脱碳，确保钢球得到良好的组织、硬度和金相。购置3M7780钢球精研机10台，有效保障了钢球新工艺、新技术的应用。增加了新的钢球检测设备，确保成品钢球的精确检验。购置了单个钢球测振仪、钢球圆度仪和钢球外观检测仪。

通过上述设备的研发和技术引进，企业为提高产品质量、战胜金融危机，更好的为滚动功能部件行业服务作好了充分的准备。

三、创新产品——为提高工艺技术和质量管理而奋斗

几代“飞燕”人用勤劳的双手和智慧创建和发展了最早的全国重点钢球企业之一，而当代“飞燕”人则肩负着重要的历史使命。从企业迁至临港工业园第一天起，公司领导就下定决心从技术入手，打破旧框框束缚，以敢为天下先的精神，号召全体员工改革传统工艺、采用先进技术，研发提升各工序产品质量，并力求在品质管理上有新的突破。大胆改进工艺装备，研制ϕ1.5～2mm钢球冷镦工艺，使该球坯工艺处于行业领先地位。不仅节约了原材料，而且通过物理变化，改善了钢球内部组织结构，延长了钢球使用寿命。采用先进的热处理设备，改进传统的钢球热处理工艺，使钢球内在质量得到了保障。钢球初研工序采用树脂砂轮工艺，使研磨工序加工由48h缩短到16h，提高了劳动生产效率，节省了能源、工装消耗，使生产得到改善。钢球精研工序采用了树脂砂轮，使钢球从G10级提升到G5级，大大降低了钢球振动值，得到用户好评。引进日本超细6 000目树脂砂轮技术，围绕该技术在研磨油、过滤装置以及各加工参数方面的试验攻关已经开始，将为机床滚动功能部件行业配套作出新的贡献。加强产品品质管理，巩固已取得的ISO/TS16949质量认证成果。如对全体员工进行工艺技术和质量培训；开展技术大练兵活动，评选出工艺改革标兵和质量能手；在企业内部按TS16949反复对照检查，不足之处进行彻底整改；积极参加行业内产品创品牌活动。

四、创新企业文化——提高全体员工的凝聚力

2008年，公司开展了丰富多彩的文化活动，如象棋、跳绳、拔河、扑克和跳棋等比赛，丰富了职工业余生活，陶冶了员工情操。征集各种优秀作品，刊登在公司内部刊物“飞燕之声”上。通过交流，使员工既学到了技术、又增长了知识。在5·12特大地震面前，公司党委号召全体党员干部向灾区表达爱心，从公司领导到普通员工纷纷捐款、捐物支援灾区人民重建家园。销售人员也在第一时间向灾区用户询问受灾情况，并伸出援助之手，得到用户认可。

青岛飞燕临港精密钢球制造有限公司以深入落实科学发展观为指导，以精密选料、精心制造、精确检验、精诚服务为宗旨，坚持开拓创新、发扬品牌优势，努力成为机床滚动功能部件配套的品牌骨干钢球企业，使不断进取的飞燕展翅高飞，在蓝天上翱翔。

〔供稿单位：青岛飞燕临港精密钢球制造有限公司〕

路在脚下

——南京四开电子企业有限公司争创中国品牌

1993年，南京四开电子企业有限公司（以下简称四开公司）在古都金陵创立。十多年来，在从事数控系统与数控机床的研究、开发和生产中，四开人始终坚持以技术创新为原动力，以振兴民族数控产业为己任，不断超越自己、发展壮大。

在计算机信息技术日新月异的今天，数字程序控制机床与数字电子计算机相伴而生、结伴而行。四开公司认识到，数控系统品质的竞争，在很大程度上是将已成熟的计算机新技术向数控系统转移快慢的竞争。四开人坚持走“自己的路”，毅然撇开传统的“独自设计数控系统软硬件”做法，而是选择全新发展数控技术的路线——即把计算机技术综合成果应用到数控系统上。

四开公司的技术人员正是从20世纪80年代计算机产业的发展趋势中看到，微型计算机在数量上已超过大型、中型和小型计算机的总和，新技术、新器件在微型计算机上迅速应用，微型计算机的性能已赶上甚至超过了20世纪70年代的中型机，且寿命长、可靠性高。微型计算机丰富的软件也为数控系统的开发提供了深厚的基础。四开人认为，采用通用微机来构建数控系统，创造有中国特色的半闭环或全闭环、全功能的数控机床，就能以最快的速度实现计算机技术向数控系统的技术转移。四开公司采用这一技术路线的理论是基于微机数控在硬件和可靠性上占有绝对的优势。从硬件上讲，微机作为世界范围内的标准化产品，其设计生产是世界范围内各高技术企业的优化组合，其性能也是世界性高科技的结晶。其良好的可靠性、兼容性是一般专用控制器所不具备的。无论是FUNAC还是SIEMENS，其专用控制器设计、生产能力都无法与通用微机的设计和生产者相抗衡。从可靠性上讲，当前的软件支持已趋于完善和成熟，DOS、WINDOWS等操作系统具有良好的可靠性、兼容性和开放性，基于微机的控制系统可以利用现有的操作系统为底层的软件平台，图形文字、文件储存、内存管理及信息处理都可以利用操作系统完成，技术开发人员可以利用通用的开发工具设计高级、复杂、可靠的控制核心。

微机数控的控制核心是控制软件，控制软件的基础平台是世界性的成熟微机软件技术；其可靠性建立在可靠成熟的软件平台和开发工具的基础之上，可靠性有保证。另外，在CAD、CAM的应用上，不使用CAD就无法解决复杂造型设计的问题，在现代制造中，不采用CAM编制加工程序也无法实现稍稍复杂的数控加工。1994年，四开公司与清华大学合作，在国内首先推出了在32位CPU通用微机平台上开发的SKY数控系统，并以SKY数控系统配置了三轴联动数控镗铣床。1995年，SKY数控系统及数控镗铣床荣获全国高新技术博览会金奖，被评为“国家级重点新产品”。1996年11月，SKY数控系统在国内首先通过国家机床质量监督检验测试中心的检验。原国家科学技术委员会科技成果办管理办公室对四开公司开发的SKY数控系统给予了很高的评价：“SKY数控系统是国内最先在32位CPU通用微机平台上开发出来的全功能数控系统，很好地解决了通用计算机与数控机床连接的硬件接口及连接信号反馈模块的技术难点，为通用计算机实现半闭环或较高精度的全闭环控制提供了一条简捷的途径。该系统编程成功地将CAD/CAM技术与数控技术融为一体，大大提高了系统的功能和实用性。”

近几年，四开公司始终把眼光瞄准当今世界数控技术最先进的性能指标，在提高主轴转速，提高进给速度方面推出一个又一个具有中国本土技术特色的新产品，并成功研制了国内第一台应用直线电动机的数控车床。2001年，在北京国际机床展（CIMT2001）上，四开公司现场加工演示的1台X轴采用直线电动机直接驱动的数控直线电动机车床，因其刀具最大运动加速度达到$4g \sim 5g$，最大进给速度超过100m/min，而成为大会的一个技术亮点。

四开公司在2003年推出的SKY2003N型网络数控系统，被有关专家认为与国外最顶尖级的数控系统，如德国海德汉530系统、西门子840Di系统以及日本FANUC160i系统等基本属于同等水平。SKY2003N型网络数控系统的控制核心采用DSP高速数字处理器，管理核心采用奔腾Ⅲ处理器，操作平台采用Windows98，除了具有一般高档数控系统的功能以外，还具有世界领先水平的3-D刀具补偿功能（这是5轴联动机床加工的关键功能），高达2500程序段前瞻预处理功能和标准以太网（TCP/IP）接口的网络功能等。该系统可以接入标准的以太网，具有丰富的双向信息传递，可实时发送设备加工指令、工作状态、作业报表、短信息、可接受加工程序、工艺文件、图样文件。由此而集成的系统将数控技术、计算机技术、网络技术、数据库进行综合运用，将独立运行的数控机床集成起来，实现了信息无障碍的集成与流动，实现了集中监测及生产管理，与ERP等管理软件配套，通过NT网与外部世界进行信息的接收和反馈，快速进行数据处理。

四开人的目标直逼世界制造业的前沿，他们了解到世界上制造业发达国家，如美国、德国和日本等制造业发展战略特点是，以提高本国制造业的国际竞争能力、促进经济增长和提高国家综合实力为目标，既注重技术的超前性，更重视来自产业界的实际需求。在关键技术的选择上注重系统集成技术与工艺装备研究开发并重，通过系统技术、信息技术和自动化技术的引入使传统工艺装备升级。

“以信息化带动工业化，发挥后发优势，实现社会生产力的跨越式发展”，是我国制造业发展的正确道路。四开人认为要在国内数控技术领域占有领先地位，其系统的各项性能能够与国际上当代顶尖的系统相媲美，关键在于目标明确，技术开发思路正确，要敢于在吸收当代科技发展最新成果基础上创新。四开人的创新之路在脚下不断延伸，他们将以务实的理念，振奋的精神不懈奋斗，为中国制造的数控机床“装备中国、走向国际”这一宏伟目标作出一份贡献。

〔供稿单位：南京四开电子企业有限公司〕

乘风破浪　勇往直前

——武汉法利莱切割系统工程有限责任公司

2008年，对武汉法利莱切割系统工程有限责任公司(以下简称武汉法利莱)来说，是硕果累累的一年。尽管面临严峻的市场考验和诸多不利因素，公司发展却始终保持着稳健的增长态势。面对经济危机，武汉法利莱积极应对，主动求变，调整战略目标，进行产业转型。在技术创新方面，针对当前形式和市场需求，不断进行研发生产，推出新产品，先后形成了CONTOUR LM/DM、Profile Plus、WALC宽幅面三大系列高性能数控激光切割机；钢板在线拼焊，锯片刀头、压力容器焊接，特种金属材料复合焊接等系列数控激光焊接机；Trident、Magician和Rapier三大系列等离子切割机。产品应用于机床、工程机械、汽车、船舶、纺织机械、粮食机械、电器和电梯等行业。这些产品一亮相，就受到了一致好评，极大地满足了市场需求，具有市场竞争力。近一年来，武汉法利莱产品不断扩大国内市场份额，先后与三一重工股份有限公司、东方电机股份有限公司、五粮液集团和宜昌黑旋风锯业有限责任公司等国内重点企业建立了良好的合作关系。

为满足日益增长的国内市场需求，武汉法利莱从2004年开始实施国产化战略，全面移植澳大利亚先进生产技术，大力开拓国内市场。公司建立和完善了技术创新体系，一方面引进消化吸收澳洲设备技术，引进国外同类产品技术，以先进的技术、高品质的性能、经济的价格和快捷的服务满足国内企业。另一方面针对国内市场需求，开发实用型系列激光切割、焊接、毛化等设备，始终站在激光和等离子切割技术前沿。

武汉法利莱已实现系列大功率数控激光切割机、数控等离子切割机的国产化，实现数亿元批量生产能力。产品满足国内市场急剧增长的需求，同时批量出口国际市场。武汉法利莱继承华工激光在冶金行业应用上的优势，在冶金行业实施激光毛化、激光淬火、激光熔覆和激光焊接等系列设备开发生产，在全国范围内实现行业整体推广应用。

在品质方面，公司正式导入全面质量管理体系，加强产品质量管理，实施过程控制，在顺利通过ISO9001认证以后，2006年又获得CE认证。产品质量得到很大的提升，为大批量进入欧洲市场提供了保障。

公司建立了具有市场竞争实力的国际、国内市场营销网络，实施品牌带动销售的营销策略，使法利莱品牌在国际、国内市场知名度迅速提升，市场份额快速增长。公司在澳大利亚、美国、西班牙、土耳其和印度等国家设立了办事处，建立了国际经销商网络，国际市场订单实现大幅度增长。当前公司产品出口量占销售总量的25%，产品遍布北美、欧洲及亚洲地区，市场份额名列同类企业前茅。

武汉法利莱公司在大功率数控激光加工设备和数控等离子切割设备方面，建立了完善的技术开发体系，加大技术人才引进力度，特别是核心技术人员引进力度。公司有专职技术开发人员58人，占员工总数的20%；其中高级职称专家9人，占技术开发人员的18%，企业自主创新能力进一步增强。公司加强对关键加工设备、研究开发设备的技术升级，提高公司研发能力和生产能力，加快新产品开发速度，通过产品细分渗透更多的应用领域。

武汉法利莱独有的悬臂结构全飞行光路3015数控激光切割机，在国际国内市场具有较高的市场占有率，并在此基础上，推出了更大幅面的6015数控激光切割机。2007年，公司又开发出具有国际先进水平的磁悬浮龙门倒挂结构的数控激光切割机，移动速度达到120m/min，加工精度达到0.01mm。当前，武汉法利莱激光切割成套设备已经形成三大系列、10种规格，可以满足各行业金属切割加工的需要。

公司正在承担国家科技支撑计划和国家数控机床重大专项计划项目，将开发出系列高速高精、三维切割、大幅面厚板切割等具有国际先进水平的数控激光切割机，从而在高端产品市场与国际一流企业抗衡。

展望2009年，机遇和挑战并存。武汉法利莱在“保增长”的同时，力求向“促发展”方向调整。针对市场需求，抓住国家拉动内需的政策机遇，武汉法利莱充分发挥企业现有开发设计能力和国家激光研究中心的优势，不断进行技术创新，形成企业核心竞争力。

调整战略，进行产业转型；充分利用武汉丰富的人力资源，进行技术创新；整合政府、行业资源，积极进行项目申报和激光行业国家标准制定工作。武汉法利莱将全面推进精品立企、科技强企、人才兴企、管理固企、文化塑企战略，努力打造国际领先的数控激光品牌企业。

〔供稿单位：武汉法利莱切割系统工程有限责任公司〕

打造“三和”企业文化　助推中机六院发展

——记机械工业第六设计研究院企业文化建设

2000年10月，机械工业第六设计研究院（以下简称中机六院）转为科技型企业，进入中国机械工业集团公司。2001年初，制定了转为科技型企业后第一个五年规划，提出了“构建企业文化基本框架”的设想。2006年初，制定了转为科技型企业后第二个五年规划，提出了深入推进企业文化建设的目标和要求。2006年4月，出台了“2006～2010年企业文化建设规划”，对企业文化建设进行了全面部署。

多年来，中机六院积极推进企业文化建设工作，提炼出了“客户满意是我们行为的最高准则”、“服务是立院之本、创新是兴院之道、人才是强院之基”等企业理念，重新设计完善了视觉识别系统，大力开展企业文化建设活动。更重要的是，将企业文化建设与生产、经营、管理、服务等各项工作紧密结合，狠抓品牌建设，使中机六院的市场形象和社会形象大幅提升。

一、中机六院企业文化建设的主要做法和特点

1. 苦练内功，狠抓领导干部和员工“六个意识”的到位

中机六院提出，领导干部和员工要树立“六个意识”，即市场意识、竞争意识、忧患意识、服务意识、责任意识和质量意识。

（1）结合经营工作，重点抓好市场意识、竞争意识、忧患意识和服务意识的到位。在经营工作中，要求员工得到项目信息后快速反应，主动为客户提供技术服务，为客户当好参谋，帮助客户解决疑难问题。通过在经营中为客户提供优质高效的服务，实现了客户满意，强化了领导干部和员工的市场意识、竞争意识、忧患意识和服务意识。

（2）结合生产工作，重点抓好质量意识、责任意识、服务意识的到位。在生产工作中，要求“百年工程，质量第一”，要本着对客户负责、对社会负责的态度，不断优化方案，直至客户满意为止。在项目建设和使用过程中，同样要求想客户之所想，急客户之所急。

（3）结合后期服务，重点抓好领导干部和员工的责任意识、服务意识的到位。后期服务是设计单位的一项重要工作，最考验员工的综合水平和处理现场复杂技术问题的能力。中机六院提出“客户满意是我们行为的最高准则”，要求员工对设计质量负责，对客户负责，主动到施工现场从事服务工作，使员工的综合素质和处理复杂技术问题的能力快速提高。

通过在生产、经营和后期服务工作中不断倡导“客户满意是我们行为的最高准则”的理念，全院领导干部和员工的市场意识、竞争意识、忧患意识、服务意识、责任意识和质量意识不断加强，服务水平不断提高，客户满意度大幅提升。2006年以来，全院主动组织设计回访和服务回访35次，收回现场服务日志1 310份，收到客户感谢信和表扬信84封。

2. 注重落实，抓好领导干部和员工行为的规范

（1）制定行为规范，从制度上做出要求。企业文化产生于领导干部和员工的思想和行为，又通过领导干部和员工的思想和行为表现出来。2005年，中机六院制定了“领导干部、员工行为规范”，用以约束、规范其行为。同时，制定出台了“现场服务管理办法”、“服务指南”、“工程设计服务用语、服务忌语”、“文明办公制度”等文件，对领导干部和员工的行为提出规范性要求。

（2）大力宣传典范，从舆论上进行引导。对于执行行为规范、服务用语等制度好的领导和员工，中机六院进行采访，或者请当事人写出做法和体会，在《中机六院通讯》、《中机六院企业文化建设》上刊登；同时，还不断在会议等大型场合对执行行为规范和服务用语好的员工进行表扬，并号召全院职工向他们学习。

3. 领导垂范，抓好全院员工工作态度、工作作风、工作习惯的养成

工作态度、工作作风、工作习惯的养成是一个长期的过程，领导干部做出榜样，率先垂范尤为重要。赵景孔院长要求院领导班子和全体中层干部养成积极进取、科学严谨的工作态度，务实高效、雷厉风行的工作作风，认真负责、精益求精的工作习惯，并且为全院员工做出榜样。

工作中，中机六院全体院领导和中层干部做到了这一点。通过领导干部的率先垂范，员工也都养成了良好的工作态度、工作作风和工作习惯。

4. 积极引导，培养领导干部和员工树立正确的志向、理念、价值观和目标追求

（1）遵守国家法律法规，遵守中机六院规章制度。严格遵守国家的法律法规，如长期以来一直足额向税务部门代扣代缴个人收入所得税。要求领导干部和员工严格遵守中机六院规章制度，对违反规章制度的，严格按照规章制度进行处理。这种做法引导领导干部和员工树立了正确的理念和价值观。

（2）践行中机六院企业文化的各项要求。“服务是立院之本”、“客户满意是我们行为的最高准则”理念的提出，要求上级为下级服务，领导为员工服务，管理、后勤部门为生产部门服务，全院员工共同为客户服务。通过认真践行企业文化的要求，引导员工树立了正确的志向、理念、价值观和目标追求。

5. 抓好融合，将中机六院的管理理念、发展目标融入到员工的思想、意识、价值和目标追求中去

要想将管理理念、发展目标融入到员工的思想、意识、价值和目标追求中去，一方面需要宣传，另一方面需要实际工作的推动。如2007年组织了“中机六院·责任·我”座

谈会，将员工代表在座谈会上的发言进行整理，在《中机六院通讯》上刊登，起到了很好的宣传效果。

实际工作的推动是将中机六院管理理念和员工的思想、意识、价值和目标追求互相融合的有效方法。中机六院提出“创新是兴院之道”的理念。在设计工作中，要求每一项设计都不能照搬、照抄，每一项设计都要策划创新点，都要积极使用新工艺、新技术、新产品、新材料和新方法，推动全院的技术进步和技术创新，提高设计和工程项目管理的水平，提升技术综合实力。2006 年，制订了“2006 ~ 2010 年技术创新规划”，提出了技术创新的目标、内容、要求和措施。中机六院不断增加技术创新投入，设立技术研究课题库。2008 年，评选 3 位技术创新标兵，给予奖励，对 56 人次科技创新成果进行奖励。

通过实际工作的推动，员工的创新意识越来越强烈，创新动力越来越充足。许多员工表示要成为技术创新能手，并且主动在设计中进行了技术创新策划，创新成果快速增加。2008 年，获得中国土木工程创新最高奖——詹天佑奖 1 项，鲁班奖 3 项，国家和省（部）级奖 23 项。

通过一系列的措施，使全院员工，特别是年轻员工渴望成才的意识和想法与中机六院的理念、发展目标密切融合在一起，使年轻员工焕发出巨大的工作热情和创新热情。“人才是强院之基”的理念渗透到员工的思想意识中，表现在员工的行为上。全院员工刻苦学习，钻研技术，在工作实践中锻炼自己，提升自己。许多年轻员工表示要立志成才，要向成为设计大师、工程院士的目标迈进。

6. 塑造“中机六院”品牌，不断提升市场形象和社会形象

优秀的品牌是企业无形的资产，对企业的生产经营具有无形的促进作用，对员工具有强烈的激励作用。品牌价值寓于中机六院生产经营的各个环节，体现在员工的日常工作和行为上。为塑造品牌，中机六院重点抓了两个方面的工作——设计优秀的工程、提供优质的服务。

（1）抓好优秀设计，多出优质工程、精品工程。以工程设计、工程技术服务和核心技术竞争力的培育为切入点，鼓励员工多出优秀设计，多出优质工程、精品工程，不断总结、提炼、升华专有技术，加快塑造“中机六院”技术品牌、工程品牌。通过多年的宣传和要求，以质量赢得天下，以服务惠及客户的理念已经变成员工自觉的行为；员工的精品意识、品牌意识快速提升，精品工程不断涌现。2006 年以来，中机六院获得詹天佑奖 1 项，鲁班奖 3 项，国家和省（部）级奖 23 项，这些工程项目获得了专家、政府和社会的多方赞誉，极大地促进了“中机六院”品牌的塑造。

（2）抓好优质服务，实现客户满意、社会满意。中机六院在工程设计的前期、中期和后期，切实为客户提供快速、高效、热情、周到和超值的服务，实现客户满意、社会满意，塑造“中机六院”服务品牌、文化品牌。2006 年以来，共收回现场服务日志 1 310 份，收到客户感谢信和表扬信 84 封。这些感谢信和表扬信是客户满意和社会满意的体现，同样也促进了“中机六院”品牌的塑造。

在品牌塑造过程中，中机六院完善了视觉识别系统，制作了《中机六院 VI 手册》，规范了视觉识别系统的图形、文字及应用，加大在相关权威媒体的宣传力度，加大在企业文化、企业业绩、企业技术特色和综合实力等方面的宣传与推介力度，不断扩大“中机六院”的知名度、影响力和美誉度，加快中机六院企业品牌的打造进程。

二、打造中机六院“三和文化”

“和睦相处、和谐工作、和气讲话”是院长、党委书记赵景孔在 2004 年 12 月召开的沈阳机床项目设计动员会上第一次提出的，2006 年初，其作为企业文化建设的目标写进了中机六院规划。在深入理解国机集团“和”文化的基础上，中机六院“三和”文化的内涵不断丰富和完善。

1. “和睦相处”的主要内涵和表现

“和睦相处”体现在院级领导、中层干部和全院员工当中。中机六院要求院领导班子要和睦相处。当前的院领导班子团结和睦，有活力，工作高效，有创新能力。2006 年以来，院领导班子连续 3 年被河南省勘察设计协会授予“优秀领导班子”荣誉称号。中机六院要求中层干部要和睦相处。100 多名中层干部，工作中互相帮助，互相合作，互相搭台，互相学习，互相鼓励；工作高效，快速反应，执行力强，有拼搏精神。中机六院要求员工和睦相处。工程设计是集体智慧的结晶，全院 1 700 多名员工在工作中团结和睦，互相帮助，互相支持，不推诿，不扯皮。

2. “和谐工作”的主要内涵和表现

和谐工作体现在中机六院生产、经营、管理和服务的全过程之中。在经营过程中，领导、员工、部门互相配合，快速反应，工作紧张而又有条不紊，促成了中机六院承接的项目越来越多，中标率快速提高。在生产组织过程中，员工互相配合，集体智慧保证了质量和进度。从 2006 年至今，全院没有一项工程项目因为自身原因而拖期，也没有发生一项重大质量责任事故。在后期服务过程中，员工互相配合，即使不是自己的专业或者不是自己设计的工程项目，也积极去现场提供技术服务、处理技术问题，使客户十分满意。

3. “和气讲话”的主要内涵和表现

“和气讲话”不是“一团和气”，而是真诚相待，心理相通。院领导之间互相尊重，讲话和气，同时认真开展批评和自我批评。正是基于真诚相待和心理相通，才形成了开展批评和自我批评的好习惯。批评是为了工作，批评是为了提高，批评是为了中机六院的发展。在管理工作中，既有上级指挥下级的严肃性，又有同志、同事之间的深厚感情和无私帮助。员工对客户既有内心的真诚、言语的尊重，又有技术问题上的据理力争。员工之间既有和气讲话、真诚对待，又有不同观点的交流和探讨。“真诚相待，心理相通”无形中净化了员工的思想，培育了员工的工作热情，为员工心情舒畅地工作创造了良好的条件和环境。

几年来，经过全院领导、员工的共同努力，中机六院的企业文化建设取得了一些成效，但仍需要不断完善和加强。今后，中机六院将继续加大企业文化建设力度，塑造中机六院独有的文化，并将企业文化打造成中机六院的核心竞争力之一。

〔供稿单位：机械工业第六设计研究院〕

统计资料

公布2008年机床工具行业主要统计数据及机床工具分类产品进出口数据，准确、系统、全面地反映机床工具行业、地区主要经济指标

Issuing the main statistical data of machine tool industry and the import and export data of classified machine tool products in 2008, accurately, systematically and comprehensively reflecting the main economic indicators of machine tool industry and regions

中国机床工具工业年鉴2009

统计资料

2008年机床工具行业主要经济指标完成情况

2008年机床工具行业主要经济指标分行业按地区完成情况

2008年中国机床工具出口统计

2008年中国机床工具进口统计

2008年机床工具行业主要经济指标完成情况

行业类别	代码	企业数		工业总产值(现价)			工业产品销售产值			工业产品销售率	
		数量（家）	占比（%）	实际完成（万元）	占比（%）	比上年增长（%）	实际完成（万元）	占比（%）	比上年增长（%）	实际完成（%）	比上年增长（百分点）
金属切削机床	3521	650	100.0	9 085 464	100.0	17.1	8 600 991	100.0	14.0	94.7	-2.6
国有控股		104	16.0	3 505 242	38.6	15.2	3 345 225	38.9	12.8	95.4	-2.0
集体控股		31	4.8	1 450 817	16.0	10.5	1 324 552	15.4	3.0	91.3	-6.6
私人控股		402	61.8	3 173 832	34.9	27.0	3 022 945	35.1	25.1	95.2	-1.5
港澳台商控股		48	7.4	279 247	3.1	-5.7	258 366	3.0	-10.8	92.5	-5.3
外商控股		65	10.0	676 326	7.4	11.7	649 903	7.6	10.3	96.1	-1.2
金属成形机床	3522	484	100.0	3 199 326	100.0	26.6	3 075 818	100.0	25.2	96.1	-1.1
国有控股		23	4.8	246 899	7.7	15.1	236 862	7.7	13.4	95.9	-1.4
集体控股		28	5.8	174 258	5.5	17.2	170 722	5.5	17.1	98.0	-0.1
私人控股		373	77.1	2 311 352	72.2	32.3	2 222 886	72.3	31.4	96.2	-0.7
港澳台商控股		24	5.0	207 059	6.5	18.0	195 990	6.4	10.4	94.7	-6.5
外商控股		36	7.4	259 758	8.1	7.4	249 358	8.1	7.2	96.0	-0.1
铸造机械	3523	469	100.0	2 744 100	100.0	31.9	2 667 525	100.0	33.4	97.2	1.1
国有控股		11	2.3	86 731	3.2	29.9	84 479	3.2	28.3	97.4	-1.2
集体控股		35	7.5	211 914	7.7	46.6	209 979	7.9	48.4	99.1	1.2
私人控股		371	79.1	2 036 964	74.2	40.2	1 982 432	74.3	41.2	97.3	0.7
港澳台商控股		27	5.8	182 318	6.7	8.2	178 832	6.7	14.5	98.1	5.4
外商控股		25	5.3	226 173	8.2	-8.6	211 803	7.9	-8.7	93.6	0.0
木工机床	3624	168	100.0	981 081	100.0	4.3	952 917	100.0	4.4	97.1	0.1
国有控股		6	3.6	44 065	4.5	-15.5	44 561	4.7	-10.2	101.1	6.0
集体控股		11	6.5	79 671	8.1	-55.7	74 425	7.8	-57.3	93.4	-3.5
私人控股		125	74.4	724 114	73.8	32.1	701 367	73.6	31.1	96.9	-0.7
港澳台商控股		15	8.9	73 779	7.5	-19.7	71 575	7.5	-16.7	97.0	3.6
外商控股		11	6.5	59 452	6.1	-13.1	60 989	6.4	-10.3	102.6	3.2
机床附件	3525	325	100.0	1 500 148	100.0	35.6	1 453 203	100.0	33.7	96.9	-1.4
国有控股		24	7.4	132 671	8.8	3.2	128 211	8.8	2.9	96.6	-0.3
集体控股		25	7.7	175 169	11.7	21.5	164 993	11.4	22.5	94.2	0.7
私人控股		247	76.0	1 068 391	71.2	50.5	1 036 832	71.3	46.4	97.0	-2.7
港澳台商控股		14	4.3	63 799	4.3	-13.0	60 880	4.2	-11.0	95.4	2.1
外商控股		15	4.6	60 118	4.0	18.9	62 287	4.3	21.2	103.6	2.0
工具及量具量仪	3421 4113	769	100.0	5 604 954	100.0	25.3	5 392 240	100.0	23.6	96.2	1.1
国有控股		39	5.1	560 533	10.0	21.5	509 827	9.5	10.0	91.0	-9.5
集体控股		55	7.2	816 648	14.6	26.0	798 952	14.8	25.2	97.8	-0.6
私人控股		524	68.1	3 028 781	54.0	28.4	2 892 629	53.6	28.0	95.5	-0.3
港澳台商控股		60	7.8	659 183	11.8	23.9	651 654	12.1	25.5	98.9	1.3
外商控股		91	11.8	539 809	9.6	14.4	539 178	10.0	12.1	99.9	-2.1
磨料磨具	3199	1 381	100.0	8 448 572	100.0	40.5	8 250 293	100.0	39.1	97.7	-1.0

（续）

行业类别	代码	企业数		工业总产值(现价)			工业产品销售产值			工业产品销售率	
		数量（家）	占比（%）	实际完成（万元）	占比（%）	比上年增长（%）	实际完成（万元）	占比（%）	比上年增长（%）	实际完成（%）	比上年增长（百分点）
国有控股		70	5.1	623 185	7.4	-0.3	612 656	7.4	1.2	98.3	1.5
集体控股		90	6.5	488 994	5.8	28.1	472 814	5.7	25.2	96.7	-2.2
私人控股		1 066	77.2	6 349 883	75.2	46.8	6 195 853	75.1	45.7	97.6	-0.8
港澳台商控股		57	4.1	358 260	4.2	92.9	342 093	4.2	82.6	95.5	-5.4
外商控股		98	7.1	628 250	7.4	26.9	626 877	7.6	23.7	99.8	-2.6
其他金属加工机械	3529	586	100.0	3 159 705	100.0	35.7	3 090 202	100.0	35.7	97.8	0.1
国有控股		22	3.8	143 520	4.5	8.8	139 791	4.5	9.5	97.4	0.6
集体控股		37	6.3	131 659	4.2	9.2	123 381	4.0	10.3	93.7	0.9
私人控股		462	78.8	2 398 687	75.9	41.9	2 341 050	75.7	40.9	97.6	-0.7
港澳台商控股		35	6.0	205 467	6.5	20.2	202 830	6.6	17.9	98.7	-1.9
外商控股		30	5.1	280 372	8.9	30.1	283 150	9.2	39.0	101.0	6.4
行业合计		4 832	100.0	34 723 350	100.0	27.5	33 483 189	100.0	26.0	96.4	-1.2
国有控股		299	6.2	5 342 846	15.4	13.1	5 101 612	15.2	10.7	95.5	-2.1
集体控股		312	6.5	3 529 130	10.2	14.6	3 339 818	10.0	11.0	94.6	-3.1
私人控股		3 570	73.9	21 092 004	60.7	37.6	20 395 994	60.9	36.6	96.7	-0.7
港澳台商控股		280	5.8	2 029 112	5.8	19.8	1 962 220	5.9	18.5	96.7	-1.1
外商控股		371	7.7	2 730 258	7.9	13.9	2 683 545	8.0	13.5	98.3	-0.4

〔供稿人：中国机床工具工业协会周秀茹、黑　杉〕

2008年机床工具行业主要经济指标分行业按地区完成情况

行业及地区名称	企业数（家）	工业总产值(现价)			工业产品销售产值		工业产品销售率	
		实际完成（万元）	比上年增长（%）	在全国占比（%）	实际完成（万元）	比上年增长（%）	实际完成（%）	比上年增长（百分点）
金属切削机床行业	650	9 085 464	17.1	100.0	8 600 991	14.0	94.7	-2.6
辽宁	58	2 885 441	16.9	31.8	2 737 412	12.7	94.9	-3.5
江苏	117	836 419	11.3	9.2	800 887	7.3	95.8	-3.6
山东	71	726 712	27.1	8.0	713 883	25.8	98.2	-1.1
黑龙江	5	648 728	37.9	7.1	603 122	30.5	93.0	-5.2
浙江	105	598 398	5.0	6.6	561 071	3.6	93.8	-1.2
陕西	12	580 096	13.7	6.4	572 219	13.4	98.6	-0.2
上海	62	393 917	-0.8	4.3	374 402	-4.6	95.0	-3.8
云南	13	338 534	16.6	3.7	302 553	13.0	89.4	-2.8
北京	13	303 715	15.0	3.3	274 980	12.2	90.5	-2.3
湖北	17	252 994	42.7	2.8	220 608	32.7	87.2	-6.6
河南	14	226 422	37.3	2.5	222 351	36.4	98.2	-0.7
四川	12	164 752	0.1	1.8	157 221	0.5	95.4	0.3
安徽	32	149 960	19.5	1.7	133 869	13.2	89.3	-5.0

（续）

行业及地区名称	企业数（家）	工业总产值(现价) 实际完成（万元）	比上年增长（%）	在全国占比（%）	工业产品销售产值 实际完成（万元）	比上年增长（%）	工业产品销售率 实际完成（%）	比上年增长（百分点）
甘肃	4	147 976	59.4	1.6	137 892	66.0	93.2	3.7
重庆	6	122 526	21.1	1.3	116 155	14.2	94.8	-5.8
广东	29	120 625	17.3	1.3	119 640	17.2	99.2	-0.1
宁夏	4	110 445		1.2	107 930	6.5	97.7	5.9
青海	2	108 573	12.0	1.2	110 926	21.7	102.2	8.1
天津	9	57 438	15.0	0.6	49 677	6.0	86.5	-7.3
河北	15	56 189	22.2	0.6	54 010	22.5	96.1	0.2
湖南	12	54 589	2.9	0.6	52 198	6.0	95.6	2.8
贵州	4	47 881	56.9	0.5	35 516	21.8	74.2	-21.4
江西	11	43 609	36.8	0.5	41 846	40.0	96.0	2.1
广西	4	39 317	-14.4	0.4	36 805	-16.5	93.6	-2.3
福建	13	36 318	9.9	0.4	34 860	8.0	96.0	-1.7
山西	3	23 623	9.9	0.3	20 738	9.4	87.8	-0.4
吉林	3	10 268	-26.7	0.1	8 223	-36.6	80.1	-12.6
金属成形机床行业	484	3 199 326	26.6	100.0	3 075 818	25.2	96.1	-1.1
江苏	126	1 138 610	23.1	35.6	1 103 261	23.6	96.9	0.4
山东	54	538 596	50.0	16.8	519 669	48.3	96.5	-1.1
浙江	71	249 411	-4.8	7.8	222 621	-14.1	89.3	-9.6
广东	36	239 773	32.9	7.5	234 979	31.2	98.0	-1.3
安徽	40	209 721	44.8	6.6	200 320	50.0	95.5	3.3
上海	28	120 212	-10.2	3.8	116 649	-10.8	97.0	-0.7
河南	16	100 294	10.6	3.1	98 345	11.7	98.1	1.0
天津	8	85 803	28.2	2.7	85 170	35.6	99.3	5.4
辽宁	27	81 891	69.4	2.6	78 510	67.6	95.9	-1.1
湖北	14	74 465	32.1	2.3	78 554	24.2	105.5	-6.7
四川	10	73 481	77.6	2.3	67 281	67.4	91.6	-5.6
重庆	3	45 969	30.1	1.4	39 357	20.8	85.6	-6.6
福建	8	42 859	63.8	1.3	40 757	63.4	95.1	-0.2
北京	5	41 146	11.1	1.3	40 430	8.1	98.3	-2.7
内蒙古	1	37 340	25.1	1.2	34 984	34.0	93.7	6.2
湖南	9	29 029	36.6	0.9	28 175	37.0	97.1	0.3
河北	11	28 291	4.9	0.9	28 199	4.7	99.7	-0.2
陕西	6	15 656	116.8	0.5	14 579	92.7	93.1	-11.6
广西	2	10 409	-5.5	0.3	10 521	-4.8	101.1	0.7
黑龙江	3	9 999	3.9	0.3	10 061	12.4	100.6	7.7
吉林	1	9 669	180.6	0.3	9 542	185.4	98.7	1.7
贵州	1	8 942	101.6	0.3	6 986	42.1	78.1	-32.7
山西	2	6 007	23.1	0.2	5 117	30.2	85.2	4.7
宁夏	1	1 151	33.8		1 147	54.0	99.7	13.0
云南	1	604	-26.3		604	-26.3	100.0	
铸造机械行业	469	2 744 100	31.9	100.0	2 667 525	33.4	97.2	1.1
江苏	102	794 399	44.6	28.9	776 968	46.4	97.8	1.2
山东	81	615 554	28.7	22.4	601 726	31.9	97.8	2.4

（续）

行业及地区名称	企业数（家）	工业总产值（现价）			工业产品销售产值		工业产品销售率	
		实际完成（万元）	比上年增长（%）	在全国占比（%）	实际完成（万元）	比上年增长（%）	实际完成（%）	比上年增长（百分点）
河南	38	286 779	31.6	10.5	282 159	32.7	98.4	0.8
广东	24	147 157	-7.4	5.4	134 877	-9.3	91.7	-1.9
辽宁	30	137 099	84.9	5.0	133 963	90.1	97.7	2.7
浙江	32	129 517	-3.4	4.7	125 246	6.1	96.7	8.6
河北	12	85 636	5.0	3.1	87 223	7.8	101.9	2.6
湖南	20	82 606	60.1	3.0	80 932	59.2	98.0	-0.5
湖北	26	76 112	41.6	2.8	74765	43.3	98.2	1.2
上海	13	66 829	-14.2	2.4	66 518	-17.9	99.5	-4.5
四川	16	56 589	111.5	2.1	57 051	125.3	100.8	6.2
吉林	7	39 328	150.3	1.4	38 988	145.7	99.1	-1.8
福建	14	38 465	27.9	1.4	36 641	24.8	95.3	-2.4
陕西	6	32 160	65.4	1.2	30 982	63.2	96.3	-1.3
广西	3	31 626	29.3	1.2	23 367	57.7	73.9	13.3
内蒙古	2	23 171	1 940.2	0.8	23 171	1 940.2	100.0	0.0
重庆	8	15 285	68.9	0.6	15 293	72.7	100.1	2.2
江西	5	14 881	28.8	0.5	14 691	29.2	98.7	0.3
云南	2	14 295	65.7	0.5	12 837	22.3	89.8	-31.8
安徽	4	11 263	165.0	0.4	11 054	160.1	98.1	-1.9
天津	6	11 253	-22.9	0.4	9 852	-26.3	87.5	-4.0
山西	7	9 561	-35.8	0.3	9 105	-34.3	95.2	2.2
贵州	3	9 115	16.4	0.3	8 582	34.9	94.2	12.9
新疆	1	5 928	11.7	0.2	3 581	-76.3	60.4	-223.7
甘肃	1	3 314	45.7	0.1	1 771	10.3	53.5	-17.1
北京	2	2 785	-18.7	0.1	2 785	-18.7	100.0	0.0
黑龙江	2	1 796	104.5	0.1	1 809	91.6	100.7	-6.8
青海	2	1 599	-22.4	0.1	1 592	-24.8	99.5	-3.2
木工机床行业	168	981 081	4.3	100.0	952 917	4.4	97.1	0.1
山东	35	279 402	-16.2	28.5	271 003	-16.9	97.0	-0.9
江苏	27	126 160	-2.8	12.9	124 858	0.0	99.0	2.7
河南	7	106 785	39.2	10.9	102 919	40.0	96.4	0.6
广东	20	98 618	30.3	10.1	98 857	27.6	100.2	-2.1
上海	8	90 610	-16.7	9.2	89 929	-11.4	99.2	6.0
浙江	19	52 372	12.7	5.3	52 673	13.2	100.6	0.4
湖南	5	43 289	70.5	4.4	42 428	68.4	98.0	-1.2
吉林	2	34 332	340.7	3.5	33 467	332.4	97.5	-1.9
湖北	8	29 490	3.0	3.0	28 984	4.1	98.3	1.0
河北	6	27 048	7.1	2.8	22 075	-1.3	81.6	-6.9
辽宁	11	26 435	14.9	2.7	26 204	8.6	99.1	-5.7
四川	4	22 440	-5.2	2.3	20 017	-9.7	89.2	-4.5
福建	6	15 557	55.7	1.6	15 456	56.5	99.3	0.5
黑龙江	4	13 643	2.9	1.4	10 039	-11.2	73.6	-11.7
江西	2	6 992	168.3	0.7	6 941	168.8	99.3	0.2
云南	2	4 185	-44.0	0.4	3 777	-47.7	90.2	-6.3

（续）

行业及地区名称	企业数（家）	工业总产值（现价）			工业产品销售产值		工业产品销售率	
		实际完成（万元）	比上年增长（%）	在全国占比（%）	实际完成（万元）	比上年增长（%）	实际完成（%）	比上年增长（百分点）
广西	1	2 814	40.7	0.3	2 405	40.7	85.5	0.0
安徽	1	910	90.2	0.1	885	90.8	97.3	0.3
机床附件行业	325	1 500 148	35.6	100.0	1 453 203	33.7	96.9	-1.4
山东	60	379 773	40.9	25.3	368 350	41.5	97.0	0.4
辽宁	49	298 166	53.4	19.9	292 728	51.7	98.2	-1.1
江苏	45	178 869	13.7	11.9	175 319	14.9	98.0	1.0
浙江	44	124 266	-1.6	8.3	121 028	-0.5	97.4	1.1
福建	10	72 545	54.2	4.8	71 977	53.9	99.2	-0.2
河南	6	51 976	44.4	3.5	50 186	54.4	96.6	6.3
广西	3	50 258	1 938.4	3.4	45 459	2 512.0	90.5	19.9
北京	14	44 185	2.8	2.9	41 425	0.2	93.8	-2.4
内蒙古	2	41 670	-8.9	2.8	40 878	-8.7	98.1	0.3
河北	9	39 028	108.3	2.6	37 838	103.7	96.9	-2.2
四川	10	34 064	96.7	2.3	33 082	3.6	97.1	-87.2
上海	20	30 506	19.8	2.0	30 625	19.0	100.4	-0.7
广东	7	29 258	4.1	2.0	30 763	15.7	105.1	10.5
陕西	5	27 465	32.7	1.8	20 226	15.2	73.6	-11.2
黑龙江	4	26 186	125.5	1.7	24 846	138.9	94.9	5.3
湖北	9	18 836	8.7	1.3	17 060	4.0	90.6	-4.2
天津	5	8 908	9.8	0.6	8 553	1.8	96.0	-7.6
安徽	5	8 280	-20.2	0.6	7 858	-23.5	94.9	-4.1
重庆	3	8 003	-1.9	0.5	7 716	-2.4	96.4	-0.5
吉林	1	5 564	22.8	0.4	5 271	18.0	94.7	-3.8
甘肃	3	4 623	59.6	0.3	5 165	75.6	111.7	10.1
江西	2	4 300	249.5	0.3	4 300	249.5	100.0	0.0
宁夏	3	4 069	3.2	0.3	4 000	3.0	98.3	-0.2
山西	1	2 707	42.4	0.2	2 326	39.2	85.9	-2.0
湖南	2	2 418	129.2	0.1	2 402	127.7	99.3	-0.7
云南	2	2 161	-1.7	0.1	2 278	-14.2	105.4	-15.4
贵州	1	2 062	56.5	0.1	1 545	48.4	74.9	-4.1
量仪行业	184	853 776	17.3	100.0	808 002	13.5	94.6	-3.2
浙江	53	244 061	7.2	28.6	234 355	6.8	96.0	-0.4
山东	16	76 518	16.3	9.0	72 204	15.7	94.4	-0.5
黑龙江	2	69 815	20.5	8.2	69 288	8.7	99.2	-10.7
上海	19	69 402	3.3	8.1	67 980	0.8	98.0	-2.4
河南	16	58 665	44.6	6.9	48 846	40.6	83.3	-2.4
江苏	16	56 935	29.4	6.7	54 034	27.2	94.9	-1.7
湖南	8	42 071	63.1	4.9	41 683	62.6	99.1	-0.3
广西	5	38 918	16.7	4.6	29 670	-6.2	76.2	-18.7
广东	9	35 722	-1.1	4.2	36 576	-1.9	102.4	-0.9
四川	5	29 560	55.4	3.5	30 101	59.8	101.8	2.8
河北	8	28 942	37.8	3.4	28 655	38.3	99.0	0.4
天津	5	26 268	5.3	3.1	24 841	-0.7	94.6	-5.7
重庆	2	17 443	46.6	2.0	17 317	46.3	99.3	-0.2
青海	1	14 893	15.5	1.7	10 970	-11.2	73.7	-22.1

（续）

行业及地区名称	企业数（家）	工业总产值(现价)			工业产品销售产值		工业产品销售率	
		实际完成（万元）	比上年增长（%）	在全国占比（%）	实际完成（万元）	比上年增长（%）	实际完成（%）	比上年增长（百分点）
江西	4	11 898	13.9	1.4	11 535	12.3	97.0	-1.4
辽宁	5	11 067	9.5	1.3	10 572	5.9	95.5	-3.2
北京	3	6 970	3.5	0.8	6 610	4.6	94.8	1.0
陕西	2	6 826	-6.6	0.8	6 619	-10.5	97.0	-4.2
安徽	4	6 549	68.7	0.8	4 913	51.2	75.0	-8.7
福建	1	1 255	5.9	0.1	1 235	6.7	98.4	0.7
切削工具行业	585	4 751 178	26.9	100.0	4 584 237	25.6	96.5	-1.0
江苏	137	2 026 381	30.8	42.7	1 984 291	32.0	97.9	0.9
山东	45	503 219	16.5	10.6	480 103	17.0	95.4	0.4
浙江	110	418 759	19.5	8.8	377 786	13.2	90.2	-5.0
广东	28	254 577	14.7	5.4	252 753	17.3	99.3	2.1
河北	39	250 497	14.5	5.3	243 790	9.7	97.3	-4.3
上海	9	243 450	93.7	5.1	243 012	93.7	99.8	
四川	11	166 141	42.2	3.5	154 907	32.0	93.2	-7.2
湖南	22	158 036	24.7	3.3	141 711	10.4	89.7	-11.6
湖北	34	152 871	1.3	3.2	153 111	-2.4	100.2	-3.8
福建	36	127 779	32.9	2.7	119 681	36.8	93.7	2.7
辽宁	14	83 432	13.2	1.8	79 017	10.2	94.7	-2.6
安徽	24	68 719	30.1	1.4	69 354	39.4	100.9	6.7
贵州	5	61 260	21.6	1.3	56 617	11.9	92.4	-8.1
陕西	20	59 457	60.0	1.3	57 600	56.4	96.9	-2.3
黑龙江	6	47 267	30.2	1.0	46 969	24.9	99.4	-4.2
河南	10	36 421	20.1	0.8	33 480	8.1	91.9	-10.2
天津	3	27 968	36.6	0.6	27 053	42.2	96.7	3.8
吉林	7	20 299	48.6	0.4	19 678	58.6	96.9	6.1
广西	4	12 957	24.2	0.3	12 919	26.9	99.7	2.1
江西	5	8 641	3.4	0.2	7 937	-0.1	91.9	-3.1
山西	4	8 107	25.6	0.2	7 756	23.3	95.7	-1.9
北京	4	7 225	-4.0	0.2	7 838	6.4	108.5	10.6
重庆	6	5 727	3.6	0.1	5 412	-4.2	94.5	-7.7
甘肃	2	1 990	17.5		1 466	16.4	73.6	-0.7
磨料磨具行业	1 381	8 448 573	40.5	100.0	8 250 293	39.1	97.7	-1.0
河南	228	2 787 273	49.5	33.0	2 747 552	48.9	98.6	-0.4
山东	141	926 074	26.5	11.0	901 229	26.0	97.3	-0.4
江苏	158	600 672	30.5	7.1	578 140	29.3	96.2	-0.9
辽宁	70	412 253	60.6	4.9	404 789	59.8	98.2	-0.5
江西	43	406 462	87.6	4.8	387 931	80.6	95.4	-3.7
湖南	57	396 224	28.7	4.7	394 221	33.6	99.5	3.7
广东	112	383 941	24.5	4.5	382 040	22.9	99.5	-1.3
四川	70	289 221	39.0	3.4	264 705	35.6	91.5	-2.3
北京	35	245 018	7.5	2.9	245 585	7.8	100.2	0.3
安徽	77	227 445	146.8	2.7	222 452	148.7	97.8	0.7
湖北	47	205 810	37.7	2.4	199 656	37.2	97.0	-0.3
河北	28	194 239	36.6	2.3	193 679	35.1	99.7	-1.1
浙江	66	167 282	32.8	2.0	160 942	34.8	96.2	1.4

（续）

行业及地区名称	企业数（家）	工业总产值（现价）			工业产品销售产值		工业产品销售率	
		实际完成（万元）	比上年增长（%）	在全国占比（%）	实际完成（万元）	比上年增长（%）	实际完成（%）	比上年增长（百分点）
吉林	19	160 871	41.3	1.9	154 498	42.4	96.0	0.7
上海	29	135 778	-16.3	1.6	159 009	-13.3	117.1	4.0
福建	47	127 727	38.5	1.5	124 385	37.0	97.4	-1.1
青海	12	112 205	74.8	1.3	101 880	60.8	90.8	-7.9
广西	27	107 169	74.1	1.3	104 505	73.6	97.5	-0.3
宁夏	14	103 551	73.4	1.2	83 824	39.1	80.9	-20.0
内蒙古	12	102 891	-7.5	1.2	102 829	-7.3	99.9	0.2
贵州	20	95 789	55.6	1.1	88 608	46.5	92.5	-5.7
黑龙江	8	50 727	36.4	0.6	47 811	37.8	94.3	1.0
天津	10	48 996	18.1	0.6	45 958	8.9	93.8	-7.9
山西	12	45 744	5.2	0.5	46 758	5.4	102.2	0.2
陕西	15	34 772	72.0	0.4	31 764	62.3	91.4	-5.5
新疆	6	34 560	82.8	0.4	31 884	77.7	92.3	-2.7
甘肃	9	29 469	76.7	0.3	27 738	69.2	94.1	-4.2
重庆	3	10 008	32.7	0.1	9 888	30.6	98.8	-1.5
云南	4	4 760	-16.7	0.1	4 390	-22.4	92.2	-6.8
海南	2	1 645	-25.0	0.0	1 643	-20.1	99.9	6.1
其他金属加工机械行业	586	3 159 705	35.7	100.0	3 090 203	35.7	97.8	0.1
江苏	94	632 104	38.9	20.0	622 753	38.2	98.5	-0.5
山东	65	533 396	20.6	16.9	527 176	21.5	98.8	0.7
四川	80	364 702	66.6	11.5	352 019	66.5	96.5	-0.1
辽宁	53	328 849	46.3	10.4	316 456	43.9	96.2	-1.6
广东	42	222 229	54.6	7.0	210 221	50.9	94.6	-2.3
上海	58	206 037	13.4	6.5	204 810	15.6	99.4	1.8
浙江	39	175 656	-7.7	5.6	171 667	-7.8	97.7	-0.2
河南	9	146 696	70.0	4.6	146 704	84.1	100.0	7.7
吉林	6	119 877	37.9	3.8	114 540	39.6	95.5	1.1
天津	20	95 081	37.2	3.0	95 652	41.5	100.6	3.1
湖南	14	60 900	91.8	1.9	60 099	90.8	98.7	-0.5
安徽	6	39 374	39.3	1.2	36 472	44.1	92.6	3.0
北京	17	35 739	11.0	1.1	34 846	10.5	97.5	-0.4
湖北	16	34 063	52.8	1.1	33 786	20.3	99.2	-26.8
重庆	6	32 804	86.6	1.0	34 742	80.7	105.9	-3.5
福建	15	24 304	81.7	0.8	24 403	80.7	100.4	-0.5
河北	11	23 982	26.2	0.8	22 686	22.1	94.6	-3.2
黑龙江	7	17 892	57.2	0.6	17 892	57.2	100.0	0.0
山西	5	15 562	44.6	0.5	15 256	76.1	98.0	17.5
陕西	5	11 961	41.0	0.4	11 503	42.9	96.2	1.3
贵州	3	11 838	46.9	0.4	10 440	57.1	88.2	5.7
江西	2	10 771	79.8	0.3	10 721	70.1	99.5	-5.7
广西	5	6 701	1.4	0.2	6 302	4.5	94.0	2.8
内蒙古	2	4 561	38.4	0.1	4 561	38.4	100.0	0.0
云南	2	2 636	-13.2	0.1	2 636	-13.2	100.0	0.0
甘肃	4	1 990	-75.1	0.1	1 861	-75.0	93.5	0.4

〔供稿人：中国机床工具工业协会周秀茹、黑　杉〕

2008 年中国机床工具出口统计

Export Statistics of China Machine Tools in 2008

税号 Tariff	项目名称 Name of item	出口量 Export volume			出口额 Export value		
		2008 年（台 unit）	2007 年（台 unit）	比上年增长 Change(%)	2008 年（万美元 USD10000）	2007 年（万美元 USD10000）	比上年增长 Change(%)
	机床工具总计 Grand total of machine tools				712 992.3	520 057.5	37.10
	金属加工机床合计 Total of metalworking machines	6 287 379	8 315 938	-24.39	210 604.5	165 104.8	27.56
	其中:数控 In which:NC	26 811	21 634	23.93	69 868.6	49 521.4	41.09
8456～8461	金属切削机床小计 Sub-total of metal-cutting machines	5 953 079	7 977 173	-25.37	145 630.5	121 909.6	19.46
	其中:数控 In which:NC	24 166	19 798	22.06	54 939.8	41 221.3	33.28
8456.00	特种加工机床 Non-traditional machines	22 3497	192 559	16.07	30 470.4	24 235.8	25.72
	其中:数控 In which :NC	12 566	10 674	17.73	19 182.7	16 391.6	17.03
8456.10	用激光、其他光或光子束处理材料的加工机床 Laser or other light or photon beam processing machines	9 544	7 525	26.83	10 293.1	6 919.0	48.77
8456.20	用超声波处理材料的加工机床 Ultrasonic machines	340	97	250.52	142.7	49.2	190.15
8456.30	用放电处理各种材料的加工机床 Electro-discharge processing machines	3 426	3 427	-0.03	9 132.2	9 673.3	-5.59
	其中:数控 In which:NC	3 022	3 149	-4.03	8 889.5	9 472.6	-6.16
8456.9010	等离子切割机 cutting machines of plasma arc	200 376	168 915	18.63	8 312.7	5 529.5	50.33
8456.9090	其他化学、电子、离子束或等离子弧加工机床 Other electro-chemical, electron beam, ionic-beam or plasma arc processing machines	9 811	12 595	-22.10	2 589.6	2 064.8	25.42
8457.10	加工中心 Machining centers	1 380	744	85.48	9 823.4	5 237.2	87.57
	立式加工中心 Vertical	1 178	558	111.11	5 811.6	2 551.4	127.79
	卧式加工中心 Horizontal	83	70	18.57	1 609.9	1 179.5	36.49
	龙门式加工中心 Plano	62	86	-27.91	1 542.2	1 114.6	38.36

（续）

税号 Tariff	项目名称 Name of item	出口量 Export volume			出口额 Export value		
		2008 年（台 unit）	2007 年（台 unit）	比上年增长 Change(%)	2008 年（万美元 USD10000）	2007 年（万美元 USD10000）	比上年增长 Change(%)
	其他加工中心 Others	57	30	90.00	859.6	391.8	119.41
8457.20	单工位组合加工机床 Unit construction machines	1 308	1256	4.14	723.9	524.9	37.93
8457.30	多工位组合加工机床 Multi-station transfer machines	877	1 134	-22.66	371.7	356.4	4.28
8458.00	车床 Lathes	107 421	106 380	0.98	45 398.3	34 532.9	31.46
	其中:数控 In which:NC	9 011	7 121	26.54	19 647.9	15 539.9	26.44
	卧式车床 Horizontal lathes	50 155	45 833	9.43	36 954.1	28 788.8	28.36
	其中:数控 In which:NC	8 810	6 988	26.07	17 935.3	14 654.3	22.39
	其他车床 Other lathes	57 266	60 547	-5.42	8 444.2	5 744.1	47.01
	其中:数控 In which:NC	201	133	51.13	1 712.7	885.6	93.39
8459.10~20	钻床 Drilling machines	1 122 130	1 349 054	-16.82	14 683.2	14 542.9	0.97
	其中:数控 In which:NC	177	139	27.34	1 222.9	1 321.5	-7.46
	其他钻床 Other drilling machines	1 121 581	1 348 592	-16.83	13 415.2	13 151.7	2.00
8459.30~40	镗床 Boring machines	3 182	2 412	31.92	3 831.5	2 065.6	85.50
	其中:数控 In which:NC	87	62	40.32	1 589.8	783.9	102.81
	镗铣床 Boring-milling machines	484	173	179.77	2 264.3	939.9	140.90
	其中:数控 In which:NC	62	41	51.22	1 222.4	690.5	77.03
	其他镗床 Other boring machines	2 698	2 239	20.50	1 567.3	1 125.6	39.24
	其中:数控 In which:NC	25	21	19.05	367.3	93.3	293.61
8459.50~60	铣床 Milling machines	41 005	41 806	-1.92	9 267.1	6 760.2	37.08
	其中:数控 In which:NC	564	716	-21.23	1 382.7	585.0	136.37
	升降台铣床 Milling machines, knee-type	19 653	22 588	-12.99	4 538.5	4 337.7	4.63
	其中:数控 In which:NC	13	47	-72.34	16.7	65.4	-74.42

（续）

税号 Tariff	项目名称 Name of item	出口量 Export volume 2008 年 （台 unit）	2007 年 （台 unit）	比上年增长 Change（%）	出口额 Export value 2008 年 （万美元 USD10000）	2007 年 （万美元 USD10000）	比上年增长 Change（%）
	龙门铣床 Planomilling machines	61	117	-47.86	257.2	83.6	207.58
	其中：数控 In which：NC	43	111	-61.26	96.8	37.0	161.36
	其他铣床 Other milling machines	21 291	19 101	11.47	4 471.4	2 338.9	91.18
	其中：数控 In which：NC	508	558	-8.96	1 269.2	482.5	163.03
8459.70	其他攻丝机床 Other thread producing machines	25 111	25 842	-2.83	736.0	628.2	17.16
8460.00	磨床 Grinding machines	3 341 514	3 644 374	-8.31	17 968.1	14 087.7	27.55
	其中：数控 In which：NC	182	123	47.97	1 156.8	676.9	70.91
	平面磨床 Surface grinding machines	2 365	2 277	3.86	2 012.1	1 340.8	50.07
	其中：数控 In which：NC	60	25	140.00	298.8	96.4	210.08
	外圆磨床 Cylindrical grinding machines	557	368	51.36	1 377.7	885.2	55.65
	其中：数控 In which：NC	72	31	132.26	335.8	202.9	65.51
	内圆磨床 Internal grinding machines	34	19	78.95	139.8	50.4	177.24
	其中：数控 In which：NC	11	4	175.00	72.0	20.2	256.06
	其他磨床 Other grinding machines	351	483	-27.33	636.6	638.1	-0.24
	其中：数控 In which：NC	30	32	-6.25	401.1	351.5	14.11
	轧辊磨床 Grinding machines of roll	70	74	-5.41	116.9	67.5	73.35
	工具磨床 Tool grinding machines	102 691	81 176	26.50	526.4	306.6	71.69
	其中：数控 In which：NC	9	31	-70.97	49.2	5.9	726.73
	珩磨机 Honing machines	149	187	-20.32	131.3	138.8	-5.37
	研磨机 Lapping machines	373	347	7.49	536.4	354.6	51.27
	砂轮机 Grinding wheel machines	2 621 231	2 940 858	-10.87	5 204.1	4 917.1	5.84
	抛光机 Polishing machines	613 693	618 585	-0.79	7 286.8	5 388.7	35.22
8461.2010	刨床	355	287	23.69	248.6	148.9	67.00

（续）

税号 Tariff	项目名称 Name of item	出口量 Export volume			出口额 Export value		
		2008 年（台 unit）	2007 年（台 unit）	比上年增长 Change(%)	2008 年（万美元 USD10000）	2007 年（万美元 USD10000）	比上年增长 Change(%)
8461.90	Planing machines						
8461.2020	插床 Slotting machines	113	97	16.49	112.8	69.9	61.44
8461.30	拉床 Broaching machines	4	12	-66.67	9.4	57.1	-83.55
8461.40	齿轮加工机床 Gear cutting machines	52 738	30 439	73.26	2 118.3	1 555.4	36.19
	其中：数控 In which:NC	199	219	-9.13	933.7	685.4	36.23
8461.50	锯床 Sawing machines	1 016 980	2 572 127	-60.46	9 291.4	16 737.3	-44.49
8461.90	其他金属切削机床 Other machine tools	15 464	8 650	78.77	576.2	369.3	56.05
8462~8463	金属成形机床小计 Subtotal of metal forming machines	334 300	338 765	-1.32	64 973.9	43 195.2	50.42
8462.00	主要金属成形机床 Main metal forming machines	307 205	317 565	-3.26	55 475.6	36 864.2	50.49
	其中：数控 In which:NC	2 645	1 836	44.06	14 928.8	8 300.0	79.86
8462.10	锻造或冲压机床 Forging or die-stamping machines	3 437	2 757	24.66	4 350.7	3 968.0	9.65
	其中：数控 In which:NC	328	227	44.49	2 016.6	1 583.5	27.35
8462.20	成形折弯机 Forming and bending machines	173 661	191 886	-9.50	19 067.1	11 724.8	62.62
	其中：数控 In which:NC	1 557	1 021	52.50	7 401.8	4 048.4	82.83
	矫直机 Straightening machines	646	460	40.43	971.6	797.6	21.82
	其中：数控 In which:NC	23	23	0.00	91.7	224.5	-59.18
	其他成形折弯机 Other forming,bending machines	173 015	191 426	-9.62	18 095.5	10 927.3	65.60
	其中：数控 In which:NC	1 534	998	53.71	7 310.1	3 823.9	91.17
8462.30	剪切机床 Shearing machines	42 175	39 458	6.89	12 151.7	7 045.9	72.46
	其中：数控 In which:NC	566	393	44.02	3 770.7	1 393.8	170.54
	板带纵剪机 Shearing lengthwise machines	141	112	25.89	1 060.4	565.9	87.38
	其中：数控 In which:NC	38	20	90.00	448.0	238.5	87.88
	板带横剪机	1 585	1 400	13.21	4 620.4	2 685.3	72.07

（续）

税号 Tariff	项目名称 Name of item	出口量 Export volume			出口额 Export value		
		2008 年 （台 unit）	2007 年 （台 unit）	比上年增长 Change（%）	2008 年 （万美元 USD10000）	2007 年 （万美元 USD10000）	比上年增长 Change（%）
	Shearing transverse machines						
	其中：数控 In which：NC	254	203	25.12	2 117.6	867.8	144.02
	其他剪板机 Other plate shearing machines	40 449	37 946	6.60	6 470.9	3 794.8	70.52
	其中：数控 In which：NC	274	170	61.18	1 205.0	287.5	319.18
8462.40	冲床 Punching machines	1 277	1 402	-8.92	2 611.8	2 185.7	19.49
	其中：数控 In which：NC	194	195	-0.51	1 739.8	1 274.4	36.52
8462.91	液压压力机 Hydraulic presses	63 270	63 454	-0.29	10 241.7	6 865.7	49.17
8462.99	机械压力机 Mechanical presses	23 385	18 608	25.67	7 052.6	5 074.0	38.99
8463.00	金属或金属陶瓷的其他非切削机床 Other machine-tools for working metal or cermets, without removing material	27 095	21 200	27.81	9 498.3	6 331.0	50.03
8454.30	铸造机 Foundry machines	1 561	1 453	7.43	9 253.5	4 367.0	111.90
	其中：数控 In which：NC	331	394	-15.99	1 862.7	1 563.7	19.12
8465.00	木工机床 Woodworking machines	6 653 739	5 740 213	15.91	67 338.0	58 595.4	14.92
	组合加工机床 Modular machines	235 362	347 103	-32.19	5 209.3	7 123.7	-26.87
	锯切加工机床 Sawing machines	4 341 284	3 660 598	18.59	37 511.8	30 028.9	24.92
	刨铣加工机床 Planing and milling machines	555 650	424 432	30.92	10 357.6	9 997.5	3.60
	磨削抛光机床 Grinding and polishing machines	1 200 256	978 622	22.65	4 310.5	3 360.3	28.28
	弯曲装配机床 Bending and assembling machines	791	587	34.75	649.0	690.8	-6.05
	钻孔凿榫机床 Drilling and mortising machines	34 714	24 517	41.59	1 514.9	1 207.3	25.48
	剖劈切削机床 Cleaving and cutting machines	204 679	230 556	-11.22	3 911.1	2 915.3	34.16
	其他加工机床 Other machines	81 003	73 798	9.76	3 873.6	3 271.5	18.41
8466.10 ~ 30	机床夹具，附件 Machine jigs, accessories	40 943 176	32 947 002	24.27	17 209.8	11 310.7	52.15
	工具夹具刀具	24 576 316	23 000 188	6.85	12 337.9	8 973.1	37.50

（续）

税号 Tariff	项目名称 Name of item	出口量 Export volume 2008 年（台 unit）	出口量 Export volume 2007 年（台 unit）	出口量 Export volume 比上年增长 Change(%)	出口额 Export value 2008 年（万美元 USD10000）	出口额 Export value 2007 年（万美元 USD10000）	出口额 Export value 比上年增长 Change(%)
	Cutter tool clamps						
	工件夹具 Workpiece clamps	15 172 612	8 817 870	72. 07	4 286. 6	1 994. 9	114. 87
	分度头及其他专用附件 Indexing clamps and other accessories	1 194 248	1 128 944	5. 78	585. 3	342. 6	70. 83
8466. 90	机床零件，部件 Machine parts，components	340 025 247	258 880 597	31. 34	81 766. 4	50 027. 0	63. 44
8466. 92 *	税号 8465 所列机器用的零件、附件 Machine parts and accessories of tariff numbers 8465	31 469 440			8 991. 4		
8466. 93	税号 8456 或 8461 所列机器用的零件、附件 Machine parts and accessories of tariff numbers 8456 or 8461	264 747 014	228 660 477	15. 78	56 516. 1	39 943. 5	41. 49
8466. 94	税号 8462 或 8463 所列机器用的零件、附件 Machine parts and accessories of tariff numbers 8462 or 8463	43 808 793	30 220 120	44. 97	16 258. 9	10 083. 5	61. 24
8537. 10	数控装置 Numeric control devices	22 270 903	12 819 424	73. 73	59 414. 0	40 152. 3	47. 97
	量具刃具合计 Total of measuring tools and cutting tools				134 090. 2	98 960. 4	35. 50
8202 ~ 8207	切削刀具，工具 Cutting tools，tools	143 944 472	133 930 441	7. 48	121 411. 3	90 719. 9	33. 83
8202. 00 *	带锯片、圆锯片 Band saw blades，circular saw blades	64 170 401	61 768 524	3. 89	39 085. 4	28 411. 7	37. 57
8207. 00	攻丝工具 Thread producing tools	5 715 948	5 975 936	-4. 35	6 252. 1	5 340. 8	17. 06
	硬质合金钻头 Carbide-tipped bits	566 663	354 753	59. 73	1 141. 8	957. 2	19. 29
	普通钻头 Ordinary bits	55 930 386	55 019 183	1. 66	52 214. 7	42 839. 3	21. 89
	硬质合金镗刀 Carbide boring cutters	269 739	350 379	-23. 02	481. 9	384. 6	25. 28
	普通镗刀 Ordinary boring cutters	678 682	616 136	10. 15	1 725. 3	1 418. 5	21. 62
	铣刀 Milling cutters	1 267 820	946 097	34. 01	5 972. 8	4 949. 6	20. 67
	车刀 Turning tools	586 964	1 156 608	-49. 25	649. 6	1 057. 8	-38. 59
*	可互换工具 Interchangeable tools	14 757 869			13 887. 7		

（续）

税号 Tariff	项目名称 Name of item	出口量 Export volume			出口额 Export value		
		2008 年（台 unit）	2007 年（台 unit）	比上年增长 Change(%)	2008 年（万美元 USD10000）	2007 年（万美元 USD10000）	比上年增长 Change(%)
9017.30	量具 Measuring tools	24 844 853	23 632 173	5.13	9 870.4	8 240.5	19.78
9031.80*	坐标测量仪 Coordinate measuring instrument	7 537			2 808.5		
	磨料磨具合计 Total of abrasives and abrasive tools				133 316.0	91 540.0	45.64
2513.20	天然刚玉 Natural corundum	37 384 503	24 160 171	54.74	606.7	378.1	60.43
2818.10	人造刚玉 Artificial corundum	820 512 236	843 854 182	-2.77	50 440.4	31 976.6	57.74
2849.20	碳化硅 Silicon carbide	231 599 331	242 868 276	-4.64	34 895.3	21 457.5	62.63
2849.90	碳化硼 Boron carbide	2 353 579	3 508 396	-32.92	2 434.9	3 601.3	-32.39
6804.10	碾磨或磨浆用石磨、石碾 Stone grinders and stone rolls used for milling	2 743 643	2 283 381	20.16	83.8	67.7	23.68
6804.21	合成或天然金刚石制石磨、石碾 Stone grinders and stone rolls made of synthetic diamond and natural diamond	11 905 118	8 137 722	46.30	3 268.8	1 818.7	79.73
6804.22	其他粘聚磨料制砂轮、石磨、石碾 Emery wheels, millstones and grindstones made of other bonded abrasives	106 842 887	112 369 950	-4.92	16 620.8	13 531.6	22.83
6804.23	天然石料制砂轮、石磨、石碾 Emery wheels, millstones and grindstones made of natural stones	16 908 840	19 174 891	-11.82	2 870.0	2 237.9	28.24
6804.30	手工油石、磨石 Hand oilstones, sharpening stones	8 462 807	9 312 867	-9.13	1 002.0	778.8	28.65
6805.10	砂布 Emery cloth	18 971 747	16 453 525	15.31	5 988.2	4 626.5	29.43
6805.2	砂纸 Sand paper	17 234 823	15 767 815	9.30	4 581.3	3 355.1	36.55
6805.3	以其他材料为底的研磨料 And abrasives based on other material	795 145	964 078	-17.52	1 207.8	997.0	21.15
7104.90*	经加工的工业钻石 Processed industrial diamonds	22 291 307			986.3		
7105.10	天然、人工合成的钻石粉末 Natural or Synthetic diamond powder	1 238 133 983	847 226 588	46.14	8 329.8	6 703.0	24.27

注：1. 磨料磨具中税号为 7105 的商品计量单位是克拉，7104 计量单位是克，其他商品计量单位是千克。

With the abrasives and grinding tools, the unit of measurement for commodities are carat for tariff numbers 7105, gram for tariff numbers 7104, and kilogram for other commodities.

2. 税号为 8202、8207 和 8466 的商品计量单位是千克，税号为 8537 和 9017 的商品计量单位是个。

The unit of measurement for commodities of tariff numbers 8202, 8207 and 8466 is kilogram, and that for commodities of tariff numbers 8537 and 9017 is piece.

3. 带有 * 者为 2008 年 1 月增加（或包含部分增加）的税号。

The commodities marked with * are those of tarrif number, which were issued (containes which part increses) in january, 2008.

〔供稿人：中国机床工具工业协会李卫青〕

2008 年中国机床工具进口统计

Import Statistics of China Machine Tools in 2008

税号 Tariff	项目名称 Name of item	进口量 Import volume			进口额 Import value		
		2008 年 (台 unit)	2007 年 (台 unit)	比上年增长 Change(%)	2008 年 (万美元 USD10000)	2007 年 (万美元 USD10000)	比上年增长 Change(%)
	机床工具总计 Grand total of machine tools				1 229 218.4	1 177 265.9	4.41
	金属加工机床合计 Total of metalworking machines	88 623	107 672	-17.69	758 741.5	707 219.6	7.29
	其中:数控 In which:NC	38 129	44 782	-14.86	574 139.9	536 411.8	7.03
8456~8461	金属切削机床小计 Sub-total of metal-cutting machines	65 169	77 076	-15.45	567 577.6	523 982.7	8.32
	其中:数控 In which:NC	33 563	38 262	-12.28	484 000.3	443 132.1	9.22
8456.00	特种加工机床 Non-traditional machines	8 523	9 915	-14.04	73 514.1	74 161.8	-0.87
	其中:数控 In which:NC	7 936	8 850	-10.33	71 884.7	72 281.5	-0.55
8456.10	用激光、其他光或光子束处理材料的加工机床 Laser or other light or photon beam processing machines	2 797	3 381	-17.27	41 361.9	39 352.5	5.11
8456.20	用超声波处理材料的加工机床 Ultrasonic machines	240	652	-63.19	788.9	939.3	-16.01
8456.30	用放电处理各种材料的加工机床 Electro-discharge processing machines	2 821	3 749	-24.75	23 767.7	27 559.1	-13.76
	其中:数控 In which:NC	2 474	3 336	-25.84	22 927.2	26 618.1	-13.87
8456.9010	等离子切割机 cutting machines of plasma arc	2 515	1 890	33.07	4 808.2	3 202.2	50.15
8456.9090	其他化学、电子、离子束或等离子弧加工机床 Other electro-chemical, electron beam, ionic-beam or plasma arc processing machines	150	243	-38.27	2 787.4	3 108.6	-10.33
8457.10	加工中心 Machining centers	13 826	13 849	-0.17	208 755.4	172 518.9	21.00
	立式加工中心 Vertical	10 329	11 172	-7.55	87 577.2	85 791.1	2.08
	卧式加工中心 Horizontal	2 107	1 622	29.90	83 994.2	55 731.3	50.71
	龙门式加工中心	542	569	-4.75	23 332.8	19 388.0	20.35

（续）

税号 Tariff	项目名称 Name of item	进口量 Import volume 2008 年 （台 unit）	2007 年 （台 unit）	比上年增长 Change(%)	进口额 Import value 2008 年 （万美元 USD10000）	2007 年 （万美元 USD10000）	比上年增长 Change(%)
	Plano						
	其他加工中心 Others	848	486	74.49	13 851.2	11 608.3	19.32
8457.20	单工位组合加工机床 Unit construction machines	99	159	-37.74	1 576.5	2 010.7	-21.60
8457.30	多工位组合加工机床 Multi-station transfer machines	420	532	-21.05	10 410.9	7 958.0	30.82
8458.00	车床 Lathes	11 138	14 391	-22.60	68 934.0	71 771.5	-3.95
	其中:数控 In which:NC	6 683	7 214	-7.36	64 283.2	65 550.8	-1.93
	卧式车床 Horizontal lathes	6 888	8 152	-15.51	43 864.3	44 874.6	-2.25
	其中:数控 In which:NC	5 015	5 043	-0.56	40 815.8	41 800.9	-2.36
	其他车床 Other lathes	4 250	6 239	-31.88	25 069.7	26 896.9	-6.79
	其中:数控 In which:NC	1 668	2 171	-23.17	23 467.4	23 749.9	-1.19
8459.10~20	钻床 Drilling machines	6 056	5 427	11.59	14 947.6	17 975.3	-16.84
	其中:数控 In which:NC	906	1 124	-19.40	13 054.1	15 147.5	-13.82
	其他钻床 Other drilling machines	4 823	3 998	20.64	1 444.7	1 714.9	-15.76
8459.30~40	镗床 Boring machines	606	652	-7.06	11 965.0	12 013.8	-0.41
	其中:数控 In which:NC	206	231	-10.82	10 590.9	10 323.6	2.59
	镗铣床 Boring-milling machines	285	295	-3.39	7 613.5	7 689.7	-0.99
	其中:数控 In which:NC	123	130	-5.38	6 833.5	6 848.5	-0.22
	其他镗床 Other boring machines	321	357	-10.08	4 351.6	4 324.2	0.63
	其中:数控 In which:NC	83	101	-17.82	3 757.4	3 475.0	8.13
8459.50~60	铣床 Milling machines	3 524	6 840	-48.48	27 276.1	36 461.5	-25.19
	其中:数控 In which:NC	1 775	4 119	-56.91	23 754.2	31 907.7	-25.55
	升降台铣床 Milling machines, knee-type	606	964	-37.14	1 559.1	1 941.3	-19.69
	其中:数控	81	179	-54.75	823.9	1 003.9	-17.93

（续）

税号 Tariff	项目名称 Name of item	进口量 Import volume 2008 年 （台 unit）	2007 年 （台 unit）	比上年增长 Change(%)	进口额 Import value 2008 年 （万美元 USD10000）	2007 年 （万美元 USD10000）	比上年增长 Change(%)
	In which:NC						
	龙门铣床 Planomilling machines	295	397	-25.69	8 528.0	8 490.7	0.44
	其中:数控 In which:NC	187	239	-21.76	7 674.6	7 631.7	0.56
	其他铣床 Other milling machines	2 623	5 479	-52.13	17 189.0	26 029.5	-33.96
	其中:数控 In which:NC	1 507	3 701	-59.28	15 255.7	23 272.1	-34.45
8459.70	其他攻丝机床 Other thread producing machines	1 223	2 016	-39.34	6 093.2	6 287.2	-3.09
8460.00	磨床 Grinding machines	12 246	14 485	-15.46	98 664.0	91 875.5	7.39
	其中:数控 In which:NC	1 903	2 609	-27.06	68 075.9	62 047.8	9.72
	平面磨床 Surface grinding machines	2 287	3 252	-29.67	10 455.6	9 619.3	8.69
	其中:数控 In which:NC	359	526	-31.75	6 841.8	5 600.0	22.17
	外圆磨床 Cylindrical grinding machines	698	1 079	-35.31	26 101.9	24 664.9	5.83
	其中:数控 In which:NC	448	720	-37.78	25 039.7	22 870.3	9.49
	内圆磨床 Internal grinding machines	269	267	0.75	6 149.2	5 068.1	21.33
	其中:数控 In which:NC	197	190	3.68	5 898.4	4 638.1	27.17
	其他磨床 Other grinding machines	830	1 001	-17.08	22 356.1	19 182.0	16.55
	其中:数控 In which:NC	399	501	-20.36	21 133.2	18 018.6	17.29
	轧辊磨床 Grinding machines of roll	25	39	-35.90	198.8	98.3	102.15
	工具磨床 Tool grinding machines	963	1 276	-24.53	10 060.0	11 792.1	-14.69
	其中:数控 In which:NC	500	672	-25.60	9 162.8	10 920.8	-16.10
	珩磨机 Honing machines	192	205	-6.34	5 369.7	2 489.4	115.70
	研磨机 Lapping machines	2 071	2 723	-23.94	9 978.6	10 731.7	-7.02
	砂轮机 Grinding wheel machines	3 085	2 623	17.61	572.4	570.8	0.28
	抛光机	1 826	2 020	-9.60	7 421.6	7 658.9	-3.10

（续）

税号 Tariff	项目名称 Name of item	进口量 Import volume			进口额 Import value		
		2008 年（台 unit）	2007 年（台 unit）	比上年增长 Change(%)	2008 年（万美元 USD10000）	2007 年（万美元 USD10000）	比上年增长 Change(%)
	Polishing machines						
8461.2010 8461.90	刨床 Planing machines	100	138	-27.54	741.6	689.4	7.57
8461.2020	插床 Slotting machines	16	26	-38.46	209.7	64.5	224.86
8461.30	拉床 Broaching machines	130	150	-13.33	3 778.3	1 298.9	190.89
8461.40	齿轮加工机床 Gear cutting machines	806	958	-15.87	24 604.1	14 965.4	64.41
	其中：数控 In which：NC	328	266	23.31	23 601.9	13 354.4	76.74
8461.50	锯床 Sawing machines	5 209	5 972	-12.78	10 922.3	10 213.0	6.94
8461.90	其他金属切削机床 Other machine tools	1 247	1 566	-20.37	5 184.8	3 717.4	39.48
8462～8463	金属成形机床小计 Subtotal of metal forming machines	23 454	30 596	-23.34	191 163.9	183 236.9	4.33
8462.00	主要金属成形机床 Main metal forming machines	19 384	25 260	-23.26	168 871.1	164 117.0	2.90
	其中：数控 In which：NC	4 566	6 520	-29.97	90 139.6	93 279.7	-3.37
8462.10	锻造或冲压机床 Forging or die-stamping machines	4 502	6 604	-31.83	44 705.3	47 052.8	-4.99
	其中：数控 In which：NC	1 312	1 933	-32.13	28 041.9	29 229.0	-4.06
8462.20	成形折弯机 Forming and bending machines	3 095	3 658	-15.39	31 594.2	24 253.5	30.27
	其中：数控 In which：NC	1 287	1 227	4.89	23 964.0	18 225.1	31.49
	矫直机 Straightening machines	569	762	-25.33	9 680.4	8 534.6	13.43
	其中：数控 In which：NC	160	156	2.56	6 916.9	5 911.2	17.01
	其他成形折弯机 Other forming，bending machines	2 526	2 896	-12.78	21 913.8	15 718.9	39.41
	其中：数控 In which：NC	1 127	1 071	5.23	17 047.2	12 314.0	38.44
8462.30	剪切机床 Shearing machines	1 159	1 252	-7.43	17 085.4	17 105.1	-0.12
	其中：数控 In which：NC	374	434	-13.82	13 072.6	12 269.0	6.55
	板带纵剪机 Shearing lengthwise machines	142	166	-14.46	7 948.9	6 185.1	28.52
	其中：数控	76	84	-9.52	6 401.0	4 462.8	43.43

（续）

税号 Tariff	项目名称 Name of item	进口量 Import volume 2008 年（台 unit）	2007 年（台 unit）	比上年增长 Change(%)	进口额 Import value 2008 年（万美元 USD10000）	2007 年（万美元 USD10000）	比上年增长 Change(%)
	In which:NC						
	板带横剪机 Shearing transverse machines	164	178	-7.87	3 985.1	5 946.3	-32.98
	其中:数控 In which:NC	77	115	-33.04	3 136.3	5 193.3	-39.61
	其他剪板机 Other plate shearing machines	853	908	-6.06	5 151.4	4 973.7	3.57
	其中:数控 In which:NC	221	235	-5.96	3 535.3	2 612.9	35.30
8462.40	冲床 Punching machines	3 743	5 282	-29.14	32 330.0	39 956.3	-19.09
	其中:数控 In which:NC	1 593	2 926	-45.56	25 061.0	33 556.5	-25.32
8462.91	液压压力机 Hydraulic presses	1 899	2 158	-12.00	24 848.6	18 392.7	35.10
8462.99	机械压力机 Mechanical presses	4 986	6 306	-20.93	18 307.5	17 356.5	5.48
8463.00	金属或金属陶瓷的其他非切削机床 Other machine-tools for working metal or cermets, without removing material	4 070	5 336	-23.73	22 292.9	19 119.9	16.59
8454.30	铸造机 Foundry machines	880	1 123	-21.64	22 323.2	25 017.9	-10.77
	其中:数控 In which:NC	180	296	-39.19	6 733.1	9 834.6	-31.54
8465.00	木工机床 Woodworking machines	21 851	28 689	-23.83	61 250.8	80 039.1	-23.47
	组合加工机床 Modular machines	170	189	-10.05	1 022.3	773.6	32.15
	锯切加工机床 Sawing machines	5 035	6 664	-24.44	2 372.7	3 586.5	-33.84
	刨铣加工机床 Planing and milling machines	3 287	4 382	-24.99	7 656.6	9 315.6	-17.81
	磨削抛光机床 Grinding and polishing machines	4 361	4 204	3.73	6 443.7	6 104.1	5.56
	弯曲装配机床 Bending and assembling machines	379	952	-60.19	678.0	1 839.8	-63.15
	钻孔凿榫机床 Drilling and mortising machines	3 200	4 610	-30.59	27 313.9	37 673.9	-27.50
	剖劈切削机床 Cleaving and cutting machines	2 767	4 036	-31.44	8 197.1	9 912.7	-17.31
	其他加工机床 Other machines	2 652	3 652	-27.38	7 566.4	10 832.9	-30.15
8466.10～30	机床夹具,附件	9 124 109	9 843 897	-7.31	38 328.2	36 807.1	4.13

（续）

税号 Tariff	项目名称 Name of item	进口量 Import volume 2008 年（台 unit）	2007 年（台 unit）	比上年增长 Change(%)	进口额 Import value 2008 年（万美元 USD10000）	2007 年（万美元 USD10000）	比上年增长 Change(%)
	Machine jigs, accessories						
	工具夹具刀具 Cutter tool clamps	2 068 527	2 008 255	3.00	9 296.3	8 427.5	10.31
	工件夹具 Workpiece clamps	3 006 462	5 260 607	-42.85	20 120.1	22 630.1	-11.09
	分度头及其他专用附件 Indexing clamps and other accessories	4 049 120	2 575 035	57.25	8 911.7	5 749.5	55.00
8466.90	机床零件,部件 Machine parts, components	51 027 639	54 707 109	-6.73	74 857.3	66 446.3	12.66
8466.92*	税号 8465 所列机器用的零件、附件 Machine parts and accessories of tariff numbers 8465	1 509 405			2 368.4		
8466.93	税号 8456 至 8461 所列机器用的零件、附件 Machine parts and accessories of tariff numbers 8456 to 8461	33 860 342	38 648 877	-12.39	45 539.5	45 677.4	-0.30
8466.94	税号 8462 或 8463 所列机器用的零件、附件 Machine parts and accessories of tariff numbers 8462 or 8463	15 657 892	16 058 232	-2.49	26 949.4	20 768.9	29.76
8537.10	数控装置 Numeric control devices	3 773 530	3 578 992	5.44	165 932.2	119 968.8	38.31
	量具刃具合计 Total of measuring tools and cutting tools				64 679.4	101 620.5	-36.35
8202～8207	切削刀具,工具 Cutting tools, tools	12 023 206	52 707 494	-77.19	49 596.7	98 432.2	-49.61
8202.00*	带锯片、圆锯片 Band saw blades, circular saw blades	4 553 701	3 339 920	36.34	8 688.6	5 542.2	56.77
8207	攻丝工具 Thread producing tools	213 301	202 368	5.40	4 611.6	3 556.8	29.66
	硬质合金钻头 Carbide-tipped bits	17 076	17 283	-1.20	448.2	451.8	-0.80
	普通钻头 Ordinary bits	3 000 367	3 154 079	-4.87	12 259.0	11 472.5	6.86
	硬质合金镗刀 Carbide boring cutters	2 024	1 834	10.36	165.9	114.8	44.58
	普通镗刀 Ordinary boring cutters	58 468	63 413	-7.80	1 802.2	1 648.4	9.33
	铣刀 Milling cutters	347 845	368 165	-5.52	8 881.3	8 238.6	7.80
	车刀 Turning tools	91 497	70 294	30.16	1 620.4	1 016.3	59.44
*	可互换工具	3 738 927			11 119.5		

（续）

税号 Tariff	项目名称 Name of item	进口量 Import volume			进口额 Import value		
		2008 年（台 unit）	2007 年（台 unit）	比上年增长 Change(%)	2008 年（万美元 USD10000）	2007 年（万美元 USD10000）	比上年增长 Change(%)
	Interchangeable tools						
9017.3	量具 Measuring tools	768 191	963 265	-20.25	4 434.3	3 188.3	39.08
9031.80 *	坐标测量仪 Coordinate measuring instrument	2 329			10 648.4		
	磨料磨具合计 Total of abrasives and abrasive tools				43 105.9	40 146.6	7.37
2513.20	天然刚玉 Natural corundum	6 799 876	7 393 356	-8.03	319.3	483.6	-33.98
2818.10	人造刚玉 Artificial corundum	65 554 578	81 597 834	-19.66	5 623.9	5 792.9	-2.92
2849.20	碳化硅 Silicon carbide	1 257 996	1 223 253	2.84	430.8	478.9	-10.04
2849.90	碳化硼 Boron carbide	1 261	1 246	1.20	11.8	10.4	13.66
6804.10	碾磨或磨浆用石磨、石碾 Stone grinders and stone rolls used for milling	13 408	30 868	-56.56	64.8	53.6	20.82
6804.21	合成或天然金刚石制石磨、石碾 Stone grinders and stone rolls made of synthetic diamond and natural diamond	940 128	1 187 932	-20.86	6 761.7	5 997.2	12.75
6804.22	其他粘聚磨料制砂轮、石磨、石碾 Emery wheels, millstones and grindstones made of other bonded abrasives	8 356 567	8 024 237	4.14	11 679.0	10 004.8	16.73
6804.23	天然石料制砂轮、石磨、石碾 Emery wheels, millstones and grindstones made of natural stones	536 397	473 449	13.30	1 209.8	1 120.5	7.98
6804.30	手工油石、磨石 Hand oilstones, sharpening stones	225 149	299 916	-24.93	502.5	471.0	6.68
6805.10	砂布 Emery cloth	6 676 248	7 308 818	-8.65	5 537.1	5 672.9	-2.39
6805.2	砂纸 Sand paper	6 325 914	6 580 785	-3.87	5 380.3	5 086.2	5.78
6805.3	以其他材料为底的研磨料 And abrasives based on other material	1 755 765	1 641 721	6.95	3 969.9	3 092.7	28.37
7104.90 *	经加工的工业钻石 Processed industrial diamonds	971 949			338.0		
7105.10	天然、人工合成的钻石粉末 Natural or Synthetic diamond powder	56 662 807	54 154 858	4.63	1 277.0	1 658.4	-22.99

注：1. 磨料磨具中税号为 7105 的商品计量单位是克拉，7104 计量单位是克，其他商品计量单位是千克。

With the abrasives and grinding tools, the unit of measurement for commodities are carat for tariff numbers 7105, gram for tariff numbers 7104, and kilogram for other commodities.

2. 税号为 8202、8207 和 8466 的商品计量单位是千克，税号为 8537 和 9017 的商品计量单位是个。

The unit of measurement for commodities of tariff numbers 8202, 8207 and 8466 is kilogram, and that for commodities of tariff numbers 8537 and 9017 is piece.

3. 带有 * 者为 2008 年 1 月增加（或包含部分增加）的税号。

The commodities marked with * are those of tarrif number, which were issued (containes which part increses) in january, 2008.

〔供稿人：中国机床工具工业协会李卫青〕

标准

介绍机床工具行业标准化组织机构，论述2008年机床工具行业标准化工作及对标准化工作的新要求

Introducing the standardization organization of machine tool industry, discussing the standardization work of machine tool industry in 2008 and the new requirements on standardization work

标准

中国机床工具行业标准化组织机构

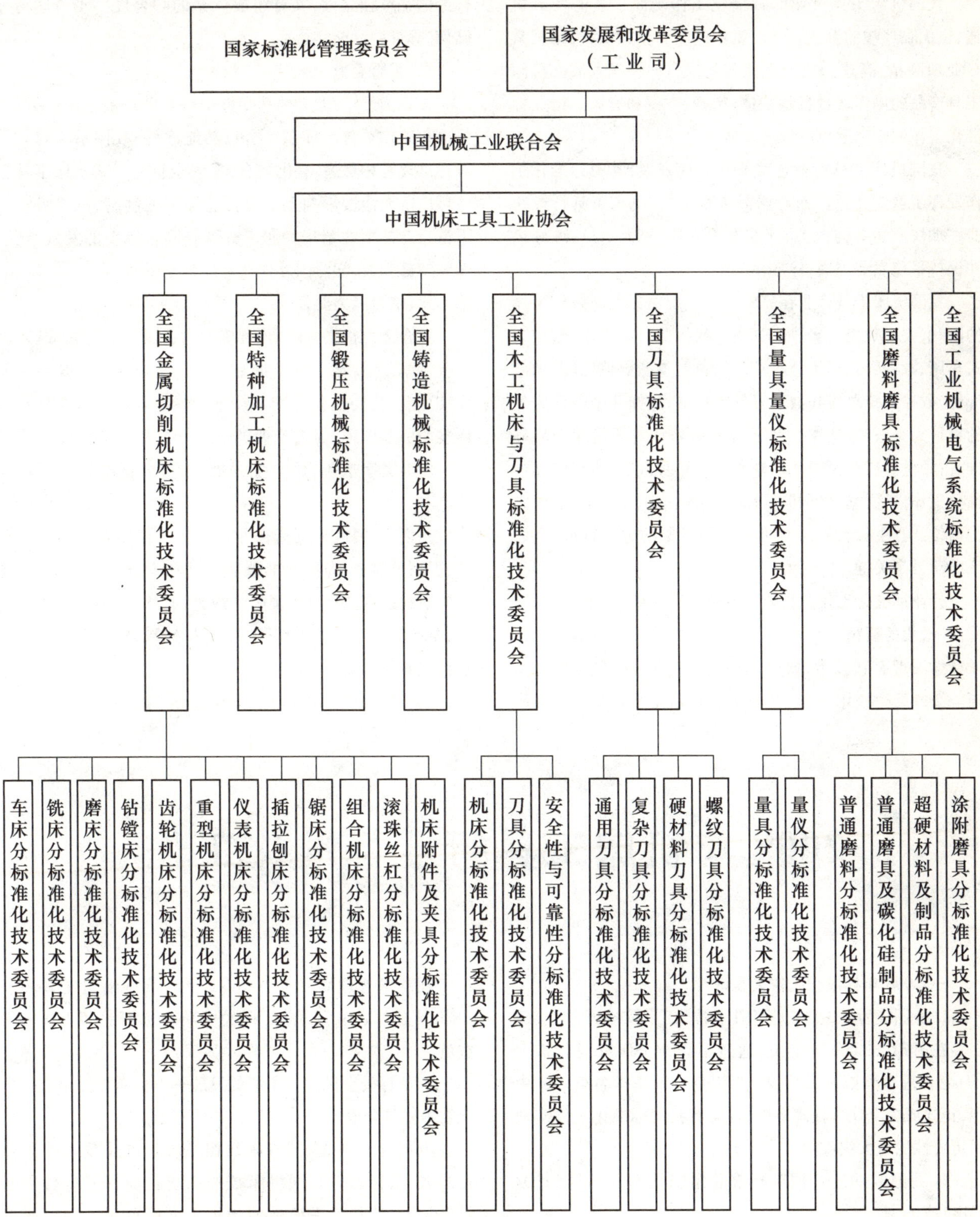

〔供稿人：中国机床工具工业协会孙　涓〕

标准化工作的新要求

我国机床工具行业的标准化工作既面临新的发展机遇，也面临严峻的挑战。技术更新速度明显加快，机床工具行业向高精、高速、复合、智能和环保方向快速发展。机床工具产品的操作运行日趋快捷、精确、方便和宜人。行业标准化工作迎来高起点的快速发展期。

我国机床工具行业连续6年高速发展，其中标准化工作发挥了重要作用。面对国际金融危机，机床工具行业企业在加快产品结构调整、转变发展方式、扩大出口、练好内功保持平稳发展方面，标准化工作大有作为。

我国机床工具行业在完成大量基础性标准制修订工作的同时，要在数控车床、加工中心、数控龙门铣镗床、数控立式车床、数控卧式车床、数控锻压机械、重型数控机床、功能部件、数控系统总线和数控刀具等领域，选择几个条件成熟的项目为突破口，集中力量研究和制修订若干高端产品标准，占领世界机床标准化的制高点。同时，积极参与国际标准化工作，巩固提高同机床工具行业在国际标准化工作中的地位。自主创新制定标准是这个时期的主要特征，人才队伍建设是关键。

行业标准化工作队伍要具备以下三个基本条件：

一、业务要精

学习现有新技术，研究未来技术：①高度概括，分类清晰。②既反映技术现状，又要引领技术发展。③既有单一标准的完整独立性，又有组成体系的吻合度。④表述精练确切，标准内涵充实。

二、视野要宽

知识面要广，尤其要熟知整个行业的发展动向：①行业标准化工作要自成体系，主机、功能部件、数控系统和软件等标准要互相贯通、有机结合，覆盖全行业。②机床工具行业标准既要渗透影响上下游行业标准的制定，也要吸收上下游行业标准的精华。③了解国外同行标准的发展情况，做到知己知彼，学习国外先进标准为我所用。

三、综合能力要强

综合能力指集成能力，凝练能力：①归纳能力。既要提高覆盖率，又要减少标准的数量。②集成能力。既要减少标准重复，又要作到标准不缺项。③提升能力。充分发挥标准的引领作用，促进产业的进步和发展。④国际交流能力。标准文字准确，用语统一规范，研究标准的国际对应性。

总之，我国机床工具行业标准化工作要在提高标准水平、提高覆盖率、提高标准效能上下功夫，逐步完善行业标准体系建设；向规范化、国际化迈进，有序、有准备地走出国门；要在加强人才队伍培养、加强业务基础、骨干企业率先示范方面取得实质性进展。

〔撰稿人：中国机床工具工业协会于成廷〕

2008年机床工具行业标准化工作

一、2008年标准化工作大事记

1. 我国成为ISO常任理事国，标准化工作实现历史性突破

在第31届ISO大会上，通过了修改ISO章程和扩大ISO常任理事国数量的决议。对ISO贡献率排名第六的中国，正式成为ISO常任理事国，标志着我国标准化工作实现了历史性的重大突破。

2. 我国成功连任国际标准化组织技术管理局（ISO/TMB）成员

2008年10月，国际标准化组织（ISO）选举出2009～2011届技术管理局（ISO/TMB）成员。我国继担任2006～2008届ISO/TMB成员后，再次成功当选新一届ISO/TMB成员。

3. 新标委会组建有了新的发展——机床数控系统标准化技术委员会成立

2008年6月，全国机床数控系统标准化技术委员会正式成立，标志着我国机床数控系统行业在坚持自主创新，提升机床数控系统标准化水平方面取得了阶段性成果。

4. 重大专项中明确标准化工作的重要性

《国务院关于加快振兴装备制造业的若干意见》中明确指出:"要充分发挥标准化在振兴装备制造业中的作用,提高国家标准、行业标准和企业标准的等级,完善我国装备制造业标准体系,为我国装备产品参与国际竞争创造条件。"标准研究列入重大专项。

5. 重大专项之一——数控系统现场总线技术的研究及其标准化项目提前启动

2008年2月,"数控系统现场总线技术联盟"成立。联盟的宗旨是促进联盟成员之间的资源共享和技术整合,开展数控系统现场总线技术研发、验证和推广应用,制定并共同贯彻执行我国数控系统现场总线技术规范和国家标准,促进我国数控机床产业的发展,推动数控系统产业的技术进步。

二、2008年行业开展标准化工作情况

1. 标准制修订工作完成情况

2008年,是机床工具行业各标委会标准制修订工作量最大的一年,一是对超期服役的国家标准进行了清理整顿;二是对延期未完成的国家标准制修订项目进行了清理,并按时上报;三是按时完成了2008年国家标准制修订计划。当前,机床工具行业共有国家标准565项,行业标准1 443项。2008年完成198项国家标准的制修订工作,完成率84.7%;完成183项行业标准的制修订工作,完成率93.8%。

2. 标委会积极参与国际标准化工作

2008年,各标委会积极参与国际标准化工作,并取得了一定进展。

(1)国际标准跟踪及投票情况。具有投票资格的标委会接到提出投票的国际标准34项,均已按时完成对该项标准的审查和投票工作。

(2)参加国际标准化会议。2008年,机床工具行业中大多数标委会都加大了参与国际标准化工作的力度,积极组织人员参加国际标准化活动,加强了对国际标准化情况的了解,增长了见识和积累了经验,为行业制定相关标准提供了技术支撑。各标委会有针对性地了解国际标准化工作动态和发展动向,对推动行业标准化工作向国际先进水平看齐,起到了良好的促进作用。

① 金属切削机床标委会组团参加了在日本名古屋举行的ISO/TC39年会,与国际标准化同行共同切磋国际标准的制修订工作。申办成功2009年ISO/TC39/SC2"金属切削机床检验条件"技术委员会第68次年会的主办权。

② 工业机械电气系统标委会组团参加了IEC/TC44年会,增进了对国际标准化情况的了解,促进了国际标准化项目的合作,为2009年在北京举办IEC/TC44年会创造了条件。

(3)积极参与国际标准的制定工作。特种加工机床标委会认真参与国际标准制修订工作,积极参加《机床—安全—电火花加工机床》国际标准的制定工作,得到了国际同行的认可与好评。特种加工机床标委会当前正在进行《机床 电火花小孔高速加工机床检验条件 术语和精度检验》国际标准提案的研究工作。

3. 标准信息与咨询

标准信息相互沟通与标准咨询工作一向是各标委会为行业服务、为企业服务的宗旨。各标委会在日常工作中主动关注行业需求、企业技术进步需求,通过网刊和不定期资料把正在制修订的标准、国际标准化组织发布的相关国际标准和国外先进标准进行信息交流。主动为企业提供标准咨询和提供相关行业的标准以及协助企业完成标准制修订工作,为行业企业生产和经营提供技术依据。一年来,各标委会出版各种标准化刊物17期,召开标准宣贯会6场次,为企业制定标准26项。

4. 标委会的组织建设工作

(1)2008年各标委会的换届情况。2008年,根据行业标准化工作年度计划,行业各专业标委会按照国家标准委的换届要求,严肃认真地做好换届准备工作。各标委会在换届过程中本着公平、公正、公开的原则,充分听取各方面的意见,选拔了一批热爱熟悉标准化工作的优秀专家作为委员。通过换届调整了人员结构,使行业的标准化工作充满创新发展的活力。

截至2008年11月底,共有3个标委会完成换届审批工作,分别是磨料磨具标准化技术委员会、特种加工机床标准化技术委员会、工业机械电气系统标准化技术委员会;有5个标委会完成换届资料上报工作。

(2)标准化分技术委员会及工作组的组建。2008年,各标委会积极落实国家标准委年初部署的2008年12项重点工作之一——标准化分技术委员会和工作组的组建工作,全行业组建了13个分技术委员会,筹建了24个工作组。

5. 标委会工作会议及标准制修订管理工作

2008年是各标委会历年来标准制修订工作量和标准制修订力度最大的一年。各标委会依据制修订急需、基础、通用国家标准、行业标准的要求,严格按照标准制修订程序抓好标准制修订工作。各标委会都增加了审查标准会议的次数,保证了国家标准、行业标准制修订计划的顺利完成。

6. 标准化科研工作情况

2008年继续完成了国家标准委下达的《数控机床标准体系研究》项目。该项目由中国机床工具工业协会牵头，分别由行业内金属切削机床、功能部件、数控系统行业有关标委会参加。经过组织有关人员从行业需求的角度和行业发展的角度广泛调研，多方征求意见，反复认真的论证，形成了与两大数控机床主机相关、较完善的标准化体系结构和所需标准目录清单，完成了该项目阶段工作。

金属切削机床标委会完成了2项标准研究的公益项目，并申请立项1项国家标准化研究公益项目。

二、2009年机床工具行业标准化工作的不足与建议

1. 不足

2008年在全行业标准化工作人员共同努力下，行业标准化工作取得了一定成绩，但也存在如下问题：

(1)标准制修订还远远跟不上产业技术进步的步伐。当前正是产品结构调整的最佳时期，标准化工作也应适应这一时期的特点，重点完善数控机床标准体系建设。

(2)由于2008年标准制修订工作量偏大，有些标准制修订忙于赶时间、赶进度，致使制定的标准文本质量有所下降。

(3)由于2008年成立了很多新的分技术委员会、工作组，许多新参加标准化工作的委员缺乏对标准化工作的足够认识和了解，对标准制修订程序和要求也不够清楚，因此，加强这部分人员的标准化培训是当务之急。

2. 2009年标准化工作的建议

(1)树立科学发展观，完善数控机床标准体系建设，调整标准体系结构，扩大标准的覆盖面，提高标准的先进性和适用性，以满足行业技术进步和行业重点项目的研发需要。

(2)按结合规划、突出重点、行业急需、市场急缺的原则，制订好下一年的标准制修订计划，新标准应展现技术发展前景，引领行业发展。

(3)积极参与"高档数控机床和基础制造装备"科技重大专项中的关键技术和基础共性技术研究以及重点产品项目的开发，从而制定一批基础标准和一批高档数控机床系列标准，满足市场需求。

(4)加强国际交流与合作，积极参与国际标准化活动，在加大采标力度的同时，要积极创新，努力使具有知识产权和自主创新成果的标准成为国际标准。

(5)加强标委会秘书处建设，提高执行能力和业务水平，完成换届工作；加强标准化人员的业务培训，提高人员素质，确保标准文本的水平和质量。

在当前国内外经济形势下，面对机遇和挑战，我国机床工具行业要贯彻科学发展观，提高创新意识、服务意识，努力工作，要继承敬业精神、吃苦精神，突破僵化思想，强化标准的前导作用，提高标准的先进性、实效性。

〔撰稿人：中国机床工具工业协会徐尚文〕

大事记

记载机床工具行业2008年发生的重大事件

Recording of major events occurring in the machine tool industry in 2008

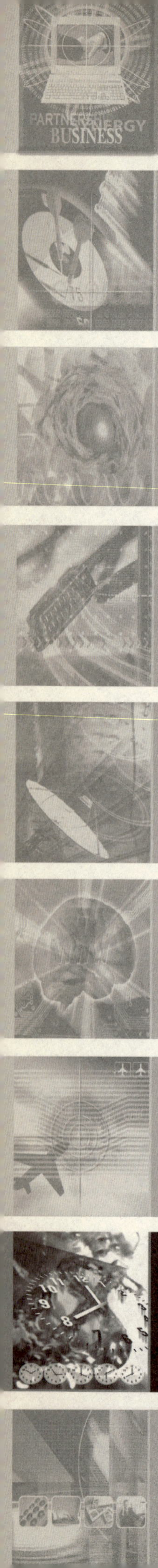

2008年机床工具行业大事记

2008年机床工具行业大事记

1月

8日 济南二机床集团有限公司“LC4B—2500型25 000kN闭式四点多联杆压力机”项目，重庆机床集团有限责任公司“数控高效制齿机床成套技术研发与产业化应用”项目荣获国家科学技术奖二等奖。

10日 由国家发改委重大装置办分室主办的国产数控系统座谈会在山东鲁南机床有限公司召开。会议期间，山东鲁南机床有限公司与客户签订一批合同，武汉华中数控股份有限公司与贵州航空工业集团有限责任公司当场签订合同。山东鲁南机床有限公司30台配备华中数控系统的中高档数控机床自产自用，形成了具有一定规模的联网应用示范车间。这一做法在国内尚属首例，具有典型示范意义。

★成都市精密数控机床产业技术创新联盟在四川普什宁江机床有限公司举行成立仪式。该联盟由产学研各方参与组建，联盟充分利用企业、高等院校和科研院所的优势，促进资源整合，协同创新，加速新技术的推广和产业化。

18日 国务委员陈至立在黑龙江省省长栗战书、齐齐哈尔市委书记杨信等陪同下，视察了齐重数控装备股份有限公司。

24日 中国机床工具工业协会在京举行部分外资企业领导人新春联谊会。大家互相交流了信息，增进了友谊，受到与会者的欢迎，聚会取得圆满成功。

24～25日 商务部产业联系机制工作会议在京召开。商务部产业司与中国机床工具工业协会等行业协会签订了产业联系机制合作框架协议。

26日 2008年全国企业诚信建设暨表彰大会在北京人民大会堂隆重举行。哈尔滨量具刃具集团有限责任公司荣获“优秀诚信企业”称号，受到嘉奖。

月内 山东省“关于加快数控机床工业发展的意见”确定重点扶持八大企业集团和六大重点数控产品。六大重点数控产品是数控车床、加工中心、各种复合加工机床、柔性生产制造线、大重型数控压力机和重型数控机床各种主要功能部件；八大企业集团是济南一机床集团有限公司、济南二机床集团有限公司、德州普利森机械制造有限公司、山东鲁南机床有限公司、威海华东数控股份有限公司、山东法因数控机械股份有限公司、济南铸锻所捷迈机械有限公司和烟台环球机床附件集团。

2月

23日 科技部政策体改司在京组织召开机床工具行业自主创新专题研讨会，科技部曹健林副部长及有关领导出席会议。中国机床工具工业协会吴柏林总干事长，沈阳机床集团有限责任公司、大连机床集团有限责任公司、北京第一机床厂、齐二机床集团有限公司、济南二机床集团有限公司和武汉华中数控股份有限公司等企业领导参加了会议。会议就如何从产业层面引导行业形成合力，构建机床工具行业创新体系进行专题研讨。

3月

13～14日 中国机床工具工业协会在京召开2008年第一次秘书长工作会议。机床行业3名全国人大代表沈阳机床集团有限责任公司董事长陈惠仁、四川长征机床集团有限公司董事长仝捷、齐二机床集团有限公司马恒昌小组组长孙普选到会传达了第十一届全国人民代表大会精神。

23日 曲轴加工系列机床演示鉴定会在青岛海西重工有限责任公司举行。会上，由齐重数控装备股份有限公司提供的、具有自主知识产权的数控重型曲轴旋风切削机床成功加工的我国第一台（套）重型曲轴下线。它的问世结束了我国重型曲轴长期依赖进口的历史，引起了各界的高度重视。齐重数控装备股份有限公司圆了中国自己制造重型曲轴的梦想。

27日 哈尔滨量具刃具集团有限责任公司“连环”牌商标被国家工商行政管理总局商标局认定为中国驰名商标。

4月

20日 由中国机床工具工业协会主办的“跟踪重点需求、自主创新发展”高层论坛在北京中国国际展览中心举行。国家发改委重大装备办公室李冶司长、中国电工技术学会周鹤良副会长、沈阳机床集团有限责任公司陈惠仁董事长等先后作了精彩演讲。

21～25日 第五届中国数控机床展览会（CCMT2008）在北京中国国际

展览中心成功举办。该展会是历届中国数控机床展会规模最大的一次，其展出面积、参展商、参展设备等都超过了前四届。

23 日 中共中央政治局常委李长春，中共中央政治局委员、国务院副总理张德江，中共中央政治局委员国务委员刘延东，全国政协副主席、民建中央副主席张德明，中宣部、国家发改委、科技部、教育部、工业和信息化部、商务部和国资委等有关领导莅临第五届中国数控机床展览会（CCMT2008）参观。

月内 四川普什宁江机床有限公司与中国核动力研究院举行普什宁江—核动力院合资合作签约仪式。双方共同投资成立“四川华都核设备制造有限公司”，决定进军核电装备制造领域，研制开发核电加工装备。

5 月

12 日 四川汶川地区发生特大地震。在工业和信息化部的领导下，中国机床工具工业协会迅速行动，组织相关企业紧急搜寻和制作抗震救灾急需的工具，支援救灾工作。

月内 中国机床工具工业行业支援灾区感人事迹：

（1）第十一届全国人大代表、四川长征机床集团有限公司仝捷董事长接到指示后，连夜组织职工下料生产制作铁钎 3 000 多根，并搜集 500 多个千斤顶、30 把大剪刀、50 台切割机等，这批物资于 5 月 14 日由四川省调到绵阳。

（2）党的十七大代表、重庆机床集团公司有限责任公司董事长廖绍华虽然出差在外，但在接到指示后，立即连夜组织生产制作 1 160 根撬棍、钢钎，150 把铁锹等物资，由发改委调往相关抗震救灾部队。

（3）宁江机床厂身处地震灾区都江堰，身在病中的陈江总经理组织企业一方面进行自救，一方面尽最大努力支援救灾工作，为救灾工作提供了钢钎、千斤顶、铁锹等多种救灾物资。

（4）成都成量工具（集团）公司董事长夏义宝，组织公司职工奔赴救灾前线运送食品和饮用水。同时向职工承诺，职工住房因地震受损的，公司负责修补，进一步激发了广大职工抗震救灾的积极性和主动性。公司捐款 100 万元，用于抗震救灾工作。

（5）汉江机床有限公司组织开展“奉献爱心”献血活动，并组织职工前往都江堰宁江机床集团股份有限公司，支援抗震救灾工作。

（6）济南二机床集团有限公司、秦川机床集团有限公司、青海华鼎重型机床有限责任公司、成都广泰实业有限公司、齐重数控装备股份有限公司、齐二机床集团有限公司、汉川机床集团有限公司、天水星火机床有限责任公司、哈尔滨量具刃具集团有限责任公司、北京第一机床厂、北京机电院高技术股份有限公司、上海机床厂有限公司和上海重型机床厂有限公司等一批企业及个人以多种方式，汇聚成强大的抗震救灾力量，积极投身于抗震救灾工作，体现了全国人民万众一心，众志成城的精神。

6 月

24 日 全国机床数控系统标准化技术委员会第一届一次会议暨成立大会在京举行，国家标准委副主任孙晓康作重要讲话。第一届标委会由广州数控设备有限公司董事长何敏佳任主任委员，陈吉红、刘森、刘强任副主任委员，金键任委员兼秘书长，张玉洁任委员兼副秘书长。秘书处设在武汉华中数控股份有限公司。

月内 为配合国家三部委专家组对国家重大专项的论证和审核，中国机床工具工业协会开展了“高档数控机床与基础制造装备”科技重大专项调研活动。6 月中旬至 7 月中旬走访了国内重要用户企业和机床行业企业，进一步了解了用户对机床的具体需求以及行业企业自主创新能力建设等情况，为进一步对科技重大专项的目标、实施条件和工作方案的论证，提供了第一手资料。

7 月

1 日 中国通用技术集团控股有限责任公司（以下简称中国通用技术集团）与齐二机床（集团）有限公司签署重组联合协议。协议规定，中国通用技术集团对齐二机床（集团）有限公司进行增资并控股 58.05%，齐二机床（集团）有限公司将成为中国通用技术集团发展重型数控机床的产业平台。

7 日 中共中央政治局委员、全国人大常委会副委员长、全国总工会主席王兆国，在全国总工会、辽宁省、大连市有关领导陪同下视察了大连机床集团有限责任公司。

16 日 重庆机床集团有限责任公司董事长、总经理廖绍华被评为“重庆市企业改革突出贡献企业家”。

28 日 国家科技部、国务院国资委、中华全国总工会等部委在北京召开全国创新型企业建设工作会议。会议发布首批 91 家创新型企业名单。机床工具行业的武汉华中数控股份有限公司、天水星火机床有限责任公司被认定为“创新型企业”。

28～31 日 全国金属切削机床标准化技术委员会机床电器分技术委员会成立大会在苏州举行。该分技术委员会将负责机床电器领域国家标准、行业标准的制修订工作以及完善机床电器专业的标准体系，开展有关标准的宣贯和推广应用等工作。

8 月

30 日 中共中央政治局常委、全国政协主席贾庆林在黑龙江省及哈尔滨市有关领导陪同下视察哈尔滨量具刃具集团有限责任公司，先后参观了哈量集团数控刀具有限责任公司、多维数控机有限床公司和精密量仪有限公司的生产现场。哈量集团董事长魏华亮介绍了企业的生产经营情况。

9月

4~8日　第五届郑州国际超硬材料及制品研讨会召开，这是超硬材料行业规模空前的盛会。中国科学院院士邹广田、中国机床工具工业协会总干事长吴柏林、中国机床工具工业协会超硬材料分会理事长朱峰和行业主要企业领导，美国、日本等相关协会代表、行业相关技术专家与经贸人士，以及来自12个国家和地区的700余名代表出席了会议。

6~8日　电火花切割加工发展研讨会在哈尔滨召开，来自全国各地电加工领域的代表共60多人参加会议。中国机床工具工业协会副理事长、特种加工分会理事长、苏州电加工所所长叶军出席会议并讲话。研讨会围绕电火花切割加工技术与机床的发展，从技术创新、市场开拓及企业文化等多方面进行了探讨和交流。

14~17日　应美国冲压协会(PMA)的邀请，济南二机床集团有限公司董事长张志刚出席了在美国大溪城举办的金属成形协会国际理事大会，并作了精彩的演讲。这次国际盛会，使世界金属板材成形行业更加了解了中国，让中国机床行业进一步地走向世界。

10月

9日　天水星火机床有限责任公司收购法国SOMAB(索马)公司、参股德国WMH(亨利安)公司签约仪式隆重举行。来自中国、法国和德国3家企业的法人代表以及甘肃省及天水市的相关领导出席了签字仪式。

11月

1日　即日起，外资企业进口机床类设备不再免交关税和增值税，只有进口国内现有技术无法达到指标的数控金属加工机床，才能享受相关政策。

月内　2008年度中国机械工业科学技术奖建议奖励项目公布，机床行业有21个项目获奖，其中“数控多线切割核心技术开发及其产品应用”、“CWT130145/180L—MC数控重型曲轴切削加工机床”、“新型并混联机构与装备应用研究”3个项目获一等奖。

12月

1日　即日起，国家开始进一步提高部分劳动密集型产品、机电产品的出口退税率，涉及机床工具行业的共35种，其中切割刀具9种、插拉刨床7种、木工机床和机床零件19种。

13日　中共中央总书记、国家主席胡锦涛在辽宁省、沈阳市领导的陪同下视察了沈阳机床集团有限责任公司。胡锦涛强调了数控机床对国民经济发展的重要性，并对关锡友董事长及员工们提出“瞄准更高目标，掌握更多关键技术，始终保持技术优势，努力成为世界一流跨国公司”的期望。

24日　国务院常务会议审议并原则通过高档数控机床与基础制造装备科技重大专项实施方案。该专项的实施，对于提高我国数控机床和基础装备产业的自主创新能力和核心竞争力，带动装备制造业结构调整和相关产业发展，扩大内需具有重要意义。专项的实施方案经过科学、民主、严格论证，已基本成熟，具备启动实施的条件。

26日　中共黑龙江省委宣传部、黑龙江省企业联合会等5家单位在哈尔滨举行“纪念改革开放三十周年——突出贡献企业家表彰大会”。齐二机床集团有限公司董事长曲波荣获黑龙江省改革开放30年企业家成就奖。

〔供稿人：中国机床工具工业协会　徐尚文、周秀茹〕

附录

发布2008世界机床生产、进出口及市场概况，中国机床工具工业协会国内、国外展会考查报告；介绍机床工具行业有关税收政策

Issuing a survey of the world machine tool production, import & export, and markets in 2008, and an investigation report of CCMBA concerning exhibitions at home and abroad; introducing the taxation policies related to the machine tool industry

附录

2008年中国机床市场继续居推动世界机床增长的发动机地位

据对国家统计局和海关数据的整理，中国机床工具工业协会发布的2008年中国金属加工机床主要经济指标为：产值139.6亿美元、进口75.9亿美元、出口21.1亿美元、消费194.4亿美元。按美国卡德纳公司发布的2008年世界28个主要机床生产国家和地区的资料，2008年中国金属加工机床产值居世界第三位（日本第一位158.5亿美元、德国第二位156.7亿美元）、进口居世界第一位、消费居世界第一位、出口居世界第六位（2007年是世界第八位）。

从美国卡德纳公司公布的世界28个主要机床生产国家和地区看，2008年世界机床产销有以下特点。

一、机床产值继续保持大幅度增长

2008年，世界金属加工机床总产值为835.85亿美元，同比增长16%。因美元贬值，机床产值排位前几位国家货币（日元、欧元、人民币）兑美元汇率大幅升值。致使按美元计算机床世界产值大幅增长。其实如按本国货币计算，2008年日本机床产值同比下降3%，按美元计算增长11%；德国按欧元计算增长13%，而按美元计算增长23%。2008年人民币兑美元汇率同比增值9.5%。2008年世界28个主要机床生产国家（地区）金属加工机床产值见表1。

表1　2008年世界28个主要机床生产国家（地区）金属加工机床产值

排序	国家（地区）	2008年			2007年	产值比上年增长（%）（按本国货币计算）	产值比上年增长（%）（按美元计算）
		产　值（百万美元）	金属切削机床占比（%）	成形机床占比（%）	产值（修正）（百万美元）		
1	日本	15 846.9	87	13	14 323.2	-3	11
2	德国	15 656.8	76	24	12 922.5	13	21
3	中国	13 963.2	72	28	10 750.0	20	30
4	意大利	12 075.2	50	50	9 999.2	13	21
5	中国台湾	5 000.0	80	20	4 492.0		11
6	韩国	4 550.0	68	32	4 550.0		
7	美国	3 787.5	82	18	3 246.9		17
8	瑞士	3 742.9	85	15	3 514.7	-4	6
9	西班牙	1 540.2	69	31	1 433.3		7
10	巴西	1 288.7	81	19	1 157.8		11
11	法国	1 276.0	67	33	1 146.7	4	11
12	奥地利	1 084.3	44	56	938.7	8	16
13	捷克	885.3	92	8	678.7	22	30
14	英国	816.6	76	24	877.8	1	74
15	土耳其	583.2	29	71	532.8		9
16	荷兰	556.0	20	80	511.5	2	9
17	比利时	453.6	10	90	407.8	4	7
18	印度	415.4	88	12	423.8	4	-2
19	芬兰	364.4	10	90	327.0	4	11
20	加拿大	354.4	60	40	357.4	-2	-1
21	瑞典	309.7	39	61	276.4	12	12
22	俄罗斯	202.0	75	25	202.0		
23	澳大利亚	180.0	72	28	180.0		
24	墨西哥	166.4	45	55	166.4		
25	丹麦	112.7	40	60	105.4		7
26	葡萄牙	81.9	5	95	71.2	8	15
27	罗马尼亚	54.8	71	29	49.0	5	12

（续）

排序	国家(地区)	2008 年			2007 年	产值比上年增长(%)(按本国货币计算)	产值比上年增长(%)(按美元计算)
		产　值(百万美元)	金属切削机床占比(%)	成形机床占比(%)	产值(修正)(百万美元)		
28	阿根廷	37.4	44	56	32.9		14
	总计	85 385.5			73 675.1		

注:1. 资料来自美国卡德纳公司(Gardner Publications),中国数据按中国机床工具工业协会公布数据修正。

2. 表中2008 年韩国、俄罗斯和墨西哥金属加工机床产值未确认,用上一年数据;2007 年墨西哥、2008 年加拿大金属加工机床产值为估算值,按零星数据汇总得出。

二、东北亚地区成为世界机床主要产地

日本、中国、中国台湾、韩国分别居世界金属加工机床产值的第一、三、五、六位。这4 个国家(地区)金属加工机床产值合计为393.60 亿美元,占世界机床产值的46.1%,超过欧盟成员国(CECIMO)352.68 亿美元的产值和,而CECIMO 成员在统计的28 个国家(地区)中占了14 国。

前10 位国家(地区)机床产值合计为774.51 亿美元,占世界机床产值的90.71%,而前5 名产值合计占世界机床产值的73.2%。这说明世界机床生产集中度很高。

三、中国机床产值在世界的占比进一步提高

2007 年,中国机床产值107.5 亿美元,占世界机床产值的14.6%;2008 年生产139.6 亿美元,占世界机床产值的比例增至16.4%。提高1.8 个百分点。按美元计算,产值同比增长30%,保持增速最高。2008 年中国机床进口75.9 亿美元,同比增长7%,继续居世界第一。虽然我国机床出口一直高速增长,尽管机床进出口逆差下降,但我国还是机床入超国。2008 年逆差仍高达54.8 亿美元,居世界第一。

四、墨西哥、印度和巴西等发展中国家随着经济的发展对机床的需求增加,都进入世界机床进口前10 位

墨西哥、印度和巴西3 个国家机床进口额占其消费额的比例依次为:93%、79%和57%。这说明上述3 国对进口的依赖度较高,也应该是我国机床出口多元化开拓的主要目的国。2008 年世界28 个主要机床生产国家(地区)金属加工机床进口额见表2。

表2　2008 年世界28 个主要机床生产国家(地区)金属加工机床进口额

序号	国家(地区)	进口额(百万美元)		比上年增长(%)(按当地货币)	比上年增长(%)(按美元)	进口/消费(%)
		2008 年	2007 年			
1	中国	7 587.4	7 072.6		7	39
2	美国	4 878.1	4 274.1		14	72
3	德国	4 389.8	3 683.5	11	19	44
4	意大利	3 314.7	2 632.6	18	26	39
5	中国台湾	1 680.0	2 542.0		-34	60
6	墨西哥	1 544.8	1 544.8			93
7	印度	1 483.5	1 420.8	11	4	79
8	巴西	1 454.7	814.0		79	57
9	韩国	1 400.0	1 400.0		0	34
10	法国	1 375.5	1 216.4	6	13	78
11	土耳其	1 122.3	986.2		14	94
12	比利时	1 031.6	1 008.5	-4	2	193
13	英国	1 009.3	957.4	15	5	107
14	加拿大	955.6	959.1			94
15	瑞士	793.1	766.4	-7	3	57
16	日本	770.8	774.6	-13		10
17	西班牙	719.8	696.3	-3	3	58
18	奥地利	610.2	533.6	7	14	80
19	荷兰	556.0	509.6	2	9	123
20	瑞典	545.9	497.5	10	10	89
21	捷克	541.0	451.0	20	20	97
22	俄罗斯	528.6	528.6			88
23	罗马尼亚	381.6	385.4	-7	-1	106
24	澳大利亚	360.0	378.0		-5	92

（续）

序号	国家（地区）	进口额（百万美元）		比上年增长（%）（按当地货币）	比上年增长（%）（按美元）	进口/消费（%）
		2008 年	2007 年			
25	丹麦	330.7	253.1	22	31	115
26	芬兰	285.3	206.6	29	38	80
27	阿根廷	269.0	158.1		70	92
28	葡萄牙	125.8	109.5	8	15	85

注：1. 数据来源于美国卡德纳公司（Gardner Publication，Inc），中国数据来自中国机床工具工业协会。

2. 表中2008年墨西哥、韩国和俄罗斯的金属加工机床进口额未确认，用上一年数据；2007年墨西哥的金属加工机床进口额为估算值，按零星数据汇总得出。

五、德国、日本继续保持世界机床出口第一位、第二位

德国和日本出口额分别为100.96亿美元和86.87亿美元，继续占据世界机床出口额的第一位、第二位。2008年中国机床出口额21.1亿美元，比上年增长28%，在世界机床出口额的排位从2007年的第八提高到第六。机床出口率高的国家（地区）为瑞士为84%，中国台湾为78%，说明他们是出口主导型国家（地区）。居出口额前三位的德国、日本和意大利的出口率也都超过50%，而我国仅为15%。说明我国距机床出口大国还有很大距离。2008年世界28个主要机床生产国家（地区）金属加工机床出口值见表3。

表3　2008年世界28个主要机床生产国家（地区）金属加工机床出口额

序号	国家（地区）	出口额（百万美元）		比上年增长（%）（按美元）	出口/生产（%）
		2008 年	2007 年		
1	德国	10 096.4	9 151.4	10	64
2	日本	8 687.3	7 460.8	16	54
3	意大利	6 844.8	5 569.8	23	57
4	中国台湾	3 880.0	3 471.0	12	78
5	瑞士	3 137.3	3 036.5	3	84
6	中国	2 106.0	1 651.0	28	15
7	美国	1 909.8	1 657.4	15	50
8	韩国	1 800.0	1 800.0		40
9	西班牙	1 019.8	850.4	20	66
10	比利时	951.1	853.8	11	210
11	奥地利	933.6	853.8	9	86
12	英国	880.9	943.6	-7	108
13	法国	878.0	789.5	11	69
14	捷克	863.3	673.2	28	98
15	荷兰	658.5	582.9	13	118
16	土耳其	517.1	431.2	20	89
17	加拿大	295.1	300.3	-2	83
18	芬兰	291.2	264.1	10	80
19	瑞典	243.9	240.8	1	79
20	巴西	196.2	149.2	32	15
21	丹麦	155.1	139.6	11	138
22	澳大利亚	147.0	153.0	-4	82
23	俄罗斯	129.1	129.1		64
24	罗马尼亚	76.8	79.4	-3	140
25	葡萄牙	60.0	52.0	15	73
26	墨西哥	41.6	41.6		25
27	印度	28.5	35.7	-20	7
28	阿根廷	12.8	9.6	33	34

注：1. 资料来源于美国卡德纳公司（Gardner Publications，Inc），中国数据来自中国机床工具工业协会。

2. 表中2008年韩国、俄罗斯和墨西哥的金属加工机床出口额未确认，用上一年数据；2007年墨西哥的金属加工机床出口额为估算值，按零星数据汇总得出。

六、中国连续7年保持世界第一机床消费国位置

2008年，我国机床消费194.4亿美元，占世界机床产值的22.8%。我国保持了世界第一机床消费市场的地位，当之无愧地成为拉动世界机床增产的发动机。国产机床国内市场占有率2007年为56.3%，2008年进一步提高到61%。由于我国人口众多，机床人均消费几年前还居世界倒数第一，经过近几年的高速发展，2008年我国机床人均消费达14.62美元，已经超过俄罗斯、印度、阿根廷、巴西和葡萄牙（俄罗斯为4.28美元/人、印度为1.63美元/人）。这些数据的增长见证了中国经济和机床产业的高速发展。2008年世界28个主要机床生产国家（地区）金属加工机床消费额见表4。

表4　2008年世界28个主要机床生产国家（地区）金属加工机床消费额

序号	国家（地区）	消费额（百万美元）		比上年增长（%）（按当地货币）	比上年增长（%）（按美元）
		2008年	2007年		
1	中国	19 444.6	16 170.0		20
2	德国	9 950.1	7 454.6	25	33
3	意大利	8 545.1	7 062.0	13	21
4	日本	8 030.5	7 637.0	-8	5
5	美国	6 755.8	5 863.6		15
6	韩国	4 150.0	4 150.0		
7	中国台湾	2 800.0	3 563.0		-21
8	巴西	2 547.2	1 822.6		40
9	印度	1 870.4	1 808.9	10	3
10	法国	1 773.5	1 573.6	5	13
11	墨西哥	1 669.6	1 669.6		
12	瑞士	1 398.8	1 244.6	1	12
13	西班牙	1 240.2	1 279.2	-9	-3
14	土耳其	1 184.4	1 087.8		9
15	加拿大	1 014.8	1 016.2	-1	
16	英国	945.1	891.6	16	6
17	奥地利	760.9	692.4	3	10
18	瑞典	611.7	533.1	15	15
19	俄罗斯	601.7	601.7		
20	比利时	534.1	562.4	-11	-5
21	捷克	513.3	379.0	22	35
22	荷兰	453.6	438.1	-3	4
23	澳大利亚	393.0	405.0	-3	-3
24	罗马尼亚	359.6	355.1	-5	1
25	芬兰	358.5	269.6	24	33
26	阿根廷	293.6	181.4		62
27	丹麦	288.3	218.9	23	32
28	葡萄牙	147.8	128.6	7	15

注：1. 资料来源于美国卡德纳公司（Gardner Publications, Inc），中国数据来自中国机床工具工业协会。

2. 表中2008年韩国、墨西哥和俄罗斯的金属加工机床消费额未确认，用上一年数据；2007年墨西哥的金属加工机床消费额为估算值，按零星数据汇总得出。

世界机床消费前5位国家（地区）机床消费额合计为527.26亿美元，占世界机床产值的61.98%。前10位国家（地区）机床消费额合计为658.67亿美元，占世界机床产值的77.4%。在此，还要看到正处于较高速发展的巴西和印度也进入了世界机床消费前10位。

当前，世界金融危机已影响到我国的实体经济，机床行业企业也面临订单减少、库存增加等问题。行业企业应积极研讨国内外情况，从“危”中找“机”，制定正确的应对措施，力求早日走出低谷。

〔撰稿人：中国机床工具工业协会徐树滋〕

技术联结世界　创新推动发展

——2008年美国国际制造技术展览会考察报告

由美国制造技术协会(AMT)主办的2008年美国国际制造技术展览会(IMTS2008)于2008年9月8~13日在美国芝加哥举行,展会主题是“联结世界的技术”。展会上,美国制造技术协会正式推出称之为“MTConnect”的机床通信联结技术,向世界各制造商和用户推广应用,试图通过网络把世界的数控机床联结起来。MTConnect成为IMTS2008主题的展示点。

中国机床工具工业协会组织协会工作团和机床企业参观团,赴芝加哥IMTS2008展览会开展了内容丰富的行业工作和交流考察活动,取得了丰硕的成果。

一、展出总体情况

IMTS2008有来自世界30多个国家(地区)的1 500多家展商参展,布展面积12万m^2,全球排名前20名的机床制造商参展面积多在1 000m^2以上,显示了展会的重要性和国际性。6天展期,共有来自美国及世界各地119个国家的92 450名专业观众参观了IMTS2008。观众人数与IMTS2006的92 000人相近。这种状况从一个侧面反映了美国制造业仍处于稳定的发展态势。

展会汇集了当代先进的制造技术设备,包括新型机床、控制器、计算机、软件、元器件、系统以及工艺技术等15 000多种展品。展品分布在A、B、D、F四个展区,其中F展区位于新落成的西馆区。IMTS2008延续了2006年展会的基本格局,A展区展出金属切削机床,B展区展出齿轮加工机床、磨床、锯床及表面精加工设备、激光加工机床等,D展区展出电加工机床、环保及清洗机械、测量仪器、功能部件、控制系统和CAD/CAM软件等,F展区展出工量具等。

二、以创新为中心的科技交流活动相得益彰

展会期间,大量的科技交流活动使得展会活动丰富多彩,充满活力,突出了科技创新内涵。主要科技交流活动有:

1. 大规模进行“MTConnect”的宣传演示

2007年,美国制造技术协会(AMT)投入启动资金,由美国南加州大学和北卡理工学院计算机系研制开发机床通信连接标准“MTConnect”。这个标准是一个机床互联性标准的阶段性成果,其概念是:现在的机床都是单机的,每台数控机床都有他自己的数据,但不能相互交流。在这种情况下,通过这个标准把单机和互联网连接起来,通过互联网就能查阅到单机的一些数据。这是一个用网络方式发表数据的拥有专利权的开放式的标准,美国制造技术协会称其为MT CONNECT标准。这个标准主要通过html可扩展标记语言的形式,在控制系统、设备和应用软件之间实现广泛的兼容性。IMTS2008展览会AB区之间的未来技术展示场地,每天进行大规模的MTConnect演示,成为展览会的一个展示重点。据了解,不少国际大集团公司都对MTConnect感兴趣。

2. 国际论坛内容广泛

由美国制造技术协会(AMT)、美国精密工程协会(ACPE)、自动化研究中心(CAR)、美国工具和制造协会(NTMT)、美国制造工程师协会(SME)等主办了80多场不同主题的国际商务和技术论坛。论坛主题有:汽车柔性自动化制造技术、精益生产路线图、数控仿真、汽车车身先进制造技术、金属切削新技术、未来10年动力设备制造技术、水切割系统、航空制造技术、先进机床设计、航空零件的电加工和精密磨削加工等。

3. 主题日活动富有特色

美国制造技术协会(AMT)与有关杂志社合作,主办了以特定工业为对象的一日一题的科技交流活动。

汽车日(Warld's AutoWord杂志):汽车制造业21世纪面临的挑战,汽车有关新技术、新设计、新材料、新底盘、新的制造方法和新投资。

质量保证日(Quality杂志):前沿绿色技术,机器和加工监视,工具管理,先进的零件测量,新的检验、试验和制造技术。

航空航天日(AMD杂志):公司如何面对航空航天市场,民用和军用宇航工业综述等。

电力设备制造日(Today's Energy Solution杂志):面对能源存取和绿色趋势,美国风能设备的制造现状,未来10年美国风能设备制造的快速增长情况。

医疗设备制造日(Today's Medical Development杂志):医疗设备制造、供应及技术发展等。

车间日(美国机械杂志):美国宇航、能源设备和医疗器械制造工业最优车间的运行原则等。

与此同时,展会举办的学生峰会活动,吸引了大批大中学生参与研讨,为制造业的发展培养后备人才资源做了先导工作;展会现场还设有机器人表演活动。

三、从展品看制造技术发展趋势

1. 高速、高精度数控金属切削机床有了新的发展

IMTS2008展会上,马扎克公司推出了HCN—μ8800型大型高速高精度卧式加工中心,机床采用多项高新技术和第六代马扎克数控系统。机床X轴、Y轴、Z轴定位精度分别为0.001 6mm、0.002 2mm、0.002 3mm,重复定位精度分别为0.000 7mm、0.001 2mm、0.000 7mm;C轴定位精度为2.45″,重复定位精度为0.78″。X轴、Y轴、Z轴行程分别为1 400mm、1 200mm、1 320mm;两个圆工作台直径800mm,可自动交换,交换时间13s;主轴转速10 000r/min,加速度0.5g,快速移动速度60m/min。这台高精高速卧式加工中心

的推出，能够满足大型工件高精加工的要求。

日本沙迪克公司展出达到纳米级精度的 AZ150 型高速高精铣床，用于微型零件的超精加工。机床加工精度 20nm，表面精度 0.6rms：主轴采用空气轴承，主轴转速 120 000r/min，轴向移动采用直线电机，3nm 高精度光栅，蓝光激光测量系统。

日本 YASDA 公司展出的 YMC325 型精密加工中心，采用智能直线电机驱动，静压导轨，主轴转速 40 000（r/min）/60 000（r/min），快速移动速度 20m/min，16 把刀；采用 Fanuc31i—A5 控制系统，最小增量 0.000 1mm，定位精度 0.001mm，具有 HAS—3 纳米插补功能；配 CCD 光电传感相机，600 倍超微镜头，最高分辨率 0.6μm/像素，25 万像素。

日本森精机公司收购的 DIXI 公司展出的 DHP80 型五轴高精度卧式加工中心，采用箱中箱和三点稳定结构、热稳定控制结构、数控补偿和主轴承振动控制装置，主轴零位自动控制到 1μm。机床定位精度 0.99μm，重复定位精度 0.9μm，主轴转速 12 000r/min，快速移动速度 40m/min。

2. 智能技术使复合加工机床的功能进一步完善

马扎克公司展出的 INTEGREX i—150 型复合加工机床，是一台卧式铣车复合加工机床，实现一次装卡，完全加工（DONE IN ONE），机床具有该公司的 5 项智能化功能（AVC、ITS、ISS、MVA、IPS）。车主轴转速 5 000r/min，铣主轴转速 12 000r/min，*X* 轴、*Y* 轴、*Z* 轴快速移动速度 40m/min，*W* 轴 30m/min，*B* 轴 40r/min，*C* 轴 555r/min。同时展出的 VARIAX-IS 630—5X Ⅱ T 型五轴立式车铣复合加工中心，集成了五轴立铣和车床的全部功能，采用第 6 代马扎克数控系统，具有 4 项智能化功能（AVC、ITS、TSS、WVA）。铣主轴转速 18 000r/min，车主轴转速 1 100r/min；*X* 轴、*Y* 轴、*Z* 轴进给速度 1 ~ 52 000mm/min、*A* 轴、*C* 轴 1 ~ 25r/min。五轴联动，*A* 轴、*C* 轴最小分度增量 0.000 1°，分度时间 1.1s/90°，换刀时间 3.6s，主轴功率 30kW/22kW（30min 连续额定功率）。

日本森精机公司展出的 NT6600/4000CS 型复合加工机床，是五轴联动的高精度机床，具有双主轴双刀架，九轴控制；具有优越的车铣起动性能和切削性能。

德国 DMG 公司展出的 CTX TC 型全系列卧式铣车复合加工机床，具有流线型外观设计、新型的控制面板、标准化的模块结构。该机型综合了各种技术和加工方法，具有极高的加工和操作性能，以及极高的稳定性，可实现五轴切削。其主轴结构和刀库设计具有创新性，车铣采用电主轴，*B* 轴行程可达 400mm，刀库可扩展到 120 把刀。

3. 机器人与机床组合柔性单元广泛应用

IMTS2008 展会上，采用机器人的柔性单元广泛展出，已经成为一种发展趋势。展会设有 FANUC、ABB、MOTOMAN 等公司机器人集中表演的场地，引起观众极大的兴趣。据 FANUC 公司统计，IMTS2008 展会共展出带有应用机器人的设备 148 台，其中采用 FANUC 公司机器人的有 92 台。

日本森精机公司推出的机器人自动化柔性单元，运用公司开发的通信技术 ACT，使机器人、数控车床和加工中心联结起来，组成一个完整的柔性单元。ACT 是基于网络，在机床、机器人等设备之间进行通信联络的环境标准平台，用户能够快速实现机床、加工材料和机器人之间的连接。ACT 具有柔性好、可靠性高、占地面积小、系统简单、生产效率高等特点，具有生产过程的自适应功能。ACT 成为 IMTS2008 展会的一个关注点。

德国 DMG 公司推出的应用机器人和托盘组合的自动化装置，可灵活地与数控机床组成柔性单元。日本马扎克公司、牧野公司和瑞士阿奇夏米尔公司同时在展览会上推出由托板高架库、行走搬运小车（或机器人）和数控机床组成的柔性单元，并可以扩展成柔性线和自动化工厂。该类组合单元具有很大的扩展潜力，引起参观者的关注。

4. 适应市场需求的特种加工机床和磨床发展加快

展会上，针对航空航天和医疗设备制造的特种加工机床、磨床展品显著增加，反映了市场需求的动向。

德国 DMG 公司推出的具有六轴三维铣削、精细切割、强力钻孔功能的三大系列激光加工机，可广泛用于以特种材料加工航空零件、医疗器械、手表零件和工具模具。三井精机也展出了高速激光钻孔机床。

阿奇夏米尔公司展出的 CUT 20 型电火花线切割机床，切割线直径 0.15 ~ 0.3mm，采用 T 形床身，结构紧凑、刚性好，适用重型工件的加工。*X* 轴、*Y* 轴安装光栅，装有基于 windows XP 宜人人机对话 HMI。机床具有较高的金属去除率，加工表面粗糙度 R_a0.6 ~ 0.35μm。

联合磨床公司下属斯图特公司展出的车磨复合加工机床，BLOHM 公司展出的六轴磨削中心，用于航空叶片的精加工，极大地提高了效率。这些机型代表了高效磨床的发展方向。

5. 数控特种刀具发展具有特色

肯纳公司、山特维克公司、伊斯卡公司、英格索尔公司和三菱公司等世界知名刀具公司都参加了 IMTS2008 展览会，刀具和工具展品琳琅满目。各公司在刀具材料、涂层和结构等方面多有发展。肯纳公司在刀具涂层上的改进，使刀具使用性能和寿命提高了 30% 以上；开发了加工汽车发动机的成套刀具和加工航空合成材料的特种刀具。肯纳公司 KM 系列刀柄标准有望成为国际标准。

四、航空航天设备、发电设备、医疗器械和汽车等制造成为机床重要的应用方向

1. 航空航天设备制造

作为世界上最大的民用航空制造企业，波音公司展出了新型 787 梦幻机型机舱的实体模型，通过实物，介绍和展示了飞机制造的最新技术，使观众能够身临其境地直接接触飞机制造的最新技术成果。《Modern Machine Shop》杂志在波音公司展位旁举办了两场大型铝合金和钛合金件的加工技术论坛，有大学教授发布了最新的研究成果，吸引了众多专业观众参与研讨，成为展会的一大亮点。在展会举办的技术和商务论坛及航空日活动中，发表了大量有关航空航天制造方面的论文，并进行了针对性的研讨。针对航空航天制造市场，参展的很多先进高档数控机床，主要用于加工航空发动机的涡轮盘、叶轮叶片和燃烧室筒体件，飞机机身壁板、框架、起落架等部件。

MAG集团是为美国航空航天设备制造业提供机床的主要制造供应商，参展产品主要是针对航空航天市场需要的大型高档数控机床，如FT3500型重型卧式铣床、V5—1500型大型五轴联动龙门铣床和HMC1250型重型卧式加工中心等。

沈阳机床集团展出的GMC—1230型带A轴、B轴的五轴加工中心，可用于航空制造，工作台尺寸3 000mm × 1 250mm，X轴、Y轴、Z轴行程分别为3 700mm、1 900mm和650mm，主轴功率42kW，主轴转速14 000r/min。

2. 发电设备制造

IMTS2008展会论坛和能源日活动，围绕能源发展特别是清洁能源的发展，进行了热烈的讨论，发表了不少有见地的论述。为拓展发电设备制造市场，展会上大型机床展品明显增多。大限、新日本工机和MAG等公司展出龙门镗铣床，落地铣镗床等重型机床60多台，是展出重型机床最多的一届展览会。重型机床高端产品主要针对航空航天制造，而通用产品的应用目标主要是发电设备制造，特别是风力发电设备。风力发电设备市场在美国将有快速增长。

3. 医疗器械、电子设备制造

IMTS2008展会上，日本和瑞士展出的超精密、超精细加工机床给观众留下了深刻印象。日本沙迪克公司展出了达到纳米级精度的AZ150型高速高精铣床，机床加工精度20nm，表面精度0.6rms。日本Yasda公司展出了YCM325型微型加工中心；三井精机展出了VLD 300型五轴数控激光微孔加工中心；瑞士阿奇夏米尔，日本沙迪克公司、三菱、牧野公司针对医疗器械、电子设备的精密制造，展出了一批超精密电加工机床。

4. 汽车及模具制造

汽车制造业是机床的最大需求市场之一。汽车工业面临节能和减排的严峻挑战，期待新的技术突破。IMTS2008展会为汽车制造服务的机床主要有发动机制造关键设备和模具制造先进机床，主要品种有高速卧式加工中心和曲轴加工专用设备等。日本牧野公司展出了制造汽车发动机缸体的柔性单元和模具，大连机床集团展出了卧式、立式加工中心系列产品。

五、几点体会

1. 展会总体印象

受石油价格上涨及世界金融危机等因素的影响，美国整体经济处于下滑之中，但从IMTS2008来看，美国制造业仍处于稳定发展态势，制造业是美国经济复苏的希望所在。IMTS2008展会在展会组织、硬件设备，通信、信息、服务和主题日活动等方面有许多创新之处。从展品水平、技术含量等方面综合评价，IMTS2008保持了世界机床技术发展的风向标和世界四大机床名展的地位和风采。

从IMTS2008展会展品和技术水平来看，跨国机床公司在展会上显示了主导地位，跨国公司引导机床发展潮流的地位十分明显。日本一大批大中型机床公司强势展出，在展会占有明显的位置；美国机床业参展公司主要有MAG集团公司、哈斯公司、哈挺公司和赫科公司等公司，展览规模仅次于日本；中国大陆、韩国和中国台湾企业的参展规模和水平处于上升阶段；欧洲机床企业参展也保持平稳态势。

2. 创新是展会的主旋律

创新是IMTS2008展会的主旋律。从新产品、新技术展出，到展会论坛、技术交流和学生峰会等活动，展会处处洋溢着创新的气息。这是技术进步、产业升级和社会文明生生不息的源泉。各大公司展品和样本资料宣传的企业理念和宗旨，充满了创新的主旨。

3. 中国机床在展会上进步明显

中国机床制造业在IMTS2008展会上取得不俗业绩，进步明显。中国大陆参展企业达到60多家，展出摊位面积合计约3 000m^2，是芝加哥历届展会之首。大连、沈阳、秦川机床、杭州机床集团公司和哈量集团公司都利用境外的合资公司渠道，在展会联合亮相，提高了声誉。大连机床集团公司展位面积1 500m^2，跻身于展会世界前十二大展商之列。大连机床集团全方位展出了高中档机床品种和功能部件，如MDH系列高档卧式加工中心，MDV系列立式加工中心，车削加工中心及各种数控车床、卧式镗床，同时展出了下属德国兹莫曼公司的大型五轴龙门铣床，下属美国英格索尔曲轴公司的高档曲轴加工专用机床等。沈阳机床集团的展位面积约500m^2，主要展出重型、高档数控机床，如用于航空制造的带A轴、B轴的五轴联动立式加工中心和龙门加工中心、镗杆直径160mm落地镗铣加工中心、大型五轴龙门加工中心、大型车铣复合加工机床、数控车床和加工中心等。沈阳机床集团以GMC1230μ型带A轴、B轴的五轴联动立式加工中心为代表的高端机床在IMTS2008的展览样本和展览日报上频频亮相，标志着中国高端机床进入美国市场的开始，具有重要意义。此外，秦川机床集团的数控磨齿机、杭州机床集团的平面磨床、哈量集团的量仪等中国机床工具展品，也给观众留下了深刻印象。

4. 关注国际机床产业的调整和技术发展的趋向

近年来，由于世界经济基本处于上升趋势，机床市场需求旺盛，机床制造业忙于技术进步、发展生产，满足市场需求。因此，产业并购似乎处于冷却状态，没有重大的整合事件发生。但随着世界经济的起伏变化，肯定会给机床行业带来冲击。当前，发达国家十分重视制造业特别是数控机床的发展，并不时出台扶持政策。

纵观IMTS2008展览会，数控机床继续沿着高速、精密、复合、智能和绿色的技术方向发展，技术研发进一步深化，机床结构进一步完善，更加注重提高机床的综合效率。上届芝加哥展会上美国制造技术协会(AMT)提出了三大前沿技术——纳米制造、智能技术和无接触测量。从IMTS2008展会看来，纳米制造、智能技术取得一定进展，无接触测量由于精度问题，还没有进入机床行业产业化高精度的实用阶段。总体看来，三大前沿技术没有取得实质性的重大突破，有待继续努力。

5. 技术与经济的结合——市场竞争取胜之道

IMTS2008展览会上，DMG公司推出了高性能、经济价格的系列数控机床，此举 DMG 公司称为高性能和可接受价格的 DMG 机床行动。

美国哈斯公司展出的加工中心和数控车床，以醒目的价格，大肆宣扬这种价格竞争策略，其中 VF—1 立式加工中心，报价仅为 4.699 5 万美元。

这一动向应该引起中国机床业界人士的关注。技术与经济的结合是市场竞争的取胜之道。

〔撰稿人：中国机床工具工业协会邵钦作〕

纵观日本机床工业的发展

——参观第 24 届日本国际机床展览会（JIMTOF2008）

一、展会概况

第二十四届日本国际机床展览会（JIMTOF2008）于 2008 年 10 月 30 日至 11 月 4 日在东京国际展览中心（Tokyo Big Sight Inc.）举行，展览面积85 520m²，净展面积47 097m²，设有展台 5 231 个，共有 17 个国家和地区的 829 个展商参展（境外展商约占 10%）。展品包括金属切削机床、金属成形机床、机床附件、特殊钢工具、超硬工具、金刚石工具、砂轮及磨料磨具、齿轮、精密测量机械、光学测量机械、试验机、计算机辅助设计、计算机辅助制造、环保装置及相关技术信息等。

JIMTOF 展会素有国际四大机床展之称，从展商的国别来看，除日本本土的著名企业外，欧美著名机床企业参加的并不多，似乎缺乏国际性的内含。然而从展品的水平及展会的人气来看，并不比任何国际机床展逊色，不仅展品水平高，品种多，而且在每次 JIMTOF 展会上总能提出行业发展的新理念，展示引领机床工具工业发展的新潮流。

二、JIMTOF2008 展示的主要新产品

高精度、高效率、宜操作、重环保、省资源是展会竞相亮相的重点，也是当前机床产品设计制造的追求目标和机床市场竞争的焦点。

1. 小松工机（Komatsu）

公司展出的高精度、高效率和高自动化的曲轴生产线，由 1 台 GGA30C—6 曲轴自动工件装卸机和 5 台加工设备组成。第一台设备是 GHD2000 曲轴铣端面打中心孔机床，机床的主要特点是装有 1 台激光测量仪可测量曲轴外形，用于平衡定心，对毛坯的轮廓自动找正打中心孔、铣端面；第二台是 GPM190F2—5 曲轴铣床，用内圆环盘铣刀切削，加工曲轴外径及沉隔槽，工件固定在可以进行补偿的卡盘上，以适应不同毛坯的夹持，达到高速、精确加工；第三台是 GPR250B—2 车—车拉床，左右卡盘可自动变换夹紧部位，完成大端、小端外径加工和主轴颈的加工；第四台是 N300H 卧式加工中心，采用 MQL 润滑加工，可高效完成直油孔和斜油孔的加工；第五台是 NTG—CKP1 曲轴磨床，机床采用直线电机驱动、静压主轴、内装式电动机，磨头速度高可实现高精度加工。小松展出的这条曲轴生产线，精度高、效率高、自动化程度高，代表了当前曲轴加工机床的先进水平。

2. 山崎马扎克（*Yamazaki Mazak*）

公司展出的 INTEGREX e Ⅱ系列产品是 INTEGREX e—650HⅡ复合车铣加工中心。机床最大加工直径 920mm，车削主轴转速 1 600r/min，主轴电动机功率 AC45kW（30min 额定）；铣削主轴最高转速 10 000r/min，主电机功率 AC37kW（30min 额定），快速进给速度（*X* 轴/*Y* 轴/*Z* 轴）40m/min；自动刀具更换装置刀具数量 40 把，换刀时间（刀对刀）1.8s，最大刀具质量 20kg。INTEGREX e Ⅱ系列产品具有防干涉、热变形补偿和防振动功能。

山崎马扎克公司展出的五轴联动立式加工中心以 VARIAXIS 630—5XⅡT 为代表，其工作台面尺寸 630mm × 500mm，行程（*X* 轴/*Y* 轴/*Z* 轴）630mm/765mm/510mm，*A* 轴 150°（−30° ~ +120°），*C* 轴 360°；主轴转速 12 000r/min，快速进给速度 50m/min；自动换刀装置（ATC）刀具数量 30 把，换刀时间（切削对切削）3.6s。该机床 CNC 系统为 MAZATROL MATRIX，可以实现高精度、高效率五轴联动加工。

公司还展出了采用机器人给刀库装刀的示范展品，可用于某些机床刀库的大容量扩展，以减少机床本身的刀库容量，这是一种新的设计构思。这种理念实际上与第三代智能化加工系统的构思一脉相承，在整个生产线中机器人不仅完成零件加工，同时参与刀具管理等工作。

山崎马扎克公司的激光加工机床也具有很高的水平，如 Hyper Gear 激光加工机的激光器功率 4 000W（连续额定），直线电机驱动，五轴联动，最大加工尺寸 1 525mm × 3 050mm，最大切割钢板（软钢）厚度 25mm，带双交换工作台，最大载重量 930kg，加速度达到 3*g*，在进给速度 120m/min 时定位精度 0.01mm/500mm，重复精度 0.005mm/500mm。

山崎马扎克公司展出的金属切削机床大都具有以下几个功能：

（1）防干涉功能——智能化安全屏障，在安装刀具等需要手动操作来移动轴的情况下，在 NC 画面上可以通过与机床同步的 3D 模型来检查机器的干涉情况。如果 3D 模型发生碰撞，机床会立即停机，起到安全保障作用。

（2）热变形补偿功能——热变形保护屏障，实时检测机床环境温度变化，显示相对于温度变化而出现的热变形，运用热位移补偿测量数据计算值，控制机床位移量，从而将变形量降低到最小限度。在设计时还考虑到对控制装置和冷却装置进行冷却之后再排气，不仅不影响本机工作，也不影

响相邻机床的工作。

(3)防振动功能——防振动控制屏障,防振功能可对机床振动进行实时控制,大幅度地抑制机床振动,保证切削过程获得高精度定位,并保证机床能以高速进给进行切削,以缩短加工时间。同时,降低了切削过程刀具的振动,也有助于提高加工表面质量和减少刀具磨损。

(4)有关“DONE IN ONE”的概念,所谓 DONE IN ONE,就是从零件的原材料到成品所有加工工序集约到 1 台机床上完成,并通过网络化管理和各种生产、技术支持体系,实现高精、高效、多品种、24h 无人化生产。通过这种生产管理模式可以减少卡具、刀具数量,节省空间、节约能源,从而降低成本,增加经营利润,这种综合的支持体系被称为 DONE IN ONE 系统。

3. 会田(AIDA)

公司 UL 系列精密成形机床具有高精度、高刚度冲压成形的特点。展出的 AIDA800 精密成形机床,最大冲压力为 2 000kN。展示的加工件材料为 SCM415,工件外径 12mm,长度 750mm,中间冲一个直径为 8mm 的通孔,冲压成形后,内孔表面粗糙度 $R_a \leqslant 6.3\mu m$。

4. 新日本工机(shin Nippon Koki)

公司展出的 PSR—五轴龙门加工中心,可用于大型三维曲面零件的五轴联动加工(如螺旋桨)、长筒形零件的加工(X 轴最大可加长到 19 000mm)、大直径筒形零件的五轴联动加工(立车),B 轴 ±105°。该机床的主要特点是:①可更换不同的主轴头作三轴加工、五面加工或五轴联动加工。②可进行高速五轴联动切削,在主轴转速 15 000r/min 时,最大功率可达 11kW、转矩 7N·m 或进行强力五轴联动切削,在主轴转速 4 000r/min 时,最大功率可达 37kW、转矩 88N·m。③带主轴头更换装置 AAC 主轴头库,最大容量为储存 5 个主轴头。④带立式和卧式两种刀具交换装置。⑤带刀具检测装置。

新日本工机(shin Nippon Koki)展出的另 1 台 HPS—120A 五轴龙门加工中心,主轴最大功率 37kW,进给速度 1 ~10 000mm/min,A 轴 ±90°、C 轴 ±360°,A 轴、C 轴进给速度(0°~1 800°)/min,适合切削难加工材料,如飞机的钛合金零件,切屑可达 200cc/min。

5. 天田(AMADA WASINO)

公司展出的 WASINO MS 系列的 G3 精密数控成形磨床,主轴最大功率 22kW,工作台面尺寸 550mm×200mm,适用于连续多工序加工;另 1 台 WS 系列的 WASINO WS SP 超高精度数控成形磨床,工作台面尺寸 550mm×200mm,用于超精密加工。这两种机床都附加回转工作台,转台直径 205mm,并可实现 X 轴(上下)、Y 轴(前后)两轴联动,砂轮速度 100m/s,具有自动修正砂轮功能。

WASINO Mi18 五轴联动磨床,可进行磨、车、铣复合加工,机器人更换工件。该机床具有六大特点:机床设计新颖,人性化、宜人性好;五轴联动磨削;驱动轴与主轴距离短,刚性高;主轴转速 20 000r/min、工件转速 8 000r/min;可以最短距离快速加工根部;新的 CNC 系统,可进行复杂型面的加工。

6. 冈本(OKAMOTO)

公司展出的 UP 系列 UP2210Li 超精密平面磨床主轴采用电机直驱,用于加工材质为 SUS420J2 的 2 200mm × 150mm×100mm(长×宽×高)的零件,平面度可达 0.8μm/2 000mm。

冈本内圆磨削机床的特点是夹紧力大,夹持力均匀,夹紧后砂轮的稳定性好;长径比为 4∶1 时,端部的径向跳动为 3μm。

7. 大隈株式会社(Okuma)

大隈株式会社(Okuma)的主要展品有 MULTUS 系列智能化复合加工机床 B200W、B300W 和 B750W,其中 MULTUS B750W 是可以实现工序集约的高精度智能复合加工机床。新开发的 MULTUS B750,结构特点是基于大型加工中心高刚度的三角筋结构床身,高精度、高刚性主轴结构,并具有大隈公司的机内防撞击功能和稳定热位移功能。当室温变化为 8℃时,热位移 <20μm。该机床具有大型 NC 车床与加工中心的加工能力。

展出的 MU—500VA 五轴立式复合加工中心,采用机内直驱电机,能以高速、高精度进行强力车、铣复合加工。该机床采用大隈公司自制的耳轴式转台,A 轴和 C 轴力矩由电机驱动,能使 C 轴(360°)和 A 轴(-110°~+20°)高速回转。在任意曲面上进行钻孔等各种加工工序时,最小分度角均达 0.001°,为在耳轴式双轴回转工作台上实现高速、高精度加工创造了条件。

展出的 VTM—200 大型立式车削中心可以对直径 2m 的部件进行高精度、高效率加工,适用于对航空器、建筑机械、船舶和能源设备等重工业设备进行高效率加工,特别适用于大直径轴承及大直径法兰盘等形状零件的高效率加工。采用高刚性三角筋结构的大型床身、箱形立柱、方形滑动面和鞍座型刀架结构,机床刚性好,热变形小,在室温变化为 8℃时,热位移 X 轴方向 <20μm。

8. 安田工业株式会社(Yasda)

公司展出的 YBM BT63TT 精密卧式加工中心,配置 FANUC 31i—A5 系统,行程(X 轴/Y 轴/Z 轴)1 000mm/1 000mm/1 100mm,快速移动速度(X 向)40m/min、快速移动速度(Y 向、Z 向)48m/min,位置精度(X 轴/Y 轴/Z 轴)可达:1.78μm/1.70μm/2.67μm,同时五轴加工圆度 2.88μm,最小设定单位(X 轴/Y 轴/Z 轴)0.000 1mm、A 轴/B 轴 0.000 1°,主电动机功率 AC18.5 kW/22kW(额定/30min)。

展出的 YMC325 小型加工中心采用静压导轨、静压轴承,直驱技术,主轴最高转速可达 40 000r/min,主轴回转精度 0.1μm,X 轴/Y 轴/Z 轴行程 300mm×250mm×250mm,最小设定单位 0.000 1mm,位置精度(ISO230—2)X 轴:0.408μm、Y 轴:0.287μm、Z 轴:0.450μm、Y 向直线度 0.27μm、X 向/Y 向平面度和圆度 0.66μm,主轴回转精度 0.1μm。

9. THK 公司

THK 公司展出了一些较有特色的产品:①高速直线电机,最高移动速度 12m/s,加速度可达 10g,采用单定子时最大推力 2 000N,双定子时 4 000N。②高刚性 8 排滚珠的直线导轨，具有超高刚性，比同规格滚柱导轨刚性大1.2倍，精度高，超低波动，跳动小。③用于大型机床中，能承受重载荷的SRW150滚柱导轨。④用于高精度传动的双螺母、可调整间隙的滚珠丝杠。

10. 上银科技股份有限公司

公司展出的Cool Type滚珠丝杠Dm-N值可达200 000，能消除高速产生的温升，并可有效降低发热，以及避免热变形和延长了润滑油脂的功能寿命，以此保证机床进给精度稳定。上银还展出了重负滚珠丝杠、加保持架静音螺杆、带自润滑箱螺杆和超长型线性导轨（>2m）。

三、JIMTOF2008展会呈现的新理念与新技术

1. 第三代柔性制造系统（智能化机器人制造系统）已作为产品推向市场

多家企业（如Fanuc、Mazak、Okuma、Mkino、Amada等展台）都展出了类似展品。利用机器人操作机床，不仅能完成搬运、装卸任务，新一代的机器人已具有视觉和触觉功能，能完成操作工人具有感官功能的操作要求。采用智能化机器人制造系统不仅减少了操作工人，还节省了大量的工装、卡具，取消了立体托板库，也因此大大缩小了作业面积。

2. 直驱技术被广泛应用，展出的新产品驱动系统大多采用直驱技术

大功率、大转矩直线电动机用于重载、高速机床的驱动，不仅速度快、加速度高，而且定位精度高。在展出的新产品中，摆角与旋转运动也大多采用力矩电机驱动，大有取代普通机械传动的趋势。高速、大转矩双摆铣头、动力刀架、回转工作台、C轴的分度机构，以及立车主轴均采用直驱技术。马扎克公司展出的一个双摆铣头的主轴功率为30kW（40HP），转矩为1 840N·m。

三菱公司展出的双向回转工作台，台面直径2 000mm、台面高1 200mm、转矩1 700N·m，用于直升机叶片的加工。

可以看出大功率、大转矩的直驱电动机已在机床上得到成功应用。

3. 机床加工精度有所提高

马扎克公司展出的HCNμ8800高速、精密、多功能卧式加工中心，主轴转速10 000r/min，主轴功率37kW，定位精度0.002mm（$\Delta X=0.001$mm、$\Delta Y=0.001$mm）。

Mori seik dixi公司展出的DHP80高精度五轴联动卧式加工中心双向定位精度0.99μm，定位精度0.90μm。

4. 复合加工进入新的阶段，已经超过一般车、铣、钻等加工工序的复合，进一步扩大到内外圆磨削、珩磨、齿面加工以及表面处理等复合加工。

5. 节约资源的新思路在机床设计中不断涌现

马扎克公司展出的UN—600V卧式加工中心、UN—600V立式加工中心和由机器人（安川制造）连线的七轴控制的加工单元，其中立式、卧式加工中心都采用了运动合成原理，如X轴运动设计成工作台与主轴箱相对运动，其行程为$X=X_1+X_2$，$Y=Y_1+Y_2$，从而使机床占地面积大大缩小，与加工同规格零件的老机床相比，占地面积减少了70%。

大限公司展出的Millac 331小型复合加工机床由1台立式数控车床和1台立式加工中心组成，节省占地面积71%。

6. 新概念机床进入构思、设计阶段

马扎克公司展出的法拉利概念车，意在暗示新概念机床的开发。该公司请法拉利概念车的设计师进行新概念机床的设计，计划两年后展出新概念机床。

四、日本几个著名企业的新发展

1. 山崎马扎克公司（*Yamazaki Mazak*）

山崎马扎克公司建于1919年3月，本部位于日本爱知县，生产CNC车床、复合车铣加工中心、立式加工中心、卧式加工中心、CNC激光加工机、柔性生产系统（FMS）、CAD/CAM系统、生产支援软件和CNC装置。日本国内有5个工厂，在美国、英国、新加坡和中国有子公司。

山崎马扎克公司新建的激光机工厂，建在地下，在地面上只能看到一个尖顶三角形的玻璃房，是工厂的入口。整个工厂占地面积100m×80m，厂房顶部离地面3.5m，厂房高度11m，上面为轻质土层，以减轻重量，回绕厂房一圈宽度约为8m的二层建筑为办公区。由于厂房建在地下，车间的地表温度为20℃时，车间温度为23℃，能达到恒温的效果，对粉尘的控制效果也很好，减少了工作人员的花粉过敏和哮喘病。为控制粉尘还采取了各种措施，如切割机试切加工时采用防尘罩罩住，并利用负压作用将粉尘吸入集尘袋。进入车间的所有物品均需经过过渡室，入口处用气幕隔离，防止尘土带入。整个工厂的空气交换是个大问题，因此，在整个地下工厂周边设有空气交换装置，每一个小时交换一次空气，以保证空气清新。地下工厂的主要缺点是没有自然阳光照射，对人体健康有一定影响。

该工厂生产的激光加工机有以下几个特点：①新开发的激光加工机都采用直线电机驱动，定位精度高，移动速度快，加速度可达$3g$，刀具自动交换装置可自动更换割具和喷嘴。②激光加工机的控制系统由本厂自行开发，印刷线路板的设计、制造是将CAD/CAM数据由网络从办公室传输到专用的加工设备，在专用的印刷线路板加工设备上快速刻录，使线路板的设计、修改、制造连成一体，速度非常快。③激光加工机上所用的直驱电动机由本厂自行开发、制造，开发的直驱电动机具有独特的结构，如定子与滑块采用矩形滑动槽结构，而非一般直线电动机采用的平面滑动结构，可使牵引力增加3~4倍，而且最高加速度可达$3g$。④激光加工机的基础件都采用钢板插接结构，只在少数地方加上点焊或用螺钉拧紧，这样不仅省料、省工，而且机床的刚性与强度都很好。

2. 发那克（Fanuc）公司

发那克（Fanuc）公司是著名的数控系统制造企业，JIMTOF2008期间重点参观的是其机械加工工厂和电子工厂的生产过程。发那克公司对数控机床的发展具有自己独到的理念，并且在长时期的实践过程中得到了印证。1980年，推出了柔性制造单元（FMC），由立式、卧式加工中心与自动交换工作台（Pallet Cell）构成，可以实现24h无人化加工；1990年，在FMC的基础上建立了立体托板库，并将加工设备与物流通过信息流建成完整的加工系统，即柔性制造系

统(RMS),可以实现72h无人加工。

在电子工厂看到的机器人柔性制造系统(FRC)是新一代的自动化制造系统,立体托板库已不存在,取而代之的是加工设备前面或侧面站立的机器人。据介绍FRC可以实现720h/月无人化生产,按目前的订单实际达到400h/月。在电子工厂,用于加工的机器人25台,装配由人工进行,制造能力为2 500台/月。由于机器人技术有了新的突破,新的机器人通过三维传感器,赋予人的视觉和触觉功能,具备了伺服随动功能,因此可以代替人工进行运输、上下料、装卡和测量等操作。

发那克公司板金工厂生产数控系统电气柜,仅有4名工作人员和35台机器人,完成从下料到焊接等全部工序,月产数控系统电气柜2 000台。

发那克公司电子工厂有工作人员80人,各类机器人300台,连续24h无人化作业,生产能力为CMC系统20 000套/月,实际产量曾经达到18 000套/月,2007年共生产数控系统22万套,2008年由于订单不足产量下降。

3. 大隈株式会社(Okuma)

大隈株式会社在海外有10家、国内有8家子公司或关联公司,主要生产NC机床(车床、加工中心、磨床)、数控装置和伺服电动机等产品。展会期间参观的大隈株式会社可儿工厂占地面积33.5万m^2,建筑面积约9.7万m^2,由五部分组成:磨床装配线生产磨床和伺服电动机等产品;大件加工车间采用FMC生产方式,配有无人小车和立体仓库;加工中心装配线;主轴生产车间;龙门加工中心装配线。

该公司确保高精度加工的两项技术:①"热亲和"概念,所谓"热亲和"是指在尽可能减少机床运动部件产生热量的同时,对于可以预测的热变形,采用补偿的方法予以消除。如为了消除主电机发热,对主轴轴承的四周采用双重结构的油套,利用油气对轴承进行润滑,并设有主轴热位移控制装置TAS—S,能预测并补偿主轴所产生的热量变化。安装在机床上的温度传感器按不同的情况进行微调,并与温度跟踪延迟、温度变化梯度等因素一起进行补偿,从而加工设备无需在昂贵的恒温室里工作,只在一般的工厂环境中即可实现稳定的高精度加工。②防撞击系统(CAS)可以对工件、刀具、夹具、刀架和尾架等三维模型在机床部件实际运动前进行"前方判断",带实时模拟功能的新型OSP—P控制器能够检查是否存在干涉,并在可能发生撞击之前使机床停止运转。OSP—P200能使以12m/min速度运动的部件在发生撞击前0.01s之内停止运动。OSP—P具有3倍以上的数据处理速度,防撞击系统(CAS)与Windows®兼容。

JIMTOF2008是一次水平高、人气旺的展会,展现了当前机床工具行业产品的先进水平,显示了日本机床工业的发展趋势。参加这次展会的各项活动,加强了与各国同仁的联系,沟通了信息,对我国机床工具工业的发展起到了良好的促进作用。

〔撰稿人:中国机床工具工业协会陈炎麟〕

展示自主创新成果　推动重大专项实施
——"CCMT2008"展览会综合介绍

中国数控机床展览会CCMT2008于2008年4月21~25日在北京中国国际展览中心举行。CCMT是国内最大的数控机床展览会,也是国产数控机床水平最高的展会,在国内外已经具有相当的知名度,参展产品和厂家具有广泛的代表性。展览会为制造厂和用户提供了很好的交流平台,为双方搭建了经贸洽谈和设备选购的贸易平台。

一、CCMT2008展览会基本情况

CCMT的宗旨是培育国产数控机床市场,促进国产数控机床新品种开发,推进国产数控机床产业化进程。

CCMT2008主题是展示自主创新成果,推动重大专项实施。

CCMT2008展会总面积约72 000m^2,是"CCMT2006"展会面积的近2倍。其中国内展览面积约占85%,国际约占15%。有15个国家和地区的728家展商参展,其中境内展商653家,境外展商75家。

展会相关活动主要有:落实国务院十六项重大专项实施方案系列活动,落实并推动国务院发展高档数控机床与基础装备重大专项实施系列活动,召开"国产高档数控机床应用座谈会",举办"跟踪重点需求,自主创新发展"论坛,举办35场技术交流讲座,隆重的开幕式、招待会和馆日活动,海峡两岸机床业界交流座谈会及周边国家机床业界交流座谈会,机床工具行业先进会员表彰活动。

二、CCMT2008重点展品介绍

CCMT2008展出的国内整机展品有838台(套),各种机床配套件及工具量仪展品数万件。其中加工中心179台,数控车床231台,数控磨床105台,数控铣床63台,数控齿轮加工机床33台,数控镗床15台,数控钻床和攻丝机床15台,数控特种加工机床73台,锯床、拉床及刨床27台,组合机床类4台(套),柔性加工单元及自动线9台(套),数控成形机床79台和其他类数控机床5台。此外还有数控机床关键功能部件及配套件、磨料磨具超硬材料及制品、工具和量仪、各种软件等展品。

1. "CCMT2008"国内展品的亮点

(1)数控机床的整体水平全面提升。高档数控机床成为展会的主角,高档数控机床及其关键功能部件已经成为企业必争的领域。

(2)高档数控机床展品明显增加。属于五轴联动、高精度、高速度的高档数控机床超过百台,其中仅五轴联动数控机床就有33台。

(3)卧式加工中心增加较多。前几届展会主要以立式加工中心为主,卧式加工中心较少,CCMT2008展出国产卧式加工中心37台、龙门加工中心21台,超过历届。

(4)展出系列产品的参展商增多。CCMT2008展出系列产品的企业有多家,如大连机床集团有限责任公司,展出5台规格从400mm×400mm~1 250mm×1 250mm整个系列的高速、高精卧式加工中心产品,如此大规模展出系列产品显示出厂家的实力。

(5)柔性制造系统(FMS)成套展品增多。如江苏新瑞机床(集团)有限公司展出了2条不同的柔性制造系统。

(6)大型、重型数控机床依然是展会的亮点之一。该类展品的数量在增加,共展出各种大型和重型数控机床近百台,其中大型和重型龙门加工中心23台,重型数控车床和其他重型数控机床多台。反映出市场对重型数控机床的需求增加,生产重型数控机床的厂家在增多。

(7)采用国产数控系统的数控机床超过百台。其中配五轴联动数控系统约10台,改变了历届"CCMT"只有个别机床采用国产五轴联动数控系统的尴尬局面。表明国产高档数控系统的关键技术已经有所突破,在向产业化迈进。

2. 国内重点展品简介

CCMT2008展出的数控机床中,属于高档数控机床的展品大量增加。

(1)多轴联动机床。展会展出的国产多轴联动机床增多,其中仅五轴联动数控机床就有33台,且展出五轴联动数控机床的厂家也在增多。表明我国机床制造业的整体水平和实力有所提高。

1)XKH1600五轴联动加工中心。由北京机电研究院高技术股份有限公司开发研制,其基本配置为X、Y、Z三个直线坐标和A、B两个回转坐标,用于大型叶片的五轴联动加工。主要技术参数:最大行程($X/Y/Z$)分别为2 200mm/400mm/400mm,A轴旋转360°,B轴摆动±40°;主轴最高转速10 000r/min;刀库容量16把;联动轴数5轴。

2)GMC2060u桥式龙门五轴加工中心。由沈阳机床(集团)有限责任公司生产。主要应用于汽车工业中的模具制造、大型钢模和铸铁模具的制造以及航空航天工业中的复杂零件加工。主要技术参数:工作台面尺寸2 000mm×6 000mm;主轴最高转速14 000r/min(24 000r/min);定位精度($X/Y/Z$)0.025mm/0.025mm/0.02mm,A轴/B轴10″/10″;重复定位精度$X/Y/Z$轴0.01mm/0.01mm/0.008mm,A/B轴5″/5″。

3)XHSV2525×60高架式五轴联动加工中心。由济南二机床集团有限公司设计制造,具有自主知识产权。机床采用比较灵活的B轴、C轴回转摆动,可对复杂零件进行三维型面加工。主要技术参数:工作台面尺寸2 500mm×6 000mm;行程($X/Y/Z$)6 000mm/3 100mm/1 250mm,B轴±110°,C轴±200°;主轴最高转速17 000r/min/(18 000r/min);五轴联动。

4)LM50—5X数控五轴车铣复合中心。由江苏新瑞机床(集团)有限公司展出。其主要特点为具有主、副2个主轴,控制轴数为9轴,联动轴数为5轴。主要技术参数:该机床9轴控制5轴联动,9轴为X_1、X_2、Y'、Z_1、Z_2、Z_3、B、C_1、C_2轴。重复定位精度:$X_1/Y'/Z_1$轴为0.006mm/0.006mm/0.01mm,C_1轴为±18″,X_2/Z_2轴为0.006mm/0.01mm,C_2轴为±18″,Z_3轴为0.01mm,B轴为±1.5″。

(2)精密数控机床。展会展出精密数控机床30多台(加工中心类定位精度≤0.008mm,重复定位精度≤0.004mm),展出的厂商也有所增加。

1)THM63100IV精密卧式五轴联动加工中心。是宁江机床集团股份有限公司利用其自主研发的卧式加工中心与五轴联动加工中心技术的融合,开发的精密卧式五轴联动加工中心,扩大了产品的使用范围。主要技术参数:可倾翻转工作台面尺寸1 000mm×1 000mm;可倾翻转工作台角度-90°~+30°;主轴最高转速8 000r/min;快速移动速度40m/min;工作台A轴分度数90°,工作台B轴分度数360°;定位精度0.006mm;B轴最高回转速度10r/min。

2)MCH63卧式加工中心。是南通科技投资集团股份有限公司开发的产品,具有高转速、高精度的特点。主要技术参数:工作台面尺寸630mm×630mm;行程($X/Y/Z$)分别为600mm/600mm/700mm;主轴转速20~20 000r/min;快速移动速度42m/min;刀库容量30(60)把;换刀时间2s;定位精度0.004mm,重复定位精度0.001 5mm,工作台回转定位精度:1″。

3)HMCP800A精密卧式加工中心。由四川长征机床集团有限公司展出。其主要特点是精度较高,定位精度达到0.005mm,重复定位精度达到0.002 5mm。主要技术参数:工作台面尺寸800mm×800mm;行程($X/Y/Z$)分别为1 300mm/1 100mm/1 100mm;主轴最高转速8 000r/min;定位精度0.005mm,重复定位精度0.002 5mm;刀库容量40把。

4)MDH125卧式加工中心。是大连机床集团有限责任公司在本届展会上展出的5台高速、高精卧式加工中心中的1台,5台卧式加工中心规格从400mm×400mm~1 250mm×1 250mm,形成系列产品。表明该厂已经具备高精、高速卧式加工中心批量生产能力。主要技术参数:工作台面尺寸1 250mm×1 250mm;快速移动速度45m/min;主轴最高转速12 000r/min;2个交换工作台;定位精度±0.003mm,重复定位精度±0.001 5mm。

5)CY—HTC4050μ高精密数控车床。由沈阳机床(集团)有限责任公司展出。主要用于加工轴类、盘类零件,可完成螺纹、圆弧、圆锥及回转体的内外曲面的加工,同时具有钻孔、攻螺纹和铣削的功能。主要技术参数:床身上最大回转直径400mm,床身倾斜度45°,主轴转速50~5 000r/min,加工精度≤IT5,加工粗糙度R_a≤0.4mm,主轴精度≤2μm,平面度3μm/200mm,移动轴定位精度2μm,重复定位精度1μm。

(3)高速数控机床。展会展出高速数控机床30多台

(加工中心类主轴转速≥15 000r/min,快速移动速度≥60m/min等),展出的厂商也有所增加。

1)D318—5五轴高速铣削中心。由沈阳机床(集团)有限责任公司展出。主要用于薄壁零件及模具加工,零件表面近于抛光面。适用加工铝合金、淬硬钢、超硬合金、铜电极等材料,主要技术参数:工作台面尺寸1 500mm×3 500mm;B轴回转±110°,C轴旋转±360°;主轴转速3 200mm~32 000r/min;定位精度0.012mm,重复定位精度0.008mm,B轴和C轴定位精度/重复定位精度7.2″/5″。

2)G996高速铣削中心。是宁江机床集团股份有限公司引进FIDIA公司技术设计制造的多功能机床,具有对固定和运动元素进行3维建模、5轴刀具运动轨迹模拟和高效防碰撞分析功能。主要技术参数:工作台面尺寸850mm×950mm;B轴行程±110°,C轴行程±360°;主轴最高转速24 000r/min,快速移动速度45m/min,最大加速度1g。

3)F6高速立式加工中心。由宝鸡忠诚机床股份有限公司展出,主要特点是主轴转速较高。主要技术参数:工作台面尺寸600mm×550mm;行程($X/Y/Z$)轴600mm/500mm/350mm;主轴最高转速30 000r/min;快速移动速度($X/Y/Z$)轴24(m/min)/24(m/min)/15(m/min);刀库容量16把。

(4)大型、重型数控机床。展品数量在增加,其中展出大型和重型龙门加工中心23台,重型数控车床和其他重型数控机床多台,共展出各种大型和重型数控机床近百台。

1)HT350X160/200Q—NC数控重型卧式车床。由齐重数控装备股份有限公司展出。主要特点是双刀架可同时切削,全闭环控制,刀架为双刀排式结构,适应强力外圆加工和深槽加工。主要技术参数:最大回转直径3 500mm,最大工件长度16 000mm;单刀最大切削力200kN,两刀总切削力350kN;最大承重200t;开式中心架支承重量120t。

2)XK2725/6—5X/4—5X五轴联动桥式龙门铣床。由桂林机床股份有限公司展出。可五轴联动,完成任意空间方向的加工,自动定时定量润滑,可配置国产或进口双摆自动万能铣头。主要技术参数:工作台面尺寸2 500mm×6 000mm;行程($X/Y/Z$)为6 500mm/3 000mm/1 250mm;主轴最高转速24 000r/min;A轴摆角±110°,C轴旋转±360°。

3)BVGM315×5/20Q—NC数控立式铣齿机。由齐重数控装备股份有限公司展出,主要是针对1MW以上风力发电设备齿轮加工而开发的,通过C轴分度,Z轴进给,圆盘刀强力铣削。主要用于加工风力发电机的偏航大齿圈。主要技术参数:最大模数18mm;最大铣削直径3 150mm,最大工件高度500mm;最大工件重量20t;铣刀转速25~150r/min;工作台定位精度±5″。

(5)数控磨床。数控磨床也是展出较多的展品之一,展出各种数控磨床105台。包括各种数控外圆磨床、内圆磨床、平面磨床、无心磨床、工具磨床、凸轮轴和曲轴磨床、端面磨床、数控齿轮磨床等。

1)MK1432/H数控万能外圆磨床。由上海电气股份机床集团上海机床厂有限公司展出。最大特点是砂轮线速度,可达120m/s。主要技术参数:最大磨削直径320mm,最大加工长度1 000mm;最大工件重量150kg;工件转速0~600r/min;砂轮最大线速度120m/s。

2)MK2710数控内外圆复合磨床。由无锡开源机床集团有限公司展出。主要特点为可进行工件的内外圆加工,砂轮转速可达36 000r/min,加工精度较高。主要技术参数:磨削孔径30~100mm,最大磨削深度80mm;磨削外锥最大直径150mm,磨削锥角范围0~7°30′;外圆砂轮最高转速1 700r/min,内圆砂轮最高转速2 000~36 000r/min;工件精度:孔圆度0.003mm,孔圆柱度0.003mm。

3)MK82125数控曲轴磨床。由上海电气股份机床集团上海机床厂有限公司展出。用于磨削船用柴油机、机车内燃机、大型压缩机以及其他大型动力机械的曲轴主轴颈及连杆颈。主要技术参数:最大工件回转直径1 400mm,最大工件长度8 000mm;最大工件重量10 000kg;砂轮线速度35m/s;砂轮架最小进给量(X轴)0.002mm;控制和联动轴数为六轴二联动,即X、Z、U、W、C_1轴和头架主轴回转运动。

4)MKS1320—CBN数控高速凸轮轴主轴颈磨床。由北京第二机床厂有限公司展出。主要特点是采用CBN砂轮,砂轮线速度可达120m/s,可用于对轴类零件的高效精密磨削。主要技术参数:最大磨削直径200mm;砂轮线速度120m/s;磨削圆度0.001 5mm;工件纵截面直径一致性0.003mm;加工表面粗糙度R_a≤0.16μm。

5)YK20100全数控螺旋锥齿轮磨齿机。由湖南中大创远数控装备有限公司展出。特点是七轴数控五轴联动,带有手动磨削余量分配规,全封闭结构等。主要技术参数:最大加工直径1 000mm,最大齿面宽130mm;齿数范围5~200个;过渡套锥孔大端直径152.4mm(锥度1:16);机床加工精度GB11365—1989标准5级;控制和联动轴数七轴五联动;齿面粗糙度R_a≤0.8μm。

6)BVG250×5/15L—NC数控立式磨床。由齐重数控装备股份有限公司展出。特点是磨刀架B轴任意角度分度,伺服电动机+减速机+双导程蜗杆+圆光栅;整机采用全封闭防护罩,吸声,绿色环保,整机噪声小于75dB;配备金刚石滚轮和砂轮修整器等。主要技术参数:最大加工直径2 500mm,最大加工高度500mm;最大承载重量15t;砂轮转速500~3 000r/min;工作台精度:端面跳动0.003mm,径向跳动0.003mm。

(6)柔性制造单元和柔性制造系统。包括以下两类。

1)H100P5柔性制造单元。由江苏新瑞机床(集团)有限公司展出。主要特点是零件一次装夹可完成铣、镗、钻、扩、铰、攻螺纹等多工序加工,实现高效自动化加工。主要技术参数:工作台面尺寸6—1 000mm×1 000mm;工作台回转速度10r/min;行程($X/Y/Z$)1 700mm/1 400mm/1 400mm;快速移动速度($X/Y/Z$)45(m/min)/45(m/min)/45(m/min);主轴最高转速10 000r/min;主电动机功率26kW;链式刀库容量160把,换刀时间3.45s;转台最小分割精度0.001°,定位精度0.01mm,重复定位精度0.006mm。

2)FMS63柔性制造系统。由江苏新瑞机床(集团)有限公司展出。主要用于加工板件、盘类、壳体类、中小型精密零件,可实现高效自动化加工。主要技术参数:由3台卧式加工中心和自动物流线组成。其中:①H63 卧式加工中心,工作台面尺寸 2-630mm×630mm;主轴最高转速12 000r/min;定位精度 0.01mm,重复定位精度 0.006mm;链式刀库容量 160 把,换刀时间 3.45s。②立体仓库:专用托盘尺寸 630mm×630mm×150mm,加工件最大尺寸 1 000mm×1 300mm,最大承重量 1 600kg,储位数 60 个,货架总高6 020mm,运行轨道总长 33 000mm。③自动堆垛机,最大行走速度 40m/min,行走定位精度 1mm,控制手动/半自动/自动。

(7)数控电加工机床。展出特种加工机床共 73 台。其中数控电火花成形机床 15 台、数控线切割机床 22 台、其他特种加工机床 36 台。

1)DK7632 精密数控低速走丝电火花线切割机床。由苏州电加工机床研究所展出。采用无电阻脉冲电源,与有电阻电源相比节能超过 50%;可半自动穿丝;采用拐角控制,提高拐角切割精度等。主要技术参数:切削速度 200~300mm²/min;切割精度≤±4μm;表面粗糙度 R_a≤0.6μm。

2)CA30 浸水式慢走丝切割机。由北京阿奇夏米尔工业电子有限公司展出。主要特点是大部分丝切割机是浸油式,而该丝切割机的介质是用水代替油。主要技术参数:最大工件尺寸 1 000mm×800mm×300mm;工作台最大承重 800kg;定位精度(*X/Y*)0.005mm;表面粗糙度 R_a≤0.4μm;控制轴数为 4 轴。

(8)数控成形机床。展出数控成形机床共 79 台。其中数控机械压力机 4 台、数控折弯机 20 台、数控剪板机 6 台、数控回转头压力机 7 台、数控弯管机 8 台、数控激光切割机床 9 台、数控水切割机床 5 台,其他数控成形机床 20 台。

1)HPI—3048 数控转塔冲床。由江苏亚威机床集团公司展出,主要特点是冲孔速度快。主要技术参数:公称压力 294kN;最大板材尺寸 1 250mm×5 000mm,最大板材厚度(碳钢板)6.35mm;模位数 40 个;冲程次数 1 000 次/min;冲孔精度±0.1mm;板材最大移动速动(*X* 轴)100m/min,板材最大移动速度(*Y* 轴)70(120)m/min;控制轴数 5 轴(*X*,*Y*,*Z*,*T*,*C*)。

2)ML1530 数控激光切割机床。由江苏扬力集团有限公司展出。特点是加工速度快,切割精度高。主要技术参数:激光发生器额定功率 2 000WNEL—2 000A;加工板材尺寸 1 500mm×3 000mm,切割板材厚度(普通碳钢)10mm;快速移动速度(*X/Y*)120m/min,最大切割速度 20m/min;切缝宽度≤0.2mm;*Z* 轴定位精度±0.06mm,切缝粗糙度:R_a≤0.3μm。

(9)数控系统。展出数控装置 121 台(套),其中数控系统 48 套,伺服驱动装置 15 套,伺服和主轴电动机 21 台,其他 37 种。

1)GSK983M 数控系统。由广州数控设备有限公司开发,属于中高档数控系统产品,已经配套应用于相应的数控机床上,并得到用户的认可。主要技术参数:可实现 5 轴控制 4 轴联动,实现高速高精闭环加工,最高移动速度达 24m/mim,精度达 1μm。能实现 12 种固定循环,具有空间螺旋线插补、刀具补偿、螺距误差补偿、用户宏程序 A/B,比例缩放及坐标系旋转等功能。

2)HNC—21/22 华中"世纪星"数控系统。由武汉华中数控股份有限公司展出。技术特点是采用 SMT 电路,CPU 主板散热外露设计,支持 U 盘,采用 CAN 总线支持 I/O 扩展;基于工业微机(IPC)开放式体系结构;具有 SDI 曲面插补高级功能,可实现曲面加工,支持 6 轴联动和全闭环控制;可与各种流行的 CAD/CAM 自动编程系统兼容。主要技术参数:可控制 6 个进给轴和 1 个主轴,最多联动轴数为 6 轴,最多支持 8 轴控制。

(10)数控关键功能部件。包括以下两类。

1)SVX60 数控双回转摆动铣头。由济南二机床集团有限公司展出。主要配套于数控重型加工中心类产品,是龙门式五轴联动加工中心的重要配套部件。主要技术参数:*B* 轴回转角度±95°,*C* 轴回转角度 n×360°,*B* 轴工作台旋转速度 0~6r/min,*C* 轴工作台旋转速度 0~5r/min;主轴转速 10~600(2 000)r/min,主轴功率(S6/S1)60kW/71kW,主轴转矩(S6/S1)2 200N·m。

2)数控回转工作台。两种数控回转工作台由烟台环球机床附件集团有限公司展出。其分度采用双导程蜗杆副,调整啮合间隙;可作为各类数控镗铣加工中心的第 4 回转轴,或直接作为机床的工作台。可实现等分和不等分的孔、槽或者连续的特殊曲面的加工。TK121000A 数控回转工作台主要技术参数:工作台面直径 1 000mm;分度精度 15″,重复精度 4″;承载能力 3 200kg;最高转速 5.6r/min。TK13、TK13E 数控立卧回转工作台系列参数:工作台面直径 160~1 200mm;分度精度 15″~40″,重复精度 4″~8″;最高转速 5.6~16.6r/min。

(11)数控测量仪器。3903A 齿轮测量中心由哈尔滨量具刃具(集团)有限公司展出。可测量直齿圆柱齿轮、斜齿圆柱齿轮;可选配测量齿轮滚刀、蜗轮滚刀、剃齿刀、插齿刀等齿轮刀具以及测量蜗轮、蜗杆、直齿锥齿轮、斜齿锥齿轮、弧齿锥齿轮等工件。主要技术参数:测齿轮模数 1~12mm;测齿轮最大外径 300mm;上下顶尖距离 20~450mm;测螺旋角范围 0±90°;测工件最大重量 80kg。

从"CCMT2008"参展的重要展品来看,我国数控机床的技术发展趋势与国际数控机床的技术发展动向是一致的。主体仍然朝高精度、高速度、复合化、多轴联动、柔性化和大型化等技术方向发展。这完全符合我国实施的"高档数控机床与基础制造装备"科技重大专项的发展方向和目标,有助于为国家 16 个科技重大专项提供高档数控机床的支撑。

三、"CCMT2008"境外部分展品介绍

"CCMT2008"有境外 14 个国家或地区 75 家厂商的产品参展,其中展出主机产品 53 台。

1. 德国

(1)DMG 公司展出 7 台设备。其中 DMU60PduoBLOCK 五轴联动加工机床:行程(*X/Y/Z*)为 600mm;主轴最高转速 12 000r/min;快速移动速度 60m/min;刀库容量 40 把/60 把。还展出了 DMU40monoBLOCK 数控万能铣床、DMC635Veco 立式加工中心、DMC55Vlinear3 axis 立式加工中心、DMC65HduoBLOCK 卧式加工中心、CTX510eco 数控车

床和 Eco210MVIII 对刀仪。

(2)海德汉公司展品包括直线光栅尺、数控系统和3D测头等多种产品。①LC 483/LC 183 绝对式直线光栅尺采用新的单场扫描技术，提高了光栅尺的信号质量和抗污染能力，其测量长度可达4 240mm，分辨率高达5nm。②高精度纳米尺 LIP200 系列：敞开式直线光栅尺 LIP 200 系列主要应用于半导体制造设备、齿轮测量设备、高精密加工机床等。③数控系统：有人机操作界面，具有高速、高精、高表面质量的五轴加工控制等功能，可作为铣床、钻床、镗床、加工中心及车床等机床的数控系统。新版 iTNC 530 的新功能包括标定旋转轴的探测循环和动态碰撞监测功能。ManualPlus 620 车床数控系统具有智能性功能。

(3)其他德国参展商。西门子公司展出数控系统、伺服驱动器和电动机等。

2. 台湾地区

(1)远东机械工业股份有限公司展出3台数控机床。即 WHL—55SP 数控卧式轮毂车床、WVL—24 数控立式轮毂车床和 BMC—110T2 数控卧式镗铣床。

(2)缙铝工业股份有限公司展出4台数控车床。即 JCL—60 高精度数控车床、JCL—427G 双系统数控车床和 JSL—20A 纵切数控车床、JSL—32AB 纵切数控车床。

(3)升岱实业有限公司展出4台数控车床。分别为 SDC—32T 数控车床、SDC—45E 数控车床和 SDC—52E 数控车床。

(4)荣光机械股份有限公司展出2台数控磨床。分别为 GA—3535CNC 数控斜进式外圆磨床和 RC—18H 数控无心磨床。

(5)大光长荣机械(股)公司展出3台数控磨床。分别为 OCD—3260 数控外圆磨床、IG—150—NC 内圆磨床和 FCL—1810—3 数控无心磨床。

(6)益全机械工业股份有限公司展出2台加工中心及一台雕铣机。分别为 L184 加工中心和 M4C 加工中心以及 DH60B 高速龙门雕铣机。

(7)和和机械股份有限公司展出1台 SB—80X12A—MR—PT 弯管机。

(8)协易机械工业股份有限公司展出3台冲床。分别为 SN2—110 直轴式双曲轴冲床、SHP—50 精密高速冲床和 SN1—80 直轴钢架精密冲床。

此外，台湾地区还有其他一些厂家参展。

3. 意大利

(1)Cuoghi Affilatrici S. Y. I 公司展出4台主机。其中 OCTOPUS100 五轴联动数控工具磨床通过电脑人机界面上设置刀具参数和磨削工艺参数，可修磨各种类型的钻头、铣刀和其他成形刀具。各轴配置线性轴($X/Y/Z$)和在旋转轴(B轴)上的双端直接驱动的砂轮轴；旋转轴 W 安装在机床床身上，装卡刀具的工作头固定在线性轴 U 上；工作头(V轴)的横向来回移动是附加的，旋转轴(B/A)都由无背隙的谐波齿轮带动。此外还展出了 APE40A 钻头及丝锥磨床、APE80A 自动钻头磨床和 MICRRA10 INT 微钻头磨床。

(2)Givi Misure 公司展出 SCR—ISA—NCS—PBS HR 光栅尺，VISION—MERIT THESI 数显装置，MTS、MTV 磁栅和 EN38、EN58 编码器。

4. 印度

Ace Manufacturing Sytems 有限公司展出2台加工中心：MCV—300 立式加工中心和 SUPPER WINNER 立式加工中心；PRAGATI AUTOMATION 公司展出自动换刀系统和刀塔；FENWICK AND RAV 公司展出车削中心架和磨削中心架等。

5. 日本

村田机械株式会社展出的 MOTORO2044EZ 回转头压力机，公称压力为20kN；最大加工板厚6.35mm，工作台最快移动速度106m/min；加工精度±0.1mm；不使用动力油，可大幅削减保养费；具有冲程可预先设入，加工速度自动设定等功能。

6. 其他境外厂商

瑞士、美国、西班牙等国家也有部分展品参展。

“CCMT2008”反映了当前国产数控机床的发展水平。展会展现了我国机床行业大型企业的制造实力和发展势头以及中小企业的快速成长和发展潜力。通过展会，进一步促进了我国数控机床产业的快速发展和技术水平的不断提高。展会对进一步推动“高档数控机床与基础制造装备”科技重大专项的实施，以及振兴我国数控机床行业做出了历史性贡献。

〔供稿单位：中国机床工具工业协会市场部〕

与机床工具行业相关的税收政策相继出台

进入“十一五”以来，国家相继颁布了《国家中长期科学和技术发展规划纲要(2006～2020年)》和《关于加快振兴装备制造业的若干意见》，振兴装备制造业已成为国家发展的战略决策。为此，作为国家宏观调控和促进经济社会发展的重要手段，国家出台了一系列支持机床工具行业发展的税收政策、进出口政策，为加快形成自主创新能力、促进产业发展和升级、提高国际竞争力提供了保障，为国家实施“高档数控机床与基础制造技术专项”奠定了基础。2008年是我国机床工业振兴的关键一年，为使机床工具行业企业能充分享受国家政策，促进行业健康发展，特整理2008年以来新实施的、与行业企业相关的税收政策，供企业参考。

一、内外资企业所得税实现“两税合一”

经十届人大五次会议通过的《中华人民共和国企业所得税法》于2008年1月1日开始实施。修改后的企业所得税法实现了内外资企业所得税税率统一、税前扣除办法统一、税收优惠政策统一。“异税”时代的结束，标志着我国市场经济体制进一步走向规范。

新所得税法将企业所得税税率统一为25%；国家需要重点扶持的高新技术企业，企业所得税按15%的税率征收；对符合条件的小型微利企业，按20%的税率征收企业所得税。

在此之前，内资企业所得税是33%，外资企业所得税为15%。“两税合一”后，降低了内资企业的税收负担，就这一税制而言，内资企业与外资企业已处于平等的市场竞争环境。新所得税法的实施，有利于改善企业的经营管理，提高企业创新能力和国际竞争能力。同时，新所得税法实行产业优惠为主、地区优惠为辅的新税收优惠体系，优惠从区域向产业转移，有利于推动产业升级和技术进步，优化产品结构，高新技术产业、先进制造业和环保产业将会得到更快发展。

二、内外资企业购买国产设备均不再享受抵免所得税

2008年5月16日，国家税务总局发布了《关于停止执行企业购买国产设备投资抵免企业所得税政策问题的通知》（国税发〔2008〕52号）。通知规定，在实施新企业所得税法后，自2008年1月1日起，停止执行企业购买国产设备投资抵免企业所得税的政策。

999年，出于不同的调整目的，我国对内外资企业分别制定了购买国产设备可以抵免所得税的政策。政策实施以来，在鼓励内外资企业加大投资，促进企业技术进步等方面发挥了很大作用。这种对国产设备和进口设备采取双重标准的政策不符合WTO机制，容易引发国际争端；同时，也不符合新企业所得税法以“产业优惠为主”的优惠政策和引导企业投资方向的原则。为此，国家税务总局出台了购买国产设备投资不再享受抵免所得税的政策。

三、部分关键零部件进口关税和进口环节增值税实行先征后退

作为《国务院关于加快振兴装备制造业的若干意见》的配套政策，2008年3月26日，财政部发出《关于调整大型、精密、高速数控设备及其关键零部件进口税收政策的通知》（财关税〔2008〕32号）。通知提出，根据《财政部　国家发展改革委　海关总署　国家税务总局关于落实国务院加快振兴装备制造业的若干意见有关进口税收政策的通知》（财关税〔2007〕11号）的有关规定，自2008年1月1日起，对国内企业为开发、制造大型、精密、高速数控设备及其功能部件而进口部分关键零部件所缴纳的进口关税和进口环节增值税实行先征后退，所退税款作为国家投资处理，转为国家资本金，主要用于企业新产品的研制生产以及自主创新能力的建设。

享受退税政策的设备包括加工中心、数控龙门镗铣床、大重型数控车床、车削中心、数控铣镗床、数控齿轮加工机床、数控压力机、数控激光冲压切割复合机和柔性制造系统等，功能部件包括数控装置、高速电主轴、数控动力刀架、数控回转工作台、滚珠丝杠副、直线滚动导轨和自动换刀装置等。大型、精密、高速数控设备关键零部件退税商品清单见表1。

表1　大型、精密、高速数控设备关键零部件退税商品清单

名称	技术参数	一级部件	二级部件	数量	暂定退税年限	税号（供参考）
一、数控机床						
1. 立式、卧式加工中心	①立式加工中心：工作台面尺寸≥1 200mm×800mm，快速移动速度≥40m/min，重复定位精度≤0.004mm；②卧式加工中心：工作台面尺寸≥800mm×800mm，快速移动速度≥40m/min，重复定位精度≤0.004mm（要求条件：五轴联动可享受政策或其他条件三选二）	直驱电动机转台		1套	3	84669300
		自动换刀装置（ATC）		1套	3	84669300
		电主轴/机械主轴组件		1～2套	3	84831090
		蓄能器		1个	3	84669300
		液压缸		1个	3	8413、84669300
		伺服电动机		3～8个	3	8501、853710、90328900
		数控装置		1套	3	8501、853710、90328900
		主轴拉刀机构		1个	3	82079090
		液压泵		1个	3	841350、841360
		光栅尺（含圆光栅）		3～5根	3	84669300、90314990
		机内刀具检测装置		1套	3	84663000、90319000
		机内工件检测装置		1套	3	84663000、90319000
		导轨防护罩（快速移动速度≥40m/min）		3套	3	84669300
		丝杠轴承		8组，每组1～3个	3	848210
		主轴轴承		2套，每套2～4个	3	848210

（续）

名称	技术参数	一级部件	二级部件	数量	暂定退税年限	税号（供参考）
2. 龙门式加工中心（含龙门镗铣床）	工作台面尺寸≥1 500mm×3 000mm，重复定位精度≤0.008mm；工作台面尺寸≥4 000mm×8 000mm，重复定位精度≤0.01mm	伺服电动机		8～16个	3	8501、853710、90328900
		数控装置		1～2套	3	8501、853710、90328900
		滑枕溜板部件	镗铣头	1～2套	3	84663000
			附件铣头	1～2套	3	84663000
		直线滚动导轨副		6套	1	84669300
		自动换刀装置（ATC）		1套	3	84669300
		电主轴/机械主轴		5～6套	3	84831090
		主轴轴承		10个	3	848210
		丝杠		2～4根	1	84834010
		丝杠轴承		16个	3	848210
		高压泵		1～4个	3	84136090
		液压泵（压力≥31.5MPa）		2～4个	3	841350、841360
		蓄能器		1～3个	3	84669300
		光栅尺（含圆光栅）		4～12套	3	84669300、90314990
		机内刀具检测装置		1套	3	84663000、90319000
		机内工件检测装置		1套	3	84663000、90319000
		多头泵		2～40个	3	84136090
		变速箱		3～6个	3	84669400、84834090
		平旋盘（直径＞1m）		1个	3	84663000
		双回转摆动铣头		1个	3	84663000
		增速铣头		1个	3	84663000
		齿条		8～32m	3	84839000
		联轴器		2个	3	84836000
3. 数控车床（包括车削中心）	①630mm≤加工直径＜1 000mm：重复定位精度≤0.005mm，径向跳动≤0.003mm；②加工直径≥1 000mm：重复定位精度≤0.01mm，径向跳动≤0.005mm；③车削中心：重复定位精度≤0.002mm，径向跳动≤0.002mm，轴数≥3轴	数控装置		1～2套	3	853710、90328900
		增力丝杠		3～8根	3	84834010
		电主轴/机械主轴		1～2套	3	84831090
		主轴轴承		5～10个	3	84821000
		光栅尺（含圆光栅）		3～6套	3	84669300、90314990
		编码器		1～3个	3	85371019
		变速箱		3～6个	3	84834090
		主轴拉刀机构		1～3个	3	82079090
4. 重型数控卧式车床（含车削中心）	加工直径≥2 000mm，重复定位精度≤0.02mm，径向跳动≤0.01mm	伺服电动机		1～6个	3	8501、853710、90328900
		数控装置		1～2套	6	8501、853710、90328900
		主轴轴承		5套	3	84821000
		尾座轴承		3套	3	84821000
		液压泵站	液压阀	1～2套	3	84811000
			液压泵	1～2套	3	84136090
			液压油箱	1～2套	3	8413、84669300
			液压接头	1～2套	3	73079900
		多头泵		2～40个	3	84836000
		减速箱		3～6个	3	84834090
		机内对刀装置		3～9个	3	84663000
		机内直径测量装置		3～9个	4	84663000
		丝杠轴承		10～24个	3	84836000
		刀具		10套	3	82079090
		接纳器		6套	3	82079090

（续）

名称	技术参数	一级部件	二级部件	数量	暂定退税年限	税号（供参考）
		齿条		8～32m	3	84839000
		拖链		3～6条	3	39269090
		光栅尺（含圆光栅）		3～9套	3	84669300、90314990
		变频调速系统（功率大于37kW）		1套	3	85044099
		直角头		1～2个	3	84831090
		摆角头		1～2个	3	84831090
		刀库		1～2个	3	84663000、84661000
5. 大型数控立式车床（含车削中心）	①2m≤加工直径≤5m：重复定位精度≤0.008mm；②5m≤加工直径≤15m：重复定位精度≤0.01mm；③加工直径≥15m：重复定位精度≤0.02mm	伺服电动机		3～6个	3	8501、853710、90328900
		数控装置		1～2套	3	8501、853710、90328900
		主轴轴承		5套	3	84821000
		光栅尺（含圆光栅）		4～6套	3	84669300、90314990
		自动换刀装置（ATC）		1套	3	84669300、84663000
		编码器		1～3个	3	85371019、90318090
		齿条		6～20m	3	84839000、84834090
		拖链		3～4条	3	39269090、73261910
		同步带		4根	3	40103100、40103500
		双回转摆动铣头		1套	3	84679990、84663000
		液压系统	比例伺服阀	2套	3	84818010
		变速箱		4～6套	3	84834090
		直角铣头		1个	3	84831090
		摆角铣头		1个	3	84831090
		机内刀具检测装置		1套	3	84663000、90319000
		机内工件检测装置		1套	3	84663000、90319000
		工具夹具（拉刀机构）		1套	3	82079090、84661000
		光栅尺（含圆光栅）		4～8套	3	90314990
6. 数控铣镗床（含铣镗加工中心）	镗杆直径≥130mm，工作台面尺寸≥2 000mm×2 000mm，重复定位精度≤0.008mm，联动轴数≥4轴（要求条件：四选三）	转台（直径>2.5m）		1套	3	84669300
		主轴	镗杆	1个	3	84831090
			铣轴	1个	3	84831090
		驱动电动机		1套	3	8501、853710、90328900
		数控装置		1套	3	8501、853710、90328900
		光栅尺（含圆光栅）		4～6套	3	84669300、90314990
		自动换刀装置（ATC）		1套	3	84669300、84663000
		齿条		6～20m	3	84839000
		拖链		3～4条	3	39269090
		同步带		4根	3	40103100
		摆动头		1个	3	84669300
		液压系统	比例伺服阀	2个	3	84818010
		变速箱		4～6套	3	84834090
		直角铣头		1个	3	84831090
		摆角铣头		1个	3	84831090
		机内刀具检测装置		1套	3	84663000、90319000
		机内工件检测装置		1套	3	84663000、90319000
		双回转摆动铣头		1套	3	84679990、84663000
		拉刀机构		1套	3	82079090

（续）

名称	技术参数	一级部件	二级部件	数量	暂定退税年限	税号（供参考）
7. 数控齿轮加工机床						
（1）数控滚齿机、插齿机、剃齿机	①滚齿机：联动轴数≥4轴，加工齿轮精度不低于6级；加工直径≥130mm，滚刀转速≥500r/min；加工直径≥800mm，滚刀转速≥200r/min（四选二）。②插齿机：加工直径≥130mm，插齿速度500次/min，联动轴数≥3轴，精度不低于6级。③剃齿机：联动轴数≥2轴，加工齿轮精度不低于6级，加工直径≥130mm	数控装置		1套	3	853710、90328900
		电动机	伺服电动机	4~15个	3	8501、853710
			力矩电动机	4~15个	3	8501、853710
			直线电动机	4~15个	3	8501、853710
		液压泵站	液压泵	1个	3	84135030
			液压比例阀	3个	3	84818010
			液压缸	1~5个	3	84122100
		主轴轴承		3~6套	3	848210
		油冷机		1台	3	84195000
		光栅尺（包括圆光栅）		3~12套	3	84669300、90314990
		金刚石砂轮系统		3副	3	84609010
		砂轮动平衡装置		1套	3	84609010
		油雾分离器		1套	3	84212990
		电气控制柜	电子锁	1套	3	85371019
（2）数控磨齿机	加工精度不低于5级，联动轴数≥4轴，加工直径≥130mm，滚刀转速≥1 500r/min	主轴轴承		3~6套	3	848210
		液压缸		1~5个	3	848210
		滚动导轨副		6~20套	3	84669300
		光栅尺（含圆光栅）		4~6套	3	84669300、90314990
		多头泵		10~60个	3	90314990
		金刚石滚轮		3副/6只	3	84836000
		机内砂轮动平衡装置		1套	3	84609010
8. 数控锻压设备						
（1）数控闭式机械压力机及大型多工位压力机	①数控闭式机械压力机：公称压力≥6 000kN，工作台面尺寸≥1 000mm×1 200mm，行程≥10mm，滑块行程次数≥8次/min；②大型多工位压力机：公称压力≥10 000kN，工作台面尺寸≥2 000mm×4 000mm，滑块行程次数≥8次/min	数控装置	伺服驱动器	1套	3	853710、90328900
		主传动电动机		1件	3	85015300
		液压泵站	比例阀	2套	3	84818010
			调速阀	2套	3	84818010
		湿式离合器		1套	3	84836000
		数控液压气垫	阀组	1套	3	84814000
		数控液压气垫	液压缸	1套	3	84122100
		过载保护系统		1套	3	84814000
		上模夹紧系统		1套	3	84661000
		滑块锁紧器		2套	3	84661000
		旋转编码器		4件	3	85371019、90318090
		轴承		10套	3	848210
		液压齿轮泵		5套	3	84135030
		变频器		3件	3	85044099

（续）

名称	技术参数	一级部件	二级部件	数量	暂定退税年限	税号（供参考）
（2）数控激光冲压切割复合机	公称压力≥300kN，加工厚度≥6mm，工作台最大速度≥80m/min，激光功率≥2 000W	激光发生器		1套	3	85158000
		数控装置		1套	3	853710、90328900
		切割头		1个	3	82073000
		导轨		5~6套	3	84669300
		丝杠		3~4根	3	84834010
		丝杠轴承		6~8套	3	84829900
		减速箱		1个	3	84834090
		镜片		1~4个	3	90019090
		反射镜		1~3个	3	90029090
		液压装置	泵站	1套	3	84135030、84136090
			油缸	1套	3	8413
9. 数控不落轮车床	最大切削面积：≥10mm²/刀架，踏面径向跳动≤0.1mm，内侧面端面跳动≤0.1mm，同轴轮内径差≤0.1mm，表面粗糙度 R_a≤0.0125mm	刀具		2套	3	82081000
		液压系统	液压泵	1个	3	84131900
			液压比例阀	1套	3	84812010
		数控装置		1套	3	853710、90328900
		自动测量装置		1套	3	84669300
		工件支撑装置		2套	3	84669300
		碎屑装置		1套	1	84798190
		轴承		6个	3	848210
10. 柔性制造系统	系统控制物流连线运行多品种零件更换加工或混流加工，具有物料输送、加工质量监控、刀具管理等功能	数控装置		1套	3	853710、90328900
		丝杠轴承		6套	3	848210
		减速箱		2~3套	3	84834090
		模具		24~48个	3	80831019
		刀片		1套	3	80831019
		气缸		10个	3	84123100
		电磁阀		10~18个	3	84818010
		液压系统	泵站	1套	3	82073000
			油箱	1套	3	82073000
二、数控系统及关键功能部件						
1. 数控装置	分辨率≤0.000 1mm，主轴功率≥20kW，调速精度≤0.1%，主轴最高转速≥10 000r/min，联动轴数≥4轴，单轴快速移动速度≥60m/min	工控主板(586级以上)		1个	3	84715040
		功率模块		3~6个	3	85044091
		主轴驱动控制单元		1~2个	3	85044099
		伺服电动机	驱动器	3~5个	3	90328900
			制动器	1个	3	90329000
			编码器（26位以上）	3~6个	3	90314990
		芯片		10个	3	8542
		电解电容		6~10个	3	85322590
		伺服电动机		3~5个	3	8501、853710
2. 关键功能部件						
（1）高速电主轴（加工中心）	主轴转速≥12 000r/min，功率≥20kW，输出转矩≥200N·m，回转精度≤0.001mm（要求条件：四选二）	轴承		2组5个	3	848210
		伺服装置		1个	3	853710
		编码器		1个	3	90314990
		定向装置		1套	3	84663000
		油器润滑装置		1套	3	84219990

（续）

名称	技术参数	一级部件	二级部件	数量	暂定退税年限	税号（供参考）
		电动机	定子	1套	3	85030090
			转子	1套	3	85030090
		拉刀机构	拉爪	1套	3	82079090
			弹簧	1套	3	82079090
(2)滚珠丝杠副	滚珠丝杠副精度≤0.004mm/2π	合金钢		100~400kg/丝杠	3	72262000
			钢球	440~660个/丝杠	3	73182900
(3)数控动力刀架	刀位数≥8个，动力刀位≥4个，重复定位精度≤2″，刀塔定位精度≤4″，动力头转速≥5 000 r/min（要求条件：五选三）	液压分度马达		1个	3	84122990
		内装伺服电动机组	定子	1~2个	3	85030090
			转子	1~2个	3	85030090
			编码器	1个	3	90314990
			伺服装置	1个	3	853710
		滚柱线性导轨		2个	3	84834010
		滚动丝杠		1个	3	84834010
		伺服电动机		2个	3	8501、853710
		转台复合轴承		1~2套	3	84828000
		卡紧装置		1~2个	3	84663000
		主轴轴承		2个	3	848210
		密封件		46个	3	84842000
		螺旋锥齿轮		4~6套	3	84839000
		动力刀夹		4~6个	3	84661000
		轴承		24~48个	3	848210
(4)数控回转工作台	分度精度：±5″，重复定位精度：±1″	蜗轮蜗杆副		1~3个	3	84834090
		转台复合轴承		1~3个	3	84821000
		拖盘拉紧机构		8个	3	84669300
		回转台夹紧装置		2套	3	84669300
		编码器（26位以上）		1~2套	3	90314990
		平旋盘		1个	3	84663000
		端齿盘		1个	3	84663000
(5)直线滚动导轨	单根导轨长≥4m，滚动导轨副精度≤0.003mm/m	合金钢		30~300kg	3	72262000
		滚珠/滚柱		160~640个/导轨	3	84829100
(6)自动换刀装置	换刀速度（刀—刀）<2s	凸轮箱		1个/刀库	3	84864096

该政策有利于部分主机企业通过进口国外先进配套产品，提高机床性能和水平，扩大国产中高档数控机床的市场占有率。但对功能部件、关键零部件行业形成一定的冲击，生产企业面临着考验。另外所退税款转为国家资本金，意味着受政策惠顾企业的国有股权比例将进一步增大，为增强企业新品研发能力和自主创新能力提供了资金。

四、对鼓励类外商投资项目进口设备开征进口关税

在财政部发出的《关于调整大型、精密、高速数控设备及其关键零部件进口税收政策的通知》中，对部分外商投资项目进口部分设备的税收进行了调整，征收进口关税，免征进口环节增值税。

通知规定，自2008年5月1日起，对新批准的符合《外商投资产业指导目录》鼓励类的外商投资项目，在投资总额内进口《国内投资项目不予免税的进口商品目录（2006年修订）》（财政部2007年第2号公告）通用设备第十类第（一）、（二）、（三）款所列的自用机床和压力成形机械，一律征收进口关税，仍可免征进口环节增值税。2008年5月1日以前批准的可享受《国务院关于调整进口设备税收政策的通知》（国发〔1997〕37号）规定的外商投资项目，在投资总额内进口上述自用设备，在2008年11月1日前仍按照有关规定执行（即免征进口关税和进口环节增值税）；2008年11月1日（含11月1日）以后对上述外商投资项目在投资总额内进口上述自用设备，一律征收进口关税，仍可免征进口环节增值税。

多年来，国家对符合《外商投资产业指导目录》的部分外商投资项目，在投资总额内进口机床工具产品一直免征关税和进口环节增值税。而对于国家鼓励和支持发展的国内投资项目，在投资总额内进口自用设备时要享受这一待遇，受到《国内投资项目不予免税进口商品目录》的限制。所以说，外资企业一直享受着比内资企业更为优惠的税收政策。进出口关税是调节进出口和保护国内产业的重要手段，此次对鼓励类外商投资项目进口关税的政策调整，为机床工具行业企业发展提供了更加公平、合理的竞争环境。

五、行业部分产品进口关税和税则税目有所调整

为了充分发挥关税在促进经济发展方式转变、优化经济结构和促进贸易平衡方面的宏观调控作用，加强资源节约和环境保护，自2008年1月1日起实施的《2008年关税实施方案》，对部分商品进出口关税和税则税目进行了调整。

(1)在实行进口暂定税率的600多种商品中，机床工具产品共有3个税号。包括税号ex85371011和ex85371019项下的“机床用数控单元(包括单独进口的CNC操作单元)”，税号ex90328900项下的“机床用成套数控伺服装置(包括CNC操作单元，带有配套的伺服放大器和伺服电动机)”，进口暂定税率均为3%。

(2)根据我国与有关国家或地区签署的贸易或关税优惠协定，对有关国家或地区实施协定税率。2008年有关国家或地区协定税率调整涉及机床工具行业的有：①根据“中国—智利自由贸易协定”协定税率，对磨具、切削刀具、数控装置和部分非数控机床的关税，在2007年的基础上下调约2个百分点。②对原产于巴基斯坦的部分商品继续实施中巴自贸区“早期收获”和“全面降税”协定税率。此次调整几乎覆盖了机床工具行业所有类别的大部分商品，下调幅度在0.5~2个百分点。③对原产于中国香港的已完成原产地标准核准的产品继续实施零关税，其中机床工具行业新近完成原产地标准核准的有：铣削工具(税号82077000)、部分木工机床(税号846590)及其零件附件(税号84669200)、其他刃磨机床(税号84603900)。④对原产于中国澳门的已完成原产地标准核准的产品继续实施零关税。

2008年机床工具行业商品进口税率见表2。

表2 2008年机床工具行业商品进口税率

类 别	商品名称	税则号列	最惠国税率(%)
金属加工机床	数控金属加工机床(除其他数控车床、龙门数控铣床、其他数控铣床、数控剪切机床外)	8456~8462	9.7
	其他数控车床	84589100	5
	龙门数控铣床、其他数控铣床	84596100	5
	数控剪切机床	84623100	7
	非数控钻床、镗床、升降台式铣床、平面磨床、内外圆磨床、工具磨床、齿轮加工机床，砂轮机、抛光机、刨床、插床、螺纹滚轧机	8459~8461	15
		84632000	15
	非数控其他磨床，轧辊磨床、珩磨机、研磨机	84602900	13
		84604000	13
	非数控车床、龙门铣床、其他铣床、锻造或冲压机床，攻丝机床、拉床、锯床	8458~8459	12
		8461	12
		84621090	12
	超声波加工机床，非数控放电加工机床、其他镗铣床、成形机床(除锻造或冲压机床、螺纹滚轧机外)	84562000	10
		84563090	10
		84593900	10
		8462~8463	10
	单工位组合机床	84572000	8
	多工位组合机床	84573000	5
	激光加工机床、等离子切割机、其他电加工机床	84561000	0
		84569000	0
磨料磨具	磨具	6804~6805	8
	工业用合成钻石	71049011	6
	人造刚玉	2818	5.5
	碳化硅、碳化硼	2849	5.5
	天然刚玉	25132000	3
	工业钻石	7102	0
	钻石粉	7105	0
切削刀具，工具	用于车、铣、钻、锯等切削刀具，工具	8202	8
		8207	8
铸造机械	压铸机、铸造机	84543000	12

（续）

类别	商品名称	税则号列	最惠国税率(%)
木工机床	用于加工木材、硬质橡胶、硬质塑料等材料的锯、刨、铣、磨、钻等机床	846500	10
机床零件,附件	工具夹具、工件夹具、分度头及其他专用机床的附件	846610～846630	7
	木工机床用零件附件	84669200	6
	成形机床用零件附件	94669400	6
	金属切削机床用零件附件	84669300	0
数控装置	机床用数控单元(包括单独进口的CNC操作单元)	ex85371000	5(暂定税率3%)
	机床用成套数控伺服装置(包括CNC操作单元,带有配套的伺服放大器和伺服电动机)	ex90328900	5(暂定税率3%)
量具	千分尺	90173000	8
	坐标测量仪	90318020	5

注:税则号列前标注"ex",表示适用该税率的应税进口货物以商品名称栏中的描述为准。

(3)为适应科学技术进步和加强进出口管理的需要,在符合世界海关组织《商品名称及编码协调制度》列目原则的前提下,《2008年关税实施方案》对进出口税则中部分税目进行了调整。调整后的2008年版税则税目从2007年的7 646个增至7 758个。与机床工具行业相关的有:磨料磨具中的税号28181000(人造刚玉,不论是否已有化学定义)细分为税号28181010(棕刚玉)和税号28181090(其他人造刚玉,不论是否已有化学定义)两个税号,进口关税未作调整,仍为5.5%。如此划分,对更好地了解我国人造刚玉进出口情况,促进高附加值人造刚玉产品对外贸易的正常发展有着积极的作用。

〔撰稿人:中国机床工具工业协会李卫青〕

国内投资项目不予免税的进口商品目录(机床工具部分)(2008年调整)

编号	税则号列	设备名称	技术规格(调整后)
1	8456～8465	非数控机床	所有规格
(二)		数控机床	
1	84561000	数控激光加工机	≤3轴联动
2	84569010 84615000	数控切割机	等离子切割机:板厚≤40mm 水切割机:≤3轴联动 其他数控切割机:所有规格
3	84571030	龙门式加工中心	<4轴联动,重复定位精度≥0.006mm/2m
4	84563010	数控电加工机床	数控电火花成形机床:加工表面粗糙度 $R_a \geq 0.32\mu m$,型腔截面和深度尺寸精度≥±2μm,带有能自动交换工件和自动交换电极装置除外 数控线切割机床:切割效率≤300mm²/min,加工表面粗糙度 $R_a \geq 0.32\mu m$,切割尺寸精度≥±3μm 数控电解加工机床:所有规格
5	84571010 84571020 84571030 84571090	钻削加工中心	所有规格
6	84571010 84571020 84571030 84571090	镗铣加工中心	定位精度>0.006mm,重复定位精度≥0.004mm,快速移动速度≤40m/min,<4轴联动,工作台<1 250mm

（续）

编号	税则号列	设备名称	技术规格（调整后）
7	84581100 84589100	车削中心	重复定位精度≥0.004mm，主轴端径向圆跳动≥0.001mm，加工圆度>0.001mm
8	84581100	数控重型卧式车床	最大加工工件直径≤4 000mm，工件长度≤20 000mm，加工圆度≥$5\times10^{-6}\times D$mm
9	84589100	数控重型立式车床	最大加工工件直径≤16 000mm，定位精度>0.015mm/2m，加工圆度>0.01mm
10	84581100 84589100	数控车床	重复定位精度>5μm，加工圆度≥$3\times10^{-6}\times D$mm（D为最大加工工件直径）
11	84596110	数控龙门铣床	工作台宽度<5 000mm，重复定位精度≥0.006mm/2m，≤3轴联动
12	84595100 84596190	数控铣床（数控龙门铣床除外）	定位精度>0.006mm（全程），重复定位精度>0.004mm，≤4轴联动
13	84602110 84602120 84602190	数控重型磨床	工件直径≤1 600mm，加工圆度>0.001mm，微量进给>0.000 1mm
14	84601100	数控平面磨床	定位精度>0.006mm（全程），重复定位精度>0.003mm（全程），平面度>0.002mm/1 000mm，龙门宽≤3 500mm
15	84602110 84602120 84602190 84603100	数控磨床（含内圆、外圆、端面外圆、万能、无心、轴承、刃磨等），专用除外	定位精度>0.006mm，重复定位精度>0.003mm，加工圆度>0.000 5mm，砂轮线速度≤60m/s
16	846021	数控凸轮轴磨床	工件最大回转直径≤250mm，砂轮线速度≤60m/s（单砂轮）
17	846021	数控曲轴磨床	工件直径≤630mm，砂轮线速度≤60m/s；定位精度>0.005mm，重复定位精度>0.002mm
18	84614010	数控重型滚齿机	立式：工件直径≤8 000mm，模数m≤30mm； 卧式：工件直径≤2 000mm，模数m≤30mm； 其他：所有规格
19	84614010	数控齿轮加工机床	工件直径：15～800mm，模数：2～8mm，≤3轴联动，精度等级>5级
20	84593100	数控铣镗床	镗杆直径<260mm，加工同轴度≥0.008mm/500mm，重复定位精度≥0.006mm/2m，≤4轴联动
21	84594010 8460	数控坐标镗床、磨床	坐标定位精度≥0.001 5mm
22	84572000 84573000	组合机床	孔加工精度为ITH5级及以下（注：I—国际；T—允差；H—基孔制，以孔定轴，级的数值越小精度越高），同轴度≥0.01mm，平面度≥0.01mm/m
（三）		压力成形机械	
1	84621010 84621090 84624111 84624119	锻造用压力机或冲压机床	单台公称压力≤3 000kN（生产汽车用全集成横杆式柔性自动冲压线，整线节拍达到12次/min及以上，且重复定位精度保持在±1mm以内的除外）
2	84621090	空气锤	所有规格
3	84622110 84622910	矫直（平）机	公称压力≤100kN
4	84622190 84622990	折弯压力机	所有规格
5	84622190 84622990	开卷机	所有规格
6	84622190 84622990	弯管机	所有规格

（续）

编号	税则号列	设备名称	技术规格(调整后)
7	84622990	三辊四辊卷板机	所有规格(板宽 > 10m 或板厚 × 板宽 > 120mm × 3 200mm除外)
8	84622190 84622990	折边机	所有规格
9	84623110 84623120 84623190	数控板带剪切机床	板料规格(板厚×宽)≤12mm×4 000mm
10	84623190 84623990	棒料剪断机	公称压力≤500kN
11	84624190 84624900	联合冲剪机	板厚≤30mm,冲孔力<120kN
12	84649090	金刚石成形液压机	公称压力≤9 000kN
13	84629110 84629190	单柱、双柱、四柱万能液压机	公称压力≤4 000kN
14	84629110 84629190 84629910 84629990	立式、卧式冷挤压机	所有规格
15	84629110 84629190 84629910 84629990	开式双点压力机	所有规格
16	84629110 84629190 84629910 84629991	闭式四点多连杆压力机	所有规格
17	84629190	双动薄板拉伸液压机	公称压力≤2 000kN
18	84629190	校正压装液压机	公称压力<630kN
19	84629190	磨具制品液压机	公称压力≤1 600kN
20	846291	打包压块液压机	所有规格
21	84629110 84629190	单动薄板冲压液压机	公称压力≤2 000kN
22	84629910	开式固定台压力机	所有规格
23	84629910	开式可倾压力机	所有规格
24	84629910	开式底传动压力机	所有规格
25	84629910	闭式单点压力机	公称压力≤2 000kN
26	84629910	闭式双点压力机	公称压力≤2 000kN
27	84629910	双动拉伸压力机	公称压力≤2 000kN
28	84629910	双盘摩擦压力机	公称压力≤2 500kN
29	84629910	电动螺旋压力机	公称压力≤2 500kN
30	84629910	高速精密压力机	公称压力≤200kN
31	84624111	数控冲模回转头压力机(包括转塔冲床	所有规格
32	84629910	封头旋压机	所有规格
33	84629190 84629910 84629990	粉末成形压力机	公称压力≤200kN
34	84629190 84629910 84629990	数控粉末成形压力机	公称压力≤100kN

（续）

编号	税则号列	设 备 名 称	技术规格（调整后）
35	84629910	旋压机（强力压旋）	直径≤1 000mm
36	84629990	自动冷墩机	所有规格
37	84659900	热压机（用于木材、建材装潢材料加工）	公称压力≤2 000kN
38	84622190	数控滚轮式收口工作站（包括封头旋压工作站）	加工工件直径≤400mm，主轴转速≤400r/min，加工工件长度≤2m
39	84633000	自动搓丝机	所有规格
40	84633000	自动卷簧机	所有规格
41	84633000 84639000	辗环机	直径≤5 000mm
（四）		木工机械	
1	84659100	木工锯床	所有规格
2	84659200	单面木工压刨床	所有规格
3	84659200	多面木工刨床	刨削宽度≤630mm，工件厚度≤300mm
4	84659200	木工平刨床	所有规格
5	84659200	木工镂铣床	所有规格
6	84659200	木工铣床	所有规格
7	84659200	木工仿形铣床	所有规格
8	84659200	四面木工铣床	所有规格
9	84659200	数控镂铣机	三维及以下
10	84659300	木工磨光机	砂带（宽度×长度）≤930mm×2 100mm
11	84659500	木工单排钻孔机	所有规格
12	84659500	木工多排钻孔机	所有规格
13	84659500	木工榫槽机	榫槽尺寸（长×宽）≤200mm×22mm，榫头深度≤120mm
14	84659900	木工车床	所有规格
15	84659900 84651000	木工多用机床	锯片直径≤400mm，平刨宽度≤400mm
16	84659900	木工封边机	封边高度≤60mm，封边带厚度≤15mm
（五）		铸造机械	
1	84543010	卧式冷室压铸机	合型力≤25 000kN
2	84543090	热室压铸机	合型力≤1 600kN
3	84543090	离心铸造机	每循环≥120s
4	84543090	低压铸造机（热融式）	坩埚容量≤500kg
（六）		量具量仪	
1	90173000	游标卡尺、千分尺、百分表	所有规格
2	90318090	齿轮测量机	模数≤20mm，外圆直径≤2 000mm，齿宽≤350mm，测量齿轮精度等级为3级以下（级数越小精度越高）
3	90318090	万能齿轮测量机	模数≤20mm，外圆直径≤1 250mm，齿宽≤350mm
4	90318090	齿轮整体误差测量仪模数≤10mm，	外圆直径≤450mm，齿宽≤200mm
5	90318090	锥齿轮测量仪	大齿外径≤500mm，小齿外径≤257mm
6	90318090	滚刀测量仪	滚刀模数≤20mm，直径≤80mm
7	90318020	三坐标测量机	坐标行程（X、Y、Z）≤3 000mm×3 000mm×2 000mm，单轴精度≥（1+L/400）μm，空间精度≥（1.2+L/300）μm，探测精度≥1μm
8	90318090	圆度仪	可测外圆直径≤450mm，可测度高≤700mm，测量分辨率>0.01μm
9	90318090	表面粗糙度仪	一维、二维分辨率 R_a≥1.0nm
10	90314910 90318090	形面轮廓测量仪	一维、二维分辨率 R_a≥1.0nm，三维分辨率≥10nm
11	90318090	刀具预调仪	所有规格
12	90318090	数显测高仪	所有规格

〔供稿人：中国机床工具工业协会周秀茹　审稿人：中国机床工具工业协会李卫青〕